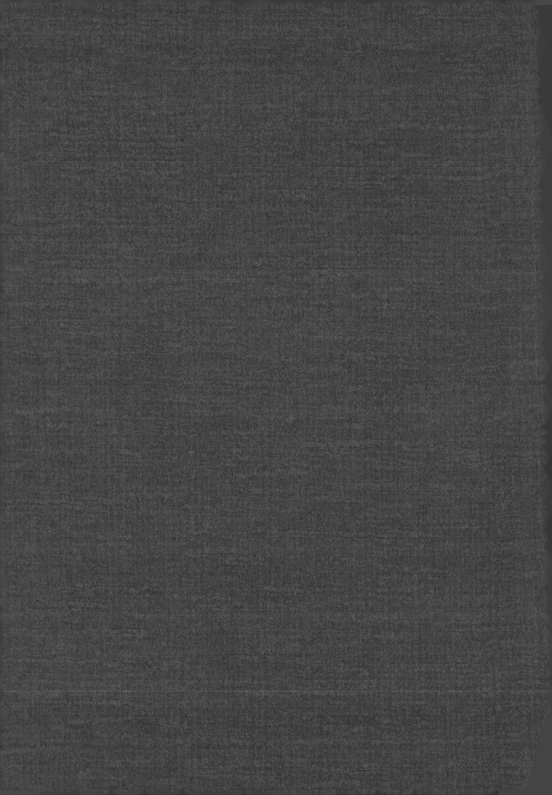

Encyclopedia of Global History of Cities

世界都市史事典

布野修司 編
Funo Shuji

昭和堂

はじめに

　都市は，古代世界における基本的な制度として，国家あるいは社会の仕組みのひとつとして成立し，人類の歩みとともに，すなわち，世界史とともに，そのあり方を変えてきた。人類はこれまでどのような都市を作り上げてきたのか。そして現在，人々はどのような都市に住んでいるのか。本事典では，古今東西，人類が築いてきた，そして住んできた都市の多様なあり方を紹介したい。それぞれの都市の起源，形成，変容，転生の過程を振り返ることによって，都市の活き活きとしたあり方について，また，都市の世界史的変化の要因について，さらに都市の未来について考える手がかりとしたい。

　都市は人類の偉大な作品である。

　そして，人間が作り出したものの中で，言語とともに，最も複雑な創造物である。

　都市史事典といっても，それぞれの都市の歴史を一般的に記述するわけではない。個々の都市をひとつの作品として描きたい。本書が特に焦点を当てるのは，都市のかたち，その空間構成である。すなわち，都市をひとつの（あるいは複数の）組織体と見なし，そのかたちとその組織構成に焦点を当てた執筆を目指した。都市を有機体に喩えると，遺伝子，細胞，臓器，血管，骨など様々な生体組織から成っていると見ることができる。それを「都市組織[1] urban tissues（urban fabrics），tessuto urbano」と呼ぶ。具体的には，都市のフィジカルな基盤構造（インフラストラクチャー）としての空間の配列，編成を問題とし，その配列，編成の理念，原理，手法を考えるのであるが，「都市組織」という概念に着目するのは，共同体組織，近隣（コミュニティ）組織のような社会集団の編成が都市の空間構成の大きな規定要因となることを前提としているからである。集団内の諸関係，さらに集団と集団の関係によって規定さ

---

[1] 「都市組織」という概念は，都市を建築物の集合体と考え，集合の単位となる建築の一定の型を明らかにする建築類型学（ティポロジア・エディリツィア）で用いられてきた。イタリアの建築家サヴェリオ・ムラトーリ（1910〜73年）が創始したとされるが，地形（じがた）（敷地の形）に従って規定される建築類型の歴史的変化をもとに都市の形成過程を明らかにする方法として注目されてきた。建築物（住居）の集合からなる「街区（イゾラート isolato）」を単位として，「地区（セットーレ settore）」が構成され，その集合が「都市（チッタ citta）」となる段階構成を考えるのである。さらに，建築物はいくつかの要素（部屋，建築部品……等々）あるいはいくつかのシステム（躯体，内装，設備……等々）から成るものと考えることができる。身近な家具やベッドから成る寝室や居間から，建築，街区，そして都市まで一貫して構成しようとするニコラス・ジョン・ハブラーケン（1928年〜）の建築都市構成理論においても「都市組織」という概念は用いられる。

れる空間の配列，編成を問題とするのであるが，身近な近隣組織から成る都市がどのように構成されてきたのか，人類がどういうコミュニティ空間で生きてきたのかというのが本書の基底にある関心である。

世界には数えきれない都市がある。すべての都市を取り上げることができないのは言うまでもないが，都市の選定に当たってはそれなりに選択基準が必要である。それ以前に，「世界都市史」をどう叙述するか，そのフレームが問題である。

「世界史」をどう叙述するかについては，そもそも「世界」をどう設定するかが問題となる。人類の居住域（エクメーネ）を「世界」と考えるとすると，ホモ・サピエンスの地球全体への拡散以降を視野においた「世界史」が必要であろう。今や都市化の波は地球の隅々にまで及んでいるのである。

洋の東西で最古の歴史書とされるヘロドトス（紀元前485年頃～前420年頃）の『歴史』にしても，司馬遷（紀元前145/135 ?～前87/86年 ?）の『史記』にしても，「ローカルな世界」の歴史に過ぎない。ユーラシアの東西の歴史をあわせて初めて叙述したのは，フレグ・ウルス（イル・カン朝）の第7代君主ガザン・カンの宰相ラシードゥッディーン（1249～1318年）が編纂した『集史』(1314年) である。すなわち，「世界史」が誕生するのは「大モンゴル・ウルス」においてである。しかしそれにしても，サブサハラ（サハラ砂漠以南）のアフリカ，そして南北アメリカは視野外である。

その後の「世界史」も人類の居住域全体を「世界」として叙述してきたわけではない。書かれてきたのは「国家」の正当性を根拠づける歴史である。近代では，「国民国家」の成立を跡づけ，「国民」のアイデンティティを強化するために書かれるのが歴史（「国（民）史」）である。一般に書かれた歴史はそれぞれが依拠している「世界」に拘束されている。

今日のいわゆるグローバル・ヒストリーが成立する起源となるのは西欧による「新世界」の発見である。そして，これまでの「世界史」は，基本的に西欧本位の価値観，西欧中心史観に基づいて書かれてきた。西欧の世界支配を正統としてきたからである。そこではまた，世界は一定の方向に向かって発展していくという進歩史観いわゆる社会経済（マルクス主義）史観あるいは近代化論に基づく歴史叙述が支配的となってきた。

---

2 ジャーミ・アッタヴァーリーフ Jāmi` al-Tavārīkh, Jāmi` al-Tawārīkh。この『集史』による「世界史の誕生」をベースに，ユーラシア全体を視野に収めながら，遊牧民の視点から世界史の叙述を試みてきたのが，杉山正明の『遊牧民から見た世界史』(1997) や『逆説のユーラシア史』(2002) など一連の著作である。

3 グローバル時代における歴史叙述の問題を問うリン・ハント (2016) は，第二次世界大戦後に歴史叙述のパラダイムとなってきた，マルクス主義，近代化論，アナール学派，「アイデンティティの政治」（1960年代，70年代のアメリカ合衆国でさかんに試みられるようになった，排除され周縁化されている集団の歴史に着目する一連の歴史叙述）とそのパラダイムを批判してきた文化理論（ポスト構造主義，ポスト・コロニアリズム，カルチュラル・スタディーズ等々）の展

世界都市史もまた，基本的には西欧の都市概念をもとにして，古代都市，中世都市，近世都市，近代都市のように世界史の時代区分に応じた段階区分によって書かれてきた。また，生産様式をアジア的，奴隷的，封建的，資本主義的，社会主義的という段階に分ける社会経済史観に基づいた区分によって都市の類型化が行われてきた。そして，アジアの都市については，完全に無視されるか，補足的に触れられてきたに過ぎない。

都市の形態は，歴史的区分や経済的発展段階に合わせて変化するわけではない。都市の歴史，その一生（存続期間）は，王朝や国家の盛衰と一致するわけではない。そして，古代都市，中世都市，近世都市，近代都市，現代都市といった区分は必ずしも都市の発展区分に基づくものではない。世界都市史のフレームとしては，細かな地域区分や時代区分は必要ないであろう。世界史の舞台としての空間，すなわち，人類が居住域（エクメーネ）としてきた地球全体の空間の形成と変容の画期を都市の世界史の大きな区分としたい。

本書では，序章において，都市の世界史についてのひとつの見取図を示した。都市の歴史をそのかたちに着目して大きく振り返ったが，念頭に置くのは，ルイス・マンフォード Lewis Munford の『都市の文化 The Culture of Cities』（Munford 1938）および『歴史の中の都市 The City in History』（Munford 1961），そしてスピロ・コストフ

開を総括しながら，1990 年代以降のグローバリゼーションの進行を見すえた新たなパラダイムの必要性を展望している。また秋田他編（2016）も 21 世紀を見通せる「世界史の見取り図」の必要性を強調するところである。

4 古代，中世，近世，近代という区分を前提とする世界都市史として，レオナルド・ベネーヴォロの『図説都市の世界史』（ベネーヴォロ 1983）がある。邦訳の 4 巻分割が分かりやすいが，その構成は，Ⅰ古代：1 古代：序説，1. 先史時代の人間の環境と都市の起源，2. ギリシャの自由都市，3. ローマ，都市と世界帝国，Ⅱ中世：4. 中世的環境の形成，5. イスラームの都市，6. 中世のヨーロッパ都市，Ⅲ近世：7. ルネサンスの芸術文化，8. ルネサンスのイタリア都市，9. ヨーロッパの植民都市，10. ヨーロッパ・バロックの首都，Ⅳ近代：11. 産業革命の環境，12. 後期自由都市，13. 近代都市，14. 今日の状況，である。イスラームの都市が取り上げられているとはいえ，インド，中国などアジアへの視点はない。

5 世界都市史に関する図説シリーズに『ザ・シティーズ――ニューイラストレイテッドシリーズ The Cities: New illustlated series』（井上書院）がある。ダグラス・フレイザー『未開社会の集落』，ポール・ランプル『古代オリエント都市――都市と計画の原型』，ジョン・B・ワード＝パーキンス『古代ギリシアとローマの都市――古典古代の都市計画』，ホルヘ・ハルドイ『コロンブス発見以前のアメリカ』，ハワード・サールマン『中世都市』，ジュウリオ・C・アルガン『ルネサンス都市』，ホースト・ドラクロワ『城壁にかこまれた都市』，フランソワーズ・ショエ『近代都市――19 世紀のプランニング』，ハワード・サールマン『パリ大改造――オースマンの業績』，ドーラ・ウィーベンソン『工業都市の誕生――トニー・ガルニエとユートピア』，アルバート・ファイン『アメリカの都市と自然――オルムステッドによるアメリカの環境計画』，ノーマ・エヴァンソン『ル・コルビュジエの構想――都市デザインと機械の表徴』などであるが，アジアはすっぽり抜けている。

6 前者は，中世都市を第 1 章として書き起こされるが，後者では，都市の起源，古代に遡って，世界都市史が叙述される。前者の内容は後者に含みこまれ，加筆されている。

7 1936～91 年，イスタンブル生まれ。エール大学卒業。カリフォルニア大学バークレー校で教鞭をとった。アメリカを代表する建築史家として活躍。主な著作は上述のほか，The Architect:

Spiro Kostof の『形づくられた都市 The City Shaped——都市パターンと意味の歴史』（Kostof 1991）および『集められた都市 The City Assembled——都市形態の要素の歴史』（Kostof 1992）である。

『形づくられた都市』は，都市のかたちを歴史的な発展段階に従って区分するのではなく，都市のかたちそのものを大きく分類して章構成としている。本書は，その構成に従うわけではないが，都市のかたちについての分類は下敷きにしている（序章第3節）。要するに，都市のかたちそのものの歴史はそう複雑ではないのである。

問題は，コストフの大著もまたアジアへの目配りが少ないことである。確かに，都市はメソポタミアで生まれ，地中海で育った。しかし，ヨーロッパが成立するのはローマ帝国の分裂以降で，ヨーロッパ都市の成立は，ユーラシアの他の地域と比較してそう古いわけではない。ヨーロッパ都市の系譜のみならず，イスラーム都市の系譜，インド都市の系譜，中国都市の系譜を取り上げて，アジアに軸足を置いて全体構成を考えた。本事典のもとになっているのは，これまでまとめてきた以下の基本文献に挙げる一連の著書である。

A　ロバート・ホーム 2001『植えつけられた都市——英国植民都市の形成』布野修司・安藤正雄監訳，アジア都市建築研究会訳，京都大学学術出版会（Robert Home 1997. *Of Planting and Planning: The making of British colonial cities*, E & FN SPON）

B　布野修司編 2003『アジア都市建築史』アジア都市建築研究会執筆，昭和堂（布野修司 2011『亜州城市建築史』胡恵琴・沈謡訳，中国建築工業出版社，2009）

C　布野修司編 2005『近代世界システムと植民都市』京都大学学術出版会

D　布野修司編 2005『世界住居誌』昭和堂（布野修司 2010『世界住居』胡恵琴訳，中国建築工業出版社）

E　布野修司 2006『曼荼羅都市——ヒンドゥー都市の空間理念とその変容』京都大学学術出版会

F　布野修司・山根周 2008『ムガル都市——イスラーム都市の空間変容』京都大学学術出版会

G　Shuji Funo & M. M. Pant 2007. *Stupa & Swastika*, Kyoto University Press, Singapore National University Press

H　布野修司・韓三建・朴重信・趙聖民 2010『韓国近代都市景観の形成——日本人移住漁村と鉄道町』京都大学学術出版会

I　布野修司／ホアン・ラモン・ヒメネス・ベルデホ 2013『グリッド都市——スペイ

Chapters in the History of the Profession（編著，邦訳『建築家——職能の歴史』槇文彦監訳，日経マグロウヒル社，1981），*America by Design*，*A History of Architecture: Settings and Rituals*（邦訳『建築全史——背景と意味』鈴木博之訳，住まいの図書館出版局，1990）など。

ン植民都市の起源，形成，変容，転生』京都大学学術出版会
　J　布野修司 2015『大元都市――中国都城の理念と空間構造』京都大学学術出版会

　本書では，可能なかぎり，多様な都市のあり方を世界都市誌として紹介したいと考えた。いささか機械的であるが，地球を大きく地域区分（I～XIII）して，興味深い都市を選定して解説する構えをとった。『世界都市史事典』と称する所以である。世界文化遺産に登録される都市については可能なかぎり取り上げているが，資料の限界で断念した都市もある。都市文明は，地域を越えて伝播していくが，地域の都市の起源と特質を考えるヒントとなるPanoramaを関連する地域を考慮しながら記した。また，都市の世界史の大きな動因をめぐってLectureを，さらに，都市の建設者，建築家，計画者，設計計画の理念，理論，手法，技術などを考えるColumnを用意した。

　都市は，それ自体が生死の過程を持っている。本書が，身近な都市のあり方について考える手がかりになること，また，世界中の都市の多様なあり方を考える素材となることを願う。

布野修司

目　　次

はじめに……………………………………………………………………………………ⅰ
世界都市地図………………………………………………………………………………ⅹⅸ

序　都市の世界史

01　都市とは何か，その起源は………………………………………………………2
02　世界都市史の諸段階………………………………………………………………10
03　都市のかたちとその系譜…………………………………………………………14
04　世界都市史素描……………………………………………………………………24

Lecture01　農耕・遊牧・都市　27

Ⅰ　西アジア

Panorama Ⅰ　都市文明の誕生　40

01　イスタンブル【トルコ】………3つの名を持つ永遠の都………………………44
02　アンカラ【トルコ】……………共和国の偉大なる田舎………………………46
03　イズミル【トルコ】……………「エーゲ海の真珠」の困難…………………48
04　ブルサ【トルコ】………………絹の古都………………………………………50
05　サフランボル【トルコ】………サフラン薫る隊商都市………………………52
06　ダマスクス【シリア】…………興亡のオアシス都市…………………………54
07　ハマー【シリア】………………巨大水車の庭園都市…………………………56
08　アレッポ【シリア】……………レヴァントのスーク都市……………………58
09　ボスラ【シリア】………………ナバテア王国の古都…………………………60
10　ベイルート【レバノン】………中東のパリ……………………………………62
11　エルサレム【イスラエル】……一神教の聖都…………………………………64
12　テルアビブ【イスラエル】……白亜の人工都市………………………………66
13　バグダード【イラク】…………平安の都………………………………………68
14　マッカ(メッカ)【サウジアラビア】…イスラームの至高の聖都…………………70

15	マディーナ（メディナ）【サウジアラビア】	預言者の町		72
16	ジェッダ【サウジアラビア】	紅海に面する港市		74
17	マスカット【オマーン】	ペルシア湾口の城塞港市		76
18	サナア【イエメン】	アラブ最古の摩天楼都市		78
19	ザビード【イエメン】	中世イスラーム海域の学術都市		80
20	シバーム【イエメン】	砂漠の洪水が生んだ摩天楼都市		82
21	テヘラン【イラン】	二重囲郭のメトロポリス		84
22	イスファハーン【イラン】	イランの真珠		86
23	タブリーズ【イラン】	世界最大のバーザール都市		88
24	ヘラート【アフガニスタン】	十字街路の方形都市		90

Column01 アレクサンドロスの都市　92

Lecture02 ウマ・騎馬戦・オルド　101

Ⅱ 南ヨーロッパ

PanoramaⅡ 都市の古典　110

01	アテネ【ギリシャ】	ヨーロッパの原都市		114
02	イア【ギリシャ】	船乗りたちの白い街		116
03	ロドス【ギリシャ】	巨像の都市		118
04	コルフ【ギリシャ】	イオニア海の要衝		120
05	ドゥブロヴニク【クロアチア】	アドリア海の真珠		122
06	ヴェネツィア【イタリア】	海上都市		124
07	パドヴァ【イタリア】	ポルティコと環濠の街		126
08	ヴィチェンツァ【イタリア】	パッラーディオの街		128
09	ヴェローナ【イタリア】	ロミオとジュリエットの街		130
10	フェラーラ【イタリア】	具現化された理想都市		132
11	ボローニャ【イタリア】	ヨーロッパ最古の大学市		134
12	マントヴァ【イタリア】	ルネサンスの水都		136
13	ミラノ【イタリア】	前衛的伝統都市		138
14	トリノ【イタリア】	デ・キリコの夢の都市		140
15	ジェノヴァ【イタリア】	地中海海運都市の雄		142

16	ピサ【イタリア】	メディチ家に再編された海洋都市	144
17	フィレンツェ【イタリア】	ルネサンスの首都	146
18	サン・ジミニャーノ【イタリア】	美しき塔の街	148
19	シエナ【イタリア】	生き続けるパリオ	150
20	ピエンツァ【イタリア】	ピウス2世の理想都市	152
21	ウルビノ【イタリア】	ラファエロの生まれた芸術の都	154
22	グッビオ【イタリア】	山腹に浮かぶ中世自治都市	156
23	アッシジ【イタリア】	天国の丘の聖都	158
24	ローマ【イタリア】	永遠の古都	160
25	ナポリ【イタリア】	永遠の「新」都市	162
26	アマルフィ【イタリア】	リアス海岸の海運と製紙	164
27	ヴァレッタ【マルタ】	近世地中海最強の理想都市	166
28	ジローナ【スペイン】	イベリア・ヨーロッパの境界都市	168
29	バルセロナ【スペイン】	カタルーニャの華	170
30	ヴァレンシア【スペイン】	ラ・ロンハ・デ・ラ・セダの街	172
31	サラゴサ【スペイン】	アラゴンの古都	174
32	アルカラ・デ・エナーレス【スペイン】	セルバンテスの生まれた街	176
33	マドリード【スペイン】	イスパニアの首都	178
34	アヴィラ【スペイン】	城壁と聖人の街	180
35	アランフエス【スペイン】	王宮庭園都市	182
36	トレド【スペイン】	寛容の都	184
37	サンティアゴ・デ・コンポステーラ【スペイン】	キリスト教三大巡礼都市	186
38	バジャドリード【スペイン】	フェリペ2世の生まれた街	188
39	サラマンカ【スペイン】	知の集積都市	190
40	サンタ・フェ【スペイン】	スペイン植民地のモデル都市	192
41	グラナダ【スペイン】	アルハンブラの都市	194
42	コルドバ【スペイン】	メスキータの街	196
43	セヴィーリャ【スペイン】	アル・アンダルスの都	198
44	カディス【スペイン】	アトランティスへの港町	200
45	サン・クリストバル・デ・ラ・ラグーナ【スペイン】	イベロ・アメリカへの発信基地	202
46	リスボン【ポルトガル】	震災復興都市	204
47	ポルト【ポルトガル】	港の中の港	206

Column02 古代の理想都市　208

Lecture03 国制と都市制度　215

Ⅲ 西ヨーロッパ

Panorama Ⅲ ヨーロッパ都市の誕生　224

01	パリ【フランス】	ヨーロッパの文化首都	228
02	リヨン【フランス】	ブルゴーニュのメトロポール	230
03	ナント【フランス】	大西洋の玄関口	232
04	ナンシー【フランス】	エマニュエルの3つの広場	234
05	ル・クルーゾ【フランス】	ブルゴーニュの工業都市	236
06	マルセイユ【フランス】	レヴァント貿易の港町	238
07	モナコ【モナコ】	ミニ国家のカジノ都市	240
08	ストラスブール【フランス】	ラインラントの要衝	242
09	カルカソンヌ【フランス】	ヨーロッパ中世最大の要塞都市	244
10	ブリュッセル【ベルギー】	台地と沼地の階層都市	246
11	ルーヴァン・ラ・ヌーヴ【ベルギー】	ルーヴァンの学園都市	248
12	シャルルロワ【ベルギー】	双眼の要塞都市	250
13	リエージュ【ベルギー】	象徴を失った皇子司教都市	252
14	ブルッヘ【ベルギー】	中世フランドルの一大港市	254
15	アントウェルペン【ベルギー】	大航海時代の商業中心	256
16	アムステルダム【オランダ】	オランダ海洋帝国の帝都	258
17	ロッテルダム【オランダ】	ヨーロッパの玄関	260
18	ライデン【オランダ】	オランダの知の拠点	262
19	デルフト【オランダ】	フェルメールの街	264
20	ロンドン【イギリス】	世界に冠たる商都	266
21	マンチェスター【イギリス】	産業革命の寵児	268
22	リヴァプール【イギリス】	ビートルズを生んだ海商都市	270
23	ヨーク【イギリス】	ヴァイキングの名残りある中世都市	272
24	チェスター【イギリス】	ウェールズ攻防のローマン・タウン	274
25	バーミンガム【イギリス】	運河と鉄道の街	276
26	コヴェントリー【イギリス】	建築保存による戦災復興	278
27	ケンブリッジ【イギリス】	13世紀創建の大学都市	280
28	グラスゴー【イギリス】	マッキントッシュを育てた街	282

29	エディンバラ【イギリス】	オールド・アンド・ニュータウン	284
30	バース【イギリス】	英国都市計画の源泉	286
31	ダブリン【アイルランド】	ジョイスの街	288

Column03 中世ヨーロッパ都市の基本型　290

IV 北ヨーロッパ

Panorama IV 中世都市の起源　296

01	オスロ【ノルウェー】	ムンクもクリスチャニアと呼んだ街	300
02	ストックホルム【スウェーデン】	「丸太の小島」から王都へ	302
03	イェーテボリ【スウェーデン】	運河軸中心の計画都市	304
04	ヴィスビー【スウェーデン】	バラと廃墟の街	306
05	ヘルシンキ【フィンランド】	白い都市から森の都市へ	308
06	タリン【エストニア】	デンマーク人とドイツ人が作った街	310
07	リガ【ラトヴィア】	バルト海の知られざる大交易都市	312
08	ヴィリニュス【リトアニア】	独立なき都市	314
09	コペンハーゲン【デンマーク】	バルト海入口の海峡都市	316

Column04 大航海時代のヨーロッパ城塞都市論　318

Lecture04 火器と築城術　333

V 中央ヨーロッパ

Panorama V ゲルマニアの都市　342

01	リューベック【ドイツ】	ハンザの女王	346
02	ハンブルク【ドイツ】	自由ハンザ都市	348
03	ポツダム【ドイツ】	プロイセン王家の離宮都市	350
04	ベルリン【ドイツ】	再生途上の世界都市	352
05	アイゼンヒュッテンシュタット【ドイツ】	社会主義の実験都市	354

06	ゴスラー【ドイツ】	鉱山と皇帝の街	356
07	アーヘン【ドイツ】	カール大帝の湯治都市	358
08	ドルトムント【ドイツ】	栄枯盛衰の重工業都市	360
09	ケルン【ドイツ】	ラインラントのゲルマン都市	362
10	ヴァイマール【ドイツ】	ゲーテとバウハウスの街	364
11	ニュルンベルク【ドイツ】	ドイツ職人の母都市	366
12	ローテンブルク【ドイツ】	ロマンチック街道の宝石	368
13	バンベルク【ドイツ】	司教座と市民自治の混成する都市	370
14	カールスルーエ【ドイツ】	バロックの扇状都市	372
15	マンハイム【ドイツ】	北方ルネサンスのグリッド都市	374
16	ベルン【スイス】	アーケードと噴水の街	376
17	ザルツブルク【オーストリア】	モーツァルトを生んだバロック都市	378
18	グラーツ【オーストリア】	中世ハプスブルク家の城下町	380
19	ウィーン【オーストリア】	世紀末都市	382
20	プラハ【チェコ】	百塔の街	384
21	ブダペスト【ハンガリー】	双子都市	386
22	クラクフ【ポーランド】	北方ルネサンスの古都	388
23	グダニスク【ポーランド】	ドイツ騎士団に対抗した自由都市	390
24	ワルシャワ【ポーランド】	復元都市	392

Column05 都市災害の世界史　394

VI 東ヨーロッパ

Panorama VI 中世都市の形態　400

01	キエフ【ウクライナ】	東欧最古の都市	404
02	リヴィウ【ウクライナ】	多民族が磨いた東欧の真珠	406
03	モスクワ【ロシア】	「第三のローマ」から社会主義の帝都へ	408
04	サンクトペテルブルク【ロシア】	ピョートル大帝の都	410
05	トビリシ【ジョージア】	マルコ・ポーロも讃美したカフカースの要衝	412
06	イェレヴァン【アルメニア】	アララト山を望むバラ色の街	414

Column06 アラブ・イスラーム都市の構成原理　416

Lecture05 海と航海術　423

Ⅶ アフリカ

Panorama Ⅶ 古代エジプトとマグリブ　432

01　カイロ【エジプト】…………勝利の街…………436
02　チュニス【チュニジア】………イフリーキアのアラブ・イスラーム港市………438
03　カイラワーン【チュニジア】‥マグリブ最古のイスラーム都市………440
04　スース【チュニジア】…………サヘルの真珠…………442
05　アルジェ【アルジェリア】……南地中海のファサード…………444
06　ガルダイヤ【アルジェリア】…ムザブの谷の白いオアシス…………446
07　フェス【モロッコ】……………迷宮の中に見える秩序…………448
08　マラケシュ【モロッコ】………ジャマ・エル・フナ広場の街…………450
09　カサブランカ【モロッコ】……「白い家」の街…………452
10　ラバト【モロッコ】……………ジハードのための砦…………454
11　エル=ジャディーダ【モロッコ】…岩壁上のカトリック城塞…………456
12　テトゥワン【モロッコ】………スパニッシュ・モロッコの首都…………458
13　サンルイ【セネガル】…………サブサハラ最初のフランス植民都市…………460
14　ダカール【セネガル】…………アフリカ最西端の大西洋航海拠点…………462
15　トンブクトゥ【マリ】…………サヘルの黄金の都…………464
16　ジェンネ【マリ】………………西アフリカ千年の古都…………466
17　ハラール【エチオピア】………ランボーの住んだ街…………468
18　アディスアベバ【エチオピア】…「新しい花」の都市…………470
19　ゴンダール【エチオピア】……エチオピアの古都…………472
20　ナイロビ【ケニア】……………スラムが侵食する高原都市…………474
21　ザンジバル【タンザニア】……ストーンタウン…………476
22　ルアンダ【アンゴラ】…………アンゴラのポルトガル植民都市…………478
23　ケープタウン【南アフリカ】…ヤン・ファン・リーベックの街…………480

Column07 イスラーム都市の建設者たち　482

Ⅷ 中央アジア

Panorama Ⅷ　オアシス都市の興亡　492

01　ヒヴァ【ウズベキスタン】……マー・ワラー・アンナフルの聖都……496
02　ブハラ【ウズベキスタン】……ソグディアナのオアシス都市……498
03　シャハリサブズ【ウズベキスタン】…ティムールの故郷……500
04　サマルカンド【ウズベキスタン】…青の都……502
05　タシュケント【ウズベキスタン】…ソグドの石の街……504
06　カシュガル【中国】……タリム盆地のオアシス都市……506
07　ラサ【中国】……楕円状の巡礼都市……508

Lecture06 都市とコスモロジー　510

Ⅸ 南アジア

Panorama Ⅸ　インド都市の起源　518

01　ラーホール【パキスタン】……ムガル帝国の古都……522
02　アフマダーバード【インド】…ムガル帝国のグジャラート拠点……524
03　スーラト【インド】……ムガル帝国最大の港市……526
04　バドレシュワル，マンドヴィ，ムンドラ【インド】…カッチ湾大湿地帯の港市群……528
05　キャンベイ【インド】……グジャラートの幻の港市……530
06　ムンバイ【インド】……世界最大の過密都市……532
07　バローダ【インド】……保存的外科手術の街……534
08　ゴア【インド】……ポルトガル領インドの首都……536
09　コーチン【インド】……黒コショウから生まれた街……538
10　コージコード（カリカット）【インド】……キャラコの港市……540
11　ジャイプル【インド】……ジャイ・シン2世の王都……542
12　チャンディーガル【インド】…ル・コルビュジエの理想都市……544
13　デリー【インド】……2つの帝都を飲み込むメガシティ……546
14　アーグラ，ファテープル・シークリー【インド】…アクバルの都……548
15　ヴァーラーナシー【インド】…ヒンドゥー教の聖都……550

16	コルカタ【インド】	混沌の宮殿都市	552
17	チェンナイ【インド】	インド最古のイギリス植民都市	554
18	マドゥライ【インド】	ゴープラと祭礼の曼荼羅都市	556
19	ナーガパッティナム【インド】	ベンガル湾の覇権港市	558
20	キラカライ【インド】	真珠とウマの港市	560
21	ラーメーシュワラム【インド】	ラーマーヤナが生んだ南インドの街	562
22	コロンボ【スリランカ】	インド洋世界の十字路	564
23	ゴール【スリランカ】	現存最大のオランダ城塞	566
24	キャンディ【スリランカ】	南の島の曼荼羅都市	568
25	カトマンドゥ【ネパール】	輝く都市	570
26	パタン【ネパール】	ストゥーパとスワスティカの芸術都市	572
27	バクタプル【ネパール】	儀礼のヒンドゥー都市	574

Column08 インドの都市・建築書　576

Column09 伝統的都市空間の保存的外科手術　582

Lecture07 風水都市　590

X 東アジア

Panorama X 中国都市の起源　596

01	西安【中国】	中国都城の原郷	600
02	開封【中国】	北宋の都	602
03	平遥【中国】	亀城	604
04	北京【中国】	中国都城の清華	606
05	承徳【中国】	熱河避暑山荘	608
06	天津【中国】	天子の津	610
07	南京【中国】	江南の古都	612
08	上海【中国】	世界経済のモデル城市	614
09	蘇州【中国】	水網園林都市	616
10	杭州【中国】	中国都城の転移	618
11	成都【中国】	蜀の古都	620
12	麗江【中国】	茶馬古道の交易都市	622

13	大理【中国】	依山傍水の都	624
14	福州【中国】	ガジュマルの都	626
15	泉州【中国】	海のシルクロードのターミナル	628
16	漳州【中国】	騎楼の街	630
17	廈門【中国】	華僑都市	632
18	広州【中国】	中華の海の窓口	634
19	香港【中国】	一国二制度の都市	636
20	マカオ【中国】	イエズス会の伝道拠点	638
21	台南【台湾】	ゼーランディア城・鄭成功・台湾府	640
22	彰化【台湾】	市区改正で切開された18世紀台湾の縣城	642
23	新竹【台湾】	城外植竹開溝の城市	644
24	台北【台湾】	台湾省・植民地台湾・中華民国の首都	646
25	平壌【朝鮮民主主義人民共和国】	高句麗の都	648
26	開城【朝鮮民主主義人民共和国】	凍結された王都	650
27	ソウル【大韓民国】	『周礼』を形にした都	652
28	慶州【大韓民国】	新羅の古都	654
29	蔚山【大韓民国】	韓国随一の工業都市	656
30	京都【日本】	平安の都	658
31	大阪【日本】	近世城下を引き継ぐ商業都市	660
32	奈良【日本】	日本の古都	662
33	東京【日本】	一極集中の世界都市	664

Column10 『周礼』都城モデル　666

Column11 「転輪聖王」としての建築家　673

XI 東南アジア

Panorama XI インド化, イスラーム化, 植民地化　678

01	マンダレー【ミャンマー】	最後の曼荼羅都市	682
02	ヤンゴン【ミャンマー】	ベンガル湾のコスモポリス	684
03	チェンマイ【タイ】	四角い古都	686
04	アユタヤ【タイ】	アヨーディアの都	688

05	バンコク【タイ】	チャオ・プラヤ・デルタのメトロポリス	690
06	ルアンパバーン【ラオス】	象の王都	692
07	ヴィエンチャン【ラオス】	見えない首都	694
08	サヴァナケート【ラオス】	南部ラオスのフランス拠点	696
09	プノンペン【カンボジア】	トンレサップの「東洋のパリ」	698
10	シェムリアップ【カンボジア】	アンコールの玄関都市	700
11	ハノイ【ヴェトナム】	南国小中華の都	702
12	フエ【ヴェトナム】	グエン朝の王都	704
13	ホイアン【ヴェトナム】	日本橋のある港市	706
14	ホーチミン【ヴェトナム】	メコン河口の商都	708
15	クアラルンプール【マレーシア】	マレー・イスラームの首都	710
16	ペナン【マレーシア】	マラッカ海峡の真珠	712
17	マラッカ【マレーシア】	ポルトガル，オランダ，イギリスの植民都市	714
18	シンガポール【シンガポール】	ラッフルズの町から世界都市へ	716
19	パダン【インドネシア】	ミナンカバウの港市	718
20	ジャカルタ【インドネシア】	ジャワのメガシティ	720
21	スラバヤ【インドネシア】	マジャパヒトの港市	722
22	チャクラヌガラ【インドネシア】	最果てのヒンドゥー都市	724
23	セブ【フィリピン】	フィリピン最古の都市	726
24	タクロバン【フィリピン】	激戦の島の港市	728
25	マニラ【フィリピン】	スペイン東インドの首都	730
26	ヴィガン【フィリピン】	バハイ・ナ・バトの都市	732

Column12 ジャワ都市の原像　734

Column13 要塞モデルから理想都市計画へ　742

Lecture08 テクノロジーと都市　749

XII 南北アメリカ

Panorama XII マヤ・アンデス・イベロアメリカ　756

| 01 | ケベック【カナダ】 | 北米唯一の城郭都市 | 760 |
| 02 | モントリオール【カナダ】 | 北米のパリ | 762 |

03	ボストン【アメリカ合衆国】	米国最古の都市	764
04	ニューヘイブン【アメリカ合衆国】	ピューリタンの理想都市	766
05	ニューヨーク【アメリカ合衆国】	グリッド上の変幻する世界都市	768
06	フィラデルフィア【アメリカ合衆国】	独立宣言都市	770
07	シカゴ【アメリカ合衆国】	摩天楼の街	772
08	ニューオリンズ【アメリカ合衆国】	水害とともに生きる街	774
09	サンフランシスコ【アメリカ合衆国】	砂丘の上のグリッド都市	776
10	ロサンゼルス【アメリカ合衆国】	ハイウェイ都市	778
11	メキシコシティ【メキシコ】	廃墟の上のエルサレム	780
12	プエブラ【メキシコ】	天使の街	782
13	サント・ドミンゴ【ドミニカ共和国】	「新世界」最初の植民都市	784
14	ハバナ【キューバ】	スペイン植民都市の原像	786
15	シエンフエゴス【キューバ】	スペイン・グリッド植民都市の理念型	788
16	ウィレムスタッド【オランダ】	カリブのオランダ植民都市	790
17	ボゴタ【コロンビア】	南米のアテネ	792
18	パラマリボ【スリナム】	ニューヨークと交換された街	794
19	リマ【ペルー】	王たちの都	796
20	ポトシ【ボリビア】	銀の帝都	798
21	クスコ【ペルー】	インカ帝国の聖都	800
22	レシフェ/オリンダ【ブラジル】	ブラジル都市の起源	802
23	サンパウロ【ブラジル】	コーヒーの都	804
24	リオ・デ・ジャネイロ【ブラジル】	カーニヴァルのメガシティ	806
25	ブラジリア【ブラジル】	赤い大地に建設された大国の首都	808
26	ブエノスアイレス【アルゼンチン】	延長するグリッド	810

Column14 スペイン植民都市の都市計画法　812

Lecture09 都市人口の世界史　819

XIII　オセアニア

Panorama XIII 大英帝国の植民都市モデル　832

01	シドニー【オーストラリア】	流刑建築家の計画都市	836

02 アデレード【オーストラリア】…ウィリアム・ライトの田園都市……………………838
03 キャンベラ【オーストラリア】…オーストラリア連邦の計画首都……………………840
04 メルボルン【オーストラリア】…ゴールドラッシュが生んだヴィクトリア都市……842

　　　　Column15 産業都市から田園都市へ　844

おわりに………………………………………………………………………………………853
参考文献………………………………………………………………………………………857
索　　引………………………………………………………………………………………911

世界都市地図

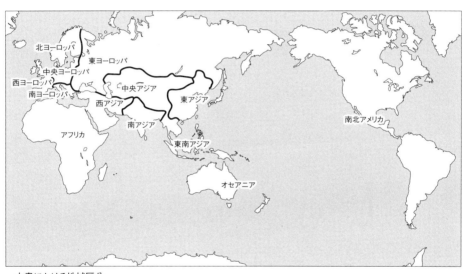

本書における地域区分

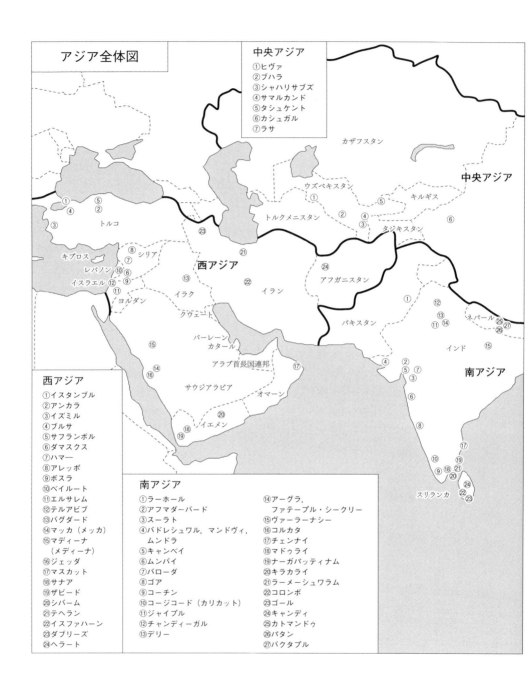

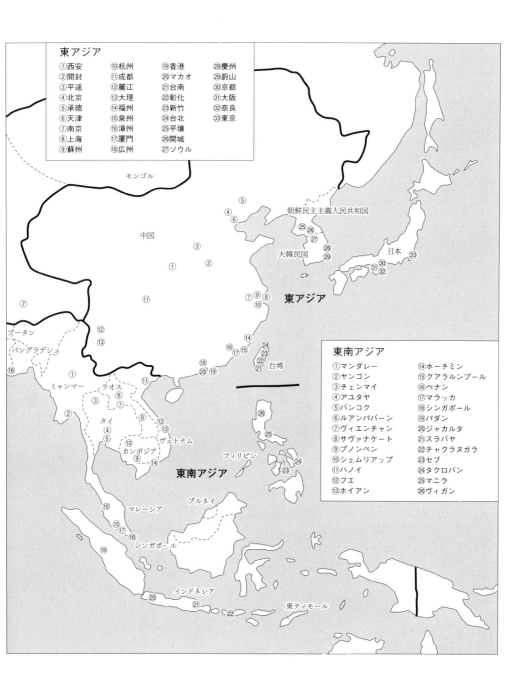

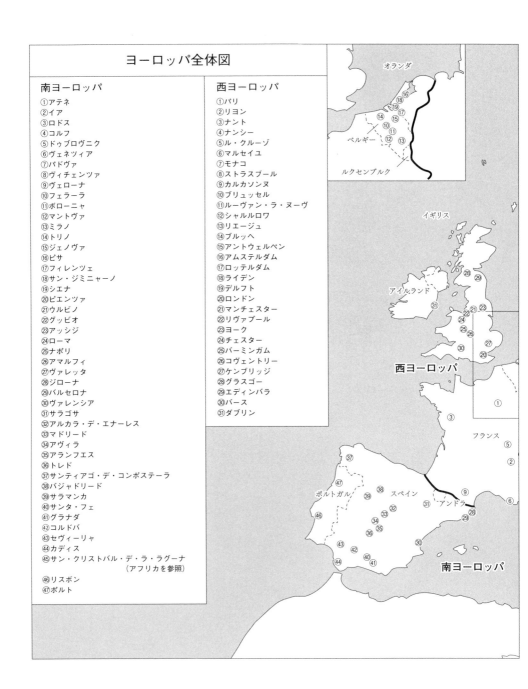

ヨーロッパ全体図

南ヨーロッパ
① アテネ
② イア
③ ロドス
④ コルフ
⑤ ドゥブロヴニク
⑥ ヴェネツィア
⑦ パドヴァ
⑧ ヴィチェンツァ
⑨ ヴェローナ
⑩ フェラーラ
⑪ ボローニャ
⑫ マントヴァ
⑬ ミラノ
⑭ トリノ
⑮ ジェノヴァ
⑯ ピサ
⑰ フィレンツェ
⑱ サン・ジミニャーノ
⑲ シエナ
⑳ ピエンツァ
㉑ ウルビノ
㉒ グッビオ
㉓ アッシジ
㉔ ローマ
㉕ ナポリ
㉖ アマルフィ
㉗ ヴァレッタ
㉘ ジローナ
㉙ バルセロナ
㉚ ヴァレンシア
㉛ サラゴサ
㉜ アルカラ・デ・エナーレス
㉝ マドリード
㉞ アヴィラ
㉟ アランフエス
㊱ トレド
㊲ サンティアゴ・デ・コンポステーラ
㊳ バジャドリード
㊴ サラマンカ
㊵ サンタ・フェ
㊶ グラナダ
㊷ コルドバ
㊸ セヴィーリャ
㊹ カディス
㊺ サン・クリストバル・デ・ラ・ラグーナ
　　　　　　　　（アフリカを参照）
㊻ リスボン
㊼ ポルト

西ヨーロッパ
① パリ
② リヨン
③ ナント
④ ナンシー
⑤ ル・クルーゾ
⑥ マルセイユ
⑦ モナコ
⑧ ストラスブール
⑨ カルカソンヌ
⑩ ブリュッセル
⑪ ルーヴァン・ラ・ヌーヴ
⑫ シャルルロワ
⑬ リエージュ
⑭ ブルッヘ
⑮ アントウェルペン
⑯ アムステルダム
⑰ ロッテルダム
⑱ ライデン
⑲ デルフト
⑳ ロンドン
㉑ マンチェスター
㉒ リヴァプール
㉓ ヨーク
㉔ チェスター
㉕ バーミンガム
㉖ コヴェントリー
㉗ ケンブリッジ
㉘ グラスゴー
㉙ エディンバラ
㉚ バース
㉛ ダブリン

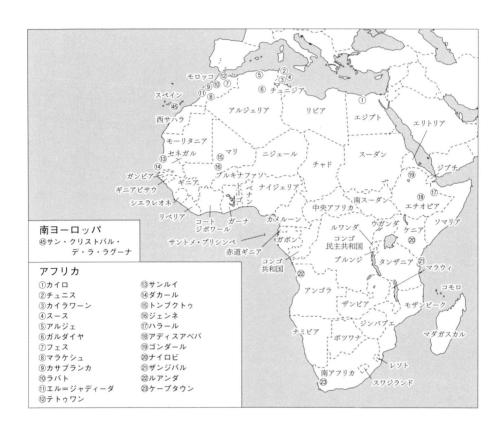

世界都市地図 | xxv

南北アメリカ

① ケベック
② モントリオール
③ ボストン
④ ニューヘイブン
⑤ ニューヨーク
⑥ フィラデルフィア
⑦ シカゴ
⑧ ニューオリンズ
⑨ サンフランシスコ
⑩ ロサンゼルス
⑪ メキシコシティ
⑫ プエブラ
⑬ サント・ドミンゴ
⑭ ハバナ
⑮ シエンフエゴス
⑯ ウィレムスタッド
⑰ ボゴタ
⑱ パラマリボ
⑲ リマ
⑳ ポトシ
㉑ クスコ
㉒ レシフェ／オリンダ
㉓ サンパウロ
㉔ リオ・デ・ジャネイロ
㉕ ブラジリア
㉖ ブエノスアイレス

カナダ
アメリカ
メキシコ
バハマ
キューバ
ハイチ
ドミニカ
ベリーズ
ジャマイカ
オランダ領
グアテマラ
ニカラグア
エルサルバドル
ホンジュラス
コスタリカ
パナマ
ベネズエラ
ガイアナ
フランス領
スリナム
コロンビア
エクアドル
ペルー
ブラジル
ボリビア
パラグアイ
チリ
ウルグアイ
アルゼンチン

序　都市の世界史

01 都市とは何か，その起源は

都市とは何か。都市はどこで，どのようにして生まれたのか。すなわち，その起源は何か。まず基本的な事項を確認しよう。

1 都市という言葉

日本語の「都市」は，「都(みやこ)」と「市(いち)」を合成した近代の造語である。中国にも「都市」という言葉はない。「都」は，天皇，首長の居所，王権の所在地をいう。「宮都」あるいは「都城」という語が使われる場合もある。「市」は物が交換される場所であるが，物だけでなく，人々の自由な交換の場でもある。日常の生活や秩序とは区別される「無縁」の空間をも意味する。

日本語には，「都市」と同様に一般的に使われる言葉として「町(まち)」がある。英語のタウン town[1] の訳語とされるが，もともと「町(まち,ちょう)」は，文字通り，田地の区画を意味し，やがて「都」の条坊の一区画を指すようになった。「都」「市」「町」のほかにも，「津」「泊」「浜」「渡」「関」「宿」など，都市的集住の場所を示す多様な語が日本語にはある。

中国では「城市 chéngshì」という。「城」と「市」である。府，州，県といった行政単位の中核都市が「城市」である。都市はもともと「邑(ゆう,むら)」である。「城邑」という言葉も古くから用いられてきた。「邑」は「口」と「巴」からなり，「口」＝城（囲われた場所）に「巴」（人が住む）という意味である[2]。中国史書に見える「都」あるいは「都城」は，「都市国家」の時代あるいは「領域国家」の時代における諸侯あるいは卿・大夫(けい,たいふ)[3] の都市をいい，王の都である「王城」とははっきり分けられていた。漢代の文献でも，「都」は長安を除いた地方の大都市を意味し，「都城」が天子の場所を一義的に意味するようになるのは明末以降のことである。

---

1 英国では town は city とほぼ同様に使われるが，米国では town は小型の都市的集落を指す（田辺健一『平凡社大百科事典』）。
2 日本語の「邑」は，村＝集落というニュアンスで用いられるが，「口」（囲壁）があるかどうかが問題である。中国では農村集落も城壁で囲われるのが一般的であった。司馬遷（『史記』）や班固（『漢書』）は，「行国随畜の民」と「城郭の民」を区別している。すなわち，遊牧民とは異なり，定住農耕民が居住するのが「邑」である。
3 周の封建制における貴族の官称で，卿・大夫・士の3つの身分があり，大夫には，諸侯の一族や功臣が任命され，土地が与えられた。卿は，大夫中の有力者（上大夫）が任命され，家宰（庶政），司徒（民治），宗伯（礼楽），司馬（軍事），司寇（司法），司空（土木）の6官を分担した。

日本語の「都市」は，西欧語の翻訳語として造語されたのであるが，興味深いのは，そもそも日本に都市はなかったという主張があることである。それも社会学の泰斗，マックス・ウェーバー（1864～1920年）が書いている（『都市の類型学』（『経済と社会 Wirtshaft und Gesellshaft』1922年））。日本の都市には「市壁」がないから都市ではない，すなわち「市壁」で囲われるのが都市というのである[4]。中国の「城市」は「城壁」があるのが前提である。日本は中国の都城制を導入するが城壁は築かなかった。それは何故かということを考えるためには，以下のように，都市の本質に関わる議論が必要である。

　西欧で「都市」（という訳語）の語源となるのは，ギリシャ語のポリス polis，そしてラテン語のキウィタス civitas（複数 civitates）である。メトロポリス，コスモポリス，メガロポリス，テクノポリスなどがポリスから派生するが，ポリスは，ポリス police（警察），ポリシー policy（政策），ポリティックス politics（政治）などの語源でもある。アクロポリス[5]に由来するという説が有力で，もともと「砦・城砦・防御に適した丘」を意味した。そしてアクロポリスを中心として，周辺農村を含んだ「都市国家」を意味するようになる。すなわち「都市」＝「国家」である。

　ポリスは，それゆえ，通常「都市国家」と訳される。重要なのは，ポリスが国家および市民権という概念と密接不可分であり，ポリスが市民集団を意味したことである[6]。すなわち，ポリスは必ずしも地理的な領域を意味せず，その都市自体を越え

4　マックス・ウェーバー『都市の類型学』（1964）の「経済と社会　第2部　経済と社会的・秩序および力　第9章　支配の社会学　第8節　非正統的支配」参照．すべての都市に共通しているのは，ただ一事，大「聚落（オルトシャフト）」であることである，その本質は「市場定住地」である，という定義から始めて，ウェーバーは，まず「消費者都市」と「生産者都市」を区別する。また「工業都市」「商人都市」「農業市民都市」という類型を区別している。さらに要塞の有無を論じて「要塞と市場の統一体としての都市」という概念を提出する。この点で，日本にそもそも都市があったかどうか疑問視できると主張するのであるが，ウェーバーの都市類型論の核にあるのは「西洋における都市『ゲマインデ』の団体的性格と『市民』の身分的資格」そして「東洋におけるこの両概念の欠如」という視点である。すなわち，「都市ゲマインデ」と「市民」からなるのが都市なのである。そして「都市ゲマインデ」は，①防御施設，②市場，③裁判所を持ち，さらに④団体として，⑤自律性，自主性を持つのが条件である。自立性，自主性を持つ「市民」（住民）そして「集団」（団体）からなるのが都市である，という規定はきわめて重要である。しかし，ウェーバーの類型論は，「アジア都市」と「ヨーロッパ都市」をあらかじめ区別することを前提としていた。中国，インド，イスラームの諸都市を例に挙げながら，アジアの諸都市はこうした特性を持たなかったと決めつけている。「近代資本主義が西洋においてのみ成立したのはなぜか」を問題にするウェーバーにとって，「アジア的都市」「古代都市」「中世都市」といった類型は一定の発展段階を跡づけるものとなる。また，南北ヨーロッパの都市の構造比較なども近代世界の成立という観点からなされるのである。生産様式論もこうした都市の発展段階に基づいた類型論に結びついていた。

5　アクロポリスは，城砦として築かれるが，やがて市民の信仰の対象ともなり，共同体のシンボルとして神殿が建設され，ポリスの守護神を祀った。

6　英語の city-state という単語は，ドイツ語の Stadtstaat と同様，ギリシャ語のポリスの翻訳ではない。ポリスは，王制あるいは寡頭制によって統治された古代の都市国家とは異なり，むしろ市民集団によって統治された国家である。

て領土とコロニア colonia（植民都市）をも統御していた。ポリス市民が居住する範囲がポリスであり，注目すべきは，市民にメトイコイ metic（在留外国人）[7]とドゥーロイ doulos（奴隷）は含まれていなかったことである。[8]ギリシャにはまたエトノス ethonos と呼ばれる諸集落の連合からなる「領域国家」を示す言葉もある。エトノスとは一般には民族を意味し，同一の文化的伝統を共有するとともに，共属意識を持つ単位集団をいう。

キウィタスは，シティ city（英語），シテ cité（仏語），チッタ città（伊語）などの語源であるが，ポリス同様，日本や中国の都市の概念と異なる。キウィタスとは，第一義的には，自由な市民の共同体を指す。また，その成員権（市民権）を持つものの集まりをいう。奴隷は含まれない。そして，一定の土地のまとまりを意味しない。人の集団が問題である。そして，その成員がヴィラ villa に住む集落（ウィクス）やテリトリーを含めた地域全体がキウィタスである。すなわち，キウィタスは，都市というより「国（くに）」＝「都市国家」である。キウィタス群がローマ帝国を作り，ローマ市民の一部が各地に送られて形成したのがキウィタス類似のコロニアである。

ラテン語にはさらにウルブス urbs という語がある。アーバン urban の語源である。「農村」に対する「都会」という意味である。すなわち，ウルブスは一定の都市的集住地域を意味する。ウルブスというのは，もともと，エトルリア地域で他と聖別された区域としての「ローマ市」を意味したのであるが，次第に一般的に使われるようになる。

ローマは，コロニアに，ムニキピウム municipium（自治都市）の資格を与える場合があった。ムニシパリティ municipality（自治体）の語源である。さらに，オッピドゥム oppidum（複数形オッピダ oppida）という語がある。「城砦」を意味する。もともとはケルト Kelt（Celt）[9]系の高地性城砦について用いられた。「城砦」については，ほかに，カストルム castrum（複数形カストラ castra）あるいはカステルム castellum があり，ゲルマン語起源にはブルク burg（ブール bourg（仏語），バラ bourgh（borough）（英語））がある。さらに，商業拠点，交易地として用いられたウィクス vicus,[10] エンポリウム

---

7 メタ（ともに）とオイコス（家）の合成である「ともに住む者」という語からきている。単数形はメトイコス。動詞のメトイケオーもしくはメタオイケオーは「移り住む」という意味。
8 各ポリスは，それぞれの守護神を崇拝し，特有の祭儀および習慣に従う，いくつかの部族あるいはデモス（区）によって構成された。ポリスは，参政権を所持している市民，参政権のない市民，奴隷（非市民）の，一般に3種の住民に区分されていた。奴隷制度はアテナイで最も発達し，個人所有が普通であった。
9 青銅器時代に中央アジアから中部ヨーロッパに広がったインド・ヨーロッパ語族の民族と考えられている。ケルト民族が鉄製武器を持ち，馬戦車を駆使したことは，ギリシャ・ローマの文献に記録されている。ギリシャ人はガラティア人と呼んだ。
10 ウィクス（現代語ウィク vic）は史料用語として商業拠点，交易地と訳されてきたが，現在ではウィクスを交易地と呼ぶことは稀である（森本2005）。

emporium，ポルトゥス portus（港市）などの言葉もある[11]。

　アラビア語には，マディーナ madīna（複数形 mudun[12]），あるいはミスル misr という言葉がある。マディーナは一般的に都市を意味するが，固有名詞とするのが，マッカ（メッカ）Makka に次ぐイスラームの第二の聖地マディーナ al-Madīna（メディナ Medina），「預言者の町」マディーナ・アル・ナビ Madīna al-Nabī である[13]。ミスルは，イスラームが各地に建設した軍営都市をいう。

　ペルシア語ではシャフル shahr という。シャフルは，王権，支配権，王国，帝国という意味の語源を持つ。すなわち「都」である。トルコ語では，シェヒル šehir もしくはケント kent という[14]。もともとシェヒルはペルシア語，ケントはソグド語である。古代テュルク語ではバルク balïq であり，バル bal（粘土）に由来するという説がある[15]。

　インドには，ナガラ nagara（都市），プラ pura（都市，町），ドゥルガ duruga（城塞都市），ニガマ nigama（市場町）といった語，概念がある。インドネシアでは，一般に都市・町をコタ kota という。サンスクリットの城砦都市を意味する語が語源だという。面白いことに，ヒンドゥーの影響の強い，インドネシアのバリ島の東に近接するロンボク島にチャクラヌガラという都市がある。ヌガラ negara という言葉は東南アジア一帯で使われているが，場所によってニュアンスが異なる。ジャワでは内陸の「都市国家」を意味し，大陸部では沿岸部の交易都市を指す。また，インドでプル pur というと，ジャイプル，ウダイプルというように，都市のことであるが，インドネシアのバリ島やロンボク島でプラというと寺のことであり，プリ puri というとその祭祀集団の屋敷地をいう。

　こうして，都市という言葉の起源を探ってみると，都市の本質，都市の起源や地域相互の影響関係，その多様な特性について一定の理解を得ることができる。

2　都市の定義

　それでは「都市」とは何か。様々な名称で呼ばれるが，それらに共通する「都市

11　中世初期，カロリング朝時代のラテン語史料では，都市的集落を表現するために，キウィタス，ウルブス，オッピドゥム，カステルム，カストルム，ウィクスなどの種々の表現が用いられているが，この中でキウィタス（またはウルブス）の名称は，ローマ時代以来の，しかもメロヴィング朝時代以来またはその以前から司教座所在地となったような「都市」についてのみ用いられたとされる。
12　アラム語の「裁決する場所」を意味する語の借用である（髙階 1992）。
13　コーラン（クルアーン）では，ウム・アル・クラー umm al-qurā（諸都市の母）という。カルヤ qarya（複数 quran/qurā）はセム語で「都市」「居住域」を意味する。
14　後には「地方」あるいは「大きな町」という意味を持つようになるという（上岡 1992）。
15　バルクが粘土を意味した可能性もある。粘土で囲われた場所すなわち都市という（林 1992）。

なるもの」とは何か。都市の定義については，古来，数多くの規定と議論がある。

これまで世界最古の都市遺跡と考えられてきたのは，パレスティナのエリコ（イェリコ，ジェリコ）Jericho [16] あるいは小アジアのチャタル・ホユック Çatalhöyük [17] である。しかし現在では，いずれも集落（村，村落，邑 village, settlements）であって，都市ではないとされる。集落と都市を分けるものとは何か。数多くの住居址など古代の遺構が発見された場合，都市かどうかはどう判定されるのか。今のところ最古の都市と考えられているのはウルク Uruk であり，ハブーバ・カビーラ南遺跡である。

「アーバン・レボリューション Urban Revolution（都市革命）」（Childe 1950）を書いた考古学者のゴードン・チャイルドは，発見された遺跡を「都市」とする条件として次の10項目を挙げる。①規模（人口集住），②居住者の層化（工人，商人，役人，神官，農民），③租税（神や君主に献上する生産者），④記念建造物，⑤手工業を免除された支配階級，⑥文字（情報記録の体系），⑦実用的科学技術の発展，⑧芸術と芸術家，⑨長距離交易（定期的輸入），⑩専門工人（小泉 2001）である。規模が大きいといっても相対的であり，人口何人以上が都市ということにはならない。チャイルドの場合，分業と階層分化（②⑤⑧⑩）を重視している。租税，文字，長距離交易といった社会経済関係に関わる要素も注目される。

考古学では，チャイルドに並んでマンフレッド・ビータックの定義が知られる。①高密度の居住，②コンパクトな居住形態，③非農業共同体，④労働・職業の文化と社会的階層性，⑤住み分け，⑥行政・裁判・交易・交通の地域的中心，⑦物資・技術の集中，⑧宗教上の中心，⑨避難・防御の中心。ここでは，高密度居住（①②），分業，階層化，住み分け（③④⑤）のほか，中心性（⑥⑦⑧⑨）が強調されている（川西 1999）。

『形づくられた都市』を書いた建築史家のスピロ・コストフは，シカゴ派の都市社会学者ルイス・ワースの「都市とは社会的に異質な個人が集まる，比較的大きな密度の高い恒常的な居住地である」（Wirth 1938），そしてルイス・マンフォードの「都市とは地域社会の権力と文化の最大の凝集点である」[18] という定義を引いた上で，都

---

16 ヨルダン川西岸地区，死海の北西部に位置する。『旧約聖書』には繰り返し現れ，「棕櫚の町」として知られる。1952年に，イギリスのキャスリーン・ケニヨン Kathleen Kenyon らによって，遺跡の先土器新石器 A 期の層（紀元前 8350 年頃〜7370 年頃）から，広さ約 4ha，高さ約 4m，厚さ約 2m の石の壁で囲まれた集落址が発掘された。初期の町は新石器時代の小規模な定住集落で，メソポタミアの都市文明とはつながらないとされている。

17 アナトリア南部の都市遺構。1958年に発見され，1961〜65年にかけてジェームス・メラート James Mellaart によって発掘調査されて，世界的に知られるようになった。最古層は紀元前 7500 年に遡るとされる。最古の都市遺構ともされたが，メラートは巨大な村落とする。2002年，世界文化遺産に登録された。

18 マンフォード（1974）は，また，「都市は大地の産物である」「都市は時間の産物である」「都市は集団的生活のための物的施設であるとともに，（中略）集団的な目的と合意の象徴である」「都

市の基本的特性を列挙している（Kostof 1991）。A）活力ある群衆 Energized Crowding，B）都市クラスター Urban Clusters，C）物理的境界 Physical Circumscription，D）用途分化 Differentiation of Uses，E）都市資源 Urban Resources，F）文字，書かれた記録 Written Records，G）都市と田舎（後背地）City and Countryside，H）記念碑（公共建造物）Monumental Framework，I）建造物と市民 Buildings and People。物理的境界（C）は，市壁の有無の問題に関わる。都市は単独で存在するのではなく他の都市とヒエラルキカルな関係を持つ（B），また，後背地との関係において存在する（G）といった視点が重要である。

大きく整理すれば，都市の基本特性は，I 高密度の集住，II 分業，階層化と住み分け，III 物資，資本，技術の集中とそのネットワーク化，IV 権力（政事・祭事・軍事・経済）の中心施設と支配管理道具（文字・文書，法，税……）の存在，ということになる。

3　都市の起源

都市はどのように発生したのか，その起源をめぐっても諸説がある。

通説となってきたのは，農耕の余剰生産を主因とする A）剰余説である。まず，農耕すなわち穀物栽培が開始される（農耕革命）。それとともに定住的な集落が作られる。そして，農耕技術の発展による生産力の増大によって集落規模は拡大し，集落の数も増加する。さらに，各地の集落の余剰生産物を交換する場として，集落群を束ねるネットワークの中心，結節点として都市が誕生する。農耕革命，農耕技術の発展による生産力の増大，そして余剰生産物の交換の場としての都市の発生という過程を重視するのが剰余説（A）である。

この生産力理論に基づく A）剰余説に対して，B）市場説，C）軍事（防御）説，D）宗教（神殿都市）説，E）政治権力説などの都市起源説が提起される。市場説（B）は，都市の本質である「市」の機能，交換の場の必要性が都市の発生に結びついたとする。剰余説（A）も，上述のように交換を前提にしているが，市場説（B）が強調するのは，チャイルドのいう長距離交易（定期的輸入）である。生態基盤が共通で同様の生産品を産する一定の地域内での交換ではなく，生産基盤を異にする地域間での交換である。軍事（防御）説（C）は，余剰生産物をめぐる抗争に対処するために，高密度集住して城壁で取り囲む都市が発生したとする。城壁の存在を絶対の条件とすると，城壁を持たない日本の都市は都市の定義から外れることになるが，城壁は防御の一手段に過ぎない。軍事（防御）説（C）は，剰余説（A）を含み，大きくは，以

市は，言語とともに，いまでも人間の最も偉大な芸術作品である」等々，含蓄ある定義を述べている。

下に見る政治権力説（E）に含まれることになる。宗教（神殿都市）説（D）は，宗教的権威が所在する神殿の周辺に人々が集住することによって都市が成立したとする。社寺仏閣の門前町がそうであるが，古来，神殿を中心にした都市（神殿都市）は少なくない。古代の人類は，神と死者の世界と一体化した世界に生きており，その中心に神殿都市が作られた。政治権力説（E）は，余剰生産物の分配を行う支配権力の拠点として都市が発生したとする。

都市の起源に関する諸説（A～E）は，要するに，生産（農耕，技術），交換（経済），軍事，祭事（宗教），政治のどれを重視するかによっている。そうした意味では，都市を権力の空間的装置とする説（E）が他を包括し，都市の本質を突いていることになる。

すなわち，都市の起源は，権力の発生と密接不可分ということになる。藤田弘夫（1993）がいうように，この場合，余剰はあらかじめ社会的余剰である。すなわち都市住民のために食糧（農業生産物）を強制的に移動させるのが権力である。こうして，都市の発生と国家の発生は同じ位相で，「都市国家」の成立をめぐって議論されることになる。ポリスあるいはキウィタスが「都市国家」と規定される所以である。

以上を踏まえて，都市の起源，都市の発生＝都市革命を振り返ると以下のようになる。興味深いことは，農耕のための定住集落が都市へ発展するという剰余説（A）に対して，定住が農耕の発生に先行するという主張があることである。農耕の開始によって定住が開始されるのではなく，何らかの事由で遊動生活を維持することが破綻し，定住を余儀なくされ，食糧確保のために農耕が開始されたというのである（西田 1986）。

アフリカの大地溝帯（グレート・リフト・バレー）で進化，誕生した人類（ホモ・サピエンス）は，やがてグレート・ジャーニーと呼ばれる移住を開始するが，[19]大地溝帯の北端，その出口のヨルダン渓谷周辺で農耕が開始されたとされる。後氷期から完新世にかけて気候が湿潤温暖化した1万1500年前頃である。農業の起源をめぐる議論は別にまとめるが（Lecture 01），最初にその仮説を提示したのも，上述の「アーバン・レボリューション（都市革命）」を定義したチャイルドで，後氷期の西アジアでは乾燥化が進行し，オアシスの水辺に動植物とヒトが集中し，その共生関係の中から農耕牧畜が始まったとした。「オアシス仮説」と呼ばれるその仮説は，実際は後氷期の西アジアは湿潤温暖化していたという事実が明らかとなることで今日では否定されるが，農耕の発生（農耕革命）をめぐっても，「豊かさ説」「ストレス説」など諸説があり決着がついているわけではない（藤井純夫 2001）。そうした中で注目される

19　この人類拡散の過程は，Y染色体，ミトコンドリアDNAの追跡をもとにジェノグラフィック・プロジェクトとして明らかにされつつある（ウェルズ 2007）。

のが，定住狩猟採集民の発見である[20]。人類が，採集狩猟の時代から定住して集落を形成していた事例は，日本の縄文時代も含めいくつか指摘されている。採集狩猟生活の段階で定住が開始されていたとすれば，定住革命が農耕革命に先立つことになる。

農耕以前に狩猟採集民が集団全体で定住した事例は少なく，農耕に先立って人口増加は見られないとされるが，いずれにせよ，都市の発生にとっては定住革命が前提となる。定住によって余剰食糧の備蓄が可能となる。遊動採集狩猟生活を基礎とするバンド社会では，すべてのものが共同所有され，採集狩猟物は平等に分配（共同寄託）される。定住化によってバンド社会から氏族社会へ移行していくことになるが，備蓄が開始されると，不平等が生じ，抗争が生じる。それを解消する方法が贈与による互酬である。この互酬システムが広く未開社会に見られたことは多くの人類学者が報告してきたところである。

歴史的な過程として，定住化は，階級分化を生み，国家の形成に結びつくことになる。そして，国家は，農耕を組織し，余剰生産物を略取し再分配するために都市を創出することになる。権力によって，村落（自給自足的小農集落）は都市と農村に分化されることになる。すなわち，都市が農村を支配し，農村が都市に生活資料（食糧）を略取される関係が成立する。分業・階層分化が成立し，農民が誕生することになるのは都市の成立によってである。こうして，都市の形成は国家の形成と切り離せないことになる[21]。

20　P・ペロ Perrot がヨルダン渓谷のナトゥーフ文化遺跡で明らかにした。
21　氏族社会における互酬システムの高次の再生を展望する柄谷行人（2010）は，「都市の起源を論じる人たちは，それが神殿都市から始まるとか，あるいは，城砦都市から始まるとかいっている。しかし，それらは同じことである。ウェーバーは，都市は多くの氏族や部族が新たに形成した盟約共同体として始まったという。彼らの『盟約』は，新たな神への信仰によってなされたから，その意味で，都市は神殿都市である。一方，都市は，交易の場であるとともに，それを外敵，海賊や山賊から守るべき城砦都市，すなわち武装した国家であった。かくして，都市の形成は国家の形成と切り離せない」という。

02　世界都市史の諸段階——国家・火器・産業・情報

　人類の歴史は，地球全体を人工環境化していく歴史である。世界史の舞台となるのは，人類が地球上に自らの居住域（エクメーネ Ökumene）としてきた空間のネットワークである。そのネットワークの結節点として成立するのが都市である。

　その定義をめぐって議論したように（01節2），都市は，高密度の集住体（定義Ⅰ）として，物資，資本，技術の集中するネットワークの結節点（定義Ⅲ）に成立する。都市は，社会集団を制御する権力（政事・祭事・軍事・経済）の所在地である（定義Ⅳ）。そして，都市の内部空間の構成を規定するのは，社会集団の分業，階層化，そして住み分けである（定義Ⅱ）。都市間のネットワークを大きく規定するのは交通手段（ウマ，船，蒸気機関車・蒸気船，自動車，飛行機）であり，情報伝達手段（言語，文字・電信・電話，インターネット）である。ネットワークを通じて交換されるのは，食糧，物資，情報だけではない。人とその集団の移動とともに，宗教，文化，技術，制度などの交換も含んでいる。

　そして，都市間の優劣関係を支配し，都市のかたちを具体的に規定してきたのは，軍事技術であり，建設技術である。

　都市のかたちを大きく変える要因となるのは，まず，

A　火器の出現——攻城法の変化である。火薬そのものは中国で発明され，イスラーム世界を通じてヨーロッパにもたらされ，1320年代に火器が誕生する。ただ，戦争遂行に火器が中心的な役割を果たすのは15世紀から16世紀にかけてのことである（Lecture 02）。そして，火器は，西欧列強が非西欧世界に近代植民都市を建設していく決定的な武器となった。

並行して，

B　航海術，造船技術の革新が大きい。そもそも世界認識（宇宙観）の転換（コペルニクス革命）が大きいというべきであるが，世界都市史としては「世界」の拡張，地球の発見が決定的である。西欧の海外進出，さらに世界周航を可能にしたのは，ラクダやウマ，そして船といった交通手段に代わる，航海の技術である。

そして，次の世界都市史の最大の画期となるのが，

C　産業革命である。産業革命によって都市と農村の分裂が決定的になる。農村から流入する膨大な人口を受け入れることで，都市は急速に拡大し，19世紀後半には城壁は撤去されることになる。また，蒸気機関車，蒸気船によって，諸都市間のネットワーク関係を大きく転換していくことになる。

さらに，都市生活のあり方とともに都市景観のあり方に決定的となるのが，

D 近代建築の成立——建築生産の工業化——である。建築が工場生産化（プレファブ化）されることによって，建築と土地との関係が切り離される。また，鉄筋コンクリート（RC）造，鉄骨（S）造によって高層建築化が可能になったことが大きい。都市が立体化することが可能となるのである。

また，交通手段として，鉄道に加えて，

E 自動車，飛行機の出現が大きい。時間距離が大幅に短縮されることにおいて，人と人との交流，物流システム，住居と都市の関係，住居と世界の関係を支えるシステムが大きく変わるのである。

そして，現在，都市のあり方を大きく変えつつあるのが，

F 情報通信技術ICTの革新である。

人類が居住域としてきた空間[1]とそのネットワーク形成[2]の過程を，その変化要因を念頭に大きく区分すると以下のようになるだろう。

①ホモ・サピエンスの地球全域への拡散

アフリカ大地溝帯で誕生した人類は，採集狩猟の遊動生活を基本とし，10万年前頃アフリカを出立し（出アフリカ），エクメーネを広げていく。数万年前にはヨーロッパ，またアジア南部に至り，4万年前にはオーストラリア，2万年前にはベーリング海峡を渡り，1万5000年前には南アメリカの南端に達する。人類は遺伝子を交換しながら居住域を拡大していった。ジェノグラフィック（遺伝子系統樹）分析は，その系譜を明らかにしつつある。人類はそれぞれの地域で集団を形成し，社会を形成していく。最初の世界規模のネットワーク（「ヒューマン・ウェブ」（マクニール 2015））を成立させたのは，情報や物資の交換のための言語である。

---

1 宮崎正勝（2015）は，人類が誕生したアフリカの大地溝帯（①）を世界史最初の歴史空間として，乾燥地帯の大河流域における大農業空間の形成（②），ウマを使う遊牧民などの大河流域と草原・荒れ地・砂漠の空間的統合による「諸地域世界」の形成（③），イスラム帝国に始まる騎馬遊牧民と商人によるユーラシア規模での空間の統合（④），大西洋世界の開発——大航海時代以降の大洋が諸大陸を結ぶ大空間の成長と資本主義などの近代システムの形成（⑤），産業革命以降のヨーロッパを中心とする鉄道・蒸気船による地球空間の統合（⑥），アメリカを中心とする地球規模の電子空間の形成（⑦）が順次「空間革命」によって世界史空間を形成してきたとする。最初の空間革命（①→②），すなわち都市革命である。第4の空間革命（④→⑤）は近代世界システムの形成，第5の空間革命（⑤→⑥）は産業革命，第6の空間革命（⑥→⑦）は情報革命である。

2 W・H＆J・R・マクニール（2015）は，ヒューマン・ウェブ（人と人とをつなぐ種々の結びつき——血縁関係，友情，共通の対象への崇拝，対立・敵対関係，経済的交換，生態学的交換，政治的協力，軍事的競争）に焦点を当てて世界史を叙述する。すべてのウェブは，協力と競争の両面を併せ持ち，内部のコミュニケーションや協力関係を効率よく発達させたものが競争で優位に立つという。また，拡大する傾向があり，地球の歴史そのものも変えてきたとする。

②定住革命／農耕革命

定住／農耕・牧畜の開始とともに，地球上の各地に定住地（集落）が形成される。そして，農耕・牧畜の技術は各地に伝播していく。農耕の起源地とされるのは，西南アジア，中国中央部，ニューギニア高地，メソアメリカ，中央アンデス，ミシシッピー川流域，西アフリカ，南インドであるが，農耕発生の背景，時期，栽培種，拡散過程などはそれぞれ異なっている（ベルウッド 2008）。農業空間と農業集落の形成は局所的である。牧畜空間は農業空間の周辺に形成される。

③都市革命

都市文明が誕生するのは，ティグリス・ユーフラテスの両河川，ナイル川，インダス川，そして黄河（長江）という大河の流域である。大河流域に灌漑による大農業空間が形成され，物資，資本，技術の集中する結節点として一群の都市が発生し，ネットワークを形成する。各地の農業空間，遊牧空間をつないで成立するのが都市のネットワーク（「メトロポリタン・ウェブ」（マクニール 2015））である。その起源をめぐって指摘したように，都市の成立は国家の成立と不可分である。

④帝国の誕生

先行するメソポタミア文明は，エジプト文明に影響を与え，さらにインダス文明とも関わりを持っており，ゆるやかにひとつの「回廊」を形成していた。その「ナイル－メソポタミア－インダス回廊」と中国文明（黄河文明および長江文明）との直接的関係は不明であるが，農作物としてのコムギ，オオムギ，青銅器，鉄器，ウマ，戦車などは，西方から伝えられたことが分かっている。ユーラシアの東西は，ウマ，ラクダを輸送手段とする陸路（「シルクロード」）によって，あるいは，船による海路（「海のシルクロード」）によってつながれていく。しかし，地域間の交流は大きくなく，各地域は，相対的に独立した空間を形成する。各地域で都市国家を束ねて成立するのが帝国である。

⑤ユーラシアの連結

ユーラシア大陸は，中央部を砂漠が東西に横断しており，居住に適する場所は少ない。点在するオアシスに定住地が形成されるが，広大な空間は人口密度の低い遊牧民の世界であり続ける。遊牧民族は，大規模な移動を繰り返し，世界史に大きなインパクトを与える。北アジアの遊牧騎馬民族であるフン族が，4世紀中頃から西に移動を始め，東ゴート族，西ゴート族を圧迫して，ゲルマン民族の大移動を誘発し，西ローマ帝国崩壊の遠因となった。そして，大モンゴル・ウルスの成立は，史

上初めてユーラシアの東西を連結する。ネットワークをつなぐ交通手段はウマであり，広大なユーラシアを制覇したのは騎馬戦の技術である。しかしユーラシアの連結は，ウマによって連結された世界（「旧世界ウェブ」（マクニール2015））であって，海を媒介した船による交通は，陸上の地域を局所的に連結するにとどまっていた。

⑥環大西洋革命――近代世界システムの形成
　15世紀以前の「世界史」は，ユーラシアを舞台とする「陸の歴史（小さな世界史）」である。クリストバル・コロンの「新大陸」（サン・サルヴァドル（グアナハニ）島）の発見（1492年）以降，大西洋，インド洋，太平洋が多角的に陸地を結びつける「海の歴史（大きな歴史）」が開始される。ポルトガルが先鞭をつけ，スペインが続くが，イスラーム勢力をイベリア半島から一掃したレコンキスタの完了とコンキスタの開始は同じ1492年であり，以降，西欧世界の非西欧世界に対する優位が確立されていくことになる。近代世界システムの最初のヘゲモニーを握ったのはオランダであり，続いたのが世界の陸地の4分の1を植民地化したイギリス（大英帝国）である。西欧の海外進出そして世界制覇を可能にしたのは，火器（A）であり，航海の技術（B）である。

⑦産業革命
　産業革命は都市と農村の関係を決定的に変える。さらに，RC造，鉄骨造による高層建築の出現によって，立体的な空間利用が開始される。蒸気機関車，蒸気船から自動車，飛行機へ，交通手段の発達によって，今や人跡未踏の地はないと思われるほど地球全体がエクメーネと化し，寒帯，熱帯を問わず，宇宙にも，人工的に調節可能な環境を作り出しつつある。

⑧情報革命
　コンピュータが一般化していくのは1970年代である。パーソナルコンピュータのアップルコンピュータがスティーブ・ジョブズによって製造販売されたのは1976年であるが，以降，性能を上げながら普及していくことになった。携帯電話が軽量化し普及していくのは，1980年代末から90年代にかけてである。そして，インターネットとEメール・サーヴィスが始まるのは1999年である。情報伝達技術ICTの革新はとどまることを知らない。この情報革命は，ありとあらゆる交換と交通のあり方を一変させ，産業構造を転換させてきた。地球全体が瞬時につながるヴァーチャルな電子空間が成立するのである。一方で，地球環境全体の限界，人口問題，食糧問題，エネルギー問題，資源問題，環境問題が明らかになりつつある。都市のかたちも大きく転換していくことになる。

03 都市のかたちとその系譜

さて，都市の世界史的展開について，以上の時代区分を確認した上で，都市のかたち，あるいは都市計画の系譜を大きく分類しよう。都市のかたち，そして都市の内部空間をどう構成するかについてはいくつかのパターンがある。すなわち，都市計画，都市設計（アーバン・デザイン）の方法にはいくつかの系譜があり，分類することができる。分類の軸とするのは，都市全体の形態と空間構成，具体的には，街路体系，街区の形，街区構成（分割）のパターンである。[1]

1　グリッド都市──ヒッポダミアン・プラン：土地の分割と管理

古今東西，普遍的に見られるのはグリッド・パターン（碁盤目状，格子状，方格状，チェスボード状……街路パターン）の都市である。[2] 都市計画の起源というと，ミレトス

---

[1] コストフは『形づくられた都市』（Kostof 1991）で，都市のかたちの歴史を大きく5つの章（オーガニック（有機的）・パターン Organic Patterns，ザ・グリッド The Grid，ダイアグラムとしての都市 City as Diagram，ザ・グランドマナー The Grand Manner（壮麗化の手法），アーバン・スカイライン The Urban Skyline）に分けて叙述している。また，『集められた都市』（Kostof 1992）では，都市のかたちの要素を5つの章（都市の境界 The City Edge，都市の分割 Uraban Devisions，公共的場所 Public Places，街路 The Street，都市過程 Urban Process）に分けて叙述している。『集められた都市』の第1章は都市のエッジ Edge（縁）である。想起されるのは，ケヴィン・リンチ（1969）が『都市のイメージ』で抽出した都市のイメージを構成する5つの要素，パス Paths（街路），エッジ Edges（縁），ディストリクト Districts（地区），ノード Nodes（接合点，集中点），ランドマーク Landmarks（目印）である。エッジは，街路同様，線状の要素であるが，市域と市外あるいは地区と地区を境界づける要素である。第2章「都市の分割」は，都市のディストリクトの構成に関わる。第3章「公共的場所」はノードという要素と考えることができる。5章「都市過程」は，コストフの死後，上梓を託されたグレッグ・カスティージョ Greg Castillo の執筆であるが，都市の形成，破壊（戦災，災害），オスマニザシオン（第Ⅶ章4），ローマの中性化など都市の変容を扱っている。

[2] コストフは，「ザ・グリッド」に対して「オーガニック・パターン」を対置している。この二分法は分かりやすい。グリッド・パターンの街路体系，街区分割は古今東西いたるところで見ることができる。しかし，都市全体のかたちについては，ほとんどすべてといっていいほど「オーガニック・パターン」の都市が圧倒的に一般的である。コストフが取り上げるのは，計画的「オーガニック・パターン」である。マンフォードは，「オーガニック・プラン」という用語を用いて，ヨーロッパ中世都市の「原理」を強調するが，コストフが注目するのも，中世都市の「オーガニック・パターン」の原理である。コストフはまた「田園都市」計画を「オーガニック・パターン」の系譜として位置づける。いくつかの「田園都市」を「計画」したレイモンド・アンウィン Raymond Unwin とバリー・パーカー Barry Parker が徹底して反「グリッド・パターン」を主張したことはよく知られている（Column 15）。また，マンフォードが師と仰ぐパトリック・ゲデス Patrick Geddes（1854〜1932年）の「外科的手法」と呼ばれる都市計画手法も計画的「オーガニック・パターン」の系譜となる（Column 09）。コストフは，「計画されたピクチャレスク」といわれる，絵画的な美，自由な表現（不規則性，荒々しさ，想像力，幻想性，多様性……）

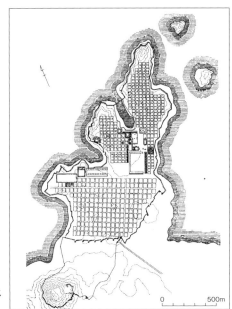

図1 グリッド都市, ミレトス
(ワード＝パーキンズ 1984)

の（図1）ヒッポダモス Hippodamos（前5世紀頃）の名前が挙げられるが、「ヒッポダモスこそ、整然としたグリッド・パターンの考案者であり、最初の都市計画家である」とアリストテレスが「都市計画の考案者」（『政治学』第二書）と書いているからである。[3] しかし、ヒッポダモス以前にヒッポダミアン・プランすなわちグリッド・パターンの都市計画は存在する。エジプトのカフーンやエル・アマルナの労働者集落は規則正しいパターンをしているし、東トルコのゼルナキ・テペやアッシリア時代のパレスティナのメギド[4]もミレトス（前479年頃）に先立つ。

を計画する18世紀中葉以降の一連の計画手法も「オーガニック・パターン」の系譜とする。さらに、幾何学的構成からの逸脱、街区改造など一般的な保存修景の試みも「オーガニック・パターン」を生み出す計画手法とする。

3 「エウリュポン Euryphon の息子、ヒッポダモスはミレトスの人である。彼は国を区画することを発明し、ペイライエウス Peiraieus の町に碁盤状の道路を設計した。(中略)最善の国政について論じることを企てた最初の人である」（『政治学』第2巻「最善の国政についての人びとの見解と評判の高い国政の吟味」第8章「ミレトスのヒッポダモスの国制論に対する批判」1267b22-29）。ベッカー版『アリストテレス全集』Aristotelis Opera, ex recensione Immanuelis Bekkeri, edidit Academia Regia Borussica, Berolini, 1831-70。

4 2005年、聖書ゆかりの遺丘群としてメギド、ハツォル、ベエル・シェバが世界文化遺産に登録された。テル・メギド Tel Meggid は、交通の要衝にあり、軍事上の要地、古戦場として知られ、『旧約聖書』に多くの言及がある。『新約聖書』の『ヨハネ黙示録』には、終末論的な決戦の場としてハルマゲドン（メギドの丘）が選ばれている。テル・メギドの発掘調査は、20世紀初頭から1970年代にかけて何度も行われ、約30の都市遺跡が積み重なっていることが明らかになっている。最古のものは新石器時代のもので、鉄器時代の遺構は、水利システムが高度に発達していたことも示している。2005年には、世界最古のキリスト教聖堂の跡が発見された。テル・ハツォ

ヒッポダモスがミレトスの設計に関わったかどうかは明らかではない。アリストテレスは，ヒッポダモスを理想的な都市のあり方について思索した一風変わった社会・政治理論家と言い，ペイライエウスという都市を設計したと言っているだけである。いずれにせよ，ヒッポダモス以前にグリッド・パターンの都市計画が存在したことは，ミレトスとともにグリッド・パターンの都市の先駆とされる古スミュナルの例からも明らかである。
　なぜ，グリッド・パターンか。
　グリッド・パターンの都市のほとんどは新たに更地に建設された植民都市である。ミレトスは90にも及ぶ植民都市を建設している。古代ギリシャ・ローマに限らず，新大陸に西欧列強が建設した植民都市もグリッド・パターンを採用する。スペイン植民都市が典型的である。都市計画の技術的問題（測量，整地，建設），土地分配，住民管理の問題などを考えると，グリッド・パターンはきわめて合理的だからである。

2　記念碑都市――ペルガモン・スタイル：地形とヴィスタ（眺望）

　ギリシャの都市計画の伝統として，ヒッポダモス様式（ヒッポダミアン・プラン）の都市とは異なる，自然な地形をそのまま活かし，統治者の威信を誇示するために都市を壮麗化する都市の伝統がある。[5]

　グリッド・パターンの都市の建設は大きなコストを要した。都市の立地によっては大規模な造成が必要となるからである。白紙の上にグリッドを描くのは簡単でも，現実には多くの困難を伴う。一方，自然の地形をそのまま用いる都市には壮大な景観を生み出す可能性があった。小アジアを中心に，支配者たちは，都市を自らの業績の，永遠の記念碑（モニュメント）として残すために，大きな景観の中にその姿を

　　　　ル Tel Hazor は，『旧約聖書』『ヨシュア記』にカナン人の王ヤビンが支配する都市として登場する。ハツォルの発掘は1928年に初めて行われ，紀元前2000年紀に2万人を擁していたとされる。中期青銅器時代，後期青銅器時代，鉄器時代それぞれで変化した遺構が確認されている。テル・ベエル・シェバ Tel Beer Sheba は，「7つの井戸」ないし「誓いの井戸」の意味で，その名前自体が旧約聖書の『創世記』と関連があるとされる。テル・ベエル・シェバの発掘調査は1960年代から70年代に行われたが，アブラハムらがいたと考えられる時代に人が住んでいた形跡は確認されていない。テル・ベエル・シェバにも水利施設の遺構が残っているが，2ヶ所残っている遺構はどちらも鉄器時代のものである。

5　コストフの「ザ・グランドマナー（壮麗化の手法）」である。「グリッド・パターン」vs「オーガニック・パターン」という二分法は，街区レヴェルの対比であるが，「ザ・グランドマナー」は都市全体のかたちに関わる。「ザ・グランドマナー」は，第1に，都市全体を記念碑的建造物によって壮麗に飾りたてる手法をいう。重視されるのは，都市権力を象徴する視覚的表現であり，眺望（ヴィスタ）である。自然地形を活かしたランドスケープ・デザインが基本に置かれる。古代ギリシャのアクロポリスが分かりやすいが，その成果とされるのがヘレニズム時代のペルガモンである。古代ギリシャにおける都市計画の伝統は，大きく「ザ・グリッド」と「ザ・グランドマナー」に二分される。

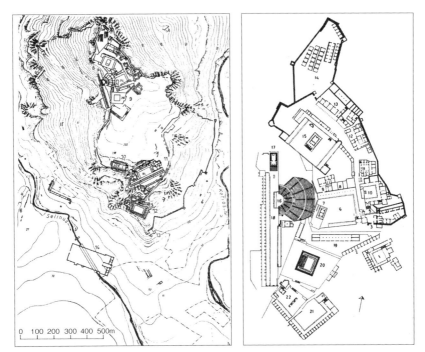

図2 記念碑都市,ペルガモン全体(左)および上ペルガモン(右)の平面図,復元図(Benevolo 1975)

誇示する都市を構想したのである。

　アリンダ,アッソス,ハリカルナッソスなどの都市が例として挙げられるが,こうした都市の記念碑化,壮麗化の頂点に立つのが小アジアの西海岸のペルガモン[6](図2)である。「ペルガモン様式」と「ヒッポダモス様式」は,古代ギリシャ・ローマの都市計画の2つの異なる起源であり,伝統となる。

3　宇宙都市——コスモロジカル・プラン：権力とネットワーク

　「ヒッポダモス様式」「ペルガモン様式」という古代ギリシャの2つの都市計画の伝統とは別の次元として,第3の都市計画の伝統がある。都市のかたちを宇宙の秩序の反映として考える宇宙論的都市の系譜である。

　宇宙の構造を都市の空間構造として表現しようとするものとして,古代中国や古

6　現在のトルコ,ペルガマ市。ヘレニズム時代に栄えたペルガモン王国の首都。発掘は1878年ドイツ人技師フーマン C. Humann とベルリン博物館のコンツェ A. Conze によって始められ,その後デルプフェルト W. Dörpfeld,ウィーガント T. Wiegand らの考古学者に受け継がれた。

代インドの都城が明快である。中国の都城は，理念として「天円地方」の宇宙を示すとされる。東西南北に走る道路で区画され，中央に王宮がある。その南に社稷，宗廟の祭祀施設，北側に市場が置かれる。『周礼』考工記の「匠人営国」の条は都城の理念を示すものとしてよく知られている（Column 10）。古代インドにも，理想の都市について記述した『アルタシャーストラ』がある（Column 08）。

「都城」について，それを支えるコスモロジーと具体的な都市形態との関係を，アジアからヨーロッパ，アフリカ，アメリカまでグローバルに見てみると，第1に，王権を根拠づける思想，コスモロジーが具体的な都市のプランにきわめて明快に投影されるケースとそうでないケースがある。東アジア，南アジア，そして東南アジアには，王権の所在地としての都城のプランを規定する思想，書が存在する。しかし，西アジア・イスラーム世界には，そうした思想や書はない。

第2に，都市の理念型として超越的なモデルが存在し，そのメタファーとして現実の都市形態が考えられる場合と，機能的な論理が支配的な場合がある。前者の場合も理念型がそのまま実現する場合は少ない。理念型と実際の都市の重層はそれぞれ多様な都市形態を歴史的に生み出してきた。現実の都市構造と理念型との関係は時代とともに変化していく。第3に，都城の形態を規定する思想や理念は，その文明の中心より，周辺地域において，より理念的，理想的に表現される傾向が強い。たとえば，インドの都城の理念を具体的に実現したと思われる都市は，アンコール・ワットやマンダレー（図3）のような東南アジアの都市である。

都市とコスモロジーとの明確な結びつきは，中国，インドに限定されるわけではない。ローマン・タウンということで各地のローマのコロニアに採用された，太陽の動きをきわめて単純にカルドとデクマヌスという東西南北の直交する幹線道路で分割する「ローマ・クアドラータ（正方形のローマ）」も宇宙論的都市といっていい。ジョーゼフ・リクワート（1991）は，ローマについてそのイデアを明らかにし，さらに様々な事例を挙げている。

ヨーロッパ中世の都市には，必ずしも，個々の都市そのものを宇宙の投影と見なす考えはない。ローマ教皇を頂点とする司教座都市のネットワークが宇宙であり，世界である。イスラーム都市のネットワークもまたそうである。

4　ダイアグラム都市——幾何学パターン：秩序と形式

宇宙の秩序，あるいは理想的な秩序に基づいた都市を構想し，表現しようという試みは，歴史の流れの中に繰り返し見ることができる。理想都市はしばしば幾何学的な形態によって表現される。コスモスという概念を初めて用いたとされるピタゴ

図3　宇宙都市，マンダレー（O'Connor 1986）

ラスが，存在するもののすべてがハルモニアやシンメトリアといった数的で美的な秩序を根源としていると考えたように，幾何学的秩序は理想的な形として採用され続ける。プラトンの円形状の理想都市の全体は12の部分に分割され，さらに土地の良否が平等になるように5040の小区画が計画される。また，プラトンは，伝説上の「幸福の島」，アトランティスについても理念型を記述している。アトランティスでは矩形の土地がそれぞれ正方形の6万の区画に区切られている。理想都市の2つの幾何学的形態，円形放射状のパターンとグリッド・パターンが[7]，プラトンのユートピアにおいてすでに提示されている。

---

[7] マンフォード（1969）がいうように，グリッド・プランといっても「エトルリアの祭祀における意味，ヒッポダモスにおける意味，一夜の集団宿営を鋤で掘るローマ軍団における意味，あらかじめ最大限の建築敷地を提供する目的の，1811年ニューヨーク都市計画委員会における意味は，それぞれ違う」。「土地投機にいちばん好都合」ということになるのは近代以降である。

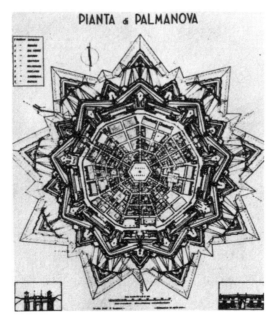

図4 ダイアグラム都市, パルマノーヴァ (Rosenau 1974)

　この系譜のハイライトがルネサンスの理想都市計画群である。完結的な幾何学形態への志向は, 理想としての古典古代の発見, ギリシャ・ローマ都市の理想の復興という精神の運動を基礎にしていたが, 具体的にはウィトルウィウスの建築論, 都市論の発見と読解がその背景にある。この形式化への志向を突き詰めることにおいて, 理想都市計画は中世における宗教的, 象徴的な解釈から解放されることになる。一方, 理想都市計画は, 幾何学的な操作の対象に矮小化されたといえる。[8] ただ, 幾

8　「ダイアグラムとしての都市」に対置されるのは「ザ・グランドマナー」である。「グリッド・パターン」vs「オーガニック・パターン」という二分法は, 街区レヴェルの対比であるが, 「ダイアグラムとしての都市」vs「ザ・グランドマナー」は, 都市全体のかたちに関わる。コストフ (Kostof 1991) は, まず「ダイアグラムとしての都市」を「インフレキシブル (不変の, 固定的な)」都市とする。要するに, 完結的で, 全体と部分の関係が秩序づけられた都市が「ダイアグラムとしての都市」である。理想都市 (ユートピア) 計画の系譜がそうであるように, 「ダイアグラムとしての都市」は, 一般的に, 円とか多角形など幾何学的な形状で表現される。もちろん都市全体に限らず, 軍事キャンプ, 修道院, 工場団地など, 一定の集住地がダイアグラムに基づいて計画されることは古来行われてきた。要するに, 幾何学的形態をとる一定の完結性を持つ計画がこのカテゴリーに含まれることになる。コストフは, 「聖なる都市 Holly City」として, アンコール・トムを含めている。また, 線状システムとして北京, ニューデリー, ブラジリアを, 放射状システムとして東京, フィラレーテ, スフォルツィンダを挙げている。確かに, 形態のみを問題にすれば超歴史的に並列して比較可能であるが, 全体の完結性, それを支えるコスモロジーの有無については区別したい。

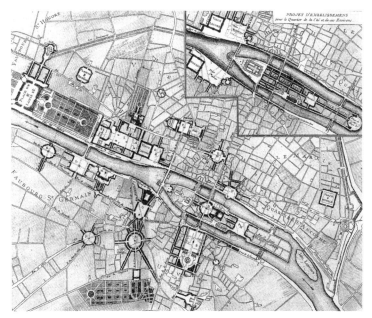

図5　劇場都市，パリ（Kostof 1991）

何学的形態をそのまま実現する例はパルマノーヴァ（図4）などごくわずかである。

　ルネサンスの理想都市計画提案の背景には，都市計画史上の一大転換がある。火器，すなわち大砲の出現によって攻城法の飛躍的革新が行われたのがルネサンスである。幾何学的形態は，稜堡を設けて死角をいかになくすかをテーマとする理論に基づいて考案される。この都市計画の技術化，すなわち幾何学化，形式化，機能主義的都市計画がもうひとつの，第4の都市計画の伝統である。近代の都市計画も大きくはこの流れのうちにある。

5　劇場都市——セノグラフィック・マナー：軸線・焦点・遠近法

　ルネサンス（特にマニエリスム期）の建築家たちがさらに都市計画にもたらしたのは，遠近法の発見とその都市景観，都市構成への適用である。それは都市を劇場の舞台のように設計する手法である（図5）。パースペクティブの効果はもちろん古来知られていた。「ペルガモン様式」の都市計画の伝統がそうである。中国でも，隋唐の長安城の中軸線をなす朱雀大街は皇帝の権威を象徴化するヴィスタを実現していた。

　しかし，記念碑的な建築物へ向かう大通りの直線的ヴィスタなどが意識的に使わ

れ出すのは，遠近法が建築家の自由自在なものとなってからである。この遠近法によるヴィスタの美学を徹底して追求したのが壮麗なるバロック都市である。ポワン・ド・ヴュ（ポイント・オブ・ビュー）と呼ばれる大通りの焦点に記念碑的建造物を置く手法は好んで用いられてきた。放射線状のなす何本かの街路の中心に凱旋門や記念塔などを置く手法も同様である。

6　迷路都市——イスラーム都市：相隣関係とディテール

幾何学や透視図法を用いた都市計画の流れとは異なる伝統として代表的なのがイスラーム都市である。イスラーム都市は，迷路のような街路から成り立っていて，全体も不定形である（図6）。イスラーム都市は，したがって，非グリッド都市，コストフのいう「オーガニック・パターン」[10]に属する。この有機的形態は，イスラーム以前に遡るからイスラームに固有とはいえないが，イスラームの都市計画原理はその形態を裏打ちする。「オーガニック・パターン」の構成原理を解き明かしてくれるのがイスラーム都市である。

西アジア・イスラーム世界には，上述したように，王権を根拠づける思想，コスモロジーが具体的な都市のプランにきわめて明快に投影される都市はない。また，王権の所在地としての都城のプランを規定する思想や書はない。イスラーム世界では，マッカ（メディア，エルサレム）を中心とする都市のネットワークが世界を構成する。これは，ヴァチカンを中心とするキリスト教世界もそうである。

イスラーム都市が興味深いのは，全体が部分を律するのではなく，部分を積み重ねることによって全体を構成する原理である。きわめて単純化していうと，イスラー

9　コストフ（Kostof 1991）は，「バロック都市」計画を「ザ・グランドマナー」の代表とする。本来「歪んだ真珠（石，穴……）」を意味するバロック（仏・英 baroque, 独 Barock）という概念は，16世紀末から17世紀初頭にかけイタリアのローマ，マントヴァ，ヴェネツィア，フィレンツェで誕生し，ヨーロッパの大部分へと急速に広まった美術・文化の様式を一括する概念として美術史で用いられてきているが，「バロック都市」という場合，バロック建築様式の舞台としての都市というだけでなく，中世都市の改造のための直線的街路（軸線）の創設がその特性と考えられている。地形，景観を考慮した焦点の設定による，劇的効果を狙ったヴィスタのための軸線の挿入は，ルネサンス後の都市計画の基本的な方法になる。シクストゥス5世（1585～90年）時代のドメニコ・フォンタナ Domenico Fontana によるローマのマスター・プランなど，イタリアの諸都市の全体計画にその手法がまず見られるが，劇場におけるセノグラフィア Sceanografia（場面（情景）設計）のように，都市のそれぞれの場所（広場，橋，市場など公共的な空間）を劇場の舞台のように設計する手法はイタリア以外でも一般的に採用されていく。コストフは，19世紀以降，欧米各都市で見られるグリッド・プランに斜めに交差する対角幹線道路の計画も「ザ・グランドマナー」の系譜と見なしている。ニューデリー，キャンベラという20世紀の大英帝国の海外首都はその到達点である。

10　注24, 25, 28, 31参照。

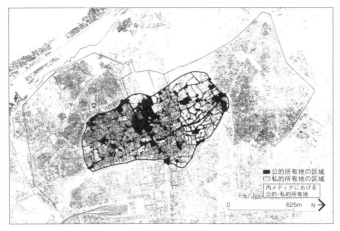

図6　迷路都市，チュニス（ハキーム 1990）

ム都市を律しているのはシャリーア[11] sharī'a（イスラーム法）である。また，様々な判例である。道路の幅や隣家同士の関係など細かいディテールに関する規則の集積である。全体の都市の骨格はモスクやバーザール bāzār（ペルシア語で「市場」。英 bazaar, 仏 bazar。アラビア語ではスーク sūq）など公共施設の配置によって決められるが，あとは部分の規則によって決定されるというのがイスラームの都市原理である。

　古来，理想的で完結的な都市が様々に構想され，建設されようとしてきたが，その理念がそのまま実現することは稀である。仮に実現したとしても，歴史の流れはその理念を大きく変容させるのが常である。そうした全体から部分へ至る都市計画の方法に対して，このイスラームの都市原理はもうひとつ異なる起源を示している。部分を律するルールが都市を作るのであって，あらかじめ都市の全体像は必ずしも必要ではないのである。

　都市のかたちの世界史を大きく振り返ると，以上のように，街区構成レヴェルで「グリッド・パターン」vs「オーガニック・パターン」という2つの系譜があり，都市全体の形のレヴェルで「ダイアグラムとしての都市」vs「ザ・グランドマナーとしての都市」という2つの系譜がある。しかし，コストフは，最後に「アーバン・スカイライン」という章を設ける。古来，ピラミッドを想起するまでもなく，ゴシックのカテドラルを含めて高層建築は建てられてきた。しかし，「スカイスクレーパー skyscraper（空を引っ掻くもの）」が出現し，都市の景観をまったく変えてしまうのが19世紀末以降である。20世紀に入ると，都市の歴史は異次元に入っていく。

11　シャリーアは，もともと「水場へ至る道」という意味であり，「ムスリムとしての正しい生き方を示す指針」である。

04　世界都市史素描

　世界都市史のひとつの構図を，01〜03節を前提に，示しておこう[1]。

　アフリカの大地溝帯から人類は地球全体に拡散していくが，ユーラシアの大河川流域において大農業空間が形成されるとともに都市文明が発生する。メソポタミア文明，エジプト文明，インダス文明，黄河・長江文明の諸都市（＝国家）の出現である。続いて，ウマを使う遊牧民などによって大河川流域と草原・砂漠地域が空間的に統合され，いくつかの地域をネットワーク化する帝国が成立する。各地域に帝国が成立すると，その中心に帝都が成立する。帝都は，都市＝国家のネットワークのヒエラルキーの最上位に位置する。同一の文字，貨幣，法律，宗教，軍隊が統合の基本になる。

　西アジアで最初の帝国，ペルシア帝国（ハカーマニシュ（アケメネス）Achaemenid 朝（紀元前550〜330年））が成立する。メソポタミア，エジプト，インダスの三文明の諸都市を統合する帝都となったのはペルセポリスである。ただ，この世界最初の帝国は，遊牧民の帝国であり，帝都は，エクバタナ，スーサ，バビロン，パサルガダイ，ペルセポリスを移動している。このペルシア帝国は，アレクサンドロス大王の東征を契機として分裂，大きくは，地中海・ヨーロッパのローマ帝国，そして西アジアの

---

[1]　都市のグローバル・ヒストリーをうたうジョエル・コトキン Joel Kotkin（2005）の『都市 The City』は，小作品であるが，本書の参考になる。全18章からなり，第1部「都市の発生」，第2部「ヨーロッパの古典都市」，第3部「オリエント時代」，第4部「西洋都市の再興」，第5部「産業都市」，第6部「近代メトロポリス」という構成をとっている。まず，第1章「聖なる起源」として，メソポタミア，エジプト，インド・中国，アメリカを一覧し，第2章「権力の出現——帝都の発生」として，アッカド王サルゴン，バビロンを挙げ，中国に触れる。そして，第3章「最初の交易首都」としてカルタゴを取り上げる。以上が第1部であるが，第4章「ギリシア」（クレタ，ミケーネ，ポリス，アレクサンダー），第5章「ローマ——最初のメガ・シティ」，第6章「古典都市の没落」という第2部に続いて，第7章「イスラーム群島」（「ムハンマドの都市ヴィジョン」「イスラーム都市の特性」「ダマスカス——地上の楽園」「バグダード——世界の十字路」「カイロの黄金時代」「北アフリカから中国境界まで」「インドのイスラーム再生」），第8章「中（央王）国の諸都市」，第9章「失われた機会」という第3部は，イスラーム都市の展開を扱う。グローバルな視野は意識されてはいるが，また，イスラーム世界の都市はそれなりに位置づけられているが，中国，インドの都市についてはやはり記述が薄い。第4部「西洋都市の再興」の第10章「ヨーロッパの都市ルネサンス」（「都市国家の復興」「ヴェニス」「フィレンツェ」「パリ」），第11章「商業（物欲の）都市」（「アムステルダム——最初の近代商業都市」「ロンドン」「世界資本主義の首都」）を立てるように，西欧都市が中心軸となっている感は否めない。ただ，第5部「産業都市」（第12章「アングロ・アメリカン都市革命」，第13章「工業主義とその批判」）以降は当然，世界共通となる。第6部「近代メトロポリス」（第14章「よりよい都市の探求」，第15章「郊外の勝利」，第16章「脱植民地のジレンマ」，第17章「さらなる東方の女王」，第18章「都市の未来」）には，日本を含めてアジアの諸都市について多くの言及がある。

ペルシア帝国，インドのマウリヤ帝国，中国の秦漢帝国が各地域を統合するに至る。

　大モンゴル・ウルスによってユーラシア規模での空間統合がなしとげられる13世紀以前においては，ヨーロッパ世界，イスラーム世界，インド世界，中国世界など，各地域でそれぞれ独自の都市の歴史が積み重ねられてきた。

　西ローマ帝国崩壊によってヨーロッパ世界が成立すると，ヨーロッパ各地に都市が形成される。そして，都市国家（コムーネ）の成立が世界都市史の理念軸になる。

　一方，火器の発明による攻城法の変化によって都市のあり方は大きく変わっていく。ヨーロッパにおける火器登場後の都市の展開，ルネサンスからバロック期にかけてのダイアグラム都市の登場は，都市計画史のハイライトのひとつである。

　イスラームが成立するのと並行してユーラシアの東西がネットワークでつながり始める。そして，イスラームの勃興はヨーロッパに対して大きなインパクトを与えることになる。イスラーム世界の場合，インド世界，中国世界の場合と異なり，コスモロジーを帝都（都城）の形に投影させるという理念はない。中心に位置するのはマッカ（メッカ）であり，マディーナ（メディナ），エルサレムである。そして，その中心を核として形成されたイスラーム都市群のネットワークの全体がそのコスモロジーを表現すると考えられてきた。

　それに対して，コスモロジーを都城の形に投影させる地域として，インド都城の系譜と中国都城の系譜がある。ユーラシアを統合した大モンゴル・ウルスはまもなく分裂することになるが，軍事と交通手段をウマに依存する世界において，世界帝国を維持する領土の規模を超えていたのがその理由である。大モンゴル・ウルスをユーラシア東部において引き継いだのは大元ウルスであり，その都城として建設されたのが大都である。大陸の交通路のみならず，海の交通路をも結合する最初の世界都市となったのが大都である。決定的なのは，世界都市の成立において，ユーラシアを舞台とする陸の歴史と，大西洋，インド洋，太平洋を点々と港市のネットワークでつながれてきた海の歴史が統合されたことである。そして，やがてこの海の歴史を握ったのは西欧世界である。

　西欧列強が非西欧世界を制覇する武器になったのは，火器であり，航海術であり，造船術であり，要するに近代科学技術である。西欧列強は，世界中に植民都市を建設していく。今日の発展途上国の大都市の起源は，西欧列強が建設した近代植民都市である。

　レコンキスタ Reconquista を完了させたグラナダ王国攻略戦（1492年）において大砲が威力を発揮したことが知られるが，グラナダ攻略以降，スペインは「新世界」のコンキスタ（征服）に向かうことになる。火器による攻城戦の新局面と西欧列強の海外進出は並行するのである。

西欧列強の海外進出によって，西ヨーロッパ世界＝経済は，近代世界システムへ転化していく。ポルトガル，スペインが先鞭をつけ，最初に近代世界システムのヘゲモニーを握ったのはオランダである。そして，イギリス，フランスが覇権を争うことになる。

　産業革命によって，都市と農村の関係は，それ以前とまったく異なっていく。都市への工場立地は農村から大量の人口移動をもたらし，食糧供給という点においては一定の関係にあった都市とその後背地の農村の関係は，断裂されるのである。また，蒸気船，蒸気機関車の出現による交通手段とその体系の転換が決定的である。ロンドンなどヨーロッパの主要都市の人口増加は著しく，その内部に「スラム」を孕むことになる。また，人口増加は都市郊外へのスプロール現象を生んでいく。19世紀半ばを過ぎるとヨーロッパの諸都市の城壁は撤去されていくことになる。近代的な意味での都市計画が成立するのは，この人口増加と「スラム」への対応のためである。

　産業化の波は植民地にも及ぶ。港湾都市の場合，蒸気船の寄港には不適格となり港湾の改造を余儀なくされ，また，鉄道の敷設によって植民地化は内陸へと領域を広げていくことになる。先進諸国の場合，工業化と都市化には一定の比例関係があったのであるが，発展途上地域の場合，20世紀に入って工業化の度合をはるかに超える都市化が起こることになった。「産業化なき都市化 urbanization without industrialization」「過大都市化 over-urbanization」と呼ばれる。地域で断トツの人口規模を持つプライメイトシティ（単一支配型都市）の出現がその象徴である。

　大きな画期となるのは，19世紀末以降の高層建築の出現である。これには建築構造技術やエレベーター技術などが大いに関わる。従来の石造建築に替わる鉄骨造そして鉄筋コンクリート造の構造方式によって立体的に居住することが可能になる。平面的な拡大のみならず立体的な空間利用が行われることで都市景観は一変することになった。そして，自動車，そして飛行機の出現がさらに大転換の画期となる。移動時間の短縮と大量輸送機関の発達は都市のあり方のみならず都市間ネットワークのあり方を根底から変えるのである。今や世界中どこでも同じように超高層ビルが林立する大都市の景観を見ることができる。

　グローバル資本主義と情報通信技術ICTの発達が，すでに次の画期を主導しつつある。たとえば，東南アジア地域では大都市圏が中小都市と連結して農村も巻き込む拡大大都市圏EMR（Extended Metropolitan Region）と呼ばれる現象が見られ始めている。産業化そしてその延長としてのグローバリゼーションの波が地球を覆っていく中で，大きな問題となりつつあるのは，エネルギー問題，食糧問題，環境問題など人類がこれまで経験してこなかった問題である。

（布野修司）

Lecture 01 ── 農耕・遊牧・都市

　農耕そして牧畜の発生は動植物のドメスティケーション（栽培化・家畜化）を起源とする。そして，都市は，農業，牧畜を基盤として成立する。農耕・牧畜の発生とその起源地，その拡散地域をグローバルに見ながら世界中の諸都市の起源地を確認しよう。

ホモ・サピエンスの誕生

　現生人類すなわちホモ・サピエンス（新人）が登場するのは40万〜25万年前とされる。アフリカ単一起源説と多地域進化説が唱えられてきたが，有力だったのは後者で，アジア人の祖先は，北京原人やジャワ原人に遡り，ヨーロッパ人の祖先はネアンデルタール人とホミニン（ヒト属）であるとされていた。各地にホモ・エレクトスの遺骨が発見されることから，ホモ・サピエンスは，いくつかの地域でそれぞれホモ・エレクトスから進化したというのは分かりやすい推定であった。しかし，アラン・ウィルソン（1934〜91年）が，1980年代末に，ミトコンドリアDNA[1]に着目したジェノグラフィック（遺伝子系統樹）分析によって，すべての人類は母方の家系をたどると，アフリカに約12万〜20万年前に生きていた1人の女性にたどりつくという「イブ」（ミトコンドリア・イブ）仮説を提出して以降，Y染色体[3]に着目して，人類共通の男系祖先を仮定する「Y染色体アダム」仮説も加わり，アフリカ単一起源説がきわめて有力となった。ミトコンドリア・ゲノムによる追跡は，女性が女性の子孫を残さなければ系統が途絶えるから種の系統を追えない問題があったが，その後の核DNAに着目したゲノム分析によっても，アフリカ単一起源説は揺らがない。きわめて興味深いのは，スヴァンテ・ペーボのグループによってネアンデルタール人の全ゲノムが解読され（2009年），非アフリカ人のゲノムがネアンデルタール人のゲノムを引き継いでいることが明らかにされたことである（ペーボ 2015）。先立って，シベリア西部の洞窟からネアンデルタール人でもホモ・サピエンスでもない未知の人類（デニソワ人）の人骨が発見され，フロー

1　ミトコンドリアは，細胞の中に細胞核を持つ動物，植物，菌類，原生生物などほとんどの生物に含まれる細胞小器官で，その形状，大きさは様々であるが，独自のゲノム，ミトコンドリアDNA（mtDN, AmDNA）を持ち，分裂する際に複製が行われる。このミトコンドリアDNAの変異パターンを追跡することで，母系統の祖先をたどることができる。
2　人類が1人のアフリカ・イブから生まれたということではない。
3　哺乳類の場合，雄のみがX染色体とY染色体の組を持つ。Y染色体は両端のごく短い領域だけがX染色体と一致し，残りの非組み換え部分はX染色体と関連を持たず，遺伝によって組み換えられず，世代から世代へ伝えられる。

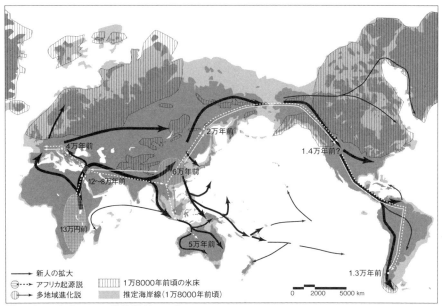

図1 ホモ・サピエンスの拡散（木村 2001）

レス島のホモ・フロレシンスが独自の進化を遂げていたことも明らかにされている。

人類進化の舞台はアフリカ大地溝帯であり，ホモ・サピエンスが誕生したのはラミダス猿人の化石骨が発見されたジブチのアファール盆地近辺なのである。[4]

遊動的採集狩猟生活——出アフリカとグレート・ジャーニー

アフリカの大地溝帯で進化，誕生したホモ・サピエンス・サピエンスは，およそ12万5000年前にアフリカを出立し（「出アフリカ」），グレート・ジャーニーと呼ばれる移住を開始する。「イブ仮説」によれば，ホモ・サピエンスはいくつかのルートでユーラシア各地に広がっていった。まず，西アジアへ向かい（12万年前〜8万年前），そしてアジア東部へ（6万年前），またヨーロッパ南東部（4万年前）へ移動していったと考えられる。中央アジアで寒冷地気候に適応したのがモンゴロイドであり，ユーラシア東北部へ移動し，さらにベーリング海峡を渡ってアメリカ大陸へ向かった。南アフリカ最

---

4 ホモ・サピエンスは，アフリカにおいてホモ・エレクトスの一亜種であるホモ・エルガステルから進化し，他のホモ・エレクトスとは進化の系統を異にすると考えられている。ホモ・エレクトスは，ホモ・ネアンデルターレンシスとの抗争に敗れ，また，狩猟技術にすぐれたホモ・サピエンスとの生存競争にも敗れて絶滅する。

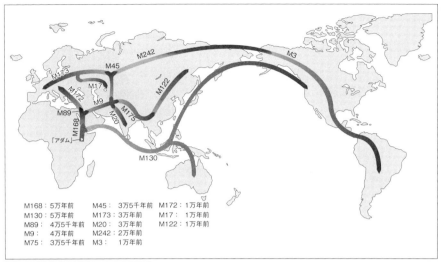

図2　Y染色体系統（ウェルズ 2007）

南端のフエゴ諸島に到達したのは2万年前～1万年前である（図1）。アフリカで見られる約20の遺伝子系統のうち1系統のみしか他の地域に見られないことから「出アフリカ」は一度のみであったと考えられる。

「出アフリカ」は，これまで紅海の北，シナイ半島を抜けて行われたとされてきたが，レヴァント[5]への移住者の遺伝子は現在のヨーロッパ人には見出せず，近年，ペルシア湾西岸のジェベル・ファヤ岩陰遺跡（12万5000年前，アラブ首長国連邦）からアフリカ起源の石器が発掘（2011年）されたことから，紅海の南端を渡ることによってなされたという説が有力になりつつある（大塚2015）。それとともに，南アジア，東南アジア，中国南部，オセアニアへの海岸伝いの移動が注目されつつある。西アジアからの移住者が，中央アジア，そして東北アジアに達するルートには，ヒマラヤ山脈の西側あるいは東側さらに沿海部を遡るルートがあり，ジェノグラフィック分析は各ルートの可能性を示しているが，ヨーロッパからの東漸は時代が下ると考えられている（図2）。

5　レヴァントの9万2000年前のものと考えられるカフゼー遺跡（イスラエル）から，ホモ・サピエンスの頭骨が発掘されている。レヴァントは，歴史的に東部地中海沿岸地方，現在では，シリア，レバノン，ヨルダン，イスラエル（およびパレスティナ自治区）を含む地域周辺をいう。フランス語のルヴァン Levant で，「（太陽が）上る」を意味する動詞 lever からきている。

家族・バンド・氏族

　人類の最初のそして最小の単位は核家族である。遊動採集狩猟生活を基礎とする核家族は，持続的生活を維持するためにバンド（部族）社会を形成する。バンド社会では，すべてのものが共同所有され，採集狩猟物は平等に分配（共同寄託）される。バンド社会は氏族社会へ移行していく。備蓄が行われると，不平等が生じ，階層社会が形成される。それを解消する方法が贈与による互酬システムであるが，家族も資産の継承のシステムの相違によって様々なかたちをとる。世界史の中で生み出されていく家族システムは，エマニュエル・トッドの分類によれば，純粋核家族（平等，絶対），核家族（一時的父方同居，一時的母方同居，一時的双処同居），統合（屋敷地共住）核家族（父方居住，母方居住，双処居住），直系家族（父方居住，母方居住，双処居住，一時的同居），共同体家族（父方居住，母方居住，双処居住）に分けられる。ユーラシアについて父方居住の空間を見ると（図3），共同体家族は中国，インド，西アジア，ロシア西部などに広がっている。この家族のあり方は後の社会主義圏，イスラーム圏などの社会組織のあり方につながっているとトッドは指摘する（トッド 2016）。

農耕の起源

　農耕発生の第一の要因に挙げられるのは気候変動である。農耕が発生するためには，

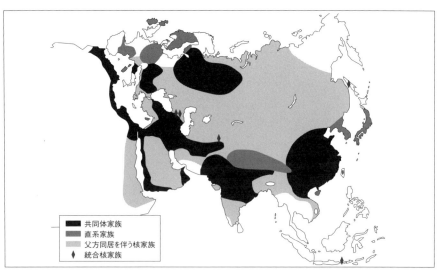

図3　父方居住原則の空間（トッド 2016）

①意図的な植えつけ作業が行われなければならない。すなわち，野生植物（穀物）をその自生地以外に持ち出すことが可能でなければならない。そのためには，②栽培の季節性が必要である。そしてそれが可能となるのは，③気候が温暖かつ湿潤のままに安定化している必要がある。寒冷乾燥の気候は植物の生育に適さないし，変動が激しければ一定のサイクルが成立しないからである。

農耕が発生するのは，最終氷河期（約7万年前～約1万年前）が終了し，地球全体が温暖化した完新世の開始（約1万2000年前）[6]以降であり，まさに①～③の条件が出現したからである。温暖化とともに地球各地は湿潤化し，森林が増加する一方，草原は減少して，マンモスなど大型哺乳類は生息環境が縮小して絶滅する。温暖化によって海面が上昇し，スンダランドは海面下となり，北米大陸とユーラシア大陸が分離される。すなわち，現在の陸地と海洋の形が出現したのが完新世である。

農耕発生の要因とプロセスについては，A.自然条件などが恵まれていたとする「豊かさ」説，B.乾燥化など環境条件の変化や人口増加などが農耕を必要としたという「ストレス」説，C.植物と人間の「共進化」説（あるいは「無意識的淘汰」説）がある。また，農耕革命について，革命的な変化が短期に起こったと考えるものと，かなり長期にわたる漸進的な変化であったとするものがある（ベルウッド2008）。

初期理論の多くは，湿潤温暖化によって採集狩猟生活は豊かになり，余暇時間における自然環境の観察と熟考によって農耕牧畜が開始されたという「豊かさ」説（A）である。ナイル川の氾濫による大規模な自然灌漑によるオオムギや雑穀の栽培や，東南アジアの河川や沿岸部の豊かな採集狩猟生活が具体例とされてきた。いずれも農耕の起源地では必ずしもない。

それに対して，人口圧や自然環境の変化などに対応するために農耕牧畜が開始されたという「ストレス」説が有力になる。代表的なのがゴードン・チャイルドの理論で，氷河期末期の西アジアにおいて，乾燥化のために人間と動物がオアシスに追いやられ，そこで家畜化が起こったとする（「近接仮説」）（Childe 1928, 1936）。現在は，本格的な家畜化が起こったのは完新世の湿潤期であったとされるが，個人間あるいは集団間の競争や人口増加への対応など「社会的ストレス」が要因になったとする説も提起され，一般に「ストレス」説（B）は受け入れられている。また，食糧供給の増加あるいは安定化のための社会的な競争原理による需要の増大が農耕の発生に結びついたことも多くの説が認めるところである。定住以前の採集狩猟社会においては，獲得した食糧は一

6 　国際標準模式層断面および地点（Global Boundary Stratotype Section and Point, 略称GSSP）は，グリーンランド氷床コアをもとに1万1784年前以降とされる。

般に平等に分配される。世帯内部では共同寄託，共同体間では互酬が基本原理である（サーリンズ1984）。しかし定住が可能となると，比較的豊かな環境下では，富の蓄積をめぐる社会的競争が生起する。また，食糧資源が乏しい場合，生き残るための分配方法が選択される。より単純には，素朴な環境決定論あるいは生産力理論というべきであるが，自然生態環境条件の向上が人口増加を支え，その人口増加のストレスに対応するために農耕が発生したということである。

　農耕牧畜は，「豊かさ」も「ストレス」も必要とせず，人間の意識的選択や社会的集団形成などとも関わりなく，動植物と人間が共生しながら進化する過程で発生したという「共進化」説（Rindos 1984）（C）がある。すなわち，動物の家畜化は，人類が狩猟と飼育の仕方を徐々に改良することで植物栽培に先立って行われてきたのであり，植物もまた人間の干渉を受けることで，それまでとは異なる種子散布のメカニズムを採用しながら進化してきたとする説である（ベルウッド2008）。

　農耕の発生をめぐる諸説は，様々な要因，すなわち気候変動，豊かさ，ストレス，人口増加，定住，共進化，淘汰などを考慮するが，そのこと自体，農耕の発生要因が複合的で，栽培種によって，また地域によって諸要因のウエイトが異なることを意味している。農耕の起源地とされるのは，西南アジア（オオムギ，コムギ），中国（黄河（キビ，ダイズ），長江（コメ）），ニューギニア高地（タロイモ，ヤムイモ），メソアメリカ（トウモロコシ，カボチャ），中央アンデス（キャッサバ，ジャガイモ），ミシシッピー川流域（カボチャ，ヒマワリ），西アフリカ（コメ，キビ，モロコシ）であるが，農耕発生の背景，時期，栽培種，拡散過程などはそれぞれ異なっている（ベルウッド2008）（図4）。

　西アジアのムギ作農耕は紀元前8000〜7500年頃にレヴァント地方で開始されたとさ

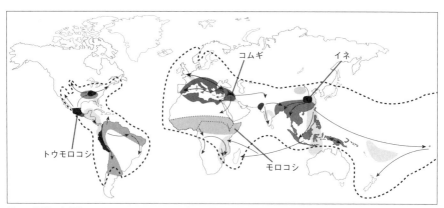

図4　農耕の起源（ベルウッド2008をもとに小野詩織作製）

れる（藤井純夫2001）。そして，肥沃な三日月地帯から西へ小アジア全体に広がるとともに，バルカン半島あるいは地中海沿岸を経由して，ドナウ川とライン川流域に前5000～4000年頃到達した。さらに前3000年にはヨーロッパ全域に広がった。北東へはイラン高原を経て，アラル海南部地方に前2500年頃伝播し，南東へはメソポタミアを経て前2000年代にインド西部のインダス渓谷に達した。南方へは前4000年頃ナイル川流域に達し，さらに前3000年頃にはアラビア半島を経由してアフリカ北東部に伝播した。中国には中央アジアを経て前2000年頃伝播したと考えられている。

　世界の熱帯から温帯にかけての湿地には，二十数種に及ぶ野生イネが自生していたと考えられる。大きく，アフリカイネとアジアイネが区分されるが，アフリカイネについては，考古学的な発掘が少なく，よく分かっていない。アジアイネの栽培の起源地については，河姆渡遺跡の発見（1973年）による長江起源説などいくつかの説がある（中村慎一2002）。日干煉瓦に混入された籾殻を計測することによって渡部忠世（1977）が提示し，中川原捷洋（1985）が遺伝子分析によって裏づけた，雲南からアッサムにかけての地域とする説が有力である。ただ，雲南における稲作の起源が前3000年頃までしか遡れないことから，多地域で独立にイネの栽培が開始されたという説もある。

　イネ，コムギと並ぶ三大穀物のひとつトウモロコシがヨーロッパに伝えられるのは，ジャガイモ，サツマイモ，カボチャ，トマト，トウガラシなどと同様，クリストバル・コロンの航海以降である。起源地は原始的な品種の存在，品種の多様性などの点から，メソアメリカもしくはアンデス地域のいずれかであるとされる。考古学的に知られているトウモロコシに関する最も古い証拠は，メキシコで発掘された推定約7000年前のものである。

　そして，メソポタミアにおける都市国家の成立，都市革命を可能にしたのは灌漑農業技術である。農業技術の発展とともに農業のあり方は大きく変化してきた。

遊牧の起源

　遊牧の起源は動物の家畜化（ドメスティケーション）である。そして，農耕 agriculture（耕作 cultivation）の起源も植物の栽培化（ドメスティケーション）である。すなわち，農耕牧畜の起源は，動植物の栽培家畜化（ドメスティケーション）であり，動植物と人間との「共進化」説はきわめて有力である。

　最初に家畜化されたのはオオカミすなわちイヌである。タイリクオオカミ *Canis lupus* がイエイヌの祖先であることは遺伝学的に確認されており，考古学的には，家畜化されていた可能性のあるイヌの遺骨は3万2000年前に遡り，ユーラシア大陸ほか世界各

地で1万5000年頃には家畜化されていたと考えられる（フェイガン2016）。オオカミは，社会的動物であり，群れをなして暮らし，共同で狩りを行う。オオカミとホモ・サピエンスとは，同じ地域で同様な行動パターンをとる，すなわち共通の生き物を獲物とする競合関係にあったが，相互に接触する中で家畜化が進んだと考えられる。イヌの場合，狩猟者と猟犬という関係が家畜化の起源にあり，その後，人間の様々な補助者として役割を果たしていくことになる。

続いてイノシシ（ブタ），パサン（ヤギ），ムフロン（ヒツジ）が家畜化される。紀元前1万年頃とされ，少し遅れて前9000年頃，西南アジアでオーロックス（ウシ）が家畜化される。オーロックスは最大級の草食動物であり，その家畜化には時間がかかった。少なくとも2度，おそらくは3度家畜化されたと考えられる（フェイガン2016）。西南アジアにおける家畜化に続く，インダス川流域における紀元前5500年頃のコブウシの家畜化，そして前3000年頃の中国・モンゴルでの家畜化である。すなわち，農耕の起源と牧畜の起源はほぼ並行することになる。

ヤギを除いて，ニワトリ，ウマ（あるいはイヌ）を加えて五畜とされるが，遊牧の起源となるのはブタ，ヤギ，ヒツジそしてウシである。いずれも西南アジアが起源地と考えられている。ウシ，ブタ，ヤギ，ヒツジがヨーロッパ各地に広がるのは前6000年頃とされる（フェイガン2016）。イノシシは凶暴であるが，ブタの育成管理は比較的容易であり，ヤギもヒツジも人間にとって危険な動物ではない。人類は，その肉，乳，皮革，獣毛，獣脂などを利用するようになる。

ウシの場合，ブタ，ヤギ，ヒツジと同様の利用に加えて，犂，荷車の発明によって牽引用の軛獣として大きな役割を果たすことになる。聖牛信仰などウシが人間社会において特別な位置を与えられるのはウシと人間の関係がきわめて強かったからである。

遊牧社会の形成にとって，また都市のネットワークの組織化にとって，きわめて大きな役割を果たした家畜として，ロバ，ウマ，ラクダがいる。いずれも物資の運搬に大きな役割を果たす。ロバが北アフリカおよび西南アジアで家畜化されたのは紀元前4500年頃，ウマがユーラシアの各地で家畜化されたのは前4500〜4000年頃，ラクダが家畜化されたのは前3000年頃とされる。野生のラクダは，アフリカ，西南アジア，および中央アジアに生息したが，人類が捕食したために，絶滅の危機に陥っていたとされ，アラビアの採集狩猟民が馴化したという説があるが，はっきりはしていない。とりわけウマは，人や物資の運搬に絶大な能力を発揮するのみならず，戦争においてその帰趨を握ることになる。交通手段としての家畜，またウマと世界史についてはLecture 02で続いてまとめよう。

ユーラシアの都市と文明生態圏

　ユーラシア大陸の生態景観を概観すると，大きく森，砂漠，草原，野，海の5つの区域を区別できる。大陸の中央部を横断して砂漠と草原があり，その北と南に森が広がる。東西端そして南に，中国，ヨーロッパ，インドの野が位置する。そして，大陸全体を取り巻く海がある。
　亜寒帯の北方林は，針葉樹が豊富であるが，冬の寒気がきつく，通年の生活は難しい。穀物の栽培も困難で，採集狩猟か牧畜が生業となる。砂漠は基本的に人間の居住を拒絶するが，ところどころにオアシスが存在し，交易のための宿場町，「オアシス都市」を発達させた。この砂漠を横断するのに大きな役割を果たしたのがラクダである。草原では牧畜が行われ，遊牧民が移動する空間であった。ウマはこの草原の主役である。南の熱帯多雨林は豊かな資源を持つが，人間の生活には病原菌や猛獣など厳しい条件がある。人間が数多く居住してきたのは農耕が行われてきた野の世界である。
　高谷好一は，こうした大きな景観区分の上に，生態・生業・社会・世界観の複合体としての「世界単位」を区別しようとする。日本，東アジア海域世界，モンゴル，中華，大陸山地，タイ・デルタ，東南アジア海域世界，チベット，インド，インド洋海域世界，トルキスタン，ペルシア，シリア・イラク，トルコなどがその単位である（図5）。世界都市史についても，ユーラシア大陸を概観する区分として，社会文化の生態力学を基礎にする「世界単位」論がひとつの下敷きになるだろう。
　四大都市文明については，それぞれ見たが，大河川流域に都市文明が発生したという共通性はあるけれど，それぞれ成立の背景は異なる。エジプト文明，インダス文明の場合，メソポタミア文明の農耕牧畜の技術がセットで伝えられた可能性が高い。ペルシア帝国は，遊牧社会をベースとし，帝国の中心は複数の帝都を移動していた。
　中国文明の場合，メソポタミア文明との直接的関係は認められないが，遊牧世界と農耕世界との関係において都市が成立してきたことは同様である。最初の中華帝国となる秦漢帝国にとって，中原での覇権争いとともに，すでに，北方遊牧民族との関係がその存続に関わる最大の問題であった。それ以前に，秦漢帝国成立に至る過程で，結果的に「中国」の「天下」を制してきたのは，西方の勢力である。夏を制した殷（商），殷を制した周，そして周を追いやった秦も西方から華北平原に至り，軍事力によって「中原」を制したことは，はっきりしている。また漢帝国崩壊後，4世紀初めから5世紀半ばまでの中華分裂時代は五胡十六国時代と呼ばれるが，五胡とは匈奴，羯，氐^{てい}，羌，鮮卑という遊牧民族である。そして鮮卑の拓抜部は，代国から北魏，東魏，北斉，隋，

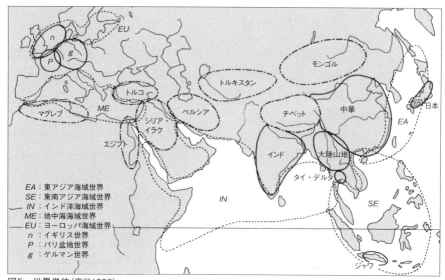

図5　世界単位（高谷1996）

唐を建てる。さらに時代を下って，キタイの遼，女真の金，モンゴルの元，満州族の清と，異民族の建てた王朝は少なくない。また，王朝の中枢が様々な民族によって構成されるのはむしろ一般的であった。そうした北方諸民族と中国歴代王朝の攻防，その歴史的関係を考えると，中国を大きく取り巻く空間を視野に収める必要がある。

　こうして，ユーラシア大陸の東西を見渡すと，農耕世界と遊牧世界との境界域に都市が発生してきたことが理解される（図6）。西アジアにおける「オアシス都市」においても，農耕と遊牧は並行して行われる。遊牧世界と農耕世界の接点に都市が発生するのが一般的であるのは，遊牧民と農耕民が相互に交易関係において結びつく生態学的根拠があるからである。遊牧民は農耕社会に食用，役用の家畜としてウシやヒツジを供給する。また，高原の塩湖から塩をもたらす。さらに戦闘用のウマを持ち込む。一方，遊牧民は農耕社会から穀物を得る。双方の境界に万里の長城が築かれてきたのは，遊牧民による収奪に対応するためである。国家の拠点都市としての都城が境界域に置かれるのは，経済交易の要所を固めるという意味で，軍事的な理由も大きい。

　大興安嶺山脈とアルタイ山脈によって仕切られたモンゴル高原は，世界最大の草原であり，匈奴，東胡，鮮卑，柔然，高車，突厥，ウイグル，キタイ（契丹），モンゴルなど遊牧国家の多くはここより興った。モンゴル高原は南に向かってなだらかに傾斜し，そのまま黄土高原に連続するが，その東南部では大同盆地を経て急に高度を下げ，

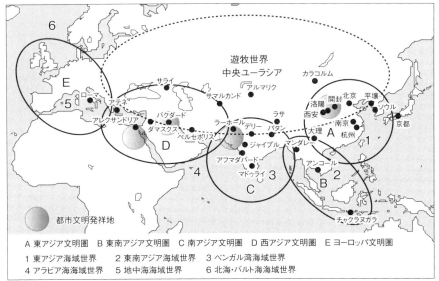

図6　ユーラシアの都城と文明圏（応地 2012，妹尾 2009を参考に筆者作製）

華北平原へ至る。華北平原は，乾燥ステップに連結する乾燥農耕の世界である。遊牧世界と農耕世界が交錯したのはこの華北平原である。遊牧民族との関係において，中国歴代王朝の版図，統治領域は伸縮するが，その境界は各時代に築かれた長城の位置が示している。そして，常に攻防の境となってきたのがモンゴル高原と華北平原とが接する半農半牧地帯である。

　大モンゴル・ウルスが興り，世界史はまったく新たな位相に移行する。大モンゴル・ウルスによって，ユーラシアの大陸部はひとつの世界として結びつけられるのである。人類史上最大の世界帝国となった大モンゴル・ウルスが「分裂」して「中華」に重点を置くことになったのが大元ウルスであり，その拠点として建設されたのが大都である。そして大元ウルスは海上交易に乗り出し，陸の世界と海の世界をつなぐ一大帝国となる。大モンゴル・ウルスの系譜を引くティムール帝国がインド亜大陸に南下して建てられるのがムガル（モンゴル）帝国である。地中海の帝国として成立したローマ帝国が古来インド，東南アジアに交易のネットワークを伸ばしていたことが知られるが，13世紀以降，海のネットワークがユーラシアの東西をつなぎ，ヨーロッパ列強の海外進出の基盤が成立するのである（Lecture 05参照）。

（布野修司）

Ⅰ 西アジア

バビロニア粘土板世界図（紀元前600年頃）

バビロニアで作られた最古の世界地図（マッパ・ムンディ）。中央の大陸を円環状の海（オケアノス）が囲み，三角形の島が外側に配置されている。円形の大陸には新バビロニア王国が支配したメソポタミア地方が描かれている。大地は円盤であるというのはバビロニアの世界観である。バビロンが中央にあり，周辺にアッシュルなど7つの都市が小円で描かれている。環海の外に突き出した三角の島は，一部欠けているが，7つ描かれ，海の彼方の地方を表していると考えられる。古代メソポタミアにおいて7つの惑星は重視され，7は聖数と考えられていたとされる（大英博物館蔵）。

Panorama I ── 都市文明の誕生

シュメール・ペルシア帝国・イスラーム

　世界で最初に都市が誕生したのは，ユーフラテス川下流最南部のシュメールである。メソポタミアは，北部の山岳地域と平原・ステップ地域がアッシリア，南部の沖積平野がバビロニアと呼ばれる。さらにバビロニアは，北部がアッカド，南部がシュメールと，南北に二分される（図1）。

　最古の都市とされるのはウルク（旧約聖書のエレク）である。最も初期の楔形文字が発見され，初期王朝時代（紀元前3000年紀）の全長約9.5kmに及ぶ二重城壁の全容が確認されている。また，銀鉱があったとされる東南アナトリアのタウルス山系とウルクを中継する位置に立地したシリアの「ハブーバ・カビーラ南」は，ウルクを模して建設されている。旧約聖書においてアブラハムが生まれたとされるウル（現代名テル・アル・ムカイヤル）や，エリドゥ，ラガシュなどが最初期の都市国家であるが，文字資料を主とする歴史学は，都市の誕生以降，初期王朝III期末（紀元前2350年）までをシュメール都市国家時代とする。

　ウルはユーフラテス川の入江に位置し，北と西に2つの港を持ち，楕円状に囲まれ

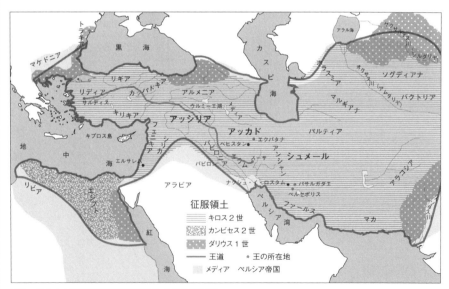

図1　ペルシア帝国の版図（望月雄馬・大崎幹史作製）

た墳丘上の中央北西寄りに月神ナンナの神域が置かれていた。神域には神殿群とそれに付属する倉庫，社務所などがあり，一隅にはジッグラトが聳えていた。為政者の宮殿は神域外に置かれ，居住区は中庭式住居が密集する形で構成されている。アッカドの中心都市となったのは，シッパル，キシュ，バビロンである。

　古代メソポタミアの諸都市の遺構には必ずしも共通の計画理念を窺うことはできないが，中央の丘上に神域が設けられ，神殿など記念建造物群が建てられ，各建造物は快適な風が吹いてくる北西に面することを重視している。居住地は，中庭あるいは居間を核として部屋を建てていくやり方がとられる。全体計画に主要な関心がなく，個々の建造物に関心を集中させる伝統は，イスラーム都市に引き継がれる。

　オリエント全体にその版図を広げたアッシリアがバビロニア・メディア連合によって滅亡し（紀元前612年），新バビロニア，メディア，そしてリュディア，エジプトの四王国が並立した後，古代オリエント世界を統一したのがハカーマニシュ朝ペルシア（紀元前525～330年）である。このペルシア帝国が最初の「世界帝国」となる。

　イラン系のペルシア人は，紀元前1000年頃イラン高原に侵入し，南西部のパールサ（現ファールス）地方に定着する。このメソポタミアに隣接するイラン高原南西部には，すでに紀元前4000年紀末に独自の文字を考案していたエラム人の存在が知られる。エラム王国の都スーサは，シュメールの都市国家へ，凍石，ラピス・ラズリ，紅玉随，トルコ石などの鉱物資源を供給する交易拠点として発展し，イラン高原の東部にも影響力を持っていた。

　一方，紀元前2000年紀になると，インド・ヨーロッパ系の人々がオリエントに進出する。最も注目されるのが，紀元前17世紀半ばから小アジア（アナトリア）を支配したヒッタイトである。小アジアの小国家群を統一したヒッタイトは，ラバルナ1世（紀元前1680～1650年頃）によって建国され，ハットゥシリ1世（紀元前1580～1550年頃）がハットゥーシャ（現ボガズキョイ）を都としたが，その勢力をシリアに拡張し，紀元前1595年頃にはバビロンを攻略している。ヒッタイトの軍事力を支えたのが鉄器とウマである。ヒッタイトの後アナトリアに興ったのが，リュディア王国である。

　遊牧騎馬民族であり，強力な騎馬弓兵の突撃隊を組織したペルシア人は，メディア王国（紀元前550年），リュディア王国（紀元前547年），新バビロニア王国（紀元前539年），そしてエジプト王国（紀元前525年）を次々に攻略し，東はインダス川流域から西はエーゲ海東部・ナイル川流域までを支配下に置くに至る（図1）。その帝国支配の枠組み，諸制度を整えたのはダレイオス1世（紀元前521～486年）である。ダレイオス1世は，全土を納税義務を課す20の行政区（サトラピー）と免税特権を認める行政区（パールサ

に分け，各行政区に総督（サトラプ）を置くサトラプ制をとった。また，帝都スーサから小アジアのサルディスまで「王の道」が整備され，20〜30kmごとに宿駅が設置されたが，スーサとペルセポリスの間，さらに北部メディア，東部アレイアにも幹線道路が建設され，宿駅が設けられたことが知られる。この道路ネットワークを用いた騎馬急便の制度も整備されていた。各サトラピーには，サトラプの職務・行動を監視するために「王の目」「王の耳」と呼ばれた監察官が随時派遣された。

　ハカーマニシュ朝ペルシアが建設した都市遺構は，ペルセポリスを除いて発見されていない。帝都のみならず都市そのものを建設しなかったと思われる。王は，スーサ，バビロン，エクバタナ，ペルセポリスといった拠点を移動した。大モンゴル・ウルスの移動するオルドのように，ペルシア帝国の帝都は，移動する「都」であった。

　ハカーマニシュ朝ペルシアは，紀元前330年，アレクサンドロスによって滅亡することになる。彼は，インダス川からギリシャ・エーゲ海まで，三大古代都市文明を含む一大帝国を手にするのである（Column 01）。しかし，その病死と死後のディアドコイ（後継者戦争）によって，帝国は，マケドニアのアンティゴノス朝，シリアのセレウコス朝，エジプトのプトレマイオス朝に三分割される。アレクサンドロスの死（紀元前323年）からプトレマイオス朝の滅亡（紀元前30年）へ至るヘレニズム時代を経て，地中海世界を統合し一大海洋帝国を樹立したのはローマである。

　イスラームは，マッカ，マディーナを拠点として生まれた。この2つの聖都は，アラビア半島の紅海沿岸ヒジャーズ地域の隊商交易のネットワーク拠点であった。イスラームは，ビザンティン帝国領シリアを征圧し，サーサーン朝ペルシア統治下のイラクを支配下に置くと，640年代初めにはエジプトを征服し，フスタート（カイロ）を建設する。アッバース朝において「イスラーム国家」が成立，西はイベリア半島，東はイランまでイスラーム世界は広がる。

　「イスラーム国家」とは，一般に，「シャリーア（イスラーム法）が公正に運用される国家」「ムスリムの支配者がイスラーム法に基づいて統治する体制」あるいは「カリフあるいはスルタンの支配権を承認するムスリムとそれに服するズィンミーの集合体」をいう。盟約によって与えられる安全保障をズィンマといい，それに基づく庇護民がズィンミー（ズィンマの民）である。シャリーアが成立するのは，8世紀後半のアッバース朝においてであり，スルタン制が成立するのは，11世紀前半のセルジューク朝（1038〜1194年）においてである。

　マッカはアル・マッカ・アルムカラマー（祝福された都市），マディーナはアル・マディーナ・アル・ムナワラー（光輝の都市）と呼ばれる。マディーナはアラビア語で都市そ

のものを意味する。もともとはヤスリブと呼ばれたが，ヒジュラ（移住）（622年）とともにマディーナ・アル・ナビー（予言者の町）となり，それが省略されて，ただ「都市（マディーナ）」と呼ばれるようになった。マディーナは最初のイスラーム都市である。ムハンマドはイスラームの拡大を目指し，各地に向かって諸部族と盟約を結んでジャマーアを形成する。ジャマーアとは，ムハンマドがアラビア半島の様々な部族，集団と個別に盟約（アフド）を結ぶことによって形成した緩やかな政治構成体のことである。ユダヤ教徒そしてキリスト教徒は，アール・アル・キターブ（啓典の民）として早くからズィンマを与えられた。

　ウマイヤ朝（661〜750年）が成立すると，約1世紀の間ウンマ（ムスリムの共同体）の中心となったのがダマスクスである。ジハードによってダマスクス（635年），バスラ（638年），クーファ（639年），フスタート（642年）など，各地にアラブの軍営都市ミスルが次々に建設された。そしてミスルには多くのアラブ遊牧民がムカーティラ（戦士）として移り住んだ。イスラーム都市の原型となるのは，マッカ，マディーナとミスル群である。ウマイヤ朝政権のもとでイスラーム社会は大きく変貌する。最大の要因は，イラン・イラクの農民たちが土地を捨て近隣の都市に流入したことである。アラブ人地主が収穫の10分の1の地租（ウシュル）を収めればいいのに対して，非アラブ人異教徒は収穫の2分の1の地租（ハラージュ）に加えてジズヤ（人頭税）も義務づけられていたのである。都市に流入し有力なアラブ商人の庇護を得てイスラームに改宗した非アラブ人の改宗者は，マワーリー（単数形はマウラー）と呼ばれる。ウマイヤ朝の崩壊の原因はマワーリーの増大とその帰村を強行したことによる混乱にあるとされる。

　アラブ-イスラームを基礎とするウマイヤ朝体制は，アッバース革命によって，より普遍的なイスラーム体制へ転生していく。その基礎になったのがシャリーアである。そして，8世紀末に王朝あるいは国家を意味するダウラという概念，また「神のカリフ（神権的カリフ）」という概念が成立する。世界は，シャリーアの規定に従って，それが支配するダール・アルイスラーム（イスラーム世界（イスラームの「家」））とそれ以外のダール・アルハルブ（戦いの世界）に二分されるのである。

　アッバース朝第2代カリフ，マンスール（在位754〜775年）が造営（762年）したのがバグダード，マディーナ・アッサラーム（平安の都）である。バグダードとは対照的なのが，ムータシム（在位833〜842年）によって建設され遷都された（836年）サーマッラーである。サーマッラーでは，塁壁で囲われた区画を順次連続していく方法，いわゆるグリッド・プランがとられる。イスラームは，その起源において，円形都市とグリッド都市の相異なる2つの都市計画を採用しているのである。

（布野修司）

West Asia 01: Istanbul

【イスタンブル】3つの名を持つ永遠の都

トルコ，イスタンブル県
Istanbul, Turkey

　黒海とエーゲ海を結ぶボスポラス海峡に臨むこの都市は3つの名を持つことで知られる。ビュザンティオン，コンスタンティノープル，そして現在のイスタンブルである。地中海世界の地政学的な要所を占め，三方を海に囲まれる半島としての地理的な利点は，この場所に世界帝国の首都を置くに足るものであった。

　紀元前7世紀にギリシャから来たメガラ人によって建設された植民都市ビュザンティオンが，世界史の中に一躍躍り出たのは330年，ローマ皇帝コンスタンティヌス1世がここに遷都した時からである。以降皇帝の名を冠してコンスタンティノープルと呼ばれるようになったこの地には，ハギアソフィアをはじめとする壮麗な教会堂や修道院，宮殿や邸宅が建設され，名実ともに地中海世界随一の大都市として発展した（図1）。

　しかしビザンティン帝国の衰退とともにコンスタンティノープルは荒廃し，1453年に新興のオスマン朝のスルタン，メフメト2世がここを征服した時にはかつての都も人口が激減していたと伝えられる。イスタンブルと名前を変えたこの都市には，オスマン領各地からムスリム・非ムスリムを問わず住民が集められるとともに，壮麗なモスクやバーザールなど都市施設が建設されて再び地中海世界の中心へと返り咲いた（図2）。1923年のトルコ共和国成立とアンカラ遷都後は，首都としての機能こそ失われたものの，今日でも経済・文化活動の拠点として繁栄を続けている。

　複雑な歴史の過程で各時代の建造物がまちまちに取り残されている現代のイスタンブルの都市構造は，読み取りにくい。これには，歴史的に木造住居の密集したイスタンブルでは，大小の火災が頻発した上，日本同様に地震災害にも見舞われるため，一部のモニュメントを除けば，建築が都市ストックとして残りにくいという事情がある。また，大変起伏にとんだ地形と，イスラーム世界の都市に特徴的なプライバシーを重視して容易に通り抜けを許さないくねくねとした複雑な街路網には，街歩きのたびに苦労させられるが，同時

図1　都市図，15世紀末（Kafesçioğlu 2009）

図2　鳥瞰図，17世紀後半（Kuban 2010）

に未知の街角に遭遇する喜びも与えてくれる。

　街歩きの時とりあえずの目安となるのは，市電通りとローマ同様に7つを数える丘である。ビザンティン期はメセ，オスマン期にはディーヴァーン通りと呼ばれた大通りは，君主のパレードなどが行われる都市の背骨で，ここに沿って今日でも墓廟や泉など様々なモニュメントを見ることができる。

　一方7つの丘の頂上にも，必ずモスクなどの大建築が建設されている。かつてビュザンティオンのアクロポリスがあったという半島の先端部には，1450年代末にトプカプ宮殿の建設が始められてオスマン帝国の中心となった。その横にあるハギアソフィアは，いうまでもなくビザンティン建築の最高傑作であり，征服後はモスクとして用いられた。ここから西に進むと16世紀半ばのスレイマニエ・モスク，そしてさらに西には15世紀後半のファーティヒ・モスクが，マドラサ（神学校）や給食施設などと複合体（キュッリイェ）を形成し，都市の核として機能していた。オスマン期都市開発の軸となったのが，ワクフ（宗教的寄進）制度に基づくインフラと商業施設の建設である。モスクなどの運営資金にはここに寄進された店舗やハンマーム（公衆浴場），住居の賃料が充てられ，都市生活の基盤が用意された。

　16世紀のワクフ調査台帳に登場する住宅建築を見ると，そのほとんどは塀で囲まれて菜園などを付属した低層家屋であった。計画的な街路体系はビザンティン時代から継承された一部の主要道路を除けばほぼ存在せず，通りは地形に沿って形成されていた。他の西アジア世界の都市同様に職住分離が行われて，街区（マハッレ）は大まかな出身地や宗教別の数十戸程度によって形成されたが，厳格な住み分けがあったわけではない。一方で地方から首都に流入する独身男性はベキャルオダラルと呼ばれる低質の集合住宅に居住し，時に社会不安の要因ともなった。19世紀後半以降になると火災後の地区では街区整理が行われて矩形街区が創出され，通り沿いに煉瓦造の中層家屋が密集する街並みが形成された。

図3　アンリ・プロストによるイスタンブル計画 (Kuban 2010)

　金角湾の北側は，ベイオールあるいはペラと呼ばれる地域で，中世のジェノヴァ人居留区をその起源として持つ。半島側の旧市街に対して，19世紀以降はヨーロッパ風の建物が建ち並ぶ新市街として発展した。ここでは5階建て以上のアパルトマンが富裕層や外国人の集合住宅として建設され，新たな市民生活の場となった。現在でもベイオールはイスタンブルきっての繁華街として賑わいを見せる地区である。また海に面した地勢的特色を生かして，イスタンブルの市街地は海峡沿いの地域へと拡張を続けた。アジア側では古くはユスキュダルやカドゥキョイが住宅地として開発され，ボスポラス海峡を北上した地域は高級住宅地となっている。トルコ共和国成立後，フランスの都市計画家アンリ・プロストによって交通網整備を中心とする再開発が計画されたが（図3），他のトルコの大都市同様，地方から人口が流入すると住宅不足のため近郊には多数のスクォーターが誕生した。

（川本智史）

West Asia 02: Ankara

【アンカラ】共和国の偉大なる田舎

トルコ，アンカラ県，首都
Capital, Ankara, Turkey

　トルコ共和国の首都はイスタンブルではなくアンカラである。1923年の共和国建国以降，主要官公庁や議会はアンカラに置かれている。内陸高原部に位置し冬の寒さが厳しいアンカラは，首都であるにもかかわらず概して評判のよい都市ではない。ある時「アンカラの一番よいところは何ですか」と尋ねられた20世紀前半の大詩人にして政治家のヤフヤ・ケマルが，「イスタンブルに帰ること」と即答したという逸話は，口さがないイスタンブルっ子たちが好んで引用するものである。

　永遠の都イスタンブルと比較されては腐されるアンカラは，実に気の毒な首都であるといえる。だが，歴史的に見ればアンカラはアナトリアの主要交易都市のひとつであった。地理的にはサカルヤ川の3本の支流が合流する中央アナトリア平原の北端の丘陵地帯に位置し，先史時代から人類が居住したこの場所には，ヒッタイト時代には集落が出現したと考えられる。紀元前25年にローマ帝国の支配に入ると，アンキュラと呼ばれるようになったこの町には，アウグストゥス神殿や浴場などローマ都市のインフラが整備された。聖パウロが51年にここを訪れると最初期のキリスト教徒共同体が形成されて，20世紀初頭までこれは存続した。620年にビザンティン帝国からペルシア帝国に支配権が移ったのちには，新興のイスラーム勢力による劫掠に再三さらされ，最終的には12世紀末にテュルク系のルーム・セルジューク朝の支配下に入った。最後にオスマン朝が14世紀半ばにアンカラを支配下におさめると，一時はアナドル州の州都にもなった。16世紀末から17世紀初頭にかけては，周辺で生産されたアンゴラ種の山羊毛を原料としたモヘヤ織りの生産が勃興して交易都市としての重要性は高まった（図1）。イスタンブルやイズミルに比すれば小さいとはいえ，1890年頃には人口3万人弱を数える中規模都市としての地位を確立していた。

　町を見下ろす岩山の上にはビザンティン時代の城塞があり，その麓に入り組んだ街区が形成される旧市街は，典型的なオスマン期アナトリアの都市構造を示す。内城と外城に区分される城塞は今日でもその姿をよくとどめており，内部は居住区としても利用されてきた。内城内部にはルーム・セルジューク時代の建築としては貴重な木造モスク例であるアスランハーネ・モスクがあり，城壁外には，現在考古学博物館として用いられている15世紀建造のマフムート・パシャの隊商宿がある。伝統的な住宅建築は木骨造であるため火災などで容易に焼失し18世紀以前の現存例はほとんどないため，城塞内に修復・復元された「伝統家屋」はおおむね19世紀以降の様式を示し

図1　鳥瞰図, 1711年（寺阪1994）

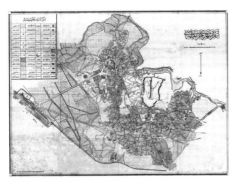

図2 首都計画図, 1924年 (Günel 2015)

図3 ヤンセンの計画案, 1928年 (Mamboury 1934)

ていると考えてよい。通常これらは倉庫や台所が配置される1階部分と、居住区画に充てられる2階部分から構成されていた。

第一次世界大戦にオスマン帝国が敗れて諸外国による国土の占領を招くと、イスタンブルの政府に対抗してムスタファ・ケマル（アタテュルク）は新政府の樹立を図った。その際拠点となったのはアナトリア中心部にあってイスタンブルとも鉄道で結ばれる要衝のアンカラだった。1923年にトルコ共和国が成立するとアンカラはそのまま首都に選定され、近代国家にふさわしい首都計画が策定されたのであった（図2）。当初都市計画を担当したのはドイツ人建築家のロルヒャーで、東西南北に幹線道路を整備し碁盤目ないし放射同心円状の街路網を建設する近代的な首都計画案が作成された。だが、資金不足から旧市街の土地収用がはかどらず、また将来人口が25万人と過小に見積もられていたため計画は中止され、1928年に新たにコンペが行われてドイツ人のヤンセンの計画案が採用される（図3）。ここでは幹線道路の構造は一部受け継がれたものの、旧市街の再開発規模は抑えられ、その西側に官公庁街としてウルス地区が建設された。そこから南に下ったクズライ地区はアンカラの中心地区として計画され、南北幹線のアタテュルク大通りを軸にヴィスタを確保するバロック的な都市デザインが行われた。クズライは今日でも地下鉄・バス・ミニバスの発着点として市内交通の結節点となっている。これに続く1957年の第二次首都計画では市内南側と西側に高級住宅街が計画され、4～6階建ての集合住宅が建設された。

一方、計画地区の周辺には、ゲジェコンドゥ（一夜建て）と呼ばれる低質の不法占拠住宅が密集する。とくに1950年代以降、農村部から大量に人口が流入すると、当初の都市計画では住宅供給が追いつかず、市内北部や東部の急峻な斜面地にも上下水道も整備されないまま住宅が建設されていった。1980年には全人口187万人のうちゲジェコンドゥ居住者は145万人にも達し、住宅供給の観点から見れば都市計画はほとんど破綻していたのである。

今日のアンカラは経済・文化都市のイスタンブルに対して、政治色の濃い近代的な首都であるといえる。一方で大学が集中して若者を引きつけ、官僚や軍人ら共和国エリートが集うリベラルなアンカラは、外国人にとっても居心地のよい町である。　　　　（川本智史）

West Asia 03: Izmir

【イズミル】 「エーゲ海の真珠」の困難

トルコ，イズミル県
Izmir, Turkey

　イズミルはそもそもスミルナという名の古代都市のひとつで，紀元前1102年にタンタロスによって現イズミル湾の北東の最端部（現バイラクリ）に設立されたといわれる。この都市は大火や地震，リュディア王国による破壊で前6〜7世紀に終わる。前333年にアレクサンドロス大王（在位：前336〜前323年）がイズミル湾と海岸線を一望できる南側の丘パゴス（現カディフェカレ）に城砦（カレ）を建設し，その斜面に再建された都市が拡大する。178年の大地震の後，ローマ皇帝マルクス・アウレリウス（在位161〜180年）が整備すると，イズミルは政治と経済を担う2つのアゴラを備えた大都市に発達した。

　イズミルは1081年にセルジューク朝に支配された後，東ローマ帝国や十字軍，ヴェネツィアやジェノヴァ共和国による征服・奪還が繰り返された結果，西側支配の海岸地域と東側支配のパゴス周辺に分断された。しかしこの都市の位置はスミルナとして古代から栄えた地域，パゴス，および両者に面した海岸線から移ることはなかった。

　1426年にオスマン帝国が支配した後，1566年にヒオス島，1571年にキプロス島の獲得で貿易が拡大するとともに，都市は港湾要塞，税関，バーザールを中心とした海辺に傾重した。ヒサルなどのモスクの建設や，アルメニア人とユダヤ人地区の形成もこの16〜17世紀である。

　イズミルは，18世紀はレバント貿易で，19世紀は欧州資本で繁栄を続けて，鉄道，道路，埠頭が整備された結果，17ヶ国の領事館が建ち並ぶ国際都市に発達した。またレバント人やユダヤ人，アルメニア人が港湾に移住することにより，街区と民族・階層の構成が変化した。19世紀後半には海辺のコルドン通りが繁栄の象徴になり，非ムスリム教徒の公共都市空間が形成されたのである。

　知事ラアミ・アスランが1913年から国立図書館などの都市整備に尽力するが，第一次世界大戦でギリシャに占領された。また，後のトルコ共和国初代大統領アタトゥルク（在位1923〜38年）が奪還した1922年9月13日に大火に見舞われ，イズミルは300ha，街全体の4分の3に相当する約2万〜2万5000棟の建物を焼失した（図1）。この大火でギリシャ人は帰国し，アルメニア人とレバント人が家を失い居残った（図2）。

　翌年共和制を宣言したアタトゥルクは近代国家樹立を実現するための事業として，大火後のイズミル都市再生を推進した。アンカラ新都市計画やイスタンブル都市改造からも明らかなように，この若き共和国は都市の建設を非常に重視したのである。モロッコ15都市の都市計画を手がけたフランスの建築家・都市計画家アンリ・プロスト（1874〜1959年）は，後のフランス元帥ユベール・リヨテ（1854

図1　大火以前のイズミル，1922年 (Anonyme 1933)

図2　大火後のイズミル，1930年代撮影
(Yılmaz et al. 2003)

図3　プロストとダンジェ兄弟によるスミルナの都市計画案，1933年(Anonyme 1933)

〜1934年）を通して本事業を委ねられ，フランスの都市計画家ダンジェ兄弟，ルネ・ダンジェ（1872〜1954年）とレイモン・ダンジェ（1883〜1958年）が1924年から1933年まで計画案を手がけた（図3）。

終着駅舎バスマネ北側の中心市街地，市内30の幹線道路網，中心市街地東側の工業地帯，北側の港湾，造船所および埠頭，中心市街地の文化公園，フランスのシテ・ジャルダンに倣った住区，中心市街地南側の新たな労働者居住地区，イズミル湾に沿うコルドン公園はプロスト案に基づいて新たに建設されたものである。このように同案は焼失地に止まらず，イズミル全体の都市再建に発展した。さらに街の中心にある文化公園を会場に開催された内国経済博覧会（1923年）がこの都市再生事業を後押しした。また，この再建地区の中心に位置するコナク工科女学校（1942年）は，ドイツの建築家ブルーノ・タウト（1880〜1938年）が，1936年に日本からトルコに移った後で手がけた，イスタンブルやアンカラの工科大学キャンパスほか20以上の学校施設のひとつで，イズミルを代表する近代建築である。アタトゥルクは，こうしてイズミルを近代国家のモデル都市にするため，歴史あるこの都市の奥底に内在する困難な課題の解決に挑んだのである。

しかし大火を免れた中心市街地北東部の一部分の住区と，古代都市が繁栄したパゴスの北側一帯に対する提案が控えられたため，多民族による歴史都市は再びトルコ人らによる旧来の街区と欧州人による新市街という2つのエリアに分断された。

大統領の主導により近代主義に傾倒するイズミル市は，パリ国立美術学校で培われた伝統的な設計手法に基づいて，ゾーニング，保健・衛生，緑地帯を主題にしたプロスト案に加えて，1938年から1949年にかけてル・コルビュジエ（1887〜1965年）に全体計画を依頼した。この40万人のための「緑の街」計画案は「住む，働く，憩う，移動する」という4つの要素を定めたアテネ憲章を基本に，機能主義に基づく画一的な都市と建築を目指したものであった。歩車を分離する交通網，ピロティで支持された集合住宅群，歴史地区を更地にする方針は，破壊行為に対する反感を招くとともに地権者の理解を得られず，同市は非現実的な提案であると判断し，ル・コルビュジエの提案は実現しなかった。

イズミルはいわゆる「近代主義」の下に，フランスを中心とする最新の都市計画を取り入れる形で，こうした分断という課題の解決に挑んだが，当時を代表するプロストもル・コルビュジエもこの根本的な問題を解決するには至らなかった。これが「エーゲ海の真珠」といわれる美しい都市の抱えた困難であり，トルコの縮図といわれる由縁のひとつである。

（三田村哲哉）

West Asia 04: Bursa

【ブルサ】絹の古都

トルコ，ブルサ県
Bursa, Turkey

　アナトリア西部のビテュニア地方の首邑ブルサは、1326年に新興のオスマン朝が征服した最初の大都市である。南に標高2543mのウルダー（オリンポス）山を擁し、北側には肥沃な平原が広がる。紀元前202年にビテュニアの王プルシアスによって建設され、その名に因んでプルサと呼ばれた。

　ビザンティンの領主がオスマン軍に降伏した後は、山麓の小高い地点にあった城塞内にムスリムの居住街区とともに宮殿が置かれ、15世紀初頭に宮廷がバルカン半島のエディルネに遷るまでブルサは首都として機能した。17世紀末の遠景図も山すそに街並みが展開する様子をよく示す（図1）。

　征服直後から城塞外の東側には、モスクや商業施設が建設されて現在まで続くブルサの中心部が形成されていった。オスマン期のブルサはアナトリア高原の隊商路を通ってペルシアから運ばれる生糸の交易地として繁栄し、絹織物産業が盛んなフィレンツェなどイタリア半島からも商人が取引のために押し寄せた。その商取引の場が市内に多数存在する中庭型の隊商宿やドームで覆われたバーザールで、今日に至るまで利用されている（図2）。

　オスマン朝勃興期の14世紀から15世紀にかけてブルサで見られた都市建設の手法は、イスタンブルなどオスマン朝がのちに征服した諸都市でも適応されるものであった。そのためブルサの都市空間は、「オスマン都市」のプロトタイプになったといえる。他のイスラーム世界の都市同様に、モスクやマドラサ、給食施設などは宗教的寄進制度であるワクフ制度によって運用され、同時に建設された収益物件である隊商宿やハンマームもまた都市インフラとして機能した。ブルサでは14世紀前半から、征服者の君主オルハンらによって建設活動が行われた。

図1　遠景図, 17世紀半ば (Yenal 1996)

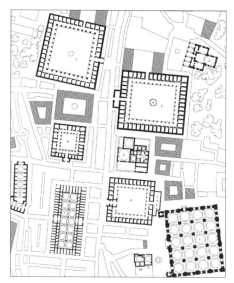

図2　今日の商業地区の配置図 (Kuban 2010)

上述の建造物はキュッリイェと呼ばれる複合体を形成し，中心部だけではなく，当時の郊外にも複数建設された点に特徴がある。全体的な都市計画は存在せず，街区の中心となる複数の核が，スルタンやその家族，有力者らによってそれぞれ寄進され，都市空間が形成されていったのである。とくに有名なものには15世紀前半のイェシル（緑）複合体があり，青色タイルで美しく装飾されたスルタンの墓廟やモスク，マドラサ，給食施設，ハンマームによって構成されていた。無料で食事を提供する給食施設は，農村から都市へと流入した新参者の生活を支えていたともいわれる。

今日では一様に「モスク」と呼ばれる礼拝の場は，実は集会モスク（ジャーミー）あるいは一般モスク（メスジド）ではなく，ブルサにあったものの大半は当初ザーヴィエと呼ばれる多機能の建築であった。これはイスラーム世界の周縁部で勢力を拡大した初期オスマン朝を支えた神秘主義者やギルドなど，多様な社会集団の活動拠点であったと考えられる。14世紀前半の大旅行家であるイブン・バットゥータも，アナトリア各地を旅した際，彼らに歓待されザーヴィエに滞在したのである。

ブルサの産業の中核となったのが，上述の絹産業である。安価な奴隷労働力を利用する製糸・織物産業はオスマン朝の財政基盤の一翼を担ったともいわれる。1502年にはブルサには1000機以上の織機があったと伝えられ，同時期にイランから輸入される生糸は15万ドゥカートにものぼった。17世紀の旅行家エヴリヤ・チェレビーによれば，殷賑を極めた当時のブルサには2万3000戸の家と9000軒の店舗があったというが，これはおそらく誇張であろう。17世紀後半の西洋人旅行者によれば4万人のムスリムと1万2000人のユダヤ教徒，そして少数のキリスト教徒が暮らしていたという。17世紀からはブルサ周辺でも繭

図3　都市図，19世紀（Gabriel 1958）

の生産が行われるようになってヨーロッパへの原料供給地となった。18世紀以降イズミルが交易港として成長するとブルサの商業都市としての地位は低下したが，19世紀には蒸気力を導入して絹産業の立て直しが図られた。

残念ながらブルサ市内には伝統的な家屋はほとんど現存していないが，近郊のジュマルクズク村は古い雰囲気をよくとどめている。他のアナトリアの民家同様に，1階部分が石造で，2階以上が木骨造の建物が多い。

1855年にこの町を襲った大地震では，街並みとともに初期オスマン朝の建築も大きな被害を受けたが，同時にその調査と復興を通じてオスマン建築の歴史叙述が形成されていったことは特筆に値する（図3）。文化と経済の観点からブルサがオスマン朝の出発点となっていたことは疑うまでもない。共和国成立後ブルサ周辺には引き続き繊維産業が集積し，近年では自動車工場なども建設されてトルコにおける一大工業地帯へと発展した。

また日本人にとってブルサでうれしいのが，郊外のチェキルゲにある温泉である。14世紀半ばからはハンマームが建設され，おそらく宮廷建築家のスィナーンが設計に関与したものもあって，今日も湯治場としての営業が続いている。通常トルコのハンマームは蒸し風呂のみであるが，ここでは鉱泉がたっぷりと湛えられた湯船に体を浸すことができるのである。

（川本智史）

West Asia 05: Safranbolu

【サフランボル】 サフラン薫る隊商都市

トルコ，カラビュック県
Karabük, Turkey

　サフランボルは，アナトリア半島の交易中継地として長い歴史を持ち，17世紀のオスマン朝期に最も繁栄した隊商都市である。トルコ北西部の黒海沿岸から50kmほど内陸の山間部に位置し，伝統的住居が斜面地に建ち並ぶ特徴的な景観を持つ小都市である（図1）。この地域は一年を通じて温暖で降雨量も多く，緑豊かで自然環境に恵まれた地域である。生い茂る木材を多用した木骨造による住居建築が発達し，豊富な水資源を利用した製革を主要産業としてきた。

　この地域に人間が定住した歴史は長いが，サフランボルで現在見ることのできる最古の建築遺構としては，城砦（カレ）跡や14世紀のセルジューク朝期に建てられたモスクやマドラサ，ハンマームなどがある。これらセルジューク朝期の建築物はいずれも城砦南東部にあるギュムシュ川とアクチャス川の合流点を見下ろす高台の防衛的要衝に建てられており，ここを起点として城砦東部の低地にオスマン朝期の主要施設が建設され，都市が展開していったことが分かる。やがて20世紀になると近郊に鉄道が通され，大規模な官営製鉄所が操業を始めたことで，伝統的な経済・流通形態に支えられたサフランボルは静かに衰退していくことになる。

　サフランボルの街はそれぞれ特質を持つ3つの地区に大別することができる。

　まず1つ目に，サフランボルの伝統的中心地「チャルシュ」（バーザールの意）地区は，冬の冷たい風から身を隠すかのように渓谷の中に広がっている（図2）。すり鉢状の斜面地にはオスマン朝期に建てられた伝統的住居が並び，底部の限られた平地にはモスクやキャラバンサライ（隊商宿），商業空間が立地している。キャラバンサライ周辺の平地となっている部分に，空地になっている部分が目立つ。これらは週に一度開かれる市場のための用地であると同時に，宿場街における多目的機能を備えた広場でもあった。チャルシュの街路形態は渓谷底部の平地を中心に，斜面の居住地に向けて放射状に街路が伸び，等高線に沿った街路がそれらを接続する。かつての交易ルートであった主要幹線路は，渓谷底部のキャラバンサライや市場用地周辺を通過し，大きく蛇行しながら渓谷の外へと続く。

　商業地区は限られた平地にあるため，街路は細く混み入っている。馬具職人や鍛冶職人など同業者ごとに工房や店舗が軒を連ねて街路を構成し，面的な広がりを持った商業地区となっている。同業者集団はロンジャ（ギルド）と呼ばれ，製品の品質や利権を維持した。各街路には特定のロンジャで使用する専用のカフェや水場が設けられることもあった。

図1　チャルシュの眺望（筆者撮影）

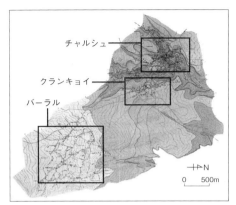

図2 チャルシュとクランキョイ,バーラル
(Günay 1981,筆者加筆)

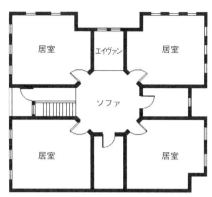

図3 伝統的住居プラン,3階部分(筆者作製)

　サフランボルの住居は上階の張り出しが特徴的で,眺望の確保が重要視されている(図3)。街路条件により敷地や地上階が不整形であっても,上階を巧みに張り出させることにより部屋形状を整えながら眺望も確保することができる。規模の大きな邸宅は庭の確保できる渓谷底部の平地に主に分布するが,急勾配の斜面地に建つ住居には庭を持たないものもある。一般的な住居は3層構成となっており,最上階は眺望の良い格式の高い空間とされ,天井の低い中間階は日常生活のための空間となっている。そこには「ソファ」と呼ばれるホール空間が設けられ,各室へとアクセスする中間領域となっている。ソファの一部には「エイヴァン」と呼ばれる多目的コーナーが設けられるが,中東各地の住居様式で見られる中庭とイーワーンの構成と共通する。石積みによる基礎部分が地上階で,玄関機能の他に馬屋や備蓄庫,カマドのある多目的スペースとなっている。

　サフランボル2つ目の地区は,チャルシュ西側の渓谷高台にあるクランキョイ地区である(図2)。トルコ革命後に住民交換が行われるまでルム(ギリシャ正教徒)の居住地だった。地区の中心部には19世紀に建設されたギリシャ正教会があったが,現在では町の大モスクに転用されている。チャルシュの住居と比較し,石材を多用する点が特徴的である。近代以降はクランキョイを起点とした新市街が形成され,都市機能の中心地も移ることになる。

　3つ目は,サフランボル夏の町とも形容される「バーラル」(ぶどう畑の意)地区である(図2)。かつてのサフランボル住民はチャルシュの本宅以外にバーラルにも住居を所有していた。各住居は菜園や果樹園のある広い庭を備えており,夏季になると収穫作業や避暑のため移り住んだ。大きく不整形な街区には住居がまばらに分布しており,渓谷地区とは街区構成が大きく異なる。

　20世紀以降サフランボルが受けた近代化の影響の多くはクランキョイとバーラルの両地区によって吸収され,チャルシュの伝統的景観の破壊には至らず,貴重な街並みがそのまま残される結果となった。1994年には世界文化遺産に登録され,景観が保護されることとなったが,現代的な暮らしを望む住民らの流出は続いている。キャラバンサライや邸宅は宿泊施設として,店舗群は土産物店として,市場用地は駐車場として新たな役割を担い,宿場街サフランボルは存続している。

(宍戸克実)

West Asia 06: Damascus

【ダマスクス】興亡のオアシス都市

シリア，ダマスクス県，首都
Capital, Damascus, Syria

ダマスクスは，地中海からわずか80km，レバノン山脈を越えた東斜面，シリア砂漠を見下ろす聖なるカシオン山の麓に位置する。山から流れる内陸河川が潤すオアシスの中で，はるか古代から都市が営まれてきた。旧約聖書創世記は，カシオン山の斜面でカインがアベルを殺害したとする。そして，ダマスクスのオアシスはエデンの園のモデルとされる。「最古の都市」ともされるダマスクスの地は，北東に向かってはユーフラテス川沿いの諸都市をつなぐ隊商路が伸び，南へはエジプトやイエメン，インドへ向かう紅海の港に伸びる街道がある交通の要所でもある。

トトメス3世（古代エジプト第18王朝第6代，在位：紀元前1479年頃～1425年頃）時代の碑文に，すでにその存在が記されているというが，その名はアラム語のダルメセク（灌漑された場所）に由来するという。

紀元前10世紀にはアラム人の王国の首都が置かれたとされるが，その後，新バビロニア，ペルシア，セレウコス朝，そしてローマ帝国の支配下に置かれる。ローマ時代に建設されたダマスクスは地下数mに埋まっているが，カルドとデクマヌスの南北・東西の中心軸によって構成されるローマ・タウンの伝統，「正方形のローマ」の系譜に属していたと考えられる。サーサーン朝ペルシアとビザンティン帝国の抗争の舞台となり，ムスリムに占領されて（636年），ウマイヤ朝の首都（661年）となることによって，イスラーム都市へと変容するが，東西の大通りは今日まで引き継がれている（図1）。

ローマ人がヴィラレクタと呼び，アラブ人がスーク・アル・タウィルと呼ぶ「真っ直ぐな道」の西門にはユピテル神殿があり，東門はバブ・シャルキ（太陽の門）と呼ばれる。そして，この道の北側には，ゼウス神とユピテル神が合体して融合したバール・バクダード神を祀る神殿があった。この神殿は，4世紀後半にテオドシウス帝（在位379～395年）によって破壊され，代わって聖ヨハネを祀るバシリカが建てられた。

ムハンマドの没後，各地の叛乱を治めるジハードが開始され，各地にミスル（軍営都市）が建設されていくが，その拠点となったのがダマスクスである。ウマイヤ朝を創始してカリフの地位に就いたムアーウィア（在位661～680年）は，さらにジハードを継続し，カイラワーンなどを建設している。メッカを占領しウマイヤ朝の正統性が確立するのは，アブド・アルマリク（在位685～705年）の治世であり，ダマスクスがムスリムの首都としての威容を整えるのは，ワリード1世によるウマイヤ大モスクの建設によってである。

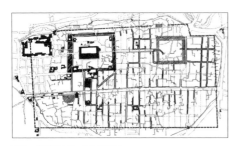

図1　都市図（Kostof 1991）

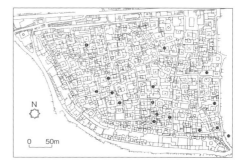

図2 ダマスクスのマスタープラン，1968年
(Damascus City Cooperation 1968)

図3 シャーグール地区（陣内・新井 2002）

図4 中庭式住居。アハマッド・コルディ邸(A)とモハマッド・ファヘード・サハーディア邸(B)（陣内・新井 2002）

ウマイヤ・モスクが建てられたのは，かつての古代神域，キリスト教のバシリカ（聖ヨハネ教会）が建てられていた場所である。東西に長い礼拝室（幅136m，奥行40m）と南に接する柱廊で囲われた中庭からなるが，中心軸は南北軸であり，マッカの方向にある南壁にミフラーブが造られている。礼拝室は3列の身廊からなり，中央にドームを戴いている。その構成については，キリスト教会のバシリカの構成との関係が指摘される。ムスリムは西側，キリスト教徒は東北，ユダヤ教徒は東南に居住する住み分けが行われる。アッバース革命（750年）によって，ウマイヤ朝の宮殿は徹底的に破壊されたが，ウマイヤ・モスクだけは破壊を免れている。ウマイヤ・モスクの幅広横長の空間は，以降のモスクの形式に大きな影響を与えることになる。

イスラームの帝都から一夜にして一商都に転落することになったダマスクスであるが，やがて，十字軍の暴虐から逃れてくる難民たちを受け入れることで再生を果たしていく。11世紀末以降，大いに繁栄し，イスラーム都市としての街区形成がなされ，城壁も楕円形に変じていく（図2，3）。

1300年にモンゴル軍，1400年にティムール軍の襲撃によってダメージを受けたが，オスマン帝国の支配下で中庭式住居が密集する街区形態がさらに形成されていった（図3，4）。

1920年以降のフランス統治下において，西側に西ヨーロッパ風の新市街が建設される。独立後，新市街を中心に，歴史都市を取り囲むように近代都市が建設されていくが，中東情勢が揺れ動く中で，ダマスクスを取り巻く環境は不安定である。

（布野修司）

West Asia 07: Hama

【ハマー】巨大水車の庭園都市

シリア，ハマー県
Hama, Syria

　オロンテス川（アラビア語でアル＝アシ川）は，レバノン山脈の中の泉を源流とし，シリア中部の都市ホムス近郊において紀元前1300年頃の建設とされるダムを通り，北上してハマーの市街地を抜け，さらに穀倉地帯を経てトルコ国内から地中海に流れ込む川である。シリアの国土は古くから，地中海においてダマスクスとアレッポを結ぶ南北軸を中心に栄えたが，ハマーはその間の要衝に位置した。

　市内を蛇行するオロンテス川の流域は，その豊かな水量に支えられた緑地でしめられている。市街地は歴史的に，この緑地を侵食するというよりは庭園・農地として活用することで発展してきた（図1）。その象徴となるのが，市内で多く見られる巨大な水車（アラビア語でノーリア）である。

　歴史はシリア第三の都市ホムスよりも古く，新石器時代から人が住んでいたことが1930年のデンマーク隊の調査から分かっている。川沿いの丘は人為的に構築が繰り返されてできたテル（古代メソポタミアの遺跡）と見られ，後に城塞となり発展の中心となった。前2200年にアモル朝，前1800年頃にヒッタイトの支配を受けた。前1300年頃にはアラム朝の中心都市ハマスとなり，古代イスラエルのソロモン王の傘下で発展したが，以後はアッシリア，バビロニア，ペルシアなどによる争奪の的となった。前332年にアレクサンドロス大王の版図に入り，セレウコス朝のアンティオコス4世エピファネス（在位：前175〜164年）に再建された際にはエピファニアと呼ばれた。

　水車については，古くはウィトルウィウスの『建築十書』（前33年頃）の中で説明がなされ，ハマーにおいてもビザンティン帝国時代（395年以降）に遡ると見られている。以降，水車による灌漑システムが導入され，農業が発展し人口も増えた。オロンテス川はハマーの市街地や緑地に対し，かなり深いところを流れており，そこから効率的に揚水するために設置されたのが木製の水車であり，大きなものは直径20mに達する。水車の堰に流れ込んだ川の水は，外輪に歯車の歯のように設けられたそれぞれの水箱に流入し，水車の回転とともに持ち上げられ，頂点において石造の水道橋の取水口に流れ込む。水は都市内の水路や周辺の緑地に流れていくという仕組みである（図2）。

　636年にイスラームの支配下に入り，7世紀に地震で市街地の一部が損壊したが，その後の再建によって現在の主要地区であるバーブ・ル＝ジスル地区とアル＝マディナ地区が建設された。8世紀にはウマイヤ朝により大モスクが建設された。当初存在したバシリカ

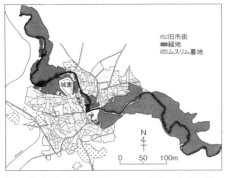

図1　旧市街，1930年頃（Boissière 2005，筆者加筆）

様式のローマ教会の遺構を再利用したもので，12世紀および15世紀にミナレットが追加で建設されている。

11〜12世紀には常にダマスクスとアレッポによる争奪戦の的となり，12世紀の初頭においてはすべての地区が個別の城壁に囲まれていた。スーク（市場）はアル＝マディナ地区の中に建設された。ザンギー朝の英君ヌールッディーンは，ヌールッディーン・モスク，アル＝ハサネイン・モスクを建設している。前者は1163年にローマ時代の遺構から取り出した巨石を再利用して建設され，北側の壁には7.2mに及ぶ碑文が彫り込まれた。アイユーブ朝時代（1171〜1250年）にはハマーはさらに繁栄し，現存する17基の水車のうち最も古いものはこの時期に建設されたと見られている。以後，水車はマムルーク朝，オスマン朝時代に増設されていった。また，1323年にはマムルーク様式に基づくアル＝イッジ・モスクが建設された。

1517年，オスマン帝国によって城の北側にハワ橋が建設された。それまで市街地はもっぱらオロンテス川の西側（左岸）で発達しており，両岸を歩いて行き来するにはアレッポ街道を北上しチェイザール橋を渡るしかなかったが，以後は右岸の開発が本格化し，アル＝ハデル地区が形成された。これは砂漠の遊牧民を定住させ都市民としたため，「都会人」を意味するハダリから名づけられた。ハマーは東部において砂漠と隣接しており，同地区には羊肉・羊毛など羊に関わる商品と遊牧民向けの製品を扱うスークが設置された。これにより，古くからの富裕層が住む左岸と，新住民による右岸という，それぞれスークを備えた両岸体制が確立した。左岸のスークには，オスマン様式に基づくルスタン・パシャのハーン（隊商宿）（1556年），次いでアスアド・パシャのハーン（1738年）が建設され交易が栄えた。

図2　水車（筆者撮影）

川域の緑地は庭園としても活用された。代表的なものに，1740年にハマーのワリ（知事），アスアド・パシャ・アル＝アゼムが左岸に建設したアゼム宮殿を中心とする庭園がある。また農地は給水設備により整備され，主に玉葱，ニンニク，パセリ，そら豆，ほうれんそうなどの野菜と，アンズやクルミ，ピスタチオなどの果物が生産された。

1980年，アレッポで中央政府への不満からムスリム同胞団がスークの商店を閉鎖させるという騒乱が起こると，82年2月には，同胞団の拠点であり，また元来が保守的でよそ者を嫌う気風があったハマーにも伝播し，大規模な反乱に発展した。同胞団は旧市街の稠密な市街地の各所に根城を持っていたため，中央政府は徹底的な取り壊しで臨み，軍と治安部隊により旧市街の3分の1を破壊し多くの住民を虐殺した。主な被害はアル＝ハデル地区に集中していたが，大モスクやアゼム宮殿も甚大な被害を受けた。破壊された旧市街地はブルドーザーで整地され，シャームホテルなどの近代施設が導入された。　（松原康介）

West Asia 08: Aleppo

【アレッポ】 レヴァントのスーク都市

シリア，アレッポ（ハラブ）県
Aleppo (Halab), Syria

　アレッポが位置する一帯はユーフラテス川とオロンテス川に挟まれた豊かな土地であり，最初に人間が居住を始めたのは紀元前5000年まで遡るといわれる。伝承によれば，アブラハム（アラビア語名イブラヒーム。前2000年頃の最初の預言者）がそこで人々に羊の乳を施していたためハラブ（アラビア語で乳）と名づけられたのが，アレッポの起源である。ヤムハド，ヒッタイト，アッシリア，バビロニア，ハカーマニシュ朝ペルシアなどの支配を経て，アレクサンドロス大王の遠征後の前333年にセレウコス朝の支配下に入った。ヘレニズム時代にはベロイアと呼ばれ，小高い丘に築かれたアレッポ城の西側にグリッド状の城壁都市が形成された。考古学者ジャン・ソヴァジェの市街地想像図によれば，東西の軸線に沿って，古い遺跡であるテル，ギリシャの神ゼウスを祀る神殿，古代ギリシャの民主主義に不可欠であったアゴラ（広場）が配置されていた。

　前64年に共和制ローマの将軍ポンペイウスによって征服され，そのローマがミラノ勅令（313年）によってキリスト教を公認すると，神殿はサン＝ヘレン教会へとコンバートされ，またシナゴーグを中心とするユダヤ人街も拡大した。郊外にはサン＝シメオン教会（カラアト・サマーン）をはじめとする教会や集落が多く形成され，今日「死の町」と呼ばれる多くの遺構が残っている。エブラ王国（前3000年紀）の遺跡とあわせ，一帯は世界文化遺産に登録（2011年）されている。

　637年にアラブ人によって征服されるとイスラーム化が進み，715年にはウマイヤ朝のワリード1世によってサン＝ヘレン教会とアゴラの敷地が統合され，ウマイヤ・モスクが建設された。後年には教会時代の柱廊を再利用したハラウィ・マドラサが隣接して建てられた。ただしウマイヤ朝，続くアッバース朝の間，アレッポは東ローマ帝国との国境に近かったため，常に戦争の脅威にさらされていた。そのため，アッバース朝の衰退期に一時的にハムダーン朝，ミルダース朝の首都となったのを最後に，首都となることはなかった。

　トルコ系のセルジューク朝時代，クレルモン公会議（1095年）によって十字軍の派遣が決定されると，東地中海域一帯は13世紀まで続く一進一退の争奪戦の時代に入る。実戦の舞台となったのはカラアト・サラーフ・アッディーン（サラディン城）やクラック・デ・シュヴァリエなどの山岳地帯に築かれた城塞都市（2006年に世界文化遺産登録）であったが，アレッポもまた軍事および宗教機能を中心に基盤整備が開始された。

　ザンギー朝のヌールッディーン（在位1146〜74年）は，ヌーリーヤ・マリスタン（病院，1150年）と，ヌーリーヤ・マドラサ（1167年）を創設し，また高さ45mのミナレットを持つウマイヤ・モスクを改修した。1184年にアレッポを訪れた旅行家イブン・ジュバイルは，水濠に囲まれ防御の設備に満ちたアレッポ城の堅牢さ，職種ごとに組織化され長大でありながら木材の天蓋が葺かれたスークの快適さ，柱廊に囲まれた中庭を持つモスクの美しさ，説教壇とミフラーブに穿たれた装飾の

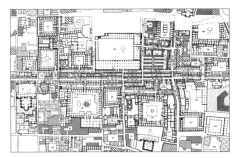

図1　スークの中枢部（Gaube and Wirth 1984）

図2　スークの商店
（筆者撮影）

精緻さ，大部屋と小部屋からなる構造を持つマドラサについて書いている。アイユーブ朝時代には，サラーフ・アッディーンの子ザーヒル・ガーズィーが領主となり，アレッポ城，城門・城壁およびクウェイク川を中心とする市内運河の拡充を主導した。今日まで続くナハシン・ハンマームが創業したのもこの頃である。

1260年にモンゴルのフレグに侵略され，町は殺戮の舞台となり破壊された。しかし即座にアレッポを奪還したマムルーク朝の下で復興事業が行われ，アルトゥブガ・モスク，サヒビヤ・マドラサ，アルグーニー・マリスタンなどの施設が多く建設された。また城壁外東北のバーナクーサー地区は，キャラバン交易と，モスクやマドラサを中心とするアフダース（住民組織）により発展した。

15世紀に入ると交通の要衝であるアレッポは，東方各地から運ばれてきた香辛料や繊維，宝石などをヨーロッパへ輸出し，ヨーロッパからは工芸品を輸入するレバント交易の一大拠点となった。そこでスークに隣接して多く建設されるようになったのが，それらの交易品の積み下ろし，卸売りや保管の場所となったハーン（隊商宿）である。当時のスークでは，ヘレニズム時代以来アレッポ城とアンタキヤ門間の約700mを直線的に結んでいた「まっすぐな道」が，イスラーム時代に入って徐々に複線化し，個々の商店も個人経営にふさわしい大きさに細分化されていた（図1）。ハーンは，東西に伸びるスークに対して，その南北の後背地に設置され，キャラバンから商店への流通を中継する役割を果たした（図2）。異国の品々を満載したキャラバン隊は，各方面の地名を冠した城門からハーンに至り，品物を下ろしてラクダたちを休ませる。品物はロバに積み替えられ，スークまで運ばれ店頭に並んだ。同業者組合の形をとっているため，「香辛料のスーク」「貴金属のスーク」「絨毯のスーク」というふうに緩やかにグループ化されていた。暑い中，大声で商売する上で天蓋は不可欠であった。

1516年にオスマン帝国の支配下に入ると，外国人に通商の自由を認めるカピチュレーションにより交易はいっそうさかんとなり，アレッポには諸外国の領事館が続々と開設された。ヴェネツィア領事館は1548年にナハシン・ハーンを，フランス領事館は1560年にアル＝ヒバール・ハーンを間借りして開設された。商業発展の中，中央政府の下で徴税請負を行うアーヤーン（地方名士）が台頭し，モスクやマドラサを建設した。そのデザインは，首都イスタンブルに見られるようなドームを中心に複数のミナレットが取り囲むオスマン様式となり，都市景観を特徴づけた。一方，ヨーロッパに足場を持つキリスト教徒は，歴史は長いもののマイノリティに甘んじていたアレッポの東方諸教会に介入し，それまで曲がりなりにも異教徒同士が共生していた都市社会を徐々に解体していった。2016年現在，内戦によってスークをはじめとする市街地の多くが戦災を被っている。

（松原康介）

West Asia 09: Bosra

【ボスラ】ナバテア王国の古都

シリア，ダルアー県
Daraa, Syria

　ボスラは，ガリラヤ湖から死海に向かって東西に流れるヨルダン川へ東から注ぐヤルムーク川の支流沿い，ヨルダンとの国境に近いシリア共和国南部標高850mに位置する交易拠点都市である。

　ヨルダン川の西に広がるこの一帯はハウラーン地方と呼ばれ，東西100km，南北75kmの玄武岩（バサルト）の溶岩台地に覆われる。湧き水と春の降水を用い，小麦栽培と牧畜を行う生産力豊かな地である。黒色の玄武岩は建材として使われ，岩石の条理から特殊な持ち送り架構を発展させた。

　ダマスクスから，ナバテア王国が拠点としていた古代都市ペトラを通り，アカバ湾に向かう古来の通商路が，ボスラを貫通する。農業と交易で一時は数万の人口を支えたボスラだが，現在は人口2万人余りの小さな町で（2004年），地域の農産物収集拠点として，また1980年に世界文化遺産に登録されてからは観光業を中心に栄えている。2011年からはシリア内戦で混乱の中にある。

　最初の記録は，紀元前14世紀の古代エジプトに，ブズルナの名が残る。ナバテア語で城塞を意味するボスラは，アラビア半島出身の王による城塞都市を起源とし，最古の遺構として前2世紀のナバテア人の墓跡が残る。紅海の奥に位置するペトラを拠点としたナバテアは北のダマスクスへ向かって勢力を広げ，紀元後1世紀にはボスラを首都とした。この時代の遺構は，旧市街の東側のナバテア門とトラヤヌスの宮殿にある。

　その後，105年に古代ローマ帝国に編入され，3世紀初頭までに植民都市ボスラが成立した。4世紀までは，ジェラシュ，フィラデルフィア（アンマン）と並ぶローマ植民都市で，ノヴァ・トラヤナ・ボストラと呼ばれ，アラビア属州の首都となった。ハウラーンの農作物の収集地，かつダマスクスとアンマンを結ぶトラヤヌス街道の拠点として富を蓄積し，巨大な劇場，3つの浴場を持つ都市となった。北側の市壁の保存状態はよく，その広がりは不整形ながら東西1.2km，南北0.7kmである（図1）。5世紀からは東ローマ帝国に編入され，キリスト教が普及し，教会堂が建てられた。

　ローマ時代の都市は，北にカストルム（要塞，東西450m，南北350m），南に市街地の構成で，大規模な貯水池（市壁内の北西部，市壁街の南，東，北西）が4つあった。ナバテア

図1　発掘図面から作製した都市変遷図，紀元前1世紀〜15世紀（Bouchaud 2011，筆者加筆）

門から西に伸び市壁の西門（風の門）につきあたるデクマヌス（東西大通）が軸（図2）となり、一方カルド（南北大通）としては、3本の道が確認できる。これらの道路は真の東西南北から多少軸が振れる。3つの大浴場や市場など東西大通に面する建築をはじめ、市壁内の西の貯水池および市壁外の北西の貯水池、市壁の南外にある半円形劇場と円形劇場、競技場などは同じ軸線を持つ。一方、市街地の東側に位置する3つの教会堂、市壁の外側の要塞、南と東の貯水池は真の東西に近い軸線を持ち、建設時期がずれているのかもしれない。

図2　ローマ時代のデクマヌス（筆者撮影）

634年、預言者ムハンマドの没後、カリフ・ウマルの時代にイスラーム教徒がボスラを征服した。ウマイヤ朝期には、首都ダマスクスとヒジャーズ地方の聖地をつなぐ拠点として栄え、ローマ時代の要塞の南辺中央から南に向かう道沿いに大モスクが造られた。この道の南終点にあたる場所で同時代の住宅が発掘され、その間に位置する中央浴場が工房、住居などに使用されたことなどから、おそらくローマ時代の町をそのまま利用する形であったと推察される。747年の大地震で放棄されたが、9世紀にはハウラーン地方の首都として復活した。

中世には、十字軍による混乱により、小政権がハウラーン地方の拠点としてボスラを占拠した。小政権は建設活動を活発に行い、いくつかの古い建物が再建された。

十字軍に対抗したイスラームの将軍として有名なサラディンのアイユーブ朝期に、ローマ時代の半円形劇場が要塞として再利用された。1088年から劇場の周囲を塞ぎ、内部はそのまま利用し、1251年には周囲に8つの塔を持つ要塞として完成した。市域内では、大モスクを改修、現存するだけでも5つのモスクを新たに建立し、モスクの数は36に上った。新たにペルシアから移入されたイスラーム法学を学ぶマドラサも設置された。当時の商業建築は発掘されておらず、市壁外にテントを張って市場を開いていたという報告がある。

1261年にはモンゴル民族が侵入し荒廃するが、カイロを首都とするマムルーク朝のスルタン・バイバルスによって町が再建され、古代ローマ時代のピポドロームからの転用材が使われ、要塞化された劇場は再び使われるようになった。14世紀にスペインから中国まで旅したイブン・バットゥータは、ダマスクスからヒジャーズ地方の聖都（メッカとメディナ）に向かう際、ボスラに立ち寄った。彼の記述によると、隊商の群れが4日間ここで待ち合わせするのが恒例となり、そこには大きなモスクが建てられ、預言者ムハンマドが啓示を受ける前に立ち寄った地で、彼のラクダが寝た場所がモスクとなったという。大モスクの東側にハンマームが1372年に建設され、南の貯水池はビルカット・ハッジ（大巡礼の貯水池）と呼ばれたことからも、中世には、依然として聖地巡礼に加え、交易拠点都市であったと推察される。しかし、オスマン朝期になるとイスラームの聖地への道は西よりに移動し、ボスラは100世帯に満たない小村に帰してしまった。だが、第二次世界大戦後は農業集散拠点として復興し、現代に至る。

（深見奈緒子）

West Asia 10: Beirut

【ベイルート】 中東のパリ

レバノン，ベイルート県，首都
Capital, Beirut, Lebanon

　ベイルートの起源は青銅器時代に遡る。紀元前15世紀頃からレバノン杉製の船による地中海交易で栄えたカルタゴの建設（前814年）で知られるフェニキアが拠点としたウガリッド，ビブロス，シドン（サイダ），ティルスなどと並ぶ東地中海岸の港町のひとつであった。ヘレニズム時代にはアゴラを中心とするグリッド状の街並みが形成された。

　2世紀にはローマ帝国シリア州の交易・巡礼拠点として発展したが，551年の大地震と津波被害により衰退し，7世紀にムスリムに制圧された時には小さな城塞に過ぎなかった。十字軍，マムルーク朝と支配者が代わる中，1291年にはサン・ジャン教会がアル＝オマリー大モスクへとコンバートされた。16世紀にオスマン帝国の支配下に入るが，すでに交易拠点はアッコンに移っており，19世紀半ばの人口は6000人ほどに過ぎなかった。

　西欧列強の介入により帝国の影響力が低下すると，ダマスクスの外港として再び発展し，1875年には人口約4万人，1915年には約13万人に達した。西欧式の大学も導入され，シリア・プロテスタント大学（1866年，後のアメリカン大学）とフランス系のサン・ジョセフ大学（1875年）が城壁外の東西に創設された。1876年にデンマークが作製しスルタンに献じた地図には，城壁内に，多様な宗派のモスクと教会，スーク，細街路が描かれ，市街地はマハッラ（街区）に分割され，城壁外でも市街化の兆しが見られる。

　第一次世界大戦下，イタリア海軍の砲撃によって市街地中心部が損壊すると，オスマン帝国の大守ジェマル・パシャは戦災を機に都市改造を決定し，更地にすべく残存建築を除去した。1919年までに市街地を縦断するアレンビー通りが廃墟の中に建設された。

　1920年にフランス委任統治領レバノンの首都となると，フランス領の顔にふさわしい街並みとなるよう，エトワール広場を中心に街路が放射状に伸びていくバロック型の都市デザインを採用した。中心部の跡地は開削され，アレンビー通りを軸として，フォッシュ，ウェイガンといった連合軍の将軍たちの名に因んだ街路が実現した。旧市街の中では，港に近いスークだけがそのまま残された。これら初動期の道路計画はルネ・ダンジェによる

図1　都市の拡張，1933年 (Danger 1933)

都市拡張計画（1933年）に集約され，広場から放射状に8本の街路が明示された（図1）。

広場と放射状街路はおおむね計画通りに実現された。広場では，アルメニア系のマルディロ・アルトゥニアンらコンペで選ばれた建築家により，議会，市役所，劇場，国立図書館などが多様な様式により建設された。沿道には柱廊付きアパルトマンが形成され，まさしくパリのエトワール広場のミニチュア版の様相を呈した。ただしサン・ジョルジュ教会とサン・エリアス教会にかかるため2本の放射状街路が計画から削除された。バロック的秩序にわずかな不協和音をもたらす既存建築が，改造以前の記憶のよすがとして残存したのである。こうして，ダウンタウンと呼ばれるベイルートの旧市街が完成した。

レバノン独立（1941年）後は，都市計画家ミシェル・エコシャールが1943年に旧市街を囲む形での環状道路を計画し，さらに番匠谷堯二とともに都市基本計画（1963年）と中心市街地空間整備計画（1964年）を策定し，内戦までの好景気に沸き立つ「中東のパリ」ベイルートの保全と開発のバランスをとった。スークは変わらず活気を保っており，60年代後半の調査では繊維や果物・野菜，肉類，魚介類，靴，金製品などの専門スークが存在していた。

1975年に始まったレバノン内戦は，表面上はレバノンの多様な宗派間の戦闘であるが，各派が背後で外国などの支援を受けていた。それまで共生していた人々は，殉教者広場を基点とする南北軸ダマスクス街道を境界線（グリーンライン）にして，ハムラ地区など西側にイスラーム系勢力，アシュラフィーエ地区など東側にキリスト教系勢力が陣取り，相互に銃撃し合った。廃墟と化した旧市街はスナイパーの巣窟となり銃声が絶えなかった。建物被害は爆破による倒壊，銃撃によるファサード損壊や銃創，延焼であった。

図2　復興後，柱廊型アパルトマンの並ぶ放射状街路からエトワール広場を望む（筆者撮影）

戦災復興はパリ市やイル・ド・フランス地域圏による国際協力を得て戦中から模索されていた。1990年に内戦が終結すると，建設会社オジェを率いるラフィーク・ハリーリーが92年に首相となり，復興事業を強力に推進した。南米などの富裕な在外レバノン人に呼びかけ，その資金を国内とくにベイルートに還流させることで復興経済を回したのである。旧市街は損傷も激しかったが，建材交換，銃創の埋め込み，焼け煤の噴射機による清浄などによる修復措置がとられ，柱廊にはカフェや高級ブティックが導入されて，一見では美しく現代的な街並みに再生された（図2）。しかしスークは完全に失われた。オスマン様式のムハンマド・ル＝アミン・モスク（2008年）をはじめ，モスクや教会も再建された。廃墟から発見された青銅器時代の遺構は新たな保全対象とされた。

往時の多様性は確かに再生されているが，旧市街外にはいまだに廃墟が多く見られる。閑静な歴史地区では乱開発が見られる。ベイルートに復興資金が集中しているという批判の中，ハリーリーは2005年に暗殺された。2度の戦災から復興したベイルートの経験は，良し悪しを含め，将来のシリアの復興でも参考になる点が含まれている。　　　（松原康介）

West Asia 11: Jerusalem

【エルサレム】一神教の聖都

イスラエル，エルサレム
Jerusalem, Israel

現在のエルサレムは，ユダヤ教，キリスト教，イスラームの3つの一神教の聖都である。世界の都市の中でも実にユニークな都市である。その歴史は，メソポタミア文明の中枢に位置するその立地からして世界都市史の起源に遡るが，考古学的遺構としては紀元前18世紀に築かれた城郭址が最古である。また，古代エジプト第18王朝のファラオ，ツタンカーメンの父であり，多神教の古代エジプトにあって太陽神を唯一神とする宗教改革を行ったことで知られるアメンホテプ4世（在位：前1377～1358年）の残した『アマルナ文書』にエルサレムの名が記されていることが知られる。当初の町はオフェルの丘にあったとされる。

『旧約聖書』創世記によれば，アブラハムとその一族は，ウルの地から「カナンの地」すなわち「約束の地」パレスティナへ移ってきた。アブラハムの孫ヨセフの時代にエジプトに移り住み，やがて奴隷化されたイスラエルの民は，前13世紀頃モーゼに率いられて脱出，シナイ半島を流浪した末に再び「カナンの地」に戻ってくるのである。

前1000年頃，イスラエルの民12支族を統合し，ヘブライ王国を建てて王となったのがユダ族出身のサウルであり，エルサレムを攻略，ユダヤ人の拠点としたのが第2代ダビデである。3代目ソロモンによって王国は絶頂期を迎える。ソロモンは，自ら神殿や宮殿を建設した大建築家として知られる（図1a）。

ソロモンの死後，紀元前932年頃に王国は南北に分裂，エルサレムはユダ王国の都となった。王国はその後300年存続するが，新バビ

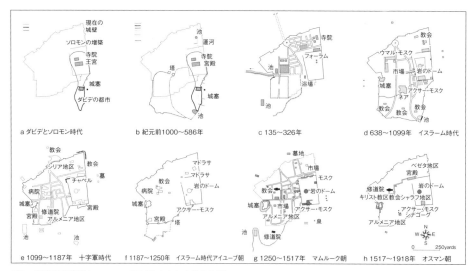

図1 都市の変遷（Armstrong 1996をもとに中貴志作製）

a ダビデとソロモン時代　　b 紀元前1000～586年　　c 135～326年　　d 638～1099年 イスラーム時代
e 1099～1187年 十字軍時代　　f 1187～1250年 イスラーム時代アイユーブ朝　　g 1250～1517年 マムルーク朝　　h 1517～1918年 オスマン朝

ロニア王国のネブカドネザル2世によって滅ぼされた（前586年，図1b）。エルサレムは完全に破壊され，住民はすべてバビロンへと連行された（バビロン捕囚）。

新バビロニアがハカーマニシュ朝に滅ぼされると（前539年），ユダヤ人のエルサレムへの帰還が認められ，エルサレムは再建された。その後は，アレクサンドロス帝国，プトレマイオス朝，セレウコス朝シリア，そしてローマ帝国の支配下に置かれる。この間，ユダヤ人を弾圧したことで知られるヘロデ大王が出て（前37年），精力的に建設活動を行っている。ユダヤ人は，ローマ帝国に執拗に抵抗し続けるが，紀元66年に勃発したユダヤ戦争に敗北，エルサレムは陥落，ユダヤ人の居住は禁止される。

132年にも第二次ユダヤ戦争と呼ばれる叛乱（バル・コクバの乱）を起こすが再び敗北，以降ユダヤ人はディアスポラとして流浪することになる。エルサレムはローマ植民市アエリア・カピトリナとして再建された。313年にはローマ帝国がキリスト教を公認し（ミラノ勅令），キリスト教の聖地として市名はエルサレムに戻され，聖墳墓教会が建てられた。そしてユリアヌス帝の時代にはユダヤ人のエルサレムへの居住が許可されるようになった（図1c）。

イスラームの成立まもなく，エルサレムはイスラームの支配下に置かれる（638年）。エルサレムを第三の聖地とするイスラームは，岩のドーム，アクサー・モスクなどを建設していった（図1d）。

1099年に第一回十字軍が占拠，エルサレム王国を成立させ，ムスリムやユダヤ人は居住を禁止された（図1e）。しかし，1187年にはアイユーブ朝のスルタン，サラーフッディーンがエルサレムを奪回し，再びイスラームの支配下に入った。この時カトリック教徒は追放されたが，正教会教徒やユダヤ人の居住は許可された（図1f）。以降，マムルーク朝（1250

図2　航空写真

〜1517年，図1g），そしてオスマン朝（1517〜1918年，図1h）の支配下に置かれた。

19世紀後半になると聖都エルサレムへのユダヤ人の移住が急増する。そして第一次世界大戦でオスマン帝国が敗れると英委任統治領パレスティナとなり，第二次世界大戦後，国際連合のパレスティナ分割決議（1947年），そしてイスラエルの建国独立宣言を経て，パレスティナは今日に至るまで紛争状況にある。

エルサレム旧市街は，アルメニア人地区，キリスト教徒地区，ユダヤ教徒地区，ムスリム地区の4地区からなる（図2）。最大のムスリム地区は旧市街の北東端に位置し，ライオン門，ヘロデ門とともに神殿の丘の北壁と接している。北西端に位置するのがキリスト教徒地区で，イエスが十字架を背負って歩いたとされる「悲しみの道」があり，その終着点がキリスト教徒たちにとっての最上級の聖所のひとつ，聖墳墓教会である。南に接するのがアルメニア人地区である。アルメニア人はキリスト教徒であるが，その総主教座は一定の独立性を保っている。かつては混住が行われていたが，現在は60世帯程度のユダヤ人家族が居住するのみである。ユダヤ人地区は，アルメニア人地区の東，旧市街の南東部に位置し，嘆きの壁があって神殿の丘に接する。エルサレムの旧市街とその城壁群は，1981年に世界文化遺産に登録されたが，翌年危機遺産リストにも挙げられ，そのままの状況が続いている。

（布野修司）

West Asia 12: Tel Aviv

【テルアビブ】白亜の人工都市

イスラエル，テルアビブ地区
Tel Aviv, Israel

　エルサレムが「聖」の町であるのに対し，テルアビブは「俗」の町である。前者では静寂が町を支配するユダヤ教の安息日「シャバット」も，後者では単なる週末に過ぎず，家族や恋人と休日を過ごすためカフェやビーチでくつろぐ人々で賑わいを見せている。

　西は地中海，北はヤルコン川，東は国内を縦断する鉄道と高速道路，南はヤッフォと隣接するテルアビブは，1950年，南のヤッフォと合併し「テルアビブ・ヤッフォ市」となる。行政市の面積は52km^2，人口は40万人程度であるが，「広域テルアビブ圏」は半径60kmに及び，イスラエル総人口約900万人の半数近くが居住するメトロポリスである（2018年）。イスラエル政府はエルサレムを首都と主張するが，北緯32°5'，東経34°48'，イスラエルの地中海沿岸のほぼ中央に位置するテルアビブが実質的にも国際的にも首都機能を担う。

　19世紀末，国なき民ユダヤ人が安住の地を求めてパレスチナへと向かった。「約束の地」に辿り着いた人々は「理想郷」を建設し始めた。聖書の時代から地中海沿岸の港湾都市として発展してきたヤッフォの人口増加に伴い，北側にある無人の砂丘地帯が近代的な人工都市へと生まれ変わる。1909年，欧州系移民が砂丘に移住し「アフザット・バイト」（ヘブライ語で「所有する家」の意）と呼んだ。この小さな集落が「シオニズムの父」テオドール・ヘルツルの幻想小説『古くて新しい国』（1902年）に登場する理想郷「テルアビブ」（ヘブライ語で「春の丘」の意）と名を変える。

　「春の丘」と名づけられた町は「国民国家の誕生」や「民族の希望」を象徴していく。1920〜30年代，砂丘に築かれつつある近代都市テルアビブは「シオニズムの象徴」として捉えられていた。「近代都市計画の父」であるスコットランド人パトリック・ゲデス卿による「庭園都市計画」（1925年，図1）に基づいて現在の都市中心部から北部にかけての都市開発が行われた。1934年に行政市となったテルアビブはすでにパレスチナにおけるユダヤ人の中心都市となり，この頃，ナチスが台頭するヨーロッパからの移民で人口が急増，近代的な集合住宅の需要が高まった。移民の中には優秀なモダニズム建築家も少なくなく，バウハウス様式の建築が導入された。鉄筋コンクリートを使用し，ピロティや曲線的なバ

図1　ゲデスによる庭園都市計画，1925年（Szmuk 1994, Rotbard 2015）

図2 バウハウス建築，1階はイタリアンレストラン（筆者撮影）

図3 バウハウス建築，ルビンスキー邸（筆者撮影）

ルコニーを配置するなど典型的なモダンデザインの建造物は，一方で強い直射日光を遮るために窓を小さくするなど，この地域の風土に合わせた工夫が施されている（図2, 3）。イスラエル建国（1948年）までにおよそ4000戸がこうしたバウハウス様式，もしくはインターナショナルスタイルで建てられた。歴史的な制約のないテルアビブは建築家や都市計画家にとって，さながら近代都市の実験室となったのである。

生鮮食品から日用雑貨まですべてが揃う「カルメル市場」，安価で質の良い香辛料が手に入る「レヴィンスキー市場」など，人口が増えるに従って都市機能が自然発生的に拡大してきた。それに加えて，「百年都市」という歴史を持つこの都市でもリノベーションが進む。北部地域ではシオニズムの理想と近代都市計画の理念が実現したが，一方，最初に移民が始まった南部地区はスラム化し，貧困や犯罪の温床にもなっていた。しかし近年ようやく都市の再生が動き出した。その例として，フロレンティン地区やネヴェ・ツェデク地区がファッション先進地区として注目されつつある。また，歴史的な役割を終えた施設の再生もさかんだ。19世紀末のドイツ騎士団の居留地跡や使われなくなった港湾施設や鉄道駅舎を再開発し，商業施設などがつくられている。

テルアビブは政治・経済の中心であるだけでなく，文化の中心でもある。舞台芸術はとりわけさかんで，「ハビマ劇場」（国立劇場）や「テルアビブ・パフォーミングアーツ・センター」をはじめ多くの劇場がある。世界的なダンスカンパニーで日本でも評価の高い「バット・シェバ舞踊団」もテルアビブ南部に劇場を持つ。

近年，テルアビブは市をあげて「ゲイ・フレンドリー」の町を宣言している。市観光局の公式サイトには同性愛者の観光客向けの情報ページがあるほどで，毎年初夏に行われるゲイ・パレードでは数十万人もの人々が町を練り歩き，市長が開会の挨拶を行う。また，進取の気性に富んだこの町はニューヨークと並ぶ「スシ」愛好家の町としても知られている。この町の至るところに「最先端」都市としての自負が見えよう。

「百年都市」テルアビブには「歴史都市」としての顔が見える。1948年5月15日，初代首相ダヴィド・ベン＝グリオンがイスラエルの建国を宣言したのはこの町であり，その地は「独立記念館」として一般に公開されている。市が中心となって建国当時の街並みの修繕と保全を行い，2003年，このバウハウス様式の建築群は「白亜の都市」として世界文化遺産に登録された。同じく地中海地域の「白亜の都市」アテネの旧市街とは好対照な成立過程を経た町である。

（細田和江）

West Asia 13: Baghdad

【バグダード】平安の都

イラク，バグダード県，首都
Capital, Baghdad, Iraq

　バグダードは紀元1千年紀末の世界最大都市である。

　トルコ東南部からシリア北部を経て川幅広く流れるユーフラテス川と，イラクを南北に横断して深く早い流れのティグリス川。この中流域で河川間の距離が最も狭まった後者の岸に位置する。中緯度乾燥地域とはいえ，大河から運河が引かれ，流域では農耕が発達した。古来，陸運と河川舟運を通じて，地中海世界とオリエント世界をつなぐ位置にあり，古代に栄えた大都市バビロンから90km，クテシフォンから30kmほどの位置にある。

　アッバース朝第2代カリフ・マンスールがマディーナ・アッ・サラーム（平安京）を築いたことが，バグダードの大都市化の発端となる。北アフリカから中央アジアまでを領域とした大イスラーム帝国は，政治的刷新のため，ダマスクスから東への遷都を目論んだ。彼は両大河をつなぐ既存の運河とティグリスの合流点を新都に選んだ。バグダードの名はアッバース朝以前に遡り，ペルシア語で神の賜物，あるいはアラム語で羊囲いを意味する。

　マンスールは円城都市（図1）を計画した。円形の都市の系譜はアッシリア以来，メソポタミアやイラン，ホラズム地方にあった。諸説はあるが直径2.6kmほどの真円の都市で，766年に完成した。壁の外側に濠が掘削され，その内側にドーナツ状に居住区が並んだ。内部は広大な空地となり，中央にカリフの宮殿と大モスクが建設された。北東，南東，南西，北西の4ヶ所に門が築かれ，中心に向かう通りとなり，ドーナツ状の居住区は櫛形に分割され，カリフの血族，官吏や軍人など王朝に仕える人々の住まいとなった。

　円城都市というと，これだけで完結していたように誤解しがちであるが，庶民は，この円城を取り巻く三角形の地域に住んだ。ティグリス川の流路は現在と異なり北から南東へ向かい市街地の右の斜辺に，また先のイーサー運河は西から東へと流れ市街地の底辺にあたる。市街地の左の斜辺は円城建設とともに掘削された運河である。これらの水路が都市域を区切る市壁の役目を持ち，市街地と空地とを分割していた。同時に運河からさらに細い水路のネットワークを張り巡らし，円城の南にあたるカルフ地区では舟運を利用した市場が栄えた。

　歴代のカリフは円城内の宮殿に住まうことを好まず，川辺に宮殿を造営した。サーマッラーへの遷都（836〜892年）時期に東岸が開発され，9世紀後半にはティグリス川を半月状に囲む市壁が2ヶ所に築かれる。円城は次

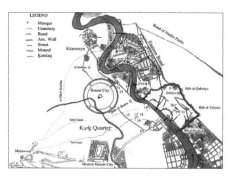

図1　円城の復元図（Duri 1986）

図2　都市図, 1855年 (Sush 1952)

第に荒廃し，10世紀末には市街地の中に姿を消した。10世紀前半には，ティグリス川の東岸に沿った地域が都市の中枢部となり，西岸は庶民街，および市場として繁栄した。この頃の人口は150万人に達し，世界一の大都市であった。知恵の館と呼ばれる翻訳センターや公共の図書館，町には本屋や病院が建ち並び，文化の中心となった。

10世紀半ば以後，政治的混乱や水害などの天災により衰退し始め，中心地はティグリス川の西岸から東岸へと移り，運河が囲む都市から，市壁に囲まれた都市へと変容する。東岸では，11世紀に新たな市壁が造られる。13世紀には西岸はまったく荒廃し，小規模な城塞が点在する状況となった。

その後，モンゴルの侵入，ティムールの侵入などを経て，バグダードは，東岸の市壁内を都市域とした一地方都市になる。17世紀の人口は1.5万人と記される。19世紀半ば，人口5万人と見積もられた当時の地図が残る（図2）。東岸沿いに今も残るムスタンシリヤ学院やアッバース朝宮殿などの13世紀前半の建物

が表記され，そこから西岸へと渡る橋によって，西岸にも街区が形成されている。また，東市壁の川岸の北端は城塞で，現在軍の駐屯地となる。市壁内の周辺部には空地もあるが，通り抜け街路から伸びる袋小路が多数見受けられ，その中心となるようにモスクが配置されている。

都市形態の歴史は3期に分けられる。第1期は円城を囲む形で運河に囲まれた都市，第2期は東岸の市壁内の都市，第3期は第二次世界大戦後の大都市である。

円城が存在した時代の都市組織の様相は分からない。ただし，東岸の城壁内にあたる旧市街に残る区域にはいわゆるイスラーム都市の伝統的な街区が存在する。こうした街区が9世紀からすでにあったのかという点は，今後の発掘調査を待たねばならない。

旧市街に残る住居はイランの住居と似通っている。複数の中庭を持つこともあり，夏用に地下室が造られ，ターラールと呼ばれる階高が高く中庭に面して柱を並べた広間が応接室となる。

（深見奈緒子）

West Asia 14: Makka（Mecca）

【マッカ（メッカ）】 イスラームの至高の聖都

サウジアラビア，マッカ州
Makka, Saudi Arabia

アラビア半島の西，紅海沿いのジェッダから西に70kmの山あいの地に位置し，標高277mにあるマッカは，聖なる宗教都市である。

20世紀半ばの地図（図1）を見ると，東側と西側を丘陵地に挟まれた幅1kmほどの南北に続く低地があり，中央部から枝分かれし，西へ伸びている。そこに長さ3kmほどにわたってY字型の市街地が広がる。周囲の丘陵の高さは低地から200〜600mである。現在は造成が進み西側の山地は開発され，当初の地形は失われ，広大な市域が広がる。

極度な乾燥地域で，数年降雨がないこともあり，水は井戸水に頼っていた。また農作は不可能で，古来，宗教的中心地，交易の拠点であった。カーバ神殿は主三神を安置し，周囲を神像が取り巻いていた。交易は，北は大シリア，南はイエメン，西は紅海を通ってインド洋，東は砂漠を越えてイラクへと通じる隊商ルートが用いられた。

都市の起源は，イスラーム以前に遡る。聖なる土地としてキューブの語源ともなったカーバ神殿が築かれた。交易や参詣のために人々が集まる宗教・交易都市で，数千人の商人が群れ住まっていたらしい。古くはマコラバ，あるいはバッカと呼ばれていた。

カーバ神殿は，南北に伸びる低地の最も低い部分，東丘陵の裾に位置する。低地は突然の降雨の際に水が流れるワディ（涸川）となり，いく筋かの支流へと続いていく。そのためにアメーバー状の平地が広がるので，稀な豪雨によって水が集まり，カーバ神殿が水浸しとなることもあった。またカーバ神殿の南東には聖なるザムザムの井戸が湧き出し，涸れることなく水を供給する。

570年頃イスラーム教の預言者ムハンマドがこの町に誕生した。当時カーバ神殿は，360体もの偶像を祀った多神教の神殿として賑わっていた。彼は隊商を営むクライシュ族の出身で，妻ハディージャも隊商主で，彼らはマッカの祭祀や交易に参加していた。彼は，610年頃から神（アッラー）の啓示を受け，唯一神教イスラームを説き始めた。しかし，多神教を信じるマッカ市民の反対にあい，622年には70人ほどの共同体を率いてマディーナへと聖遷する。630年にはマッカへと凱旋し，

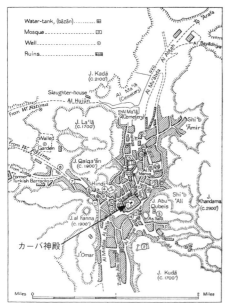

図1　都市図，1946年（テキサス大学蔵，筆者加筆）

図2　マッカの街並み，19世紀後半(Kionumgi 2009)

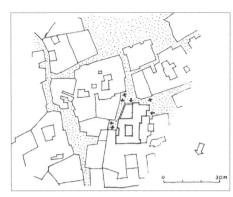
図3　マッカの住宅(Ragette 2012)

カーバ神殿から偶像を取り払い，天と地をつなぐイスラームの軸とする。イスラームにおけるカーバの位置づけは，神がアダムとイブに最初に与えた家である。

カーバ神殿は，数度建て替えられたが，立方体の形は変わらない。周囲には回廊が建設され聖モスクとなり，その中庭に位置するようになった。世界中のイスラーム教徒の礼拝の方向であると同時に，巡礼地の筆頭で，ハッジ（巡礼）月には大祭が催され，世界中からイスラーム教徒が集まる場所である。

マッカは政治的都市でなく聖都であったため，市壁は造られなかった。カーバ神殿の東西南北の高台に小城塞があり，おそらく古くから見張りの塔が置かれたのではないだろうか。街路は不定形な形状ながら，通り抜け街路は比較的広い。1889年出版のマッカの写真集（図2）から，市街地はほぼ建て詰まり，2層の住居の所々に4〜5層，時には8〜10層の塔状の住居が混じる。住宅は花崗岩の切石や日乾煉瓦で造られた。なおマッカの統治者の宮殿は，聖モスクの北東にあり，広い中庭のある低層住居である。

都市の端緒は，イスラーム以前からカーバ神殿を中心として発展した宗教・交易都市である。カーバ神殿を取り囲む形で，日乾煉瓦の家やテントが不規則に並ぶ形であったと想定される。イスラームの軸都市となり，巡礼がさかんになるとともに，次第に住宅が密集し高層化の道を辿った。石油時代が到来した1960年以後，鉄筋コンクリートで10層以上の高層住宅が建つようになり，丘は造成され住宅地となり，自動車道路が整備され，都市域は拡張し，20km四方にアメーバー状に広がる。1950年の人口は14万8000人，現在（2017年）の人口は132万人である。ハッジ月には200万人以上の人々が，内外からカーバ神殿に押し寄せる。一大宗教産業都市として，ハッジ月とそれ以外にも訪問者を迎える。21世紀に入ってカーバ神殿周囲の旧市街は破却され，整備が急速に進みつつある。

19世紀末の写真に残るような多層住居と中庭式住居が典型的な都市住居形式である。狭い都市域に集住が進んだため多層住居となり，ハッジ月には部屋貸しが行われる。外国から移住する人に部屋を貸すことも古くから行われていた。街路幅は様々で，広場のような空間から袋小路の路地までがつながり，多層住居のためか，ところどころに小さな広場を持つ（図3）。

（深見奈緒子）

West Asia 15: Madinah（Medina）

【マディーナ（メディナ）】預言者の街

サウジアラビア，マディーナ州
Madinah, Saudi Arabia

　マディーナは，アラビア半島北西部，マッカから北に350km，紅海から160kmの内陸部に位置するオアシス都市である。標高600mの高地に位置し，北と西は山地で，南と東は平地へと連なる。乾燥地域なので，雨が降った時だけ水が流れるワディ（涸川）が南北に走り，北側にはナツメヤシ林が続く。現在は都市化した東と南も20世紀初頭にはナツメヤシの林であった。地下水位が高く，各所に泉が湧き，井戸が掘られ，古くから周辺の平地では穀物が栽培された。預言者ムハンマドがマッカから622年に聖遷し，ムスリムの拠点となる家（現在の預言者モスク）を建て，死後その一室に葬られた。これによってマッカに次ぐイスラーム教の聖都となった。7世紀以来，イスラーム教学の地として繁栄した。

　古くは農地とナツメヤシ林に囲まれた集住地が点在し，有事の際に閉じこもる200もの砦があった。ユダヤ人の共同体が居住し，ヤスリブと呼ばれていた。ムハンマドが共同体の中心を建て，30m四方の中庭を日乾煉瓦で囲った周囲には，テントや煉瓦造のイスラーム教徒の家が点在していたのだろう。マディーナはアラビア語で町を意味するが，この時代の中東に多い市壁を回した都市ではなかった。

　彼の死後（632年）も，イスラーム共同体の政治的中心であったが，スンナ派ウマイヤ朝のダマスクスとシーア派アリーのクーファへと政治的中心は移り，ムハンマドの墓所のある聖地として持続する。

　マディーナの中心部は，周囲よりも低く，水が得やすい地にあった。逆に，稀に急襲する豪雨による洪水で，マナーカ（預言者のモスクより西に1kmほど，城塞の東側）は湖に

図1　城塞の下に広がるマナーカの広場
（Kionumgi 2009）

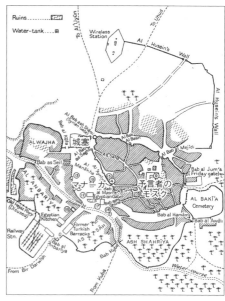

図2　都市図，20世紀半ば（テキサス大学蔵，筆者加筆）

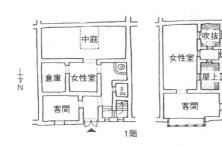

図3　中庭式住居（Ragette 2012, 筆者加筆）

なってしまうこともあり，洪水を防ぐためにダムや水道橋などの整備が権力者によって行われた。マナーカは20世紀にも空地の状態が続いていた（図1）。

市壁は974年に，初めて建設された。12世紀に修復され，拡張域を囲む市壁も建設し，二重の市壁が囲む町となった。内側の市壁の北西部の高台に城塞が建設された。1256年には火山活動によって地震被害を受けるとともに，溶岩が町の東側を北へと流れた。その後20世紀に至るまでの記録は限られている。20世紀半ばの地図（図2）を見ると，預言者のモスクを中心に東西2km，南北1.5km余りの紡錘形の内市壁と，その南側と北側に外市壁が描かれる。北側の市壁は20世紀初頭に拡張された。内市壁の中は，ほぼ建て詰まり，預言者のモスクの北側は広場となる。一方，内市壁と外市壁の間の地域は，市街地，ナツメヤシ林，荒蕪地，空地が混じり，内市壁の北東外側に壁に囲まれた墓地がある。

都市変容の経緯は4期に分けられる。第1期の紀元前後には集落の点在するオアシスであった。第2期に，ムハンマドが暮らすようになって中心が定まり，オアシス都市となった。ただし市壁はなく，日乾煉瓦の公共建築が建てられ，その周囲にテントや簡素な家で暮らす人々が集まっていた。第3期の10世紀の後半に市壁と城塞が建設された。市壁が建設されるとともに，市街地が建て詰まり，住宅が常設化した。外市壁も存在したので，空地や農地も混在していた。この状況は長く続き，聖地をかかえる都市として，人口1万人から2万人で20世紀前半まで続いた。1908年にヒジャーズ鉄道が敷設され，マディーナ南西部に駅が造られた。

第4期の1960年以後，自動車道路が整備され急速に都市は広がった。20世紀末の歴史街区の一掃によって，今では歴史的都市の様相はほとんど残っていない。預言者のモスクの周囲直径2kmはすべて破却され，現代建築に置き換わった。東西15km，南北20kmにわたる地域が開発され，緑地の造成が行われる。1950年の人口は5万1000人，現在（2017年）の都市人口は130万人で，ハッジ月にはマッカ巡礼者がムハンマドの墓参りに訪れ，人口が一気に増加する。また，マディーナの人口ピラミッドは65歳以上の人々が多く，広い世界からイスラーム教徒が退職後マディーナに移住するという現象が見られる。

現在，歴史的住居はほとんど残っていないが，記録によれば，預言者のモスクの南東部の家々は稠密な3～4階建て花崗岩か玄武岩の切石造で，プールに面する列柱広間のある家もあったという。ほとんどすべての家に井戸があり，井戸の部屋は避暑に使われ，上階からも井戸を使うことができたという。3層の中庭式住居の一例では，3層吹き抜けと2層吹き抜けの約$10m^2$の中庭を使い，光と空気を取り入れる（図3）。稠密なマッカに比べると空間的に広い住まいが好まれ，水が豊富で農業生産のできる点がマディーナに居住することの利点であった。

（深見奈緒子）

West Asia 16: Jeddah

【ジェッダ】紅海に面する港市

サウジアラビア，マッカ州
Makka, Saudi Arabia

アラビア半島北西部に位置し，紅海に面する港市。紅海と平行し，ヒジャーズ山脈が走り，沿岸部に幅の狭い海岸低地（ティハマ）を形成する。ヒジャーズ山脈は高さ2000mに達し，東麓にイスラームの聖地マッカとマディーナがある。マッカとジェッダは涸川（ワディ）を通してつながり，その距離は約70kmに達する。

1930年代の写真を見ると，東西700m，南北1000mの長方形旧市街の西辺は海に直面し，北側に旧市街とほぼ同じ大きさの湾があり，さらに北側の砂州状の岬へとつながる。複雑な海岸線に恵まれ，漁村に始まり，約3000年前から南アラビアを拠点とするナバタイ人の乳香交易の港として機能した。ジェッダはアラビア語で祖母を意味し，人類の祖としての女性イブの墓があった。

カリフ・ウスマーンは646年に，ジェッダを聖地マッカへの巡礼の寄港地とし，南のシュアイバ港から拠点を移した。ジェッダは，数多くの巡礼者を迎え，さらに紅海交易の関税により繁栄した。11世紀には市壁がない町で男性人口が5000人，12世紀には石造の商館やモスクに加え葦の小屋があるという記述が残る。旧市街のほぼ中央にある大モスクの創建は7世紀で，10世紀のミナレットも残る。中世には，人口1万人余りの港市で，遠く東はインド地方や東南アジア，南は東アフリカとの交易が行われ，一部には石造の公共建築があったが，多くの人々は葦の小屋に暮らし，町は緩やかに広がっていた。モンゴル侵入以後，海港としての重要性はペルシア湾奥の港市バスラから紅海のジェッダへと移行し，次第に石造住宅も増えていった。なお，石材は紅海の産物であるサンゴ石を利用した。

1502年に新勢力ポルトガルが到来したので，1511年，防衛のための石造市壁を建立した。1525年には市壁が増強され，強力な市壁によって攻防を耐えぬいた。当時の絵図（図1）には市壁の周りに7つの塔と小城塞が描かれ，都市は海に面し，矩形の建物が密集する。当時，市壁には6つの門があり，東辺にはメッカ門，海に面する西辺には港門，南辺にはシャリーフ門とブント門，北辺にはシャーム門とメディナ門という構成であった。北側の小城塞は，兵営であった。18世紀まではオスマン朝の支配下に編入され，モスクや商館，ハンマーム，水供給施設などの建設も行われた。インド洋交易は，喜望峰ルートへと変容していくが，依然として南アジアや東南アジアから香辛料やチーク材，中国の陶磁器がもたらされ，この頃になると，市壁内の住宅はほぼ石造に置き換わった。カイロではムシャラビアと呼ば

図1　景観図，1525年（Casale 2010）

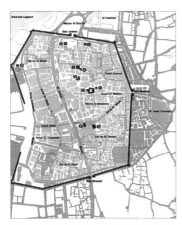

図2　都市図，19世紀（Alitany 2014，筆者加筆）

図3　旧市街の独立住居（西本真一撮影）

れる木製格子窓がおそらくこの頃に導入され，ジェッダではロウシャンと呼ぶ。

19世紀になると，4つの市門に再編成された（図2）。門は北のシャーム門，東のメッカ門，南のシャリーフ門，西の港門で，西の港門の周辺は税関を中心とする港湾施設の地区であった。東門から出発し，西の港湾地区へとほぼ並行する2筋の通りが走り，市場（スーク）エリアとなる。また南北には北門から南門への通りと，ほぼ並行して，現在の自動車道路の西側に南北の通りがあり，おそらくこれは前時代の門をつなぐ道であった。町は4つの街区（ハーラ）に分かれていた。北西のシャーム（シリア），メッカ門西側の大モスクを中心とする北東のマルズーム，南東のヤマーン（イエメン），南西のバハル（海）である。1814年の人口は1万2000～1万5000人と記録され，交易活動に加え，真珠母貝やサンゴから作る数珠の生産拠点となっていた。墓地は市壁を越えたところにあり，そこには葦の小屋の村ができていた。当時の市壁内の住まいは，多くの家は2～4層の中庭を持たない独立住居で，数棟の家が隣接し，その周囲を囲む形で幅3m以下の狭く曲がりくねった街路が通る都市形態が確認できる。

19世紀の末から20世紀には，蒸気船航路の完備と大英帝国によるインド洋交易の覇権の影響から高層化が進む。前時代と同様の独立住宅ながら8層以上に達する高い建物が海岸沿いの地区を中心に建設される。都市は市壁内で完結し，郊外に小さな集落が確認できる点は変わらない。

最終的な変化は，第二次世界大戦後に訪れる。1949年に市壁が撤去され，67年の都市計画によって数多くの自動車道路が敷設され，70年には石油景気によって旧市街の住民が新市街へと流出し，81年に町の北側に広大な国際空港の建設が始まった。ジェッダは近代的な港湾都市へと生まれ変わり，サウジの輸入品の60％がジェッダを経由し，人口は2017年には286万人に上り，外国企業も多い。なお2014年に，世界文化遺産に登録された。町の東半分の街区が保存の中心となる。

旧市街の住宅は独立住居で，古いものは2～3層で，5層以上もある（図3）。1階は男性用の公共空間として使われ，2階は男性用の接客空間，3階以上は家族・女性空間，屋上はサービス空間として使われる。上階は寄港者，巡礼者などへの貸し室などにも使われた。

（深見奈緒子）

West Asia 17: Muscat

【マスカット】ペルシア湾口の城塞港市

オマーン，マスカット特別行政区，首都
Capital, Muscat, Oman

アラビア半島東岸のペルシア湾入口に位置するマスカットは，ポルトガル植民地期（1507〜1650年）の交易拠点設置から19世紀末まで，インド洋海域に覇権を確立したオマーン海洋帝国の拠点港市である。

オマーン勢力がポルトガルからマスカットを奪還したのはヤアーリバ朝期（1624〜1743年）においてである。その後18世紀半ばに成立したブー・サイード朝は，マスカットを首都とし，東アフリカ沿岸地域，パキスタンのマクラーン地方およびオマーン本土を支配する港市国家を確立した。サイイド・サイード王の治世時代（1806年頃〜56年）に，東アフリカのザンジバルへ首都を移し，奴隷交易や象牙交易によりイギリスと並ぶ海上交易の支配勢力となった。

イバード派（イスラームの一派）の宗教指導者（イマーム）による世襲制の王政が8世紀初頭より続いたオマーンでは，イバード派ムスリムが支配的に居住する。オマーン体制下におけるインド洋交易を通して，ザンジバルからの労働者やインド人商人，シーア派ムスリム商人が移住し，交易拠点であったマスカットはその影響を受けてきた。

市域は，周囲を300m級の起伏ある岩山に囲まれ，馬蹄型をした2つの湾口に形成された。東に旧市街（オールド・マスカット），西にマトラ地区が位置する（図1）。

都市の基礎的骨格が整ったのはポルトガル植民地期である。ポルトガルは旧市街の港と居住区を城塞化し，新たな港湾区域としてマトラ地区を整備した。近代以降，内陸の後背地に企業が進出し，近代的なビルが建てられた。郊外にはヒンドゥー教寺院も立地する。

湾口の地形に沿うかたちで形成された旧市街は，背面を市壁で囲まれる（図2）。まず入

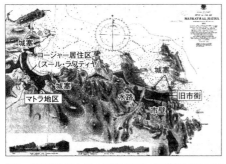

図1　旧市街(右)とマトラ地区(左)，19世紀頃(大英図書館蔵，筆者加筆)

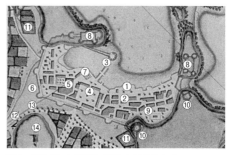

図2　旧市街，18世紀。図は上を北とした。
①波止場／荷揚場，②行政宿舎，③ドック，④市場（スーク），⑤イマーム宮殿，⑥市壁，⑦貯水池（船舶用），⑧城塞（フォート），⑨モスク，⑩砦，⑪アラブ人墓地，⑫王族所有庭園（地域外，上水路の上流地点），⑬上水路，⑭監視塔（Peterson 2007, 筆者加筆）

江の両岸にミーラーニー城塞（西側）とジャラーリー城塞（東側）を置き，波止場の西にはドックを設け，市街地の中央に経済拠点となるスークと為政者の宮殿が置かれた。市壁内には商館，修道院，モスクも設置された。ドックには船舶用の貯水池が提供され，内陸の山麓に位置するチュヤン近傍の井戸を水源とする水路（アフラージ）が引かれた。水源を活かし市域上流には大規模な庭園が計画された。19世紀以降の旧市街は，宮殿，行政官庁や領事館が建てられ，もっぱら行政区域としての性格を強める。

旧市街の港湾・商業機能を移す形で発展したのがマトラ地区である。港湾には港，魚市場，中央市場であるマトラ・スーク（ゴールド・スーク。金細工市場）が置かれる。マトラ地区には，インド人と関係が深い，スール・ラワティヤと呼ばれる街区が位置する（「スール」とは周囲を壁で囲われた地域をいう）。海岸通りのほぼ中央に位置し，南部はマトラ・スークに接する。南北約160m，東西約100mの方形街区で，内部は216棟の住居群からなり，周辺のビルトアップエリアに比べて際立って密集し高層化している。当初から周囲を壁で囲われた居住域に高度な集住が続き，住居が立て詰まった結果だと推察される。街区成立の起源は明らかではないが，17世紀のポルトガル時代の城塞を前身とする説がある。ポルトガル時代以降，ハイデラバードを出自とするシーア派のラワティヤ（インドのバティヤ商人カーストの氏子集団に由来するとされ，移住にあたりムスリムに改宗したという）に譲渡され，名称の由来となっている。18世紀後半から20世紀初頭まで，インド人のコージャー商人カーストが集住していた。

建設当初の囲壁と四隅の稜堡は宅地化している。北西部のみ完存し，南東部は復原された。街区門は北門と南門の2ヶ所のみで，外へ入口を設ける住居は7棟のみである。商業施設

図3　スール・ラワティヤ（マトラ地区），海岸側の住宅群（筆者撮影）

は見られず，街区全体はきわめて閉鎖的な構成である。街区の海側には中心的宗教施設である金曜モスクが立地する。街区内を南北に走る目抜き通り沿いには，女性のための礼拝所であるマアッタムや，街区内の女性が集うミンバル（この地区ではイスラーム礼拝のための「説教檀」を備えた集会所を指す）を下階に併設した住居が点在する。宗教施設は外側（海側）に男性用の礼拝所，内側（内陸側）に女性用とを分ける。

住居は2〜3階建てを基本とし，幅員1.2〜3.5mの狭い街路にびっしりと並ぶ。上層に木造のバルコニー，張出し窓，屋上屋根付きテラスなどが確認され，とくに沿岸道路沿いに軒を連ねた住居ファサードは，インド北西部の伝統的街並みと共通する建築スタイルが随所に見られる（図3）。住居はアラブ地域に広く見られる中庭式で，低層の伝統的住居と異なり，庭を持たない。街区内の細街路に面する住居には，インドの伝統的住居に備わるオトゥラ（入口前の階段付の基壇）と類似する基壇が設置され，上層階には商談用の応接室（サブラー）が備わる。スール・ラワティヤの街区や住居に見られる空間構成は，近代のインド洋交易を通じた海域内の人・モノ・情報の移動に伴い，都市の集住様式すらも移動し，定着していったことを端的に示している。

（岡村知明）

West Asia 18: Sana'a

【サナア】アラブ最古の摩天楼都市

イエメン，サナア州，首都
Capital, Sana'a, Yemen

　サナアはアラビア半島南西の標高約2300mの高原盆地に位置する。

　アラビア半島の西側を紅海に沿って約110km内陸を縦走する山脈は，西の海岸平野と東の広大な砂漠地域とを隔てる。山脈南部から低地の砂漠へ流れ出すワディ（涸谷）は，オアシス地帯を形成し，紀元前8世紀には古代南アラビア諸王国の発祥となった。内陸を広域な砂漠地域が占めるイエメンにあって，サナアが立地するのは北部山脈中央の高原地帯である。

　高地の開拓は砂漠のオアシスよりも古く，山間の南北約80km，東西約16kmの平地には，東にヌクム山，西にアラビア半島最高峰のナビー・シュアイブ山という標高3000m級の山々が聳え，紅海・アフリカ方面から吹く南西モンスーンの障壁となる。高地の地形は，雨季にイエメンで最も多い降雨量をもたらし，緑豊かな耕地を開いた。サナアは南アラビア語で「堅牢な場所」を意味する。

　サナアは，イスラーム以前，サバァ王国第二の首都として栄えたという。北のシリアとイエメンを結ぶ隊商路（香料の道）の要衝となり，5世紀後半にはヒムヤル王国の首都となり，ユダヤ教支配を受け，その後キリスト教を奉じたアクスム王国（エチオピア）の侵入を受けた。イスラームが勃興した7世紀以降は布教の拠点となり，都市の骨格を整えていく。

　市域は，ヌクム山の西裾野に東西約1.7km，南北約1kmに広がる旧市街と，その西方に17世紀以降に拡張した新市街からなる。北北東へ流れるワディ・アル・サーイラー（現在は道路）は旧市街の西方を貫く（図1）。

　イスラーム以前は，旧市街東端の突き出た高台にあたるカスル（囲郭城砦）がアザールと呼ばれた最古の地区である。その約200m西方に，壮麗で城砦化されたガムダン宮殿，キリスト教の大聖堂（6世紀頃建立）がスークとともに置かれ，その後の都市核となる。

　市域は7世紀のジャーミ・カビール（大モスク）建立以降，10世紀中頃には西のワディ近くまで達したと推定される。東高西低の地形に沿って，東端のカスル，広場（メイダーン），上町，下町を東西軸上に配した集住域が旧市街の前身となる。

　最初の市壁の建設は891年である。東の上町を囲う直径約300mの正円形の規模と推定され，イスラーム以前の都市核を含んだ。上町には第二のカスルと，アッバース朝カリフの政庁が置かれた。またサーサーン朝ペルシアから移り住んだとされるアブナー族が居住した。一方，西の下町は市壁外で，ワディ床の肥沃な耕地に土着のアラブ族が住んだ。

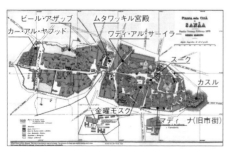

図1　マンツォーニによる都市図，1870年代（Serjeant and Lewcock 1983, 筆者加筆）

第2に，市壁は1190年頃にアイユーブ朝スルタンのトゥグテキーンにより再建され，ワディ西岸の拡張域を含んだ。7つの市門を置くアル・ダーブ・マディーナ（町の壁）と呼ばれる囲郭都市を築く。ワディ西岸は庭園地区に開拓され，サナア郊外から地下水路で雨水を引水し，地区には宮殿と泉，ハンマームを置き，周囲を水路で囲った。

　第3に，16世紀のオスマン朝は既存都市の改善を図る。市壁を北へ拡張し，旧市街の骨格を整えた。東端のカスル前を広場として整備したほか，市壁際に50m区間の建築規制を設け，モスクを計画的に配した。

　第4に，17世紀以降のザイド派イマーム政権下では，旧市街西方の耕地を新市街に選び，ビール・アザッブとユダヤ人地区のカー・アル・ヤフッドが形成された。18世紀初頭にはイマームの拠点として新市街の東端にムタワッキル宮殿が置かれ，政治の中心を西の新市街に移した。新市街は東西南北軸を通す四分割の街区で，辻広場，上質な邸宅と菜園，果樹園が整備され，サナアは一気に庭園都市への変容を見せる。周囲に市壁と門が建設されたのは，オスマン朝撤退後の19世紀半ばである。

　最終的な変化は，1962年のイエメン革命以降である。市域は密集した市街地から周辺台地へと急激にスプロールしている。2004年には人口170万人に達した。

　スークは，南のイエメン門から北のシュウーブ門を結ぶ中央部に位置し，直径約200mの規模を持つ平屋の商業街区である。香料，カート（噛みタバコ），布地，木工，穀物，ヘンナ（顔料），銀細工などの店舗が分布し，サムサラ（隊商宿）も立地する。

　旧市街における集住単位はハーラ（街区）である。塔状住宅群，モスクと緑地（ブスターン），ハンマームなどから構成される。90年代後半には，旧市街で56のハーラがあり，規模は約0.5haから20haに及び，約6400棟の住

図2　ハーラの構成（筆者撮影）

居で構成される（吉田 2010：2748）。各ハーラに門はなく，ひとつの緑地を塔状住宅群とモスクが囲う（図2）。

　ハーラの緑地は，モスクに寄進され，街路高より1〜3mほどの低地に設け，雨水を集水する。街路は，二段階の構成を持つ。東西軸となる幹線道路（シャーリー）は，旧市街東西の市門をうねりながら貫く。古くは東のヌクム山麓から西のワディへ通り抜ける河床であり，南北通りは7世紀の洪水が通った河床とされる。そこから魚の背骨のように細街路と袋小路（ズィッカ）が分岐する。雨季には雨水の流路となり，西のワディへ排出する。

　西アジアの乾燥地域に見られる閉鎖的街区や中庭住居による集住形態は，サナアでは発達しなかった。むしろハーラの高層な塔状住宅と緑地の創出は，限られた市域に降雨と耕地を確保してきた農耕部族の集住形態がイスラーム以後も続いたためである。

　サナアの住居は，5〜8層に達する塔状住宅である。本来は血縁の大家族が所有し，下の2層分は倉庫や家畜置き場，3層目以上に男性用の客室，女性用の客室と家族の居室を置き，階層で機能が異なる。下階の住宅入口は街路に直接面し，敷地いっぱいを建物が占める。屋上には庭あるいはマフラージ（応接室）が置かれ，社交場の役割を果たす。　　（岡村知明）

West Asia 19: Zabid

【ザビード】中世イスラーム海域の学術都市

イエメン，フダイダ州
Hudaydah, Yemen

アラビア半島南西部，紅海に面する海岸低地（ティハマ）の都市で，紅海沿岸から約25km内陸に位置する。この海岸に沿って南北約50kmにわたる海岸砂漠地帯は，ハドラマウト州などイエメンの大半を占める砂漠地帯や，首都サナアが位置する山岳地帯とは文化圏を隔てている。ザビードは，古くはフサイブと呼ばれる集落で，820年にイエメンに興ったズィヤード朝の首都として建設された。都市は，支流となる2つのワディ（涸谷）の灌流で形成された肥沃な農耕地にあり，その繁栄を享受する都市として，南西部で接するワディの名が冠され，現在の都市名となっている。

沿岸部に近い都市の立地は，インド洋西海域世界の交易拠点としての側面を強く反映した。近年の考古学調査の成果では，市街地周辺からラスール朝時代の中国陶磁器やイスラーム陶器が多数出土している。さらに，ザビード西方の沿岸に位置するアフワーブ（12世紀初頭）の遺構は，スィーラーフ出身のイラン人商人によりザビードの外港として建設されたもので，ザビードが，ラスール朝以前から紅海とインド洋海域とを結ぶ港として機能していたことを示す。

13世紀初頭から15世紀のラスール朝下，首都として繁栄したザビードは，初代スルタン・マンスールの治世に240以上のモスク・教育施設（マドラサ）が建設され，イスラーム諸学の学術・宗教活動の場としての都市建設が本格化した。ラスール朝の外港アデンとイスラームの聖地マッカを結ぶ巡礼の中継地としての立地から，南アラビアや対岸のエチオピア，ソマリアといった紅海周辺地域からイスラームの学徒が集まった。こうしてシャーフィー派諸学の文化活動拠点となり，アラビアにおける幾何学発祥の地ともなった。14世紀初頭の首都としての繁栄ぶりはイブン・バットゥータの記録からも窺い知れ，豊富な農地と潤沢な河水に恵まれ，サナアに次ぐ規模と人口を誇ったという。

現在の市域は135haで，外周を約2kmの市壁で囲われる。1994年のセンサスによれば，人口は約2万1000人である。

市街地は，中央部のスークから東西南北に幹線道路が走り，アル・ア・ラ（北東），アル・ムジャンバド（南東），アル・ジィズ（南西），アル・ジャーミ（北西）の4つの行政区画を構成する。しかしながら，アラブ地域の都市に広く見られるハーラ（都市民による自

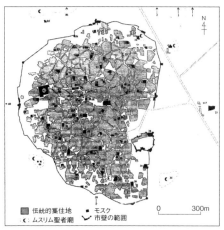

図1　市街地の構成と施設分布，1980年代（ロイヤルオンタリオ博物館蔵，Sadek 2002, 筆者加筆）

治的街区）といった伝統的な集住単位の存在は分かっていない（図1）。

他方，都市構造について，近年では，ザビードが真円の形態に基づく計画都市であったという見解が示されている。

最初の市壁建設は，ズィヤード朝の9世紀に開始され，その後，第2，第3市壁を整備し，12世紀後半のアイユーブ朝までに第4市壁が整えられた。13世紀の様相を記す都市図には四重の同心円状の円形都市が描かれる。この外側の環状部分が居住区画とされ，中央には9世紀創建のアシャーイル・モスクと金曜モスクが位置していた。市壁は東西南北に4つの門を備え，内側の市壁には109の塔を備えていたという。14世紀半ばまでに，市壁は幾度も修復され，16世紀半ばまでは残存した。市域は直径2.4〜2.9km，外周7.6〜9kmと推定され，現状の市域よりさらに広範で，都市周辺地に位置する村落や為政者の聖者廟を含めた一大宗教域を形成していた。

ザビードの都市構成については，762年にアッバース朝第2代カリフにより造営されたバグダードの「円城都市」（マディーナ・アッ・サラーム）との類似が指摘され，イエメンのバグダードと称された。マディーナ・アッ・サラームは，直径約2.6km，三重の同心円状の形態で，4つの市門，中央に王宮行政機構と金曜モスクなどの宗教センター，周縁に居住区画を設け，その「円城都市」としての基本的構成は，13世紀のザビードと共通点が多い。考古学的見地からの立証はなく，未だ推測の域を出ないが，ザビードを創建したムハンマド・イブン・ズィヤードがアッバース朝のカリフより派遣され，イエメン支配の拠点として新都建設が目論まれたとすれば，アッバース朝の王都の都市プランに範をとった可能性は高い。ザビードの都市構成の解明は，西アジア地域における都市の形態的展開を明らかにする上で重要な課題といえる。

図2　中庭から見た伝統的住居
（筆者撮影）

伝統的住居は，日乾煉瓦造の中庭式住宅を基本とし，山岳地帯のサナアや砂漠地帯のシバームに見られるような高度に密集した塔状住宅と比べて多くは低層である（図2）。上質な邸宅は，2〜3つの中庭があり，それぞれの中庭を囲うかたちで男性用の応接棟と女性用の主屋が別棟で分けられ，複数のユニットを形成する。住居内で主要な男性用の部屋は，中庭床面から高く，室内への中央扉には階段が取りつく。

また，中庭に面する開口部廻りのデザインや，室内外の壁面に施されたニッチ（壁の窪み）や壮麗な浮彫彫刻には，スワヒリ沿岸部の建築遺構と共通する意匠が見られ，イエメン内陸部よりも，東アフリカ沿岸部の建築文化の影響を受けていたことが分かる。

第一次オスマン帝国征服時に，ザビードは政治的，経済的重要性を失う。19世紀以降，沿岸部の行政拠点が，港町のホデイダへ移ってからは衰退し，かつての市壁は取り壊された。

旧市街は1993年に「古都ザビード」として世界文化遺産に登録された。現在も4つの市門が残存するが，19世紀再建の市壁は崩壊過程にある。市内には，86のモスクや100以上の上質な邸宅建築，15世紀創建の城砦が所在するが，市街地の空洞化が進み，2000年には危機遺産リストに追加された。今後いかに適切に都市整備をしていくか，依然として多くの課題を残している。

（岡村知明）

West Asia 20: Shibam

【シバーム】 砂漠の洪水が生んだ摩天楼都市

イエメン，ハドラマウト州
Hadhramaut, Yemen

　シバームは，イエメン共和国ハドラマウト州，ワディ・ハドラマウトの流域の低地部に位置する。東西約320m，南北約240mの矩形の市壁に囲まれた約7haの旧市街が「シバームの旧城壁都市」として1982年に世界文化遺産に登録された。

　ハドラマウト州は，イエメンの東部を占める地域で，東はマフラ州を介してオマーン，北はサウジアラビアと国境を接し，イエメンで最も広い面積を有する。インド洋に面する南部の沿岸の北側には，海抜1370mに達する高地が続き，アラビア半島の砂漠地帯の南端を形成する。沿岸部からほぼ北へ150kmの位置にある乾燥した高地をワディ・ハドラマウトの支流が西から東に向かって流れる。

　この支流の段丘・沖積平野では，定期的な降雨がワディを流れることで耕作を可能とする。農地の近くには，水害の少ない渓谷の斜面地，平地の高台に集住地が集約され，近傍のワディから採取できる泥を用いた日乾煉瓦造の住宅群が密集する。自然条件の厳しいワディ一帯では，治水と利水という歴史的な試行錯誤によって，集住地として適当な立地条件が見極められてきた。

　周囲の河床より約30m高い段丘上に形成されたシバーム旧市街は，テル（遺丘）の上に現代の集落が成立したような景観を呈する（図1）。旧市街から西へ約3kmの地点に河床からの水を分配する伝統的な灌漑システムがあり，周辺の西，北，南方に広大な農地が広がる。

　シバームという名は，紀元後3世紀に遡ることが知られ，7世紀のイスラーム化以前は，3km北西に位置するジュージャ遺跡と3km北東に位置するカブサ遺跡，そしてシバーム旧市街をつなぐ三日月地帯が，乳香交易によって栄えていたとされる。イスラーム化以後の10世紀頃には今の市壁から北東に，13世紀には3km北西のジュージャ遺跡まで，市街地が拡張していたという記録もある。

　400年から500年ほどの長周期で起こる豪雨による大洪水は，低地部の集落に壊滅的な被害を与えてきた。過去の洪水記録によれば，13世紀と16世紀に大規模な洪水がシバームを襲い，ほぼ全壊状況となった。現存する16世紀の遺構から，この時期に市街地と周囲の市壁が整備され，現在の規模に縮小したと推定される。市壁外の治水事業も，16世紀の洪水以降に行われた。日乾煉瓦造建築の集落が，長周期・短周期の洪水を何度も経験し，次第に地盤レベルが上昇した結果，現在の姿になったと推察されている。

　17世紀以後，ハドラミー（ハドラマウト出身者）商人は，東アフリカから東南アジアに至るインド洋海域世界の交易商人として活躍した。ハドラマウト地方の商業的中心地であり，数多

図1　ワディ流域の低地部に立地する旧市街（筆者撮影）

図2　旧市街の構成と施設分布(Damluji 1992, 筆者加筆)

図3　日乾煉瓦造の塔状住宅群(筆者撮影)

くの大商人の故郷であったシバームには，インド洋交易による資本が集中し，現存する住宅の多くは近代以前に形を整えたと見られる。

1970年代には旧市街の人口は3000人ほどであったが，2009年時点で，市壁内には437軒に約7000人が居住する(文化遺産コンソーシアム2009：13)。

市壁は約7mの高さで，当初は7基の塔が一定間隔で配されたが，現在は北東隅部分に残るのみである。市壁内には6つのモスクとその近傍に5つの広場(サーハート)があり，旧市街の公共施設として機能している(図2)。また，同規模の塔状住宅が街路沿いに立地する。

住宅の1軒当たりの敷地面積は100〜150m²と小規模で，高いものは8層，総高約30mに達し，なかには16世紀に遡る住宅も報告される。伝統的な塔状住宅は，階によって機能が異なる。基本的には血縁の大家族が所有し，下層階に倉庫群，上層階に男性用の接客室，女性用の居室と家族用区画を置き，屋上のテラスがいわゆる庭の役割を果たす(図3)。規模の差異は少なく，商人や仲買人の住宅は下層を商業取引に兼用し，マンサブ(宗教的指導者)の住宅は礼拝の方向を示すミフラーブを備えた大広間を持つ。外観の上部と下部の白漆喰は防水と意匠の役割を果たし，周壁に整列した木製の扉や窓には彫刻や透かし細工が施される。日乾煉瓦造からなる周壁と間仕切り壁は構造的役割を果たし，壁厚は下層で1m近くに達する。

街区は，いわゆるマハッレ(街区)という名称は持たないが，マダッラ(トンネル状街路)や袋小路を媒体とした集住空間を構成する。旧市街の施設として，市街地中央には，753年のアッバース朝創建で14世紀再建の金曜モスクが位置し，その東側の区画がスークである。スークは，西アジアに顕著な商業専用街区ではなく，街路に面した住宅の下層を店舗とする形式で，広場で取引を行い，遠隔地からの隊商は仲買人の家に滞在した。市壁の南東部に宮殿が立地し，市壁南辺東寄りに市門がある。宮殿は1220年に創建され，15世紀にはカスィーリー家のスルタンの居館となった。ほかに北東と西に2つの小門がある。

2008年10月にハドラマウト地方を襲った洪水被害は，歴史的建造物や伝統的集住システムに及び，シバームも被災した。

旧市街の南側，河床を挟んだ対岸の斜面地に，1920年代以降に市街地化したサヒール・シバームが位置し，旧市街の富裕層の庭園や労働者層の低層住宅が建てられた。80年代には2000人規模の集住地であったが，2009年では1万5000人の人口を抱える。2008年の洪水ではこの河床寄りの住宅が押し流された。一方，周囲より一段高い旧市街は直接的な被害を受けていない。ただし，旧市街の住宅の老朽化と空洞化は，伝統的な日乾煉瓦造高層集落群の保存に打撃を与え続けている。

(岡村知明)

West Asia 21: Tehran

【テヘラン】 二重囲郭のメトロポリス

イラン, テヘラン州, 首都
Capital, Tehran, Iran

　イラン高原北部エルボルズ山脈の麓に位置し, 現在は人口1200万人強(2016年)の大都市であるテヘランだが, 18世紀末, 首都に選定された当時の人口は1万5000人といわれ, 全長約7kmの城壁に囲まれた地方都市に過ぎなかった。近年の研究と発掘により, この地に紀元前5000～6000年には集落が存在していたことが確認されているが, その名が歴史書に登場するのは10世紀になってからで, 一村落としてである。その後, 都市として認識されるようになったのは16世紀に入ってからのことである。19世紀後半の著述家エエテマードッ・サルタネは, 地誌にてテヘラン城壁の歴史に関して以下のように述べている。

　「サファヴィー朝(西暦1501～1736年)の王シャー・イスマーイールの息子シャー・ターマーセブの時代,(テヘランは)その豊富な果樹と庭園のため王の注意を引き, 961(西暦1553)年, 王の命によってその周囲に城壁が建設された。そして城壁にはコーランの節の

数と同じ114の見張り塔が建設され, 各塔にはコーランの1節が刻み込まれた。さらに, 4つの城門が設けられ, 堀が廻らされた」(E'temād al-Saltane 1877: V1.828)。

　複数の遊牧民族や部族が各地で勢力を維持していたイラン高原では, 前近代まで, 多くの都市が壁と堀に囲まれ, 町への人々の出入りは城門にて監視されていた。よって上記の城壁の建設は, テヘランが都市として認められ, 整備されたことの証である。しかしその後数百年, 成長することなく地方都市に留まることとなる。

　転機が訪れたのは, 18世紀末になってからである。カスピ海沿岸を拠点としていた遊牧民族ガージャール族が, 他の勢力を抑えてガージャール朝(1796～1925年)を設立, 古都イスファハーンとカスピ海沿岸を結ぶ城壁都市テヘランを首都に定めたのである。ガージャール政府のもと1857年に描かれた初の測量地図(図1)より, この頃のテヘランは16世紀の囲いを受け継ぎ, 北部中央の宮殿街区, その南から南東に広がる商業施設群(バーザール), 6つの城門, そして4つの住宅街区から構成されていたことが確認できる。各城門から伸びる通りはバーザールなどの都市中心部につながる主要通りの役割を果たし, 住宅街区の細い通りは袋小路などに続く迷路状のものであった。

　19世紀後半に入ると, 人口の増加, 西洋化, 国内事情の変化などから旧城壁が取り壊され, 都市の拡張工事が行われた。新市街は旧市街を360度囲むように建設され, 八角形

図1　ケルズィズによる測量地図, 1857年(サハブ地理製図協会蔵, 筆者加筆)

図2 アブドル・ガッファールによる測量地図，1891年（サハブ地理製図協会蔵，筆者加筆）

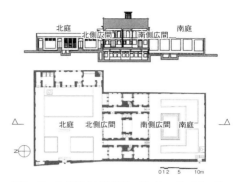

図3 クーシク形式の住宅例，ヴォスーグ・オル・ドーレ邸の平面・断面図（筆者作製）

プランの新市街は，再び壁状の盛り土と堀に囲まれた。そして都市への出入りを管理する12の門が新たに建設された。旧城壁と旧堀の跡地には，幅広い直線の大通りが登場し，新たな交通手段であった馬車や自動車を意識した都市整備が進められた。都市の拡張工事に伴い，地方から多くの人々がテヘランに移り，1891年の測量地図（図2）には，新しくできた都市の隙間に，様々な地方出身者，アルメニア人，ユダヤ人などの異教徒の生活街区が確認できる。さらに新市街北のドーラト街区には多くの大使館や外国人の邸宅が集中した。こうして19世紀のテヘランは，旧テヘランを包み込む，新たな城壁都市として整備された。

一方，都市の中心部に残された旧市街に着目すると，バーザールが宮殿街区南を中心に独自の発展を遂げていた。今日首都のバーザールとして栄えている多くの施設はこの時代以降のものである。

ペルシア語でバーザールとは，商館（サライ）をはじめ商業施設を中心とした建築群が建ち並ぶ都市の経済中心地を指し，アラビア語のスークに相当する。物理的には，都市のメイン通りにサライと店舗が建ち並び，これらに挟まれた通路の上部に屋根を架けるなどして形成されていく。またワクフ制度（収益を生む私財の所有者が，その収益を慈善目的に永久に充てるイスラーム法上の寄進制度）により，宗教施設と商業施設が並列して建設されることが多いのもバーザールの特徴である。テヘランのバーザールにおいても金曜の集団礼拝用モスク（ジャーミー）をはじめ大小のモスクや人々の信仰の場である廟が複数建ち並び，宗教行事の場として活躍してきた。一見旧市街に取り残されたバーザールだが，上記のような都市構造を背景に，その後も拡張・発展し，面的に広がっていったのである。

テヘラン市民の住宅に着目すると，イラン中部の乾燥地帯に見られる中庭式住宅を基本にしながら，都市化と西洋化の影響を受けてきた。平面計画では短冊形の敷地中心に主要諸室を設けるクーシク形式が好まれ，外観意匠では，金属板葺きの切妻屋根が流行した（図3）。内観意匠ではサファヴィー期からの尖塔形アーチやムカルナス装飾，そして引き上げ式建具が西洋的半円アーチや柱装飾と共存する例が多く登場した。

都市の囲いや堀は20世紀になってから取り壊され，現代の新市街地はエルボルズ山脈の麓に向かって北上しているが，テヘランの歴史的核を形成している二重の旧市街には，今日でも伝統的な商業施設や住宅建築が点在し，拡張の歴史を伝えている。

（ソレマニエ貴実也）

West Asia 22: Isfahan

【イスファハーン】 イランの真珠

イラン，イスファハーン州
Isfahan, Iran

　イラン高原は西をザグロス山脈，北をエルボルズ山脈に隔てられ，東南のキャビール砂漠へとつながる乾燥地域である。ザーヤンデ・ルードはザグロス山脈から流れ出し，海に注ぐことなく砂漠へと消え，そのほとりにイスファハーンは立地する。周囲には平坦な農業地帯が続き，北のテヘランと南のシーラーズを結ぶ東西路，西のケルマンシャーと東のケルマンをつなぐ交通の要衝として古くから機能していた。様々な工芸が発達し，絨毯，更紗，エナメル細工，タイルなどを産出する。

　その名はアスブハーン（馬の場所）に因み，サーサーン朝時代に古広場が馬の競技場であった。3世紀から7世紀頃までは，ザーヤンデ・ルードの北岸に，2つの集住地が存在した。古広場周辺のヤフーディヤにはビザンティン教会があった。南西へ7kmほどの位置にはサーサーン朝の軍営都市ジェイが置かれた。小さな2つの拠点からなる双子都市の時代である。

　7世紀半ばにイスラームを奉じるアラブ軍が侵入し，軍営都市ジェイにモスクを造った。その後，古広場の北西の元ビザンティン教会の地に現在の金曜モスクが築かれた。2つの集住地はバーザール（商業街路）で結ばれ，次第に中心が古広場周辺へと移動する。

　10世紀に金曜モスクを中心として直径約2kmの囲郭都市が作られた。7ヶ所の門が設置され，南東部には400m四方の城塞が接続していた。11世紀に大セルジュークの王宮が金曜モスクの北側に置かれた。都市の北門から古広場を経由して南門へと通じる通りが都市の南北軸，西門から古広場を経由して東門へ通じる通りが東西軸となり，2つの通りが重なる位置にバーザールが作られた。金曜モスクを核とし，バーザールを軸とする非定形な都市は，イランのイスラーム以後の都市の典型となる。線状のバーザールには店舗が並び，サライ（商館）やマドラサなど外から来た人々が一時的に滞在する施設が置かれ，市民は居住しない。市民は市壁内の住宅地に住まい，非定形な街路網が血管のように張り巡らされ，中庭式住居で埋め尽くされる。

　16世紀後半に，サファヴィー朝が遷都し，囲郭都市から庭園都市へと変容を遂げる。シャー・アッバースは，南アジアのムガル朝，

図1　17世紀のイスファハーンの復元図（深見 2002a）

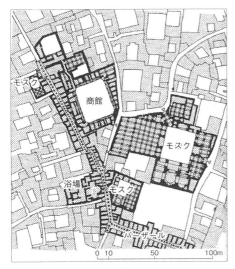

図2 街区地図（深見 2002a）

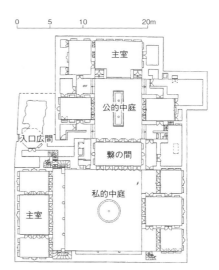

図3 典型的な2つの中庭を持つ住宅（深見 2002a）

地中海のオスマン朝と比肩すべき都市として，川を横断するチャハール・バーグ大通りを都市の軸とした（図1）。旧市街の南西の王の広場を都市の核とし，周囲に宗教，商業，王宮施設を整備し，旧市壁の南から西へかけての広大な地域にグリッドの街路網を引き，ザーヤンデ・ルードの南側にはアルメニア人のキリスト教徒の居住区も設営した。従来の市壁内の都市組織はそのまま守られ，官僚や大商人は，旧市街と新興市街の両方に邸宅を構えるようになった。17世紀のイスファハーンは「世界の半分」と呼ばれるほどに繁栄を遂げ，様々な国から外国人が訪れ，人口は50万人に上った。

サファヴィー朝が滅亡し，政治的中心がテヘランへと移行するとともに，一地方都市となる。20世紀半ばに観光化が進み，工芸品を中心とした地場産業が振興，観光都市として再生を遂げ，現在では直径15km余りに広がる。レザー・シャーは，イランの諸都市に自動車道路を導入して近代化を推進し，イスファハーンの旧市街は自動車道路によって分断されてしまった。21世紀に入って，世界文化遺産を意識して古広場が再現された。旧市街は当局の政策に振り回されるが，その成否は都市運営の今後の課題といえよう。

旧市街の門と古広場を結ぶ主要街路は，1000年を超える歴史を有する。主要街路によって都市内は複数のハーラ（街区）に分けられる。古くは，街区門を持ち，夜間には門が閉じられ，街区内の安全性を確保していた。街区は通り抜け街路と，通り抜け街路から枝分かれした袋小路からなる。街区内には，小モスクとハンマーム，商店街（ゴザル）などが集まった区域（図2）があり，街区の中心となる。ただし，街区の様態は歴史的に変容し，いくつかの街区が中心的装置を共有することもあった。しかも現在は自動車道路によって分断されて，街区のまとまりはそれほど明確ではない。

伝統的な都市住居は中庭式をとる（図3）。裕福な家族は屋敷に複数の中庭を持ち，客人用，家族用，使用人用などと使い分けた。

（深見奈緒子）

West Asia 23: Tabriz

【タブリーズ】世界最大のバザール都市

イラン，東アゼルバイジャン州
East Azerbaijan, Iran

　現在人口約150万人（2016年）のタブリーズは，イラン北西地帯，アゼルバイジャン系民族が多く住む地域の経済中心地である。さらに，古くからヨーロッパとアジアを結ぶシルクロードの中継地として栄えた歴史を持つ都市でもある。経済の中核を担う伝統的市場，バザールは，旧市街中心に位置し，今日でも数多くの商業施設と5000以上の店舗，40種の同業者組合を有している。世界で最も規模の大きい有蓋バザール複合体であり，2010年には世界文化遺産に登録された。

　タブリーズは，エルボルズ山脈とザグロス山脈が交わる，海抜1300〜1500mに位置し，毎年，積雪の多い冬と暑く乾燥した夏を迎える。地震地帯としても知られており，歴史上幾度も大地震に見舞われ大きな被害を受けてきた。

　都市の起源はサーサーン朝（226〜651年）まで遡るとされており，すでにこの頃から東西貿易の拠点のひとつとして栄えていた。その後，イル・ハーン朝期（1258〜1353年）に首都に選定され，最盛期を迎えた。この時代マルコポーロやイブン・バットゥータをはじめとする数多くの旅行家が，タブリーズに足を運び，都市の繁栄を象徴するバザールの活気と美しさについて書き残している。その後も様々な王朝の重要都市もしくは首都として栄えるが，18世紀に入ると戦争や地震などに見舞われ，やがて一地方都市へと姿を変えていった。再び注目されたのは，ガージャー

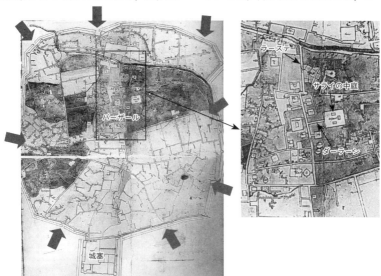

図1　都市図, 1827年発表 (Mehryar et al. 2000, 筆者加筆)

ル朝期（1796〜1925年）に入ってからである。ガージャールの王たちは，この都市をヨーロッパやオスマン朝（1299〜1922年）との政治的・経済的窓口として整備し，代々皇太子を都市の統治に派遣した。そして首都テヘランに次ぐ大都市へと復活させたのである。バーザールも再び活気づき，新たな大規模商業施設も登場した。

図1は1827年，ロシア軍によって発表されたタブリーズの地図である。町は18世紀末の地震後に再建された城壁と堀に囲まれ，地図には8つの城門とイル・ハーン朝期に建設された城塞が描かれている。各城門から伸びる通りは，都市の中心部に続き，主要通りの役割を果たしている。その中でも交易路を結ぶ主要通りはやがて両側面に店舗を備え，上部にウォール天井が架かった，バーザールのメイン通りへと姿を変えている。ペルシア語ではこれら有蓋店舗列をバーザールのラーステと称する。

バーザールはラーステとその両側に配される商館（サライまたはキャラバンサライ），モスクなどの宗教施設や公衆浴場などの生活施設などから構成される。サライは通常矩形の中庭とそれを囲む2層または3層の諸室から構成され，中庭は荷解きの場として，諸室は店舗や商談の場，さらには宿泊所として使用される。中庭の数は時代や規模により異なり，19世紀以降には複数中庭のサライが多く登場する。これらサライの中庭はダーラーンと呼ばれる有蓋通路によってバーザールのラーステと連絡している。ダーラーンの両側面にも店舗が配され，一見ラーステとの区別が困難だが，ラーステが公共の場であるのに対し，ダーラーンはサライの占有通路であり，その入口に扉が設けられているのが特徴である。

バーザールには，この他ティームチェと呼ばれる商業施設も多数確認できる。現在のタブリーズのバーザールにも約35軒のサライと

図2　バーザール（サラ・メヘル・アリザデ撮影）

25軒のティームチェが存在する。ティームチェは本来小規模サライを指す言葉であったが，いつしか有蓋小規模サライを指すようになった。バーザールの発展と流通システムの変化により次第にラクダなどを連れた隊商が減少し，比較的小さい中庭にドーム天井を架け，安全性と利便性を高めたものが好まれたのだと考えられる。ガージャール期には他の都市でも積極的にティームチェが建設された。これらティームチェ，サライのダーラーン，そしてバーザールのラーステなどが面的に広がり，さらに南に範囲を広げていったのが，今日のタブリーズの有蓋バーザール複合体である（図2）。

ガージャール朝が比較的安定していた19世紀半ばには，都市を囲んでいた城壁が取り払われ，タブリーズは旧市街の範囲を越えて大きく発展していった。ロシアやヨーロッパとの貿易もいっそうさかんになり，経済的・文化的な重要都市として，その地位を確固たるものにしていった。しかし，やがて人や商品の往来は，自由主義や民族主義などの近代的思想の流入にもつながり，外国主導の貿易に不満を持ったバーザールの商人たちと，政府の専制的政治に異議を唱える宗教指導者たちの力とが合わさり，イラン立憲革命（1906〜11年）の原動力となっていった。今日この都市は，イラン近代史の中心地としても広く知られている。

（ソレマニエ貴実也）

West Asia 24: Herat

【ヘラート】十字街路の方形都市

アフガニスタン，ヘラート州
Herat, Afghanistan

　標高920mの乾燥地に，南5kmにハリー・ルードが流れ，ヘラートは川沿いの肥沃な土地を占める。シルクロードの要衝にあり，戦乱による荒廃と復興の歴史を持つ。正方形の都市に十字の道路が敷かれた幾何学的な都市として有名である（図1）。

　イラン東北部，アフガニスタン北西部，トルクメニスタン南部にまたがるホラサーン地方では，歴史的な都市や建築に共通性がある。日乾煉瓦を材料とし，クヘンディズ（支配者の城塞），シャハレスタン（市街），ラバド（郊外）の三重の囲壁を持つ配置形態は多様である。ニサ，メルブ，あるいは遠くトゥラン地方のサマルカンドやペンジケント，ホラズム地方のヒヴァなどにも共通する構成ながら，実際の形態は地形に応じて変容する。

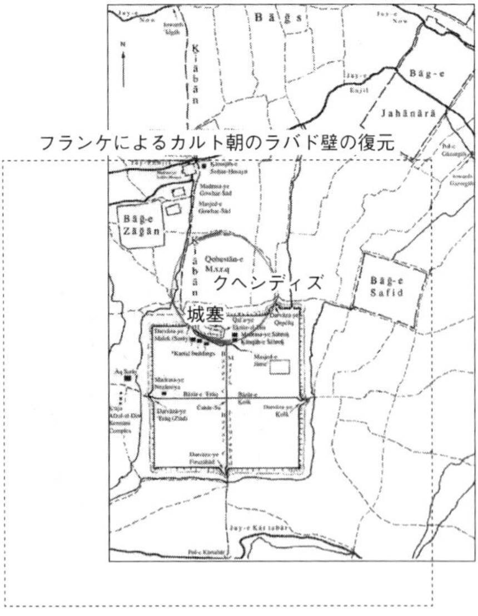

　ヘラートは，紀元前6世紀のハカーマニシュ朝時代にはハライヴァと呼ばれ，紀元前330年にアレクサンドロス大王がアリア（名称のみで形態不明）を建設，サーサーン朝時代にも都市として栄えた。652年のイスラーム軍のホラサーン征服によって，支配者が交代し，以後イスラームの支配が続く。

　おそらく紀元前の最初の都市アリアは，クヘンディズの部分で，直径約1kmのほぼ円形の都市であったと推察される。その南辺に，それほど時をおかずにカラー（城塞）が建設された。何度も荒廃と改築を経て，現在カラーは東西260m，南北60～80mで，西の低層部と東の高層部から構成される。なおクヘンディズとカラーはともに城塞を指す。

　その後，城塞を備えたクヘンディズが洪水によって被害を受け，正方形の市街地が建設された。東西1.4km，南北1.5kmで，中央を十字に走る通りを持ち，その端点に門が設けられた。市街地の北端にカラーを取り込む形で方形都市が建設されたため北壁は不整形で，北辺には2つの門が設けられた（図2）。方形都市建設の時期は紀元前4世紀から紀元後9世紀の間だが，いまだ不明で，田の字型の幾何学都市の思想は，アレクサンドロス大

図1　都市の変遷（Allen 1981，筆者加筆）

王以後のヘレニズム時代，あるいはパルティア時代，あるいはサーサーン朝時代か，いずれの時代なのかは分からない。

アッバース朝期には布地が有名で，4つの門と堅固な内城と広大な郊外があったという。10世紀には一辺2km四方で4つの門と城塞を持つと記録され，方形都市の状況を示している。

10世紀には運河による灌漑が行われ，北の円形のクヘンディズが再び都市化していった。方形の都市の北側に円形の都市が接合したような形となった。方形都市の北東の区画に，バーザールに取り囲まれる形で大モスクが建設された。

モンゴルの侵入によって衰退するが，モンゴル治世下のカルト朝時代に都市復興がおこる。クヘンディズと方形都市を取り巻くように外側の市壁が建設された。この時代の外市壁に関しては，フランケによると一辺7.5kmほどの方形で，既存の方形都市と中心を同じくし，クヘンディズと方形都市の双方を囲む形である。何本もの運河が引かれ，ラバド内は緑化された。また，カラーと方形都市の北市壁の間に王立モスクと修道院が建設され，内市壁と外市壁の間を占めるラバドには複数のバーグ（庭園）が造られた。

14世紀後半にはティムールが侵攻して外市壁と内市壁を破壊し，町は疲弊するが，シャー・ルフの時代はヘラート文化の最盛期となった。彼は，カラーと内市壁，バーザールを修復し，北郊外にクヘンディズを横切り，北へ通じる大通りを設営した。この通りの周辺に，彼の妻ガウハル・シャードをはじめティムール朝の統治者たちが巨大な複合建築を寄進し，現在もその跡が残る。クヘンディズの北壁内はこの頃に墓地となり，現在にいたる。

16世紀以後，方形都市に中心が移り，1840年の地図は方形都市を中心に描かれ，クヘンディズは北のマウンドのみが示される。1930

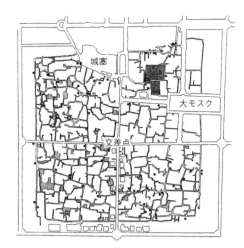

図2　方形都市（Gaube 1979, 筆者加筆）

年から新市街の建設が始まり，方形都市の周囲を取り巻くように都市が広がっている。1931年には4万5000人，1977年には，旧市街内に8万人，新市街に4万人を数えた。バーザールは方形都市を十字に横切る街路に置かれ，交点にはチャハルスーと呼ばれるドーム建築が1930年まで備わっていた。4つに分割された区域内は，複雑な街路網と袋小路に中庭式住宅が設けられるという，いわゆるイスラーム都市の形態をとり，住民は1haあたり400人で，かなり稠密居住であった。水を貯蔵するためにドームのかかった貯水槽が市壁内に15ヶ所設けられ，大量の水を使うハンマームは市壁内に13ヶ所を数え，また水処理の下水道を持っていた。

市壁内の中庭式住宅は，1階もしくは2階，大家族で使用され，南辺と北辺の部屋を季節によって使い分けていた。　　　（深見奈緒子）

Column 01 ── アレクサンドロスの都市

10のアレクサンドリア

ハカーマニシュ朝ペルシアを倒したアレクサンドロス3世（大王）（紀元前356～323年）は，その東方遠征中に，エジプトのアレクサンドリアをはじめとして，自らの名を冠した都市アレクサンドリアを各地に建設した。プルタルコスによる『対比列伝』の「アレクサンドロス伝」は70以上といい，古代ローマの地理学者ストラボン（紀元前63年頃～23年頃）による『地理書（誌）』（全17巻）は8，ローマ帝国の歴史家ユニアヌス・ユスティアヌス（生没年不詳）による『ピリッポス史』（邦訳『地中海世界史』）は12とする。最も信憑性が高いとされるアッリアノス（2001）を邦訳で読んでみると8確認できる。フレイザー（Fraser 1996）は，諸文献から57の候補を挙げた上で，12の場所を同定している。

アレクサンドリアは，アレクサンドロスの軍事拠点都市であり，植民都市であった。既存の都市を拠点とした場合も少なくないし，70という場合は当然それを含んでいる。しかし，アレクサンドロス自ら計画した都市となると，そう多くはない。森谷公俊（2000b）によれば，新たに建設されたアレクサンドリアは，①エジプトのアレクサンドリア（アル・イスカンダレーヤ），②アレクサンドリア・アレイア（アリアナ，現ヘラート），③アレクサンドリア・ドランギアナ（フラダ，現ファラー），④アレクサンドリア・アラコシア（アラコシオルム，現カンダハル近郊のシャル・イ・コナ），⑤アレクサンドリア・カピサ（カウカソス（コーカサス），現べグラムか？），⑥アレクサンドリア・オクシアナ（オクソス，現アイ・ハヌムか？），⑦アレクサンドリア・エスカテ（最果てのアレクサンドリア，ホジェント，現レニナバード），⑧アレクサンドリア・アケシネス，⑨アレクサンドリア・オレイタイ（旧ランバキア，現ソンミアニ），⑩スーサ南部のアレクサンドリア（スパシヌ・カラクス）の10である。わずか16歳の時マケドニアに設計したという⑪アレクサンドロポリスを加えると11である。

アレクサンドロスの長征

アレクサンドロスは，紀元前7世紀半ばにオリュンポス山の北，テルマイコス湾に面した平野部を囲むピエリヤ山脈の山裾を拠点（アイガイ（現ヴェルギナ村））として建

国されたマケドニアを，バルカン半島随一の強国に仕立て，半島とエーゲ海島嶼部の大半を版図に収めたフィリッポス2世（在位：紀元前359～336年）の王子として生まれた。側近に暗殺された父の跡を継いで王となったのは，20歳の時である。

　13歳になった時，父フィリッポス2世が帝王教育のためにアリストテレスを教師に招いたことはよく知られる。アリストテレスは，王位についたアレクサンドロスに『王たることについて』と『植民地の建設について』という論説を送ったとされる。興味深いのは，アレクサンドロスが王位につく以前，わずか16歳の時に，反乱を抑えてギリシャ人を入植させ，自らの名を冠した都市アレクサンドロポリスを建設していることである。アレクサンドロスは軍事に優れ，あらゆる技術に精通した政治家であり，建築と都市計画の才があったことは疑いがない。

　王位につくと，アレクサンドロスはトラキアを抑え，テーベを壊滅させて足元を固めた上で東方遠征に向かう。彼の東征は，紀元前334年の遠征開始から前330年夏のダレイオス3世の死亡によってハカーマニシュ朝ペルシアが滅亡するまで，前330年秋の中央アジア侵攻から前326年にインダス川を越え，ヒュファシス川で遠征を中止し反転を決定するまで，前326年末から前323年のその死までの3期に分けられる（図1）。

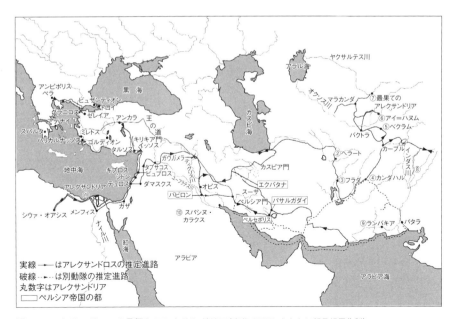

図1　アレクサンドロスの長征とアレクサンドリア（森谷 2000b をもとに望月雄馬作製）

マケドニア軍は，首都ペラからアンピポリスに集結，東征に出発する。アレクサンドロスは船でトロイに上陸，グラニコスでペルシア軍と対決，勝利を収める。部隊は南下し，「王の道」の起（終）点，かつてのリュディア王国の首都サルディスへ向かい，途中，ギリシャ諸都市を次々に解放，民主制を樹立していく。頑強に抵抗したのはミレトスとハリカルナッソスであった。さらに南下，小アジアの南岸の諸都市を降し，内陸のゴルディオンに向かい，遠征1年で小アジアの西半分を支配下に収めた。

　遠征2年目は，アンキュラ（現アンカラ）から南下，キリキア門でペルシア軍を突破，タルソスに到達，さらにイッソス湾に至って会戦，勝利を収める。紀元前333年晩秋，マケドニア軍はフェニキア地方に侵攻，大半の都市を開城させる。帰順を拒否したテュロスに対しては丸7ヶ月に及ぶ一大包囲戦の末に殲滅，さらに南下してガザも破って，紀元前332年晩秋エジプトの入口ペルシオンに到達する。

エジプトのアレクサンドリア——アル・イスカンダレーヤ

　エジプトはアレクサンドロスを解放者として歓迎，彼は聖都ヘリオポリスを経てメンフィスに至る。そして川を下ってナイル・デルタの西端のカノボスに到達，都市建設を決定する。アレクサンドロス自ら計画図を引いたとされる。

　「彼は自分でも，アゴラは町のどのあたりに設けるべきか，神殿はいくつ程，それもどんな神々のために神殿を建立すべきか（中略），それにまた町をぐるりと囲むことになる周壁は，どのあたりに築いたらよいかなど，新しい町のためにみずから設計の図面を引くなどしたのである」。そして「これから築造される周壁のおおよその線引きを，自分の手で現場の技術者に残したいと考えたが，地面にその印をつけてゆく手段が身近になかった。そこで（中略）大麦をあるだけ容器にとり集め，先に立ってゆく王が道々指示する場所には，その大麦を地面に撒いていく」方法がとられた（アッリアノス 2001）。選地のために供犠が行われ神意が伺われるが，占師としてアリスタンドロスの名前が知られる。また，建築家はディノクラテスであった。

　カノボスには，マケドニア艦隊の司令官も合流，エーゲ海と東地中海の制海権は完全にマケドニアの手に帰すことになった。その後，アレクサンドリアはヘレニズム世界最大の都市に成長していくことになる。アレクサンドロスは，エジプトの最高神アモン（アメン）を祀る神殿のあるリビア砂漠のシーワ・オアシスに参詣，神託を受けた後，メンフィスに戻る途中でアレクサンドリアの起工式を行っている。

　地中海に面したエジプトのアレクサンドリアは港市都市であり，その後の発展も別格である。バクトリアやソグディアナに建設された軍事拠点都市アレクサンドリアと

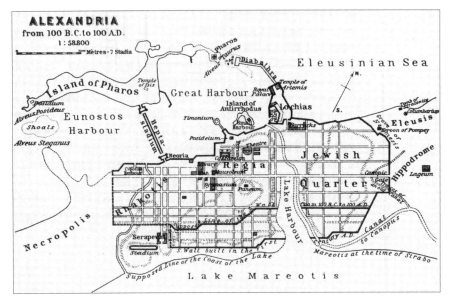

図2　紀元前100年～紀元100年のアレクサンドリア，1908年作製（Wagner and Debes, Leipzig）

は性格を異にする。

　アレクサンドリアは，地中海に面するナイル・デルタに位置し，メンフィスと紅海，地中海をつなぐ港として絶好の要所に位置した（図2）。北のもともと島（ファロス島）であったラース・アル・ティーン岬と，南のナイル川と直接つながるマレオティス湖の間の細長い土地に，グリッド・パターンの都市が計画された。東西のカノポス通り（現ロゼッタ通り）とそれに直交する南北のソーマ通り（現ナビー・ダニエル通り）が都市の骨格である。ファロス島へ向けて大堤防プタスタディオンが築かれ，東の岬との間に大港が造られた。実際にアレクサンドロスの計画が完成するのは，その死後，プトレマイオス朝になってからのことである。

　プトレマイオス1世（紀元前323年より太守。在位：紀元前304～282年）は，シーワ・オアシスのアモン神殿に運ばれるアレクサンドロスの遺体を略奪し，大十字路の交点に埋葬する。そして，学問と音楽，芸術の都とすべく大事業に着手する。プトレマイオス2世（紀元前282～246年），3世（紀元前246～221年）と引き継がれて，アレクサンドリアは絶頂期を迎える。

　ファロス島の東端には高さ120mを超えるファロス大灯台が建設された。新都の位

置を示すランドマークであり，監視塔であり，要塞でもある。建築家としてソストラトスが知られるが，彼はエラトステネスとユークリッドの同時代人である。西の沿海部に宮殿群と官庁群のコンプレックスとして王宮があり，専用の港を備えていた。そして，広大な敷地に図書館や観測所，動物園，講堂，研究所，食堂，公園などが建ち並ぶ学園ムセイオンは，アレクサンドリアの名を後世に伝えるプトレマイオス朝の一大知的中心であった。カノポス通りとソーマ通りの交点，アレクサンドロス大王の廟の向かい側にあったとされる。中心神殿であるセラピス神殿は南西部に建てられ，劇場と競馬場は王宮のある北東部にあった。ディノクラテスの設計計画は，1世紀かけて完成する。

　プトレマイオス朝はその後衰退の一途を辿り，クレオパトラの死とともにローマの一属州の首都となる。ローマの支配（紀元前30〜紀元313年），そしてキリスト教時代を経て，アレクサンドリアがアラブ人によって征服されるのは641年である。その後，アレクサンドリアが大きく変化するのは12世紀である。ナイル川の河口が土砂で塞がれ，マレオティス湖も埋まって船の航行ができなくなる。また，ヘプタスタディオンも埋まってファロス島が陸とつながる。

　1517年にエジプトはオスマントルコに征服される。このトルコ時代はナポレオンの進軍（1798〜1801年）まで続く。そして，今日に至るアレクサンドリアを設計計画したのはムハマンド・アリー（1805〜48年）である。アリーは運河を建設し，港湾を整備した上で，都市改造を行うのである。

ペルセポリス炎上

　アレクサンドロスは，紀元前331年4月にエジプトを発ち，フェニキアに戻って，内陸に向かい，ダマスクスを経由，7月末にユーフラテス川，続いてティグリス川を渡った。そして，かつてのアッシリア帝国の首都ニネヴェの東20kmほどのところにあるガウガメラで決戦，ダレイオス3世をエクバタナに敗走させる。ハカーマニシュ朝は事実上崩壊する。マケドニア軍は，バビロンに入城，さらにスーサ，そして続いてペルセポリスを占領，帝国の財宝を略奪接収して，ダレイオス3世の滞在するエクバタナへ向かう。ダレイオス3世は東方に逃れて体制を立て直そうとするが，クーデターによって刺殺され，ペルシア帝国は滅亡する。

　アレクサンドリアは，ここでギリシャ同盟軍を解散，以降は，アレクサンドロス独自の東征が開始される。東征開始からハカーマニシュ朝滅亡までの進軍経路において，アレクサンドロスの名に因む都市に，アレクサンドリア・ニア・イッサス（後の時代

にアレクサンドレッタと改称，イスケンデルン，トルコ），そして，バグダードの南にあるイスカンダリア（イラク）がある。イスカンダル Iskandar は，アラビア語・ペルシア語で，もともとアリスカンダール Aliskandar であったが，語頭のアル al- が定冠詞と勘違いされ，イスカンダルとなった。アラビア語では定冠詞をつけてアル・イスカンダル al-Iskandar というのが普通である。k と s が入れ替わった理由は不明である。この2つの都市は，命名のみで，新たに建設されたものではない。

アレクサンドリアが各地に建設されるのはペルシア帝国滅亡以降である。その建設は一般に東西融合政策の一環とされるが，実際は，それまで傭兵としてきたギリシャ兵の処遇が問題であり，植民都市建設の第一の目的は，彼らを住まわせ支配拠点とすることであった。アレクサンドリアの住民となったのは，地元住民のほか，退役したマケドニア人，そしてギリシャ人傭兵であり，アレクサンドロスに反抗する不満分子を隔離する機能もあった。

バクトリアのアレクサンドリア

東方遠征を続けるアレクサンドロスは，紀元前330年末の冬にヒンドゥークシュ山脈に入り，カーブルに到達して冬を越すが，この間に建設したのがカウカソスのアレクサンドリアという（⑤）。ハカーマニシュ朝ではカピサと呼ばれていた交通の要所にあった町を再建したとされる。アレクサンドリア・カピサは，後にグレコ・バクトリア王国，そしてクシャーナ朝の都となる。アッリアノス（2001）は記述しないが，バクトリアのアレクサンドリアとされるのが，ヘラート（アリアナ）（②），ファラー（フラダ）（③），カンダハル（アラコシオルム）（④）である。

ハライヴァと呼ばれていたヘラートの地に建てられたのはアレクサンドリア・アレイアである。ハライヴァはギリシャ語でアレイア Areia，ラテン語でアーリア Aria である。セレウコス朝の支配下になり，パルティアを経て，サーサーン朝ペルシアに併合される。

ヘラートは652年にイスラームの支配下に入り，ウマイヤ朝そしてアッバース朝のもとで，東方イスラームを代表する交易都市として栄えた。12世紀後半，ゴール朝がヘラートを奪取し，事実上の首都となる。1221年と翌年，モンゴル軍が2度にわたってヘラートを襲っている。ヘラートは，徹底的な破壊を受けて，ほとんど廃墟と化したが，フレグ・ウルスの地方政権となったクルト朝が首都とすることによって目覚ましい復興を遂げる。その後，ティムール朝がヘラートを征服し（1380年），ティムール死後にティムール朝の首都となったことで，ヘラートは歴史上最も繁栄した時代を

迎える。16世紀に入ると，ウズベクのシャイバーン朝とサファヴィー朝による争奪戦に翻弄され，衰退していくことになる。

　アレクサンドリア・ドランギアナ（フラダ，現ファラー）は，ヘラートからカンダハルへ回り込む道筋に位置するが，遺構の詳細は不明である。カンダハルの名前は，アレクサンドロスAlexandorosのxandorosが転訛したとの説がある。ペルシア帝国の属州アラコシアに建設され（アレクサンドロス・アラコシア），分裂後セレウコス朝の支配下に入り，マウリヤ朝のチャンドラグプタに割譲された。アショカ王（在位：紀元前268～232年）の法勅碑文も残され，クシャーナ朝のもとで仏教文化が栄えるが，7世紀にはイスラームの支配下に入る。9世紀から12世紀にかけて，サッファール朝，ガズナ朝，ゴール朝に支配され，1222年にはチンギス・カンによって大モンゴル・ウルスの版図に組み入れられる。1383年以降，ティムール帝国の支配下に入るが，16世紀初頭にティムール朝の王子バーブルが南下してきて，カーブルを拠点とするムガル帝国を建てると，サファヴィー朝との抗争の最前線となる。18世紀末サファヴィー朝に替わってアフシャール朝が建つと，アレクサンドロス以来のカンダハルは徹底的に破壊される。18世紀半ば，ドゥッラーニー朝が建って，旧市の東5km離れた位置に新たな城塞都市が建設され，18世紀末にカーブルに移るまでドゥッラーニー朝の首都として使われた。ガズニーそしてバルフ（バクトラ）にもアレクサンドリアが建設されたとされるが，カンダハルとヘラートも含めて，アレクサンドリアの当初の痕跡は残されていない。

　そうしたなかで，当初の様子が窺えるのが，ヒンドゥークシュ山脈の北に位置し，アレクサンドリア・オクシアナ（⑥）に比定されるアイ・ハヌム遺跡である。様々な工芸品や建築物，ギリシャ様式の劇場，ギュムナシオン，ポルティコに囲まれた中庭のあるギリシャ様式の住居の遺構などが見つかっている。アイ・ハヌムは，長さ約3kmの城壁に囲われており，中央の丘に城砦と塔が建っていた。また，数千人収容可能な直径約84mの円形劇場があり，ペルシアの宮殿を思わせる巨大な宮殿があった。ギュムナシオンも100m四方の巨大なものであった。セレウコス朝とグレコ・バクトリアの主要都市として存続したが，紀元前145年頃に破壊され，その後は再建されなかった。

　1964年から78年までアフガニスタン考古学フランス調査団が発掘し，ロシアの科学者も発掘を行ってきたが，アフガニスタン戦争で発掘は中断し，その地が戦場と化したために遺跡はほとんど原形を留めていない。

最果てのアレクサンドリア

　アレクサンドロスは，紀元前329年春，カワク峠を越えてバクトリア地方に入り，ソグディアナへ向かう。中央アジア方面へ侵攻した彼は，ソグド人による激しい抵抗に直面し，スキタイ人の攻撃も受けている。遠征軍はタナイス川（ヤクサルテス川，現シルダリア）に到達すると，そこに「アレクサンドリア・エスカテ（最果てのアレクサンドリア）」（⑦）を建設する。シルダリアは当時アジアの果てと考えられていたのである。フェルガナ盆地を南西に流れてきたシルダリアが北西に流れを転じアラル海に向かう大屈曲地点に位置するこのアレクサンドリア・エスカテは，現在のタジキスタンのホジェンドに比定される。アレクサンドロスはこの地を，将来のスキタイ侵攻の拠点として，防御の点で適していて，人口も多く，発展性があると考えたと，アッリアノス（2001）は書いている。

　アレクサンドリア・エスカテ（最果てのアレクサンドリア）は，もともとペルシア帝国の城砦が築かれていた，ギリシャ人がキロポリまたはキレスハタ（「果て」「最後の」の意味）と呼んだ土地に建設された。上述のように，タジキスタン共和国のソグド州の州都ホジェンドに比定されるが，その後，8世紀にイスラーム化され，ホジェンドと呼ばれるようになる。10世紀には，中央アジアでも有数の都市となったが，大モンゴル・ウルスの版図に入り，14世紀にはティムール朝の支配を受けた。

　アレクサンドロスは，紀元前327年，バクトラを出発して，いよいよインドに向かう。カウカソスのアレクサンドリアに数ヶ月滞在，準備を整えた後，スワート渓谷などで抵抗する都市を徹底破壊し，紀元前326年にインダス川を渡ってタキシラに入り王国の引き渡しを受ける。そして，ヒュダスペスの戦いでポロス王の大軍を撃破，戦勝記念として川の両岸にニカイア（現モング付近）とブケパラ（現ジャラルプール）という2つの都市を建設する。これがアケシネス河畔のアレクサンドリア（⑧）である。

　その後も周辺の諸部族を平定しながら進軍し，ヒュドラオテス（現ラヴィ）川を越え，ヒュパシス（現ベアス）川に達したところで，部下が進軍を拒否，進軍を断念するに至った。紀元前326年，新たに建設したニカイアから出発し，インダス川を河口まで大船団を仕立てて下っていく。デルタの先端部のパタラに着いたのが紀元前325年，ここからはネアルコスを指揮官とする沿岸探索航海を別立てとし，自らの本隊は沿岸を陸行する。アレクサンドリア・オレイタイ（⑨）は，インダス川の河口部から，陸路メ

1　この探検航海により，この地方の地理が明らかになると同時に，ネアルコスの残した資料は後世散逸したもののローマの歴史家ストラボンなどに引用され，貴重な記録となっている。

ソポタミアへ帰還する部隊を率いたアレクサンドロス3世が，当時のオレイタイ地方にあった大集落ランバキアを拡充させ，アレクサンドリアと命名したとされる。ランバキアの所在地は不明である。

　アレクサンドロスは，ガドロシア，マクラン両砂漠を横切るなど苦難の行軍を続け，紀元前324年1月ペルシア帝国の旧都パサルガダイ[2]に到着，さらにスーサに至る。スーサ南部にもアレクサンドリアを建設したとされるが詳細は不明である。

　帰還したアレクサンドロスは，帝国をペルシア，マケドニア，ギリシャ（コリントス同盟）の3地域に再編し，アレクサンドロスによる同君連合の形をとる。そして，アラビア半島周航を目前に熱病に倒れたのであった。

　紀元前5世紀に，ある一定の段階に達していたギリシャのグリッド都市の伝統は，以上のように，アレクサンドロス大王の長征によって，アレクサンドリアの建設を通じて東方に伝えられた。その具体的な形態は知られないが，ギリシャ風の都市計画，すなわちヒッポダミアン・プランが伝えられたことは大いに想定される。

　中央に幹線大路が南北に走り，それに直交して東西に小路を設ける魚骨（フィッシュ・ボーン）型の街路構成をとるパキスタンのタキシラにある都市遺構としてシルカップが知られるが，ヘレニズム時代に属し，ギリシャ人の影響のもとに建設されたとされている。グリッド都市は敵国の領土に新たな都市を短期間に建設するのに適した形式であり，軍事都市の性格を持っていたアレクサンドリアは，おそらくシルカップのモデルとされたのである。

(布野修司)

2　ペルセポリスの北東87kmに位置する，ハカーマニシュ朝ペルシアの最初の首都であり，キュロスによって紀元前546年に建設された。キュロス2世の墓と伝えられる建造物，丘の近くにそびえるタレ・タフト要塞，そして2つの庭園から構成される。建造物は2004年，庭園は2011年，世界文化遺産に登録された。

Lecture 02 ── ウマ・騎馬戦・オルド

ホモ・サピエンスが，古くから野生のウマを狩り，ウマに霊的な感情を抱いていたことは，最終氷河期末期，約2万5000年前の洞窟画にウマが描かれていることが示している（図1）。ウマが家畜化されるのは紀元前4000年頃とされるが，他の家畜をはるかに上回る大きな貢献を人類史に果たしてきた。本村凌二（2001）は，もしウマがいなければ人類史は古代のままにとどまったであろう，とまでいう。食糧（馬肉，馬乳），衣服などの材料（馬皮）として利用されるのは他の家畜と同様であるが，何よりも馬力が大きい。走力に秀で，耕作力，輸送力が際立っているのである。

ロバとラクダ

最初に家畜化されたのはオオカミである。ヒトとオオカミはともにあらゆる動物を狩りの対象とするため競合関係にあったが，ユーラシアの各地で1万5000年前頃から家畜化され，イヌとして人類の狩りを助けることになる。南西アジアのいくつかの場所で，紀元前1万年頃からヤギ，ブタ，ヒツジが家畜化され，少し遅れてウシが家畜化される。北アフリカでウシが家畜化されたのは前7000年頃とされる。

ウマに先立って輸送力を最初に担った動物はロバである。ロバは，紀元前4500年頃，北アフリカと南西アジアで家畜化されたという（フェイガン 2016）。野生種はアフリカノロバとされるが，現存するのはソマリノロバのみという[1]。ウマに比べると，強健で粗食に耐え，管理は楽であったが，小型である点が劣っていた。しかしウシよりも速く，耐久性があり，乾燥気候にも強いことから，大規模な隊商交易に最初に使われることになった。ロバは古代エジプトではすでに一般的で，ナイル川流域で用いられていたことが知られている。また，アッシリアでもロバの隊商が活躍していた。

図1 フランス南部ショーベ洞窟の壁画（ショーベ洞窟復元センター提供。©Patrick Aventurier - Grotte Chauvet 2 Ardèche）

輸送力という点で，このロバを凌い

---

1 現在その大半はイスラエルの野生保護区で飼育されるのみである。ハワイ島には家畜から野生化したロバが多数生息している。

だのがラクダである。しかし，ラクダが家畜化されるのは紀元前1000年以降のことである。ラクダは「神が創った動物」とも「砂漠の船」ともいわれる。西アジア原産で背中に1つのこぶを持つヒトコブラクダと中央アジア原産で2つのこぶを持つフタコブラクダの2種が現存する。ヒトコブラクダは西アジア原産で，現在でも西アジア全域，インドのインダス川流域から中央アジア，アラビア半島から，北アフリカ，東アフリカを中心に分布している。フタコブラクダは中央アジア原産であり，トルコからカスピ海沿岸，イラン，中央アジア，新疆ウイグル自治区からモンゴル高原まで生息している。

　ラクダは，ウシ目（偶蹄目）であるが，ウシの2倍の速度で，2倍の荷物を，はるかに長い距離を運ぶことができた。そして，ロバよりも足が速く，砂漠などの乾燥地帯に最も適応した家畜であり，灼熱の砂漠を長距離旅することができた。野生ラクダの存在は紀元前2500年頃からナイル川流域やレヴァントで出土する図像から知られるが，西アジアで家畜化がはっきりと認められるのは，南アラビアの沿岸部で，紀元前1000年から紀元後にかけてのことであったと考えられている[4]（フェイガン 2016）。

　北アフリカ鞍と呼ばれる逆U字形の鞍が考案されて，本格的に輸送獣として用いられ始め，ラクダの隊商が組織される。ラクダとともに建設された隊商都市がヨルダン南部のペトラ[5]（紀元前332年），シリア南部のボスラ（紀元106年）である。そして，紀元2世紀にはパルミラ[6]などが地中海とユーフラテス川の間の隊商路の中間点として栄

2　ラクダのコブは脂肪組織の貯蔵庫であり，変化の激しい砂漠の気温にも耐えられ，短期間で大量の水の摂取が可能で，脱水症状の場合，体重を25%減らすことが可能である。
3　紀元前2500年頃，イランとトルクメニスタンの間の高原地域で生活していた遊牧民によってフタコブラクダの家畜化が先行して行われ，その手法が中央アジアを経てメソポタミアに広がったとされる。
4　家畜化したのは，紀元前11世紀頃までにユーフラテス川上流に定住したと考えられる古代アラム人という説もある。交易ルートが東へ伸びるに伴ってラクダも東方へと生息域を広げていったと考えられる。シルクロードのオアシス・ルートは，ラクダの利用があって初めて開拓しえた。また，サハラ砂漠を縦断する交易ルートもラクダによって可能となった。現在世界で最大のラクダ飼育頭数を誇るのはソマリア，エチオピア地域という。ヒトコブラクダがオーストラリアに人為的に持ち込まれ，野生化して繁殖していることが知られている。
5　死海の南約80kmに位置する。西にガザ，北にダマスクス，紅海にも近く，古来，交通の要衝として発展してきた。紀元前1200年頃からエドム人が居住したとされるが，前1世紀頃にはナバテア人が来住，その有力都市として栄えた。紀元105年に，トラヤヌスによって攻略され，アラビア属州としてローマ帝国に組み込まれた。1985年，ユネスコの世界文化遺産に登録された。
6　ダマスクスの北東，約215kmのシリア砂漠にあるローマ帝国支配時の都市遺跡。1980年に世界文化遺産に登録された。古来，地中海沿岸のシリアやフェニキアとメソポタミアやペルシアを結ぶイリア砂漠を横断する交易路の中継地に位置する「オアシス都市」として発展，ローマ時代にはシルクロードの要となった。「軍人皇帝時代」にパルミラが成立し，270年頃に君臨し

えた。また，紅海沿岸のメッカ（マッカ）は最も栄えた隊商都市となった。

アフリカでラクダの飼育が始まったのは紅海とナイル川の間の地域とされ，南のスーダン方面に伝わっていったが，イスラームが侵入する以前にラクダの隊商はサハラ砂漠を横断していたと考えられる。ジェンネの金を目指した金交易が古くから知られるが，岩塩の輸送も大きな交易目的であった（フェイガン 2016）。そして，ラクダの隊商といえばシルクロードである。隋唐長安とアッバース朝のバグダードの間には，ユーラシア大陸を横断するラクダが行き来する隊商路がすでに拓かれていた。用いられたのは寒冷な気候に適応したフタコブラクダである。

ウマ

ウマの家畜化は，紀元前 4000 年頃から，東ヨーロッパからコーカサス山脈にかけてのステップ地帯の複数の場所で行われたと考えられているが，その祖先となる野生ウマの起源地については，人類の起源地同様，一元説と多元説がある。近年の遺伝子解析によると，野生ウマの一種に遡る一元説が有力となりつつあり，その発祥地は森林と平原との接触域で，ウクライナのデレイフカ地域が有力である。

ウマの家畜化が可能になった理由の第一は，草原で生きていくためのウマの生物学的特徴と環境適応能力，人間との相性の良さである。草原で選り好みせず草を食べ，植物のセルロースを分解するために顎と歯，消化器官が発達していること，肉食獣の危険を避けるために目と口が離れて辺りを監視することができ，速く走って逃げるために第三指と蹄が発達していること，攻撃的でなく協調性や従順性を持つこと，さらに，切歯と臼歯の間に隙間があって銜を嚙ませて手綱を通すことができることなど，ウマは人間のために進化してきたとされる（本村 2001）。

一方，ウマは人間によって飼い慣らされなかったら絶滅しただろうともいわれる。家畜化されなければ狩猟の対象にしかならなかったからである。家畜化の当初からすでに騎乗も開始されていたと考えられている。また，牛車がすでに用いられていたから，馬車も早くから利用されていたと考えられる。二輪戦車（チャリオット）が出現するのは，紀元前 2000 年頃からと考えられている。

ウマの馬力（走力・輸送力）は，食糧や物品の輸送，情報の交換，人の移動のための都市間ネットワークを大きく規定することになる。古代から 13 世紀の大モンゴルウ

たゼノビアの時代にエジプトの一部も支配下に置くほどの勢力を誇ったが，アウレイアヌス帝によって攻略され陥落，廃墟と化した（273 年）。2015 年 5 月，イスラーム過激派組織 ISIL が市街地を制圧，8 月にはバール・シャミン，ベル両神殿，また 10 月には凱旋門が破壊された。

ルスの成立に至る「世界史」のインフラストラクチャーを支えたのはウマである。

戦車

軍事は都市の形を大きく規定する。古代の戦争の帰趨を握ったのは，兵士，武器，食糧の輸送と補給である。まず，兵器が大きな鍵になる。火器の出現は「ヨーロッパ」を世界史の主役に押し上げることになる（Lecture 04参照）。

火器の出現以前に戦争の帰趨を握ったのは，①青銅製の武器（刀槍）と武具（甲冑）である。紀元前3500年頃メソポタミアで用いられるようになったという。さらに，それ以上に決定的だったのは，②二輪戦車の発明である。その後，前1200年以降に小アジア東部で開発された鉄の冶金と加工の技術により③鉄製武器・武具が出現し，戦車の重要性を高める。そして決定的であったのが，④騎馬戦の技術と軍隊編成である。騎馬戦はやがて重装騎馬兵がその主体となっていくが，ウマの大型化など改良が加えられていくことになる（マクニール2002）。

戦車が誕生するのは紀元前2000年紀初頭の西アジアで，最初に戦車を用いたのは，インド・アーリア系のヒッタイト人，ミタンニ人，カッシート人とされる。その後，

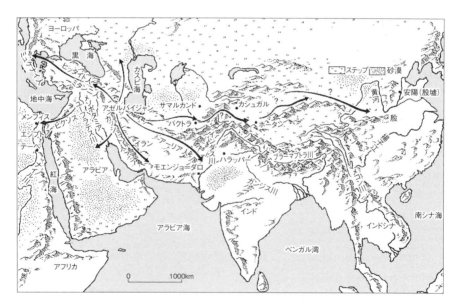

図2　戦車技術の拡大（マクニール 2008）

7　ヒッタイト人の勢力圏から，ミタンニ人キクリが戦車用のウマの調教の仕方を書いた「馬書」

図3 二輪戦車を描いたレリーフ(エジプト・ルクソール美術館蔵, 筆者撮影)　　図4 二輪戦車の復元模型(エジプト・ルクソール美術館蔵, 筆者撮影)

各地に戦車戦術が伝えられていく（図2）。インド・アーリア系の言語では戦車はラタ ratha と呼ばれた。英語の roll や rotate の語源である。シュメール人は，ウマは知っていたが，戦車，鉄器で武装した騎馬戦は知らなかったとされる。エジプト新王国の18王朝（紀元前1550〜1307年）は二輪戦車を用いていた（図3, 4）。インダス文明もウマを知らず，もっぱらウシが使役されていたが，同じ前2000年紀中頃，インド・アーリア人が侵入し，ウマと戦車による武装集団がインダス川流域を制覇する。黄河文明では，前3000年頃の竜山文化においてウマの家畜化の形跡が見られるが，車両の出土は殷後期（前14〜前11世紀）のものが最古である。

　ウマと戦車によって武装した集団にとって，その勢力圏はそれ以前の「都市国家」の領域をはるかに越えた範囲に及ぶことになる。このウマと戦車の武装集団は古代都市文明を襲い，帝国の成立を促すことになる。

　古代ギリシャ・ローマにおいても，もちろん戦車は用いられた。戦車競走はオリンピックや娯楽競技の花形であった。ローマ帝国の分裂後の東ローマ帝国（ビザンティン帝国）においても，戦車競走はコンスタンティノープルの市民を熱狂させる娯楽であり，「ニカの乱」（532年）は競技場の暴動をきっかけにした騒乱である。しかし，戦車が実際に戦闘で使われたかどうかは疑問視され，その重要性は小さかったと考えられる。興味深いのは，ギリシャ神話でポセイドンという「海の神」が知られるが，古くは「馬の神」であったことである。古代の詩人は，船を「海の馬」と呼んだという。ローマ帝国は海域帝国であり，海戦が帝国を制したのである。

が出土している。

騎馬術

図5 アレクサンドロスの騎馬像。ポンペイ出土のアレクサンドロス・モザイクの一部。紀元前120～100年頃（ナポリ国立考古学博物館蔵）

ギリシャにおいて、戦力として最初に騎兵隊を組織したのは、マケドニアのフィリッポス2世という。その息子アレクサンドロスは、ポンペイ出土の愛馬ブケファロスに騎乗した画像（図5）が知られるが、クセノフォンの『馬術論』を読み、馬術に長けていたとされる。アレクサンドロス大王の大長征を可能にしたのは騎馬術である。ローマ軍にも騎兵隊は組み込まれていたが、数は少なかったとされる。カルタゴとのポエニ戦争で前半に大敗を喫したのは騎兵隊の数が少なかったからである。総じて、騎兵隊は重視されず、偵察や伝令、歩兵の後方支援といった役割が主であった。

中世ヨーロッパにおいて、騎士という階層が生まれ、騎士団が出現する。大きなきっかけになったのはイスラーム軍のイベリア半島侵攻である。イスラーム軍の機動力ある騎馬戦術に遭遇することで、専門騎士の集団の必要性が意識されるのである。

イスラーム軍が用いたのはアラブ馬である。また、マグリブのバルブ馬も持ち込んできた。アラブ馬やバルブ馬は小型で軽く敏捷であった。軍馬の育成も大きな関心事となる。ヨーロッパでは、ローマ時代から優れたウマの産地とされてきたイベリア半島、カロリング朝期に種牡馬繁養場が設けられたノルマンディ地方で馬産事業がさかんとなる。そして11世紀末に十字軍の遠征が開始されると、アラブ馬が直接ヨーロッパに移入されるようになった。

中世を通じて騎兵の戦術、装備、訓練は進歩していく。鐙、蹄鉄、拍車が使われるようになり、安定した鞍が考案されて騎座が固定され、槍、剣そして弓を馬上で自在に使えるようになる。そして、鎧の防護力が高められ、甲冑で重武装した重騎兵が現れる。重騎兵のために大型のウマが用いられるようになる。こうして重騎兵と歩兵による戦術が徐々に発展していく中で火器が用いられるようになる。

騎馬遊牧民

騎馬遊牧民（騎馬民族）の登場がその鍵を握ることになるが、最古の騎馬遊牧民としてその名が記録されるのは紀元前8世紀で、南ロシアに居住し、スキタイ人に追い

やられてアナトリアに移住したキンメリア人である。ヘロドトス(『歴史』)は,キンメリア人を追いやった騎馬遊牧民スキタイについて記している。農耕を行わず,定住のための都市や集落を持たない。そして全員が騎馬戦士であったという。

　古代オリエントで,いち早く鉄製武器と戦車による強力な騎馬軍団を編成し,オリエント世界全体を版図に収めたのが,アッシリア帝国である。西アジア一帯に騎馬の風習が広がり,エジプトにも伝わったが,アッシリアが軍事力に勝るのである。レリーフなどに遺された図像によると,アッシリア馬とエジプト馬のプロポーションはかなり異なる。そして,その崩壊後,再びオリエント世界に広大な帝国を築いたのがハカーマニシュ朝ペルシアである。

　騎馬遊牧民は,東方ユーラシアにおいても歴史を動かす動因となっていく(図6)。モンゴル系,テュルク系,イラン系に分けられるが,紀元前2世紀に一大勢力として司馬遷『史記』が記録するのがモンゴル高原を拠点とする匈奴である。匈奴帝国が漢帝国と覇を競うはるか以前に遡って,中国の天下を脅かしてきたのは,西方の遊牧騎馬民である。殷を倒したのは西方を出自とする周であり,戦国時代を制した秦は,もともと周王朝の下でウマの飼育に当たっていた部族である。始皇帝陵近くの兵馬俑坑のウマは体高も低く小さい。モウコノウマを思わせる。

　殷と周の対決は戦車によるものであったが,戦国時代に入って主役となるのが騎馬

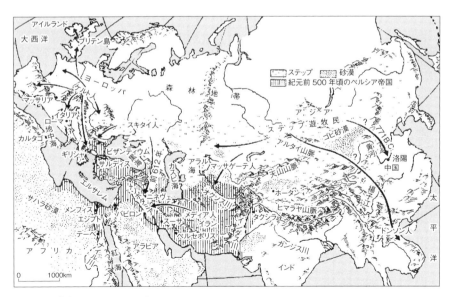

図6　騎馬革命(マクニール 2008)

兵である。「胡服騎射」と呼ばれるが，胡人のように動きやすい服を着て弓を射る戦法が，戦いの帰趨を握るのである。天下を制したのは秦であり，それを引き継いだ漢である。漢の武帝は，フェルガナ地方に産する汗血馬を入手すべく遠征軍を送ったが，このサラブレッドのように均整のとれた汗血馬は，トルクメンの競走馬アーカル・テッケに連なるウマであったとされる（本村 2001）。秦漢帝国と称されるが，漢を世界帝国とはいえない。匈奴帝国が漢に対峙し，漢はむしろ臣従する形であったからである。ペルシア帝国の統治システムとは異なっているのである。

オルド——移動する都市

ユーラシア大陸全体を支配下に置いたのは大モンゴル・ウルスである。モンゴル民族が乗ったモンゴル馬は，どこまで野生のモウコノウマに遡れるのかは別として，アラブ馬やサラブレッドに比べて小さい。アラブ馬がどのように成立したかは諸説あるが，北方からやってきたベドゥインとともに南下したと考えられている（本村 2001）。

大モンゴル・ウルスは，固定した首都どころか都市を持たない。カラコルムがやがて東方の拠点となるが，大モンゴル・ウルスは，ユーラシア大陸の「オアシス都市」のネットワークを史上最強の騎馬軍団によって制圧するのである。モンゴル軍は，すべて騎兵で構成され，高度に組織化され，補充馬を大量に伴うロジスティックスをもとにすぐれた戦法を身につけていた。その軍団は最大25万人に及んだという。それはいってみれば，移動する都市，首都である。モンゴル語でオルド ordo（中国語で斡魯朶/兀魯朶）という。ハーンの宿営地のことである。ユーラシアを股にかけた遊牧民たちにとって，都市は必ずしも恒久的なものではない。遊牧を生業とする彼らにとって，定住地としての都市はあくまで従である。遊牧民の王たちは，その都においても，郊外の仮設的野営地に設けた天幕張りの王宮（オルド）に滞在することが多かった。

この移動する都市オルドは，大モンゴル・ウルスに限られるわけではない。その末裔といってもいいムガル帝国の帝都も初期には移動するオルドである。第2代フマユーンがデリー，第3代アクバルはアーグラ，第4代ジャハーンギールはラーホールを拠点とするが，初代皇帝のバーブルにしても，第2代フマユーン，第3代アクバル，第4代ジャハーンギールにしても，その一生は遠征移動の連続である。モンゴルの伝統，定住と移動をその基本原理としてきたイスラームの伝統は，ムガル王朝にも生きてきた。そして第5代シャー・ジャハーンによって，「もしこの世に天国（パラダイス）がありとせば，そは此処なり，そは此処なり」と造営されたのが，シャージャーハーナーバード（デリー）である。

（布野修司）

II 南ヨーロッパ

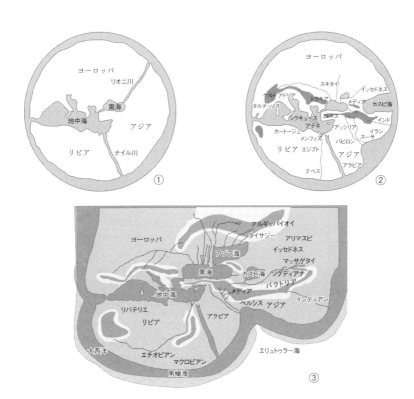

ギリシャの世界地図
①アナクシマンドロス(紀元前610〜546年), ②ヘカタイオス(紀元前550〜476年), ③ヘロドトス(紀元前485〜420年頃)。ミレトスのヘカタイオスは,自然哲学者アナクシマンドロスの地図をもとにして世界地図を描いたとされるが,現存するのは当時の資料の断片からの再現図である。全体はオケアノスによって囲まれ,ヨーロッパ,リビア,アジアの3つに分けられる。カスピ海はオケアノスにつながっているが,東にインダス川らしい川が描かれている。ヘロドトスの世界地図は,オケアノスはなく,カスピ海が湖として描かれるなど,かなり詳細である。ただ,ヨーロッパに関しては曖昧である(布野作製)。

Panorama II ── 都市の古典

ポリス，ローマ・クアドラータ，キウィタス

　レヴァントから海路によって，また西アナトリアを通じて，エーゲ海の島々およびギリシャ本土に農耕が伝えられたのは，紀元前6000年頃とされる。そして紀元前3000年頃に青銅器文化に移行する。本土はヘラディック文化，クレタ島はミノア文化，キクラデス諸島はキクラデス文化といい，エーゲ文明と総称される。クレタ島にはクノッソス宮殿など豪壮な宮殿群が建設された。

　ギリシャ本土では，紀元前1600年頃からペロポネソス半島のミケーネ，ピュロス，ティリンス，マラトンなどが栄えた（ミケーネ文化）。紀元前1200年から前800年頃にかけての「暗黒時代」を経て，ポリスが誕生していく。古代ギリシャに存在したポリスは800を超え，さらにポリスと推定されるものが約500ある（図1）。

　ポリスは，農耕牧畜を生業とする集落が点在するコーラ（田園部）に取り囲まれ，ア

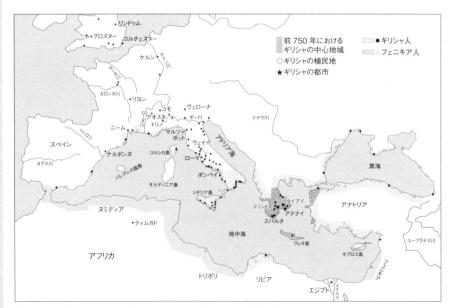

図1　古代ギリシャのポリス（オーウェンズ1992をもとに清水康平作製）

スティ（城壁）で囲われた都市域の中心に，防衛拠点として守護神を祀るアクロポリス，集会や商取引のためのアゴラ，神殿，劇場，役所，会議場などが配置され，それを取り囲む形で居住地が形成されるのが一般的である。アクロポリスは祭儀の場所であり，支配者のみが住んだ。市民生活の中心となったのはアゴラで，市場が立ち，集会，祭礼や見世物が行われた。ブーレウテリオン（ブーレ（評議会）の議事堂），神殿，ストア（柱廊，ポルティコ，屋根付歩廊，商店，倉庫）が近接した。

ポリスは，市民（ポリータイ）のみによって構成され，在留外国人（メトイコイ）と奴隷（ドゥーロイ）は含まれない。市民が居住する範囲がポリスであり，アテネでは徹底した直接民主制がとられた。市民は，自ら軍役に従事し，最高意志決定機関である民会に参加し，発言し，投票する権利および政治運営にあたる500人評議会の委員および民衆法廷の陪審員になる権利を有した。役人は抽選で選ばれ，1年任期，資格審査，業績審査，弾劾手続きなどが整備されていた。

ギリシャには，「暗黒時代」にポリスの形成に至らなかった社会形態として，いくつかの集落が連合するエトノス（民族）と呼ばれる，ポリスとは異なる領域国家が存在した。アイトリア，アカイア，アカルナニア，アルカディアなどがその例である。

ポリスは，紀元前11世紀頃には植民都市（コロニア）建設を始め，紀元前750年頃から550年頃にかけて，地中海・黒海のほぼ全域に及ぶ植民活動を大々的に展開した。コロニア建設はシュノイキスモス（集住）と呼ばれ，処女地に建設した植民都市をアポイキア，交易拠点をエンポリアという。アポイキアは母都市とは独立した都市国家で，農業地域を獲得することを本来の目的とした。古代ギリシャの30以上のポリスが地中海世界全体に複数の植民都市を持っていた。

ポリスは一般的にグリッド都市であるが，アテネ，コリントスなど，古スミュルナ以前の諸都市はそうではない。そして，ヘレニズム時代に入ると絢爛豪華で記念碑的な都市が出現する。小アジア西海岸のペルガモンがその代表である。地形を活かし，遠近法など視覚的効果を活かした「グランドマナー（壮麗化の手法）」は「ペルガモン様式」と呼ばれ，ローマの都市計画にも強い影響を与えた。

ペルガモンは，紀元前3世紀半ばから2世紀にかけて，アッタロス朝の都として繁栄した都市である。周囲の丘から水道管を引く上水システムを持ち，下水道も完備され，その都市計画はヘレニズム時代の頂点に立つとされる。「ペルガモン様式」がそれ以前に遡ることははっきりしており，その起源をめぐってはヘロドトスの生誕地であるハリカルナッソス説，ディノクラテスによるアレクサンドリア説などがある。

イタリア半島で最初に都市建設を行ったのはエトルリア人である。エトルリアの都市

建設に影響を与えた南イタリアのギリシャ植民都市として，ウェイイ，カプアといった都市遺構が知られる。エトルリア人とギリシャ人が直接接触していたことを推測させるのが紀元79年のヴェスヴィオ火山の噴火でそのまま埋もれたポンペイである。

ローマ自身も，紀元前273年頃までに19の植民都市を建設している。一般に，ギリシャの植民都市は先住民を排除して建設されたが，ローマの植民都市は先住民も取り込む形が多い。そして，共和政末期にカエサルやアウグストゥスが建設したアウグスタ・プラエトリア（アオスタ），アウグスタ・タウリノルム（トリノ），ウェロナ（ヴェローナ），コムム（コモ）などは，かなり定型化された軍営都市であった。ローマでは，ケントゥリアティオと呼ばれる国土の測量（検地）が行われ，そのモデュールに従って都市内部も区画された（図2）。また，あらかじめ農地を含めて下水道設備が設置される場合もあった。一般的に植民都市建設は農業開発をも目的とするものであった。コロニアのコロは耕すという意味である。

イタリア半島各地の植民都市は，ローマの都市計画の原型を示している。ギリシャのヒッポダミアン・プランとは異なり，より単純明快で，「ローマン・グリッド」あるいは「ローマ・クアドラータ（正方形（十字形）のローマ）」と呼ばれる。正方形（矩形）で，カルド（南北軸）とデクマヌス（東西軸）という幹線街路が中心で十字に交差する。中心にフォーラム（広場）が置かれ，東西南北に4つの門を持つのが基本型である。ローマ人たちは，大地は円形であり，天空はその上にドームを形作っていると信じていた。カルドは，地軸，回転軸であり，デクマヌスは太陽の通り道である。このローマ・クアドラータは，エトルリア起源説が有力である。

ローマは，征服した土地の「ローマ」化を図る。その有力な手段が都市計

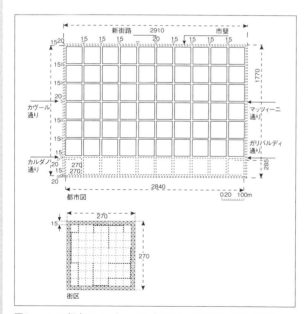

図2　ローマ都市ティーキーヌム（現パディア）(岩井 1988, 2000)

画であり，ローマのコロニアはローマのコピーであり，各地にローマン・タウンが建設されていった。帝政期の北アフリカ，リビアのタムガディ（ティムガド）がその代表である。また，カストルムと呼ばれるローマの軍営地はローマ・クアドラータに基づく。ガリア，ブリタニアには，数多くのカストルムが建設された。イギリスのチェスター，ウィンチェスター，マンチェスターなど「チェスター」が名称につく都市の起源は，ローマのカストルムである。

　地中海世界を制覇したローマ帝国は，やがて，アルプスを越えてケルト人の本拠地ガリアに侵入していく。ケルト人と総称されるインド・ヨーロッパ系の民族がヨーロッパに移動してくるのは紀元前2000年紀とされ，紀元前9世紀頃までにライン川下流域を含むガリア全土，イベリア半島，ブリテン島，イタリア北部に定着し，集落を形成していった。これが都市に成長したものをオッピドゥムという。

　ローマによるガリア征服のハイライトを綴るのがカエサルの『ガリア戦記』である。カエサルの後を継いだアウグストゥス（オクタヴィアヌス）（在位：紀元前27〜紀元14年）が，ガリアをローマの統治機構に組み込む。紀元前2世紀半ばには，マッサリア（マルセイユ），ニカエア（ニース）などのあるガリア南部，地中海沿岸部は，すでにガリア・ナルボネンシスとして属州化していたが，残りのガリア（ガリア・コマタ）を3つに分割，ガリア・アクィタニア（ロワール川の南からピレネー山脈までの地域），ガリア・ルグドゥネンシス（ブルターニュ地方から英仏海峡までの地域），ガリア・ベルギカ（ライン川までの地域），合わせて4つの属州が設けられるのである。

　属州（プロウィンキア）の下位単位がキウィタスである。ただ，ナルボネンシス州を除くと，旧ガリア・コマタではキウィタスは必ずしも見られず，ウィクスの周辺にヴィラが散在するのが一般的であったとされる。カエサルもリヨンなど3ヶ所に都市建設をしたに過ぎず，オッピドゥムも多く破壊されることはなかった。ガリアの主だった都市は，最大規模のリヨンのほか，ナルボンヌ，ニーム，ヴィエンヌなどである。

　ブリテン島にケルト人が定住するようになったのは紀元前6世紀頃とされるが，ローマン・ブリテンが形成されるのは，カエサルのブリタニア遠征の後，1世紀を経た4代皇帝クラウディウス（在位41〜54年）の時代以降で，商業拠点となったロンディニウム（ロンドン）のほか，カムロドゥヌム（コルチェスター），ノウィオマグス（チチェスター），デーヴァ（チェスター）など，各地に城砦（チェスター）が建設された。中でもコルチェスターは，リンドゥム（リンカーン），エボラクム（ヨーク），グロスターとともに四大都市となる。

　こうして，ローマ帝国のキウィタス，カストルムなどを引き継ぎながら，ヨーロッパ中世都市の歴史が展開されることになる。

（布野修司）

South Europe 01: Athens

【アテネ】 ヨーロッパの原都市

ギリシャ，アッティカ州，首都
Capital, Attica, Greece

　アッティカ地方に位置するギリシャの首都アテネは，古代世界で最も重要な都市のひとつである。

　その歴史は古く，紀元前3500〜3200年の新石器時代に最初の居住が確認され，アテネの中心に位置するアクロポリスの丘に建設されたパルテノン神殿は，ペイシストラトスの在位（前561〜527年）時代までには全体が完成していたと推測されている。神殿は，ペルシア人の侵攻により破壊されたが，前479年に修復された。神殿の列柱はキモン（前510〜450年）時代までに取り壊された。

　ヘレニズム時代のアテネのコアもアクロポリスであり，その麓には政治集会所アゴラが設けられていた。アクロポリスの入口と周回道路から伸びた街路が，市街地を横切り城壁まで続いていた。ヘレニズム時代の城壁と城門周辺の市街地にはあまり変化がない（図1）。

　ギリシャがオスマン帝国から独立するのは1829年のことである。アテネはギリシャ王国の首都として宣言されたものの，当時は人口1万人の地方都市にすぎなかった。ヘレニズム時代からローマ帝国，ビザンティン時代を経て，ギリシャ内の主要な都市ではあったが，遺跡としての存在が最も印象づけられるような都市であった。アテネの都市空間が大きく変容するのは，この独立以降である。

　1832年，暫定ギリシャ政府は，ベルリンのカール・フリードリヒ・シンケルのもとで修行した若き建築家スタマティオス・クレアンテスとエドゥアルド・ショーベルトの2人に新しいアテネの都市計画を依頼する。それは

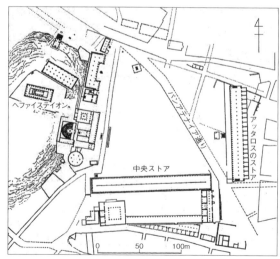

図1　アクロポリスとアゴラ（都市史図集編集委員会 1999）

図2　新市街計画最終案，1833年（Bastea 1999）

図3　アテニアン・ウォーク，2000年（Parageorgiou-Venetas 2004）

「古代の名声と都市の栄光が共存した新世紀にふさわしい計画」（Bastea 1999）であったとされる。

　この時の都市の軸線を意識した計画が，今日に至る都市構造を規定しているといっていい。計画は人口3万5000から4万人を想定していた。リカビドスの丘などへの美しい眺望を有するアクロポリス北部の平地にデザインされた王宮が計画の中心であり，王宮の左右には2つの議会が設置され，アクロポリスへの強い都市軸を形成している。すなわち，全体は，地形と既存の建造物を読み込んだ左右対称の計画となっている。市街地の重要な歴史的建造物は街路ネットワークの要所として活用され，旧市街はアクロポリスの麓に残された（図2）。

　南側の旧市街については，レオ・フォン・クレンツェにより古代ギリシャの自由な発展性を現代都市に持ち込む理論的な計画が作成された。旧市街では，街路と広場は小さなスケールで展開し，メインの通りは地形に沿っている。この古代ギリシャの配置を現代都市のパラダイムに対比させることにより旧市街はピクチャレスクになると彼は考え，この調和の美を活かす計画を，おもに1834年に数回にわたり段階的に提案した。このような一連の計画により，アテネは1900年までに近代都市に変貌することになった。

　1930年代以降（1931年に第1回歴史記念建造物関係建築家技術者国際会議でアテネ憲章が決議されて以降），アテネは遺跡発掘の時代を迎え，その後1950年代以降は遺跡と現代生活の都市組織の結合が問題となっていく。最も注目すべき出来事は，1954年，総理大臣の要請により，ディミトリス・ピキオニスがアクロポリス・ワークスを提案し，市街地からアクロポリスのモニュメントおよびムセイオンの丘まで遊歩道が計画されたことだ。

　その後，住民参加による都市保全も行われた。1965年から住宅副省の主導により，アクロポリスの北側麓に19世紀に建設されたプラカ地区の保全計画が持ち上がった。1966年に初めて計画策定のプロセスへの住民参加が実施された。

　近年では，アテネ五輪を控えた2000～02年に，アクロポリスの麓に新しいアテニアン・ウォークが整備された（図3）。これは，アーバン・コアの尊重であり，アテネのコアの視覚的・機能的・歴史的修復に向けての第一ステップであった。計画により，アポストル・パヴルおよびディオニシウ・アレオパギトゥ通りが，町と遺跡を結ぶ文化的重要性を有する遊歩道として整備された。　　　（江口久美）

South Europe 02: Oia

【イア】船乗りたちの白い街

ギリシャ，南エーゲ州
South Aegean, Greece

　サントリーニ（ギリシャ語でティーラ）島は，キクラデス諸島南部に位置しており，面積は73km²，人口は約1万6000人（2011年）である。イア地区は島の北端に位置しており，現地の言葉では，上部を意味するパノまたはアノ・メリアと呼ばれている。

　イアは，カルデラを見下ろすほぼ垂直の崖の尾根部に線状に発展した。崖は南側にあり，海面まで150mの高低差がある。東部には広大な平野がありブドウ畑が広がっている。

　イアの西部にはアムーディ港が，南部にはアルメニ港がある。村は，19世紀末から20世紀初頭にかけて，東地中海の船舶交易で繁栄した。1890年には，イアは，人口約2500人，船130隻，そしてアルメニ港に造船所を有する巨大な船長村に成長した。農業もさかんで，収穫された大量のワインはアムーディ港からフランスへ輸出されていた。

　イアの居住地は1650年以前から存在している。ヴェネツィア統治時代に島を守っていたナクソス公国に属する5つの要塞（カステリア）のひとつ，聖ニコラスのカステリアであった。

　イアに訪れた大きな転機は，船舶交易の中心が本土のピレウス港に移り，1940年までに人口が1348人に落ち込んだことである。1928年と1956年の地震が，衰退する村にとどめをさした。農業も衰退し，1977年に人口は306人まで落ち込んだ。

　しかし，1976年にギリシャ政府観光局（GNTO）による伝統的集落の保護と開発に関するプロジェクトの対象となり，ホテルやレストランなどの観光施設および公共施設として60軒の伝統的住居の保全・活用が行われた。プロジェクトは空家または廃墟のみを対象としており，200床が設置された。また1978年法により，イアは伝統的集落に指定された。一連の保全・修復により，1990年代から，夕日を見る観光地としてヨーロッパ中で絶大な人気を得た。

　イアは，絶壁まで連なる大理石で舗装され

図1　メインストリート
（筆者撮影）

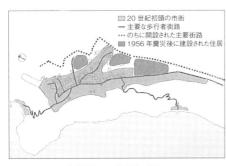

図2　イアと新地区，20世紀初頭（Monioudi-Gavala 1997, 筆者加筆）

図4　洞窟住居の点在する船員地区（筆者撮影）

図3　船舶所有者地区の家屋（筆者撮影）

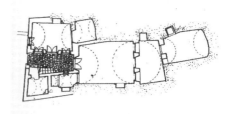

図5　洞窟住居の1階プラン（GNTO 2009）

た歩行者専用のメインストリートの両側に発展し（図1），村の商業やサービス業のほとんどがその周囲に集中していたが，その都市構造が保全されている。公共施設もメインストリートの片側に集中している。住居は960軒あり，4つの地区（船舶所有者地区，船員地区，農家地区，新地区）に分かれている。また，中心地の高台に廃墟化した要塞グーラスが残されている（図2）。

船舶所有者地区は，イアの北東に発展した。この地区に特徴的な船長の家は，19世紀末から20世紀初頭に建設され，ヴェネツィア統治時代やルネサンス時代に影響を受けた新古典主義を踏襲している（図3）。メインストリート沿いにある海事博物館も2階建ての新古典主義の建築で，GNTOプロジェクトにより船舶所有者の住居を保全・活用したものである。

船員地区は，カルデラを見下ろす南部の崖に位置している（図4）。住居の多くが典型的な洞窟住居である。多孔質の火山岩の崖を掘り込んで造った洞窟の前面部分に，石造の建築部分を付属させている。建築部分はコンクリート造の筒形または十字ヴォールトの屋根で覆われており，狭いファサードに比べて奥行きは非常に長い。典型的な洞窟住居プランでは，1間目に居間，奥に寝室がある。寝室に窓はなく，居間を通じて採光と換気を行う（図5）。

農家地区は東部に位置し，ワイン圧搾所と倉庫が多数存在していた。

新地区は北東部に位置し，1956年の地震の被災者を受け入れるために開発された。現在のイアの定住者のほとんどがここに居住している。

（江口久美）

South Europe 03: Rhodes

【ロドス】巨像の都市

ギリシャ，南エーゲ州
South Aegean, Greece

ロドス島は地中海の2つの主要航路の交差点に位置する。ひとつはエーゲ海から中近東沿岸へ至るルート，いまひとつはキプロスからエジプトへ至るルートである。異なる文化の通り道であったことから，多様な言語，文化，建築様式が共存する都市が生まれた。ロドス島はドデカネス諸島で最大であり，島の北端に位置する都市ロドスは，中世の古い市街地を保持していることから，1988年にユネスコの世界文化遺産に登録された。現在ロドスに残る建物の多くは，中世の聖ヨハネ騎士団に起源を持つ。

ロドス島は，ホメロスの時代から知られる豊かな島で，アルカイック時代の3都市（イアリュソス，カミロスおよびリンドス）は，造船技術も手伝って，数世紀にわたって黄金期を迎えた。ロドスの都市に建設された「巨人像（コロッソス）」は世界の七不思議に数えられたが，紀元前226年の大地震で失われた（図1）。

都市の街路は，格子状のヒッポダモス式街路（図2）で，47.7×26.5mのインスラ（街区）が均等に割り付けられている。ひとつのインスラには3つの住宅が配置され，周囲の道路幅は5〜6mであった。インスラが複数の場合，その周囲の道路幅は8〜11mであった。都市全体で36のインスラがあり，上水道が完備されていた。ギリシャ時代を通して優れた彫刻家や建築家を輩出したロドスは，前164年にローマに組み込まれ，以後，貴族のための学府として知られた。

初期キリスト教時代になると，ロドスは東ローマ帝国の支配下となり，司教座が置かれ，バシリカ式教会堂が建てられた。7世紀にアラブ民族が地中海世界に現れると，ロドスは直ちに占領され，その後，数世紀にわたって都市は縮小し，新たな市壁で補強された。その結果，町は軍事施設の占める地域と居住地域の2つに分割されることになった。

1309年，ロドス島はエルサレムの聖ヨハネ騎士団の所有となった。その目的は，エルサレムへ向かう十字軍と巡礼者のための医療を提供することにあったが，まもなく戦闘員のための施設へと変貌した。その後，聖ヨハネ騎士団はエルサレムとキプロスから撤退し，ロドスに拠点を構えた。これを機に市壁が拡張され，病院や宮殿，教会堂などの公共施設がゴシック様式やルネサンス様式で多数建設された。オスマン帝国が拡張しつつあったが，海上貿易によって町はおおいに潤った。中世の街路の大半は，古代の街路を利用して整備された。都市の公共機能も発達し，この頃に作成された公文書の多くはマルタ島の国立図書館に保存されている。

図1　巨人像想像図（芳賀 2006）

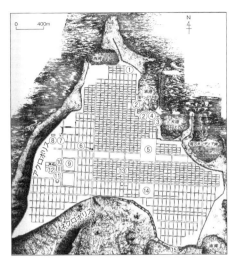

図2 都市図, 古代ギリシャ時代
①デメテル神殿, ②ネオリオン, ③アフロディテ神殿, ④記念門, ⑤アゴラ, ⑥ハリオスタイ集会所, ⑦泉水場, ⑧ゼウスとアテナの神殿, ⑨上ギムナシオン, ⑩音楽堂, ⑪競走場, ⑫アポロン・ピュテオス神殿, ⑬アスクレピオス神域, ⑭下ギムナシオン, ⑮古代の橋(芳賀 2006)

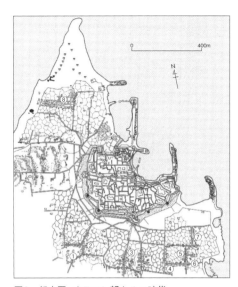

図3 都市図, オスマン朝トルコ時代
①ヤンニ聖堂(ヨハネ聖堂), ②アナルギリ聖堂, ③アナスタシア聖堂, ④ミトロポリス大聖堂(司教座大聖堂), ⑤上のヨルゴス聖堂, ⑥ニコラオス聖堂, ⑦下のヤンニ聖堂(ヨハネ聖堂), ⑧新市街区(芳賀 2006)

　ロドスの都市は内部の市壁によって南北に二分された。海に近い都市の北側には、城館や城、要塞、教会堂、カトリック司教の住居、病院などが置かれた。都市の南側は市民の住む地域で、マーケットやシナゴーグ、教会堂、商会議所などがあった。

　1522年になると、オスマン朝トルコの支配下に置かれた(図3)。新たに建設されたのは、モスクや公衆浴場、そして新しい支配者の住居であった。オスマン朝の人々は、崩れた市壁を修復し、既存の建物に手を加えることで、古い建物を自らの生活に適応させた。教会堂はミナレットをつけるなど簡単な改築でモスクとなり、城館はたちまち個人の住居となった。その結果、聖ヨハネ騎士団以来の中世の街並みはそのまま保存されることになった。オスマン朝が衰退した19世紀には都市も廃れ、また地震の被害を受けた。

　1912年にイタリア軍はロドス島の大半を手に入れ、1923年には植民地を建設した。イタリアの人々は市壁の上やその周囲に建てられていた住居を撤去し、中世以来の街並みの外側にあったユダヤ人やオスマン人の墓地を取り除いて「グリーン・ゾーン」とした。またこの地域の歴史文化研究所を設立した。イタリアの人々はさらに道路や電気、港湾などのインフラ整備に努め、公共計画に基づいた近代的な都市に改造した。

　第二次世界大戦ではロドスの都市も爆撃の被害を受けたため、戦後すぐに発掘調査が行われた。1960年には中世の街並みが文化省の保護地区に指定され、都市計画法で新たに計画された道路拡張は、考古局の抵抗によってついに実現しなかった。その結果、美しいエーゲ海と中世の街並みを残すロドスでは観光業が発達し、現在の主幹産業となっている。最近では、農業や畜産、漁業などの産業も伸びている。

(吉武隆一)

South Europe 04: Coruf (Kerkyra)

【コルフ】 イオニア海の要衝

ギリシャ，イオニア諸島州
Ionian Islands, Greece

　現在の町の名は，ギリシャ国内ではケルキラ Kerkyra，国際的にはコルフ Coruf で知られる。コルフの語源は，ビザンティン時代のラテン語名コリフォ Korypho といわれ，これはギリシャ語のコリファイ Koryphai（丘の複数形）で，町が位置する2つの丘がちょうど海上からよく見えることから，そう呼ばれるという。

　コルフ島の歴史は古く，すでにホメロスの「オデュッセイア」で，スケリアあるいはドレパニと呼ばれていたという。イタリア半島とバルカン半島に挟まれた細長いアドリア海の南端に位置し，強固な要塞で保護された港町として，時代ごとに変化を遂げてきた。その過程は，建築や都市の歴史における，東西文明の絶えざる対話でもあった。

　考古学的成果によれば，コルフの町は，アルカイック期以前には市壁で囲まれておらず，ようやくクラシック期になって都市の北側が要塞化されたらしい。市壁の内部は上水道が完備され，2つの港があった。他のギリシャ都市と同じく，市壁の外側は墓地であった。

図1　アルテミス神殿復元図。破風のゴルゴン像で知られる（E. A. A. 1959）

　町の中心部にはアゴラがあり，ストアや神殿，浴場などが建てられていた。またアゴラの隣には有力者の個人住宅があった。アゴラからそう遠くない場所には，古いドリス式の佇まいで知られるアルテミス神殿があった（図1）。

　ギリシャの主要都市であるアテネやコリントから地理的に離れていたため，紀元前2世紀にはローマの文化圏に組み込まれた。

　ローマ時代には次第に衰退したが，6世紀から7世紀には，半島の中の小さな丘の間にある地区へ人々が移り住み始めた。10世紀には，半島を中心として教会堂と巨大な要塞を伴った都市に生まれ変わった。

　1386年，ヴェネツィア軍が2度目に進入に成功した際には，市壁だけでなく都市構造も大規模に改造されることになった。コルフの町は防御と侵略のための重要拠点として整備され，緊急に用意された新たな市壁の建設によって，古い中世の街並みの一部は失われてしまった。その後もヴェネツィアとの頻繁な戦争を通じて，海軍や商戦艦隊の重要な拠点となっていく。

　1537年のトルコ軍の侵攻は，要塞都市としてのコルフ島の重要性をヴェネツィア軍に思い知らせることとなった。そのためヴェネツィア共和国から複数の建築家が動員され，コルフの都市の防衛施設を建造することになった。町の「包囲（ξώπολι）」は，1588年頃にはほぼ完了し，その結果，コルフの都市は再びギリシャ時代のような高度な都市機能を備えることになった。ちょうどイタリアのルネサンス都市のように，教会堂やマーケット，

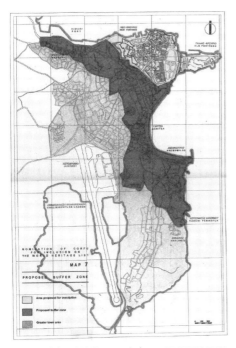

図2　旧市街と新市街, 2005年（ΔΗΜΟΣ ΚΕΡΚΥΡΑΣ 2005）

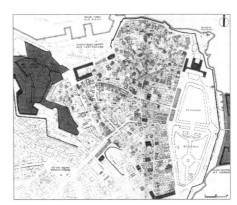

図3　旧市街, 2005年（ΔΗΜΟΣ ΚΕΡΚΥΡΑΣ 2005）

図4　旧市街の眺望（筆者撮影）

公共建築, 住居などが建てられ, 下水道も整備された。さらに市民生活に不可欠な病院や劇場, クラブなどもこれに加えられた。ヴェネツィア時代の終わり頃には, 最新の国際的な建築様式が取り入れられ, 旧宮殿や刑務所, モン・レポ（ギリシャ国王の離宮）などが新たに建てられた。また市壁の一部を改造して, 市外へ通じる新たな道が造られた。

軍の活性化を進める行政府は, 技術者たちを動員して, 車両用道路や病院の設計・管理にあたった。地中海の他の島々と同じく, 公共事業の中でも最重要課題であったのは, 用水路の建設であった。19世紀のコルフでは, 新たな住宅を同時代に流行する建築様式で建てるよりも, 既存の伝統的な住宅を改修, 増築することが多かった。

イギリス植民地時代を経て, 再び近代国家のギリシャに組み入れられてからも, 劇場やホテルなどの公共建築が整備された。地政学的な立地から, 第二次世界大戦では爆撃による被害を免れなかったが, その間もガスや電気などのインフラが整備され, 製造業が近代化された。この頃からコルフは旅行者に人気を博し, オーストリア皇妃エリザベートが「アヒレオ」の名で知られる宮殿を建設して以来, 多くの訪問者が旅行記にコルフの名を記した。第二次大戦の試練の後も, 宿泊施設やレジャー施設など瀟洒な建物が建設されたが, 次第に衰退した。

現在のコルフは旧市街地を中心に再び整備が進み, 2007年にはユネスコの世界文化遺産に登録された（図2〜4）。　　　　（吉武隆一）

South Europe 05: Dubrovnik

【ドゥブロヴニク】 アドリア海の真珠

クロアチア，ダルマチア地方
Dalmacija, Croatia

　ドゥブロヴニクは，アドリア海東岸，クロアチア共和国の南端——クロアチア本土とはボスニア・ヘルツェゴビナのネウム港に遮られていて飛び地になるが——に位置する。その起源は古く，ローマ帝国時代あるいはそれ以前に遡るとされるが，古来，鉱物資源を産する後背地と地中海各地をつなぐ交易拠点として栄えた。美しい海に接する旧市街地の景観は「アドリア海の真珠」と称される。1979年に世界文化遺産に登録され，現在は地中海有数の観光地となっている。

　イタリア語ではラグーサと呼ばれるが，ラテン語名ラグシウムに由来する。ラヴェンナに都を置いてイタリア半島を支配した東ゴート王国が崩壊した後，7世紀にバルカン半島に侵入してきたアヴァール族を避けて南方から移住してきたラテン系住民によって，その基礎が作られた。

　彼らは当初，本土から海峡で隔てられた岩島の一角に定住した。これがラグシウムである。9世紀の中頃までに，ラグシウムは城塞で囲われる（図1）。新たに11世紀にかけて城壁が建設されていく。中心に位置したのは聖マリア教会である。その後，本土からスラヴ系の民が流入し，市域は島全体，さらには本土側に拡大していく。海峡であった現在のプラカ通りが埋め立てられるのは12世紀後半のことである。

　ラグーサはビザンティン帝国保護下の都市国家となり，十字軍の時代を経てヴェネツィアの支配下に入る。ラテン系とスラヴ系の対立を内包しながらも共存共栄の自治都市として発展することになる。1667年の大地震で人口の半分を失う大打撃を受けるが，歴史的建造物や市壁は再建されて今日にもその姿を伝える。14世紀中葉に市壁や防御施設，その他の建築物の建設に従事した建築家として，フィレンツェ人のミケロッツォ・ミケロッツィやクロアチア人のユーライ・ダルマティナッツ，地元建築家のパスコイェ・ミリチェヴィッチなどが知られる。ラグーサ共和国は，以降1808年まで存続する。15世紀から16世紀にかけての最盛期には，アマルフィ，ピサ，ジェノヴァ，ヴェネツィアなどの海洋都市国家と覇を競う存在となる。

　ラグーサの名前はこうして19世紀に至るま

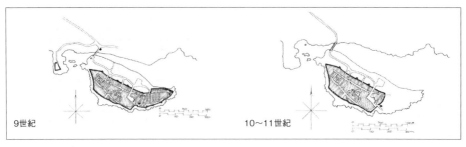

図1　都市の形成（クレキッチ 1990）

図2 旧市街の街路と歴史的建造物
（クレキッチ 1990をもとに関根里紗作製）

で用いられるのであるが，スラヴ語系のドゥブロヴニクの名も一方で用いられてきた。最も古い記録は12世紀後半であり，16世紀後半から17世紀にかけて広く用いられるようになった。ケルト語の水ドゥブロン dubron に由来するという説がある。ラグーサの名がドゥブロヴニクに変えられるのは，オーストリア・ハンガリー帝国下の1918年のことである。

オスマン帝国によって東ローマ帝国が滅亡すると，ドゥブロヴニクはオスマン帝国の支配下に置かれる。キリスト教を基盤とする都市国家であったドゥブロヴニクは，イスラーム化されることになる。

ドゥブロヴニクの旧市街は，6地区から成り立っている。島の西南に当たる高い岩場のカステロ区は，当初から要塞化されていたが，島の南側に聖ペテロ区とプスティエルナ区，プラカ通り南側のやや平らな土地に聖ヴラホと聖マリア区，陸側の斜面に聖ニコラス区が順次設けられていく。14世紀半ばまでには6地区全体は13の角（櫓）塔を備えた市壁で囲われる。16世紀初頭には，オスマン帝国が強大になったため，東の城門外に急遽レヴェリン要塞を建設，11世紀からあった島の西方の聖ロヴェリナッツ要塞と併せて町の外側を固めるとともに，市壁を厚さ4.9～6.1m，高さ20mに増強し，アドリア海随一の城塞都市へと町を整えていった。

ドゥブロヴニクの中心施設は，すべてプラカ通りに面している。街路は，南北からプラカ通りに向かい直角に交わる街路と，プラカ通りに平行に引かれ東西に伸びる街路が数本ある。大通りと直角に配された新市街の街路は南北の行き来を促し，町を活性化させていった（図2）。住居は，市街地拡大の際に木造家屋が大量に造られたが，度重なる火災によって焼失し，石造の建物に建て替えられた。その際に大理石が貴族の建物や塗装に使われたことが，現在の街並みを作り出している。

（高橋謙太・布野修司）

図3 旧市街（Martin Lehmann撮影, stock.foto提供）

South Europe 06: Venezia

【ヴェネツィア】海上都市

イタリア，ヴェネト州
Veneto, Italy

　アドリア海の最奥の潟の上に築かれたヴェネツィアは，南北約2km，東西約4kmの大きさを持つ。この都市は，中心を逆S字に貫く大運河（カナル・グランデ）と複雑に行き交う水路（リオ）や街路（カッレ），水際の道（フォンダメンタ），トンネル状の通路（ソットポルテゴ），中庭（コルテ），広場（カンポ），約390あるといわれる橋（ポンテ）などによって，変化に富んだ空間となっている。

　ヴェネツィアの起源はアクイレイアに住んでいたウェネティ人が，西ゴート族やフン族の侵略から逃れるため，潟に点在する小さな島々に新たな居住地を求めたことに始まるとされる。そして，ランゴバルド族が来襲した6世紀には，人々はトルチェッロ島近くのチッタ・ノーヴァやエラクレア，リド島の南西の端に位置するマラモッコなどに移り住んで新たな集落を築いた。

　そして697年に初代元首が選出され，ひとつの都市国家となった。その後，810年にカール大帝の息子ピピンがマラモッコに侵攻すると，都市の重要な機能はリアルトの島々に移り，ヴェネツィアの新しい中心が定まった。人々が集落を築いた小さな島々では，教会とカンポを中心に住居が建設された。これがヴェネツィアのコミュニティの基本単位である教区となっていった。

　ヴェネツィアの発展を牽引したのは貴族だが，彼らは地中海での交易に従事する商人でもあった。したがってその住まいであるパラッツォは必然的に水との結びつきを深く考えたものとなった。

　12世紀末頃までには建設技術が発達し，カナル・グランデ沿いでも大規模なパラッツォの建設が可能になった。この時期に建設されたパラッツォは貴族のステイタス・シンボルとして豪奢さを競い合い，その結果としてカナル・グランデに面して華麗なファサードが連なる独特の都市景観が生み出された。

　13世紀後半には，リオにファサードを向けたパラッツォの建設が目立つようになる。こうしたパラッツォは，カッレやコルテなど陸側との関係も意識しつつ構成された点で，それまでのものとは大きく異なった。

　14世紀に入り，急速に人口が増加すると，潟の埋め立てが進んだ。また，教区同士を結ぶ道が整備され，都市の統合が進んだ。そして15世紀末までにはカナル・グランデの両岸に大規模なパラッツォが建ち並び（図1），リオとカッレが都市内を複雑に交錯するという

図1　カナル・グランデ（筆者撮影）

図2 ヤコポ・デ・バルバリ「ヴェネツィアの鳥瞰図」1500年（コッレール美術館蔵）

ヴェネツィアの基本的な都市構造が完成した。この頃の都市のすがたはヤコポ・デ・バルバリの『ヴェネツィアの鳥瞰図』（1500年）からも確認できる（図2）。

16世紀初頭には，勢力を増強したヴェネツィア共和国に対抗すべく周辺諸国が結んだカンブレー同盟に対し，歴史的な大敗を喫したことが，経済・政治面，精神面で大きな打撃となった。こうした背景からヴェネツィアは都市の大規模な改造を行うことで，「静穏きわまる共和国 La Serenissima」のイメージを内外に誇示することを目論んだ。そして，そのために建築家ヤコポ・サンソヴィーノを雇い，図書館やロジェッタを「古代風」に建設し，ヴェネツィアの政治的・精神的な中心であるサン・マルコ広場の壮麗化を図った。また，16世紀末から17世紀にかけては，国立造船所（アルセナーレ）周辺の埋め立てとザッテレやフォンダメンテ・ヌオーヴェの河岸工事によって周縁部が整備され，アンドレア・パッラーディオ，アントニオ・ダ・ポンテ，バルダッサーレ・ロンゲーナによって都市の象徴となる建築作品が相次いで実現した。

1797年には，約1100年続いたヴェネツィア共和国の歴史に終止符が打たれ，約半世紀続く外国支配が始まる。ナポレオン統治時代（1806～14年）には，カステッロ区の運河の埋め立てやガリバルディ通りとジャルディーニ公園の建設が行われ，都市の東端が変貌した。さらに，オーストリア統治時代にあたる1841年から45年にかけて，イタリア本土とヴェネツィアを結ぶ鉄道橋が建設され，1865年にはサンタ・ルチア駅が開業した。これはヴェネツィアが本土を強く意識するようになったことを象徴する事象である。また，アッカデミア橋とスカルツィ橋，運河の埋め立てによる新しい街路リオ・テッラ，駅とリアルトを大運河に並行して結ぶストラーダ・ヌオーヴァの建設によって，都市内部の動線が急速に整った。

20世紀に入ると，ローマ広場の整備と同時に本土とヴェネツィアを結ぶ自動車用の橋が建設され，本土にはマルゲーラという工業地帯が生まれた。この工業地帯における潟の地下水の汲み上げは，のちに地盤沈下を引き起こし，現在ヴェネツィアにおける最大の都市問題である高潮（アックア・アルタ）の主たる原因のひとつとなっている。　（青木香代子）

South Europe 07: Padova

【パドヴァ】 ポルティコと環濠の街

イタリア，ヴェネト州
Veneto, Italy

　パドヴァは，ヴェネト平野の低湿な地域に立地し，環濠と城壁に囲まれた都市である。プレアルプスからアドリア海へと流れるバッキリオーネ川とブレンタ川に接近する立地であることから，河川と運河を活用した舟運で栄えた。紀元前1184年にトロイアの英雄アンテノールが築いたとする伝承が残る。

　都市の起源は古代ローマの植民都市パタウィウムで，ローマ人は湿地帯を耕地化し，居住核を築いた。チェントゥリアツィオーネ（農地区画）の痕跡は周辺部に現在も多数確認できる。最初の居住核は都市北西の川沿いに作られた。古代ローマの格子状街区は不明瞭なため復元案は諸説あるが，都市の成長につれ都市組織の向きが振れて発展していったと考えられている。

　569年のランゴバルド族の占領，775年のフランク族の支配を経て，860年頃ローマ都市の大カルド（南北軸）と大デクマヌス（東西軸）の交差部に大聖堂が建設された。12世紀にコムーネ（中世の自治都市国家）が成立した後，都市の主要建築物は大聖堂広場の北東に集まった。1218年，市庁舎の隣に裁判のための公会堂パラッツォ・デッラ・ラジョーネが建てられた。公会堂の北と南には果物広場と野菜広場と呼ばれる商業の中心が形成された。カッラーラ家（パドヴァ出身の封建領主）が都市の実権を握った14世紀に大聖堂北側は再開発され，カッラーラ家のパラッツォとシニョーリ広場が建設された。その脇にはロッジア・デル・コンシリィオと呼ばれる吹き放ちの開廊があり，広場に権威的性格を与えている。

　運河と城壁で囲まれた最初期の環濠都市部分はチッタデッラと呼ばれ，図1の中央に見える方状の長円形をしている。近接する都市国家からの侵略に備えて，城壁は1174年から1210年にかけて段階的に建設，拡張された。12世紀頃から市門の外に伸びる街道沿いにボルゴ（居住区）が帯状に形成され，修道院や貴族の邸宅が建設されていった。ボルゴを防護するための城壁建設は，13世紀半ばに西側，14世紀初めに二重目の南側，1340年に東側と三重目の南側という順で完成されていった。1232〜1307年に建設されたサン・タントニオ聖堂（イル・サント）は，巡礼と聖人信仰の拠点として，環濠外部への市街地の発展を導いた。

　環濠の各所に水位を操作する水利設備が設置され，水車による産業施設も建設された。

図1　ヴァレによる都市図，1784年
(Puppi e Universo 1982)

都市の北側にあるモリーノ橋周辺部は産業地帯のひとつである。10世紀以降、排水システムや舟運など水利技術が発達し、12世紀以降はヴェネツィアやヴィチェンツァと水をめぐって対立し、ブレンタ川の流路変更（1142年）やバッターリャ運河（1189年）とピオヴェーゴ運河（1209年）の開削が戦略的に実行されていった。14世紀にはトレヴィーゾをのぞく周辺の中核都市との舟運路を確立した。16世紀前半、ヴェネツィア人によって稜堡が造られ、ルネサンス都市としての様相を備えた。

都市空間の最大の特徴は、主要な街路に連続するポルティコ（柱廊）で、その長さは24kmと、ボローニャに次ぎイタリアで2番目に長い。間口や高さ、建材、構造、ファサードの意匠はそれぞれ異なるが、雨風をしのぐ歩行空間は都市のインフラとして機能し、都市景観を特徴づけている。しかし1236年の都市条例では、精肉業者に対して、店舗前のポルティコに肉を吊すことを禁止するなど、一種の作業空間であったことがF・ボッキによって指摘されている。したがって中世のポルティコの空間は、現在目にするものとは異なる相貌であった可能性が高い。

都市に典型的な住居形式は、図2のようなポルティコを前面に持つ店舗併用のスキエラ型住宅で、狭い間口と奥行きのある短冊状の地割を持つ。1階を公共の歩行空間として開放し、2階居住部分を張り出すこの形式は、都市の高密化とともに形成された。ひとつの住宅に1家族が居住し、住宅中央部に階段を持ち、奥には空地を有している。この形態は中世に市壁内部に取り込まれたボルゴに顕著に残っている。ルネサンス期には、2つか3つのスキエラ型住宅を連結し、間口を広げたリネア型住宅が誕生する。ヴェネツィア貴族住宅に特徴的な3列構成が適応された住宅事例も存在する。

現在、都市の中心にあるパドヴァ大学は、

図2　ポルティコを持ち、連続するスキエラ住宅
（Maretto 1987）

ヨーロッパで最古の大学のひとつで、1222年に創設された。16世紀に現在の場所に建設された大学建物がパラッツォ・デル・ボーと呼ばれるのは、13世紀までこの場所に牛（方言でボー）の肉を扱う屠殺業者がいたためである。

都市の南部に位置するプラート・デッラ・ヴァッレは、もともと半湿地で、中世には聖アントニオの演説も行われた場所である。16世紀の城壁によって都市の内部に取り込まれ、1775年の整備によってヨーロッパ最大級の広場となった。設計はヴェネツィア共和国から派遣されてきた監督官アンドレア・メンモで、中央に楕円形の島を造り、周囲を水路で囲み、その両縁に合計88の彫像を並べた。オーストリア支配期には中央の島に多くの樹木が茂ったが、再整備され、近年ではトラムが円周部分を通過する。

19世紀のパドヴァには77軒のカフェが存在し、新興ブルジョワジーや知識人のたまり場として愛好された。1792年に創業され、建築家ジュゼッペ・ヤペッリが設計したカフェ・ペドロッキは、パドヴァの近代建築作品のひとつである。

1845年に鉄道駅が城壁外の北側に造られたことで、都市の発展は北へと進んでいった。城壁の一部撤去で都市はさらに拡張し、運河の埋め立ても進められ、現在に至る。　（赤松加寿江）

South Europe 08: Vicenza

【ヴィチェンツァ】パッラーディオの街

イタリア，ヴェネト州
Veneto, Italy

　ヴィチェンツァは，建築家パッラーディオを育み，パッラーディオがその骨格を作った都市である。

　パドヴァとヴェローナの中間，バッキリオーネ川とレトローネ川が合流する地点にある。モンティ・ベリチ丘陵の北側に作られた集落は，紀元前49年にローマ帝国のムニキピウムとして認められた。

　中世には工業と商業がさかんになり，12世紀から14世紀にかけて都市構造が形成された。コムーネ時代，ヴェローナ同盟に参加した自治都市のひとつに数えられたが，13世紀以降は他都市の君主の支配下となる。エッツェリーノ・ダ・ロマーノによる支配，1266年以降のパドヴァ支配，1311年から87年までのヴェローナのデッラ・スカラ家支配，ミラノのヴィンスコンティ家支配などを経る。中世には周辺都市のパドヴァやヴェネツィアと運河建設や舟運をめぐって対立したが，1404年から1797年にはヴェネツィア共和国支配下の都市となる。

　古代ローマ時代の都市軸は現在も残り，南北軸カルドはコントラ・ポルティからサン・パオロ橋へ至る。東西軸デクマヌスは全長約700mのコルソ・アンドレア・パッラーディオにあたる。現在の中心広場であるシニョーリ広場は古代ローマのフォロ（公共広場）の位置にあたり，図1の中央空白部分が該当する。

　中世期，デッラ・スカラ家が北西の聖クローチェ門まで市壁を拡張し，クアルティエーレ・ノーヴォと呼ばれる新地区を建設した。さらに東の聖ルチア門とパドヴァ門にも市壁を拡張した。15世紀に市壁はルピア門，モンテ門，プステルラ門まで拡張された。16世紀初頭，建築家のミケーレ・サンミケーリによって最終的な都市整備がなされる。16世紀には絹織物業や商取引を中心に経済的な繁栄を見せ，16世紀末の人口は3万人であった。

　15世紀から16世紀末にかけて，パドヴァ生まれの建築家アンドレア・パッラーディオ

図1　都市図，17世紀 (Tubini 1979)

図2　バシリカ周辺の航空写真 (Tubini 1979)

(1508〜80年)によって都市内外の公共建築や都市邸宅が設計された。図2に見られるようにヴォールト屋根が映えるバシリカをはじめ，中心部にはパラッツォ・キエリカーティ，テアトロ・オリンピコ，パラッツォ・ポルトなど，郊外には数多くのヴィラが建設された。

都市の主要建築物はシニョーリ広場に集まる。南側のバシリカ，ピアッツァの塔（12〜15世紀），北西にパッラーディオ設計で未完のロッジア・デル・カピタニアート（1571年），モンテ・ディ・ピエタ（16世紀）がある。

バシリカは15世紀の公会堂パラッツォ・デッラ・ラッジョーネをパッラーディオが改修した建物である。1階には商店を取り込み，上階は大広間とし，船底天井を架け，銅板葺の屋根を載せた。パッラーディオは建物外周部をデザインし，アーチとオーダーで構成された壁面にロッジアをめぐらせ，セルリアーナを用いて古典風に仕上げた。バシリカの背後にはエルベ広場があり，そこには中世のジローネの塔があり，アーチでバシリカとつながっている。

ゴシック様式のファサードを持つ大聖堂は，13世紀から16世紀に建てられた。鐘楼はローマ期の建物を基礎とし，11世紀のロマネスク様式のものである。ポルティ通りには15世紀に建てられたヴェネツィア様式のパラッツォやパッラーディオの作品が多く建ち並ぶ。

都市東端には1551年にパッラーディオが設計したパラッツォ・キエリカーティが広場に面して建つ。建物前面に列柱廊を造ることで，広場に敷地が張り出すことをコムーネから認められた。

その裏手には現存する最古の木造劇場，テアトロ・オリンピコがある。古代のローマ劇場を模倣しながら，舞台背景には透視図法を駆使した立体的な書割建築と7つの道が表現されている。パッラーディオの最後の作品で，彼の死後ヴィンチェンツォ・スカモツィによっ

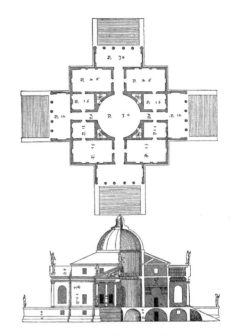

図3　ラ・ロトンダの平面図と立面・断面図
(桐敷 1997)

て完成された。

都市近郊に多く存在するパッラーディオのヴィラのひとつにヴィラ・カプラ（通称ラ・ロトンダ）がある（図3はパッラーディオによる平面図と立面・断面図）。教皇庁聖職者パオロ・アルメリコのために造られたこのヴィラは，二軸対称の構成で，中央にはドームが架かる円形広間がある。美しい眺望の中に独立して建つ集中式平面を持つ唯一の事例で，円熟期のパッラーディオの傑作である。

1994年に「ヴィチェンツァ市街とヴェネト地方のパッラーディオのヴィラ」は世界文化遺産に登録された。当初指定されたパッラーディオのヴィラは23あり，1996年には州内にある他の16の建築も追加された。

(赤松加寿江)

South Europe 09: Verona

【ヴェローナ】ロミオとジュリエットの街

イタリア，ヴェネト州
Veneto, Italy

　ヴェローナは，ヴェネト平野に注ぎ込むアディジェ川が逆S字を描く湾曲部に取り込まれた都市である（図1参照）。古代ローマ街道が通り，ドイツとイタリアをつなぐ交易経路にあたることから，古くから地域間交易の拠点都市として発展してきた。周辺部の肥沃な平野では古代からブドウ栽培や穀物栽培が行われ，北側レッシーニ丘陵から産出される赤大理石は，近世に邸宅や聖堂の建材として好んで使われたことで知られている。

　先史時代に遡る居住核がサン・ピエトロの丘にある。紀元前3世紀頃からローマと交流していたことが史料に見られ，前49年には古代ローマのムニキピウム（古代ローマの地方自治都市）となった。前1世紀の居住域は，蛇行する川に囲まれた部分全体に広がり，都市南側は城壁で閉じられていた。大カルドと大デクマヌスの交点にあたる現在のエルベ広場の場所にフォロが建設された。現存する古代ローマ時代の遺構として，前1世紀のレオーニ門，1世紀中頃に建てられたボルサーリ門，ピエトラ橋がある。1世紀に近郊ヴァルポリチェッラから切り出した石灰岩のブロックで建造された円形闘技場（図2）は，現存する最大級のもので，ローマ共和政時代に城壁内に組み込まれた。

　5世紀から9世紀にかけて，オドアケル（初めてイタリアを実質支配したゲルマン民族の王），テオドリック王（オドアケルを例としてイタリアを征服した東ゴート国王），ランゴバルド族，フランク族に支配されるが，城壁の大きな拡大はなく，都市の外側にボルゴが徐々に広がっていった。都市構造が変化したのは9世紀で，アディジェ川の洪水が川の流路を変え，東側に古い流れが滞って島を作り，ボルゴが広がった。都市の外側にはサン・ベルナルディーノ聖堂やサン・フェルモ聖堂などの大規模な修道会が創設され，807年にはフランク王ピピン（3世）を記念してヴェローナで最も重要な聖堂であるサン・ゼノ聖堂が，1100年には大聖堂が建設された。

　1136年にコムーネが成立すると，都市は南側に拡大して都市外部のボルゴを吸収し，新しい城壁が築かれた。都市内部では既存街区に新しいスキエラ型住宅が実現した。かつてのフォロがあったエルベ広場には，その事例が多く見られる。当時の住宅事例としてはボルサーリ門通りにあるカーサ・ダ・カンポが特徴的で，凝灰岩と煉瓦で造られている。13世紀初めのエッツェリーノ・ダ・ロマーノの治世下において，城壁外側にサン・ジョヴァンニ・イン・ヴァッレ聖堂やサント・ステファノ聖堂のボルゴが作られていった。

　1262～1387年のスカラ家統治下には，カン

図1　航空写真（Benevolo e Veronelli 1979）

図2　円形闘技場（筆者撮影）

図3　カステル・ヴェッキオ（大社優子撮影）

グランデ1世が川の両側に新しい市壁を建設した。この城壁はヴェネツィア支配期，その後18世紀のオーストリア支配期，20世紀最初の都市開発，第二次世界大戦後も維持された。

都市の中心となるエルベ広場とシニョーリ広場が形成されたのも13〜14世紀にかけてである。絹生産によって商業と産業が発展し，エルベ広場の南西には商人の集会所ドムス・メラトルムが木造で建設された。北東側にはシニョーリ広場を囲んで市庁舎や旧裁判所の軍事隊長官邸，パラッツォ・カンシニョリオ，県庁舎といった公共機関の建物が建設された。これらは柱廊でつながれ，中庭を作っている。活発な商業活動と資本投資によってエルベ広場とシニョーリ広場には建築物が多く造られていった。現在，観光地として知られるジュリエットの家も，中心部に建てられた13世紀のゴシック様式で，ヴェローナ貴族カプレーティ家をモデルにしたとされる。

シニョーリア制（コムーネの全権を代表する1人あるいは複数による支配体制）が衰退すると，スカラ家は都市から安全に脱出するための避難路を持つ要塞を造った。これがカステル・ヴェッキオで，20世紀半ばにカルロ・スカルパによって中世博物館として改修された。スタッコのような地域固有の手法を取り入れ，図3のように歴史的建築物を再生させた優れた作品となっている。

1405年以降のヴェネツィア支配期においては都市構造に大きな変化はなく，現在までその形態を保った。ルネサンス期には，シニョーリ広場にはロッジア・デル・コンシリオが完成したほか，多くの門が色大理石で装飾されていった。軍事技師となったミケーリ・サンミケーレによって城塞は稜堡で強化され，ヌォーヴァ門とパリオ門，サン・ゼノ門の3つが付け加えられた。

人口は1518年には2万6000人，1572年には4万9000人と増加し，ボルゴは既存構造を再利用して拡張された。16世紀以降，ヴェローナ貴族は都市内のパラッツォを建設したほか，郊外ヴァルポリチェッラに多くのヴィラを建設した。エルベ広場におけるパラッツォ・マッフェイは1700年代の建築の好例である。

多くのヴェネトの都市と同じように，ヴェローナも1797〜1814年の間に，フランス，そしてオーストリアに支配された。とくにナポレオン支配期には，宗教組織の不動産が接収され，学校や軍事施設などに変更された。1882年のアディジェ川の大氾濫や第二次世界大戦で大きな被害を受けたものの，ヴェローナは古代の遺構や中世の住居群，ルネサンスのパラッツォ，そしてカステル・ヴェッキオのような優れた改修など，様々な時代の痕跡を現在に残す。

（赤松加寿江）

South Europe 10: Ferrara

【フェラーラ】具現化された理想都市

イタリア，エミリア＝ロマーニャ州
Emilia-Romagna, Italy

イタリア・ルネサンスという概念を成立させた大儒ブルクハルトはフェラーラを「ヨーロッパ史上初めての近代都市」と呼んだ。15世紀のイタリアは中世的伝統と，人間中心主義的な近代的価値観が混ざり合う時代であったが，フェラーラの原型はまさにその時代に形作られた。中世の都市と近世になり芽生えた理想都市という理念に基づく新市街との巧みな接続が形になったイタリアでも稀有な事例といえる（図1）。

フェラーラはポー川の支流のヴォラーノ川の左岸に形成された都市で，その起源は不詳である。ローマ時代の記録はなく，6世紀末にビザンティン帝国支配下で拠点が築かれたところまでは遡ることができる。774年に教皇に捧げられ，988年に教皇庁はフェラーラをカノッサ家の領土とし，その支配は12世紀初頭まで続いた。その後エステ家が台頭し，1264年にエステ家当主のオビッツォ2世が専制君主となるまでは自治都市として成長し，12世紀半ばにはサン・ジョルジョ大聖堂が建設された。

教皇派と皇帝派の対立によって都市は疲弊したが，14世紀になると教皇派が勝利し，教皇庁との結びつきを強固なものにしていった。その時に君主であったのがニッコロ2世・デステで，彼は1385年に都市に対して閉じた城塞エステンセ城を建設した。堀で囲まれたこの城は，現在は町のまさに中心にあるが，建設当初は市壁に近い町のはずれに位置していた。その後のエルコレ1世主導の都市計画は，君主の館を都市の中心に置き換える計画でもあったといえる。

ニッコロ2世に続くアルベルト5世は，郊外にスキファノイア宮やベルフィオーレ宮を建設した。後者は17世紀に火災で失われたが，これらを手始めにその後継者たちも都市近郊や田園に多くの別荘を建設した。それらは「デリツィエ・エステンシ」と呼ばれ，エステ家の宮廷文化を代表するものとなった。アルベルトの後継ニッコロ3世は，1435年から40年にかけて市内から15kmほど離れたところにベルリグアルド荘を建設した。町と運河で結ばれた夏の別荘で，古代ローマの建築家ウィトルウィウスが著し，ルネサンス人たちが熱心に読んだ『建築十書』や，ローマ人たちの別荘生活の実際を伝えた文人小プリニウスの著作に影響された「古代風」の建築である。

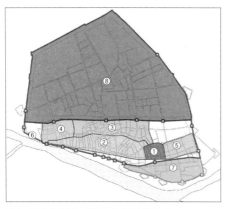

図1　都市の変遷，創建から16世紀まで
①ビザンティンのカストルム（7～8世紀），②中世の都市（9～11世紀），③ボルゴ・ヌオーヴォ（12～13世紀），④ボルゴ・ディ・ソープラ（13～14世紀），⑤ボルゴ・ディ・ソット（13～14世紀），⑥ニッコロ2世による市壁（1374年），⑦ボルソ拡張地区（1438～66年），⑧エルコレ拡張地区（1492～1505年）（Folin 2006，筆者加筆）

フェラーラの芸術文化はそこからさらに花開く。ニッコロ3世の文芸・美術・建築への深い愛情と理解は，彼の後継者となる3人の息子たち（レオネッロ，ボルソ，エルコレ）に継承された。レオネッロは15世紀イタリアの芸術文化に大きな影響を与えた万能の天才アルベルティと懇意であり，建築や都市に造詣が深かったが，短命のために，企図した建設事業の多くはボルソに引き継がれた。ボルソの拡張地区と呼ばれる南西部の都市整備は，規模こそ劣るものの，エルコレ1世による都市計画の先駆けであり，それは直線道路のギアラ通り（現在のギアラ－9月20日通り）がよく示している。また，この時代にフェラーラの絵画芸術は頂点を迎える。公国となったフェラーラの初代君主でもあるボルソは，アルベルトによって建設されたスキファノイア宮を拡張し，他の宮廷には類を見ない壁画を描かせた。

エルコレ1世はエステンセ城に手を入れて，君主にふさわしい宮殿への転換を図った。さらに彼の建設事業でとりわけ見逃せないのが，市の北側に大きく広がる新市街地計画である。最初の近代的都市計画家ともいわれる建築家ビアージョ・ロッセッティを責任者に据え，エステンセ城のすぐ北側にあった13世紀の市壁を撤去し，堀も埋め立てて，大通り（現カヴール－ジョヴェッカ通り）を敷設した。ロッセッティは，その通りを都市の東西の軸線に，交差するアンジェリ通り（現エルコレ1世・デステ通り）を南北の軸線に設定し，そこから概ね均質に広がる都市を計画したのである。アンジェリ通りがベルフィオーレ宮とエステンセ城をつなぐ権力の象徴の道であったように，中世から続く都市組織を生かした都市計画であった。新しい町の北限をそのベルフィオーレ宮とし，長大な市壁を築いて都市の防衛を図った。

エルコレ1世による都市拡大の意図は，ルネサンスの他の都市国家と同様に，栄華を極め

図2　都市景観図，1490年（エステンセ図書館蔵）

る君主にふさわしい都市を求めたことと，エステ家が代々建設してきた別荘や宗教施設を，勢いを増すヴェネツィアから守ることであった。さらにユダヤ人のゲットー建設のための敷地が必要であったことも要因のひとつである。

そして敷設された通りに沿って貴族のパラッツォや教会堂が建設されたが，その中でも群を抜いた意匠を誇るのがパラッツォ・デイ・ディアマンテイである。これもまたロッセッティによる設計であり，大理石の特徴的な切石によって外壁一面が装飾され，フェラーラの一般的な煉瓦造りによる褐色の街並みの中でまさにダイアモンドのように輝いている。この邸宅はエルコレ1世による拡張地区のおおよそ中央に位置しており，均質に計画された都市のアクセントとして機能した。さらにディアマンテイ邸が面する東西の大通りにはヌオーヴァ広場（現アリオステア広場）が設けられ，新市街地の核として作用した。古代のフォルムを想起させる列柱廊によって囲まれた広場を構想していたが，完全には実現していない（図2）。

エルコレ1世による拡張地区は，ビザンティン以降の中世の街並みとは構成原理が根本的に異なる。しかし，整然かつ均質なグリッドで新市域を分割するのではなく，中世の町割りとの有機的な接続を前提にした計画とすることで，驚くほど調和のとれた空間が実現している。これこそが他都市には見られない特徴といえよう。

（岡北一孝）

South Europe 11: Bologna

【ボローニャ】ヨーロッパ最古の大学都市

イタリア，エミリア＝ロマーニャ州
Emilia-Romagna, Italy

　ボローニャは，イタリア共和国北部に位置し，イタリアを代表するローマ，フィレンツェ，ヴェネツィア，ミラノに囲まれたエミリア＝ロマーニャ州を中心とするポー川流域地方の中都市である。地中海側にある都市ピアチェンツァからアドリア海側の都市リミニまで，イタリア半島の東西約250kmを結ぶエミリア街道の中央付近に位置する。アペニン山脈やポー川南部の平野や丘に囲まれており，東西南北を結ぶ交通の要を担うことから，農業や工業，文化交流がさかんな都市である。

　ボローニャの起源は，紀元前6世紀にエトルリア人が築いたポー川流域地方の町「フェルシナ」とされている。その後，ローマ帝国時代の町「ボノーニア」で現在のボローニャ地区最古の市壁（第1次市壁）が建設される（図1）。

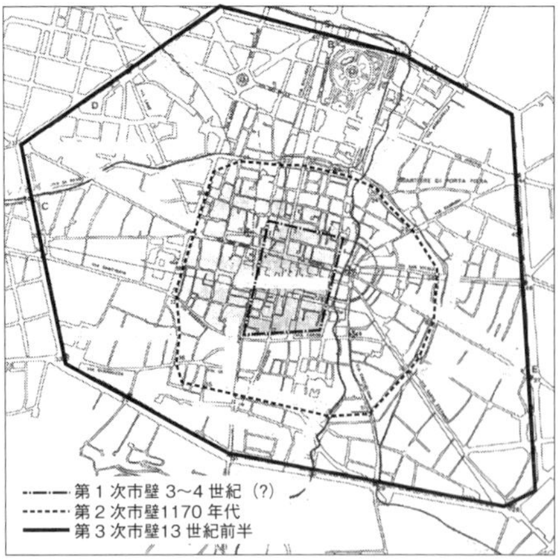

　現在のボローニャは，主に3つの基礎の上に成り立っている。第1はヨーロッパ最古の大学，ボローニャ大学である。人口の4分の1を学生が占めており，大学の発展が早くから経済や産業成長を後押しし，インフラ整備のきっかけを作ってきた。第2は製造業である。ボローニャでは，1970年代の経済低迷期に親会社から独立したスピン・オフ企業が集まり，互いに競争しながらも補完し合い，助け合う「3C (cluster＝集積，competition＝競争，collaboration＝協力)」（星野2006）と呼ばれる産業モデルを構築し，経済復興を果たした。そして第3は農業である。ボローニャが属するエミリア＝ロマーニャ州は，穀物と畜産の主産地であり，出荷先は全ヨーロッパをカバーしている。

　1088年（推定），ローマ法を学ぶため，学生が組合を作り，教授を招いたことが，ヨーロッパ最古の大学，ボローニャ大学の始まりとされている。12世紀以降，様々な学問が芽生え，発展し，国内外を問わず学生や職人，召使いなど様々な民族や階層の人々が集まると，やがて自治都市「コムーネ」を作り，繁栄時代へと突入する。人口が増えてくると新たに城壁が建設され，13世紀までに2度の地区拡大が行われている（図1）。

　ボローニャの市壁は，マッジョーレ広場とそれを囲む市庁舎など多くの建物と対の役割を担っているといえる。市壁は軍事的役割を

図1　市壁の変遷（三上1991，一部改変）

担い，広場や建物は商取引・政治・裁判といった経済や政治などのための場所として機能した。この頃に，エミリア街道の東西へ接続する街路も形成され，12〜13世紀は歴史地区の骨格が作られた時代といえる。また，現在，町のシンボルとなっている2つの塔（ボローニャの斜塔と呼ばれる）は，この頃の貴族の名家が自分たちの権力を示すために競って建てたものの一部であり，高い方が「アシネッリの塔」，低い方が「ガリゼンタの塔」と呼ばれている。

14世紀後半，マッジョーレ広場に市の守護神ペトローニオを祀ったサン・ペトローニオ聖堂が着工されたが，現在も未完成である。聖堂内部は広大で，当初の設計通り完成していたら，世界最大規模の教会になっていたとされている。

19世紀，イタリア統一国に参入し，経済危機からの脱却を図るべく改革計画が行われた。10年の間に，市内の主要道路は馬車4台分までに拡幅され，住居も2層分の増築（例えば，2階ならば4階，3階ならば5階）が行われた。その後も，富裕層によるボローニャの歴史的中心街の再建計画により，ボローニャの境界線を広げるべく市壁などを対象として，様々な取り壊しが行われた。また，第二次世界大戦の空爆によって町は荒廃してしまったが，戦後，市民は再び協働し，破壊された街並みの修復を行った。

1969年，新市街地の開発による農地縮小や農業衰退への懸念，また，職住近接型住宅の要求が強まり，「歴史的市街地整備計画」に基づく歴史的市街地の再開発が行われた。この計画は，住民参加のもとで「低成長の中，自分たちはどのような環境で，どのように暮らすべきか」（星野2006）を議論し，日常のコミュニティの営みを守ることが最も大切であるとする庶民のための低価格住宅構想として実施された。これ以降，それまで郊外の公営住宅に使われていた資金は，歴史的市街地の老朽化した住宅群の買収や修復，再生に振り分けられた。買収した建物は，既存の外観を維持したまま，内部を鉄筋コンクリート構造に，設備は近代のものに更新された。また，間仕切りを変更したり，屋根裏部屋などのスペースを活用したりして，住宅戸数を増やした。

現在のボローニャは，城壁跡に造られた環状道路に囲まれた旧市街と，その周りに広がる新市街で構成されている。旧市街の中心にはマッジョーレ広場があり，それに面してポデスタ館（かつて神聖ローマ帝王が任命した行政長官の官邸）やサン・ペトローニオ聖堂が向かい合うように建っている。以前12ヶ所あった城門は，地域の規模拡大に際して9ヶ所まで減少したものの，現在も町の目印として親しまれている。また，長い歴史の中で築かれた建物や道が，ポルティコ（回廊）によって結ばれており，ボローニャの特徴的な街並みを作っている。

住居の構成について，ボローニャのサン・レオナルド地区を事例に紹介する。サン・レオナルド地区では，スキエラ型住宅もしくはそのスキエラ型住宅が統合されて造られたリネア型住宅が並んでおり，ポルティコにより統一的なファサードを作り出している。住宅は1階部分を店舗や仕事場として利用し，2階以上には主人一家や従弟たちが住む。2階への階段はそれぞれ独立して設けられており，ひとつの住宅の中に複数の住戸が入る。裏側の庭の向かいには別の住宅の庭が面している。もともと街道に沿って線的に発達したスキエラ型住宅は，その構造を残しながらも，都市の規模拡大に伴い，街道沿いのみならず街区全体で面的に発展していくのである。

（古田博一・布野修司）

South Europe 12: Mantova

【マントヴァ】 ルネサンスの水都

イタリア，ロンバルディア州
Lombardia, Italy

マントヴァは，詩人ウェルギリウスの生誕の地で，川をせき止めた人工湖に三方を囲まれた美しい湖畔の水都である。ゴンザーガ家の時代に栄華を極めた，イタリアでも指折りのルネサンス都市である（図1）。

北に位置するガルダ湖を水源とし，マントヴァの南東でポー川と合流するミンチョ川の中洲に人々が定住したのが起源とされているが，町の創立の年代や創建者については，はっきりしていない。

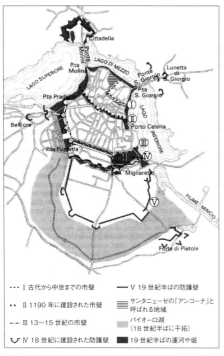

図1 都市の変遷，創建から19世紀まで（Touring Club Italiano 2008a, 筆者加筆）

エトルリア人たちが集落を形成したのが都市化の始まりで，トスカーナやウンブリアを起点とするエトルリアの領土の北限がマントヴァであったといわれている。その後ガリア人が侵入し，その支配下に入る。そして力を蓄えたローマ人が紀元前214年に占領，植民した。ヴェローナとクレモナに挟まれた小さな城砦都市として始まり，前90年のユリウス市民権法によって住民がローマ市民権を獲得したあと，前47年に自治都市となった。

ローマ帝国の崩壊後，ゴート族やランゴバルド族などの侵入を許すが，この時に都市がどのように変化したのか，詳細は分かっていない。1000年頃カノッサ家の支配下に入り，テダルド・ディ・カノッサが領主となる。息子のボニファーチオの時代，1037年に市壁の外にベネディクトゥス会のサン・タンドレア修道院が設立され，そこにはアルベルティによる計画をもとに，15世紀末から16世紀半ばにかけて建設された聖堂がそびえている。カノッサ一族の治世では，サン・ピエトロ広場（現ソルデッロ広場）に面する初期キリスト教時代の大聖堂がロマネスク様式で再建されている。

中世において，都市の形成に最も関与したのがアルベルト・ピテンティーノで，彼こそがミンチョ川を利用して，都市の周囲に4つの人工湖を形成した人物である。町の北がメッツォ湖，西がスーペリオーレ湖，東がインフェリオーレ湖，南がパイオーロ湖であり，スーペリオーレ湖とインフェリオーレ湖をつなぐ運河リオが通され，カテナ港が建設され

た。12世紀末には商業的中心地としてポデスタ宮やサン・ロレンツォ聖堂とともにエルベ広場が整備され、1190年には新たな市壁の建設も始まっている。

　マントヴァは当時、神聖ローマ帝国の自由都市であったが、他のイタリア都市と同じように、皇帝派と教皇派の争いが巻き起こり、1273年には皇帝派のボナコルシ家が都市を掌握する。この時代、都市は順調に発展し、15世紀に花開く宮廷文化の基盤が築かれた。彼らはサン・ピエトロ広場に権力の表象としてカピターノ宮を建設し、密集していた建物を壊し、その広場を拡張していった。古代のフォルムにあたるその広場から旧市壁を隔てて、ブロレット広場、エルベ広場と連続する現在のマントヴァの旧市街の中心地は、この時期に形成された。その他には1240年頃から始まった第3の市壁の建設を継続し、1352年に完成させている。

　1328年に権力はゴンザーガ家へ移り、その家系は1707年まで町を支配した。建設途中であった市壁と5つの市門を完成させたのは、ルドヴィーコ1世・ゴンザーガである。彼の傭兵隊長としての活躍や、肥沃な大地を背景とした豊富な農産物によって、町は経済的な発展を続けていく。その後継者たちは、カピターノ宮を核に壮麗なドゥカーレ宮殿を建設していった。フランチェスコ1世は宮殿と都市の防衛のために、湖の際に典型的な中世の城塞であるサン・ジョルジョ城を建設している。その後ルドヴィーコ3世は、住まいをそこへ移し、自ら雇い入れた画家マンテーニャに婚礼の間の壁画を描かせた。絵画の内と外の空間が混ざり合い、もはや虚構と現実の区別を許さない幻視の部屋が実現している。ソルデッロ広場に面するパラッツォとサン・ジョルジョ城を核にしつつ、中庭や庭園、列柱廊によっていくつかの建物をつないだドゥカーレ宮殿は、ゴシックからバロックまでの様式

図2　ピエール・モルティエによる都市図、1704年（マントヴァ市立博物館蔵）

美の見事な融合が見られる。それはゴンザーガ一族による長いマントヴァ支配の可視化であるとともに、「都市の中の都市」の実現であった（図2）。

　こうして、まずは古代から存続する町の中心部の一新が図られたが、16世紀になると当時の流行であった都市郊外の離宮の建設が始まる。フェデリーコ2世が、ローマで活躍していたジュリオ・ロマーノを宮廷芸術家として雇い入れて計画したのが、パラッツォ・テである。この君主の理想郷はテ島という小さな離島にあったが、18世紀末に干拓され、今では旧市街から地続きである。建築・庭園・絵画が一体となった壮大なマニエリスムの傑作建築は、ドゥカーレ宮から3つの広場とサン・タンドレア聖堂の前を通り、離宮まで至る町の南北の軸線を決定づけるモニュメントとなった。これは祝祭や儀礼の際に、ルネサンス都市マントヴァの栄光を知らしめる偉大な1本の線として機能した。マントヴァの宮廷ではアルベルティの影響のもと理想都市についておおいに議論されていたが、16世紀の後半には、ゴンザーガ傍系のヴェスパシアーノが、ルネサンスの理想都市理念の具現化に向けて都市サッビオネータの建設に生涯を捧げることになる。

（岡北一孝）

South Europe 13: Milan

【ミラノ】前衛的伝統都市

イタリア，ロンバルディア州
Lombardia, Italy

　イタリア最大の商業・工業・金融の中心都市ミラノは，同国北部，ロンバルディア州の州都であり，アルプス山脈とポー川に挟まれた平原中心部に位置する。

　ミラノの起源は，紀元前4世紀頃のインスブレース族の居住地に遡る。前3世紀に同地を征服した古代ローマ人により，南東から北西に大カルド，南西から北東に大デクマヌスの道路が敷設され，単一核を中心とした最初の市壁が建てられた。中世期には，同中心核を維持しつつ，古代ローマの市門から外側へ放射線状に伸びる道沿いにボルゴ（新興の居住区）が形成され，これを軸に発展した。市壁とその周りに環状運河ナヴィリオ・インテルノが造られた。ルネサンス期，レオナルド・ダ・ヴィンチがアトランティコ手稿に描いたミラノ市都市概念図（図1）にも，同心円状の市壁とナヴィリオ運河を備え，単一核から放射線状に拡張していくミラノの都市像が確認できる。

　スペイン統治下の16世紀半ばには，新たな市壁ムーラ・スパニョーレが同心円状に建設された。この市壁は最終市壁として19世紀半ばまで都市の境界壁となった。オーストリア支配下の18世紀半ばには，文化施設や公共庭園などが造られた。ナポレオン支配期の19世紀初頭には，スフォルツェスコ城周辺の要塞が取り壊され，大型公共建築が建設された。これまで市壁内に閉ざされていた都市が外に開かれ，フランスへと続くセンピオーネ通りが北西方向の新しい軸を形成した。オーストリアに支配権が戻って以降は，道路の拡幅と直線化，下水の再整備や舗装工事がなされ，ガス灯も導入された。こうして1861年にイタリア王国に統一されるまで，ミラノは単一核を中心に放射線状に拡大していった。

　単一核から放射線状に拡大してきた近世までに対し，産業革命以降は人口増加や経済発展といった時代の要請に応じた都市計画が提案されていく。19世紀後半には，人口増加による住宅不足を解決するために，都市構造の改変が急務となった。そこで1884年にベルー

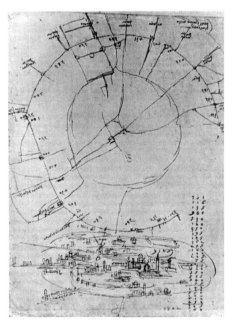

図1　レオナルド・ダ・ヴィンチによる都市概念図，1490年頃（アトランティコ手稿）(De Finetti 2002)

トによりミラノ市都市基本計画初案が出された。1889年に承認された最終案（図2）は，ミラノの都市形成史の中で重要な役割を担う計画となった。

1884年の初案では，周辺農地を開発地域と見なし，最終市壁外側を一辺200mの格子状に区画した新たな市街地が計画された。これらの街区は主要既存街路に沿って配置されていた。街区の縮小など最終案まで変更が重ねられたが，ベルートの計画は一貫して，道路網の整備，緑を伴う公共空間のシステム化，さらに街区の拡大化を図り住戸の確保が重視された。同計画は，従来の外延的かつ無秩序な拡大を抑制し，市壁内側の景観保護と都市領域の拡大を可能にした。

ベルートの都市基本計画において，新しい市街地に計画された住居形式は，事例の少ない庭付きの一戸建邸宅を除くと2つに類型化できる。第1は，中産階級向けの住居形式である。かつての貴族階級の邸宅を簡易化した平面形態を持ち，1住戸は4〜5室からなる。間取りや高さも，パラッツォごとにおおむね同様である。中庭を囲むように住戸が配置され，街路から内部へは共用空間を介し，共用階段は建物の角部に設けられた。街路側のファサードは，折衷様式やリバティ様式などパラッツォごとに異なっているのが特徴である。第2の類型は，労働階級向けの住居である。中産階級向け住居と同様に中庭を持つが，共用階段室を減らすため，中庭沿いに通路が設けられた外廊下型（通称カーサ・ディ・リンギエーラ）であることが特徴である。衛生設備は各階共用で，室内廊下などは排除された。居室数はおおむね1〜2室だが，各居室面積を大きくし人口増加に対応できるようにした。ファサードは簡素で，隣接するファサードと互いに類似している。

1912年には，続く主な都市基本計画としてパヴィアとマゼーラの都市基本計画が策定さ

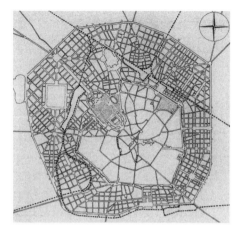

図2　ベルートによる都市基本計画概略図，1889年
(De Finetti 2002)

れた。同計画はさらなる都市化に対応するもので，鉄道路線が市内を横断しないよう，中央駅を北東部に後退させ，頭端式ホームに変更した。新たな都市境界線と見なされた鉄道路線をはじめ，各種インフラが再整備された。

第二次世界大戦後の戦災復興計画に続き，1944年にミラノの合理主義建築家グループが，より広域な発展を見据えた都市基本計画を提案した。この計画は偶発的に発生した衛星都市と歴史的中心部を，中心部を縦断する車道によってつなぐという大胆な内容であった。これにより，直線的な軸に沿って発展する都市を目指したのである。この計画は実施されることはなかったが，単一核から放射線状に拡大するという，これまでのミラノの都市ヴィジョンに変革をもたらした。以後，地下鉄の敷設やインフラの再整備など，大都市化を前提に都市計画が進められたが，近年では，建築の再評価や再利用，転用などに焦点をあて，地区単位での開発が行われている。

ミラノは，都市の拡大に応じて既存の都市と新しい要素との融合を図り，進化し続けているのである。

（吉田香澄）

South Europe 14: Torino

【トリノ】 デ・キリコの夢の都市

イタリア，ピエモンテ州
Piemonte, Italy

　イタリアの都市は，必ずしも整然とした都市形状をしていないというのが一般的な印象であるが，トリノは街路が直交するグリッド・パターンの都市である。

　トリノは北部ピエモンテ地方に位置するが，ローマ創建の際のカルドとデクマヌスの交点を中心とした「正方形のローマ（ローマ・クアドラータ）」という理念をもとに，17〜18世紀の絶対王政のヴィジョンに則り，均質で連続的でシステマティックな都市空間を作り上げた。そのバロック都市の骨格が，現在に至る都市の基盤となっている。

　その原型は，紀元前28年のアウグストゥスによる陣営，アウグスタ・タウリノールム（図1）に遡ることができる。この古代都市の構成を都市核として発展してきた。

　中世においては，ほとんど発展せず，中規模（約800×700m程度）のローマ都市のスケールを保持し，市壁や市門，街路なども良好な状態で維持されていたとされるが，1559年にサヴォイ家のエマヌエル・フィリベルトが帰還し，その後の都市の発展へ大きく影響を与える計画を実施した。

　まず1564年に，最初の段階として，五角形星形の城砦を城壁に組み入れる。これにより，トリノは要塞都市としての特質を有することになる。その後，第1次市街拡張として，南の新街区（フォア・シュタット）が誕生する。現在のヴィア・ローマ（ローマ通り）であるトリノの都市の主軸は，ポルタ・ヌォーヴァ（ヌォーヴァ門，現駅舎）を起点としてサン・マルコ広場を経由し，カステッロ広場と宮殿に達している。第2次拡張は東側への拡張となる。ポー川にかかる橋とカステッロ広場を結ぶヴィア・ポー（ポー通り）を主軸街路とするものである。東側への拡張により市域は3分の1以上拡大された。最後の第3次拡張は西隅部の整備となる。これにより有名な扁桃アーモンド形の都市形態が形成されることになる。

　中世およびルネサンスの都市国家と比較して，トリノの都市形成の過程で非常に特徴的なのは，都市形成の各局面において都市計画が常に成長に先行したという点である。

　この都市形成の特徴は以下のようにまとめることができる（ブラウンフェルス 1986）。

　①ローマ都市の街路パターンは旧市からそのまま継承され，その街路網に沿って新しい宮廷都市が誕生した。

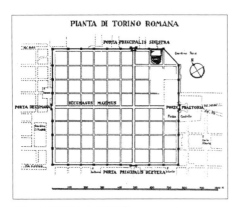

図1　アウグストゥスの陣営
(Passanti 1969, 多木 2012)

左)図2　街路沿いアーケード（筆者撮影）
上)図3　ピアッツァ・サン・カルロの南景（筆者撮影）

②市城は3度の拡張により3方向に拡大されたが，それぞれの3市街は市の中心に向かう大きな街路によって城塞および宮殿に結び付けられている。

③すべての街路に面する都市住宅に住む居住者は，厳格な都市法によって，そのファサードを同一にするよう規制された（その規定は19世紀初めまで遵守された）。

紀元前25年から現在に至るまで，古代都市としての要素を都市核に残しつつ，各時代それぞれの明確な計画意図に基づいて，拡張，展開しながら発展していったのがトリノである。

上記の③をもとに，都市景観に目を向けると，トリノの大きな特徴は，広場や街路が徹底的に均質な壁で囲まれていることである。たとえば，ローマ通りを途中で分離するピアッツァ・サン・カルロも，1階にアーケードを持つ3階建ての均質な壁面で囲まれた長方形平面の広場であり（図2，3），中央に騎馬像があるという構成は，ある意味でパリの広場の均質な構成と類似しているといえる。しかし，トリノの特性はその均質性のみではない。広場の南側にはサン・カルロ教会とサンタ・クリスティーナ教会（フィリッポ・ユヴァッラ設計）が，広場のシンボルとして非対称な構成で配置されており，空間の均質性にある意味ローマ的な特異点を作り出している。

トリノの都市を形成している無機的ともいえる直交軸も，ところどころで，グァリーノ・グァリーニやフィリッポ・ユヴァッラ，ベルナルド・ヴィットーネなどのバロック期建築家の設計による特徴的な聖堂などの建築により破られている。建築の造形が，すでに設定された都市の骨格に変化を与えつつ，同時に都市を活気づけていたことが見てとれる。

19世紀に入ると，鉄道などの整備によりトリノは産業都市として発展し，非常に活況を呈する。20世紀になると，自動車を中心に事業展開するフィアットの拠点都市となり，爆発的な発展を遂げて，市街地は10倍以上拡大されることになる。そして現代においても，都市空間の均質性における特異性の形成という状況は見て取ることができ，例えばモーレ・アントネッリアーナ（アレッサンドロ・アントネッリ設計，1889年）という型破りな摩天楼が建築され，トリノのシンボルになっていることが，それを示している。

画家のデ・キリコの1910年代中盤の絵画のモチーフはトリノの町である。また1920～30年代に，多数の知識人がトリノの町に非常に影響を受けた。社会的・経済的な合理性の中に特異な象徴性を併せ持つ都市の姿が人々にイマジネーションを与え，トリノの文化的な空気感を醸成させている。　　　（水谷俊博）

South Europe 15: Genova

【ジェノヴァ】 地中海海運都市の雄

イタリア，リグーリア州
Liguria, Italy

アペニン山脈を挟んでポー川流域の広大な農耕地帯を後背地とするジェノヴァは，紀元前5世紀頃から地中海交易の中心地として栄え，エトルリアやギリシャだけでなく北アフリカとも交流があった。都市南東部の高台にカステッロ（城砦）が築かれ，その近くからは古代ローマ以前の遺構が見つかっている。前205年にはカルタゴによる破壊を受けるが，その後ローマ人によって軍事拠点として再建される。

アペニン山脈がリグーリア海に迫る狭小な土地は，防御に適した天然の良港であり，半島を横断するポストゥミア街道およびローマへと続くアウレリア街道が開通すると，海路と陸路の重要な結節点となった。司教座聖堂周辺の街区割を古代ローマの直交街路の痕跡とする指摘もあるが，古代ローマ期の都市の様相については不明な点も多い。

西ローマ帝国の滅亡（476年）後は東ローマ帝国に占領されたが，7世紀後半からはランゴバルド王国の支配下に入り，再びリグーリア海における海洋交易拠点としての重要性を増した。中世初期の居住域はカステッロから司教座聖堂にかけてのエリアに広がっており，9世紀にはこれらを囲繞する城壁が建設されている。

史料によると，封建貴族たちは城壁で囲まれた都市の外側に居住し，城壁内の実質的な行政権は慣習的に司教に認められていた。しかし1056年には司教と封建貴族との間で協定が結ばれ，正式に都市の自治が確立した。有力な封建貴族は，その特権である税の徴収に有利な市場や市門の近傍，あるいは港の岸壁の周辺に寄り集まって都市直近のボルゴ（新興集落）を形成した。一方で，司教に恭順を示す少数の貴族は都市内の司教座聖堂やカステッロおよびサン・ジョルジョ市場周辺に住居と塔を建設することを許された。貴族たちの住居は，石造のポルティコ（列柱廊）が通りに面した1階部分を占め，その上にカミナータと呼ばれる大きな居間，さらに上の階に寝室が建設されたため，そそり立つような街並みを作り出していた。

有力貴族たちは，交易上の権益を護るために商業的にも軍事的にも連帯するコンパーニャと呼ばれる門閥徒党を組織し，港から山腹に至る縦割りの支配領域の中で，行政的に独立した権限を行使していた。12世紀半ばに建設された城壁の内側は8つのコンパーニャに分割されており，イタリアの自治都市ならば必ず見られる都市の中心ともいえる市庁舎前広場が，ジェノヴァには14世紀まで存在しなかった。

図1　クリストフォロ・デ・グラッシによる1481年の鳥瞰図の複製，1597年 (Poleggi e Cevini 1981)

このように互いに対立する一方で，彼らは司教の名の下，共同のコンパーニャを組織して，第1回十字軍（1096〜99年）の成功に貢献し，地中海沿岸の各地に商館を建てている。13世紀後半にはサルデーニャ島北部やコルシカ島，さらには黒海沿岸まで植民地を獲得し，ピサやヴェネツィアと地中海交易の覇権を争う強力な海洋共和国として地中海世界に君臨した。詩人であり人文主義者でもあったペトラルカは，ジェノヴァについて「そそり立つ高嶺を背にした堂々たる都市が見えるだろう。数多の人口と壮麗な市壁を誇るその姿はまさに海の女王のものである」（1358年）（Poleggi e Cevini 1981，著者訳）と記している。その繁栄は15世紀まで続いた。

15世紀末のジェノヴァを描いた鳥瞰図には，尾根筋の城壁と巨大な灯台を備えた突堤に守られた港に幾本もの桟橋が突き出し，無数の商船が往来する様子を見ることができる（図1）。

地中海交易に陰りが見えた後もカール5世（カルロス1世）と同盟を結び，スペインの政治的・財政的援助の下で新たな貴族体制を作って共和国の独立を維持した。1492年にジェノヴァの商人クリストバル・コロンがフェルナンド2世の支援を得て大西洋を航海し，アメリカに到達したことは，あまりにも有名である。

16世紀半ばには，コムーネ政府によってストラーダ・ヌオヴァ（新しい通りの意，今日のガリバルディ通り）と呼ばれるまったく新しい貴族階級専用の住宅地が，ジェノヴァの町を見下ろすカステッレット（小要塞）の丘の斜面に整備された（図2）。かろうじて城壁の内側の，いまだ手つかずであったこの地が選ばれたのは，最大限海に近づこうとする丘陵部に居住していた貴族らと，港湾部において既得権益を有していた旧来の貴族ら双方の思惑の現れであった。また，パラッツォ建設の

図2　ストラーダ・ヌオヴァ（筆者撮影）

ための土地区画の整備と販売という，近世以降に一般化する土地事業モデルを提示することにもなった。250mに及ぶ直線道路の両側に瀟洒なルネサンスのパラッツォが建ち並ぶこの通りは，長らくガレアッツォ・アレッシの計画と見なされてきたが，今日ではコモ出身のベルナルディーノ・カントーネの功績が大きいと考えられている。ストラーダ・ヌオヴァは，これまでの門閥ごとにまとまった求心的かつ排他的な居住形態とは異なり，貴族階級同士が連帯する新しい社会構成を反映した居住形態であった。このことは，旧来の貴族住宅が「アトリウム－階段－ロッジア」という垂直方向の空間的つながりを持つのに対して，ストラーダ・ヌオヴァのパラッツォが「アトリウム－中庭－庭園」という水平方向の構成を持つこととも無縁ではない。

19世紀後半にイタリア王国に統一された後，近代的な新港が建設されてからは，イタリア最大の港としての役割を担っていくが，その工業化の過程で都市周縁部に住宅地が建設され，旧市街は手つかずのまま取り残された。しかし，1992年の万博に際して策定された都市基本計画（PRG）によって，港湾地区と歴史中心地区を結びつけるための建築的遺産を活かした再整備事業が推し進められ，今日に至っている。

（片山伸也）

South Europe 16: Pisa

【ピサ】 メディチ家に再編された海洋都市

イタリア，トスカーナ州
Toscana, Italy

　イタリア半島の西，ティレニア海の干潟部に位置し，中世まで海洋交易で栄えた都市である。現在では農業や羊毛工業を産業基盤に，大学都市として賑わう。都市の起源は明らかではないが，紀元前4世紀のエトルリア人の居住核が存在する。

　古代ローマ時代，セルキオ川とアルノ川の合流地点にあって，海に面する立地から，港を持つ植民都市ポルトゥス・ピサヌスとなった。ローマ帝政期には重要な海軍基地として防衛が強化され，313年以降，司教座が置かれた。古代ローマの都市域はセルキオ川の支流アウゼル川に近い北側にあった。その後，都市中心は南を流れるアルノ川近くに移動した。

　最初の市壁は10世紀に建設された。海洋交易都市として成長した11世紀にコムーネ体制が確立し，1064年には大聖堂が着工した。強力な海軍艦隊はサルデーニャやコルシカ，チュニジアを支配下に収め，第1次十字軍に参戦し，東方に多くの植民地を建設した。12世紀に都市の繁栄は頂点に達し，1152年に洗礼堂，1173年には斜塔が着工し，ピサ大学が創設された。12世紀から「河川運河局」が存在したことは，都市の生活基盤として水管理が重要だったことを物語る。1161年には船の航行のためにアルノ川が掘り広げられたという。市壁は1155年に拡張され，中世における主要街路ボルゴ・ストレットの東側とアルノ川の南側に位置するキンツィカ地区を取り込んだ。後に多少改造されるものの，この市壁が都市の輪郭を決定した。市壁内はポンテ地区，メッツォ地区，フオリポルタ地区，キンツィカ地区の4つのクアルティエーレ（地区）に分割されている。

　都市最古のメッツォ橋とそれに続くボルゴ・ストレットが都市の主軸である。その周辺部には，曲がりくねった細い路地と多数の広場や，図1のようなカサ・トッレ（塔状住宅）が現存し，中世後期の都市組織の形をとどめている。中世住居形式のひとつである塔状住宅は職人や商人の住宅建築で，石造あるいは煉瓦造の柱と煉瓦アーチで支えられる構造を持つ。地上階は店舗や倉庫に，上階は居住に用いられた。最古のカサ・トッレはサン・マルゲリータ聖堂に近いカサ・デレブレオである。

　大聖堂広場（別名カンポ・ディ・ミラコリ）は北側の最終市壁に沿って立地する。大聖堂や洗礼堂，カンポサント（聖墓所），鐘楼（斜塔）が集結し，ピサ・ロマネスク様式の建築

図1　サンタ・マリア通りの塔状住宅群，1936年
(Tolaini 1992)

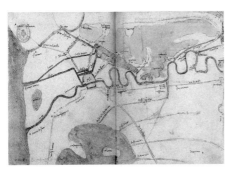

図2 レオナルド・ダ・ヴィンチによるアルノ川流路変更計画図, 1503年 (Ferretti e Turrini 2010)

図3 都市図, 1640年 (Tolaini 1992)

物群が配置されている。ブルケートによって設計された大聖堂はピサ・ロマネスク様式の傑作で、初期キリスト教建築を基盤に、ロンバルディア地方の建築と東方交易がもたらしたイスラーム建築の要素が有機的に組み合わされている。コムーネ時代に政治の中心であったアンツィアーニ広場は、7つの街路が流入し、塔と塔状住宅、教会、ピサ共和国の市庁舎など8つの建物に囲まれ扇形をしている。

中世後期には、砂の堆積によって都市の地勢が大きく変わり、海岸線が遠ざかったことで港は封鎖された。13世紀末には戦火やペストで衰退し、1406年にフィレンツェ共和国に支配された。周辺部の畑は湿地化し、マラリアが猛威をふるい、1494年から1509年における再度のフィレンツェ戦で都市は大きく疲弊する。1504年頃、アルノ川の流路を変更させようとしたレオナルド・ダ・ヴィンチの計画図は、フィレンツェとの水資源をめぐる緊張関係を物語ると同時に、内陸化したピサの地勢を描いている。図2には、蛇行するアルノ川と、その北側に新たな運河計画が示されている。

16世紀後半、初代フィレンツェ公、初代トスカナ公となったメディチ家のコジモ1世は、人口9000人 (1551年) まで衰退したピサをフィレンツェに次ぐ第二の首都とする都市改造を進めた。かつてのアンツィアーニ広場は、コジモ1世が創設したサント・ステファノ騎士団のための「カヴァリエーリ広場」へと改造された。設計はコジモのお抱え建築家ヴァザーリが行い、旧政府建物群は騎士団のための建物として、盛期ルネサンス様式で改修、統合された。小麦貯蔵庫や物流拠点となる市場が設置されたほか、1548年には造船所とアルノ川沿いに居館パラッツォ・レアーレが建設され、メディチ家の都市としての様相を強めていった。1543年のピサ大学の復興や、ヨーロッパ初の植物園の設置、ガリレオ・ガリレイの擁護によって、ピサは、中世海洋都市国家から知の拠点へと転換されていった。

16世紀末には、トスカーナ大公国の土木整備組織カピターニ・ディ・パルテが、運河開設や流路変更、干拓といった多くの水利工事を展開した。1573年にはピサとリヴォルノの港を結ぶナヴィチェッリ運河が完成し、領域国家の物流中継地点に位置づけられた。図3は17世紀前半のピサの都市図で、中央のアルノ川を多くの船が行きかう様子が描かれている。1859年のイタリア王国への併合後は、北部と南部に新興地区が誕生し、1862年には鉄道駅が開設され、フィレンツェと結ばれた。

(赤松加寿江)

South Europe 17: Firenze

【フィレンツェ】ルネサンスの首都

イタリア，トスカーナ州
Toscana, Italy

　フィレンツェは，ルネサンス文化を体現した都市として，今日まで16世紀で時が止まったままの姿であるかのように思われる。しかし都市の骨格は，古代から現代に至るまでの歴史の重層性を見事に示している。

　起源はカエサルの時代に遡る。紀元前59年頃に軍事目的の植民都市フロレンティアとして計画，形成されたのち，古代ローマ時代を通じて発展した。いまもグリッドで構成された古代都市の骨格を残しており，共和国広場（当時のフォルム）の東側を南北に走る通り（現カリマラ－ローマ通り）がカルド，広場を東西に貫く道がデクマヌス（現コルソ－スペツィアリ－ストロッツィ通り）であった。現在の大聖堂のあたりを市壁の北端とする東西に500m，南北に400mほどの小さな規模の都市であった。

　1173年から75年にかけて，すでに市壁外に拡大していた住宅地を囲むように，新しい市壁が建設された。この時にアルノ川の南側も市街地として取り込まれ，13世紀前半にアルノ川に新しく3本の橋が架けられた。それでも貿易の覇権を争ったライバルのピサには及ばない，まだまだ小さい都市であった。しかし13世紀も後半になると，フィレンツェは国際貿易と毛織物業，そして銀行業によって目覚ましい発展を遂げ，トスカーナの経済・政治の中心地として台頭する。人口は，1200年頃からの100年間で，ほぼ倍の10万人になった。こうした類を見ない急激な人口増加と経済的な繁栄ゆえに，1284年には全長8.5kmの長大な市壁が計画され，1333年に完成した（図1）。市壁の完成前には政庁舎（パラッツォ・ヴェッキオ）が落成し，政治の中心がバルジェッロから移された。また，サンタ・マリア・デル・フィオーレ大聖堂の建設も始まった。これら2つの聖俗の町の象徴により，都市に南北のひとつの軸線が生まれた。同じくこの時，フィレンツェを代表する托鉢修道会の拠点聖堂サンタ・マリア・ノヴェッラ聖堂とサンタ・クローチェ聖堂も着工しており，町の政治と宗教の中心施設はこの時代に計画されたものであった。

　15世紀に入り，ルネサンス建築の創始者とも言われるブルネッレスキは，懸案であった大聖堂のドームを完成に導き，孤児養育院の列柱廊によって，これまでにない新しい都市空間を出現させた。その列柱廊を造形原理とし，3面が同様の連続アーチで構成されたサンティッシマ・アンヌンツィアータ広場は，ルネサンス随一の空間といえる。

図1　中世における市域の拡大（高橋・村上 2017）

15世紀の半ばになると富裕な貴族たちを注文主とした私的な建設活動がさかんになる。アルベルティは，ルチェッラーイ邸のファサードをオーダーの積層で構成し，サンタ・マリア・ノヴェッラ聖堂のファサードに凱旋門や古代神殿のモチーフを導入した。フィレンツェ・ルネサンスの中心人物であるメディチ家の邸宅や，その菩提寺サン・ロレンツォ聖堂も同様で，それまでのフィレンツェにはなかった古代の建築言語は，都市のアクセントとなった。しかし，都市空間の大きな変容は，16世紀のトスカーナ大公コジモ1世の時代を待たねばならない。

　コジモ1世は行政機能を持つ複合施設であるパラッツォ・ウフィッツィ（現ウフィッツィ美術館）（図2③）をヴァザーリに設計させた。ウフィッツィは政庁舎（図2②）の南に隣接し，川岸まで達する細長い独特の平面構成であり，アルノ川を越えてコジモ1世の宮殿となるパラッツォ・ピッティ（図2⑤）へと向かうベクトルを持つ。さらにヴァザーリは，メディチ家による国家の支配にとって不可欠なそれらの3つの建築を空中回廊によってつなぐ計画を立て，新たな都市の軸線の創出を目論んだ。これがフィレンツェに新たな都市景観をもたらしたのである（図2）。

　その後，19世紀に至るまで，フィレンツェの都市構造はほとんど保たれた。フィレンツェが1865年にヴィットーリオ・エマヌエーレ2世を首長とするイタリア王国の首都となったことが契機となり，国家規模の計画を背景にした大規模な都市改造が始まった。建築家ジュゼッペ・ポッジがマスタープランを画定し，市壁を壊して環状通りに造り変えるような交通インフラの整備や，人々を悩ませていたアルノ川の洪水対策などを施した。フィレンツェ市街を一望できるスポットとして有名なミケランジェロ広場は，この時に建設された。しかし，1871年，首都はローマに移り，

図2　パラッツォ・ヴェッキオからパラッツォ・ピッティへのシークエンス（野口他 2011，筆者加筆）
①シニョリーア広場
②パラッツォ・ヴェッキオ
③パラッツォ・ウフィッツィ
④ヴェッキオ橋
⑤パラッツォ・ピッティ

都市改造の舞台もまたそこに移ることになった。それからのフィレンツェは破産を経験するほど厳しい時代を迎える。とはいえ都市の介入が止まったわけではなく，市場が撤去され，商業施設で囲まれた近代的な共和国広場が造られた。市場は別に新設され（現在の中央市場），シニョリーア広場（図2①）もミケランジェロの構想に従って列柱廊で整備されようとしていたが，これは実現しなかった。

　この再開発は都市の衛生化や健全化を主な目的としたため，リサナメントと呼ばれており，ルネサンスの時のまま凍結されたのではない都市フィレンツェの一面を示している。

（岡北一孝）

South Europe 18: San Gimignano

【サン・ジミニャーノ】 美しき塔の街

イタリア，トスカーナ州
Toscana, Italy

　サン・ジミニャーノは，フィレンツェの南約56km，シエナの北西約40kmに位置するトスカーナ地方の美しい丘上都市である。そこは，古代の南北交易路フランチジェナ街道がピサへ分岐する要所でもある。街道沿いの都市はフィレンツェやシエナなど主要都市の要衝となりながら，やがてその役目を終えると放置され，それゆえ中世の繁栄した当時の姿をとどめることになる場合がある。例えばサン・ジミニャーノの南西約25kmにあるモンテリッジオーニはシエナの要衝となる小さな美しい街である。サン・ジミニャーノはフィレンツェの要衝となり，現在に至るのである。

　フランチジェナ街道は，イタリアを南北に結ぶ現在の幹線路とは異なり山の尾根を貫くため現主要都市からのアクセスは悪い。フィレンツェからは麓のポッジボンジで乗り換え，バスで約10kmの山道を行かなければならない。海抜はシエナとほぼ同じ324mである。

　サン・ジミニャーノは，エトルリア起源といわれる。丘上の小村が発展し，最初の城壁は10世紀に築かれた。1199年にはそれまで続いた教皇支配を脱し，独立したコムーネとなる。13世紀にかけて，街道がもたらすサフラン交易と金融業の発展により富を蓄積し，急速に発達していった。周辺はイタリアの代表的なワインであるキアンティの産地でもある。しかしこの繁栄は長くは続かず，1315年にはフィレンツェに主権を明け渡す。ペストの流行による人口激減と度重なる飢餓，富を蓄えた家の抗争などが主因で，衰退が顕著になったためである。これを契機にサン・ジミニャーノは徐々に中心から辺境へと立場を変え衰退へと向かうことになる。そしてその後

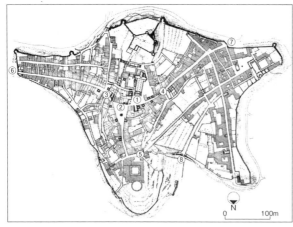

図1　サン・ジミニャーノの都市平面図
（ベネーヴォロ 1983）
①ドゥオモ広場
②システルナ広場
③ベッチのアーチ
④サン・マッテオのアーチ
⑤ゴーロのアーチ
⑥サン・ジョバンニ門
⑦サン・マッテオ門
⑧泉水門

700年以上にわたり，当時の都市空間の姿をとどめることになるのである。

サン・ジミニャーノは，ドゥオモ広場とシステルナ広場の2つの広場を中心に発展した（図1）。システルナ広場の中心には井戸があり，中世から市が立っていた。3つの門，ベッチのアーチ，サン・マッテオのアーチ，ゴーロのアーチは，10世紀の城壁に造られた。

外周の城壁は12世紀から14世紀にかけて築造され，フィレンツェ，シエナ，ピサの様式が取り入れられている。今日も当時の姿そのままである。東のサン・ジョバンニ門，西のサン・マッテオ門をフランチジェナ街道が通り，北にフォンティ門がある。城壁に囲まれた都市域は東西600mほど，南北400mほどしかない。中世の城壁が明瞭に都市の輪郭を形成しているので，城壁外にどこまでも広がる起伏ある自然の緑の風景と，城壁内の高密，高層の人間生活の詰まった身体スケールの赤茶色の空間のコントラストは鮮明である。

このようなイタリアの中世丘上都市の本質ともいえる後背地との対比は，サン・ジミニャーノのような都市規模では，その塔から見下ろすことで一瞬にして理解される。サン・ジミニャーノには現在16本の塔が残る（文献により14本とも15本ともいわれる）（図2）が，最盛期には72本の塔が林立していた。11世紀から13世紀の都市の繁栄により蓄積された富は，権力の象徴である塔の建設によって誇示されたのである。それは同時に，教皇派（ゲルフ）と皇帝派（ギベリン）の抗争のシンボルでもある。塔の内部は，住居であることもあるが，床も機能もなく階段だけが設けられる場合もあったという。林立する塔と塔の間に木製の渡し橋を架け，有事の際に同じ派閥の家族が集まりやすいようにした。やがて，他都市の例と同様に，塔の高さはドゥオモ正面に建つ市庁舎のロニョーザの塔を限度と定められた。1255年のことである。そして

図2　塔と城壁（Luciano Mortula撮影, stock.foto提供）

1463年のペストの再流行はサン・ジミニャーノの再隆盛の可能性を完全に消滅させ，やがて塔は崩壊するに任され，あるいは改築され，数を減らしていった。しかしながら1602年に，市は，塔をそれ以上減らさないという条例を制定した。

中世の富は，塔の建設だけでなく，都市の広場や公共空間の整備にも注がれた。中世の街にはスケールの異なる道路が網目状に組織される。広場は，道から分離して造られるのではなく，道が合流し拡大する部分として整備され，道も広場もともに通行，休憩，取引，会合などに寄与した。そして建物は，道や広場の環境を形作るようにファサード（正面）を持つのである。このように，公共と私の空間が，古代都市のように隣接しながら分離しているのではなく，公共的な法律と私的な利害関係の調整のもとに複雑で統一的な空間として形成され，街中に分枝するように整備されるのである。条例は，シエナの1262年の憲章のように，公共的な空間と私的な建築の接点や道路の一部を覆う家の突出部分，柱廊や外側の階段といった，両者の関心が重なり合う部分について詳細に規定する。このような都市整備規範と1602年の条例のおかげで，我々は今日なお，中世のサン・ジミニャーノに生きた都市空間を目の当たりにすることができるのである。　　　　（金兵祐太・篠崎健一）

South Europe 19: Siena

【シエナ】 生き続けるパリオ

イタリア，トスカーナ州
Toscana, Italy

　トスカーナの先住民である古代エトルリア人は，河川や湿地を避け豊かで健康的な環境を供するトスカーナの丘陵の頂きに住みついた。これが現在の丘上都市の源である。彼らは家畜である鶏の内臓を調べて居住に適した場所を探したといわれる。シエナは3つの丘上の集落が連なって形成され（図1），やがてローマの支配下となる。シエナのシンボルである狼の乳を飲むロムルスとレムスの像ルーパ・セネーゼ（シエナの狼）は，シエナの起源が古代ローマにあるという神話を物語る。

　ローマとフランスや北ヨーロッパを結ぶ交易路はトスカーナの丘陵の尾根を貫いて諸都市の発展をもたらした。この道をフランチジェナ街道という。ランゴバルド族（6～8世紀）とフランク族による支配（8～10世紀）を経てフランチジェナ街道は整備され，シエナがトスカーナの最重要拠点（宿場）となると街は目覚ましく発展する。中世11世紀のことである。街道沿いには銀行が建ち並び，華やかに賑わう。

　シエナの城壁域拡大の歴史を図2に示す。中世前期にコミューンの成長に伴い幾度かの城壁拡張を繰り返し，13世紀初めには一通りのまとまりを形成する。その後も農民らの流入が続いたので14世紀には市域を倍増する城壁

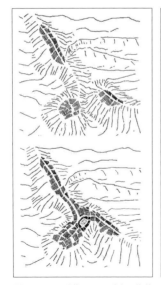

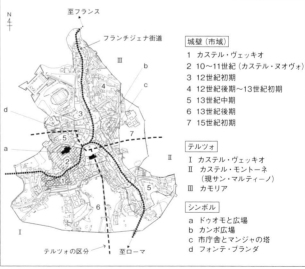

図1　ローマ時代，3つの丘上の集落（上），やがて集落の間の窪地にカンポ広場が形成される（下）(Kostof 1991)

図2　市域の拡大（Lafoe 1999およびBalestracci e Piccinni 1977に筆者加筆）

建設を始めるが、ペストの流行もあり15世紀にようやく完成する。この城壁は今日もほぼ無傷で残り、中世の姿をそのまま見せる。かつての丘上の3つの集落は、そのまま現在の3つの行政区分テルツォを構成する。カステル・ヴェッキオ、カステル・モントーネ（現在のサン・マルティーノ）、カモリアである。これら3つのテルツォの集まる尾根をはずれた窪地のあたりに、市民政治と生活の象徴であるカンポ広場と市庁舎がある。コムーネは、カンポ広場を市の中核に位置づけ、中立的に都市全体を結びつけようとしていた。3つの丘のうち最も由緒があり最も高いカステル・ヴェッキオの丘の頂きに大聖堂（ドゥオモ）があるのとは、対照的である。

丘上都市は合理的な秩序をもたず、地形に沿った偶発的発展が有機的な形態をもたらす（Kostof 1991）とされる一方で、13世紀の北、中央イタリアの都市は、高度な都市形成のための法秩序を備えており、その最も良い例がシエナである（Lafoe 1999）という主張もある。1262年制定の憲章は、清潔で健全、安全、明るく秩序ある都市建設のために、公共空間の形態を規制し、道路や広場、泉、水路、橋、城壁、塔、邸宅などの建築的詳細を規定する。カンポ広場に面する建物や市庁舎のファサード、道のヒエラルキーと形態の秩序などが詳細に定められている。このような集中的な都市形成には、13世紀後半から14世紀前半にかけて権力を振るったノーヴェと呼ばれる9人の執政官による指導体制が、重要な役割を果たす。建築的規制だけでなく、後背地（コンタード）との関係や、税制についての詳細な法体系を作り、違反者には多額の罰金を課したことも重要である。執政官と民衆の公共への意識の進化を伴って、都市は現実的な繁栄の基盤を築き、発展していく。

中世シエナは、最盛期には50～60本の塔が林立し栄華を誇る。塔は一族の統合と力のシンボルであるが、同時に教皇派（ゲルフ）と皇帝派（ギベリン）の抗争のシンボルでもあった。やがて14世紀前半に、マンジャの塔（市庁舎の塔）が完成すると、これより高い塔はほとんどが取り壊され、このマンジャの塔とドゥオモの塔だけが現在も残る。

丘上都市にとって水利は大変な問題である。古代ローマの水利施設の中核は地下水道である。シエナは一部残存した古代ローマ（あるいはエトルリア）の地下水道を発見し拡張整備して、13～14世紀には延べ25km以上の地下水道システムを築く。地下水道はボッティーノと呼ばれ、1226年に初めて記録に現れる。断面は幅1.5ブラッチャ（約0.9m）、高さ3ブラッチャ（約1.8m）で、粘土層を利用して底面を煉瓦で舗装し、壁面を漆喰で押えている。水は屋根つきの水場であるフォンテに注がれ、人々の生活を支える。フォンテの前には広場があり、水汲みや洗濯、語らいなど、市民生活に重要な役割を果たした。フォンテ・ブランダは最も古く、今なお清らかな水を湛え、広場では若者が楽しげに話す。その後、難工事の末、1343年にカンポ広場にフォンテ・ガイアが完成した。

コントラーダは、先に述べた3つの行政区分（テルツォ）をさらに細分化した、隣組のような地縁、血縁に基づく大きな家族のような社会構成単位である。コントラーダには、それぞれ独自の政庁、教会、財産、街路、広場、守護聖人、標語、旗、象徴、色、歌、祭りがある。シエナの都市が生きる原動力は人びとがコントラーダに生きることである。毎年7月2日と8月16日にカンポ広場で行われるパリオは、コントラーダ対抗の競馬祭りである。コントラーダの内に向かう生命力と、パリオにより発散されるエネルギーが、シエナを生きた中世都市として輝かせている。

（篠崎健一）

South Europe 20: Pienza

【ピエンツァ】ピウス2世の理想都市

イタリア，トスカーナ州
Toscana, Italy

　ピエンツァは，シエナ南東，オルチャ渓谷の丘陵部に作られた小さな理想都市である。もともとコルシニャーノと呼ばれた町で，9世紀にはモンテ・アミアータ修道院の領地だった。シエナ領となった後，ピッコロミーニ家の所有地となった。

　1405年にここで生まれたエネア・シルヴィオ・ピッコロミーニ（1405～64年）は，人文主義的教養と文才に秀で，バーゼルやウィーンで文化的成功を収めた後，1458年に教皇ピウス2世となった人物である。ルネサンス教皇となった彼は，1459年2月，マントヴァへの旅行中，荒廃した生まれ故郷を理想都市として再建することを決める。設計は，彼の友人レオン・バッティスタ・アルベルティと，ニコラウス5世のローマ改造を担当した建築家ベルナルド・ロッセリーノに委ねられた。1462年6月，小さな町はピエンツァと称する都市となり，司教座が置かれた。都市建設の過程はピウス2世の『回想録』に記録されている。

　主要道路はゆるやかに蛇行し，町の中心を横切る。中心となるのはピウス2世広場で，丘の最も高いところにある。1459～62年にロッセリーノが中世からの広場を大幅に取り壊し台形に変えた。大聖堂正面が台形の底辺に置かれ，図1右のパラッツォ・ピッコロミーニと図1左のパラッツォ・ボルジア（後のパラッツォ・ヴィスコヴィーレ）が側辺を成し，通りをはさんで市庁舎（パラッツォ・コムナーレ）が建ち，広場を取り囲む。パラッツォ・ピッコロミーニと司教館が斜めを向いて作り出す広がりは，大聖堂の独立性とその背後の広大な丘陵地帯の存在を印象づける。広場には煉瓦が網目状に敷かれ，灰色の石ピエトラ・セレナで縁取られている。パラッツォ・ピッコロミーニの正面脇に置かれた井戸は，均衡のとれた広場のスケール感を知る尺度となっている。広場の背後には市が開かれる広場も存在する。

　大聖堂はかつてロマネスク様式の教区教会が建っていた場所に建つ。ロッセリーノの設計に基づき1459～62年に建設された。大聖堂の平面は，ピウス2世が称賛したドイツのハレンキルヒェン形式に着想を得ている。図2に見るようにそのファサードもドイツ風の様相を持つ。ラテン式十字プランで，同じ天井高の三廊と放射線状の礼拝堂に取り巻かれた多角形の後陣を持つ。レオン・バッティスタ・アルベルティの建築書『建築論』に記された

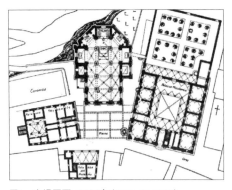

図1　広場平面, 2008年 (Benevolo 2008)

図2 ルッジェーリによる広場の絵，18世紀
(Romby 1984)

図3 広場から大聖堂とパラッツォ・ピッコロミーニを望む(Lianem撮影, stock.foto提供)

基本原理や設計手法が大聖堂に反映されており，同書第7巻で記された理想の聖堂と一致すると，20世紀のイタリアを代表する建築史家レオナルド・ベネーヴォロは論じている。大聖堂内部の美術作品は1461〜63年にピウス2世が発注したもので，すべて優れたシエナの画家によるものである。聖堂は2層構造で後陣地下のクリプトにも光が差し込む。クリプトにはロッセリーノ設計による洗礼盤がある。大聖堂の高さは周囲の建物と調和するよう計画されている。

パラッツォ・ピッコロミーニは，かつての建物を取り壊し，同じくロッセリーノの設計で建設された（図3）。東側の入口は主要道路に面し，司教館と同様，広場の一辺を占めている。アルベルティの設計でロッセリーノが建設したフィレンツェのパラッツォ・ルチェライに基づいており，図3に見るように，外観壁面は滑面仕上げの切石積みで，付け柱が壁面を区切っている。平面は中庭を持つ矩形をなし，南側はテラス式庭園へと続き，庭園に面してロッジア（開廊）がある。ロッジアからはアミアータ山とオルチャ渓谷の眺めが広がる。

同時期に建設された大聖堂とパラッツォに続き，市庁舎や側近一族の建物が建てられた。市庁舎は既存のパラッツォ・プレトリオを改造したもので，ポルティコと狭間のついた塔を持つ。1459〜64年に，およそ40の建物が建てられ，ジャコモ・アンマナーティ枢機卿やロドリーゴ・ボルジア，フランチェスコ・ゴンザーガらのルネサンスのパラッツォが都市中心部の建築群を作り出した。1464年2月以降，ピウス2世がピエンツァを訪れることができなくなると，都市の建築活動は中断し，衰退した。

1400年代のイタリアでアルベルティやフィラレーテ，フランチェスコ・ディ・ジョルジョらが建築論を展開させたことは，よく知られている。初期ルネサンスにおいて理想都市の試行と実現は重要なテーマであった。1452年にニコラウス5世に献辞されたアルベルティの建築書『建築論』は，当時の建築と都市に大きな指針を与え，合理性と比例，シンメトリーを伴った理想都市が示唆された。理想都市は絵画でしばしば表現されたが，実際に建設されたものは少ない。厳密にはピエンツァも幾何学形態とグリッド・プランに基づいてはいないが，対称と非対称，規則性と不規則性，合理性と有機性といったルネサンスと中世の造形概念の間を揺れ動きつつ，固有の調和を作り出している。

（赤松加寿江）

South Europe 21: Urbino

【ウルビノ】 ラファエロの生まれた芸術の都

イタリア，マルケ州
Marche, Italy

　ウルビノはイタリア中部マルケ州の丘陵都市である。その名は「2つの都市」を意味し，2つの丘に跨って都市が形成されたことに由来する。アドリア海沿岸から約30kmの内陸に位置する小都市で，その人口は周辺の集落を含めて約1万5000人である（2016年）。
　500年を超える歴史を有するウルビノ自由大学を擁し，人口とほぼ同数の登録者を抱えている。大学は都市の成立基盤として非常に重要な役割を果たしているといえよう。また，旧市街地は1998年に世界文化遺産に登録されたルネサンス都市であり，ヨーロッパ中から人々が訪れる観光都市でもある。画家ラファエロの生誕地としても知られる。
　ウルビノの旧市街地は，南北方向に伸びた菱形を成す城壁に囲まれている。図1は，近代化を経たウルビノ旧市街地である。2つの軸線を持ち，都市構造は明快である。その軸線は，首都ローマと現在は海浜リゾート地で知られるローマ植民都市リミニを行き来する街道であり，ウルビノは街道沿いに生成し，発達した都市である。
　両者が交差するところに位置する新広場は，19世紀に建設されてから現在まで商業的な賑わいの中心である。一方，旧市街地の政治的中心は，新広場から200mほど南側に位置する大聖堂とドゥカーレ宮殿前の広場である。そこは，ローマ期から一貫して市街地の中心として位置づけられてきた場所であり，初めに市街地が形成された丘の頂きでもある。北西－南東方向の軸線からは，等高線に沿って，葉脈のように街路が張り巡らされ，小規模な住居群が建ち並んでいる。
　ウルビノは，紀元前6世紀にエトルリア人によって建設されたとされる。数回の侵略を受け，破壊と再生を繰り返しながらも，ローマ期に都市が定着した。市街地の範囲は，紀

図1　都市図, 1841年
(Benevolo e Boninsegna 1986)

元前から中世にかけて拡張を繰り返してきた。ローマ期の市街地は南側の丘に留まっていたが、やがて都市の成長に伴い、北側の丘に拡張していった。前時代の城壁の外側で街道沿いに住居が建設される。その住居群を取り囲むように新たな城壁が建設される。城壁内部で市街地が拡張する。このようなプロセスで、旧市街地は形成されてきた。

現存するウルビノ旧市街地の原型は、ルネサンス期の都市改造により完成した。ルネサンス期の芸術パトロンとして知られるフェデリコ・ダ・モンテフェルトロ侯が統治し、ウルビノを芸術の都として繁栄させた。モンテフェルトロ侯は、芸術的な都市空間の創造にも関心を持ち、ルチアーノ・ラウラーナ、フランチェスコ・ディ・ジョルジョらの建築家を招き、理想的な建築と都市の建設に力を入れた。ウルビノの都市形態は、その建築家たちによって建設されたドゥカーレ宮殿によって特徴づけられる。さらに、城砦の名建築家として知られるフランチェスコ・ディ・ジョルジョは、複数の城砦を建設した。さらに、ドゥカーレ宮殿の足下にドゥカーレ宮殿と螺旋状の斜路で直接通じる厩舎やメルカターレ広場を建設した。ドゥカーレ宮殿の芸術的なファサードは、ウルビノの顔といえよう。ウルビノの風景画の大半は、ドゥカーレ宮殿側から町の全景を描き出している（図2）。

19世紀には、近代化の波がウルビノに押し寄せ、部分的に都市再開発が施された。サンツィオ劇場や植物園の建設、ガリバルディ通りの敷設、新広場の設置などである。これらの都市再開発は、新古典的な建築様式によって進められた。ガリバルディ通りと新広場は、人々の移動に変化をもたらした。その結果、新広場付近は、商業的な中心としての性格を強めていった。また、ほぼ同時期に、都市の成長に伴って、市街地は城壁の北側に拡張していった。郊外に広がる田園地帯では別荘も

図2　近代前夜のウルビノ，1834年 (De Carlo 1966)

建設された。

第二次世界大戦後、イタリアは高度経済成長を経験したが、ウルビノでは基幹産業である農業が衰退し、若者の転出が進んだ。同時に、旧市街地が衰退し、郊外への新市街地拡張が進んだ。芸術の都が荒廃する中、旧市街地と郊外の均衡を図るべく総合計画が策定される。その成果は、冒頭に述べたように、大学と観光という2つの特徴を生かした都市再生として結実した。

チームXのメンバーであった建築家ジャンカルロ・デ・カルロは、半世紀にわたってウルビノの都市計画と建築設計に携わった。旧市街地内の未利用建築物をリノベーションし、郊外では周囲の田園景観と地形に配慮した集合住宅を建設した。旧市街地内外でのプロジェクトによって、都市内の社会経済の力学が見直された。この都市再生の過程で、前述したフランチェスコ・ディ・ジョルジョが建設した斜路が発見され、修復再生された。現在は、旧市街地へのアプローチとして機能している。

前述のリノベーションは、ウルビノ大学の再生プロジェクトでもあり、現代的な設備を整えた大学校舎が旧市街地内に設置されたことで、大学都市としての機能と活力を向上させた。このようにウルビノは、ルネサンス期に築かれた建築遺産を継承することで、現在に至るまで文化的な都市としての地位を守ってきた。

（清野隆）

South Europe 22: Gubbio

【グッビオ】山腹に浮かぶ中世自治都市

イタリア，ウンブリア州
Umbria, Italy

　イタリア中部ウンブリア州の都市グッビオは，テヴェレ川の支流キアショ川上流域のインジーノ山中腹（標高522m）に位置し，周辺の農耕地を支配するのに適した古代からの要衝であった。紀元前3世紀初めにはローマと同盟関係にあり，古代ローマ劇場遺構の地下から15世紀半ばに発見された青銅製の銘板には，都市で行われる儀式のことがウンブリア語とラテン語で書かれていた。それによると，当時のグッビオは高台の神殿域とやや低い居住域に分かれており，3つの市門を持った城壁によって守られていたらしい。前1世紀後半になるとディアナ神殿およびバシリカ（集会施設）や劇場が建設され，急速にローマ都市化が進んだ。しかし，ローマ帝国の滅亡とともに，異民族の侵略の危機にさらされ，グッビオは次第に放棄された。

　斜面上部に縮小した中世の都市核は，当時の司教座聖堂（今日のサン・ジョヴァンニ聖堂）を中心とした狭いエリアに限定されていたと思われる。一方で都市の北西端，サン・マルティーノ地区には中世的な通りの湾曲とともに複数の塔状住宅が見られ，封建権力と結びついた有力家族の居住域だったことが分かる。これら2つの都市核（貴族的な中心と宗教および庶民の中心）を起点として，12世紀半ばまでに市街地化が進行していった。両都市核を結ぶようにカミニャーノ川に架かる橋から東に伸びたコンソリ通りに沿って塔状住宅を含む有力家族の家々が建ち並び，都市の「高貴な軸」を形成した。一方で，低いカミニャーノ川沿いの一帯は手職人たちの居住区のままに留まった。12世紀末には，コンソリ通りのさらに山側（北側）に今日の司教座聖堂とコムーネの市庁舎（今日のパラッツォ・ドゥカーレ）が隣接して建てられ，都市の新たな聖俗のモニュメントが形成された。

　都市はその後，コンソリ通りの延長である今日のヴェンティ・セッテンブレ通りに沿って拡張するが，この道はより直線的で，塔状

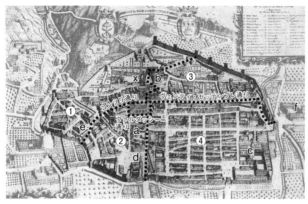

図1　都市図，13世紀
(ヨアン・ブラウによる銅版画，17世紀半ば。Micalizzi 1984，筆者加筆)
①サン・マルティーノ地区
②サン・ジュリアーノ地区
③サンタンドレア地区
④サン・ピエトロ地区
a サン・ジョヴァンニ聖堂
b 司教座聖堂
c サン・ピエトロ修道院
d サン・フランチェスコ修道院
e サン・ドメニコ修道院
f サンタゴスティーノ修道院
x 市庁舎

住宅も少ない。コムーネ政府の樹立による共和制が確立し、有力家族同士の競合のシンボルであった塔状住宅は姿を消していったのである。都市の東側はサン・ピエトロ修道院の所有地であり、修道院付近の集落を除いては、緩やかな傾斜地に耕作地が広がっていた。このサン・ピエトロ地区の道路システムには、今日のガリバルディ通りを軸とした格子状の都市計画的な規則性が見られる。この地域の開発は、商人貴族と農民との間に位置づけられる手職人ら「中間階層」の増加と結びついていた。一方で、12世紀末に市庁舎と新しい司教座聖堂の建設によって実現した山側の都市拡張は、カミニャーノ川との距離が手職人の居住に適さなかったためか、この東側のエリアではあまり進行しなかった。17世紀半ばの都市図を見ると、北側の斜面が市街地化されず耕作地のまま残っているのが分かる（図1）。

13世紀前半以降、都市周縁部にはフランシスコ会やドミニコ会といった托鉢修道会の修道院が建設され、それぞれ都市内の4つの地区の中心となって都市の拡張を推進した。都市の主要部に分散していた防御施設を包含しながら、都市全体を取り囲む城壁が建設されたのも、この頃である。一方で、コムーネ政府は、どの地区にも公平な新たな都市の中心を整備する必要に迫られた。コムーネ政府は1321年12月14日に新たな公共建築の建設を決定し、ポポロ（市民）とポデスタ（司法長官）のパラッツォと、それに挟まれたテラス状の空中広場（グランデ広場）による都市の新たな政治的かつ象徴的中心を、4つの地区の境界の要に実現する。コンソリ通りの谷側にあたるこの土地は、「濠」と呼ばれた未開発の斜面地だった。1342年に実際の建設工事に着手するまでのおよそ10年間は、その準備のために費やされた。4年ほどしてパラッツォ・デル・ポポロは完成を見るが、その基壇は斜

図2　パラッツォ・デル・ポポロ（現コンソリ）とパラッツォ・デル・ポデスタ（筆者撮影）

面下を通るバルダッシーニ通りから20mの高さに達していた。一方で、対面のパラッツォ・デル・ポデスタは未だ完成せず、両者をつなぐヴォールト構造で支持されたグランデ広場の完成は、15世紀終わりまで待つことになる（図2）。

こうして自治都市コムーネの象徴としてインジーノ山腹に輝く広場と公共のパラッツォによる中世のモニュメントは一応の完成を見るが、それはコムーネ終焉の徴でもあった。1350年にグッビオの有力貴族であるジョヴァンニ・ガブリエッリがシニョーリア（僭主）に就任、1384年にはウルビノ伯アントニオ・ダ・モンテフェルトロの支配下に入り、名実ともにその自治を失う。15世紀後半、ウルビノ侯となっていたフェデリコは、コムーネの象徴であった市庁舎の建物を、建築家フランチェスコ・ディ・ジョルジョ・マルティーニに命じて、これまでにない様式でパラッツォ・ドゥカーレへと改変し、その支配を視覚化しようとした。その後の2世紀を通じて、グッビオの中世的で質素な家々はそれを模倣しながら徐々にパラッツォへと統合されていった。1631年にウルビノとともに教皇領に併合されると、グッビオは政治的にも文化的にも表舞台から姿を消し、今日なお中世の面影を残している。

（片山伸也）

South Europe 23: Assisi

【アッシジ】天国の丘の聖都

イタリア，ウンブリア州
Umbria, Italy

　アッシジは，スバジオ山地南麓の美しい丘上都市であり，中世以降，聖フランチェスコにまつわる多数のモニュメントとともに有数の巡礼地として発展してきた。とりわけサン・フランチェスコ聖堂の印象は絶大だが，少し歩けば古代の神殿やバロック期のファサードなど中世だけではない街の姿を目にすることができる。また地元産出の石の淡いピンク色が，混在する様式美に彩りと統一感を与えている。

　都市の成立はウンブリア人の入植まで遡る。その後エトルリア人が奪い取ったが，最終的にはローマ帝国の支配下に入った。紀元前89年にはローマの自治都市アシシウムとなり，城壁が築かれ，神殿，フォルム，円形闘技場，劇場が建設された。時代が下ると町の東の外れにある闘技場は住宅に転用され，フォルムはコムーネ広場となり，プリオーリ宮が建てられることとなる。ミネルヴァ神殿はファサードを残したまま，1539年にサンタ・マリア・ソープラ・ミネルヴァ聖堂へと生まれ変わってゆく。そのため都市構造はこの町が古代に起源があることを明確に示している。

　古代末期にランゴバルド族が侵入し町は荒廃するが，中世に入り復興が進む。そして12世紀に皇帝派の自治都市となる。この時に町の北側市壁の上に城砦が建設され，サン・ルフィーノ大聖堂がロマネスク様式で再建された。これにより古代のフォルムを発端とする町の中心地が刷新された。その後13世紀になるとアッシジは教皇領となり，ローマとの結びつきを強めていく。

　アッシジにとって最も大きな出来事は，フランチェスコ（1182〜1226年）の誕生である。フランチェスコは郊外のサン・ダミアーノ聖堂を神の啓示によって自らの手で修復し，そこはのちに女子修道会キアーラ会の拠点となった。彼は清貧で知られるイメージのままに，大規模で豪華なモニュメントを残さなかったが，死後に町は大きく変化する。1228年に町の西方の市壁外にある「地獄の丘」と呼ばれていた土地が，市民から教皇に寄贈されて，フランチェスコを記念した聖堂建設の敷地となった。そこは今では「天国の丘」と名づけられている。グレゴリウス9世によって建設が始まり，1253年にインノケンティウス4世による献堂式を迎えた。聖堂はゴシックとロマ

--- 古代の市壁（紀元前1〜2世紀）
-・- 1260年の市壁
― 1316年の市壁と市門

①ミネルヴァ神殿（紀元前1世紀）
②円形劇場（1世紀）
③プリオーリ宮（1275〜1493年）
④サンタ・マリア・マッジョーレ聖堂（963年以前建造，1163年再建）
⑤サン・ルフィーノ大聖堂（11世紀，12〜13世紀再建）
⑥サンタ・キアーラ聖堂（1257〜65年）
⑦サン・ピエトロ聖堂（10〜11世紀，13世紀再建）
⑧サン・フランチェスコ聖堂（1228年着工）
⑨ロッカ・マッジョーレ（1173〜73？年，14世紀再建）
⑩ロッカ・ミノーレ（1360年頃）

図1　都市の変遷，古代〜15世紀（Touring Club Italiano 2008b，筆者加筆）

ネスクの混淆様式で，上堂，下堂の2層からなるという珍しい構造で，下堂の地下礼拝堂には聖フランチェスコの遺骸が眠っている。教皇は教会堂内部の壁面装飾に精を出し，プロト・ルネサンスの代表的画家であるチマブーエやジョットによる壁画はつとに有名となった。

そして，1260年に建設された市壁からサン・フランチェスコ聖堂へと伸びる通りの開設によって，コムーネ広場を中心として町を東西に貫く軸線が生まれた。そのほかに，フランチェスコが説教を始め，死後数年のあいだ彼の遺体が埋蔵されていた町の東端のサン・ジョルジョ聖堂が，キアーラ会の持ち物となり，1260年頃にサンタ・キアーラ聖堂として生まれ変わった。こうしてアッシジは13世紀半ばには偉大な聖人の記憶と功績に深く関わる2つの聖堂に挟まれた「聖フランチェスコの町」となった（図1）。

聖フランチェスコが存命の頃からアッシジには多くの巡礼者が訪れるようになり，修道士の数も増えていった。それと同時に都市の規模も拡大し，1260年に続いて1316年にも市壁が新設された。これにより中世創建のサン・ピエトロ聖堂とサンタ・マリア・マッジョーレ聖堂が内包された。14世紀半ばには，枢機卿エジディオ・アルボルノスの命により，古くなった北側の城塞（ロッカ・マッジョーレ）の再建に加え，東側に新たに城塞（ロッカ・ミノーレ）が築かれた。これらは教皇権力の象徴として機能した。

15世紀の教皇たちも城砦の改修を行ったり，サン・フランチェスコ聖堂の回廊を完成させたり，建設活動を続けていたが，都市の骨格を変えるほどの介入はなされなかった。16世紀も同様で，たとえばサン・ルフィーノ大聖堂の内部を建築家ガレアッツォ・アレッシがルネサンス様式で刷新したように，中世の都市組織に時折新たな要素が挿入される程度であった。同じ頃に同じ建築家の設計によ

図2　ジャコモ・ラウロ「聖フランチェスコの故郷アッシジ」1599年（サン・ルフィーノ大聖堂付属博物館蔵）

り，丘のふもとの今のアッシジ駅のそばに，サンタ・マリア・デリ・アンジェリ聖堂（図2-a）の建設が始まった。

1997年の地震の被害が記憶に新しいが，アッシジは震災を多く経験していて，1627年から1860年にかけて24回の地震の記録がある。1832年の地震ではサンタ・マリア・デリ・アンジェリ聖堂は大きな被害を受け，ローマ・バロック風のファサードで再建されている。

その壮麗な聖堂が，聖フランチェスコが布教を始めたポルツィウンコラ礼拝堂を収めるものであるのに加えて，ヌオーヴァ聖堂がコムーネ広場のすぐ南側，聖フランチェスコの生家の跡地に1615年に建てられているように，アッシジはフランチェスコの記憶と結びつく聖なる都市として近世・近代にさらなる発展を遂げた。1599年のアッシジの景観図（図2）においても，実際のスケールを無視した圧倒的な規模でサン・フランチェスコ聖堂が描かれている。

そして19世紀に入ると，巡礼者のための聖都という性格に加え，観光という観点から「中世」都市アッシジをアピールするための改修が行われ始める。近年では，旧市街だけでなく，山麓や平野部に広がる田園風景も含め，イタリアを代表する文化的景観として高い評価を受けている。

（岡北一孝）

South Europe 24: Roma

【ローマ】永遠の古都——カトリックの聖都

イタリア，ラツィオ州，首都
Capital, Lazio, Italy

「世界の首都」「永遠の都」と形容され，カトリックの首都（ヴァティカン）をも擁するローマは，今日に至るまでダイナミックにその姿を変えてきた。近代的なテルミニ駅を出ると古代の浴場跡があり，さらに19世紀末に形作られたレップブリカ広場とナツィオナーレ通りを進んでいくと，ローマ皇帝たちのフォルム跡とヴィットーリオ・エマヌエーレ2世記念堂（ヴィットーリアーノ）に行き当たる。近代と現代の劇的なコントラストだ。これらを横目に，テヴェレ川そばの中世的ローマを通りつつ川を渡り，ヴァティカンへ入っていくと，驚異的なバロックの広場が出迎えてくれる。この劇的な変化と混淆こそが都市ローマといえる。

ロームルスによる建国伝説を背景に持つローマは紀元前753年の創建とされる。とはいえ，その前からいくつかの集落がパラティーノの丘やカピトリーノの丘など7つの丘にまたがって形成されていたようだ。前6世紀にはそれらの集落が城壁で囲まれ，ひとつの都市となった。丘に囲まれた窪地がフォルム・ロマヌムであり，政治と商業活動の中心地として公共施設が建てられていった。帝政期に入ると，水道や公衆浴場，バシリカ，闘技場や劇場などの建設活動が活発になり，ローマは大きな発展を見る（図1）。

偉大なるローマ皇帝コンスタンティヌスは，帝国を再統一できたのは神のおかげであるとしてキリスト教を公認し，サン・ピエトロ聖堂を含む多くの主要聖堂を建てた。その結果，ローマは唯一無二の聖なる巡礼都市という側面も持つこととなった。

一方で，古代末期から中世にかけて町そのものは荒廃を経験する。衰弱したインフラ，とりわけ上水道設備の劣化によって，産業用・飲用ともにテヴェレ川の水を使わざるをえなくなり，衛生環境は悪化し，住民は激減した。ローマ帝国の全盛期には100万人を数えた人口は，中世末期の14世紀にはわずか3万人ほどになっていた。13世紀よりも前の住宅はほとんど現存しておらず，残るものも後世の大きな改変を被っているが，中世では1層目に柱廊玄関を設ける住宅が多かったと推測される。ルネサンス以降は，オーダーを積層した古典主義的なパラッツォが街並みを規定した。

図1　4世紀ローマの復元図
(Holleran e Claridge 2018)

ローマは15世紀から16世紀にかけて，教皇のお膝元として復興し，ルネサンス都市への変貌を遂げる。都市の骨格においてとりわけ重要なのは，ヴァティカンが教皇庁の拠点として定められたことだ。これによって，市庁舎が置かれてローマの政治の中心地であったカンピドーリオの丘と，サン・ピエトロ聖堂と教皇庁を中心に広がるキリスト教の首都ヴァティカンという2つの都市の核を有することとなる。ローマ市内とヴァティカンを連絡するために，新たに道路とテヴェレ川に架かる橋が建設された。

　この時期の都市計画においては直線道路が大きな意味を持つ（図2）。たとえば，サン・ピエトロ聖堂を中心とするボルゴ地区の再建を特徴づける，サン・タンジェロ城からサン・ピエトロ聖堂に向けてまっすぐに引かれたアレッサンドリーナ通りである。そして，16世紀に入りすぐに教皇になったユリウス2世もまた，テヴェレ川の左岸に沿ってジュリア通りという直線道路を敷設した。この都市の新たな軸線ともなる直線道路の人工的な力は，モニュメントの姿を効果的に示し，教皇権力の表象として作用した。ユリウス2世は，サン・ピエトロ聖堂の再建工事を本格化させ，バロックを予見させるような教皇の都市ローマを確立させた。続くレオ10世からパウルス3世の時代にかけても，ポポロ門から発する，よく知られた三つ又の直線道路が形成され，ミケランジェロによるサン・ピエトロ聖堂の改築やカンピドーリオ広場の刷新など，その後の都市や建築の造形の変革を示すような建設事業が続いた。

　そして，1585年から90年まで教皇の座にあったシクストゥス5世は，現状のローマの姿のおおよそを決定づけるほどの大胆な介入を行っている。ローマの周縁に位置する7つの重要な聖堂を直線道路で結ぶことで，多くの巡礼者たちのための道筋を示し，聖都とし

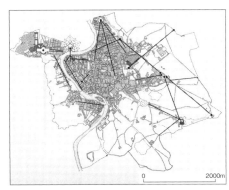

図2　15～16世紀に教皇によって計画された直線道路（Benevolo 1993）

てのローマの性格を確立した。道路が交差する場所は広場として整備され，古代のオベリスクが移設された。この時には多くの教会堂のファサードがバロック様式で化粧直しされ，ここにバロック都市ローマが出現した。

　17世紀には，壮大な列柱によって抱きしめられているようなサン・ピエトロ聖堂前の大広場がバロックを代表する芸術家ベルニーニによって建設された。続く18世紀には，丘の町ローマの地形を生かしたドラマチックなスペイン階段と，噴水の町ローマにふさわしい華やかなトレヴィの泉によって，バロックのローマは最高潮に達した。

　ローマが1871年にイタリア王国の首都となると，俄然，建設活動が活発になる。いくつかの主要道路は拡幅され，新たなモニュメントとして壮大かつ権威主義的なヴィットーリアーノや最高裁判所などが建てられた。1930年代にはムッソリーニが既存の都市組織に大きなメスを入れ，ナヴォーナ広場東側のリナシメント通りや，サン・タンジェロ城とサン・ピエトロ聖堂を結ぶコンチリアツィオーネ通りなどが敷設された。こうしてローマは古代から現代までの歴史の重層性を鮮やかに提示するとともに，文化の栄枯盛衰を色濃く反映する都市となった。

（岡北一孝）

South Europe 25: Napoli

【ナポリ】 永遠の「新」都市

イタリア，カンパーニア州
Campania, Italy

　ナポリは古代ギリシャの植民地として建設された新都市（ネアポリス）である。その後，様々な外国支配を受け，それぞれの時代の痕跡を都市の中に重層させている。

　まず，紀元前9世紀にはナポリ湾に突き出た岬にロードス人の植民地が形成されていた。その後，エトルリア人による侵略で衰退したが，前474年にギリシャ植民都市国家シュラクサイがエトルリア人を撃退して覇権を取り戻し，内陸にネアポリスを建設した。古代ギリシャ・ローマ時代に形成された市街地は，古代ギリシャ都市で見られるヒッポダミアン・プランの細長い格子状街区で構成され，3本の東西道路デクマヌスが都市の骨格を形作っていた。

　現在でもこの骨格は引き継がれており，南側の「下のデクマヌス」はナポリを真っ二つに割るという意味でスパッカ・ナポリと呼ばれており，下町地区の中心である。また，中央のデクマヌスであるトリブナーリ通り沿いのサン・パオロ・マッジョーレ教会は，行政の中心地であるアゴラ（広場）に面する神殿を転用した教会である。斜め向かいのサン・ロレンツォ・マッジョーレ教会の地下からは，アゴラを受け継いで発展させた古代ローマ時代の広場の周辺道路や店舗などの遺構が発見されている。また，その周辺にはローマ劇場が地下に眠っている。これら古代の建物はそのままの姿では残存していないが，多くの建物の基礎として引き継がれており，それゆえに古代の都市組織を今なお見ることができるのである。

　さらに，古代ギリシャ時代には建材として凝灰岩を地下から切り出していたため，ナポリの地下40mには巨大な空洞が広がっている。ローマ時代には空洞をつなぎあわせて貯水槽とし，近代的な水道が敷設されるまで，教会や住宅の中庭にある井戸を通じて水を供給していた。

　その後，12世紀にノルマン人の支配下に入ると，修道院が建っていた岬の先端に浮かぶ島にカステル・デッローヴォ（卵城）が築城される。市街地に隣接して王宮としてカプアーノ城が設けられ，続く13世紀のフランスのアンジュー家時代にも港付近に新王宮のカステル・ヌオヴォ（新城）が造られる。また，かつてのデクマヌス沿いには，教会や修道院が建設されていく。アンジュー家時代に建設されたサンタ・キアラ教会（20世紀に復元）やサン・ロレンツォ・マッジョーレ教会は，当時フランスで流行していたゴシック様式で飾られた。サンタ・キアラ教会はフランチェスコ会修道院とクララ女子修道院を併設した複合建築で，回廊つきの中庭からは古代ローマ時代の浴場の遺跡が見つかっている。

　16世紀のスペイン副王国時代になると，バロック建築が流行の兆しを見せ始める。新たにバロック様式の教会が造られるだけでなく，既存の教会のファサードが改築されるなど，町は豪華絢爛になっていく。一方，道路幅の狭いトリブナーリ通り沿いに建ち並ぶ貴族の邸宅は，ファサード全体を装飾するのではなく，豪華な装飾の門と中庭に面する壮大な3連アーチの階段室によって飾られていく。

　バロック期は都市空間も舞台装置的に演出

されていった。ジェズ・ヌオヴォ広場とサン・ドメニコ・マッジョーレ広場は格子状の街区形状を壊して造った広場で，その中央には，グーリアと呼ばれる彫刻の施された尖塔状のオベリスクが屹立している。祭事の際の仮設物の代わりに石造のグーリアを常設し，都市空間に祝祭的な雰囲気を取り込んだのである。

都市域は市壁を越えてさらに拡大し，ヴォメロ山の西側斜面地を建物で埋め尽くすことを計画，その一角にはスペイン人兵舎の密集地として碁盤目状の新街区「スペイン地区」が造られる。そして，この新市街地と旧市街地の間には直線道路のトレド通りが敷設された（図1の中央付近）。また，港付近には王宮が建設されて，政治的，軍事的拠点が集中していく。

18世紀のブルボン王朝時代には，ロンドンとパリに次ぐ巨大都市になるとともに，文化的な都市として壮麗な建築で彩られる。王宮に隣接してサン・カルロ劇場や救貧院などが建設され，16世紀後半に騎兵隊兵舎として建てられたものがブルボン王立博物館に転用される。この頃には市壁や市門の大部分が取り壊され，市壁内外の町は一体化していった。トレド通り沿いに面した市門のすぐ側にあった小さな広場は形を整え，中央に凱旋門のような形の巨大な壁龕を備えた半円形の建物を配置したフォロ・カロリーノ（現ダンテ広場）が実現した。また港に近いところにも，一部が半円形になるように新古典主義様式の教会を配置したメルカート広場が整備された。中心部から離れた海岸沿いには1.5kmにも及ぶ細長い王立公園ヴィラ・レアーレ（図1の左下，現ヴィッラ・コムナーレ）が造られ，その影響で19世紀前半には貴族の邸宅が並ぶ高級住宅地になった。

19世紀になると，王宮前にあった雑多な建物を一掃して，ドーリス式円柱の列柱廊とパンテオンを模した新古典様式の教会による半

図1　ジョズエ・ルッソによる都市図，19世紀前半
（国立サン・マルティーノ美術館蔵, De Seta 1981）

円形のプレビシート広場が整えられる（図1の中央下）。

イタリア統一後は，ガラスと鉄によるアーケード「ウンベルト1世のガッレリア」が登場し，近代都市の幕開けとなる。それとともに，コレラの流行を背景に，窮屈な路地ばかりの旧市街地の居住環境改善のために「衛生化（リザナメント）」の名の下，スパッカ・ナポリを縦断するドゥオモ通りをはじめ，ガルバルディ大通りやウンベルト1世大通りなどの広幅員の道路が既存の町を切り裂くようにして通された。一方で，港付近と丘陵地の間がケーブルカーで結ばれるようになると，中産階級は旧市街を捨て，丘の上に移り住むようになり，ナポリの都市はスプロールし始めていくようになった。さらに，ムッソリーニ体制下では，トレド通り沿いのカリタ広場を中心に，古い家屋が一掃され，ファシズム建築による官庁街が形成された。

このように，ナポリは古代都市を基層に持ち，その都市組織を残す一方で，常に新しい時代の建築様式や都市理念が挿入され変容してきた永遠の新都市である。　　（稲益祐太）

South Europe 26: Amalfi

【アマルフィ】リアス海岸の海運と製紙

イタリア，カンパーニア州
Campania, Italy

　アマルフィは，中世海洋都市国家としてヴェネツィアやピサ，ジェノヴァに先駆けて栄華を極めたアマルフィ共和国の中心都市である。

　アマルフィ海岸は，ティレニア海のサレルノ湾に面する，東端のヴィエトリ・スル・マーレから西端のポジターノまでの30kmにも及ぶ海岸の一帯を指す。複雑に入り組んだ海岸線の断崖絶壁から成る特異な地形とそこに築かれた中世の街並みや，わずかな土地を開墾して作られた段々畑が特徴的な景観を生み出している。急角度で海に落ち込むラッターリ山地にはところどころに谷が切り込んでおり，その谷筋に家屋の密集した町がいくつも形成されている。アマルフィ海岸はリアス海岸であるが，河谷は海水が浸入する溺れ谷とならず，むしろアマルフィの町はV字型の谷地形を成すムリーニ渓谷の河口部に形成された。入り江は良好な港であり，前面には砂浜が広がっている（図1）。

　アマルフィ海岸では，古代ローマ時代のアウグストゥス帝期のものと思われる貴族のヴィラが，アマルフィを含め3ヶ所で発掘されている。ラッターリ山脈の険しい道を通行するよりもサレルノ湾を航行する方が容易であったために，いずれも海沿いに立地していたが，79年に起きたヴェスヴィオ火山噴火後の豪雨による土石流で破壊され，地下に埋もれてしまった。

　その後，コンスタンティノープルからの帰航途中に難破したローマ貴族たちが，この地に辿り着き住み始めたのが4世紀以降のことである。その際，海を渡ってやってくるビザンティン帝国の襲撃に備えるために，山沿いの高地を選んで居を構えた。こうして険しい山が自然の防衛壁となり，点在していた住居は次第に集落を形成するようになった。海岸に近い谷地へ居住地を移すようになっても，斜面の比較的高い場所から集落を作り始めた。

　アマルフィに司教座が置かれた596年頃にはすでに，交易を目的とした地中海での航海が始まっていた。ベネヴェントの町を占領していたランゴバルド人が近隣の地域にいたが，彼らは航海を不得手としていたため，背後を

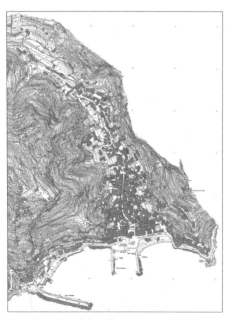

図1　地形図, 20世紀後半（アマルフィ市役所提供）

天然の要塞であるラッターリ山地によって守られているアマルフィ海岸の町は，安心して大海原へ漕ぎ出すことができたのである。こうして，エオリエ諸島やシチリアをはじめ，アフリカやパレスティナへと航路を広げていった。

839年にはアマルフィとその周囲の都市が共和国としての国家の形を整え始め，958年には元首を選出してアマルフィ公国となり，海洋都市国家として繁栄を迎えた。東方との交易で栄華を極め，ラッターリ山地の谷あいのわずかな土地に建物を建てて，都市は拡大した。特にその中心であるアマルフィには外国の商館が置かれ，海岸沿いには倉庫や税関，造船所などが建ち並んだ。

都市の発展に伴い，カストルムと呼ばれる防衛機能を備えた要塞も建設されるようになった。正確な建設年代は判明していないが，9世紀には西側の高台にプロウィンキアリス要塞が，東側の高台にサン・フェリーチェ要塞が築かれていたと考えられている。壁で囲まれた要塞は，海からの襲撃に備えて高いところから見張るだけでなく，有事の際の避難施設としてアマルフィ市民を守る役割を果たしていた。

また，11世紀中葉から12世紀末にかけてのノルマン人支配期には，防御のための市壁の整備が始められた。海上からの襲撃に備えて海岸沿いに建設されたが，それは都市を囲繞するというよりも，険しい断崖絶壁の間を埋めるようにして建設された断続的な市壁であった。13世紀のアンジュー家による支配期には，市壁だけでなく，海岸沿いに円筒状の監視塔が建てられ，沿岸部の防備がよりいっそう固められた。敵の襲来を見つけると，狼煙を上げて隣の塔へと次々に知らせ，アマルフィ海岸全域に伝達していったという（図2）。

しかし，12世紀中葉にはピサ公国の艦隊による侵攻を受け，甚大な損害によって経済活

図2　ヘンリー・スウィンバーンによる海からの景観図，1785年（Richter 1989）

動は停滞し，後発の海洋都市国家の陰に隠れ，存在感は薄れていった。さらに，1343年の暴風雨による災害が町に壊滅的な打撃を与え，アマルフィを中心とするアマルフィ海岸の都市は，地中海を舞台とする交易都市としての地位を失い，衰退していった。

都市内の街路網は等高線に沿った道とそれに直交する階段によって構成されているが，主要道は谷底を走る道で，両側の建物の1階には商店や工房などが軒を連ねている。河谷に立地するアマルフィでは，洪水対策に加えて衛生上の理由から13世紀後半には暗渠になっているが，今でも谷を川が流れている。かつては上流側の町外れでは，川の水で水車を駆動させ，13世紀にアラブ世界から伝わってきた製紙技術で紙の生産を行っていた。アマルフィの紙は評判を呼び，一大製紙産業地帯へと発展し，18世紀には最盛期を迎えた。一方，市街地でも水路で引いてきた水を使い，製粉用の水車を回し，乾燥パスタを製造していた。そして，広場や砂浜で干したパスタはナポリに出荷されていた。こうして，交易都市としては衰退したが，水車を用いた産業によって，再び発展していった。しかし，耕作可能な土地が少ない斜面地のアマルフィ海岸では，紙の原料である木綿のぼろ布だけでなく，小麦も輸入に頼らざるをえず，海とのつながりは変わらずに深かった。　（稲益祐太）

South Europe 27: Valletta

【ヴァレッタ】 近世地中海最強の理想都市

マルタ，首都
Capital, Malta

　地中海のほぼ中央に浮かぶマルタ島は，島全体が石灰岩に覆われた耕作不適地である一方で，古くから地中海交易の重要な中継拠点であった。紀元前800年頃からフェニキア人が住むようになり，前5世紀には北アフリカのカルタゴの支配下にあった。ポエニ戦争を経て古代ローマの支配下に入ると，富裕なローマ人の邸宅が築かれるようになり，精緻な床モザイクなどの遺構が見つかっている。マルタ島のほぼ中央の高台は防御に優れ，フェニキア人の時代から主要都市であり続けた。古代ローマ人もここを首都と定めてメリタと呼んだのがマルタの名の由来とされる。

　マルタは，395年のローマ帝国の東西分裂後は東ローマ帝国に属したが，9世紀後半にはアラブ人が住むようになった。アラブ人は，都市を，堀と城壁で防御性を高めたイムディーナ（街）とその外側のラバドに分けた。前者にはアラブ人富裕層が，後者にはキリスト教徒らが居住した。1127年にノルマン人によって占拠されアラブ人の支配は終焉したため，イスラーム文化の建築的あるいは芸術的痕跡は今日ほとんど見られない。しかし，家畜を動力とした水運搬システムや，石灰岩を境界部に配置した段々畑のシステムなど，高度な農業土木技術がこの時期にもたらされた。木綿栽培は今なおマルタ島の主要な産業となっている。

　今日のマルタ共和国の首都であるヴァレッタは，マルタ騎士団の総長ジャン・ド・ヴァレットに因んで名づけられた。十字軍をきっかけとしてエルサレムに設立された聖ヨハネ騎士団は，イスラーム勢力に押される形で1309年にはロドス島に，1530年にはマルタ島にその本拠地を移すことを余儀なくされ，以来，マルタ騎士団と通称されている。1551年にオスマン帝国の襲撃を受けた騎士団は，再襲に備えて砦の整備を急ぎ，シベラス半島（現在のヴァレッタ市街地）の突端に聖エルモの砦を建設した。1565年のマルタ包囲戦では，4ヶ月に及ぶ激闘の末にオスマン軍の撃退に成功するが，総長ジャン・ド・ヴァレットはさらなるトルコの襲来に備えて，直ちにシベラス半島に新しい都市を建設することを決定した。

　新しい都市の設計を任されたのは，教皇ピウス4世に任命されたフランチェスコ・ラパレッリであった。ラパレッリは1566年，陸からの侵攻を防ぐためにまず半島の中間に大きな要塞を建設し，聖エルモの砦とこの要塞の間に新たな居住地を建設することを提案している（図1）。

　都市の建設は，堡塁を備えた市壁から進められた。土地の起伏を吸収して，既存の聖エルモの砦との連絡を確かなものにし，港湾の

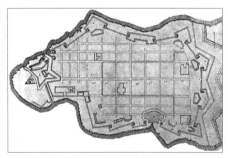

図1　ラパレッリによる計画案，1566年 (Guidoni e Marino 1982)

図2 聖ヨハネ准司教座聖堂（筆者撮影）

図3 中心街オールド・ベイカリー・ストリートの街並み（筆者撮影）

小さな埠頭をも内包するものであった。一方で、都市の内部には格子状街路が計画されたが、優先度の高い軍事施設に遅れて完成することになる。ラパレッリの案では、市門と聖エルモの砦を結ぶ主要な通りが都市の中心軸を構成し、この軸が大小の街区の分割と中央に位置する主たる教会施設の配置の基準となっている。土地利用には明確なヒエラルキーがあり、司教座聖堂と2つの主要な修道院を含む騎士団の街区は広大で、都市におけるその特権的立場を表している。ラパレッリの提案は、軍事的な必要性から発しているとしても、その街区の分割と土地利用に見られる序列化は、軍事技術と都市計画の明確な融合を示しており、ヴァレッタの建設は、ルネサンス以降の建築理論、とりわけ直近のカタネオ（軍事技術者でもあり、1567年に建築四書を著す）らによる理論書の中でカタログ化された様々な都市計画手法を実践的に集大成したものと位置づけることができる。

当初の計画に比べると、実現した街路システムはかなり画一的であったが、枢軸道路は市門から聖エルモの砦までを結ぶという軍事的機能から、都市の象徴的な幹線へと変貌していた。行政の要である騎士団長の宮殿が枢軸道路を挟んだ正面と側面の3つの広場を従えて、ラパレッリの弟子であったジロラモ・カサールの手になる准司教座聖堂（図2）とともにヴァレッタの中心軸を形成している。この大通りが当初は堡塁のついた市壁による防御システムの補完的要素だったとしても、最終的には複合的で全体的な都市の表象となり、セレモニーのための重要な軸となったのである。その建築的構成はパレルモのカサロ通り（今日のヴィットーリオ・エマヌエーレ通り）と大聖堂の関係を想起させる。

都市はコラキオと呼ばれる騎士団の構成メンバーの居住区と、その外側の一般市民のための居住区の2つのエリアからなっており、コラキオには教会や病院、兵舎などの公共建築が整備された。

マルタの住居は地中海地方に一般的な中庭型の平面形式を持ち、シチリアの住居と同様に入口から直接中庭に入るようになっていた。しかし、ヴァレッタは人口が増加したため、多くの大きな建物は集合住宅化し、地下室および半地下部分は貧困層の住空間となった。また、法令で都市内の建物は間口と同じ幅の後庭を持たなくてはならないことが規定されたため、次第に建物の間口は狭くなっていった。このような稠密街区の住宅の間取りは、通常一方に廊下があり、もう一方に居室が一列に並んだ片廊下式で、各住戸に設けられた木製の出窓状なバルコニーの存在が、今日のヴァレッタの都市景観を特徴づけている（図3）。

（片山伸也）

South Europe 28: Girona

【ジローナ】 イベリア・ヨーロッパの境界都市

スペイン，カタルーニャ州
Catalunya, Spain

ジローナは，バルセロナから北東に90km，ピレネー山脈のフランス国境からは60km南に位置する。オニャール川沿いの丘陵地に階段やスロープを巧みに巡らせた都市空間を形成している。紀元前1世紀にローマ植民都市として城郭が建設されて以来，イベリア半島とヨーロッパをつなぐ中継地として栄えてきた，中世の面影を色濃く残す城郭都市である。

8世紀にはイベリア半島を北上してきたイスラーム教徒に町は占有されるが，イスラームの優勢は続かず，785年にはフランク王国が領土を回復し，イスラーム教徒からヨーロッパを守るカタルーニャの拠点都市となった。城郭内には数多くのキリスト教施設のほか，12～15世紀の町の発展を支えたユダヤ人居住区カイも状態良く残され，混成文化を特徴とするスペイン都市のひとつである。

ジローナの都市形成の特徴は城壁の成長と都市核の変遷に見てとれる。3世紀頃には，カルドとデクマヌスが直交するローマ植民都市の類型に従った都市構造ができあがっており，南北に走る今日のフォルサ通りに位置する大聖堂前広場を拠点とした，直径200m程度の城郭都市となった。町はこれを都市核として残しながら，政治的にも経済的にも勢力を増す12世紀頃までには，城壁外，さらにオニャール川西岸まで市域を広げ，14～16世紀に成熟した城郭都市へと成長を見せる。カテドラルや市庁舎など政治・宗教的機能の中心であるオニャール川東岸の城郭に加え，15世紀には西岸に展開していた商業・生産地区メルカダルと呼ばれる都市領域がもうひとつの城壁で囲われた。異なる機能を持った都市領域がオニャール川の両岸に都市の両肺のように形成され，今日のペドラ大橋（1856年）でつながるひとつの都市として成長していっ

図1　1694年の地図に見られる2つの城郭 (Castells et al. 1992)

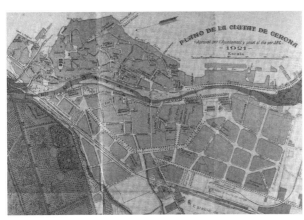

上）図2　都市拡張後のジローナ市，1921年（Castells et al. 1992）
右上）図3　城壁に沿って形成されたラ・ランブラ通り（筆者撮影）
右下）図4　オニャール川沿いの城壁跡に建つ住宅（筆者撮影）

た。17世紀には城壁に沿ってバルアルテと呼ばれる堡塁の増築により市壁は著しく堅固なものとなり，町を見下ろす東のモンジュイックの丘に星型城塞が建設され，要塞都市として頂点を極めた（図1）。

都市活動の中心すなわち都市核は，時代とともに移動する。ローマ時代から中世にかけては東岸の大聖堂前広場，そこから経済活動の中心であったユダヤ人居住区を経て，15世紀には今日のラ・ランブラ通りへと移る。同時代，付近の市庁舎前にもうひとつの都市核となるワイン広場が形成されるが，これらはともにオニャール川両岸に形成される2つの城郭の結節点であるペドラ大橋に通じる位置にある。政治・宗教・商業の都市活動領域の重心に重なるように都市核が移動した過程を見てとれる。

都市組織の成長過程という点から見れば，ラ・ランブラ通りも造られるべくして造られた広場といえる。19世紀に付近の小広場群を都市核として整備統合する際，川沿いの城壁周縁部という優位な立地要因が作用し，線状広場が生まれたのである（図3）。

一方，対岸のメルカダルにはペドラ大橋につながる直線道路ノウ通りが1842年に開削され，市壁内の流動性が高まった。城壁は1897年にようやく取り壊しが決定され，ジローナは都市の近代化を迎える。メルカダルの城壁解体跡地には馬車交通に適した広幅員の環状道路グランビアが整備され，外側に展開するアシャンプラと呼ばれる新市街地と旧市街地を分け隔てるバッファゾーンとなった（図2）。

19世紀のジローナは，土木や建築遺産の活用時代の到来でもあった。メルカダルを横断するモナール灌漑用水路は産業利用に移行し，ジローナの近代化に大きく貢献した。東側斜面地には上流階級が土地や建物を活用して採光庭や井戸を設けたパティオを持つ邸宅を増やし，川沿いの城壁周辺でも住宅化やポルティコの整備が進んだ（図4）。

長辺が900m程度の小さな城郭都市だが，町には数多くの小広場が点在する。歴史の積層とともに築かれてきた道路・街区・建築，そして狭く迷路のような路地や階段など様々な要素が複雑に関係する斜面の地形ならではの都市空間構造を呈している。細部にわたって今日のジローナの都市建築遺産として活用されている。

（加嶋章博）

South Europe 29: Barcelona

【バルセロナ】カタルーニャの華

スペイン，カタルーニャ州
Catalunya, Spain

　バルセロナは首都マドリードに次ぐスペイン第二の都市である（人口約162万人，面積約100km^2）。グーグルマップでバルセロナの航空写真を眺めてみると，いびつな六角形状の稠密な市街地の中央をランブラス通りが貫く旧市街，その外側に広がるグリッド状の拡張地区，海岸線に広がるかつての漁村と工業地域ポブレノウ，環状道路の外側に位置する団地群や不整形に形成された市街地など，時代ごとに形成された都市構造の重なりが一目瞭然だ。

　旧市街で最も古いゴシック地区はローマ植民都市を起源とする。デクマヌスとカルドが設定され，その交点に現在のサン・ジャウマ広場が位置する。最初の城壁は3世紀末に建設された。中世初期（13世紀）には131ha，中世後期（14世紀）には231haまで市街地が拡張し，現在のゴシック地区の核が形成されていった。

　近代都市バルセロナは，土木技師イルデフォンソ・セルダによる拡張計画（1859年）に沿った新市街地形成の歴史とともにあった。スペインで唯一産業革命に成功したバルセロナだったが，軍事的な理由から城壁は残されたままであり，城壁内は建造物の密集化と衛生環境の劣悪化が深刻な問題となっていた。衛生問題を解決するため1854年にその取り壊しが決議され，城壁の外側に広がる平野の測量図の作製がセルダに託された。

　セルダは，新たな交通手段の登場が都市を抜本的に変革すると予見していた。新たな都市の発展を支える形態として，旧市街の外側に広がる牧歌的な平野に，近郊に形成されていた古くからの集落を吸収する形で，113.3m四方のグリッド都市を構想した。新たな市街地を構成する道路は幅員20mを基本に設計され，道路網の骨格として幅員50〜60mの3本の大通りが構想された（図1）。交通の流れをよりスムーズにするために，道路の交差部には隅切りが施された。セルダの目的は，適切な地価の敷地を可能な限り増やすことであった。また，最適な採光・通気を確保するため，

図1　セルダによるバルセロナの改善および拡張計画，1859年（バルセロナ市立古文書館蔵）

原則的に建設は街区の2側面にのみ認められ，建物高さは4階建て16mに抑えられた。セルダは適切な人口密度として1haあたり250人を想定していた。

1888年および1929年の2度の万博の開催は，要塞跡地の庭園化やスペイン広場の整備など，都市内にいくつかのモニュメントを産み落とした。

1931〜34年にかけての第二共和制の時期には，ホセ・ルイス・セルトをリーダーとするモダニズム建築家集団GATEPACが新たな都市改造案「マシア計画」を発表する。ル・コルビュジエをバルセロナに招聘し，協働して作成されたこのプランは，①旧市街の大規模な刷新，②セルダの街区をちょうど9倍したスーパーブロック（400×400m）を基本単位とする都市形態，③機能分離に基づいたゾーニング，を主要な論点に掲げ，成長を続けるバルセロナに独自の形態を付与しようとした。新たな都心として設計された旧市街の港の一帯には，Y字型の超高層ビルが配置される。プランの俯瞰図が示す海岸部の風景は，コルビュジエの『輝く都市』の焼き直しのようで圧倒的である。しかしマシア計画は，広範かつ強力な政治的支持があったにもかかわらず，内戦の勃発により頓挫を余儀なくされる。バルセロナの活気に満ち溢れた建築活動や都市計画的提案は実践の場を失い，消え去ってしまった。以降，市内の居住環境は悪化の一途を辿っていく。

1975年にフランコ独裁政権が終焉を迎えた。建築家のオリオル・ボイガスが1979年に市の都市計画局長に着任し，民主化後のバルセロナの都市再生政策が精力的に展開されていく。1986年にはオリンピックの開催（1992年）が決定し，疲弊した市街地のテコ入れが総力的に展開された。特に，市場から見放されていた環境の劣る都市周縁部をオリンピック施設の重点整備地区に指定し，都市全体のインフラの改善が図られた。現在の都市交通を支える環状道路や夏のバルセロナの風物詩である美しいビーチ，郊外に点在する運動施設群は，オリンピック遺産であるといえよう。

セルダ計画以降，特に目立った整備がなされなかった旧市街では，1980年代中頃まで，建造物の老朽化や公共空間の荒廃ならびに不足，不法滞在移民の増加や治安の悪化などの問題が重なり，スラム化が進行していた。ボイガスが率いる都市計画局は，新たに大規模な再開発を実施するのではなく，修復不可能なまでに環境の悪化した街区を取り壊し，新たな公共空間として整備する「多孔質化」と呼ばれる減築手法を用いて，界隈の再生に成功する。1990年代中頃からは，現代美術館（MACBA）や現代文化センター（CCCB）などの整備による文化界隈の創出も進んでいく。

グリッド市街地の形成は，セルダ計画以降，土地所有者の猛烈な反対もあり，セルダが構想した低密度街区は高層化・密集化し，パティオの実現も夢と消えてしまう。実現されたのは113m四方の区画と20mの道路を反復的に形成するという敷地モデルのみだった。しかし，セルダの構想は近年，新たな息を吹き込まれ，よみがえりつつある。市は1990年代以降，街区内側の空間を公園として創出するよう義務づけ，個別の建造物の建て替えに応じて徐々に街中に小さなパティオが増加しつつある。

また近年，グリッド市街地において，400×400mのユニットを基本にその範囲内を歩行者優先空間へと再編することで，道路空間を市民のための空間へと転換する「スーパーブロック計画」が進みつつある。バルセロナは，セルダという稀有な技術者が残した計画の思想そのものを現代的にリノベーションしながら，都市の問題に対峙し，現在でも魅力的な都市であり続けている。　　（阿部大輔）

South Europe 30: Valencia

【ヴァレンシア】ラ・ロンハ・デ・ラ・セダの街

スペイン，ヴァレンシア州
Valencia, Spain

　スペイン第三の都市であるヴァレンシアは，ローマ人の植民都市として紀元前138年に創建された。世界文化遺産「ラ・ロンハ・デ・ラ・セダ」に代表されるように，15〜16世紀に地中海貿易によって栄えた商業都市である。しかし本稿で言及したいのは，無形文化遺産「水裁判」と深く関わる一大商業都市としての側面である。

　ヴァレンシアは創建当初から，灌漑水路を開削し，灌漑システムを用いた肥沃な農地（以下，ウエルタ）を形成することで，ローマ軍のイベリア半島侵略のための食料生産拠点として発展した。また，キリスト教徒による再征服活動レコンキスタ（718〜1492年）では，ウエルタを奪取することが，ヴァレンシア侵略の重要な目的であった。

　このようにヴァレンシアの都市史において重要な役割を担ってきたウエルタの形成には，ヴァレンシアの地形が深く関わっている。ヴァレンシアは，スペイン東部を流れるトゥリア川の下流域に位置し，度重なる洪水によって形成された広大な沖積平野（とくにトゥリア川左岸側）により構成されている。また，東側は日光を遮るもののない地中海，西側には豊かな水資源を運んでくる山脈が連なっているという地理的条件から，農業に最適な地形であった。そのため，バルセロナやアリカンテ，タラゴナなどローマ時代に起源を持つスペイン地中海沿岸主要都市が，沿岸付近に市街地を構えたのに対し，ヴァレンシアはトゥリア川を約4kmほど遡った場所に市街地を構えた。

　紀元前にローマ人が灌漑水路やウエルタを開削・創造したものの，ローマ帝国の衰退とともにヴァレンシアは一度壊滅状況に陥った。その後イスラーム教徒により，それらは修復・改良され，現在も存続する7本の灌漑水路本流と無数の支流，それらの灌漑システムによって形成されるウエルタが構成された。「ヴァレンシアから連想されるものは？」と知人に質問すると，皆，口を揃えたように「オレンジ」と答える一大農業都市ヴァレンシアの基盤は，ローマ時代にはすでに形成されていたのである。

　しかし，19世紀後半に入り，近代化に伴う産業構造の変化や急激な人口増加により，市街地拡張は加速され，反比例するように，灌漑水路は暗渠化され，多くのウエルタが市街化されていった。

　ヴァレンシアの市街地拡張に大きな影響を与えた計画として，1858年，1884年，1907年にスペイン中央政府に承認された3つの市街地拡張計画が挙げられる。これらの市街地拡張計画によって，旧市街地周辺に画一的・均一的な碁盤目状街区が形成された。しかし，より広域にヴァレンシアの都市構造を決定づけたのは，トゥリア川南遷計画である。

　トゥリア川南遷計画は，1957年に発生した未曾有の大洪水を受け，1958年に計画・承認された。トゥリア川の流路を数km離れた郊外南部へ変更し，既存の河床部分に鉄道と高速道路を敷設するインフラ重視の構想であった。しかし，独裁政権であったフランコ政権が1975年に終焉し，民主主義へと国政がシフ

図1 市街地拡張の変遷，中世〜1990年（筆者作製）

図2 ベニマクレット地区の都市農園（筆者撮影）

トしたのを機に，1980年代に大規模なヴァレンシア市民による反対運動が勃発し，当初の河床部分の計画案は却下され，市民のための緑地空間（以下，トゥリア庭園）として再編された。旧トゥリア川から河水がなくなったことで，洪水の心配がなくなり，旧トゥリア川左岸側のウエルタが急速に市街化された。また7kmにも及ぶ線状のトゥリア庭園が建設されたことによって，東西方向に長く良好な住環境を確保することが可能となり，市街地がより広域に拡張された（図1）。

近代以前，ヴァレンシアのアイデンティティとして根づき，都市構造とも密接に関わっていた灌漑水路，ウエルタであったが，それらが軽視される都市計画は，21世紀初頭まで続いてきた。しかし，ここ数年，その失われたアイデンティティを取り戻すべく新たな動きが芽生え始めている。

その中でも，旧集落ベニマクレット地区の町内会による都市農業運動は，象徴的な動きであろう。この地区周縁部には，スペイン大手金融機関ビルバオ・ビスカヤ・アルヘンタリア銀行（以下，BBVA）の所有する広大な更地（以前はウエルタとして機能）が存在し，1300戸の住戸が建設される予定であった。しかし，2008年にリーマンショックがヴァレンシアを襲い，計画は頓挫，予定地は荒地と化したまま，数年間放置されてきた。ベニマクレット町内会は，荒廃しきったその空地が地区全体に及ぼす悪影響を訴え，都市農園への転用を主張した。主張を無視するBBVAとの度重なる抗争の末，その空地を奪取し，2012年から都市農園として利用している。もともとウエルタであった土地を都市農園として再編したので，既存の灌漑水路をそのまま利用することができた。また，地区住民のコミュニティ育成，子どもの農業体験など，多様な役割を担うことにも成功している（図2）。さらに，2015年には，ヴァレンシア大学やヴァレンシア工科大学などから支援を受け，ウエルタ・灌漑水路・都市農業を尊重した地区再生案のコンペを公募するなど，活発な活動を繰り広げている。

2015年5月に行われた地方選挙で24年間政権を握っていた右派の国民党が大敗し，コンプロミスを中心とした左派政党が躍進したことで，市民によるボトムアップの活動が支援される傾向にある。市民の積極的な取り組みと，それを支持する政党の政策により，ヴァレンシアは新たな局面を迎えている。

（佐倉弘祐）

South Europe 31: Zaragoza

【サラゴサ】アラゴンの古都

スペイン，アラゴン州
Aragon, Spain

2008年,「水と持続可能な開発」をテーマとしたサラゴサ国際博覧会（以下，2008年万博）がスペイン第五の都市サラゴサで開催された。サラゴサは，エブロ川中流に位置し，河川が都市を貫通しており，ステップ気候下の厳しい乾燥に晒されているアラゴン自治州の中で，昔から豊かな水資源を享受できる貴重な都市であった。このことは2008年万博会場選定に少なからず影響を及ぼしているだろう。

エブロ川左岸側は頻繁に洪水被害に遭っていたことから，ローマ帝国の植民都市は，まず右岸側に紀元前25〜12年頃に創建された。その後，北はエブロ川，東はエブロ川の支流であるウエルバ川に遮られている地理的条件から，必然的に南および西へ拡張された。多くの欧州の他都市と同様に，19世紀中葉までは，市街地の拡張範囲は限定的なものであり，それ以降に，近代化に伴う産業構造の変容によって市街地内の人口が急増し，市街地を拡張する必要が生じた。

サラゴサ市当局は，1908年のスペイン・フランス国際博覧会（以下，1908年万博）の開催を機に，それまでできずにいた南東方向への市街地拡張の足がかりとするべく，戦略的な万博会場の敷地選定を行った。選定された市街地南東部に位置するウエルバ川沿いの湿地帯を，これを機に整備することで，南東方向への市街地拡張を促進する構図で計画した。

旧市街地を核とした拡張と並行して，マドリードとバルセロナ，バレンシア，ビルバオの真ん中に位置するという地理的優位性から，4都市へ通じる鉄道敷設に関連した工場

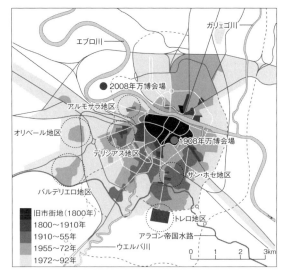

図1　市街地拡張の変遷，1800〜1992年
（筆者作製）

が旧市街地周縁部に建設され，周囲に労働者地区が創建された（アルモサラ地区，デリシアス地区，トレロ地区）。またアラゴン帝国水路が19世紀末に開削され，周辺に農業に付随した製粉業などの加工産業が発展し，新たな集落が形成された（サン・ホセ地区）。

20世紀の間，徐々に市街地と各地区の間が市街化されていき，現在では一見しただけでは見分けのつかない，連続的な都市構造を形成している（図1）。

サラゴサ市当局は，1908年万博だけでなく，そのちょうど100年後に開催された2008年万博においても，会場の敷地選定を戦略的な都市政策の機会として活用した。

2008年万博では，頻繁に発生するエブロ川の洪水によって開発が遅れていたエブロ川左岸の中でも，とくに被害に遭いやすい蛇行部分が会場として選定された。1908年万博が市街地のさらなる拡張を視野に入れた敷地選定であったのに対し，2008年万博では，近代化に伴い失われてきた自然環境との共存の象徴として，洪水の被害に遭いやすいエリアを敢えて選定したのだった。そして，水の都市公園を河川敷に計画したり，パビリオン同士を空中渡り廊下でつなげたりして，あらゆる建築工学的な予防策を施した。

2008年万博では，会場付近だけでなく，広範囲に波及効果が及ぶよう，戦略的な都市計画，すなわち2008年万博付帯計画が作成された。サラゴサ市当局は，この計画によって，市街化とインフラ整備，河川敷の改良を一体的に計画し，実施した。同計画は，オリベール地区とバルデリエロ地区の緑地空間をつなげるための広域計画「オリベールとバルデリエロ地区グリーンベルト計画」，そして現在エブロ環境センターが主体となって取り組んでいる「緑と水のネットワーク」へつながっている。これらの一連の広域計画によって，サラゴサは緑地空間と水辺空間に囲まれた都市

図2　2008年万博会場の跡地利用（筆者撮影）

へと再編されつつある。

また，跡地利用という面においてもサラゴサ市当局の戦略は注目に値する。1908年万博の際に会場として計画された街区は，当時スペイン諸都市に広がっていたバルセロナのセルダ計画を模した市街地拡張計画を小規模に再編・実施したものであった。3つの建築物と中央に位置する広場を万博会場とするために優先的に建設し，その後，約半世紀かけて徐々に残りの街区を万博会場と釣り合うように建設していった。当時最も近代的な都市計画として評価されていた市街地拡張計画と当時の最先端の技術を駆使した建造物である万博会場は見事に融合し，現在でも調和の取れたサラゴサ市民に人気の地区となっている。

一方で2008年万博会場は，計画時から，万博後も企業パークとして転用することを想定し，建築家と協議し計画を進めた。万博終了直後，サラゴサにも経済危機が襲ったため，当初の計画は中断され，しばらく利用されずに放置される時期が続いた。しかし，その期間中もサラゴサ市は精力的に企業誘致を行い，その結果，ようやくここ数年で企業の進出が相次ぎ，賑わいを取り戻してきている。企業誘致にとどまらず，多数のレストランや，万博でも利用されていた水族館，万博のシンボルであったザハ・ハディド氏によるパビリオンブリッジの展示会場として利用するなど，新たな商業・娯楽施設の拠点として賑わいを取り戻しつつある（図2）。　　（佐倉弘祐）

South Europe 32: Alcara de Henares

【アルカラ・デ・エナーレス】 セルバンテスの生まれた街

スペイン，マドリード州
Madrid, Spain

　スペイン中央，マドリードの東部に位置し，エナーレス川から200mほど高い丘上の150haほどに立地する。15世紀末以来の大学都市として知られる。「アルカラAl-Qal'at」はアラビア語で「城」を意味する。『ドン・キホーテ・デ・ラ・マンチャ』のセルバンテスの出身地である。また，イサベル女王がクリストバル・コロンに最初に会ったのはアルカラにおいてである（1486年）。

　その起源は，紀元前800年頃の鉄器時代の集落形成に遡る。ローマ時代には，紀元1世紀後半に，川沿いにコンプルトゥムと呼ばれるグリッド・パターンのローマン・タウンが建設され，周辺の20km圏には数多くの農地が拓かれた（図1）。5世紀に西ゴート族が侵入してきて西ローマ帝国が崩壊すると，イベリア半島は西ゴート族によって席巻された。トレドを都に西ゴート王国が成立すると，コンプルトゥムには司教座が置かれた。

　イスラームがこの地に侵入してくるのは825年である。イスラーム勢力は，コンプルトゥムの東2.5kmほどのところのエナーレス川左岸に，アブダルサラム城砦を建設する。その周辺には，イスラーム支配下においてもキリスト教徒（モサラベ）が居住した。1118年に，大司教ベルナルドが「アルカラ」を攻略，ムスリムを敗走させる。コンプルトゥムは，カスティーリャ王国に組み込まれる。「アルカラ」が町の呼称となったのは，この時である。そして大司教の館を中心に，キリスト教徒街，ユダヤ人街，アラブ人街が形成された。軍事的な要衝に位置したが，水供給の問題があり，市域は低地に向かって拡大していった。現在は，14世紀に建設された監視塔が残っているに過ぎない（図2）。

　15世紀になると都市核は拡張され，フランシスコ会の修道院が建設された（1449年）。城外には新たな集落が形成された。集落は果樹園に囲まれ，北にユダヤ人，ムスリムの集落が，南にキリスト教徒の集落が立地した。

　レコンキスタ完了後，1496年の王令によってユダヤ人が追放された後，シスネロス大司教によって大学が設立される。シスネロスはヴィラを教室などに替え，道路を舗装するとともに下水道を設置した。また，学生や教師が居住する住居を整備した。大学都市の萌芽

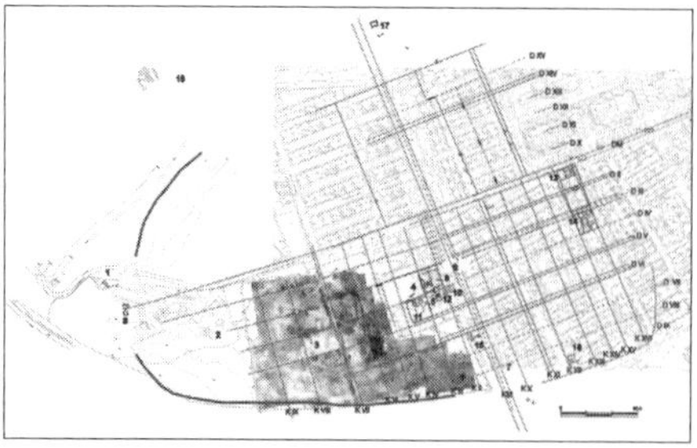

図1　コンプルトゥム，4世紀
(Ciudades Patrimonio de la Humanidad 2010)

図2　中世の都市核
(Ciudades Patrrimonio de la Humanidad 2010)

は1298年にサンチョ4世がストゥディウム・ゲネラーレを設立した時に遡るが,シスネロスによって初めて大学都市として計画されるのである(図3)。7つのカレッジと29の学校がシスネロスによって建設された。大学の建設を都市計画と結びつけるその方法がモデルとなり,アメリカにおけるスペイン最初の植民都市サント・ドミンゴの都市計画に大きな影響を与える。聖書がギリシャ語,ラテン語,ヘブライ語の3つの言語で印刷されたのは,アルカラにおいてである。

大学都市としてのアルカラは,その後徐々に衰退するが,19世紀に入っても大きな変化はない。しかし,1836年にメンディサバルによって永代財産解放令が出されると,大学(マドリード・コンプルテンセ大学)はマドリードに移転することになる。19世紀末に鉄道が敷設されるが,産業の発展はない。歴史的な地区に開発は及ばず,かつての景観をとどめてきた。人口は,20世紀初頭には1万1000人,1950年には1万5000人である。1960年代に急増するが,マドリード-グアダラハラ回廊における工業立地による。1970年代末には人

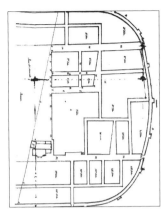

図3　シスネロス大司教の大学都市,1564年
(Ciudades Patrrimonio de la Humanidad 2010)

口13万人に達している。

そうした中で,歴史的都市遺産として保護政策がとられるようになる。大学再興の声によって,アルカラ大学が新たに設置開校されるのは1978年である。1998年にアルカラ・デ・エナーレスが世界文化遺産に登録されたのは,最初の大学都市という位置づけによってである。

(J・R・ヒメネス・ベルデホ/布野修司)

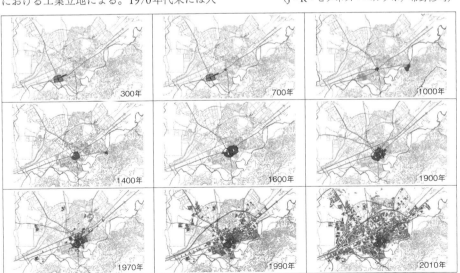

図4　都市の形成過程 (Ciudades Patrrimonio de la Humanidad 2010)

South Europe 33: Madrid

【マドリード】イスパニアの首都

スペイン，マドリード州，首都
Capital, Madrid, Spain

　マドリードはイベリア半島のほぼ中心，欧州の首都の中では最も高い655mの標高に位置するスペインの首都である。人口は約324万人，都市圏人口は約540万人を抱える欧州屈指の大都市である。マヨール広場やソル広場といった伝統的な広場を有する旧市街を取り囲むように，南北にグリッド状の市街地が広がる都市構造を有する。

　マドリードの起源はイスラーム教徒が要塞を建設した9世紀に遡る。マドリードがスペイン帝国の黄金時代を支え，その首都として繁栄するのは，国王フェリペ2世が宮廷をマドリードに移した1561年以降である。カルロス3世の時代には王宮（1735～1764年）やブエナビスタ宮殿（1777年），アルカラ門（1778年），シベーレスの噴水（1782年），プラド美術館（1785年）といった多くの壮麗な建築が設計され，現在のマドリードの都市構造の基礎を形成した。

　マドリードはバルセロナと同様に，19世紀中葉から衛生問題の解決と都市拡張の必要性に同時に迫られていた。とはいえ，平等主義的なプランを採用し旧市街の存在に特別な注意を払わなかったバルセロナとはやや異なり，マドリードでは当時荒廃していた歴史地区の，ヨーロッパの首都としての威厳回復への要求を軸に議論がなされていた。

　19世紀半ば，美化論者（拡張地区建設の支持者）と衛生改善支持者の間で交わされた議論を経て，前者の論理への世論の傾倒を感じていた政府は，1857年になると，技術士であり建築家でもあったカルロス＝マリア・デ・カストロに拡張地区の研究調査を委託する。

　カストロは，バルセロナ拡張計画の作成者である土木技師セルダの省庁時代の同僚でもあった。カストロはセルダが描いた街区パターンに強い影響を受けながら，マドリード拡張地区草案をまとめ，それはやがて1860年に承認された（図1）。同時期にほぼ同様の目的で作成され，その後の市街地発展の下敷きとなったバルセロナとマドリードの拡張計画であるが，大きな違いとしては旧市街の重視がある。マドリードでは，旧市街は原則的に改変の対象ではなく，王宮も存在すること

図1　カストロによるマドリード拡張計画，1860年
（COAM 1978）

図2　ソリアによる線状都市の都市成長モデル，1895年（Soria y Mata 1901）

ら，都市拡張の時代にあっても，あくまで中心地としての位置づけを得ていた。ゆえに新たな都市計画道路は不在である。カステジャーナ通りが，旧市街の東端に接する形で，地形に沿って南北に延伸するのみであった。

都市の発展を受けて，マドリード郊外部における新たな都市形成理論が誕生する。それがアルトゥーロ＝ソリア・イ・マータの線状都市であった（図2）。

線状都市の概念はシンプルだった。都市の成長は，高速道路などの主要な交通軸の周りにおいて線状に進展していくべきだとする。旧市街や拡張地区とは異なる，豊かな庭園を備えた住宅群が，主要道路の両側に垂直方向に形成される。つまり，線状に交通の軸線を配し，それに沿って一種の田園都市を創出する構想であった。ソリアは1894年にマドリード都市整備会社の会長の座に就き，マドリードの北東から北西にかけて合計50kmの長さに及ぶ線状都市の建設事業に着手する。

しかし，皮肉にも後に海外で広範な賞賛を集めることになる線状都市構想が，マドリードで熱心に支持されることはなかった。ソリアは1901年に「マドリードの建築家は，我々の線状都市に何の関心も示さない。あるものはひどく批判さえする」（Soria y Mata 1901）と述べ，落胆を隠そうとしなかった。1906年までにマドリード北東部に18kmに及ぶ線路が配され，300戸の住戸が建設された。続いて1913年までに計630戸に約4000人が住まう居住区が形成されたが，結局実現されたのは1892〜1930年にかけて完成した，わずか数km分だけであった。

一方，旧市街では1950年代半ばをピークに，急激なペースで人口が減少していく。その背景には，建造物の老朽化や地区に根づく生業の衰退，界隈の一部のスラム化などの要因が重なったことが挙げられる。そうした界隈の再生に向けて，民主化後の1980年代以降に展開されたのが，旧市街の修復措置であっ

図3　カスコーロ地区の街区における住戸とオープンスペースの修復（González 2003）

た。旧市街の居民地区の中でも特に衰退の著しかったカスコーロ地区における修復パイロット事業（1981年）は，パティオ（中庭）側に通路と入口を有する独特の旧式の集合住宅の再生に主眼があった。修復にあたり，各建造物ならびに住戸の綿密な調査を実施した点，建造物には原則的に手を加えず修復を主旨としており保存的観点がやや強い点，生業や居住者層の維持に着眼している点が特徴であった。街区全体を対象とするこうした建築的介入は，その後のマドリードにおける都市保全のプロトタイプとなった（図3）。

近年では，交通渋滞や沿道への騒音，排気ガスといった被害を軽減するために，高速道路を地下化し，新たに上部空間に遊歩道を整備した「マドリード・リオ」と呼ばれる都市外縁部における再開発や，旧市街への自動車の流入を大幅に制限し，地区全体の歩行者空間化を図る「マドリード・セントラル」と名づけられた歴史都心の再編成に見られるように，公共空間の復権に力が注がれている。

（阿部大輔）

South Europe 34: Avila

【アヴィラ】 城壁と聖人の街

スペイン，カスティーリャ・イ・レオン州
Castilla y Leon, Spain

　マドリードの西北西約90kmに位置するアヴィラは，「城壁と聖人の町」として知られる。その起源は，スペインの先住民であるイベロ人とケルト人が混血したケルティベロ人の時代に遡る。紀元前500年頃の石像が発見されており，ヴェトン族が定住していたと考えられている。ギリシャ神話の英雄ヘラクレスによって建設されたという伝承を持つ。その名は「イベロ人の土地」に由来するというが，ローマ帝国時代に「白い小部屋Alba cella」と呼ばれていたワインセラーの名が転訛したという説もある。

　プトレマイオスがその地理書に記すアブラAbula（Abla）がその起源と考えられ，ヒスパニアで最初にキリスト教化された都市である。ローマの植民都市となってアビラAbila（Abela）と呼ばれるが，典型的な「ローマ・クアドラータ（正方形のローマ）」である。すなわち，カルドとデクマヌスという南北，東西の大通りが中央で交差し，中心にフォーラムが置かれる形態をしていたことは，現在も残されているローマ時代の城壁，東門，南門の遺構から窺うことができる（図1）。

　西ローマ帝国が崩壊すると西ゴート族の支配下に入るが，714年にイスラームに占拠されると，北方のキリスト教国によって繰り返し攻撃され，無人の地と化した。住民が再居住するのは，1088年にレコンキスタが完了して以降である。この時，城壁を再建した建築家としてカサンドロ・ロマーノとフローリン・デ・ピトゥエンガの名が知られる。旧市街の範囲は東西約900m，南北約450mで，高さ平均12m，厚さ約3mの城壁で囲まれており，城壁はローマ帝国時代に建造された石塀の跡に沿って建てられている（図2）。

　以降，アヴィラはカトリック王の下で，羊毛業を中心に栄えた。スペインの黄金時代，カルロス5世とフェリペ2世のもとで全盛期を迎えている。

　17世紀になると低迷し，人口は4000人にまで縮小する。19世紀に入って鉄道が敷設され，マドリードとフランス国境の町がつなが

図1　都市図，1898年（地図資料編纂会編 1993）

図2　城壁（山口撮影）

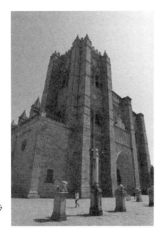

図3 カテドラル(山口撮影)

図4 市壁と一体化したカテドラルのアプス(山口撮影)

るとやや持ち直し，歴史的建造物を残しながら今日に至る。アヴィラは，ヨーロッパでも最もよく中世の城壁を保存する都市のひとつである。「アヴィラ旧市街と市壁外の教会群」は1985年に世界文化遺産に登録されている。

旧市街の東端東門に位置するカテドラルは1107年に創建され，その後増改築が行われてきたものである（図3）。創建当初のマスタービルダーとしてフランス人フルチェルの名前が知られる。東側のアプスは市壁の一部をなしている（図4）。翼廊は1350年の建設である。初期ルネサンスの部分は赤白の石灰岩で造られ，ゴシック期の部分は白岩で造られている。

旧市街の東北市壁外に位置するサン・ヴィセンテ・バシリカは12世紀から14世紀にかけて建設されたものである。4世紀に聖ヴィセンテとその姉妹が殉教したとされる場所に建てられており，イスラームの進出後は荒廃していたが，町を奪回したアルフォンソ6世によって再建された。同じくフルチェルのデザインとされるが，基本的にはラテン十字のバシリカ様式を踏襲するものである。

サン・ホセ修道院は，1562年に建設された最初の修道院であるが，中心となるのは1607年に建築家フランシスコ・デ・モラ（1553〜1610年）によって設計された教会である。

サン・ペドロ教会は市壁外に1100年に建てられたもので，サン・ヴィセンテに類似するラテン十字の教会である。他に，サン・トマス，サン・セグンドなどロマネスク様式の教会が登録リストに挙げられている。

旧ローマ時代のフォーラムがあったプラサ・デル・メルカドチコが市の中心である。市庁舎とサン・フアン教会がその中心に面している。近くに現在は美術館として用いられるドン・ディエゴ・デル・アギラの宮殿（ポレンティノス宮殿）がある（図5）。13世紀以降，時代ごとに手を加えられてきた。4つの住居で構成され，それぞれ16世紀から18世紀にかけて建設された中庭式住宅である。すなわち都市住居の基本は，スペインの他の都市同様，パティオ住宅である。 （山口ジロ・布野修司）

図5 ポレンティノス宮殿(山口撮影)

South Europe 35: Aranjuez

【アランフエス】王宮庭園都市

スペイン，マドリード州
Madrid, Spain

カスティーリャ高原の中央，マドリードから南に約47kmに位置するアランフエスは，ホアキン・ロドリーゴ（1901〜1999年）のギター協奏曲の名曲「アランフエス協奏曲」で知られる。

その起源は，イベリア半島の居住の起源に遡ると思われるが，必ずしもはっきりしない。その名の由来には，バスク語の「アランツァ（山査子）」あるいは「アラン（谷または同音異義のプラム）」という説，アラビア語の「イブン・アランケジュ（クルミの生えるところ）」という説，ラテン語の「アラ・ヨウィス（ジュピター神殿）」など諸説がある。7世紀の文献には「アラウス」や「アランス」という名前で現れ，その後「アランスエケ」などと呼ばれ，15世紀に「アランフエス」に落ち着いたという。

その街並みはテージョ川に沿って形成されたが，テージョ川流域には，数百の水路が網の目のように張り巡らされ，130ものオアシスが形成されている。水路のない地域は，植物は乏しく，褐色の景観を呈している（図1）。レコンキスタの一環として，アルフォンソ6世が1085年にトレドを征服するが，アランフエスは，カスティーリャ王国とイスラーム勢力の間で争奪戦が繰り返された。1178年に最終的にカスティーリャ王国に奪還され，サンティアゴ騎士団の統治下に置かれる。

アランフエスの王宮庭園都市としての起源は，15世紀末にカトリック両王（アラゴン王フェルディナンド2世とカスティーリャ女王イサベル1世。在位1479〜1504年）によって王領とされたことに遡る。フェリペ2世（在位1556〜98年）が宮殿を建設するのは1561年頃で，首都をトレドからマドリードに遷都するのと並行している。ホアン・バティスタ・デ・トレドとフアン・デ・エレーラが建築家として指名されるが，フェリペ2世は，エル・エスコリアル宮殿（修道院）（1563〜84年）の建設も命じる。アランフエスは春の王宮，エル・エスコリアルは冬の王宮として用いられる。

図1　都市図，16世紀（ベルギー王立図書館蔵）

図2　都市図，1899年（地図資料編纂会編 1993）

図3 王宮(スペイン教育・文化・スポーツ省文化遺産研究所)

図4 王宮の庭園(スペイン教育・文化・スポーツ省文化遺産研究所)

フェリペ2世は，世界に冠たるスペイン帝国の権勢を誇示するために，宮殿と庭園を設計するのである。

17世紀のアランフエスは，王室関係者のみが居住する宮殿都市として繁栄する。18世紀のフェルナンド6世（在位1746～59年）によって完成し，カルロス3世（在位1759～88年）の治世に拡張されている。設計計画にあたったのはイタリア人建築家サンチアゴ・ボナヴィア（1700～60年）である。フェリペ5世（在位1700～24年，1724～46年）に1731年に招聘され，1753年に王立アカデミーの建築部門長となる。

アランフエス王宮は，王領の中心に位置するが，東西に曲がりくねって流れるタホ川の南に位置し，宮殿群は南に建てられている（図2）。王宮の北には，タホ川に沿って庭園群が展開する。かつては，放射状の農道で区画された菜園であり，農地であった。スペイン植民地帝国が海外から持ち帰った植物がここで栽培された。現在は一般に公開された庭園になっている。多くの泉水や像が設けられている。

東には，三叉路を形成する3本の舗装道路（レイナ，プリンシペ，インファンタス）が走り，貴族たちの邸宅が建てられた。西には，東と対称に農道が走っていて，そのひとつは王道で，現在はないが，兵舎が建ち並んでいた。王宮から最も遠い位置には広場ラソ・デ・エストレーラがある。かつては狩猟小屋が建てられていたが，現在は祭礼用の広場となっている。もともとの鉄道駅は，さらに西の現在の位置に移転するまではここにあった。現在はバスや車の駐車場となっている。

王宮の前面には，卵形の芝生があり，数々の記念碑的な石のベンチで囲われている。観光客向けの小駅が近くに作られている。王宮の南には砂地の王宮広場があり，様々な宮殿によって囲まれている。

アランフエスの王宮と庭園を含む景観は，2001年に「アランフエスの文化的景観」としてユネスコの世界文化遺産に登録される。第一に評価されるのは，自然と人間活動の歴史的，複合的関係である。すなわち，曲がりくねった自然の川と幾何学的な景観デザイン，都市的生活と農村的生活，森林の野性的生活と洗練された建築などの対比が極めてユニークである（図3，4）。アランフエスは，アランフエス暴動（1809年）など数多くの歴史的出来事の舞台となってきたが，相対的に自律性を維持してきたことも評価される。タホ川とその北を流れるハラマ川の間の広大な庭園は，マドリード首都圏とのバッファーゾーンとなり，また，アランフエスと周辺地域とのバッファーゾーンともなっている。

（福田奎也・布野修司）

South Europe 36: Toledo

【トレド】 寛容の都

スペイン，カスティーリャ=ラ・マンチャ州
Castilla-La Mancha, Spain

　スペイン中央部，マドリードから南西約70kmに位置するトレドは，イベリア半島の都市の歴史をそのまま重層させてきた都市の代表である。湾曲して流れるタホ川に東・南・西から囲まれた島のような丘の上に，トレドの町は形成されている。ギリシャ人であるが，ルネサンス・マニエリスム期を代表する画家エル・グレコ（1541～1614年）が活躍した町としても知られる。

　その歴史は先史時代に遡るが，考古学的に明らかにされる都市遺構は，トレトゥムと呼ばれた紀元1世紀後半のローマ時代の都市で，神殿や劇場，円形競技場，舗装道路，城壁，橋，水道，下水道などの遺構が残っている。円形競技場は1万3000人が収容可能だったとされ，ローマ帝国の中でも最大級であった。

　ローマ帝国に侵入してきたゲルマン系諸族のうち最初に国家建設を行ったのは西ゴート族である。当初トゥールーズ（トロサ）に首都を置くが，西ローマ帝国が滅びるとイベリア半島に支配域を拡張，その後フランク王国との抗争に敗れてイベリア半島に追いやられた。そこで首都としたのがトレドである（560年）。西ゴート時代もキリスト教が信仰され，イベリア半島全体の首座大司教座となる。

　711年に北アフリカから侵入したイスラーム勢力によって西ゴート王国は滅亡する。そしてウマイヤ朝がアッバース革命によって倒れると，後ウマイヤ朝（756～1031年）がイベリア半島に成立する。

　そして，その後ウマイヤ朝が倒れると，タイファ諸王朝のひとつトレド王国の拠点となる。しかし1085年にはカスティーリャ王国によって奪還される。トレド征服はレコンキスタの節目のひとつとなる。

　トレド征服以降，カスティーリャ王国，そしてその後のスペイン王国は定まった首都を持たず，トレドは一時的な宮廷の所在地となる。フェリペ2世が王位についてトレドからマドリードに王都を移すと（1561年），トレドは徐々に衰退を始める。

　トレドには，結果として，途切れることなく，ユダヤ教徒，キリスト教徒，ムスリムが街区を住み分けながら居住し続けることになった。それゆえ，トレドは「寛容の都」「3つの文化の都」といわれている。

　12世紀から13世紀にかけては，トレド翻訳学派といわれる学者たちが活躍し，ユダヤ教徒とキリスト教徒，ムスリム学者の共同作業によって，古代ギリシャ・ローマの哲学・神

図1　都市図（地図資料編纂会編 1993）

図2 バリオの空間構成 (Molenat 1995)

図3 バリオのパティオ式住居 (Molenat 1995)

学・科学の文献がアラビア語からラテン語に翻訳され，この成果が西ヨーロッパのルネサンスに大きな刺激を与えたことが知られる。

都市構造の骨格はイスラーム時代に形成されたものである（図1）。イスラーム都市の住区は一般的にハーラあるいはモハッラと呼ばれるが，トレドではバリオという。細く曲がりくねった道と，窓が建物の正面にないパティオ（中庭）式住居が特徴的である（図2, 3）。また，キリスト教体制下のイスラームの建築様式とされるムデハル様式の建物が多く残されている。当時，12ヶ所あったモスクは，999年に建立されたクリスト・デ・ラ・ルスと，その少し後に建設されたトルネリアスの2つが残る。大モスクは，現在カテドラルがある場所に建てられていた。

ローマ時代の宮殿があったアルカサルやそれに隣接する現在のサンタ・クルス美術館，アルカンタラ橋の辺りには，砦と，軍隊の駐屯地，宮殿，町の他の地区とを区切るための城壁があった。川に隣接した南の地区には，なめし革工場と染色工場が立地した。アルフォンソ5世門（ビサグラ旧門）とバド門，アルカンタラ門，ドセ・カントス門は，イスラーム時代に建てられたものであり，サフォント地区の水汲み水車はイスラームの灌漑技術の遺産である。

最大のユダヤ人コミュニティがあったと考えられているラ・フデリア（ユダヤ人街）には，かつては10のシナゴーグが建っていたとされるが，現在は2つのシナゴーグが残るのみである。コメルシオ通り（商店街）と，14世紀以降は修道院に占められている敷地も，ユダヤ人街あるいはアルカナアとして知られていた。ユダヤの城（カスティージョ・デ・フディオ）と呼ばれている防衛施設群遺跡は，サン・マルティン教区からアンヘル通りをまっすぐ上ったところまで続いていた。

レコンキスタ完了以後，トレドはキリスト教の町となるが，17世紀には「修道院の町」となり，聖職者や学校，救貧院，施療院，礼拝堂などが使用する建物は70棟を数えた。

現存する代表的な教会は，1226年にフェルナンド3世によって建設が開始され，1493年に完成したトレド大聖堂，14世紀にモスクを改装したサント・トメ教会，1000年頃に建てられたモスクを転用したエル・クリスト・デ・ラ・ルス，そしてレコンキスタ完了直後にカトリック両王によって建設されたサン・フアン・デ・ロス・レージェス修道院などである。

都市全体が博物館と称せられる歴史的遺産の存在とそれを包む景観の素晴らしさが評価され，1986年に世界文化遺産に登録されている。

（小山茜・布野修司）

South Europe 37: Santiago de Compostela

【サンティアゴ・デ・コンポステーラ】キリスト教三大巡礼都市

スペイン，ガリシア州
Galicia, Spain

エルサレム，ヴァティカンと並ぶキリスト教三大巡礼地のひとつ，聖都である。新約聖書に登場するゼベダイの子聖ヤコブの遺骸を納めた大聖堂をはじめ，数多くの修道院や教会のある旧市街は，1985年に世界文化遺産に登録されている。スペイン語で，聖ヤコブはサンティアゴ，コンポステーラは「星campusの原stellae」という意味である。

伝承によれば，9世紀初頭，司教テオドミーロあるいは羊飼いが星に導かれて聖ヤコブの墓を発見し，西ゴート王国の復興を目指したアストゥリアス王アルフォンソ2世（760〜842年）がそこに教会を建てたのが起源とされる。

新約聖書によれば，聖ヤコブは，ガリラヤ湖（イスラエル北部）の漁師で，イエス・キリストに従ってイベリアで布教活動を行った後，エルサレムに帰還，ヘロデ・アグリッパ1世の迫害によって殉教する。12使徒の最後の殉教者となったその遺骸を弟子が船で運んでイベリアの地に埋葬したという。レコンキスタ（国土回復戦争）の過程で，聖ヤコブは，イスラームと戦うキリスト教徒を守護する聖人として熱狂的に崇められるようになる。白馬にまたがって天から降って来るヤコブ像が作られ，10世紀までには，この聖ヤコブ信仰はイベリア半島北部一帯に広まり，1492年のグラナダ陥落まで，レコンキスタを完了させる大きなエネルギーになる。

11世紀にはピレネー山脈を越え，西ヨーロッパ各地から巡礼者が訪れるようになっ

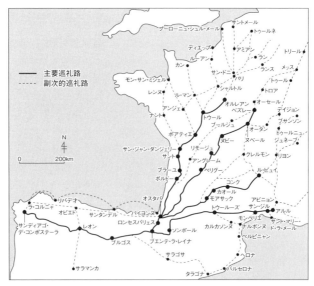

図1　巡礼路
（小林 1985）

図2 世界文化遺産地区とバッファーゾーン
（ユネスコ世界遺産センター）

図3 サンティアゴ大聖堂の外観（上）と内観（下）（川口逸司撮影）

た。12世紀には年間の巡礼者数は50万人にもなり、「案内書」も出されている。その巡礼路（図1）も、フランスの巡礼路とあわせて世界文化遺産に登録されている（1993年, 98年）。

ガリシア地方は大西洋に面し、入江の多い美しい海岸線で知られ、海面上昇で形成されるリアス式海岸の語源──「リアス」とはガリシア語あるいはカスティーリャ語（スペイン語）での入江（リア）の複数形──となったことで知られる。漁業がさかんで、現在も養殖漁業がさかんである。

ガリシア地方は、都市の中心地域以外は森で覆われ、集落はその中に散在する。様々な集団の往来があったと考えられ、スペインの地名の半数近くがガリシアのものであるともいわれる。

サンティアゴ・デ・コンポステーラはガリシア州の州都である。レコンキスタ完了後はその相対的地位を低下させていくが、現在の司法管轄区の中心であり、市内は30の教区からなる。

周囲をサール川とサレーラ川が流れる、世界文化遺産に登録された旧市街（図2）は、中世都市の形態を残していて、サンティアゴ大聖堂（図3）、サン・マルティーニョ・ピナリオ修道院、サン・パイオ・デ・アンテアルターレ修道院、サン・フィス・デ・ソロビオ教会、アニマス礼拝堂などが立地する。

1495年創立のサンティアゴ・デ・コンポステーラ大学はスペイン有数の大学のひとつであり、ガリシア地方で最も伝統ある大学である。キャンパスはサンティアゴ旧市街を挟み南と北にあるほか、ルーゴにもある。学生数はおよそ3万人で、これらの学生の多くは市の人口9万人には含まれていない。サンティアゴは宗教都市であり、観光都市でもあり、また学生の町で、州行政の中心でもあるという異なった顔をあわせ持つ町である。　　（布野修司）

South Europe 38: Valladolid

【バジャドリード】 フェリペ2世の生まれた街

スペイン，カスティーリャ・イ・レオン州
Castilla y Leon, Spain

　フェリペ2世が誕生した街として知られるバジャドリードは，11世紀以降，政治都市・宗教都市・商業都市として栄えてきた。カスティーリャ王国，スペイン王国の宮廷がしばしば置かれた町は，古都の様相を色濃く残してきた。プラサ・マヨールを核とする都市空間構造は都市の大改造が行われた16世紀後半に整えられた。

　ピスエルガ川と近代以前は市中を貫いていたエスゲバ川の合流地点であり，エスゲバ川の合流地点であり，スペイン中北部の交通の要所として農作物が集積する恵まれた立地条件は，後の都市形成に大きく影響した。古代ローマ人の入植以前，ケルト人集落に起源を持つ町は，10世紀後半から市壁に囲まれ，11世紀には直径400mほどの城壁都市に成長していた（図1）。都市の中心には教会堂が建ち，前面広場からは城壁を越えて近郊へと主要道路が伸びる，カスティーリャ地方の典型的な中世都市の構造を帯びていた。

　レコンキスタを終えたカスティーリャ王国の主要都市として，教会堂も数多く，宗教施設は市壁を越えた領域にも建設された。12世紀にはエスゲバ川を市内に取り込むように新たに市壁が拡張された。町の拡張は止まず，14世紀にはさらに新たな市壁によって大きく拡張された。その後も市壁の外へと拡張され，17世紀に再び新たな市壁が建設された。

　都市活動の中心地は，中世に形成された初期市壁の領域内に宗教機能と商業機能を併せ持った主要広場として成立していたが，やがて経済活動のさらなる発展に伴い，市門の外に形成される市場広場へと都市核が移動する歴史を辿る。近世には，商業・政治・宗教機能を併せ持った最も重要な都市核となるプラサ・マヨールとして整備される。こうした都市空間構造の変化は都市の典型的な成長過程でもあった。

　バジャドリードでは，この新しい都市核整備が，バジャドリード大火として知られる大火によって大きく罹災した町の復興計画として行われた。そのため，スペインでも先駆的なルネサンス的秩序に満ちた都市整備計画を実現し，以後に大きな影響を与えた。

　歴史的な大火が起こったのは1561年9月21日。プラサ・マヨールの北東にある町の最も交通量の多い商店街プラテリア通りの1軒から出火し，2日間にわたり近隣一帯に燃え広がり，被害はプラサ・マヨール周辺まで及んだ。バジャドリードの建築家フランシスコ・デ・サラマンカ（1514～73年）は，ほどなく国王フェリペ2世から大火後の復興都市整備計画を任命される。すでに活発な都市活動の舞台で

図1　都市の変遷，11～17世紀（Guàrdia 1995，筆者加筆）

図2 ファサードが統一された広場と周辺街路
（筆者撮影）

図3 1561年の大火のあと整備された今日のプラサ・マヨール界隈（Guàrdia 1995, 筆者加筆）

あったプラサ・マヨールは，一定の面積を持った四角形の広場であったが，建物高さや壁面線，窓の位置などは無秩序であった。デ・サラマンカは，広場を整然とした長方形平面で構成し，統一性のある意匠による建物で囲い，格式高い秩序と連続性を兼ね備えたスペイン初の近代的なプラサ・マヨールを整備した。建物1階はポルティコ形式とし，貯蔵用の地階や中2階が設けられ，その上階の3層分はバルコニーや開口部の割り付けが揃えられ，さらにその上に窓のある屋根裏部屋が載るという統一したファサードが示された。中世広場としての慣習の上に実用性と統一性を強く意識した建築基準は，ルネサンスの規則性と対称性を象徴する都市景観を生み出し，建築の秩序が都市の秩序へとつながる革新的な都市広場がここに実現した（図2）。

都市の心臓部を耐火建築とするため，木材は最小限の使用に止めながら，大火で損壊した建物に使われていた材料を再利用した。基礎や壁，ファサード，柱廊のとくに防火性能が必要な部分には石を用いた。煙突の仕様が統一され，建物数軒おきに設けられる防火壁などもこの時に導入された。煉瓦は建物を統一化するため規格化され，主にファサードに用いられ，上から漆喰が塗られた。梁や扉や窓の枠には木材が用いられ統一が図られた。

ポルティコや建物高さ，壁面位置など，広場に面したすべての住居に統一性を持たせるため，土地の収用や権利移転の問題解決も大きな課題となった。

町の復興はプラサ・マヨール単体の再整備だけではなかった。広場北東に隣接する旧市壁沿いのもうひとつの都市核へと伸びる現プラテリア通りを主軸とし，直交する軸線上にオチャーボ広場などの小広場が整備された。さらに街路，小広場，プラサ・マヨールは柱廊で連結され，界隈の要素が有機的に結合した都市空間が生まれることとなった（図3）。

周辺の小広場には16世紀初頭から泉が設置されるなど個々に整備がなされており，いわば小さな都市核が町に分散した状態にあったが，こうした都市の多核化はカスティーリャ都市の特徴でもあるという（Rebollo Matías 1988）。バジャドリードの都市整備は，分散した性格の異なる小さな核を，ポルティコという建築的な手法によってつなぎ，街並みに連続性を与えるものであった。経済活動に配慮した機能性と街並み統一を実現したバジャドリードの都市整備手法は，中世の都市計画から近代の都市計画への移行を示すものであり，スペイン国内の都市整備ならびに中南米植民都市のプラサ・マヨールにおいて参照されることとなった。

（加嶋章博）

South Europe 39: Salamanca

【サラマンカ】知の集積都市

スペイン，カスティーリャ・イ・レオン州
Castilla y Leon, Spain

マドリードから西へ約210km，バジャドリードから南西に110kmの位置にある都市サラマンカは，古代ローマ人が築いた町サルマンティカに由来する。都市の中心にあるポルティコのあるマヨール広場は，市役所や集合住宅が統一的に整備され，スペイン随一の美しさを誇る広場と称される。町は，ローマ帝国時代から重要都市メリダとアストルガを結ぶ経済活動の大動脈「銀の道」がトルメス川と交わる位置にあり，古くからスペインを南北に移動する交通の要衝として栄えた。

中世サラマンカの中心には，ボローニャ大学やオクスフォード大学，パリ大学と並ぶ世界最古のサラマンカ大学が12世紀に設立され，知の集積都市となっていった。学舎としても使われた近くの旧大聖堂周辺（図1）には，アラブのスーク（市場）に由来する旧アソーゲ（市場広場）という初期の主要市場が形成される。今日見られるスペイン都市広場の典型であるプラサ・マヨールの成立過程は，町の市場と城壁の変遷を辿ることで理解できる。

サラマンカにはかつて新旧2つの壁があった。レコンキスタ完了後のキリスト教徒の再入植により，町が急速に外市（市壁の外）に広がると，アソーゲの市場機能は低下し，経済効果のより高い市壁北端の市門プエルタ・デル・ソル付近に新アソーゲが整備される。旧アソーゲが大聖堂周辺に発展したのと同様に，新アソーゲも宗教機能と経済機能が共存する広場として整備されるが，このことは都市の重心が市壁中心から周縁へ動いたことを意味する。

12世紀末から旧城壁の3倍ほどの直径を持つ新城壁の建設が始まるが，サラマンカの実質の都市領域は，市外に建設されていたサン・マルティン教会堂を中心に発展し，13世紀頃から特に市場機能も活発化していく。広大な面積を持つサン・マルティン広場は，様々な人・物・情報が行き交う新しい都市核となっていった。ここは物理的にも都市領域の中心に位置し，多様な売買人が集まる場所となった。

15世紀頃のサン・マルティン広場は，今日のマヨール広場の4倍ほどの広大な面積を有していた。その後，王立の肉市場をはじめ様々な施設が建ち並び，傾斜地もあったことから無秩序化していった。フェリペ2世の時

図1　市場広場の変遷，12～16世紀（Martín Henández 1992, 筆者加筆）

代にも空間整備が試みられたが,財政問題から実現はしなかった。しかし,商業機能・住居機能の両面からこの場所の再整備が強く求められたのは自然なことであった。1710年,フランス出身の国王フェリペ5世はサラマンカを訪問し,都市核の整備を命じた。市当局は,今や秩序のないサン・マルティン広場の平坦な西北部分をプラサ・マヨールとして区画し,東と南にそれぞれ異なる商品を扱う別の広場を設け,空間と機能を分節する整備方針を固めた。1729年,この計画は国王にも承認され,今日のプラサ・マヨールの建設が始まった。

こうして,土地所有問題を克服しながら不整形な広場をほぼ正方形に修正し,1階はポルティコで統一された店舗,上階は集合住宅や市役所のバルコニーが一様に連続するファサードが四周を囲う,一辺約80mのプラサ・マヨールが計画された。上階バルコニーから闘牛など様々な行事を鑑賞できるよう設計され,スペイン・バロックのチュリゲレスコ様式で整えられたファサードには強い統一性が与えられた(図2)。サラマンカのプラサ・マヨールはバジャドリードやマドリードのプラサ・マヨールの設計手法を強く意識したものと考えられる。実際,サラマンカのマヨール広場の最初の建築家チュリゲラは,1729～33年の間,すなわちサラマンカの広場の建設と同時期に,バジャドリード大聖堂のファサードの設計を担っていた。

1755年に完成したプラサ・マヨールは,サラマンカの歴史的都市改造事業となった。都市計画的にも主要道路が結集する町の中心部で大規模な解体と整備を推し進め,周辺の市場機能を分節しながら,合理的で品格のある都市核が形成されていった。建築史家フェルナンド・チュエカ(1911～2004年)はこのサラマンカのプラサ・マヨールのことを,特に新しい技術を見せたわけではないものの,ス

図2 ファサードが統一されたマヨール広場,1755年完成(筆者撮影)

ペインのマヨール広場形成史上の最高峰だという。建築家と石工職人,大工,彫刻家はもとより,多くの労働者が関わった大事業は,都市の整備と美観に対する市民の認識を限りなく高めたといわれる。

サラマンカのマヨール広場は,成長する都市組織の発達段階を示している。いくつかのヨーロッパ中世都市にも共通するが,初期の城郭都市の都市活動の中心,すなわち市場広場は町が市壁外へ拡張していくとともに経済活動が活発化する市門付近へと移動する現象を辿る。そして,さらなる都市拡張と市壁の拡大によって発生する新しい多機能な中心を追いかけるように,拠点としての市場広場が転移していくような都市組織の生成過程が窺える。市壁の拡張が繰り返されれば,都市の重心移動の法則は継続して起こる。バジャドリードもサラマンカの町もこの都市成長の法則にあてはまる。

(加嶋章博)

South Europe 40: Santa Fe

【サンタ・フェ】スペイン植民地のモデル都市

スペイン，アンダルシア州
Andalusia, Spain

　レコンキスタ終了前年の1491年，カトリック両王によってスペイン南部グラナダに建設された計画都市サンタ・フェは，中南米をはじめとするスペイン植民地の都市計画モデルとなった町として知られる。サンタ・フェは人口1.5万人（2016年）の小さな町だが，その都市空間構造はスペイン都市計画史上極めて重要な意味を持つ。レコンキスタの終盤，ムスリム勢力の拠点グラナダの町を包囲し降伏させる目的から，西へ13kmのところに軍営都市として建設された。

　イベリア半島における最後のムスリム勢力ナスル朝グラナダ王国の王ボアブディルがカトリック両王に対する降伏文書に署名したのも，このサンタ・フェであった。翌1492年1月，その拠点であったアルハンブラ宮殿が無血開城されたことで，7世紀以上にわたるレコンキスタは幕を閉じた。さらに同年4月，この町でクリストバル・コロンがカトリック両王とサンタ・フェ協約（世界記憶遺産）を締結し，新大陸発見に向けた航海探索の援助の約束を取り付けた。サンタ・フェは大航海時代の幕開けを象徴する町でもあるのだ。

　当初，町は220×330mの長方形をなし，石と煉瓦による堅固な市壁と4つの市門で四周が囲まれていた。グラナダ攻略に向けた軍営都市として心理的圧迫を与えるには十分な様相を呈していた。一方で，その都市計画には理想的で持続性のある都市空間を目指して実験的な形が与えられた。

　サンタ・フェは異郷の植民都市ではなく本国に存在する町であるが，レコンキスタに伴う再入植活動の中で，異教徒社会の征服および平定を強く意識した，いわば理想都市として建設された。のちの植民地における都市計画の与条件を先取りしている。

　サンタ・フェの町は，18世紀の歴史的大地震などのため，当初あった重要施設の多くが罹災し，再建された。現在では市壁も残存せず，4つの市門も礼拝堂が加えられたものに

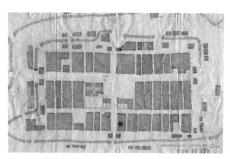

図1　都市図，18世紀（サンタ・フェ市役所蔵）

図2　都市の空間構成

なるなど当初のままの姿ではない。しかし、アメリカ都市計画史の大家J・レップス（Reps 1997）がいうように、サンタ・フェの都市空間構造そのものは建設当初から現在に至るまでの5世紀の間ほとんど変化しておらず、当初の明快な計画手法を今に伝えている（図1, 2）。

市壁の四辺は東西南北の方位にあわせられた。その各辺中央には、ハエン門（北）、グラナダ門（東）、セビリア門（南）、ヘレス門（西。1950年の建て替え以降はロハ門と呼ばれる）の4つの市門が開けられ、幅広の4本の直線道路が市外から町の中心まで入ってくる。長方形をした市壁の対角線が交わる町の中央には当初から矩形の主要広場が計画され、南北幹線道路カルドと東西幹線道路デクマヌスが都市の中心にある主要広場で交差する古代ローマの植民都市の構造を示している。

現在はこの主要広場に面してエンカルナシオン教会や市役所など、町の建設時にはなかった建物が集まるが、当初から主要広場プラサ・デ・アルマス（軍用広場の意。現在はエスパーニャ広場と呼ばれる）の周りに、教会堂や王室関連施設、王立病院など軍営都市にとって重要な施設を集めた都市核として計画された。14世紀に建設されたスペイン・ブルゴスの要塞都市ブリビエスカの格子状都市空間構造を参照したともいわれる。

都市内のその他の道路もほぼ直交座標軸に従っている。南北の幹線道路は、エスパーニャ広場の南・北辺それぞれの中点から伸び、東西の幹線道路は広場北辺をそのまま東西に延長した構成をなす。広場からは東西南北に幅広の道路が市門まで直結し、見通し良く設計されたことが窺える（図3）。

この十字路が交差する都市計画と施設配置の考え方は、都市計画の合理性や多様性を企図したウィトルウィウスやアルベルティの都市観とも関連性が指摘され、ローマ植民都市の伝統の上にルネサンスという近代性を重ね

図3　市門まで直線道路が伸びるエスパーニャ広場、1491年計画（筆者撮影）

たスペイン都市計画の始まりでもあった。

国王が許可したスペイン植民地の都市計画において、サンタ・フェで試された都市空間構成は、ひとつの明快なモデルとなった。スペイン植民都市は多種多様であるが、都市の中央には、教会堂や王室関係施設、市庁舎などで囲まれた主要広場を中心とした都市核が形成され、直交座標系の道路と街区の反復配列、主要広場と都市外部を直接結ぶ主要道路、主要広場と小広場の分散配置が都市計画の基本となっている。

スペイン植民地法「フェリペ2世の勅令」（1573年）には都市計画に関するまとまった条文が盛り込まれた。プラサ・マヨール（主要広場）を起点とし、道路と街区を直交座標系に従って反復配列し、町の拡張にも対応できる空間構成とすること（第111条）、都市計画の起点となる主要広場は沿岸都市の場合は港がある場所に、内陸都市である場合は町の中央に配置し、その広場は長辺が少なくとも短辺の1.5倍の長方形広場とすること（第112条）、長方形広場の各辺中点や四隅から直交方向に直線道路を敷くこと（第114条）などが明文化された。この勅令に示された都市計画の考え方は、まさにこのサンタ・フェの都市空間構造を下敷きにしたものであった。

（加嶋章博）

South Europe 41: Granada

【グラナダ】アルハンブラの都市

スペイン，アンダルシア州
Andalusia, Spain

　グラナダといえば，アルハンブラ宮殿である。そして，イベリア半島最後のイスラーム王朝となったナスル朝（1232〜1492年）の都が置かれた都市である。

　グラナダは，シエラネバダ山脈に囲われた「ベガ」と呼ばれる肥沃な平野を基盤にして栄えた。その起源はローマ時代に遡る。その名はアルハンブラ宮殿のある丘に8世紀に築かれたユダヤ人居住区ガルナータに由来する。

　グラナダの都市形成史は，大きくローマ時代，イスラーム時代，そしてレコンキスタ以降に分けられる（図1）。

　コンスタンティヌス（在位306〜337年）のキリスト教公認によって，ローマ帝国の属州イスパニアは，キリスト教ローマ帝国に組み込まれることになるが，イベリア半島のキリスト教化が一気に進んだわけではない。初期のキリスト教はユダヤ人によって広められ，1世紀のイスパニアの諸都市にもユダヤ人街が形成される。迫害が激化した3世紀にはイスパニアでも殉教者が出て，4世紀には，グラナダ（エルビーラ）でも教会会議が開催されている。

　城塞都市としてのアルハンブラの起源は後ウマイヤ朝末期のアルカサーバに遡る。後ウマイヤ朝が分裂すると，「新ベルベル諸族」は，グラナダやカルモナ，アルコス，モロン，ロンダといったアンダルス南部に拠点を設け，

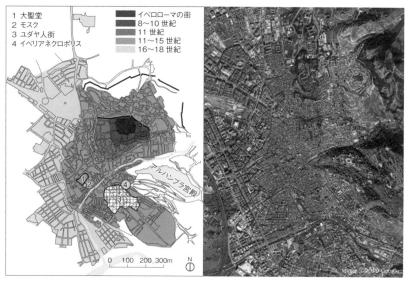

図1　都市の形成過程（左：Isac 2007をもとに梅谷敬三作製）

図2　アルハンブラ宮殿ライオンのパティオ
（布野撮影）

図3　アルハンブラ宮殿からアルバイシン地区を望む
（布野撮影）

それぞれタイファ諸王朝を形成した。そしてタイファ諸王朝の中で最大の勢力を誇ることになるのがグラナダのジーリー朝であった。

　レコンキスタは，イスラームの侵攻直後から開始されるが，本格化するのはアンダルスが分裂して以降である。そして最終段階では，グラナダのナスル朝などわずかな地方王朝がカスティーリャ王国と臣従関係を結ぶことで存続する形となる。

　グラナダのナスル朝は，カスティーリャ王国とマリーン朝の狭間で，相対的自立と繁栄を維持し，ユースフ1世（在位1333～54年）と，ムハンマド5世（在位1354～59年，1362～91年）の治世に最盛期を迎える。アルハンブラ宮殿（図2）が拡張され壮麗を極めるのは，この時期である。

　グラナダ市街の東南に位置するサビーカの丘には代々城塞が築かれてきたが，ナスル朝の創始者であるムハンマド1世（在位1237(38)～57年）が宮殿を建設して以来，ナスル朝の歴代王もここに宮殿を造営してきた。ユースフ1世はコマーレス宮を，ムハンマド5世はライオンのパティオを増築している。

　1492年1月6日，最後の王ムハンマド12世によってアルハンブラ宮殿が無血開城されてレコンキスタは完了する。そして同じ年の8月，クリストバル・コロンの船団はパロス港を出港し，10月にはグアナハニ（サン・サルヴァドル）島（西インド諸島，バハマ）に到達する。レコンキスタの完了とコンキスタの開始は奇しくも同じ年である。

　すなわち1492年は，ヨーロッパ世界が世界を制する記念すべき年となる。グラナダ王国攻略戦において大砲が絶大な威力を発揮する。火器による戦争，攻城戦の新局面と西欧列強の海外進出は並行するのである。植民地建設の直接的な道具となったのは火器である。そして，レコンキスタ完了で，キリスト教徒によるユダヤ人の虐殺が行われ，スペイン異端審問によって，多くのユダヤ人がイベリア半島から去ることになる。

　イサベル1世とフェルナンド2世の支配下に入り，グラナダには，カテドラルや王室礼拝堂，カルトゥーハ修道院などが建設されていく。そしてアルハンブラにはカルロス5世宮殿も建てられる。

　現在のグラナダには，以上のような歴史的建造物が数多く残されており，アルハンブラ宮殿の川向うの丘にはイスラーム街区アルバイシン（図3）も残されている。グラナダのアルハンブラ，ヘネラリーフェ，アルバイシンは，1984年にユネスコの世界文化遺産に登録されている。

（布野修司／J・R・ヒメネス・ベルデホ）

South Europe 42: Cordoba

【コルドバ】メスキータの街

スペイン，アンダルシア州
Andalusia, Spain

　グアダルキビル川の中流域に位置するコルドバは，フェニキア人の植民都市を起源とし，カルタゴの拠点都市ともなり，ローマ，続いて西ゴート族の支配を受け，後ウマイヤ朝の首都となった。イベリア半島の都市の歴史をそのまま重層させた，スペインを代表する都市である（図1）。

　アッバース革命（750年）によってウマイヤ朝の王子アブド・アル・ラフマーン1世はダマスクスを追われ，コルドバで後ウマイヤ朝を建て（756年），サン・ヴィセンテ教会を買い取って，モスク建設を開始する（785年）。このメスキータは，その後，様々に拡張・改築され，西方イスラーム圏を代表するモニュメントとなる。そして，レコンキスタ後には大聖堂に改造される。教会，モスク，カテドラルという数奇な運命を辿ったのがコルドバのメスキータである（図2）。

　コルドバへ移住したムスリムの多くはシリア出身であり，その初期の都市形態や景観にはシリアの都市の影響があったと考えられる。10世紀には，その周囲の市壁は全長12km，人口は約50万人にも達し，「西方の宝石」と呼ばれて，バグダードやコンスタンティノープルと並ぶ三大都市のひとつとなる。4回の拡張工事で収容人員2万5000人に達したメスキータとそれに隣接する王宮（アルカサル）を中心に，蔵書数40万冊と伝えられる王宮図書館など70の図書館，1600のモスク，800のハンマーム（公衆浴場），多数のマドラサがあったとされる。また，城内はハーラ（街区）に分かれ，キリスト教徒やユダヤ教徒もハーラを形成していた。また，郊外には21のバラート（郊外居住区）があった。

　後ウマイヤ朝は内部に対立を抱え，反乱・紛争が続くが，アブド・アッラフマーン3世がアンダルス各地を平定し，カリフ制が確立されると，その治世（在位912～961年）に最

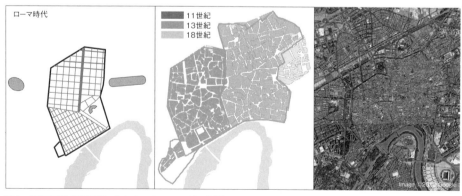

図1　都市の形成過程（左・中央：ヒメネス・ベルデホ作製）

図2　メスキータ(布野撮影)　　図3　アルカサル(布野撮影)　　図4　ユダヤ人街(布野撮影)

盛期を迎える。アブド・アッラフマーン3世は，カリフに相応しい新都として，コルドバ北西近郊のシエラ・デ・コルドバ山麓に宮廷都市マディーナ・アッザフラーを建設している。東西南北1.5×0.5kmの長方形で，1km四方のコルドバに匹敵する規模であった。また，アブド・アッラフマーン3世の孫のヒシャーム2世（在位976〜1009年，1010〜13年）の治世に実権を握ったマンスール（ハージブ（侍従）在位978〜1002年）は，コルドバの東郊にマディーナ・ザヒーラを新たに造営し，行政の中心としている。

アブド・アッラフマーン3世以降，後ウマイヤ朝は，北方のキリスト教圏に軍事遠征を繰り返す。キリスト教徒の聖地サンティアゴ・デ・コンポステーラを略奪したのは997年である。一方，マグリブにも侵攻，セウタを占領してマグリブ支配の拠点としている。

しかし11世紀になると後ウマイヤ朝は衰退を始め，1031年には崩壊してタイファと呼ばれる小国に分裂する。衰退の原因は，マンスールに遡るアーミル家がその権力の基礎として導入したベルベル人兵士軍団の伸張である。ウマイヤ家とアーミル家の対立に加え，8世紀初頭以降アンダルス社会に溶け込んできたベルベル人の子孫たちと「新ベルベル人」の対立が決定的になるのである。コルドバはしばしば内乱の戦場と化し，損害を受けている。

レコンキスタが本格化するのはアンダルスが分裂して以降である。カスティーリャ＝レオン王フェルナンド1世が1064年にコインブラを征服し，フランス人騎士団がバルバストロを占領したのが皮切りになる。その後，アンダルス全体がムラービト朝の支配下に入るが，その崩壊によって，キリスト教徒のレコンキスタはさらに進む。ムラービト朝にとって代わったムワッヒド朝（1130〜1269年）が，カリフのアンダルス滞在中の首都としたのがセヴィーリャである。

最終的にコルドバが攻略されるのは，カスティーリャのフェルナンド王の「大レコンキスタ」によってであり，1236年のことである。コルドバは14の教区に分けられ，新たに多くの教会が建てられるが，一地方都市となり，次第に衰退して，イスラーム都市の特性も失っていくことになる。18世紀には人口は2万人まで減少し，増加に転ずるのは20世紀に入ってからである。

市内には数多くの歴史的建造物が残されており，1984年にユネスコの世界文化遺産に登録されている。

（布野修司／J・R・ヒメネス・ベルデホ）

South Europe 43: Sevilla

【セヴィーリャ】アル・アンダルスの都

スペイン，アンダルシア州
Andalusia, Spain

　セヴィーリャは，イベリア半島の重層的な都市形成の歴史をそのまま示す代表的な都市である。地中海の西端にあって，古来，メソポタミアや地中海文明とつながりを持ち，西ゴート族やローマ，イスラームの支配を受けた。そしてスペイン植民地帝国の中枢となった。

　グアダルキビル川の河口近くに位置するセヴィーリャは，肥沃な平野と水利水運に恵まれ，港市としての起源は有史以前に遡る。伝説上ヘラクレスが建設者とされ，また古代タルテソス王国の首都とも考えられている。その後，カディスを拠点とするフェニキアとの交易拠点となり，紀元前6世紀にフェニキアが衰亡すると，イビサ島およびカルタゴ・ノヴァ（カルタヘナ）を拠点とするカルタゴの支配下に入る（前348年）。しかしポエニ戦争（第二次）時にユリウス・カエサルによって破壊され，焼失する（前216年）。

　アウグストゥスの時代に半島は3つの属州に分けられるが，バエティカ州（首都コルドバ）は今日のアンダルシア地方にほぼ相当する。各州は管区に分けられるが，バエティカ

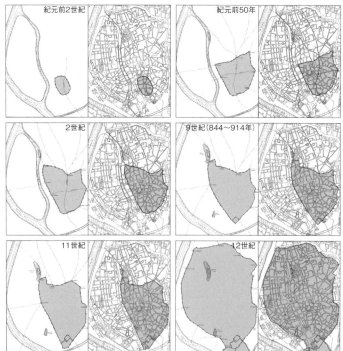

図1　都市の形成過程，紀元前2世紀〜12世紀（ヒメネス・ベルデホ作製）

州の1管区イスパリスがセヴィーリャの前身である。セヴィーリャは「小ローマ」と呼ばれるオッピドム（自治都市）として成長する。ヴァンダル族やスエヴィ族の支配を経て，西ゴート王国が成立した当初にはその首都となる（441年）。

そして，イスラームが半島を襲う。711年以降，わずか数年でイスラーム軍はほぼ全半島を占領する。ウマイヤ朝のカリフは，支配した領域をアル・アンダルスと呼び，最初の拠点をセヴィーリャに置く。ローマ時代，西ゴート時代のバシリカの敷地にモスクが建設され，都市は大きく改変される。すなわち，中庭式住居が密集する袋小路を内包するアラブ・イスラーム風の街区が形成されていった。

アル・アンダルスの首都はまもなくコルドバに移されるが，首都コルドバと経済的繁栄を競い，後ウマイヤ朝が崩壊し，群小王朝が分裂割拠する時代になると，セヴィーリャ王国（1023〜93年）の首都として，コルドバを凌ぐまでになる。そして，セヴィーリャの繁栄は，マグリブ王朝であるムワッヒド朝（1130〜1269年）の時代に頂点に達する。人口は8万人に達したとされる。市域は拡張し，新たな市壁が建設された。ヒラルダの塔は1176年，黄金の塔は1220年の建設であり，アルカサル（王宮）は，レコンキスタ（国土回復）後の14世紀にモサラベ（言語・文化的にはアラブ化したキリスト教徒）職人によって建てられたものである（図2）。セヴィーリャの今日に至る都市の骨格は，イスラーム時代に形成されたものである。

レコンキスタが完了する1492年から遡ること2世紀半，フェルナンド3世が1248年にセヴィーリャを奪回するが，セヴィーリャは，カスティーリャ王国でも重要な都市として存続する。そしてコンキスタの時代が開始する。

1503年，通商院が設置され，セヴィーリャは植民地貿易を独占する。結果としてスペイ

図2　アルカサル（布野撮影）

ン最大の商業都市に発展し，スペインの「黄金の世紀」の中心都市となる。すなわち，スペイン植民地帝国の帝都として君臨する。

しかし，18世紀初頭のスペイン継承戦争や，度重なる洪水と飢饉によって，セヴィーリャは，その地位をカディスに譲ることになる（1717年）。それとともにセヴィーリャの衰退が始まる。

18世紀にはパブロ・デ・オラヴィデによって，下水道や清掃システム，街灯の設置，直線道路の建設などの改造が行われる。また，遊歩道や堤防の整備も行われた。黄金の塔の最頂部が増築され，王立煙草工場，サンテルモ大学なども建設される。パブロ・デ・オラヴィデは，1771年にセヴィーリャ最初の地形図を作製したことでも知られる。

1820年のスペイン立憲革命の際にセヴィーリャは自由主義者の拠点となるが，19世紀を通じて人口は緩やかに増加し，世紀末には14万人に達する。20世紀に入って，人口増加はさらに加速し，農村部からの流入によって20万人の都市になる。1929年にはラテンアメリカ展覧会を開催している。これをきっかけにセヴィーリャの市域は約2倍となる。

スペイン内戦ではフランコ軍にいち早く占領されたが，その後，アンダルシアの州都として，スペイン南部の中心都市として，今日に至る。1992年にはセヴィーリャ万博が開催された。（布野修司／J・R・ヒメネス・ベルデホ）

South Europe 44: Cadiz

【カディス】アトランティスへの港町

スペイン，アンダルシア州
Andalusia, Spain

　カディスは，ジブラルタル海峡の西，グアダルキビル川河口の南に位置し，古来，大西洋に面する港町として知られていた。クリストバル・コロンがここから「新大陸」発見の航海に出発した（第2回，第4回）ように，また，インディアス艦隊の拠点港となったように，スペインのイベロアメリカへの窓口となった港市である。

　考古学的調査によれば，その起源は紀元前7世紀に遡り，フェニキア人にカディル（Gadir，古代ギリシャ語ではGadeira）と呼ばれた拠点港であったことが知られる。その後，ローマも拠点としたが，西ゴート時代に都市が建設されて，以前の遺構の全体は明らかでない。そしてイスラーム時代を迎え，レコンキスタ後にスペイン領となった。

　大航海時代には，イベロアメリカとの交易によっておおいに繁栄するが，一方，大西洋に直接面することからイギリスの攻撃目標とされ，16世紀にはたびたび襲われている。1587年には英国の探検家フランシス・ドレークによって占拠され，建造物とともに多くの船が破壊された。翌年，英仏海峡で行われたアルマダの海戦で，無敵艦隊と呼ばれていたスペイン艦隊は歴史的敗北を喫する。さらに1625年，バッキンガム公ジョージ・ウィリアムが侵略するなど，17世紀に入ってもイギリスの襲撃は続いた。1654年に始まった英西戦争では，カディスは英国陸軍大佐ロバート・ブレイクによって封鎖されている。しかし1680年以降，アメリカ大陸との交易がセヴィーリャとカディスの両港で行われるようになると，カディスはさらに栄えた。

　現存する歴史的建造物は17世紀から19世紀にかけて建設されたものである。カディスの都市形成過程については，シマンカス古文書館やカタルーニャ地図研究所などに数多くの地図や図面が残されていて，明らかにすることができる（図1）。

　カディスを描いた最古のスケッチは1513年のものであるが，1567年に画家ヴィンガルデが描いた鳥瞰図がある。栄えた港の様子とともに，サン・フランシスコ修道院がランドマークとして描かれている。記録によれば当時の人口は約5000人である。

　1625年のバッキンガム公の襲撃の後に新しい要塞と城壁が建設され，17世紀半ばには都市の骨格がほぼできあがっている。人口は2万2000人まで増加する。1680年以降は，果樹園や空地となっていた西部に街区が拡張され，貴族たちの邸宅が建設される。18世紀初

図1　都市図，1800年（カディス市提供）

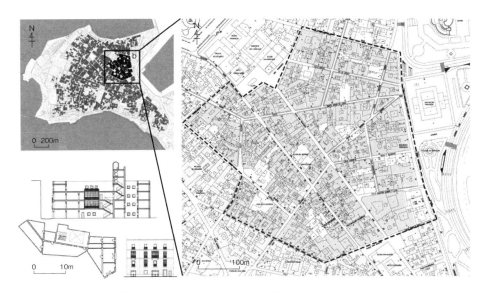

図2 街区の地図と建物例(ブリド・アルカス・ヘスス・アルベルト作製)

頭には人口は4万人に達している。

17世紀半ばにはデスカルソス修道院が半島の南部に建設される。すなわち，宗教施設の建設が市街地の形成を主導する。近接して市場も建設される。建物は4〜5階建てが一般的となる。デスカルソス修道院は1830年まで存続した。

ラ・ヴィーニャやメンティデーロ，サン・カルロス，エル・バロンといった住区の形成は18世紀末に遡る。

18世紀末になると城砦内は建て詰まる（図2）。空地は軍用地である。1792年には，建築物のファサードや高さを規定する建築基準法が制定されている。容積を増やして人口増に対応するためで，これによって市壁内のリノベーションが行われるのである。1812年に人口は7万4500人となる。そして19世紀には10万人を突破することになるのである。

もともと島であり，面積が限られているせいであるが，イベリア半島では極めてユニークで極めて高密度な港市都市がこうしてできあがった。19世紀初頭には拡張の余地がほぼなくなっていたカディスは，わずかに残っていた空地も埋まり，その後は古い建物をリノベーションすることが主となる。最古の地区は中世に遡り，狭い曲がりくねった街路によって構成されている（図2）。建物は2階建てないし3階建てで，当初の高さが維持されている。4階建ての建物は17世紀の建築ブームの際に建てられたものである。17世紀には，新たにサン・フランシスコ修道院などが建てられるが，中世には幅4m以下であった街路が，より直線的に拡幅された。

19世紀初頭のナポレオン戦争の際も，カディスは攻略されることなく自立性を保ち，都市形成の歴史をそのまま今日に伝える。市域を境界づけられ，古くから高層住居が密集する街区形態を発展させてきたカディスは，南スペインの都市の中で極めてユニークである。

(布野修司)

South Europe 45: San Cristobal de La Laguna

【サン・クリストバル・デ・ラ・ラグーナ】イベロアメリカへの発信基地

スペイン，カナリア諸島州
Canary Islands, Spain

　カナリア諸島は，北アフリカのモロッコ沖100〜500kmの大西洋上に浮かぶ島々である。7つの島からなり，諸島全体でスペインの自治州を形成する。カナリアの名は，その原産地として鳥の名になっているが，ラテン語の「犬」に由来するという。7つの島のひとつテネリフェ島に，アロンソ・フェルナンデス・デ・ルーゴ（？〜1525年）によって1496年から97年にかけて建設されたのが，サン・クリストバル・デ・ラ・ラグーナである（図1）。アロンソ・フェルナンデス・デ・ルーゴは，スペインのコンキスタドールであり，ラ・パルマ（1492〜93年）に続いてテネリフェ島（1494〜96年）を征服し，サン・クリストバル・デ・ラ・ラグーナのほか，サンタ・クルス・デ・テネリフェ，サンタ・クルス・デ・ラ・パルマを建設している。

　その建設は，クリストバル・コロンが第2次航海を終えて帰国し，第3次航海へ出立しようとする頃であり，アメリカ最初のスペイン植民都市，イスパニョール島のサント・ドミンゴの建設はまだ緒に就いたばかりの頃である。

　カナリア諸島には，古来，ベルベル系のグアンチェ族が居住してきた。その後，アラブ人，ノルマン人，ポルトガル人が往来し，領有してきた。1402年にカスティーリャ王国が入植を開始し，ポルトガルとの抗争となる。王位継承問題も絡み，1476年のアルカソヴァス条約によって，アゾーレス諸島などの航海権はポルトガルが獲得，カナリア諸島の支配権のみスペインが得ることになる。コロンの「新大陸」発見とともに，イベロアメリカへの発信基地として建設されたのが，サン・クリストバル・デ・ラ・ラグーナである。

　テネリフェ島は火山島であり，スペインで最高峰となるテイデ山（3718m）が南西部にそびえる。島の北東の海岸から14km内陸に入った標高550mの平地に建設された町には，城壁がない。初期のスペイン植民都市は，サント・

図1　都市の眺望
(Karol Kozlowski 撮影, stock.foto 提供)

図2　レオナルド・ダ・ヴィンチが描いた北イタリア・ボローニャのイモラ，1502年（ウィンザー王室図書館蔵，イギリス王室コレクション・トラスト）

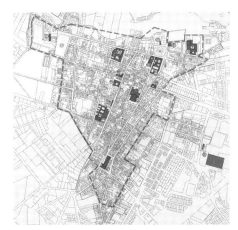

図3 世界文化遺産指定地区と指定歴史建造物（WHC 1999，一部改変）

図4 現在のトリアーニ（WHC 1999）

図5 ヌエストラ・セニョーラ・デ・ロス・レメディオス大聖堂（Erich Teister撮影，stock.foto提供）

図6 街並みを彩る木製バルコニー（Olaf Unger撮影，stock.foto提供）

ドミンゴにしろ，ハバナにしろ，城壁を持つが，先住のグアンチェ族と大きな抗争は想定されていなかったことを示している。また，後にスペイン植民都市の代名詞となる直交座標によるグリッド・パターンの街路体系を厳密に採用しているわけでもない。チェーザレ・ヴォルジアが1499年に占領し，レオナルド・ダ・ヴィンチに詳細な地図を描かせた北イタリア・ボローニャ県のイモラ（1502年）（図2）をもとにしたというが，年代が合わないし，そもそも城壁はない。

1588年のトリアーニの地図と現在のサン・クリストバル・デ・ラ・ラグーナ（図3，4）は突き合わせることが可能であり，当初の計画を窺うことができる。アデランタド広場を中心に，市庁舎，レルカリオ宮殿，コンセプシオン教会サンタ・カタリナ・デ・シエナ修道院，市場などによって構成される。

現在のサン・クリストバル・デ・ラ・ラグーナは，18世紀までに築かれた山の手地区とラグーンに接する下町地区からなる。1701年には，カナリア諸島初の大学（ラ・ラグーナ大学）も開学した。1819年にはヌエストラ・セニョーラ・デ・ロス・レメディオス大聖堂（図5）が建設され，司教座が置かれている。

木製のバルコニーが特徴的な中庭式住居の街並みが残されており（図6），1999年には，ユネスコの世界文化遺産に登録されている。

（布野修司）

South Europe 46: Lisbon

【リスボン】震災復興都市

ポルトガル，リスボン大都市圏
Lisbon, Portugal

　ポルトガルのリスボンは大西洋に注ぐイベリア半島最大の河川であるテージョ川右岸に位置し，外洋から約17km入った地点にある。

　リスボンの歴史は，考古学的な発見から，紀元前8世紀前半のフェニキア時代まで遡る。リスボンの原語オリシポは，フェニキア語のアリス・ウボ（安全な港）に由来するという説もあるが，現在では集落がローマ期以前のテージョ川の名称（LissoやLucio）を取ったとするタルテソス語源説が有力である。その後，プレ・ローマ，ローマ，イスラーム，中世と，リスボンは時代ごとに異なる文化体系によって都市が構築されていくが，影響が最も大きかったのはイスラーム期であった。モーロ城壁の強化やフェルナンド城壁の拡張といったように，都市の繁栄は壁の進退と同調するものであり，イスラーム都市形態を成し，密集して都市化が進められた。

　その後，大航海時代を迎え，都市はさらに拡張し，城壁外にバイロアルト地区といった新たな都市形態の地域が生まれた。バロック時代には税関所や異端審問所，海軍工廠などの公共建築物が次々と建造された。しかし，都市構造そのものに大きな変化はなく，旧市街地であるアルファマ地区やバイシャ地区はイスラーム都市の特徴を維持したままで，時代を経ても更新が行われなかった（図1）。

　つまりリスボンは，「拡張はするが更新できない」都市であり，そのジレンマを抱えたまま1755年11月1日を迎えることになった。

　「リスボン大地震」と呼ばれるこの地震は，推定マグニチュード8.5を記録し，揺れは10分以上続いたとも伝えられる。この地震で多くの建物が崩れ落ち，地震発生から約40分後には津波が到達，さらにバイシャ地区を中心に大規模な火災が発生し，その後5日間にわたってリスボンを焼き尽くし，市内中心部を瓦礫の山に変えた。

　震災の1ヶ月後に「復興計画指南書」ともいえる報告書が，公共事業設計事務局によっ

図1　俯瞰図，16世紀（Braun and Hogenberg 1598）

図2　コンペに提出された都市計画図，プランタNo.5（復元），1950年（原本は1756年）（リスボン市立博物館蔵）

図3 復興住宅のファサード(dos Santos 1758)

図4 復興住宅で使用されたガイオラ構法
(Mascarenhas 2005)

て提出された。再建の方向性として高台移転も候補に挙がったが，被災地の所有をめぐる問題を勘案した結果，再びバイシャ地区を再建する方針が固まった。復興計画に際しコンペティションが行われ，6案出された中から市民建築に長けたリーディングアーキテクトであるサントスの計画案が選ばれた（図2）。

都市の再建の際には，地震によって地盤沈下した土地を嵩上げするのに倒壊した瓦礫が盛土として利用された。そして，津波時に周囲の丘へすぐ避難できるようグリッド状の街路が整備された。また，震災以前から存在していたコメルシオ広場とロシオ広場が継続され2つの新たな広場が街路に接続された。街路を幅によって第1級と第2級に分け，南北方向の第1級街路には表通りになるよう華やかな名称が，南北方向の第2級街路には各ギルドの職業名称が，そして東西方向には宗教的な意味合いの名称がつけられた。こうしてギルトが縦糸，宗教が横糸となって，街路組織が再び都市に編み込まれた。

建築の高さやボリュームは均一に律され，建物の中階（2〜4層）はいっさいの装飾が禁じられ，非常に厳格なルールに基づくことが要求された。延焼防止のために屋根より高い防火壁が等間隔に挿入され，地震前から根づいていた伝統的な窓枠や手摺りを街路ごとにヒエラルキーをつけるパラメーターとしてファサードに再構築し，周辺との景観ギャップを抑えた。これは周辺と結びつき，徐々に以前のような多様な様相を持つ都市として動き出すことを想定してのものだった（図3）。

この復興計画では，前述したように，以前には存在しなかった新たな技術が多数採用されたが，最も影響があったものとして「ガイオラ構法」が挙げられる（図4）。

内部は軽い木でフレームを組み，外壁は火災から守るため燃えない石で造られた。地震の揺れによって外壁が崩れても，木造の格子が床を支えて人命を守るという二重の構造として機能し，厳格なファサードと相まって，美しくかつ強い建築のシステムが生み出された。地震と火災に対応すべく2種類の構造が導入されたことが，結果的に手の加えやすい場所（内部の木造箇所）と，手の加えにくい場所（外壁部分）という異なる性質を生み出した。またそのことが，建築自体はうごめくような増改築がなされ時代の変化に対応できる一方で，外層部分は比較的そのままで変化せず，景観が保たれるという効果をもたらした。

震災後260年が経過した現在のリスボンは「麗しのリスボン」と呼ばれた復興当時の美しさを残しつつ，震災の教訓を今に伝えている。

（葛西慎平）

South Europe 47: Porto

【ポルト】 港の中の港

ポルトガル，ポルト大都市圏
Porto, Portugal

　ポルトガル北西部に位置する，首都リスボンに次ぎポルトガル第二の都市ポルトの起源は，ローマ以前に遡り，ケルト文化の名残であるシタデルが市外に残存している。ローマ帝国時代，4世紀末にはオリシポ（現在のリスボン）とブラカラアウグスタ（現在のブラーガ）とを結ぶ港町として栄えており，ポルトゥス・カーレ（ラテン語でPortus Cale，「カレの港」の意）の名で知られた。それが単にポルトと呼ばれるようになるのは，海上交通と河川交通の接点に位置して，ポルトガルを代表する港となったからであるが，ポルトガルの名もポルトに由来する。ローマ時代のポルト周辺をコンダドゥス・ポルトカレンシスといい，ここに成立した王国をポルトガル王国と呼ぶようになるのである。

　ポルトの名称が一般化するのは12世紀頃で，一方でポルトゥス・カーレはドーロ川と北方のリマ川に挟まれた広範囲な地域を指す地名となった。ゲルマン人による支配を経て，716年に南から侵攻したモーロ人に占領され，3世紀半にわたってイスラーム勢力によって統治されたが，ポルトガルはいち早くレコンキスタを完了し（1092年），ヨーロッパで最初の国民国家となる。

　ポルトゥス・カーレは，1096年にカスティーリャ国王アルフォンソ6世によりフランス・ブルゴーニュ地方出身の騎士エンリケ（アンリ）に譲渡され，その息子のアルフォンソ・エンリケスによって1143年に建国されたのがポルトガル王国である。

　中心市街地は，ドーロ川河口の右岸の丘陵上に発達する。14世紀中頃には城壁が築かれ，中世から近代にかけて港湾都市として発展していく基盤が整備される。そして15世紀には大航海時代をポルトガルが先導することになる。その幕開けとなった1415年のエンリケ航海王子によるセウタ（モロッコ）攻略の船団の出航は，ポルトからである。

　17世紀以降，ドーロ川流域で生産されるワ

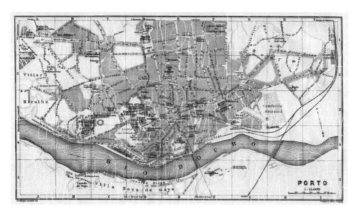

図1　都市図，1913年
(Wagner & Debes, Leipzig)

図2 サン・フランシスコ教会(倉澤智撮影)

図3 クレリゴス教会の高塔を望む(倉澤智撮影)

インの輸出港としての重要性が高まり，特にイギリスがポルトガル産ワインをフランス産ワインより3分の1安い関税で輸入するようになって（メシュエン条約）以降，イギリス向けの輸出が急増した。こうしたワイン生産のためのブドウ園の開発が急速に進められた。流域で醸造されたワインは，ラベーロス船と呼ばれる小型帆船を利用して河口のビラノバデガイア地区に運搬され貯蔵庫で熟成した後，ポートワイン（ポルト・ワイン）として出荷された。この市名を冠したワインは，ブランデーを加えて発酵を途中で停止させ，糖分を残したまま熟成させる独特の製法により醸造される。デザートワインとして好まれ，現在でもポルトガルを代表する輸出品のひとつとなっている。

19世紀には郊外に伸びる主要道路に沿って都市化が進んだ。特に，1892年に都心の北西約8kmの海岸に近代的な湾港設備を持つレーションイス港が完成してからは，港に近いドーロ川以北の地域において市街地の拡大が進んできた。

市内には，12世紀に建造され，17世紀から18世紀にかけて改造された銀細工の祭壇が見事なカテドラル，14世紀に建造されたターリャ・ドゥラーダ（金泥細工）と呼ばれるバロック装飾を施したサン・フランシスコ教会（図2），76mの高塔を持つバロック様式のクレリゴス教会（ニッコロ・ナツォーニ設計，図

図4 ドン・ルイス1世橋(倉澤智撮影)

3），1834年に証券取引所として建設されたボルサ宮など，観光客に人気の高いスポットが集中している。また，市の発展とともにドーロ川の両岸を結ぶ橋梁の必要性が高まり，ドナ・マリア・ピア橋（1877年）とドン・ルイス1世橋（1885年，図4）が建造された。これらを含む旧市街地は1996年，「ポルト歴史地区（ポルト歴史地区，ルイス1世橋およびセラ・ド・ピラール修道院）」として世界文化遺産に登録された。

ポルト周辺は国内有数の人口稠密地域で，繊維，機械，化学，食品，靴，陶器，家具など多様な製品を生産する工場が集積する。第二次世界大戦後の著しい都市化の結果，実質的な都市圏は市域をはるかに越え，周辺の15自治体（ムニシビオ）とともにポルト大都市圏を構成する。この大都市圏はポルト県の北西からアベイロ県北部にかけて広がる。

（林はるか・布野修司）

Column 02 — 古代の理想都市

　人類は，古来，生存のための熾烈な戦いの一方で，理想的な国制，理想的な都市の実現を目指してきた。「理想都市」が「理想的」に実現されることはないが，その理念は現実の都市建設の大きな力となってきた。ヘレン・ロウズナウ（1979）は，西欧における「理想都市」計画の伝統として，ギリシャの伝統，ローマの伝統，ユダヤの伝統を挙げる。

プラトンの理想都市

　プラトン（紀元前427〜347年）が提案するのは，ヒッポダミアン・プラン（グリッド・プラン）とは対照的に，同心円（放射線）状（極座標系）のパターンである。プラトンのポリスの理念は，アリストテレスに比べるときわめて理念的であり図式的である。プラトンの『法律』第5巻14（プラトン1993）は，都市のあり方について以下のようにいう。

　まず，都市（ポリス）をできるだけ国土の中央に，しかも都市として有利な他の諸条件を選んで，位置させる。ヘスティア（竈の神）とゼウスとアテナのためにひとつの神域を定め，これをアクロポリスと呼び，その周りを市壁で円く囲む。アクロポリスを中心として，都市そのものと全国土を12の部分に分割し，よい土地よりなる部分を小さく，悪い土地よりなる部分を大きくすることによって，平等になるようにする。そして，5040の分配地を分け，さらにそのおのおのを2分し，中心から遠いものと近いものとが，おのおの一対をなすように，2つの部分をそれぞれ組み合わせ，都市に隣接した部分は，国境に接した部分と，都市から2番目の部分は，国境から2番目の部分と組み合わせ，他もすべてこのようにする。この分割も，土地の優劣について工夫し，平等になるようにする。住民も12の部分に分けられ，分配地以外の財産についても平等になるようにする。12の分配地を12柱の神々に割り当て，それぞれの神に籤で割り当てられた部分を，その神の名をとって名づけ，神に捧げ，これを部族（ピューレー）と呼ぶ。都市の12の部分も，国土を分けたのと同じ仕方で分ける。市民各自は2つの家を，中心に近いものと，周辺に近いものとを持つ。

　なぜ5040なのか。要するに，1から10までのどの数でも割りきれ，分配に都合がいいからだという（第5巻8）。もっとも，プラトンは，続いて第5巻15で，いっさいが，言葉どおりすべて実現するような好機にめぐりあうことは，とうていないであろうと

いい，これは夢物語か，蠟細工で国家や国民を作るようなものだ，といっている。同時に，立法者は，理想に最も近く，なすべきものに最も似た性質をもつもの，それを実現すべく，工夫をこらさなければならない，たとえどんな些細なものを作る職人でも，いうに足るほどのものになろうとするなら，何であれ，首尾一貫したものを作り上げなければならない，ともいう。[1]

実在の円形の都市として，ペロポネソス半島のマンティネイア（紀元前460年）が知られるが，よく知られるのは，アリストファネス（紀元前445～385年）の喜劇『鳥』（紀元前414年）に出てくる鳥たちの円筒状空中都市である。当時の著名な天文学者で，暦法改革で知られるメトン[2]が，コンパスや測定儀をもって登場させられ，中央に広場を置いて円を8分割するなど，都市計画の提案をしている（アリストパネス 1986）。

アトランティス

プラトンは，さらに『ティマイオス』と『クリティアス』で，国家論に続いて，「幸福の島」アトランティス，そして創造者「デミウルゴス」について議論している。海の神ポセイドンが受け取ったというアトランティス島の空間構造と，土地の配分システムは，以下のようである（プラトン 1969）。

アトランティスは，大きくは2つの部分からなる。アクロポリスのある中央島を環状に取り囲む中枢部（都市部）と，それを囲む（北に隣接する）大平原である。中枢部は環状であるが，大平原部分はグリッドに分割される。プラトンの理想都市は円形と四角形，すなわち極座標系と直交座標系の2つのモデルで示される。プラトンの記述を図にする試みはあるが，全体形状はすっきりと図式化できるわけではない。たとえば，アトランティス全体を10の地域に分けて，5組の双子に与えたとするが，その分割の

1　アリストテレスは，このプラトンの『法律』を曖昧なところが多いと，斬って捨てている（『政治学』第2巻「最善の国政についての人々の見解と評判の高い国政の吟味」「第6章プラトン『法律』に対する批判」）が，市壁の有無について，「都市の市壁に関しては，市民の勇敢さを国是とする国はそういうものを持つ必要はないと主張する人々はあまりにも古い考え方をしている。しかも彼らは，そう誇った国が事実によって反駁されるのを見ているのである」（『政治学』1330b32-34）というのもプラトンへの批判である。プラトンは「第1に，市壁というものは，国家にとって健康上少しも益がないし，またその中に住む人々の魂に，一種の意気地のなさを植えつけるのが常である」（『法律』第6巻20，779A）（プラトン 1993）というのである。

2　紀元前5世紀のアテナイ生まれの数学者，天文学者，技術者であるメトンは，紀元前432年の夏至の日を観測し，これをアテナイの新年の始まりとしたことが伝えられている。19太陽年は235朔望月にほぼ等しいというメトン周期にその名前が残されている。このメトンが，アテナイを円形に計画した風変わりな幾何学者として，『鳥』に登場させられているのである。ヒッポダモスとメトンは，グリッド都市と円形都市を考案した，いずれも風変わりな人物ということになる。

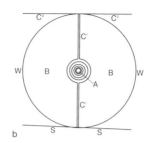
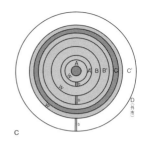

図1 プラトンのアトランティス（田中編 1969）
a 中枢部と大平原：アトランティスの山で囲われた大平原は，水路（C）で囲われてグリッドに分割されており，南面の中心で中央島を円形に囲むメトロポリス（中枢部）に連絡する。
b 中枢部：中央島にあるアクロポリス（A）を外部（B）が取り囲むメトロポリスは，環状壁（W）で囲まれる。Cは水路。
c 都市核：中央島（A）を陸地環状帯（B, C）と海水環状帯（A^2, B^2, C^2）が取り囲む。

仕方については記述がない。最年長の双子のうち先に生まれた子を王として，彼に特に広い地域を与えたというから，等分ではない。以下は，最年長の王の国についての記述である（図1）。

① メトロポリスは，アクロポリスの丘と王宮のある中央島，それを取り囲む同心の3つの環状海水帯と2つの環状陸地帯からなる（図1c）。中央島は直径5スタディオン[3]（約900m。1スタディオン＝180m）で，幅1スタディオンの環状海水路が取り囲み，その外側を幅2スタディオンの環状島，さらに幅2スタディオンの第2の環状海水路がそれを取り囲み，さらに，それぞれ幅3スタディオンの環状島と第3の環状海水路が取り囲んでいる。

② この一番外側の環状海水路には3つの港が設けられており，この環状海水路と外海は，幅3プレトロン，深さ100プース，長さ50スタディオンの運河で結ばれていた（1プレトロン＝6分の1スタディオン＝100プース）。3つの環状水路には幅1プレトロンの橋が架けられ，陸地はつながっていた。それぞれの橋の下を出入口とするトンネル状の水路によって環状海水路も互いに連結されていた。

③ 王宮のある中央島のアクロポリスの中心には，クレイトオとポセイドン両神を祀る神殿が置かれた。また，アクロポリスには冷泉と温泉があり，果樹園や庭園，浴場などがあった。王の親衛隊は中央島の王宮周辺に住んだ。内外の環状島に

---

[3] バビロニア起源のギリシャ・ローマで用いられた長さの単位。複数形はスタディアで，スタディアムの語源である。競技場の遺構から都市によって単位は異なっていたことが分かっている。

も神殿や庭園，運動場が造られた。外側の環状島には島をぐるりと一周りする幅1スタディオンの戦車競技場が設けられ，その両側に護衛兵の住居が建てられた。より身分の高い王族や神官，軍人の住居は内側の環状島に置かれた。

④　港が設けられた外側の陸地は幅50スタディオンで，環状城壁が取り囲んでいた。[4]
「この環状城壁の内側には，家々がところ狭しと建ち並び，外海へ向かう水路や町一番の港は，世界各地からやって来た船舶や商人で満ち溢れ，夜も昼も彼らの話声や多種多様の騒音，雑音で，たいへんな賑わいを見せていた」（田中1969）。

以上は，同心環状，帯状の空間構造を明快に示すが，この中核部（メトロポリス）の周辺には一面に平野部が広がり，麓が海に接する山々が取り囲んでいたという。その中心にメトロポリスがあれば図式は分かりやすいのであるが，メトロポリスの北に接して平野部にグリッド街区があったとする。

⑤　島全体はその外側を海面から聳える高い山々に取り囲まれていた。平野は，一辺が東西3000スタディオン，南北2000スタディオンの長方形であり，深さ1プレトロン，幅1スタディオンの，総長1万スタディオンの大運河に取り囲まれていた。また，100スタディオンの間隔で東西南北に100プースの幅の運河が縦横に引かれていた。そして平原は10スタディオン平方を単位とする6万の地区に分割されていた。住民は，山岳部の居住者を含めて，この6万の各地に割り当てられ，平原全体で1万台の戦車，戦車用のウマ12万頭と騎手12万人，戦車のないウマ12万頭とそれに騎乗する兵士6万人と御者6万人，重装歩兵12万人，弓兵12万人，投石兵12万人，軽装歩兵18万人，投槍兵18万人，1200艘の軍船のための24万人の水夫が招集できるように定められた。

「幸福の島」アトランティスは，きわめてシステマティックな軍制に基づくものであった。

ウィトルウィウスの『建築十書』

マルクス・ウィトルウィウス・ポリオ[5]（紀元前80/70年頃〜15年以降）の『建築十書』は，最古の建築書，建築設計・都市設計のマニュアルとして，ヨーロッパの建築家たちに古来参照されてきた。『建築十書』のうち都市計画に関わる部分は，基本的には「第[6]

4　海岸から中央島（アクロポリス）の中心までおよそ50スタディオンという記述があるが，足し算すると63.5（13.5（5/2+1+2;2;3;3）+50）スタディオンとなる。

5　ウィトルウィウスは，紀元前1世紀，帝政初期に活動した建築家で，カエサルとアウグストゥスに仕えたとされるが，生没年や家系などは不詳である。

6　『建築十書』が今日に伝わるのは，他のラテン語著作と同様，カール（シャルルマーニュ）大帝のカロリング朝において作られた筆耕本によってである。写本は，大英博物館図書室所蔵ハーレイ写本2767番を定本としている。

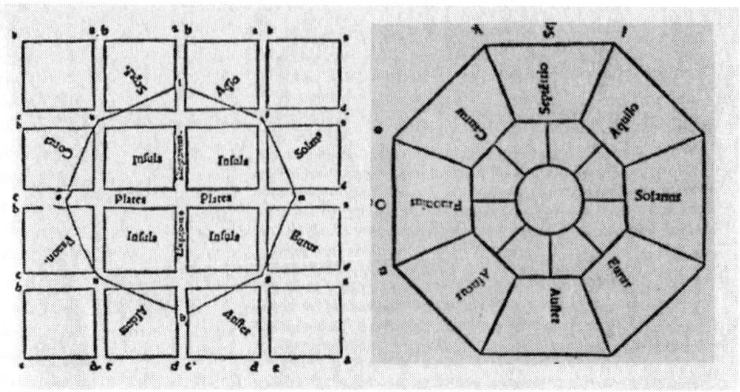

図2　ウィトルウィウスの都市計画(ロウズナウ 1979)

一書」にまとめられている。都市計画について記述されるのは第4〜7章である。「第一書」に続いて，都市計画に大きく関わるのは「第五書」である。

　都市内の敷地の分割と，大路小路の街路の向きについて書くのは「第一書」第6章である。もっぱら問題にされるのは風の向きである。風の向きが人々の健康に関わり(1)，地水火風の自然の理法（2）を確認した上で(3)，ウィトルウィウスは先人に従って，風（の向き）を8つに分類する。それぞれ名前が与えられている（4，5）。アテナイ（アテネ）の「風の塔」にも触れている。そして，方位決定について順次述べていく[7]（図2）。都市の中央に大理石の板を水平に置き（あるいは水平の地面に），その中心に垂直に青銅の針を立てる。午前5時にこの針の影の先端に印をつけ，コンパスでその点を通る円を書く。午後に針の影が円周を横切る点に印をつける(6)。この2つの円周上の点を結ぶ線分の直角二等分線を作図すれば南北軸が得られる。以下，順次二等分線を引いていけば円は16等分され，正八角形の風の向きの区分図が作図できる。都市の大路小路の街路は8つの風の向きの境界に沿って設けられるべきである(7)。すなわち，ウィトルウィウスは，プラトンが『法律』で示したような放射形の街路体系を想定しているのである。主張しているのは街路の方向を風の向きと合わせないということである(8)。そして，風の向きは8つに限定されず，様々な向きがありうることに触れた上で（9，10，11），改めて，作図と風の向きについて繰り返している（12，13）。

　「第五書」では公共施設の配置が問題とされるが，フォーラム（第1章）は，2層の柱廊で方形に造られるが，代々伝えられる剣闘士の競技を行うために，ギリシャのアゴラとは異なる構成をとる(1)。競技の場を囲んでなるべく広い柱間を設け，両替屋

7　括弧内の数字は章内の節番号を表す。以下同様。

の店を配する。上層に競技を見物するマエニアヌムを設置する。フォーラムの規模は人数に応じ，競技見物のために長方形として，幅と長さは2対3とする[8]（2）。柱の長さと太さについては上層のものを4分の1小さくする（3）。フォーラムにはバシリカが付設される。バシリカは，法廷として，あるいは市場として用いる大きなホールを持つ施設であるが，できるだけ暖かいところに設け，幅と長さの比は3分の1より大きく，2分の1より小さくする（4）とした上で，その建築について自ら設計した例を挙げて述べている（5～10）。

天上のエルサレム

プラトンやウィトルウィウスに見られる理想都市の形式に関する伝統とともに，理想都市の中世的な概念を定式化するのにユダヤの伝統が大きな役割を果たした（ロウズナウ 1979）。ユダヤの理想都市は，バビロニアの神話，そして，エホバの神殿とその遺構であるエルサレムの周辺にまつわる伝説をもとにしている。旧約聖書（『エゼキエル書』『イザヤ書』『エレミヤ書』『エズラ書』）をもとに描かれた理想都市図として，出エジプト後，ユダヤ人が荒野をさまよった際の聖所タベルナクルの図（図3左）がある。そして，ユダヤの宇宙論に基づく理想都市の概念は「天上のエルサレム」の概念にいきつく。「天上のエルサレム」に対比されるのは，ソドムとゴモラという悪徳の都市である。

最後の審判の後，天上にあった新しいエルサレムの都が地上に降りるとされるが，「天上のエルサレム」は次のようである。

「都には，高い大きな城壁と12の門があり，それらの門には12人の天使がいて，名が刻みつけてあった。イスラエルの子らの12部族の名であった。東に3つの門，北に3つの門，南に3つの門，西に3つの門があった。都の城壁には12の土台があって，それには子羊の十二使徒の12の名が刻みつけてあった」（ヨハネの黙示録21:11-14, 新共同訳聖書）。

「この都は四角い形で，長さと幅が同じであった。天使が物差しで都を測ると，1万2千スタディオンであった。長さも幅も高さも同じである。また城壁を測ると，144ペキスであった。これは人間の物差しで測ったもので，天使が用いたものもこれである。都の城壁は碧玉で築かれ，都は透き通ったガラスのような純金であった。都の城壁の土台石は，あらゆる宝石で飾られていた。第1の土台石は碧玉，第2はサファイア，

---

8 このプロポーションは，きわめて興味深いことに，インディアス法も同様に規定するところである。

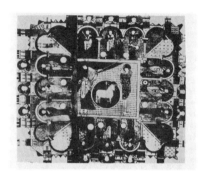

図3 天上のエルサレム。タベルナクルの図(左)と黙示録写本(右)(ロウズナウ 1979)

第3はめのう,第4はエメラルド,第5は赤縞めのう,第6は赤めのう,第7はかんらん石,第8は緑柱石,第9は黄玉,第10はひすい,第11は青玉,第12には紫水晶であった。また,12の門は12の真珠であって,どの門もそれぞれ1個の真珠でできていた。都の大通りは,透き通ったガラスのような純金であった」(ヨハネの黙示録21:16-21, 文語訳聖書)。

この「天上のエルサレム」は,古来『黙示録』写本には必ずといっていいほど,様々な図像として描かれてきた[9](図3右)。ただ,描かれるのは,いずれも「天上のエルサレム」のイメージであって,12門は意識されるが,具体的な空間配置を示すものではない。各辺3門,計12門というのは,インド都城や中国都城と同じである。単なる偶然ではなく,それぞれの宇宙論に共通するものがあると考えられる。　　　　(布野修司)

---

[9] 中世を通じて,スペイン北部各地の修道院で製作された挿絵入り黙示録写本にベアトゥスによる『ヨハネ黙示録注解全12書』(776年頃)が知られる(ゴンザレス・エチェガライ 1998)。

Lecture 03 ── 国制と都市制度

　都市は支配のための制度として成立した。すなわち都市という制度は，国制，国家の統治機構とそれを支える法制度に深く関わっている。

民主制ポリス

　古代ギリシャの国制は，一般に，民主制（デモクラシー），貴族制（アリストクラシー），君主制（モナーキー）の3つが区別される[1]。古代ギリシャ語のデモス（人民）とクラティア（権力・支配）をあわせたデモクラティアがデモクラシーの語源である。

　ギリシャのポリス（都市国家）の中でアテネは「市民」による直接民主制をとったとされる。全員参加の「民会（エクレシア）」と，部族代表からなる「評議会（ブーレー）」による行政・財政，民衆裁判所における多数決，公職者の抽選制，弾劾裁判制を基本としていた。「市民」として認められるのは戦士としてポリスの防衛に参加する成人男子のみであり，女性やメトイコイ（在留外人）には「市民権（ポリテイア）」は認められていなかった。また，奴隷制度が前提とされていた。すなわち，奴隷はポリス外のオイコスに属するものとされていた。

王制ローマ

　イタリア半島に最初に都市を建設したのはギリシャ人であり，エトルリア人であった。古代都市ローマは，古代イタリア人であるラテン人がエトルリア地方の周辺に建設した都市である。すなわち，ローマはラテン同盟の一都市であった。

　ローマ建国初期の王制ローマの社会は，氏族制を基礎にし，ゲンス，クリア，トリブスという3段階の単位によって構成された。氏族の最小単位がゲンスで，ゲンスが集まってクリアが構成され，クリアが10集まるとトリブスとなる。ローマには3つの大部族がいて，3つのトリブスを構成していたとされるが，トリブスはそれぞれ10の

---

[1] ヘロドトスは，民主制と寡頭制（オリガーキー），そして君主制を区別している。プラトンは，民主制，貴族制（アリストクラティア），王制（バシリケー），寡頭制（オリガルキア），名誉支配制（ティモクラティア），僭主制（テュランニス）などを区別した上で，哲人による貴族制を理想とした。アリストテレスは，民主制，貴族制，王制の，それぞれ堕落した政体を衆愚制（オクロクラシー），寡頭制，僭主制とし，王制が堕落すると僭主制になり，その反動で貴族制が興り，それが堕落すると寡頭制となり，その反動として民主制が興り，それが堕落すると衆愚制となり，その反動として王制が興るという，国制の歴史は堕落と革命を繰り返すという循環論を説いた。

クリアを持ち，クリアを通じてゲンスを管轄した。また，社会は貴族（パトリキ）と平民（プレブス）からなっていた。エトルリアの先住民が「父たち」であり，平民は移住してきた人々である。クリアを単位とした民会（クリア民会），また軍隊が組織され，平民は民会を通じて政治に参加した。王の選出も民会を通じてなされた。卜占（鳥の飛び方を見て吉凶を占う鳥占いなど）が重視され，王の「就任式」には鳥卜官（オウグール）と呼ばれる神官が関与したとされる。

ローマ領が拡大していくとトリブスの数も増えていく。そこで軍隊の構成を，100人の市民を1単位（ケントゥリア）として「百人隊」とするとともに，民会も「百人組」の兵員会として組織された（ケントゥリア民会）。時代が下ると，軍隊組織としては，パトリキとプレブスの区別なく，ケントゥリアを騎士階級，歩兵階級，ラッパ手，工兵，等級外といった階級ごとに割り当てる制度が成立する。またケントゥリアとは別に，トリブスを単位として行われる区民会（トリブス民会）も誕生した。

共和制ローマ

紀元前6世紀末（紀元前509/510年），王族をすべてローマから追放するクーデターによって王制が廃止され，共和制（貴族共和制）が成立する。ローマ共和制の統治体制は，元老院，政務官，民会の3つからなる。全「市民」によって構成される民会が政務官を選出し，政務官が政務を行うが，その中で命令権Imperiumを持つ軍民の最高官職が執政官（コンスル）で，任期1年で2名が選出された。その他の政務官として，大神官や法務官（プラエトル，司法），検察官，財務官，独裁官（ディクタトール，コンスルの1名が元老院より任命され，非常事態時の臨時最高職として全権掌握する。任期は半年以内）などが設置された。

元老院は，政務官経験者によって構成され，任期は終身とされた。政務官の選挙にも元老院の意向が一定程度反映されることから，元老院の決議や助言は大きな力を持つ。元老院は，当初その構成員は貴族のみであったが，平民勢力の伸長によって，資格を民会によって選ばれた政務官経験者とすることで平民にも開かれる。元老院議員となった平民は平民貴族と呼ばれ，平民貴族とパトリキを合わせてノビレスと呼ぶようになる。そして，平民の権利保護を目的に政務官として護民官が設けられる（紀元前494年）。護民官は平民のみが参加する平民会で選出され，任期は1年，設立当初は2名選出であったが，後に10名に拡大された。不可侵の役職とされ，他の政務官の決定や決議を取り消す拒否権を持った。副官として騎兵長官（マギステル・エクィトゥム）が任命された。

クリア民会は次第に形式的なものになり，ケントゥリア民会（兵員会）が中心的決定機関となる。また，ケントゥリア民会やトリブス民会の場合，議決は上級階層から投票が行われて公表され，過半数に達すると投票が打ち切られるシステムで，実質，上級階層が決定権を握っていた。

共和制ローマは，基本的に都市国家としての性格を保持し続ける。すなわち，支配領域の拡大は，新たな統治機構を設けることなく，都市国家ローマによる都市の征服，支配という形をとった。都市国家ローマは次第に強大化し，やがてイタリア半島の諸都市国家を統一するに至る（紀元前272年）。そして地中海に覇権を伸ばしていくことになる。さらにその支配領域は，全地中海世界から，最盛期には北は現在のイングランド，大陸ではライン川からドナウ川を結ぶ線，南はエジプトなどアフリカ北岸，東はメソポタミア，西はイベリア半島まで及んだ。

ローマは，都市の形態によって異なる市民身分を与えることによって支配体制を確立する。ローマ市民権植民市ムニキピウムにはローマ市民権が，ラテン植民市にはラテン市民権が，同盟市には同盟市民権が与えられた。ローマ市民権を与えられたコロニアとムニキピウムは，兵の駐屯や納税の義務が免除されたが，ローマと条約を結ぶ同盟市には軍役・納税の義務が課された。

ムニキピウムは，紀元前381年にラテン都市トゥスクルムに設置されたのが最初とされる。ムニキピウムの市民に与えられた市民権は，当初，投票権を持たないものであった。非ローマ市民にローマ市民権を与えるムニキピウムは次第に拡大し，共和制ローマが周辺のラテン同盟市を破ったラテン戦争（紀元前340〜338年）後には制度として確立したとされる。そして，紀元前272年に南イタリアのタレントゥムがローマに降伏して同盟市となることで，全イタリアは統一される。その段階で，ローマ共和制における，キウィタス（ローマ市民権都市）とムニキピウムが軍事・統治機構を担い，ローマ周辺にラテン植民市が配置され，遠隔地の都市とは同盟関係を結ぶ体制が成立する。

そして，同盟市がローマ市民権を求めて蜂起した同盟市戦争（紀元前91〜87年）によって，ローマの都市形態は，キウィタスとムニキピウムの2類型となる。問題となるのはローマとムニキピウムの関係である。ムニキピウムの自治権，裁判権，都市参事会と政務官職体制については，その歴史的な変遷や，都市による違いなどをめぐって諸説があるが，ローマの制度が必ずしもそのままムニキピウムに適用されたわけではない。しかし，同盟市戦争以後，共和制から帝制にかけて，その関係は大きく変化していくことになる。

帝制ローマ

　ローマは，共和制下の紀元前1世紀には，すでに「世界帝国」と呼びうる広大な領域を支配していたが，紀元前27年の初代皇帝アウグストゥスの即位をもって帝制ローマの開始とされる。ローマ帝国は皇帝が統治する専制国家であったが，その支配のあり方の違い，および帝国の分割のあり方などから，いくつかの時期に区分される。帝制初期は元首制（プリンキパトゥス）といわれ，形の上では皇帝も市民の第一人者として位置づけられ，元老院も機能し，共和制の伝統を残した体制であった。

　帝制初期には，上述のように，その広大な領土を支配するための充分な統治機構を有してはいなかった。帝制の成立によって，ローマと諸都市の関係は，大きくは中央と地方都市の関係に変化していく。帝国支配のための官僚機構が徐々に整備される。統治の要となったのは，2世紀以降の都市監督官と地方裁判官の派遣である。都市監督官は，財政問題を抱えていた地方都市に派遣され，その解決に当たったが，都市財政をコントロールする一方，都市パトロンとしての役割も担ったとされる。また地方裁判官は，司法担当の帝国官僚として都市の裁判に影響力を与える一方，都市の利害を皇帝に代弁したり，自治行政上の問題を解決したりする役割を担った。そして3世紀後半になると，イタリアに「州（プロヴィンキア）」が設置され，各州に総督（コレクトゥール）が派遣されるようになり，292/293年頃に「州」制度が確立したとされる。

封建制──領主制

　ヨーロッパ中世の社会の支配体制は一般にフューダリズムと呼ばれる。中国古代の「分封建国」の体制との類似から「封建制」と訳される。土地を媒介とした国王・領主・家臣間の主従関係により形成される。古代ゲルマン社会の「従士」（主従・家臣）制度とローマ帝国末期の「恩貸地（ベネフィキウム）」制度が起源になったとされる。

　封建制とは，すなわち，国王が諸侯・領主に領地の保護を約束する代償に忠誠を誓わせ，諸侯・領主も臣下の騎士に保護を約し，忠誠を求める制度である。封建領主相互にも階層関係があり，契約によって主従関係を結んだ。しかし，直接の主従関係を

2　紀元前3世紀から2世紀にかけて，3度にわたるポエニ戦争，兵役や戦禍による農村の荒廃，貧富の格差の拡大によって内乱が続く中で，ユリウス・カエサルが絶対的権限を持つ終身独裁官に就任，元老院中心の共和制は崩壊の過程を辿っていく。カエサルが暗殺（前44年）された後，オクタウィアヌスがマルクス・アントニウスとの覇権争いを制し，共和制の復活を宣言，元老院に権限の返還を申し出たが（前27年），元老院は彼に元首（プリンケプス）としての多くの要職と「アウグストゥス（尊厳なる者）」の称号を与えた。これが帝制の開始とされる。

結ばなければ，臣下の臣下が臣下となる（主君の主君が主君となる）とは限らず，臣下が複数の主君と主従関係を結ぶこともあった。さらに一方が義務を遂行しない場合は契約が解除されることもあり，複雑な権力関係が形成された。西欧中世社会は，その初期においては，一般的にきわめて非中央集権的なネットワーク構成（封建的無秩序）をとっていたとされる。しかし時代とともに，本来なら一代限りの契約であった主従関係が，次第に世襲化・固定化されていくようになる。

　封建制は，荘園制と農奴制を基礎にしていた。領主・諸侯に与えられた封土は，領主の館を中心として，自給自足を原則とする荘園として経営された。領主は，裁判権，警察権，徴税権などの領主権を持ち，支配下の農民を保護する義務を有した。農民は，農奴として，領主直営地での労働をはじめ，賦役，貢納，結婚税，死亡税，人頭税など多くの義務を負った。家族や農具，住居の所有権は認められたが，職業と移住の自由は認められず，教会にも生産物の10分の1を納めなければならなかった（十分の一税）。

　中世ヨーロッパは，祈る人（聖職者）と戦う人（戦士），耕す人（農民）の三身分からなるが，国王および宮廷貴族，諸侯も大きくは戦士身分に含まれる。ローマ教皇を頂点とする「教皇－大司教－司教－司祭」というヒエラルキーに組み込まれた聖職者も農奴を所有し，封建領主（聖界諸侯）であった。また騎士修道会を組織した。

　諸侯は様々な呼称を持つが，イギリスでは国王から直接封土を与えられたバロン，フランスではカール大帝時代の地方長官のコントが有力となったプリンキペス，ドゥク（公），マルキス（侯）など，ドイツではフラーフ（伯），マルクフラーフ（辺境伯），ファルツフラーフ（宮中伯），ラントフラーフ（方伯），ブルクフラーフ（城伯），ヘルツォーク（大公）などという。

　騎士は戦士階級の総称であるが，一般には小領主であり，戦時に軍事を担当した。やがて重装騎兵が戦闘の主役になり，そのために優れた技量が必要とされ，鍛錬を経てその資格を有するものに騎士の称号を与えるようになる。フランク王国の宮宰カール・マルテルが732年に騎士制度を創設したことが嚆矢とされる。騎士は当初，世襲的身分ではなかったが，装備を維持する必要から封土が与えられた層に固定されるようになる。そして，やがて男爵以上の貴族の称号を持たない層に対する称号となり，16世紀以降，火器の使用が一般化すると，単なる社会的呼称となる。

コムーネ

　現在のイタリア語でコムーネは地方自治体（市町村）を意味するが，その起源は11世紀後半に遡る。コムーネ（自治都市）誕生の動因となったのは，ローマ教皇と神聖ロー

マ皇帝との間の聖職叙任権闘争による都市領主としての司教や伯の権威の失墜であり，決定的となるのは神聖ローマ帝国の大空位時代（1256～73年）である。

コムーネの成立と形成過程，体制は様々であるが，一般に，都市共同体が指名するコンソリ（複数の執政官）が都市を統治する形がとられた。領主家臣（都市貴族），商人や職人，さらに都市に居住する周辺地域の小領主，農民も参加する共和制（レプブリカ）がひとつの政体となる。

そして，コンソリの選出をめぐる家系や門閥間の抗争，先住者と移住者との利害対立などのために，他のコムーネから政務に長けた人物をポデスタと呼ばれる最高執政官として任期つきで雇用することが行われるようになる（ポデスタ制）。さらに，神聖ローマ帝国の権力が消滅する13世紀後半から14世紀にかけての激動期に，コムーネの錯綜する利害関係を調停する統治者として，共和制を前提とする諸権限を集中的に委託されたシニョーレが現れる（シニョール制）。シニョーレの統治する政体はシニョリーアと呼ばれる。

そして，シニョリーアの多くは君主制（プリンチパート）に変化していく。シニョーレの権限は大きく，その任期は次第に長くなり，さらに終身制，世襲制となって，皇帝や教皇から爵位を得た君主となるのである。そして，有力な君主が諸都市を統合する領域国家が出現することになる。

絶対王政

ヨーロッパでは16世紀から17世紀にかけて国家権力があらゆる権力に優先する「絶対王政」の時代となる。イングランドのテューダー朝（1485～1603年），フランスのブルボン朝（1589～1792年）がその典型とされる。「絶対王政」下においては，王権が絶対的にすべてを支配したと一般に理解されてきたが，今日では，その中央集権体制は，都市や地域，職業団体といった中間団体＝社団を媒介することによって編成されるものであったと考えられる。すなわち，都市も王権によって一方的に自治を剥奪されていたのではないとされる。

16世紀のパリでは，近隣関係における相互扶助のシステムが維持されており，教区（32～39区）と街区（16区）の2つの重層する都市組織システムが自治を支える様々な機能を保持していた。しかし17世紀に入ると，街区システムは次第に変容していく。王権が直接街区を監視するポリス＝治安行政システムが導入され（1667年），街区の再編が行われるのである（1702年）。また，教区と街区そして近隣の関係も変容していったとされる（高澤1999）。

絶対王政下のイングランドは，フランスの絶対王政と異なり，官僚制も常備軍も欠いていた。王権とロンドンの関係もパリの場合と異なる。イングランドの場合，王権は，行政や裁判，軍事などの諸側面について在地の有力者を国王の無給の役人にすることで権力のネットワークを形成するのである。イングランドの行政単位は，ハムレット（村）－ハンドレッド－カウンティ（州）という構成であったが，都市については特許状を与えて法人化することが行われてきた。17世紀末までに200余りの都市が法人化されているが，ロンドンが公式に法人化されたのは1608年である。行政単位としてはカウンティであるロンドンは，シェリフ（州長官）を選出してカウンティ裁判所を持つこと，市長がエスチーターとなり，コロナーの選出権を持つこと，また市長や有力市参事会員が治安判事となることを認められた。エスチーターとは，国王の財産管理などを行う役人であり，コロナーとは国王の訴訟の準備を行う役人である。有力な都市役人は国家役人を兼任したのである（坂巻2004）。

　ロンドン市は，最高決定機関である市参事会，立法機関である市議会，市長や庶民院委員を選出するコモンホールがそれぞれの役割・機能を分担し，市長，シェリフ，市参事会のもとにある数百人の都市役人によって運営された。そして市内は，区，そしてギルド，さらに教区の3つの組織から構成されていた。コモンホールはギルドの特権的組合員であるリヴァリによって構成され，市長とシェリフ，市参事会員は，いずれもリヴァリ・カンパニー（同業者団体）に属し，その有力者が選定された。

　すなわちロンドン市は徒弟制を基礎にする職業共同体を都市組織の単位としていた。しかし17世紀に入ると，人口増加と職業の多様化に伴い，リヴァリ・カンパニーの組織形態が揺らぎ始め，崩壊していくことになる。ヨーロッパ経済のヘゲモニーを握ったオランダとの競合関係が大きい。ロンドンは，当初アムステルダムの従属的地位に置かれるが，次第に東インドと西インド，レヴァント貿易の主導権を握っていくことになる。その担い手になったのは富裕な商人層＝ブルジョアジーである。

　ピューリタン革命（1641～49年）と名誉革命（1688～89年）を担ったのは，富裕商人を中心とするリヴァリ層である。基本的にホイッグ党の支持母体となって議会主権の担い手となり，国王を制限君主，「議会の中の国王」とした。すなわちイギリスの場合，ロンドンのブルジョアジーは絶対王政の国家機構に巻き込まれることなく，議会に進出していくことになるのである。

　絶対王政といっても，王権の強大化が都市組織へ下向していくパリに対して，ロンドンでは，リヴァリを基礎とした都市組織は国家機構に吸収されることなく議会主権システムへと上向していくという，大きな違いがあった。1615年から三部会が停止さ

れていたフランスにおいて，1787年に貴族の反抗に始まった擾乱は，1789年から全社会層を巻き込む本格的な革命となり，政治体制は絶対君主制から立憲君主制，そして共和制へと移り変わっていくことになる。

議院内閣制と大統領制

市民革命以後，近代的な国制として，いくつかの国制が生み出されるが，その代表となるのが議院内閣制と大統領制である。議院内閣制は，上述のようにイギリスにおいて王権と民権との拮抗関係の中で成立する。議会と政府は分立するが，内閣は議会の信任によって存立する。イギリス型の議院内閣制は，内閣の首班（首相）は議会から選出されること，内閣は議会の信任を基礎として存立し，議会は内閣不信任を決議しうること，内閣には法案提出権が認められること，内閣の構成員たる大臣はその多くが議員であること，大臣には議会出席について権利義務を有することなどを特徴とする。

大統領制は，アメリカ合衆国憲法によって具体化される。立法権と行政権を厳格に独立させ，行政権の主体たる大統領と立法権の主体たる議会をそれぞれ個別に選出する政治制度である。大統領には議会解散権が与えられていないこと，大統領には法案提出権がないこと，議員職と政府の役職とは兼務できないこと，政府職員は原則として議会に出席して発言できないことなどを特徴とする。

世界に存在する諸国を国制の観点で分類すると図1のようになる。　　　　（布野修司）

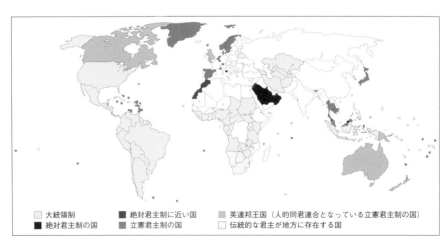

図1　各国制の分布（高橋萌作製）

Ⅲ 西ヨーロッパ

TO図（1472年）

TO図あるいはOT図（Terararum Orbisi/ Orbis Terrarum）は，「大地の円」「円形の地球」を意味し，◎形の大洋（オケアヌス）とT字形の地中海によってアジア，アフリカ，ヨーロッパという陸地の三区分を表す地図をいう。7世紀のセヴィーリャの学者イシドルスが著書『語源』（第14章, de terra et partibus）に描いたものが初出とされる。初期に印刷された古典的なTO図では，三大陸がそれぞれノアの3人の息子セム Sem, ヤペテ Iafeth, ハム Cham の領域とされている。上はアウグスブルクのギュンター・ツァイナーによるもの（テキサス大学蔵）。

Panorama III ── ヨーロッパ都市の誕生

　アジアもヨーロッパもその言葉の語源はアッシリアに遡る。アッシリアの碑文にアス asu「日いづる所」（東）とエレブ ereb（ireb）「日没する所」（西）の対比があり，アスがアジアに転訛し，エレブがヨーロッパに転訛する。要するに，アジアとヨーロッパは対概念であり，相対的である。

　ギリシャ時代の世界図は，世界を大きくヨーロッパ，アジア，リビア（アフリカ）に三分している。エラトステネスの世界図（「アフリカ」の章扉）も同様である。プトレマイオスの紀元2世紀の世界図（「南アジア」の章扉）の存在にもかかわらず，中世のTO図（「西ヨーロッパ」の章扉）と呼ばれる世界図も，世界をヨーロッパ，アジア，アフリカに三分割するのみである。最も精緻とされる「ヘレフォード図」（「北ヨーロッパ」の章扉）にしてもTO図と基本的に同じである。

　アジアという空間的領域は固定的であったわけではない。興亡が激しく大規模かつ多様であり，それゆえ不安定であり続けたからである。それに対するヨーロッパという地域概念もあらかじめ成立していたわけではない。

　古代ローマ帝国は，地中海をその中央に抱いた海の帝国であった。ローマ世界が東

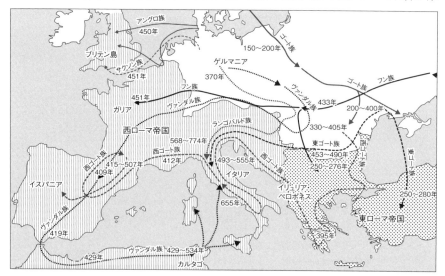

図1　ゲルマン民族の大移動（筆者作製）

西に分裂し（395年），西ローマ帝国の皇帝が廃位され滅亡すると（476年），崩れていく。ヨーロッパが誕生するのは，その過程においてである。

　西ローマ帝国の滅亡後，混乱するヨーロッパの秩序維持に大きな役割を果たしたのがカトリック教会である。8世紀後半にはカトリック教会制度の頂点に立つローマ教皇（最高司祭長）が出現する。そして，イベリア半島を除く西ヨーロッパ全域を支配下に置いたフランク王国のカール（シャルルマーニュ）1世が，ローマ教皇司教レオ3世による戴冠の儀礼を受け「神聖ローマ皇帝」となる（800年）。この教皇による聖別・戴冠の正統性については歴史的に問題にされ続けるが，教皇による皇帝の聖別という関係は維持されていく。すなわち，カトリック教会が大きな力を持ち，キリスト教が統合の原理となることによって，ヨーロッパ＝キリスト教世界という地域区分が一般化することになるのである。ヨーロッパという言葉がキリスト教世界を意味するようになるのは意外に遅く，エラスムス（1466～1536年）が用いて以降である。

　4世紀から8世紀にかけて，ゲルマン系諸族がローマ帝国の領土内に侵入してくる。もともとスカンジナヴィアに居住する小部族で，紀元1世紀に海を渡ってバルト海沿岸に住み着き，さらに南ロシア，ウクライナ（東ゴート），ドナウ川下流域，黒海方面（西ゴート）に移動していたゴート族が，375年に東方のフン族に押されて南下したのが始まりとされる。このいわゆるゲルマン民族の大移動（図1）によって，ローマ帝国は分裂し，西ローマ帝国は滅亡に至る。

　ゲルマン系諸族は，ローマ帝国の領土に侵入すると，それぞれ王国を建てた。ローマ帝国の領土に最初に国家建設を行ったのは西ゴート族である（西ゴート王国，418～711年）。首都は，当初トゥールーズ（トロサ）に置かれる。フランク王国との抗争に敗れ，首都をトレドに移し（560年），イベリア半島のほぼすべてを支配したが，イスラーム（後ウマイヤ朝）の侵入によって滅びた（711年）。東ゴート族が建国するのは，やや遅れる（東ゴート王国，493～553年）。首都はラヴェンナに置かれ，今日のイタリア全土を支配したが，東ローマ帝国によって滅ぼされた（553年）。この2つの国家は，ローマ人とゲルマン人の通婚を禁じ，隔離政策を採った。ゴート人の居住区画はキウィタス・バルバリカと呼ばれる。イタリア諸都市でも，セグリゲーションに基づく二元統治が行われた。ただ，基本的にはローマ帝国後期の統治機構を踏襲していた。それに対して，フランク王国の場合，ローマの支配機構はまったく継承されず，中央の国王宮廷と都市伯（コメス・キウィタス）による地方支配とは緊密な関係を欠いていた。

　ローヌ川流域，リヨンを中心に建国されたブルグンド王国（443～1032年），カルタゴを拠点にマグリブ（北アフリカ）とシチリア，サルデーニャ島，マジョルカ島など

を支配したヴァンダル王国（439〜534年），ミラノの南のパヴィアを拠点にしたランゴバルト王国（568〜774年）などが並立するが，その中で有力となったのがローマ帝国時代のガリアを押えたフランク王国（481〜987年）である。

　フランク王国はサリー・フランクによって建国され，メロヴィング朝（481〜751年）の首都はパリに置かれた（508年）。カロリング朝（751〜987年）のカール（シャルルマーニュ）大帝時代（742〜814年，在位768〜814年）にアーヘンに王宮が置かれた。フランク王国の最大版図はイベリア半島とイタリア半島南部を除く西ヨーロッパ大陸部のほぼ全域に及ぶ。西ローマ皇帝を名乗ったカール大帝は「ヨーロッパの父」とされる（図2）。

　ギリシャのポリスとローマのキウィタスは，都市と後背の周辺農村を合わせたひとつの生産居住単位であり，ローマ帝国の拡大は，キウィタスを編成単位とする都市化によって行われる。それに対して，ヨーロッパ中世は国王を頂点とする階層社会で，都市は市民層を欠いた貴族によって構成された。問題は，古代都市と中世都市の連続・非連続である。これまで大きな枠組みを与えてきたのは，古代都市は古代末期あるいは中世初期に決定的に衰退し，中世前期の社会は基本的に自給自足の農村社会であったとするアンリ・ピレンヌ（1862〜1935年）の学説である。

　アンリ・ピレンヌは，4〜5世紀のゲルマン系諸族の侵入によって古代ローマ帝国の諸都市がただちに衰退したのではなく，古代都市文明が解体されたのは，7〜8世紀にイスラームによって地中海を制圧され，遠隔地交易が遮断されたからだとする。すなわち，ヨーロッパ文明の中心がアルプス以北に移動したのは，アラブ・イスラーム勢力の伸長が大きく関わっており（図3），フランク王国におけるメロヴィング朝とカロリング期の間に決定的変化がある，とする。前者の時代はいまだ地中海交易の伝統の中に都市が存続してきたが，後者の時代になると，農業を基盤とする経済社会に転換せざるをえなかったというのが，アンリ・ピレンヌ学説である。

　古代ローマ帝国の分裂以降，東ローマ帝国（ビザンティン帝国）は1453年まで存続した。フランク王国の分裂以後，ドイツ王国が新ローマ帝国を称し，神聖ローマ帝国（800/962〜1806年）が成立した。しかし，それらは「世界帝国」として存続したわけではない。アルプス以南から以北へ，政治・軍事・経済の中心は移動していく。その過程でヨーロッパが誕生する。すなわち，ローマ帝国を中心とする「古代地中海世界」の崩壊＝「ヨーロッパ中世世界」の誕生（古代から中世への移行）である。ヨーロッパの起源は，キリスト教を核とするギリシャ・ローマ帝国の伝統とゲルマンの伝統の接合・統合に関わっている。

（布野修司）

図2　フランク王国の版図（ピレンヌ 1956をもとに望月雄馬作製）

図3　シャルルマーニュ（左）とムハンマド（右）の勢力範囲（ピレンヌ 1960）

West Europe 01: Paris

【パリ】 ヨーロッパの文化首都

フランス，イル＝ド＝フランス地域圏，首都
Capital, Ile-de-France, France

　パリの起源は，その名の由来でもあるケルト系先住民パリシイ族の集落に遡る。パリシウス（単数形）は田舎者，乱暴者という意味である。ユリウス・カエサルが『ガリア戦記』（紀元前51年）で記すように，ローマ側の呼称であり，ルーテティア・パリースィオールム（パリシイ族の水の中の居住地。シテ島）が起源である。

　紀元前1世紀，ガリア戦争によってパリを支配下に置いたローマ人は，シテ島に城塞，そしてセーヌ左岸に円形劇場（闘技場）や公衆浴場などを築いた。現在でも5区にその遺構が残っている。

　ローマ帝国が分裂するとフランク族がガリアを支配する（フランク王国，481〜987年）。トゥルネーを出自とするサリ族の首領クロヴィス1世（在位481〜511年）がメロヴィング朝（481〜751年）を建ててパリを都とする（508年）。この時代のパリは，左岸の市街地は放棄され，シテ島のみを囲う城塞都市であった。

　カロリング朝（751〜987年）のカール（シャルルマーニュ）大帝時代（742〜814年，在位768〜814年）に，その最大版図はエルベ川からピレネー山脈まで，イベリア半島とイタリア半島南部を除く西ヨーロッパのほぼ全域に及ぶ。大帝は，ローマ教皇司教レオ3世による戴冠の儀礼を受け，「神聖ローマ皇帝」となる（800年）。カール大帝は「ヨーロッパの父」とされる。以降，カトリック教会が大きな力を持ち，キリスト教が統合の原理となることによって，ヨーロッパ＝キリスト教世界という地域区分が一般化する。

　カール大帝の時代にはアーヘンに王宮が置かれてパリはやや寂れ，地方行政官としてのパリ伯によって統治された。フランク王国が三分された後，現代のパリの基礎が作られるのはカペー朝（987〜1328年）のフィリップ2世（在位1180〜1223年）の治世である。当時の聖マリア信仰の隆盛を背景としてフランス各地にノートルダム寺院が建設されるが，そ

図1　都市図，1538年（ブラウン／ホーヘンベルフ 1994）

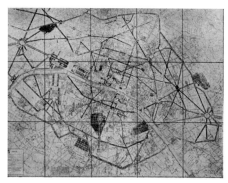

図2　パリ大改造計画，1852年頃（サールマン 1983）

の代表がパリの核になるシテ島の，2019年に火災で焼け落ちた大聖堂（1163～1345年建設）である。セーヌ川右岸にレ・アール（中央市場，現フォーラム・デ・アール）を設置し，ユダヤ商人を移住させて商業の中心とする一方，左岸はパリ大学（1215年）を中心にしてカルチェ・ラタン（ラテン語地区）とした。そして後のルーヴル宮殿の起源となる城塞（1202年）を建設するとともに市壁で囲んだのがフィリップ2世である。

ヴァロア朝（1328～1498年）となり，百年戦争（1337～1453年）を経て，ルーヴル宮殿の造営を開始したのは，ハプスブルク家のカール5世と対峙したフランソワ1世（在位1515～47年）である。ルイ14世時代にクロード・ペローが設計した東ファサード部分は，ヨーロッパ屈指の古典主義様式として，その後の大規模建築の雛型となる。今日のルーヴル美術館が完成したのはナポレオン1世の時代である。フランス最大のフォンテーヌブロー宮殿の骨格もフランソワ1世の時代に造営されている。セーヌ川に架かる最古の橋ポン・ヌフや，リュクサンブール宮殿と庭園を建設したのは，ブルボン朝（1589～1830年）初代のアンリ4世（在位1589～1610年）である。16世紀前半の地図を見ると，シテ島を中心に，右岸に大きく半円形の街区，左岸に小さな半円形の街区が城壁で囲われているが，南東にフォブール（城外区）が形成されている（図1）。

フランス絶対王政下に君臨したルイ14世（在位1643～1715年）は，首都をパリから移し，10km離れたセーヌ川から水を引いてヴェルサイユ宮殿を建設する。中世都市が限界を迎え，宮殿が相次いで建設されバロック都市へ変貌したのがルイ14世のパリである。

そしてフランス革命が起こり，ナポレオン3世（1808～73年）治下のG・E・オースマン（1809～91年）によるグラン・トラヴォー（パリ大改造）の時代が来る（図2）。「オスマニザ

図3　パリのアパート（サールマン1983）

シオン」（整序化，規則化，秩序化）と呼ばれる計画の中心は，「パリを梳る（くしけずる）」といわれた幹線街路の建設である。ガス灯による街路整備は「花のパリ」を象徴する事業である。民間業者は街路沿いにアパート群を建設していく（図3）。また，セーヌ下流へ集中排水する下水道の整備は，衛生環境の改善に決定的な役割を果たす。ルーヴル宮の増築，新オペラ座や中央市場などの公共建築，ブローニュ，ヴァンセンヌなど広大な公園の造営も行われる。エッフェル塔（1889年）が象徴するパリは，ロンドン，ベルリンとともに「19世紀の首都」と称される。

20世紀に入ってもパリは「花の都」であり続ける。ナチスの破壊を免れ，第二次世界大戦後も，ド・ゴールのラ・デファンス計画，ポンピドゥーのポンピドゥー・センター，ミッテランのグランダルシュなど，世界の耳目を集める都市計画が展開されてきた。数多くの世界文化遺産登録の歴史的建造物とともに常に新しさを生み出すパリは，現在も世界で最も多くの観光客を集める都市である。

（布野修司）

West Europe 02: Lyon

【リヨン】ブルゴーニュのメトロポール

フランス，オーヴェルニュ＝ローヌ＝アルプ地域圏
Auvergne-Rhone-Alpes, France

　フランス南東部，ローヌ・アルプス地域の中心都市リヨンは，オーヴェルニュ＝ローヌ＝アルプ地域圏の首府で，パリとマルセイユに次ぐフランス第三の都市である。その都市圏人口はパリ圏に次ぐ。歴史的にも，中世から産業革命にかけてパリとリヨンはフランス発展の二極を形成してきたと，歴史学者フェルナン・ブローデルはいう。

　ローヌ川とソーヌ川の合流地点近くに立地するリヨンの起源は，先住民ケルト人のセグシア族が形成した集落に遡るとされるが，紀元前59年に地中海沿岸のナルボンヌ周辺にいたギリシャ人が現在のラ・クロア・ルース地区に移住したこと，続いて前43年に，ローマの植民者ルキウス・ムナティウス・プランクス（前87～15年）によって植民市ルグドゥヌムが建設されたことが知られる。

　ローマ帝国時代のリヨンは3つの部分から成っていた。ひとつはフルヴィエール丘にあるキウィタス（図1），もうひとつはローヌ川とソーヌ川に挟まれた舌状のエネ島，そして，先の北に位置するラ・クロア・ルース地区である。キウィタスにはフォーラムそして半円形劇場があった。また，エネ島にはソーヌ川沿いに船着場があった。ルグドゥヌムは，アウグストゥスの時代にはガリアの中心都市として発展し，アウグストゥスを祀る聖所が建てられ，毎年ガリア中から部族の代表が集まり，皇帝への忠誠を誓ったという。

　しかし2世紀を過ぎるとリヨンは停滞期に入る。ブルグンド王国（443～1032年）の最初の首都となるが，フランク王国そしてブルゴーニュ王国に編入（918年）されるまで，ブルゴーニュ州の首府として4世紀以来大司教座が置かれたのはヴィエンヌである。

　リヨンが有力な都市として現れるのは10世

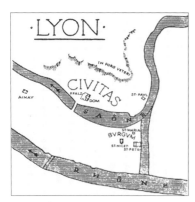

図1　都市図, 10世紀(瀬原 1993)

図2　都市図, 16世紀(ブラウン／ホーヘンベルフ 1994)

紀後半である。9世紀中葉にはブルク・ルグドゥネンシスがエネ島の北端に位置し，聖ピエール教会，聖ニジェ教会の周辺に形成され，10世紀前半にはハンガリー人の襲撃を受けて退けた後，復興を遂げるのである。このように古代ローマのキウィタスは直接中世のリヨンに連続しないが，9世紀半ばまではキウィタスで商工業が営まれており，キウィタスとブルクの二重構造がその後の発展の基礎となる（図1）。

14世紀初頭にフランス王国に併合されるが，この頃から絹織物の交易の一大中心地として発展することになる。15世紀には，ルイ11世から商事裁判権を得て，大市を開催（1463年），アルプス山中伝いに北イタリアのフィレンツェ，ルカ，ミラノ，ジェノヴァ各地との交易がさかんになる。16世紀には4つの大市と貨幣市場が催され，多数のイタリア人商人が市民権を取得し，リヨンに移住した。

イタリアと強く結びつくことによって，イタリア・ルネサンスの影響がリヨンに及ぶ。1998年に世界文化遺産に登録されたリヨン歴史地区には，サン・ニジェ教会などの歴史的建造物群が残されている。リヨンはまた15世紀から16世紀にかけて出版業でも知られる。1473年に印刷技術がもたらされてフランス語の最初の本が出版されたのはリヨンであり，フランス・ルネサンスの中心となるのである（図2）。

国王の保護下に成長した絹織物産業は，印刷産業とともに発展を遂げ，「絹商人」と呼ばれた企業家たちは大きな富を築き，19世紀初頭にはジャカード織機の発明によってさらに最盛期を迎える。19世紀前半にヨーロッパ最大の絹織物・繊維工業都市となるリヨンは，ローマ教皇が招集した2回にわたるリヨン公会議（1245年，74年）など，たびたび歴史的舞台となる。

1572年には，カトリック教徒によるユグ

図3　コンフリュアンス再開発事業，隈研吾設計
（Pierre-jean Durieu撮影, stok.foto提供）

ノー教徒の集団弾圧事件が起こっている。フランス革命が勃発すると，反革命派が反乱を起こし，それを鎮圧した共和国軍が「リヨンの大虐殺」と呼ばれる大規模な虐殺事件を引き起こしている。革命軍は1793年10月に降伏するまでの2ヶ月間リヨンを占拠し，ベルクール広場周辺の数多くの建物を破壊した。この時期，リヨンは自由（解放）都市と呼ばれる。破壊された建物は，ナポレオンによって再建される。

19世紀を通じて，リヨンは近代工業都市に発展していくことになる。一方で，リヨンの労働運動はフランスの先端を切り開くのであるが，金融資本の集中するセンターとして，また衰退する絹織物工業に代わって，黄鉄鉱，銅鉱，石炭などの地域資源の採掘業を育成することによって，転換に成功するのである。第二次世界大戦中はドイツに対するレジスタンス運動の拠点となる。また，戦後には北アフリカの旧フランス植民地から多くの移民を迎えることになる。

戦後は，人口増加に対応して，ペラーシュ駅周辺など市街地の再開発と郊外のニュータウン開発が展開されてきた。エネ島，コンフリュアンス地区（図3）の再開発事業はヨーロッパ最大規模とされる。リヨンは副首都としての機能を強化しつつある。　　（布野修司）

West Europe 03: Nantes

【ナント】大西洋の玄関口

フランス，ペイ＝ド＝ラ＝ロワール地域圏
Pays de la Loire, France

　フランス王アンリ4世によりナントの勅令が出された都市として知られるナントは，ヨーロッパ大陸西端のブルターニュ半島南東部に位置する。ロワール川の沖積土の流域，いくつもの川の合流点にあるナントは，ロワール川北岸に発展した大西洋の玄関口となる港町である。町が発展し市街地のロワール川が埋め立てられる前は西のヴェニスと呼ばれるほどの水運都市であった。18世紀，ボルドー同様に奴隷船による三角貿易により生じた富によって栄え，この富の集積を背景とした都市建設が現在のナントの町の骨格を作った。

　987年から1328年まで続いた中世フランス王国のカペー朝期のブルターニュ公時代，ナントはそれまでのブルターニュの中心地であったレンヌをしのぐほど繁栄し，ナントにブルターニュ公爵城（図1）が建てられる。ここには13世紀からブルターニュ併合令によってフランスへ併合される1532年までブルターニュ公の住居があった。フランスのカトリックとプロテスタントが休戦を挟んで40年近くにわたり戦った内戦は，1598年のナントの勅令によって，ユグノーなどのプロテスタント信徒に対してカトリック信徒とほぼ同じ権利を与え，個人の信仰の自由を認めることで，急速に収まりを見せた。このナントの勅令はフランスの国家統一の出発点になった。

　1688年から，ナントの船主たちはアメリカ大陸へ向けて大勢の黒人奴隷を輸送した。また，砂糖やコーヒーなどの三角貿易によって，18世紀にはナントは急激な経済発展を遂げる。中州イル・フェドは，1723年にエンジニアのグベールによって港湾地区として街区計画がなされ，1740年から建物が建てられ始めた。

　それまでは，カテドラルやブルターニュ公爵城のあったエードル川の東側が（旧）市街地であったが，図2からも分かるように，エードル川がロワール川に合流するところに位置する中州イル・フェド地区や，エードル川西側でも都市開発が始まる（1930年代にはイル・フェドの周りのロワール川が道路として埋め立てられている）。

　図3に見るように，ナントでは港が栄えるとともに，17世紀から18世紀まで造船業の一

図1　ブルターニュ公爵城とカテドラル，1837年頃（ナント市立公文書館蔵）

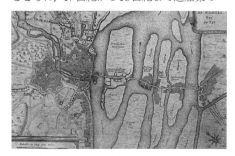

図2　市街とロワール川中州，17世紀末。市街左側にバスティオン／要塞がある（ナント市立公文書館蔵）

図3 イル・グロリエットから見た港の風景，18世紀（ナント市立公文書館蔵）

図4 ナントの中心，エードル川とロワール川の合流点，1890年代（ナント市立公文書館蔵）

大中心地でもあった。最初の造船所は旧証券取引広場の位置に1760年に造られた。町の発展とともに，造船所は，19世紀半ばにロワールの下流側，市街地西端であるシャントネイ地区に移される。20世紀初頭には大型船建造のための造船所がロワール川を挟んで市街地の対岸にある中州イル・ド・ナントにできる。

1970年代まで港はこのイル・ド・ナントにあったが，やがて造船所とともにロワール河口に近いサン゠ナゼール市へ移った。これらの造船所は20世紀後半に次々に閉鎖され，1987年にデュビジェオン・ヤードが閉鎖されたことで，ナントの造船業は終焉を告げた。現在イル・ド・ナントでは再開発が行われ，造船所跡は，産業遺産として，ドック・ヤードを活かしたテーマ・パークとなっている。

旧市街のロワール川を挟んで南側が工業地域，エードル川を挟んで西側が新市街として発展する。19世紀末の様子を示す図4からは，ナントの中心街が当時からこの地点であったことが分かる。富の蓄積により町の骨格が建設される18世後半から19世紀中葉まで，新市街地区であるエードル川西側にはいくつかの広場が建設され街路が整備される。

フランスの他の主要都市と同様にナントでも，18世紀後半から町の骨格を作る広場や通りが建築家によって計画される。建築家ジャン＝バティスト・セイヌレイ（1722〜1811年）

は，1757年にナント市建築家に就任し，ナント市全体整備計画を策定し，旧市街地にあるカテドラル裏手のクー・サン・ピエール・エ・サンタンドレの整備や，新市街区のブュフェイ広場の再整備，エードル川の西側の広場など，町の骨格の源を計画するとともに，ブルターニュ会計院やオテル・デュブルックなどの主要な公共建築物を設計する。

現在のような美しい町を作り出したのは，ナント市建築家を継いだマルトラン・クルシー（1749〜1826年）である。旧市街の丘の上にカテドラルが位置するのに対し，新市街の丘の上にはクルシーによって整備，設計されたグラスラン広場（1780〜88年整備）と，この広場に面して劇場（1784〜88年建設）がある。また彼は，新市街の丘の下にロワイヤル広場を設計し，1787年に整備した。同時期にホテル・モントドゥアン（1783年）や証券取引所（1808年）も建てた。

新市街は，劇場とロワイヤル広場の間を中心に商業的にも発展し，多くの商店で賑わった。この丘の上と下の広場を結ぶように，1840年から43年にかけて，三層断面のパサージュ・ポムレが建設される。

また1930年代には，町の中心部を流れるエードル川とロワール川の一部が埋め立てられ，中州であったところが陸続きとなった。

（山名善之）

West Europe 04: Nancy

【ナンシー】 エマニュエルの3つの広場

フランス，グラン＝テスト地域圏
Grand Est, France

　ナンシーはフランス北部のロレーヌ地方の中心都市である。この地域を含むドイツ国境に近いアルザス＝ロレーヌ地方は鉄鉱石と石炭を産出するため，しばしばフランスとドイツとの間で係争地となったことで知られている。

　アルザス＝ロレーヌ地方は長年神聖ローマ帝国傘下のロートリンゲン公国などの支配下にあったが，13世紀後半よりフランス王の勢力が浸透し，事実上フランスが占領していた。1736年にロートリンゲン公フランツ3世シュテファンがオーストリア系ハプスブルク家のマリア・テレジアの婿に決定すると，フランス王国はロレーヌが実質的にオーストリア公領となるこの結婚に反対した。協議の結果，領土交換が行われ，スタニスラス・レシチニスキ（1677～1766年）が一代限りのロレーヌ公となった。そして彼の死後，ロレーヌ地方は完全にフランス領に編入されたのであった。このスタニスラス時代にナンシーの町の骨格が作られ始める（図1）。

　フランス王ルイ15世の義父に当たるロレーヌ公スタニスラスが国王を称えて造ったのが，建築家エマニュエル・エレ（1705～63年）が設計し，1751年から55年にかけて工事が行われ，国王広場と当時名づけられたスタニスラス広場である（図2）。106×124mの広場は，市庁舎や凱旋門などに囲まれている。この広場によって，16世紀から17世紀にかけて拡張した新市街と中世期の旧市街を統一することが試みられた。

　建築家エマニュエル・エレはバロック，ロココ・スタイル，古典主義の建築家とされ，1738年よりロレーヌ公スタニスラスの筆頭主任建築家となり，スタニスラス公を埋葬したノートルダム・ド・ボンスゥクール教会（1737～41年整備）などのほか，スタニスラス広場に面した凱旋門を挟んだ北側にある細長いカリエール広場（1764年整備），その広場の北側に位置するナンシー官邸（1751～53年整備），そして，スタニスラス広場の数百m東に位置し，中央に噴水のある比較的小さな広場で，ロレーヌ公家とフランス王家の同盟（アリアンス）を象徴するアリアンス広場（1751年整備）を設計している。これら3つの広場は1983年に世界文化遺産に登録されている。

　スタニスラス広場とカリエール広場を結ぶ道そして凱旋門に建築家エレの名前が冠され

図1　城壁に囲まれたナンシーの描画，17世紀
（ナンシー市立公文書館蔵）

ていることから，まさにスタニスラス時代に建築家エレによって，旧市街と新市街を統一するようにナンシーの中心部が作られていったことが分かる。

1766年のスタニスラス公の死後，ロレーヌ地方はフランスに編入される。しかしフランスは，1780年代後半からフランス革命に至る混乱に陥る。18世紀後半からイギリスにおいて進行していた産業革命は，この混乱もあって，フランスではその影響が遅れて現れる。フランスで産業革命が始まるのは，1830年に復古王政が倒され，ルイ＝フィリップのもとで七月王政が成立して商業資本の育成が図られた時期からである。

この時期に鉄鉱石や石炭といった地下資源が豊富（とくに鉄鋼はヨーロッパ第一の生産高がある）であったロレーヌ地方は，パリ盆地の外縁部に相当する大きな台地で，東のボージュ山脈を境にアルザスと接し，南はソーヌ川上流域の台地に，北西はアルデンヌ高原に続いている。この台地をミューズ川とモーゼル川が刻んで北へ流れている。また，ビトリ・ル・フランソアよりナンシーを経てライン河畔のストラスブールに至るマルヌ・ライン運河（長さ313km）が1838年に起工され，1853年に開通し，パリ－ストラスブール鉄道の開通に伴ってナンシー駅が1852年に開かれる。地下資源の豊かさと自然地形，交通網に恵まれ，この地方の産業は急速に発展し，それに伴って中心地であったナンシーに富が蓄積され，市街地が拡大する。

この地下資源の豊かさを所望していたプロイセン王国（ドイツ）は，普仏戦争でフランスを破ると，1871年にフランクフルト条約によって，アルザスの大部分とロレーヌの東半分を獲得，帝国直属領としてドイツ化を推進した。ムルト＝エ＝モゼル県にあるナンシーはフランス領に留まったため，ドイツ市民となることを拒んだアルザス人およびモゼル人

図2　建設中のスタニスラス広場
（ナンシー市立公文書館蔵）

の実業家や知識人たちが大勢ナンシーに移住することになった。この時期のナンシーの人口増は目覚ましく，1870年の時点では5万人であったが，第一次世界大戦前夜の1914年には12万人となっている。この急激な人口増加でナンシーの都市化が郊外に向けて無秩序に進行することとなる。

19世紀後半になると鉄鋼業がさかんとなり，新興の中産階級が台頭した。ガラス工芸家のドーム兄弟など，多くの芸術家がナンシーに移住し，また，富の蓄積による中産階級の台頭などにより，19世紀末には新しい芸術を希求する高まりを見せる。15世紀以来のガラス工芸の伝統があったナンシーの芸術家たちは，絵画・彫刻に代表された芸術との距離を縮めながら，ガラス工芸を中心とした装飾芸術の価値を高めることに情熱を注ぐ。その中心人物がエミール・ガレであり，彼に賛同した芸術家たちが集まる。1894年に創設されたロレーヌ工芸会社は1901年に設立されるエコール・ド・ナンシーのもととなり，その後，東フランスにおけるアール・ヌーヴォーの拠点のひとつとなった。アール・ヌーヴォーの建築の多くは，19世紀末以降に開発された鉄道の東側の新市街地にある。　　（山名善之）

West Europe 05: Le Creusot

【ル・クルーゾ】 ブルゴーニュの工業都市

フランス，ブルゴーニュ＝フランシュ＝コンテ地域圏
Bourgogne-Franche-Comte, France

　ル・クルーゾは，この地方において早くから石炭が産出されていた。18世紀末にソーヌ川とロワール川とを結ぶ長さ2114kmの中央運河が開削されたことを契機に，運河に沿うモンソー・レ・ミーヌと並んで，炭田開発とそれに基づく製鉄・機械工業によって発展した。1836年に炭鉱と鋳造所から出発し，その後鉄鋼業に進出した巨大な鉄鋼会社シュネイダー社の発祥地として知られる。

　1782年に王立製鉄所が資本を集め，ル・クルーゾに最新技術の施設（図1）を建設し生産を開始する。これがベースとなり，シュネイダー社の起源となる会社が設立され，代表的な工業都市として発展した。しかし1980年代に，地域の中核企業シュネイダー社が鉄鋼からの撤退を表明，基幹産業が衰退するとともに失業者が増加し，かつての工業都市の活気は失われてしまった。

　そして，こうした衰退を背景に，地域で受け継がれてきた環境を，文化や生活様式を含めて総体として研究し，持続可能な方法で保存・展示・活用していくというエコ・ミュージアムが，1973年に設立された。

　ル・クルーゾが工業都市として発展し，町の骨格が作られたのは，1835年から55年にかけてである。町の中心軸に沿って，マンビ・エ・ウイルソン社の新しい鋳造所が増築され，中庭と池のそばに小倉庫が2～3棟並行して建設されたことから発展が始まった。図2から，発展期にあたる1847年頃の様子が分かる。中央に王立鋳造所があり，その両側にこの時期に建設された高炉がある。最前列の鋳造・鍛冶建屋はマンビ・エ・ウイルソン社によって建てられたものだ。そしてシュネイダー社によって左方向に新しい組立・機械工場が増築されていった。生産力が増すごとに，次々に

図1　王立鋳造所の初期配置図，1784年頃　図2　鳥瞰図，1847年（クルーゾ・モンソー・エコミュージアム蔵）
（ル・クルーゾ市立アーカイブ蔵）

図3　機械工のための兵舎式集合住宅。4階建て，128戸。1845年(ル・クルーゾ資料室蔵)

図4　都市図，1903年頃(ル・クルーゾ資料室蔵)

新しい建屋が建設されていった。図面の奥にサン・ロラン教会が見えるが，この時代には，図面はできていたものの，いまだ建設中であった。また，教会の手前右側には労働者用の住宅が建てられていたのが分かる。つまりル・クルーゾの町は，工業都市の典型として，生産過程の合理性をもとに骨格が作られていったことが分かる。

ル・クルーゾは労働者住宅の建設を早くから行ったことでも注目される。図1の下端には労働者住宅の平面図が描かれており，王立鋳造所の設立の時からすでに労働者住宅が計画されていたことが分かる。これは，同時期に工業都市として発展した東フランスのミュルルーズにおける労働者住宅とともに注目に値する。1820年代後半のフランスでは，イギリスやベルギーの先例を参考に，労働者住宅が建てられ，いくつもの工業都市が形成されていった。

フランスでは，1848年に「働く権利」をスローガンにした二月革命が起こり，第二共和政が始まった。1852年には第二帝政に移行したが，第二帝政下では労働者住宅に対する政府の補助金が作られ，その建設は工業都市を中心に全国に拡大していった。こうした社会背景のもとル・クルーゾでは，工業都市の骨格として，生産施設のみでなく，労働者住宅や公共施設が建設されたのだった。

1847年まで労働者たちは兵舎式集合住宅(図3)や農家に住んでいた。1820年頃から旧ダンタン通りに沿って住居地域が発展し始めたが，それは計画されたものではなかった。当時建てられた住宅は，単一家族向けで，街区の敷地幅つまり住居幅は8m以上あり，奥行は7.5〜9.5m程度で，1階建てであった。1843年頃より，各階に異家族が住むために内部階段を持った2階建ての集合住宅が造られるようになる。そして1845〜57年に，シュネイダー社は会社として農民の都市労働者化を行うと同時に，歩道の建設や建物の階層規定，共用壁化などの都市の計画を行うようになる。

1860年代にはモエット地区，ギィド地区といった新開地に幅15〜18mの3〜4階建てのセミデタッチド・ハウスが建設されるようになる。1870年代には戸建住宅による住宅地計画がなされ，一住戸の床面積は58〜70m^{2}のものが中心に計画された。中には2〜4室で58〜70m^{2}といった，比較的大きな中級労働者向けの住宅も造られるようになった。これらの住宅にはカーブ(倉庫)やトイレ，キッチンなども備えられていた。

図4に見る1903年のル・クルーゾの様子は現在の姿とほぼ変わらず，19世紀に，中心部に生産施設を持ち，郊外に向かって住居地区が拡がる工業都市ル・クルーゾが形成されたことが分かる。

(山名善之)

West Europe 06: Marseille

【マルセイユ】 レヴァント貿易の港町

フランス，プロヴァンス＝アルプ＝コート・ダジュール地域圏
Provence-Alpes-Cote d'Azur, France

　マルセイユは，紀元前600年頃，フォカイア（現トルコのフォチャ）出身のギリシャ人が，ローヌ川河口の東40kmにある，長さ880m，幅250mの巨大で穏やかなカランク（入江）を港とし，北の丘に植民都市マッサリアを建設したのが起源である。丘はサン＝ロランやムラン，カルムなどの小丘から構成され，ミストラル（強い北風）を防いだ。海に開かれている反面，フランス中央とは常に距離があり，プロヴァンス語に基づく独自の文化と独立心が醸成された。

　フォカイア人は航海を得意とし，マッサリアは航海探検者で地理学者のピュテアスを輩出している。前4世紀頃には地中海地域の交易拠点となり，6000人ほどが50haほどの城壁内に居住していた。主な輸出品はワイン，豚や魚の塩漬け，香草・薬草，サンゴ，コルクなどであった。

　前49年のローマ内戦でカエサルに降伏した後は，ローマの都市としてギリシャ時代の基盤を継承して発展した。遺構は旧港の東に現存している。中世を通じて，伯や公などの統治者が複雑に入れ替わり，ヨーロッパ諸侯やイスラーム勢力からたびたび攻撃を受けたが，中世の城壁によりよく守った。13世紀にはプロヴァンス伯カルロが十字軍として遠征していた間に地元貴族が反乱を起こしたが，特権の獲得と引き換えに再度服属した。

　15世紀にプロヴァンス伯ルネ・ダンジューが城壁を拡張し，その時に確定された約67haの城壁内市街地が，今日の旧市街である。商業・漁業ギルドが発展し，マルセイユ商人は市政への影響力も強めていった。

　1519年，神聖ローマ皇帝にハプスブルク家出身のカール5世（スペイン王カルロス1世）が選出されると，落選したフランス王フランソワ1世は，オーストリアとスペインに挟撃される情勢となった。そこでスレイマン1世統治下のオスマン帝国と同盟し，第一次ウィーン包囲（1529年）を実現させるとともに，マルセイユ沖合のイフ島に城塞を建設し同盟軍の軍港とした。1536年には最初のカピチュレーション（オスマン帝国領内における通商の自由の保障）が認められ，後のレヴァント貿易におけるマルセイユの優越につながっていく。1593年にはペスト対策のため大規模

図1　帝国通り道路開削計画，1862年（マルセイユ市蔵）

病院オテル・デューが建設された。1653年には取引所を兼ねた市庁舎が，ガスパール・ピュジェにより改築された。

ルイ14世はマルセイユを服属させるべく，港の入口にサン＝ニコラ，サン＝ジャンの両要塞を建設した。その上で城壁の拡張を命じ，港の南東に約130haの新市街を形成，そこに富裕な商人が移り住んだ。1669年には財務総監コルベールの主導により自由貿易港に指定され，輸入品に対する関税が撤廃された。他の地中海諸都市に対して有利に立ったマルセイユは，レヴァント貿易と大西洋貿易を結合させ，国際的な交易の中心へと発展した。

19世紀には，マルセイユ商人の要請に基づくアルジェリア侵攻（1830年），産業革命による資本主義経済の発達，11万人から50万人への人口急増といった背景の中で，都市改造が実施された。1848年にサン＝シャルル駅が開業しパリと鉄道で結ばれ，53年にジョリエット停泊区を皮切りに旧市街北部の港湾開発が進んだ。華麗な装飾の商業会議所や取引所，県庁舎，裁判所，各種銀行などの施設が新設されたのも，この頃である。64年には南の丘のノートルダム・ドゥ・ラ・ギャルド教会が，ネオ・ビザンティン様式に改築され，都市のランドマークとなった。そして，北部港湾と旧港を結ぶため旧市街内の道路開削が検討され，タラボやミレらパリの資本家による出資とナポレオン3世による補助金により1864年に実現したのが，帝国通り（現在の共和国通り）であった（図1）。沿道開発には，投資銀行クレディ・モビリエを発足し，パリのリヴォリ通りの開発やパリ－サン・ジェルマン鉄道の建設に成功していたサン＝シモン主義者，ペレール兄弟が出資した。

しかしここでも，プロヴァンス的な庶民性と独立心が発揮された。壮麗なオスマン様式のアパルトマンは，あまりにパリ風ということで好意的に受け入れられなかったのであ

図2　旧港ファサード（筆者撮影）

る。沿道アパルトマンがまったく売れないまま，66年の世界的不況に見舞われ，利益回収の見込みが立たなくなったクレディ・モビリエは倒産した。

第二次世界大戦でマルセイユはドイツ・イタリア両国から激しい空襲を受けた後に占領され，44年には連合軍からも空襲を受けた。両国からの賠償金により戦後復興が始まり，ウジェーヌ・クロディウス＝プティが復興都市計画省大臣に任命された。彼は，同時期にル・アーヴルの復興計画（2005年世界文化遺産）を担当していた巨匠オーギュスト・ペレと，若手のフェルナン・プイヨンを起用し，旧市街の立体的な地形を活かした住宅地ラ・トゥーレットを計画した。中世から位置を変えていない市庁舎を中心に，プレキャストの石材からなる中層アパルトマンを港沿いに600mにわたって整列配置することで，今日も見られる旧港の顔が実現した（図2）。郊外ではル・コルビュジエが52年にユニテ・ダビタシオン（2016年世界文化遺産）を実現した。

マルセイユは1960年代以降，アルジェリアをはじめとする旧フランス領より多くの引揚者と移民を受け入れ，「北アフリカの門」と呼ばれた。95年からは，多文化共生政策を推進するジャン・クロード・ゴダン市長のもと，地中海的な多様性を活かした「ユーロ・メディテラネ都市計画」が推進されてきた。

（松原康介）

West Europe 07: Monaco

【モナコ】ミニ国家のカジノ都市

モナコ，モナコ区，首都
Capital, Monaco, Monaco

　モナコ公国はフランスとイタリアの国境線に隣接した小国である。国土の大半は傾斜地だが，地中海に面しており，モナコ湾はヨーロッパで最も古くから交易のあった場所のひとつに挙げられる。

　最初に定住したのはジェノヴァから移住したリグリア人である。ギリシャ時代の紀元前6世紀に植民市マッサリア（現マルセイユ）のフォカイア人がこの地に植民市モノイコスを建設し，地中海交易の重要な港になった。また紀元後5世紀までイタリアとガリア方面を往来する際の重要な通過点として栄えた。都市名は，意味には諸説あるが，このギリシャ語（Monoikos）を起源とする。

　マッサリアは前389年に共和政ローマと同盟を締結し安定したが，ガリア戦争の後，カエサル（在位：前49～前44年）が立ち寄り，ローマ帝国の支配下に置かれた。帝国の分裂後，サラセン人やベルベル人，ゴート人の侵略にあい，7世紀からロンバルディアやカロリング朝フランク王国，アルルと衝突した。

図1　モナコ公国の中心部，左下の突出部が要塞都市，1760年の境界線画定以後（モナコ大公宮殿文書館蔵，Rosticher 2013，筆者一部改編）

　1191年に神聖ローマ皇帝ハインリヒ6世（在位1191～97年）が最初の定住者の地ジェノヴァ共和国に主権を委ねると，皇帝派が1215年に半島の高台（現モナコ・ヴィル地区）に初めて要塞を建設した（図1）。1297年にグリマルディ家がこの要塞を占拠して以来，モナコは小国にもかかわらず，この要塞を中心に約500年以上，フランスやイタリア，スペインという強国の支配，保護，編入を繰り返しながら侵略や征服を免れて，1861年に主権を回復し独立した。

　モナコは独立のために9割の領土を失い，財政破綻に直面した。この危機を救い，後世の繁栄の基盤を築き上げたのが大公シャルル3世（在位1856～89年）である。当時，イギリスのブライトン，ドイツのバーデン・バーデン，フランスのディエップ，ドーヴィル，アルカション，ビアリッツで社交と水浴を組み合わせたリゾート都市が誕生する。シャルル3世はこの時代に勃興したヨーロッパ貴族や新興ブルジョワのためのこうした海辺のリゾートを独立国家の主要産業にするため，岩肌の露出した斜面という不毛の地で都市の建設に着手した。

　1856年にシャルル3世が指示したのは，賭博場，海水浴のための海岸施設，宿泊施設，別荘の建設と，陸路および水路による交通網の整備で，南側のフォンヴィエイユ地区と北側のモンテ＝カルロ地区から開発が始まった。そのうち賭博場と宿泊施設は中核を成す建築で，1858年にフランスの建築家ゴビノー・ド・ラ・ブルトンヌリー（1810～85年）による案に基づいて，モナコ湾を挟んだ半島

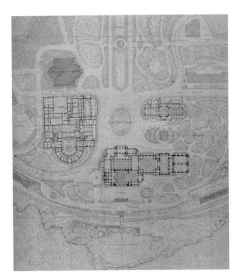

図2 モンテ＝カルロ地区の中心部，カジノ(下)，オテル・ド・パリ(左)，カフェ・ド・パリ(右)，カジノの海側が劇場，1902年(モンテ＝カルロS.B.M.古文書館蔵，Rosticher 2013)

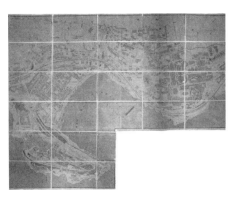

図3 モナコ公国の中心部，宮殿と旧市街(左下)，モンテ＝カルロ地区(右)，1898年(モンテ＝カルロS.B.M.古文書館蔵，Rosticher 2013，筆者一部改編)

の対岸の高台，モンテ＝カルロ地区にカジノ(1863年)とオテル・ド・パリ(1864年)が建設された。オテル・ド・パリとカフェ・ド・パリは地中海を睥睨するカジノの両側に配置され，その間に新たな求心性のある広場が誕生した（図2）。

1879年，パリのオペラ座を設計した建築家シャルル・ガルニエ（1825～98年）が，カジノの海側に2本の塔を有する劇場を増築するとともに，初期ルネサンス建築のような端正な建築を独自の折衷主義建築に改造したことにより，カジノはモナコを象徴する記念建造物に生まれ変わった。こうして宮殿と旧市街からなるモナコ・ヴィルと，カジノおよびホテルを中心とするモンテ＝カルロ，これら新・旧両地区がモナコ湾を挟み対置されたのである（図3）。

等高線に沿った市内道路の整備のみならず，1868年のモナコとニースの間の鉄道と1881年の同間の海沿い道路の開通が，内外の移動を容易にした。そしてホテル・エルミタージュ（1900年初頭）や海洋博物館（1910年），ル・スポルティング・ディヴェール（1931年，2015年破壊）などの公共建築が建設され，さらに折衷主義やアール・ヌーヴォー，アール・デコ，モダニズムの集合住宅が，各時代に，傾斜地に這う道路に面して次々に出現した。しかしアムステルダム出身の建築家エドゥアール＝ジャン・ニエルマン（1859～1928年）が，カジノ（1908年）やオテル・ド・パリ（1910年）の改修，カジノの付属棟（1914年）とホテル「パーク・パレス」（1915年，1980年代破壊）の建設，オテル・ド・パリの増築（1921年），カフェ・ド・パリの改修（1924年，破壊）などのベル・エポックと呼ばれる良き時代にふさわしい華麗な建築を手がけ，モンテ＝カルロは自らの魅力の継承も怠らなかった。しかし集合住宅は建て替わるたびに高層化が進み，都市の密度はその都度よりいっそう増していった。同時に，平地を求めてフォントヴィエイユ地区の海岸線が埋め立てられ，モナコは現代都市に生まれ変わったのである。

コート・ダジュールではイエール，カンヌ，ニース，マントンも競い合うようにカジノやホテル，集合住宅を建設してリゾート都市を目指した。その中で歴史都市モナコは，自国を象徴する建築・広場を中心に，新たな形の国土開発に成功したのである。（三田村哲哉）

West Europe 08: Strasbourg

【ストラスブール】ラインラントの要衝

フランス，グラン＝テスト地域圏
Grand Est, France

　ストラスブールは，ゲルマン語起源でシュトラスブルク，すなわち，道 Straß の都市 Burg という意味である。古来，交通の要衝に位置したことをその名が表すが，現在も鉄道・道路ともに主要な幹線が交差し，ライン川にフランス最大の河川港を持っている。パリから真東約500kmに位置し，ドイツに接しており，カールスルーエ，シュツットガルト，バーデン・バーデンに近い。ストラスブールは，フランスの東の玄関口としての役割を担う。

　しかし，ストラスブールの名はその起源から用いられていたわけではない。イリ川とライン川に挟まれたその地は肥沃で，旧石器時代から人類が居住してきたが，都市としての起源はローマ時代に遡る。最初の街は，アウグストゥスの義理の息子で皇帝クラウディウスの父となる大ドルーススことネロ・ドルースス（紀元前38〜紀元9年）によって建設される。その名はアルゲントラトゥムという。「銀の要塞」という意味である。ライン川はガリアとゲルマニアの境界となっていたが，大ドルーススは，ライン川を初めて越え，ゲルマニア遠征を行い，エルベ川に達した軍人として知られる。

　紀元12年までにアウグストゥスは木柵と土塁による市壁を築き，ブリタニア遠征に出発する43年まで19.5haに及ぶ市域を維持した。要塞は，69〜70年のガリア－ゲルマン反乱によって破壊されるが，マインツの第14軍団が再占領，第8軍団が石灰石による市壁を建設し，アルゲントラトゥムは，80年代終わりまでに市域240haまで成長している。そして，コンスタンティヌス2世（在位337〜340年）がアレマン人の反乱を収めるためにユリアヌス（在位361〜363年）を派遣，市壁を強化し，362年以降，司教座が置かれた。現在のアルバルド通りがデクマヌスに比定されるローマ・クアドラータの内部（グラン・ディル）には，プラエトリウム（官衙）や公衆浴場が建てられ，市壁外にフォルムと円形劇場が建てられていた（図1）。

　406年にヴァンダル族がライン川を越えて

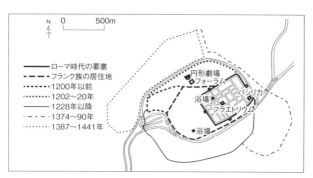

図1　市域の変遷，ローマ時代〜15世紀(McEvedy 2011)

図2　カテドラル(筆者撮影)

図3　グラン・ディルの地図（ユネスコ世界遺産センター）

図4　グラン・ディルの眺望（筆者撮影）

侵入，455年にはフン族によって破壊されるが，フランク族によって再建されることになる。この時フランク族がつけた名前がストラスブールである。

こうして，古代においてはローマとゲルマンの境界に位置したストラスブールは，フランク王国そして神聖ローマ帝国に属することになり，司教座都市として発展する。

13世紀半ば，ストラスブール市民は，司教ヴァルター・フォン・ゲロルズエックの強権的支配（1231〜63年）に反乱を起こし，ハウスベルゲンの戦いで勝利して帝国自由都市となる（1262年）。そして，ルターとカルヴァンの宗教改革にいち早く呼応，1523年にはプロテスタントを受け入れ，市内にはプロテスタントの教会がカトリック教会と並んで建てられるようになる。

ストラスブールにおけるカテドラルの建設は，8世紀のカール大帝の時代に遡るが，現在のカテドラルの起源となるのは1176年に司教ハインリッヒ・フォン・ハイゼンブルグが建設を開始し，1439年に完成したものである（図2）。主な建設者としてエルヴィン・フォン・スタインベックが知られ，1277年から1318年まで建設に携わった。一般にゴシック建築の代表作とされるが，その多くはロマネスク様式である。その尖塔は高さが142mあり，シュトラーズブントのマリエン教会の尖塔が焼け落ちた1647年からハンブルクの聖ニコライ教会の尖塔が完成する1874年まで，世界一の高層建築だった。現在でも教会建築としては世界第6位の高さである。

17世紀末，ルイ14世が三十年戦争によってドイツ圏のアルザス・ロレーヌ地方を獲得すると，フランス王国に編入されて，フランス語風にストラスブールと呼ばれるようになる（1681年）。

1871年，普仏戦争の結果，ストラスブールは再びドイツ帝国のものとなるが，第一次世界大戦の結果，フランスに返還される（1918年）。第二次世界大戦時にドイツの占領下に置かれ，1944年にナチス・ドイツの降伏とともに再々度フランスに属することとなる。

1988年，イル川とライン川に挟まれた中州にある旧市街グラン・ディル（図3，4）が世界文化遺産に登録された。グラン・ディルは，古代に遡るライン川の河床と人工水路を今日に伝え，カテドラルをその中心に持つラインラント・ヨーロッパ都市に特徴的な都市構造を維持している。またストラスブール大聖堂がゴシック建築を代表する傑作であること，カテドラル周辺の景観が都市空間と水辺空間の調和を示していること，そしてフランスとドイツの影響を混在させていること，すなわち，ヨーロッパの歴史の重要な舞台となり，古代ローマ，中世，ルネサンス，フランス古典主義，近代都市の様々な様相を重層させていることが，その登録理由である。　（布野修司）

West Europe 09: Carcassonne

【カルカソンヌ】ヨーロッパ中世最大の要塞都市

フランス，オクシタニー地域圏
Occitanie, France

　カルカソンヌは，オードの谷と地中海からトゥールーズに抜ける要路を見下ろす丘の上に建設されたラ・シテと呼ばれる旧市街と，オード川の対岸に広がる新市街の2つの町から成っている。

　ラ・シテには，紀元前1世紀以来ローマ帝国の属州ナルボネンシスの要塞都市が建設された。その後，5世紀に西ゴート族が占領するが，彼らがキリスト教に改宗して司教座が置かれるようになり，8世紀にはフランク族に明け渡される。その後400年間，トゥールーズ伯爵とその後継者である子爵の首都となって繁栄した。

　1209年8月1日，キリスト教の異端であるアルビジョワを追放するためにやってきたシモン・ド・モンフォール率いる十字軍に，ラ・シテは包囲される。レイモン・ロジェ・ド・トラナヴェル子爵は急遽シテの防御を強化して対抗するが，飲料水を断たれて降伏する。これ以後カルカソンヌはフランス王の管轄下に入るのだが，1240年にレイモン・ロジェ・ド・トラナヴェルの息子が住民の協力を得て領地奪還を図り，失敗する。時のフランス王であるルイ9世は，要塞都市としてのさらなる強化を押し進めるだけではなく，住民たちへの報復として町を破壊して彼らを7年間強制移住させ，復帰後はオード川対岸のニュータウンに住むことを命じた。この町が今日の新市街である。

　こうしたカルカソンヌの歴史は，二重に設けられた市壁の変遷に反映されている。最初の市壁は西ゴート族がローマ時代の技術を用いて築いた内側の囲壁で，フランク族の侵略に備えて建設されたといわれているが，ローマ支配下の3世紀から4世紀にかけて建てられたという説もある。それは，塔とその間を結ぶ中堤の石積みが煉瓦の平積み層を間に交えたローマ時代の方法で施工されていることが根拠となっているが，どちらの説が正しい

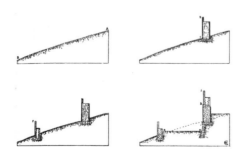

図1　市壁の変遷，5〜14世紀（羽生 1992）

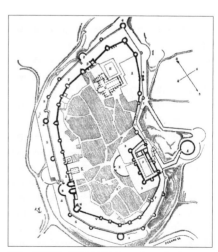

図2　都市図，1858年（Viollet-le-Duc 1858）

のか明らかではない。第2の市壁は丘の斜面に築かれた外周壁で，内側の市壁の前方7〜8mの位置に建てられている。これは，フランス王ルイ9世（在位1226〜70年）とフィリップ・ル・アルディ（在位1270〜85年）の時代に，より強固な防御を求めて増築されたものである。第2の外周壁を建設する際，第1の市壁の基底を掘り下げて基礎を補強し，さらに上方にも積み増したことが，石積みの様相から確認することができる（図1）。つまり，塔や中堤の石積みが3つの部分から成っており，下からフランス王時代に基礎を補強するために挿入された大きな切石のルスティカ仕上げの石積み，そしてローマ時代の煉瓦層が間に挟まれた小割石の石積み，それから13〜14世紀に増築された上部の石積みという具合である。

　市域を囲む内側の市壁は，高さ14m，全長約1200mの規模を誇り，そこに34の塔や城門，間道などが備えられ，領主の住む城館（14世紀）や市民たちを外敵から守ったのである。そして外周を囲むもうひとつの市壁は，全長約1500mにも及ぶ長大なもので，19もの塔や門，望楼などが設けられ，最大級の要塞都市が完成するに至ったのである（図2）。

　このようにして完成した不落の要塞都市も，平和がこの地方に訪れると軍事的価値がなくなり，都市としての機能もオード川の対岸に建設された新市街に移され，荒廃へ向かっていく。1803年，ラ・シテ内にあるサン・ナゼール大聖堂（1096年献堂，14世紀完成）の司教座が新市街のサン・ミッシェル教会に移され，さらに軍事省管轄の「要塞指定」が1804年に解除されたことで，ラ・シテの衰退は加速し，市壁の破壊や石材の略奪，空地の不法占拠が何の規制もなく繰り返され，カルカソンヌの要塞都市は危機に陥った。

　カルカソンヌのこうした凋落に対して，クロ・メールヴィエイユをはじめとする地元の学者組織が保存運動を展開し始め，1820年に

図3　ヴィオレ・ル・デュクによる修復案，1858年（Debant 1965）

再び軍の「要塞指定」を獲得し，無益な略奪や不法占拠に歯止めを打った。そして，クロ・メールヴィエイユがサン・ナゼール教会堂下の遺跡を発掘したのを機に，同教会堂は国の保護を受けることとなる。また，その修復を担当する建築家にヴィオレ・ル・デュクが選ばれ，1844年12月31日，修復計画案が内務大臣に提出された。さらに1846年には，市壁と城の保存が市議会で可決され，歴史的記念物総監プロスペル・メリメの依頼で，かねてからサン・ナゼール教会堂の修復に当たっていたヴィオレ・ル・デュクがナルボンヌ門の現状調査を開始し，ラ・シテの本格的な修復工事が始まる（図3）。

　ヴィオレ・ル・デュクによる修復で最も大きな問題となったのは，当初の屋根葺材だった丸瓦に換えてロワール川流域など北フランスで多用されていたアルドワーズを選択したことだった。彼は複雑なプランを持つ塔や門の屋根を葺く場合に丸瓦よりもアルドワーズの方が合理的だと考えたのだが，屋根の勾配まで緩やかなものから急勾配に変更したことで，市壁のシルエットが大きく変わってしまい，地元の研究者から痛烈な批判を受けた。しかし，彼が中世の要塞都市をよみがえらせ，貴重な文化遺産を保存した功績は，世界文化遺産登録の選定理由にヴィオレ・ル・デュクによる修復が含まれていることからも理解できよう。

（羽生修二）

West Europe 10: Brussels

【ブリュッセル】台地と沼地の階層都市

ベルギー，ブリュッセル首都圏地域，首都
Capital, Brussels-Capital Region, Belgium

　ブリュッセルは東西で異なる顔を持つ。東側の丘の上には王宮や議事堂，裁判所など，国の中枢機関が立地している。西側にはスヘルデ川を経由して北海へ流れ込むセンヌ川沿いの低地に商都の面影が残っている。

　西側低地部の都市化は11世紀初頭，センヌ川に港が建設されたことをきっかけに始まった。ブルッヘとケルンを結ぶ陸路の交通の要所だったこともあり，港からサン・ジェリー教会周辺に商業と手工業が発展した。センヌ川の沼地が干拓され，その干拓地のうちのひとつは大きな広場となり，下町の市場としての役割を果たした。

　東側丘陵部では，サン・ミッシェル・エ・ギュデュル大聖堂が11世紀に，コーデンベルグの丘の上にルーヴェン伯（後のブラバン公）の城が12世紀に建設された。13世紀にブラバン公が政治の中心をこの地に移し，ブラバン公国，ついでブルゴーニュ公国の中心地として栄えた。

　13世紀初頭には，低地部の港と丘の上に建つ大聖堂と城を取り囲むように第1城壁が，14世紀後半にはそのさらに外側に第2城壁が建設された。第1城壁は第2城壁が建設された後もしばらく取り壊されず，16世紀末まで町の中心部を守り続けた（図1）。

　第2城壁は総延長約8km，内包される面積約449haで，7つの門が備えられた。第2城壁が造られた当時から主要な街路として，北のスカルベーク門と南のアル門を結ぶものと，北西のフランドル門と南東のナミュール門を結ぶものがあった。

　西側低地部の下町の広場（現在のグラン・プラス）は，13〜14世紀からパン屋や肉屋などの同業者組合（ギルド）による木造の建物が取り囲み，15世紀前半には市庁舎が建設された。1695年にフランス軍の爆撃によって広場とその周辺の建物の多くが灰燼に帰したが，すぐさま再建された。また，低地部では人口の増加とともに，計画的というよりはむしろ無秩序に都市が形成され，18世紀末には，南西部と北西部に修道院や個人の庭，墓地，染物屋や洗濯屋が使用する草地以外に未開発地はほとんど残っていなかった。

　一方，東の丘陵部では，公園やロワイヤル広場といくつかの街路からなる大規模な都市整備が18世紀後半に行われた。

　第2城壁は1812年から40年にかけて取り壊され，その跡地には環状大通りが建設され

図1　都市図（部分），1550年頃（ブリュッセル王立美術館蔵，Stengers et al. 1979）

図2　中央大通り，1890年頃
(Ministère de la Communauté française 1989)

図3　「星の館」が再建されたグラン・プラス
(筆者撮影)

た。1860年7月20日に物品入市税が廃止されると，市内外の移動を束縛するものがなくなり，急激に郊外の都市化が進んだ。

19世紀に入ると，ベルギーはイギリスに続き世界で2番目，ヨーロッパ大陸では初めての産業革命を経験し，鉄道の敷設と工場の近代化が行われた。ブリュッセルと北部の都市メッヘレンを結ぶベルギー最初の鉄道が1835年に開通した。旧第2城壁外側の北部にアレー・ヴェルト駅が造られたが，鉄道旅客数の増加に伴い移転し，現在のロジエ広場に面して北駅（1841年）が造られた。ブリュッセルから南に向かう鉄道は1841年に開通し，旧第2城壁内にボガール駅が建設された。この南北の駅を街路で結ぶために，1840年にミディ通りの新設，1861〜62年にフリピエール通りの拡幅などが行われた。1864年には旧第2城壁外側の南西部にミディ駅が建設され，ボガール駅は取り壊された。

19世紀初頭にブリュッセルでも蒸気機関が動力源として使われるようになり，大規模な製糸工場や染物工場，洗濯工場，綿布プリント・彩色工場や，なめし皮工場，ろうそく工場などが次々と郊外に建設された。ブリュッセル市内を流れるセンヌ川沿いには，水車が造られ，かつては製粉や鉄の研磨，布打ちなどが行われたが，その水の流れは伝染病の温床と見なされるようになり，センヌ川の暗渠化と中央大通りの建設が行われた。これは，1863年から79年にかけてブリュッセル市長を務めたジュール・アンスパックのもとで行われた。彼は，オースマンによるパリ大改造に感銘を受け，土地収用法を用いて直線大通りを建設した（図2）。

ギルドハウスや市庁舎が建ち並ぶグラン・プラスでは，1881年から99年にかけてブリュッセル市長を務めたシャルル・ビュルスによって，建築物群の修復がプログラムされた。また，南北を結ぶ街路の交通量増加に伴い撤去されてしまった「星の館」というギルドハウスを，1階部分を歩行者用の回廊にして再建した（図3）。シャルル・ビュルスはグラン・プラスだけでなく，その周辺の歴史的な街路を含めたブリュッセルの歴史的環境保全を訴えた。その結果，西側低地部では，グラン・プラスとその周辺をはじめ，歴史を感じさせる街並みが残されている。

一方，東側の丘陵部では，1865年から1909年までベルギー国王を務めたレオポルド2世によって，2つの大規模なプロジェクトが構想された。東側の丘陵部に王立美術館や古代美術館，現代美術館，王立アーカイブ，王立図書館などの文化施設をまとめるモンデ・ザール計画と，鉄道でミディ駅と北駅を結ぶ南北接続計画である。いずれも，既存の建物や街路の全面的な取り壊しを伴うもので，財政難や世界大戦による工事中断などを経て，1950年代にこれらの計画は実現した。（田中暁子）

West Europe 11: Louvain-la-Neuve

【ルーヴァン・ラ・ヌーヴ】 ルーヴァンの学園都市

ベルギー，ワロン地域
Wallonia, Belgium

　オランダ語圏の都市にありながらフランス語でも授業が行われていたルーヴェン大学が，ベルギーの言語戦争を契機として2つに分割されることになり，フランス語圏のルーヴァン大学（UCL）のために新都市が建設された。これが，新しいルーヴェン，ルーヴァン・ラ・ヌーヴである。

　1963年，UCLのミシェル・ワトラン事務局長は世界中の大学キャンパスのコンセプトを調査し，当時のキャンパスの多くは，活気がなく，大学の内側に閉じこもっていると感じた。ルーヴェンにおける大学と都市の関係はその正反対で，1425年の建学以来，町と大学が一体となって発展してきた。そこで，新しく建設する都市も，大学と都市が一体化した空間構成とし，機能的・社会的な多様性を確保することが目指された。

　1966年，大学建設地は，ベルギーの首都ブリュッセルとフランデレン地域（オランダ語圏）のルーヴェンからそれぞれ約30kmの場所にある台地に決まった。

　その理由は，起伏のある広大な土地と，農地と森林のおりなす風景の素晴らしさ，ブリュッセルとルーヴェンへの近さ，高速道路と公共交通機関によるアクセスの良さだった。さらに，土地所有者数が少ないこと，1950年代にブリュッセル郊外の新都市建設のためのオプション契約が締結された場所だったことにより，プロジェクトの実現性も高いと考えられた。

　大学建設という公益のために収用した土地なので，商業や住宅の開発業者に土地を売却することは2020年まで禁じられており，民間業者に土地が長期賃貸借（27〜99年間）されている。

　1968年に米国の都市計画家ヴィクター・グルーエンが作成した素案において，大学を都市に同化させ，中心地区は歩行者専用とし，その周辺に4つの地区を配置するという計画の概略がすでに示されていた。この素案を叩き台として，レイモンド・ルメール（美術・建築史），ジャン＝ピエール・ブロンデル（建築），ピエール・ラコンテ（経済学）の指導するチーム，ユニバニズム－アーシテクチュール（UA）が1970年に基本計画を作った。

　この基本計画は，建設予定地の風景の特徴を守ること，土地の起伏を尊重すること，様々な社会的・文化的・知的な交流を生み出すために人間的な規模感を維持することを原則としていた。

　ルーヴァン・ラ・ヌーヴは，北にローゼルの森（約200ha），東に農地（約100ha），南東にリサーチパーク（約200ha），西に湖（約10ha），都市部（約350ha）という5セクションからなる。そして都市部は，直径約2kmのバイパス道路に囲まれている。

　ローゼル台地を流れる小川によってできた谷を結ぶように約4haの人工地盤が造られた。その地下2〜3階に駐車場や鉄道の線路とプラットフォーム，バス路線，さらにその下にはバイパス道路から中心地区に入る道路がある。地下と地上は階段とエレベーターによって連絡している。

　人工地盤の上には，密度が高く，様々な機

図1 ルーヴァン・ラ・ヌーヴの2つの軸 (Remy 2007)

能が混在する中心地区が造られた。建物は道路に沿った街区型で建設された。地上の道路は歩行者専用で，広場を結びながら，周囲の地区につながっている。

中心地区の周囲には4つの地区（ローゼル，ビエロー，ロカイユ，ブリュイエール）がある。谷の周りの4つの丘に広がっていた農場や畑が，それぞれの名称の由来となっている。

1971年2月に工事が始まった。当初，UAの内部では，都市・建築の考え方について，ブロンデルとルメールの間で意見の衝突があった。ブロンデルは，道路や公共空間に建築線をあわせずにモダンな建物を建設することを主張した。プロジェクト初期にはブロンデルの建物がいくつか実現したものの，1973年にブロンデルはチームを去った。

最初に開発が行われたのは，南東のビエロー地区で，ルヴァン広場，サン・バルブ広場，シアンス広場，ガリレイ広場とワロン通りが地区の軸となっている。

このとき新ルーヴァン主義と時に揶揄される建築・都市形態がすでに登場していた。アーケードが部分的にかけられた幅員約8mの道路によって広場が結ばれ，そこに沿道型の建物が連なっている。これは，ルメールが改修に携わったルーヴェンのベギン会修道院を参照しながら，1973年にブロンデルがチームを去った後に定式化された。

南東のビエロー地区と中心地区，西のロカイユ地区は，広場と歩行者道でつながっており，そこに様々な大学機能が配されている。南西のブリュイエール地区にある湖と中心地区にある駅も同様に広場と歩行者道でつながっている。これらの2つの軸は中心地区にあるグラン・プラスとユニヴェルシテ広場で交わっている（図1）。

大学の学部移転がすべて終わった1980年代には，経済危機のために中心地区における人工地盤の建設中止が何回も検討された。しかし，2001年には，大学関係者よりも非大学関係者の人口が多くなるなど，大学生以外の居住希望者の増加によって開発の潮流が変化した。未完成の人工地盤を延長して地下に駐車場，地上に集合住宅やホテルを開発する計画が2015年も進行中である。　　　　（田中暁子）

West Europe 12: Charleroi

【シャルルロワ】双眼の要塞都市

ベルギー，ワロン地域
Wallonia, Belgium

　シャルルロワは，ベルギーの首都ブリュッセルの南約60kmに位置する。北フランス，南ベルギーを流れるサンブル川のほとりにあり，19世紀前半から炭鉱で栄えた。

　ここはかつて，サンブル川が緩やかにカーブを描く沖積平野の氾濫原で，丘の斜面にダンプルミーとシャルノワという2つの集落があった。サンブル川の湿原や谷間の斜面は家畜の牧場となり，台地の上ではわずかながらオート麦も穫れた。川ではマスやザリガニが釣れた。

　このような，自然に囲まれた人口300人ほどの集落の風景は，17世紀，ハプスブルク朝スペイン王国が対仏の要塞を建設したことをきっかけに，大きく変化することになる。サンブル川左岸にある2つの小川に挟まれ，地形的に防御に適した高さ60mほどの丘の上が，モンスとナミュールという2つの都市の間の軍事的空白を埋めるべく，要塞の建設場所に選ばれたのである。

　技師サロモン・ファン・エスによる，規則的な6つの稜堡を持つプランに基づいて1666年に工事が始まった。そして，この要塞は，まもなく5歳の誕生日を迎えようとしていたスペイン国王カルロス2世（フランス語でシャル2世）の名前をとってカロロレギウム（カルロス王。フランス語ではシャルルロワ）と名づけられた。1667年1月には防壁の大部分ができあがったが，同年5月8日にフランス王ルイ14世が継承戦争によりネーデルラント侵攻を宣言すると，スペイン軍は兵力を集中させるために，建設途中のシャルルロワ要塞を一部分取り壊し，慌しく撤退した。6月2日，戦わずして要塞に入ったフランス軍は，要塞の再建と拡張を決めた。ヴォーバンが工事を監督し，スペイン人によるプランを踏襲しつつ，南方からだけでなく全方位からの攻撃に備え，斜堤や角面堡，沼などが追加された。要塞の内部の計画には建築家シャルル・シャモワが携わり，現在のシャルル2世広場を中心として放射状と同心円状の道路が11本造られた。台地の上に造られたこの要塞が現在の「上町」の基礎となっている。

　1675年からは同じくヴォーバンの監督下で，建築家ラコステのプランによって，サンブル川の右岸に防壁で囲まれた「下町」も建設され，川に架かる橋が焦点になるように道路網が形成された（図1）。

　要塞による軍事的機能だけでなく，シャル

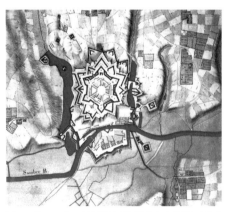

図1　ヴォーバンの監督下で**再建された要塞**，1693年頃（近代建築アーカイブ蔵，Culot et al. 2015）

図2 南方から見たシャルルロワの下町と上町、1850年頃（近代建築アーカイブ蔵, Culot et al. 2015）

ルロワに都市を作るために，ルイ14世は新しい住民や職人に対する様々な特権を布告したが，人口は緩やかにしか増加しなかった。

その後，1678年からスペイン，フランス，オーストリアと，次々と支配する国が変わったのち，オーストリア継承戦争中の1746年8月2日，再びルイ15世の軍隊がシャルルロワに侵攻する。1748年のアーヘン条約によって，再びオーストリアの支配下に戻るが，その前に，フランス軍は，軍事的利用ができないように防壁を取り壊した。

こうしてシャルルロワは戦略上の位置づけを失い，1772年にヨーゼフ2世は，残存していたすべての軍事的な建物と土地を売り払い，住宅を建設するべきと考えた。この当時の人口は，わずか3500人ほどだった。

1794年6月26日，フランス軍がフルーリュスの戦いに勝利し，シャルルロワは再びフランスのものになった。1803年にナポレオンがデクレによりシャルルロワから要塞の地位をなくし，土地と使われなくなった防壁の売却を命じた。

1815年6月18日，ワーテルローの戦いで敗れたナポレオンは，シャルルロワでサンブル川を渡り，南方に撤退し，19日の夜にプロイセン軍がシャルルロワに入った。新しいネーデルラント連合王国の国境をフランス軍による再度の前進から守るため，イギリス，オランダ，プロイセンは城塞の建設を決め，オランダ人ヘルマヌス・オールトヴェインのプランに基づき，1816年から21年にかけて，再び要塞化した。防御機能を高めるために，以前よりも深く大きい堀が造られ，防壁で囲まれる面積も広くなり，北側に要塞が拡大された。

1830年にベルギーが独立するまでは，防壁と軍事施設によって都市としての発展に箍がはめられていたが，サンブル川の運河化（1829〜32年）や，鉄道開通（1843年）などをきっかけに産業発展が急速に進み，1842年に7800人だった人口は，1862年に1万2800人に増加した（図2）。1841年から都市拡張プランが検討され，1862年に市の建築家オーギュスト・カドールによるプランが発表されたものの，実現しなかった。

新しい要塞は一度も攻撃されることなく，1867年に解体が決定された。1868年から75年にかけて様々な軍事構造物が取り壊され，上町の丘の両脇を流れていた小川も埋められた。これに伴い，建築家ザカリー・クレークスが立案した都市空間の再編プランに基づいて，大通りやレーヌアストリッド公園，公共建築が造られた。

（田中暁子）

West Europe 13: Liège

【リエージュ】象徴を失った皇子司教都市

ベルギー，ワロン地域
Wallonia, Belgium

　リエージュは，フランス，ベルギー，オランダを流れるムーズ川にウルト川が合流する地点に位置する。レジア川という小川が北西の緑豊かな丘陵からムーズ川に注ぎ込むところに形成された扇状地を核として発展した。かつてのリエージュ皇子司教領の首都であり，司教の影響を大きく受けた。

　この付近の教区の司教座は，以前，マーストリヒトにあった。705年頃，サン・ランベールが暗殺され，彼の後継者サン・テュベールが，前任者の殉教の地であるリエージュに教会を建設し，遺骸をその場所に移した。そこが巡礼の地となり，その周辺に小さな集落が形成された。800年頃に司教座も移され，ノートルダム・エ・サン・ランベール大聖堂が建設された。当時の司教区は，北はオランダのスヘルトーヘンボス，南はフランス国境にほど近いベルギーのブイヨン，東はドイツのアーヘン，西はチュワンまで含まれていた。

　また，サン・テュベールは，大聖堂の北西約100mの場所（現在のノジェ広場）にサン・ピエールに捧げる聖堂を建設させ，自らの墓所と定めた。

　962年には当時の司教が大聖堂の西の小高い丘の頂上にサン・マルタン参事会教会を建設させた。

　町が大きく変化したのは，972年に司教の座についたノジェが，オトン2世から王の特権を与えられ，リエージュ皇子司教領が成立してからである。この領土は司教区よりも狭

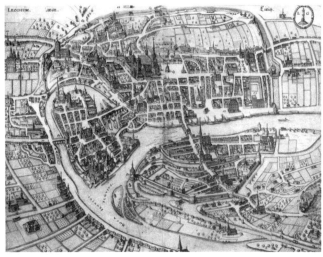

図1　都市図，1650年頃
(Ministère de la Région wallonne 2004)

い範囲だった。

この頃には，大聖堂の周辺に以前からあった小さな集落を中心として，東側には市場の立つ広場や新たな商業集積地ができ，南側は川の流れの近くまで町が拡大していた。ノジェは，サン・マルタンの丘や，ムーズ川とその支流など，地形を巧みに利用し，いくつかの教会を防御システムに組み込みながら，大聖堂の周辺約25haを城壁で囲んだ。

城壁内では，ノジェの時代に大聖堂が建て直されたほか，北側に皇子司教宮殿，西側の丘にサント・クロワ参事会教会，南側のムーズ川支流近くにサン・ドゥニ参事会教会と，大規模な建物が建設された。ノジェのもとで建設されたこれらの建物は，リエージュ革命の影響で18世紀末から19世紀初頭にかけて取り壊された大聖堂以外は，建て替えられながら同じ場所にあり続け，町を特徴づけてきた。

城壁外の南側は，ムーズ川の支流に囲まれ，中州のようになっていた。このイル地区の中心では，サン・ポール参事会教会の建設が前任司教によって着手され，ノジェの在位中に完成した。地区の北端には，ノジェによってサン・ジャン参事会教会が，南端には，彼の後継者によってベネディクト会の修道院が建設された。これら3つの宗教施設の建設が引き金となって，イル地区の人口集積が進んだ。イル地区での洪水を減らすために，ムーズ川の支流の掘削工事も行われた。

11世紀には，ムーズ川の左岸と右岸を結ぶ橋や，リンブルク公国やドイツにつながる街道，フランスにつながる街道など，主要な街道上に橋が架けられて，城壁外の都市化がますます進んだ。13世紀になると，ムーズ川の右岸やイル地区も含む約200haを囲むように新たな城壁が造られた。

リエージュの町の基本的な骨格は，この時期から産業革命まで，ほとんど変わらなかっ

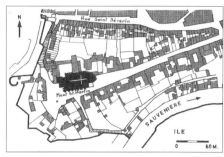

図2　サン・マルタン参事会教会付近の区画（Ministère de la Région wallonne 2004）

た（図1）。

旧市街の中心のマルシェ広場には，宗教的な核である大聖堂，政治的・行政的な核である宮殿と市庁舎が位置した。マルシェ広場の南側やイル地区の北部などの平地には，碁盤の目状に街区が作られた。

大聖堂や参事会教会の周辺には，大きめの土地が区画された（図2）。これらは税務・司法上の特権が受けられる庇護地で，教会参事会員の住まいが建っていた。現在でも，グザビエ・ノージョン（旧サン・ジャン）広場やサン・ポール広場，サン・バルテルミ広場，モン・サン・マルタン通りの周辺には，大きめの区画の土地が多く見られる。

マルシェ広場と城壁の各門を結ぶ通り沿いには，間口の狭い，短冊形の区画が並んだ。これらの区画は，現在では，遺産相続などによりさらに細分化されている。

交通量が多かったため，商人や職人が多く住んだ。現在でも，ノーヴィス・ドゥ・ポン通りやショッセ・デ・プレ，ポン・ディル通りなどにその特徴が残っている。

一部の通りの裏側には，袋小路や路地によって，さらに狭い区画が並んだ。

大聖堂は皇子司教の権力の象徴と見なされ，1794年から取り壊され，皇子司教による支配も終わりを告げた。大聖堂の跡地は現在，広場になっている。

（田中暁子）

West Europe 14: Bruges

【ブルッヘ】 中世フランドルの一大港市

ベルギー，フランデレン地域
Flemish, Belgium

フラマン語でブルッヘ（ブリュッヘ，ブルグ，ブラヘなど），フランス語でブリュージュ（英語でブルージュ）は，古オランダ語のbrugga（プロト・ゲルマン語のbrugjō），すなわち英語のブリッジbridgeに由来するとされる。市内に張り巡らされた運河に架かる無数の橋に因んでいるといわれるが，後の解説である。もともとスカンジナヴィア系の語で，ポルトゥスを意味した。ポルトゥスすなわち港である。

ヨーロッパ中世における都市形成，その発展の核になったのは，港市や商業拠点（ポルトゥス，ウィクス），またはブルク（城），市場である。ブルッヘの起源は，沿岸の交易拠点であったと考えられる。地質学調査によって4〜9世紀の海岸線は直接北海につながっていたことが明らかにされている。

ブルッヘの起源は先史時代に遡ると考えられるが，中世のブルッヘには直接つながっていない。ユリウス・カエサルのガリア征服の頃にはカストルム（城塞）が築かれており，ガリアに属した4世紀にはフランク族の支配下に置かれていたと思われる。史料初出は879年で，カストルムの所在地とされる。この時ノルマンの襲撃によってカストルムが破壊されており，以前から防御のために城塞が建設されていたことが分かる。城塞は10世紀初頭にフランドル伯によって再建される。

ブルッヘは，ガン（ヘント）と並ぶ中世フランドルの大商工業都市となる。集落はカストルムの西に位置し，海岸線の後退に伴って移動した北方の港へ向かう道路沿いにも発達していったと考えられる。12世紀初頭のカストルムは面積約1.5haで，内部には伯の居城，聖ドナティアン教会があった。フランドル伯は11世紀後半には陸路も重視し，都市的集落が発達してきたリール，カッセルなどに城塞を築いた。ブルッヘから南へ向かう道に沿っては古ブールと呼ばれる市外街区が発達する（図1，2）。1180年には中央を流れるランゲ・レイエ川を掘り下げて航行可能とし，スルイス湾に注ぐ手前に水門を設けて前港とし，ダムと呼ぶ。

フランドルの発展を支えたのは毛織物業である。1113年には商人ギルドが存在していたことが明らかにされている。そして，フランドル伯がブルッヘの聖ドナティアン教会で暗殺された事件をきっかけに起こった伯位相続争いの過程で，フランドル沿岸部諸都市とともに自治権を獲得している（1128年）。すなわち自治都市（コミューネ）となる。

12世紀から15世紀にかけてブルッヘは，北方のハンザ同盟の諸都市と南部諸都市の中継地点に位置して，ポルトガルなど他地域の商人を積極的に招き入れ，信用取引など新たな商業システムによって黄金時代を迎えることになる。地元の羊毛だけでは不足となり，イングランドから輸入するようになって，その地位は揺るぎないものとなる。

しかし15世紀以降，運河や湾に土砂が堆積して大型船舶の航行に支障を来たすようになり，経済拠点としての重要性を失い，衰退していった。また，16世紀末の北部の独立によって，低地諸国はスペインの版図に留まった旧教国のベルギーと新教国となった独立国

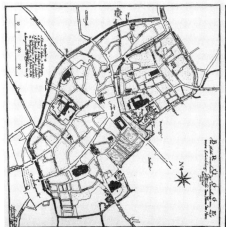
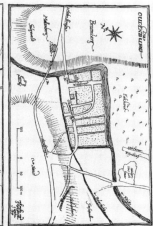

上）図1　ブルッヘの起源（Benevolo 1975）
左）図2　都市図，12世紀
（Ganshof 1938，瀬原 1993）

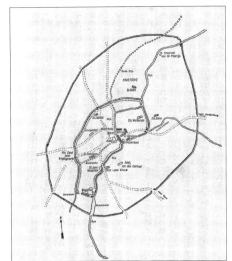

家のオランダとに分断されることになる。
　オランダ東インド会社の拠点となった諸都市の隆盛の陰でブルッヘは，ガン（ヘント）などフランドルの諸都市に比べても，中世の面影を残す家並みを今日まで伝えることになった。第一次，第二次世界大戦でも戦火を免れ，13世紀建造のブルッヘで最も古い聖救世主教会や，ヨーロッパで最も高い煉瓦建築物である尖塔（122m）を持ち，ミケランジェロ作の聖母子像が保管されている聖母マリア教会，自治の象徴となる鐘楼，同職組合会館ギルドハウスなど，多くの歴史的建造物が残っている。聖母マリア教会は，フランドル地方の初期ゴシック様式の教会で，煉瓦造で上方に向かうに従って段々状に奥行きと幅が減少していく塔の造形が独特である。フランドル伯ルイ2世によって1376年に建設が開始され1421年に完成するブルッヘ市庁舎は，石工親方ヤン・ローヒルスの名が知られるが，フランドル地方最古の後期ゴシック様式の市庁舎であり，ルーヴェンやブリュッセルなどの市庁舎のモデルともなる。市の中心マルクト広場に面し，現在は美術館になっている。
　「ブルッヘ歴史地区」は，「フランドル地方のベギン会修道院群」と「ベルギーとフランスの鐘楼群」に登録される建築物を含めて，世界文化遺産に登録されている（2000年）。また2002年には，サラマンカとともにヨーロッパの文化首都とされている。

（澤田千紘・布野修司）

West Europe 15: Antwerp

【アントウェルペン】大航海時代の商業中心

ベルギー，フランデレン地域
Flemish, Belgium

　北海へ流れ込むスヘルデ川の右岸に位置するアントウェルペン（仏アンヴェルス Anvers, 英アントワープ Antwerp）は，フランドル地域の諸都市同様，古来，沿海部の交易拠点として発展した。帝政ローマ（ガロ・ローマ）時代の2～3世紀に集落が形成されていたことが考古学的に確認されるが，史料初出はメロヴィング朝（481～751年）末期である。8世紀前半のカストルム・アントウエルピスには関税徴収所および貨幣鋳造所が置かれていた。その後ノルマン人の襲撃（836年）によって壊滅し，9世紀末にウィクス・アンウェルピスとして現れる。カストルムもウィクスもローマ時代の第2級レヴェルの都市あるいは集落をいう。

　アントウェルペンの名前の由来として英雄伝説があり，アントウェルペン市庁舎前には伝説に因む「ブラボーの噴水」と呼ばれる記念碑がある。しかし，近年有力なのは，ラテン語アントヴェルピア antverpia すなわち Ante （前）と Verpia（砂などが堆積，沈殿したもの）に由来しており，スヘルデ川の湾曲に伴う堆積作用によって土地が形成されていったことを示している，という説である。

　10世紀末には神聖ローマ帝国皇帝オットー1世によって北方に城塞が築かれ，この周辺に集落が発達し，11世紀には壕が巡らされる。

　アントウェルペンが自治都市として成長していくことはなかった。辺境伯が置かれ，フランドル伯と対峙する存在であった。百年戦争（1337～1453年）時には，イングランドの羊毛産業と密接なつながりで繁栄していたアントウェルペンは，フランス王と結ぶフランドル伯に対抗し，フランドル都市連合を組織してイングランドを支持する立場をとる。戦争初期にはイングランドの拠点となっている。

　15世紀前半，アントウェルペンの人口は2万人程度であったと推定されている。ところが，ブルゴーニュ公がイングランド産毛織物の流入禁止の措置をとることによって，状況が大きく転換することになる。イングランド

図1　都市図, 16世紀（ブラウン／ホーヘンベルフ 1994）

図2 聖母大聖堂
（筆者撮影）

図3 市庁舎（筆者撮影）

産毛織物の流入を嫌ったフランドル諸都市の中で，アントウェルペンはこれを受け入れるのである。これによって商業ネットワークが大きく変わり，フランドル経済の中心はブルッヘからアントウェルペンに移ることになる。ブルッヘ沿海部が土砂の堆積によって航行困難となったことも要因である。15世紀末には，ライン川沿いの商人のみならず，ポルトガルやイングランドなどの外国商人が移動し，商館が設立される。

そして大航海時代の幕が開けると，香辛料などのアジア産品や新大陸の銀や砂糖が持ち込まれ，アントウェルペンは黄金時代を迎える。1531年には商品取引所が設立され，商品の信用取引，為替手形による決済が行われるようになり，先物取引や船舶の売買，用船，海上保険といった取引がさかんに行われ，ヨーロッパ最大の商業・金融の中心地となった。1560年までにはアルプス以北における最大規模の都市となった（図1）。

ヴェネツィアやジェノヴァの繁栄は地元の商人によって支えられていたが，アントウェルペン経済は，各地からやってきた商人たちの手で支えられており，このことが都市のコスモポリタン的性格を形成していった。宗教的にも寛容で，ユダヤ教正統派（ハレーディ）の大規模なコミュニティが形成された。また，イベリア半島を追われたコンベルソ（改宗ユダヤ教徒）の亡命先ともなり，プロテスタントの拠点ともなった。ユダヤ人の大きなコミュニティは現在も存在しており，アントウェルペンは「西のエルサレム」と呼ばれる。

アントウェルペンの繁栄は，しかし，長続きはしなかった。オランダが独立戦争（1568〜1648年）に勝利し，海洋交易を制覇することによって，アントウェルペンは急速に衰退していくことになるのである。10万人を超える人口規模を誇ったアントウェルペンであるが，19世紀初頭には人口4万人以下の小都市となる。

19世紀に入って，ケルンとアントウェルペンが鉄道で結ばれ（1843年），1863年にベルギーがオランダからスヘルデ川の航行自由権を買収し，アントウェルペンに徐々にかつての栄光が蘇る。20世紀になると着実な経済発展を遂げていく。第二次世界大戦では壊滅的打撃を受けるが，復興を遂げ，ロッテルダムに次ぐヨーロッパ第二の規模の貿易港となり，そしてダイヤモンド原石の世界的な中継地として知られている。

アントウェルペン市内には，世界文化遺産に登録されている4つの物件，プランタン・モレトゥス博物館と聖母大聖堂（図2），市庁舎（図3），ル・コルビュジエのギエット邸がある。

（渡邊美沙子・布野修司）

West Europe 16: Amsterdam

【アムステルダム】オランダ海洋帝国の帝都

オランダ，北ホラント州，首都
Capital, North Holland, Netherlands

　17世紀はオランダ海洋帝国の時代である。その黄金時代を支えたアムステルダムは，ヨーロッパ屈指の世界都市である。その起源は11世紀に遡るが，もともとアムステル川河口の小さな漁村に過ぎなかった。まず東岸にダイク（堤防）を築いて造成されたポルダー（干拓地）に集落が形成された。13世紀にダム（堰）が設置され，アムステル川の東西両側が利用されるようになる。アムステルダムの名前は1275年の文書が初出である。

　アウデ・ケルク（旧教会）のあるポルダーは木柵で囲まれ，アムステル領主の城はその外側，対岸の現在のダム広場辺りにあったと考えられている。東側をアウデ・ゼイデ（旧市街），西側をニーウ・ゼイデ（新市街）というのは開発の経緯による。

　国土の約3割が海面より低いネーデルラント（低い土地）では，ダム・堤防の建設，そして干拓事業は都市建設の基本である。1380年頃に市街地を囲む運河の外側に1本ずつ水路が掘られ，水路の間が宅地化されていき，1420年頃さらに外側に水路（現在のシンゲル運河）が設けられ，徐々に市域が拡大し，1488年に市街地を囲むように防御壁が築かれた。アムステルダムの最も古い地図は，1544年にコルネリス・アントニスによって描かれたものである（図1）。すでにその段階でアムステル川の両側に3本の水路が走る排水システムが完成されている。16世紀までの干拓事業は，干潟や湖沼を干し上げ，湖底を陸地に変える程度のものであったが，16世紀に風車が発明されたことによって干拓事業は大規模になり，アムステルダムの都市拡大の原動力となる。

　八十年戦争（1568〜1648年）最中の1585年，西ヨーロッパ最大の港市であったアントウェルペンをスペイン軍が占領，大量の商人が移住してきたことが，アムステルダム発展の大きな契機となる。1602年には世界最初の

図1　都市図，1544年（Kistwmaker and Van Gelder 1982）

図2　都市図，1665年（Dijkstra et al. 1999）

図3 王宮(布野撮影)

図4 南郊の集合住宅,ピエト・L・クラメル設計(布野撮影)

　株式会社オランダ東インド会社が設立され,オランダの海外進出が本格化するが,アムステルダムはその中心として繁栄する。

　アムステルダムを三重に囲むヘーレン運河,ケイゼル運河,プリンセン運河の3本の運河を掘削するアムステルダム最初の都市計画が提案され(1609年),この事業によって1613年からの50年間に市街地区域は450エーカーから1800エーカーに増大する。ザイダー・ケルク(南教会)が建設されたのは1614年,ノールデル・ケルク(北教会)は1623年,ウェスター・ケルク(西教会)は1631年に竣工している。ダム広場にアムステルダム市庁舎(現王宮)(図3)が建設されるのは1648年である。現在の半円形の形ができるのは1663年に開始されたシンゲル運河を掘削する第二期運河建設によってである(図2)。

　全体がほぼ建て詰まるのは1725年頃であるが,17世紀末から18世紀末にかけてこの半円形の都市に約20万人が居住した。新たに市壁外への拡張が必要となるのは19世紀半ばである。1866年のJ・G・ファン・ニフトリックの計画をもとに市街地拡張事業が実施されるのは,1877年以降である。新市街地は,大量の住宅が供給されることによって旧市街の過剰人口の受け皿となったが,建築法制度は不十分であり,狭い土地に小規模な住宅を密集させることになった。19世紀末には社会政策としての住宅供給,住環境整備の必要性が認識されるようになり,1901年には住宅法が制定される。

　アムステルダムの人口はさらに増加し,1900年から30年の間に51万1000人から75万7000人となる。この間に実施されたのが,オランダを代表する建築家H・P・ベルラーエによる「アムステルダム南郊市街拡張計画」である。全体計画が委託され提案されたのは1902年であるが,紆余曲折の末,1917年以降,南郊についてのみ実施された。広幅員の大通りによって幹線交通を処理し,様々な階層の人々のための集合住宅群,公共建築,広場,区画道路を巧みに配置している。集合住宅の設計にはデ・クラークやデ・クラマーなどアムステルダム派の建築家が起用され,ユニークな街路景観を創出している(図4)。

　オランダの首都であり,最大の都市であるアムステルダム市の人口は,都市圏全体では約230万人に上るが,市域は約82万人で,20世紀の中葉以降大きな変化はない。旧市街は,その起源から黄金時代,そして20世紀初頭の煉瓦と瓦によるアムステルダム・スクールの質の高い建築群まで,以上の歴史を重層的に残している。「アムステルダムのシンゲル運河の内側にある17世紀の環状運河地域」は2010年に世界文化遺産に登録されている。

(古谷侑・布野修司)

West Europe 17: Rotterdam

【ロッテルダム】ヨーロッパの玄関

オランダ，南ホラント州
South Holland, Netherlands

　ロッテルダムは，アムステルダムに次ぐオランダ第二の都市（人口約64万人）である。しかし，欧州最大の貿易量を誇るロッテルダム港は，上海港やシンガポール港にその座を奪われるまで1960年代半ばからの40年間，世界第一の貿易港であり，ロッテルダムは「ヨーロッパの玄関」「世界への門」と呼ばれてきた世界都市である。

　ロッテルダムは，ライン川とマース川，スヘルデ川の河口デルタに位置する。ネーデルラントの他の都市と同様，ダイク（堤防）によって干拓を行い，ポルダーと呼ばれる干拓地を造って都市を形成してきた。ダム（堰）やスライス（水門）の設置は，ポルダー建設に不可欠であり，ダムの名前はまさにダム建設がその町の起源となっていることを示している。ネーデルラントの中でも標高は低く，海抜マイナス6.7mである。

　ロッテ川をマース川から区切るダムが建設されたのは1270年である。そして本格的に集住が開始され，1340年にウィレム4世オランダ伯から勅許状を得て，自治都市となる。ロッテ川沿いの集落は次第に東西に拡張していき，16世紀には歪んだ三角形状の市街地が形成され，その周りには都市を守るように市壁と環濠が築かれた（図1）。

　16世紀初頭のロッテルダムは，サンローレンス教会と堤防を中心とした軸に沿って市街が形成されており，市街の中央を東西に通るフーク大通りに沿う地域には整形な区画割の街区が並んでいる。ロッテ川の名残であるビネン・ロッテが市街の中心を南北に貫き，これを挟むように2本の水路が引かれ，これらに直交する形で東西に2本の水路が引かれている。ビネン・ロッテと新マース川の間には内港コルクが造られ，外海からの船舶の玄関口の役割を担っていた。ビネン・ロッテとコルクがダイクによって仕切られているため両

図1　都市図，1560年頃（ブラウン／ホーヘンベルフ 1994）

図2　都市図，1650年（Blaeu 1966）

図3 カフェ・デ・ユニ，アウト設計，1925年（布野撮影）

図4 クンストハレ美術館，コールハウス設計，1991年（布野撮影）

方の川を船で行き来することができず，荷物の積み替えが必要とされ，これが結果的に交易の場として発展するきっかけとなる。エラスムス（1466～1536年）の生地であり，エラスムス大学はヨーロッパ有数の大学である。

オランダが独立する八十年戦争（1568～1648年）の間，アントウェルペンやアムステルダムの港は封鎖されることが多く，ロッテルダムが大きく発展する契機となる。大型商船の入港が可能となるよう港湾が拡大され，市街地も拡張されていった（図2）。

オランダ東インド会社（1602～1799年）は，6つのカーメル（会議所）によって設立されるが，アムステルダム，ゼーラント，デルフト，ホールン，エンクハイゼンとともにロッテルダムにもそのひとつが置かれた。

19世紀に入ると，産業革命の進行とともに，ロッテルダムは大きく発展する。ルール地方の鉱工業製品がライン川を通じて海外へ向かう運搬拠点の役割を担うようになるのである。1868年にはマンハイム条約で各国船舶の自由航行が認められ，1872年に新水路が開削されると，市街地と港は南へ拡張されていく。ロッテルダムの人口は急激に増加し，その発展を象徴するように，1898年には当時ヨーロッパで最も高い45mのホワイト・ハウス・ビルが建設されている。一方，狭小な住宅が密集する住宅地を抱え込むことになる。

フランクフルト・アム・マインでアディケス法（区画整理法）が制定された1902年に，ロッテルダムでも住宅法が制定される。

20世紀に入ると，煉瓦と瓦屋根を基調とするいわゆるアムステルダム・スクールの建築家が活躍する。ロッテルダムでは，ファンネレ工場（1925～32年）が世界文化遺産に登録されたミシエル・ブリンクマンや，ヤコーブス・ヨハネス・ピーター・アウト（図3）など，鉄とガラスを基調とするいわゆるロッテルダム・スクールの建築家が活躍する。

第一次世界大戦においてロッテルダムは，ドイツとイギリスの間にあってオランダが中立の立場をとったことから，世界最大のスパイ天国となる。そして第二次世界大戦においては，ナチス・ドイツによる爆撃で旧市街と港はほとんど破壊されてしまう。

いったん白紙となったロッテルダムは，戦後1950年代から70年代にかけて徐々に復興を遂げ，1980年代以降，現代建築をリードする新たな集合住宅やオフィスビル，レクリエーション施設を建設する施策が展開される。1990年代には南バンクに新たな業務センター，コープ・ファン・ザウトが建設された。レム・コールハウス（図4），ピート・ブロムなどの建築家が活躍し，ロッテルダムは2015年のヨーロッパ都市に選定されている。

（古谷侑・布野修司）

West Europe 18: Leiden

【ライデン】オランダの知の拠点

オランダ，南ホラント州
South Holland, Netherlands

ライデンといえばライデン大学である。オランダ最古となる1575年のその創設以来，ヨーロッパでも有数の科学の中心拠点であり続けてきた。ライデンは，大学施設が街中に点在する典型的な大学都市である。

世界中から3万5000人の学生が集まる国際的な都市であり，幕末に日本を訪れたシーボルトのコレクションを所蔵するシーボルト博物館や，オランダ構造人類学を生んだ都市にふさわしい国立民族学博物館がある。数多くの科学的発見が行われたことから，ライデンは「発見の都市」と呼ばれる。ライデン大学は現在も，ヨーロッパではオクスフォード大学に並ぶハイランクの大学であり，13人のノーベル賞受賞者を輩出している。アインシュタインも一時籍を置いていたことがある。科学だけではない。ライデンは画家レンブラントの生地（図1）としても知られ，芸術の分野でも豊かな文化を育んできた。

ライデンの起源はローマ帝国時代に遡る。近郊のマティロと呼ばれる集落遺構は4世紀のものである。アムステルダムを含めデルフト，ライデン，ハーレムといった北ネーデルラントの人々は古来テルプ（人工マウンド）を築造し，ダイク（堤防）によって干拓を行い，ポルダー（干拓地）を造って居住してきた。ダイクによってポルダーを造ることで居住地が造られ，運河が張り巡らされる建設方法は，各都市共通であり，カナール・シュテデン（運河都市）と呼ばれる。ライデンの起源は，新旧ライン川の合流地点に造られたテルプに形成された集落である。

ライデンの直接の起源となるレイトンが史料に現れるのは860年であるが，市の中心にあるライデン砦ブルフト（図2）が築かれた小高い丘がその場所で，ライデンはこの丘を中心に発展してきた。

レイトンの領主は，当初はユトレヒト司教に従属したが，1100年頃ホラント伯領へ従属するようになる。ライデンは1266年に勅許状を与えられて自治都市となっている。市壁が建設されるのは14世紀初頭ぐらいからである

図1　レンブラントの生家跡(筆者撮影)

図2　ブルフト要塞(筆者撮影)

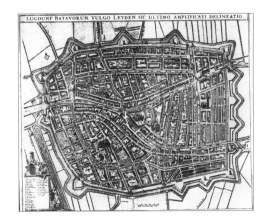

図3　都市図, 1612年
(Deys et al. 2001)

が，オランダの要塞技術者たちは多くの要塞を建てている（図3）。

　火器の登場によって築城術は大きく変化していく。八十年戦争（1568〜1648年）初期には，イタリア式の五角形を実戦的な囲い込みの方法として採用するが，組積造のために必要な石がオランダにはない。オランダ人が利用したのは，無数の川や水路であり，長い海岸線である。豊富な水は，平坦な湿地帯や泥地，水路のある田園地帯で戦うことに不慣れな敵軍にとって障害物となる。都市を要塞で囲み，侵略者を撃退するために堤防を決壊させるという装置を考案したのはオランダの技術者たちである。スペインのライデン包囲（1573〜74年）に耐えたのは，この堤防決壊による方法であった。

　こうした要塞技術の拠点となったのがライデン大学である。大きな役割を果たしたのは，オランダ科学技術の祖といわれるシモン・ステヴィン（1548〜1620年）である。オラニエ公マウリッツの顧問を務め，十進法の小数記法の体系の確立，静力学および流体静力学の諸法の発見，風車による排水方法，帆走車の発明などで知られるが，理想港湾都市の計画を提案，バタヴィア（ジャカルタ）の設計案を描いたことでも知られる。そのステヴィンが1600年にライデン大学に創設したのがネーデルダッチ・マテマティークというエンジニア養成機関である。

　多くの軍事エンジニア，土木エンジニアが育てられて国外で仕事をしていくことになるが，学生となったのは主として石工や大工などの職人であった。

　オランダの黄金時代を迎えて，その活躍の場はフランスやイングランド，ドイツ，スカンジナヴィア半島まで広がっていった。そしてさらに海外植民地に広がっていく。要塞技術，すなわち軍事技術，土木建設技術は，貿易の航路を支配するだけでなく，商業のための倉庫などを建設し運営するのにも必要不可欠だったのである。

　18世紀に入ると織物産業の不振とともにライデンは衰退し始める。オランダ全体としても，世界経済におけるヘゲモニーを失い，オランダ東インド会社も解散（1799年），フランスに併合されることになる。ライデンの人口は1796年から1811年の間に3万人ほど減少し，19世紀に17世紀の城壁を越えて市街地が拡張されることはなかった。20世紀初頭でも約5万人ほどである。

　第二次世界大戦中にライデンは連合国の爆撃を受け，大きな被害を受けたが，戦後復興によって，歴史的都市の面影を取り戻している。

（布野修司）

West Europe 19: Delft

【デルフト】フェルメールの街

オランダ，南ホラント州
South Holland, Netherlands

　デルフトは，デン・ハーグの南，ロッテルダムの北に位置する。オランダ東インド会社の6つのカーメル（会議所）のひとつが置かれ，オランダの黄金時代を支えた北海沿海部の諸都市のひとつである。

　レンブラントと並び称せられるバロック期を代表する画家ヨハネス・フェルメール（1632〜75年）の生地であり，その作品として「デルフト眺望」（1660〜61年頃）が知られる。「オランダの世紀」の都市の光景を偲ぶことができる。デルフトはまた，デルフト焼でも知られる。オランダが日本と正式な国交を結ぶのは1609年であるが，徳川幕府の海禁政策の中で唯一，出島を通じてつながったのがオランダであり，デルフト焼の成立には日本の陶磁器も影響があったとされる。

　その名は，フィレー川とスヒー川をつなぐ水溝＝デルフに由来する。その都市としての形成は，ネーデルラント（低地）諸都市同様，ダイク（堤防）とダム（堰）によってポルダー（干拓地）を造ることによって行われてきた。

　その起源は11世紀に遡り，1070年に建てられたゴドフリー公爵一族の城を中心に発達してきた。デルフトがウィレム2世から都市自治の特許状を獲得するのは1246年である。中央にアウデ・ケルク（旧教会，1200年頃）のある並行するアウデ・デルフト（1100年頃）とニーウ・デルフトで囲われる街区が原型である（図1）。2つの運河の北側に，北東に向けて斜めに走る運河オーステインデ（東橋）が整備され，3本の運河が基本的骨格を形成する。デルフトは交易の中心地として発展していくが，バター，織物，敷物，そしてとりわけビールの醸造で栄えた。

　ニーウ・デルフトの北側に，現在，新教会（1383〜1510年）とデルフト市庁舎のある矩形のマルクト広場（図2）が1436年にフィリップ善良公から授与され，行政的にも地理的に

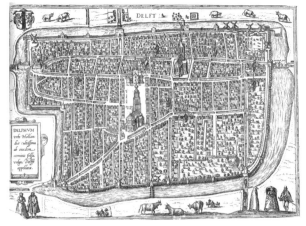

図1　都市図，1636年
（Deys et al. 2001）

図2　旧教会からマルクト広場と新教会を望む（筆者撮影）

図3　市庁舎（筆者撮影）

も都市の統一がなされた。デルフト市庁舎（図3）を設計したのは，16世紀後半から17世紀にかけてアムステルダムのマスタービルダーとして活躍したヘンドリック・デ・ケイゼル（1565〜1621年）である。16世紀初頭には，他の運河都市と同様，1万人規模の都市に成長していた。

1536年の大火，そしてその直後に襲った伝染病で町はいったん衰退するが，オラニエ公ウィレムが1572年に移住してきた頃にはかつての栄光を取り戻している。オランダが独立を果たした際には，デルフトは事実上の首都となる。

城壁のないデン・ハーグより防御しやすいデルフトを選んだのであるが，オラニエ公ウィレムは，反プロテスタントによって，1584年にデルフトの自宅プリンセンホーフで暗殺された。ケイゼルによってデザインされたその墓所は，ウィレム1世の子孫である現オランダ王室の代々の墓所とともに新教会に置かれている。

16世紀末から17世紀初頭にかけてデルフトに大きな変化はない。北側に大きな稜堡が設けられたのは1634年以降である。しかし，1654年に弾薬庫の大爆発でデルフト市街の4分の1が破壊される大惨事が起こる。死者は100人を超え，負傷者は数千人に及んだという。その後，17世紀後半までに市の中心部は再建され，今日に至る。

16世紀初めにイタリアから錫釉陶器であるマヨリカ（マヨルカ，マジョリカ）焼が伝わり，陶器の製造が行われてきたが，17世紀に入るとオランダ東インド会社によって中国磁器がもたらされて，陶磁器産業が有力となる。伊万里焼の影響も受けたとされ，独特の陶器が発展，生産が行われた。青を用いて彩色され，デルフトブルーと呼ばれている。生産規模自体は縮小したものの，今日でもデルフト焼として知られる。

デルフトは，以上のように，オランダの歴史において，とりわけその黄金時代にきわめて重要な役割を果たした古都であり，現在は人口10万人ほどの都市として観光客を集める。一方，デルフト工科大学が知られるように，微生物学の先駆者アントニー・ファン・レーヴェンホークとマリティヌス・ベイエリンクを生んだ科学技術の街でもあり，学生の街でもある。
　　　　　　　　　　　　　　　（布野修司）

West Europe 20: London

【ロンドン】世界に冠たる商都

イギリス，グレイター・ロンドン，首都
Capital, Greater London, UK

紀元43年頃，ローマ人がブリテン島に侵略した際，すでに現在のシティ周辺には集落があった。ローマ人はここを軍事上重要な拠点と見なし，城砦都市を築いて「ロンディニウム」（ケルト語で「沼地の砦」という意味）と名づけた。ここからブリテン各都市へとつながる街道が建設され，ロンディニウムは交通の要衝として栄えた。その後，アングロ・サクソン時代末期，エドワード証聖王（在位1042～66年）は，即位するとすぐにテムズ川上流にあった小さな修道院を建て替え，ウェストミンスター修道院と命名するとともに，そこに宮殿を建設した。こうして，ロンドンにシティとウェストミンスターという2つの核が誕生した。

1066年，ウィリアム征服王（在位1066～87年）がイングランドを征服した際，シティの市民は簡単には屈服しなかったため，ウィリアムはウェストミンスターで即位式をあげ，シティを監視するために，東端にホワイト・タワー（現在のロンドン塔内），南西部にベイナーズ城とモンフィシェツ・タワーという3つの要塞を建設した。以後，シティはローマ時代の市壁内の市域を保ち，王権には屈せず，自治権を有しながら，イングランド最大の商業都市として発展していった。一方でウェストミンスターには，1097年にウィリアム2世（在位1087～1100年）によってウェストミンスター・ホールが建設され，政府機関が集中していった。こうして，商都としてのシティと首都としての機能を持つウェストミンスターの役割分担が明確になった。

シティの人口増加による過密化は，中世を通して，常に問題となっていた。ペストの大流行やヘンリ8世（在位1509～47年）による修道院解散命令（1536, 39年）などによって，市域の拡大は何とか避けられていたものの，1666年の大火はロンドンの都市構成を大きく変化させることになった。再建委員会が組織され，市域の6分の5を焼失した経験を教訓に（図1），衛生的で火災に強い近代都市が築かれた。その際，石造または煉瓦造建築が義務づけられ，前面道路幅員によって高さが規制されるなど，市内における建築制限が法律（再建法）で定められた。

ロンドンへの人口集中は止まらず，市壁外へ開発が進んでいった。そこで採用されたのが，「ジョージアン・テラス」として知られる集合住宅による住宅地開発であった。これらは大火後の再建法をもととした建築規制にしたがって建てられたため，一様なデザインの建築が連なるロンドンの新しい都市景観が形成された。

図1　ホラーによる大火直後のシティ，1666年（Ross and Clark 2011）

図2 コヴェント・ガーデン・ピアッツァの開発，1631〜37年
(Bucholz and Ward 2012)

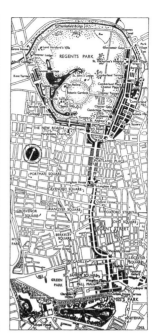

図3 ナッシュによるロンドン改造，1811〜30年(Summerson 2003)

　市壁外の開発で最も重要視されたのが，シティとウェストミンスターを結ぶストランド通りであった。このあたりは，チューダー王朝期にすでに開発が始まっていたが，1631年に建設が開始されたコヴェント・ガーデン・ピアッツァ（図2）の開発を契機として，王政復古以降，建設ラッシュが訪れた。ジョージ王朝期には，地方に領地を持つ貴族たちは，地方のカントリーハウスで過ごす時間よりもロンドンで過ごす時間の方が多くなり，ロンドンのタウンハウスを立派に造るようになった。こうして市壁の西側は貴族たちのタウンハウスであふれていった。また，投機目的の住宅地開発も増え，シティとウェストミンスターの間には建物が密集し，結局，両者はつながった。

　さらに，ロンドンは西方に拡大していく。ジョージ4世（在位1820〜30年）は皇太子時代（1811〜20年）に，カールトンハウスからリージェントパークまでの整備事業を実施し，ピカデリーサーカス，リージェントストリート，オクスフォードサーカス，ポートランドプレイスといった，イギリスで誕生した都市計画の手法，すなわち，プレイス（広小路）とスクェア（広場），サーカス（円形広場）を用いた開発を行った。このウェストエンドの開発を一手に請け負ったのは，ジョン・ナッシュ（1752〜1835年）であった。ナッシュはピクチャレスクの手法で対応した（図3）。

　その後，ヴィクトリア時代に経済が発展し，ロンドンは世界最大の都市となった。多数のヴィクトリア様式の建築が建てられ，豊かな都市に成長していくが，その反面，地方から人口が流入し，過密化が引き起こす都市問題に悩まされるようになり，その解決が20世紀の課題となった。そして，田園都市やニュータウンといった郊外住宅地の建設，インナーシティ問題の解決のためのスラムクリアランスなど，様々な都市計画的手法が試された。

（大橋竜太）

West Europe 21: Manchester

【マンチェスター】産業革命の寵児

イギリス，ノース・ウェスト・イングランド
North West England, UK

　産業革命の寵児として世界にその名を轟かせたマンチェスター。その歴史は古く，起源はローマ時代以前まで遡ることができる。アーウェル川とメドロック川が合流するこの地点は，丘状になっており，防御に適していた。この特性を利用して古くからケルト人が居住していたが，ローマ軍もこの地に目をつけ，紀元79年頃，「マムシウム」と呼ばれる要塞を築いた（図1）。

　しかし，410年頃，ローマ人が撤退すると急速に廃れ，アングロ・サクソン時代には，様々な王国の支配下に置かれた。しかし都市として整備された痕跡はほとんど残っていない。ノルマン・コンクエスト（1066年）後，ウィリアム征服王が作成した検地帳ドームズデイ・ブックには，教会堂と城郭があったと記録されている。教会堂は，マンチェスター大聖堂の前身であるセント・メアリ教会堂のことであり，1421年に聖堂参事会教会として建て替えられた。城郭に関しては不明な点が多いが，13世紀末にマナ・ハウスになった敷地には濠の一部が残っており，その際に建て替えられたものと考えられている。

　マンチェスターの再興は，繊維産業による。中世初頭に近郊で羊毛生産が始まり，1223年には定期市を開くことが認められ，羊毛の取引を中心として商業が活発化し，1301年には国王から自治都市の許状を得ている。さらに14世紀には，フランドル地方からの移民によって進んだ羊毛加工技術が伝わり，毛織物工業が発展，商業都市として成長していった。16世紀には，海外との貿易も行われるようになる。1620年頃にはファスティアン織が開始され，綿織物工業がさかんとなり，経済的にも成長していった。内戦期には，清教徒の拠点となり，議会軍についたため，共和政時代にはクロムウェル（1599～1658年）から優遇され，国会議員のポストが与えられ

図1　ローマの要塞跡（筆者撮影）

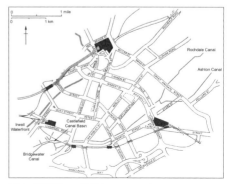

図2　運河網，18世紀（Nevell 2008）

図3　繊維工場の分布，1800年頃 (Nevell 2008)

図4　市庁舎，ウォーターハウス設計，1867～77年建設 (筆者撮影)

たほどであった。

　とはいっても，18世紀半ばまでは，マンチェスターは地方の商業都市のひとつに過ぎなかった。しかし，1764年に開発されたジェニー紡績機によって，糸紡ぎが機械化され生産過程が著しく進歩し，これに乗じてマンチェスターは工業都市へと変化する。この段階ではまだ人力に頼らざるをえなかったが，やがて水力が用いられるようになり，さらに1785年には世界で初めて紡績機に蒸気機関が導入され，大量生産が可能となった。市内には多数の繊維工場が建設され，生産量も飛躍的に増加した。それを支えたのが運河網であり，18世紀半ばにはアーウェル川からマージー川まで水路でつながった（図2）。これを利用して綿製品をリヴァプール港から海外へと輸出し，同時に原料の綿を大量に輸入し，マンチェスターの繊維産業はますます成長した（図3）。1830年には，リヴァプールとの間に世界初の蒸気機関車が運行した。これらの輸送力の拡大とともに，都市の規模も拡大していった。

　現在のマンチェスターの都市構造は，主として19世紀を基盤としている。その中心は，紡績工場や倉庫といった繊維産業関連施設，運河や鉄道といった交通網，市庁舎（図4）に代表されるヴィクトリア様式の公共建築，商業建築，集合住宅などであり，産業革命時の栄華を象徴している。他方，これら産業革命による成長の陰で，スラムの発生など，深刻な都市問題を引き起こした。ドイツのフリードリヒ・エンゲルス（1820～95年）は，2年ほどマンチェスターに滞在し，実態調査をもとに『イギリスにおける労働者階級の状態』（1845年）を著している。

　19世紀の栄光とは対照的に，20世紀は厳しい時期が続いた。第二次世界大戦の際には，各地の工場が軍需製品の生産に切り替えられたため，ドイツ軍による激しい空襲を頻繁に受けることになった。これらの空襲により，市内の建造物の多くは破壊された。戦後は，綿工業をはじめとする主力産業が衰退し，かつての工業都市としての地位は失われ，長引く不況に苛まれる。人口は最盛期の約半分になった。

　復興のため様々な手が施されるものの，なかなかうまくいかなかったが，最近になって，メディアや芸術・研究施設，金融機関などを誘致し，商業・高等教育・メディア・芸術・大衆文化などの北部の中心地となり，勢いを取り戻しつつある。

（大橋竜太）

West Europe 22: Liverpool

【リヴァプール】ビートルズを生んだ海商都市

イギリス，ノース・ウェスト・イングランド
North West England, UK

　リヴァプールは，イングランド北西部マージサイドの中心都市で，アイリッシュ海に面し，マージ川の河口に位置する港湾都市である。かつては大英帝国の経済を支える貿易港として繁栄した。比較的新しい都市で，1089年のドームズデイ・ブックには記載がなく，中世初頭にはウェスト・ダービー・ハンドレッド行政区の一部に過ぎなかった。

　1207年，ジョン王（在位1199～1216年）がアイルランド統治のための拠点として，マージ川沿いに港町を開き，自治都市の勅許を与えたことで都市としての歴史が始まる。自治都市といっても，小規模な港町であり，14世紀の人口は1200人程度で，その後も大きな変動はなかった。

　1235年頃には，現在のダービー・スクエアのあたりに城が建設され（1726年取り壊し），同時に7本の街路（デイル通り，バンク通り（現ウォーター通り），ムーア通り（現ティスバーン通り），チャペル通り，ホワイトエーカー通り（現オールドホール通り），ジャグラー通り，カースル通り）からなる市街地が形成された。

　リヴァプールの隆盛は，17世紀半ばに始まる。この頃，アメリカや西インド諸島との大西洋貿易が開始され，貿易量は急速に増大していった。1699年には，最初の奴隷船リヴァプール・マーチャント号がアフリカに向けて出港し，奴隷貿易が始動する。また，それまでイングランド北西部の主要港であったチェスターがディー川の沈泥によって衰退したため，代わって主要貿易港となった。

　1715年にはイギリス初の係船ドックが建設され，巨大な船舶による物資の運搬が可能となった。ヨーロッパの繊維製品やラム酒，武器などを西アフリカに運び，奴隷を確保し，西インド諸島へ向かい，砂糖や綿を積み込んで戻るという大西洋三角貿易の起点となり，世界の貿易都市としての地位を揺るぎないものにした。奴隷貿易は，現在では負の遺産と見なされているが，リヴァプールの歴史を語るためには無視することができない。今でも地名にその名残がある。たとえば，「ボールド・ストリート」はジョナス・ボールド，「カンリフ・ストリート」はフォスター・カンリフという奴隷商からとった呼称で，奴隷取引所があった「ゴレ」は奴隷が連れて来られた西アフリカのセネガルのゴレ島に因んでいる。「ジャマイカ・ストリート」という通りもある。

　19世紀には，運河や鉄道といった交通網が整備され，マンチェスターなどの内陸の都市で製造された製品が，リヴァプールから世界に向けて輸出されるようになった。そして19

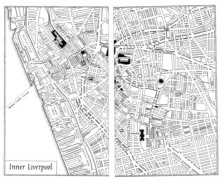

図1　現在の中心市街地 (Pevsner 1969)

図2 ピア・ヘッド，20世紀初頭建設（筆者撮影）

図3 アルバート・ドックの再開発，1981〜84年（筆者撮影）

図4 リヴァプール大聖堂，1903〜73年建設（筆者撮影）

図5 メトロポリタン大聖堂，1959年コンペ，1962〜67年建設（筆者撮影）

世紀末にはイギリス一の港町に成長した。

　しかし，第二次世界大戦の到来とともに凋落の道を歩むことになる。戦争中は大西洋艦隊の拠点としての役割を担い，軍需工場も多数あったことから，ドイツ軍の激しい爆撃の的となった。工場の多くは再操業がかなわず，町全体が沈滞化した。さらに，1950年代以降，長く続くことになるリセッション（大不況）から立ち直れず，失業率は高まり，町は荒廃していった。こういった中でビートルズの成功は，一縷の望みであった。

　こうした状況を脱しようと，1960年代から再開発計画が進められた。時間はかかったが，スラムクリアランスが達成され，ビートルズゆかりの建物などを利用した観光化も進められ，町は活気を取り戻しつつある。とくに港湾部では，歴史的建造物を活用したウォーターフロント計画が1981年に開始され，2004年には「海商都市リヴァプール」の名称で世界文化遺産に登録されている（図1）。

　リヴァプールのウォーターフロントの中心はピア・ヘッドである（図2）。ここには，「スリー・グレイシズ（美を司る三女神）」と呼ばれる3つの建築があり，アルバート・ドックの再開発とともに，19世紀から20世紀初頭にかけての港の繁栄を伝えている（図3）。

　またリヴァプールは，2つの大聖堂を持つ都市としても知られている。すなわち，英国国教会のリヴァプール大聖堂とローマ・カトリックのメトロポリタン大聖堂がある（図4，5）。リヴァプール大聖堂は，英国ゴシック・リヴァイヴァルの大建築家ジョージ・ギルバート・スコット（1811〜78年）の孫ジャイルズ・ギルバート・スコット（1880〜1960年）が設計したイギリス最後のゴシック様式建築で，着工から完成まで74年をかけ，1978年に完成した。メトロポリタン大聖堂は対照的に，フレデリック・ギバード（1908〜84年）による設計で，1967年に竣工した集中式プランの鉄筋コンクリート打ち放しの現代建築である。（大橋竜太）

West Europe 23: York

【ヨーク】 ヴァイキングの名残りある中世都市

イギリス，ヨークシャー・アンド・ザ・ハンバー
Yorkshire and the Humber, UK

　ヨークは，イングランド北部の丘陵地帯から東部のハンバー河口へと流れるウーズ川にフォス川が合流する地域に築かれた歴史都市である。先史時代から集落があったが，都市としての歴史は，紀元71年にローマ人が「エボラクム」という名の軍事要塞を築き，ブリタニア侵攻の北の拠点としたことに始まる。ローマ人撤退後，アングロ・サクソン時代には，ノーサンブリア王国の首都となる。627年，エドウィン王（在位616〜633年）がこの地で洗礼を受けるが，その際，急場しのぎで建てられた教会堂が，その後，ヨーク・ミンスター（修道院付属聖堂）となる。

　ノーサンブリア王国の治世はなかなか安定せず，866年には内乱に乗じてヴァイキング（デーン人）に侵略され，「ヨーヴィック」と呼ばれるようになった。ヴァイキングの支配下，ウーズ川を利用して港町として整備され，成長していった。

　ノルマン・コンクェストの際には，ウィリアム征服王に屈しようとはしなかった。そのため，1068年に最初の鎮圧が断行された。それでも反抗を続け，1069〜70年の征服王による北部侵略では，市壁内まで壊滅的な被害を受けた。同時に，ウーズ川下流の現在のクリフォード・タワーの位置に木造の砦が建てられ（現在のクリフォード・タワーは1244年にヘンリ3世（在位1216〜72年）によって建てられたもの），監視されることになった。この戦乱によって，7世紀に建設された教会堂は焼失したが，1079年にノルマン人の大司教トマス・オヴ・バイユー（在位1070〜1100年）によって新たな敷地にミンスターの建設が開始され，ヨークは修道院を中心としたキリスト教都市となった。港町としても繁栄し，1212年にはジョン王（在位1199〜1216年）から勅許状を受け，交易都市としての地位を築いていった。とくに，近郊一帯の羊毛業の中継地として栄華を誇り，豊かな都市文化を形成していく。一方で，ヨークはユダヤ人迫害の舞台としても知られる。1190年にはクリフォード・タワー内で約150人のユダヤ人が惨殺されている。

　エドワード1世（在位1272〜1307年）がスコットランド攻略の拠点と位置づけたため，ヨークの重要性は高まった。また，1396年にはリチャード2世（在位1377〜99年）から自治都市の権利を得る。この頃が，ヨークが最も隆盛を極めた時期である。しかし，ヘンリ8世による修道院解散命令で，都市の両輪の

図1　都市図，1750年頃（Drake 1989）

図2 グッドラムゲイト49〜51番地、15世紀末または16世紀初頭建設（筆者撮影）

図3 レディ・ロウ、1316年頃建設（筆者撮影）

ひとつである修道院が失われ，その影響もあって商都としての栄華にも陰りを見せ始める。

内戦時には，王党派につき，議会派に対抗する軍事拠点となった。しかし，1644年，マーストン・ムーアの戦いで王党派が破れると，ヨークには議会派の駐屯地が設置され，王政復古（1660年）後の1688年まで，議会派の軍事拠点としての役割を担った。

その後，修道院に代わって，貴族やジェントリー階級が台頭し，交易の再興を試みるが，ウーズ川を利用した交易都市としての地位は，近隣のリーズやハルに奪われてしまう（図1）。

しかし，19世紀に転機が訪れ，鉄道の町として復活する。1839年，ジョージ・ハドソン（1800〜71年）が鉄道の敷設を開始し，最初，リーズやブラッドフォードなど産業革命で成功したウェスト・ヨークシャーの諸都市とヨークを結びつけ，さらにはヨークをロンドンならびにマンチェスター，リヴァプールとつないだ。その歴史は，ヨーク市内の国立鉄道博物館（1975年開館）に展示されている。

現在のヨークの街並みは，基本的には中世の構成を基本としている。ローマ時代に市壁が築かれたが，現在の市壁のほとんどは中世のものである。市壁には「バー」と呼ばれる門が設けられ，正門のミクルゲイト・バー，現存最古のブーサム・バー，モンク・バー，ウォームゲイト・バーの4つの市門が今も残る。主要街路は「ゲイト」と呼ばれ，これに狭い路地が接続する。狭い路地には，上階に行くほど壁が前方に張り出すジェティを特徴とするハーフ・ティンバーの町屋が軒を連ねて建てられている。今でこそ少なくなったが，こういった街並みは，中世のイングランド都市の特徴であった（図2）。他にも，14世紀半ばに建てられたギルドホールのマーチャント・アドヴェンチャーラーズ・ホールなど，中世の繁栄を示す建築が多数残り，1316年頃に建てられたレディ・ロウは，イングランド最古の長屋の例である（図3）。

ヨークを代表するモニュメントはヨーク・ミンスターである。現在の聖堂は1137年の火災の後すぐに再建されたものだが，1472年の完成まで長い年月を要したため，装飾式から垂直式まで，英国ゴシックの建築様式の発展過程を見ることができる。

（大橋竜太）

West Europe 24: Chester

【チェスター】ウェールズ攻防のローマン・タウン

イギリス，ノース・ウェスト・イングランド
North West England, UK

　紀元70年代，ローマ軍は北方侵略の際，ウェールズとの戦争に備えて，ディー川沿いに「デワ」という名の要塞を建設した。これがチェスターの始まりと見なされてきた。しかし，最近の考古学の成果から，それ以前にも，このあたりに鉄器時代の円形住居が建てられていたことが明らかになった。とはいっても，この地の重要性がローマ時代に急速に高まったことは間違いなく，8000〜1万人を収容できる円形劇場やミネルヴァ神殿，公衆浴場が建てられるなど，軍事的要塞としての機能ばかりでなく，高度な都市生活も営まれていたことが分かる。

　410年頃にローマ軍が撤退すると，急速に衰退の道を歩むが，都市自体が消滅することはなく，ウェールズの小王国ポウィスに支配された。616年，チェルシーの戦いでノーサンブリアのエセルフリス王（616年頃没）が勝利し，この一帯はアングロ・サクソン人の配下となり，チェスターはローマ軍（レギオー）の都市という意味の「レガセスター」と呼ばれるようになった（これが縮まりチェスターとなる）。689年にはマーシア王国のエセルレッド王（在位675〜704年）が修道院（セント・ジョン・ザ・バプティスト）を創設し，キリスト教の拠点となる。9世紀末には，ヴァイキング（デーン人）の勢いが増し，マーシア王国は厳しい立場に追い込まれるが，エセルフレダ（870年頃〜918年，ウェセックス王国のアルフレッド大王の娘）は，907年にウェセックスの戦略を取り入れ，ローマ時代の市壁を利用した強固な砦を建設し，ヴァイキングの侵略を阻止した。

　ノルマン・コンクエストの際，チェスターは他の北部諸都市と同様に，簡単には屈せず，1069〜70年にはウィリアム征服王から直接の襲撃を受けた。その際，征服王は城郭（チェスター城，1245年に石造で再建された）の建設を命令し，甥のヒュー・ダヴロンシュ（1047年頃〜1101年）を初代チェスター伯に任命し，チェスターの統治ならびにウェールズの監視を任せた。ダヴロンシュは，1093年にセント・ワーバラ教会をベネディクト派の修道院に変え（現在のチェスター大聖堂），ノルマンディから修道士を招き，チェスターをキリスト教の拠点として再整備した。

　チェスターは，ディー川の水運を利用した港町としても重要であった。中世初頭には，アキテーヌ（スペイン）やアイルランド，ドイツといったヨーロッパの諸都市からワイン

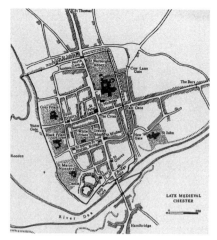

図1　中世末の都市構成（Ward 2013）

図2 街並み(筆者撮影)

図4 ロウズ(筆者撮影)

図3 レッチ・ハウス，15世紀建設(筆者撮影)

図5 ロウズとショーケース(筆者撮影)

や雑貨などを輸入していたが，13世紀には毛皮貿易がさかんになり，町は賑わった（図1）。

内戦時には，王党派を支持した。1645年9月にチャールズ1世（在位1625～49年）がチェスター市内に逃げ込み，郊外で勃発したロウトン・ムーアの戦いで王党派は惨敗した。王はかろうじて脱出したが，清教徒たちは市内の教会堂などを破壊し，町は大打撃を受けた。18世紀半ば以降，チェスター港には泥が滞留し，貿易港としての機能が衰え，その地位は近隣のリヴァプールに奪われ，町は衰勢に向かった。

しかし産業革命時には，工業化が進んだ近郊のマンチェスターやリヴァプールなどが，様々な都市問題に苦悩する中，チェスターには工業都市の喧騒を逃れようとする富裕階級が住みついた。鉄道路線の整備や運河の掘削により移動も容易となり，チェスターは環境のよい歴史都市として人気を博した。

チェスターはローマ都市であり，当時の遺構も残るが，内戦期のヴァンダリズムや度重なる大火のため，現在の街並みは17世紀末以降のもので，その多くはゴシック・リヴァイヴァル期に作られた（図2, 3）。

ただし，都市構成は，歴史を引き継いでいる。旧市街は，市壁で囲まれ，4つの市門，すなわち，東のイーストゲイト，北のノースゲイト，西のウォーターゲイト，南のブリッジゲイトが開き，それぞれの門から中心部に街路が伸び，ザ・クロスで交差する。ここには，チェスターに特有なハーフ・ティンバーの町屋が軒を連ねて建つロウズがある。ロウズとは，日本の雁木のようなものであるが，1階ではなく，2階の高さに共用通路がある（図4）。ここには中世のショーケースが残るなど，商業町としての独特の風情を醸し出している（図5）。また，石造建築には，チャシャー盆地で採れる赤色の砂岩が用いられ，チェスター大聖堂に代表されるように，この地域特有の赤石の建築が多数残る。 （大橋竜太）

West Europe 25: Birmingham

【バーミンガム】運河と鉄道の街

イギリス，ウェスト・ミッドランズ
West Midlands, UK

　バーミンガムは，イングランド中央部に位置する中核都市で，産業革命時には「世界の工場」と称された。周囲を流れるトレント川とセヴァーン川，エイヴォン川の水運によってアクセスが良好で，土地が肥沃であったため，古くから栄えた。ローマ時代には，紀元48年にメッチリー・フォートという要塞が建設され，道路網も整備され，ローマ軍のブリテン侵略の拠点となった。ローマ人撤退後，6世紀から7世紀初頭にかけて，アングル人が移住し，農耕生活を営んだ。バーミンガムの語尾につく「ハム（ham）」は，もともと農地を意味し，アングロ・サクソン時代に起源を持つ都市につけられていることが多く，バーミンガムもその一例である。とはいっても，当時のバーミンガムは有力な都市ではなく，1086年のドームズデイ・ブックには，この地域で最も小さな集落として記録されているに過ぎなかった。

　その後，1166年に荘園領主のピーター・ド・バーミンガムが市を開く許可を得て，商業都市の様相を見せ始める。16世紀半ばになって中世的社会システムが崩れ出すと，自由貿易によって急速に成長していく。鉄鉱石と石炭の発見は，バーミンガムにとって，きわめて大きかった。早くから鉄製品の重要性を認識し，原料の確保，加工，販売という一連の流れを築き，鉄産業の中心地へと成長していく。バーミンガムの産業は，機械化による大量生産ではなく，熟練工による精度の高い製品の生産であった。内戦期には，ガン・クォーターと呼ばれる携帯用武器の工場地帯が建設され，クロムウェル軍に供給した。これらの鉄産業は，北部の繊維産業よりもかなり早い開始であった。

図1　都市図，1731年（Upton 1993）

図2 運河を利用した再開発（筆者撮影）

図3 ジュエリー・クォーター（筆者撮影）

　18世紀になると，工業の成長を背景に急速に都市が整備されていく（図1）。1715年にはセント・フィリップス教会（現バーミンガム大聖堂）が建設された。設計はグランドツアーによって本場ローマのバロック建築に精通していた英国バロックを代表する建築家トマス・アーチャー（1668～1743年）で，最新様式の建築が建ち並ぶ大都市に成長していった。1765年にはロイズ銀行の支店が作られ，1775年には世界初の住宅金融組合が設立されるなど，経済活動の活性化を象徴する建築も建てられた。

　さらに18世紀後半には，バーミンガムの実業家マシュー・ボールトン（1728～1809年）がジェイムス・ワット（1736～1819年）の協力を得て蒸気機関を工業用の動力として用いるシステムを開発し，これがバーミンガムの工業を急発展させたばかりでなく，世界の近代産業の発展の礎となった。

　バーミンガムの成長を支えたのは，運河と鉄道であった。まずは1760年代末から，商品の輸送のため，ブラック・カントリーと呼ばれる重工業地帯とバーミンガムの間に運河網が建設された。バーミンガム運河は，総延長160kmを超えていた。さらに1833年にはグランド・ジャンクション鉄道会社が設立され，1837年までにリヴァプールとマンチェスター方面に鉄道路線が敷設された。その後すぐにロンドン・アンド・バーミンガム鉄道会社によってロンドンまでの鉄道路線が開通し，ロンドンとバーミンガム，マンチェスター，リヴァプールが結ばれた。こうして，バーミンガムは交通の便が向上し，工業がますます成長し，産業革命を代表する都市となった。現在でもその繁栄を示す多数のヴィクトリア建築が残っている。一方で，急成長の弊害として公害が発生し，空は煤煙で黒一色になり，常にスモッグに覆われるようになった。

　第二次世界大戦時には，工場が空爆の的となり，1940年8月9日から1943年4月23日までバーミンガム・ブリッツと呼ばれるナチス・ドイツによる大空爆が続き，市内は壊滅的な状況に陥った。

　戦後の復興もなかなか思うようにいかず，長いリセッション時代が到来した。しかし1990年代になって，ようやく芸術・文化を鍵とした再開発が実を結び始めた。その特徴は，バーミンガムの歴史を尊重している点にある。たとえば，町の成長を支えた運河を利用したウォーターフロントの再開発によって町は賑わいを取り戻し，14世紀から続く宝石店街のジュエリー・クォーターでは，保存地区として，歴史的環境を保ちつつ，町の整備が実施された（図2, 3）。これらバーミンガムの再開発は高い評価を受け，注目を集めている。

〈大橋竜太〉

West Europe 26: Coventry

【コヴェントリー】建築保存による戦災復興

イギリス，ウェスト・ミッドランズ
West Midlands, UK

　コヴェントリーは，ロンドンの北西約150kmに位置するイングランド中部の中核都市である。このあたりにはローマ時代から集落があったが，都市として発展するきっかけは，700年頃のサクソン人による女子修道院の建設であり，以来キリスト教都市として知られるようになった。1016年のクヌート大王（イングランド王，在位1016～35年）によるウォーリックシャー地方への侵略の際，女子修道院は破壊されたが，1043年にマーシアのレオフリク伯爵（1057年没）とゴダイヴァ夫人（990年頃～1067年）によってベネディクト派の修道院として再建され，1102年にはローマ教皇からカテドラルの称号を得て，付属大聖堂付修道院となった。

　周辺地域は，農地には適していなかったが，羊毛業や布地産業によって成長し，1345年にはエドワード3世（在位1327～77年）から自治都市として認められるとともに市長を選出する特権が与えられた。1340年代にはギルドが設立されるなど，中世を通じて，イングランド有数の商業都市に成長していき，市壁が巡らされ，教会堂をはじめとする様々な建築が建てられた。薔薇戦争時（1455～85年）には，一時，宮廷が置かれるなど，政治上も重要な都市となった。

　しかし，16世紀になると，布地の取引が落ち込み，ヘンリ8世による修道院解体命令によって1532年に修道院ならびに付属聖堂が破壊されるなど，苦難の時期が訪れた（図1）。

　コヴェントリーの復活は，18世紀後半に建設されたコヴェントリー運河と，1838年に開通したロンドンとバーミンガム間の鉄道の敷設によってもたらされた。織物産業については，1627年にすでに絹織物の会社が誕生し，18世紀初頭にリボン・ウィーヴィングを取り扱う会社が設立され，19世紀半ばに最盛期を迎えた。また，19世紀初頭には，時計産業が興り，著名な時計会社が多数創設されるとともに，多くの職人が移住してきた。しかし，外国製品の輸入によって織物産業は停滞し，また，スイス製時計のブームによって時計産業も廃れていく。

　こういった状況下，19世紀半ばにミシン製造会社が創業し，新たな主幹産業となり，海外輸出もさかんとなった。その際，フランスとの取引を通じて，ベロシペード自転車の製造の依頼を受ける。これはミシンの製造技術を期待されたもので，やがてこれを改良し，現代的な自転車の雛形を完成させた。こうしてコヴェントリーは自転車製造の町となった。1897年には，イギリスで最初の国産自動

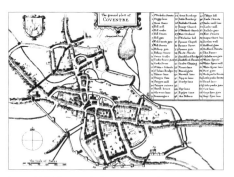

図1　都市図, 1610年（McGrory 2003）

左）図2　イーグル・ストリートの戦災, 1940年11月15日（McGrory 2003）
右）図3　旧コヴェントリー大聖堂（筆者撮影）

左）図4　移築・保存された中世の長屋, スポン・ストリート（筆者撮影）
右）図5　スポン・ストリートの街並み（筆者撮影）

車がこの町で製造され，自転車産業は，その後，20世紀前半までに自動車産業に取って代わられた。

　これらの工場は，第二次世界大戦中，軍需産業に転用されたため，敵国から攻撃の的となった。とくに1940年11月14日から15日にかけての深夜に行われたナチス・ドイツによる爆撃は，「コヴェントリー・ブリッツ」として知られ，500機に及ぶ爆撃機によって，500トンの爆弾や3万の焼夷弾などが投下された。これにより，554人の死者，865人の負傷者を出し，4分の3の工場とコヴェントリー大聖堂を含む市の中心の大部分が破壊され，4330棟の民家が焼け落ちた。コヴェントリーの爆撃は，イギリス最大の空中戦の象徴となった（図2）。

　戦後のコヴェントリーの課題は，いかに戦災復興を果たすかであった。再建計画を担当したのは市の都市計画家ドナルド・ギブソン（1908〜91年）であった。彼は最初，中央に巨大なショッピングセンターを配置し，歩車分離などの最新の都市計画手法を導入する再建案を提示したが，やがて被災した大聖堂の重要性に目を向けるようになり，その鐘塔をランドマークとする案を練り上げた。コヴェントリー大聖堂は戦災の象徴ともいえる建築で，空襲で焼け落ちた14世紀建築の垂直式ゴシック様式の旧コヴェントリー大聖堂（セント・マイケル教会）はそのまま保存され，1962年にすぐ隣に近代様式の新コヴェントリー大聖堂が建設されることとなった。現在も，外壁の一部と尖塔が廃墟として残り，戦争の悲惨さを伝えている（図3）。

　また，戦災復興の過程で歴史的街並みや建造物の保存が叫ばれるようになり，イギリスの他の都市では見られない街並み保存の手法がとられた。それは，歴史的建造物を移築し，活用しながら保存するという手法である。スポン・ストリートには，中心市街地にあった中世の町屋が移築され，中世の街並みが再現されている（図4, 5）。

（大橋竜太）

West Europe 27: Cambridge

【ケンブリッジ】 13世紀創建の大学都市

イギリス，イースト・オブ・イングランド
East of England, UK

　ケンブリッジは，オクスフォードと並ぶ大学都市として知られ，ロンドンの北東約80kmに位置し，ハートフォードシャーからキングズ・リンまで緩やかに流れるケム川のほとりに広がる。ケンブリッジという呼称は，ケム川に架かるブリッジ（橋）という意味である。

　この地は環境に恵まれ，先史時代から人々が住んでいた。ローマ人は，現在のカースル・ヒルに要塞を築き，ブリテン侵略の拠点とした。ローマ人の撤退後，アングロ・サクソン人が占拠していたが，9世紀末にヴァイキング（デーン人）の東イングランド襲撃の際にはデーンローが敷かれ，ケンブリッジも支配下に置かれた。同時に，商業活動が積極的に行われ，商都としての礎も築かれていく。ノルマン・コンクェスト時には，ウィリアム征服王はカースル・ヒルに城郭を建て（15世紀に用いられなくなった），直接支配した。その後，12世紀初めに，ヘンリ1世（在位1100〜35年）によって勅許状が与えられ，自治都市となった。

　12世紀には，アウグスティノ修道会の小修道院とベネディクト修道会の女子修道院が建設された。13世紀の初頭，オクスフォードで起こった暴動を逃れた学生たちは聖職者たちをたよってケンブリッジへ移り住み，研究・教育活動を開始した。1284年には，イーリ司教のヒュー・ドゥ・バルシャム（1286年没）によって最初のカレッジとなるピーターハウス（セント・ピーター・カレッジ）が創建された。カレッジは，修道院の修道士養成学校が起源になったもので，敷地内に教員と学生の寄宿舎・食堂・講堂・図書館・礼拝堂・庭園などを持ち，荘園などの資産を有し，独立した組織である。ケンブリッジでは，カレッジが教育・研究活動の核となっている。当時のケンブリッジは，城の南に南北に広がる構成で，1278年には534戸の住戸があったという記録が残っている。

　15世紀には，ヘンリ6世（在位1422〜61年）とその妻マーガレット・オヴ・アンジュ（1429〜82年）の庇護を受け，ケンブリッジはオクスフォードと並ぶ大学都市へと成長していった（図1）。そのことを物語っているのが，ヘンリ6世がイートン校の卒業生を受け入れる

図1　都市図, 16世紀 (Galloway 1983)

図2　トリニティ・カレッジ，1546年創建（筆者撮影）

図4　ラウンド・チャーチ，1130年頃建設（筆者撮影）

図3　ため息橋，1831年建設（筆者撮影）

図5　フィッツウィリアム博物館，ジョージ・ベイスヴィ設計，1837～47年建設（筆者撮影）

ために1441年に創設し，王の呼称を冠したキングズ・カレッジである。また，ヘンリ6世の王妃マーガレットとエドワード4世（在位1461～83年）の王妃エリザベス・ウッドヴィル（1437年頃～92年）の2人の王妃が庇護して，1446年に設立されたのが，王妃の名称を冠したクィーンズ・カレッジである。その後も王室の庇護は続き，トリニティ・カレッジはヘンリ8世（在位1509～47年）による創建である（図2）。こうして16世紀中には，現在のカレッジがほぼ創設された。

現在ケンブリッジ大学と呼ばれるのは，31のカレッジの複合体のことである。校舎が町に散在しており，町自体がキャンパスとなっている。その多くはキングズ・パレードに沿って建てられ，裏には緑が広がる。1511年に創設されたセント・ジョンズ・カレッジでは，ヴェネツィアを意識し，ケム川に架かる橋は「ため息橋」と呼ばれるなど，風情のある空間を作り出している（図3）。

各カレッジの建築は，まさに中世から近代にかけてのイギリスの建築様式の陳列である。最も古いのがラウンド・チャーチで，ノルマン様式の建築である（図4）。セント・メアリ・ザ・グレート教会は，13世紀初頭に建てられた初期イギリス式ゴシック建築で，彩色された木造天井が特徴的である。また，キングズ・カレッジのチャペルは，垂直式ゴシックを代表する傑作で，細かい石細工のファン・ヴォールトと，壁一面を覆うステンドグラスの窓が有名である。中世以降の建築にも著名なものが多く，フィッツウィリアム博物館はグリーク・リヴァイヴァル様式を代表する建築である（図5）。

（大橋竜太）

West Europe 28: Glasgow

【グラスゴー】マッキントッシュを育てた街

イギリス，スコットランド
Scotland, UK

　グラスゴーは市内を流れるクライド川の水運を活かし，タバコや砂糖の輸入と重工業生産品の輸出などにより貿易港として栄え，産業革命以降の都市の発展を支えた。川の北側にシティセンターがあり，ウェストエンドには歴史的建築物が残る。ウェストエンドの学術文化地区にあるグラスゴー大学では，産業革命の火付け役であるジェイムス・ワットが蒸気機関技術を学んだ。

　もともと大聖堂を中心とする典型的な中世都市として発展してきたが，18世紀末にアメリカなど植民地との大西洋貿易がさかんになると，19世紀初頭までの30年余りで急速に産業都市としての形態を整えた。この時，タバコの貿易を営んでいた貿易商人らによって「商人の町」が形成され，ポワン・ド・ヴュという手法が用いられている。個人的な権力や社会的地位を示すために建設された建築物をT型の交差点に設置することにより，その建築物に視点が集まるというものである。T型路では，通常のグリッドによる透視画法の効果が期待できず，その視線の先には邸宅がそびえることになる（図1）。都市景観上ランドマークとなる建築物がほぼ街路ごとにあるため視対象が多く存在することとなり，都市に表情を与えている。また，この手法が教会など公共建築ではなく，個人の邸宅に用いられたことは非常に珍しく，興味深い。

　都市構造的には街路が建築によって切断されるため，軸線の通らない閉ざされたグリッド・プランが誕生することになった。

　市街地発展のために，トロンゲートとアーガイルストリートを東西軸として北に伸びる街路が3本（1761～71年）整備された。その

図1　J・マックアーザーによる都市図，1778年（大英図書館蔵，筆者加筆）

図2　都市図，1807年（図3の一部拡大）

図3　P・フレミングによる都市図，1807年（大英図書館蔵，筆者加筆）

街路形態が櫛歯に見えることから，すでにできていた南側に伸びる街路を含め「背合わせの木櫛型」または「魚の骨型」と呼ばれた（図2）。これらの南北に配された街路は北に行くと邸宅に，南に行くとクライド川によって行き止まりとなる。

　囲い込まれているような印象を受けるこの構成は，先に述べたポワン・ド・ヴュによって作り出されており，権力による圧力を感じる。実際のところ時の権力者であった貿易商人たちにとって，支配者として町の異変が監視できる位置に自邸を建設することは，単にステイタスを示すためだけではなかった。緩やかな丘上で前面に建築物のない街路を正面にすれば，クライド川からアメリカなどに出発したり戻ったりする自分の貿易船を眺めるのに都合が良かったのである。

　貿易商人によるマーチャントシティでは1790年に最後の大規模開発が行われた。これまでの南北に長い街区を，新たに建設された東西に伸びる街路が分割し，グリッド状街区と化したのである。また，J・バリーはすでに存在する街路を延長し，幾何学的な街路体系を計画した。中世の都市パターンと共存可能なニュータウンの提案であった。さらに，これまで多く存在したT型の交差点でなく行き止まりのない街路と，2ブロックを公共空間としたジョージ・スクェア（図2）が計画された。

　19世紀初頭になると貿易産業が著しく発展したため，植民地から持ち帰った綿花を木綿製品にするための施設が必要となった。木綿の生産過程において大量の水を必要とするため，必然的に工場は川に沿って既存市街地から西側に建設され，一帯が木綿製品の生産工場となった。この地区は時代の波に乗って木綿工場から造船工場などに用途が変わり，グラスゴーから起こった産業革命の一端を担うこととなる。

図4　グラスゴー美術学校（筆者撮影）

　市街地内部の都市空間の街区形成が進むにつれて，都市は次第にその周辺部へと拡大し，グリッド状の街区が現れた（図3）。この計画は，ブリスウッドの丘に覆い被さるように成されたため，ブリスウッド・ニュータウンと呼ばれる。グリッド・パターンは，土地分割をするのにも均一な方法であり，行き止まりや曲がりくねった街路がなく明解で，都市の急速な発展にも対応することができるという利点があり，計画に採用された。

　このニュータウンには，後にC・R・マッキントッシュの代表作となるグラスゴー美術学校（1899年）や，ウィローティールーム（1903年）が建設された（図4）。現在では，ニュータウンの南側は繁華街に，北側は住宅街となっている。

　グラスゴーの街区はその社会的状況より，閉鎖的街区から開放的なグリッド状街区へと形態を変容させた。街区形態を導いた時代的・社会的要素も異なるため，地区ごとに街区形態を変え，ついては都市景観にも影響している。

（今川朱美）

West Europe 29: Edinburgh

【エディンバラ】オールド・アンド・ニュータウン

イギリス，スコットランド
Scotland, UK

　スコットランドの首都エディンバラは，市内の「オールド・アンド・ニュータウン」（中世の旧市街と18世紀からのジョージアン（新古典主義）の新市街）の計約4haが1995年，ユネスコの世界文化遺産に登録された。

　ブリテン島には，1世紀に古代ローマ人が侵攻し，南方（現イングランド）を支配したが，北方蛮族防御の「ハドリアヌスの長城」を境界に，その後も長らく南北は敵対した。

　旧市街とは，西の城から東の宮殿を結ぶ道（ロイヤル・マイル）周辺の中世の街区を呼ぶ（図1下方）。城は6世紀から溶岩の絶壁の上に建設された。11世紀，マクベスに敗れたダンカンの息子マルカム3世の妃マーガレットの慈善活動を称えて息子が建設した12世紀の小チャペルも残る。

　15世紀にはパースから首都が移転し，議会が開設された。ホリルード宮殿は，ジェームス4世が新築（1498〜1501年）し，ジェームス5世が増築（1528〜36年），フランスから帰還したメアリー1世（在位1542〜67年）の血生臭い逸話が残る。通りの両側には，セント・ジャイルス教会を中心に，宗教改革家ジョン・ノックス（1510〜72年）の家など，中世の街並みが過密に形成された。1583年のエディンバラ大学の創設で，大学都市ともなる。商工業も繁栄し，6階建ての商家グラッドストンズランド（1620年）で，当時の暮らしが偲ばれる。市当局は，木造から石造への建て替えを税制優遇で後押しした。金細工師の寄付で1628年に児童施設ヘリオッツ・ホスピタル（今も学校）も設立。宮殿もサー・ウィリアム・ブルース設計の増改築（1671〜79年）で，華やかなバロック様式となった。1688年の名誉革命を経て，アン女王時代（1702〜14年）の1707年にイングランドに併合され，民族衣装タータンの着用も禁止された。

　ジョージ3世時代（1760〜1820年）の1746年，ジャコバイトの反乱が終結し，1763年に港町リースからロンドンまでの駅馬車が開通し，不衛生な旧市街は飽和状態となった。そこで北側に新市街が計画され，1766年にコンペで若きジェイムス・クレイグの長方形案が採用された。翌年から，東のセント・アンドリュース・スクェアと西のシャーロット・スクェアを結ぶジョージ国王通りを中心に新街区が建設され，その後，周辺に広がった（図1中央）。移り住む上流階級にふさわしいジョージアン様式（新古典主義）が導入され，郊外産の石材で統一され，2〜5階建てで，地下1階はドライエリアに面する縦割り住戸の連棟住宅となり，共有の鍵付き緑地を有する。

　また，1771年にブリタニカ百科事典が完成し，1776年にアダム・スミスが『国富論』を出版し，学問と政治の都となったエディンバラと，ジェイムス・ワットの蒸気機関など産業革命で工業と貿易の拠点となったグラスゴーとは，京都と大阪のような関係である。建築家一族のロバート・アダム（1728〜92年）は，イタリアへのグランドツアーから帰国後，格調高い作風でロンドンの上流階級に絶賛され，故郷に凱旋した。旧市街南に母校エディンバラ大学カレッジ（1774年〜），新市街にレジスター・ハウス（1789年〜）やシャーロット・スクェア北

図1　中心部プラン，1827年
(Youngson 1975)

側ファサード（1791年）などを設計した。1800年に旧市街と新市街を結ぶノース橋も完成し，新市街はさらに周辺に広がった。

　ジョージ4世時代（1820〜30年）の1822年，部族タータン禁止令が解かれ，ユニオン運河が開通した。小高いカールトン・ヒルにナショナル・モニュメント（1821〜29年）やロイヤル・ハイスクール（1825〜29年），市街に現ロイヤル・スコティッシュ・アカデミー（1822年〜）など，グリーク・リヴァイヴァル様式建築が加わる（図1上方右）。続くウィリアム4世時代（1830〜37年）に鉄道時代が到来し，1831年にエディンバラ・ダルキース鉄道が開通し，石炭や農産物の物流が改善し，谷にはトマス・テルフォード設計の石造ディーン橋も完成した。

　ヴィクトリア女王時代（1837〜1901年）の1842年，エディンバラ・グラスゴー鉄道が開通，ロンドン間も開通し，旧市街と新市街の間の谷底にウエーバリー駅が建設された。新市街に，1846年にスコット・モニュメント，1870年に城館風フェティス・カレッジ（現パブリックスクール），1872年に聖公会聖マリア主教座聖堂など，華やかなゴシック・リヴァイヴァル様式が加わった。一方，ユダヤ人街出身で東インド会社を経由して広州で1832年に起業したジャーディン＆マセソン商会は，グラバーの親会社で，幕末から長州や薩摩の留学生を手引きし，武器や船舶などを提供した。灯台建設のリチャード・ブラントン，上水道のウィリアム・バートンも来日，貢献した。

　また中世風アーツ・アンド・クラフツ様式では，旧市街に，1883年にウェルズ・コート，1894年にラムゼイ・ガーデンなどの集合住宅，新市街には1890年にナショナル・ポートレート・ギャラリーなどが新築された。さらに北方都市まで鉄道網が延長され，1890年にフォース鉄道橋（世界文化遺産）が建設された。この建設には研修中の渡辺嘉一も関わった。新市街のプリンス通りには，1895年にジェナーズ百貨店が開店し，今に至る。

　現代まで，グループ・バリューを重んじ，新旧の街並みを誇り高く広範囲に残し，20世紀の郊外団地は庶民向けで，新市街は今も超高級地区として，ステイタスを誇る。シャーロット・スクェアには，ナショナル・トラスト・スコットランドの本部があり，「ジョージアン・ハウス」として公開されている。1997年，自治政府は隣の「ビュートハウス」を首相官邸とした。かつては毎夏のフェスティバルのみ賑わっていたが，1995年に世界文化遺産に登録，2004年にユネスコ文学都市ともなり，観光客が通年増加した。この新旧街並みあってこそ，『ジキルとハイド』『シャーロック・ホームズ』『ハリー・ポッター』などの名作が生まれたのだろう。　　　　（田島恭子）

West Europe 30: Bath

【バース】英国都市計画の源泉

イギリス，サウス・ウェスト・イングランド
South West England, UK

　バースは，イングランド南西部の高級リゾート地として知られる。歴史は古く，ローマ時代以前にすでに集落が形成されていた。この地には温泉が湧き，古代ブリタニアの伝説の王ブラドッドは，国王になる前にライ病を患っていたが，この温泉に入ることで治癒したという言い伝えが残る。また，地名になっている「bath」は風呂を意味し，これが風呂の語源となったという説もあるが定かではない。

　ブリタニアを支配したローマ人は，温泉に魅惑され，先住民のケルト人が崇拝した女神スリスとローマの女神ミネルヴァに捧げてスリス・ミネルヴァ神殿を建設し，ローマ時代を通じて温泉施設を整備し続けた。しかしローマ人が去ると，温泉施設は用いられなくなり，廃墟となった。1727年にこの温泉施設の遺構が発見され，その後，綿密な発掘調査を経て復原され，現在はローマン・バス博物館として公開されている。

　ローマ人撤退後，アングロ・サクソン時代には，バースの治世はなかなか安定しなかったが，675年頃に七王国のひとつのウィッチェ王オスリックによって修道院が建設されることで，キリスト教の拠点としての道を歩み始める。781年にはマーシアのオファ王（在位757〜796年）が修道院（バース・アビー）を支配下に置き，教会堂を建て直した。9世紀には，バースはウェセックス王国の統治下となり，アルフレッド王（在位871〜899年）によって，ローマ時代の街路網が破棄され，市域を拡大する都市大改造が実施された。

　ノルマン・コンクエスト後，1088年に，のちにウェルズ司教兼バース修道院長となるジョン・オヴ・トゥール（1122年没）が，ウィリアム2世（在位1087〜1100年）からバースを譲り受けた。そして1190年代初頭にアングロ・サクソン時代の修道院の建て替えを開始し，1160年代初めに完成させた。同時に，商業がさかんとなり，1200年頃には市長が選出され，13世紀にはギルドホールが建設された。

　その後，司教座がウェルズに移ったためバース・アビーは荒廃したが，1495年頃ウェルズとバースの司教に即位したオリヴァー・キング（1432年頃〜1503年）が，1499年に修道院の再建を開始する。完成前にヘンリ8世による修道院解散命令があり，勢いを失いかけるが，その直後，温泉が復活し，町は賑わいを取り戻した。1590年にはエリザベス1世（在位1558〜1603年）から自治都市の勅許を得て

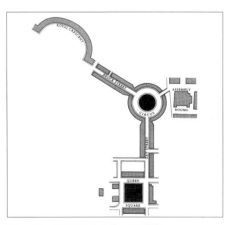

図1　ウッド父子によるバースの開発
（Summerson 1991）

図2 クィーンズ・スクェア，1729～36年建設（筆者撮影）

図3 ザ・サーカス，1754～74年建設（筆者撮影）

図4 ロイヤル・クレセント，1775年建設（筆者撮影）

商業都市として復興を果たした。

　18世紀にアン女王（在位1702～14年）が訪れ，この地をいたく気に入った。これをきっかけに，温泉保養地として開発が始まった。以来，バースは富裕層の社交場となった。この都市整備の中心となったのがロンドンの賭博師リチャード・ナッシュ（1674～1762年）で，啓蒙主義者として知られるラルフ・アレン（1694～1764年）を後ろ盾として，大規模な建築事業を開始した。そして，近隣から産出する，バース・ストーンと呼ばれる真っ白な石灰岩を用いて，ジョージアン様式（新古典主義）の建築群が完成した。

　その開発の実務にあたったのが，建築家ジョン・ウッド父子であった（図1）。1727年，父ウッド（1704～54年）はパラディオ主義に忠実に従ってプライアー・パークを建設した。1729～36年には，町の北西部にクィーンズ・スクェアを建設した（図2）。これは，中庭を囲んだ上層階級のための集合住宅で，あたかもカントリーハウスのような外観を呈した壮麗な集合住宅建築であった。1754年には，同様の手法で，ザ・サーカスと呼ばれる円形の広場の住宅群の建設を開始し，息子ウッド（1728～82年）が1774年にそれを完成させた（図3）。このデザインは，ローマのコロッセウムの外観を反転させたもので，その後の広場を中心とした英国都市計画の雛形となった。ほぼ同時期に建設されたロイヤル・クレセント（1775年建設，図4）は，この開発手法の完成形であり，半月状の広場に開く住宅地開発であった。バースで確立されたサークルやクレセント，スクェアという広場を中心とした住宅建設の手法は，やがてロンドンでも応用され，イギリス全土へと広がっていった。

　1942年4月，ドイツ空軍の爆撃により，歴史的建造物の多くが破壊されたが，戦後に再建・復興が進み，1987年に世界文化遺産に登録され，観光地としても整備されている。

（大橋竜太）

West Europe 31: Dublin

【ダブリン】ジョイスの街

アイルランド，首都
Capital, Ireland

　20世紀を代表する小説『ユリシーズ』『フィネガンズ・ウェイク』で知られるジェイムズ・ジョイス（1882〜1941年）は，ダブリン出身であり，主要作品に短編集『ダブリン市民』（1914年）がある。そのダブリンは，アイルランドの東海岸中央部リフィー川の河口，対岸のイングランドの姉妹都市リヴァプールと同緯度に位置し，全国人口の3分の1（115万人）をその都市圏に集める首都であり，ヨーロッパでも有数の金融拠点都市である。

　その起源は，先住ケルト人の時代に遡り，紀元前250年頃には集落が形成されていたと考えられている。プトレマイオスの地図（紀元200年頃）には，アイルランドは三角形の島として描かれており，東側の半分の集落にエブリナと記される。しかし，集落が実際どこに位置したのかは，はっきりしない。その名はアイルランド語で黒い（ダブdubh）水たまり（リンlind）を意味するという。リフィー川と支流ポドル川の合流地点にできた干潟に比定されている。

　紀元5世紀以降，聖パトリックの影響により，急激にキリスト教化が進む。その中心は修道院であり，ダブリンには修道院を中心とした村が存在したとされる。現在のダブリンの地には，9〜10世紀にかけてヴァイキングのディフリンという集落（841年）と，ゲールの集落アト・クリアートという2つの集落があったとされる。9世紀から10世紀にかけてヴァイキングがアイルランドの各地に姿を現し，アイルランド各地に町を作り，交易を行った。この交易拠点のひとつがダブリンである。ヴァイキングはダブリンに流れるリフィー川を基点とし，アイルランド内陸部へ侵略を進めたが，これが逆にケルト人の政治的団結を促すことになる。

　ヴァイキングの時代の後，イングランドを征服したノルマン人がアイルランドに進出し

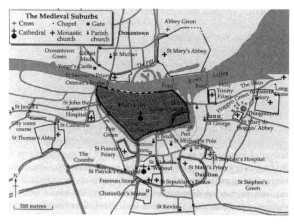

図1　推定図，1250年
（Dickson 2014）

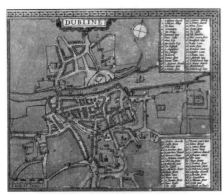

図2 都市図, 1611年 (Speed 1991)

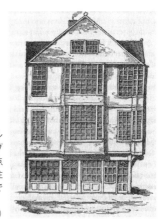

図3 キャッスル通りとウェルブル通りの交差点に立っていた住居。1812年まで存在した (Dickson 2014)

てくる。1171年にはイングランド王ヘンリ2世がアイルランドに上陸し，それに伴い多くのノルマン人がアイルランドへ移住してくる。1172年にはダブリンを勅許の町として宮廷を建て，続くジョン王が1204年にダブリン城を建てる。これをきっかけにダブリンへのノルマン人の移住がさらに進み，その後7世紀にわたるイングランドによるアイルランド支配が本格的に始まる（図1）。

ノルマン人がヴァイキング同様にアイルランドと同化していくと，イングランドはダブリンを中心とした東海岸地方を柵で囲い，属州ペイルとする。そして1541年にヘンリ8世がアイルランド国王に就任する。ローマ教皇の宗主権を否定，英国国教会によるアイルランド支配を確立する。修道院は解散させられ土地を奪われた。これが現在も続く北アイルランド問題の端緒である。当時アイルランドを実際に支配していた有力諸侯たちがこれをすぐ認めたわけではない。しかし両国の勢力格差は歴然で，以後イングランドによる植民地化が進行した。アルスターのロンドンデリーが計画されたのは1622年である。アイルランドがイングランドの勢力下に完全に置かれたのは護国卿時代（1649〜60年）である。

17世紀初頭には，オーモンド伯爵（在位1546〜1614年）がダブリンの開発に注力し，道路などが整備され，街並みも発展する。現在もオーモンドキーというリフィー川北岸に沿った道路が存在する。1611年に描かれたダブリン最古の地図（図2）には，市壁内に254戸，市壁外に約400戸の家が描かれている。しかし実際は，市壁内に約760戸，市壁外に約1200戸，人口8000〜1万人が居住していたと推定されている（図3）。

18世紀に入り大規模な土地開発が進み，現在に近い形になる。この頃，国外から有名な建築家を招き，レインスターハウス（現アイルランド国会議事堂）やフォーコーツ（裁判所），旧国会議事堂（現アイルランド銀行）などが建設され，ダブリンは大きく発展する。

18世紀後半，イングランドからの独立運動が活発化し，1782〜1800年に限定的な自治権を獲得するが，1789年のフランス革命に影響を受けた武装蜂起は鎮圧され，アイルランドは連合王国に合併される。

アイルランド共和国が独立を果たすのは1922年である。プロテスタントが人口の過半数を占めていた北アイルランド6州は独立以後もイギリス統治下にとどまった。イギリス連邦から離脱するのは1949年である。

（松永竜治・布野修司）

Column 03 ― 中世ヨーロッパ都市の基本型

　古代におけるグリッド都市の伝統は，ルネサンスにおいて「再発見」されたというが，その理念と手法は一貫して一定の命脈を保ち続けたといっていい。そのことを明快に示すのが，南西フランスのバスティードbastidesである。バスティードという言葉は，建設するという意味の「バスティールbastir」（オック語）に由来するとされ，13世紀半ばから14世紀半ばにかけて，南西フランスに新たに建設された都市や集落群を一般的に指して用いられる。

　10世紀後半以降の人口増加を背景として，ヨーロッパ各地で11世紀後半から12世紀にかけて開墾と植民活動が活発に行われるようになる。国王や教会，領主，諸伯がさかんに新都市や集落を建設し始めた。その数およそ数百あるいは700にも及ぶとされる[2]（図1）。

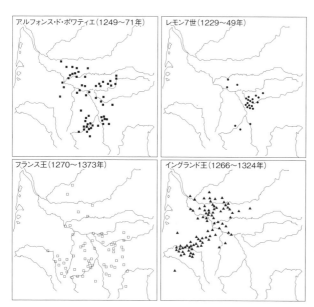

図1　創設者ごとのバスティードの分布（伊藤 2009）

　その特徴を列挙すれば以下のようになる（坂野他 2009）。

　①現存するバスティードの中で最も理想的で規則的なグリッド・プランとされるのが，モンパジエである。ヴィオレ・ル・デュクの『中世建築事典』（1854～68年）が，完全な規則性をもって街区が並べられ，すべての住居が同じ寸法を持ち，同じ方法で配置されているモデルとした。そうしたバスティードとして

1　1144年に建設されたモン・デ・マルソンとモントバンが最初のバスティードという説がある。
2　タルン県に建設された1222年のコルデ・スール・シエルから1372年のダンジョウまで約700になるという。

ギュイエンヌとペリゴールの名前も挙げられている。ヴィオレ・ル・デュクのモデル図は，現在のモンパジエのプランと異なる部分はあるが，東西南北4×5（東西路4（門2），南北路3（門3））の街区に分けられ，それぞれの街区の大きさは異なる（3種）。中央西街区にアーケード付き広場，その北東の街区に教会が建つ。その他の各街区は南北の小路で東西に二分され，東西に細長い短冊状の宅地に分割されている（図2）。

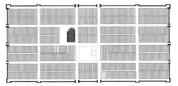

図2　モンパジエの現在のプラン（上）とヴィオレ・ル・デュクによるプラン（下）（上：東辻 2009，下：曽根 2009）

②実際には，このモデルのような完全な規則性を持ったバスティードが存在するわけではない。すなわちバスティードの形態は様々である。第1に，バスティードは，まったく新たに処女地に建設されるものばかりではなく，既存の集落の上に建設される場合，それを核として拡張される場合が少なくない。第2に，その形態は地形の条件に大きく規定され，特に市壁は整然とした形態をとるとは限らない。

③バスティード全体の形態についてはラヴダンとユグネー（Lavedan and Hugney 1974）の類型論がある。また，ロウレとマーレブランシェ，セラファンの研究（Lauret et al. 1988）がある。不整形なプラン，地形に規定されたプラン，円形のプラン，矩形のプラン，単軸のプラン，二軸のプラン……等々，分類軸に従って様々な分類ができる。そうした中で，地域的ないくつかの類型を認めることができる。大きな指標となるのは，広場および教会の配置，街路体系，土地の分割である。

④バスティードの核になるのが矩形の広場である。広場は，市場がたち，商業活動が行われる場所である。この広場を中心として居住地が形成されていく。広場には屋根付きの東屋アルが建設され，やがて行政の中心として役場が建設されるようになる。

⑤バスティードの矩形の広場の四辺には，アンバンやアルソー，アルカード，コルニエール，クヴェール，ガルランドなどと呼ばれるアーケードが設けられ，広場はきわめて閉鎖的な形をとる。このアーケードは後には広場と一体的に建設されるようにもなるが，当初はあらかじめには設けられておらず，広場に面する敷地の所有者が公共の広場に張り出す形で成立したと考えられている。すなわち，アーケードは基本的

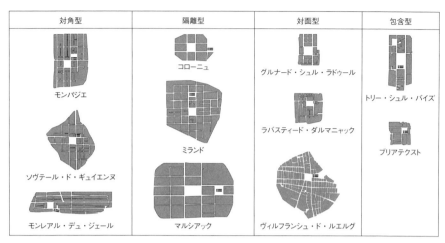

図3　教会と広場の位置関係で見たバスティードの類型（曽根 2009，一部改変）

には公共的な空間であり，同時に私的な用益権が認められる空間であるという特性を持つ。その幅や高さなどは細かく規定されるのが一般的であった[3]。

⑥バスティードの宗教的核としての教会は，必ずしも都市（集落）の中心に設けられてはいない。すなわち，広場とは街区を異に配置される例がある（隔離型）。しかし一般には，広場の中に設けられるもの（包含型），広場に面するもの（対面型），また広場の対角の街区に設けられるもの（対角型）の3つが区別されるが，広場に近接して設けられるのが一般的である（図3）。

⑦バスティードの街区（矩形街区）の規模と形（縦横比）は様々である。モンパジエのモデル・プランのように3種の街区から成るもの，ミランドのように正方形グリッドから成るものなど様々である。

⑧街路にはヒエラルキーがあり，ヴィア，カレーラ，シャルティエールと呼ばれる荷馬車が通行可能な主要街路，カレルー，カレロ，ヴェネルと呼ばれる歩行者道路，アンドローヌ，アントルミと呼ばれる路地の3つに分けられる。長さの単位としてカンヌ，オーヌ，ブラス[4]などが用いられるが，主要街路は2～4カンヌ（6～8m）ほどで，10mを超えるものもある。カレルーは慣用的に1カンヌあるいは1ブラス（約2m）と

3　カステルノー・ド・レヴィの場合，奥行き3カンヌ（約5.36m），高さ16ポム（2.4～3.2m）と定められていた（曽根 2009）。
4　バスティードの度量衡の単位については Leblond（1987）参照。

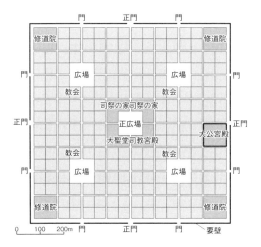

図4　エクシメニスの理想都市（Fernandez y Luis 1987をもとにヒメネス・ベルデホ作製）

される。またアンドローヌは，路地というより，宅地の境界に生じる隙間程度の幅で，30〜50cmほどである。

⑨土地は，宅地・菜園・耕作地の3種に分けられ，一般的に菜園と耕作地は市壁外に割り当てられる。宅地の規模や形状は様々であるが，ヴィルヌーヴ・シュル・ロトの5×10カンヌ（9.5×19m），モンパジエの4×10スタッド（8×20m）が規範的であったと考えられる。また，カステルノー・ド・ボナフの4×6カンヌ，ブルージュの16×62ラーズといったものもある。

バスティードは四周をアーケードで囲われた広場を核として構成される。ローマ・クアドラータ，すなわちカルドとデクマヌスという東西・南北の中央幹線道路が中心で交差する構成はしていない。しかしアゴラやフォーラムを中心に置く，ギリシャ・ローマ都市の伝統は引き継がれていると見ていい。そしてバスティードは，「フェリペ2世の勅令」（1573年）によって定式化されるスペイン植民都市の定型と類縁性を持つ。バスティード建設の経験は，ピレネー山脈を越えて，あるいは地中海を通じてイベリア半島にも伝えられ，マジョルカ王国のハイメ2世（在位1276〜1311年）の農村計画（1300年）やエクシメニスの理想都市計画（1385年）（図4）につながったと考えられる。そしてスペイン植民都市計画の大きな源流になったと考えられる。　　　　　　（布野修司）

Ⅳ 北ヨーロッパ

ヘレフォード図(1300年頃)

イングランド南西部のヘレフォード大聖堂に伝来する世界地図。中世ヨーロッパにおいてはキリスト教的世界観を概念的に示す世界地図が多いが,ヘレフォード図は,当時十字軍の遠征などによって得られていた地理的情報を含んでいる。基本的には,TO図を踏襲し,上を東とし,世界をアジア(上),アフリカ(右),ヨーロッパ(左)の3つに分けているが(文字は左右誤記),地中海や河川の形状は複雑に描かれている。円形の中心にはエルサレムが置かれ,インドやヨーロッパの東縁,アフリカの南縁には怪物が描かれている。ヘレフォード図については,「アレクサンドロス大王物語」が隠された主題であるという応地利明の詳細な解読(応地2007)がある(ヘレフォード大聖堂蔵)。

Panorama IV ── 中世都市の起源

ポルトゥス・ウィクス・ブルク

　ヨーロッパの誕生期において，ゲルマニアには都市は存在しなかった。ヨーロッパ中世における都市形成の核になったのは，古代ローマの都市遺産であり，沿海の港市や商業拠点（ポルトゥス，ウィクス），そして城（ブルク，ブール，バラ），市場である。
　ヨーロッパ都市の起源は，大きく，ローマ帝国属州地域（イタリア，南フランス，スペイン）（内域圏），その北に接するライン川・ドナウ川を中軸とする地域（中域圏），さらにその東北に続く外域圏に分けて考えることができる。内域圏の都市は一般に古代

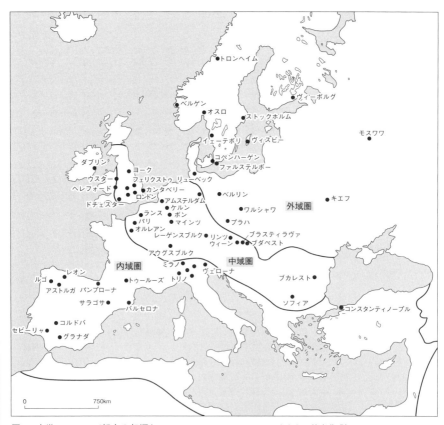

図1　中世ヨーロッパ都市の起源（Brachmann und Herrmann 1991をもとに筆者作成）

から中世への連続性が認められる。中域圏にも古代ローマに遡る都市はあるが，その都市化は12〜13世紀に始まる（図1）。

①東ゴート族が抑えたイタリア半島には，ローマ帝国以来のキウィタスが司教座都市として存続した。キウィタスがそのまま連続的に存続したのではなく，いったん廃棄され，断絶のあと再定住が行われるのが一般的である。古代ローマの都市構造を今日にまで伝える都市はトリノ，ヴェローナ，パヴィア，ミラノ，ピアチェンツァ，クレモナなど少なくない。

②ローマ帝国の都となった（330年）コンスタンティノープルに皇帝が常住し，一定の形が整えられたのは，テオドシウス1世（在位379〜395年）の時代である。港湾，水道，貯水池などのインフラストラクチャーが整備され，テオドシウス2世（在位408〜450年）の治世には市域は2倍になり，新たに城壁が建設され（413年），5世紀半ばには繁栄の頂点を迎える。ユスティニアヌス1世（在位527〜565年）の時代には，数多くの教会が建設され，コンスタンティノープルの都市景観は「キリスト教」化された。しかし，570年代からのアヴァール人，スラヴ人のバルカン半島への侵入，630年代以降のイスラームの地中海への侵入が大打撃となって衰退する。コンスタンティノープルが再興するのは，8世紀から9世紀にかけてである。

③イベリア半島における都市形成の歴史は，先住民の土着の都市，フェニキア，カルタゴによる植民都市などローマ以前の都市，ローマの植民都市，イスラーム都市，キリスト教都市に，大きく分けて理解することができる。イベリア半島の先住民イベロ人は，南スペインのグアダルキビル渓谷にタルテッソスと呼ばれる王国を築いていた。紀元前1000年頃から，ケルト人がピレネー山脈を越えて北部から半島に進入し，イベロ人と混血して，セルティベロ（ケルト・イベロ）人が形成される。ケルトの原都市としてユニークなのがケルト・イベロの都市集落，楕円形でグリッド・パターンのヌマンシアである。ケルト人と平行して，フェニキア人が半島南部に進入して植民拠点を築くと，グアダルキビル川流域はオリエント文明圏に接続される。前6世紀にフェニキアが衰亡すると，カルタゴが半島全域を支配し，その拠点をイビサ島およびカルタゴ・ノヴァ（カルタヘナ）に置いた。ギリシャ人たちは半島北東部地中海沿岸にエンポリオン（前580年），以降，ローデ，エメロスコペヨン，アロニス，アクラ・レウケ，マイナケなどいくつかのコロニーを建設した。ローマがカディスを占領し（前206年），カルタゴがマグリブに退却すると，以後600年間はローマの時代である。ローマ時代の形態を維持する都市には，タラコ，アストルガ（アストゥリカ・アウグスタ），レオン，ルゴなどがある。サラゴサ，バルセロナ（バルシーノ），パンプローナなどにもローマ

の遺構が残っている。イスラームによって占拠され，アラブ人郊外居住地を持つかつてのローマ都市には，イベリア半島を代表するセヴィーリャ，コルドバ，グラナダがある。5世紀初め，ヴァンダル族，アラン族，スエヴィ族が相次いで侵入し（409年），北東のタラコネンシス州を除いて半島はあっというまに席巻される。ゲルマン系の諸族は，属州の領地が与えられて，同盟者としてローマ帝国の支配秩序に組み込まれた。西ゴート族が西ゴート王国（418～711年）を建設すると，以降300年間，半島を支配した。そして，イスラームがイベリア半島に侵攻する。イベリア半島の都市史はヨーロッパ世界とはまったく異なる展開をとる。キリスト教を統合原理とするヨーロッパに対して，イベリア半島にはイスラームの都市原理が持ち込まれ，レコンキスタが完了し，コンキスタを開始するまで（1492年），独特の都市形成がなされるのである。

　④フランク王国が拠点とした，ヨーロッパの中核領域を形成する地域，西ローマ帝国のガリアそしてナルボネンシスでも，キウィタスは，それぞれ縮小・衰退を経験した後に再生し，地域の経済的・宗教的中心および司教座都市として存続した。パグス（農村部）の中心地としてのカストルムやウィクスも同じように存続した。再生の核となったのは，教会であり，修道院である。そして，司教座都市の周辺には新たなブール，沿海岸に港町ポルトゥスが形成されていった。ローヌ川中流域，ソーヌ川沿いのブルゴーニュのヴィエンヌは，4世紀以来，大司教座が置かれた，ガリアの首座中の首座都市である。ディジョン，リヨン，ブザンソンなども，それぞれローマ時代の都市核を中心に発展していった。ガリア北東部，ガリア・ベルギカのローマ起源の諸都市も，司教座として，また，軍事拠点都市がフランク王国の政治拠点に転化する形で，地域の核であり続ける。オルレアン，パリ，ソアソン，ランスがフランク王国の代表的都市である。ロレーヌ地方のメッツ，トゥール，ヴェルダンも，ローマ時代に遡る。ガリアの最北辺，中世のフランドル伯領一帯，今日のベルギー地域は，13世紀以降，イタリア半島と並ぶ都市発展地域となるが，西ローマ帝国崩壊時には都市と呼べるものはほとんどなく，ローマ起源の都市は，アラス，トゥールネなどに過ぎない。地中海沿岸部のナルボネンシスは，西ゴート族が拠点を置き，その後イスラームが侵入を繰り返すことで，ガリアの他の地域とは異なった展開をする。ラングドックのトゥールーズは西ゴート王国の首都となり，その後フランク王国の支配下に入った。

　⑤ライン川流域のキウィタスやカストルムは，ゲルマン民族の侵入によってかなりの打撃を受けたが，9～10世紀には回復する。一方，ドナウ川流域のキウィタスは，ゲルマン民族によっていったんは放棄され，その後，司教座が再建され，新たな都市核となる。ライン川中流域のケルン，ボン，トリアー，マインツ，ヴォルムスなどは，

いずれも対ゲルマンの防衛拠点であった。ドナウ川沿岸都市には，クール，アウグスブルク，レーゲンスブルク，パッサウ，ザルツブルク，リンツ，クレムス，そしてウィーンがある。

⑥ライン川以東，ドナウ川以北のゲルマニアには，ローマ帝国に遡る都市はない。すべての都市は新たに形成され，司教座の開設も8世紀以降である。ブルクが防御と交易のために形成され，それが都市として発展していくことになる。

⑦イングランドには，かつてのローマ帝国の拠点都市（コルチェスター，リンカン，ゴロスタ，ヨークなど）が存在したが，ゲルマン

図2　ノルマン族の移動（土肥2007をもとに望月雄馬作製）

民族の襲来により，5世紀初頭にローマ軍は撤退する。アングロ・サクソン族が449年に到来して以降，ローマの都市遺跡に都市拠点バラを築いた。司教座所在地になったのは，カンタベリー，ロチェスター，ロンドン，ヨーク，ドチェスター，フェリクストウ，ウィンチェスター，レスター，ウスターなどである。9世紀にノルマン族が侵入，アングロ・サクソン族と対峙するが，10世紀の平和回復とともに，それぞれのバラは都市形成の核となる。

⑧スカンジナヴィア，バルト海沿岸地域は，ゲルマンの故地である（図2）。ヴァイキング（ヴィク（入江）居住者）の定住地が存在してきた。無人島であったアイスランド，グリーンランド，フェーロー諸島，先住民を征服したオークニー，シェトランド，ヘブリディーズなどの島々の定住地はいずれも自給性が高かった。それに対して，アイルランドのダブリン，北イングランドのヨークなどは海外植民拠点として都市が形成されることになる。スカンジナヴィア半島あるいはバルト海沿岸，ユトランド半島についての史料は8世紀以前に遡らない。9世紀以降に都市の萌芽が認められるのは，ユトランド半島南部のハイタブーのほか，ベルゲン，ファルステルボー，ヴィーボルグ，ルントなどである。

（布野修司）

North Europe 01: Oslo

【オスロ】 ムンクもクリスチャニアと呼んだ街

ノルウェー，オスロ県，首都
Capital, Oslo, Norway

　北欧の国ノルウェーの首都オスロは，画家ムンクゆかりのグラン・カフェが今も人を集め，王宮とオスロ中央駅を結ぶカール・ヨハン通りが賑わいの中心となっている近代的な明るい雰囲気の都市である。オスロにも中世以来の歴史はあるが，それは現在の都市にはあまり影を落としていない。

　現代ノルウェーの3つの主要都市トロンヘイム，ベルゲン，オスロは，歴史上もそれぞれ首都としての役割を果たしてきた。ヴァイキング期が終わる頃の997年から最初の首都となったのが，西海岸のトロンヘイム（当時はニーダロス）であった。次いで1070年頃には，同じく西海岸にベルゲンの基礎が作られ首都を受け継いだ。ここは中世のハンザ同盟の交易都市として栄華を誇り，その後も19世紀までノルウェー最大の人口を擁していた。

　これらの2都市に対しオスロは，ノルウェー南海岸で唯一大きなオスロ・フィヨルドの奥に位置する。ハーラル3世苛烈王が1048年に交易拠点として町の基礎を築き，ほどなく司教座も置かれた。この中世期のオスロは，現在の都市中心とは別の場所で，東南寄りのエーケベルグの丘の麓にあった。たびたび火災に見舞われ，その後の中心の移転もあって，現在は王宮や大聖堂，修道院などの遺跡が保存され歴史公園となっている。

　オスロは，1299年にホーコン5世マグヌッソンにより首都となる。そして彼が始めたのが，それまでの中心部と湾を挟んだ西対岸の岬に城塞を築き，自ら住まうとともに，軍を常駐させて東のスウェーデンからの脅威に備えることであった。これが現在も残るアーケシュフース城（1300年〜）である。

　ただし，これ以降のオスロも必ずしも順調に発展したわけではなかった。商業面では相変わらずベルゲンが北海・バルト海交易の実権を握っていたし，14世紀半ばには黒死病の流行で人口の半数を失った。また1397年以降のノルウェーはデンマークの支配下に入り，

図1　クリスチャン4世の計画，17世紀
(Engh and Gunnarsjaa 1984)

図2　中心部の地図，1880年
(Engh and Gunnarsjaa 1984)

政治や防衛面での決定権も手放さざるをえなかった。そして1624年に最大の厄災がオスロを襲う。大火によりそれまでの都市の大半を失ったのである。しかし実際には、これが発展への大きな契機となった。

当時のノルウェーを支配していたデンマークの国王はクリスチャン4世であった。彼はその60年間に及ぶ在位期間中に、デンマークにルネサンス文化をもたらし、重商主義で経済を発展させ、軍備増強にも努めてスウェーデンに対抗した傑出した王であった。さらに、別名「デンマークの建築王」とも呼ばれ、名宮殿の建設とともに多くの都市計画も実行に移した。彼はオスロ大火の数週間後には現地に立ち、それまでの中心部を捨てて、防衛上も有利なアーケシュフース城近くへ町を移転させる決定をなしたのである(図1)。

新都市は5000人の規模を想定し、グリッド状の街路と中心広場を用意して、全体を城壁で取り囲んだ(1818年に撤去)。教会や市場にここへの移転を命じ、各種庁舎や学校も建設した。また1623年から近郊で始まっていた銀鉱山の採掘を意識して、造幣局も計画した。人々の移住を促すために税軽減や土地供与を行い、有利な貿易権も付与したとされる。

こうして実現させたルネサンス都市の新しい名称として、王は自らの名からとった「クリスチャニア」を与えたのである。以後1925年まで、この都市は「オスロ」ではなく「クリスチャニア」と呼ばれた。当時の遺構は、現中心部に近い大聖堂(1694~99年)を別にすれば、南寄りのロートフス通りやコンゲンス通りの周辺などに見ることができる。アーケシュフース城も、外観には中世の姿を残しているが、内部はクリスチャン4世の意向で豪華なインテリアに改修されている。

1814年にノルウェーはスウェーデンとの同君連合に組み込まれることになった。これ以降も、(綴りとしてデンマーク風のChristiania

図3 カール・ヨハン通りと王宮(筆者撮影)

より、スウェーデン風のKristianiaが好まれるようになったものの)「クリスチャニア」という都市名は受け継がれた。都市の中心は次第に北西側の内陸部へと広がり、とくに同君連合の国王の名をとったカール・ヨハン通りが新しい都市の象徴となった(図2)。

カール・ヨハン通りの西端には巨大な王宮(1824~48年)が新たに建設され、一方で鉄道の導入とともに中央駅(1879~82年)が東端に置かれた。通りに沿って、議会、博物館、美術館、劇場、大学、ホテル、それに多くの商業建築が建ち並び、付近には緑の公園も付置されている。これによって、世紀末に画家ムンクがカフェでたむろしたような、ヨーロッパ19世紀の繁栄を体現する近代都市が、この国にも登場したのである(図3)。

1905年にノルウェーは独立を果たし、1925年に首都は名称を「オスロ」へと戻した。その後の変化としては、2つの港の活性化と、それぞれのシンボルとなった建築、すなわちオスロ市庁舎(1931~40年、1945~50年)とオスロ・オペラハウス(1999~2008年)の登場を挙げておこう。

こうしてオスロは苦難の時代も経験しつつ、一時クリスチャニアと名を変え、ノルウェーのみならずデンマークやスウェーデンの王の下でも成長を続け、20世紀には再びオスロとして新たな段階へと歩を進めているのである。

(伊藤大介)

North Europe 02: Stockholm

【ストックホルム】 「丸太の小島」から王都へ

スウェーデン，ストックホルム県，首都
Capital, Stockholm, Sweden

　ストックホルムはバルト海の中ほどに位置し，その沿岸の湖沼地帯を抜けてメーラレン湖へと続く狭い水路沿いに位置する。そもそも，この海峡状水路を塞ぐ要衝のスタヅホルメン島（今日のガムラスタン＝旧市街）に，1252年，英雄ビリエル・ヤールが外敵の侵入を防ぐための砦を建設したことに始まり，次第に都市化した。

　島の北東端水辺の砦は，高層の主塔を核にして展開し，城壁で守られた大規模な中世城郭トレクロノル（三冠）城に発展した。ストックホルムはこの頃のスウェーデン王国の首都となり，西隣の小島（後のリッダルホルメン島）には灰色修道会の修道院があり，王家の菩提寺にあてられた。島は橋のたもとで半円堡塁によって守られ，水中に帯状に打たれた木杭の骨組みが船着き場を守った。ちなみに，ストックホルム（「丸太の小島」の意）の名は，この水辺の木杭から発祥したという（図1）。

　宮城のすぐ南の高台には大聖堂が建ち，尖塔が湖沼地帯のランドマークとなり，その南に市街地が広がる。島は中央が小高くなっており，中央を南北に走る幹線道が橋を介して島外とつながった。そして高台の市街を守るようにアーモンド形に囲う初期の市壁が造られ，軸線道に沿って南北に大聖堂と市庁舎，市場広場ストールトーリェット（大広場），ドイツ教会堂が並んだ。

　市街地はやがて旧市壁の外の東西に拡大し，水辺の新市壁で囲われる。水辺に向かっては櫛状に路地が連続する市街地が形成される。この櫛状街区パターンは漁村や港町に共通するものであり，急勾配の斜面に形成された連続する路地群は特徴的な街路景観をなした。水際近くの新市壁の外側一帯は船着き場となった。

　ストックホルムはハンザ同盟に加盟し，とくにその盟主となった北ドイツのリューベックとの交易で栄える。島状の地形に尾根線の幹線道と櫛状街路網という中世都市リューベックの都市構造はストックホルムに非常によく似ているが，こちらは王宮を持つ点で異

図1　絵画に描き込まれた最古の都市景観図，1535年
(Abrahamsson 2004)

なる。この地域では太い木材を組んだ北欧独特の木造家屋が一般的だったが、ガムラスタンにはリューベックなどのドイツ北部に見られる煉瓦造階段破風付きファサードの都市建築が並び建った。

スウェーデンは1397年にデンマーク、ノルウェーと三者でカルマル同盟を結ぶが、実質、強国デンマークの支配下に服した。独立を模索し、1520年の「ストックホルムの血浴」と呼ばれるストールトーリェット広場での大虐殺への反発から、遂に独立を果たした。1523年にヴァーサ朝の王朝が成立し、ストックホルムはその王都となったのだった。

そしてスウェーデンは宗教改革の波に押されて新教徒の国となる。灰色修道会のあった小島は、修道会が放逐され、リッダルホルメン島（騎士の島）に名称変更される。国力を伸ばしつつ、17世紀になると国王グスタフ2世は三十年戦争（1618〜48年）に介入し、ドイツの奥深くまで進軍して戦死するものの、スウェーデンは戦勝国となる。また新大陸へと進出し、一時期、アメリカ東部にニューウェーデンを設けた。

この頃まで中世都市形態が続き、島外の南北に市街地が広がっていたが、1625年の大火が転機となり、ガムラスタンの西側水辺の中世風櫛状街区は整理され、矩形街区に変化し、ルネサンス様式の街並みへと変貌する。

17世紀中頃には大規模な市街地拡張が企画され、島外の北のノルマルム地区とエステルマルム地区に3つのグリッド・プランの大規模な市街地計画が作成される。そしてノルマルム地区からブラシエホルメン島、シェプスホルメン島、カステルホルメン島へと橋でつながれ、海軍施設が建設される。古絵図には東側の海辺に大小の船が多数描かれていて、海運の発展が窺える。やがて島外の南のセーデルマルム地区や、西のクングスホルメン東部地区でも同様の市街地拡張が始まる。

図2 版画家ビウルマンによる地図, 1751年 (Hultin et al. 2006)

その大規模な新市街地拡張は容易ではなく、国王のもとに税制などの優遇政策がとられ、移民を含む住民の定着を促した。そして中世都市ガムラスタンの島を核として、周辺に、軸線方向が異なる5種のグリッド・プラン地区が際限なく広がるという特異な空間構造を得ることとなる（図2）。そこには輪郭を確定するような市壁はなく、各街路の端部はいわば無限に広がって自然地形へと消えていく。ヨーロッパの中世都市型の市壁も近世都市型の強固な城塞もそこには見られず、独特の開放的な都市構造が生まれた。

重商主義の導入とともに、18世紀前期には市街地の中心をなすストールトーリェット広場の市庁舎は移転し、証券取引所が取って代わる。その、現存するバロック様式の建築は18世紀後期のものである。また、1697年にはトレクロノル城が火災で大破し、建築家ニコデムス・テッシン（子）の設計で、バロック様式の、平坦な大壁面を見せる四角形の宮殿に改築されるが、これも18世紀後期までかかって完成する。

産業革命を経て、19世紀にはストックホルムは商工業で発展し、北部のノルマルム地区へと中心が移り、市街地を四方に大きく拡大する。そして20世紀の大戦で戦禍を受けることもなく、都市景観を維持する。（杉本俊多）

North Europe 03: Göthenburg

【イェーテボリ】運河軸中心の計画都市

スウェーデン, ヴェストラ・イェータランド県
Västra Götaland, Sweden

　イェーテボリ（ヨーテボリ）の名「ゴート人の都市」は，ゲルマン大移動時に一部族ゴート人がこの地に居住したという不確かな伝承に由来する。北海とバルト海をつなぐカテガット海峡に注ぐイェータ川の河口近くにあり，現在はスウェーデン第二の大都市である。国際的な海運で栄えてきた港町であり，工業都市，大学都市としても知られる。

　都市の建設は，勢力拡張を図っていた若い国王グスタフ2世アドルフが17世紀初期にスウェーデン西部の拠点を建設しようとしたことに始まる。当時，カテガット海峡の海運はデンマークが牛耳り，加えてイェータ川河口の南はデンマーク，北はノルウェーの支配下にあった。スウェーデンはイェータ川河口に砦を置こうとして失敗し，河口のさらに奥に強固な城塞で守られた都市建設を計画した。

　まずは現在の位置とは異なる場所に，イタリア・ルネサンスの理想都市を彷彿とさせるような明快な幾何学形で計画される。1609年の都市図によると，それは正十角形の半分を輪郭とし，川辺に正六角形を半分にした港湾を備え，全体に対称形をなし，規律ある幾何学形態となっていたが，市壁内に2つの丘がある特異なものだった。これはデンマークの攻撃にあって早く崩壊する。

　その後，場所を移して，一転してオランダ型の運河網とグリッド・プランの都市デザインで建設が始まる。国王から都市権が与えられたのは1621年のことであるが，1624年以降，数枚の計画修正を加えた都市計画図が残されている。新都市建設にはオランダ人の技術者が招聘されており，湿地における水利技術，木杭による地盤改良，海運のための港湾技術に長けた先進的な都市建設技術が導入された。水際はやはり木々で覆われた丘が連続して市街が隠され，稜堡はやや単純化されるが，都市の外周線は複雑化し，直線と楕円弧との組み合わせとなる。この案がさらに練られて，1640年頃には都市の輪郭は幾何学的に統一され，楕円形を斜めに切って半分にした，明快な対称形をなす形態となり，これが実現することになる（図1）。

　その後もデンマークとの抗争は続き，城塞はより強固に改造されていく。1675年頃には軍人かつ技術者として知られるエリック・ダールベルクが改良案を作成し，さらに高い防衛機能を備えた大規模な城塞に発展する。都市郊外の東西を守るクロナン（冠）とレイヨン（獅子）の両砦も付加される（図2）。

　中心軸をなす幅広の運河ストラハムン（大

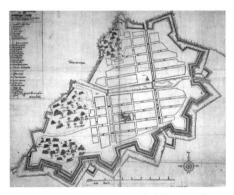

図1　キエテル・クラソンによる都市図, 1644年
(Bramstång ed. 2006)

図2　エリック・ダールベルク『古今スウェーデン誌』(1660〜1716)所収の東からの眺望図, 1709年(スウェーデン国立図書館蔵)

港の意)は，丘で挟まれた隙間を水際からほぼ直角に約200m入り込み，すぐに約30度強折れ曲がって約320mの奥行きの堀となり，これはさらに細くなって約200m延長される。堀幅は32mで，その両側はそれぞれ幅約18mの荷揚げ用の河岸(かし)となっており，一定規模の船を導き入れ，陸付けして荷揚げができるようにしてあった。これに直角に，やはり河岸を備えた幅約12mの堀でネットワーク化され，排水機能とともに小舟の交通も可能であった。運河入口部には後にドックが築かれ，その奥の丘の陰には兵器庫が置かれた。

グリッド・プランの街区は，ストラハムンの運河軸方向にはほぼ一定間隔で街路を連続させ，街区奥行きは約50mを基本として，若干の差異を設けてある。しかし直角方向に走る街路は一定間隔ではなく，変化させてある。くの字に曲がる運河とともに，理想都市的な一貫性よりも防衛的な機能が優先されたと考えられる。

運河沿いに，矩形の一街区をあてた中央広場グスタフ・アドルフス・トーリがあり，ここに面して市参事会や市庁舎，証券取引所の建物が並んだ。スウェーデンは新教徒の開放的な国であり，オランダ人やドイツ人，スコットランド人の商人が多く移住してきて，市参事会は国際的な面々で占められた。宗教施設としては，南の一街区をあてて大聖堂(スウェーデン教会堂)が置かれ，中央広場の隣の街区にもうひとつ，外国人用にクリスティーネ教会堂(ドイツ教会堂)が置かれた。

1731年，スウェーデン東インド会社が設立され，スウェーデンはアメリカ大陸のほか，主に中国やインドとの貿易活動を展開するが，その拠点はイェーテボリであり，ストラハムンの運河口に本部事務所が建築された(現在は市博物館)。そして都市の繁栄は19世紀の産業革命を経て，工業都市へと変化して継続される。

17世紀中頃には城塞外の西側水辺に造船地区と船員居住地区が整備され始めていたが，19世紀初めには城塞の解体が始まり，ここから工業都市化が進行し，イェータ川沿いは広大な一大工業地帯に発展する。1810〜32年にはイェータ川からヴェーネルン湖とヴェッテルン湖を経，半島を横断してバルト海に入り，ストックホルムに向かうイェータ運河が建設された。また鉄道の時代ともなり，ストックホルムと太い交通軸で結ばれ，イェーテボリはスウェーデンの西の玄関として発展し続ける。

19世紀以降，稜堡式城塞の跡は市街化ないし公園化したが，城塞堀は保存される。中央の運河軸を残して他の支流の運河は並木道となり，また川辺の丘も市街化する。市街は旧城塞を越えて南に展開するが，旧市街は都市の中心的な位置を占めつつ歴史的景観を維持してきている。

（杉本俊多）

North Europe 04: Visby

【ヴィスビー】バラと廃墟の街

スウェーデン，ゴットランド県
Gotland, Sweden

　ヨーロッパ北部，バルト海のほぼ中央部に浮かぶ大きな島がスウェーデンに属するゴットランドである。島の中心である中世都市ヴィスビーは，旧市街の都市構造がそれを取り囲む城壁とともによく残り，1995年に世界文化遺産に登録されている。

　ヨーロッパで地中海と並ぶ大きな内海のバルト海は，東へ向かう交易の海路として地中海に劣らず古くから利用されてきた。古代においてその主役はヴァイキングたちであった。一般によく知られているヴァイキング活動とは，北欧を拠点として南に向かってフランスでノルマンディ公国を領有し，さらに地中海まで至ってノルマン・シチリア王国を建国したこと，あるいは西に向かって無人のアイスランドに植民し，その後グリーンランドや北米大陸まで足跡を残したことなどであろう。

　しかしヴァイキングたちは，実際には東にも向かった。おもにスウェーデン南部を発した彼らの一部は，バルト海を東進した上でロシアへ上陸し，川を遡行しつつ大陸の奥へと進んだ。そして遂には，ビザンティンやイスラーム文明圏とまで接触したのであった。ゴットランド島は，こうしたスウェーデン・ヴァイキングの拠点のひとつだった。現在でも島内にはヴァイキング期の遺跡が多い。

　このヴァイキングたちの開拓したルートは，そのまま中世のハンザ同盟のバルト海交易ルートに引き継がれたといってよいであろう。ヴィスビーはロシア方面からの毛皮や香料，あるいはスウェーデンやフィンランド北部からの鉄鉱石やタールをヨーロッパ中央へ運び出すための中継港として大いに繁栄したのである（なお，もうひとつのルートは，海産物を多く扱う北海交易ルートで，ノルウェー西海岸のハンザ同盟都市ベルゲンがその拠点となった）。

　ゴットランド島へは，現代では首都ストックホルムから飛行機を使えば45分ほどで着く。しばらく海上を飛び，やがて島が見えてくると，石灰岩の白い崖になった海岸線の風景が続く。花崗岩が一般的な北欧では，ゴットランド島産の石灰や石灰岩は貴重な建設材

図1　アルメダーレン（旧港）から中心部を見る
（筆者撮影）

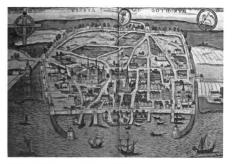

図2　都市図，1525年に破壊される直前の姿
（ゴス 1992）

で，中世以来，北欧各地に運ばれて重要な建築物に利用された。

都市ヴィスビーは，ゴットランド島の北西部にある。ヴァイキング以後，地元のゴットランド人が現在のヴィスビーを交易拠点として利用した。不凍港で利用価値が高かったせいで，中世の12世紀頃からハンザ同盟のドイツ商人が入り込んで勢力を強め市政権を握った。そして13世紀までに，ヴィスビーは盟主リューベックに次ぐハンザ同盟第2のバルト海沿岸都市に成長した。当時は，ノヴゴロド（ロシア），ブルッヘ（ベルギー），ロンドン（イギリス）との交易で特権を得ていた。この3都市とベルゲン（ノルウェー）に，いわゆるハンザの「四大商館」があった。ヴィスビーは，まさに有数の国際貿易港だったのである（図1）。

この頃ヴィスビーでは，44の塔をつないで総延長3.6kmの石灰岩の城壁が造られ始め，市内には17のロマネスク様式やゴシック様式の教会が林立した。とくに1190〜1225年にロマネスク様式で建てられた聖マリア大聖堂は，ドイツ人有力商人たちの集会場となり，その後ゴシック様式で手が加えられ，現在も都市の中心的建築物として残っている（図2）。

ところが，14世紀に入る頃から，ヴィスビーの繁栄に陰りが見えてくる。大火やペストの被害に加え，バルト海の交易をめぐるハンザ同盟内でのリューベックとの勢力争いが始まる。さらに，同盟に打撃を与えようとした非ハンザ同盟のデンマーク軍も侵攻し，1361年にヴィスビーは一時的に占拠された。そして遂に1525年には，リューベックの艦隊から攻撃を受け，市内のかなりの部分が破壊されてしまう。同じ頃，北欧でも宗教改革が始まっており，多くの修道院や教会が廃されつつあった。こうした状況下で，聖マリア大聖堂を除いて，被害を受けた教会は放置され自然崩壊するに任された。現在でも，屋根が

図3　大聖堂と付近の屋並みを見下ろす（筆者撮影）

落ち内部に雑草が生い茂った教会の廃墟を市内で多く見かけることができる。こうした光景は，北欧ではかなり珍しい。

近世以後のヴィスビーは，スウェーデン王権の強大化によってさらに衰退へと向かい，国内の単なる一地方都市となってゆく。1810年から早くも市内の遺跡の保護が始まり，現在では城壁や教会遺構や廃墟に加えて，200以上の中世建築が保存対象となっている。

ヴィスビーは，丘陵地が海へと下る斜面に作られた都市である。高台側の東門と北門をつないだ一帯と，海に面した西側の港の付近では数十mの高低差がある。そのため，高台側に町を見下ろせる絶好の展望ポイントがたくさんある。こうした地点に立って見た都市は本当に美しい。足元には11月頃までバラが咲き乱れ，眼下に大聖堂の塔が聳え，その背後には白い石造建築と赤茶色の家並みが続く（図3）。随所に破風やリブだけ残して屋根が落ちた修道院教会の廃墟があって，歴史にまつわる物語性が町の雰囲気を豊かにしてくれる。観光宣伝のキャッチフレーズとなっている「バラと廃墟の町」は，決して誇大広告ではない。そして何より，季節と天候に恵まれれば，それらの向こう側に北欧とは思えないほど青い海が広がり，キラキラと波頭が輝いているのを見ることができるのである。

（伊藤大介）

North Europe 05: Helsinki

【ヘルシンキ】白い都市から森の都市へ

フィンランド，ウーシマー県，首都
Capital, Uusimaa, Finland

　フィンランドのヘルシンキは，ヨーロッパの首都としては珍しく，中心部に中世起源の旧市街を持たない。発祥は一応1550年まで遡れるが，その後に中心の移転や大火があった。現在見られる街並みは19世紀前半の新古典主義，あるいはそれ以降の建築様式によって作られたものである。

　都市建設のきっかけは，1809年にスウェーデンによる支配が終わり，フィンランドがロシア帝国下の大公国となったことにある。1812年にヘルシンキがその新首都に指名されたのである。

　スウェーデンのストックホルムを前日夕方に出航した大型フェリーが朝にヘルシンキ南港に入るとき，その甲板から，港の奥に広がるヘルシンキ中心部を眺めわたすことができる（図1）。朝日の中で大聖堂（1830～52年）の高いドームがひときわ目立ち，グリッド状に配置された道路網に沿って，政庁舎（セナーティ，1818～22年），ヘルシンキ大学本館（1832年）などの大規模な新古典主義の建築群が建ち並ぶ光景は，まさに壮麗である。これらは煉瓦造に明るい色調のスタッコ（化粧漆喰）塗りが施され，遠目には大理石のようにも見える。ヨーロッパの様々な都市の中で，中心部全体がこれほど統一的な様式で構成されて整然とした計画性が際立つ例は，他にそれほど多くはない。ヘルシンキの愛称として使われる「北欧の白い都市」（日本のガイドブックでは「バルト海の白い乙女」ともいう）は，この特徴をうまく表現しているといえよう。

　こうした都市ヘルシンキの実現に最も深く関わったのは，当時の新古典主義建築の牙城ベルリン建築アカデミー出身のドイツ人建築家カール・ルートヴィヒ・エンゲル（1778～1840年）であった。彼は1816年にヘルシンキに招聘され，都市計画全体の統括から個々の建築物に至るまで手がけ，「ヘルシンキ建設の父」とも呼ばれた。

　彼の都市計画（図2）の基本的構成は明快である。全体は大きく2つの都市区域に分けられ，それぞれが規則正しいグリッド状道路網

図1　南港の景観（筆者撮影）

図2　エンゲルによる都市計画図，1838年（日本フィンランド都市セミナー実行委員会 1997）

を持っている。2つのグリッドはそれぞれヘルシンキ南港と西港との関係を意識して配置され，お互いがずれた角度で接している。各港に面して市場広場があり，そこから並木のある大街路が伸びる。他には教会広場もそれぞれに用意される。つまり，港・市場広場・大街路・教会広場を都市要素として持つグリッド状の都市区域をひとつのユニットとすれば，ヘルシンキには2つのユニットからなる都市計画が適用されたのである。

エンゲルは建築面でも，すでに言及した大聖堂や政庁舎，大学本館などの他に，大学図書館，市庁舎，病院，軍本部，天文台など，市内に計30の施設を実現させ，そのうち17が現存している。遅れて出発したヘルシンキは，こうして本格的なヨーロッパ都市に仕立て上げられたのである。その先進性は，ここを「ヨーロッパに対して開かれた窓」にしたかった宗主国ロシアにとっても，まさに望むところであった。

その後の展開も追っておこう。ヘルシンキの場合，遅ればせながらヨーロッパ風の街並みを作り上げた時点で，都市の個性が確立されたわけではなかった。さらにそこに，それまでなかった「北欧らしさ」が付け加えられる必要があったのである。

20世紀初頭，ヘルシンキ中心部にはナショナル・ロマンティシズム建築と呼ばれる公共建築群が登場し，花崗岩の粗い壁面を強調した重厚さを誇示するようになる。前代の新古典主義建築がこの都市にヨーロッパらしい秩序をもたらしたとすれば，ナショナル・ロマンティシズム建築はフィンランドの民族性を湛えた重く陰りのある空気を持ち込んだのである。建築家エリエル・サーリネン（1873～1950年）らによる国立博物館（1901～10年）やヘルシンキ駅（1904～14年）などが，その代表例である。

ヨーロッパらしさより北欧らしさを追求す

図3　カピュラ地区住宅地（筆者撮影）

るヘルシンキの基本姿勢は，1917年にフィンランドがロシアから独立を果たした後も貫かれる。とくに住環境分野では都市計画局を中心に，都市の中に自然を持ち込もうとする試みが続いてゆくことになる。「北欧の白い都市」の次なる目標として，「森と生きる都市」が浮上するのである。カピュラ地区の緑豊かな住宅地（1920～25年）が，その見事な実現例といえよう（図3）。ここでは百数十棟の2階建て集合住宅があえて木造ログハウス構法で建設され，街路への植樹や中庭の菜園化も並行して進められた。

もうひとつ特徴的なのは，都市の地盤となっている花崗岩を積極的に生かそうとする方向性である。地質学でバルト楯状地と呼ばれる花崗岩の露出した起伏の多い土地は，19世紀には平坦なグリッド状都市を実現させる上で障害物でしかなかった。都市計画局は，第二次世界大戦後のソ連が隣国だった時期に，それを全ヘルシンキ市民が有事に退避できる核シェルター建設に有効利用することに成功した。建築としても，テンペリアウキオ教会（1969年）は，「岩の教会」として，今も人々を魅了している。敷地に残っていた花崗岩の隆起を整地せず，あえて残し，岩肌を教会の内壁としてそのまま生かしたのである。

20世紀になってヘルシンキが掲げた「森と生きる都市」の理想はその後も引き継がれ，21世紀の現代に至っても都市がめざす目標としての意味を失っていない。　　（伊藤大介）

North Europe 06: Tallinn

【タリン】デンマーク人とドイツ人が作った街

エストニア，ハリュ県，首都
Capital, Harju, Estonia

バルト三国のひとつエストニアの首都であるタリンは，バルト海の東端近くに位置する。中世以来，交易の中継点として重要な港町で，その旧市街は1997年に世界文化遺産に登録されている。「タリン」は「デンマーク人の城（あるいは町）」を意味し，都市の基礎を築いた支配者に由来する。ただし，歴史上長らく実権を握ってきたドイツ人たちは，むしろ一帯の地方名レヴァラをもとにした「レヴァル」を好んで使ってきて，現在もこちらの都市名も通用している。

2つの都市名があることは，都市そのものの二重構造に対応しているともいえる。すなわちここには，歴代の支配者がデンマーク，ドイツ，スウェーデン，ロシアと代わりつつも，常に形の上では政治的中心であり続けた「丘上地区」と，長い時期を通じて都市経済を実質的に動かしてきたドイツ人商人の居住する「丘下地区」が併存しているのである。行政区分上も2つの地区は別個のものとして扱われ続け，両者が公的にもひとつのタリンになったのは1889年になってからのことだった。

歴史を遡ると，9世紀頃からこの一帯には先住のレヴァラ族の交易所があった。11世紀には高さ約30m（海抜約50m）の石灰岩の丘に木造の砦リンダニセが造られた。これが現在のトーンペアの丘の始まりである。当時のバルト海東部地域はキリスト教化されておらず，12世紀後半から異教徒の改宗を名目にしたキリスト教十字軍の侵攻が始まる。ただし，それは純粋に宗教上の情熱によるわけではなく，実際には交易上の拠点を求める活動と表裏一体のものだった。

バルト海東端近くのタリンの位置は，そのすぐ奥にあるロシアの都市ノヴゴロドとともに捉える必要があろう。つまり，広大な後背地ロシアからここに集まる産物を，西欧の経済圏へともたらすための中継点の港としてタリンが想定されたのである。

1219年，アルベルト司教の要請を受けたデンマーク国王ヴァルデマール2世がタリンを占領し，トーンペアの丘に支配の拠点となる新しい城と教会を築いた。都市タリンのスタートがここに刻まれたが，その当時の城や教会は現存していない。城は18世紀に改修されて，現在は政庁舎や議事堂となっている。教会は，1223年にエストニア最古の大聖堂として完成したが，17世紀に焼失して再建された。

現在のトーンペア地区を歩くと，その後の為政者ロシアが持ち込んだ豪壮なアレクサンドル・ネフスキー教会（1901年完成）なども建つ。当初の丘を彷彿とさせるものとしては，15世紀頃までに築かれた城壁の一部やそれに

図1　トーンペアの丘からの都市眺望（筆者撮影）

付随する塔などが，中世らしい姿を留めている程度である（図1）。

　デンマーク王はあとを代理人に任せて引き上げたため，タリンの統治は名目だけに留まった。大聖堂に赴任した司教もルンド大司教（現在はスウェーデンだが，当時はデンマーク領内にあり，北欧カトリック教会の中心であった）の下にあったため，その後タリンに定着したドイツの教会組織に対する影響力は限られていた。

　そして，トーンペア地区よりわずかに遅れ，丘下の地区に入ってきたのがドイツ人たちであった。1230年，ゴットランド島のハンザ同盟都市ヴィスビーから約200人のドイツ人商人がここに移住した。タリンが時に「ヴィスビーの娘」と呼ばれるのは，この事情による。彼らは自ら建てた聖ニコラウス教会（現存の教会は第二次世界大戦の空爆後，1984年に修復）を拠りどころとして，その周辺地区で交易を行って下町のドイツ商人地区を形成していった。ほどなく彼らはトーンペアの支配者以上の力を蓄え，タリンの実権を握ることになる。

　1285年にハンザ同盟に正式加盟したタリンは，ノヴゴロドに集まったロシアの交易品を積み出す中継港としての役割を，いよいよ拡大させた。1346年にはドイツ騎士団の分団であるリヴォニア騎士団が北エストニアを買収してデンマークは撤退し，タリン周辺地域は名実ともにドイツ人の活躍の舞台となった。ノヴゴロドとの交易船はタリン寄港が義務づけられ，1399年からはその交易全体がドイツ人に独占された。そして1402年に，ノヴゴロド交易の統括機能がヴィスビーからタリンに移り，タリンはハンザ商業都市としてまさに黄金期を迎えたのである。この間，都市人口も増加を続け，1372年に4000人だったものが2年後には5500人となっている。当時のヨーロッパで中規模，地方にあっては中核都

図2　ラエコヤ広場と旧市庁舎（筆者撮影）

市といえる存在にまで成長を遂げた。このあと，15世紀後半のロシア勢力の進出まで，タリンの繁栄は続いた。

　現在のタリンの丘下の下町地区には，繁栄期のこの都市の姿が大変よく残っている。北欧の中世都市に木造の街並みが多かった中で，タリンでは1383～84年に石造による住居建設が義務化されたことも大きく役立った。城壁は1310年から建設が本格化した。2倍化した市域を囲む全長約4kmの壁が，27の稜堡，11の塔，8の城門とともに完成し，トーンペアの城壁とも連結された。現在は約2km分が残っている。

　当時のハンザ同盟都市の活況をよく伝えるのが，市場の開かれたラエコヤ広場とそこに面したゴシック様式の旧市庁舎（1371～1404年建設）で，現在も旧市街の賑わいの中心となっている（図2）。また，港から都市中心部まで800m伸びているピック通りにも，中世当時のメインストリートの雰囲気が残っている。いくつかのギルドハウス（同業者組合本部）がここに集まり，他にも15世紀頃のドイツ商人の家が残っていて，中世の町のそぞろ歩きが楽しい。

（伊藤大介）

North Europe 07: Riga

【リガ】 バルト海の知られざる大交易都市

ラトヴィア，リガ市，首都
Capital, Riga, Latvia

　ラトヴィアは，1991年に独立を回復したバルト三国のひとつで，都市リガは現在人口約70万を擁するその首都である。歴史の中で，周辺の強国の動向に翻弄されつつ，それでも常にバルト海の交易の要として重要な地位を保ち続けてきた。ドイツ人の活動による中世の都市成立からほどなく，13世紀末にはバルト海南岸のハンザ同盟都市でリューベック，グダニスクに次ぐ規模となった。以後，ポーランドの領有となった一時期を経て，17世紀半ばからはスウェーデン支配のバルト帝国に属しその第二の首都と呼ばれ，実質的な繁栄では帝国の盟主ストックホルムを凌ぐとさえいわれた。19世紀以降のロシア支配の下でも経済発展と工業化を果たし，ロシア革命直前の帝国内でモスクワ，ペテルブルクに次ぐ50万超の人口を誇った。こうしたリガを一貫して支えたのは，早くからこの地に定着して世代を重ねたバルト・ドイツ人の存在である。リガはその歴史を通じて，（ロシア支配下でロシア語が強制されたごく一時期を除けば）主にドイツ語で交易がなされる国際都市であり続けた。

図1　ダウガヴァ川から見た中世の都市全景
(Bernharde and Knoll 1999)

　古くからこの一帯には，主にバルト族に属するラトヴィア人の祖先が住み，地域名としてリヴォニアと呼ばれた。その後，次第に北欧系の人々がバルト海を往来するようになり，11世紀頃にはスヴェア人がリガ湾に注ぐダウガヴァ川を遡ってロシア奥地との交易をさかんに行った。スウェーデン・ヴァイキングの活動としてはタリンを経由して主に陸路でノヴゴロドに至るルートが知られるが，川を有効利用するこちらのルートも同じく重要な役割を担った。

　この交易が12世紀以降はゴットランド島のヴィスビーに拠点を作ったドイツ人商人たちに引き継がれることになる。そして，商人の後をキリスト教布教の人々が追う形となった。ブレーメン大司教が甥のアルベルトを司教に任命し，アルベルトは北部ドイツの貴族や騎士からなる十字軍を編成してラトヴィアへ乗りこんだ。1200年夏に，ダウガヴァ川河口から13km遡った小さな3本の川が合流するあたりを適地と定めて，ドイツ人居留地の建設に着手した。これが現在のリガの発祥である。

　この地で，1202年にはシトー派修道士を中心として刀剣騎士団（のちのリヴォニア騎士団）が誕生し，以後司教やリガ市民に対抗しつつ武装勢力として力を拡大していった。一方の司教アルベルトは，1207年に居留地を最初の城壁で囲んで要塞化し，1211年には大聖堂（当初は城壁の外）も建設した。ドイツ人に特権を与えることでブレーメンやハンブルクから商人が集まり，中世ドイツ社会のギルド制も導入された。1282年にはハンザ同盟に

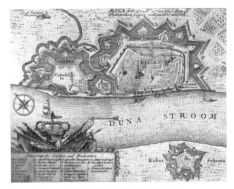

図2 「3つの砦」を示す17世紀の都市図
(Bernharde and Knoll 1999)

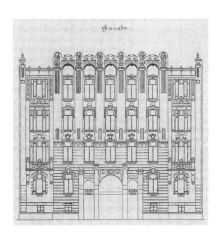

図3 建設工匠エイゼンシュタインによる都市住居の例(Krastins 1998)

正式加盟し，ダウガヴァ川は交易船であふれ，都市も拡大していった（図1）。現アルベルタ広場付近（18世紀に埋め立てられるまでは，ダウガヴァ川本流から分かれたリーゼネ川がここを通っていた）に交易業務の施設が用意され，ハンザ商人たちの倉庫群も建ち並んだ。さらにやや北側には市庁舎広場が拡張整備され，そこに面してのちに北方ルネサンス様式に改築されるブラックヘッド・ギルド会館も建った。会館は1941年の爆撃で破壊されたが2001年に再建され，その壮麗な姿でリガ繁栄の時代のシンボルとなっている。

ただし騎士団と市民との緊張関係は続き，1330年には都市北端に騎士団の城として現在のリガ城が造られて，1470年まで騎士団長がここに住んだ（その後の城は，各時期の支配者の宮殿や，独立後の大統領官邸として使われてきている）。1535〜37年には市域が拡大され，それを囲む城壁と堀も建設された。ここにのちに稜堡が整備されて「第一の砦」と呼ばれ，リガ城を独立的に囲んだ部分が「第二の砦」となった。これらの部分の内側が，リガ旧市街として1997年に世界文化遺産に登録された。

宗教改革後の16世紀にはリヴォニアへのプロテスタントの流入が始まった。1629年以降，リガはスウェーデン王グスタフ2世アドルフの支配下に入り，1650年からはスウェーデン軍の駐留する「第三の砦」が旧市街の北側に建設された（図2）。当時のリガは3〜4万人ほどまで人口を増やし，依然としてドイツ系商人を中心に43のギルドが交易都市としての発展を支えた。ただし，第三の砦はスウェーデン軍の撤退とともに重要度を失い，軍用施設が取り壊されたりして，その後の新市街の開発区域の一部に組み込まれた。

リガは，近代に入ってからも帝政ロシアの支配下で発展した。1857年からの新都市計画で既存の稜堡を撤去するとともに，北東側へと大きく新市街を広げた。人口も急増し，1867年に10万人を突破，1897年に25万人に達している。こうした中で20世紀初頭のリガの街並みに新たな魅力を付け加えたものとして，ミハエル・エイゼンシュタイン（彼は著名な映画監督の父である）など建設工匠（建築家ではない）たちのデザインした都市住居群を挙げておこう（図3）。華やかな装飾をもつユーゲントシュティル様式で，その集積度とデザイン密度の高さは他のどのヨーロッパ都市にも劣らない。リガは隠れた「アール・ヌーヴォーの都」の顔も持っているといえよう。

（伊藤大介）

North Europe 08: Vilnius

【ヴィリニュス】独立なき都市

リトアニア，ヴィリニュス郡，首都
Capital, Vilnius, Lithuania

ヴィリニュスは，リトアニア南東部に位置し，バルト三国の首都の中では唯一バルト海に面していない。北西の外港クライペダとは約300km離れた内陸都市である。森に囲まれた丘陵部にあり，ヴィルネ川・ネリス川沿いに位置し，ヴィリニュスの名はこれらの川の名前に由来する。

ヴィリニュスの起源は，リトアニア大公国の王ミンダウガスの居城が築かれた13世紀に遡る。リトアニア人が支配した領土は，現代のリトアニア共和国とほぼ同じ地域であった。その基礎を固めたのは，14世紀の中興の祖といわれるゲディミナスの時代で，公国の支配地域は，ベラルーシからウクライナ，ロシアの一部まで広がっている。ゲディミナスは，ある狩猟に出た日に夢を見た。鉄の鎧をまとった狼のような生き物が丘の上で吠えている夢である。このことを異教の神官に訪ねたところ，「狼の立つ場所は町を意味し，鉄の鎧は何者にも屈しないことを意味する。そして狼の遠吠えのように世界に知られる」と言われて，彼は夢と同じように丘の上に城を築いた，という伝説が残っている。

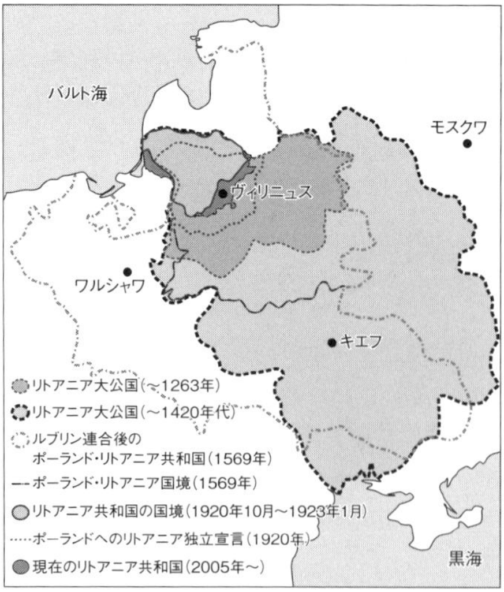

ゲディミナスの築いた城塞はロシア占領時に破壊され，現存しない。現存するゲディミナス塔は城壁の一部である西塔を再建したもので，ここからヴィリニュスの旧市街地と新市街地を見ることができる。

ゲディミナスの子アルギルダスの死後，後継者争いから公国は混乱するが，ヨガイラ（リトアニア大公として在位1377～1434年，ポーランド国王として在位1399～1434年）によって，ポーランド・リトアニア合同が成立する。そして，1569年にはポーランド・リトアニア共和国を形成した。リトアニアは，当初，ロムーヴァ（非キリスト教国家）であったが，ルーシの正教徒が次第に優勢となり，1387年にローマ・カトリックを正式に国教としたが，正教徒の信仰も認められている。共和国は16～17世紀のヨーロッパ世界においてオスマン帝国に次いで広大な領域を支配し，1795年まで存続する。

ヴィリニュス旧市街地は，1994年に世界文

図1　各年代の領地の変化
（駐日リトアニア共和国大使館）

化遺産に登録された。「ある期間を通じてまたはある文化圏において，建築，技術，記念碑的芸術，都市計画，景観デザインの発展に関し，人類の価値の重要な交流を示すもの」（世界文化遺産登録基準2），および，「人類の歴史上重要な時代を例証する建築様式，建築物群，技術の集積または景観の優れた例」（基準4）を登録基準とするように，様々な時代の様々な様式の建築が残っている。

ゴシック様式として15世紀末に建設されたのが聖アンナ教会である。33種の赤煉瓦が使用されているといい，細部の意匠が細かい。ナポレオンがこの教会を持ち帰りたいと言ったという逸話がある。

旧市街地への入口のひとつに「夜明けの門」がある。16世紀初めに建設された城門のひとつであり，現存する最古の門である。当初はメディニンカイ門と呼ばれており，2階には奇跡を起こすといわれる聖母マリアの肖像が飾られている。ルネサンスの影響を受けている。他にイタリア・ルネサンスの影響を受けた建築に聖ミカエル教会がある。16世紀に建設されたが，1655年にコサック（軍事共同体）の襲撃などによって破壊されている。その後も，幾度も修理，改修されている。

ヴィリニュスで最も多く残されているのはバロック様式の建築物である。聖ペテロ・パウロ教会，聖三位一体教会，ヴィリニュス大学がその代表である。ロシアからの解放を記念して建設された聖ペテロ・パウロ教会は新市街地に位置する。外装に7年，内装に30年かかったという。聖三位一体教会は東方帰一教会であり，珍しい。ポーランド・リトアニア共和国時代にウクライナに侵攻したことがその背景にある。ヴィリニュス大学は1579年創立のヨーロッパの中でも古い大学である。建物内には四季のフレスコ画が残されている。大学は，1795年のポーランド分割時の反ロシア運動の中心となる。

図2　都市図，1581年
（ブラウン／ホーヘンベルフ 1994）

18世紀末に共和国が分割されると，ロシアによる支配を受けるようになる。城壁は破棄され，ヴィルナ・グベールニヤの庁舎が置かれた。また，ロシア正教の影響が大きくなる。19世紀にはロシアによって工業化が進められ，新市街地が誕生し，広がっていった。

また，ヴィリニュスの中心部には多くのユダヤ人が住んでおり，当時のユダヤ文化の中心となった。その後ポーランドとドイツに占領され，町は幾度も破壊される。1940年，リトアニアがソ連に併合されると，リトアニア地方や隣国からさらに多くの人がヴィリニュスの北側に移り住むようになる。

リトアニアは，その誕生以来，ヨーロッパの歴史の中で翻弄されてきた。その中心としてのヴィリニュスは，隣国との戦争を繰り返し，たびたび侵攻・占領を受け，破壊と再建を繰り返してきた町である。その結果，じつに多様な建築様式が今日に残されることになった。多民族，多宗教が相互に交流してきたのがヴィリニュスである。様々な建築様式が混在並存するヴィリニュスは，街を歩きながら様々な年代を感じることのできる都市である。

（加藤慎也・布野修司）

North Europe 09: Copenhagen

【コペンハーゲン】バルト海入口の海峡都市

デンマーク，デンマーク首都地域（ホーエスターデン），首都
Capital, Hovedstaden, Denmark

　デンマークの首都コペンハーゲン（クブンハウン）はユトランド半島の東，北海とバルト海をつなぐエーレ海峡にある，シェラン島とアマー島の間の小海峡に形成された。その名は「商人の港」に由来する。

　都市形成は辺境の地の，ニシン漁を主とする小さな漁港に始まる。そして1160年頃，この地方の支配を委ねられた司教アブサロンが漁村を海賊から守るべく，沖の浅瀬に砦を築く。南北の舟運とエーレ海峡を跨ぐ東西の交通はこの小都市の商業的な繁栄を促し，1254年には司教から都市権を授けられる。この若い小都市は，バルト海から北海にかけて舟運を牛耳っていたハンザ同盟の都市群によって，たびたび荒らされた。1416年，支配がオルデンブルク家のデンマーク国王に移り，1443年にはその首都が西方のロスキレから要衝のこの地に移された。

　司教支配の時代の小都市は，現在の市庁舎広場の東に隣接する幅200mほどの商業地区に位置し，当時の道筋と環濠の跡が今日の街路網となって残る。そして王に追随して貴族たちが居を構え，教会堂が並び建ち，大学が創立（1479年）されるなどして，壮麗な市街地が形作られていく。有機的に曲がりくねる中世都市の景観の中心は，ゴシック様式の聖母教会堂（大聖堂）の尖塔であった（現在の建物は19世紀にテオフィル・ハンゼンが新古典主義様式で設計して改築したもの）。1536年にデンマークは新教のルター派に変わるが，宗教改革の騒ぎに際して，聖母教会堂は損傷を受けている。

　当初，コペンハーゲンは近接するドイツ商人への依存が大きかったが，次第に商業都市として自立し，また16世紀にはニシン漁や海運で活気づくネーデルラントや，イギリス，フランスとの関係が強くなる。1588年には名君クリスチャン4世が戴冠し，コペンハーゲンは大きく発展し，改造されるが，その際には先端的なネーデルラントの建築・都市計画技術が導入された。

　司教の砦を継承しつつ増築してきた王宮の島フレデリックスホルムは，水際に向かって拡張され，そこに四角いドックを囲んで造兵廠や補給庫などが建築される（図1）。中世都市の旧市街の北に，市街地を倍化する拡張計

図1　ファン・ヴィクによる東からの眺望図, 1611年（コペンハーゲン市文書館蔵）

画が作成され，西側を大きく防御する稜堡式城塞が建設され，その北端の海辺には五角形の稜堡式要塞が築かれる。環濠城塞のさらに西側には湿地を利用して堀が掘られて防衛線が二重化される。一方，小海峡の対岸アマー島に新市街クリスチャンスハウンが建設され，環状の稜堡式城塞で覆われる（1639年完成）。このクリスチャンスハウンは対称形をなす正多角形の幾何学をもとにし，その中央を運河が横切り，ネーデルラントの都市計画技術が反映されていた。小海峡に架かる橋を渡った先は王宮のある島スロッツホルメンであり，その袂には初期資本主義経済を象徴するような証券取引所が建つが，その長大な煉瓦造建築は独特のネーデルラント・ルネサンス様式の装飾で飾られた。

旧市街の北に拡張されてできた新市街ニュー・クブンハウンは当初は放射状街路網の計画もあったが，整然とした直角の街区構成となった。そこには，オランダ式の水城ローゼンボー宮殿と幾何学庭園，ゾフィー・アマーリエの宮殿（初代アマーリエンボー）と庭園，そして北端部には長屋が連続する海軍船員居住区ニューボーダーが置かれ，貴族や市民も住みついたが，しばらくは空地が目立った。

18世紀中頃には初代アマーリエンボーは，八角形広場の四隅に4つの宮殿風建築を配する4人の有力市民の住宅に改変される（後に王宮となる）。これはフレデリク教会堂とともに，建築家ニルス・アイトヴェズのバロック様式の設計による。ちなみに，ほぼ同時期に王宮もバロック様式の統一感のあるクリスチャンボーに改築され（19, 20世紀にさらに改造），バロック的都市景観が都心部を彩った。

17世紀前半には拡大を図るスウェーデンとの争いが続き，エーレ海峡の向かいはスウェーデン領となる。コペンハーゲンは防衛の強化のため，さらに城塞の改良を図る。クリスチャ

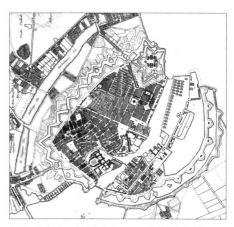

図2　都市図，1806年（デンマーク王立図書館蔵）

ンスハウンは17世紀後期には浅瀬を取り込んで北に拡大し，稜堡式城塞は全市街を大きく円環状に囲うものに発展し，小海峡の入口を防衛する海中要塞が建設される（図2）。クリスチャンスハウンの北の拡張地区にはグリッド・プランの運河都市が計画されたが，19世紀中頃までほとんどが海面で，海軍施設と大きなドックが置かれただけだった（現在は各種の大型文化施設が林立）。

19世紀後半になって，人口増大にあわせ西へと拡大する市街地形成に押され，西側の稜堡式城塞は次第に崩される。他方，東側の稜堡式城塞は，海辺近くの歴史的自然公園として保存され，景観を留める。

現在，コペンハーゲンは200万都市圏を誇る現代都市に発展している。しかし，初期の漁港都市の地区から，中世都市の有機的街路網地区，近世都市の幾何学的なグリッド・プラン地区，そして近世の環状城塞施設の痕跡をよく継承しつつ，近代都市へと改編され，巧みな都市形態システムを備えるに至った。そして今日，近辺の海中には風力発電の風車が林立して，21世紀エコロジー時代の都市景観の先鞭をつけており，長い歴史軸上に持続する都市像のモデルとなっている。　（杉本俊多）

Column 04 ─ 大航海時代のヨーロッパ城塞都市論

理想論から現実主義へ

イタリア・ルネサンスにおける理想都市論は広く知られている。それはイタリア北東部の国境近くにあるパルマノーヴァの，正九角形の外郭を城塞施設で囲い，その中に放射状街路網を敷いた，「集中式」と呼ばれる明快な幾何学的都市計画で代表されてきた。そのような「形」は中世の宗教社会から脱し，人間を中心に世界観を作り直そうとした人文主義を背景に生まれた幾何学的世界像だった。しかし，そのような観念的な理想の世界観は次第に現実主義に揉まれて変容していく。

ルネサンス時代は華やかな人間文化とともに，激しい戦乱の時代でもあった。鉄砲と大砲の時代になって，都市計画は砲弾の弾道算定を含む科学的な防衛計画理論の様相を加え，とりわけ市壁のまわりに壮大な規模の城塞施設を備えさせることとなる。芸術的な幾何学的城塞施設はそのような科学的合理性の反映したものでもあった。芸術と技術はほとんど一体となって，近世城塞都市の都市像を産み落とし，戦乱の続くヨーロッパ各地でさらに個別の技術的な発達を続ける。

ヨーロッパの人々はイタリアで始まり，次々と進化を遂げるルネサンス文化に心を奪われ続けたが，そのようなイタリア半島を中心とする求心的な構造の一方で，レコンキスタによってイスラーム勢力をイベリア半島からアフリカ大陸へと追討した勢いで，15世紀半ばからは大航海時代（大発見時代）が始まる。ポルトガル，スペインが世界の海へと進出し，新しい世界経済構造を築く。フランス，イギリス，そして新独立国オランダが後に続き，ヨーロッパに新しく遠心的な構造が生まれる。そこでは高度な文化よりも強欲な経済に重点があったわけだが，次第に効率的な世界支配構造の確立へと進む。そしてそのための科学的，技術的発展が見られた。端的に，それは世界各地に築かれる植民都市に具現されるが，合理的な都市計画技術は本国での科学技術の発達を背景としており，それはヨーロッパ本土における新都市建設，拡張新市街地や，とりわけ活況を呈する港町の変化に表れた。

近世城塞都市論の形成

イタリア

ルネサンスの理想都市論は，ミラノの建築家アントニオ・フィラレーテや，フィレ

ンツェで活躍した「万能の人」レオン・バッティスタ・アルベルティらによる15世紀中頃の初期ルネサンスに顕著となる人文主義とネオ・プラトニズムの思想に始まる。古代ローマの建築家ウィトルウィウスの著した『建築十書』の再解釈によって新しい建築理論が練られていくが、レオナルド・ダ・ヴィンチがウィトルウィウス的人間像として描いた有名な人体比例図に象徴されるように、そこには人体に神聖な幾何学が内在するという人間中心の価値観への転換があった。そして16世紀にはさらに多くの「建築書（トラッタート）」が書かれ、より精緻な建築理論となっていった。この頃、情報はなお写本によっても伝播したが、15世紀中頃にグーテンベルクが発明した活版印刷術により、印刷された建築書によって素早くヨーロッパ全域に拡散する。

15世紀後期の建築家フランチェスコ・ディ・ジョルジョ・マルティーニは『民生および軍事建築論書』手稿（1480～90年頃）において、ルネサンス独特の神人同形説をもとにした教会堂などの建築案を提示していたことで知られる。彼は多様な建築種別のアイデア図面に加えて、城塞案、城塞都市案、機械的な武器なども図示して解説していた（図1）。そして実際にウルビノやナポリで城塞建築の指導を行った実践的な技術者でもあった。

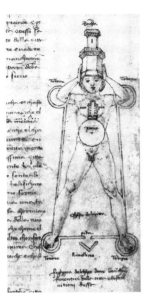

図1　フランチェスコ・ディ・ジョルジョ・マルティーニによる城塞都市イメージ（フィレンツェ中央国立図書館蔵, Maltese 1967）

多才な芸術家、発明家だったダ・ヴィンチのスケッチには、各種の新兵器のアイデアのほか、幾何学的な城塞計画案や正多角形の理想都市計画案らしきものも見出せる。当時、優れたデッサン力によるアイデア表現、いわゆる「ディセーニョ」の能力が、芸術と技術を一体化させていた。ミケランジェロもフィレンツェの市門の設計を委託され、銃器の弾道をリアルにチェックしつつ芸術的な形態を探ったスケッチを残している。

ミケランジェロと同年の生まれの建築家セバスティアーノ・セルリオは、建築物の実作はほとんど知られていないが、複数巻にわたる著作『建築書』がヨーロッパ中に多大な影響をもたらしたことで知られ、その一部に軍事建築も含んでいた。古典主義建築を大成させたアンドレア・パッラーディオも、ダニエレ・バルバロによるウィトルウィウスの翻訳書に軍隊の陣形を描いた銅版画を提供していた。

やがて建築におけるこの民生（英語のcivil）と軍事（同military）の二項対立は、軍事

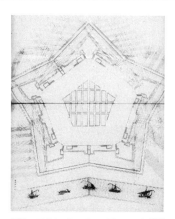
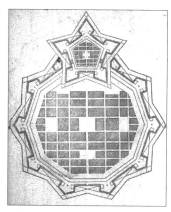

図2　フランチェスコ・デ・マルキ『軍事建築論』の正五角形の城塞案，1599年（De Marchi 1599）

図3　ピエトロ・カタネオ『建築四書』の城塞都市案，1567年（Cataneo 1567）

技術の進化とともに，独立した軍事建築理論の形成へと進む。16世紀中頃には，ジョヴァンニ・バッティスタ・ベルッチ，フランチェスコ・デ・マルキといった軍事建築の理論家が登場する。ベルッチはフィレンツェなどの城塞施設を手がけたことで知られ，著作『要塞建築の新創造』（出版は遅れて1598年）は各種正多角形の城塞都市を描き，幾何学的な設計技術が高度化してきていたことを証している。デ・マルキの著書『軍事建築論』（出版は遅れて1599年）は，様々な都市形態の各稜堡が大砲の弾道にどのように対応するかを詳細に検討した跡を示している（図2）。彼はボローニャ生まれでローマ教皇のもとで働いたほか，ネーデルラントにおいても仕事しており，技術伝播の跡が確認できる。100を超える都市形態案の中には奇妙に歪む街路網も見られ，マニエリスティックな幾何学遊びのような域にまで達していた。

同じ頃，ピエトロ・カタネオの『建築四書』（1554年）などは集中式を含む各種の建築モデルのほか，市街地における市民生活も考慮しつつ稜堡式城塞都市の計画案を提示し，影響を残すことになった（図3）。

イタリア国内においては理想都市計画案の影響はピエンツァ，サビオネータ，フィレンツェなどに部分的に見ることができるが，意外にも完全なものは少ない。新都市建設の機会がなければ完全形が現れる理由がなく，かろうじて部分的な都市改造や既存都市の城塞化の際にその幾何学デザインが垣間見られた。フィレンツェの海洋交易拠点の港町リヴォルノは，新都市に匹敵する大規模な都市拡張がなされたため，貴重な例である。1571年以降，メディチ家のもとで活躍したフィレンツェの建築家ベルナルド・ブオンタレンティらが設計したプランは，既存の中世港町を取り込みつつ，海

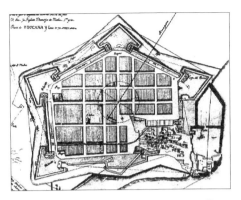 

図4 ベルナルド・ブオンタレンティによるリヴォルノ都市計画案, 1575年 (Matteoni 1988)

図5 アルブレヒト・デューラー『築城論』の理想都市案, 1527年 (Dürer 1527)

辺を大規模な五角形の稜堡式城塞で囲い, 市街地は対称形を守りつつ不均等な矩形グリッド・プランとするものだった (図4)。これは後に, 市街地の中央にバロック的な十字軸と中心広場を加え, 海辺に砦を加えて複雑化された。理想主義的な明快さよりも防御機能の複雑さが優先されてゆく過程をそこに見出せる。

そのような経過を辿った後, 16世紀末にパルマノーヴァが登場するが, それは国境を守る軍事都市して計画されたものであり, その幾何学はもはや神聖な人体比例理論とはほど遠く, その放射状プランは緊急時の素早い通行を目的とするものだった。

ヨーロッパ各国への波及

イタリアの理想都市論はルネサンス文化の全般がヨーロッパ各国に波及するとともに, 各地に受け入れられる。しかしネオ・プラトニズムの理想は憧れを持って受け入れられたが, 理想主義は次第に薄められ, 各地域の中世以来の伝統や地域性と混じり合い, 様々な変化が加えられることとなる。

この頃, 中央ヨーロッパには諸邦が連合する神聖ローマ帝国があり, ハプスブルク家のオーストリアが指導的な立場にあったが, 「帝国自由都市」と呼ばれる多数の自治都市が散らばり, それぞれに独自の都市文化を形作っていた。そして16世紀初期, ドイツ南部のニュルンベルクに, ドイツ・ルネサンスを代表する画家として知られるアルブレヒト・デューラーが登場し, その多才さを発揮して『築城論』(1527年) を著す。それはイタリアからの影響下に, 城塞技術のほか理想都市案も加えられていたが, 地域の現実を反映する独自性も見られた。

その理想都市案は正方形の入れ子状のプランであり、領主の館を中心に、市街地が取り巻き、さらに外郭に複数の堀を挟み込む幅広い城塞を巡らせてあった。市街地には宅地割りの指定までを含んで職種別街区が幾何学的に整えられ、適所に教会堂や公共施設群が配された。そして中心部には市場広場が置かれるものの、大手筋を軸とする、日本の城下町にも似た都市となっていた（図5）。その理想主義的な装いの正方形プランの芸術には、リアルな管理都市の色合いも含まれていた。16世紀末になって、その理想都市案はハインリヒ・シックハルトによるフロイデンシュタットの正方形の都市計画に影響を残すこととなる。

　16世紀後期にシュトラスブルク（現在はフランスのストラスブール）に登場し、同市の城塞計画に関与した城塞建築家ダニエル・シュペックリン（シュペクル）は、イタリアの理論を吸収し、またウィーンからアントウェルペンまで幅広く股にかけ、豊富な知見を持った本格的な城塞理論家となった。彼の著書『城塞建築論』（1589年）には理想都市案も掲載されていたが、透視図理論に則った防御システムの絵画的表現はこの時代のリアルな現実をよく伝えている（図6）。イタリアと北方ルネサンスの開花したネーデルラントの中間に位置する帝国自由都市シュトラスブルクにあって、シュペックリンは城塞都市の知識と技術の媒介者となった。

　16世紀前期にはルター、ツヴィングリ、カルヴァンといった宗教改革者が登場し、宗教対立から、新教派が優勢を占めることとなる神聖ローマ帝国をはじめ、ヨーロッパ各地で大小の戦争が繰り広げられる。加えてイスラーム教徒のオスマン帝国が勢力を伸ばし、ウィーン近くまで迫った。こうした戦争を通して鉄砲・大砲といった兵器、組織的戦術が発達し、防衛技術としての城塞理論の需要が高まる。この時代は都市の城塞化と攻囲戦のせめぎあいとなり、理想都市論から派生した稜堡式城塞の技術が異様なまでに発達し、精緻化していく。

　宗教対立から始まった三十年戦争（1618～48年）は、大国間の抗争に発展し、デンマーク、スウェーデン、フランスを巻き込み、またフランスのブルボン家とオーストリアのハプスブルク家との覇権争いという様相も加わり、神聖ロー

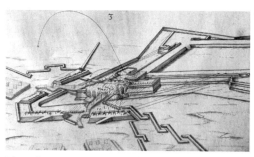

図6　ダニエル・シュペックリン『城塞建築論』の稜堡式城塞の透視図、1589年（Specklin 1589）

マ帝国内は戦乱に明け暮れることとなる。この時に中規模以上の都市はいずれも壮大な稜堡式城塞を築いて防衛にあたり，都市の外観が一変することとなる。

中世に発達した都市は，ある程度の計画性をもとに有機的な空間システムを備え，曲がりくねった街路網とアメーバ型の輪郭を特徴としていたが，そこでは中世の市壁から近世の大規模な城塞へと転換されていく。その際には合理性の観点から市壁が円環状とされるため，市街地は荒れ地を取り込んで拡大したり，場合によっては不規則に長く延びた先端部を切り捨てたりして，市壁内外が再編される。そこで理想都市論で発達した幾何学デザイン手法が，稜堡式城塞や新市街地の街区構成に応用され，近世城塞都市の景観が形作られることとなる。そして，環状の城塞の外を幅広い斜堤で囲む稜堡式城塞都市は，田園地帯に孤立する戦争機械のような姿を見せる。

ウィーン，ベルリン，ドレスデン，ミュンヘン，フランクフルト，ハンブルク，コペンハーゲン，アントウェルペン，チューリヒ，プラハといった主要な都市群はいずれも大規模な稜堡式城塞都市となるが，より小規模な多くの都市も似たような都市形態に変わった。そういった城塞都市の光景は，メーリアン家の編纂した大部の『ドイツ地誌（トポグラフィア・ゲルマニアエ）』（1642～88年）に詳細な銅版画で収録されていて，中世都市と新市街を包括した稜堡式城塞の実態を知ることができる（図7）。

オランダ独立戦争，ネーデルラント継承戦争と続く戦乱は，17世紀後期のフランス東部国境線に一連の城塞群の列を築かせる。フランス軍人で城塞技術者のセバスティアン・ル・プレストル・ド・ヴォーバンは，そこで国境線の線的な防衛という戦略改革とともに，城塞システムの理論化に取り組んだ。稜堡式城塞は独立した半月堡を加えて複雑化し，さらに二重化されて大規模化し，ヴォーバン第一式から第三式と呼ば

図7　メーリアン『ドイツ地誌』のフランクフルト・アム・マインの都市図（Merian 1655）

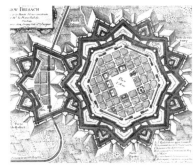

図8　ヴォーバン設計案に基づくヌフ・ブリザックの都市図，1697年頃（スウェーデン戦争資料館蔵）

れる方式まで発達した。その多くは単独の要塞や，リールなど，既存都市の外郭の城塞化だったが，ライン川上流左岸に築かれた新都市ヌフ・ブリザック（1698年以降）は理想都市論の名残を見せた（図8）。それは正八角形の稜堡式城塞の外に二重の堀を巡らし，稜堡と半月堡を重ねて十六角形の星形をなした。城塞の内側の正方形グリッドで構成される市民街区には，要所に軍施設が配され，片隅に教会堂の建つ正方形の中央広場も「軍広場」と名づけられていた。

大航海時代の港町

ポルトガルとスペイン

　中央ヨーロッパで城塞化運動ともいうべき近世城塞都市の発達と都市類型の確立が進む一方で，イベリア半島では大航海時代が始まり，視野が世界へと広がっていた。都市理論は植民地における植民都市や要塞の建設のために発達するが，本土ではバルセロナなど一部の都市を除いて，中央ヨーロッパの例に比肩できるような都市全体の城塞化は目立たない。しかし，海外進出の拠点となって発展したイベリア半島の海岸線の主要な港町には独特の傾向が見られた。

　イベリア半島北部のビスケー湾を北に見る海岸線にサン・セバスティアン，ヒホン，ア・コルーニャといった港町が点在するが，それらは海に張り出した半島の付け根に良港があり，中世から都市が形成されてきた。サン・セバスティアン（バスク語ではドノスティア）では半島の先端が砦の建つ小山となっており，自然地形を生かした都市防衛の構えを見せる。小山に隠される都市部は不整形な矩形グリッド・プランであり，フランスのバスティードにも共通する中世型の都市形態である。16世紀には都市を囲んで城塞化が始まるが，地上戦が想定される陸地側との接点のみが近世の幾何学で城塞化され，海岸線では中世型の城塞形式が継承される（図9）。一方，大航海時代に入ったポルトガルが最初に築いた植民都市である，ジブラルタル海峡を挟んだアフリカ側のセウタも，都市構造がこれとよく似て，小山の半島の付け根に都市が築かれており，ひとつの類型となっていたようである。

　スペイン南西部の大西洋に面する港町カディスは，紀元前10世紀頃のフェニキア人の港町にまで遡り，古代ローマ時代の都市化を経，市壁で囲まれた小さな中世都市に変貌するが，大航海時代にはさらに発展する。カディスからグアダルキビル川を遡ったところにあるセヴィーリャ（セビリア）は，16世紀には王室のもとにスペイン領アメリカに対する独占的な交易拠点の通商院が置かれて栄えたものの，河川の土砂堆積などで弱体化した後，カディスに取って代わられた。

図9　サン・セバスティアンの都市図, 1719年(サン・テルモ博物館蔵)

図10　カディスの都市図, 18世紀後期(スペイン国立図書館蔵)

　カディスの市街は海に張り出した長い岬の先端にあり，やはり岬の付け根の一部だけが近世型の幾何学的城塞となるが，その設計には著書『城塞の理論と実践』(1598年)で知られる建築家・軍事技術者のクリストバル・デ・ロハスが関与していた。近世にはコンパクトな旧市街から伸びる直線的な船着き場と一対の軸線道路が造られ，ここから市街化が進行し，やがて背後に面的に広がっていった。周囲の海岸線は複雑であり，海戦を想定して数ヶ所に要塞が置かれた。市街は松葉を散らしたかのように直線街路が交錯する特異な街路構造となるが，これはルネサンス的幾何学をベースにした一種の変異形である (図10)。

　大航海時代に栄えた港町であるポルトガルの首都リスボンは，イスラーム時代の迷路都市の街路網を色濃く残しているが，勾配の急な斜面地であり，複雑な街並みを形成した。テージョ川が河口で天然の内港を形成していて，水辺の幅広い空地が自然の船着き場となっていた。沖には大型船が停泊し，川岸には荷揚げ用の船着き場，造船所，商品倉庫群，インド商務館などが並んで，海港経済都市の景観を形成した。水際にはルネサンス様式のリベイラ宮殿が建ち，近世都市らしい一角をなしたが，天然の要害である山手側は中世型の市壁で事足り，近世型の都市城塞化は起こらなかった。繁栄を背景に15～16世紀に市街地は西部のバイロ・アルト地区へと拡大したが，複雑で急峻な斜面地形に強引にグリッド・プランの都市計画がなされたものの，近世的な幾何学は導入されずに終わる。結局，海外植民地からもたらされた膨大な富は，西部郊外のジェロニモス修道院などの，ゴシックとルネサンスを混交した独特のマヌエル様式による建築物を残したものの，都市形態を大きく変えることはなかった。

　地形条件に相違はあるものの，大航海時代の両雄となった海港都市リスボンとセヴィーリャは類似した都市構造となっていた。いずれもイスラーム的迷路都市を基盤

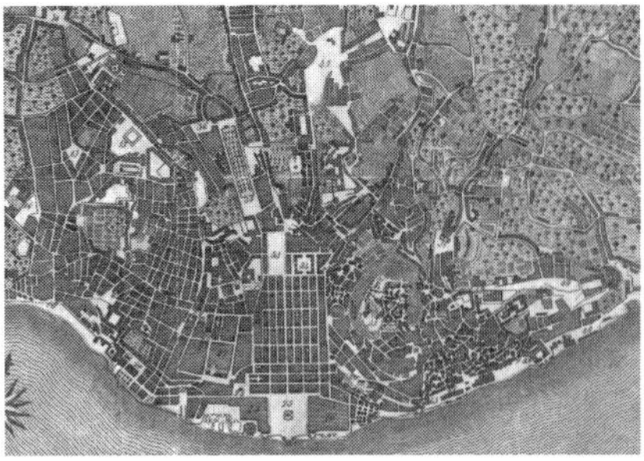

図11 震災復興後のリスボンの都市図，1812年
（ポルトガル国立図書館蔵）

にして，都市空間の一部を近世風に改編しつつ，水辺に広がる船着き場周辺に海港施設を備えたが，市壁は中世型の古いままだった。

大航海時代の経済が衰退した後，1755年の大地震はリスボンを破壊し，大津波は低地のバイシャ地区を壊滅させた。その後，バイシャ地区はポンバル侯爵セバスティアン・ジョゼ・デ・カルヴァーリョのもとで水辺のコメルシオ広場周辺とともに大改造される。その際には迷路的な街区が整然としたグリッド・プランへと一変し，そこにはもはや近代に差し掛かった新古典主義の息吹が漂い始めていた。こうしてリスボンには中世，近世，プレ近代の三種の街区類型の地区が並ぶ混成的な都市景観が形作られた（図11）。

結局，ポルトガル，スペインの都市では，一部，ロハスらによる近世型城塞施設や，またマドリードのマジョール広場に代表されるような矩形のアーケード広場による近世的な都市改造も見られるが，全般には，後で述べる中欧，北欧のような都市景観の大きな変化は起こらなかった。一方で富は建築物などに費やされ，マヌエル様式，チュリゲラ様式といった独特の装飾建築を誕生させた。対抗宗教改革を担うイエズス会はバスク地方出身のロヨラやザビエルの活動によって世界伝道を成功させるが，その伝統的な形式を保持しつつ精神の内的な刷新を図る行動様式は，都市景観にも通じるものがある。

ネーデルラント

ポルトガル，スペインは大航海時代の恩恵を大きく受けたものの，植民地経営を持続させることができず，これにネーデルラント（現ベルギー，オランダ）が新しい経済システムを導入して取って代わる。一方でイタリア・ルネサンスはヨーロッパ大陸を横断するように北に飛び火し，ネーデルラント・ルネサンスをもたらす。それらはとりわけ伝統にこだわらず，合理主義精神を培った新教徒によって大きく展開することになる。

13〜15世紀にはブルッヘ（ブルージュ）が北海から引き込まれた細い運河の水運によって中心都市として栄え，聳え立つ鐘楼（カリヨン）で象徴される中世都市景観を形作る。ブルッヘが運河の土砂堆積によって衰退すると，スヘルデ川から北海へと続く良好な

舟運環境によって時運に乗ったアントウェルペン（アントワープ）が取って代わる。ブルッヘは城塞理論が発達する前に衰退し始めたため，中世風の曲がりくねった街路網の市街地を中世の市壁で楕円形に囲うにとどまっていたが，アントウェルペンでは稜堡式城塞で囲み，加えて南端部に正五角形の見事な幾何学形要塞（シタデル）を建設した（図12）。幅広

図12　アントウェルペンの都市図，1700年頃（オランダ王立図書館蔵）

のスヘルデ川は外国船が行き交い，アントウェルペンは国際交易都市として栄える。ブルッヘのブルセ家に始まる証券取引所（ブルス）は，ここで市街地中心部の交差点を囲ってロの字形をなす野天の取引所建築類型を誕生させる。

アントウェルペンでは16世紀中頃に，不動産投機家ヒルベルト・ヴァン・スホーンベケが北部の市街地拡大を図り，スヘルデ川から3本の直線的な運河を引き込むグリッド・プランの新市街地ニーウ・スタッド（新都市の意）を建設する（図12の右端部）。君主の勅命で築かれる新市街地とは違い，いかにも資本主義の発祥したネーデルラントらしい都市計画事業であるが，一部にハンザ館やビール会社群が建設されて活気づくものの，市街化には至らず，やがて大きなドックに改変されて姿を消す。しかし，その運河と河岸（かし）を備えるグリッド・プランの都市計画技法は，その後，オランダの近世都市群において大きく発展することとなる。

アントウェルペンが旧教勢力に支配されると，新教徒たちは北へと逃れ，アムステルダムなどの都市経済を活気づけ，やがてオランダ独立へと至る。北海からバルト海へ足を伸ばすニシン漁で力を蓄えてきたアムステルダムは，アムステル川沿いの細長い中世都市だったが，アントウェルペンに始まる運河を備えたグリッド・プランの都市計画技法を用いて，16世紀末から海沿いに東部地区，西部地区，そして内陸側の南部地区へと段階的に拡大していった。海沿いの新市街地には造船所が並び，また河岸は大量の木材置き場となった。そして東インド会社が立地すると，多くの船舶が係留される一大産業団地の体をなした。一方，内陸側の市街地の運河沿いはオランダ独特のキャナルハウスと呼ばれる破風飾り付きの都市建築群で埋められた。海辺は比較的開放的だが，内陸側は大きく半円をなす稜堡式城塞で囲まれ，防御された（図13）。ここに大航海時代の海運経済を背景に，新しい城塞都市類型が形作られた。

16世紀末期から17世紀初期に活躍したブルッヘの多才な科学者シモン・ステヴィ

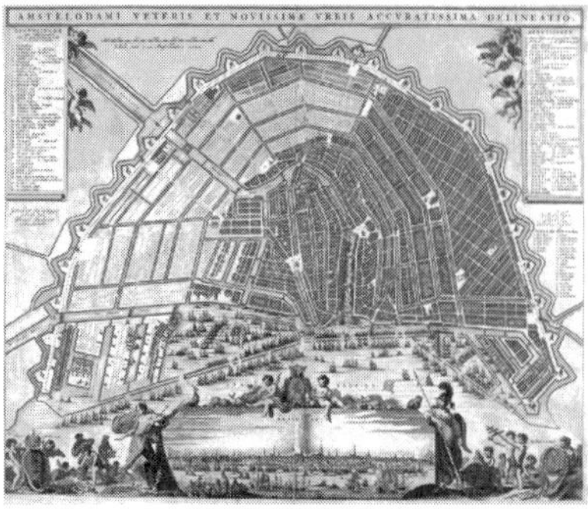

図13　アムステルダムの都市図，1675年（オランダ王立芸術科学アカデミー蔵）

ンの存在は，ネーデルラントが世界の科学先進地だったことを象徴しているが，彼が考案したとされる理想都市計画案は，まさにグリッド・プランの運河都市を提示し，海外植民地にもヨーロッパ各地にも広く影響を及ぼすこととなる。そのグリッド・プランの都市計画理論は，同一原理で市街地の延長を可能とするものであり，いわば同時代のデカルトに由来する，無限延長を前提とする普遍的な空間座標系に通じ，近代的合理主義の先駆けとなるものでもあった。イタリア理想都市論の集中式の都市像は，ここで中心のない均質空間の都市像へと転換されたことになる。

　17世紀はオランダの「黄金時代」といわれ，ポルトガル，スペインに代わって世界の覇権を握り，経済的な繁栄を背景に，科学，文化の先進地となる。カルヴァン派新教徒の経済合理主義は特徴的な建築形態をなす証券取引所を拠点として資本主義の経済システムを確立した。

　　北　欧

　オランダの都市計画技術は，海辺の湿地の干拓技術，運河の水利技術，軍事理論を含む稜堡式城塞の設計技術に裏打ちされ，かつ大航海時代の海運技術を伴っていて，東方のバルト海沿岸に大きな影響を与える。勢力拡大を図ってバルト帝国へと登り詰め始めたスウェーデンが西の北海へ出ていく拠点として17世紀初期に築いた新都市イェーテボリは，大型船を引き込める1本の入り堀を軸にグリッド・プランで計画され，地形を活用して要塞化した都市だった。一方，北海とバルト海をつなぐ海運の要衝エーレ海峡に位置し，中世の港町から成長し，やがて王都となったデンマークのコペンハーゲンは，同じ17世紀前半に北へと市街地を拡張し，稜堡式城塞で都市を囲い，小海峡の対岸には運河を軸にしたグリッド・プランの新市街地クリスチャンスハウンを創設した（図14）。エーレ海峡の両側に対峙して大航海時代の海運の航路支配を争う両都市が，いずれもオランダの都市計画技術を用いていたことは，皮肉である。

　中世の北海からバルト海沿岸にかけてはハンザ同盟が強固な経済ネットワークを形成していたが，大航海時代に入ってからはオランダなどの隆盛の前に影を薄くする。ハンザ同盟の中心都市リューベックは中世都市のまま衰退するが，ブレーメンやハン

図14 コペンハーゲンの都市図，1659年（デンマーク王立図書館蔵）
図15 トルスコットによるサンクトペテルブルクの都市図，中心部，1753年（国立サンクトペテルブルク歴史博物館 2002）

ブルクではオランダ人の都市計画技術者が招かれて新市街地開発に携わる。内陸のベルリンやマンハイムでも川辺の湿地帯の新市街地開発，稜堡式城塞の建設にオランダ系の建築家たちが活躍した。

　そして，ヨーロッパの東端ロシア・ツァーリ国を率いた，後のロシア皇帝ピョートル1世（大帝）は，やはり大航海時代に参画すべく，1703年，バルト海沿岸のネヴァ川河口に新都市サンクトペテルブルクを建設し始め，首都を内陸奥深くのモスクワから移す。この有能な専制君主は，スイス人，フランス人，ドイツ人らの外国人建築家，都市計画家を次々に招聘するが，ネヴァ川河口デルタ地帯での都市建設にオランダ人の影は隠せない。

　川中の小島には強固な稜堡式要塞のペトロ・パブロフスク要塞が築かれる。市街はこれを中心に周囲の島や湿地帯に展開するが，下流のヴァシリエフスキー島には大通りを軸にして矩形グリッド・プランの市街地が計画される。それはシモン・ステヴィンの理想都市モデルに倣ったかのような運河都市として計画された。しかし，都市を守る環状城塞はなく，市街地の外周には農奴体制を表すような農地付き小住宅団地群が計画され，グリッド・プランの街区ユニットが無造作に散らばる（図15）。17世紀中頃から大規模な新市街地拡張が起こるストックホルムでも，市壁で囲われず，延長可能なグリッド・プランの街区が展開するが，ここでも同様に開放的な市街という都市像が形作られた。

　ほぼヨーロッパ全域において，中世以来，市壁でコンパクトに閉じられ，市場広場，市庁舎，教会堂を中心にした都市形態が見られた。とくに多くの自由都市では市参事会を中心として民主主義的な共同体を形作り，それが都市形態に具現されたが，ヨー

ロッパの片隅とはいえ,その近世都市の一例となるサンクトペテルブルクの都市構造は異例であり,むしろ日本の近世城下町に似ている。才気煥発で改革精神と行動力あふれる人間ピョートル大帝の専制政治のもとに,イタリアの理想都市の理念と技法はオランダを経由し,改編され,遂には一部,アジア型階級社会に共通する都市構造へと転換されたのだった。

その他のヨーロッパ近世海港都市

15～16世紀はポルトガル,スペイン,17世紀にはオランダ,17世紀後期以降はイギリスが大航海時代を牛耳った。冒険的な経済の時代から,東インド会社による合理主義的な経済システムの時代へ,そして移民・植民による帝国主義の時代へという構造的変化がそこにあった。

イギリスの都市計画思想は独特の保守性を示した。それは1666年のロンドン大火後の復興事業の際に,建築家クリストファー・レンによる幾何学広場と直線街路網を組み合わせたイタリア由来のバロック的都市計画案によって大きく変化する可能性があったが,結局はほぼ中世都市構造のままに復興して終わる。しかし,アイルランドへの移民に続いてアメリカ大陸への移民の流れが生まれた時,新しい都市理念が生成される。17世紀初頭に北アイルランドに築かれた港町ロンドンデリーは,独特の近世都市モデルを提示する。イギリス中世都市はブリストルやオックスフォードなどに見られるように,十字交差する街路の交差点にハイクロスの目印を置き,線的に延びる都市構造を特徴とするが,ここではグリッド・プランと組み合わされ,交差点は矩形広場となって市庁舎が建ち,市域は中世風の市壁で縁取られた(図16)。

十字軸の交差点を焦点とし,グリッド・プランの街区構造を展開させるという方法は,アメリカ新大陸でのウィリアム・ペンのフィラデルフィア新都市計画(1682年)に継承された。そこには矩形のサブ広場を適所に配置させてある。そのサブ広場群のパターンはイタリア理想都市案にも見られたものであるが,ここではそれは緑地公園となる。17世紀後期以降,ロンドン西部ウェストエンドに新市街地が拡張される際に,居住地公園のようなスクェアを囲む街区ユニットという形式が形作

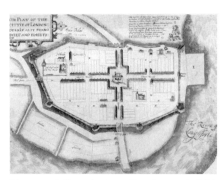

図16 レイヴンによるロンドンデリーの都市図,1622年 (Royal Irish Academy 2005)

られるが，これらにイギリス独特の都市開発手法を見出すことができる。

　フィラデルフィアにはもはや市壁がなかった。アメリカ合衆国が独立を果たした後，ワシントン市をはじめとして市壁のない広大なグリッド・プランが都市計画に採用されることになるが，その出発点はここにあった。前述のように，すでに北欧では17世紀中頃にストックホルムで，次いでサンクトペテルブルクで，市壁を設けずにグリッド・プランを展開する都市計画技法が登場しており，そのニュートラルな都市空間の思想はこうしてアメリカ合衆国で一元的なグリッド・プラン都市の形式に統合され，プラグマティックな近代都市の時代へと進む。

　ここまで見てきたように，ヨーロッパ各国は大航海時代という共通したテーマのもとに経済発展を目指したものの，意外にも各国の海運の拠点となった海港都市の形態は多様である。フランスもまた独自の近世海港都市の姿を見せた。古代ローマ時代から内港型の良港を備えた地中海の港町マルセイユは，中世には急峻な斜面をのぼる迷路のような市街を形成したが，その後，入江の奥へと近世型の軸線街路網が広げられ，また内港の対岸には海軍ドック，海からの進入口にはヴォーバン流の多重化した稜堡式要塞が建設される。しかし市壁は中世型以上には発達しない。

　フランス西岸の港町ラ・ロシェルは，新教徒（ユグノー）の拠点となり，大航海時代の海運で栄えるが，カトリックのフランス国家と対立して16世紀後期から17世紀前期にかけて何度も攻囲（シージ）戦を経験し，近世型の城塞都市に変貌する。マルセイユと同じく内港型であり，海からの進入口には一対の威嚇的な石造塔が立ち，市街地は内港の奥の方に発達した。そして繁栄する1600年前後には東側に大規模なグリッド・プランの新市街地が計画され，内港地区を含めて市街地全体が強固な稜堡式城塞で囲まれることとなる（図17）。

　1627年にはフランス国王ルイ13世の宰相リシュリュー枢機卿が1年2ヶ月にわたる攻囲戦を仕掛け，オランダ，スペイン，イギリスを巻き込む大きな戦となる。結局，兵糧攻めに遭って降伏した新教徒は，国外に散っていった。ドイツでは，ベルリンやマンハイムなど多くの都市が技能に長けた彼らを受け入れ，皮肉にもグリッド・プランの新市街地形成や経済発展に結びつけた。

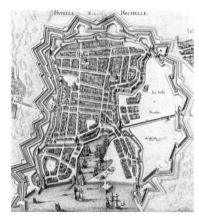

図17　ラ・ロシェルの都市図，1620年
（Delafosse 1991）

大航海時代にはこのようにヨーロッパ各地の港町において，地域の事情や環境に応じて様々に都市計画の技術を発達させていた。都市城塞の有無，船着き場の形式，新市街地の形態など，多様であって一括して述べられないものだったが，そこに近世型の幾何学的なデザインと機能的な空間管理という価値観が登場して，都市を舞台にした空間革命が起こっていたのだった。

世界普遍の都市構造

　ヨーロッパにおける近世という時代はキリスト教による宗教社会から理知を重視する人文主義を基盤とした人間中心社会への転換だったとされる。イタリア・ルネサンスにおける神性を宿す天才人間の思想は理知的な芸術家の活躍を後押しし，建築・都市デザインは芸術的建築家の手に委ねられた。頂点をきわめた理想主義の下降，つまりマニエリスム化とともに，それは軍事面での要請に従って，科学知識を優先する機能主義へとシフトした。他方，多能な人間としての君主像の幻想はメディチ家の人々から太陽王ルイ14世やピョートル大帝といった絶対主義王制の統治者へと進み，居城都市の姿を変遷させた。初期ルネサンスの幾何学的都市空間の理想は，ヴォーバンの城塞都市へ，そしてオランダの運河都市論を経て，遂にはサンクトペテルブルクの城下町的な新都市にまで至った。

　大航海時代（大発見時代）とはヨーロッパ人の目で見た近世の世界であったが，いいかえれば海運ネットワークによる第一次グローバリゼーションの時代だった。日本からの視点に立てば，日本人は戦国時代に世界を知るようになり，鉄砲を手に入れて戦術革命が起こり，やがて安土桃山時代，つまり新都市パルマノーヴァやアムステルダム新市街地開発が起こるのとほぼ同じ16世紀末以降のわずかの期間に，多数の海港型の近世城下町を築くことになる。実は織田信長の安土は北スペインのサン・セバスティアンなどの小高い城山の麓に港を持つ都市と構図が似ており，また豊臣秀吉の大坂，毛利輝元の広島，徳川家康の江戸はオランダ型運河都市やサンクトペテルブルクなどとの類似性が見られる。そこに近世城塞都市についてグローバルな視点からの統合理論が必要とも思われる。

　ヨーロッパにおいては中世の宗教をもとにした都市像，近世の人文主義的な都市像，近代の科学的合理性の都市像という基本的な都市像のパラダイム変化が比較的分かりやすく理解される。その普遍的な都市像の進化のようなものを物差しにして，世界普遍の近世城塞都市の理論的整理が進む可能性があるものと思われる。　　　　（杉本俊多）

Lecture 04 ── 火器と築城術

　西洋の築城術は，古代ローマ帝国の築城術を基礎として発達してきた。12世紀から13世紀にかけて，十字軍経由で東方イスラーム世界の築城術が導入され，またビザンティン帝国の築城術の影響も受けて，その築城術は15世紀には成熟の域に達する。一方，並行して中世末期にヨーロッパにもたらされた火薬と火器は，騎（馬戦）士による戦争の時代を終わらせ，要塞や城塞の形態を大きく変えていくことになる。

　フランシス・ベーコン（1561～1626年）は，火薬は，羅針盤と印刷機とともに世界を変化させたというが（『ノヴム・オルガヌム──新機関』1620年），この変化は，「火薬革命」とも呼びうる大転換であり，中世の終焉と近代の開始を区切るものとなる。

重騎兵・クロスボウ兵・パイク兵

　戦争の帰趨を左右するのは，武器と武具（攻撃力・防御力），馬と戦車（機動力），武術と戦術（戦闘力・作戦力）であり，その質と量である。青銅の武器・武具から鉄製の武器・武具へ，より能力の高い馬の使用へ，戦車から騎馬戦へ，戦争技術は進歩してきた。

　ヨーロッパ中世において，火器の出現以前に一般的に用いられていた兵器は槍であり，長弓（ロングボウ）であり，投石機（トレビュシエット）である。そして，戦術の基本は，騎兵と歩兵が協調して戦う騎馬戦であった。中世を通じて騎兵の戦術，装備，訓練は進歩していく。8世紀初めに鐙，9世紀に蹄鉄，11世紀に拍車が使われるようになる。そして，背板と前橋を高くした鞍が11世紀後半に考案され，騎座が固定され，槍，剣，そして弓が馬上で使えるようになる。また，鎧の防護力が高められ，甲冑で重武装した重騎兵が現れる。さらに，弩（クロスボウ）が使われるようになる。

　弩は，中国では紀元前6世紀頃から用いられていたことが『孫子』に見え，戦国時代末期以降は，巻き上げハンドルや梃子の原理を用いて弦を引く方法が使われた。他に足を使って背筋力で引っ張る方法，腰を使って引っ張り上げる方法などが試みられた。ヨーロッパで武器として用いられるのは11世紀以降である。中国でいち早く弩が用いられるようになったのは，古来，騎馬遊牧民の来襲に悩まされてきたからである。城壁，要塞に籠って弩を使うことで騎馬兵の襲撃を押し止めたのである。

　一方，野戦においては，重騎兵の突撃に対してパイク（長槍）戦術が生み出された。ヘレニズム時代のファランクス（槍盾で重武装した歩兵の密集方陣）のように，パイク兵を正方形あるいは円形に密集させる隊形をとる戦術である。1302年のコルトレイク

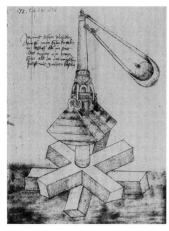

図1　投石機（バイエルン州立図書館蔵，ホール1999）

（クルトレー）の戦い[1]でフランドル軍が用いたのが早い例である。北海沿岸低地帯とスイスでパイク戦術がさかんに用いられたとされる。

　クロスボウの出現によって，またパイク兵の隊列戦術によって，11世紀以降，重騎兵による騎士戦術の優位性は次第に失われていく。しかし，クロスボウ兵とパイク兵は，基本的に防御主体で，しかも側面攻撃に弱く，追撃能力がなかったから，別に騎兵が必要であった。戦場における戦術はきわめて複雑となっていく。

　こうして，騎兵と弓兵あるいは槍兵による戦術が徐々に発展していく中で火器が用いられるようになるが，それがすぐさま，要塞，城砦のあり方を変化させたわけではない。その変化の先駆けとなったのは12世紀に現れた機械式投石機であり，13世紀以降，機械式投石機の威力に対応する新たな築城術が工夫されていく。投石機は，14世紀を通じて使われ続け，15世紀に入っても使われている（図1）。

大　砲

　ヨーロッパで火薬兵器が作られるのは1320年代のことである。火薬そのものの発明は，はるかそれ以前に遡り，中国で発明され[2]，イスラーム世界を通じてヨーロッパにもたらされたと考えられている。火器が発明される以前に，火薬の知識を最初に書物にしたのはロジャー・ベーコンである[3]。火薬は硝石，硫黄，木炭を混ぜて作られる。それぞれ粉に砕いて混ぜ合わせて燃やすと2000〜3000度の熱と1gあたり280〜360m^{3}のガスを生み出す。単純にいえば，端の開いた頑丈な容器に火薬を詰めて火をつけるというのが大砲の原理である。調合の比率，大砲の形状と素材，移動装置と発射の角度調整など様々な実験，試行が積み重ねられていくのである。

　戦争で最初に大砲が使われたのは，1331年のイタリア北東部のチヴィダーレ攻城戦である（図2）。1326年に大砲を描いた図像があり，それ以前に開発が行われていたこ

1　フランドルをフランスが併合したことに対してブルージュ（ブルッヘ）市民が蜂起し，コルトレイク近くで起こった「金拍車の戦い」と呼ばれる戦いで，フランドル側が勝利を収めた。
2　文献上の記録として，火薬の処方が書かれるのは宋代11世紀であるが，科学史家ジョゼフ・ニーダムらは漢代以前から用いられていたと考えている。
3　ロジャー・ベーコン『芸術と自然の秘密の業についての手紙』1267年（De Vries 1992）。

図2　ヨーロッパ中世の戦争（ホール1999をもとに大坊岳央作製）

とも分かっている．さらに，エドワード3世のクレシー（カレー）出兵（1346年），ポルトガルのジョアン1世によるアルジュバロタの戦い（1385年）などで火器が用いられたことが知られるが，戦争遂行に火器が中心的な役割を果たすのは15世紀から16世紀にかけてのことである．決定的なのは，15世紀中頃からの攻城砲の出現である（図3）．

ヨーロッパで火器が重要な役割を果たした最初の戦争は，ボヘミア全体を巻き込んだ内乱で，戦車，装甲車が考案され機動戦が展開されたフス戦争[4]（1419～34年）とさ

---

[4] ボヘミア出身のヤン・フス（1369～1415年）が組織した，プロテスタントの先駆となるキリスト教改革派の信徒集団とそれを異端とする神聖ローマ帝国との間の戦争．フス派は連戦連勝するが，戦後分裂し，その略奪行為に手を焼いたポーランド王国によって1439年に壊滅させられる．

図3　ボンバード砲, 1411年鋳造
(Essenvein 1877, マクニール 2002)

れる。続いて，百年戦争[5]（1337～1453年）の最終段階で，大砲と砲兵隊が鍵を握った。そして，レコンキスタを完了させたグラナダ王国攻略戦（1492年）において大砲が威力を発揮した。

攻城砲を用いた典型的な戦例となるのがイタリア戦争[6]（1494～1559年）である。16世紀前半，イタリアはヴァロア家とハプスブルク帝国との間の戦場となったが，フランスのシャルル8世の軍隊は機動的な青銅砲と鉄の砲弾を搬送してイタリアに乗り込み，中世の城郭を次々と撃破した。それまでの攻城戦では，籠城側は人馬の侵入を阻止すればよく有利であったが，大砲の出現はこれまでの立場を逆転させる。防御だけでなく砲撃を阻止する攻撃も必要となり，大砲による攻撃に耐える新たな築城術が必要となるのである。

マスケット銃

大砲は，しかし，移動に時間がかかり機動力に欠け，野戦には使えない。そこで，兵士が自ら持ち運ぶ手砲など小火器が開発されていく。鍵となったのは火薬の粒化である。粒火薬は，湿気の吸収が少なく，より強力で，長持ちする。そして，はるかに扱いやすくなる。手持銃が現れ，やがて火縄銃が発明される。最古の記録は1411年とされるが（ホール 1999），ドイツ語でハックバス，英語でアーキバス，スペイン語でアルケプスと呼ばれる火縄点火（マッチ・ロック）式銃が一般化していくのは1450年頃以降である。やがて，マスケットと呼ばれる重量級の火縄銃が現れ（1499年），火縄銃の総称になっていく。日本には，1543年に種子島に伝えられ，「種子島」と呼ばれたことでよく知られる[7]。

世界史的に有名なのは，織田信長・徳川家康連合が武田勝頼を破った長篠の戦い（1575年）の「三段撃ち」である。火縄銃は一発撃つと砲筒を掃除するのに時間がか

5　フランス王国の王位継承をめぐるフランス王国ヴァロア朝と，イングランド王国プランタジネット朝・ランカスター朝の戦争。最終的にはイングランドが大敗，大陸の所領を失うことになった。

6　ハプスブルク家（神聖ローマ帝国・スペイン）とヴァロア家（フランス）がイタリアの領有をめぐって繰り広げた戦争。戦争の期間については諸説ある。カール5世の退位（1556年）によって，王位を引き継いだフェリペ2世が，スペイン，ナポリ，シチリア，ネーデルラントを継承した後，フランスがイタリアへの権利を放棄，ハプスブルク家スペインがイタリアの大部分を支配することが決定し，終結する。

7　鉄砲伝来は，1542年という説もある。また，南海に広まっていた火器が倭寇によって日本各地に持ち込まれたという説もある。

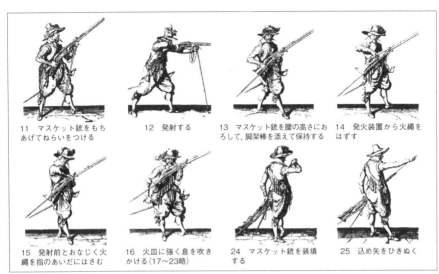

図4 オラニエ公マウリッツが考案したマスケット銃兵の教練。全部で43の姿勢のうち8つを表している（Gheyn 1607, マクニール 2002）

かる。鉄砲隊を三段に分け，時間差攻撃すれば，連続発射が可能となる。この鉄砲の三段撃ちで信長は天下をとるのである。

　新しい武器もそれだけでは役には立たない。マスケット銃もその操作に習熟し，的に弾を正確に当てる技術が必要とされる。そのためには銃兵の訓練が必要である。ヨーロッパで最も組織的な訓練を行ったのはオ

図5 16世紀のヨーロッパの軍隊，行軍隊形（Fronsperger 1573, マクニール 2002）

ラニエ公マウリッツである（図4）。マウリッツはステヴィンとともにエンジニア養成学校「ダッチ・マテマテカ」を設立（1600年）するのであるが，1619年にはヨーロッパで初めて士官学校（ミリタリー・アカデミー）を設立する。マウリッツ以降，軍隊は規律，訓練の場になる。

　マスケット銃兵の登場で，野戦の場，行軍の隊列は，騎兵，軽砲兵，大砲兵，パイク兵，マスケット銃兵によって形成されるようになる（図5）。

イタリア式築城術——稜堡・堀・覆道・斜堤

　防御側はこの状況に際し，工夫を凝らし対応することになる。攻城砲の砲撃により突破口が形成された城壁の後に，堀と新たに構築した土塁壁（レティラータ）で，殺到する敵兵を阻止した。土塁壁は，1500年にピサで最初に試みられ，1509年にはパドヴァで攻撃阻止に成功している。防御側も火力で攻囲軍を阻止，撃破しようとする。それには，まず大砲の砲床を構築することが必要となるが，重い大砲をこれまでの古い城の隅に置かれた塔に搭載することは難しく，搭載しても，射撃の反動で後退した大砲が城壁を破壊してしまう。また中世の高い城壁は，敵の格好の砲撃目標になったため，城壁を低く厚めにし，塔の面積も拡張する必要があった。塁壁頂上を砲床とし，突破口への小火器の射撃用として利用する一方，壕の内側にはカバリエリと呼ばれる小さめの援護構築物の中に置かれた火砲の射撃により，堀内に殺到する敵に致命的な打撃を与える工夫がなされた。

　1516年，ミラノで防戦を強いられたフランス軍は，応急的な防御構築として城壁から外部に巨大な雛壇状の築堤を構築し，前面の最も低い台地に槍部隊を，中段には火縄銃などの小火器を，最上段には大砲を配備した。このような築堤，応急的な防御システムによって生み出されたのが「稜堡」式の築城術である。この新築城方式では古代から城壁の隅塔や壁塔の前面に生じる死角をいかに消滅させるかというところに主眼が置かれる。もともと隅塔や壁塔は四周の監視のためであったが，一方の幕壁の壁塔，および隅塔の前面の敵に対し，各塔からの2つの交差する斜線において生まれる死角が大きな問題であった。攻撃側はこの死角の中で安全に次の行動をとることができるため，防御者はその死角を取り除き，明瞭な射界を確保することが求められた。この解決策としてとられたのが，塔の円筒型から矢尻型への変形であり，後には角型の稜堡へと発展していくことになるのである。

　大砲は築城の材料にも変化をもたらした。鉄弾が城壁に当たった際，それが石であれば飛び散る石の破片で兵員に大損害を与えることになるため，弾丸の衝撃力を吸収する土が用いられた。しかし，後には耐久性の問題からやはり石の要塞が築かれるようになり，問題の解決として，胸墻（射撃を容易にし，敵の射弾を防ぐ目的で，人の胸の高さほどに築いた堆土）を滑らかな丸みをもたせた被弾形姿（着弾した弾丸が跳ねて外れるようにした構造物の形状のこと）とした。また，城壁と大砲を結合する築城も考案されていく。

　新要塞術の出現からしばらく経つと，堀の外縁の頂上を切削して構設された覆道に，ある程度の歩兵を配備すべきであるとの考えに基づき，稜堡の突出部と覆道上の凸角

と凹角に歩兵を集結する集屯所が設けられるようになる。集屯所には敵の砲撃が集中するので，堀外岸の覆道前方に土を積み上げ，斜面を築いた。これにより，攻撃側砲兵の有効射程距離からはこの防御施設は見えず，逆に防御側からは敵が観測できるという有利な状況が得られる。この斜堤の出現により，覆道の胸墙や集屯所からの小銃射撃と要塞本体の稜堡からの射撃による有機的な連携攻撃で，登坂してくる敵を斜堤上で撃破することが可能になった。これは，ドイツ，オランダ，フランス，イギリスへと伝播され，欠陥の改良も加えられながら普及していくことになる。

　16世紀から17世紀にかけて，イタリアの多才で非凡な万能家たちは，以上のような要塞建設にきわめて重要な貢献を果たす。フィリッポ・ブルネレスキ（1377～1446年）がどのように砲火を側面に受けるかという考察に基づいて計画したのが，ピサの五角形の要塞（1433年）である。彼は都市計画や要塞設計に関して体系的な書は残していないが，透視図法を初めて科学的に定義したことで知られる。実践的に要塞建築に携わった建築家として，フランチェスコ・ディ・ジョルジョ・マルティーニ（1439～1501年）が知られる。また，フィレンツェで活躍したジュリアーノ・ダ・サンガロ（1445～1516年），その弟の大アントニオ・ダ・サンガロ（1463～1534年），甥の小アントニオ・ダ・サンガロ（1485～1546年）というサンガロ家の面々もそうである。ミケーレ・サン・ミケーレ（1484～1559年）は要塞都市ヴェネツィアに軍事建築家として仕えた。ミケランジェロ（1475～1564年）は，フィレンツェで様々な設計活動を行うが，攻撃よりも防御の面において独自の趣向を発達させ，土製の要塞や防御用の水を装備した挟み撃ちをするための要塞を考案している。こうして，稜堡はイタリア戦争中に完全に実現されることになった。

　フランスでは，少し時代が下って，軍事エンジニア，ヴォーバン（1633～1707年）が新しいタイプの都市形態をデザインする。ウルビノが提示したのは，チューリンやアントウェルペンの城のような，壮大な五角形の城砦である。ルネサンス期の初期の要塞は，伝統的な円形あるいは四角形であった。その外形は，簡素で市民の要求に基づいたそれなりに洗練されたものであったが，大砲という新種の武器の登場で，要塞を改善する必要が意識される。そこで考案されたのが五角形や六角形の星形プランであった（図6）。

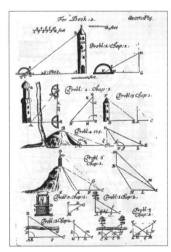

図6　ヴォーバンによる幾何学のスケッチ（Vauban 1722）

ドイツ人エンジニア，ハンツ・ハンカーはイタリア式築城術の欠陥は小さな稜堡と幅の長い中堤にあるとし，大きな稜堡と短い中堤への改良を提唱した。当時，中堤が長かったのは，稜堡間の間隔が大砲の射程を基準としていたためである。稜堡の目的は幕壁および隣接する稜堡を射撃により援護することにあった。しかし，後には数門の大砲よりも多くの小銃の方が火力に優れることが判明し，小火器が一般的となった。銃器の変化は，要塞の形態にも変化を及ぼす。各稜堡相互間の距離は小銃の射程距離内の130～180mに抑えられ，中堤の幅は短くなった。また，同じくドイツの築城家であるダニエル・シュペクル（1536～1589年）もイタリア式築城を批判し，その欠陥を是正する強化システムを提唱した。しかし，これらはドイツでは実を結ばず，オランダで適用されることとなる。

火器搭載船

　火器による戦争，攻城戦の新局面と西欧列強の海外進出は並行する。植民地建設の直接的な道具となったのは火器であった。とりわけ，火器搭載船の威力は絶大であった。海上において大砲は，陸上とは比較にならない武器となるのである。

　大砲は，15世紀末までにフランスの大砲製造業者によってほぼ完成したとされるが，大洋航海用に造られた帆船に設置することはそう困難ではなかった。発射の反動を甲板上で後退することで吸収する砲車が容易に開発されるのである。砲車を発射位置に戻す滑車装置の考案も技術的には問題なかった（図7）。大砲搭載船の前では，速度本位に軽量化が図られてきたガレー船にしても，ダウ船やジャンク船にしても，なすすべがなくなるのである。

　1509年に，ポルトガル艦隊は，インド西海岸のディウ沖の海戦で，数の上では圧倒的に優勢なイスラーム艦隊を苦もなく撃破する。西欧列強の開始当初から，大西洋海域でも，アジア海域でも，重砲を搭載したヨーロッパ商船は，圧倒的な軍事的優位によって，非ヨーロッパ世界を支配していくことになる。航空機と潜水艦の出現によって大艦巨砲が無用の長物となるのは20世紀に入ってからであり，ヨーロッパ中心主義を支えたのは「火薬革命」であり「大砲革命」なのである。

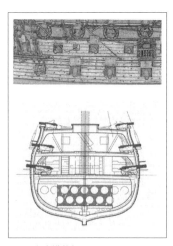

図7　大砲搭載船(チポラ 1996)

（布野修司）

V 中央ヨーロッパ

フラ・マウロ図(1459年)

ヴェネツィアの修道士で地図製作者としても知られるフラ・マウロによる世界図。TO図と比べると、地中海から黒海に至る海域が正確に描かれ、イングランド諸島、バルト海が示されて、ヨーロッパが半島として描かれている。また、インド洋が環海から独立していること、アフリカのサハラ南方でギニア湾が東方へ湾入していることが注目される。すなわち、TO図からの進化が見られる。ポルトガル国王の依頼によって作製されており、ポルトガルの得てきた地理情報がイスラーム世界の地理も含めて加えられていると考えられている(ヴェネツィア・サンマルコ国立図書館蔵)。

Panorama V ── ゲルマニアの都市

ブルクとコムーネ

　ヨーロッパの歴史学は，中世をおよそ500〜1500年とし，500〜900年を古代から中世への過度期（中世前期）とする。そして1350〜1500年を中世から近代への過度期（中世後期）とする。すなわち900〜1350年が中世中（盛）期である。中世都市という概念が一般的に用いられるが，もちろん，1000年にわたって一定の類型が存続したというわけではない。また，上のような西暦年によって截然と発展段階が初期・中期・後期と区分されるということでもない。ただ，中世都市のあり方が大きくは3段階の変化を経てきたことは一般的に指摘される。

　第1に，古代ギリシャ・ローマ都市からヨーロッパ中世都市への転換がある。第2に，都市自治体（コムーネ，コミューン）の成立がある。第3に，国民国家の形成に向かう地域統合の要としての都市ネットワークの成立がある。

　ヨーロッパ中世が決して「暗黒の時代」ではなく，むしろ順調な経済成長の時代であったことは，今日では一般的に認められている。実際，1000年から1300年にヨーロッパの人口は3倍に増加している。西欧内部での開墾，干拓，東欧への進出，そして技術革新による農業生産の増大がその動因である。その画期は10世紀から11世紀にかけての時代で，この時期に本格的に封建社会が誕生したとされる。

　カロリング朝の瓦解以降，国王の高級官僚であった公・侯・伯など在地の領主が支配権を握る。11世紀に入ると，権力はさらに城主層に分割される。領主は，領邦（プランシポーテ）の道，橋，川（水），森など土地の所有権を持ち，さらに，市場，パン焼き窯・粉引き所・葡萄圧搾機などを独占的に管理し，バン（裁判権，罰令権）を有した。バン領主制と呼ばれるが，強力な公権力が存在しない社会構造において，領主（主君）と家臣が相互の利益と安全のために，主君が保護と扶養を行い，家臣が軍事奉仕を行うといった主従関係を結ぶのが，封建制である。領主が「封」として，無償で土地を譲渡するのが一般化していくのが11世紀である（土地領主制）。

　この封建制による権力の分散化の過程と形態は，地域によって異なる。典型的な封建制が展開したとされるのは北フランスであるが，南フランスでは封建制は不完全で封土の代わりに自由地が広範に残存した。フランスから封建制を輸入したイングランドでは王権支配が強力で，封建制を基盤とする土地所有の頂点には王室が存在し続けた。ドイツでは領主の力が増大し，領邦によって国土が分割されることになる。イタ

リアでは都市勢力の伸長によって封建制は抑止される。

　北フランスの場合，封建制に基づく支配体制は2つの段階に分かれて進展する。初期（1000～1160年）は独立した城主の時代で，公的権力の行使はなく，世襲財産のみが権利とされた。続く時代（1160～1240年）は封建的君主制の時代で，強大化した伯，公によって封建社会が階層化された。この「封建革命」論については，領主制の成立をめぐる中世前期との連続・非連続，また，西欧全体への適応の可否など議論があるが，10世紀後半以降，ヨーロッパ社会は新たな段階に入る。

　それを象徴するのが城（ブルク，ブール，バラ）である。10世紀のイタリアを先進地域として，ヨーロッパ各地にブルクが建設され始める。それ以前の城砦が自然の地形を利用して土壁と木造の防御柵によって建てられていたのに対して，石造によって建てられたことを特徴とする。ノルマン人は，12世紀頃まで「モット」と呼ばれる土と木による領主の居城を建て続けるのであるが，ヨーロッパの農村の景観はブルクによって一変することになる。中世ヨーロッパに存在したブルクは，ドイツ語圏のみで約1万に及ぶという。ブルクの建設主体となったのが領主であり，城主である。

　石造の城砦とともに教会や修道院の城塞化も進められた。建築史学では，石造建築の歴史を区分して，10世紀末から12世紀初頭の建築様式をロマネスク様式，12世紀中葉以降の建築様式をゴシック様式という。ロマネスク様式すなわちローマ風建築は，南ヨーロッパ，ロンバルディア，カタルーニャを発祥の地とする。ゴシック様式，すなわちゴート風建築は，イル・ド・フランス，パリを発祥の地とする。ゴシック建築のカテドラルは都市に建てられ，その高さを競った。代表的ゴシック建築は，フランスでは，ノートルダム大聖堂（パリ），シャルトル大聖堂，ランス大聖堂，アミアン大聖堂，ストラスブール大聖堂，ドイツでは，ケルン大聖堂，ウルム大聖堂，イングランドでは，リンカーン大聖堂，ソールズベリ大聖堂などである。

　ブルクの建設とともに，農村は散居村から集村が一般的になっていく。また諸都市は，それぞれ独自の発展を展開していくことになる。そうした中から生まれるのが，いわゆる「自治都市（コムーネ）」である。「自治都市」誕生の大きなきっかけとなったのが，神聖ローマ帝国の権力の一瞬の空白である（大空位時代，1256～73年）。すなわち，その空白を埋めるように「自治都市」が誕生するのである。この「自治都市」の出現，ヨーロッパにおける都市の「再生」が，文字通りのルネサンスである。都市民あるいは都市の近郊に居住する小貴族が土着の共同体を発展させ，共和政（レプブリカ）あるいは小君主政（プリンチパート）と呼ばれる新たな「自治都市」を建設したことがその背景であり，基盤である。ヨーロッパのルネサンスは，経済（商業）によって始まるイ

タリア半島のルネサンスと、政治の主導によって国民国家の形成とともに始まるアルプス以北のルネサンスの、大きく2段階に分かれる。

ゲルマンの故地は、現在のスカンジナヴィア南部、デンマーク、ドイツ北部とされる。ゲルマンには、ブルグンド（ブルゴーニュ）、ヴァンダル、ゴート、アングロ・サクソン、ジュート、フランク、バタウィ、カッティ、デーン、ノール、スヴェーア、ルーシなどの諸部族が区別されるが、それぞれの土地へ移動していった。地中海世界に大きなインパクトを与えたのがゲルマン民族の大移動である。古代ギリシャにはゲルマンという概念はそもそも存在せず、スキタイ諸族とケルト諸族が大別されていただけであるが、ローマ時代に、コルネリウス・タキトゥス（紀元55年頃〜120年頃）の『ゲルマニア』（紀元98年）が示すように、他者の世界として、内容については疑問が多いとされるが、「高貴な野蛮人」の地として認識されている。

ローマとゲルマニアとの境界線は、ライン川中流とドナウ川上流を結ぶ全長584kmに及ぶ長城（リーメス）が、ドミティアヌスによって1世紀末に着工され、トラヤヌス、ハドリアヌスの治世に拡大強化され、アントニヌス・ピウスの時代の160年頃に完成している（図1）。ゲルマン民族は、故地から中央ヨーロッパに南下して居住域を拡大し、先住のケルト人の居住地を征服し、紀元前後にはラインの東、ドナウの北を自らの領域としていたと考えられる。ライン・ドナウ川流域は約400年にわたってローマの支配下に置かれたが、属州ガリア・ベルギカから紀元1世紀末頃に独立した上ゲルマニア（首都マインツ）、下ゲルマニア（首都ケルン）に対して、ローマ支配を受けなかったゲルマニアは「大ゲルマニア」あるいは「自由ゲルマニア」と呼ばれる。

ドイツ都市には、ローマ時代の国境防御軍や地方官吏の拠点を起源とするものが少

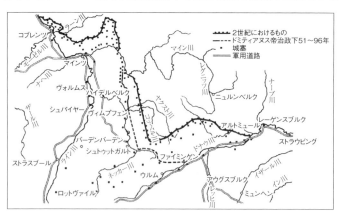

図1　ゲルマニアと古代ローマの境界線

なくない。マインツ（モゴンティームアクム），ケルン（コロニア・アグリッピネーンシス），ボン（ボンナ），アウグスブルク（アウグスタ・ウィンデリコールム），レーゲンスブルク（カストラ・レーギナ）などがそうである。

　ゲルマン民族の大移動の時代，ゲルマニアの地に覇を唱えたのは，アレマン族，ザクセン族，フランク族，アングル族，バイエルン族，フリーゼン族だが，その中から強力となり西ヨーロッパを統一したのがフランク族である。フランク王国の時代にライン以東の植民化が行われ，8世紀前後にはドイツ諸部族は王国に併合される。そして，フランク王国が3王国に分裂して成立した東フランク王国を継承するかたちで成立したのがドイツ王国である。そして，オットー1世（大帝）（在位936～973年）がマインツ大司教ヒルベルトによって塗油，加冠されて成立したのが，神聖ローマ帝国（962～1806年）である。国王の戴冠式は1531年までアーヘンで行われた。

　ドイツ中世都市は大きく帝国都市と領邦都市に分けられる。ライヒは，ラテン語レグナム（王国，統治）に由来し，神聖ローマ帝国以来ドイツ全体を意味し，また中央権力を意味する。すなわち，帝国都市が都市領主でもある国王と帝国の双方に直属するのに対して，領邦都市は，聖俗諸侯を都市領主とし，領邦の形成とともに成立したものをいう。ドイツ中世には約4000の都市があったとされるが，代表的なものを挙げると以下のようになる。

　①帝国領の国王都市……アーヘン，ドルトムント，ゴスラー，ミュールハウゼン，ニュルンベルク，ウルム，フランクフルト・アム・マインなど。

　②教会領の国王都市……教会・修道院領に国王が建設した都市。シャッフハウゼン，チューリッヒ，コルマール，シュレットシュタット，ヴェッツラーなど。

　③帝国守護都市……教会・修道院領の守護権が国王に帰属する都市。ザンクト・ガレン，ヴァンゲン，ケンプテン，リンダウ，コンスタンツ，バーゼル，クールなど。

　④自由都市……司教都市のうち独立性を獲得した都市。レーゲンスブルク，シュトラスブルク，シュパイアー，ヴォルムス，マインツ，ケルン，メッツ，カンプレなど。

　ドイツ中世都市における自治獲得の運動は，ライン川中流域の諸都市，ケルン，マインツ，ヴォルムス，シュパイアーなどから開始される。そして，北東ドイツ（ノイス，ドゥイスブルク，エッセン，ドルトムント，ゾースト，パーダーボーン，ヒルデスハイム，ハルバーシュタット，クェドリンブルク，マグデブルク，ヘアフォード，ミンデンなど）へ，さらに北ドイツ（ミュンスター，オスナーブリュック，ブレーメン，ハンブルク，リューベック，リューネブルクなど）へ広がっていく。中部ドイツには，フランクフルト・アム・マイン，ニュルンベルクのほか，ヴュルツブルク，エルフルト，ナウムブルク，ライプツィヒ，マイセンなどが勃興する。

（布野修司）

Central Europe 01: Lübeck

【リューベック】ハンザの女王

ドイツ，シュレースヴィヒ＝ホルシュタイン州
Schleswig-Holstein, Germany

　バルト海に注ぐトラーヴェ川の，河口から約10km内陸にある。旧市街はアーモンド形の島状をなす半島であり，川の中州のような姿を見せる。スラヴ人が定住し，9世紀頃に北端部に砦を築いていたところへ，1143年にゲルマン系のホルシュタイン伯アドルフ2世が新しい砦と都市を築いたのが出発点だった。バルト海の舟運と西からの街道が交わる交通の要衝となったことが，大きな経済発展をもたらした。

　今日のリューベックの象徴であるホルステン門を入ったところにトラーヴェ河岸がある。ここが船着き場で，ここから5本の平行街道が斜面を登ったところに，都市教区教会堂マリーエンキルヘと，マルクト・プラッツ（市場広場）に面する市庁舎と織物会館の複合建築が建った。やや歪むものの，ここが最初の計画的街区だった。

　北端の砦と南端の大聖堂をつなぐ，アーモンド形の中央を南北に貫く2本の尾根道（現ケーニヒ通りとブライテ通り）が背骨をなし，やがて肋骨のように東西にいくつもの街路が並び，2つの川で挟まれた高密な市街地となっていく。水辺の船着き場から櫛状に路地が斜面を登るという街路パターンは，漁村や港町に普遍的に見られるものである。西側のトラーヴェ川，東側のヴァケニッツ川が天然の環濠となり，船着き場の内側に中世の市壁が巡り，市街地を守った（図1）。アーモンド形をなす自然の輪郭に拘束されつつ，歪みながらも背骨と肋骨のような街路網をベースに，都市教会堂と市庁舎，マルクト・プラッツを心臓として，各所が機能的な役割分担をなす都市形態は，まるで生き物のような有機的な都市組織を形作っている。

　街路沿いには，奥行きの深い敷地に独特の階段状などの破風飾りを備える煉瓦造の都市建築が並び建ち，密な街路景観をなした。小さな路地口から奥へと多数のガング（通り庭）が伸び，そこに江戸時代の裏長屋にも似た簡素な福祉的共同住宅が置かれ，聖霊慈善院の福祉的建築とともにキリスト教のもとに有機的な都市社会が現出されていた。

　教会堂群は煉瓦造ゴシックを基調とし，角柱の塔を聳えさせ，マリーエンキルヘを中心とする独特のスカイラインが生まれた。市庁

図1　ブラウンとホーヘンベルフによる都市景観図，1572年。東から見たヴァケニッツ川沿いの光景。水辺から何本もの坂道が尾根筋の幹線道に向かって走る（Braun et Hogenberg 1593, ハイデルベルク大学蔵）

舎は次第に大規模化し,増築部は釉薬煉瓦を張り詰め,林立する尖塔で看板状のファサードを支える特有の建築形態を見せる。市庁舎の一部にはルネサンス期の建築装飾も追加されるが,一般建築の煉瓦壁のファサードにも,中世から近世にかけて,つまり垂直志向から水平志向へと移行する様式的な変遷過程を見出すことができる。

1226年,リューベックは神聖ローマ皇帝フリードリヒ2世のもとで帝国自由都市の地位を獲得する。すでに1160年にハインリヒ獅子王が先行するゾースト都市法をリューベックに適用していたが,それは地域性を反映しつつ有名なリューベック都市法に発展し,その後多くの都市でも採用されることとなる。

そしてゴットランド島のヴィスビーと争いつつバルト海の海運を牛耳り,またニシン漁と塩漬けニシンの流通で栄え,さらにバルト海沿岸とその内陸の交易を取り仕切って発展する。北海でヴァイキングと争いつつ交易を拡大していたドイツ人遍歴商人が組織した商人ハンザは,13世紀には都市間同盟であるハンザ同盟へと成長し,リューベックはその盟主となる。その影響力は周辺都市の発展を促し,支持勢力を拡大する。リューベックは「ハンザの女王」とも呼ばれ,ハンザ会議が開催された。

14世紀にはデンマークが勢力拡張を図り,リューベックを筆頭とするハンザ同盟との間に争いが続く。15世紀にはドイツ地域での領邦国家の君主権や周辺諸国の王権が強化されて近世型の社会構造に変化し,都市同盟は圧迫されてゆく。16世紀には大航海時代の到来によって大西洋沿岸地域に交易活動がシフトし,加えてネーデルラントの商人がバルト海へと進出し,ハンザ同盟の影が次第に薄くなる。17世紀には三十年戦争が起こり,ドイツ地域は戦乱に明け暮れ,リューベックは近隣のハンブルク,ブレーメンと軍事同盟を結ん

図2　地図作家マテウス・ゾイッターによる近世城塞都市時代の図,1740年頃。地図は右が北。アーモンド状の市域の西側のみ,稜堡式城塞が築かれている。下欄の眺望図は西から見たトラーヴェ川沿いの光景（スウェーデン戦争資料館蔵）

で対抗する。他都市に漏れず,この時にリューベックも近世城塞都市に変貌する。市街地の西縁をなすトラーヴェ川の対岸へと拡張されていた中世式の城壁は,稜堡を密に並べる強固な稜堡式城塞に改変された。東側のヴァケニッツ川は幅広い湿地帯をなし,天然の城塞となった（図2）。三十年戦争を終結させた1648年のヴェストファーレン条約で都市同盟の時代は終わり,1669年にはリューベックで最後のハンザ会議が開催された。

近代にもリューベックの自由都市としての立場は継続し,ナポレオン戦争後のウィーン会議でも「自由・ハンザ都市リューベック」の地位が保証されたが,その衰退は隠しようがない。近代には西隣の盟友都市ハンブルクが大型船の入る大規模なドックを建設して世界的港湾都市に成長するのに対し,リューベックは成長を止め,中世都市の面影を今日まで色濃く残すこととなる。第二次世界大戦の空襲により,中心部周辺が戦災を受けて近代化されたが,全体に中世都市像がよく残り,1987年に世界文化遺産登録に至った。

（杉本俊多）

Central Europe 02: Hamburg

【ハンブルク】自由ハンザ都市

ドイツ，ハンブルク州
Hamburg, Germany

　正式名称を「自由ハンザ都市ハンブルク」というハンブルクのルーツは，9世紀初頭のハンマブルク（Hammaburg）に遡ることができる。古ザクセン語の川沿いにある岸辺・敷地（Ham/Hamme）と，防護壁に囲まれた砦（Burg）を合わせた意味を持つハンマブルクには，当初，農夫や漁師，手工業者などがわずかに集住していたとされる。ここへ831年に司教区が設置されると，司教アンスガルがハンマブルクおよび北方地域の宣教活動のために派遣され，ハンマブルクにも教会が建設された。

　13世紀に入り，既存の2地区が統一され，これによってハンブルク市が誕生した。ハンブルクは，外敵の脅威や災害，疫病，大合併，戦災などを経て絶えず変化していった。この中で，都市の近代化やその後の市街地形成に大きな影響を与えたのは，1842年の大火とドイツ帝国時代の倉庫街の建設であった。

　中世から自然港として機能してきたニコライフレートに近接するダイヒ通りは，18世紀から19世紀にかけてハンブルクの市民階級の家が並ぶ一目置かれる通りであった。しかし，この通りこそが1842年5月5日の歴史的事件の発端となった。タバコ商人の屋根裏部屋で，夜の1時頃に出火し，瞬く間に周囲に燃え広がった。市内の運河は，日照りやその他の理由で消火に十分な水量を有していなかった。通りは自分たちの持ち物や財産を守ろうとする者や，やじ馬でごった返し，結果として消防活動が阻害された。火は，3日半の間，市街地の北東方面で続き，1759棟の4219戸，102の倉庫が焼失し，約2万人が家を失った。旧市街地を中心に市街地の4分の1に該当する310haが焼け野原と化した（図1）。

　大火災の後，防火機能を有した建築物や隣棟間隔などを定めた新たな建築規定に基づく市街地の再建が進んだ。同時に，道路の拡幅や，近代的な上下水道網，消火施設の整備も行われた。

　一方，倉庫街の建設は自由ハンザ都市としての都市の自立性をめぐる争いの産物であった。

　港湾都市としてのハンブルクの繁栄の発端は，1189年に神聖ローマ皇帝のフリードリヒ1世（赤髭王）によって与えられた新市街地での交易や，都市法上の特権を与える許可状であった。14世紀以降，ハンザ同盟による北海の拠点的都市として，ハンブルクの繁栄は続いたが，この特権的立場をめぐる政治的駆け引きが，1871年のドイツ帝国誕生期には新たな都市構造再編の引き金となった。

　ハンブルクは，ドイツ帝国の建国後も引き続いて関税上の外国として位置づけられた

図1　大火の市役所と旧証券取引所，1842年
(Schubert und Harms 1993)

図2 シュパイヒャーシュタットの建設，1880年代半ば頃（Schubert und Harms 1993）

図3 完成したシュパイヒャーシュタット，1888年（Schubert und Harms 1993）

が，1880年以降，とくにビスマルクの圧力により関税同一地域への編入・統合に関する交渉が行われた。この際にハンブルク側の主張は，可能な限り長期にわたり自由貿易港地区を確保することであった。交渉の結果，関税除外地域は一部に縮小されたが，ドイツ帝国側は関税同一地域の建設のための補助金として建設費用の全体の約3分の1にあたる4000万ライヒスマルクを拠出することとなった。これが職住混合の港湾地区を改造する財政基盤となった。

この現代の都心構造にもつながる事業の中心が，倉庫街（シュパイヒャーシュタット）の建設であった。港湾地区と旧市街地との間に位置し，1842年の大火の被災もほとんどなかったヴァンドラームインゼルには，約2万4000人が暮らしていた。しかし，図2のように，この港湾労働者街区は，倉庫街の建設により面的にクリアランスされ，約1100棟の住宅が撤去させられた。これに伴い，1886年には地区人口は1000人程度まで減少した。この状況を，ハンブルク芸術ホール長のアルフレッド・リヒトヴァルクは，「自由解体都市ハンブルク」と表現した。

倉庫街の建設により図3に見るようなビジネス街がハンブルクにも次第に形成され，港湾を活かした国内外との交易に基づく商業都市としての色合いが，いっそう強くなった（図3）。その一方で，富裕層は都心部やアルスター川およびエルベ川沿いに新たなコミュニティを形成し，貧困層はより住環境の悪い既成市街地や計画的に新しく建設された労働者街区への移住を余儀なくされるなど，倉庫街の建設は市街地全体にも影響を与えた。もっとも，貧困層が新たに集住した地区の一部は，1892年のコレラ感染の温床にもなった。

20世紀に入ると，これらの市街地の外側に新たな過密市街地が生まれ，同時に都市の郊外化もいっそう進んでいった。また，戦後は旧西独の経済復興の拠点として，港湾都市としての位置づけがより強くなった。その一方で，1962年にはエルベ川の中州を中心に高潮による甚大な浸水被害を受け，防災・減災の取り組みも強化された。

現在，ハンブルクでは2025年から2030年の完成をめどにハーフェンシティという巨大複合型都市開発事業が旧港湾地区で進められている。この都心部に隣接した空間で生じる新たな開発の波は，19世紀の大火や倉庫街の建設と同じように，ハンブルク市の都市構造を新たに定義づけるものになると思われる。

なお，倉庫街と1920年代前半に建設されたチリハウスを含む商館街は，2015年7月に世界文化遺産に登録された。 （太田尚孝）

Central Europe 03: Potsdam

【ポツダム】プロイセン王家の離宮都市

ドイツ，ブランデンブルク州
Brandenburg, Germany

　ポツダムは大河エルベ川の支流ハーフェル川の湖沼地帯の渡し場として始まる。1157年にアスカニア家のアルブレヒト熊公が神聖ローマ帝国のもとにブランデンブルク辺境伯領を創始したが，その中央部に位置する小さな市場集落の規模ながら，ポツダムは1345年に都市権を獲得した。そして1416年以降は，後にプロイセン王国，そしてドイツ帝国を率いるホーエンツォレルン家の支配下となる。

　ベルリンに居城を置いていた大選帝侯フリードリヒ・ヴィルヘルムは，絶対主義王制を象徴するパリ郊外の離宮ヴェルサイユ宮殿の大改築とほぼ同時期に，ベルリンの南西約25kmの地に1660年，街村に過ぎない小都市ポツダムに接して都市宮殿を築き始める。それはコの字形を市街地側の玄関翼で閉じた典型的なフランス・バロック様式の宮殿であり，裏手には水辺に接して幾何学庭園を広げた。そして西に向かって一直線の並木道（ブライテ通り）を伸ばして市街化し，これに直角に，やはり一直線の並木道（リンデン通り）を北に伸ばし，湖沼地帯の森の風景を切り裂いた。

　フランスで新教徒ユグノーが弾圧を受けているのを見て，侯は1685年，宗教的寛容を記した「ポツダム勅令」を発した。これを受けて多数のユグノーが移住してきて，ポツダムの市街地拡張に貢献することとなる。

　1701年，ホーエンツォレルン家はプロイセン王国を創立して強国へと突き進み，1713年に即位したフリードリヒ・ヴィルヘルム1世（軍人王）はポツダムを兵隊の溢れる，いわゆる衛戍都市（ガルニゾンシュタット）に仕立て上げる。ブライテ通りには衛戍教会堂（ガルニゾンキルヘ），都市宮殿前にはニコライ教会堂（ニコライキルヘ），旧市街東端には聖霊教会堂（ハイリヒガイストキルヘ）を建築し，後にバロック様式の高い塔を備える教会堂がポツダムの新しいランドマークとなる（図1）。衛戍教会堂のそばには大きな戦争孤児収容所を置いて軍事国家らしい姿勢を示した。

　人口増は市街地拡張を促す。旧市街と都市宮殿関連の敷地の北と西には屈曲する運河で境界線が引かれていたが，1722年にこれは水路を挟む並木道（アム・カナル通り，ヨルク通り，ドルトゥ通り）に改造され，北と西への拡張が始まる（現在のシャルロッテン通り，リンデン通りまで）。この地区の中心の街区は大きな矩形広場（現在の統一広場）とされ，斜

図1　都市景観図，1736年。中央に都市宮殿が見え，背後にニコライ教会堂の塔が立つ。その右手にハーフェル川に面して延びる当初の集落。左手にはブライテ通り沿いに衛戍教会堂の塔がそびえ立つ
(Mielke 1981)

めに走る直線街路が交錯し，街区形態は不整形となる。フランス通りの先にパンテオン風のフランス教会堂を置いたことは，ユグノーのための配慮だった。

　1733年にはさらに北と西への拡張が計画され，既存の街路軸に煩わされながらも，ここにはグリッド・プランの都市計画がなされた。境界線には簡単な市壁が設けられ，ブランデンブルク門，イェーガー門，ナウエン門が置かれた。ブランデンブルク門から東に伸びるブランデンブルク通りの東端街区には，宗教的寛容のもとにカトリック教会堂（聖ペテロ・聖パウロ教会堂）と楕円形のバロック様式の池を配し，都市デザインがなされていた。新市街の東端の一角はオランダ地区とされ，簡素ながらオランダ風の破風を並べる，統一感のあるメルヘン的な煉瓦造建築の街並みが作られた。これは王がオランダ人職人の移住を促すべくとった策であり，アムステルダム生まれの建築家ヤン・ボウマンが招かれ，その監督を任された。

　1740年に即位したフリードリヒ2世（大王）は軍事的に目覚ましい成果を上げつつ，啓蒙君主としてプロイセンの文化水準を高めるのに貢献する。彼はポツダム郊外の北西に広がる斜面に，友人の建築家G・W・v・クノーベルスドルフにサンスーシ宮殿を設計させ，またその西に大規模な新宮殿（ノイエス・パレ）を建築し，サンスーシ庭園を設けてヴェルサイユの向こうを張る（図2）。多才で知られる王は建築好きで，ベルリンのフォルム・フリデリツィアヌムの広場を自らデザインしたことで知られるが，ポツダムでも自ら現場に立って指揮をした。大王の署名がある1752年10月17日の「ポツダムの建築業務規程」には，王室の建築物全般に目配りする執事に抜擢されたヤン・ボウマンとその補佐C・L・ヒルデブラントが手仕事職人を厳しく管理し，財務や施工を遂行すべきことが記されていた。ボ

図2　周辺地図，1778年。北側に計画的に新市街地が拡張され，さらに西にサンスーシ庭園が広がりつつある（Mielke 1981）

ウマンは王の命で，ベルリンのものも含めて多くの宮廷建築に関与したが，ポツダム市街でも都市宮殿前の市庁舎やベルリン門，郊外のフリードリヒ教会堂を建築した。

　18世紀を通してバロック，ロココの様式で華やかに彩られたポツダム市街と，宮殿群やサンスーシ庭園が作る景観は，19世紀初期には新古典主義の美意識に染まっていく。建築家カール・フリードリヒ・シンケルは，都市宮殿前のニコライ教会堂の改築，サンスーシ庭園の王子たちの別荘建築群を手がけた。また彼の弟子に当たるシンケル派の建築家たちは，サンスーシ庭園内の各種建築物のほか多くの住宅建築を手がけ，離宮都市風景を醸成した。

　1838年にはベルリンとポツダムを結ぶ鉄道が開通し，両都市の距離感は短縮され，離宮都市ポツダムは上流市民の居住地となり，20世紀を迎える。第二次世界大戦の戦災後，中世の街区は社会主義政権下で近代的な共同住宅群に一変する。ドイツ再統一，州制度の改編を経て，ポツダムは小都市ながらブランデンブルク州の首都となって今日に至る。

（杉本俊多）

Central Europe 04: Berlin

【ベルリン】再生途上の世界都市

ドイツ，ベルリン州，首都
Capital, Berlin, Germany

　中部ヨーロッパの北部，氷河期の氷が溶けてできた広大な湿地帯に，北海に注ぐエルベ川の支流シュプレー川が蛇行して流れる。農漁村がちらばるある渡し場の両岸にケルン，ベルリンの双子都市ができ，それぞれに市庁舎と教会堂を備えた。記録に登場するのは前者が1237年，後者が1244年のことである。

　15世紀中頃にブランデンブルク辺境伯で神聖ローマ帝国の選帝侯であったホーエンツォレルン家が宮殿を西方のブランデンブルク市から移し，双子都市に密着してシュプレー川の中州に建築したため，以後，宮廷都市の景観を得る。宮殿は次第にルネサンス様式で増改築され，またオランダ式の庭園を付属させ，複雑な形態となっていった。戦乱が続いて荒廃した17世紀には，市街地と宮殿を囲む壮大な稜堡式城塞が築かれる（図1）。

　宗教改革後，ベルリンは新教派となっていたが，大選帝侯フリードリヒ・ヴィルヘルムが宗教寛容政策をとって，フランスのカルヴァン派ユグノーなど新教徒移民やユダヤ移民を多数受け入れる。西側の城塞の外に新市街地が拡大し，整然とした近世型のグリッド・プランの地区（ドロテーエンシュタットとフリードリヒシュタット）が生まれるが，そこに企業精神に富む多数のフランス人が住みつき，経済発展をもたらす。その市街地を囲う，徴税目的の簡素な新市壁の市門の内側には，正方形や八角形，円形の幾何学広場が建設される（図2）。

　1701年にホーエンツォレルン家がプロイセン王国を成立させ，ケルンやベルリンを含む5つの小都市がベルリンの名で統合され，王国首都として発展し始める。18世紀には文武に長けたフリードリヒ大王が出て，プロイセンは強国の地位を得る。彼はベルリン西郊のポツダムにフランスのヴェルサイユ宮殿に比せられる新宮殿と大庭園，ポツダム市街を造成した。彼はとりわけロココ建築のサンスーシ宮殿を好んだ。ベルリン王宮は，ベルニーニの影響を受けた建築家・彫刻家アンドレアス・シュリューターらによって壮麗なバロック宮殿に改築されていたが，フリードリヒはベルリンをあまり好まなかった。しかし，無

図1　シュルツによる都市景観図，1688年。中世の旧市街は稜堡式城塞を備える。中央を左右に貫くシュプレー川にかかる右手の橋付近が都市誕生の地であり，左の大建築が宮城である(Schulz 1986)

用となった稜堡式城塞を取り崩しつつ，フォルム・フリデリツィアヌムと呼ばれる，バロック様式の文化施設群で囲まれた広場を建設させた。

19世紀初頭にナポレオンに蹂躙されたベルリンでは，民族主義と国家の近代化への情熱が高まり，建築家カール・フリードリヒ・シンケルのもとに新古典主義の建築群で華麗に変貌する。同時に，彼のロマン主義的な美意識の側面が，樹林を配するピクチャレスクな都市景観を形成させた。

1871年にはプロイセンが中心となってドイツ帝国が誕生するに至り，世紀転換期にかけて，帝都ベルリンには大聖堂や帝国議会議事堂など，ネオバロック様式の大規模な建築物や，駅舎，百貨店などが次々に建築された。一方で「賃貸兵舎（ミーツカゼルネ）」と揶揄された密集した煉瓦造市街地によって拡大膨張した。

ドイツ帝国は20世紀初頭に第一次世界大戦で敗北し，ドイツ革命を経て社会民主主義が支配的なヴァイマール共和国に変わる。ベルリンはリベラルな前衛都市となり，表現主義の芸術や文化が席巻し，東欧と西欧を結ぶ国際的な交流拠点となる。敗戦後経済は困難を極めたが，社会民主主義政策を背景に大規模な郊外住宅団地（ジードルンク）群が建設される。都市計画家マルティン・ヴァグナー，建築家ブルーノ・タウトらによって建設された住宅団地群は，今や人類史的な貢献として認められて，2008年に世界文化遺産に登録されている。

1930年代に一転してヒトラーによってファシズム国家に変貌したドイツは，第二次世界大戦を引き起こし，首都ベルリンは空襲で焼き尽くされ，煉瓦造建築群の廃墟に一変する。

戦後，自由主義陣営と社会主義陣営によって二分されたベルリンは，1961年に築かれた「ベルリンの壁」によって真っ二つになる。旧

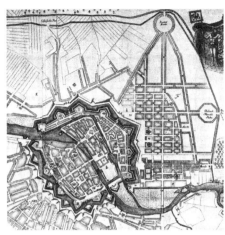

図2　デュサブローによる都市図，1737年。右（西）側に近世型のグリッド・プランと幾何学広場による幾何学的都市空間が見える（Schulz 1986）

都心地区を含んだ東ベルリンは社会主義国家の首都として，大規模な都心広場群と高層建築による近代都市に改造される。四周を閉じられた陸の孤島西ベルリンは財政的に困難をきわめたが，自由主義の都市モデルが探求された。政治的緊張は1989年に壁が崩壊するまで続いたが，ベルリンは世界をイデオロギーで二分した20世紀を最も象徴する世界史に刻まれる都市となった。

統一後のベルリンは，壁の撤去とともに，国際資本が集中投入され，急速な復興を始めた。多数の世界的建築家が招聘され，先端的で意欲的なデザインの建築群が誕生した。改めて統一されたドイツ連邦共和国の首都として，議会や官庁街，新中央駅などが誕生し，都心には商業建築が新しい街並み景観を生み出している。他方で歴史的建築物や都市空間の復元・再生が手がけられ，エコロジー思想を基盤とした総合的な都市再生が試みられていて，21世紀の実験的な都市モデルともなっている。

（杉本俊多）

Central Europe 05: Eisenhüttenstadt

【アイゼンヒュッテンシュタット】 社会主義の実験都市

ドイツ，ブランデンブルク州
Brandenburg, Germany

1949年10月に誕生したドイツ民主共和国（以下，DDR）は，建国直後から経済的課題を抱えていた。とくにDDR国内では，西側と比べて鉄鋼や金属加工に関連する原材料や産業基盤を有しておらず，国家の存続に関わる重要課題のひとつとなっていた。それゆえ，1950年7月に開催されたドイツ社会主義統一党（以下，SED）の第3回党大会においては，1951年から55年までの経済目標を有した5ヶ年計画構想の中で，大規模製鉄コンビナート建設が宣言された。

これを受けて，DDR閣僚評議会は，1950年8月にポーランドとの国境を流れるオーダー川沿いのフュルステンベルク近辺をコンビナートの建設予定地と決定した。さらに同年11月に，コンビナートに併設する住宅都市の立地場所が交通環境などから選定された。

このDDR建国当初の新都市建設を担ったのは，建築家・都市計画家のクルト・ヴァルター・ロイヒト（1913〜2001年）であった。彼はナチス時代に，エーリッヒ・メンデルゾーンの流れを汲む建築事務所で空港施設計画や住宅地開発を担った。戦後直後はSEDの前身のひとつであるドイツ共産党（KPD）に入党し，ドレスデンの戦災復興計画に関わった。

ロイヒトは，この国家的事業として位置づけられたDDR初の社会主義都市の計画と建設の総指揮者となり，1950年7月にソビエトをモデルとする「都市建設の16の基本原則」の具現化を試みた。

当初，ソビエトの指導者の名を冠してスターリンシュタットと名づけられた新都市は，ロイヒトの1951年の原案では扇形の市街地形状を持ち，居住コンプレックスと呼ばれ，4〜5階建て中層住宅が6ユニット，合計で8600戸が建設されることになっていた。そして，これに付随して社会教育施設も建設され，最終的な都市の計画人口は3万人を超えないものとされた。また市街地は，図1のように，バロック期を彷彿するように印象的で明確な組織を持ち，階層的構成に基づく形状となることが考えられていた。

都市構造の中心的な考え方は，コンビナートと住宅都市が南北軸であるレーニン通りによって空間的にお互いに関連づけられることであった。都市の政治・行政・文化の中心点として位置づけられた中央広場に立地した市役所は，3つの翼部を持つモニュメンタルな建築であり，レーニン通りによってコンビナートの正門と空間的に一体化することが考えられた。

実際に建設された居住コンプレックスのうち，とくにII（1952〜53年）は，閉じられたブロック型建築で，その緑地空間や中庭空間も含めて，まさに「都市建設の16の基本原

図1　都市の将来イメージ，1951年（Leucht 1952）

図2 完成した居住コンプレックスIIの外観
(Leucht 1957)

図3 居住コンプレックスIIの住宅配置と内部空間
(Leucht 1957)

則」に準じて建設された（図2, 3）。しかし1955年に建設が開始された居住コンプレックスIIIは，既存の居住コンプレックスより大きな中庭が整備されたが，住宅は著しく簡素化された。さらに1959年から居住コンプレックスIVが建設され，その理念はロイヒトの計画の延長線上にはあったが，住宅は規格化された煉瓦建築となっていた。同時に，居住者密度を高めるため，中庭部分に追加的に住宅が配置されるなど，伝統的建築様式に基づくブロック型街区から徐々に逸脱していった。

1950年代終わりには南北軸であるレーニン通り沿いに9階建ての高層建築群が完成し，商業機能も充実していった。だが，都市全体で人口3万人を超えないという当初の目標はすでに放棄されていた。なぜなら，都市の産業規模が大きくなり，さらなる労働力が必要になったからであった。行政的にも1961年に周辺の自治体を合併し，「製鉄所の都市」を意味するアイゼンヒュッテンシュタットとなった市域は拡大していた。

このような状況下で，全体的な都市構造は単に一部を修正するのではなく，根本的に新しく構想される必要があった。具体的には，4つのコンパクトな居住コンプレックスの外縁部に居住コンプレックスVが建設され，さらに1960年代半ばからDDRが崩壊する直前まで，運河を越えた場所に工業化手法による居住コンプレックスVIおよび居住コンプレックスVIIが建設された。一連の新たな居住コンプレックスは，開放的な帯状の住宅建築群で，従前の都市構造とは著しいコントラストを見せた。なお，DDR時代に供給された居住コンプレックスI〜VIIの総計は，当初計画案の2倍近い1万5000戸以上だった。

ドイツ再統一に伴う地政学的位置づけと産業構造の変化はアイゼンヒュッテンシュタットの没落につながり，急激な人口減少が生じた。結果として，1969年5月の総合建設計画で示された2000年に11万人という人口予測は，実際にはその半分にも達しなかった。

現状では1984年に伝統記念物保護指定を受け，住宅の質も高い居住コンプレックスIからIIIは全面的撤去とはならず，またIVも中心地区を構成する要素として，今後も維持されることが見込まれている。一方で，VからVIIはその多くがすでに撤去されている。

アイゼンヒュッテンシュタットの都市建設は，ロイヒトの計画と最終的な様相とは異なるものになったとしても，東ベルリンのスターリンアレーと同様にDDR建国期に目指された都市建設の理想とその後の転換を如実に反映した東西ドイツ期の象徴的な事例といえる。

（太田尚孝）

Central Europe 06: Goslar

【ゴスラー】鉱山と皇帝の街

ドイツ，ニーダーザクセン州
Niedersachsen, Germany

　ドイツの北中部に広がるハルツ山地に接してゴスラー（ゴスラール）の町がある。この地域には銀，銅，鉛，亜鉛を含む各種金属を産出する鉱山ランメルスベルクがあり，採掘は古代ローマ時代から20世紀まで続いた。閉山後，歴史的な建築文化財や街並みとともに観光地となり，1992年に世界文化遺産に登録された（図1）。

　歴史上に知られる鉱山集落の始まりは10世紀で，現市街地の南，ランメルスベルクの北麓斜面のベルクドルフ（山の村）にあった。ここにヨハンネス教会堂を中心にした城塞集落ができた。同じく10世紀には西の方，今日の鉱山口にあたるフランケンベルクに，銅と銀の精錬職人が住みつき，そこに置かれた教会堂はフランケンベルク修道院に発展する。また，同じく10世紀に現市街地の北のはずれゲオルゲンベルクに聖ゲオルク修道院が築かれる。

　職人や農民，商人の集落群が分散するところに，神聖ローマ皇帝ハインリヒ2世は1009年から帝国会議を開催し始め，それが発展して1045年，山裾のリープフラウエンベルク（聖母マリアの山）に皇帝居城（カイザープファルツ）を建設するに至る。そこには長さ54m，幅18mの矩形をなす，当時最大規模の石造2階建て宮殿とともに，寄進教会堂の聖シモン・ユダ教会堂が建った。それは回廊を持つ大規模なものだったが，その遺構のごく一部がゴスラー大聖堂として現存する。

　11世紀には現市街地中心部のマルクト・プラッツ（市場広場）の東隣辺りに商人が定住し，その北西に計画的な市街地形成がなされ，マルクト・キルヘ（市場教会）の教会堂（聖オズマス・聖ダミアン教会堂）が建つ。同じ11世紀には，その北隣に延長したところに聖ヤコビ教会堂が建つ。12世紀にはその北のヴィラ・ロマーナと呼ばれる地区にマリア修道院（後のノイヴェルク修道院）が築かれる。

　12世紀には市街地は東に向かって発展し，聖シュテファニー教会堂を核とした集落が形成される。これら教会堂群は，東郊外の聖ペテロ修道院も含めて，マルクト・キルヘを中心としてほぼ十字形に配置され，キリスト教都市にしばしば見られる十字架形の都市計画を窺わせる。

図1　マッツ・ジンケンによる絵札，1574年。鉱山ランメルスベルクの麓に横たわる都市景観を象徴的に描く（ニーダーザクセン州道路・交通局資料）

ゴスラーは，職業別に特徴づけられる集落群として始まり，皇帝宮城の地区を含んで，13世紀に初めて全体がアーモンド形をなす市壁の輪で囲まれることとなった。4ヶ所に都市門が築かれたが，東のブライテントーア門にはその後二重になった市壁を守るべく築かれた角塔と2つの円筒形の塔が現存する。市街地には中世都市計画手法の名残が見られ，歪みを含みながらも，中心部は南北に平行に走る細かい街路網，広域は集落群を統合しつつ東西の長軸方向に並行して走る街路網で構成される（図2）。

12～13世紀の神聖ローマ帝国では，皇帝を輩出するシュタウフェン家と教皇派のヴェルフェン家の間で主導権争いが展開され，鉱山で栄えていた都市ゴスラーはその影響を被り，1253年を最後に皇帝居城都市でなくなる。しかし，1025年に遠隔交易の権利を得ていたゴスラーは，1219年までには参事会を設立していた。1267年にはハンザ同盟に加盟（1566年まで）しており，1274年にギルドハウス，1277年に市庁舎（ラートハウス）が記録に現れる。そして1290年，帝国自由都市の地位を獲得するに至る。

市参事会には商人や職人層のほか，臨時雇用の鉱山関連職人も参加し，鉱山都市独特の都市社会を形成した。そして鉱山と精錬，貨幣鋳造に関わる多様な技術開発を通して発展した。鉱山の排水問題は滑車を用いた給排水システムの開発につながり，14世紀には木管による広域の給水システムが敷設され，これも世界文化遺産の一要素をなしている。

15世紀にゴスラーは中世式の市壁を築造し，軍事力を整える。16世紀に，カトリックのブラウンシュヴァイク＝ヴォルフェンビュッテル公ハインリヒが鉱山採掘権をめぐって圧力を加えたため，ゴスラーは宗教改革を導入しつつ対抗した。それ以降も自由都市は何度も危機に遭遇する。17世紀前半の三十年戦争

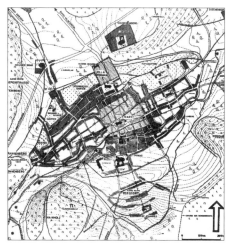

図2　1250年頃のゴスラー復元地図をもとに歴史的な都市空間構造を示す図(Stadt Goslar 2009)

の際には皇帝側につき，スウェーデン軍に蹂躙された。その後，衰退へと傾いたゴスラーは，19世紀初めには神聖ローマ帝国終焉とともに帝国自由都市の特権も失う。

繁栄した都市文化は市街に建ち並ぶ木骨造の市民建築群を残した。とくに，市街の地中に広がる地層から得られる黒いスレート（シーファー）を用いた屋根は特徴的である。中には壁面までスレートで覆う建築もあり，真っ黒の迫力ある建築景観を生み出している。

木骨造の木部に施される建築装飾は中世以来，様式的な変遷が見られる。とりわけルネサンス期にはイタリアから導入されたルネサンスの幾何学形態文化が反映し，円形の花弁文様やオーダーを施した小柱の装飾など，多様な装飾形態を生み出し，彩色されて街路景観を彩った。その装飾様式はさらにバロック・ロココ，新古典主義などへと変化し，独自の市民建築文化をなした。

これら市民建築は皇帝居城や教会堂などとともに，文化財保護の対象となり，建築景観条例でコントロールされ，今日，見事な街並み景観を維持している。

（杉本俊多）

Central Europe 07: Aachen

【アーヘン】カール大帝の湯治都市

ドイツ，ノルトライン＝ヴェストファーレン州
Nordrhein-Westfalen, Germany

　ドイツ北西部のこの地には古代にケルト人が定住し，後にローマ帝国が版図を広げ，この地域にあった豊かな源泉を利用して兵隊たちが憩う湯治都市を設けた。アーヘンの名はラテン名アクアエ・グラニ（鉱泉の水）と呼ばれたことに始まるとされる。

　ゲルマン民族の大移動の後，8世紀にはフランク王国のカロリング朝ピピン3世（小ピピン）が宮廷を構えた。その子カール大帝（シャルルマーニュ）もまたこの地の「王の温泉」を愛好し，ここに780年頃に皇帝居城（カイザープファルツ）を築造した。石造の宮殿と礼拝堂を建て，西ローマ帝国を僭称して，その事実上の首都と位置づけた。彼は死後，この礼拝堂の前に葬られたが，宮廷都市は廃れていった。しかし936年以後，聖地となったアーヘンは神聖ローマ帝国皇帝たるドイツ国王の戴冠式の地となる。戴冠式は聖母マリアを祀る寄進教会堂（シュティフツキルヘ，1802年にナポレオンのもとで初めて司教座が置かれる）と位置づけられた宮廷礼拝堂の2階玉座で執り行われ，1531年まで30代の皇帝を誕生させた。

　カール大帝の時代には，ローマ人の築いた都市を活用しつつ宮廷施設を追加したものと考えられているが，遺構はほとんど発見されていない。皇帝居城は方位に合わせて建築されており，現在は市庁舎となっている小高い場所に，東西軸に合わせた大規模な長方形の宮殿を置いた。その南には南北軸をなす廊下状の長いウィングを伸ばし，南端に東西軸に合わせた礼拝堂（804～805年）を置いた。考古学調査によって明らかとなっているのは，この程度である。このキリスト教の宮廷礼拝堂は，ビザンティン帝国の栄光を継承すべく，ラヴェンナのサン・ヴィターレ教会堂に似せて，内側正八角形，外側正十六角形の集中式建築とされ，西側玄関前にアトリウムの前庭を備えた。

　宮廷礼拝堂たる聖マリア教会堂は改変が加えられていった。正十六角形の礼拝堂は上方にドーム状の屋根が付加され，三角破風で飾られた。また東に内陣が増設され，ファサードには高い塔が聳えることとなる。また礼拝堂の北西にはロマネスク様式で修道院の十字架回廊が建築され，大きく拡張された。

　アーヘン市民は商業と織物業で次第に経済力をつけ，権利を要求し始める。1166年，皇

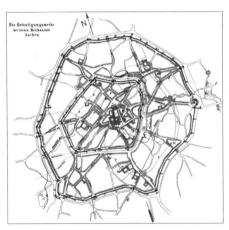

図1　レーンによる中世市壁復元平面図，1894年。カール大帝時代の遺構を中心にして拡張され，二重の市壁で囲われた（Rhoen 1894）

図2　メーリアン都市図集に所収の都市景観図, 1647年。都市の繁栄が窺える。中央に宮廷礼拝堂を増改築した聖マリア教会堂, 奥に皇帝居城を改造した新市庁舎が見える（Matthäus 1647）

帝フリードリヒ1世（赤髭王）はアーヘンを「ドイツ王国の首都」と定め, 帝国自由都市とし, 政治と裁判を自ら執り行える都市権に加えて, 市場権と貨幣鋳造権を与える。そして1171年にフリードリヒ1世は, 今日グラーベンリンクと呼ばれる環状街路のところに最初の市壁を築き始める。市壁の内側は, 南半分には中心から放射状に街路が広がるが, 北半分にはローマ時代の都市を彷彿とさせるような格子状に近い街路網が見られ, 対照的である。

1250年には市参事会の設置が認められており, 1257年に戴冠した皇帝リヒャルト・フォン・コルンヴァルは, 宮廷礼拝堂アトリウムのすぐ外のフィッシュマルクト広場に市庁舎グラスハウス（草の家）を建設させる。彼は広域を囲う第2の市壁の建設を開始し, 図1の復元平面図に見るように, アーヘンはいずれも環濠を備える二重の市壁による都市構造となる。内側市壁には10, 外側市壁には11の市門があり, 外側のゾーンは歪んだ放射状の街路網となった。やや広すぎる外側市壁の内側は, 外敵からは守られたものの, 農地や森が広がり, ほとんど市街化されなかった。

アーヘンでは13世紀に聖体行列の儀式が始まった。1349年以降は, キリストと聖母マリア, 洗礼者ヨハネにまつわる聖遺物を7年ごとに公開し, 巡礼地として栄える。1349年には最初期の市庁舎グラスハウスが手狭になったため, 市民の力で, 皇帝居城の宮殿遺構が新しい市庁舎に改造され, 都市の中心がこちらに移る（図2）。新市庁舎前に広がる歪んだ三角形の広場はマルクト・プラッツ（市場広場）として賑わい, 1620年には中心の噴水カイザーブルンネンにカール大帝の立像が据えられた。

古代ローマ時代以来の源泉はその後も活用された。回廊を備えたローマ時代の浴場施設はアーケードの一部がホーフ広場に残るが, その近くのカイザークヴェレ（皇帝の源泉）は絶えることがなかった。そこにカイザーバート, 聖コルネリスバートといった温泉施設が建築され, 各国の宮廷や貴族, 著名人が湯治に訪れ, 温泉観光地となった。すぐ近くには19世紀初めに建築家J・P・クレマーとK・F・シンケルが設計した新古典主義様式の柱廊をなすエリーゼンブルンネンが建築され, 瀟洒な温泉施設として都市景観に貢献している。カロリング朝以来の歴史と温泉保養地としての名声を背景に, アーヘンは, フランドル戦争後の1668年のアーヘン和約, オーストリア継承戦争後の1748年のアーヘン和約といった, 国際外交の地となった。

20世紀の世界的建築家L・ミース・ファン・デル・ローエは, アーヘンの石工の子として育ち, 第一次世界大戦後のベルリンで頭角を現し, 第二次世界大戦後のアメリカ合衆国で大成する。彼が用いた美しい肌理を見せる大理石の大きな壁のモチーフは宮廷礼拝堂に見られ, カール大帝に発する超越的な建築美が現代に蘇ったかのようである。　　（杉本俊多）

Central Europe 08: Dortmund

【ドルトムント】栄枯盛衰の重工業都市

ドイツ，ノルトライン＝ヴェストファーレン州
Nordrhein-Westfalen, Germany

　ドルトムント市は，重工業地帯として栄えたドイツ西部のルール地方東端に位置する。1200年頃に市街地の周囲に城壁が建設され，約81haの面積を有する都市が形成された。14世紀頃にはハンザ都市として栄えた。

　その後，19世紀の産業革命期からは，市内および近隣で産出される石炭を用いた石炭・製鉄業やビール製造業を中心に栄えた。この時期，周辺から流入する人口を受け入れるため徐々に城壁が壊され，周辺部に都市が拡張していった。ここで特徴的なのは，居住機能のみならず炭坑や製鉄所などの工業系土地利用も，ドルトムント市や近郊集落の周辺で進展したことである。こうした都市拡張は，事前に策定された計画に基づき行われたというよりは，個々の企業によるプロジェクトなどの積み重ねの結果としての側面が大きい。

　最初の市全域を対象とした空間計画は，1938年に策定された「経済計画」である（図1）。この計画においては，既存の市街地の隣接地に住宅系用地の拡張を計画するとともに，製鉄業の隆盛に伴い工業用地の拡張・開発も計画されている。一方，市街地拡張に伴うオープンスペースの減少に対応するため，公共緑地・公園の指定も行われている。これにより，スプロール的な開発の防止と計画的な市街地の拡張が図られた。

　この後の第二次世界大戦で，ドイツの中心産業都市であったドルトムントは，中心部や産業拠点などで壊滅的な被害を受けた。その

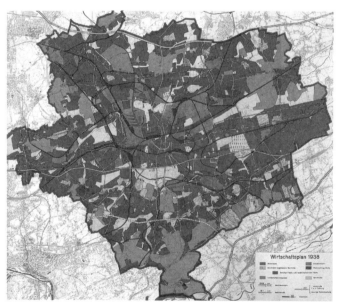

図1　「経済計画」1938年
（Stadt Dortmund 1985）

ため，とくに中心市街地には歴史的な建造物はほとんど残されていない。

一方，戦後は高度経済成長を遂げ，人口も戦争直後の約35万人から20年間でほぼ倍増した。そこで，1968年に策定された土地利用計画では，70万人以上を収容できるような大規模な市街地拡張が計画された。一方で，産業用地周辺の既成市街地（住宅地）の一部については，公害防止のための将来的な緑地化も計画された。また，この時点でとくに石炭業はすでに衰退傾向にあったため，新しい第三次産業や行政機能の誘致が企図されていた。

1985年の土地利用計画（F-plan）では，人口が減少し始めていたものの，新規住宅需要は残っていたため，各近郊市街地周辺に開発予定地が公平に配分された。また，初めて郊外型ショッピングセンター集積地が3ヶ所，高速道路のIC周辺などに指定された。ただし，これは無秩序・無制限に行われたわけではなく，中心市街地をはじめとした既成市街地内の拠点の発展を阻害することのないよう，注意が払われている。

この時期には，石炭から石油へのエネルギー転換や他の新興国の伸長などにより石炭・製鉄業が，また経営形態の古さなどによりビール製造業が，それぞれ本格的に衰退しつつあった。そこで新たな産業として大学やハイテク産業が集積するテクノロジーセンターが郊外部に開発され，活力維持が図られた。

2004年計画では，人口減少が本格化していることを受けて，新たな住宅地指定は85年比で約1％増に止まっている。産業地域指定は，逆に半分以下の面積になっている。それに伴い，産業系の土地利用の転換も進められてきている。たとえば，郊外のフェニックス製鉄所跡地におけるフェニックス人造湖の畔での商業・住宅開発プロジェクトや，中心市街地周辺に立地していたウニオンビール工場の芸術・クリエイティブセンターへの転用などが

図2　ウニオンビール工場跡の再開発（筆者撮影）

挙げられる（図2）。また，緑地や森林の指定区域は，合計1割以上増加している。

以上述べてきたような計画とそれに基づく各種事業の結果，現在は中心市街地や郊外の中心拠点が街の中心地として維持されており，それらは路面電車（LRT）や近郊鉄道によって相互に結ばれている。住宅地は，基本的にはその周辺に形成されており，市街地間には農地や緑地・公園，市民農園などが配置されている。

住宅形式については，産業革命初期までに形成された旧市街地周辺は，囲み型の中層住宅が中心である。旧炭鉱・製鉄所周辺にも，企業が労働者用の住宅として建設した独立型庭付き集合住宅が立地している。戦後に開発された郊外部においては，中層独立型の集合住宅のほか，人口急増に対応するための高層住宅団地も多く建設された。近年も，人口は継続的に減少しているものの，1人当たり住宅床面積が増加していることに伴い，住宅建設は戸建住宅や連棟集合住宅を中心に行われている。

（姥浦道生）

Central Europe 09: Cologne

【ケルン】ラインラントのゲルマン都市

ドイツ，ノルトライン＝ヴェストファーレン州
Nordrhein-Westfalen, Germany

　ドイツの大都市の中でも，ケルンほど歴史が深く，同時に現在も発展し続ける都市は必ずしも多くはない。

　都市の誕生は紀元後50年まで遡る。すでに紀元前39年からゲルマン系のウビィー人がライン川左岸に入植していたが，紀元後50年に皇帝クラウディウスは妻のアグリッピナの出生地である同地をローマ植民都市コロニア・クラウディア・エラ・アグリッピネンジウムに昇格させた。その後，ローマの属州ガリアの境界線であったライン川左岸の前線都市には，$1km^2$の居住地を防御するために全長4kmの壁が建設された。なお，このコロニアがケルンという都市名の由来といわれる。

　3世紀には，低地ゲルマニア州の州都，司教座の所在地，またライン川沿い，ローマ帝国の支配地域の前線という立地条件により拠点都市となった。そして，この頃にライン川右岸に砦が設けられ，図1のように橋で左岸と結ばれた。なお，当時のケルンには約1万5000人から2万人程度の居住者がいたとされる。

　中世期に入ると，1106年に初となる大規模な都市拡張と新たな防御壁の整備を行った。もっとも，人口増加と軍事上の理由から，1180年には市域を従前の2倍の$4km^2$にする第2の都市拡張を行った。この際に，現在の中心部の原型ともいえる半円型の市街地が形成され，その後700年近くケルンの都市デザインを規定した。また，従前の大聖堂が焼失したことを受けて，1248年にその後600年にわたった現在の大聖堂の建設が開始された。大聖堂には，東方の三賢者に関わる聖遺物が納められており，多くの巡礼者の目的地となった。政治的には，12世紀初頭の自治権獲得運動で主導的役割を果たし，1288年のヴォリンゲンの戦いを契機に帝国自由都市として自治権を確固たるものとした。経済的には，手工業と欧州内の他地域との交易都市としてさらに発展し，15世紀にはフランクフルト・ケルン・アントウェルペン・ロンドンを軸とする交易路やその他のハンザ都市とのつながりの中にケルンは位置づけられていた。これ以外にも，ハイデルベルク大学に次ぐ歴史を有す

図1　都市図，3世紀頃 (IKSS 2013)

図2　都市図，16世紀半ば (IKSS 2013)

るケルン大学が1388年に設立するなど，中世期にケルンは国際的なつながりも有する一大拠点に変貌を遂げた（図2）。

しかしながら，近世に入ると，ケルンの成長は次第に鈍化していった。ケルンの経済発展を支えた手工業として，煙草や香水（オーデコロン）といった新産業も生まれたが，毛織物は国内外の他地域との競争に敗れ，かつツンフトと呼ばれる中世型の同業者組合も閉鎖的傾向を強めた結果，技術革新や経営拡大を阻害した。交易については，遠方交易が本格化していく中で海岸沿いの港湾都市が勢いを増し，ケルンのような内陸都市に取って代わっていった。また，17世紀後半には貧富の拡大と市政の腐敗を改善するために政治的動乱が起こったが（ギュリッヒの反乱），失敗に終わった。さらにケルン大学も，宗教改革時に保守的色彩の強いカトリック大学として留まったことから時代の発展に取り残された。

このような近世期の停滞は，1794年のフランス軍の進駐や1815年のプロイセン王国への編入，軍事技術の発展などによって徐々に変化していった。ケルンでは1815年以降，都市の要塞化と人口増加が進んだ結果，きわめて高密な市街地が形成されていった。しかし，19世紀半ばになると，中世から続く市壁やその外側の堡塁は不要になり，郊外部に新たな防御線が設けられた。この流れの中でケルン市は，1881年から市壁を撤去するとともに，プロイセンから堡塁施設を買い取ることで新たに約200haの建設用地を獲得した。市壁跡地には，ドナウ川左岸のウィーンのように環状型のブールヴァールが整備された。さらに，堡塁跡地には近代的な新市街地が建設された。こうした一連の都市拡張と近代化を担ったのは，1881年から98年まで都市建築監督官を務め，ドイツの都市計画の礎を築いたヘルマン・ヨゼフ・ステューベンであった。

第一次世界大戦後には，ハンブルクから招

図3　戦災後のケルン，1945年4月（IKSS 2013）

聘された建築家・都市計画家のフリッツ・シューマッハーによって，人口と市域の急増期における都市計画が行われた。この際シューマッハーは，都市内部・郊外部のグリーンベルトの整備からなる広域緑地計画を前提にし，1923年に総合的観点からの土地利用を総合住宅地計画として示した。

第二次世界大戦では，1940年以降に計262回を数えた空爆により，ケルンの旧市街地では90％，都市全体では70％に達する住宅の破壊が見られた。都心部も図3のように瓦礫の山と化した。そして，2万人に達した空爆の犠牲者数は，ケルンのナチ化や軍需産業としての拠点化の結果でもあった。

ケルンの戦災復興は，西ドイツの他の大都市と同様に急速に進み，1975年の市町村合併を経て，西ベルリン・ハンブルク・ミュンヒェンに次ぐ第4の100万人都市となった。その一方で，近年は国内外との熾烈な都市間競争に曝されている。この中で，次の時代のケルン像を示しうる2009年のマスタープランでは，左岸の半円形の市街地に右岸のドイツ地区を含めた一体的開発が計画されており，新たな都市像の模索が始まっている。

（太田尚孝）

Central Europe 10: Weimar

【ヴァイマール】ゲーテとバウハウスの街

ドイツ，チューリンゲン州
Thuringia, Germany

ヴァイマール（ワイマール）の名は899年の文書に初めて登場する。ヴァイマール伯の名は946年，ヴァイマール城（ブルク）の名は975年である。城は6世紀頃に始まるとされ，イルム川に接して楕円形の濠で守られていた。集落が確認されるのは1250年のことであり，その頃に市街地の中心に位置する，後の都市教会堂「聖ペーターとパウル」（通称ヘルダー教会堂）が登場する。最初の市庁舎は1396年に，マルクト・プラッツ（市場広場）を前にする現在の位置に建築された。ヴァイマールが地方領主から都市権を与えられるのは1410年である。市街地は中世都市らしい，やや複雑で有機的な街路網をなしていた。

市壁は13世紀初頭から建設されていたという。図1に見られるように，中世市壁を巡る濠は南北に流れるイルム川とともにほぼ四角く市街を囲い，北のグラーベン（濠）通り，西のゲーテプラッツ（広場），南のヴィーラント通り，シラー通り，プシュキン通りを経て，南東のイルム川辺に至る環状をなしていた。現存する北西のカッセツルム（金庫塔）や南西のビブリオテークツルム（図書館塔）の円筒形の塔はその名残である。北西郊外の聖ヤコブ教会堂は都市教会堂より早く創立されていたが，この地区は市壁外に残された。

1552年，ザクセン＝ヴァイマール公ヨハン・フリードリヒは，ヴァイマールを首都（1918年まで）と定め，都市は発展する。当初，ホルンシュタインと呼ばれた城はゴシック様式の複合建築だったが，16世紀初期からルネサンス様式を導入して改造が加えられていた。1618年の火災で大きく損傷し，すぐにイタリア人建築家ジョヴァンニ・ボナリーノが招聘され，矩形の広場を巡る4つのウィングからなるルネサンス宮殿建築への統合改変が計画された。この計画は，1651年にチューリンゲン地方の建築家に引き継がれ，フランス式の，南の庭園に開いたコの字形に形を変えて継続され，当時のザクセン＝ヴァイマール公ヴィルヘルム4世の名からヴィルヘルムブルクと称されることとなる。

図2に見られるように，この頃には宮城の姿は変化したが，円筒形の塔ハウスマンスツルムは遠くからも見えるランドマークであり続け，後にはバロック様式の頂塔が上に載せられた。さらに南には楕円形の池があり，その東西には池を囲むように瀟洒な宮殿や屋内馬場，球技場の建築物が建ち並ぶ。やがて18

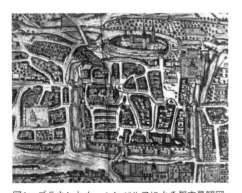

図1　ブラウンとホーヘンベルフによる都市景観図，1569年。西から見た鳥瞰。上（東）にイルム川沿いの宮城があり，下（西）方に濠で囲まれた市街地が広がっている。複雑な街路網の左手に都市教会堂，右手にマルクト・プラッツと市庁舎が描き込まれている（Braun et Hogenberg 1593, ハイデルベルク大学蔵）

図2　メーリアン都市図集に所収の都市景観図，17世紀後期。手前のイルム川沿いに宮城と池を囲む関連建築群が見える（Matthäus 1650）

世紀後期にはここから南へ，イルム川を挟んで長大な風景式庭園のパルク・イルムが造成され，啓蒙思想を育むこととなる。

18世紀初期には，宮殿付属礼拝堂で，20代の若きヨハン・セバスティアン・バッハがオルガン奏者として才能を発揮する。バロック様式となった宮殿は1774年，火災で焼失するが，その後の再建では，宰相を務めた文豪ヨハン・ヴォルフガング・フォン・ゲーテが，ハンブルクから建築家ヨハン・アウグスト・アレンスを呼んで新古典主義の様式を導入する。

18世紀後期から19世紀初期にかけて，公妃アンナ・アマーリアと，その子カール・アウグスト公のもとで，ヴァイマールはドイツ古典主義文化の中心都市となる。ゲーテのほかフリードリヒ・シラーやC・M・ヴィーラント，J・G・ヘルダーらがヴァイマールで活躍する。ゲーテとシラーの住居のほか，サロンの舞台となったアンナ・アマーリアの「寡婦宮殿」などを含め，1998年に「古典のヴァイマール」の名で世界文化遺産登録に至った。パルク・イルムには，ゲーテの別荘（ガルテンハウス）があり，その近くにはアレンスが「ローマの家」という名の神殿風パヴィリオンを建築した。また建築家ハインリヒ・ゲンツがベルリンから招聘され，宮殿のそばに室内馬場と射撃場を建てた。ヴァイマールの建築家C・W・コウドライ（クードレ）も市の内外に新古典主義の建築スタイルを展開した。

政治権力よりも文化に傾倒した宮廷のもと，ヴァイマールは近世型城塞を備えることもなく，古典主義文化都市として穏やかな都市景観のまま近代を迎える。市壁の外に建っていた宮廷劇場は，かつてゲーテやシラーが活躍し，新作を上演するなどした歴史的な場所で，1857年，その前庭にゲーテとシラーの記念碑が置かれた。1907年に改築されていたこの劇場で，第一次世界大戦がドイツの敗戦で終わった直後の1919年，新憲法を採択する国民集会が開催され，いわゆる「ヴァイマール共和国」が誕生した。その際に宮廷劇場は「ドイツ国民劇場」と改名された。

同じ1919年，社会革命の息吹を背景に，建築家ヴァルター・グロピウスはアール・ヌーヴォーの芸術家アンリ・ヴァン・デ・ヴェルデが率いていた旧来の工芸学校を改編して前衛的な芸術教育機関バウハウスを設立する。その関連施設はデッサウ校舎などとともに1996年にもうひとつの世界文化遺産に登録されているが，古典文化と前衛芸術の融合が都市の個性を形作っている。

小国だったとはいえ，首都としては珍しく19世紀の工業化による都市膨張を免れ，郊外には緑の中に赤瓦の低層住宅地が広がり，田園都市のような風景を見せる。ドイツの古典主義文化の拠点となった宮廷都市は，現代ドイツの平和文化を象徴する都市となっている。

（杉本俊多）

Central Europe 11: Nuremberg

【ニュルンベルク】ドイツ職人の母都市

ドイツ，バイエルン州
Bavaria, Germany

　1040年頃，ザーリアー朝の神聖ローマ皇帝ハインリヒ3世が，権力の空白地帯だったペグニッツ川の北の岩山の上に城（ブルク）を築き，それが都市の始まりとなった（図1の下端）。1105年にはラープス家による城伯の地位が創始され，統治権が与えられた。市街は城の南，ペグニッツ川の両側で，聖ゼバルドゥス教会堂と聖ロレンツ教会堂を核とする2つの教区として発達した。

　まずは城のすぐ西隣のティーアゲルトナー門から南へ聖ゼバルドゥス教会堂の前までのところに市場が形作られた。聖ゼバルドゥス教会堂の名は，前身建物である聖ペテロ教会堂に葬られた聖ゼバルドゥスの奇跡に由来する。この教会堂を含む，城の南の四角い地区が市域として設定されたと考えられている（図1中央下部）。しかし，次第にこの境界線を越えて市街化が進み，西はノイトーア門のところまで，東はイネラー・ラウファー広場まで，南は現在のフラウエン教会堂のあたりまで市壁が広げられた。市街地は城の南の斜面に不規則に拡張されたため，街路網は複雑で，有機的な都市空間を形成する。

　他方，ペグニッツ川沿いの湿地帯を越えた川南では，聖ロレンツ教会堂の西側に3本の街路が敷かれ，市壁でアーモンド状に囲まれた市街が形成された（図1上部）。こちらにはより下層の商人や職人が住みつき，川北とは格差があった。市庁舎も北にあり，当初は聖ゼバルドゥス教会堂の西側にあった（後に東側に移転し，17世紀になって，現在見るように大規模に改築された）。ペグニッツ川にはいくつもの橋が架かり，川岸には水車小屋が連なり，産業地区となっていた。川辺の湿地帯の一角にはユダヤ人が居住した。

　1219年にはシュタウフェン朝のフリードリヒ2世によって帝国自由都市に認められる。1271年には帝国議会がニュルンベルクで開催され，以後，定期的な帝国議会開催地に指定され，帝国の中心的な都市の地位を得た。

　当初，それぞれ川の南北に位置するゼバルドゥス教区とロレンツ教区の両地区は，別々に市壁で囲まれていたが，1320年頃に川を跨いで市壁が追加され，一体化する。その際に，この地域に住んでいたユダヤ人が追われ，聖母教会堂（フラウエンキルヘ）と主市場（ハウプトマルクト）広場が築かれた。1377年には図1にあるように，市街地を拡張しつつ，岩山上の城から延びる新市壁が築かれ（現在の環状道路の位置），空間的な統一を見る。これは円筒形や四角柱の櫓をつなげ，濠を巡らせた中世型の市壁であり，後にごく一部に近世型の稜堡が追加される。

図1　ケーラーによる都市図，1719年。下が北（バイエルン州立図書館蔵）

図2　ハルトマン・シェーデル『ニュルンベルク年代記』所収の中世都市ニュルンベルクの景観，1493年（ニュルンベルク市文書館蔵）

　1427年には城伯制が解消され，統治権が市参事会に売却される。この頃から16世紀中頃まで，ニュルンベルクは市民が活躍する黄金時代を迎える。

　聖ロレンツ教会堂はドイツ後期ゴシックのファサード装飾で知られ，内陣には当地で活躍した彫刻家ファイト・シュトスによる「受胎告知」の透かしが虚空に垂れ下がる。主市場広場は，彫刻家アダム・クラフトによる破風飾りのある聖母教会堂と，色鮮やかなゴシック尖塔形式の噴水シェーナー・ブルンネンで中世都市らしく演出される。

　15世紀後半から16世紀前半にかけて，前述の後期ゴシックの彫刻家クラフトとシュトスに続き，ドイツ・ルネサンスを代表する画家アルブレヒト・デューラー（1471〜1528年）や詩人・歌手のハンス・ザックス（1494〜1576年）の時代を迎える。当時すでに国内外で名声を博していたデューラーは，城のすぐ足下の，この地域伝統の大きな木骨造の都市建築を手に入れ，版画工房とした（現デューラーハウス）。ザックスは，19世紀に作曲家リヒャルト・ヴァグナーがオペラ「ニュルンベルクのマイスタージンガー」でモデルにするなど，伝説的人物となった靴職人だった。

　また出版文化が花開き，ハルトマン・シェーデル（1440〜1514年）著『ニュルンベルク年代記』（1493年）は，世界の歴史を文章と挿絵で説き，ヨーロッパ中で買い求められた。それに掲載された色鮮やかなニュルンベルクの景観図（図2）は，高台の城の足下に教会堂や都市建築がひしめきあい，櫓を巡らせた市壁で囲われる中世都市像を伝えている。

　ニュルンベルクは神聖ローマ帝国の威光を背景に，帝国自由都市として経済的な繁栄を築き，市民文化を開花させた。市参事会は宗教改革にも積極的だったが，この頃には宮廷も大学もなかった。その文化を担ったのは，技能を身につけた人々の誇り高い職人気質だった。19世紀にはロマン主義思想の高まりを背景に，ドイツ職人神話を代表する都市としてニュルンベルクに注目が集まり，観光対象となる。

　皮肉ながら，1930年代にナチスは，帝国の歴史を宿す有機的景観の都市ニュルンベルクを，ゲルマン民族の象徴的な都市としてプロパガンダに利用した。郊外のツェッペリンフェルトで開催された党大会は，建築家アルバート・シュペーアの古代祭祀風の会場設計と映画監督レニ・リーフェンシュタールの映像美で有名になる。ヒューマンスケールの高密な中世都市とは異質の，異様に超越的なスケールの廃墟構造物は，ナチズム警鐘の負の記念碑として保存されている。　（杉本俊多）

Central Europe 12: Rothenburg

【ローテンブルク】ロマンチック街道の宝石

ドイツ，バイエルン州
Bavaria, Germany

　ドイツ中南部のゆるやかな丘陵地帯，蛇行するタウバー川の谷間に細長く岬状に突き出した先端に，970年に小さな砦が築かれた。1142年にはシュタウフェン朝のドイツ王（神聖ローマ皇帝）コンラート3世がこれを拡張し，また聖ブラジウスの礼拝堂が建った。この城は1356年の地震で倒壊した後，廃墟と化して現在に至る。

　1170年頃，ローテンブルク（オプ・デア・タウバー）の最初の都市建設がなされる。城の敷地入口のブルク門から東へ，街路型市場広場の形をなす幅広いヘレンガッセが伸びる。その東端には最初の市庁舎と矩形のマルクト・プラッツ（市場広場）が置かれた。都市教区教会堂の聖ヤコブ教会堂は一街区離れた北に建つ。この聖俗の中心地区はおおよそ直交する街路網となっており，この地区を核として円環状の市壁が巡る。図1（20世紀初期の地図）にはローテンブルクの歴史的な都市形態をよく捉えることができるが，左（西）端の岬状のところにあった砦跡から広がり，中央のマルクト・プラッツを中心に円形をなす初期の市街地が読み取れる。東から北へと囲む市壁の跡は今も二重の環状街路として残り，マルクスツルムの時計塔を載せるレーダーボーゲンとヴァイサーツルムの塔門が往時の都市門の面影を残している。この旧市壁の遺構は，後に市街化されて複雑な建築物となって今も目にすることができる。

　1274年，ローテンブルクはハプスブルク家のドイツ王（皇帝）ルドルフ1世のもとで帝国自由都市となる。1373年，ドイツ騎士団が聖ヤコブ教会堂を改造し，聖遺物の血を祀ったために，ローテンブルクは巡礼地として発展する。そして13世紀の末期に次第に市街地が拡大し，図1右上部の外周線となっている市壁と斜堤までが都市域となる。その際には，四方に放射状に伸びる5つの街道をもとに市街化された。

　1350年頃，南に伸びる尾根の先端部にあった慈善院（シュピタール）のところまで伸びるシュピタールガッセの細長い市街が市壁で囲まれ，先端に門と8の字状の要塞シュピタール・バスタイが築かれる。こうして都市全体の輪郭は，図1に見られるように，アメーバ

図1　都市図，1897年。川沿いの丘陵地に形成されたアメーバ状の都市形態が見て取れる（バイエルン州立図書館蔵）

図2 メーリアン都市図集に所収の都市景観図，17世紀中期。最も背の高い塔が聖ヤコブ教会堂。その右は市庁舎の塔，右端部は南端のシュピタール門，左端は北端のクリンゲン門
(Matthäus 1656)

状の生き物のような形態となる。都市へ入場する入口には多様な建築形態の中世型の都市門がデザインされ，延々と続く市壁には角柱や円柱形の塔状の櫓が点々と設けられた。最盛期には市全体として，都市門と市壁の櫓を含めて計43の塔が林立した（図2）。

こうして多数の塔の群れの中に聖ヤコブ教会堂の双塔や市庁舎の塔が混じり，変化のある地形を背景に，独特の中世都市風景が形作られた。今日，歴史的な都市門から入り，旧市壁の門や聖ヤコブ教会堂の内陣下のトンネルをくぐるなどして幹線街路が抜けて行くが，それは時間をかけて構造変化を遂げてきた中世都市だからこその特徴である。

塔を備える中世の市庁舎は，前部が火災に遭った後に，1572年から各地の建築家を招聘して建築され，観光写真でよく知られるような，ルネサンス様式の水平線と比例を強調する豪華なファサードの建築となる。角部の小塔風の張り出し（エルカー）や急峻な屋根は中世以来のこの地域の伝統によっている。傾斜する石畳のマルクト・プラッツの隅にはドイツ・マニエリスムの装飾的な噴水（聖ゲオルクの泉）がアクセントをなす。広場周辺には中世の階段状破風やルネサンス期の水平的な装飾が混じり，中世都市の空間を舞台にして，近世の快活な息吹が巧みに注入された。

主要街路は両端が都市門の塔で区切られている。道幅が一定しない，合理性を欠くかのような街路沿いに，妻入り形式の都市建築が並び，鋸歯のようなスカイラインをなす。一定の中世の建築ルールと都市計画技法のもと，自在な工法で木骨造やエルカーといった建築要素を取り混ぜつつ，個々の建築物が自己主張し，かつ協調しあって作り出す有機的な空間組織は，人間味のある都市空間を残した。

1877年頃，風景画家オイゲン・ブラハトがローテンブルクを絶賛し，その後，次々に国内外の画家が訪れる。すでにこの頃に，2つの塔門が上下に見え，急峻な屋根を持つ木骨造民家がエッジを飾るプレンラインの分かれ道のロマンチックな構図が，絵画の題材となっている。後に，東山魁夷も同じスポットを描いた。19世紀にロマン主義者たちが見出したピクチャレスクでヒューマンな都市風景は旅行ブームを牽引し，イギリスやフランスなど国外からの観光客を惹きつけた。1950年にロマンチック街道のルートが設定されると，ドイツ中世都市のイメージは一気に大衆化され，アメリカ人や日本人など，世界中から観光客が押し寄せる。

ローテンブルクでは20世紀初期から造形条例が整備され始め，第二次世界大戦時に一部が空襲を受けた後には歴史的景観に戻すべく，ファサードがほとんど復元された。条例では建築形態から看板まで，詳細に規定されており，また谷間の自然を含む風景を維持するための広域の景観規制も定められた。そうした都市計画技法と都市政策によって，ローテンブルクは現代都市モデルのひとつである歴史的観光都市の先進例となっている。

（杉本俊多）

Central Europe 13: Bamberg

【バンベルク】司教座と市民自治の混成する都市

ドイツ，バイエルン州
Bavaria, Germany

　神聖ローマ皇帝ハインリヒ2世（バイエルン公）は1007年，新しい司教区を創設し，レグニッツ川沿いの丘陵上に大聖堂を建設した。それまでこの地は，漁村と農村が作る平凡な風景が広がり，丘上に舟運を監視する砦があるだけだった。

　当初の大聖堂は2度の火災で焼失し，13世紀初期に大建築に改築される。まずはロマネスク様式で東側の内陣から始まり，東塔まで建築され，その後，ゴシック様式で西側内陣と西塔が拡張され，1237年に献堂された。東側内陣に守護聖人ゲオルク，西側内陣に聖ペテロを祀り，東西に半円形のアプスが張り出す。そして東西に4本の塔が聳え，広域のランドマークとなった。大聖堂には十字架回廊のほか，複雑に構成された司教宮殿などの建築群が付属し，「ドームベルク（大聖堂の山）」地区を形作る。図1の左上にある大きな建築物が大聖堂であり，その4本の塔が特徴的だった。

　皇帝権力を背景にした司教の力は絶大で，大聖堂を取り巻いて丘陵上には，北にベネディクト会の聖ミヒャエル修道院，西に聖ヤコブ修道院，南に聖シュテファン修道院が次々に建築され，バンベルク西側丘陵の，「ベルクシュタット（山の都市）」の景観を形作った。図1中央のレグニッツ川の左側に展開する市街地がそれである。

　初期の市街地は大聖堂の足下のレグニッツ川（左流）沿いのザントシュトラーセ（砂通り）に始まり，教区教会堂オーベレ・プファールキルヘのあたりまで広がる。幹線道は橋を越えて東へ，ランゲシュトラーセ（長通り），枝分かれしてグリュナーマルクト（緑市場）の通りへと続き，今日の目抜き通りをなしている。こちらはレグニッツ（左流）とレグニッツ（右流）に挟まれた大きな中州にあるため，「インゼルシュタット（島の都市）」と呼ばれる。

　中州を横断するグリュナーマルクトの通り

図1　メーリアン都市図集に所収の鳥瞰図，17世紀中期 (Matthäus 1656)

は幅広く，湾曲して広場状になっており，もうひとつの教区教会堂の聖マルティン教会堂がその中心を占める。またその並びに初期の市庁舎が置かれていた。このインゼルシュタットは北から東にかけて，濠のある中世市壁で半円状に囲い込まれていた。

グリュナーマルクトの通りは図1右端の都市門を出てさらに右へと伸び，レグニッツ川（右流）の橋を渡ってケーニヒ通りに続き，そこには街村状の「ゲルトナーシュタット（庭師の都市）」（別名「トイアーシュタット」）となる。ここにも司教によって聖ガンゴルフ修道院が置かれていた。今日，このそれぞれ特徴的な景観を持つ3地区が併せて世界文化遺産を構成する。

自然発生的な農漁村と地政学的に投入された司教座が合体した都市は，宗教権力と市民自治の衝突を経つつ，独特の発達を遂げる。レグニッツ川（左流）を渡る交通の要となるところにできた2つの橋をつなぐように小島が造成され，そこに川中に孤立したかのように市庁舎が建つこととなる。市街地の中心に広場を備えるのが常である市庁舎の場所がそうなったのは，市民と司教の間の対立のせいだったとされる。

この市庁舎は18世紀中頃に地元の建築家ヨハン・ヤーコブ・ミヒャエル・キュッヘルがバロック・ロココ様式で改造した。橋上門の塔屋を挟んで下手に参事会堂，上手に木骨造の「ホイスライン（小屋）」を張り出す，愛嬌のある市庁舎が，バンベルクの顔ともなっている。橋上に立ちはだかるように建つ塔屋はバルコニーや窓飾りなどで豪華に飾り立てられ，屋根上に小塔が聳えて，ランドマークとなる。

市庁舎の下流の右岸は，今日，「小ヴェネツィア」と呼ばれる独特の川辺景観をなすが，これは自然発生的な漁村の名残である。川に面する市民建築の壁面には木造でヴェランダ構造が張り出して特異な建築像を見せ，足下の水辺には小舟が係留された。この町は歴史上，大きな洪水に何度も襲われており，川辺のもろさがこのような建築景観を生んだようである。他方，町外れのゲルトナーシュタットの方は周辺農地へと続き，農家風の都市建築が建ち並んだ。居住用の主屋のファサード中央に馬車が通るだけの幅のアーチ形の入口があり，細長く伸びる敷地奥には農作業用の庭があり厩舎などが並んだ。そのような建築が湾曲する街路沿いに並び，ベルクシュタット，インゼルシュタットとは対照的にのどかな農村都市の景観をなす。

司教権力のもと，バロック期は華やかな建築文化が花開く。大聖堂に付属するドームベルクの司教宮殿は，司教領主ロタール・フランツ・フォン・シェーンボルンのもとで，著名な建築家の家系に列するヨハン・レオンハルト・ディーンツェンホーファーによって1702年，大規模なバロック宮殿に改築された。この建築家は聖ミヒャエル修道院のほか，聖マルティン教会堂，また自邸を含む都市建築も手がけ，バンベルクの都市景観をバロックで彩るのに貢献した。18世紀には，地元の建築家ヨハン・ヤーコブ・ミヒャエル・キュッヘルや，ドイツ後期バロックを代表する建築家バルタザール・ノイマンが，バンベルクの建築文化を彩る。

分流する川と丘陵で形成された地形に，中世独特の湾曲する複雑な街路網が丘を登り，また田園に散っていく。そこここに点在する目を引く建築群，壮大な教会堂群の中にあって，大聖堂の4本の塔が中心を指し示す。変化に富むバンベルクは，目を楽しませるピクチャレスクな都市景観を形成し，著名な交響楽団も有して，個性的な観光都市となっている。都心部は第二次世界大戦での空襲被害が他都市に比べて小さく，それが1993年の世界文化遺産登録につながった。　　　（杉本俊多）

Central Europe 14: Karlsruhe

【カールスルーエ】バロックの扇状都市

ドイツ，バーデン＝ヴュルテンベルク州
Baden-Wurttemberg, Germany

　カールスルーエはドイツ南西部，ライン川右岸の平坦な地形に築かれた「扇状都市」として知られる。現在はバーデン地方の中核都市として，工業都市，大学都市，芸術文化都市となっているが，ドイツ連邦共和国の連邦裁判所，連邦憲法裁判所があり，「司法首都」とも呼ばれている。

　カールスルーエの名は，「カールの休らう場所」という意味である。18世紀初頭，バーデン＝ドゥルラッハ侯カール・ヴィルヘルムは，居城のあった比較的小さな都市ドゥルラッハから，約5km西方の，森に囲まれたこの地に宮城（シュロス）を新築して移転した。その都市形態は，絶対主義時代のバロック都市計画の典型例として広く知られている（図1）。

　宮城の中心には高さ51mの物見櫓型の八角塔が建ち，ここから広大な森に32本の道が均等に放射される。そのうち南の8区画が宮城に当てられている。そこには，北側にくの字形をなすバロック様式の宮殿主屋が建ち，その左右の延長上に宮殿付属の各種施設，南側の円弧に沿ってマンサード屋根を載せる2階建ての市民住居棟の列，さらにその外には平屋建ての市民住居群が配される。扇形をなす宮城前庭（クールドネ）は，ほとんどがバロック式の幾何学庭園に当てられていて，異例の形式である。南端の市街には，ドゥルラッハから西のミュールベルクに一直線に東西道路（現カイザー通り）が走る。中心部に教会堂が3棟置かれるものの，市庁舎や中心広場は計画されなかった。このような扇状都市の，領主を中心とする集中的な空間構造は，絶対主義の社会構造を象徴化したものとされる。

　そもそも平坦な森の中に物見櫓を中心に放射状の道を展開する手法は，郊外で猟犬を使った狩猟遊びをするために考案されたものである。宮廷の狩猟遊び場の企画から始まり，それが離宮型の宮城を付加する構想へ（当初，物見櫓は独立して建っていた），さらに市街地を付属させる計画へと拡大変化したものと考えられている。

　建設は1715年の物見櫓建設に始まり，1718

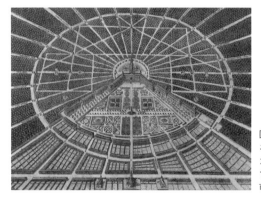

図1　ガブリエル・ボーデネーアによる居城都市カールスルーエ計画図，1721年（カールスルーエ市文書館蔵）

年の宮廷の移転で本格化するが，市街地の建設は「特権状」の優遇策によって促進され，遠方からの移住者が集められた。この時代の新市街建設の方式は，全体的な都市景観デザインのもとに，高さや形態などの厳しい規制を行うものであり，個別の自由はほとんど認められなかった。ここでは木骨造でマンサード屋根付きの，2階建てと平屋の2つの建築モデルしかなく，長屋型で単調に統一された。ヒエラルキーを視覚化させるべく，背の高い物見櫓を頂点に，3階建ての宮殿主屋，そして2階建て，平屋建てへと，周囲に行くにつれて次第に低くなるように計画された。

18世紀に市街が次第に形成されるが，宮城にも各種の施設が追加される。当初の宮殿主屋は簡素な木骨造で，ヴュルツブルク宮殿の設計で知られるバルタザール・ノイマンなどによって壮麗なバロック建築への改築が何度か計画された。しかし扇形を維持しつつ比較的簡素な宮殿建築に改装されるに終わる。

18世紀末，地元出身で，フランス革命期のメガロマニー建築の影響を受けた建築家フリードリヒ・ヴァインブレンナー（1766〜1826年）は，このようにしてできたバロック都市に手を加え，新古典主義の都市に改編する。東西軸線道路であるカイザー通りの南は，ほぼ彼のデザインによるものである。彼は宮城中心軸を延長した南北道のカール・フリードリヒ通りを古代ローマの凱旋道路風にデザインし，また市街地を菱形状の街路網で拡張する案を作成し，実現させた。図2は彼自身の描いた南向きの設計案透視図であるが，現状とほとんど変わらない。

この南北軸には，まず矩形のマルクト・プラッツ（市場広場）を置き，均一なファサードの都市建築の列で四角く囲み，中心に小さな正四角錐ピラミッドを置いた。広場の両側には塔を背後に持つ市庁舎（右）と新教教会堂（左）が向かい合い，対称形をなした。こ

図2　新教教会堂(左)と市庁舎(右)の向き合うマルクト・プラッツ(市場広場)を貫く都市軸カール・フリードリヒ通りの新古典主義的なデザイン(Weinbrenner 1819)

の南北軸のさらに先にはオベリスクの立つ円形のロンデル広場を挟んで，円弧のファサードを持つ辺境伯宮殿を置いた。そして南端は重厚で閉鎖的な壁面を持つエットリンガー門で閉じた。彼は東西軸のカイザー通りに3階分の高さのアーケードを延々と続けるというメガロマニー的な設計案を描いたが，これは実現しなかった。

放射状の街路網と市民ゾーンの菱形状街区の街路網は，交差点のところに様々な角度で尖る，あるいは鈍角をなす不規則な敷地を形作ってしまったが，ヴァインブレンナーはその要所にモデル的な都市建築を建てるなど，市街地全体を規律ある新古典主義の美学で統一した。

ヴァインブレンナーが1800年に興した建築学校（バウシューレ）は，1825年に理工科学校（ポリテクニック）となり，今日のカールスルーエ大学（工科大学）へと発展する。『建築教本』を著すなど，彼の先進的な建築教育は次世代の建築家を育成し，伝統を築き，今日に継承されている。また，バロックと新古典主義の都市デザインは宮廷のかなり強権的な施策の結果ではあったが，その知的で規律ある都市デザイン思想は，現代的な都市計画に継続され，今日の大学都市カールスルーエの知的伝統ともなっている。　　　（杉本俊多）

Central Europe 15: Mannheim

【マンハイム】北方ルネサンスのグリッド都市

ドイツ，バーデン＝ヴュルテンベルク州
Baden-Württemberg, Germany

マンハイムは，ドイツの西端を流れるライン川上流域に位置し，支流ネッカー川がライン川に注ぐ位置に築かれた近世の計画都市である。現在は文化，経済の中核都市であり，ライン川対岸の工業都市ルートヴィヒスハーフェンとともに広域の大都市圏を形成している。

そもそもこの地域の開発は，ライン宮中（プファルツ）伯であったヴィッテルスバッハ家がハイデルベルクに居城を構えていて，その所領内にあったこの付近に，ライン川から通行税を取るためにアイヒェルスハイム城を構えたことに始まる。周囲にはライン川沿いの漁村しかなかったが，1606年，この城の近くで，大規模なフリードリヒスブルク要塞（シタデル）の建設が始まった。翌1607年に，それに付属するように築かれた小都市に都市権が授与され，都市マンハイムの始まりとなった。

この要塞と都市の建設に際して，見事なルネサンス理想都市の形が採用された。それはオランダから招かれた技術者バルテル・ヤンソンによる設計で，正七角形の稜堡式要塞に正十一角形の稜堡式城塞都市を重ね合わせたものであり，完璧な幾何学形態をなしていた。残された計画図の精度は高くはないが，それによると要塞の直径は内法で約500m，都市部は約900mであり，堀を巡らす稜堡式城塞はいずれも幅約300mで円環をなした（図1）。

軍事施設であるフリードリヒスブルク要塞の内部は7本の放射状道路に合わせて数列の兵舎が正七角形をなすように配置され，中心に広場が置かれた。都市部の方は整然としたグリッド・プランの街区構成とし，各街区は約45×60mを基本とし，一部に約45×45mが混じった。中央部の離れた2ヶ所の街区は矩形広場とされていた。もっとも当初はあまり市街化が進行しておらず，不揃いな街並みとなっていた。

16世紀のイタリアでは次々に城塞建築理論家が出て，この種の集中式の要塞と市街地を連結する理想都市案を提示していた。とくにピエトロ・カタネオの『建築四書』（1554年，ヴェネツィア）には類似したプランが見出される。その理論がオランダで再解釈され，マンハイムに影響があったものと考えられるが，このように明快に実施された例はほとんどなく，貴重な例である。

ライン宮中伯は宗教改革に同調して新教側に立ったため，三十年戦争（1618〜48年）が始まるとマンハイムはカトリック連盟軍の司令官ティリー伯の攻撃を受け，破壊される。戦後の1652年，改めて都市権の授与が行われ，その際に宗教寛容政策がとられた。その結果，フラ

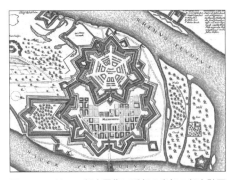

図1　メーリアン都市図集に所収の当初の都市計画を示す図，17世紀中期（Matthäus 1674（1645））

図2　ヘッケル原画, ポッペル版画のマンハイムの鳥瞰図, 1850年頃. 中央軸線の上端部にバロック様式の宮殿があり, 裏手をライン川に接する（マンハイム市文書館蔵, Rings 2003）

ンスやベルギー（ワロン, フラマン）の各地から多数の新教徒が移住し, ユダヤ人もこれに続いた. こうして市街地は復興したが, 今度は1689年のプファルツ継承戦争でフランス軍に蹂躙される. 1697年には再度, 都市権の授与が行われ, その際に住民の帰還と移民促進のために, 都市法はより自由で開放的なものに書き換えられ, 積極的な建設政策がとられた. 1700年には市街地中心部からやや下ったところのマルクト・プラッツ（市場広場）に市庁舎が建築された. それはランドマークとなる塔を挟んでほぼ完全な対称形をなすバロック建築であり, 左半分が市庁舎, 右半分は聖セバスティアン教会堂となっていて, 聖俗で二分した特異な構成となっていた.

1720年, ライン宮中伯で選帝侯のカール・フィリップは, 宮廷を山城のハイデルベルク城からマンハイムに移すこととし, もはや使用されずに都市部に統合されていたフリードリヒスブルク要塞に替えて, 広い前庭（クールドネ）を持つバロック様式の宮殿を建設する. 宮殿のそばにはバロック様式のイエズス会教会堂が建つ. また市街地中心部のパラーデプラッツ（閲兵広場）には, アーケードを備え, 中心に塔を持つバロック様式の大きな商店建築が建つ. 宮殿を含め, これらの壮麗なバロック建築は, イタリアの舞台美術デザイナーの家系として有名なビビエナ家の建築家アレッサンドロ・ガッリ・ダ・ビビエナによって設計された. グリッド・プランの中央を横断する街路は拡張されて並木道となり, 宮殿を見通す中心軸の街路（クアプファルツ通り）とともに十字軸線構成となる. 稜堡式城塞は宮殿とグリッド・プランの市街地を統合するように改編され, 都市全体が宮殿を焦点とするバロック様式のモニュメンタルな都市デザインに統一されるに至った.

マンハイムは1795年, 革命後のフランスとオーストリアの戦争の舞台となり, 砲撃によって破壊される. その後, 要塞部の宮殿化後も都市外郭に維持されていた稜堡式城塞は完全撤去され, グリッド・プランの市街地が拡大される. 図2に見られるように, その外周が半円の環状並木道となり, 開放的な近代の都市景観に変貌する.

1811年からマンハイム市街の住所は, 通りに面する順番で呼ばれる一般のヨーロッパ都市とは違い, グリッド・プランを生かして「クヴァドラーテ」と呼ばれる縦A〜U, 横1〜8のナンバリングで表示された. ほぼ同時期にアメリカでも同種の住所表示が始まっているが, マンハイムではすでに17世紀に原型が見られ, 普遍的な空間認識の先駆ともされる.

（杉本俊多）

Central Europe 16: Bern

【ベルン】アーケードと噴水の街

スイス，ベルン州，首都
Capital, Bern, Switzerland

　ベルン旧市街は建物の更新という新陳代謝をしながらも都市組織の形式を継承している都市である。街並みのグランドレベルを連結するアーケード（柱廊）はヨーロッパ最長といわれ，6kmの総延長を持つ。図1は1638年の市街の鳥瞰図である。彫刻で飾られた噴水が広場や街路沿いなど至るところに配置され，街路中央の水路を流れる水を供給するだけではなく，町に関する物語を象徴するランドマークとなっている。

　この町は蛇行するアーレ川が南，東，北を囲う半島状の小高い丘陵に立地する。半島東端の地区ニュデックに築造された砦を起点に，市街は主に西に向けて拡張された。海鼠のような形状の半島の尾根伝いに伸びる中心街路とその南北に並行する2本の街路が，都市の東西軸を形成している。この3本の主要街路の両側に6面の街並みが生まれ，南北に伸びる何本かの街路と交差することによって，グリッド状の道路網が作られている。また，長方形のブロックを南北に縫うように歩行用の小道が通っている。主要街路沿いの市街地と河岸との間にはかなりの高低差がある。

　ベルンは1190年ツェーリンゲン大公ベルトルト5世（1160〜1218年）によって創設された。市の名称や紋章は，都市の建設中に行っていた狩猟で彼が最初に捕えた動物が熊（Bär）だったことに因んでいると伝えられている。ベルトルト5世の死によりツェーリンゲン家は1218年に断絶し，この時，ベルンは自由都市になった。

　現在の旧市街の都市組織は創生期（創設時および拡張時）の形式（図1）を残している。中心街路は1本の芯のように町を貫くが，東から西にかけて，地区ごとに，ゲレヒティクカイツガッセ，クラムガッセ，マルクトガッセと，異なる名称を持っている。これらの通りは，東から西に向けての都市の建設・拡張の時代

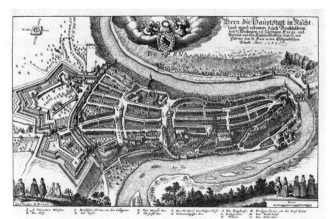

図1　市街の鳥瞰図，1638年
(Merian and Plepp)

図2　アーケードと噴水が作る街並み（筆者撮影）

図3　1800年頃の市街の模型（ベルン歴史博物館蔵，筆者撮影）

に対応している。1200年頃，ニュデック地区の西側にニュータウンが建設された。時計塔はベルン市街の西端の最初の主門であった。

　1255年から，西側への1回目の拡張がなされ，サヴォアニュータウンが誕生し，牢獄塔が新しい主門となった。1344年から，西側への2回目の拡張（市街の拡張としては3回目）がなされ，ホーリーゴーストニュータウンが作られた。クリストフェル塔が新しい主門となり訪問者を迎えた。主門を含む市壁とそれを囲む堀の位置には，現在，ベルン中央駅があり，地下コンコースの数ヶ所に塔や市壁の遺構が保存されている。さらに西側に，稜堡が築かれた。公園の形状や通りの交差の仕方にその面影が残っている。

　一方，1266年と73年の2回にわたり，ニュデック砦を破壊し，68年と74年にニュデック地区の拡張を行った。この時，砦の跡にニュデック教会が建設された。この教会の建物はベルンで2番目に古い教会建築である。1番目に古いのはフランス教会である。

　半島の南側低地にはマッテ地区と呼ばれる職人街が1200年頃からある。アーレ川が物資輸送に使われていたため，この地区は港町として栄えたという話である。

　これらの市街のほとんどは1405年の大火によって焼け落ちた。都市の再建がすぐに始ま

り，建物は砂岩によって建設された（図2）。中央街路に面するすべての建物にアーケードを設けることが義務づけられており，アーケード部分は個人財産として認められていた。アーケードの上部には居住空間が築造された。この形式は他の街路に面する建物にも伝播し，街並みのグランドレベルがアーケードで囲まれる独特の都市景観が形成された。この建築規則は厳しく，創生期（13世紀）の姿が保全されている。現在も，旧市街地に新しい建物を築造する場合には町のシルエットに影響を与えてはいけないという景観規則により，街並みが保全されている。市街には後期ゴシック，ルネサンス，バロックなどのスタイルを持つ建物が混在している。図3は1800年の市街の模型を東側から鳥瞰したものである。

　アーケードは現在の市街を長いショッピングストリートにしている。アーケードと街路は地形に応じて高低差を持つ。この高低差も独特の景観を生み出している。また，歩車分離にも役立っている。

　市街の東端にはウンタートゥア橋が架けられている。ベルン最古の橋であり，1844年までは市街と右岸とをつなぐ唯一の固定橋であった。1461年に木造から石造に架け替えられた。右岸の橋のたもとにある門塔は13世紀頃の姿を遺している。

（藤井晴行）

Central Europe 17: Salzburg

【ザルツブルク】モーツァルトを生んだバロック都市

オーストリア，ザルツブルク州
Salzburg, Austria

　オーストリア・アルプスの北麓，ザルツァッハ川が平地に注ぎ出るところにザルツブルクは発達した。その「塩の砦」の名は，鉄器時代から近くで採れた岩塩経済を反映している。紀元前からここにはケルト人の拠点集落があり，その後ローマ人が都市ユヴァヴムを築いたが，ゲルマン人に襲撃された。

　そして696年，南ドイツのバイエルン公（アギロフィンガー家）テオドベルトの支配のもと，ヴォルムス司教ルーペルトが招かれ，新しく司教区が設けられた。司教は，両側を小山で守られた川沿いのこの地に，聖ペテロ修道院を創立し，そのすぐ後にバイエルン公菩提寺にあたるノンベルク女子修道院を東の高台に創立する。約100年後の798年には大司教区の地位に昇格する。大司教ヴィルギルが774年に献堂した大聖堂（ドーム）は1181年に改築され，ロマネスク様式の大規模なバシリカとなった。

　最初のマルクト・プラッツ（市場広場）である，川辺近くのヴァーグプラッツ（天秤広場）のところに交易商人が市街を形成し始める。996年に神聖ローマ皇帝オットー3世が，大司教に市場権と貨幣鋳造権，徴税権を授与したことから，都市の発達を見る。しかし，ローマ教皇と神聖ローマ皇帝の聖職叙任権闘争が始まる頃の1077年，教皇派の大司教ゲープハルト1世は背後のメンヒスベルク山上にホーエンザルツブルク（高みのザルツブルク）の砦を築き，軍事的な構えを備える。この頃，市街地を囲む市壁も築かれている。

　大司教エバーハルト2世の時には皇帝とも親密な関係を結び，その支配地は神聖ローマ帝国内の独立した一領邦の体をなすに至る。ザルツブルクはその首都の地位にあったが，大司教が市長に相当し，1287年には最初の都市権が授与されるものの自治は制限され，ナポレオン戦争の頃の1803年に司教領主制が終わるまで争いは続く。

　1370年頃にようやく参事会を創立し，都市権を更新し，初代市長を就任させた市民は，ザルツァッハ川の橋のたもとにあった都市貴族コイツル家の塔コイツルツルムを1407年に手に入れ，そこで統治を始めた。しかし，それが公式に市庁舎の名を得たのは1482年のことである。これは17世紀初期に改造され，象徴的な四角い塔は時計台ともなり，見張り台の役割も果たした。

　1587年に大司教となったヴォルフ・ディートリヒ・フォン・ライテナウは絶対主義的支配を遂行し，勢力を拡大してきた新教徒を追放しつつ，世俗的欲望に駆られ，ザルツブルクをローマにならって改造しようとする。そしてイタリアの建築文化を導入し，大聖堂の東西の中世市街を取り壊して大規模な旧宮殿の改築，新宮殿の建築の事業を始める。古典主義的なファサードと矩形中庭を特徴とする近世型の宮殿建築がその時に生まれた。また火災に遭った大聖堂の改築案を著名な建築家ヴィンチェンツォ・スカモッツィに設計させたが実現に至らず，後継の大司教，甥のマルクス・ジッティクスのもと，建築家サンティーノ・ソラーリが今日見られる初期バロック様式の見事な宮殿に改築する。図1は19世紀初

図1 ザットラーによるパノラマ画，1829年（ザルツブルク博物館蔵）

図2 都市図，19世紀初期。旧市街（川の左下側）の東西は山で守られ，対岸の北のみに稜堡式城塞が築かれ，同時に市街地が整備された（オーストリア国立文書館蔵）

期にヨハン・ミヒャエル・ザットラーが山上から描いた360度のパノラマ画の一部であるが，そこに大聖堂と大司教宮殿を含むバロック時代の都市空間美学を知ることができる。

　後にウィーンで大成することとなる，イタリア修行帰りの若き建築家ヨハン・ベルンハルト・フィッシャー・フォン・エルラッハは，いち早くザルツブルクに招聘されている。彼は後，1693〜96年に5つの教会堂を立て続けに建築することになる。とくに三位一体教会堂とコレギーエンキルヘは大規模であり，バロック様式の凹凸をもって湾曲するファサードで都市景観を飾った。

　オスマン帝国の西進におびえつつ，16世紀にはザルツブルクでも市壁の強化が進められ，加えて17世紀の三十年戦争の影響も受ける。図2に見られるように，城山のメンヒスベルクと対岸のカプツィナーベルクの山に守られた市街は，対岸の北西部のみが，大聖堂を改築したソラーリの設計で四分の一円をなす稜堡式城塞で囲われる。城塞化以前からそこにあった1606年に始まるミラーベル宮殿は1710年以降，大司教フランツ・アントン・ハラッハのもと，フィッシャー・フォン・エルラッハとオーストリア建築界で競い合った建築家ヨハン・ルーカス・フォン・ヒルデブラント

によってバロック宮殿に改造された。その宮殿からは，直線的に伸びるバロック庭園越しに，大聖堂と城山の城館をアイストップにする眺望がデザインされており，ザルツブルクのバロック的都市デザインの一端をなす。

　1756年，モーツァルトが市庁舎の近くで誕生し，このようなバロック的都市景観を背景に，宮廷礼拝堂や大聖堂のオルガン奏者などとして活躍する。19世紀になって，近代化に後れをとったザルツブルクは，城山と足下の中世市街，バロック期の大建築群とそれが作る広場や街路の都市空間が残る歴史的景観のおかげで，ロマン主義の観光旅行の対象となる。バロック建築の並ぶ司教宮殿そばの広場にはモーツァルトの像も据えられ，音楽都市としての名声も広く轟かせる。

　メンヒスベルクの山際にあったバロック期の宮廷厩舎は20世紀に大規模な祝祭劇場（フェストシュピールハウス）に改築されるが，その際には奥行きを確保するために山に食い込む設計がなされる。また，その背後の，メンヒスベルクをくり抜いて造られていた防空壕は後に改造され，1975年以降，大規模な駐車場となり，周到な歴史的街並み保存計画のもとに歴史的市街を歩行者圏として確保するのに貢献している。

（杉本俊多）

Central Europe 18: Graz

【グラーツ】 中世ハプスブルク家の城下町

オーストリア，シュタイアーマルク州
Styria, Austria

　オーストリア・アルプスが東へ下る山あい，イタリアからウィーンへの谷筋の交通路にグラーツはある。6世紀にスラヴ人がムール川辺の盆地に突き出る小山シュロスベルク（城山）の南麓に砦（グラデツ）を築いていたことが都市名の由来であるが，市街は城山の南に発達することとなる（図1の右端，図2の上端が城山）。800年頃，バイエルン族とフランク族が侵入し，谷間を横切って走る街道の城山麓のところに都市的定住が始まったとされる。

　1147年頃，シュタイアーマルク辺境伯オットカール3世のもと，ムール川と城山の間の狭い崖下に，街道のシュポルガッセから北に出て，ラーナーホフ（元シトー派修道院ライン）までのところに街路型市場が計画され，第1ザック（袋小路）ができる。後にこの通りはさらに北に延長されてザックシュトラーセとなる。次に計画されたのは，ここから逆に南に楔形の三角形をなして広がるハウプト・プラッツ（主広場）である。図1，図2の，城山から下る道に続く，白く浮き出た楔形の広場がそれである。広場の東側はまっすぐの建築壁面線をなすが，西側は凹凸を持つ中世風であり，微妙に非対称の広場景観となる。南面には市庁舎が置かれたが，現存建築物は19世紀初期に大規模に改築されたものである。広場の南へは三角形の二辺を延長するようにヘレンガッセとシュミートガッセが伸びるが，前者が今日の目抜き通りに発展する。その南端部にはユダヤ人居住地区があった。13世紀にはこれらの地区を含め，城山の南の市街が市壁で囲い込まれる。

　スイスのアールガウに発するハプスブルク家は次第に支配域を拡大し，周辺各国が争奪戦を繰り広げていたシュタイアーマルク公領を，1292年以降，その支配下に入れる。1379年，ハプスブルク家の領地は分割継承され，グラーツは1619年まで，そのひとつである内オーストリアの領地の首都とされ，ハプスブルク家分家のレオポルト家が支配する。

　城山上には，その南端に10世紀後期に小さな聖パウロ砦が築かれていたが，12世紀前期に細長い稜線の北部に本格的な城（ブルク）が築かれた。14世紀以降，何度も増改築され，16世紀中頃にはイタリアの城塞理論を導入して本格的な城になり，その頃にシュロスベルクの名で呼ばれるようになる。他方で城山南端の聖パウロ砦の方には，尖り屋根と展

図1　銅版画家トローストによる東側からの眺望図，1699年（ユネスコ世界遺産センター）

望台を持つ四角柱の時計塔が建ち，市街地から望むランドマークとなった。引き続いて北部の城には八角形の鐘楼が建った。

市壁外の東には12世紀中頃に創立された教会堂が張り付いていた。16世紀中頃，ハプスブルク家が神聖ローマ皇帝位を世襲し始める端緒となった皇帝フリードリヒ3世のもと，この教会堂に隣接して宮城（ブルク）が建設されるとともに，この教会堂も改築され（後に18世紀末期に大聖堂に昇格），宮廷ゾーンを形成し始める。

16世紀初期の宗教改革はグラーツにも及び，ラントシュテンデ（地方議会に相当）で勢力をなすが，大公カール2世はイエズス会を呼び入れ，これに対抗する。関連してグラーツ大学が創立されたが，今日の大学都市グラーツの始まりがここにある。

15世紀に東ローマ帝国を滅亡させたオスマン帝国は，オーストリア地域まで領土を広げた。これに対抗すべくイタリアの近世型稜堡式城塞の技術が導入され，1543年以降，城山の南半分と山裾の市街地全体を囲い込むように，図1の下辺，図2の右側に見られるような大規模な城塞施設が築かれる。山城と山裾の都市が作る構図は，平城が主流となる以前の日本の戦国城下町と比較できる。この際，ムール川西岸にあったマリアヒルフ修道院を含む街路沿いの細長い市街は無防備な市壁外に留まった。

1619年，オーストリア大公フェルディナントが神聖ローマ皇帝位に就くと，宮廷はウィーンに移転してしまい，グラーツには軍事的な中心としての地位のみが残される。それは中世城下町グラーツの時代から，広大なドナウ川沿岸の近世城下町ウィーンの時代への移行を意味した。

しかし，中世都市グラーツにも南のイタリアからルネサンス文化が流入する。市庁舎の裏手に置かれた，ラントシュテンデが開催さ

図2　1820年の地籍図復元図
（ウィーン市・州公文書館蔵）

れるラントハウスは次第に増築され，1557～65年にイタリア人建築家ドメニコ・デッラッリオによって，アーケードが3層にわたって巡る中庭を有するルネサンス調の都市宮殿スタイルになる。城塞建築家だった彼は他のイタリア人建築家とともに幾何学的形態を見せる市壁の城塞化事業にも関与した。

1614年以降，宮廷の教会堂に付属するように皇帝フェルディナント2世の霊廟（マウソレウム）が数人のイタリア人建築家によって建築される。それはドームや塔などの円形構造物を特徴とし，とくにファサードはマニエリスム独特の複層的な様式を見せた。これらを含め，入り組んだ中世都市の隙間を縫うように，ルネサンス期の建築物が点在することとなる。ヘレンガッセの「壁絵の家」に代表されるような，色鮮やかな壁画で覆う建築様式が散見されるが，それはルネサンス文化と地域の伝統スタイルが融合したものである。ファサードの軒上に覗く赤瓦の屋並みに反りのある寄棟，台形の破風を残す半寄棟の屋根が混じり，グラーツの歴史的都市景観を特徴づける。

（杉本俊多）

Central Europe 19: Vienna

【ウィーン】世紀末都市

オーストリア，ウィーン州，首都
Capital, Vienna, Austria

　1世紀頃，北から侵攻するゲルマン人に対抗しドナウ川の南に建設された1000人規模のローマ基地ウィンドボーナが，ウィーンの起源である。遺構はグラーベン通りに残っている。民族大移動期にはアッティラ率いるフン族に支配され暗黒時代を経験したが，1043年頃にドナウ辺境領として神聖ローマ帝国に属し，教会と貴族のもと，中東欧を結ぶドナウの水運交易で発展した。

　十字軍の時代には英・仏・独などの各国軍がドナウ川に沿ってウィーンに集結し拠点としたが，12世紀末には内紛から獅子心王リチャード1世を捕えて莫大な身代金を入手し，これを元手にユダヤ人による独自貨幣が鋳造され，都市経済が発展した。

　大空位時代の混乱後に帝位についた小勢力のハプスブルク家は，ウィーンを拠点に婚姻外交によってオーストリアやスペインなどヨーロッパ中の王位を継承していき，やがては帝位を世襲化した。14世紀にはルドルフ4世がクラーベン通り横に最も高さのあるゴシック様式のザンクト・シュテファン大聖堂（1359年）や，ウィーン大学（1365年）を建設し，「建設公」の異名をとった。

　1453年にコンスタンティノープルを陥落させビザンティン領を併呑していたオスマン帝国は，1529年にシュレイマン大帝の指揮によりウィーンを包囲した。2ヶ月の攻防の末にオスマン軍は撤退したが，これをきっかけとして，いくつか都市構造上の重要な変容がもたらされる。まず，12世紀以来の城壁が強化され，突き出た稜堡を多数備えた星状型の要塞都市とされた。また，城壁外の集落はオスマン軍により破壊されていたが，見晴しのよい射撃区域とするため以後は建築禁止区域グラッシとされた。さらに，ノイゲボイデ宮殿（1649年）を陣営跡地に建設した際，尖塔のデザインモチーフに大帝のテントが参照され，宮殿は「シュレイマン大帝のテントの城」と呼ばれた。

　1682年に再びオスマン軍に包囲されたが，要塞化のおかげで今度も撃退した。オスマン軍の陣営跡地で拾われたコーヒー粉とジェズベ（トルコ・コーヒーを煮出す小鍋）を用いてウィーン最初のカフェが作られたのが，後に隆盛するカフェ文化の端緒であったとされる。また，ノイゲボイデは破壊されたが，残っていた柱廊部分は続くシェーンブルン宮殿（1696年）の敷地内に移築されている。その後もベルヴェデーレ宮殿（1714年）など，バロック様式の壮麗な宮殿が建てられ，ウィーンはハプスブルク家の宮廷を中心に芸術の都として繁栄していく。

　ナポレオン戦争を経て，1830年以降はウィーンでも産業革命が進行し人口が激増した。グラッシの外側には工場と下町が形成され，そこで生きる大衆はビーダーマイヤーと呼ばれる労働者階級を形成した。1848年の三月革命は全市民が参加したものであったが，穏健な市民革命派は城壁内派，急進的な社会革命派は城壁外派と呼ばれて分裂した。城壁の内外がそのまま社会階層を反映したのである。事態収束のために開明的な18歳のフランツ・ヨーゼフ1世が即位し，都市改造を断行

図1　リンクシュトラーセ計画，1859年（永松 2008）

図2　ウィーン大学。正面はリンクシュトラーセの沿道（筆者撮影）

することになる。

　当時の市街地は，堅牢な城壁に囲まれた旧市街を空地グラッシが囲み，さらに外側にビーダーマイヤーが広がるという構造をとっており，社会的分裂の要因となっていた。ナポレオン戦争以来，砲弾は城壁をゆうに飛び越えることが分かっており，明らかに時代遅れであったが，労働者を新たな脅威と見なす軍部が撤去に反対していた。城壁の跡地に騎兵専用の道路と兵舎を導入することで折り合いはついたが，新皇帝の狙いは旧市街とビーダーマイヤーを結びつけることで市民社会を一体化することであった。

　1858年に内務省でコンペが実施され，フェルスターら当選建築家らが計画を策定した。撤去により得られる空地は240万m²であり，そのうち150万m²が道路や広場，公園用地などのインフラにあてられた。40万m²は新たな公共建築の用地とし，残りの50万m²については民間に払い下げ，その収益をさらなる事業資金とした。こうして，城壁の跡地を環状に走るリンクシュトラーセが実現したのである（図1）。多くの広場に加え，シュタットパークなどの公園緑地も整備された。パリのオースマンによる都市改造，バルセロナのセルダによる都市拡張と並んで，世界三大都市計画のひとつに数えられる。

　1860～70年代にかけ，沿道には多くの，多様な様式に基づく公共建築が建てられた。たとえば国会議事堂は民主主義を表現するギリシャ様式，ウィーン市庁舎は中世自治都市を表現するネオゴシック様式，ウィーン大学は学芸復興を表現するルネサンス様式（図2），そしてブルク劇場は芸術的なバロック様式といった具合である。いわば歴史主義の景観であるが，パレードを通した皇帝と市民の交流の場として人気が高かった。日本には，岩倉具視使節団が1873年に実見し，都市計画の事例として伝えている。一方，華美さに反発したアドルフ・ロースがモダニズムの「眉のない家」を完成させた。また，事業にも携わったカミロ・ジッテは，広すぎる市庁舎広場を増築によってヒューマンスケールに縮小すべきだと『広場の造形』（1889年）で述べている。

　当時は「世紀末ウィーン」と呼ばれ，建築のみならず諸芸術が発展したが，少なからぬユダヤ人の活躍があった。たとえばシュニッツラーは，『アナトール』において旧市街の貴族男性とビーダーマイヤー出身の女性との恋愛を通じて社会の変容を描いたが，それは皇帝が都市改造に託した願いの具現でもあった。こうした芸術家らの交流の舞台となったのがカフェであった。

（松原康介）

Central Europe 20: Prague

【プラハ】百塔の街

チェコ，首都
Capital, Czech

プラハはボヘミア盆地に位置し，中心部にはヴルタヴァ川（モルダウ）が流れる。西岸側のプラハ城，フラッチャニおよびマラー・ストラナ，並びに東岸側の北から旧市街，新市街およびヴィシェフラット城は，世界文化遺産登録の歴史地区である（図1）。

スラヴ民族が住み着いたこの地に，9世紀後半にプラハ城，10世紀にヴィシェフラット城が建設された。14世紀には，皇帝カレル4世の下，プラハは神聖ローマ帝国の首都として大きく発展し，「黄金のプラハ」と称される。この時代に，マラー・ストラナと旧市街を結ぶ石橋（カレル橋）や，旧市街を囲むように，新市街と第二の市壁が建設された。新市街は広大で街区が大きく，また旧市街を中心に放射状に，穀物広場，家畜広場（カレル広場），細長い大通り状の馬広場（ヴァーツラフ広場）と3つの大きな広場が配置された。旧市街と新市街の間の旧市壁と堀は徐々に壊され，後に整備された街路が新たな都市軸となった。

19世紀になると，第二の市壁外に位置するカルリーン（新市街の東）とスミーホフ（マラー・ストラナの南）で市街化が始まり，カレル橋以降初の架橋も行われる。市壁の撤去は1870年代に始まるが，新市街側では鉄道用地と若干の公共地（公園と博物館）のほかは宅地として売却され，城側では北半分が取り壊され一部宅地化された。元々近代的な構造を備えていた新市街では大規模な再開発は実施されなかった。狭隘な旧市街は，大部分が部分的な街路拡幅のみ実施されたが，北西部にあるゲットー解放後に最貧地区となっていた旧ユダヤ人街ヨゼフォフでは再開発（アサナツェ）が実施され，川と旧市街中心の旧市街広場が一直線の大通り（パリ通り）で結ばれた。

以上の歴史地区の中でプラハの都市空間を強く特徴づけているのは，旧市街から新市街にかけて形成されたパサージュ群であろう。18世紀以降，建物の中庭の連結により形成された通路が建物の増改築を経てもなお敷地を越えて維持され，1900年頃の新市街の建て替えラッシュで建設された近代建築群にも奇跡的に継承されてきた。

一方，歴史地区外への市街地の拡張は，新市街から東方面（カルリーン，ジシュコフ，ヴィノフラディなど）が顕著であり，西岸側

図1　歴史地区の地図（ÚRM 1999）

図2 首都整備委員会による規制計画, 1929年 (ÚRM 1999)

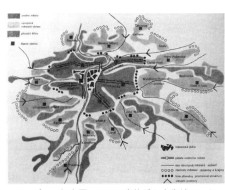

図3 プラハ都市圏における生態系と市街地のスキーム。図中の■はタウンセンターを示す(Borovička und Hrůza 1983)

は地形が険しい城周辺を避けて南部(スミーホフ)と北東部(ホレショヴィツェ)に展開された。これらの多くは，第一次世界大戦後，チェコスロバキア独立時に首都となった大プラハに合併された(1922年)。

プラハが首都となると首都整備委員会が設立され，1929年には規制計画が策定された(図2)。これは大プラハを緑地で分節しながら，クラスター状の都市構造の形成を導くものであった。また，各クラスターには当時の最先端の都市デザインが導入された。

たとえば，プラハ城北側のデイヴィツェが大プラハ北西部の中心と位置づけられ，建築家アントニーン・エンゲルの起用により，中心広場と放射道路，緑地帯を組み合わせた特徴的な新市街地となった。郊外においても，大戦間期にスポジロフやザフラドニー・ムニェスト(田園都市の意)など，戸建住宅を中心とする田園郊外が開発され，1932年にはチェコスロバキア工作連盟によるジードルンクがババ地区に建設されるなど，各時代の建築運動を体現する市街地がクラスターの枠組みに沿って形成された。

第二次世界大戦後，共産主義政権によりマスハウジングが推進され，郊外にシードリシュチェと呼ばれる超大規模な集合住宅団地とニュータウンの建設が始まった。住棟は，パネル工法により構造体までプレファブ化され，パネラークと呼ばれた。チェコ人の都市計画家，イジー・フルーザは，政府によるヒューマンスケールを逸脱したニュータウンの開発方針に強い反感を抱いたが，プラハの地域構造の特徴を知り抜いた自身が担当しなければ貴重な構造が失われると考え，ニュータウン計画を主導した。その結果，団地の配置や土地利用計画を工夫することにより，緑地帯でクラスターを分けるという規制計画の思想を死守した(図3)。セヴェルニー・ムニェスト(北町)，イジュニー・ムニェスト(南町)，イホザーパドニー・ムニェスト(南西町)といったニュータウンの中心には，鉄道駅を核とし，商業業務機能を備えたタウンセンターが計画され，各クラスターの自立が意図されている。

プラハの魅力は，1929年の規制計画が継承され，歴史地区のみならず，近代以降の各時代に最善を尽くして形成された町々が自立と調和をもって共存していることにある。

(木多道宏)

Central Europe 21: Budapest

【ブダペスト】双子都市

ハンガリー，ペシュト県，首都
Capital, Pest, Hungary

　ドナウ川西岸のブダ地区と東岸のペスト地区により構成されるブダペストは，その美しさから「ドナウの真珠」と称され，ドナウ河岸，ブダ城およびアンドラーシ通りは世界文化遺産に登録されている。

　古代この地にはケルト人集落があり，1世紀頃にはローマ帝国によりアクインクム（後のオーブダ）が建設された。中世にはハンガリーの中心として，西岸にオーブダおよびブダ，東岸にペストという3都市が成立する。1541年にオスマン帝国の支配下となるが，1686年に神聖ローマ帝国による奪還後はハプスブルク帝国の都市となる（図1）。

　商工業の発展に伴い，18世紀にはブダとペストはそれぞれ市壁の外に市街地の拡大が始まる。ペストでは1780年代には市壁が取り壊され，旧市街（ベルヴァーロシュ）を取り囲む小環状通りができた。旧市街の北側，リポート街には数多くの公共建築が建設され，1805年にはヒルド・ヤーノシュによりプランが作成されるが，これが本都市における初の近代都市計画である。1808年には美化委員会が設立され，都市建設と建築の規制を行った。ブダとペストは舟橋でしか結ばれていなかったが，1849年には永久橋であるセーチェニ鎖橋が架橋された。1857年にはブダの城山を貫通するトンネルが完成。また，河岸には埠頭を兼ねた近代的な堤防，道路，近代建築が整備された。

　1867年のアウスグライヒ・二重帝国の誕生後，1873年にはブダ・オーブダ・ペストは合併され首都ブダペストとなる。1870年に首都公共事業評議会が設立され，1872年には総合規制計画（マスタープラン）が策定される。街区道路計画では，街道を踏襲した小環状道路に接続する放射道路と拡張市街地に加えて，新たに建設される都心部からヴァーロシュリゲット（都市公園）に至るアンドラーシ通りと大環状通りが重要な都市軸として計画された。アンドラーシ通りの沿道にはオペラ座や英雄広場・美術館などが建国千年祭（1896年）事業の時期に建設され，欧州大陸初の地下鉄も開通した（図2，3）。1903年のエルジェーベト橋完成に伴いペスト旧市街の中心を横断する新たな通りが建設されるなど，旧市街の再開発も行われた。また，旧市街北側のリポート街での国会議事堂の建設や，ブダ城の再整備など，国家的象徴の整備も進められた。

　戦間期は再開発が活発化した。リポート街の北側では，ユダヤ人の建築家・都市計画家たちが中産階級のユダヤ人のための新リポート街を計画し，当時の人々が求めた民主主義

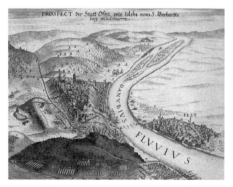

図1　ブダ包囲，1684年。南から見たオーブダ，ブダ，ペスト（Rózsa 1997）

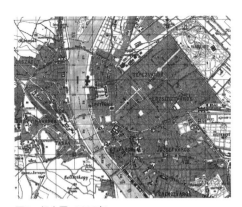

図2　都市図,1895年
(Budapest Főváros Levéltára 2005)

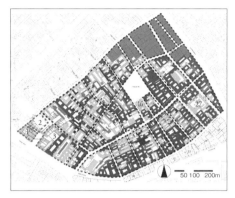

図4　旧ユダヤ人地区における1870年代〜1910年代の建物の変化(土田 2015)

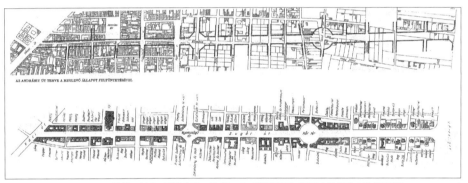

図3　アンドラーシ通りの整備。上図は沿道建物の除却による整備計画,下図は整備後の建物配置(Preisich 2004)

を体現するモダニズム建築と広場が整備された(図3)。旧市街東側のエルジェーベト街は,19世紀以降のユダヤ人の居住により街区内にパサージュや通り抜けの通路が形成されていた地区であるが,これらの都市組織を除却しながら新たな都市軸を構築すべくマダーチ通りの建設が始まった(共産主義時代に中断するが,自由化後に再開され,ユダヤ人建築保存活動グループとの軋轢が生じている)。

着色された建物はユダヤ人が最も活発な時代に建替・増改築されたもので,パサージュや通り抜けが多い(図4)。

郊外への都市の拡大は,19世紀終盤より急激な人口増加に伴い始まり,20世紀前半にはヴェケルレテレプに代表される田園郊外の開発が活発に行われた。第二次世界大戦後は社会主義国家のもと,ブダ側・ペスト側の双方の郊外において,パネル工法の集合住宅パネルハーズによる住宅団地ラコーテレプが多数建設されるとともに,地下鉄新線建設などの交通の整備も行われ,郊外開発が進んだ。

ブダペストは東西の世界や異文化をつなぐ位置にあり,ローマ帝国やオスマン帝国,神聖ローマ帝国などによる支配,モダニズムと共産主義下における都市改変など,人類史上の大きな文脈を都市に積層させてきた。また,新リポート街とエルジェーベト街はユダヤ人が追い求めたアイデンティティを都市空間に見出せる貴重なエリアとなっている。

(木多道宏)

Central Europe 22: Cracow

【クラクフ】 北方ルネサンスの古都

ポーランド，マウォポルスカ県
Matopolskie, Poland

　ポーランド王国（1038年頃〜1569年）の首都として知られるクラクフは，ワルシャワに次ぐポーランド第二の都市であり（人口約77万人，2017年），最も古い都市のひとつである。

　その起源は7世紀に遡り，ヴィスワ川上流左岸のヴァヴェルの丘が発祥地とされ，グロッドgrod（城塞）と呼ばれる城壁で囲われた集落遺構が発掘されている。その名は，伝説上の創建者クラクスに由来するというが，ポーランド語でクラクフは，クラクKrak（都市）の所有形で「都市の」を意味し，元スラヴ語のクラクは，樫の木を意味するという。文献初出は1190年である。

　11世紀から13世紀にかけて，多くの豪族の館とそれを取り囲む集落が形成され，さらに司教座，ベネディクト派修道会，シトー派修道会が立地し，市街地の骨格が形成されていった。クラクフがポーランド王国の中心になるのは，グニェーズノがボヘミア侯の攻撃を受けて衰退した11世紀前半以降で，王宮が建設されたのは11世紀後半である。そして囲壁が築かれるが，南の壁は10〜13世紀，東の壁は11〜12世紀のものである。10世紀後半の建造とされるサン・サルバトール教会をはじめとして，ヴァヴェルの丘の周囲にはサン・ミシェル教会，聖ニコラウス教会など多くの教会が建設されるが，ほとんどが13世紀までの建設である（図1）。

　東ヨーロッパの都市の形成は，西ヨーロッパのカストルム，ブルクにあたるグロッドと呼ばれる防御壁で囲われる都市核ができる段階，それに教会地区や商人地区が加わる段階，そして，都市法によって市制が整備される段階に分けられるが，クラクフはこの3段階目の典型とされる。

　クラクフが都市法大特許状を賦与されたのは1257年で，13世紀にはピアスト朝の首都として栄える。旧市街に残っている中央広場や街並みもこの時代に作られた。中央広場は中世都市の広場としては最大規模のもので（約4万m^2），中央にスキェンニツェ（織物会館）（図2），西南脇には旧市庁舎の時計塔，南側に

図1　都市図，10〜12世紀（Hensel 1967）

図2　スキェンニツェ（織物会館）
（Deborah Benbrook撮影, stock.foto提供）

は聖ヴォイチェフ教会がある。

　モンゴル（タタール）の襲撃（1241年）によって破壊されるが，14世紀に入るとカジミェシュ3世（大王）（1333～70年）の下でクラクフは最盛期を迎える。ヨーロッパの人口が半減したとされる黒死病（1348～49年）の流行時もポーランドは影響を受けていない。黒死病蔓延の元凶とされたユダヤ人が大量に流入したのもクラクフの繁栄につながる。カジミェシュ大王は積極的にユダヤ人を招き入れ，当時ヴィスワ川の中州であった土地を自治区として提供した。ユダヤ人たちが豊かになるにつれて自治区は対岸にも広がっていく。

　カジミェシュ大王は，ヴァヴェル城や街並みを形成する建築物をゴシック様式に改築し，また，ポーランド最古の大学となるヤゲェウォ大学（クラクフ大学）を創設している（1364年）。コペルニクスが通うことになるこのヤゲェウォ大学は多くの優れた卒業生を世に送っているが，ローマ教皇ヨハネ・パウロ2世も入学しており，以来半生をクラクフで送っている。

　続くヤゲェウォ王朝（1386～1586年）にポーランド王国は全盛期を迎えるが，ジグムント1世（1506～48年）は，イタリア人建築家バルトロメオ・ベレッチを登用して，ヴァヴェル城内の大聖堂に金色のドームを戴くジグムント礼拝堂を建立する。その当時のルネサンス建築が現在もなお多く残っている。ポーランド王国はヴェネツィアと国境を接しており，ルネサンスの文化，芸術は共有されていたといっていい。クラクフは北方ルネサンスの拠点都市である。ジグムント・ヴァザ3世の時代はバロック文化が普及する。

　ヤゲェウォ王朝が断絶すると王権の弱体化が進み，1609年にジグムント・ヴァザ3世は首都をクラクフからワルシャワに移す。そして，17世紀前半の三十年戦争，18世紀前半の大北方戦争で国土は荒廃し，18世紀後半には

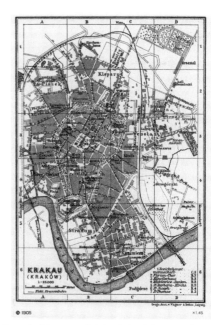

図3　都市図，1905年（地図資料編纂会編 1993）

3度のポーランド分割によってオーストリア領となった。その後，1809年にワルシャワ公国に入り，1815年のウィーン会議に基づいて様々な自治権を回復していくことになる。そして，クラクフは，19世紀後半から20世紀初頭にかけて，ポーランド文化振興の中心地として重要な役割を果たしたとされる（図3）。

　第一次世界大戦後にポーランドは独立を果たすが，第二次世界大戦時にドイツ軍の占領を受けた。ヴィスワ川対岸にあるポドグジェ地区にクラクフ・ゲットーが作られた。クラクフの歴史上，ポーランド国内でも多くのユダヤ人が居住していたが，ホロコーストを逃れるため，彼らはアメリカ合衆国やイスラエルなどへ移住した。現代のカジミェシュ地区では毎年7月初旬，ユダヤ人によるシャローム祭が開催される。

　クラクフが世界文化遺産に登録されたのは，制度創設初年度の1978年である。

（岩崎耕平・布野修司）

Central Europe 23: Gdansk

【グダニスク】ドイツ騎士団に対抗した自由都市

ポーランド，ポモージェ県
Pomeranian, Poland

グダニスク（ドイツ語名ダンツィヒ）において定住を始めたのはゴート族や古プロイセン人であり，その後7～9世紀にスラヴ人が定住した。979年にはスラヴ人のポーランド公ミェシュコ1世が，モトワヴァ川（図1下部を左右に横切る川）が，バルト海に注ぐヴィスワ川に合流するところに小島の砦と集落を置き，土盛りと木杭による二重の防塁を築いた（図1の右下端あたり）。西に続く集落は後に古都市（スタレ・ミャスト）に発達する（図1の右上の区画）。

ポーランドにおけるスラヴ人の支配は不安定な状況が続く。しかし，リューベックとヴィスビーの間にあり，さらにはノヴゴロドまで至るバルト海交易の中継地としての地理的条件から，各地の商人が移住してきて，グダニスクは交易都市として成長する。核をなす主都市（グウォヴニ・ミャスト）地区（図1の中央区画の左寄りの部分）は，1224年にリューベック都市法を採用し，自治権を得る。

1226年，ポーランド王は古プロイセン人をキリスト教化すべく，ハンガリー地域にいたドイツ騎士団を呼び寄せた。ドイツ騎士団はグダニスクの約50km東にマルボルク城を建設して拠点とし，布教活動を展開する。1308年にはブランデンブルク辺境伯がドイツ地域から侵攻し，ポーランド王が騎士団に助けを請うたのを契機に，騎士団が強引にポメラニア地方を支配することとなる。グダニスク市民は抵抗したが，成功しない。1343年には騎士団のもとにクルム都市法に転換させられるが，市長と参事会を選ぶ権利を獲得する。1361年にはハンザ同盟に加わる（同盟が解消される1661年まで）。騎士団は商業活動を支援して経済を発展させたが，都市の自治は制限した。

スラヴ人の築いていた木と土の砦は騎士団によって煉瓦造の強固な城に改造され，その西にオシェク地区のやや複雑な市街が形成された。その際に古都市地区にあった初期の市街地は壊される。

主都市地区は川岸を船着き場とするグリッド・プランで計画される。それは，1340年頃にマリア教会堂が大規模に改築されると，歪みを加える（図1中央）。東西に走る主軸ドゥーガ（長い）通り（図1中央区画を上下に貫く街路）の中ほどには市庁舎が建つが，ここから東側が幅広のドゥーギ・タルク（長い市場）となり，川辺の「緑の門」までの細長い広場となる。そこには破風付きの都市建築が密に並んで濃密な都市空間が形作られた。

ドゥーガ通り西端には，二重の濠に対応して三連の門が築かれたが，後に凱旋門が追加されて四連となり，華麗な歴史的文化財となっ

図1　クレッペルによる1520年頃の市街全域の復元鳥瞰図。右が北。中央やや下を左右に流れるのがモトワヴァ川 (Kloeppel 1937)

図2　メーリアン都市図集に所収の都市景観図の都心部分，17世紀中期。稜堡の向こうにマリア教会堂，その右に市庁舎の塔が建つ（Merian 1652）

て残る。三連の門の中央に聳える囚人塔の複合建築は赤い煉瓦壁を見せ，中世，近世の地域伝統の建築装飾をまとう。他方，市街地内の各街路がモトワヴァ河岸に出るところは門屋となっており，そのひとつであるシェロカ（広い）通りの門は繁栄当時の木造機構の巨大なクレーンを残している。

その後，主都市を北に延伸するようにして，騎士団は独立した新都市を建設する（図1の中央区画の右寄りの部分）。ここにはドミニコ会の聖ミコワイ教会堂と修道院，聖ヤン教会堂，聖霊慈善院の宗教施設が林立した。騎士団は後にこれを手放し，両地区は一体化し，一筋の市壁と幅広い濠，およびモトワヴァ川で囲われる。

やがて市壁と濠の外にも市街地が拡大していく。南の濠の外には，モトワヴァ川沿いに広がる造船用地の後背市街地が形成され，独立した郊外都市（スタレ・プシェドミェシチェ）となる（図1の左の区画）。他方，北西にも，古い川筋を取り込んで直交街路網の新市街が建設される。それは「古都市」と名づけられているが，スラヴ人の初期市街地があったからである（図1の右上の区画）。また，モトワヴァ川の対岸には船着き場に穀物倉庫が並び，穀物倉の島（スピフレシェ）地区（図1の下端の中州状の地区）が生まれるが，市街化は進まない。これら3つの地区も16世紀に入る頃にはそれぞれの市壁を備え，独立した自治を持つ都市群をなした。

15世紀にはポーランド王とドイツ騎士団の争いが一進一退し，その狭間にあってこの地域の諸都市は結束してプロイセン同盟を組み，ポーランド王を支援する。しかし，グダニスクは騎士団による残虐な反撃も受けている。経済力を増していったグダニスク市民は，王に服従し，また抵抗しつつ，三つどもえの争いを通して自治権を拡大していった。

16世紀にはポーランド王との不和から占領され，また17世紀には第二次北方戦争の際にスウェーデン軍によって占領されるなど，軍事的な危機が続く。グダニスクには近世型の城塞都市理論が導入され，東側の湿地帯に円弧を描くように稜堡式城塞が築かれ，西側は丘を取り込みつつ，高度の稜堡技術による複雑な城塞が築かれる（図2）。

18世紀にはポーランド分割，プロイセン王国への編入，19世紀にはナポレオン戦争などと，政治環境は激動を続け，20世紀には第一次世界大戦後，改めて自由都市として自立する。1939年，グダニスク港での独ソの軍事衝突で第二次世界大戦が始まる。市街地は空襲で壊滅したものの，戦後，歴史的景観が復元された。ドイツ系市民が追われ，抑圧的な社会主義政権が続いた後，1980年のレーニン造船所の労働者たちを率いたレフ・ワレサの「連帯（ソリダルノシチ）」の運動が社会主義体制の終焉の先駆けとなる。歴史に翻弄されながらも自由都市の精神は今も息づいているようである。

（杉本俊多）

Central Europe 24: Warsaw

【ワルシャワ】復元都市

ポーランド，マゾフシェ県，首都
Capital, Mazowieckie, Poland

　ワルシャワは，第二次世界大戦末期に壊滅的な破壊を受けた都市である。そして，戦後，市民によって「壁のひび一本に至るまで」忠実に再現された，実にユニークな都市である。
　1939年にナチス・ドイツがポーランドへ侵攻，ワルシャワはドイツ軍の空襲に晒され，その占領下に置かれた。ポーランド政府は，パリに次いでロンドンを拠点として抵抗運動を開始するが，ワルシャワ市内のユダヤ人はワルシャワ・ゲットー（ユダヤ人居住区）へ集められ，国内の絶滅収容所（アウシュビッツ＝ビルケナウ強制収容所）に送られた。そして1944年8月のワルシャワ蜂起は，63日の戦闘の末，ドイツ軍によって鎮圧され，多数の市民が殺戮され，市内の建物の約85％が破壊された（図1）。
　その後，ソ連がドイツ軍を排除し，その解体（1989年）まで，ポーランドは衛星国家となるのであるが，ワルシャワ北部の旧市街スタレ・ミアストとその北に隣接する新市街ノヴェ・ミアストは，以前の姿に忠実に再現された。再利用できる建築要素はもともとあった場所に用いられた。煉瓦もできるだけもとの建物で再利用された。煉瓦は潰してふるいにかければ再生可能なのである。なぜ，こうした忠実な復元が可能になったかといえば，18世紀の画家ベルナルド・ベッロットが描いたヴェドゥータ（都市風景画）が残されていたからである（図2）。また，第一次世界大戦と第二次世界大戦の戦間期にワルシャワ工科大学の建築学科の学生が描いた写生画も資料とされた。
　ワルシャワ市民は，廃墟と化した市街地をソヴィエト流の社会主義都市計画による新たな都市に作り替える計画を拒否し，「意図と目的をもって破壊された街並みは意図と目的をもって復興させなければならない」という信念と「失われたものの復興は未来への責任である」という理念の下に復元するのである。
　ワルシャワの起源は9世紀頃に遡り，要塞

図1　破壊されたワルシャワ（ドイツ連邦公文書館蔵）

図2　ベルナルド・ベッロットによる都市風景画（ワルシャワ王宮博物館蔵）

化した集落が存在したとされるが、その名が史料に現れるのは1285年で、当時のワルシャワは、マゾフシェ公爵領に属する漁業を主とする寒村であったとされる。その後、マゾフシェ地方はポーランド王国に編入され、16世紀末にジグムント・ヴァザ3世がポーランド王宮をクラクフよりワルシャワに移転、1611年にワルシャワは正式にポーランド・リトアニア共和国の首都となる。

ポーランド・リトアニア共和国（1569〜1795年）は16〜17世紀のヨーロッパ世界において、オスマン帝国に次ぐ広範な領土を支配した国であった。16世紀は、ポーランドの黄金の時代とされる。ヤゲェウォ朝（1386〜1586年）の王家は、イタリアの諸都市と親しく交流して、後期ルネサンスの影響を大きく受けた。クラクフの街の建築群がイタリアとの関係を示しているが、1543年に地動説を唱えたコペルニクスが学んだのもクラクフ大学である。

しかし、18世紀末に至ってポーランド・リトアニア共和国は消滅することになる。3次にわたって周辺の強国、ブランデンブルク・プロイセン、帝政ロシア、ハプスブルク帝国によって分割されるのである。1795年の第三次ポーランド分割でプロイセン領に組み込まれ、1807年にナポレオンがワルシャワ公国を建てるが、ロシア皇帝アレクサンドル1世がポーランド国王の座につくことになる。

独立を喪失してから、ワルシャワは繰り返しポーランド国家再興運動の中心地となるが、ロシアによって制圧される。ポーランドが独立を回復し、ワルシャワが再び首都となるのは、第一次世界大戦後のパリ講和会議においてである。しかし、真の独立を達成するのはソ連邦の解体を待たねばならなかった。

ワルシャワは、市内を流れるヴィスワ川の中流域に位置する。標高100mほどの平地で、ヴィスワ川は、北北西に向かって流れ、約

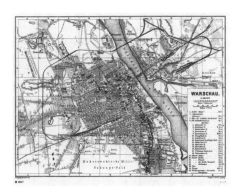

図3　都市図、1897年
（地図資料編纂委員会編 1993）

350km先の港湾都市グダニスク（ダンツィヒ）でバルト海に注ぐ。ヴィスワ川は大きく時計回りに湾曲してクラクフに至る。

ヴィスワ川西岸に接するように位置する王宮を中心とする旧市街スタレ・ミアストは、1611年のワルシャワ遷都以前に形成された市街地であり、その北に隣接する新市街ノヴェ・ミアストは、1611年に市街地となった地区である。また、中心市街地（シルドミェシチェ）は、18世紀以降、主として共産主義時代に開発された地区である（図3）。

戦前期からのオフィス街とユダヤ人住宅街（ケッヒラー）の一部がその主要部を占める。第二次世界大戦中に、ナチスがユダヤ人地区にワルシャワ・ゲットーを設置したが、戦争末期に破壊されている。現在は、ワルシャワ中央駅、文化科学宮殿など、近代的な高層ビルが建つ。

スタレ・ミアスト、ノヴェ・ミアスト、クラクフ郊外通り、新世界通りおよびワルシャワ市内に点在する複数の宮殿群を含むワルシャワ歴史地区は、1980年、ユネスコの世界文化遺産に登録され、2011年には再建に用いられた資料（再建局管理文書）もユネスコ記憶遺産に登録された。

（布野修司）

Column 05 ─ 都市災害の世界史

都市が巨大災害を作り出す

　集まって住むことは楽しいのであるが「集まって住むことは危険」なことでもある。災害の大きさは，①外力（Hazard）：地震の大きさ・台風の強さなど，②脆弱性（Vulnerability）：災害に対する地域の防災力（建物の耐震性といった物理的防災性能，コミュニティ力のようなソフトな防災力），③曝露量（Exposure）：人口・資本社会活動などの集積度，という3つの要素の関係で決まる。耐震性を上げる，コミュニティを強化するということで脆弱性を小さくすることは可能であるが，人がたくさん住む＝「曝露量が大きい」ということになり，都市で発生すると災害の規模は大きくなる。

　東日本大震災を引き起こした「東北太平洋沖地震」（ハザード）のマグニチュードは阪神・淡路大震災を引き起こした「兵庫県南部地震」（ハザード）の1000倍以上であるが，全半壊世帯数は阪神・淡路大震災の方が多い（東北：約40万世帯，阪神：約46万世帯）。これは，「兵庫県南部地震」が阪神地域という人口・社会資本が集積する都市域の直下で起こったのに対し，「東北太平洋沖地震」は沖合で発生し，地震が引き起こした津波が襲った場所は比較的，人口が少ない場所であったからである。一方，それほど地震の揺れは強くなく，津波にも襲われなかった東京でも，公共交通機関がストップし，帰宅できない人が街にあふれるなどの大きな混乱が発生した。

　災害発生の仕組みを「素因」「誘因」という観点から考えると「脆弱性」「曝露量」が災害を発生させる素となる「素因」であり，「外力」が災害を誘発させる「誘因」となる。巨大災害が発生する条件として曝露量が大きいことが必要となる。すなわち都市こそが災害を引き起こす素因であり，「集まって多くの人が住むことが巨大災害を引き起こしている」のである。

　都市で大規模な災害を発生させる「誘因」として感染症・火災・地震・水害（近年ではテロ）といったハザードが存在する。多くの人が集まって住む都市では，曝露量が大きいため小さな事案でも大災害となる。歴史的に見ると都市で大災害を引き起こしてきたのは感染症と火災であった。

　歴史的に見ると都市にとって感染症の蔓延は大きな問題であった。ボカッチョによる中世イタリアの物語集『デカメロン』に描かれるのは，ペストが蔓延するフィレンツェから疎開した先での話である。近代以前の都市は，上下水道施設がないため衛生状態

が悪く，また多くの人が住んでいるため，一人が伝染病に感染すると劇的に感染が拡大した。デフォーの『ペスト』が描く1655年ロンドンを襲ったペスト流行では7万人もの人が命を失った。

　日本においても幕末以降，何度かコレラの流行が発生している。明治政府にとってコレラ対策は重要課題であった。関東大震災の復興で有名な後藤新平は医師であり，内務省衛生局，台湾・民生局時代には上下水道整備などの都市の衛生対策に従事していた。

　建物が密集する都市のもうひとつの課題は火災である。小さな火災でも，乾燥した強風の日に発生すると，耐火性のほとんどない木造建築が密集する都市では大火災となる。江戸の明暦の大火（1657年），明和の大火（1722年）では1万人を超える死者が発生した。都市大火は日本特有の問題ではない。欧米の都市も歴史的には木造建築都市であり大火が多く発生している。1666年のロンドン大火では市域の8割以上が焼失した。トルコ・イスタンブルは江戸と同様，たびたび大火に見舞われており，1729年大火では市域の8分の1が焼失するような被害が発生した。米国でも大火は発生しており，1871年シカゴ大火では800haもの地域が焼失した（図1）。

　都市で大火が発生する原因は失火だけでなく，地震により発生する場合も多い。1906年のサンフランシスコ地震では，地震の揺れと火災により市域の8割が被災した。地震の揺れで水道管が被害を受け，地震後に発生した火災の消火活動を行うことができず，火災による被害が拡大したのである。

　1923年9月1日の関東大震災では，東京は震源から遠く地震の揺れによる被害は少なかったが，その後発生した火災により壊滅的な被害を受け，10万人を超える人的被害が発生した。

　都市特有の災害ということではないが，地震の揺れ・津波も都市に被害を与える。シチリア島南東部の都市ノートは，1693年シチリア地震で壊滅的な被害を受け，新たな場所で都市を再建することとなった。地震動・津波・火災と三つどもえの被害を受けた都市もある。ポルトガルのリスボンは1755年，地震動による建物の倒壊，津波，そして津波被害を受けなかった地域では火災による被害を受け，5～6万人に及ぶ死者が発生した（図2）。

図1　シカゴ大火の焼失地域，1871年（シカゴ歴史博物館蔵）

図2　リスボン地震による被災図，1755年
(Archives of Art and History, Berlin)

歴史的には感染症と大火が都市災害の中心であったが，近年，テロが新たな都市災害となっている．テロの目的は世間の耳目を集めることにあり，テロは社会資本・人的な曝露量が大きく，社会的関心を集めることができる都市特有の災害である．1995年地下鉄サリン事件（東京），2001年米国同時多発テロ（ニューヨーク他），2005年ロンドン同時爆破テロ，2015年パリ同時多発テロなど，都市災害としてのテロが頻発するようになっている．

それでも都市に住む――都市防災の技術

人・資本が集積するため大きな災害が発生する都市であるが，都市に住む，都市を維持することのメリットは大きく，都市を安全にするための技術が開発されてきた．都市の感染症を予防する対策，「衛生対策」として実施されたのが上下水道の整備，衛生思想の普及・啓発，防疫体制の整備であった．世界的に見るとベルリンが上水道・下水道の両方を整備した世界最初の「衛生都市」といわれ，1890年にはベルリンの上下水道の普及率は9割を超えるようになる．世界各国で上下水道が整備・衛生対策が実施されるとともに，ペストやコレラの蔓延は下火となっていく．

もうひとつの都市災害である大火への対策としては，街区を越えて延焼が拡大しないように道路の幅員を規制する，住宅を難燃化する・木造建築の禁止，消火活動のための消防水利の整備といった対策が実施される．ロンドンでは1666年の大火後，道路幅員拡大，川の上への建築禁止，木造建築物の禁止といった対策が実施された．木造建築物の禁止は対策として有効であり，イスタンブルでも，道路拡幅，防火槽の設置に加えて，木造建築が禁止された．江戸では防火帯・防火用水の整備に加え，木造建築の禁止は行われなかったが，火災の延焼防止に有効な瓦屋根，塗屋の推奨が行われた．

災害後に道路幅員を拡大した事例として有名なのは1871年のシカゴ大火である．シカゴ大火の復興では幅の広い道路と公園を組み合わせたパークシステムと呼ばれる道路・公園の体系が整備された．災害後に消防水利を整備した事例として1906年のサンフランシスコ地震からの復興事業がある．地震時に水道が使えなかった反省を踏

まえ，通常の水道とは別に地震時にも利用可能な高低差を利用した消防用水システム（AWSS: the Auxiliary Water Supply System）が1909～13年に整備された。

　地震の揺れに対する対策としては建物の耐震化が行われる。ポルトガル・リスボン地震（1755年）後，ボンバル様式と呼ばれる耐震建築が開発され，大きな被害が発生する恐れがある地盤の弱い地域の建築物をすべてボンバル様式の建築で再建することが決定された。日本でも関東大震災後，耐震基準法の見直しが行われ，組積造の建築を建てることが難しくなった。

夢は実現されない──都市復興

　災害後，建築家たちは土地利用や大きな街路の変更をともなう野心的な計画を提案する。しかし，実際の復興都市計画で実現されるのは「同じ災害は二度と繰り返さない」ということであった。

　ロンドン大火（1666年）の復興については，クリストファー・レンのバロック的な復興都市計画が有名であるが実現されることはなく，復興の成果として実現されたのは火災に強い都市であった（図3）。シカゴ大火（1871年）の復興では，先述のようにパークシステムが実現されたが，このシステムを実現させる原動力となったのは火災の延焼防止効果であった。サンフランシスコでは，災害直前の1905年に「都市美運動」で有名なバンハムによる都市計画が用意されていたが（図4），復興の過程で実現されたのはシビックセンター地区だけであった。

図3　クリストファー・レンによる復興都市計画，1775年の縮小版（大英図書館蔵）

図4　バンハムとベネットによるサンフランシスコの都市計画，1905年（カリフォルニア大学バークレー校アース・サイエンス図書館蔵）

土地利用・街路計画という点では災害が都市に与える影響はそれほど大きなものではないが，すべての建築が同時期に建てられるため，都市がある様式で統一されることとなり，都市景観を大きく変化させる。1755年に大地震を経験したリスボンでは現在，ポンバル様式の建築物が並ぶ地域が形成されている。1931年に大きな地震に見舞われたニュージーランドのネイピアは，当時の流行であったアール・デコ様式で建築物が再建され，現在，アールデコ・シティと呼ばれるようになっている。近年の事例では，1963年に地震に襲われたマケドニアの首都スコピエ（当時はユーゴスラビア）の復興では，中心市街地について丹下健三の復興計画が採用され，近代建築が建ち並ぶ都市となっている。

　もとの場所で再建する場合には，できることは限られているが，別の場所に新都市を建設する場合には夢は実現される。シチリア島のノートは，1693年の災害後，バロック様式で新都市を再建し，現在，ユネスコの世界文化遺産となっている。被災したが再建されなかったため注目される場合もある。1543年にスペイン植民地の首都として建設されたグアテマラのアンティグアは1773年の地震で大きな被害を受け，1776年に首都機能をグアテマラ・シティに移転した。その結果，アンティグアは1700年代の植民地建築が残る都市遺構となっている。

　地震のような自然災害だけでなく，人為災害も都市に大きな影響を与えてきた。20世紀には，戦禍・戦災復興が都市の姿を大きく変化させたが，21世紀になると今度はテロリストによる攻撃が都市を変える。2001年9月11日に発生した米国同時多発テロ後，ニューヨークのダウンタウンは大きく変化することとなる。

　都市は災害の「素」であり，災害は都市のあり方に大きな影響を与えてきた。しかし，都市復興は，災害後に生まれた新たなビジョンではなく，それまで考えられてきたことが実現される場であった。一方，災害はその社会が持つ課題を顕にする。災害により，これまで一般には認識されていなかった問題が注目されるようになり，その対策が生み出される機会となっていることも確かである。

（牧紀男）

VI 東ヨーロッパ

イドリースィー図(1154年)

アラビアの地理学者イドリースィーによって描かれたとされる中世イスラームを代表する世界地図。シチリア王国のノルマン王ルッジェーロ2世が，1138年にイドリースィーを招いて，当時の知見を集大成した世界地図の作製を依頼したとされる。原図は失われ，写本によって伝わる。14世紀の歴史家イブン・ハルドゥーンも『歴史序説』(1377年)の中でイドリースィー図についての解説を残している。中世イスラーム世界ではアリストテレス以来の地球球体説が信じられていた。イドリースィー図はマッカ(メッカ)を中心にして円形に地球が描かれる。イスラームの世界観に基づき，全体としても各地からマッカへの方角を意識して描かれている(オクスフォード大学ボードリアン図書館蔵)。

Panorama VI ── 中世都市の形態

　中世初期の都市は，一般的にいえば，カテドラル，僧院，城塞，場合によって円形劇場を城壁の中に取り込む小規模なものであった。古代ローマのキウィタスやカストルムなどがあった場所では，大公共建築（公衆浴場，劇場，円形競技場など）を避難場所として城壁に転用したり，そのまま城塞としたりした例もある。キリスト教会，そして司教座も，当初は城壁外に置かれた。そして，古代ローマ帝国の支配が及んでいなかった地域でも，新たに形成された農村集落の中から都市的核となる集住地が成長してきた。

　ヨーロッパ中世都市の形態は，一見きわめてアモルフ（不定形）であるが，ルイス・マンフォード（1969）は，中世都市には共通の都市計画原理があり，その主要な形式は13世紀頃に定まったとする。中世初期の都市がローマ時代のキウィタスやカストルムなどを引き継ぎながら，城砦，教会，修道院などを核として発展したのであるが，マンフォードは，ヨーロッパ中世都市にはさらに2つの型があったとする。ひとつは，農村型（形態的には，街道型（＝型），四辻（十字）型（＋型），共有地型（＃型），環状型（○型）など）である。もうひとつは植民都市である。植民都市の典型は，南西フランスのバスティードである（Column 03）。一方で，植民都市バスティードのグリッド・プランをひとつの型として主張しながら，中世都市が決してアモルフなのではなく，不規則的な形態にも計画原理があるとし，それを「オーガニック（有機的）・プラン」とする。スピロ・コストフの「オーガニック・パターン」の系譜の計画的「オーガニック・パターン」である（序章）。

　中世都市が不規則的である第一の理由として，マンフォードは，火器（大砲）の出現以前は，防御のために岩山など自然地形を利用し，平地を耕作地とするのが合理的であったことを挙げる。また，不規則性は，習慣や所有権によって敷地や道路の境界線が持続性を持っており，それを前提として計画がなされるからだとする。オーガニック・プランは，あらかじめ設定された目標に従って行われるのではなく，必要に応じて行われる。中世都市は，グリッド・パターンの形式的規則性とは異なる計画原理を持っているとして，それに対置するのがマンフォードである。

　ヨーロッパ中世都市は，城壁で囲われた閉鎖的で自足的な「島」として構成される。その内部は，大きく，中心核と曲がりくねった細街路によって構成される居住区からなる。中心核を構成するのは，聖堂，礼拝堂，修道院などキリスト教関連施設や，市

庁舎，ギルドホールなどの公共建築であるが，とりわけ重要なのが，大聖堂と聖堂前広場である。公共的な都市施設の配置はあらかじめ決定されるのであるが，居住区の細部は相隣関係の歴史的な積み重ねによって形成される。この形態は，イスラーム都市でもそうである（Column 06）。

古来，この世に理想都市を実現しようとする願いが人類を駆り立ててきた（Column 02）。キリスト教徒にとっての理想都市は「天上のエルサレム」である。7世紀以降，ヨーロッパ各地に建設された修道院は「天上のエルサレム」をモデルにするのであるが，「聖なる都市」「世界の中心（臍）」としてイメージされ続けるのがエルサレムであり，そしてローマである。十字軍運動や，レコンキスタ完了後のサンティアゴ・デ・コンポステーラ巡礼などの聖地巡礼がつないだキリスト教徒都市のネットワークと，司教座都市と教区の配置がキリスト教世界を構成するのも，イスラーム世界と似ている。ただ，アウグスティヌスの『神の国』が「天上（神）の都市」と「地上（人間）の都市」を区別したように，「地上の都市」は「悪徳の都市」であり，悪しき罪深い人間の場所とされてきた。

東ヨーロッパの都市の起源については，西ヨーロッパによる植民地化，とりわけドイツ法の移植によるという説が支配的であったが，第二次世界大戦後の考古学的発掘調査によって独自の起源を持つという「進化説」が有力になりつつある。

都市的集住地グロッド（ゴロド）がまず成立し，それに教会と市場が付加され，さらに都市法が採用されて市政が整備されるという一般的都市形成過程が想定されている。ゲルマン人が西方へ移動した後，最初に西スラヴ人のグロッドが形成されたのは，ボヘミ

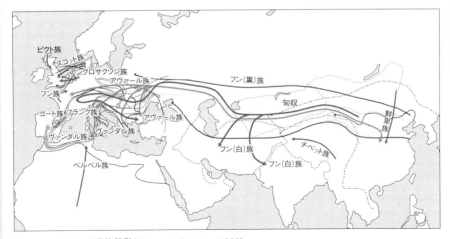

図1　ユーラシアの民族移動（Chant and Goodman 1999）

アそしてモラヴィア地方である。西ローマ帝国が解体したあと移住してきた手工業者がその担い手と考えられ，やがてサモ王国が成立（623年）したとされる。その後フランク王国の支配下に置かれるが，その分裂後，大モラヴィア王国（830〜903年）が成立する。

ポーランドにおいて永続的な都市形成が行われるのは大モラヴィア王国の崩壊後で，ポズナニ，グニェーズノ，レツィツァが知られる。南ポーランドの都市の出現はやや遅れ，10世紀後半で，その中心クラクフは，13世紀にはピアスト朝の首都として栄えた。

ロシアの場合，最も早いグロッドの出現は9世紀後半のキエフである。ロシアという名称が最初に使われたのは15世紀末とされ，イヴァン雷帝の時代に定着したという。それ以前には，ルーシあるいはルーシア Russiia と呼ばれていたが，このルース Rus は，ギリシャ語で，そしてアラビア語でも，ノルマン人を意味する。スラヴ人の故地は，ドニエプル，プリピャチャ，ヴィスワ，ドニエストルの4河川で囲われた地域と考えられ，そこから東西，南に拡散していったと考えられているが，7世紀にはスカンジナヴィア半島からノルマン人が南下してきたという経緯がある。

キエフの後，10世紀に入ってノヴゴロド，イズボルスク，ポロック，ロストフ，スモレンスクなどのグロッドが形成される。キエフ・ルーシ（882〜1240年）が12世紀後半以降に分裂解体へ向かうと諸公国分立の時代となる。13世紀初頭には50，14世紀には250もの公国が存在した。この分立時代にウラディミル大公国の分領国であったモスクワ公国が成長し，北東ルーシを統一する15世紀後半まで続く。

この分裂時代に西方から侵入してきたのがモンゴルである（図2）。モンゴル軍が初めてルーシに現れるのは1223年で，第2代オゴデイ（在位1229〜41年）の時に本格的

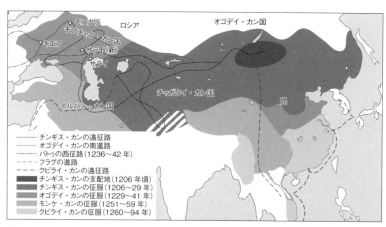

図2　大モンゴル・ウルスの版図（須田俊輝作製）

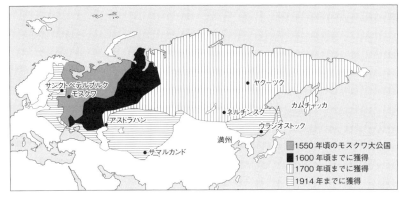

図3　ロシアの拡大（土肥 2007をもとに大坊岳央作製）

攻略が行われる。チンギス・カンの第4子ジョチの子バトゥを総指揮官とするモンゴル軍は，モスクワそしてノヴゴロドを攻略（1238年），キエフも陥落（1240年）させる。オゴデイの死去の報で遠征を中止したバトゥは，結局はモンゴル高原へは帰還せず，ヴォルガ川下流域に留まって，サライ・バトゥを首都とするジョチ・ウルス（オルダー，キプチャク・カン国。1243〜1480年）を建てる。モンゴル語でウルスは「国家」「人々」を意味する。ロシアではオルダー，もしくはゾロターヤ・オルダー（黄金のオルダー）と呼ばれた。モンゴル語のオルド（宮廷）が起源である。キプチャク（ポロヴェツ）は高原の名前である。

　15世紀にジョチ・ウルス（キプチャク・カン国）の支配を脱してルーシの統一を押し進めるのは，モスクワ大公である。モスクワ大公はイヴァン3世の時ツァーリ（皇帝）の称号を名乗り，その支配領域はロシア・ツァーリ国と自称するようになる。1613年にロマノフ朝が成立すると，大貴族と農奴制に支えられ，封建色の強い帝国の発展が始まった。17世紀末から18世紀にかけて，ピョートル大帝は急速な西欧化・近代化政策を強行し，ロシア帝国の基盤を築いた。彼の時から正式に皇帝（インペラトール）の称号が使用される。1726年に即位したエカチェリーナ2世の治世においてロシアはウクライナとクリミア・カン国を併合する。アレクサンドル1世の治世にナポレオン戦争に参戦し，戦後はポーランドやフィンランドを支配して，神聖同盟の一員としてウィーン体制を維持する欧州の大国となった。

　19世紀末には，ロシアはそれまでのドイツ・オーストリアとの三帝同盟から露仏同盟に軸足を移し，凡スラヴ主義によるバルカン半島での南下を極東での南下政策と平行させた。シベリア鉄道が建設されたのはフランス資本の参加によってである。　　（布野修司）

East Europe 01: Kiev

【キエフ】 東欧最古の都市

ウクライナ，キエフ特別市，首都
Capital, Kiev, Ukraine

　キエフは，ソヴィエト連邦が解体した後に独立したウクライナの首都である。都市圏人口は約400万人である。2014年のロシアのクリミア侵攻で，ロシア系住民が支配的なクリミア自治共和国が切り離されたかたちとなり，ロシアとEUとの関係悪化で不安定な状況にある。1986年に原発事故を起こしたチェルノブイリ（プリピャチ市）はキエフの北100km，ベラルーシとの国境に位置する。

　ドニエプル川中流域に位置するキエフ（図1）の起源は，西ローマ帝国が崩壊した中世初期に遡る。考古学の発掘によって，5世紀から6世紀にかけての集落遺構が発見されており，6世紀のゴート人の記録に「ドニエプル川の町 Danapirstadir」という呼称が見出されるという。ただ，都市形成が開始されるのは，ノルマン人の侵入以降である。『ルーシ年代記（原初年代記）』（1113年）によれば，ノヴゴロドを征服した「伝説上の人物」リューリクの死後，一族を率いて南下したオレーグ公によって，「諸都市の母」としてキエフ国が設立（882年）される。

　公国は，キエフを拠点に南ロシアに勢力を拡大していくことになる。当初の街は，ドニエプル川の西岸の小高い段丘の上に位置した。そして庶民は山麓に住むようになる。前者は古キエフと呼ばれ，後者はポジール（下町）と呼ばれる。古キエフは次第に拡大し，周囲に防護柵や土塁が設けられた。

　オレーグ公は，907年にコンスタンティノープルに遠征し，通商条約を結ぶ。また，ビザンティン帝国領のクリミア半島に侵攻を試みたりする。その後，ウラディミル大公の受洗（988年）によってキエフ公国はキリスト教化

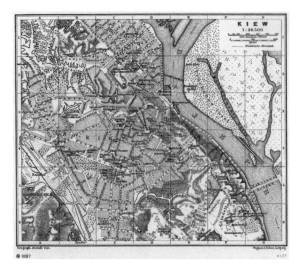

図1　都市図，1897年
（地図資料編纂会編 1993）

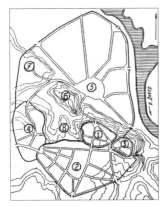

図2 ポジール地区（Mezentsev and Heretz 1986）

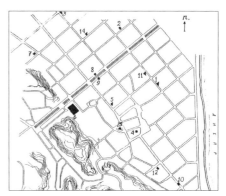

図3 ポジール地区の区割り（Mezentsev and Heretz 1986）

されることになる。12世紀までにキエフには17の修道院が建設されている。

　キエフ公国は、しかし、諸公の対立抗争によって分裂していく。首都もウラディミル・スーズダリ公国によってクリャジマ河畔に移される。モスクワの文献初出とされるのがキエフ大公国のユーリー・ドルゴルーキー（手長公）が最初の会合を行った（1147年）場所としてであるが、その大公が築いたのがクレムリンである。

　そして13世紀前半、モンゴルの侵略を受ける。以降240年の間、キエフを中心とするルーシの大地はモンゴルの支配下に置かれる（タタールのくびき）。モンゴル支配のダメージは大きく、モンゴル後も中心はモスクワ・ロシアに移動し、数世紀にわたってキエフがその重要性を取り戻すことはなかった。

　16世紀に入ってポーランド・リトアニア共和国が形成されると、キエフはポーランド王国に加盟した。その後、ドニエプル川の中流に興ったコサックの統治下に入り、やがてキエフはその中心として栄えるが、最終的にはロシア帝国に編入される。

　1811年に大水害が発生し、下町ポジールは崩壊したが、建築家V・ゲステによって復興都市計画がなされた（図2, 3）。このゲステの計画により、ポジールの街区は四角に整理され、不規則な道路配置から規則正しい道路配置へと変化した。

　ロシア革命時には、ウクライナ人民共和国として独立宣言し、1918年にはドイツ帝国を後ろ盾としてウクライナ国が建設されたが、ボルシェビキの侵攻に屈する。ソ連時代初期には、ウクライナ・ソヴィエト共和国の首府は、ロシア人やユダヤ人の多いハルキウに置かれた。第二次世界大戦後は比較的早い時期に復興を果たし、「英雄都市」の称号を贈られている。

　東岸には、社会主義時代に建設された集合住宅群があり、郊外には富裕層向けの高級マンションなどの高層建築が建ち並ぶ。ソ連時代に建設された工場地帯は住民増加によりスーパーマーケットなどの商業施設になるなどの多くの施設再編が見られる。

　中世に建造された歴史的建造物は少なからず残されている。中でも代表的なのは聖ソフィア大聖堂で、1032年に建造され、11世紀から13世紀半ばまではルーシの大司教座であった。キエフの聖ソフィア大聖堂と関連する修道院群およびキエフ・ペチェールシク大修道院は、1990年に世界文化遺産に登録されている。

（大坊岳央・布野修司）

East Europe 02: Lviv

【リヴィウ】 多民族が磨いた東欧の真珠

ウクライナ，リヴィウ州
Lviv, Ukraine

　リヴィウは，ウクライナ西部，北はヴォルイニ丘陵，南はカルパート山脈に挟まれた平原に立地する。温帯大陸性の気候で年間降水量700～1000mm，水資源は豊富で，森林にも恵まれている。平原は，中央東西に走る丘陵地で南北に分かれ，これがバルト海へつながる西ブーフ川とプリピャチャ・ドニエプル川水系と，黒海へつながるドニエストル川水系の分水嶺になっている。すなわち，リヴィウは，黒海・地中海世界と北海・バルト海をつなぐ重要な位置にあり，歴史的にも様々な攻防の地となった都市である。現在はリヴィウ州の州都であり，キエフに次ぐウクライナ第二の都市（人口約75万人）である。

　リヴィウの地には，5世紀には集落が形成されており，9世紀までは存続していたことが考古学的に明らかにされている。当時，リヴィウの地を支配していたのは大モラヴィア国（9～10世紀）である。モラヴィア族は，ゲルマン民族の大移動の一環として，現在のモラヴィア，スロヴェニア方面に移動，フランク王国に服属しながら，王国を形成していった。そして，大モラヴィア国が滅亡すると，ポーランド公国とキエフ・ルーシの角逐の場となる。

　12世紀まではキエフ大公国の一部であったが，その後，キエフ大公国が分裂し，リヴィウの西部はペレムイシュリ公国，東部はズヴェニーホロド公国，北部と中部はヴォロディーミル・ヴォインスキー公国の一部となった。その後，ハーリチ公国領，ハーリチ・ヴォルイニ公国領となる。都市としてのリヴィウはこの時代から重要な交易地として栄えていたと考えられる。リヴィウの史料初出は1256年である。その名は，クニャージホラー（クニャージの山）に要塞を建設したハーリチ・ヴォルイニ公国のダヌィーロ・ロマーノヴィッチ公の息子レヴに因んで名づけられたとされ

図1　リヴィウの要塞，1695年
（ユネスコ世界遺産センター）

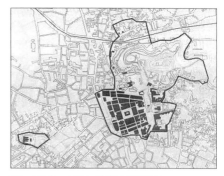

図2　「リヴィウ歴史地区」の登録範囲
（ユネスコ世界遺産センター）

図3　リヴィウ歴史地区の眺望（Igor Zhuravlov 撮影，stock.foto 提供）

図4　聖ユーラ大聖堂（Pavlo Burdyak 撮影，stock.foto 提供）

る。そのレヴ・ダニイロヴィチの治世にリヴィウはハーリチ・ヴォルイニ公国の首都となる。

14世紀中頃から，リヴィウはポーランド王国の支配下に置かれるが，1356年にマクデブルク都市法が制定されると，ドイツ人商人が多く居住するようになる。15世紀に入って，1434年から1772年まで，リヴィウには，ポーランド王国のルーシ県の県庁が置かれる。16世紀以降，住民の多数をポーランド人が占めるようになる。その後は，ポーランド・リトアニア共和国の運命に翻弄されることになる。

リヴィウは，1772年の第一次ポーランド分割によりオーストリア帝国に併合され，帝国の北東部にあたるガリツィア・ロドメリア王国の首都となる。ウクライナの他の地域はロシア帝国の支配下に置かれた。

オーストリア帝国のハプスブルク家の治下で比較的自由であったリヴィウは，ポーランド，ウクライナ文化の中心地として大きな存在となる。

ロシア革命の後，西ウクライナ人民共和国が1918年に誕生し，リヴィウを首都に定めたが短命に終わる。その後，リヴィウは再びポーランド領となる。1939年には独ソ不可侵条約によって，ソヴィエト連邦ウクライナ領に編入されたが，第二次世界大戦中にドイツ軍によってリヴィウは制圧される。ナチス・ドイツ支配下ではポーランド総督府レンベルク県の県庁所在地となるが，第二次世界大戦後にウクライナ・ソヴィエト社会主義共和国の領土とされた。その後，1991年のソ連崩壊によって，リヴィウは独立したウクライナの都市となる。

以上のような激動の歴史を経てきたリヴィウであるが，その歴史地区は奇跡的に戦火を免れた。東ヨーロッパの様々な国の伝統とドイツ，イタリアの伝統が融合したリヴィウは1998年に「リヴィウ歴史地区」として世界文化遺産に登録された（図2，3）。指定された地区は，都市核とその周辺地区と南西の聖ユーラ大聖堂（図4）を中心とする小さな地区からなる。

都市核は様々な時代の歴史的建造物からなるが，ヴァイソキー・ザイモク（高い城）の周辺が最も古く5世紀に遡る。低地部のグリッド街区は13世紀から17世紀に形成されたもので，様々な民族が居住し，モスクやシナゴーグ，正教会，アルメニア教会，カトリック教会がある。また，多くの修道院やルネサンス時代そしてバロック時代の邸宅が残っている。

リヴィウ歴史地区に存在する中世から近世にかけて作られた石造りの美しい街並みは東欧の真珠と呼ばれる。

（布野修司）

East Europe 03: Moscow

【モスクワ】 「第三のローマ」から社会主義の帝都へ

ロシア，モスクワ州，首都
Capital, Moscow, Russia

　ロシア連邦の首都モスクワは今や市域人口1200万人，周辺近郊を含めた大都市圏は1600万人を超える世界有数のメガシティである。

　しかし，その起源はそう古いわけではない。モスクワという名称の初出はロシア最古の年代記『イパーチイ年代記』で，1147年にキエフ大公国の王位継承をめぐる会談が中心部の砦で行われたと記されているという（近年の考古学的調査では，1147年以前に防御壁を持つ集落が形成されていたことが分かっている）。そして，1156年に，キエフ大公国ユーリー・ドルゴルーキー公（現在，市庁舎前に銅像が立てられていて，毎年9月初めに都市祭りが行われる）によって木製の城壁と濠で囲まれたクレムリン（城塞の意）が建設された。

　しかし，大モンゴル・ウルスの侵略（1237～38年），いわゆる「タタールの襲来」によって初期の都市の面影は残っていない。

　現代のモスクワの都市の骨格が形成されたのは，ジョチ・ウルス（キプチャク・カン国）の支配下においてモスクワ大公国（モスクワ・ルーシ）が設立され（1263年），その首都に制定されて以降である。モスクワは皇帝の居住地であるクレムリンを中心とする要塞都市として建設された。クレムリンの城壁が石造化されたのは1367年である。

　東ローマ帝国が1453年に滅亡し，モスクワ大公国が1480年にジョチ・ウルスの支配を脱すると，モスクワは東方正教会圏の中心都市となる。大公国は東ローマ帝国の後継を自負し，モスクワは「第三のローマ」を自認するまでに至る。新たに宮殿や教会堂が建設され，「赤の広場」が建設された。1534～38年にかけて，クレムリンの隣接地区（キタイ・ゴロド）を囲む城壁が建設されている。さらに，ロシア帝国が成立し（1547年），その首都に制定されると，いっそう安定的に繁栄し，1592年には二重目の城壁が建設されてベールィ・ゴロド（白の街）が囲われ，さらにその外側に土塁で囲われたゼムリャノイ・ゴロド（土の街）が形成された。モスクワは，以上のように同心囲帯状に形成され，クレムリンと隣接する商業地キタイ・ゴロド，貴族など上層階級が居住したベールィ・ゴロド，農民などが居住したゼムリャノイ・ゴロド，さらに軍人などが居住した対岸地区の5つの地区からなる。17世紀末にはロンドンやパリと肩を並べるほどの大都市となる（図1）。

　18世紀に入るとピョートル1世（大帝）は新首都としてサンクトペテルブルクを建設す

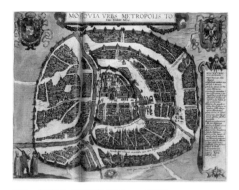

図1　都市図，1617年（Atkinson 2016）

るが，モスクワも中心部にグリッド街区と放射状街路が導入されるなど大きく改造され，西欧様式建築が建設された。すなわち中心部は石造建築となる。18世紀に入っても市街地の建築は井籠組のログハウスが一般的で，1712年と73年に大火によってかなりの部分が焼失している。

19世紀初頭のナポレオン戦争によっても市街は焼失した。その再建過程でベールィ・ゴロドの外周壁は解体され並木道とされ，さらに外周の土塁も解体されて環状道路が敷設された（図2）。またクレムリンの濠は埋め立てられ，ネグリンカ川も暗渠化される。西欧の大都市と同様，モスクワは近代的都市へ転換していくことになる。1700年に約11万4000人であった人口は，1850年には37万3000人，1897年には103万8600人に膨張している。

ロシア革命はさらに大転換の引金となる。サンクトペテルブルクからの遷都直前，革命時には人口200万人に膨れ上がっていたモスクワの改変は必至であった。革命の内乱終結後には総合計画（1935年）が立案されている。社会主義社会の実現を目指すその計画案には，職住近接，集合住宅による共同生活，グリーンベルト（森林地帯）といった近代都市計画の理念が盛り込まれている。しかし，集団生活を基本とする居住区を単位として都市そして農村，すなわち社会全体を構成する試みは必ずしも実現されるわけではない。

社会主義都市計画の理念は，第二次世界大戦後に引き継がれるが，大きな課題となったのはモスクワのさらなる膨張である。1960年には新総合計画，71年にはモスクワ発展総合計画が策定されている。これらの計画は，市街地，グリーンベルト，衛星都市群の3都市圏で都市を構成する計画で，田園都市計画，さらに西欧におけるニュータウン計画を踏襲するものであった。

ソヴィエト連邦の解体（1991年）によって，

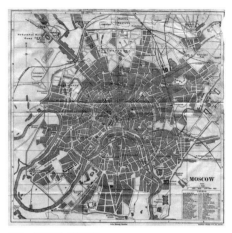

図2　都市図，1893年
（テキサス大学オースティン校蔵）

社会主義都市実現の人類史的実験は挫折することになる。以降，モスクワはまったく新たな社会経済メカニズムのもとで発展を遂げていくことになる。

現在のモスクワの中心は，その起源以来のクレムリンである。ロシア帝国時代は王宮，ソ連時代は共産党中枢機関，ロシア連邦では大統領府が置かれている。隣接地区には百貨店，博物館，劇場，教会など住民が使用する商業・公共施設が配置されている。

そして都市骨格は，モスクワリングと呼ばれるクレムリンを中心とする同心円状に広がる環状道路が担っている。上述のように，ブーリヴァール環状道路，サドヴォエ環状道路など環状道路は城壁を撤去して建設されたものであり，歴史的に形成されたものである。

多くの住民はモスクワ環状自動車道（MCRH）の内側の集合住宅に居住する。そして居住地はさらに放射円状に外へと広がる。一極集中の都市形態は大きく変わってはいない。

（大坊岳央・布野修司）

East Europe 04: St. Petersburg

【サンクトペテルブルク】ピョートル大帝の都

ロシア，レニングラード州
Leningrad, Russia

　内陸深くに位置するモスクワを首都としたツァーリ国ロシアは，ヨーロッパ諸国が大航海時代の重商主義政策で繁栄する中，良港を持たずに後れをとっていた。そしてロマノフ家の若きピョートル1世（後の大帝）はバルト海を制していたスウェーデンの地のバルト帝国と大北方戦争を争い，勝利する過程で，バルト海（フィンランド湾）に面する地に，海洋交易を目指して新都市サンクトペテルブルクを誕生させる。

　1703年には軍事目的で，ネヴァ川河口デルタ地帯の小島にペトロパヴロフスク要塞が，またその背後のペトログラード島（当初はサンクトペテルブルク島）に城塞が，対岸に海軍兵器廠が築かれるが，いずれも稜堡を備える近世型城塞技術によっていた（図1に見る，川中の六角形が要塞，対岸左下の要塞化したものが海軍兵器廠）。要塞はイタリアで学んだスイス人建築家ドメニコ・トレッツィーニの設計であった。要塞の中央にはロマノフ家の菩提寺として要塞に似つかわしくない華麗なペトロパヴロフスク（ペテロとパウロ）教会堂が建てられた。それはロシア正教の伝統とは異なる長堂形式で，尖塔がランドマークとなった。

　ピョートルは24～25歳の時に使節団を組んで先進的な西欧を視察した。アムステルダムやロンドンを中心に滞在したが，アムステルダムでは東インド会社の造船所で自ら船大工の経験をした逸話が残されている。そしてこの地に海港都市を築き，大航海時代に参入して，農業国家から重商主義国家への近代化を目論んだ。そこではロシア的なものを一掃するかのように，外国人の建築家が登用された。酷寒の中，彼は自ら粗末な丸太小屋（現存）に住み，都市建設を陣頭指揮した。

　図1右上のペトログラード島の簡易な市街に始まる新都市建設は本格化し，要塞の対岸，図1下方のアドミラルティ島，海軍兵器廠の東に「冬宮」，さらに東に「夏の庭園」が築かれて宮廷地区となる。海軍兵器廠周辺アドミラルティ地区のフォンタンカ川（運河）の内外は貴族の庭園付き宮殿の地区となり，また海軍兵器廠の前はモイカ川（運河）周辺が市街化する。

　図1左上，下流のヴァシリエフスキー島にはピョートルの側近で都市建設に貢献した大元帥A・D・メンシコフの大規模な庭園付き宮殿が置かれた。そこから西へ大通りを軸として，水路網を備えた矩形グリッド・プランの市民街区が計画された。その街区構成は16

図1　地図製作家ホマンによる都市建設中の都市図，18世紀初期。右上（北）がペトログラード島，下（南）がアドミラルティ島，左（南=下流）がヴァシリエフスキー島 (The State Museum of the History of Saint Petersburg 2002)

世紀後期にネーデルラントのブルッヘ（ブルージュ）で活躍した科学者シモン・ステヴィンによる理想都市計画や，アムステルダム市街を連想させるもので，湿地を得意とするオランダの都市計画技術が採用されていた。後に水路網は消えて街路網だけとなるが，二面町となる街区は奥行きが約130m，街路幅が約30mである。

新都市の建設は容易ではなく，貴族や市民が強制的に転住させられ，その際に建設材料の石を持ち込むことが課された（1710年の勅令）。また農奴が集められて過酷な労働を強いられ，多数の犠牲者が出た。しかし1712年には宮廷と元老院が移って首都となる。

1725年にピョートルが死ぬと，不満が蓄積していた貴族たちによって，1727年に首都はモスクワに戻される。しかし，女帝アンナは1732年に改めてサンクトペテルブルクに首都を戻す。彼女は都市構造の改編を進め，都心をペトログラード島からアドミラルティ地区へと転換し，この地区を発展させる。そして，そもそも海軍兵器廠の中央門から出て東のアレクサンドル・ネフスキー修道院に向かう森の道だったネフスキー大通りが目抜き通りとして整備されていく。

18世紀中頃の女帝エリザヴェータ時代には，「冬宮」が建築家フランチェスコ・ラットレッリによってロココ装飾をちりばめた後期バロック様式で改築され，都市景観を華麗に変貌させる。この冬宮は川沿いに拡張され，大宮殿となり，後にエルミタージュ美術館となる。

1753年の詳細な都市図（図2）にこの時代のロシア帝都の社会構造が顕著に表されている。図2の下部の，アドミラルティ地区のさらに下方（南），モイカ川からフォンタンカ川にかけての地区には貴族の幾何学庭園付きの宮殿が多数見られる。図2左上には，ヴァシリエフスキー島に計画された大規模なグリッ

図2　トルスコットによる都市図，1753年（The State Museum of the History of Saint Petersburg 2002）

ド・プランの市民地区の半分くらいが市街化した様子が窺える。そして全市街地の北，東，南を大きく囲うように，庭付き小住宅団地の兵営のような街区ユニットが散らばる。都市全体を囲む市壁はなく，市街は無造作に拡散する。

ロシアの宮廷を頂点とし，貴族や市民，農奴が構成するロシア独特の社会構造がそこに見事に反映している。都市計画技術はヨーロッパ型ではあったが，それはアジア型ともされるロシアの社会構造を具現するものだった。むしろ，庭付き独立屋型の武家屋敷地や，町家型の町人地，そして周辺の下級武士の長屋地区で構成される日本の近世城下町に近似する。しばしば洪水に見舞われる砂地のデルタ地帯にあえて建設された新都市という点でも両者は共通する。

こうして築かれた都市構造の上に，華麗な文化を花開かせた18世紀後期の女帝エカチェリーナ2世の時代から19世紀初期にかけて，各種文化施設，公共施設が市内各所に建ち，後期バロックから新古典主義などの各様式建築物が市内を彩り，今日の都市景観を形成することとなる。

（杉本俊多）

East Europe 05: Tbilisi

【トビリシ】マルコ・ポーロも讃美したカフカースの要衝

ジョージア，トビリシ首都圏，首都
Capital, Tbilisi, Georgia

　その昔，鷹狩に興じていた王は，獲物を追って飛び立った自慢の鷹をすっかり見失ってしまう。家臣を探しに遣ったところ，鷹は獲物とともに温かな湧水の中に落ちた姿で見つかった。思いがけぬ温泉の発見で王はこの土地を大いに気に入り，ここに町の建設を命じた。この「温かい（tpili）」土地にできた町は，以来「トビリシ（Tbilisi）」と呼ばれるようになった……。鷹の主は，イベリア（ジョージア［グルジア］東部）を治めた実在の王ヴァフタン・ゴルガサリ。彼による5世紀の都市開発と，その子ダチによるムツヘタ（ジョージア正教総司教座の所在地）からの遷都が，トビリシ発展の端緒として，史実としても知られている。

　ギリシャ神話にあるアルゴ号の金羊毛探検の遠征先として，またワイン発祥の地としても名高い，カフカース山脈南麓の小国ジョージアは中世以来，ペルシアやビザンティン，アラブなど，迫り来る東西の列強に翻弄され続けた。12世紀には，西ジョージアのダヴィド建設王がセルジュークを破ってジョージアを統一すると，トビリシはその首都として経済と文化の中心を担った。女王タマルの統治による黄金時代がモンゴルの来襲で潰えてからは，オスマン帝国やサファヴィー朝など，再び強国の侵入と干渉を許しながら，都市の命脈をどうにか保ってきた。

　こうした苦難の歴史にあって，1801年の帝政ロシアへのジョージア編入は，この都市のありようを大きく変えた。総督府の設置によりロシアによるカフカース支配の拠点と位置づけられたトビリシは，19世紀末には黒海とカスピ海をつなぐ鉄道交通の要衝としても栄えた。この間，欧州諸国の公館などが西洋の建築様式を導入することで，トビリシは欧州的で瀟洒な都市景観へとその相貌を整えていく。その後，グルジア・ソヴィエト社会主義共和国の成立と崩壊を経て，ジョージアとして独立した今日まで，トビリシはこの国の首都であり続けた。

　今日のトビリシは人口110万人余（2014年），カスピ海に注ぐクラ川の両岸に沿って南北に展開する（図1）。町の南端右岸の旧市街カラ地区には，4世紀建造のナリカラ砦，14世紀のメテヒ教会をはじめとするジョージア教会のほか，シナゴーグやアルメニア教会，ハマム（冒頭の逸話に登場する温泉を引く浴場），キャラバンサライ（主に隊商が利用する複合宿泊施設）も残り，中世来の国際都市の面影を留めている。

　カラ地区を貫く石畳の表通りから裏路地へ一歩入ると，主に19世紀に建てられた煉瓦造

図1　ナリカラ砦からの眺望（写真はいずれも東京工業大学藤田康仁研究室撮影）

図2　旧市街の低層住宅の外観

図3　ルスタヴェリ通り

の中低層住宅が軒を連ねる。そのファサードや玄関ホールは，しばしばアール・ヌーヴォーなどの西洋の建築意匠を纏い，ヴァナキュラーな住宅形式の流れを汲んだ透彫を持つ木造バルコニーの張り出しは，中庭のある住宅の構成と相俟って，固有の生活空間を形成している（図2）。構造や設備の劣化などから近年では取り壊される例も目立ち，時代が練成してきた住環境と景観の消失が危惧される。

石畳を登りきると，旧市庁舎の建つ自由広場へ，さらに国会や国立オペラ座など様々な建築様式に彩られた近現代の建築が建ち並ぶトビリシ随一の目抜き通りルスタヴェリ通り（図3）へとつながっている。クラ川左岸にも，アマシェネベリ通りを中心に，ドイツやポーランドからの入植者による19世紀の街並みが続く。一時衰退に見舞われたこの地区も，市当局などの修復事業が奏功し，往年の優美さと活気を取り戻した。

一方，クラ川に架かるガラスの橋やガラスのドームを戴く大統領官邸，白い茸のような法務省など，同国全体で流行している奇抜な形態の建築がひしめき，ナリカラ砦からよく見ると新旧の建築が入り混じる奇妙な都市景観を見出せる（図1参照）。旧交通局ビル（1975年）のようなロシア構成主義あるいはメタボリズムにも似たダイナミックな建築が実現しているところを見ると，建築形態の探求が同国の建築文化として底流するのかもしれない。左岸の高台に金色の屋根を輝かせるサメバ（三位一体）教会も，ジョージアの歴史建築の意匠を踏襲しながら，教会堂としては並外れた巨大さを誇る（図1右奥）。

2003年にバラ革命を果たした大統領サアカシュヴィリが，ソヴィエト崩壊後の不況下に多くの失業者を雇用して建てたこの教会堂は，同国の経済を好転させた公共事業として評価される一方，アルメニア人地区を潰して建てた不見識に大きな批判も沸き，同国が孕む民族問題を露呈させた。事実，市内にはユダヤ人やアルメニア人など外国人地区も古くより根づくほか，町中ではトルコ語の看板やジプシーの彷徨にも出くわす。元来ジョージアは，前述の歴史的経緯から民族の往来が激しく，アブハズ人など少数民族の問題は依然燻っているし，トビリシからそう遠くない係争地，南オセチアからのロシアの圧力は，停戦後も日々の脅威として市民の心に影を落とす。

近年，トビリシはアゼルバイジャンからトルコへ抜けるBTCパイプラインの経由地となり，経済開放を志向する国策により欧州や中東諸国からの投資も増加しているという。そのせいか中心部では，ソヴィエト時代の草臥れたビル群を尻目に，誰が住むとも知れぬ高層ビルの林立が目立つ。歴史が織りなす様々な相貌を引き継ぎながら，ジョージアに沸き立つ新たな「熱」が，この歴史都市の風景をまた少しずつ変え始めている。　　（藤田康仁）

East Europe 06: Yerevan

【イェレヴァン】 アララト山を望むバラ色の街

アルメニア，首都
Capital, Armenia

イェレヴァンは，標高およそ1000m，同国中部を流れるラズダン川沿いに開けたアララト平野南東の半盆地状の地形を中心に展開する，アルメニア共和国の首都である。人口はおよそ106万人（2011年）。市中心部北側の斜面に設けられたカスケードと呼ばれる大階段の上に立つと，スモッグに霞む町の遥か後方に，ノアの方舟の逸話で知られ，古くから同胞の象徴であったアララト山が，トルコ国境の向こうに悠然と聳えるのを見ることができる（図1）。

ローマ帝国に先駆けてキリスト教を国教と定めた（諸説あるが，一般に301年）最古のキリスト教国として知られるアルメニアだが，その歴史は苛烈を極める。東西の政治勢力の交錯する地政学的条件から，アルメニア民族が初めて自らの国（オロンティド朝）を建てた紀元前4世紀以降，ローマ帝国やサーサーン朝，セルジューク朝をはじめとするイスラーム勢力，モンゴルから帝政ロシアまで，あらゆる強国が間断なくアルメニアに去来し，この国の形を変えていった。11世紀にキリキア（トルコ共和国南部の地中海沿岸地域）に建設した亡命国家が倒れた14世紀からの500年余，アルメニアの独立国家は長く失われ，新たな国家の成立は帝政ロシア崩壊後の1918年（アルメニア共和国［第一共和国］）まで待つことになる。

アルメニア民族がようやく手に入れた国民国家の首都となったイェレヴァンは，紀元前8世紀，当地を支配していたウラルトゥ王国が北方からの侵入に備えて築いた城塞エレブニを起源とする。その点では世界でも最古級の都市だが，アルメニアの首都という点で見ると，民族の長い歴史の中では新興の都市ともいえる。

第一共和国に引き続き成立したアルメニア・ソヴィエト社会主義共和国の建国（1920年）に際し，アルメニア人建築家A・タマニャン（1878〜1936年）が，同市の都市計画案を作成（1924年，図2）した。この計画は第二次世界大戦を挟んで断続的に実現され，今日のイェレヴァンの都市構造の骨格を整えた。モスクやキャラバンサライ，低層の都市住宅など，旧来の都市を形成した建物群は一連の

図1 イェレヴァンの街並みとアララト山（写真はいずれも東京工業大学藤田康仁研究室撮影）

図2 タマニャン像，都市計画図のレリーフとカスケード（大階段）

図3 共和国広場

開発でその多くが一掃され，市の中心部には現在，ソヴィエト時代からの中層集合住宅が多く建ち並び，ある種の哀感を漂わせている。タマニャンの計画は，街路構成や公園など既存の施設を活かしながら，都市の外周を規定する環状道路と緑地帯を重ねた円環状の構成を基本とするものである（図2右下）。現在の共和国広場に相当するレーニン広場がこの円環の中央からやや南に配され，この周囲に官庁や国営ホテルなどを置くことでソヴィエト都市／国家の中心が定位される。広場正面に建つ博物館の背後から北へと伸びる北大通りは，21世紀になってようやく完成したものである。この目抜き通りを北に見上げると，タマニャン設計のオペラハウスから冒頭のカスケードへとつながる，大きな南北都市軸を体感することができる。

旧レーニン広場の形状は，広場を囲む官庁建築群のファサードを凹面とすることで楕円形に規定されている（図3）。この凹面のファサードには，ズワルトノツの遺構（7世紀）をはじめ初期のアルメニア教会の彫刻装飾に多用される葡萄や蔦などのモチーフの導入が見てとれる。また，イェレヴァンが「薔薇色の町」とも渾名される所以の，建物外装に使用された赤褐色の凝灰岩トゥファも，アルメニアの教会建築が古来使い続けてきた地場の石材だ。こうした建築要素の導入は，近代的な建物群にアルメニア固有の歴史性を付与しており，同様の手法が現代建築のデザインにも応用されることで，この町の雰囲気の基調を定めている。

イェレヴァン中心部の北を走る，アルメニア文字の発明者の名に因んだマシュトツ通りの北詰には，中世写本ほか多くの文献史料を収蔵する古文書館マテナダラン（1959年）が控える。マテナダランとは元来，修道院付設の図書室を意味し，アルメニア福音教会の総本山エチミアジンにあった古文書をボルシェヴィキの没収から回復・移設したものである。また1967年には，同市西部の丘の上に，近代に見舞われたジェノサイドという民族的悲劇を，12のモノリスによるマウソレウムと針状のオベリスクで表現したツィツェルナカベルド（アルメニア人虐殺記念館，1966年）が建てられている。

こうして見ると，イェレヴァンはその都市としての新しさゆえに，また祖国が依然回復できない失地を持つがゆえに，意図的に，あるいは無意識のうちに，アルメニアの歴史が形として移植されてきた都市といえるのかもしれない。100年余り続いた現在の安定が今後も続き，新たな遷都を免れるのであれば，同国の歴史を新たに刻んでいく舞台として，この町は生き続けることになるだろう。

（藤田康仁）

Column 06 ── アラブ・イスラーム都市の構成原理

ベシーム・S・ハキーム『アラブ・イスラーム都市』

　ベシーム・S・ハキーム『アラブ・イスラーム都市』(Hakim 1986) は，イスラーム史の最初の3世紀の間（ヒジュラ暦1/紀元622〜288/900年）に，イスラーム都市の原型，基本原理ができあがったという。イスラーム世界の急速な拡大に伴い，精力的に展開された建築・都市建設活動が様々な問題や軋轢を各地で引き起こし，種々の問題を規制し裁定するために，ガイドラインと法的枠組みが必要となるのである。イスラーム化された各地の膨大な経験は写本によって伝えられ，情報交換がなされる。そして，作り出された統一的な法的ガイドラインや社会・文化的な枠組みは，アラブの多くの地域に共通する気候と建築技術によって，同じような都市建設の方法を生み出した。その結果，よく知られた蜂の巣状の都市パターンが広大な地域にくまなく見られることになったとする。場合によっては，この統一的な都市パターンから逸れることもあるが，それは各地域の気候，経済状態，入手可能な建築材料，地域に特有な建築様式とその影響などによる部分的な変更のためである。統一的なガイドラインと法的枠組みは288/900年には成熟の域に達し，10世紀の間継続したが，20世紀の初めにやや唐突な形で断絶し，1337/1918年のオスマン帝国の崩壊によって，最終的に終焉するとハキームはいう。

　『アラブ・イスラーム都市』は，まずシャリーアに規制される建築ガイドラインと，イスラーム以前の慣行（主としてメソポタミア・モデル）に基づく建築言語・都市要素・都市組織の2つによって構成される。そして，都市の立地する地域的環境に対して，統治者によるモスク・王宮・基幹設備など公共施設などをめぐるマクロ・レヴェルの計画決定と，住民による住居・居住地・街区をめぐるミクロ・レヴェルの意志決定によって都市が形成されるという。その形態を具体的に規定する諸要因とシステムとなるのが，①宗教関係（礼拝施設，教育施設のネットワーク），②経済関係（市場のネットワーク），③統治／軍事（官庁・統治組織），④衛生／上下水道，⑤住居／街区，⑥道路システム，⑦広場／空地，⑧建物の高さ，などである。

シャリーアと建築ガイドライン

　ハキームは，まず「イスラーム法とまちづくりのガイドライン」をクルアーンとハ

ディース（予言者の言行についての伝承）から引き出して整理した上で，14世紀のチュニスで適用されていた，石工頭であったイブン・アッラーミー（1334年没）の『建築規定の手引書』（1913年，フェス，モロッコ）を検討している。イブン・アッラーミーが典拠としたのが，マーリク派の祖，マーリク・ブン・アナス・アルアスバヒー（711〜795年）以下の学者たちの著作である。マーリク学派の建築の諸原則に関わるイスラーム的規範は，以下の12にまとめられる。

A. 「害」の回避：他人に「害」を及ぼさない限りにおいて正統な権利を行使できる。
B. 相互依存
C. プライバシー
D. 先行権：所有，使用に関して，既成事実となったものに対して一定の権利を与える。
E. 空中権：自分の敷地の範囲内において，たとえ他人の通風，日照を妨害する場合であっても，より高い建物を建てることができる権利（「害」の回避原則（A）の唯一の例外）。
F. 他人の財産の尊重
G. 隣人の先買権：ある土地，建物の売買に関しては，共同所有者あるいは隣人に先買権を認める。
H. 公共の通りの道幅は最低7ジラー：1ジラーは46〜50cmとされるから3.23〜3.50mであるが，荷物と人を載せたラクダがすれ違える幅であること，という原則である。高さも7ジラー以上とされていた。
I. 公共の通りに障害物を置いてはならない。
J. 余分な水は独占してはならない：水場は公共水場が原則。

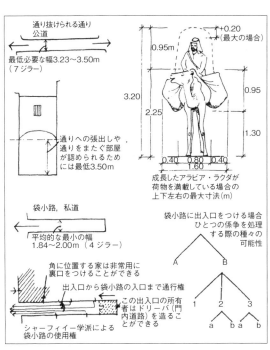

図1　シャリーアの規定例（Hakim 1986）

K. 家屋または建物の所有者が，隣接する外側のフィナーfinā（私用地）を私用する権利：フィナーとは，敷地の外周壁または住居の壁に直接接する外側の空間のことをいう。

L. 悪臭や騒音の発生源は，モスクに隣接または近接する場所に置いてはならない。

H〜Lはきわめて具体的であり，A〜Eは一般概念化されているが，いずれも公私の権利関係に関わっている。A, Bがまず基本原理としてあり，C, Fを認めた上で，D, E, Gをルールとするということであろう。H〜Lは公共性の尊重をいうが，フィナーの権利を認めるということである。このフィナーは，以上のように，建物周辺の半公共的半私的空間をいうが，基本的には，建物に囲われた空間，中庭を意味する。ハキームは，以上に加えて，自己抑制的行動の基準および社会的ガイドラインとして，a.清潔を保つことの奨励，b.責任感，公共意識の奨励，c.誇示するためではない美の奨励，d.隣人（地域住民）間の信頼，敬意，平安，e.財産を処分する際には，瑕疵は隠さず通知されなければならない，という精神を取り出してまとめている。また，ファトワー（判例）をもとに，道路や開口部，境界壁，騒音，汚水などについて，具体的な事例や規定をいくつか図示している（図1）。

都市構成要素

アラブ・イスラーム（マグリブ・イスラーム）都市は一般に，カスバ（城塞）（図2の②。丸数字は以下同様），市壁で囲まれたメディナ（旧市街，マディーナ，都市の意）（①），ラバド（郊外）（③）の3つの部分からなる。チュニスの場合，2つのラバドがあり，両方のラバドを防壁が囲んでいる。チュニスは，古来栄えたマグリブの主要都市で，カルタゴ，フェニキア，ローマ，ヴァンダル，ビザンティンとめまぐるしく支配者を代え，7世紀にアラブ人ムスリムが侵入して以降，アーグラブ朝（800〜909年），ファーティマ朝（909〜1171年），ジール朝（972〜1148年）が建てられるが，ハフス朝（1228〜1574年）の14世紀には現在のメディナとラバドの形態ができあがったとされる。

カスバは，スルタンや総督の居城，軍隊の駐屯地であり，城塞で囲われ，メディナからの自立性は高い。チュニスでは最も高い位置にある。内部には，宮殿や各種行政施設のほか，監獄，兵舎，浴場，市場，店舗などもある。

メディナは，スール（市壁）（④）で囲われ，スールにはバーブ（門）（⑤）とブルジュ（望楼）（⑥）が設けられる。チュニスには計7つのブルジュが配置されている。メディナには，まずジャーミー・マスジッド（金曜モスク）があり，礼拝の場ムサッラ（⑨）が街区単位に設けられる。チュニスのメディナの中央部にあるのは，創建者ハムーダ・

パシャのモスクである。また，バーザール（スーク，市場）や公共の広場バトハ（⑧）が配される。貯水施設はハッザーン（⑪），下水施設はハンダク（⑫）と呼ばれる。マクバラ（公共墓地）（⑩）はラバドもしくは市壁外につくられる。

街路体系

街路体系は，基本的に上下水に関わる基幹設備（インフラストラクチャー）システムと関わっている。雨水と汚水の排水について，イブン・アッラーミーの『建築規定の手引書』はこと細かに規定するが，相隣関係において雨水と汚水の処理が大きな意味を持っていることは明らかで，その処理には街路のヒエラルキーが大きく関係するのである。

アラビア語で「通り」のことを一般にナフジュという。また，タリーク・アルムスリミーン，タリーク・ナーフィズ，シャーリーという語も同様に使われる。タリーク・ナーフィズとは「通り抜け道」のことで，公道を意味する。この公道にも3段階のヒエラルキーがあり，すべての主要な市門（バーブ）と大モスクやスークのあるメディ

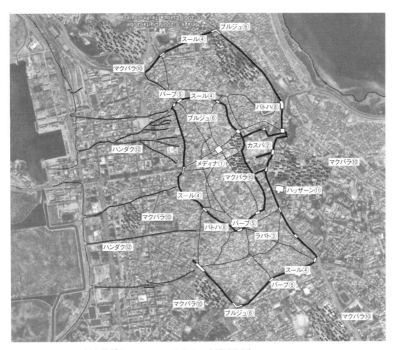

図2　チュニスの都市施設（Hakim 1986をもとに高橋漫作製）

ナの中心部を結びつける大通り（a級），街区（マハッラ）内の主要な道（b級），街区内の小路（c級）に分けられる。そして私的な袋小路がある。この袋小路は，上の公道，「通り抜け道」（a, b, c）のいずれかにつながる。門のひとつの形態として興味深いのが，袋小路の上に設けられるサーバートと呼ばれる部屋である。サーバートによってトンネルのように門がつくられるのである。

施設体系

イスラーム都市に建設される施設には，マスジッド（モスク），マドラサ（学校，教育機関），ザーウィヤ（修道院，学校），マラブート（ムラービト，聖者廟），トゥルバ（墓），マクバラ，スーク，ワカーラ（宿泊施設，キャラバンサライ），フンドゥク（宿，旅館），スール（壁），バーブ（門），キシュラ（兵舎），ハンマーム（浴場），ミーダート（洗浄場），マーリスターン（病院），カスル（宮殿），ダール（住居）がある。注目すべきは，いずれの建築要素（施設）もフィナー（あるいはサフヌ）という中庭空間を中心に組み立てられていることである。

イスラーム都市の中心施設はモスクである。マスジッドは，もともと跪く（平伏する）場所を意味し，特定の建物や施設を意味したのではない。その原型とされるのはメディナの予言者の家である。やがて，人々が集い，礼拝し，イスラームの教えを学ぶ場所として独立した建物となり，ミスル建設の場合には，第1に，その中心に建てられるようになる。ある都市の中心に建てられるマスジッドをアル・マスジッド・アルアーザム（大モスク），または，マスジッド・アルジャマーアあるいはマスジッド・アルジャーミー（集会モスク），マスジッド・アルジューマー（金曜モスク）という。さらにマスジッド・アルフトバ（フトバ・モスク）あるいはジャーミー・アルフトバという呼称もある。フトバとは説教という意味で，マスジッド・アルミンバルとも呼ばれる。正統カリフ時代のウマルの時代までは，一都市に一マスジッドが原則とされたが，人口増とともに複数設けられるようになった。住区に数多くの礼拝所が設けられるのはイスラーム都市の大きな特徴である。

マドラサは，イスラーム法学をはじめとする諸学が研究，教授される高等教育機関である。イスラームにとってきわめて重要な施設である。イスラーム初期には，モスクが学問の中心であったが，10世紀頃から独立した研究教育機関としてマドラサが建設されるようになり，11世紀後半にセルジューク朝が権力を握ると，数多くのマドラサが建てられた。アイユーブ朝においては，大モスクは建てられず，もっぱらマドラサが建てられる。原則として墓を付属しないモスクよりも，権力の象徴として「墓付

きマドラサ」の建設が流行するのである。イスラームの死生観，その教義に従えば，死者に特別な墓は必要ない。墓は，最後の審判までの仮の，つかの間の場所であり，豪華な墓を建てることは意味を持たない。またモスクには原則として墓はない。『クルアーン』は墓場での礼拝を禁じている。しかし，「墓付きマドラサ」あるいは聖者廟が一般的に建設されるようになったことが示すように，墓（マラブート，トゥルバ，マクバラ）は，イスラーム都市の重要な要素となる。

日常生活において重要なのがスークで，独特なアーケード街が形成されるのがイスラーム都市の特徴であるとされる。スークは，ジャーミー・マスジッドの近くに位置する大スーク（a），主要な市門とメディナの中心部を結ぶ通り沿いに形成される線状のスーク（b），主要な門の近くに隣接するスーク（c），バトハに設けられる定期市（d），そしてスワイカと呼ばれるマハッラの中の日常的なスーク（e）に分けられる。

ワカーラは，古くはカイサーリヤといい，ペルシア語のカールヴァーンサラーイ，すなわちキャラバンサライと同じだとされる。カイサーリヤは，店舗や倉庫，仕事場，宿舎などで中庭を囲んだ大型の建物をいい，スークは本来ひとつの店舗を持つものをいう。フンドゥクは隊商宿をいい，ペルシア語のハーンと同義である。中庭を囲む形をとるのはキャラバンサライと同じであるが，ラクダを利用するために十分な広さと高さの入口を持つ。インドネシア語で木賃宿をポンドックというが，フンドゥクからきている。

ハンマームは，「トルコ風呂」（ムーア式風呂）と呼ばれたものであるが，蒸し風呂である。ウマイヤ朝期にはハンマームが存在していたことが明らかにされており，古代ローマの公衆浴場テルマエに起源を持つと考えられている。

ダールは，住居や家屋を意味する。他にバイトも用いられるが，これはより簡易なシェルターをいう。あるいは部屋を意味する。ダールで構成されるのが，マハッラである。マハッラは，共通の民族的・文化的背景を持つ人々が共住する街区で，伝統的には門を構え，夜や危険な時には施錠された。マシュリクではムフタール，マグリブではムハッリクと呼ばれる。他にヒッタという言葉もあり，チュニスではホーマという言葉が用いられた。

建設過程

チュニスでは，まず698年のカルタゴ征服の後，ハッサーン・ブン・アンウーマンによって防御に適した選地が行われ，フトバ・モスク（ザイトゥーナ・モスク）が建設された。ローマ時代の都市基盤であるカルド（南北大通り）とデクマヌス（東西大通り）

がモスクの立地に影響している。興味深いのは，ザイトゥーナ・モスクのキブラの方向が30度ずれていることである。内メディアの他のモスクもこれにならっている。中心部から離れたモスクには，正確にキブラの方向を向いているものがあり，都市軸とキブラの方向については，ジャーミー・マスジッドの影響力が強い。ジャーミー・マスジッドの位置と方向が定められると，主な通りがそれぞれ城外へ向かう門へ向けて造られた。その方向は，ある程度，カルドとデクマヌスによって規定されるグリッドに沿っているが，全体として見ると規則性はない。城門と望楼の位置が戦略的に決められ，それが主要な通りの方向を決めている。また，主要な通りに沿ってスークが形成された。さらに，西の高台に建設されたカスバと地形によって，内メディアの形が規定されている。

　こうした全体構成が決定されるのと並行して街区および住区がつくられていったが，街路体系を決定した大きな要素が水である。チュニスでは，水道のほかに個々の住居で冬期（雨期）に蓄えた貯水槽，また井戸が水源として用いられた。西の高台からの地下水は質がよく，「甘い水」として知られていた。雨の少ないチュニスにおいては，雨水をどう利用するかは大きな問題であり，雨水の確保と排除をめぐる相隣関係については多くの規定が設けられていた。また，汚水の処理も，上述のように事細かな規定が設けられており，それが街路の方向を大きく規定したのである。

　こうした身近なディテールを規定するルールとともに，イスラーム都市の建設にあたって興味深いのが，ワクフ制度である。一種の寄進制度で，モスクやマドラサなど主要な都市施設はワクフによって建設されるのが一般的である。　　　　　　（布野修司）

Lecture 05 — 海と航海術

海域世界

　世界史の大きな動因，駆動力となるのは，コミュニケーションの手段であり，交換であり，交通であり，移動である。生存のための資源をどう手に入れるか，そのための交通ネットワークをどう構築するかは，その結節点である都市の立地や規模を大きく規定してきた。コミュニケーション手段，交通ネットワークを規定するのは，ひとつは陸路であり，馬である。ペルシア帝国は，基本的に王道など陸路によって成立した。そしてもうひとつは海路であり，船である。ローマ帝国はそもそも海洋帝国として成立した。船の輸送力は，運ぶ物資の量において馬のそれをはるかに凌ぐ。

　地表面の7割は海である。陸地は，至るところ海に囲われており，すべての海はつながっている。航海の歴史そして海洋交易の歴史は古い。ポリネシア人の祖先たちは3万年前にはソロモン諸島に到達しており，紀元前1500年から500年にかけて，フィジー，トンガ，サモア，クック諸島，さらにイースター島への航路を開拓していたと考えられている。木の枝と貝，ヤシの葉柄で作られたポリネシアの海図は，最古の地図（海図）（図1）である。アウトリガー付きの小型のカヌーそして2槽のカヌーを並べる双胴船（カタマラン）が用いられていた。

　人類と航海，そして海との関わりの歴史を簡潔に振り返ると，まず，地中海・黒海，そして北海・バルト海，紅海・ペルシア湾・インド洋・ベンガル湾，南シナ海・東シナ海といった四大都市文明が直接接触した諸海域世界の時代がある。[1]

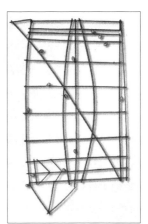

図1　ポリネシアの海図の模型
（レイヴァリ 2015）

地中海

　地中海東部において，古来，航海術を発展させてきたのはエジプト人である。ギザのクフ王のピラミッド付近

---

[1] 家島彦一（1993），宮崎正勝（2005），玉木俊明（2014）など，海から見た世界史の試みがある。

左)図2　太陽の船(ギザ太陽の船博物館蔵)
右)図3　フェニキアの構造船(チュニス・バルドー美術館蔵)

で長さ43mにも及ぶ「太陽の船[2]」(図2)と呼ばれるレバノン杉[3]で造られた巨大船(紀元前2600年頃)が知られるが、ハトシェプスト女王(在位：紀元前1479〜1485年頃)の遠征をモチーフにしたレリーフにも巨大な帆船が描かれている(紀元前1000年頃)。

紀元前2000年頃には、クレタ島起源のミノア商人がさかんに活動していたことも知られる。当初、東部に限定されていた交易ネットワークを地中海全体に広めたのはフェニキア人[4]で、前1200〜900年のことである。フェニキア人の船は船底に竜骨(キール)を備えた構造船である(図3)。フェニキア人は、「ヘラクレスの門」(ジブラルタル海峡)を出て大西洋へ至る航路も拓いている。

地中海で用いられたのは、ガレー船(ギリシャ語の「ガウロイ(たらい)」に由来)と呼ばれるオールで漕ぐ帆船である。フェニキア人が産み出したのは、両舷に2列の漕ぎ手を配した二段櫂船であるが、ギリシャ人は、両舷に3列の漕ぎ手を配した三段櫂船(図4)を作り出した。ギリシャ人は、エーゲ海を中心に東地中海・黒海周辺にネットワークを形成した。

時代は下って、アレクサンドロス大王が築いたアレクサンドリアを拠点とする交易ネットワークと、もともとフェニキアのティルス[5](現在のスール)の植民都市として建設さ

2　現在、隣接する敷地で第2の「太陽の船」の発掘が進められている。
3　レバノン山脈(最高峰はコルネ・エル・サウダ山、標高3087m)全域に自生していたレバノン杉は、船舶(ガレー船)用材として用いられ、フェニキア繁栄の資源として、エジプトなどに輸出された。カディーシャ渓谷と神の杉の森は、1998年、世界文化遺産に登録された。
4　フェニキア Phoenicia (ギリシャ語でポイニーケー Phoiníkē、ラテン語でポエニ Phoenices, Poeni) は、地中海東岸の現在のレバノン地域の古名である。フェニキア人の建設した主要な植民都市には、ティルス、シドン、ビブロス(1984年に世界文化遺産登録)、アラドゥ、カルタゴなどがある。フェニキア文字はヨーロッパ・西アジアの多くの言語の元となるアルファベットの起源とされる。
5　ティルス(テュロス Tyros)は、レバノンの南西部、地中海に面する都市遺跡。1984年に世界文化遺産に登録された。都市の起源は紀元前2500年頃に遡るとされ、フェニキア人の作っ

れ，西地中海を抑えたカルタゴの交易ネットワークを統合することによって成立したのがローマ帝国である。ローマ帝国が分裂し，さらに西ローマ帝国が崩壊したのち，8世紀後半になると，地中海はイスラームの海と化す。

インド洋

エジプト文明，メソポタミア文明は，もともと，紅海とペルシア湾を通じてインド洋とつながってきた。すなわち，考古学的にも明らかにされるように，両文明とインダス文明の間には古くからつながりがある。アレクサンドロス大王の東征の帰還の際には，ネアルコスを指揮官とするインド洋沿岸探索航海が行われている。そして，紀元前1世紀には，ギリシャ人操舵手ヒッパルコスによってモンスーン（季節風）（「ヒッパルコスの風」）の存在が明らかにされ，アラビア半島南部とインド西岸を結ぶ航路が開拓されている。

図4　三層ガレー船（三段櫂船）（レイヴァリ 2007）

紀元1世紀に書かれた『エリュトラー海案内記』は，すでにベンガル湾を越えてマレーシア，中国の情報を記すが，ベンガル湾から南シナ海への航路を拓いたのはインド商人である。東南アジアのインド化は紀元前後に始まったとされる。地中海，そしてインド洋とベンガル湾が結びついていたことは，東南アジア最古のインド化国家フナン（扶南）のヴィヤーダプラの外港オケオ遺跡からローマのアントニヌス・ピウス帝（在位138〜161年）の金貨が発見されていることからも知られる。ベンガル湾，南シナ海，ジャワ海をつなぐ交易ネットワークが成立していたことは，シュリーヴィジャヤ王国（6〜8世紀）やシャイレーンドラ王朝（8世紀中葉〜9世紀前半）の存在が示している。法顕（337年頃〜422年頃）のインド求法の旅の南海航路による帰国もこのネットワークに拠ったものである。ボロブドゥールのレリーフにアウトリガー付きの巨大な帆船が描かれたものがある（図5）。

図5　ボロブドゥールのレリーフに描かれた船（筆者撮影）

た都市国家の中では最大級の都市で，紀元前1000年頃にはフェニキアの首都であった。

ダウ船とジャンク船

　地中海，紅海，ペルシア湾，アラビア海，ベンガル湾，南シナ海をつないだのがムスリム商人である。ムスリム商人は，イスラームが誕生して1世紀余りで中国南部に至る。すなわち，8世紀後半には，ペルシア湾のシーラーフ，バスラと広州を結ぶ，いわゆる「海のシルクロード」と呼ばれる航路が成立している。

　紅海，ペルシア湾，アラビア海で，アラブのムスリム商人が用いたのはダウ船である（図6）。紀元2世紀の『エリュトゥラー海案内記』に記述が見られ，紀元前後から造られていたとされる。鉄釘をいっさい使わず，木釘と板をヤシの繊維を編んで作った縄で縫い合わせ，タール（瀝青）や鯨油で固める縫合船で，マストが可動式の支策で支えられる点で，西欧船と異なる。ラテン・セールと呼ばれる大三角帆の帆桁を斜めにマストより高く掲げ，逆風でも航行することが可能であった。最大300 t，全長30mにも及ぶダウ船もあったとされる。

　東洋，すなわちマラッカ海峡以東の中国海域（南シナ海，東シナ海）で用いられたのはジャンク船（図7）である。ジャンクという呼称は，中国語の「船（チュアン）」が転訛したマレー語のジョンjōngが，さらに転訛したスペイン語・ポルトガル語のジュンコjuncoに由来するとされる。漢字では「戎克」（中国語では「大民船」，または単に「帆船」という）と表記する。

　ジャンク船は，船体中央を支える龍骨（キール）がなく，船体は多くの隔壁によって区切られる構造船で，横方向に多数の割り竹が挿入された帆も西欧船とはまったく異なる。船底が広く，喫水の浅い海での航行に便利な上に，耐波性に優れ，突風が近づいた時も素早く帆を下ろすことが可能で，横風に対する安定性も高い。風上への切り上り性に優れ，速度も同時代の龍骨帆船と比べ格段に優った。ジャンク船は，宋代

図6　ダウ船（庄司 2010）

図7　ジャンク船（庄司 2010）

以降に大きく発達し，河川や沿岸部を航行するものから，400 t から 1000 t を超える大型の外洋航行用のものまで多様な用途のために建造されるようになる．

　中国商人は，当初，東洋の範囲で交易活動を展開するが，11 世紀から 12 世紀にかけて，ダウ交易圏とジャンク交易圏は連結することになる．ダウ船とジャンク船の積荷は，インドのマラバール海岸（クイロン（故臨），コーチン，カリカット（コージコード））で積み換えられた．

　ジャンク船の優れた性能を示したのが 15 世紀前半（1405～33 年）における鄭和の 7 次にわたる西洋すなわちインド洋への航海である（宮崎 1997）．鄭和の艦隊は，各回とも 2 万 7000 人にも及ぶ．大型艦船 60 余隻，小型船 100 余隻，計 200 隻の大艦隊で，船は「宝船（西洋宝船）」と呼ばれ，最大の艦船は，船長 120m，船幅 60m の巨艦であったとされる．カリカットを目指した第 1～3 回の航海によって，さらに西方の交易圏についての情報を得た鄭和艦隊は，第 4 回以降，ホルムズを目指すことになる．艦隊は，さらにアラビア半島のスファール，アデンを経て，東アフリカのモガディシオ，マリンディまで及ぶ．大航海時代の開幕直前，インド洋海域と中国海域はネットワーク化されていたことになる（図 8）．

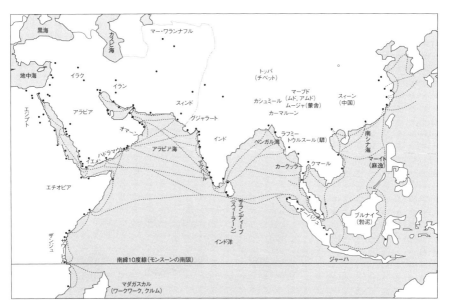

図8　インド洋海域の主要航路（家島 1993，一部改変）

ヴァイキングの海

　一方，ヨーロッパは，地中海から北海・バルト海，そして大西洋へ展開することで大航海時代を制圧することになる。

　8世紀末以降，北海，バルト海では，ヴァイキング（古ノルド語で入り江や湾を意味するヴァイクに由来する）が活躍し始める。ヴァイキングが用いたのは，ロングシップと呼ばれる，喫水の浅い，細長い船である。全長25m以上にも及び，20から25の船室を持つものもあったとされる。ヴァイキングは，この造船術の傑作とされるロングシップ（図9）によって，オークニー諸島，シェトランド諸島まで航海し，イングランドの多くを征服し，ダブリンを建設し，ノルマンディを植民地化することになる。注目されるのは，海図や羅針盤を持たず，日陰盤のみの航海で，北アメリカ大陸に到達していたことである。アイスランド（873年），グリーンランド（895年）に続いて，北アメリカのヴィンランド（ニューファンドランド島と考えられている）にヴァイキング商人が訪れているのである。

　ロングシップは，ハンザが台頭し，より背丈が高く頑丈なコッゲ（コグ）船（図9）の出現によって，その時代を終える。コッゲ船は，船底が平らでフィヨルドの航海に適し，戦闘の際にもロングシップに優っていたのである。このコッゲ船を模倣して南欧でカラヴェル船の技術を用いて造られたのがカラック船である。カラヴェル船は，3本マスト（初期には2本）の小型帆船で，ポルトガルで開発されたとされるが，ポルトガルの秘密主義のヴェールに覆われて詳細は分かっていない。コッゲ船より大型で背丈が高く，三角帆ではなく四角帆を用いたカラック船は，14世紀末以降一般的に用いられるようになる。大航海時代の主役となるのは，複数のマストを備えて大型化したカラヴェル船であり，カラック船である（図9）。

図9　左からロングシップ，コッゲ船，カラヴェル船，カラック船（レイヴァリ 2015）

羅針盤と六分儀

　こうして，海に取り囲まれた陸地の各地で航海のネットワークが形成され，そのネットワークが相互につながれていくのであるが，造船技術とともに必要とされたのは，航海術としての方位，位置（緯度・経度）の把握である。画期となるのは，羅針盤の発明である。羅針盤以前には，沿岸を伝うように航行するか，太陽と星の位置の観測に頼っていた。ヴァイキングが簡単な日時計（日陰板）によって，緯度に沿った東西航行をしたのは上述の通りである。緯度の測定に用いられたのがアストロラーベである。水平線上にある正午の太陽（夜間は特定の星）の仰角を測定することで緯度を知ることができる。ギリシャ人によって考案され，アラブ・イスラーム圏に伝えられて改良されていく。18世紀半ばに発明されたアストロラーベは円周の6分の1（60度）を用いることから六分儀と呼ばれる。問題は経度の測定であるが，海上で経度を正確に測定するためには時刻を知る必要があり，そのための時計（クロノメーター）が考案されるのは，ようやく1736年になってからのことである。

　磁気を帯びた鉄の針が北を指す事実は古来知られ，方位磁針相当の磁力を持った針を木片に埋め込んで水に浮かべる「指南魚」は3世紀頃から中国国内で使われていた。そして，宙吊り式のコンパスが発明される。このコンパスがヨーロッパに伝わったのは12世紀末で，14世紀初頭には羅針盤として航海に使われるようになる。

海　　図

　羅針盤による航海が一般的になると，地図上の要所要所（港，島，岩礁など）に数多く描かれた方位盤（コンパスローズ）から32本の方位線が放射状に引かれ，直線が複雑に交差するポルトラノと呼ばれる特殊な海図が用いられるようになる。ポルトラノ図によって，目的地への舵角を容易に読み取ることができるのである。現存最古のポルトラノ図は1300年頃とされる「ピサ図」で，それ以前から羅針盤とともにポルトラノ図が用いられてきたと考えられている。

　ポルトラノ図の作製は，ヴェネツィア，ジェノヴァなどの北イタリアに始まり，バルセロナ，マジョルカ島など西地中海に及んでいく。そして14世紀末には「カタロニア図」と呼ばれるポルトラノ型世界図が描かれる。半世紀余り後に，ポルトガルのアルフォンソ5世の依頼で製作されたフラ・マウロの世界図（1459年，Ⅴ「中央ヨーロッパ」扉）は，経緯度線も方位盤・方位線も描かず，中世の完結的世界図の伝統に従っているが，ポルトラノ型世界図が一般的になっていく。その到達点に位置するのがカンティー

ノ図（1502年，XI「東南アジア」扉）である（応地 2007）。15世紀初頭に，航海に関わる知識，技術を集積する拠点となったのは，ポルトガルのエンリケ航海王子がサグレス岬に設けた学院である。ところがポルトガル王室は，秘密主義を貫き，地図，海図などは，王室の保管庫に保管して徹底して管理した。そして，秘匿された資料は，1755年のリスボン大地震で失われてしまう。カンティーノ図が残っているのは，カンティーノが秘かに入手することができたからである。

　もうひとつ，「大航海時代」を導くことになったのは「世界の風系の発見」である。コロンの航海以降，緯度による異なる風系が，大西洋，インド洋，太平洋それぞれ地球規模で明らかにされていくのである。すなわち，緯度20度付近では常に強い貿易風が東から吹き，南緯40度付近では激しい西風が吹き続けていること，赤道付近の北半球では北東，南半球では南東の風が吹いており，航海に利用されるのである。

　コロンが用いたのは，全長18mのサンタ・マリア号（100 t 程度）と2隻の小型船で，それぞれ3本マストのカラヴェル船であったが，総勢90名が全員甲板で寝起きする規模であった。世界周航を達成するマガリャンイスの5隻の船団にしても，旗艦のサン・アントニオ号は120 t 程度に過ぎなかった。大航海時代の幕開けとともに登場したのがガレオン船である。アカプルコとマニラをつないだ航路をガレオン航路というのはその名に由来する。カラック船を改良して造られるのであるが，カラック船より大型化し，スマート（全長幅比が小さい）で，速度が速く，当然，砲列の搭載も考慮されていた。ガレオン船は，戦闘専用の戦列艦にも発展していった。そして，東インド会社が各国で設立された17世紀から18世紀にかけて用いられたのは，さらに巨大化し，幅が広く，2層の砲塔甲板を持つ貿易船であった。

蒸気船

　帆船の時代，ヨーロッパとアジアを往復するには2年の月日を要した。初期には，難破することも少なくなく，リスクが大きかった。海上交通という意味で，次の大きな転換となるのが蒸気船の発明であり，その現実化である。ロバート・フルトンがハドソン川で蒸気力船を航行させたのが1808年，1838年までには蒸気力のみでヨーロッパとアメリカが結ばれるようになり，19世紀後半にはアジア航路にも蒸気船が用いられるようになるのである。蒸気船の登場によって，それまでの港湾都市は大きく転換していくことになる。第一に，港湾の改造，拡大が必要であった。そして，物資の大量輸送が可能になって，都市は大きく拡大していくことになる。鉄道敷設によって内陸への発展も開始されるのである。

（布野修司）

VII アフリカ

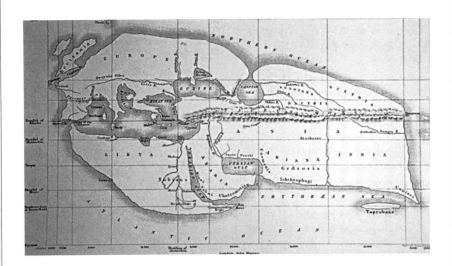

エラトステネスの世界地図
エラトステネス(紀元前276〜194年)は、アレクサンドリアのムセイオンの館長であり、古代有数の科学者として、地球の大きさを測ったことで知られる。地球が球形であることを前提に世界地図を作ったが、エラトステネスの地図そのものは伝わっておらず、その一部を引用するストラボン(紀元前63年頃〜紀元23年頃)の著作によって知られる。アレクサンドロス(在位:紀元前336〜323年)の遠征によって知られたインドまでの地理は当然くわしくなり、ブリテン島も描かれている。経緯線が描かれるが、間隔は一定ではない。上図はバンブルグ(E. H. Bunburg, 1811〜1895)による復元図である(ウェルズレイ大学蔵)。

Panorama VII ─ 古代エジプトとマグリブ

　エジプトは，古来，ナイル川流域の自然生態によって大きく規定されてきた。赤道直下のヴィクトリア湖（標高1134m）から流出したナイル川は，アルバート湖（標高619m），そしてノ湖で支流を集めて白ナイル川となり，スーダンのハルツームで，エチオピア高原のタナ湖から流れてくる青ナイル川と合流し，さらにアトバラ川の水を合わせて河口に向かう。エジプトに入ると，現在はアスワン・ハイ・ダムがあるが，アスワン以北が古くからのエジプトであり，アスワンからカイロまでは上エジプト，カイロから北のナイル川三角州は下エジプトと呼ばれる。

　ナイル川は，乾燥地帯を流下するために蒸発散による影響を大きく受ける。1月から6月の乾季の間の流量は少ないが，雨季になると水量は急激に増加，9月下旬から10月上旬にかけて最高水位に達し，氾濫した水は自然堤防を越えて溢れて約1ヶ月滞水する。青ナイル川は，標高1800mのタナ湖から急激に高度を下げるため，河床を侵食して大量の沃土を下流にもたらすが，アスワンの標高はわずか87mで，氾濫した水はゆるやかに流れ，運ばれてきた肥沃な「黒い土」が残される。ムギの栽培農耕を可能にしたのが，この「黒い土」である。ヘロドトスが「エジプトはナイルの賜物」（『歴史』）と記したのは，このナイル川の生み出す自然生態をいう。

　ナイル川下流域で農耕牧畜が開始されるのは紀元前5500〜5000年頃とされる。エジプト最古の新石器文化はメリムダ文化と呼ばれるが，西アジア起源の農耕牧畜との共通要素が多い。少し遅れて上エジプトに出現するバダリ文化も同様の農耕牧畜を行うが，墓地埋葬の仕方が異なること，狩猟採集が重要であることなど，メリムダ文化とは別系統と考えられている。古代エジプトの文明は上エジプトと下エジプトに大きく二分され，上エジプトにはバダリ文化を継承してナカダ文化が発祥し（前4000年頃），これを母胎に最古の統一国家が誕生する（前3000年頃）。ナカダ文化は3期に分けられ，ナカダⅠ文化では農耕が開始される一方で狩猟漁撈用の石器も豊富に出土する。ナカダⅡ文化になると灌漑農耕が始まり，墓地の大型化，副葬品の格差などから階層分化が存在したことが明らかで，各地に部族国家が出現し，その中からナカダ，ヒエラコンポリス，ティニスなど有力な「都市国家」が成立する（図1）。メソポタミア文明との接触は明らかで，遠隔地交易も発達していた。ナカダⅢ文化は下エジプトへ進出，上下エジプトを一体化する。

古代エジプトの王はファラオと呼ばれ、創造神である太陽神ラーが定めた宇宙秩序マアトを維持更新すると考えられ、国家の中心として、すべてを支配管理した。社会は大きく大人層と小人層に分かれ、軍事・農耕・交易などすべては国家の官僚組織によって管理された。徹底した中央集権国家であり、官僚養成のための教育が重視され、最末期まで商人層は存在せず、軍人層も育たなかった。

　古代エジプト文明の象徴はピラミッドである。ミイラ製作は臓器に関する医学知識を発達させ、ピラミッド建設は天体観測技術、石造建設技術を発達させた。文字の概念はメソポタミアに学ぶが、単子音文字使用の表音文字を発達させた。

　初期王朝を建てたのはメネス王で、王都「白い壁」を建設したというが、これは後の古王国の首都メンフィスと考えられている。以降、古代エジプトに恒久的な首都、都城はない。イト＝タウェ、アヴァリス、ピ＝ラメッセ、ブバスティスなど、時に応じて戦略的に首都が建設されている。また、ヘラクレオポリス、テーベ、タニス、サイスなど既存の都市が拠点とされている。中王国（前2040〜1663年）、新王国（前1570〜1070年）の首都となったのはテーベ（ルクソール）である。

　古王国期（前2686〜2185年）の統一王朝最初の都メンフィスは、現在と同じ場所に造られており、その実態はよく分からない。ラメセス2世時代の廃墟がわずかに残るだけである。

　中王国の第11王朝（前2134〜1991年）から新王国の第18王朝（前1570〜1293年）まで都が置かれ、「諸都市の女王」と呼ばれたテーベも、今日残っているのは、ナイル東岸のルクソール神殿とカルナック神殿をそれぞれ核とする神殿群と、西岸の歴代ファラオの墳墓がある王家の谷だけで、都市全体は残っていない。主要な居住区は、ナイル川西岸のアメンホテプ3世（在位：前1386〜1349年頃）のマルカタ王宮跡の周辺にあったと考えられている。ルクソール神殿とカルナック神殿は参道で結ばれており、神殿のレリーフには両神殿を往復する祭礼の様子が刻まれている。

　西岸には王墓の建設に当たった職人たちの村デイル・エル・マディーナがある。きわめて興味深いのは、古代エジプトの都市が城壁を持た

図1　古代エジプトの都市遺跡
（Snape 2014をもとに西島里咲作製）

ないことである。

　900年続いた都テーベをアマルナ（アケトアテン）に移したのが、世界初の一神教を創始したとされるアメンホテプ4世（エクナーテン）（前1362〜1333年頃）である。唯一神アテンのみを祀るために強大化した神官団を排除し、王権と神権を統合するための移転であったとされる。都市域は、アテン大神殿を中心とする核域の南に居住区が建設され、北にも郊外区が形成されていた。各地区ともきわめて整然と計画されている。

　古代エジプトには、もうひとつの都市の系譜として、死者のための都市ネクロポリス（埋葬都市、死者の都市）がある。王の埋葬と祭儀を目的とした葬祭記念建造物としてのピラミッドは、第3王朝初期にジェセル王が建設した現存最古の階段ピラミッドのあるサッカラ、クフ王など三大ピラミッドで著名なギザなど、古王国時代から第2中間期初期に至る約1000年の間に造り続けられた。ピラミッドとその周囲に建設された付属施設からなるピラミッド複合体（埋葬墳墓であるピラミッド本体、儀礼の場としての葬祭殿（上神殿）と河岸神殿（下神殿）、両神殿をつなぐ参道、付属ピラミッド、周壁など）には、ピラミッド建設のための労働者が居住する村や、儀礼を継続的に行うために神官や役人、職人が居住する「ピラミッド都市」が付設され、生活物資を供給するための領地も用意された。全体は、来世を生きる死せるファラオのための都市である。

　ギザでは「ピラミッド都市」の遺構が発掘されているが、ほかにホテプ・センウセルト（カフーン）がある。ホテプ・センウセルトは整然としたグリッドで構成されているが、東西が壁で分けられており、西側には労働者や職人が居住した小住宅が東西街路に面して南北に背割りする形で並んでいる。東側は、南北にさらに分けられ、北には国家役人の大規模な住居群が並び、南側には専門技術者など地位の高い層の住居と倉庫群などが配されていた。西街区北の周壁に接してアクロポリス、統治者の居館、南には広大な広場が設けられている。

　7世紀から8世紀初めの「大征服時代」に、イスラームはマグリブへ勢力を拡大する。641年にエジプトを征服しフスタートを建設した後、663〜664年にはイフリーキア（チュニジア）まで支配の手を伸ばし、カイラワーン（ケロアーン）を建設した（670年）。7世紀末にはカルタゴを抑えてチュニスを建設（698年）する。そしてイベリア半島の征服が711年以降に開始される。イスラーム勢力はわずか3年で一気にイベリア半島北部まで侵攻したが、大きな役割を果たしたのは改宗したベルベル人たちである。

　マグリブのイスラーム都市（図2）は、アラブ・イスラーム都市の伝統がそのまま持ち込まれることによって成立する。基層文化として存在したのはベルベル人の文化である。アッバース朝がアンダルスを放棄すると、マグリブにはルスタム朝（776〜909年）、

イドリース朝（789〜926年），アグラブ朝（800〜909年），トゥールーン朝（868〜905年）が相次いで建ち，それぞれ，ターハルト（ティアレ），フェス，カイラワーン，フスタートを拠点とした。エジプトからアンダルスまでの西方イスラーム世界はほぼ完全にマーリク派によって占められ，その中心がカイラワーンであった。カイラワーンは，アラブの軍人ウクバ・イブン・ナーフィーが築いたミスル（670〜675年）を起源としており，マグリブ最古のイスラーム都市である。

　マグリブを4つに分割したこれらの王朝は独立した王朝であったが，アッバース朝のカリフの権威に正面から対抗するものではなかった。それに対して，イスマーイール派がアグラブ朝を倒してチュニジアに建国したファーティマ朝（909〜1171年）は，当初からカリフという称号を用い，アッバース朝に真っ向から挑戦する。アグラブ朝に続いてルスタム朝を倒してアルジェリアを支配し，969年にはエジプトを征服してカイロを建設する。ファーティマ朝は，初のシーア派の本格的王朝であった。

　ファーティマ朝のチュニスはマグリブ都市の典型とされる。実はB・S・ハキームの「アラブ・イスラーム都市の構成原理」の定式化（Column06）は，チュニスのフィールド・スタディをもとにしたものである。チュニジアの諸都市が，常にマシュリク（東方）と強い結びつきを持ってきたのに対して，モロッコの諸都市の場合，サハラ以南との結びつきが強い。アルジェリアでは，西部のトレムセンはモロッコ型，東部のビジャーヤなどはチュニジア型である。また，王の居館であるカスバは，チュニスやトレムセンのように大モスクの近くに立地するものと，フェスやアルジェのように，マディーナと切り離されて造営されるものがある。マグリブ・イスラーム都市の住民はアラブ人とベルベル人が中心であるが，ユダヤ教徒も多く，メッラーフと呼ばれる特別の居住区に住んだ。ムーア（モール）人と呼ばれたアンダルスからの流入者もチュニスやフェスに数多く居住した。マグリブ全体としてアンダルスとのつながりは強い。

（布野修司）

図2　マグリブ・イスラーム都市（中貴志作製）

Africa 01: Cairo

【カイロ】 勝利の街

エジプト，カイロ県，首都
Capital, Cairo, Egypt

　カイロは，ヴィクトリア湖から地中海へ向かって流れるナイル川がデルタへと広がる要に位置する結節都市である。

　デルタは北に向かって扇のように広がり，西辺と東辺は一段高い砂漠となる。降水量は限られ，人々はナイルの恩恵によって暮らしてきた。古くから農業生産がさかんで，ナイルの季節的増水によって沃土が運ばれ，麦や綿花，野菜などが生産された。また，デルタの諸都市（下エジプト）と上流の都市（上エジプト）をつなぐ交通の要衝として機能した。

　西岸にピラミッドが築かれた5000有余年前の古王国時代には，東岸にファラオの都市ヘリオポリスがあった。その後，古代ローマ時代には要塞都市バビロンが営まれた（図1）。642年にアラブの将軍アムルが侵攻し，バビロンのすぐ北に軍営都市フスタートを建設した。フスタートには大モスク（アムル・モスク）が築かれ，その後，町はナイルの東岸を北へ向かって発展していく。9世紀になると現在のイブン・トゥールーン・モスクあたりが新たな中心となった。

　第2の時代は，969年にチュニジア出自のファーティマ朝が，フスタートの北に首都としてアル・カーヒラ（勝利の街，現在のカイロの呼称）を造営したことから始まる。アル・カーヒラは1km四方程度の矩形囲郭都市で，大通りが南北を貫き，中心部に宮殿が，宮殿の南東部にアズハル・モスクが建設された。当初は宮殿都市であったが，12世紀にフスタートからアル・カーヒラを含む一帯を囲む市壁が巡らされ，アル・カーヒラの南東部の高台に城塞が築かれた。続くマムルーク朝時代は，地中海と紅海をつなぐ交易を牛耳り，カイロが最も栄えた時期で，人口は40万人に達したという。なお，ナイル川の流れは次第に東から西へと移っていったので，ナイル東岸は次第に埋め立てられ都市域も拡大した。世界最初のカフェ（マクハー）が造られたのも16世紀初頭のカイロであった。都市発展の軸は第1の時代と同様で，ナイル川に沿って北へと向かうが，14世紀半ばの黒死病流行ののちに，フスタートは次第に人口が減り，イブン・トゥールーン以北（世界文化遺産の「歴史的カイロ」）が栄えるようになる。

　1517年にオスマン朝に編入され，地方都市

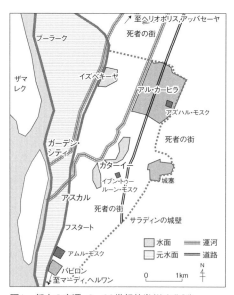

図1　都市の変遷，6～20世紀前半（筆者作製）

図2　アル・カーヒラの一部，18世紀末（Description de l'Egypt Vol.7, 1822）

図3　中庭住宅（Ragette 2003）

へと化し，一時よりも人口は減り，第3の時代に入る。都市発展の中心は西の，港のあるブーラークに移り，南部のフスタートは荒廃した。イズベキーヤが新都市として開発され，ヨーロッパ人やキリスト教諸派の居住区が作られた。都市は街区（ハーラ）から構成され，公共設備を持ち，各街区は街区門によって区切られ，自治権を持つ街区数は100余に達した（図2）。ユダヤ教街区が歴史的カイロ内に1，キリスト教街区が周縁部に7あり，両者で総人口の10%を占めた。

第4の時代は，19世紀のヨーロッパ化である。オスマン朝から独立したムハンマド・アリーは，運河沿いの湖を埋め立て，新宮殿を北郊外に建設した。そして1840年に自動車を導入し，市街地に計画道路を敷設した。イズベキーヤ湖は埋め立てられ，ブーラークとカイロの一体化が進む。オースマンにならったフランス式都市計画が取り入れられ，幅広いブールヴァールが緑地を貫くフランス風の田園都市として開発される。

20世紀に入ると，西方にザマレク，北方にヘリオポリス，南方にマーディなど，郊外に新住宅地が開発される。1920年代には東方のアッバセーヤ，ナイル川上流のヘルワンが住宅地として開発され，都市域が広がった。

第5の時代は第二次世界大戦後で，カイロはエジプトの首都として巨大化し，いわゆる計画市街地とインフォーマルな市街地に分化した。砂漠が緑化され，ゆったりした計画市街地が広がる一方，農耕地にはインフォーマルな10階ほどの建物がひしめいている。

こうしてカイロは周辺の都市と一体化して大カイロを形成する。大学や企業は郊外に移転している。地下鉄も引かれてはいるものの交通インフラの整備が遅れ，慢性的な渋滞を抱えている。

フスタートから発掘されたファーティマ朝時代の住居は中庭式で四辺に部屋を持つ。中庭は整形ながら，敷地は複雑な街路網に合わせて不整形である。また歴史的カイロに残る13世紀にさかのぼる住宅には，カーと呼ばれる応接間が見られる。カーは，中央部分の天井高が高く，光窓を持ち，床には泉が置かれることが多い。その両脇に床が一段高い空間がつながり，壁沿いにコの字型に着座する。中庭から階段を上って中庭に開くポーチはマカードと呼ばれ，接客に用いられる。住宅は次第に高層化し，中庭回りは作業用スペースに使われ，居室や応接間は上階へと移行する。中庭住宅は大家族を単位としており，複数のカー（応接間）を持つ（図3）。

また，ワカーラと呼ばれる商館の上階を，アパートとして賃貸するラブァと呼ばれる集合住宅の形態が，マムルーク朝時代に成立する。ラブァは，大きな中庭の周りに住戸のユニットを並べ，多層に重ねていく形である。

（深見奈緒子）

【チュニス】イフリーキアのアラブ・イスラーム港市

チュニジア，チュニス県，首都
Capital, Tunis, Tunisia

　チュニスは，地中海に面する港市として発展した。北は地中海に，南は後背地のステップ（乾燥した平地）を介してサハラ砂漠へ通じる。砂州によって海から仕切られたバヒーラ湖の奥，さらに奥のセジュミー湖との境界となる幅2kmほどの陸地に位置し，旧市街は中央の高所，東に向かって下るなだらかな丘陵地を占める。

　紀元前12世紀頃，フェニキアの植民都市として成立，起源は北東17kmにある前9世紀創設のカルタゴより古い。前4世紀頃からチュニスと呼ばれ，フェニキア時代やローマ時代には，湾に面しグリッド状の街区構成を有した。

　カルタゴが698年にアラブ軍に占領されると，チュニスに兵器庫が造られ，バヒーラ湖岸に向かう海の道が設定される。アラブ軍は軍事的安全性から，海に直接面するカルタゴではなく，チュニスを軍営地として選んだ。732年にザイトゥーナ・モスク（大モスク）が，ローマ時代のグリッド状街路網上に建設された。カルド（南北大通）とデクマヌス（東西大通）が交差する北東の区画を占め，正しいキブラ（メッカの方角）とは約30度のズレがある。後のモスクの多くも大モスクと同じ方角を踏襲した。9世紀に大モスク再建とカスバ（城塞）造営，市壁建設が行われた。カスバは大モスクの西の小高い丘にあり，当時の市域は大モスクを中心におよそ500m四方であった。

　11世紀には市壁が拡張され，以後この部分がメディナ（旧市街）と呼ばれる。南北に長い楕円形で，5つの門が設けられた。先のカルドと並行する南北通りの端点に北門と南門，デクマヌスの東西の端点に西門と海の門，そして北東にカルタゴへの門である。大モスクの周りにスーク（市場）が整備され，海の門の外には武器庫や港設備が完備し，ハンマーム（公衆浴場）は15あったという。12世紀になると，メディナ内にはユダヤ人やピサの商人居住区もできた。1149年にはカスバが再建。北門と南門の外に新街区（ラバド）が営まれ，東西南北門の外に4つの新大モスクが建設された。ただし，ラバドは市壁によって囲まれていたわけではない。

　1236年にハフス朝の首都となり，地中海・サハラ交易によって殷賑を極めた。市壁再建によって7つの門となり（2つは新築），東西を結ぶ通りと南北を結ぶ平行する2本の通りが都市の骨格となった。モリスコ（イベリア半島から逃れてきたムスリム）の流入もあり，

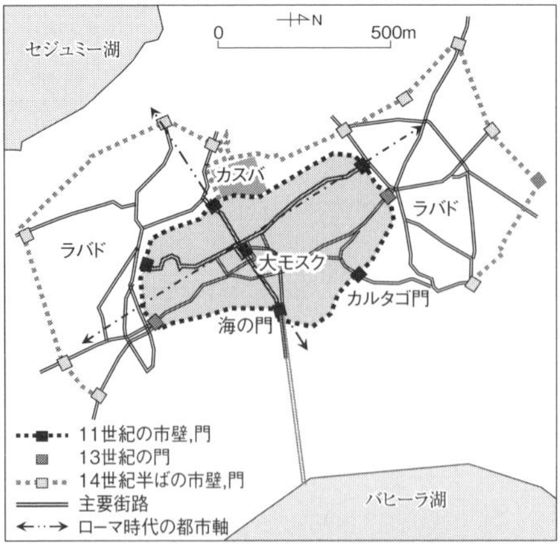

図1　都市の変遷，8〜18世紀末（筆者作製）

図2 街区の様子（法政大学陣内研究室 2002）

★ T字型広間
● 側室

図3 中庭式住宅の一例（Ragette 2003）

ラバドにも多くの人が住むようになり，降雨を貯蔵する貯水池が設営され，ローマ時代の水道橋が再利用された。また郊外に新しい大モスクの建設が進み，北郊外に2つ，南郊外に3つ新設された。学問が興隆し，マドラサやザーウィヤ（修道院），病院が建設された。

14世紀半ばにラバドを囲む市壁が建設された。南郊外には4つの門，北郊外には3つの門が造られた。市壁で囲まれていない東郊外には，カタロニアやヴェネツィア，ジェノヴァ人たちの居住区や，フンドゥク（商館）が建設され，繁栄した。北西2kmにあるバルドーが開発された頃の人口は約10万人と推定される。

16世紀にオスマン朝の支配下に入り，アンダルスからの移民やトルコからの軍隊が流入し，人口は10万人ほどを維持した。17世紀に新スークが設営され，アンダルスからの工芸技術も流入し，カフェも造られた。東門の外はヨーロッパ人たちの居住区となり，フンドゥクが建設された。バルドーには支配者層の宮殿が営まれ，宮殿や庭園のある小さな町となり，四隅に塔のある囲壁が建設された。18世紀末にメディナとラバドの市壁が再建され，港は外洋に面したラ・グレットに移行した。

1830年以後，ヨーロッパ勢力の影響が大きくなる。ヨーロッパ人の人口は1万5000人になり，フランス植民地時代の19世紀後半に

は，碁盤目状の東の街区が加わり，東側城壁が撤去され，ラ・グレットやラ・マルサの開発が始まる。20世紀初頭の人口は，ムスリム6万5000人，ユダヤ人2万人，ヨーロッパ人キリスト教徒7万人と報告される。

都市形態の変遷は，5期に分けられる。ローマ時代のグリッド都市，イスラームによる囲郭都市，ラバドに市壁を巡らした二重囲郭都市，19世紀後半のヨーロッパ式都市，20世紀後半の大都市化である。

メディナ内では中庭住宅が集合し，袋小路やサーバート（有蓋通路）を通ってアクセスする住宅が多い。中庭を複数持つ邸宅もあり，通り抜け街路と袋小路の双方に入口を有する（図2）。

伝統的中庭住宅では，1階はサービス用，2階は居住用に使われることが多い。曲がりくねった袋小路の先に，玄関広間への控えめな扉があり，そこを通って中庭へと達する。正方形中庭が正式で，周囲の空間は不整形な敷地に合わせる。回廊を持つ例もあり，中庭は10m四方程度で，奥行き3mの部屋が取り巻く。部屋が奥行き1間の場合，横長空間の両端を寝所とする。奥行き2間の場合，広間はT字型となり，両端を側室とする（図3）。平均的な住まいは25m四方，約625m^{2}の広さである。

（深見奈緒子）

Africa 03: Kairouan

【カイラワーン】マグリブ最古のイスラーム都市

チュニジア，カイラワーン県
Kairouan, Tunisia

　チュニスから南に130km，東の地中海沿いのスースまで50km，海抜60mのステップに位置する。春から夏にかけてサハラ砂漠から吹く熱風シロッコに見舞われる一方，稀な豪雨によって洪水が急襲することもある。灌漑施設さえ維持されれば農耕も可能で，過去にはオリーブの林に囲まれた時期もある。現在は直径4kmほどにスプロールした都市の周囲に畑地が広がる。水の供給は古くから都市運営の課題で，アグラブ朝の水源地から続く水道橋や，大モスクの北西1kmに円形貯水池などが残る。現在は，穀物やオリーブ，アーモンドなどの栽培のほか，羊毛を用いた絨毯産業や，木工・金属・宝石などの手工業がさかんである。

　647年から，アラブ軍の北アフリカへの侵攻が始まった。ウマイヤ朝期に入ると，アラブの将軍イブン・フダイディーが現在のカイラワーンの町から約12kmにある丘に軍営を営み，カイラワーンと命名した。水害を案じて高い場所に造営され，名称はカムーニヤ地方から派生したといわれる。670年にアラブ将軍が交代し，ウクバ・イブン・ナーフィーが軍営都市（ミスル）新カイラワーンを平地に営み，大モスク（現在の大モスクの前身）と司政所（ダール・アル・イマーラ）を建設した。そこには古代ローマやビザンティン時代の前身都市があったとされるが，その姿は分からない。おそらく戦乱の中で廃墟となってしまったのであろう。大モスクには数多くの転用柱が利用され，また，貨幣鋳造所は古い教会を利用していたという。市壁は100年ほど建設されず，762年にやっと建設された。おそらく大モスクを中心に直径1kmくらいの市壁であったと推察される（図1）。

　9世紀になると，アッバース朝から独立したアグラブ朝の首都となり，カイラワーンは最盛期を迎える。836年と867年に2度にわたって大モスクが拡張され，大モスクの北西800mに円形貯水池が建設され，全長35kmの水道橋で水が運ばれた。学問が興隆し，イフリーキア（北アフリカ中西部）の第一の都市となる。現在のカイラワーンから5km南東にアッバシーヤ（800年），10km南西にラッカダ（877年）の宮殿都市が造営された。大モスクを中心に直径2kmほどが市壁に囲まれたと推定され，人口は10万人余りに達したといわれる。なお，この時代に現在のスーク北東にあるブーファターハのモスクも建設された。

　ファーティマ朝に首都はマフディーヤに移り，カイラワーンの南東1.5kmに新都市サブラ・マンスーリヤが建設され，100ha余り

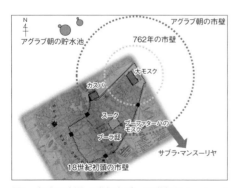

図1　都市の変遷，8世紀半ば〜19世紀（Jacqueton et al. 1903をもとに筆者作製）

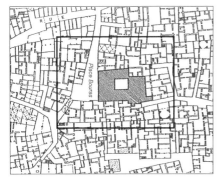

図2 スーク南のブーラ広場とその周辺，□内は図1での範囲（Ragette 2003）

図3 ブーラ邸1階（Ragette 2003）

の円形城壁で囲まれた。運河システムが築かれ，サブラ・マンスーリヤを経由して水が運ばれた。カイラワーンには15本の主要道路（ダルブ）があり，人口も増加した。サブラ・マンスーリヤとカイラワーンは柱廊で結ばれ，アグラブ朝時代の繁栄を維持した。

972年にファーティマ朝の首都がアル・カーヒラ（カイロ）に移って以後，カイラワーンは衰退し，11世紀にはメトロポリスからステップの小都市へ転換する。大モスクの周囲にその場しのぎの市壁が築かれた。周囲3kmほどで，現在の西の街区に痕跡が残る。12世紀にはアラブ遊牧民ヒラール族が侵入し，再び荒廃，ベドウィンの商業中心拠点となる。大規模な灌漑を行うことができず，遊牧民による毛皮や羊毛製品が主な産物であった。

都市に転機が訪れたのは18世紀初頭，市壁の再建が行われ，チュニスに次ぐ都市となる。現在残るのはこの時の都市形態である。7世紀からの都市域を含んでいるとはいえ，9世紀の最盛期と比較すると3分の1程度に縮小した。スークがほぼ中心となり，大モスクは北端にあたる。都市には4つの門が設けられ，北のチュニス門の近くにカスバ（城塞）が設けられた。19世紀半ばには50のザーウィヤ（イスラーム修道場）と20のモスクがあり，宗教と学問が栄え，1861年の人口はおよそ1万2000人を数えた。

都市の歴史は7世紀の形成期，800〜972年の最盛期，その後の衰退期，1700年からの復興期に区切ることができる。詳細な都市形態は，最後の復興期の状況しか分からない。市壁に囲まれたいわゆるイスラーム都市で，4つの門がある。北東から南西に長い紡錘形で，短辺500m，長辺1kmである。モスクは北端に位置し，西部で短辺方向を横切る大通りがあり，その北東側にスーク（市場）がある。この通りを北東に進むと北の大モスクに達する。北のチュニス門城外に広場に面してフンドゥクが集合し，城外市が開かれた。

市壁内の通り抜け街路，袋小路ともに道幅が広い。また通り抜け街路で囲まれた区域が広いので，袋小路が多い（図2）。1956年のセンサスでは人口3万4000人で，おそらく18世紀から1950年までは人口，街路ともに定常的であった。

典型的な都市住居は中庭式住宅で，スーク近くの広場にある農業生産と深い関わりを持つ住居を一例に挙げたい（図3）。1階は，中庭の南に玄関，北に応接室，東西に細長い部屋がある。2階南辺の中央に来客用広間があり，東西をサービス用に使う。2階の西辺と北辺は高さ2mの一連の穀物庫となり，所有地で収穫した穀物を保管した。1階の中庭周りは伝統的な部屋配置である。（深見奈緒子）

Africa 04: Sousse

【スース】サヘルの真珠

チュニジア，スース県
Sousse, Tunisia

　スースは地中海に面する港市で，その起源は，海洋国フェニキアのハドルメトゥムという名で知られる植民都市であり，カルタゴ以前の紀元前9世紀に遡る。

　前146年以後，ローマ時代には，内陸部への拠点として栄える。その後，キリスト教が普及し，ユスティニアノポリスと名を変え，4世紀にはバシリカ教会堂が建設され，当時のカタコンベがメディナの外，南西部に残る。

　647年にイスラームの征服を受け，ローマ時代の都市は破壊された。イスラームの北アフリカ政権は，スースから西に約50kmのカイラワーンを中心拠点とした。バグダードを首都としたアッバース朝の統治下，775年に，ローマ時代のバシリカ教会堂の敷地に城塞の建設が行われた。821年に，カイラワーンを首都としたアグラブ朝が，この城塞の南西の塔を破壊してリバットを建設し，シシリーへの遠征拠点とした（図1）。リバットはメディナ（旧市街）の北東部，北門の内側にあたり，入口には壮麗な転用材が使われた。なおリバットとはイスラーム支配の最前線に建つ武装修道院で，堅固な要塞で，中庭の周囲に居住用の居室が並ぶ。チュニジアの港町，モナスティールとスファックスにも同様の施設が造られた。その後838〜841年にメディナの南門から北へ約100mの位置にブー・ファタータ・モスクが，844年にメディナの南西部を占めるカスバが，851年にリバットの南東部に大モスクが建設され，859年に市壁が完成した。カスバは統治者の居城となった。

　現在のメディナは西から東の海に向かって下る斜面地を占め，南北700m，東西450mのほぼ矩形で，東辺は海に面し，西南隅のカスバは海抜40mに位置する。北門から南門への南北通り，西門から東への東西通り，もうひとつの西辺の門から大モスクの北側を通って市壁の東北部にある海の門へと伸びる東西通りが顕著である。ちなみに西門から伸びる東西通りはスーク・エル・カルド（カルドはローマ時代の計画都市の東西大通りを指す）と呼ばれている。矩形で直交道路を持つローマ都市が，200年余りの荒廃期を経て，9世紀に再利用されたと考えたい。加えて，西門とカスバが矩形の突出部を持つ点は，ローマ時代のカストルム（矩形軍営都市）に見られる特色である。

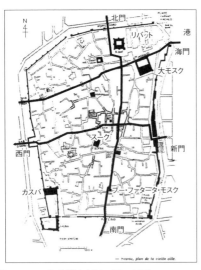

図1　スースの市壁内（ICOMOS 1987）

図2　街区の様子，点線がスークを表す（法政大学陣内研究室 2002）

図3　住宅の様子（法政大学陣内研究室 2002）

　現在のスークは，西門からの東西通りと南北通りに沿った地域を占める（図2）。小間割りの店舗の背後には，商館やモスクが並び，スークの南西部には地下貯水槽がある。なお，2つの道の交差点の北西部を占めるカラー・エル・クッバは11世紀から12世紀の建物で，本来の用途は不明ながら，14世紀には商館に，オスマン朝期にはマクハーになり，現在は博物館となる。こうした都市構成は，古代都市を基盤とし，1000年以上の長きにわたってムスリムを中心とした人々による居住が作り出したものである。

　再び，9世紀以後の歴史にもどると，アグラブ朝下で都市が発展するにつれ，リバットは次第に征服の拠点から神秘主義者の修道院に変わり，港には造船場も建設された。916年，シーア派の新興勢力ファーティマ朝が，南東50kmのマフディーヤに港を建設すると，地中海港市としての中心は移動した。12世紀には逆にノルマンのキリスト教勢力により征服され，その後再びムスリム政権が復活し1205年に市壁を修復した。

　スースは，16世紀にオスマン朝に併合され，サーヒル地方の拠点として人口1万5000人を数えた。当時の記録によると，スースにはサーヒル地方に土地を持つ地主たちが住まい，油や石けん，陶器，織物などの生産地として栄えた。西門の近くに日曜市がたち，ヨーロッパやオリエントからも商人が訪れたという。

　1881年にフランスの保護領に編入され，港の整備と新市街地の建設が行われた。19世紀末の人口は2万5000人で，1万人のフランス人，イタリアおよびマルタを中心とする5000人のヨーロッパ人が，メディナの東壁から港までの地域と，メディナの北東部に直交街路の新市街を築いて住んだ。なお，メディナの中の人口は1885年に8577人を数えた。19世紀の末には鉄道が敷設され，カイラワーンやチュニス，スファックスと結ばれた。

　1956年にチュニジアが独立し，現在の人口は27万人で，チュニジア第三の都市に成長した。北東部の海門の周辺の住宅が撤去され，大モスクとリバットの周囲に広場が設けられた。1982年にメディナは世界文化遺産に登録され，南西部のカスバは博物館となった。

　先に述べた東西南北の街路も長い間にかなり歪みが生じ，さらにそこから分岐する通り抜け街路，そして袋小路という構成となる。住宅は中庭住居で，複数の中庭を備えるものもある（図3）。

（深見奈緒子）

Africa 05: Algiers

【アルジェ】 南地中海のファサード

アルジェリア，アルジェ県，首都
Capital, Algiers, Algeria

　アルジェとはアラビア語で「小さな島々」を意味する「アル＝ジャザーイル」のフランス語読みが転訛したものである。実際，都市の起源は，カルタゴが紀元前6世紀に現在の港湾部の対面に位置する島嶼に交易拠点を建設したことに遡る。フェニキア，ローマの下で小規模なグリッド型植民都市イコシウムとして知られたが，8世紀初頭にはイスラームが到達し，960年にブルッギーン・イブン＝ズィーリー（ズィール朝の創始者）が都市を再構築してアル＝ジャザーイルと名づけた。1097年にはアルモラヴィード朝のユースフ・イブン・タシュフィーンが大モスクを建設した。

　16世紀初頭，アルジェを拠点に地中海域で私掠船活動を行っていたバルバロス兄弟（オルチとハイレッディン）は，レコンキスタを終えて海洋に進出してきたスペインに対抗するため1517年にオスマン帝国に臣従し，アルジェ県のベイレルベイ（ベイの中のベイ，大総督の意）に任じられた。以後，帝国の軍港都市として堅牢な城壁で防備されたのが，いわゆるアルジェのカスバ，すなわち旧市街である（1992年，世界文化遺産に登録）。大モスクのある中心部には1612年にケチャワ・モスクが，1660年にジャディード・モスクが，1784年にサイダ・モスクが，それぞれ建設された。アンドレ・レイモンドによれば，城壁は海岸線に沿って構築され，内部の稠密市街地には城砦や城門，マドラサ，スーク，病院，フンドゥク，シナゴーグなどの施設が存在していた。街路網には階層性が認められ，カスバ通りとジャディド門通りが環状に巡り，そこから不規則な細街路や袋小路が派生していた（図1）。

　1830年にフランスの植民地となるとフランス型の都市計画が導入され，都市空間は一変する。当時は，後年のモロッコにおける新旧市街の分離政策のような保全型都市計画の発想はなく，カスバに寄生する形で開発がなされた。用いられたのは，街路線計画をかけ，広場・道路用地だけでなく沿道部の土地まで含めて超過収用を行い，整った街並みを形成する手法である。1831年には中心部に総督府広場を創出するためサイダ・モスクを収用・破壊し，広場に面する形となったジャディード・モスクでは擁壁が再構築された。翌年には近接するケチャワ・モスクがカトリック教会へとコンバートされたが，この時抗議した約4000人ものアルジェリア人がフランス軍により殺害された。こうして，広場とこれに面するモスク，ファサードが整った柱廊つきの

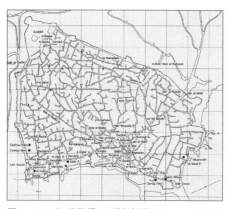

図1　カスバの街路網，19世紀初頭 (Cohen et al. 2003)

アパルトマン，やや奥まったところに教会という形で，カスバの中心にフランス型の広場空間が暴力的に出現したのである。

　第二帝政期（1852〜70年）に入ると，この手法はパリ改造の主導者の名をとってオスマニザシオンと呼ばれ，各地で同様の空間整備が行われた。1858年にはカスバの南側外殻にグリッド型街区を敷き詰めるナポレオン・ヴィル計画が立案され，後の都市拡張の方向を示した。1863年からはカスバの沿岸部が刷新された。海側の城壁をすべて取り壊し，海岸線に沿って平坦に伸びていく港湾を構築し，3層の倉庫と，その上を走る道路，そして海辺に面したアパルトマンを連続配置した。今日のアルジェを象徴する海岸線ファサードはこうして形成された（図2）。19世紀後半にはそのレピュブリック大通りに路面電車も導入された。一方，コロンと呼ばれる植民者たちが農村地域で土地を強引に収奪していき，追われた離村農民が都市流入を始めたのもこの頃であった。

　1919年にフランスで公布されたコルヌデ法（「都市の整備・美化・拡大に関する法律」）は植民地にも適用され，1929年にシャルル・ブリュネルが市長となると，都市計画家ルネ・ダンジェにより法の施行としてのアルジェ都市整備・拡大計画が策定・運用された。1932年以降は，モロッコを担当した都市計画家アンリ・プロストとトニー・ソカールが，カスバ港湾部の大幅な改造を含む一連のマリーヌ地区空間整備計画を提案している。

　一方，ル・コルビュジエは同時期にオビュ（弾道）計画（1932年）を嚆矢とする一連のアルジェ計画を市長に売り込もうとしていた。アルジェ湾の海岸に沿って弓状にカーブを描く高速道路を，拡大する都市の大動脈とし，高架下は高層住宅とする。カスバを囲むように超高層を配置するが，カスバそのものは上空を高架がまたいでいくため破壊されること

図2　海岸線ファサード（筆者撮影）

はない，という内容であった。直接実現することはなかったが，55年にルイ・ミケルが高層住宅アエロ・アビタを実現した。

　1953年，独立の機運が高まる中で市長となったジャック・シュヴァリエは，ムスリムとコロンとの共生を掲げ，スラムをはじめとする都市問題に着手した。まずフェルナン・プイヨンが，ムーア様式を参考にしながらディアル＝ッサアーダ，ディアル・ル＝マフスール，クリマ・ドゥ・フランスの3つの低層HLM（適性家賃住宅）を，ニームの水道橋で採掘した石材によって立て続けに実現した。54年にはアルジェ市都市計画局が設置され，総裁にピエール・ダロズ，局長にジェラル・アニングが招かれ，多くのHLMが量産された。それでも急増する人口に供給が追いつくことはなかった。

　激しい独立戦争を経て1962年にアルジェリアが独立すると，およそ100万人のコロンが母国に引き揚げたが，フランスではピエ・ノワール（黒い足）と呼ばれ差別的扱いを受けた。アルキと呼ばれる対仏協力者だったムスリムたちもまた，報復を恐れてフランスに移住せざるをえなかった。これらの人々が，後にマグレブ系移民として知られることになる。

（松原康介）

Africa 06: Ghardaïa

【ガルダイヤ】 ムザブの谷の白いオアシス

アルジェリア，ガルダイヤ県
Ghardaïa, Algeria

　8世紀頃，地中海岸から150kmほど南に位置するローマ遺跡ティアレットに，イバード派を奉じるムザブ族が西方より移住してきた。イバード派は厳格で排他的なイスラーム教ハワーリジ派にあって政治的には比較的穏健な宗派であったが，中央政府からは追われる立場であった。ムザブ族はベルベル諸部族と連携し交易によって繁栄したが，組織だった軍隊を持たなかったため，911年にシーア派ファーティマ朝によってティアレットを追放され，流浪を余儀なくされる。

　流浪のムザブ族は，まずチュニジアとの国境に近いセドラに集結し，そこで「秘境国家」を名乗り，外部との接触を自ら遮断した。しかし11世紀にさらに奥地へと移動し，最終的にはサハラ砂漠の北端との境目に位置する荒れ果てた，しかし防備には適した谷を定住地に選び，ムザブの谷と名づけた。

　谷はいくつもの丘からなっていたが，ムザブ族はそれぞれの丘に順に集落を形成していった。1011年頃に最初の集落エル＝アットゥフ（谷の曲がり角の意）が建設された。1046年にブー・ヌーラ，そして1053年にガルダイヤが建設された。伝承によれば，ある時シャイフ（賢人）シディ・ブ・グデンマが洞窟から煙が出ているのを見つけた。洞窟には身ごもったため両親から追われた美少女ダイヤがおり，グデンマはダイヤを娶ってこの地に集落を作ることを決め，ガルダイヤ（ダイヤの洞窟）と名づけたという。さらに1124年にメリカ，1347年に宗教的に最も厳格なことで知られるベニ・イスガンが建設された。17世紀にやや離れて2つの集落が建設され，ムザブの谷は計7つの集落から構成されることとなった。1982年に世界文化遺産に登録された。現在ガルダイヤが県庁所在地である。

　これらの集落の建設に際しては，イバード派の教理に則り，奴隷とユダヤ人を除くすべての住民が平等になるよう計画された。また，イスラーム主流派や他部族からの攻撃を避けるため，防備の視点からの工夫もなされた。具体的には，丘の頂上に1本の高いミナレットを持つモスクを建設し，住宅はその周辺を取り囲むように建てられる。ミナレットは集落のどの場所からも仰ぎ見ることができた。ガルダイヤのミナレットは特にオベリスク状のデザインで知られる。建物はヤシの木の柱・梁と日乾煉瓦からなる質素なものであったが，内外の壁面や床，階段までもが白い漆喰で分厚く塗装されており，滑らかで丸みを帯びている。モスクのミフラーブは通りに張り出して見えるものも多い。平等主義に基づき住宅の規模や建材，デザインはすべて同様とされた。集落は頂上のモスクを中心に同心円状に拡大していき，オアシスとの境目にお

図1　ミナレットを頂点とする集落（筆者撮影）

図2　シディ・ブラヒムモスク外観（筆者撮影）

図3　シディ・ブラヒムモスク室内（筆者撮影）

いて城壁で囲まれた。結果として集落は丘を何重にも巡る細街路からなる要塞となり，オスマン帝国時代も孤立を守り通した（図1）。

　谷は蛇行する川に沿って白亜紀に形成されたもので，ほぼ不毛地帯であるが，最深部を流れる川の一帯だけはオアシスが形成されていた。オアシスには1万本以上のナツメヤシの林を中心に，若干の石榴や杏，梨などが生育している。酷暑となる夏には住民は集落内の住居から出てオアシスで寝泊りした。川は普段は乾いており，冬の激しく短い雨期にのみ，一転して大量の水が流れる。15世紀以降は川を横切る堰が多く造られ，オアシス中に張り巡らされた細い水路から耕地と住宅，そして巨大な貯水池に流し込む仕組みが作られた。街路がそのまま水路とされている箇所も見られる。また，数千といわれる井戸が存在し，街角にもヤシの木とセットで見られる。1858年にフランスの植民統治が及ぶと灌漑システムはさらに効率化された。

　それでもオアシスの農業だけでムザブの谷の食糧を賄うことはできず，ムザブ人はキャラバンを率いてサハラ交易に従事し，アルジェなどの大都市に長期間滞在せねばならなかった。1年もの間，谷に戻らない者も多く，男性人口の半分は常に出払っていたといわれる。しかしムザブ人は故郷から離れていても自らの信仰を失うことはなかった。18世紀に谷はサハラ交易の拠点として発展し，ナツメ

ヤシや象牙，塩，奴隷などが扱われた。集落には扱う商品別に分かれた大小のスークが存在したが，ガルダイヤのスークは最大で長方形であり，広場に面する商店はすべて柱廊式をとっている。ベニ・イスガンのスークはその次に大きく，三角形の広場であった。

　集落はいずれもシャイフを中心とする部族・親族関係によって支配され，日常生活の細かなルールもモスクのシャイフが決定した。どの集落も閉鎖的であるが，ベニ・イスガンでは女性は屋外では頭からすっぽりと隠れる服を着用した。また外国人が宿泊できるのはガルダイヤのみであった。

　集落の建築や空間構成は，その原型を示すものとして，現代建築家にも多くの影響を与えた。ル・コルビュジエはエル＝アットゥフの外れにあるシディ・ブラヒムモスク（図2）を訪れ，真っ白な壁に並んだ小さく不揃いな窓と，内部に差し込む光芒（図3）にインスピレーションを受け，ロンシャンの礼拝堂を設計したといわれている。フェルナン・プイヨンはガルダイヤ市役所のほか，集落においてホテル2棟と映画館1棟を実現している。原広司は1970年代に調査に訪れ，集落が微細な計画によって形成されており，部分と全体が入れ子状の関係にあることや，ミナレットの寸法とプロポーションが集落のスケールの中で最大限の効果を発揮していることなどを指摘している。

（松原康介）

Africa 07: Fes

【フェス】迷宮の中に見える秩序

モロッコ，フェス＝メクネス地方
Fes-Meknes, Morocco

　アッバース朝下で反乱に失敗したアリー家の王族イドリースはモロッコに逃れ，ベルベル諸族に奉戴されて789年にイドリース朝を開き，盆地を流れるフェス川の右岸に最初の町を建設した。809年には左岸にも都市が建設され，フェス川を挟んで左右両岸に斜面市街地が展開する都市構造の萌芽がここに顕れた。右岸は南スペインのアンダルス地方からの移民が住んだためアンダルス岸と，左岸はチュニジアのカイラワーンからの移民が多かったためカラウィーン岸と呼称された。両岸の中心となったモスクもまた，アンダルス・モスクとカラウィーン・モスクと呼称され，859年の創建以降，増改築を繰り返しながら拡大していった。両岸はムラービト朝，ムワッヒド朝の下で11～13世紀にかけて統合され，今日に残る城門・城壁が建設された。これがフェス・ル＝バリ（古いフェス）である。

　14世紀の歴史家にして自らもフェスの宮廷で権力闘争に身を投じたイブン・ハルドゥーンの『歴史序説』が教えるように，フェスの王朝もまた幾度も地方出身の新王朝と入れ替わった。1248年にフェスを占領したマリーン朝は，旧住民の住むフェス・ル＝バリを監視するため西の高台に城砦地区フェス・ル＝ジュディード（新しいフェス）を建設した。フェス・ル＝バリとフェス・ル＝ジュディードを併せてメディナと呼ばれる旧市街は，こうして確立した。

　形成された市街地はすり鉢状で，城壁などの外縁部と中心部とでは100mほどの高低差がある。西端のブー・ジュルード門から入ると，主要通りタラア・ケビーラ（大きな坂の意）を通って中心部まで下りていくことになる。幅員は広く人通りも多いので迷うことはないが，真っ直ぐとは言い難く立体感もある（図1）。沿道は個人経営の商店が連続し，スークを形成している。スークは，特定の商品を扱う店舗が集まって，貴金属や木工品，モロッコ革，香辛料，衣料などというように専門化している。市場原理を活かした同業者組合の知恵の成果である。交易がさかんな時代には，城門から入った隊商が主要通りを通り，沿道に位置するフンドゥク（隊商宿）で荷を降ろした。フンドゥクの1階は商品の積み降ろし場と厩舎からなり，2階以上は倉庫と商人らの宿泊部屋から構成されていた。

　主要通りから横道にそれると，生活世界である街区が広がっている。通り沿いにはもっぱら街区住民のための施設である小規模なモスクやパン焼き釜，ハンマームなどが存在する。また，商店も複数存在するが，専門化してはおらず，八百屋や駄菓子屋，生活用品

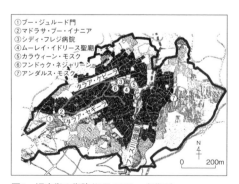

①ブー・ジュルード門
②マドラサ・ブー・イナニア
③シディ・フレジ病院
④ムーレイ・イドリース聖廟
⑤カラウィーン・モスク
⑥フンドゥク・ネジャリン
⑦アンダルス・モスク

図1　旧市街の街路（松原 2008，一部修正）

店などが並ぶ、いわば日用品のスークとなっている。

さらに横道へそれると人一人がようやく通れる幅の袋小路へと進んでいき、存在するのは住宅の扉と窓だけとなる。窓は覗き込みを防止するため高く設置され、向かいの窓と正面することもない。ファティマの手が埋め込まれた住宅の扉から中に招じ入れられると、それまでの薄暗い袋小路から一転して明るい空間に出る。過密居住の中で家族のプライバシーを採光と通風によって支える中庭である。

14世紀初めの史書『キルタース』によれば、フェスの周辺を蛇行するフェス川の上流や支流から派生し流れ込む水路が市街の隅々までいきわたり、公共の水場やハンマーム、個々の住宅の中庭の噴水にまで豊富な水を提供していた。一方下流には、タンネリ（皮なめし工房）が集中するなど、川は工房の排水処理にも使われていた。

マリーン朝時代にはまた、7つのマドラサが建設された。基本様式はシリアから伝播したものとされるが、中庭を中心に礼拝室、講義室が配された1階と、小さな宿坊が連続する2階から構成され、中庭の壁の精細な装飾に特徴がある。

15世紀末にはスペイン最後のイスラーム王朝ナスル朝が滅亡し、多くのアンダルス人がフェスに流入した。そうした一人としてシディ＝フレジ病院（1286年創建）に引き取られていた少年期のレオ＝アフリカヌスによれば、モスクやマドラサ、それに病院などの公的施設は、付近の商店や賃貸住宅から売り上げの一部を寄付されることで運営を賄っていた。これは正則アラビア語でいうワクフであるが、モロッコでは方言でハブスと呼ばれた。マドラサ・ブー・イナニア（1355年創建）では、建物本体にハブス店舗が併設され、スークの一角を担う形となった（図2）。16世紀までにほとんどの商店と住宅はハブスとなり、

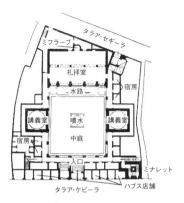

図2　マドラサ・ブー・イナニア（松原 2008、一部修正）

旧市街が持続した要因となった。こうしてフェスは宗教・商業・学問・産業の町として繁栄し、長きにわたり首都であり続けた。

1912年のフェス条約でモロッコはフランスの保護領とされ、ラバトに遷都された。リヨテの分離政策に基づき、フェスにおいてもプロストが計画を策定した。旧市街は城壁外の緑地まで含めて全体が開発禁止区域に指定され、また新市街は旧市街から一定の距離を置いて計画された。開発が旧市街に及ぶことを防いだのである。新市街は、幅員70mのフランス通りを都市軸とする放射状道路に基づき計画された。農村部からの人口流入が喫緊の課題となった保護領末期の1948年にはミシェル・エコシャールが旧市街と新市街に次ぐ第3の郊外地アイン・カードゥースを計画し、中庭式の廉価住宅が大量供給された。

一方、開発が禁止された旧市街内部においては、モロッコ文化の良き理解者であったリヨテの主導により、いわゆる文化財保護政策が実施された。1912年に「史的記念物と碑文の保護に関する法律」を公布し、マドラサやカスバ、城壁や城門などが文化財に指定された。独立直後にはフェス川の暗渠道路が建設されるなどの開発も行われたが、保全活動は継続され、1981年には旧市街がユネスコの世界文化遺産に登録された。

（松原康介）

Africa 08: Marrakech

【マラケシュ】ジャマ・エル・フナ広場の街

モロッコ，マラケシュ＝サフィ地方
Marrakech-Safi, Morocco

　大アトラス山脈の北麓に位置するマラケシュはベルベル語で「神の国」を意味し，ジャマ・エル・フナ広場を中心にサハラ交易により発展したベルベル人によるマグレブ王国最初の都市である。王朝は1062年にこの地を幕営地にし，1071年に君主ユースフ・イブン・ターシュフィン（在位1061〜1106年）がはじめて都市を建設した。

　1147年にムワッヒド朝がムラービト朝を滅ぼし，都市を破壊すると，初代アブドゥルムウミンが着手したクトゥビーヤ・モスクを筆頭に，歴代の君主が次々に新都市の建設に傾注することになる。このモスクのミナレットはセビリアのヒラルダの塔に次ぐ大塔になった。息子アブ・ヤアクーブ・ユースフ（在位1163〜84年）は広大なカスバとアグダル庭園を建設し，第3代君主ヤアクーブ・マンスール（在位1184〜99年）は12の宮殿とモスク，病院からなる新カスバを建設し城壁で囲んだ。アグノウ門はこの城壁に設けられた20ほどの門の1つである。マラケシュはこうしてベルベル人によるイスラム王朝の首都になり，アトラス山脈を挟んだサハラ交易で繁栄した。

　1269年にマリーン朝がムワッヒド朝を滅ぼし，首都がフェスに移ると，マラケシュは衰退する。しかし1509年にサアド朝が成立すると，首都はマラケシュに戻り，第6代君主アブドゥッラー・アル＝ガリーブ（在位1557〜

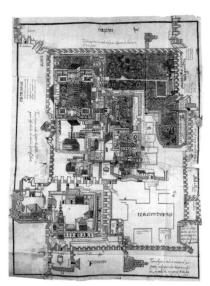

図1　カタルーニャ人が描いた王宮カスバの図面，16世紀。メディナの南側に位置する（Mourad 1994）

図2　プロストによる都市計画案，1914年以降（フランス国立建築遺産博物館蔵，一部加筆）

74年)はカスバやベン・ユーセフ・モスク，ベン・ユスフ・マドラサを再建，病院やムアッシン・モスクを，第7代君主アフマド・アル=マンスール（在位1578〜1603年）はエル・バディ宮殿や墳墓群を建設して，泉や市場，図書館，浴場を整備した（図1）。こうした一連の建築は砂糖や皮，綿，絹の貿易で得た富に加えて，マリ王国のトンブクトゥで発掘された金によって実現した。

しかしマラケシュは1669年にアラウィー家に破壊され，アラウィー朝は1672年にメクネスに遷都した。18世紀の25年間首都に戻った際にモスクや市門，マドラサ，カスバが修復されるとともに，新たな宮殿やラ・マムーニャ庭園などが建設されたが，マラケシュの衰退は続いた。

フランスが1912年にモロッコを保護領にすると，マラケシュは南進のための基地にされた。建築家・都市計画家のアンリ・プロスト（1874〜1959年）は1914年から王宮とその北側に位置する広大なメディナ，王宮の南に広がるアグダル庭園，メディナの西に位置するメナラ庭園を保全して，メディナとメナラ庭園の間の北側に新市街ゲリーズを建設するとともに，軍事施設をその北西に配置した（図2）。この新市街はカサブランカやラバトのものよりも小規模で，「居住・商業」地域とメディナの間に「保養」地域を挟み込むように計画された。「保養」地域はその後，北西に建設された鉄道駅舎の前から東側と南側に向かって市街化することになる。

新市街の構成はカサブランカやラバトと同様で，鉄道駅舎の前から南下する目抜通り（現・ムハンマド4世通り）と新市街からメディナに向かう同通り（現・ムハンマド5世通り）が新市街を貫き，11月16日広場はフランスの都市に見られる円形交差点にある（図3）。そして「保養」地域には庭園や緑地が次々に建設された。そのうちフランスのマジョレル父

図3　11月16日広場の航空写真，1910年代後半〜20年代前半（フランス国立建築遺産博物館蔵）

子（ルイ・マジョレル1859〜1926年，ジャック・マジョレル1886〜1962年）が1931年に新市街の北端に建設した庭園は，両国の芸術・文化の融合の象徴になった。もう1つ，1923年に着工した，プロストとアルベール・ラプラド（1883〜1978年），アントワーヌ・マルキジオ（1885〜1954年）によるホテル，ラ・マムーニャがある。新市街から離れたメナラ庭園に対置するメディナの城壁の内側，ラ・マムーニャ庭園に建設されたホテルは，アール・デコ建築の傑作になった。こうした形で歴史遺産に近代建築が加わり，マラケシュは新たな文化都市に生まれ変わったのである。

都市史においてプロストの都市計画が重要な点は，航空写真という新たな技術を導入することによって，短時間で広範な地域を正確に把握し，都市を計画できるようになったことである。プロストは後のヴァール県コート・ダジュール計画，パリ地域圏計画，イスタンブル都市再開発においてこの技術を活用し，歴史主義に基づいた20世紀の新たな都市計画の礎を築いた。こうした都市計画の発展は，このモロッコにおいて庭園設計を手がけていた風景画家のジャン=クロード=ニコラ・フォレスティエ（1861〜1930年）が建築家のプロストに交代し，庭園から都市というより広範な地域を対象に案が描かれるようになったことに始まる。

（三田村哲哉）

Africa 09: Casablanca

【カサブランカ】 「白い家」の街

モロッコ，カサブランカ＝セタット地方
Casablanca-Settat, Morocco

　カサブランカはモロッコとフランスの文化が融合することによって発展した都市の代表である。モロッコはアフリカ大陸の北西の端部に位置し，大西洋と地中海に面している。主要都市はフェスやマラケシュなどの内陸都市を除き，比較的大西洋岸に多い。そのひとつがマグレブ諸国の中でも最大の経済都市カサブランカで，首都ラバトの南西約85kmにある。

　都市が発達したのは海岸線に面した平地で，起源は紀元前のベルベル人による漁港に遡る。都市はフェニキア人との交流やローマ人による港町アンファの建設，イスラーム教徒の征服を経て発展した。1468年にポルトガル人がアンファを破壊し，1575年に新都市を再建したが，低迷は続いた。都市名は廃墟の狭間に見える航海の標識「白い家 Casa Branca」に由来する。1755年にポルトガル人

が退去した後，カサブランカはアラウィー朝のシディ・モハメド・ベン・アブダッラー（在位1757～90年）がメディナを再建したことにより発達し，19世紀にはラバトやモガドールとともに貿易で繁栄して，経済都市として認識されるようになる。

　都市の形状を劇的に変えたのは，1907年に占領したフランスである。同国とスペインが1912年3月30日にフェス協定を，同年11月27日に仏西条約を締結したことにより，フランスはモロッコを分割して，正式に保護領にした。初代総督ユベール・リヨテ（1854～1934年）は植民地を拡大するために南進を決定する。モロッコはその始点になり，総督は都市の安定が不可欠であると考えて，全土で都市計画に注力した。この事業はフランスの社会改良を目指す知識人による公益団体ミュゼ・ソシアルで知り合った風景画家ジャン＝クロード＝ニコラ・フォレスティエ（1861～1930年）を介して建築家・都市計画家のアンリ・プロスト（1874～1959年）に委ねられた。プロストは1910年アントウェルペン都市圏改造国際設計競技において旧市街の保全と新市街の建設を両立させるという提案で一等を獲得した。リヨテが近代主義全盛の時代にこうした歴史主義を尊重するプロストの方針を買ったからである。

　フランスによる占領以前のカサブランカは大西洋に面したメディナと城壁の外側に展開された農業用地，城塞に過ぎなかった（図1）。プロストは1914年にモロッコに入り，リヨテによる分離政策を基本に，15都市の計画案を

図1　都市図，1900年。中央がメディナ（フランス国立建築遺産博物館蔵）

図3　プロストによるリヨテ広場案，1914年（フランス国立建築遺産博物館蔵）

図2　プロストによる都市計画案，1913年。中央上の白い部分がメディナ，その周辺部の黒い部分が新市街，メディナの左上が港（フランス国立建築遺産博物館蔵）

手がけた。カサブランカはそのひとつで，このほかの都市のものと比べると，ひときわ綿密に計画されており，1923年にプロストが帰国した後も同計画案はその後の都市建設に影響を与え続けた。分離政策は入植者と現地住民の居住区域を分けるという形で都市計画に反映された。この基本方針に基づいて保全されたのが海岸線の窪み中央に面する旧市街のメディナで，広大な新市街がそれを取り囲むように建設された（図2）。こうした新市街の発展の鍵は都市基盤の整備，中心地の形成，魅力的な都市建築の整備であった。

　道路や旅客・貨物駅舎，港湾の建設は経済発展のための基盤整備であり，たとえばメディナから旅客駅舎までのヴォワイアージュ大通り（現ムハンマド5世大通り）の建設は，その周辺地域も含めて新たな建設需要を生み出した。また港湾地域がメディナの西側に整備されて，貨物駅舎が引き込まれた。パリで建築業を営むペレ兄弟（オーギュスト・ペレ1874～1954年，ギュスターヴ・ペレ1876～1952年）も倉庫を建設している。

　リヨテ広場（現ムハンマド5世広場）は新市街の中心地に，メディナの南側に対置するように配置された（図3）。その周囲にはフランスの建築家マウリス・ボワイエ（1885～1947年）による将校クラブ（1925年）と市庁舎（ヴィラーヤ，1936年），ジョセフ・マラスト（1881～1971年）による裁判所（1923年），アルベール・ラプラド（1883～1978年）によるフランス領事館（1921年）などが整然と建ち並ぶ。このシンメトリーの広場は隣接するヤスミナ遊園とともに，それまでのモロッコにはない，まったく新たな都市空間になった。

　こうした新市街にはプロストの右腕ラプラドやボワイエに加えて，エドモン・ブリオン（1885～1973年），オーギュスト・カデ（1881～1956年），ピエール・ブスケ（1885～1954年），ジョルジュ＝ジャン・グル（1882～1972年）らの若手建築家がフランスから次々に呼ばれて，メディナに面したホテル・エクセルシオール（1916年）を皮切りに，大西洋汽船会社社屋（1929年），集合住宅モス・アサヤ（1932年），商業施設・集合住宅グラン・ボン・マルシェ（同年）などのアール・デコの建築が，ムハンマド5世広場を中心とした地域，およびヴォワイアージュ大通り沿いに次々と建設されたのである。

　このようにリヨテの分離政策に基づく居住区域の分離というプロストの提案が，モロッコの歴史ある都市遺産の継承とフランスによる新たな都市空間の導入によって実現し，カサブランカはこれら新旧両者が共存共栄する都市に生まれ変わったのである。（三田村哲哉）

Africa 10: Rabat

【ラバト】 ジハードのための砦

モロッコ，ラバト＝サレ＝ケニトラ地方，首都
Capital, Rabat-Sale-Kenitra, Morocco

　ラバトはカサブランカの北に位置する大西洋岸の都市で，ブー・レグレグ川を挟み対岸のサレとともに発達した。フェニキア人の後，ローマ人が入植しており，起源はカサブランカと同様に紀元前まで遡る。14世紀，マリーン朝で整備された古代ローマのネクロポリス，シェラの遺跡が残る。

　1145年頃，ムワッヒド朝の創設者アブドゥルムウミン（在位1130〜63年）がモロッコ北部一帯を征服し，アンダルス（現スペインのイベリア半島一帯）遠征の城砦をラバトに築いた。都市名はジハードのための砦を意味するリバート・アル＝ファトフに由来する。北アフリカ全域とアンダルスを統治したヤアクーブ・マンスール（在位1184〜99年）は，ラバトをモロッコ有数の都市に発展させるために城壁を巡らしてメディナを建設し，1196年に最大級のモスク（未完）の建設に着手した。サレを睥睨するハサンの塔（1196年）は，この時代の建築である。しかし1269年に台頭するマリーン朝がムワッヒド朝を滅ぼすと，ラバトは衰退した。

　スペイン王権が1609年にモリスコの国外追放を始めると，彼らは移住地ラバトやサレに独自の文化で復興の礎を築いた。その後ラバトはキリスト教徒に敵対する海賊の拠点になり，その海賊たちによる共和国が17世紀にメディナを建設して盛え，1818年まで続いた。

　ラバトが近代都市に生まれ変わる契機は，1912年にフランスがモロッコを保護領にした時に訪れた。初代総督ユベール・リヨテが聖都フェスからラバトに遷都を試みたからである。フェスの政治的および宗教的地位の低下，内陸から母国に近い海岸への首都移転，フランスが保護領を獲得した象徴の形成，フェスの政情不安の打開策，遷都を望むリヨテの強い意志などが論じられているが，ラバトが遷都先の都市に選ばれたもうひとつの理由はその地理にある（図1）。

　大地は南から北側の大西洋に向かって緩やかに傾斜している。リヨテの下でラバトの都市計画に着手したフランスの建築家・都市計画家アンリ・プロストは東から南に続く断崖と南から西に伸びる城壁によって囲まれた地域から新市街を建設した。1919年にプロスト，アルベール・ラプラド，アドリアン・ラ

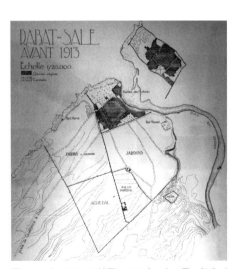

図1　ラバトとサレの地図，1913年。上の黒い部分がサレのメディナ，下の黒い部分がラバトのメディナ，右がブー・レグレグ川，右下の小さな多角形がシェラ（フランス国立建築遺産博物館蔵）

図2　メディナ(上)，新市街(中)，総督府(下)の航空写真，1920年代初め(フランス国立建築遺産博物館蔵)

図3　プロストによる都市計画案，1918年。中央上の白い部分がメディナ，周辺部の黒い部分が新市街，左下が王宮，右下が総督府(フランス国立建築遺産博物館蔵)

フォルグ（1871〜1952年），アントワーヌ・マルシジオ（1885〜1954年）ら，8人の建築家と都市計画家が遷都の象徴である総督府を建設したのは，背後を断崖と城壁に守られた盤石な敷地で，その周辺に保護領の政治を担う機関がまとめられた。総督府の西側は1864年に建設された王宮で，ともに大西洋に向かって並ぶ。両者が旧市街と新市街を一望できるこの地に建設されたのは防衛と統治のためにほかならない（図2）。全体は王宮と総督府，新市街，メディナの順に構成されており，都市は西に拡大した。経済都市カサブランカに隣接するラバトが政治都市になり，フランスは両機能を大西洋岸に対置させて，モロッコの支配の安定を図ったのである。

新市街建設の要点は複雑なゾーニング，交通網と近代建築の整備，歴史遺産の継承の3点であった。モロッコの都市計画では「居住・商業」「保養」「工業」という3つのゾーニングに基づいて新市街が計画された。ラバトの場合，王宮・総督府とメディナに挟まれた新市街は，メディナに面する北側の「居住・商業」とブー・レグレグ川に面する東側の「保養」から構成されている。メディナを中心に「居住・商業」「保養」の順に描かれたカサブランカとはまったく異なるばかりでなく，南北に大地を分断する城壁の東西でゾーニングに変化が与えられており，都市空間の構成にもこの城壁という遺産が大きな役割を果たしている（図3）。

新市街には円形交差点とそれらを結ぶ道路網，総督府からメディナに向かう幹線道路，中心市街地を形成する目抜き通り（現ムハンマド5世通り），鉄道と駅舎などの交通基盤が整備されて，旧市街メディナとはまったく異なる新たな街区が隣り合うように建設された。さらに目抜き通りの要所にはエドモン・ブリオン（1885〜1973年）とオーギュスト・カデ（1881〜1956年）による銀行（1927年），ラフォルグによる郵便局（1923年），中央駅舎（1930年），国会議事堂（1932年），大聖堂（1938年）が次々に建設され，その周辺には集合住宅や個人住宅，ホテルや映画館が建ち並び，カサブランカと同様にアール・デコの建築造形を取り入れた近代建築が散見されるようになった。

都市計画の方針を一にするリヨテとプロストは，こうした欧州人のための新市街の整備ばかりでなく，異国の歴史と文化を尊び，母国同様の歴史的建造物の保護制度を導入して，遺産の保全に努めた。旧市街のメディナのみならず，シェラ，ハサンの塔，王宮などのように城壁の内外に点在する建築や遺構が残るのは，彼らの功績のひとつである。

（三田村哲哉）

Africa 11: El Jadida

【エル=ジャディーダ】 岩壁上のカトリック城塞

モロッコ，ドラア=タフィラルト地方
Draa-Tafilalet, Morocco

　エル=ジャディーダは，古来の港市として知られ，様々な呼び名を持つが，今日に至る起源を築いたのはポルトガルである。

　15世紀末のモロッコでは，フェスに首都を置くマリーン朝が衰退していた。これに目をつけたのが，エンリケ航海王子の下，1415年にセウタを占領し，大西洋岸の諸都市の奪取を目論んでいたポルトガルである。火力に優るポルトガルは1488年にサフィ，1497年にアザンムールを降伏させ，1514年夏にはその南西12kmに存在したエル・ブリジャの塔を占拠し，一帯を「ひげ」を意味するベルベル語からマザガンと名づけた。後のエル=ジャディーダである。

　すぐに砦の建設が開始され，リスボンのベレンの塔（1983年に世界文化遺産登録）を担当したディエゴ・アルーダとフランシスコ・アルーダの兄弟が設計した。砦はすべての角に塔を持つ正方形で，最も高い塔はエル・ブリジャを改築した鐘楼であった。母国からキャラベル船で輸送される石灰や木材を陸揚げし，モロッコ諸部族の攻撃を避けながら，昼夜違わず続けられた工事であった。

　サアド朝下でモロッコは盛り返し，サフィやアザンムールへの攻撃を強めた。1541年，ポルトガル王ジョアン3世は，神聖ローマ皇帝カール5世に釈明した上で，十字軍の拠点と見なされていた両都市からマザガンへの撤収と，マザガンでの城塞都市の建設を命じた。設計のため，リスボンのジェロニモス修道院（1983年に世界文化遺産登録）を担当したカスティーリャ人ジョアン・デ・カスティーリョとポルトガル人ジョアン・リベイロ，さらにイタリアの築城専門家ベネデット・ラヴェンナの3人の建築家が急派された。ジェロニモス修道院はマニュエル様式の傑作であるが，その担当者がルネサンス期イタリアの築城技術にも触れながらマザガンの城塞を設計したのである。その下で3000人以上の建設作業員と警備兵900人が，打ち寄せる波の中，多くの死者・病人を出しながら工事を行った。

　1542年12月，高さ13mの城壁に囲まれた城塞都市が完成した。カデアの塔（刑務所），レバテの塔，コウノトリの塔，そしてエル・ブリジャの塔の4つの塔を持つ砦がそのまま継承されたが，カスティーリョの設計で改修され，マニュエル様式の穀物庫は後に貯水槽とされた。城壁内には，大小10程度の教会，総督府，商店，倉庫，鍛冶場，病院，貧民救済会の小教会（今日ベルタワーが残る），窯，

図1　城壁内の地図，1757年頃（De Moras 1757）

住宅が建設された。ノートルダム教会は44×12mの長方形で，単一身廊，聖歌隊席，聖具室が備わり，ベルタワーが付設された。稜堡のひとつサン・セバスティアン砦には同名の教会が建てられた。後年の都市図（図1）によれば，全体は凹みを含む多角形で四隅の稜堡に星形城塞の特色がある（図2）。中央に貯水槽，西に噴水のある広場があり，総督府と教会が面している。南側の敷地は中庭を持つグリッド型である。

建設作業員の多くは母国に帰還したが，煉瓦・石切職人100人，単純労働者300人，駐屯部隊700人が残り，マザガン最初の住民となった。後に妻子が呼び寄せられ，貴族や聖職者，商人，職人などが本国やサフィ，アザンムールから移住してきた。しかし，常にモロッコ軍の襲来と飢えに悩まされた。1561年にはマラケシュから歩兵6万，騎兵1万と大砲35門からなる軍が攻め寄せたが，守備側の2600人が団結して陥落を免れた。

アラウィー朝のスルタン・ムーレイ・イスマイールの時代にはサレの海賊に拉致されたヨーロッパ人奴隷が多くいたが，その1人トマス・ペローによれば，マザガンは奴隷たちが隙を見て脱走し逃げ込む先であった。

1769年，スルタン・シディ・モハメド・ベン・アブダッラーの攻撃を受け，ポルトガルは開城を決断し，和約に基づき軍船を派遣し住民と兵士を退避させた。しかし撤退の際，多くの爆薬をしかけたため，突入したモロッコ兵5000人が爆発によって死亡し，総督府は完全に消失した。スルタンはマザガンを海沿いの荒野に完全放置し，城塞は貧しいユダヤ人が住み着いたほかは廃墟となった。なおリスボンへ帰還した住民たちは，王の命によりアマゾンの植民都市ベレンに再入植し，近郊に新マザガンを建設している。

1822年に即位したアブデルラフマーンは，マザガンをエル＝ジャディーダ（「新しいも

図2　海に面した星形城塞（筆者撮影）

の」の意）と改名し，モロッコ有数の沃野であるドカラ農地の農産物の，ヨーロッパ，アメリカへ向けた輸出拠点として再興した。イタリアやイギリス，フランス，スペインから自由商人が来訪し，ユダヤ人商人が彼らとモロッコ政府を取り持った。特にマラケシュの古いユダヤ家系出身のメイル・マクニンは，スルタンの許可を得て，小麦や食肉，ワックス，皮革，羊毛などの輸出を取り仕切った。

コスモポリタンの雰囲気の中，19世紀にはレバテの塔を改修した五角柱のミナレットを持つモスクも建設された。また隣接してスペイン教会も建設され，商人と大使らが利用した。このほか，20世紀までに，ベルギーやオランダ，フランス，イタリア，スペイン人などの邸宅が多く建設された。

一方，空地だった城壁外には1831年にベルハムドゥニア・モスクが建設され，市街化が進んだ。20世紀初頭の人口約1万5000人のうち，ヨーロッパ人は400人存在し，ユダヤ人は3500人を占めたが，1948年のイスラエル建国とともにほぼすべてが移住していった。

初代フランス総督リヨテはエル＝ジャディーダをドーヴィルのような避暑地にすると決定し，1916年にボネが城塞から伸びる都市軸を計画した。城塞では芸術局による考古学的調査と保存修復事業が継続的になされ，2004年に世界文化遺産に登録されると，観光地としての地位は不動のものとなった。　（松原康介）

Africa 12: Tetouan

【テトゥワン】スパニッシュ・モロッコの首都

モロッコ, タンジェ＝テトゥワン地方
Tangier-Tetouan, Morocco

　紀元前3世紀, 北アフリカはヴォルビリスを首都とするベルベル人マウリ族によるマウレタニア王国が支配していた。王国は後にローマの属州マウレタニア・ティンギスとなったが, テトゥワンは当時からタムダという名前で存在していた。リーフ山脈から地中海に流れ込むマルティル川沿いの肥沃な土地の, 河口から内陸に8kmほど遡った地点に位置する。710年頃にはアラブ側とフランス側双方の資料に言及が見られ, ジェノヴァやマルセイユなどとの海洋交易で栄えた。1305年, マリーン朝がスペイン領セウタへの攻撃拠点としてテトゥワンを改造したが, 14世紀末にカスティーリャ王国に敗北し, 一度は破壊された。

　テトゥワンの復興は, 1492年のナスル朝の首都グラナダの陥落が契機となった。当時グラナダには, モリスコ（カトリックに改宗した元ムスリム）, ムデハル（スペインに残留したムスリム）, コンベルソ（カトリックに改宗したユダヤ人）など, イスラーム時代の信仰と文化を継承する人々が多くいた。当初は彼らに寛容だったスペイン王国は, 次第に政治的理由から圧迫を強め, 15世紀以降のスペイン異端審問では, 富裕なモリスコやユダヤ人から財産を没収することが目的とされた。後年の1609年にはモリスコ追放の勅令が出されている。

　こうして迫害されたムスリムとユダヤ人の多くは対岸のモロッコに移住したが, 最も多くのアンダルス移民を受け入れたのがテトゥワンであり, いわばグラナダの後継都市とも位置づけられる。ユダヤ人は近郊のウェザーンやシェフシャウワンにも多く移住し, その聖地ともなっていった。

　テトゥワンの復興を主導したのは, 元ナスル朝の将軍であったアリーマンザリーをはじめとする, 進んだ技術を持った移民のリーダーたちであった。市街地を城壁で囲い, 南端に政庁カスバを建設した。住民のためにハンマームも建設され, 1591年には現存最古のエル＝ジニ・モスクが建てられた。北端にはズィンミー（庇護民）たるユダヤ人が住むメラー街が形成された。こうした都市建設に駆り出されたのは, 3000人に及ぶキリスト教徒奴隷であった。奴隷は, 夜には小さな礼拝堂と救済所を備えた地下牢に収攬されていた。

　16世紀以降は, ポルトガルやスペインと戦争をしつつも交流が進み, バレンシアとの交流を通じては, 肥沃な農地を活かしたオレンジの果樹園が発展し, ヨーロッパやアルジェリアへの輸出がさかんとなった。首都フェスの外港としても発展し, 1629年にフランスが, 57年にはイギリスが領事館を開設した。テトゥワンは外交・交易を通じてフェスとつながっていた。また, リーフ地方の様々な部族とも交流し, ミナレットなどの建築様式や諸工芸（刺繍や鋳造, タイル, カリグラフィー）の多様性が育まれた。

　17世紀末にアラウィー朝のムーレイ・イスマイールの支配下に入ると都市整備が進み, シディ・アリ・バラカ・ザウィーヤ（修道場, 1708年）, ベン・ミュルズク・ザウィーヤ（1726年）が建設された。さらに, パシャ（大守），

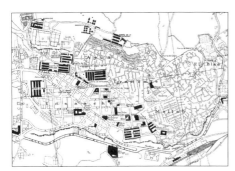

図1 都市図, 1942年。北東が旧市街, 南西が新市街
(Army Map Service 1943)

図2 放射状街路の一本(筆者撮影)

　アフマド・ル＝リーフィーは，宮殿（現在の王宮）とフェッダン広場を実現した。1737年には八角形のミナレットを持つパシャ・モスクが建設され，1750年にはパシャ，ムハンマド・ルカシュによりルカシュ・モスクおよびマドラサが建設された。18世紀にかけて新たな城壁で囲まれ，今日の旧市街（1997年に世界文化遺産登録）が成立した。

　1790年にメラー街の略奪事件が起きると，スルタン，ムーレイ・スライマーンは1808年に宮殿の南側にメラー街を再建した。6000人のユダヤ人住民が居住し，シナゴーグ16棟が建設された。計画はポルトガル人建築家に主導され，周辺の旧市街地とは対照的な，平行な直線が多用された区画が出現した。漆喰とタイルに装飾されたドアや出窓にアンダルス建築の影響が見られる。スライマーンは同年，旧メラー街近くに過去最大となる大モスクも建設した。

　1859年のスペイン・モロッコ戦争では，軍人出身のスペイン首相レオポルド・オドンネルが自らテトゥワンを占領し，テトゥワン公爵を名乗った。この際，宮殿に隣接してスペイン領事館が建設されたほか，城壁の一部破壊や教会の設置などがなされた。

　1913年にスペイン領モロッコの首都となり，最初の植民都市計画である新市街計画（正式名称は「マフザン国土の協定」）が策定された。最大の特徴は，新市街と旧市街の密着である（図1）。フランス領におけるリヨテとプロストの分離政策とは対照的に，新市街との隣接部に沿って，トゥット門を除く南側の城壁と市街地が破壊された。

　新市街においては，ムーレイ・ル＝メフディ広場から伸びる放射状街路が都市軸となり，街区は基本的にグリッド型が採用された。道路の1本は真っ直ぐに旧市街に至り，王宮とスペイン広場（旧フェッダ広場）に通じている。新市街には植民地政府や警察署があり，ここから旧市街中心まで直線道路で軍や警察が突進できるようになったのである。

　新市街の建物は，モロッコ風に装飾されたアール・デコや柱廊を用いたネオ・モリスコ様式などの近代建築であり，カトリック教会や郵便局，警察署などが配されたムーレイ・ル＝メフディ広場とそこから伸びる並木道を中心とする多文化的で華やかな街並みが形成された（図2）。1929年にはアルハンブラ宮殿をモチーフとしたカギガス公園（現ムーレイ・ラシッド公園）が南の城壁沿いに実現した。1941年にはドーム状デザインのメルカド（市場）が建設され，アンダルスとの連続性を演出していった。

（松原康介）

Africa 13: Saint-Louis

【サンルイ】 サブサハラ最初のフランス植民都市

セネガル，サンルイ州
Saint-Louis, Senegal

　サンルイは現在のモーリタニアとセネガルの国境にもなっているセネガル川の河口に位置するフランスとアフリカが融合した歴史都市である。

　その名がつけられたのは17世紀，フランスの太陽王ルイ14世にちなんだものであった。ルイ14世は重商主義に基づき世界各地に商業拠点や植民会社を築いたが，サンルイはフランスにとってアフリカで最初の商業拠点であった。1659年にヴェルデ岬・セネガル会社の要塞が構築されたことをもってサンルイ市の創設とされる。この会社は当初，現在のサンルイの南にあるビュール島，ついでボスコス島に設置されたが，洪水により損害が出たため，ンダールと呼ばれていた現在のサンルイ島に移された。

　周囲を水に囲まれているので船による交易を行うフランス人にとっては好都合であり，かつ防衛上有利であった。島の中央に構築された要塞はフランスのディエップ出身のコリエによるもので，大砲や小銃，鉄砲，マスケット銃，ピストル，槍と斧槍，弾薬といった兵器が備えられていた。しかしこの「要塞都市」は，南北2km，東西300mと細長で，面積は60haに過ぎない。都市というよりは集落である。

　17〜18世紀のサンルイは，移り変わるフランスの植民会社やイギリスによる占領など，その統治は一様ではなかったようだが，当初3018人であった人口は1785年頃には6000人に膨らんだ。そのうちヨーロッパ人は700人，残りの2400人は自由黒人，2000人は奴隷黒人であった。フランスの植民都市とはいえ，フランス人はマイノリティであり，シニャールと呼ばれるセネガル人妻およびその混血児

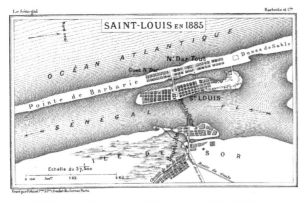

図1　都市図，1885年（Faidherbe 1889, フランス国立図書館蔵）

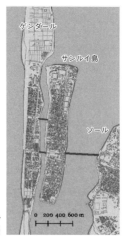

図2　現在のサンルイ島，ゲンダール，ソール
（セネガル地理・地図事業局の地図データをもとに筆者作製）

がサンルイの自治や商業の担い手であった。サンルイを基盤とした内陸との交易の主要な商品は，金とアラビアゴム，象牙，皮，そしていうまでもなく奴隷であった。

　サンルイに変革を促したのは，19世紀初頭の奴隷貿易の廃止である。その第一弾にあたる1815年のウィーン条約締結後，1921年にサンルイ総督となったロジェ男爵は，奴隷交易に替わる産業を開発しようと農業振興を行った。セネガル川中流にリシャトール園芸学校を設立し，セネガル人への農業訓練を行った。彼がサンルイに着任した当初はフランス総督府の金庫は空であったが，彼が退任する際には豊かになっていたという（Vergnaud-Romagnési 1849）。この頃のサンルイは道も整備され，建物は堅固に，きちんと並んで建てられた。火災を防ぐために藁葺きの小屋は撤去され，墓地や屠殺場は島の外に設けられ，家畜の野放しも禁じられた。狭いサンルイ島の中だけで都市の機能は収まらず，大西洋側の細い半島であるゲンダール地区に付け加え，1837年には大陸側のソールに居住地計画の線引きが行われた（図2）。西アフリカで最初のカトリック教会がサンルイに建設されたのが1828年，ついでモスクが1848年に竣工した（Ministère de la Culture, République du Sénégal 1998）。

　1854年にセネガル総督となったフェデルブ（1818～89年）は，セネガル川流域に拠点を作っていき，その「元締め」となるサンルイに最盛期をもたらした。フランスは1895年にフランス領西アフリカ（AOF）を成立させ，その首都をサンルイに置いた。1897年に建設されたサンルイ島と大陸側のソールを結ぶ507mの鉄骨トラス橋は，彼の名前を冠し，フェデルブ橋と名づけられた。この橋は，島を拠点とした点としての植民統治から，内陸部までを含む面としての統治へ変貌した証でもある。

図3　サンルイの街並み（筆者撮影）

　サンルイは，セネガル川の河口にあることでルイ14世時代の奴隷交易を利したが，20世紀に入るとフランスと南米を結ぶ最短距離という利点が生かされた。アフリカ大陸最西端のセネガルから南米大陸最東端までは，距離にして3000km程度である。パイロットとしてフランスの国民的英雄であるメルモーズ（1901～36年）は1930年にフランス（トゥールーズ）－セネガル（サンルイ）－ブラジル（ナタル）の郵便飛行に成功し，それまで船便で1ヶ月かかった郵便物が4日で運ばれるようになった。そのことは同僚であったサン・テグジュペリが著書『夜間飛行』や『星の王子さま』で取り上げたため有名である。フェデルブ橋を降りてすぐ右にあるオテル・ド・ラ・ポストは，サンルイ郵便局の正面にあり，メルモーズの定宿であった。

　1902年にAOFの首都はダカールに移され，サンルイが担った都市機能は南はダカールへ，北は現在のモーリタニアにあるヌアディブへと分散する。

　現在，サンルイ島の人口は8967人（ANSD 2002）であり，18世紀末と大差ない。ゲンダールとソールを併せてサンルイ市を形成し，サンルイ州の州都となっている。ヨーロッパによる植民都市の典型例としてサンルイは2000年に世界文化遺産に登録された。

（林玲子）

【ダカール】アフリカ最西端の大西洋航海拠点

Africa 14: Dakar

セネガル，ダカール州
Dakar, Senegal

　ダカールはアフリカ大陸の最西端，大西洋にかぎ状に突き出したヴェルデ岬に位置するセネガル共和国の首都であり，西アフリカにおける主要都市である。

　周囲を流れるカナリア寒流のおかげで，内陸部と比べれば気温は低い。また西から東に年中通して吹く貿易風（アリゼ）も，ダカールを過ごしやすくする自然の恵みである。

　ダカールは，その東のダカール湾に浮かぶ小さなゴレ島から始まっている（図1）。その面積は18.2ha，南北1km，東西300mほどで，サンルイ島よりもさらに小さい。ヨーロッパ人として初めて喜望峰に到達したバルトロメウ・ディアスの先祖でもあるディニス・ディアスが1444年，ヨーロッパ人として初めてゴレ島を訪れてから，ポルトガル人やオランダ人，イギリス人，フランス人があいついでこの島を所有した。

　ゴレ島が「都市」として機能した理由は，サンルイ同様交易拠点であったためであり，その主要な取引内容は奴隷であった。ゴレ島は早くも1978年に世界文化遺産に登録されているが，それは大西洋奴隷貿易という負の遺産を記憶するためであり，その象徴となった「奴隷の館」は，ゴレ島の東海岸に面し，「戻ることのない扉」を通り多くの奴隷が積み出された，とされた。近年，「奴隷の館」はシニャール（混血富裕婦人）であるアナ・コラ・ペパンの居宅であったことが判明し，奴隷貿易に関与していたかどうかは疑問視されている。とはいえ，大西洋奴隷データベースによれば，ゴレ島から送り出された奴隷の数は，1661年から1847年の186年間に3万4044人となっており，奴隷貿易がゴレ島の重要な経済活動であったことを否定するのは難しいだろう。

　1700年に250人であったゴレ島の人口は，1789年頃は10倍の2500人程度となり（Coquery-Vidrovich 1993），人口密度は1万4000人/km²で，狭い島は飽和状態であった。当然，広い土地を求めて向かいの大陸側へと

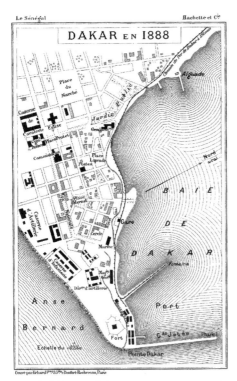

図1　都市図，1885年（Faidherbe 1889，フランス国立図書館蔵）

町は拡大していくこととなる。ゴレ島の西2kmの対岸にあるダカールは，先住のレブー人の反発にあいフランス人の居住が進まなかったこともあり，ゴレ島の北東15kmにあるルフィスクへの移住が進んだ（図2）。

ルフィスクは16世紀にテンゲジという名の漁村が築かれ，その後ポルトガルの商業拠点が置かれたことから「きれいな川」という意味のルフィスコという名前になる。1860年代に内陸部における落花生生産が軌道に乗ると，ルフィスクはその積出港として発展し，1862年の都市計画に基づき，道はまっすぐ直角に，建物は長方形や正方形の敷地に配置され，地元レブー人の「無秩序な」藁葺小屋との対比を見せた。1880年にはサンルイ，ゴレに次いでフランスの基礎自治体となり，20世紀初頭までルフィスク港における落花生の取り扱い貨物量はセネガル随一であった。教会の周りに裕福な商人の家々が並びこの時期の面影を残すルフィスクは，現在，世界文化遺産暫定リストに記載されている。しかし1902年にフランス領西アフリカ（AOF）の首都がサンルイからダカールに移され，ダカール港と，ダカールからマリまでの鉄道の整備が進み，落花生生産がより内陸部に広がっていくと，商業の拠点はルフィスクからダカールにシフトした。

ダカール，特にその中心地，現在プラトーと呼ばれる地域は，ゴレ島から西に2kmしか離れていない。ディニス・ディアスが1444年に訪れた時はマンディンカ人が，その後16世紀にはレブー人がトゥクルール王国からこの地に移住しており，ヨーロッパ人の侵入を拒んできた。ようやく1857年に，今は独立広場と称されるプラトーの中心地に，「フランスパビリョン」が設置され，これをもってダカール市が創設された，とされている（ダカール市HP）。しかしその時点ではフランスパビリョンのすぐ横にはレブー人の居住地が広がっ

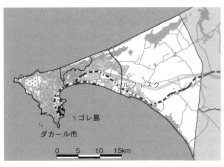

図2 ダカール市，ゴレ島，ルフィスクの位置（セネガル地理・地図事業局の地図データをもとに筆者作製）

ており，人口も1869年時点で3400人程度で，「村」といってもよい状況であっただろう。しかしこのフランス第二帝政期（1852〜70年）に国際情勢は大きく変化し，1859年にグロワール装甲艦が進水するなど，船舶は大型化し，その数は増加した。アフリカ最先端に位置するセネガルは重要な燃料補給地点であるが，ゴレ島やルフィスクでは港が小さすぎた。ダカールの港湾としての優位性が認められ，フランス政府は1862年から4年かけてダカール港を建設し，フランスから南米や，喜望峰をまわってアジアに向かうフランス船舶の重要な寄航地となった（Charpy 2011）。

その後ダカールは，国際航路の中継地という立場のみならず，内陸部の中心地としての機能も強化させていく。ダカールとサンルイ間の鉄道が1885年に開通し，1902年にはAOFの首都となった。ダカールの人口は1880年代にゴレ島を，1900年代にルフィスクを，1920年代にサンルイを追い抜いた。

現在のダカール市はゴレ島も含め人口115万人，ルフィスクなど郊外も含めたダカール州の人口は314万人（ANSD 2016）である。2030年には605万人に倍増すると推計されており（UN 2014），ヴェルデ岬では収まりきれないことが見込まれ，内陸部へのダカール首都圏の拡大が進行中である。 　　（林玲子）

Africa 15: Tombouctou

【トンブクトゥ】サヘルの黄金の都

マリ，トンブクトゥ州
Tombouctou, Mali

　現在のトンブクトゥは，サヘル（サハラ砂漠南縁部に広がる半乾燥地域）の一地方都市に過ぎないが，古くから金の産地として知られ，「黄金の都」「神秘の都市」としてヨーロッパ世界を惹きつけてきた。モスクや聖廟を含むトンブクトゥの歴史地区は，1988年に世界文化遺産に登録されている。

　歴史的には，南からの金，北からの岩塩を主力商品とする地中海世界とサブサハラ・アフリカを結ぶサハラ縦断交易の要衝に位置して，14～16世紀にはマリ王国そしてソンガイ王国の中心都市として栄えたことが知られる。

　ヨーロッパ人による最古の記録は1447年のジェノヴァ商人マルフォンテによるものとされるが，その「黄金の都」そして「黒人帝国の首都」のイメージは，長い間ヨーロッパ人の間に「トンブクトゥ幻想」を育んでいく。トンブクトゥを目指すヨーロッパ人の記録はその後も残されている。

　18世紀後半に至ると，西スーダンの植民地拡大の意図のもとに，フランスが大西洋岸からトンブクトゥへのアプローチを試み始める。そして，パリ地理学会の賞金を目当てに最初にトンブクトゥ往復を果たした（1828年）のは，探検家ルネ・カイエ（1799～1838年）であった。彼は，荒れ果てた泥の町に落胆と幻滅を記すことになった。すなわち，幻想の都市はすでに失われてしまっていたのである。

　トンブクトゥは，ニジェール川が大きく湾曲するその北側に位置する。すなわち，サハラ縦断の陸運ルートとニジェール川による水運ルートが連結する地域であるが，直接，ニジェール川に接するのではなく，その氾濫流域を考慮して3つの外港から離れた砂丘列の中に立地する。

　ルネ・カイエ以降，トンブクトゥの形態，

図1　カイエによるスケッチ，1828年（Caillé 1965）

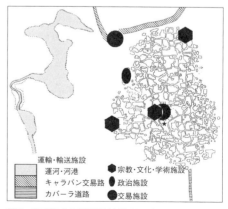

図2　最盛期の施設配置（応地 2016）

左）図3　航空写真，1970年代末（応地 2016）
右）図4　19世紀末のトンブクトゥ市街（Dubois 1897）

空間構成についてはいくつかのスケッチが残されているが（図1），フェスやラバト，マラケシュなどマグリブのイスラーム都市との違いとして，城壁がなかったことが指摘される。また，トンブクトゥの街路体系について袋小路がないことが指摘される。ジェンネなど西アフリカの都市も一般的には城壁で囲まれるが，サヘル西部地方の都市の特徴である。

最盛期すなわち16～17世紀のトンブクトゥについての応地利明（2016）の復元によれば，多核的な都市であり，宗教・文化・学術の拠点としてのジンガレイベル・モスク，サンコーレ・モスク，スィーディー・ヤフーヤー・モスクなどのモスク，交易拠点としての大市場と小市場の2つの市場，運輸・輸送の拠点としての運河，キャラバン交易路，政治拠点としての離宮が核を構成していた（図2）。

現在の都市構成を見ると，旧市街（メディナ）をグリッド・パターンの街区が取り囲んでいる（図3）。旧市街は，ソンライ語ではコイラ・ジェノと呼ばれ，グリッド街区は，コイラ・タウディと呼ばれる。

フランスによる西スーダンの植民地化は，1659年のセネガル川河口のサンルイ島での要塞建設に始まるが，トンブクトゥがフランス領に編入されたのは1894年であり，当時の市街図（図4）と比較すれば，グリッド街区がフランスによる植民地化とともに形成されていったことが分かる。セネガルのダカールやマリのバマコ，カイ，セグー，ガオ，コートジボアールのアビジャン，ニジェールのニアメイなど，西アフリカの他のフランス植民都市においても同様にグリッド・パターンが導入される。

フランスは，まず，旧市街の南西部に，広場を囲んで総督官邸と市庁舎，警察，兵営，財政局などを建て，官庁地区とした。また，治安維持のための保安施設として軍事・警察施設，教化施設としてカトリック教会が建設された。生活基盤施設としての市場やモスク，墓地などは植民地化以前のものが維持され，居住区については，大区ファランディ（カルティエ）と小区ジェレ（セクトゥール）によって編成された。

マリ共和国が独立するのは1960年であるが，トゥアレグ族居住地がアルジェリアとニジェール，マリに分割されたことから抵抗運動が展開されるなど，政情は不安定であり，1968年のクーデターで軍事独裁体制が成立，91年まで継続する。トゥアレグ抵抗運動は，2012年の独立を求める蜂起が示すように，今日まで続いている。

（布野修司）

Africa 16: Djenné

【ジェンネ】 西アフリカ千年の古都

マリ，モプティ州
Mopti, Mali

　ニジェール川内陸三角州の南端に位置するジェンネは，その前身であるジェンネ・ジェノ（「古ジェンネ」の意）を含めると2000年以上の歴史を持つ交易・宗教都市である。現在，1km^{2}に満たないジェンネの旧市街に，異なる生業や母語を持つフルベやソンガイ，ソルコ，マルカ，バマナンなどの諸集団からなるおよそ1万4000人の人々が共存している。

　ジェンネは，内陸三角州やニジェール川とその支流を介して，北のサハラ砂漠とも南の熱帯地方ともつながっている。そのためかつては，両地域の産品（岩塩や金など）の集積地であった。ジェンネに北アフリカのモール（ムーア）人商人や西アフリカのワンガラ商人たちが出入りし，これらの商品を北へ南へと動かした。また，交易を通じてムスリムとの接触が活発だったため，早くからイスラーム文化が浸透した。ジェンネでは，儀礼や建築様式，手工芸など様々な側面で，北アフリカのイスラームと西アフリカの文化の混淆が見られる。現在もジェンネは，西アフリカのムスリムにとって重要な中心地であり，住民のほぼ全員がムスリムだ。町には50以上のコーラン学校があり，「アルファ」（ジェンネ語＝ソンガイ語のジェンネ方言でイスラームの僧，コーラン学校の教師）は，町の人々にとって身近な存在だ。

　現在のジェンネから南東に約3kmのところにジェンネ・ジェノがある。考古学の発掘によって，ここに紀元前3世紀から11世紀頃まで人が集住していたことが明らかになった。最盛期（10～11世紀頃）には，1万人前後が暮らしていたと推測されている。口頭伝承によると，その後，人々は新しい地に移動して現在のジェンネを築くが，その時，人間の居住を好ましく思わない土地の精霊が，人身御供としてキョウダイのいない処女を差し出すことを要求したという。新しくやってきたマルカという人々の中には，条件に該当する娘がいなかった。そこで土着の漁撈民ソルコの一族の中から1人の少女が差し出され，新たな市壁の中に生き埋めにされた。彼女の犠牲のおかげで，現在のジェンネは無事に築かれたという。この少女タパマ・ジェネポの墓は，現在も町の西南の水辺にある。

　12世紀に入ると，いくつかのアラビア語文献に，ジェンネやニジェール川内陸三角州が幻の「黄金の国」として登場する。実際には

図1　都市図
（伊東 2016）

図2 大モスクと広場(筆者撮影)

図3 泥づくりの家々(筆者撮影)

ジェンネで金は採れないが、大量の金の集積地であったため、そのような噂を呼んだのだろう。13世紀頃になると、27代目の首長コイ・コンボロが、首長としては初めてイスラームに改宗し、町の中心部にモスクを建設した。現在の町の大モスクも、この時と同じ場所にある。高さ27mのモスクは、泥づくりの建築物としては世界最大だ。年に1度、町の11の街区が協働してモスクの壁の化粧塗りの祭を行う。雨季の激しい雨や砂漠から吹き下ろす猛烈な風ハルマッタンによって浸食されるモスクの壁を、住民総出で塗り直す。

コンボロの時代から15〜16世紀にかけて、ジェンネは最盛期を迎えた。この頃のジェンネは、ガーナ王国に次いで西アフリカ内陸部の広範囲に栄えたマリ王国、ソンガイ(ガオ)王国の版図にありながらも、これらの王から直接的な支配を受けず、一定の自治を保っていた。各街区の代表者からなる評議会が、町の門を通過する人や交易品に税を課し、市場を管理していたという。また、領地と他国との境界に警備隊を配備し、外部からの侵攻に備えていた。ジェンネの噂は、北アフリカの商人らを介して遠くヨーロッパの商人や探検家たちにも届いていた。しかし、彼らに交易を乗っ取られないよう、町や交易に関する情報は巧みに秘匿されていた。そのためジェンネは、19世紀初頭までヨーロッパ人にとって未踏の幻の都であり続けた。

19世紀末になるとフランスの植民地支配が及び、ジェンネは1883〜60年、仏領西スーダンの一部となる。植民地化による経済・政治構造の変化がもたらしたサハラ交易の衰退とともに、ジェンネの交易都市としての役割も徐々に衰退していった。一方で、地域的な経済的・宗教的中心地としてのプレゼンスは現在も高い。毎週月曜日に町の中心の広場で開かれる定期市には、周辺の村落や近隣諸国からも商人や買い物客がやってくる(図1)。

モスク前の広場の周辺には、常設市や商店、市庁舎などが並ぶ(図2)。広場を起点とし、細い路地が四方八方に毛細血管のように伸びている。路地は複雑に蛇行し、周囲の水辺まで続く。町を囲む市壁は数十年前に消失したものの、町の深部の様相はさながら要塞だ。2〜3階建ての泥づくりの家々が身を寄せ合うようにひしめき、路地と家の敷地の境も、隣り合う家と家の境も曖昧である(図3)。泥づくりの建築を支えるのは、ジェンネに特有の職業・バレィ(泥大工)である。こうした町の建築文化や、交易都市としての長い歴史、それがもたらした豊かな文化の混淆などから、ジェンネは1988年にユネスコの世界文化遺産に登録された。現在では、欧米からの観光客が数多く訪れる観光都市にもなっている。

(伊東未来)

Africa 17: Harar

【ハラール】ランボーの住んだ街

エチオピア，ハラリ州
Harari, Ethiopia

　紅海を挟んでアラビア半島と隣り合う東アフリカ地域では，イスラームとのつながりをその初期の頃に遡ることができる。エチオピアというと，特に北部で展開した伝統的なキリスト教国としてのイメージが先行するが，東部の歴史からは，それとは異なるエチオピアの顔を見出すことができる。

　ハラールは，ゼイラやベルベラといった紅海沿岸の港町とアフリカ内陸部をつなぐ交易路上のイスラーム都市として発展した。高台に位置する約 $1.6km^2$ の旧市街はジュゴルと呼ばれ，これを取り囲む高さ4.5mの城壁も同じ名で呼ばれる（図1）。図に示される通り，旧市街は古くからある5つの主要な門（バリ）に対応して5つの地区（これもバリと呼ぶ）に分かれており，門と地区にはそれぞれ同じ名前が付与されている。バリはさらにトーヤといういくつかの所帯からなる小地区に分けられ，その名はトーヤの中にある廟の聖人やモスク，商店，道，店に因んでつけられている。旧市街には大小含めて100前後のモスクがあり，他にも多くの聖跡が存在する。町の中心は，旧市街のやや北側に位置するファラズ・マガーラ広場で，かつてその東側には金曜モスクが存在した（19世紀末，エチオピアによって教会へと建て替えられたため，金曜モスクはさらに東にあったモスクにその機能を移した）。旧市街には，この広場を中心とした「7つの円」と呼ばれる区分も存在し，神聖さの序列がつけられている（図1）。住宅地区の曲がりくねった道は基本的に壁で囲まれていて，各家屋へは庭を通ってアクセスする（図2）。伝統住宅は石造矩形のもので，特に内部が特徴的である（図3）。居間にはいくつかの壇があって，誰がどこに座るのかが明確に決まっており，また壁に飾られる籠細工や皿などは，その家族の地位や富を示すといわれている。

　14世紀には一定程度の重要性をすでに獲得していたと考えられるハラールであるが，歴史の表舞台に登場するのは，アダル・スルターン国の首都となる1520年になってからである。アダル・スルターン国とは，15世紀前半から存在したイスラーム国家で，キリスト教のエチオピア王朝に敗れてイエメンへ逃げ延びたイファト・スルターン国のワラスマ王家が帰還することによって成立した。城壁の建設がなされたのは16世紀中盤のことで，隣接するエチオピア王朝や勢力を拡大していたオロモ人から都市を防御することが目的であった。建設を決定したのは当時のイマーム，ヌル・イブン・ムジャヒドで，彼はアフマド・

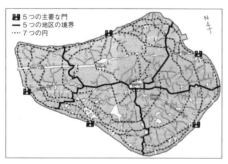

図1　旧市街（Wagner et al. 2005, Chiari 2015, 加筆修正）

図2　旧市街の道
（筆者撮影）

図3　ハラリの上流階級の伝統的な住宅，内部（筆者撮影）

図4　ランボー・ハウスの外観（筆者撮影）

グラン（1529～41年のジハードを通じてエチオピア王朝を壊滅的に追い込んだことで知られるイマームである。ジハードはポルトガルによるエチオピア支援がきっかけとなって幕を閉じた）の甥にあたる。その後もハラールは，周辺地域を支配するオロモ人に悩まされ続けた。それでもオロモ人のイスラームへの改宗などもあって交易活動を回復し，19世紀後半まで独立した都市国家の状態を維持した。1855年にこの地を初めてヨーロッパ人として来訪したリチャード・バートンは，その様子について記述している。彼は町について2つの粗雑なミナレット以外には人目を引くものはない様子を述べる一方，コーヒーや奴隷の交易の中心地として，また綿織物の生産地として当地のことを記している。また彼の記述からは，先に記した伝統住宅と円形で草葺き屋根の家屋が町を構成していたことを窺い知ることもできる。

1875～85年のエジプトによる占領をきっかけに，ハラールは異文化集積の様相を強めていく。詩人として有名なフランス人のアルチュール・ランボーが商人としてこの地に居を構え始めたのもこの時期にあたる。1887年，エチオピアの支配下に入ると，ハラールはエチオピア東部の重要な商都として発展，ヨーロッパやインド，アルメニア，アラブなどの人々が活動した。都市的な観点でいえば，特にインド人職人の影響が大きく，富裕層向けの木材を多く用いた住宅が建てられるようになった。中でも有名なのは現在ランボー・ハウスと呼ばれるものだが，実際にランボーがそこに住んだわけではないらしい（図4）。バートンが来訪時に7500人と推定した人口も，この時期になると4万5000～5万人となり，そのうち300人がヨーロッパ人だった。

1902年，ジブチ鉄道がハラールの北西42kmのディレ・ダワまで開通すると，商業の中心はそちらへ移り，ハラールは以後，行政的な色を強めていく。ディレ・ダワからの道路をつなぐため，旧市街には新たな門が建設され，門からファラズ・マガーラ広場までの道路整備もなされた。

1936～41年，ハラールはイタリアに占領されるが，イタリアは現地人との分離政策をとったため，旧市街の変化は限定的なものに止められた。旧市街の西では新市街の計画がなされ，行政施設やイタリア人向け住宅などの建設が進んだ。

かくして，モスクもあれば教会もある，伝統的な石造住宅もあればインド人職人による木材を多用した住宅もある，といったユニークな旧市街が残された。その外側には，イタリアの足跡を今でも垣間見ることのできる新市街が広がる。ハラール旧市街は2006年，世界文化遺産に登録された。
　　　　　　　　　　　　　（清水信宏）

Africa 18: Addis Ababa

【アディスアベバ】 「新しい花」の都市

エチオピア，アディスアベバ自治区，首都
Capital, Addis Ababa, Ethiopia

　エチオピアの首都アディスアベバはアムハラ語（エチオピア公用語）で「新しい花（アディス＝新しい，アベバ＝花）」を意味する。2004年以降の実質GDP成長率が平均10%ということで昨今注目されている同国であるが，アフリカ政治をつかさどる組織（旧：アフリカ統一機構，現：アフリカ連合）の本部が1963年からこの地に置かれていることは意外と知られていない。

　その起源は1886年に後の皇帝メネリク2世がそれまで居を構えていた標高2800mのエントト山（＝エントト）から7km南下した麓に居を移したことに遡る（1889年に遷都）。当時のイタリア地理学会による地図（図1）では，最北にエントトを望み，メネリク2世の王宮を中心として西にアラダ市場とインド人地区，北にアルメニア人地区，そしてその背後に広大な在外公館地区（フランス，イタリア，ドイツ，イギリス，ロシア）が広がる。さらに現在に至るまでこの地域のランドマークである聖ギョルギス教会が北西に位置する。遷都から1913年まで続くメネリク2世政権においては，道路，鉄道，通信，公共施設などの都市基盤の近代化が推し進められたが，都市計画に関しては区域が存在するだけで全体から細部に至るような計画は実施されなかった。

　都市としての最初の大きな変化はイタリア占領期（1935〜41年）に起こる。イタリア占領政府（AOI）はアディスアベバをイタリア領東アフリカ帝国（現在のエチオピア，エリトリア，ソマリア）の首都に選定し，ここに第2のローマを計画しようと目論み，都市計画に注力した。1938年にイタリア人建築家チェーザレ・ヴァッレとイニャツィオ・グイディにより作製された都市計画概念図（図2）では，エチオピア人居住区とイタリア人居住区は明確に分離され，すでに存在したインド人地区，アラダ市場，聖ギョルギス教会を含む一帯は

図1　イタリア地理学会による地図，1909年（アメリカ地理学協会蔵）

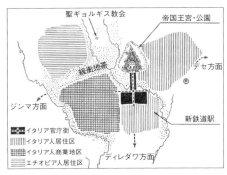

図2 イタリア占領政府による都市概念図, 1938年 (AOI 1938a)

図3 イタリア占領政府による土地利用計画図, 1938年 (AOI 1938a)

両者の緩衝地帯という位置づけで残された。川はそれぞれの区域の境界としてだけでなく緑地帯としての役割も担った。この概念図に従って詳細な土地利用計画（図3），道路計画が作成され，様々な建築，道路が建設され，それはAOIが退去する1941年まで続いた。両建築家による都市計画は部分的にしか実現されなかったが，メネリク2世の王宮を帝国王宮としてその南に象徴的な大きな十字路を計画したこと，エチオピア人とイタリア人のための新たな区域に対してそれぞれの用途に応じた大きさの格子状街区を建設したことが特筆され，これらにより都市としての骨格が形成された。

その後のアディスアベバはイタリア占領期の近代都市計画を下地として1950〜90年代まで都市計画の改訂を6回実施しながら少しずつ拡大を遂げた。都市として2回目の大きな変化は2000年頃から起こる。冒頭に述べた経済成長に後押しされて，国際空港新ターミナル建設（国際ハブ空港化），環状道路建設，中心部のスラムクリアランスと再開発，スラム地区やそのほかの地区の住民向けの郊外コンドミニアムの建設，ライトレール（2路線）の建設（図4）と，途切れなく巨大プロジェクトが実施された。

遷都からの建築の特徴を見てみるとメネリ

図4 コンドミニアム（左）とライトレール（右）（筆者撮影）

ク2世政権時にはインド人，アルメニア人などの技術者が大いに活躍し，組積造によりコロニアル様式を模した王宮，住宅，商業施設，公共施設が建設され，イタリア占領期にはアール・デコ，モダニズムが流行し，RC，プレファブ，鉄骨，組積など様々な構法により入植者のための多種多様な建築が建設された。1960年代には欧州の建築家による大規模施設の建設が続き，2000年以降はアフリカ連合新本部（23階建て）に代表されるような高層ビルの建設が目立つ。

現在，300万人を超える都市となったアディスアベバは，毎年アフリカ連合総会が開催され，アフリカ政治の中心としての地位を確立しつつある。一方で，郊外化に伴う社会問題や開発に伴う環境問題など課題も多く，さらなる大輪の花を咲かせられるかどうかは今後にかかっている。

（設楽知弘）

Africa 19: Gondar

【ゴンダール】エチオピアの古都

エチオピア，アムハラ州
Amhara, Ethiopia

　ゴンダールはソロモン朝（1270～1974年）のエチオピアにおいて，幕舎を用いて移動を繰り返していた皇帝が，エジプト－エリトリア－エチオピア－スーダンの隊商ルート上に定住した都市で，1632～1855年までエチオピアの首都として政治・経済・宗教の中心であった。当時建設された3つの王宮群（そのひとつファシラダス王宮群は世界文化遺産）とともに，最盛期にエチオピア正教会の聖堂が44堂存在したことで名高い，エチオピアを代表する古都である。

　首都創建は皇帝ファシラダスにより1636年から開始され，歴代皇帝が王宮拡大と聖堂建立を継続した。当時を知るには1770～71年にゴンダールに滞在したスコットランド人探検家ジェームズ・ブルースが描いた古地図に詳しい（図1）。標高2050mの高台に築かれ，水源かつ防衛に役立つカハ川とアンガラブ川に挟まれ，中心にファシラダス王宮群を構える。王宮正面には大樹がそびえるセレモニー広場が設けられ，通常は大市場として賑わった。ファシラダスの後を継いだ皇帝ヨハンネス1世が1668年に発布した分離居住命令により，2本の川に挟まれた地域はキリスト教徒だけが生活を許され，貴族，聖職者，兵士，平民などがそれぞれの街区を形成した。商いを生業としていたイスラーム教徒はカファ川の対岸に大街区を形成し，古地図上にはないが職人を生業としていたユダヤ教徒は郊外に数ヶ所の街区を形成した。

　ゴンダールを訪問したヨーロッパ人によるいくつかの旅行記から人口に関する記述を時系列に並べてみると，ブルース（1770～71年）が1万世帯（推計6万人），リュッペル（1833年）が6500人，スターン（1860年）が6000人，ローゼン（1905年）が1000人と，興盛を

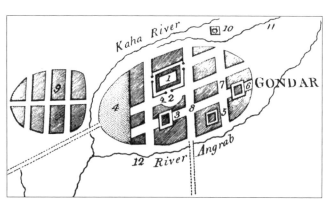

1　ファシラダス王宮群
2　アショア（セレモニー広場）
3　ノアの箱舟教会
4　崖（戦時に食糧を保存する）
5　アッポ教会
6　デブレ・ブラハン・セラシエ教会
7　リゴビ・バル（戦時の要塞）
8　アッポ通り
9　イスラーム教徒街区
10　クスクアム王宮群
11　聖ラファエルの小川
12　アンガラブ川

図1　ブルースによる都市図, 1790年
(Bruce 1790, スイス連邦工科大学チューリッヒ校図書館蔵)
(古地図は誤差はあるが大まかに上が北を示している)

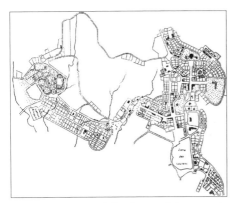

図2 ボシオによる都市計画図, 1938年（AOI 1938a）

図3 AOIによるアクスム地図, 1938年（AOI 1938b）

極めたゴンダールの衰退が浮き彫りになる。皇帝テオドロス2世によるデブレタボールへの遷都, その後のゴンダールの2度の焼き討ち（1864年, 1866年）, さらにはスーダンからの襲撃（1888年）により, 19世紀後半のゴンダールは壊滅状態に陥る。

ゴンダールの復興はイタリア占領期（1935〜41年）にイタリア領東アフリカ帝国アマラ州都になったことで一気に進む。イタリア人建築家ゲラルド・ボシオによる都市計画（図2）により, エチオピア人居住区とイタリア人居住区は地理的に分離された。前者は主にキリスト教地区のファシラダス王宮群より南部とイスラーム教街区での生活を強いられた。一方, 後者はファシラダス王宮群の北部やそれまでエチオピア人が生活していなかった部分を大規模に開発した。

ボシオの計画は最終的には2万人規模のイタリア人入植者を受け入れるもので, 舗装道路, 電気, 上水道, 通信などの近代的インフラストラクチャーが整備された。

ブルースの古地図における街区構成は格子状の街路で区分けされているが, 実際は20世紀前半にイタリア占領政府（AOI）が作製したアクスム（ゴンダールから350km北部にある歴史都市）の地図（図3）で確認されるように, 主要街路から細い街路, 袋小路に至る樹木のような構成であった可能性が高い。一方, ボシオの都市計画は起伏の激しい地形に格子状の街区を基本としてイタリア人居住区を計画しているが, 結果としてリニアで中心性のないものとなった。

創建から19世紀後半の衰退までの建築を見てみると, 王宮・聖堂はポルトガルから来たイエズス会関係者の影響を受けた組積造, 住宅は王宮・教会と同様の組積造と土着の木造の2つに分かれる。その後のイタリア占領期はアール・デコ, モダニズムが流行するが, 構法的には新たなRC, プレファブ, 鉄骨に加え, 在来の組積造, 木造が混在し, 用途や階級に応じて使い分けられた。

現在, ゴンダールは人口30万人を超え, エチオピアを代表する古都として多くの観光客を集めている。繁栄を極めた時期の3つの王宮群, 30近くの聖堂が現存したことに加え, 芸能や生活文化が継承されてきたことが要因として挙げられる。これらに加えて異国情緒を漂わせる占領期の建築, 街並みが残ることも魅力のひとつになっている。 （設楽知弘）

Africa 20: Nairobi

【ナイロビ】スラムが侵食する高原都市

ケニア，ナイロビ首都圏，首都
Capital, Nairobi, Capital

ケニアでは，モンバサやマリンディなどのインド洋沿岸の都市が，スパイス，金，象牙などの交易拠点として歴史的に栄え，特にモンバサの交易は古くからインドや中国まで及んだ。

ナイロビは，もともと，ナイロビ川周辺のマサイ族により「エンカレ・ニイロビ（冷たい水場の意）」と呼ばれ，植民地以前においては，キクユ族とマサイ族の女性が物々交換を行う場所であった。英領時代に鉄道局がこの場所をナイロビ鉄道の中継点に選んだのは，ナイロビ川に近く，平坦で鉄道の敷設に適していること，また涼しい高台にあり居住地としても適していることが理由であった。19世紀末にケニアは英領東アフリカとなったが，20世紀前半までその首都はモンバサに置かれていた。1895年，内陸の資源をモンバサ港まで輸送することを目的に，ケニア・ウガンダ鉄道の建設が開始され，1899年に草原に鉄道倉庫街が設置された。この地が後に首都ナイロビとなる。1901年に鉄道はヴィクトリア湖岸のキスムまで達した。ナイロビ，キスムおよびモンバサがケニアの3大都市となり，ナイロビはその中間，モンバサから526km，キスムから414kmに位置する。

1900年4月16日にナイロビ市政規則が公布され，市街地は政府庁舎から半径1.5マイル以内と定められた。最初のナイロビ市の定義であったが，完全なる円であり一律的であった。数回にわたる市境界の見直しを経て，1926年に地方政府委員会によってパークランドやムサイガなど，円の外側に存在した住宅地を統合した。この時の市境界は，1963年にナイロビ市域が再定義されるまで存続した。

ナイロビにおいては，倉庫街だった初動期から複数の計画が作成されてきた。最初の都市計画は，1898年にアーサー・F・チャーチにより策定された「丘と草原の計画調査」である。等高線や森林地帯，ナイロビ川，湿地などの自然地理情報の上に，鉄道駅町の将来構想としてナイロビ川，鉄道および駅と操車場に囲まれた三角形の市街地形状を描き，鉄道線，駅，事務所，住宅およびバーザールを示したものである。翌年には「ウガンダ鉄道従業員ナイロビ地区計画」（図1）が策定された。設計者はウガンダ鉄道の主任技師であったG・ホワイトハウスであった。都市軸となる駅前通りを中心に，放射状とグリッド状を併せた道路パターンを示した。これが後の高層地区ナイロビCBDの核となる。一方，

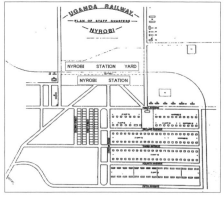

図1　ウガンダ鉄道従業員ナイロビ地区計画，1889年
（ナイロビ図書館蔵）

「1900年頃のナイロビ図」を見ると，前記の市街地とかけ離れたところに植民地政府庁舎が存在しており，行政府が駅舎を中心とする中心市街地から隔離されていたことが分かる。また，「ナイロビ・ウガンダ鉄道総合計画1901」では，政府庁舎に加え，役人の住宅地，労働者の住宅地，ヨーロッパ人の市場とインディアン・バーザールの配置が別々に描かれている。1906年の人口は1万1512人で，ヨーロッパ人，インド人そしてアフリカ系住民から構成された。アフリカ系住民は数こそ多かったものの多くは肉体労働者で，ヨーロッパ人植民者とは分離されていた。そして1926年の「開拓者の首都のための計画」では，住宅地区は人種的に分離されており，ヨーロッパ人は開発の進んだ北西部，ケニア人は環境のよくない東南部，そしてアジア系のコミュニティは北部および東部の一部に計画されていた。

一方，ハワードの田園都市論（1898年）に基づき実現された地区もある。アフリカ住宅委員会委員長でケニア植民地政府の大臣であったシャルル・モルティメ卿が導入を提唱し，第二次世界大戦後の1945年から48年にかけて実現したカロレニ地区である。建設はイタリア軍の捕虜を徴発して行われ，住宅は軍功のあったアフリカ人将兵らに供与された。中央公園を中心に，放射状の緑道が構成され，学校や子どもの遊び場，バス停，ショッピングセンターなどが計画されている。住宅地は狭小だが植栽されている。

しかし，それは特別な例であり，都市の拡大とともに人種的，空間的，社会的な分離がさらに進展した。1948年には南アフリカで実績のあった都市計画家ホワイト，社会学者シルバーマン，都市設計技師アンダーソンによって「植民地の首都のためのナイロビマスタープラン」が策定され，明快なゾーニングとゾーン相互の連携，交通循環の合理化が掲げられ

図2　キベラ・スラム（筆者撮影）

たが，前提となる都市像は植民地主義に基づいていた。

1963年の独立時には，ナイロビの人口は34万2764人まで増加していた。エリート層が帰国したヨーロッパ人植民者たちに代わって中心に居住したが，貧しい労働者は都市の基本的なサービスを享受できない状態が続いた。1973年には独立後初の「ナイロビ都市計画」が策定されたが，都市の急激な拡大の前にはまったく無力であった。その最たるものがスラムである。住宅不足からスクオッターが発生したが，これをスクラップしてもすぐさま再びスクオッター・セツルメントが形成された。今日では，市街地の1％，住宅地の5％に満たないスラムに，都市人口の半数以上が住んでおり，100を超えるスラム地区があるとされる。

キベラはその中でも最大のスラムであり，1911年に南スーダンからヌビア人が流入し不法占拠したことに起源がある。鉄道を中心に展開し，街路は狭く舗装されていない（図2）。住宅は土壁とトタンを組み合わせた簡素なものが多いが，街路沿いには商店街が形成されている。最大の課題は給水とトイレであり，多くのNGOがその支援をしている。CBDと対極的なスラムの中に，ナイロビの将来の鍵がある。　　　（メリッサ・ワンジル，松原康介訳）

Africa 21: Zanzibar

【ザンジバル】ストーンタウン

タンザニア連合共和国，ザンジバル・シティ
Zanzibar, Tanzania

アフリカ中央東海岸，タンザニアのインド洋沖に浮かぶザンジバル島の中心都市ザンジバル・シティは，石造建築が密集する都市景観からストーンタウンと呼ばれる。古来，アフリカ東海岸スワヒリ地域の港市として知られ，アラブ，インドそしてヨーロッパとの交易によって発展してきた。土着のスワヒリ文化と1000年を超える異文化交流の歴史を重層的に都市の形態に残すユニークな都市として，2000年にユネスコの世界文化遺産に登録されている。

スワヒリは，アラビア語で海岸を意味し，東アフリカ海岸沿いのソマリア南部のキスマユ辺りからザンベジ川河口のソファラ辺りまで，南北約2000km，幅約20kmの細長いベルト地帯をいう。キルワ・キシワニ，ザンジバル，ペンバ，モンバサ，ラム，マンダなどスワヒリ都市の多くは，アフリカ大陸に近接した小島やラグーンに位置し，島嶼社会を連ねるネットワークのなかで発展してきた。大陸内部のバントゥー文化圏とインド洋海域世界とを媒介してきたスワヒリ地域には，他にも世界文化遺産に登録されたキルワ・キシワニとソンゴ・ムナラ遺跡群（1981年），ラム旧市街（2001年），モンバサのジーザス要塞（2011年）がある。

東アフリカ沿岸の最初の歴史記録であり，紀元1世紀にアレクサンドリアのギリシャ人航海士が書いた『エリュトゥラー海案内記』には，紅海，アラビア，インド，セイロン，中国間の交易ルートが記され，アフリカ東部海岸の港市ラプタ（キルワ付近）とアラビア半島のムーザ（現モカ）との間で交易や通婚が行われていたことがわかっている。しかし，考古学的な遺構として最古の農漁村の存在が認められるのは紀元6世紀である。そして，インド洋交易がさかんになるのは，8世紀半ばから10世紀にかけてであり，この時期にザンジバルはスワヒリの中心的港市となる。ザンジバルという名称はアラブ語で「黒人の海岸」という意味である。ただ，都市ザンジバルについての記録は15世紀の終わりまで存在しない。

ヴァスコ・ダ・ガマがインド洋航路を拓いて以降，ポルトガルは東アフリカ沿岸を支配下に置いたが，ザンジバルには要塞を建設せず，駐屯地も置いていない。ポルトガルがザンジバルを含む東アフリカ沿岸北部から撤退すると，オマーン勢力によって東アフリカは

図1 公共建築の分布（上田作製）

A ザンジバル要塞
B ハウス・オブ・ワンダー
C 旧税関
D ザンジバル港
E 市場
F 王宮博物館
G 議事堂
H 裁判所

上) 図2　ハウス・オブ・ワンダー博物館 (布野撮影)
右) 図3　ストーンハウスのドア (布野撮影)

支配される (1698～1890年)。

　マスカットの領主サイイド・サイードが1828年にザンジバルを初めて訪れ，1832年にマスカットからザンジバルへ宮殿を移し，ザンジバルの最初のスルタンとなる。ザンジバルが大きく繁栄するのは，これ以降である。スルタンは大陸部における欧米人の商取引を禁止しグジャラートの商人の誘致を図った。そのためアラブ商人に加えてインド人ムスリムが数多く居住することになる。1873年の奴隷市場の閉鎖，1897年の奴隷制廃止によって，ザンジバルは一気に衰退する。19世紀末のヨーロッパ列強によるアフリカ分割によって，タンザニアはイギリスの保護国となる (1890～1963年)。20世紀に入ってアラブ系住民による民族解放闘争が展開され，1963年にザンジバル王国が独立するが，翌年ザンジバル革命によって王政は廃止され，大陸部のタンガニーカと合併して同1964年4月にタンザニア連合共和国が成立した。以後，ザンジバルは大陸部のタンガニーカから強い自治権を確保したザンジバル革命政府によって統治されている。

　ストーンタウンはザンジバル島の西端，海と東のクリーク・ロードに囲まれた三角形の半島に位置する (図1)。オマーンは1710年頃にポルトガルが建てたチャペルを中心に初期の小さなフォートを建設し，1780年頃にメインエントランスと5つの稜堡を持つ形に拡大している。この要塞に接してかつての王宮 (現在ハウス・オブ・ワンダーと呼ばれる美術館) (図2)，そして市場がある。奴隷市場は海岸部にあったが，1860年代後半にムクナジニに移された。1837年にアメリカは領事館を設置し，1841年にイギリスが，1844年にフランスがアメリカに続き，領事館を設置した。

　18世紀以降，スワヒリの木造土壁の伝統的住居は石造に建て替えられていくが，18世紀末にはまだその数は少なく，1840年代には，多くの3，4階建ての家が建設されたが，大多数は平屋または2階建ての家であった。建て詰まるのは19世紀中葉以降である。

　街区はミターと呼ばれ，各ミターには，血縁や氏族，先祖を共にする集団が居住した。興味深いのは，各住戸の扉のデザインがそれぞれの出自集団毎 (ザンジバル，オマーン，グジャラート) に異なっていることである (図3)。また，ストーンハウスのバルコニーはグジャラートの影響である。

(上田哲彰・布野修司)

Africa 22: Luanda

【ルアンダ】 アンゴラのポルトガル植民都市

アンゴラ，ルアンダ州，首都
Capital, Luanda, Angola

　ルアンダは，アフリカ南西部に位置するアンゴラ共和国の首都である。国の北西，大西洋岸にあり，同国最大の都市および港にして政治の中心地でもある。

　ルアンダは熱帯性気候に属し，乾季が5〜10月，雨季が11〜4月である。寒流であるベンゲラ海流の影響により，年間平均気温23〜26度と穏やかな気候である。降水量は変動が激しいが，平均400mm程度と少ない。

　地形は，海岸部から東の市街地にかけて，30〜40mの海蝕崖の見られるなだらかな傾斜地となっており，その上に標高60〜70mの平坦な海岸台地が発達している。海蝕崖の地質は白色または赤色の第三紀鮮新世のシルト質砂層と砂質シルトである。このほか，第四紀，中生代や先カンブリア紀の地層も存在する。ここでは，植民地期以降に街路樹として植林されたものを除き樹木がほとんど見られない。

　その地形にある通り，ルアンダは，もともと現地住民の間で「平の土地」を意味するルアンダと呼ばれていた。これが今日のルアンダの語源であるといわれる。ルアンダ一帯は，16世紀初期には現在のコンゴ民主共和国からアンゴラにかけて領土を拡大していたコンゴ王国の支配下にあり，オビブンドゥやキコンゴなどバンツー系諸語を話す民族が住んでいた。

　16世紀半ばにかけて，アフリカ大陸北部からギニア湾に沿って今日のコンゴ民主共和国まで支配を拡大していたポルトガルは，銀と奴隷を求めてさらに南のアンゴラへの進出を図り，1576年，パウロ・ディアス・デ・ノヴァイスらを派遣してルアンダを建設した。

　建設当時のルアンダは，サン・パウロ・デ・ルアンダと呼ばれ，防衛のために4つの城塞が建設された。以後，ルアンダは，南米や西インド諸島のプランテーションに向けた黒人奴隷供給の重要拠点となった（図1）。こうしてポルトガルは徐々にアンゴラ内陸部まで進出していった。しかし，ポルトガルによる実質的支配は結局のところルアンダに代表される海岸部の都市に限られた。

　ルアンダの都市計画は，1975年にアンゴラが独立するまで，一貫してポルトガルによって行われる。それゆえ，ブラジルをはじめ他のポルトガル植民都市の都市計画と関連していることが指摘される。しかしながら，1641年から7年間，オランダがブラジルの奴隷供給地支配を狙いルアンダを制圧したほか，黒人勢力の根強い抵抗や独立後の内戦などによってポルトガルによる都市計画は完全に実

図1　奴隷の積み出しが行われた建物。現・奴隷博物館（筆者撮影）

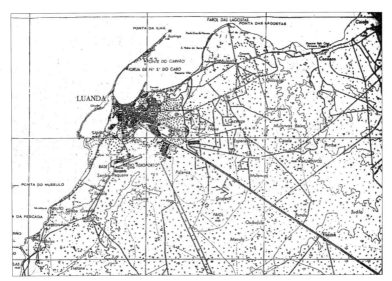

図2　ポルトガル政府による地図，1950年（デベロップメント・ワークショップ・アンゴラ）

行されることがなかった。

　1990年代以降，2002年の内戦終結に至る和平プロセスの中，アンゴラが国際社会との協調を図るようになると，ルアンダの都市管理は相対的にではあるものの，それまでの中央政府による単一アクターによるトップダウン式から国連や民間企業，中国資本，地方行政など多様なアクターによって担われるようになった。

　現在のルアンダ市街地は，石油とダイヤモンドに代表される地下資源を基礎とした急速な経済成長とともに発展を続けている。同市街地は，主にルアンダ湾沿いの旧市街とそこから放射線状に広がる大小の道路に拡大した新市街とに大別される（図2）。旧市街のシダーデ・アルタ地区をはじめ，ポルトガルが植民地行政の拠点を建設し，また奴隷の一時滞在家屋が設置された地域である。現在は道路や公園などの整備が進んでいるほか，企業やマンション，ホテルなどの高層ビルの建設が進められている。省庁や大学教育機関，軍事博物館，国立コケイロス競技場，鉄道ルアンダ駅，アンゴラ銀行，国営石油公社ソナンゴル，中国資本が管理する石油プラントも建ち並ぶ。

　また，旧市街の新しいビルの横には，農村から流入した人々が暮らす新旧のスラムが形成されており，トタン屋根の家屋が密集して広がり，多民族が混住している。その多くは不法占拠地であり，周辺国からの移民が住む地区のほか，内戦終了後に帰還した元避難民らが再定住した地区もある。特に，ムセーケスと呼ばれる貧民住宅街は，ルアンダ市街地を囲むように形成されている。

　ルアンダの住民の半数はキリスト教であるが，西アフリカからの移民などを中心に少数のイスラーム・コミュニティも市街地のあちこちに散在している。現在のルアンダ市の人口は500万人とアンゴラ総人口の4割を占め，主に農村からの人口移動によって都市化が進行している。

（村尾るみこ）

Africa 23: Cape Town

【ケープタウン】ヤン・ファン・リーベックの街——アジアへの踏み石

南アフリカ，西ケープ州
Western Cape, South Africa

　1488年，ポルトガル人バルトロメウ・ディアスは，狩猟採集民サン人と牧畜民コイコイ人が住む南アフリカのモッセル湾に上陸する。帰路にケープ半島南端の岬に到着して「嵐の岬」と名づけるが，後にポルトガル王によって「喜望峰」と改称される。1652年にオランダ東インド会社（VOC）の指揮官としてテーブル湾に到来したヤン・ファン・リーベックによって，ケープタウンの植民地建設が始まる。

　しかし，17世紀のケープ植民地はアジアへの踏み石に過ぎず，新鮮な野菜や果物，肉，水などの補給基地でしかなかった。そのため，最初期の地図（図1）には，広大な農園と木造四稜郭だけが描かれている。リーベックがケープ植民地を去る1662年までには，このレイアウトを基に現在の都市骨格となる部分が決定されている。1666年の計画図には，現在の場所に再建された石造五稜型城塞（1679年）が描かれている。この城塞は，南アフリカ現存最古の建造物であり，現在は軍関係施設と博物館となっている。

　その後150年間，ケープタウンはオランダ東インド会社支配下で緩やかに発展する。18世紀中頃には，街区内部が細分化されたグリッド・パターンの都市が形成されている（図2）。18世紀末までにオランダ支配下のケープ植民地のフロンティアは，内陸カルー台地のグラーフ・ライネ（1788年）辺りまで広がる。18世紀末にオランダからイギリスへとケープ植民地の支配層が代わるが，この時期にフランス人建築家ルイ・ミシェル・チボーがケープ植民地に滞在し，今日ケープダッチ・スタ

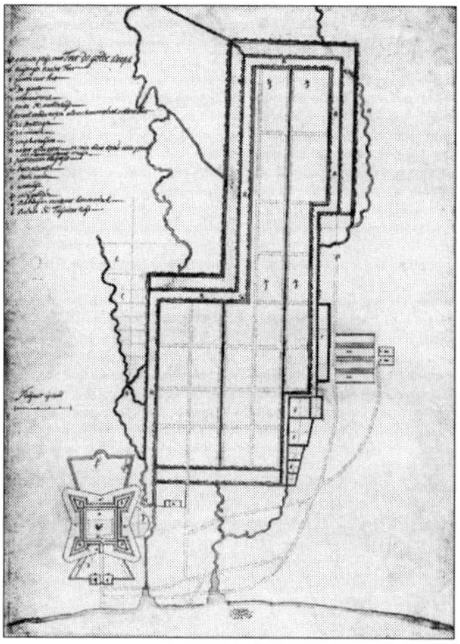

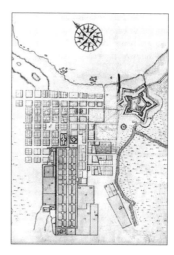

図1　入植初期のケープタウン，1656年（ハーグ国立文書館蔵）

図2　街区内が細分化されたケープタウン，1767年（ハーグ国立文書館蔵，部分）

イルといわれる植民地建築をイギリス支配下にも継承することに大きな役割を果たす。

　1795年のイギリスのケープ植民地領有後，イギリス支配を忌避したオランダ系白人であるボーア人は，奴隷とともにさらに内陸に移動し，ピーターマリッツバーグ（1838年）などのより計画的で厳格なグリッド・パターンの植民都市を建設することになる。これらボーア人の建設した都市群は，現在の多くの南アフリカ都市の起源となっている。19世紀に建設されたオランダ内陸植民都市の代表的な事例である。

　1836年から始まるこの内陸大移動は，後にグレート・トレックとして神話化される。イギリス支配になっても母国に撤退することなく，自らをアフリカーナ（アフリカ人）と称したオランダ系白人が内陸部に土着化し，白人同士で対立したことが，20世紀のアパルトヘイトの一因となる。1994年のアパルトヘイト関連法撤廃後の現在でも，人種隔離の都市形態は南アフリカに色濃く残っている。

　1920年代，ケープタウン近郊にパインランズという田園都市が建設される。建設当初の低層戸建住宅はケープダッチ・スタイルと呼ばれるもので，アンバランスに大きい破風がついた茅葺きの植民地住居が今も残る。田園都市の理念に基づきイギリスで建設されたレッチワースやハムステッドで実務経験のあるレイモンド・アンウィン＆バリー・パーカー事務所のアルバート・トンプソンが実施計画したものである。当時，大英帝国植民地において都市計画家や建築家のネットワークが存在し，彼らはその中心で田園都市運動を担っていた。パインランズは，実際には多くの田園都市計画同様に田園郊外に過ぎなかったが，住民協働を理念とした非営利団体による運営，土地の先行取得，森林に囲まれた計画地，クルドサックや共用庭を用いた街路計画など，田園都市運動の重要な部分を含んでケープタウンに建設された。

　しかし，人種隔離が深化する20世紀初頭の南アフリカにおいては，良好な居住環境形成という都市計画家や建築家の理念とは離れ，白人だけの閉じたコミュニティというアパルトヘイトの支配者側の理念に沿う居住区が形成された。近代都市計画の手法が人種隔離政策と軌を一にしたのである。

　一方，都心部にはアパルトヘイトの被支配の歴史を伝える2つの非白人居住区がある。ボーカープというマレー人（ムスリム）地区には，現在でも多くのモスクが点在する。カラフルな住居群が建ち並び観光地化されているが，18世紀以降のケープ植民地において典型であったフラットルーフの煉瓦造で，ストゥープと呼ばれるオランダルーツのテラスを持つ都市型住居を今に伝える。

　また，ディストリクト・シックスというかつての人種混住地区は，アパルトヘイト期の他都市の非白人居住区同様にクリアランスされた歴史を持つ。1966年のクリアランス以前の写真には，人種が混住する活気ある居住地が描き出されている。南アフリカ都市の特殊性は，古今東西の都市にある人種や階層のセグリゲーションが，集団地域法と人口登録法（ともに1950年制定）などの法律で厳密に国家によって規定されたことである。人種隔離への抵抗の象徴であったディストリクト・シックスは，ポスト・アパルトヘイトの現在でも再開発が進まず，都心部に更地が残ることで，アパルトヘイトの傷跡を今に伝えている。

　リーベック到来から350年の都市形成の歴史を持つケープタウンは，南アフリカの他都市と比べても特異である。オランダからイギリスへと支配層が変わり，白人同士の対立によって人種混住からアパルトヘイトへという重層的な歴史が都市に刻まれている。1994年以降，困難を伴いながらもポスト・アパルトヘイトへの再編を模索している。（佐藤圭一）

Column 07 ── イスラーム都市の建設者たち

　毛細血管のように枝分かれする街路，そこに取り付く細胞のような中庭住宅，こうした都市組織は紀元前3000年のウルに遡ることができ，622年のイスラーム以前から存在した中緯度乾燥地域の都市に顕著な形である。中緯度乾燥地域とは，中央アジア，西アジア，地中海周域を中心とし，東は黄河流域からモンゴル高原，南はガンジス川上流からデカン高原まで広がる地域を指す。気候区分として乾燥帯，あるいは温帯から熱帯の少雨気候に属し，古くは人々は遊牧あるいは麦作農業を生業とし，土や石を利用した組積造あるいは移動式住居に住まった。都市が誕生した地域でもあり，限られた水を有効利用するために稠密に居住する伝統が構築された（村松他 2016：2-3）。

　一方，フェスやアレッポなどの旧市街が，同様な都市形態を持つイスラーム都市として1970年以後に世界文化遺産に登録された。これらのイスラーム都市は，歴史的にはムスリムの為政者のもとで繁栄し，現在も数多くのイスラーム教徒が暮らし，部分的には10世紀頃あるいは中世に遡ることができるが，総体的には19世紀の蓄積が大きい。

　こうした都市形態は，中緯度乾燥地域という風土に加えて，生活に根づいたイスラームの規範，すなわち長い間持続した集住の決まりごと，たとえばプライバシー，土地所有・相続あるいは共同体のあり方などによって形作られたものである。したがって，いつ，誰がこうした都市を建設したのかを見極めることは難しいが，都市建設に深い関わりを持つ為政者について随時言及しながら，その歴史を辿ってみたい。

　イスラーム都市とは，ムスリムの為政者によって運営・管理あるいは建設された都市を指す。そこには多くのイスラーム教徒が暮らしていたが，一方で常時異教徒も共存してきた。また，その形態もいわゆる市壁内の稠密居住を複雑な街路網が支えるというステレオタイプなものだけではない点には，留意しなくてはいけない。

古代からの継承，そしてミスル

　今から約1400年前，預言者ムハンマド（570年頃生〜632年没）が生まれたマッカ，新興宗教イスラームとしての共同体の拠点となったマディーナにおいて，核となる宗教施設やいくつかの建物は日乾煉瓦造であったが，多くの人々はテントや仮設小屋に集住していた。都市を囲む市壁も持たなかった。この様相は，オアシスを移動する遊牧民が定住し，都市民へと変化していく段階とも捉えられる。

　一方，地中海世界やオリエント世界には，これらのアラビア半島の町に比べると，

3000有余年を超える歴史を有する都市の系譜が存在した。周囲に市壁を回し，宗教施設に加え為政者の宮殿が築かれた。都市は次第に巨大化し，人口は大都市で10万人以上，世界有数の巨大都市で100万人に達した。とはいえ，普通の都市は人口5000人から2万人程度で，それ以下の集住地も多かった。地中海周辺では古代ローマはギリシャから継承したヒッポダミアン・プランを植民地支配を通して実践し，多神教神殿がキリスト教会に取って代わり，ビザンティン都市となる。アレクサンドリアやダマスクスはその一例である。一方，オリエントのサーサーン朝ペルシアは円形や矩形の理想都市の系譜を試行した。サーサーン朝の円形都市としてはダラブゲルド，フィルーザーバード，矩形都市としてはビーシャープール，クテシフォンなどがある。

第1代カリフ・ウマル（在位634～644年）が築いたミスル（軍営都市）クーファでは，中央に大モスクと総督府（ダール・アル・イマーラ）を築き，周囲の市街地を部族集団ごとに割り当て，当初は市壁を持たなかった。おそらく，先に述べたアラブの隊商拠点や農産物収集拠点などに使われた町の作り方を採用し，住まいにはテントなどの仮設建築も多かったことが推察される。アラブ人によってイスラームの支配が拡張した中緯度乾燥地域に，この方式を用いて，将軍アムル・イブン・アース（エジプト総督在任643～663年）のフスタート，あるいはウクバ・イブン・ナーフィー（北アフリカ征服660年代～683年）のカイラワーンをはじめ，数多くのミスルが作られていった。ただし，ウマイヤ朝期のアンジャールやアカバなど，大シリアでは新都市建設において，矩形の市壁内を十字の街路で分割するというローマ時代のカストルムの手法がそのまま利用されている。

一方，既存の都市をそのまま利用することも時代を通して確認できる。初期の時代のエルサレム，ダマスクス，あるいはイランのレイや中央アジアのサマルカンドなど，市壁を巡らした諸都市では，為政者が交代し，新たにモスクと統治者の宮殿ができるくらいの変化を伴っただけで，ローマ都市，ビザンティン都市やペルシア都市がそのまま使われ，既存の教会堂や寺院をそのまま利用し，異教徒たちが共存した。一方，チュニスやスース，コルドバなど都市自体の荒廃やムスリムとの戦乱による無人化の後，再び同じ土地に，以前の都市の骨格を基盤として都市が復興していく場合もある。

おそらくこの時代の都市の建設者たちは，中央の指令を受けた将軍たち，そしてすでに形成されていた都市のかたちであった。

理想都市の系譜――宮殿都市

イスラームは拡張を続け，大帝国を築いていくが，その統括者は預言者ムハンマド

の後継者という意味からカリフと呼ばれた。アッバース朝のカリフ・マンスール（在位754～775年）が建設したバグダードの円城，彼の孫にあたるカリフ・ハールーン・アル・ラシード（在位786～809年）の馬蹄形都市ラッカ，そしてその息子カリフ・ムウタシム（在位833～842年）のスッラ・マン・ラー，そして彼の息子カリフ・ムタワッキル（在位847～841年）のムタワッキリーヤ，さらには10世紀になってファーティマ朝カリフ・ムイッズ（在位953～975年）が築いたアル・カーヒラ，後ウマイヤ朝のカリフ・アブドゥルラフマン3世（在位912～961年）のマディーナット・アル・ザフラーなどは，いずれも世界に名を轟かせたムスリム君主が構築した。それらは，大モスクと宮殿を中心とし，堅固な城壁で周囲を囲んだいわゆる宮殿都市であった。宮殿に勤務する官僚や武官の住宅や公共施設も含んでいたが，商工業に従事する人々あるいは地主などの庶民は周囲や別の場所に住んだ。ちなみに，バグダードでは円城の外側に広がる2本の運河と川に囲まれた三角形の地域，サーマッラーの2つの都市（スッラ・マン・ラーとムタワッキリーヤ）では遠く離れた元首都のバグダード，アル・カーヒラではフスタート，マディーナット・アル・ザワラーではコルドバに一般庶民は暮らしていた。

　こうした宮殿都市では，円形や，直線の大通り，矩形の直交分割によるなど幾何学的な都市計画がなされ，古代専制国家の都市の残滓を確認することができる。広大な帝国を維持するために必要な兵営の確保も，宮殿都市に課せられた重要な課題であった。建設者たちはいずれも広い領土を統治するために，選地を主眼とした。水資源，気候風土，沃土，通商路など帝国の要として欠かすことのできない要素を重視した。一方，巨大帝国宮殿都市と並存した一般庶民の集住する場としての都市や地方都市では，中緯度乾燥地域の効率的な水利用を満たす住まい方，あるいはアラブ遊牧民が集住する際の囲い地内の氏族の集まりといった傾向を見逃すことができない。

中世の変容――ワクフ・システムによる都市づくり

　整然とした都市形態の宮殿都市は11世紀以後，新たに建設されることは減った。これは，イスラーム帝国としてのアッバース朝がブワイフ朝やセルジューク朝の台頭によって陰りを見せ，コルドバの後ウマイヤ朝の勢力が衰えた時期とも呼応している。11世紀以後はイスラーム都市の中世といえる。水資源の限られた土地で集住が長期にわたって営まれることによって形成される，複雑な都市形態がかなり広い地域に普及することとなった。その都市形態は，市壁を回し，都市の中心に大モスクと市場を備え，街路の構成は有機的で，市門から中心部へと曲折しながらつながる街路と，そこから分

岐する細く折れ曲がった通り抜け街路や袋小路によって街区へと分節される。また，街区は街区門で仕切られ，内部に住民が使う公共施設が設けられる。そして，街区は中庭式住宅の集合となる。

　こうした形態を熟成させたのは，中緯度乾燥地域という風土，長期にわたる都市的蓄積，イスラームの規範の3つだった。とくに3番目の点に関して，ここではワクフによる拠点開発を指摘したい。ワクフとは，宗教的目的のためにモスク等の宗教施設を寄進し，それを維持するために店舗や農地，あるいは浴場や商館などを寄進するというシステムで，宗教施設が未来永劫に持続することをイスラーム法学者たちは目論んだ。この方法によって，都市の公共施設が充実しただけでなく，都市の各所で点的な開発が行われた。例えば，寄進者が自宅近くにモスクを建立するとともに水場や公衆浴場，小市場などを建設し，周辺住民の公共施設となり，興隆する。あるいは都市の中心スークに学院（マドラサ）とともにそれを支える商館（ハーン，フンドゥク，サライ）や店舗列を建設することによって，旧来の商業施設が賑わう。直線大通りや大規模な広場を造るという面としての開発ではなく，従来の街路網を保った形でのこうした点としての開発が，複雑な都市の形態を維持・熟成させていくことになった。すなわち，11世紀以後に熟成していくイスラーム都市（10世紀までの計画的宮殿都市を除く）は，都市計画などによる建設者の発案による形態的拘束ではなく，ワクフ，相続，所有などを通したイスラーム法の枠組みから生じたということができよう。なお，街路，水路などのインフラの整備は，都市内ではハーラと呼ばれる共同体のもとで管轄された。イスラーム法の枠組みに加え，都市の管理において，トップダウンな側面ではなく，むしろ街区やコミュニティレベルのボトムアップな側面が機能したことが，複雑な都市形態が長期にわたって維持可能となった要因のひとつではないだろうか。

　都市の規模が大きくなると，都市の外からやってくる敵から安全を確保するために市壁が築かれた。都市が繁栄すると市壁の中は稠密となり，すでに13世紀のダマスクスでは郊外が開発された。一方で，市壁の内部では，稠密な状況が持続するわけではなかった。巨大な市域に包まれた13世紀のカイロでは，14世紀半ば以後の黒死病の流行に伴い南部のフスタートが崩壊の道筋を辿った。このように市壁は都市の箍であったものの，ある程度の柔軟性を持っていた。

　ちなみに11世紀以後の為政者のあり方も，複雑な都市形態を促進した要因のひとつと考えられる。10世紀以後トルコ人，モンゴル人，ベルベル人などの遊牧民が新たにイスラーム世界に侵入し，武力を利用して都市や領域を支配した。彼らは，日々都市から遠く離れて遠征に明け暮れた。都市民の日常生活は，むしろ自治的街区組織（ハー

ラ），イスラーム法などによって規制され，為政者が都市を運営する側面が少なかったように思える。

　都市を造営するよそ者の為政者たちは，ワクフによる寄進を通して，慈善という名目で都市の公共施設，すなわち福祉を充実させた。その際，自らの墓が都市と為政者を結ぶ鍵となっていく。カイロでは，十字軍と戦ったサラディン（在位1169～93年）が，城塞と続く大カイロの市壁を造営し，マムルーク朝下で未曾有の繁栄期を迎える。人口集中を反映して，集合住宅や住宅の高層化も進む。軍人奴隷を意味するマムルークたちは，スルタンとなり，港や運河の整備とともに，自分の墓建築を含む宗教建築の寄進に執心する。なかでもスルタン・ハサン（在位1347～51, 54～61年）の複合体は最大規模を誇る。さらに，ファーティマ朝のアル・カーヒラの東側に広大な墓廟都市が営まれ，15世紀の名建築が建ち並ぶ。一方，モンゴル人が支配を広げたイランでは，支配者の墓建築を中心とし周囲を市壁で囲む墓廟都市も作られる。イランの世界遺産オルジェイトゥ（在位1304～16年）墓廟とともに営まれた墓廟都市スルタニエは，その一例である。

地域による変容

　14世紀以後，イベリア半島からイスラーム勢力は撤退したものの，北アフリカから中央アジアへの中緯度乾燥地域に加え，アナトリア半島，インド亜大陸，東南アジア島嶼部，東アフリカ，西アフリカでもイスラーム政権が樹立され，イスラーム世界は中緯度乾燥地域を越えて広がっていった。

　地中海周域では古代ローマを引き継ぎ，特に大シリアでは既存の都市がそのまま使われたが，ダマスクスに見るように次第に格子状の街路網が歪んでいった。ペルシアではサーサーン朝の伝統が色濃く，バグダードの円城はその筆頭であったが，その城壁も市域に巻き込まれ，10世紀には消滅した。その一方で都市文化の後進地であったアラビア半島では市壁を持たない集住地が基本となったが，聖都マディーナには市壁が築かれた。中央アジアでは，古くは城塞と市街地，そして郊外という三重構成が存在し，イスラームの為政者も10世紀以前にはその形態を採用したが，ティムール（在位1370～1405年）が拠点としたサマルカンドのように，次第に郊外地を囲む市壁は造られなくなる。一方，この時代に初めてムスリムの為政者が出現したインド亜大陸のデリーでは，比較的広い市壁が設けられ，しかもその拠点が移動した。ギヤスアッディン・トゥグルク（在位1320～24/5年）が営んだトゥグラカーバードでは，ヒンドゥー教徒たちが住む区域は市壁の外側に広がっていた。同様に，ムスリムが支配した都市

でも，東南アジアや東アフリカでは市壁を持たずに分散する都市形態が採用された。

　中緯度乾燥地域という風土を越え，中世の時代に共通する都市形態を持つイスラーム都市は存在したのだろうか。中緯度乾燥地域に立ち返ると，同一地域とはいえ都市の姿は同質ではない。たとえばイエメン高地のサナアやシバームでは中庭住宅ではなく高層の独立棟がその要素で，雨量の多いアナトリアでも，ブルサやイスタンブルでは独立住居が好まれる。またダマスクスやチュニスなど古代都市を基盤とし，グリッド・パターンを都市の骨格に残すものもある。また，逆に形態的な面だけに着目すれば，市壁に囲まれ，有機的な街路網を持ち，稠密な住宅で埋め尽くされた中世ヨーロッパの都市は，むしろいわゆるイスラーム都市に近い形態といえる。さらに，東南アジアのマラッカ，東アフリカのキルワなどでは凝縮した市街地や中庭住宅，あるいは市壁を持たずに，広い地域に建物が散在する都市が形成された。つまり，中緯度乾燥地域のイスラーム都市とはまったく異なる都市が，ムスリムの支配者のもとで構築された。ムスリム為政者が運営した都市といえども地域によって形は異なる点，あるいは市壁内に複雑な街路網を展開する都市の為政者がムスリムではないこともある点などを考慮に入れると，風土を越えたイスラーム都市として最も重要な点は，形態ではなくイスラーム法に基づく都市の運営という点に絞られよう。

3つの近世イスラーム帝国

　古代地中海世界の都市と古代オリエント世界の都市を引き継いだイスラーム勢力は，このような過程を通して，少なくとも11世紀から15世紀の中世の間には，イスラームの規範によって支えられた都市を確立し，中緯度乾燥地域を中心として有機的な形態を共通項としていく都市が増えた。このような状況が持続する一方，16世紀に入ると，大都市では，次第に為政者の拠点は都市の周辺部を占めるようになり，加えて，広域の都市計画を指摘できる実例が出現する。この事象は世界的に見るとポルトガルやスペインによる大航海時代の始まりと機を一にし，計画性の出現という変容をイスラーム都市の近世の始まりとして捉えたい。

　ビザンティン都市コンスタンティノープルを占領したメフメト2世（在位1451～81年）は，半島を東西につらぬく行列道路を利用，ハギアソフィア大聖堂をモスクに転用し，その先端にトプカプ宮殿を設けた。16世紀にはスルタンをはじめとするムスリムのワクフによって，相次ぐ拠点開発が起こり，イスタンブルは50万人都市へと発展していく。オスマン朝は，地中海一帯に支配を広げ，既存の都市にモスクや公共施設を建設していったが，いわゆる画一的な植民都市は作らなかった。また，有名建築家シナンも，

壮大な公共建築や土木事業を営み，建築にイスタンブルの地形を利用してはいるが，ミクロな都市形態は従来の様相を利用した。

この時代，注目に値するのはサファヴィー朝の首都をイスファハーンへと移転したシャー・アッバース（在位1587～1629年）である。彼は，11世紀に市壁で囲まれた旧市街の都市形態をそのまま維持し，王の広場と大通りを使って，大規模郊外開発を行った。広場と大通りは公共の公園空間となった。さらに新市街地では，形態としての，市壁，複雑な街路網，そして中庭住宅を採用せず，市壁のない市街地に，直交街路網と庭園を主体とする戸建住宅を普及させていった。こうした庭園都市の試みは，近世ヨーロッパ都市に先んじる革新的な動きであった。

イスファハーンの快挙を知ったムガル朝君主シャー・ジャハーン（在位1628～58年）は，シャー・ジャハーナーバード創設において，旧市街と新都市計画を融合する形を採用した。都市全体は市壁の中に完結し，南北と東西の街路をL字形に都市に介入させ，長く広い東西直線通りに庭園を並べ，都市のメインストリートに据えていった。なお，ムガル朝では，アグラ，ラーホール，シャー・ジャハーナーバードという3つの首都が，同じ程度の重要性を持ち続けた点は，古くはセルジューク朝がバグダード，イスファハーン，ニーシャープール，メルブと複数の首都を有していた伝統を引き継いでいる。こうした点を考えると，インドのムガル朝は，イランのサファヴィー朝と比べると都市に対して保守的であったのかもしれない。

この時代，3つのイスラーム帝国では，首都経営という点で，都市の建設が為政者とその参謀によって進化していった。一方で，旧市街や小都市では，地元の名士や町衆によるボトムアップの中世の状況が維持されていた。その様相はイスファハーンの11世紀初頭に遡る旧市街に対するフランス人宝石商人シャルダンの記述（羽田 1996）から読み取れる。

現代アラブ・イスラーム都市

市壁に囲まれ，複雑な街路網と稠密な市街地を持つという都市の形は，水資源が豊富でなく，都市民と補完するような形で周囲に遊牧民が住まうという中緯度乾燥地域の風土から生まれ，イスラーム勃興以後，イスラームの規範によってソフト面の枠組みが確立し，いっそうその姿を明らかにした。中世には中緯度乾燥地域という地理的範囲を越えてその形や思想が伝播し，一方ではパリやモスクワのようなキリスト教中世都市，他方ではキルワやマラッカなどのムスリム為政者のもとでの拡散的な都市を導いた。イスラーム都市という用語を用いる場合には，その限定が必要となる。

19世紀以後，中東・北アフリカ・中央アジア・インドのイスラーム世界では植民地化が進行し，旧市街に並存するような形でヨーロッパ人の居住地が築かれていく。そのためか，20世紀中葉まではいわゆる旧市街に大きな変容はなく，住居等にはむしろこの時代の建築的蓄積が多い。この時代，新市街の建設者は，宗主国政府や西欧の都市計画家であったけれど，既存の市街では従来の状況が維持されていた。その様相は，ニューデリーとシャージャハーナーバードの様相に象徴される。

　20世紀後半以後，国民国家の形成とともに，19世紀後半から20世紀前半に形成された新市街が中心となり，新たに造られる郊外地では欧米風の都市計画が基盤となった。イランでは既存の旧市街が自動車道路で切り裂かれるような都市計画が，あるいはトルコでは旧市街のモニュメントを残して取り払うような乱暴な都市計画も施行された。一方で，何世代にもわたって住み続けた住民が近代的生活を望んで旧市街から離れていき，旧市街は取り残された。大都市では地方からの流入民や難民が旧市街に住み着くようになった。70年代以後は，欧米の目から見た「遺産」としての価値を評価する動きが進展している。当初は北アフリカを中心に推進され，その後各地に広がりつつある世界遺産都市の潮流はまさにそのひとつである。しかしながら，そこに住む住民自体がその価値を認める状況にはいまだ至っていない。加えて，21世紀に入ってイラクの崩壊，さらに2011年のアラブの春，イスラーム国の猛威という現象によって，シリアやイラクでは旧市街の存続自体が難しい状況に至っている。

　そして，もうひとつ，石油資源に恵まれた湾岸では，豊富な財力を用いて，「遺産」ではなく「最先端技術」が都市を支える大きな柱となる。超高層のビルが建ち，ハイウェイが貫き，海の水を真水化し，海に人口島を造る。こうした夢の都市への幻想は，先進国では持続可能ではないことが認識されているにもかかわらず，湾岸都市は今まさに，行き先も分からず同じ方向へと歩もうとしている。イスラームの中心ともいえる，マッカそして預言者ムハンマドの眠るマディーナもそのひとつである。カーバ神殿や預言者ムハンマドのモスクだけを残し旧市街は撤去され，広大な面積が聖都を象徴する新建築で改造された。その背後には，欧米で建築や都市計画を学んだレバノンのコントラクターの面々，欧米の大規模都市計画ファームが見え隠れする。こうした湾岸を中心とした現代アラブ都市こそ，現代アラブ・イスラーム都市といえる。　　　（深見奈緒子）

VIII 中央アジア

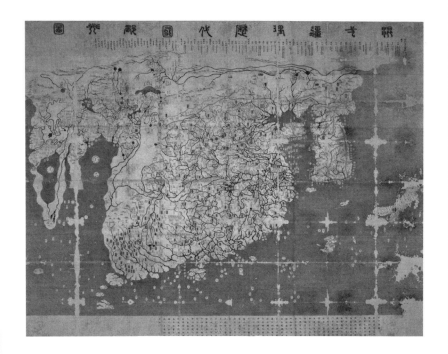

混一疆理歴代国都之図(1402年)

大元ウルス(元朝)末期に民間で作製された二種の原図をもとに李氏朝鮮初期に合成されたもので，日本にも龍谷大学附属図書館蔵，本光寺蔵などが伝わる。中国を中心とするユーラシア大陸とそれを取りまく海が描かれている。注目されるのは，海に囲まれたアフリカの姿が描かれていることである。中央アジアについては，フレグ・ウルス(イル・カン国)が支配領域にしたイラン方面，小アジア方面が極めて詳しい(常盤歴史資料館蔵)。

Panorama VIII ──オアシス都市の興亡

　中央ユーラシア世界は，大きく分けると，遊牧と農耕という生活生業体系を基本とする草原（ステップ）とオアシスという2つの世界からなる。いわゆる「天山－シル・ダリヤ線」を境に2つの世界は分かれる。もちろん，截然と二分されるのではなく，そのラインに沿って，2つの生活生業体系が交錯する農業＝遊牧境界地帯が広がる。

　オアシスとは，一般には，乾燥，半乾燥地域において，淡水がつねに存在し，樹木など生物群集の形成されている場所をいう。ペルシア語で水を「アーブ」といい，水のあるところを「アーバード」という。すなわち「アーバード」がオアシスである。オアシスは隊商交易を発達させ，多くの人々が集住することによってオアシス都市（国家）となる。このオアシス都市を点々とつないだのが，いわゆるシルクロードである。

　イスラームの東漸に大きな役割を果たしたのは中央アジア，とりわけアラル海に水を運ぶアム・ダリヤとシル・ダリヤという2つの大河に囲われた，いわゆるマー・ワラー・アンナフル（トランス・オクシアナ。オクサス川（アム・ダリヤ）を越えた地，川向こうの地）である。ここには，古来オアシスの伝統が培われ，都市を必要としない遊牧国家の興亡・交錯があった。インダス文明を生んだ諸都市が衰退した後，インド，そしてイランへ侵入してきたのが，インド・アーリア民族である。そして，時を経てイスラームがインドに侵入してくる。いずれもマー・ワラー・アンナフルを通じてである。

　アーリア（イラン）民族は，紀元前2000年紀に入った頃から数派に分かれて南下するが，その一派のインド・アーリア民族はイラン北東部からアフガニスタンを経て，前1500年頃にインド北西部に移住する。そして少し遅れて，同じくイラン北東部から南西のイラン高原に進出する。前1000年頃イラン北東部に入り，前7世紀頃に高原南西部パールサ（ペルシス，現ファールス）に定着し，ペルシア（イラン）人と呼ばれるようになる。

　アーリア（イラン）民族に席巻された後のマー・ワラー・アンナフルは，ペルシア世界からは「化外の地」と見なされてきた。「イーラーン」（高貴（文明）の地）に対する「トゥーラーン」（蛮族の地）である（図1）。

　イラン高原東部からマー・ワラー・アンナフルにかけて各地に割拠した一派（東イラン族）は，前1000年紀前半には，ゆるやかにオアシス都市国家の連合を形成していたと考えられている。少なくとも前6～7世紀頃，すなわちハカーマニシュ朝ペルシア

の時代には，鉄器が普及し，農業を基本とする緑豊かなオアシス都市群が栄えていた。その中心がマラカンダ（サマルカンド）でありソグディアナである。

そして，その地には，ペルシア人によって「サカ」（漢語で塞）と呼ばれる人々が居住していたとされる。この「サカ」は同じくイラン系の遊牧民であり，そのうち，同じくイラン系遊牧民サルナートによって東方から圧力を受けてカスピ海から黒海の北岸地域に移動したと考えられるのが，いわゆるスキタイである。ヘロドトスの『歴史』に記述があり，その起源はイラン系遊牧民（北イラン族）であり，古代オリエントから鉄器文化を学んで強力な遊牧国家を打ち立てたことが知られる。

古来イラン系住民が居住し活動してきたマー・ワラー・アンナフルに一大転機が訪れるのは，ウイグルをはじめとするテュルク系遊牧民のオアシス定住化が開始される9世紀から10世紀にかけてのことである。このテュルク化によってイスラーム化が進むことになる。紀元前3世紀末，モンゴル高原に漢語で匈奴と呼ばれる遊牧国家が出現する。この匈奴がテュルク・モンゴル系遊牧国家の先駆けである。

マー・ワラー・アンナフルを最初にまとめあげる基礎になったのは，仏教である。クシャーン朝はガンダーラのプルシャプラ（ペシャーワル）を首都とし，マトゥラーを副都とした。他にタクシラ（タクシャシラー），カーブル，インドラプスタ（デリー）などの拠点都市があった。

クシャーン朝が衰えるとともに，その広大な領域を引き継いで支配したのはエフタル（450年頃～567年頃）である。ガンダーラの仏教文化は急速に衰える。エフタルが建っ

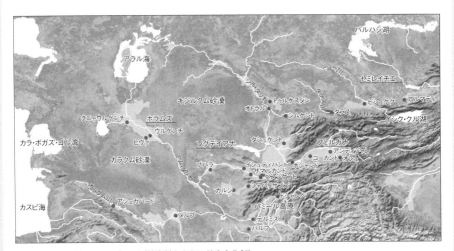

図1　マー・ワラー・アンナフル（諸資料をもとに林亮介作製）

た5世紀半ば，モンゴル高原には柔然が覇を唱えており，5世紀末には柔然から高車が離脱して天山方面に独立国家を建てた。これを遊牧国家の「三国鼎立」という。匈奴国家の解体後，モンゴル平原を征したのは鮮卑族で，この鮮卑族が南下して中原に移動し，とってかわったのが柔然である。

そして6世紀半ば，西モンゴリアのアルタイ地方から突厥（552～744年）と漢音標記されるテュルク国家が出現し，この三国を相次いで打倒・吸収し，さらには西北ユーラシア草原にも及んで，巨大な遊牧国家となる。このマンチュリアから黒海北岸へ至る突厥の大領域のほぼ中央に位置するのがマー・ワラー・アンナフルである。

突厥が東西の草原地帯を広大に支配している2世紀の間に，アラビア半島に興ったイスラームがまたたく間にその世界を拡大することになる。アラブ軍が初めてアム・ダリヤを越えてマー・ワラー・アンナフルへ侵入するのは667年であるが，705年に本格的征服が開始され，740年代にはアラブが支配するに至るのである。アッバース革命（750年）を背景にズィヤード・イブン・サーリフが高仙芝率いる唐軍を破ったのがタラス（河畔）の戦い（751年）である。

9世紀から10世紀にかけてのユーラシア世界の大変動は，ウイグル（744～840年）遊牧連合体が解体し，いくつかの集団に分かれて西方に移動したことが引き金である。テュルク系民族の大西進によって，西方のオアシス定住地帯が次々にテュルク化される一方，その裏返しの形でイスラームは東進する。西進した集団によって，天山北麓のチュー川流域に建てられたカラハン朝（940～1132年）において，テュルク系民族がイスラームに集団改宗した（960年）のが大きな契機である。天山一帯がイスラーム化されたことで，その影響が今度は西へ及ぶ。イラン系のイスラーム地方王朝サーマーン朝がマー・ワラー・アンナフルに出現したことが大きい。サーマーン朝は，シル・ダリヤの北方および東方にさかんにジハード（聖戦）を仕掛け，イスラーム化を企図するのである。結果としてテュルク系民族の間にイスラームが浸透していく。具体的には，サーマーン朝の王たちがテュルク系民族の若者奴隷を遠征や市場で大量に手に入れ親衛隊を組織したことによって，テュルク系民族をイラン・イスラーム世界へ引き入れることになるのである。

こうして，テュルク・イスラーム時代1000年の歴史が始まる。サーマーン朝の実権はテュルク系民族に移り，アフガニスタンから北インドを抑えるガズナ朝（962～1186年）が出現する。テュルク系ムスリムがインドに侵入することになる最初の王朝がガズナ朝である。999年には，イスラーム化したカラハン朝が西進してサーマーン朝を倒す。パミールの東西は，11世紀初頭には文字通りトゥルキスタン（テュルク系

民族の土地）となるのである。
　そしてさらに，セルジューク家に率いられたテュルク系の大集団が一挙に西アジアに覇を唱えることになった。アラル海周辺出身のセルジューク家は，10世紀末頃，マー・ワラー・アンナフルへ進出し，ブハラに至ってイスラームに改宗する。そして，ペルシア，メソポタミア，そしてアナトリアへ侵攻を開始する。1040年にガズナ朝を破り，ブワイフ朝（932～1055年）を倒すと，セルジューク・トルコは，ペルシア全土を手中に収めてイスファハーンを首都に定める。セルジューク朝（1038～1194年）の軍事力を示す象徴的な出来事が，1055年のバグダード入城である。度重なるイスラーム勢力の侵攻にもかかわらず，ビザンティン帝国の東端域を死守してきた小アジア・アナトリア高原も，ついにイスラーム勢力の手におちた。セルジューク家の一族がコンヤを拠点に独立政権を建てるのである。ルーム・セルジューク朝（1077～1243年）である。セルジューク朝のダマスクスおよびエルサレムの占領は，十字軍の来襲を招き，トルコの小アジア支配に一時期停滞をもたらすが，12世紀から13世紀にかけて建設活動が活発化する。アナトリア地方には，古来すぐれた石造建築の伝統がある。ビザンティン帝国支配下において多くのキリスト教建築が石造で建てられている。イスラーム建築も，このアナトリアのすぐれた石造技術をもとに建設されることになる。
　12世紀末，ゴール朝（1148～1215年）とホラズム・シャー朝（1077～1220年）の台頭によってセルジューク朝は滅ぼされる。両王朝は，はるか東方の金朝（1115～1234年），その西に西夏（1038～1227年），続いてカラ・キタイ（西遼）（1132～1211年），天山ウイグル王国などとともに草原に並び建った。以上が，モンゴル前夜の中央ユーラシアのおよその構図である。

（布野修司）

Central Asia 01: Khiva

【ヒヴァ】 マー・ワラー・アンナフルの聖都

ウズベキスタン，ホラズム州
Khorezm, Uzbekistan

　ヒヴァは，アム・ダリヤの河口にできた大きなデルタ・オアシスの南端に位置する。パミール高原の降雪を集めるアム・ダリヤは，ギリシャ語ではオクサス川ともいわれ，トランス・オクシアナ（オクサス川の向こう），マー・ワラー・アンナフル（川の彼方）などが指し示す川である。この豊かなオアシス地域は，ホラズム地方と呼ばれ，いくつかの小規模な城塞都市が興亡していた。8世紀にアラブ・イスラーム勢力が侵入した後，ヒヴァより北西に140kmのコニヤ・ウルゲンチが，続いてヒヴァより北東に50kmのカート（ベルニー）が首都になり，その後，ヒヴァは3番目の首都となった。中心都市の移動は，アム・ダリヤの枯渇，洪水，流路の変更などと深く関係していた。

　東西約400m，南北約700mの矩形のイチャン・カラー（シャハレスタン＝市街地）と，それを取り巻く東西約2.3km，南北約1.3kmのディシャン・カラー（ラバド＝郊外）からな

図1　都市図, 1873年
(Khiva Expedition of 1873, Sapper's Notes)

り（図1），イチャン・カラーの西辺中央にはコニヤ・アルク（城塞）がある（図2）。この城塞部分から2500年前の地層が出土し，ヒヴァの起源は農業集落であると考えられている。ヒヴァという名称は10世紀から使われ，「大きな川」や「水路」という意味を持つ。16世紀にヒヴァ・ハーン国（1502〜1920年）が成立し，1602年に北東30kmのウルゲンチから遷都された。それ以前は，城塞を中心とした小さな町で，周囲のオアシスで農耕が行われ，シルクロードの経由地となっていた。

　首都となった後も，19世紀まで，都市域は城塞を備えたイチャン・カラーだけで，厚さ6m，高さ6〜8mの市壁に囲まれていた。市壁のほぼ中央に大モスクがあり，東西南北に門がある（図2）。城塞は，支配者（ハーン）の居住地であった。アム・ダリヤへと通じる東門は17世紀に建設され，内部に牢屋を備え，19世紀には奴隷市場としても利用された。大モスクは木柱を林立したもので，東西55m，南北45mの規模で，木柱の中には13世紀の銘のあるものもあり，1798年改修のインスクリプションがある。大モスク西側にある廟は，14世紀の建築である。大モスクの南側にあるシール・ガーズィー・ハーン・マドラサは，ヒヴァで一番古いマドラサで，1718〜20年に建設された。19世紀以前には，約23haの市壁内に，いくつかの公共建築を備えた小規模都市であった。

　ヒヴァは，ロシアとの交易によって栄え，19世紀に町は大きく変わった。1830年にイチャン・カラー内の東部分に新宮殿が建設さ

図2 イチャン・カラー，1990年(Herdeg 1990)

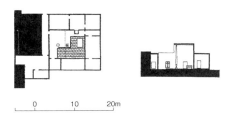

図3 特徴的な住宅(Herdeg 1990)

れ，人口増のため，1842年に外側のディシャン・カラーの市壁が，アラー・クリ・ハーンの命によって建設された。長さ5.6km，高さ8m，厚さ4〜6mの市壁で，10の門を備えていた（図1）。ディシャン・カラーの中には，支配者の庭園付きの邸宅も建設された。1873年の地図を見ると，ディシャン・カラーの半分以上は，空地庭園である。一方でイチャン・カラーの内部は，宮殿前の広場を除いて建て詰まった状況である。また，イチャン・カラーの東門から北へ，西門から西への街路は市場であった。

19世紀にはイチャン・カラーの内部で巨大な公共事業があいついだ。特に西門と東門を結ぶ通りの両側に30を超えるマドラサやモスクが100年足らずの間に建設されたことは，特筆に価する。大きなマドラサは100室を超える部屋を持ち，300人近い学生が居住していた。東門の近くにバーザールがあったが手狭になり，東門外に移された。ハンマームは東門の近くに位置する。19世紀初頭には，3000軒の家と1万人の人口を誇ったといわれる。しかし20世紀半ばには，4000人余りと記述されている。

イチャン・カラーに関して，1990年の地図（図2）と，1873年の地図（図1）を比較すると，住宅密度が異なる。1990年の地図には空き地が多く，住宅が塊となって存在し，いわゆる迷路状の稠密なイスラーム都市とは異なる。ところが，2002年以後のグーグルアースを見ると，西門と東門をつなぐ中央3分の1部分は空地が多く，モニュメントは独立しているものの，南北のそれぞれは，かなり密に住宅が連なり，複雑な街路網を持つ。1960年代からソヴィエト連邦の歴史遺産として整備が進み，周囲の住宅を取り払いモニュメントを独立させ，1990年にウズベキスタンの世界文化遺産として登録されて以来，住宅地化が進行した。

一方，ディシャン・カラーでは部分的に市壁が残るが，多くは自動車道路によって破壊された。また，自動車道路に沿って，短冊形敷地の道路側に家を建てる形式の住宅も増えている。

ヒヴァの住宅の特色として，中庭の南側に背の高い木柱を1本建てて吹き放し空間としたターラール（イーワーンとも呼ぶ）がある。ターラールは夏に用いられる。ブハラやイランでは，複数の柱を建てて吹き放し空間とするが，ヒヴァでは柱が1本であることが特色で，小規模な住宅から宮殿に至るまでこの形式が使われている（図3）。

（深見奈緒子）

Central Asia 02: Bukhara

【ブハラ】 ソグディアナのオアシス都市

ウズベキスタン，ブハラ州
Bukhara, Uzbekistan

マー・ワラー・アンナフル（川の彼方）と呼ばれる地域は，トルクメニスタンとウズベキスタンの国境沿いを流れてアラル海に注ぐアム・ダリヤと，さらに北東部を流れてアラル海に注ぐシル・ダリヤの間を指す。ブハラは，タジキスタンから流れてアム・ダリヤに合流するザラフシャン川沿いに直径50km余りにわたって広がるオアシスの南東部に位置する。標高は222mである。乾燥地域ながらザラフシャン川の流れによって緑豊かである。一方で，洪水を避けるため，古くは小高い場所に小さな要塞が点在し，人々はこの要塞に居住していた。

古来，シルクロード交易の要衝として栄え，イラン系ソグド人の都市国家が成立していた。唐時代の史書にも「安国」と記されている。ブハラという名称はソグド語の「幸せな場所」，あるいは仏教僧院の「ヴィハーラ」に因むという説がある。

ブハラには，東西200m，南北150m，地面より約17m高の城塞がある。この城塞が，紀元前5世紀まで遡る都市の第1段階で，前3世紀には約2haが厚さ6mほどの囲壁で補強された。

その後，城塞の東側に市街地（シャハレスタン）が作られる。紀元後5〜6世紀には，城塞の東側に，囲壁を回した2つの市街地が成立した。北の居住地は約10ha，南の市街地は約8haであった。7世紀後半には，城塞は高さ約17mに補強され，支配者の宮殿とゾロアスター教神殿，東西に門が造られた。城塞の西側にはレギスタン（石の広場）や宮殿が設けられた。8世紀の初めまでに，城塞の東側の2つの市街地は融合し，中央に位置する東西の低部は通りとなった。こうして，矩形の壁に囲まれた東西500m，南北600mの市街地が成立した。シャハレスタンには7つの門（西辺に4つ，他辺に1つずつ）があり，東西の通りに加え，北門と南門を結ぶ南北の通りが設定された。拝火神殿や市場，貴顕の屋敷も造られた。

709年にアラブ軍がブハラに侵攻し，712年に城塞の拝火神殿はモスクとなり，市街地の南半分にアラブ人が，北半分に地元民が住むようになった。770年には，大モスクがシャハレスタンと城塞の間に建設され，現在のカリヤン・モスクの前身となる。シャハレスタンと城塞の間は60m余りである。

849年には，城塞とシャハレスタンを囲む形で外市壁が建設され，12の門が設定された。シャハレスタンの市壁と外市壁の間をラバドと呼び，東西1.5km，南北1km程度である。

873年から999年にブハラを首都としたサーマーン朝のもとで，ブハラはさらに拡大し，最大の繁栄期を迎えた。先の外市壁の外側に市壁が建設され，内ラバドと外ラバドの三重殻構成となった。外ラバドには11の門が備えられた。9世紀初頭に建設されたサーマーン廟は，ラバドの北西にあたる。11世紀以後，政治的中心はホラサーン地方のメルブやホラズム地方のウルゲンチ，東のウズゲンに移行するが，都市にはカリヤン・ミナレットなど新たな建造物が構築された。モンゴルの侵入ののち，ティムール朝時代にはサマルカンドが都市的繁栄を迎える（図1）。

16世紀にシャイバーン朝がブハラを首都と

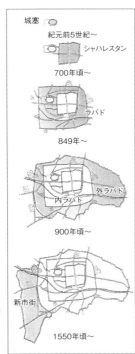

図1 都市の変遷，紀元前5世紀〜19世紀半ば (Amjad Bohumil Prochazka 1993)

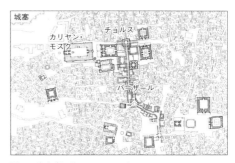

図2 中央部，(Herdeg 1990)

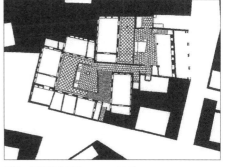

図3 伝統的住宅 (Herdeg 1990)

し，ジュバイリー家と神秘主義教団による荘園経営，ロシアとの交易などによって，都市は再び繁栄する。西郊外に新たな市街地が営まれ，外ラバドに取り込まれる。神秘主義教団の修道所（ハナカー）や高等教育施設（マドラサ），モスクなどが，市壁に囲まれた地域にも市壁外にも数多く建設された（図2）。また，もとのシャハレスタン中央交差点から南へ下る地域がバーザールとして整備され，交差点商業建築（チョルス）や中庭商館（サライ），有蓋商館（トキ，ターク）などが建設された。

17世紀，ブハラ・ハーン国時代にも，外ラバドの市壁が再建される。しかしながら，8世紀に遡るシャハレスタンの市壁や，9世紀に遡る内ラバドの市壁は，19世紀末の地図には描かれていない。ロシア帝国の時代には，この地方の中心はサマルカンドにあったため，ブハラに際立った変化はなかった。

1920年，ソヴィエト連邦に巻き込まれる

と，旧市街の開発と新市街の計画が施行された。外市壁は壊され，自動車道路が旧市街を分断した。歴史的建造物はモニュメントとして残されたが，それを取り巻く住宅は部分的に排除され，特にバーザールの部分は保存建築が独立する形になり，連担する都市構造は取り払われた。現在の都市域は直径約9kmに拡大し，シャハレスタンを中心とした区域が歴史都市として世界文化遺産に登録され，次第に整備が進んでいる。

街路は網の目状に広がっているが，通り抜け街路が多く，袋小路は比較的短い。伝統的住宅は中庭住宅で，1層か2層で，地下室を持つこともある。冬と夏の使い分けがなされ，夏用として南辺に列柱を建てた吹き放し空間と半地下室を持つことが多い。中庭を複数備え，接客用と家族用に使い分けることもある（図3）。

(深見奈緒子)

Central Asia 03: Shahrisabz

【シャハリサブズ】ティムールの故郷

ウズベキスタン，カシュカダリヤ州
Kashkadarya, Uzbekistan

　シャハリサブズは，サマルカンドの南約80km，標高622mにある緑の町の名のごとく水に恵まれた，人口5万人の町である。
　周囲には，東の山地から雪解け水を集めたクシュク・ダリヤが北西へと流れ，灌漑水路網によって肥沃な耕地が広がる。古くはケシュ（またはキシュ）は「心休まる場所」という意味を持ち，中央アジア最古の都市のひとつとしての歴史を有する。その成立理由は，豊かなクシュク・ダリヤ地方を控え，北へ2日でザラフシャン川の潤すサマルカンド・オアシス，南へ4日でバルフへの鉄門（現在のデルベント）へという南北路の要衝にあったことによる。クシュク・ダリヤの中心都市ケシュは，2000年余りの間に，北から南へ移動した。
　2700年以上前に創設されたケシュは，紀元前6世紀から前4世紀にはイランのファールス地方を中心としたハカーマニシュ朝の支配下に置かれた。発掘によって見つかった，シャハリサブズの北12kmのパダイタク・テペがその都市にあたり，約70haを占め，ウズンキールと呼ばれる城塞を含む。アレクサンドロス大王が遠征し，前328年に滞在した。
　その後，ヘレニズム時代のケシュはシャハリサブズの5km北のキタブ近くへ移動し，カランダルテペの40ha余りの考古遺跡がその地であるとされる。4世紀から8世紀にはソグディアナの中心都市となり，隋唐文書に「史国」の名で記される。710年にアラブ人が到来し，9世紀にはイスラーム化が進み，この地方の中心は北西250kmにあるサーマーン朝のブハラへ移る。
　サーマーン朝時代には，ケシュは城塞（クヘンディズ）を持った小さな町で，シャハレスタンとラバドからなる。シャハレスタンは4つの門を持ち，ラバドには2つの門があり，クシュク・ダリヤから2本の水路が伸び，生産された野菜は遠くホラサーン地方まで運ばれた。赤い岩塩やラバが産物で，家畜も多く，家々は煉瓦と木で造られている。しかしながら，ブハラの繁栄によって，当時，クヘンディズとシャハレスタンは荒廃していたとされる。考古学的遺構はまだ明らかではないが，おそらくシャハリサブズとキタブの間に新たな町が築かれていたことが推察される。
　現在のシャハリサブズは，12世紀には小村で，13世紀から14世紀に東からやってきたモンゴル族が住み着いた。シャハリサブズという名称は，1351年のチャガタイ・カン国時代に用いられ始めた。14世紀末に中央アジアを統合したティムールは，1336年に現在のシャハリサブズ近くの村で領主の息子として誕生した。ティムールは，テュルク・モンゴル系（チンギス・カンの遠征以後，中央アジアに定着しトルコ語を話すようになったモンゴル人）の出自である。彼は遠征した征服地ホラズム地方やヘラートから知識人や工人を移動させ，首都シャハリサブズを築いた。
　東西1.2km，南北1.7kmで，東西南北に門を備え（図1），北東隅に1380年からアク・サライ（白の宮殿，図1）の建設が始まった。現在も高さ40mまで残る北に向かう巨大な門には，2基の塔がそびえていた。庭園を備え，

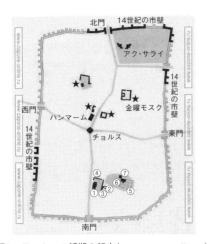

図1　ティムール朝期の都市（www.capone-online.ru）
①コクグンバズ，②ティムールの父の師の廟，③ティムールの父の廟，④ダール・アル・ティラッヴァ，⑤マドラサ，⑥ダール・アル・シヤーダ，⑦ティムールの息子の廟（★は後世の宗教建築）

図2　トタン葺きの中庭住宅

スペインからきたクラヴィホもここを訪れた。とはいえ，広大な領地を抱える大帝国になったティムール朝の首都は，より交通の便のよいサマルカンドへ移動した。

　北門から南門へと通じる南北の道と西門から東門へと通じる東西の道が交差するところに，チョルス（四つ辻，図1）と呼ばれる交差点建築が建てられた。また，その北側にあるハンマーム（公衆浴場，図1）もティムール朝に遡る。この道をさらに南へと下ると，南門の手前に，2つの宗教建築がある（図1④⑥）。④は「瞑想の場」，⑥は「権力の場」を意味する。前者は西側に位置し，彼の父と彼の師であった神秘主義者の墓の2つのドームがある。後者は東側に位置する中庭を囲むマドラサ建築で，北西の隅にティムールの息子ジャハーンギールの墓がある。彼はティムールの長子で，1376年に22歳で没し，彼を溺愛したティムールは，自身もここに葬られることを当初は予定していた。しかし彼は，最終的には首都サマルカンドに葬られた。

　なお1437年に，ティムールの孫で，ティムール朝第3代君主が，曽祖父の廟の中庭を挟んだ西側に金曜モスク（図1）を建立した。

　16世紀になると，シャハリサブズの町はシャイバーニー・カン朝により破壊された。18世紀から19世紀には，地の利からブハラ・カン国から半独立した形の領主をいただき，19世紀末にはロシア帝国に編入された。当時の人口は2万人であったという。

　ソヴィエト時代の1942年から，ティムール朝の遺産建築への関心から考古学的調査がなされ，ウズベキスタンとして独立した後の2000年には世界文化遺産に登録された。南北通り周辺は遺跡地区として帯状の更地となる。その西と東には中庭式住宅が有機的な街路網に連なる都市構成が残り，多くの家は単層の中庭住宅という伝統的な住まい方を守りながら，19世紀末以後，施工の容易なトタン材が普及したことで平屋根からトタン葺きの傾斜屋根へと改修された（図2）。

（深見奈緒子）

Central Asia 04: Samarkand

【サマルカンド】青の都——ティムールの帝都

ウズベキスタン，サマルカンド州
Samarkand, Uzbekistan

　古くはギリシャ語でトランス・オクシアナ，そしてアラビア語でマー・ワラー・アンナフル，そしてソグド商人の原郷としてソグディアナと呼ばれてきた，パミール高原の氷河を水源とするアム・ダリヤとシル・ダリヤで囲われた一大オアシス地域の中心都市がサマルカンドである。

　アーリア（イラン）民族が南下していき，また，9〜10世紀にテュルク系民族が西進し，イスラームが東進する要となったのが，この地域であり，ティムールが本拠を置いたのがサマルカンドである。そして，息子バーブルがここからインドに向かい建てたのがムガル帝国である。

　その起源は紀元前6〜7世紀のマラカンダに遡る。その後アフラシアブという城塞都市が栄えたが，1220年にチンギス・カンに徹底的に破壊され，現在は城壁跡とラクダ草の荒涼たる丘が残るだけである（図1〜3）。

　ティムール（1336〜1405年）は，1397年に新たな庭園と宮殿の建設を命じて以降，サマルカンドをイスラーム世界の中心に見立てて整備する。4イーワーン形式の中庭を持つビビ・ハヌム・モスク，ティムール自身も眠るムハンマド・ブン・マフムード設計のグール・アミール（1404年）など，ティムール朝は優れた建築文化を開花させた。方形平面の高い胴部の上に球根形の二重殻ドームを頂く形態はティムール朝様式である。続くシャー・ルフ（在位1409〜47年），天文台を建設したウルグ・ベク（在位1447〜49年）も，優れたティムール建築を残している。

　サマルカンドの全体は不整形であり，城郭二重構造を採る。「青の宮殿」と呼ばれる城塞部は西部に配されている。都市核となるレギスタン地区には，ウルグ・ベク・マドラサ

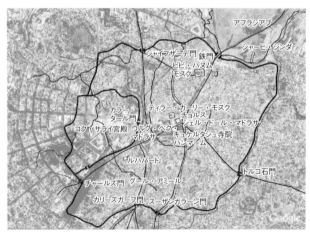

図1　都市図
（Google Earthをもとに筆者作製）

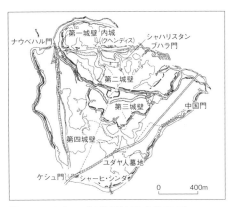

図2 アフラシアブの地図（布野・山根 2008）

図4 レギスタン広場（筆者撮影）

図3 アフラシアブの遺跡（筆者撮影）

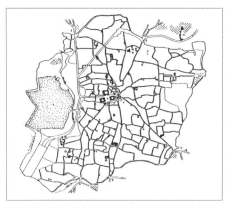

図5 ティムール時代のサマルカンド（Golombek and Wilber 1988）

（1420年）とシェル・ドール・マドラサ（1636年），ティラー・カーリー・モスク（1660年）の3つが，レギスタン広場を中心に配される（図4）。庭園は，ブルデイの園，よろこびの園，世界の像，すずかけの園，北の園，楽園の6つが造営されている。建設の多くは，ヒンドゥスターンの石工の手になる。「青の都」と呼ばれるのは青いカーシャン・タイル（サマルカンド・ブルー）が用いられたからである。

バーブルは，一時奪取したサマルカンドについて詳細に記している。各モハッラはひとつの市場を持っていたという（図5）。レギスタン広場の北東にドームで覆われたチョルス（市場）が唯一残っているが，タキ（ターク）と呼ばれる市場が辻々に配され，モハッラ（あるいはクッチャ）ごとに独特な蝋燭形の列柱をテラスに持つモスクが造られていた。タキあるいはチョルス，モスクは，ティムールの都市の基礎単位を構成する都市施設である。

ティムール朝の後，ブハラを首都とする3つのイスラーム王朝が20世紀初頭まで続く。そして，クリミア戦争に敗れたロシアが進出してくる。トルキスタン総督府の下でロシア領に編入され（1868年），ロシア革命によってソ連邦の一部となって以降，社会主義的都市計画が展開される。西郊外部の整然とした扇状のグリッド区画がその象徴である。そして，ソ連時代の灌漑による綿花栽培はアラル海を消滅させるほどの激変をもたらすことになった。

（布野修司）

Central Asia 05: Tashkent

【タシュケント】ソグドの石の街

ウズベキスタン，タシュケント州
Tashkent, Uzbekistan

　キルギスの山々の雪解け水を集めたチルチク川が潤すタシュケント・オアシスに位置する。チルチク川は南西に流れ，中央アジアの大河シル・ダリヤへと流れ込む。この地域は，北のカザフ草原遊牧地帯と南のオアシス農耕地帯の境に位置し，標高は455mである。運河のネットワークが発達し，農耕牧畜が行われ，古来交通の要衝であった。

　タシュケント・オアシスには2000年以上前から居住の痕跡があり，古くはチャーチュ（シャーシュ）と呼ばれ，6世紀には中国の史書にソグド人たちの「石国」の名が登場する。なお，トルコ語でタシは石を，ケントは町を意味する。8世紀初頭，アラブ軍の侵攻により，最初の町が破壊され，新しい町ビンカスへと都市が移動する。9世紀にブハラを首都としたサーマーン朝下でイスラーム化する。

　サーマーン朝下，10世紀の都市ビンカスは，現在のタシュケントのチョルス（市場）とクケルダシュ・マドラサの地域にあたる（図1①②，図2①②）。市街地（シャハレスタン）は東西500m，南北600mほどの台形（15ha）で，北側に城塞（アルクまたはウルダ，3ha）が接していた。

　ビンカスは，二重のラバドによって取り巻かれていたという記録が残る（図1③④）。市壁は遊牧民の襲撃から守るために必要だった。復元によれば，先の市街地と城塞を取り巻く形で，東西1.2km，南北1.4kmの中市壁と，東西2.2km，南北2.1km余りの外市壁が巡らされていた。支配者は城塞内の宮殿に住み，大モスクは城塞側の内市壁に隣接し，市場や庭園はラバドに位置していたという。ビンカスの名前で貨幣が鋳造されるなど，繁栄した都市であった。しかし996年には，サーマーン朝がトルコ人によって征服され，トルコ語のタシュケントという名前は11世紀後半以後に使われる。さらに13世紀初めにホラズム・シャー朝，続いてモンゴル族の侵入によって被害を受ける。

　ティムール朝期の15世紀に入ると，都市は復興する。外市壁が再建され，都市域は従来より広くなった（図1⑤）。その大きさは直径4.4kmほどで，城塞が移動した（図1⑥）。また，市場は現在のチョルス部分に位置し，バラック・ハン廟，クケルダシュ・マドラサなどの宗教施設が建設され，15〜16世紀に発展した（図2①②）。この中央アジア・イスラーム都市の形は19世紀初頭まで維持された。

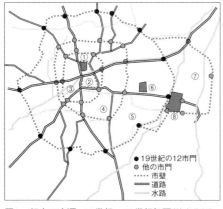

図1　都市の変遷，10世紀〜19世紀初頭（筆者作製）
①ビンカスの城塞，②同シャハレスタン，③同内側ラバド，④同外側ラバド，⑤ティムール朝以後の都市域，⑥同城塞，⑦19世紀の拡張部，⑧同城塞

図2　都市図, 1865年(mytashkent.uz)
①チョルス, ②クケルダシュ・マドラサ, ③ロシアの城塞, ④矩形ロシア街区, ⑤放射状ロシア街区

図3　旧市街, 20世紀初頭(Tashukent Past and Present)

　1808年にコーカンド・ハン国の支配下に置かれ, 崩壊していた市壁と城塞が再建された。東側に拡張された部分は新城塞（ウルダ, 図1⑧）となった。市壁内の都市域は1800haで, 人口10万人を数えた。都市は4つの区（ダカ）に分割され, 各ダカはそれぞれ3つの市門を持つ。また, 各ダカは約200のマハッラ（街区）に分割される。マハッラには中心施設（グサル）があり, モスクや井戸, 喫茶店, 鍛冶屋, 商館などが造られる。マハッラは自治組織で, 土地の所有権を持ち, 選ばれた長老会によって運営された。12の市門から中央部の市場と宗教施設へと緩いカーブの街路が続き, そこから網の目状に街路が分岐し, さらに袋小路が派生する。加えて, 5本の運河が市域内を流れる。このような都市形状は, 15世紀の都市拡張以来, 熟成されたものであった。

　1867年, ロシアがタシュケントをトルキスタン省の首都とした。1870年, 新たな都市域を軍事技術者マカロフが設計した。従来の城塞の南側に矩形街区と星形城塞（図2③④）, 東側一帯に放射状市街地（図2⑤）が建設された。西欧式の都市計画で, 旧市街東側から矩形街区の新市街を通り, 放射状街区を貫く東西の大通りと, 矩形街区と放射状街区を仕切る南北の大通りが中心軸となった（図2）。市壁と旧城塞は破壊され, 従来の多角的な農業は綿花のモノカルチャーに変容していく。

　1930年には, ソヴィエト連邦ウズベク共和国の首都となり, イギリスの田園都市を規範に, 市街地がさらに郊外へと広がり, ライアンと呼ばれる中高層集合住宅（公営アパート）が建設された。放射状市街の外周を回り, 旧市街を貫くナヴォイ・ロード（1943年）とチョルスから南へ向かう大通りが建設され, 旧市街は自動車道路によって分断された。

　1966年のタシュケント地震では, 7万6000所帯, 30万人が家を失った。旧市街の被害は甚大で, 再開発が始まる。旧市街を破却し新たなライアンを建設し, 2倍の人口を収容することとなった。1986年には旧チョルスが破却され, 新チョルスが建設された。現在では, 旧市街のチョルスから北, 直径4.4kmの旧市街の4分の1部分, および旧市街西南部にあたるボズスー運河の近傍に, 従来の中庭住宅と入り組んだ街路網が残るのみである。前者は, チョルスから伸びる放射状の自動車道路と, 旧市街の北外側に造られた自動車道路によって分断された状況である。

　1991年にウズベキスタン共和国が独立し, 首都になって以来人口が増加し, 2015年には220万人を数える。

　旧市街の住宅は中庭式の1階か2階建てで, 袋小路から入る。古くは平屋根土葺きであったが, ロシア時代にトタン葺きの傾斜屋根に変わった（図3）。

（深見奈緒子）

Central Asia 06: Kashgar

【カシュガル】タリム盆地のオアシス都市

中国，ウイグル自治区
Uighur, China

　カシュガルは，標高1200m，タクラマカン砂漠の西側を占めるタリム盆地西端にあるオアシス都市である。

　タリム盆地では，北に天山山脈，南に崑崙山脈とパミール高原が位置する。乾燥地域のため，カレーズと呼ばれる井戸とともに，雪解け水を引く縦井戸が用いられてきた。周囲には耕地が広がり，穀類，果物，野菜などが生産される。古くからシルクロードの要衝で，西安からトルファンやクチャを経由する西域北道と，ホータンやヤルカンドを経由する西域北道天山南路が合流する地点にある。

　中央アジアと中国をつなぐ要衝として約2000年にわたる歴史があり，中国の史料には「疏勒国」（紀元前2世紀〜紀元後6世紀半ば）と記される。カシュガルは疏勒国の首都で，紀元前後の記録によると，住戸1510戸，人口1万8647人で，ゾロアスター教や仏教が信仰されていた。644年にカシュガルを訪れた仏教の僧，法顕は，土地は肥沃で仏教が信仰され，数百の寺院があり，1万人以上の信徒がいると記している。

　711年の中央アジアへのアラブ軍侵攻後，天山山脈の彼方400km余りにあるイスラーム化したフェルガナとの関係が記述されるが，カシュガルが実際にイスラーム化していくのは，10世紀にカラハン朝の首都となって以後である。サトック・ボグラ・ハーン（955/6年没）はイスラーム教徒へと改宗し，最初のムスリムの支配者となった。その後カラハン朝はバラサグーンに遷都して東西に分裂し，カシュガルを領有した東カラハン朝は1211年に滅びる。1273/4年にカシュガルを訪れたマルコ・ポーロは，多くの住民がイスラーム教徒ながら，ネストリウス派クリスチャンがおり，教会堂があると記述する。

　16世紀にはイスラーム神秘主義ナクシュバンディー教団のカシュガル・ホージャ政権の支配下に入り，古い城塞を壊し，旧来の都市上に中核部分（老城）が再構成された（図1①）。1640年にはカシュガルの東北約5kmにホージャ家の霊廟が建設され，代々の支配者が埋葬され，現在も残る。また，市外の3kmほど北にはハズィラット・アファックの廟も造られた。1760年代にカシュガル・ホージャ政権が清朝に滅ぼされた際は，住戸2425戸，人口8745人を擁し，周囲2kmの市壁で囲まれていた。

　清朝は，政治・軍事都市としての漢城を西側500mに建設したが（図1③），1826年にホージャ家の末裔によって漢城が襲撃されたため，新たな漢城を東南12kmに建設した。清朝下で安定期を迎え，従来の市壁を越えて市街地が広がり，旧漢城を内包するようになった。新たな漢城は南北に長い矩形で，1838年に新たな周囲6kmの市壁が建設され，1870年には2500戸，1万7500人，20世紀初頭には2万2487人との記録がある。この時期，中心の広場は大モスクと都市行政長官の官衙に面しており，金曜市が開かれていた（図1④）。日除けで覆われた常設店舗の市場がチョルス（四辻）広場に続き，中心広場から門に通じる大通りには商館が10余り存在した。市域内は6つの大区，さらに通りを単位とする街区に分かれて，小モスクやパン焼き竈があった。19

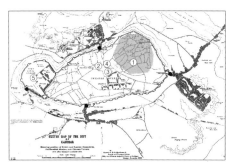

図1　都市図, 1908年 (大英図書館蔵)
①老城, ②エイティカー・モスク, ③漢城, ④中心広場, ⑤城塞

図2　中庭式住宅, 1階平面図 (柘 2002)

世紀のカシュガルには，70の学校と17のマドラサがあった。1階建ての日乾煉瓦の家々が連なり，市壁の外側にも漢城（ヤンギ・シャハル）をはじめ集住地が形成された。1873年には，市壁外も含めたカシュガル全体の人口は11万2000人となった。

　都市形態の変遷を考えると，3つの段階が明らかになる。紀元前から1760年頃までのカシュガルは，盛衰はあったもののおそらく現在の都市の北東部を占める老城と呼ばれる丘状の部分であった。その大きさは，周囲2kmから計算すると，ほぼ直径600m余りで，20世紀初頭の地図の複雑な街路網を持つ北東部に相当する。

　なお，現在の大モスクは，ウイグル語でエイティカー，ペルシア語で祭りの場所を示すイードガー・モスクと呼ばれる（図1②）。996年に創建され，1442年に再建されたものである。イードガーは，南アジアや西アジアで，祭礼を祝うために市壁の外の広場にキブラ壁だけを建設した例が多い。1442年の段階では，市壁の西外に位置し，1838年の市壁建設によって市街地内に含まれるようになった。

　清朝下で都市が拡大し，それを囲む市壁ができたのが第2段階である。1838年の市壁は，東西1.7km，南北0.9kmに及び，20世紀初頭の地図に表されている区域である。西部の城塞の囲壁（図1⑤）は今でも残っている。市壁は北，東，南に門を，城塞は南西に門を持つ。さらに郊外にも集住地が形成された（図1）。

　第3段階は，中国の経済発展により，カシュガル市がさらに巨大化した状況である。新たな自動車網が引かれ，区画割りされた住宅地が建設され，近年では高層マンションも建設されている。広域のカシュガル市には，自動車道路によって大きく切り裂かれた旧市街，郊外の聖者廟周囲に展開する複雑な街路網を持つ居住地と墓地，郊外の集落が肥大化し複雑な街路網と中庭住宅で構成された部分などがモザイク状に展開している。また，カシュガルの老城地域は，国家歴史文化名城と指定される一方，ウイグル人問題や居住環境劣化問題などから道路拡張や取り壊しなどの改造が始まり，注目を集めている。改造区の住民は6万5000戸，22万人を超え，人口密度は1km^{2}あたり2万6000人，建築密度は70％を上回り，大多数はイスラームを奉ずるウイグル人である。

　旧市街では，中庭式住居が密集した形態をとる。中庭は葡萄棚や列柱吹き放し空間などで覆われ，古くは1階建てが普通であった（図2）。人口増加とともに，旧市街も過密化し，屋上を利用したり，2階建てにしたりする家が増えつつある。

（深見奈緒子）

Central Asia 07: Lhasa

【ラサ】楕円状の巡礼都市

中国，チベット自治区
Tibet, China

　「神の土地」を意味するラサは標高3660m，チベット高原の中南部に位置する都市である。その歴史は，7世紀にチベットを統一したソンツェンガンポ王がチベット最初の仏教寺院ツグラカン（通称ジョカン）を建設したことに始まる。以降，ラサはチベット仏教の聖地としてチベット全土から多くの信者が訪れる巡礼都市となり，また同時にインド文化圏と中国文化圏をつなぐ交易都市として重要な役割を果たしてきた。

　チベット仏教では，聖域の周囲を右回りに廻る回繞（かいにょう）と呼ばれる礼拝行為が広く行われる。多くの巡礼者は小さな仏塔から寺院，都市全体の周囲を廻るコルラと呼ばれる巡礼路を何日もかけて周回することで，来世への功徳を積む。コルは「輪」，ラムは「道」を意味するチベット語である。特にラサは，ジョカンを中心に3つの巡礼路があり，それらが都市の骨格として重要な役割を果たしている点で特異な存在である。

　最も内側の巡礼路はナンコルと呼ばれ，ジョカンの敷地内にある本堂内の諸堂を巡るための巡礼路である。バルコルはジョカン全体を含むラサの一街区を巡る巡礼路であり，巡礼者向けの仏具などを売る商店や露店が建ち並ぶラサのメインストリートである。ここから多数の道路が屈曲を繰り返しながら放射状に周囲に広がっている。最も外側に位置する巡礼路であるリンコルは，ジョカンの周囲の街区とポタラ宮殿を含めた聖域としてのラサ市全体を巡るための道で，全長約10kmの長さである（図1）。この外側はラサの統治者の権力の届かない土地とされ，リンコルによってラサは周囲から結界されている。

　1948年製作の都市地図（図2）を見ると，ジョカンを中心に密集する市街地と，その西側に位置するポタラ宮殿，ジョカンとポタラ宮殿を2つの極として内包するように周回する楕円状のリンコルが，はっきりと認められる。ジョカンの周囲にはイスラーム文化圏の都市を思わせ

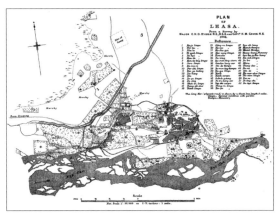

図1　都市図，1904年
(Ryder and Cowie 1904, Larsen and Sinding-Larsen 2001)

る中庭型の高密な居住空間が形成されているが，リンコルより外側の土地は神聖なラサの市域外であり穢れた土地とされていたことが，街区の郊外への拡張を制限してきた。

　ラサはジョカンを中心とした巡礼路によって特徴づけられる都市であるが，市内にはそれ以外にも様々な仏教関係の施設が点在する。ジョカンの北側に位置するラモチェ寺院は，ジョカンと同時期に建てられたとされるラサで最も古い寺院のひとつであり，バルコルからリンコルに向かって北に伸びる街路によってジョカンと結ばれている。また，文殊菩薩，観音菩薩，金剛手菩薩の三守護神を祀ったリグサムラカン（リグサムとはチベット語で「3つの仏」を意味する）は，ジョカンから見て北，西，南の3ヶ所に位置している。他の多くの寺院では本堂が南に向かって建つのに対し，リグサムラカンはジョカンを中心に外側を向くという独特のオリエンテーションを持ち，聖域としての都市空間を構成する重要な役割を果たしていたと考えられる。

　またラサには仏教徒であるチベット人以外に古くからカチェと呼ばれるイスラーム教徒が居住しており，ラサを訪れた外国人宣教師の記録などでもしばしば言及されている。文献中のイスラーム教徒像は大きく2つに分かれる。一方は裕福な貿易商人としてラサの住人に尊敬されるイスラーム教徒であり，カシミリ・カチェと呼ばれる。もう一方は殺生を行う屠殺人として忌み嫌われるイスラーム教徒であり，ラサ市外の彼らの居住地の名前からウォバリン・カチェと呼ばれる。貿易商人としてのカシミリ・カチェは，その名のとおりインドのカシミール地方などを出身とする交易商であり，ラサ市街に居住を許されていた。一方でウォバリン・カチェは仏教徒のかわりに殺生を行い，食肉を都市に流通させるために不可欠な存在であったにもかかわらず，屠殺業者という汚れた存在とされ，リンコル

図2　市街中心部，1948年（Aufschnaiter 1983, Larsen and Sinding-Larsen 2001）

の内部に居住を許されなかった。リンコルの南東の外側に飛び出した街区が彼らの居住するウォバリン地区であり，ギャ・カチェ・ラカンと呼ばれるモスクも存在する。つまりラサにおいて仏教徒とイスラーム教徒の住み分けは単純な宗教別の住み分けではなく，職業によってリンコルの内部と外部に住み分けが行われていた。

　ラサの伝統的な住居の多くは2階建て，もしくは3階建てである。壁はすべて石造で，1階部分が石造，2階以上が日乾煉瓦造となる場合もある。内部には木造の柱梁架構が用いられ，建物全体は礎石造と柱梁架構の混構造となっている。チベット人の生活にとって欠かせないチューシュン（仏壇）のある部屋は，天上にいる神に最も近い部屋である最上階に置くことが望ましいとされている。

　1959年以降にチベットが中国の統治下に入って以降，巡礼路によって特徴づけられていたラサは，直線状の大型道路の建設によって巡礼路が寸断・統合され，ポタラ宮殿やジョカンの門前は古い街区が撤去され大規模な広場が建設された。また，中国他地域からの移住者の増大によって市街地も爆発的に広がり，巡礼路によって特徴づけられたかつての特異な都市空間が大きく変貌しつつある。

（森田一弥）

Lecture 06 — 都市とコスモロジー

　都市，それ以前に，「地球」あるいは「世界」は，そして，身近な空間，住居や集落は，「大宇宙」（マクロコスモス・宇宙）と「小宇宙」（ミクロコスモス・人間，人間の魂・心）の間にあるメソコスモスであり，相互に照応している，という考えが古来ある。「大宇宙」と「小宇宙」を一体的な有機体と捉えるプラトンのコスモロジーがそうである（図1）。仏教には「梵我一如」（梵：宇宙を支配する原理（ブラーフマン）と，我：個人を支配する原理（アートマン）は一致する）という考え方がある。また，ヒンドゥー教の世界観，そして，バリ島の空間構成原理（Column12）が分かりやすい。天上界・地上界・地下界（マクロコスモス・メソコスモス・ミクロコスモス）という三界の世界観があらゆる空間的秩序に貫かれていると考えるコスモロジーである。そして，現代の宇宙物理学は，基本的に素粒子（量子）物理学と結びついている。すなわち，極小の世界の構造を解き明かすことが無限の宇宙の構造を明らかにすることに結びつくという科学的宇宙観，世界観が支配的となっている。

コスモス・宇宙・世界

　「コスモロジー cosmology」は，日本語では「宇宙論」と訳される。「宇宙」は，もともと中国語であり，前漢の武帝の頃，淮南王劉安（紀元前179〜122年頃）が学者を集めて編纂させた『淮南子』「往古来今謂之宙，四方上下謂之宇」に由来する。「宇」は「四方上下」すなわち空間，「宙」は「往古来今」すなわち時間であり，「時間＝空間」＝「宇宙」ということになる。時間空間をニュートラルに考えれば，現代宇宙物理（素粒子）学・天文学が考える「宇宙」である。

図1　プラトンの宇宙（矢島 1976）

　しかし，コスモス cosmos（古代ギリシャの kosmos）は，調和，秩序を意味し，カオス chaos すなわち混沌と対をなす概念である。すなわち，コスモスには，混沌たる原初状態から何らかの秩序原理に基づいて生成されたものであり，「宇宙」は調和がとれ，秩序だっているという価値観が予め含まれている。コスモスという概念を最初に用いたのはピタゴラス（紀元前582〜496年）とされるが，この「世界」の調和がとれている状態を「カタ・コスモン katakosmon（コスモスに合致している）」

と表現し，ピタゴラス学派は，存在するもののすべてがハルモニア（調和）やシンメトリア（左右対称）といった数的で美的な秩序を根源としていると考えた。世界をいかなる秩序として把握するかは，古来哲学の課題であり，コスモスすなわち秩序の解釈学がコスモロジーである。

「世界」という言葉は，インドの「梵（ローカダートゥ loka-dhaatu）」の漢訳語とされるが，「世界」も「世」（時間）と「界」（空間）からなる。欧米語のユニヴァース universe ワールド world，ムンドゥス mundus などの訳語に当てられた。中国には，他に人間世界を意味する「天下」という概念がある。

「宇宙」「世界」がどう成り立っているかを問うこと，すなわちコスモロジーは，古来，人類の根源的問いの中心であり続けた。そして，この「宇宙」「世界」が秩序あるものであることを願い，それを具体的に実現しようとしてきたのが人類である。

古代の宇宙論

古来，コスモス・宇宙・世界は様々な図像によって表されてきた。それはやがて太陽，月，惑星など天体の布置と運動に関わる天文図と地球の姿に関わる世界地図に分化していくのであるが，古代には混然一体としたものであった。

図2　古代エジプトの宇宙，ラムセス6世の墓の天井画（Jim Zuckerman撮影，gettyimages提供）

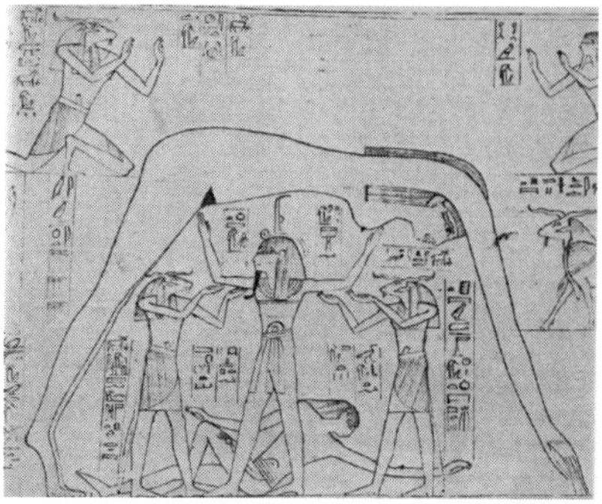

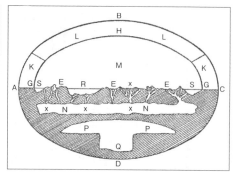

図3 グリーンフィールドのパピルス。シューがヌトをゲブから引き離すところ（大英博物館蔵）

図4 ユダヤの宇宙（Warren 1909, ジェイコブズ 1976）
ABC 上天　　　　GHG 天の断面　　　NN 下界の水
ADC 下界　　　　KK 風の貯蔵所　　　xxx 泉
AEC 地と海の面　LL 上界の水・雪・　PP シェオル
SRS 海　　　　　　　ひょうの貯蔵所　Q シェオルの底,
EEE 陸　　　　　M 空気のある場所　　インフェルノ

　古代エジプトの宇宙観は，様々な図像によって表されるが，たとえば，テーベ（ルクソール）の王家の谷にあるラムセス6世（在位：紀元前1141〜1133年）の墓所の天井には，昼の天の女神と夜の天の女神というヌトの二重の像によって『昼の書』と『夜の書』が図解されている（図2）。ヌトは，四つ這いになって，夜に太陽を飲み込み朝に再び産み出す姿で描かれるが，太陽神ラーと同一視される死んだファラオを再生させる役割を持っている。エジプト最古の『ピラミッド・テキスト』（紀元前2400年頃）によると，宇宙にはアトゥムが唯一人存在していたが，シューとテフェネトという二神を口から吐き出して作った，そしてこの二神が産んだのがヌトとゲブである。ゲブは大地神で，この両者は深く抱擁していたが，シューがこれを分け，ヌトを高く持ち上げ，天のアーチを作るようにしたという（図3）。エジプトの宇宙論といっても様々であるが，全宇宙は生物も非生物も含めた生きた統一体であった。

　古代メソポタミアには，最古の世界地図とされるバビロニアを中心に描いた世界図（Ⅰ「西アジア」扉）が知られる。一般に，メソポタミア文明は科学技術を発達させ，エジプト文明は芸術を開花させたとされるが，宇宙そのものを描いた図像はない。シュメール，バビロニアでは，神殿の聳える都市そのものが世界であり，自然の世界と人工の世界は必ずしも区別されていなかったとされる。一般には，バビロニア人にとって，宇宙は天頂に達するジッグラトのように考えられていた，あるいは，ドーム状の空に覆われた平地と考えられていたとされる。楔形文字による文書にも宇宙論に関わる記述は少ないが，宇宙は天と地からなり，それぞれ3つの層からなっていたという。地の3層は，人間の住む世界，アプスー（原初の（男性の）水），地下界である（ランバート 1976）。

図5 アル・ビールーニーによる宇宙の構造（ジャヒモウィッツ1976）

図6 ヴェーダの宇宙観（Gole 1989b）

宗教と世界観

　あらゆる宗教は，それぞれの宇宙観，世界観に基礎づけられて成立する。地域や民族を超えて成立するのが世界宗教とされるのであるが，その起源においては，地域の自然生態に拘束されており，民族宗教との境界は必ずしも明快ではない。今日世界宗教とされるのはキリスト教，イスラーム教，仏教であるが，過去には，マニ教，ゾロアスター教も一定の世界で信仰されていたし，ヒンドゥー教も，東南アジア各地への伝播と今日における基層文化への浸透，バリ島のヒンドゥー教の存在を考慮すれば，世界宗教としての特性を持ち合わせている。ユダヤ教も他宗教からの改宗を認めており，排他性を持たない点では，世界宗教といっていい（図4）。

　天と地からなるキリスト教の宇宙像は，ある意味分かりやすい。『聖書』の記述は数世紀にわたるけれど，宇宙像は一様であって，その部分，部分に矛盾はないとされる。

　イスラームの宇宙論は，一般にギリシャの宇宙論，アリストテレスとプトレマイオスの学説をもとに組み立てられていると考えられているが，具体的には『クルアーン（コーラン）』そしてムハンマドの『ハディース（伝承）』をもとに議論される。その宇宙は，大きくは7つの天と7つの地からなるとされる。そして，7つの天球（惑星）とその上の球すなわち楽園との境には大きな聖木があり，その根元から4つの川（2つは楽園の川，2つは地上のティグリス・ユーフラテス川）が流れている。7つの地とは，地獄の7つの住処を水平に分割した7つの層とされる。また，天の住処も7つからなるとされる（図5）。イスラームの天文学者たちが，プトレマイオスの『アルマゲスト』をヨー

ロッパ世界に伝えたことはよく知られている。

　インドの宇宙論として，ヴェーダの宇宙論は，後代のヒンドゥー教，仏教，ジャイナ教のそれとは異質とされるが，中心に高い山があり，それを同心円状に陸地と海が取り囲む構造など共通点が多い（図6）。

　中国の宇宙論としては，「天円地方」（蓋天説）が一般に知られるが，その都城モデルをめぐっては，儒教的国家観と合わせて本論で詳細に述べている。

都城とコスモロジー

　序で述べたように，都市のかたちを宇宙の秩序の反映として考える宇宙論的都市の系譜がある（宇宙都市－コスモロジカル・プラン）。一般に，王権の所在地であり，政事・祭事・軍事の諸権力の顕示と行使の場である「都城」は，その正統性を根拠づけるものとしてコスモロジーを必要とする。すなわち，王都の立地や形態またその内部での「都」と「城」の施設編成などがコスモロジーと結合するのが「都城」であり，〈地上におけるコスモロジーのミニチュア〉すなわち〈宇宙の縮図〉となるのが「都城」である。

　「都城」とコスモロジーをめぐっては，いくつか興味深い問題がある。ひとつは，王権を根拠づける思想，コスモロジーが具体的な都市のプランにきわめて明快に投影されるケースとそうでないケースがあることである。また，「都城」のプランを規定する思想や書物が存在する地域とそうした思想や書物を持たない地域があることである。そして，コスモロジーに基づく都市の理念型が共有されている場合も，理念型がそのまま実現する場合は少ないことである。さらに，理念型としての都市のかたちは時代とともに変化していくことである。加えて，「都城」のかたちを規定する思想や理念は，その文明の中心より，周辺地域において，より理念的，理想的に表現される傾向が強いことである。

　都城思想に関して，ユーラシアは，ひとつの都市（王都）がコスモロジカルな空間的秩序を表現する地域（A地域：南アジア・東アジア・東南アジア）と，そうでない地域（B地域：西アジア・北方アジア）に大きく二分される。A地域については，さらに都城思想を生み出した核心域（中心）とその周辺域に分かれる。その核心域とは，すなわち，古代インド（A1）と古代中国（A2）である（図7）。インド都城の系譜そして中国都城の系譜は，都市のかたちを宇宙の秩序の反映として考える宇宙論的都市の系譜に属する。

　そして，イスラーム都市の系譜はそうではない。しかし，イスラーム都市とコスモロジーが関係ないということではない。イスラームには，ひとつの都市を完結したひとつの宇宙と見なす考え方はない，ということである。イスラームにおいて最も重要

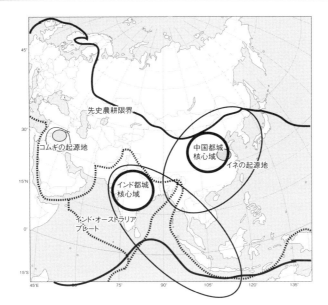

図7　アジアの都城とコスモロジー（布野 2015）

な都市は，マッカであり，またマディーナであり，さらにエルサレムである。マッカを中心とする都市のネットワークが宇宙（世界）を構成すると考えられているのである。こうした都市間ネットワークこそが世界であるとする思想は，イスラーム都市を大きく特徴づけるのである。

　理想都市の実現のための設計計画の基礎となるのは，その社会の拠って立つ世界観，宇宙観である。序で述べたように，世界史の構造とその史的転換という意味できわめて大きいのは，「世界」の拡張，「地球」の発見である。トマス・モアの『ユートピア』（第Ⅱ章3 アモロート）がまさにそうであるように，「新大陸」の発見は，理想都市の計画実現への大きなインパクトを与えることになった。

　西欧の海外進出，さらに世界周航を可能にしたのは，直接的には航海術，造船技術の革新であるが，そもそも未知の世界への航海を促したのは，「地球」という「世界」の認識の転換である。地球が球体であることは古来知られていた。紀元前3世紀頃，エラトステネスが太陽の高度から地球の円周の算出を行ったことは周知の事実である（Ⅶ「アフリカ」扉）。しかし，それは航海によって確認されたわけではない。地球球体説は，その後退歩し，中世ヨーロッパの地球観を支配してきたのは地球円盤説である。地球球体説が復活するのは，アラビア語に翻訳されてイスラーム世界に伝えられてきたア

リストテレスの自然哲学，そしてプトレマイオスの天文学が12世紀にヨーロッパで再発見されて以降である。

　13世紀を通じて，アルベルトゥス・マグヌス，サクロボスコ，ロジャー・ベーコンなどによって地球球体説が認められるようになる。しかし，それでも，地球球体説が実証されるまでには，すなわち，マガリャンイスの世界周航（1521年）までには，2世紀もの時間を要することになる。1492年にサン・サルヴァドル（グアナハニ）島に到達することになるクリストバル・コロンは，地球が球であることを認識していた。コロンが目指したのは黄金の国「ジパング」である。依拠していたのは，フィレンツェ出身の天文・地理学者であり数学者でもあるパオロ・ダル・ポッツォ・トスカネリが1474年に唱えた地球球体説である。コロンが出航する1ヶ月半前，コロンの友人でもあったマルティン・ベハイムがニュルンベルクで最初の地球儀を完成している（XII「南北アメリカ」扉）。その地球儀には，1486年以前のポルトガルによる発見地の大部分が描かれている。そして，そこにはクリストバル・コロンの採ることになる「ジパング」への航路が書き込まれていた。コロンは，死ぬまで彼が発見したのがジパングの位置するアジアであることを信じて疑わなかったが，そうではなかった。

　「地球」という世界認識の変遷については，プトレマイオスの世界図そして中世のTO図さらにマッパ・ムンディと呼ばれた世界図の系譜，そして，メルカトール，オルテリウスの近代世界地図へ至る「世界」地図の歴史が分かりやすい。航海による地理的発見が積み重ねられることによって，「世界」地図は精緻になっていく。

（布野修司）

IX 南アジア

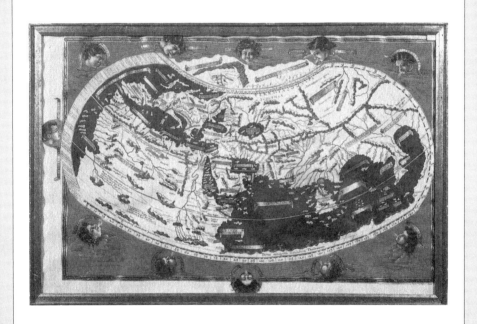

プトレマイオスの世界地図(1480年)

ローマ帝国最盛期にアレクサンドリアで活躍したプトレマイオス(Claudius Ptolemaeus 100～170年頃)の世界地図は『地理学』全8巻に付されていたと考えられるが,それは失われ,現在に伝えられるのは様々な写本である。このプトレマイオス図は,擬円錐図法による経度と緯度を用いた世界地図であり,以降に描かれる世界地図に参照され続けることになる。経度は,現在の大西洋のカナリア諸島を通る子午線を基準として東へ180度,マレー半島を越えてさらに大陸まで,緯度は,南緯16度から北緯63度の範囲を描いている。興味深いのは,南端に陸地が描かれ,インド洋,南シナ海が陸封され,内海として描かれていること,すなわち,アフリカ大陸の南端が示されていないことである(リスボン国立海事博物館蔵,写本図)。

Panorama IX ── インド都市の起源

　インダス川流域を中心に栄えたインダス文明が発見されたのは，D・R・サハニがハラッパー，ついでR・D・バネルジーがモエンジョ・ダーロの都市遺構を発掘した1921〜22年である。約1500の大小の遺構は，東はデリー付近，西はアラビア海沿岸のイラン・アフガニスタン国境，南はムンバイの北，北はシムラ丘陵南端に及ぶ。シンド地方，パンジャーブおよび北ラージャスターン，そしてグジャラートの3地域に集中しており，各地方に2ないし3の都市遺跡があり，それを後背地として支えていた多数の村落遺跡がある。都市遺跡と考えられるのは，モエンジョ・ダーロ，ハラッパーのほか，カーリーバンガン，バナーワリー，ガンウェーリーワーラー，チャヌフ・ダーロ，ドーラヴィーラー，スールコータダー，ロータルなどである（図1）。

　印章や護符などに刻されたインダス文字が知られるが，未解読であり，インダス文明の年代を特定できる文字資料はない。しかし，紀元前2350年頃のメソポタミア・アッカドの碑文にインダス川流域にあったと思われる「メルッハ」という国ないし地方の名が現れる。また，前1800年頃まで楔形文字の交易文書の中でたびたび触れられることや，遺構の放射性炭素（C14）年代測定から，インダス文明の最盛期は前2600〜1800年頃と考えられている。

　インダス文明の成立は，西アジアの農耕・牧畜文化の伝播を基盤とするメソポタミア・シュメールの都市文明の波及によるという見方が支配的である。インダス文明とメソポタミア文明との間に，オマーン湾，バーレーンを中継基地として海上交易が行われていたことは，印章や紅玉髄など出土した遺物から分かっている。ロータルやマクラーン沿岸の港市遺跡がその窓口であったと考えられる。前2400年頃，オマーン半島の西岸，アブダビのウンム・アン・ナール島が交易都市として栄えていた（マガン国，ウンム・アン・ナール文明）ことが知られ，メソポタミア，インダス両文明の土器が出土する。前2100年頃，交易拠点はバーレーン（ディルムン国，バールバール文明）に移るが，同じように両文明の土器が出土している。イラン高原に接するバローチスターン地方がいち早く西方から農耕・牧畜文化の影響を受けてきた。

　インダス文明に先だって前3000年紀に遡るいくつかの集落遺構が発掘され，インダス文明に直接つながる初期ハラッパー文化の存在が明らかになっているが，バローチスターン地方は，前2500年頃を境にして，ハラッパー文化にとってかわられたか，

併合されたとされる。インダス文明の都市は，メソポタミアの「都市国家」のように壮大な神殿を持たず，規模も小さい。最大のモエンジョ・ダーロやハラッパーも1.6km四方程度である。

インダス川流域における農耕の起源は前7000年に遡り，前3000年紀までに農村集落が各地域に成立している。インダス文明の生産基盤は，灌漑農耕に基づいたシュメールとは異なり，夏季のモンスーン後に起こるインダス川の氾濫に依存した氾濫農耕による小麦生産である。氾濫ごとに耕地が変わり，またそのために耕地規模も大きく

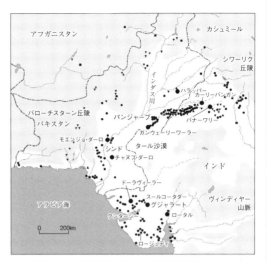

▼ 先ハラッパー期／バローチスターン諸文化の遺跡
▲ 先〜真ハラッパー期の遺跡
● ハラッパー期の遺跡　　■ 現代の都市
● インダス文明の都市遺跡　　標高400m以上の地

図1　インダス文明の都市遺構（布野 2006）

ない。後背地の規模が小さいがゆえに，都市の規模もそう大きくなく，数も少ない。壮大な王宮や王墓も見られない。ただ，「都市国家」が成立する前3000年から2600年の間の過程は明らかになっていない。モエンジョ・ダーロの下層により古い都市遺跡が存在することが知られるが，地下水位の上昇などのため発掘に手がつけられない状況にある。

インダス文明の諸都市の特質として指摘されるのは以下の諸点である。

①いずれも河川や内湾に面して立地する。水上交通による物資の輸送，交易が重視されていた。ドーラヴィーラー，スールコタダー，クンターシー，ロージュディ，ロータルなどグジャラート地域はインダス川から離れているが，かつてサラスバティーと呼ばれた涸川（ガッガル・ハークラー川）が存在していたことが知られている。

②都市は，城塞と市街地の2つを区分する城郭二重構造をとっている。基本的に，高所を占める城砦が西に，より低所の市街地が東に位置することが多い。この「西高東低」の都市構成は，モエンジョ・ダーロ，ハラッパー，カーリーバンガンが典型的で，規模の小さいバナーワリー，ロータル，ドーラヴィーラーなどは，全体が市壁で囲われた中に，城塞部と市街地が区分されている。

③グリッド・パターンに似た街路形態を持つ。すなわち，都市全体が，ある寸法体系に基づいて予め計画設計されている。ティグリス・ユーフラテスの下流域で覇を競っ

ていたシュメールの都市国家群の中に，都市全体が計画，設計されている例はない。

インダス文明の諸都市の計画性を裏づけるのは，そこで用いられている尺度，度量衡の統一である。モエンジョ・ダーロ，ハラッパーの焼成煉瓦の縦横，厚さの比は4：2：1に統一されている。また，道幅なども一定のモデュールに基づいていることが明らかになっている。

インダス文明は紀元前2000年頃から衰退し始め，前1800年頃には消滅する。衰退の理由として挙げられるのはインダス川の大氾濫あるいは河口の隆起による異常氾濫，もしくは河川の流路変更などの自然条件である。また，モエンジョ・ダーロにおける「スラム」化など，都市機能が麻痺したことによる都市内的要因である。その衰退は徐々に進行したとされ，煉瓦を焼くための森林の過剰伐採による気候変化（乾燥化），アーリア民族の南下による破壊説は否定的な見解が多くなっている。

アーリア民族以前に先住していたとされるドラヴィダ民族の先祖たちは，言語学的な比較研究から，前3500年頃にイラン東部の高原からインド亜大陸西北の平野部に進出してきたと考えられる。ドラヴィダ民族はやがて分裂し，北部支派，中部支派，南部支派に分かれて移動する。この分裂は前1500年以前であり，南部支派からテルグ語やタミル語などが分かれるのは前1500〜1000年である。すなわち，アーリア民族は，インダス文明の衰退と平行する形でインド北西部に侵入してきたと考えられる。黒海からカスピ海にかけての地域を原郷とし，中央アジアで遊牧生活を行っていたアーリア民族は，前2000年紀に入ると南に移動し始め，その一部はイラン北東部に進み，アフガニスタンをへて，前1500年頃にインド北西部に移住したというのが通説であるが，それ以前にアーリア民族が存在した考古資料が近年得られている。移動にはいくつか波があり，一挙に行われたわけではない。アーリア民族の移動がおさまったのは前1000年を過ぎ，インド亜大陸に鉄がもたらされて以降である。

アーリア民族の一部はガンジス川流域に移動し，農耕社会を形成するとともに，国家形成に向かう。都市が形成されるのは，前1000年からゴータマ・シッダールタやマハーヴィーラが活躍する前5〜4世紀にかけてのことである。鉄器による生産性の向上は都市形成の大きな要因である。また，インド・アーリア語系民族との接触が地域を流動化させたことも大きい。インド・アーリア語系民族がもたらしたヴェーダを聖典とするバラモン教は，長期にわたって北インド土着の宗教観念と融合し，きわめて広範に普及していくことになる。

釈尊の時代には北インドの16の大国がそれぞれ都を持っていたとされる。釈尊自身はコーサラ国のシェラーヴァスティ（舎衛城）とマガタ国のラージャグリハ（王舎城）

の2つの都市を中心として活躍するが、これらを含めて、16の都市の具体的な形態、主要施設の配置、街路体系や街区構成はよく分かっていない。

16大国のうちガンジス川中流に位置したマガダ国が次第に有力となり、その王位を簒奪したナンダ朝によってガンジス川の全流域は統一される。そして、ナンダ朝を倒してマウリヤ朝を創始したのがチャンドラグプタである。彼は、その都パータリプトラを攻略すると、アレクサンドロス以後混乱状態にあったインダス川流域を征服、さらに南のデカン高原にも領土を広げ、インド亜大陸の大半を統一するのである。

インド最初の統一王国となったのがマウリヤ帝国(王朝)である。ただ、その首都パータリプトラ(現パトナー)については、セレウコス朝の使節として駐在したメガステネスが、見聞記『インド誌』に、市の規模は15×3kmに及び、周囲を幅180mの濠と木の防塞で囲まれ、64の市門を擁すると述べているが、詳細は不明である。チャンドラグプタの建国に大きな役割を果たしたカウティリヤ(紀元前350〜283年)が著したとされるのが『アルタシャーストラ(実利論)』である。この中に都市建設についての記述があり、インド都城の理念を窺うことができる。

パータリプトラが栄えた時期にあたる都市遺跡としては、パキスタンのタキシラにあるシルカップが知られている。シルカップは、ヘレニズム期に属し、ギリシャ人の影響のもとに建設されたとされている。ジョン・マーシャルは、1000分の1の地図をシルカップについて作っている。興味深いことに、フィッシュボーンの小路の間隔は、ほぼ20ダンダ=2ラジュである。この寸法体系は、カトマンドゥ盆地に持ち込まれたことが明らかになっている。インド世界の都市については、シルカップ以降、発掘調査が遅れ、文献では行政、宗教、商業などの中心都市が知られるが(図2)、13世紀に始まるムスリム支配期以前に遡って都城の展開をたどることはできない。　　(布野修司)

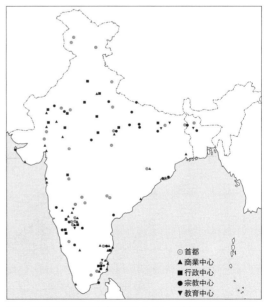

図2　7世紀頃までの文書に現れるインド諸都市(布野 2006)

South Asia 01: Lahore

【ラーホール】ムガル帝国の古都

パキスタン，パンジャーブ州
Punjab, Pakistan

　パンジャーブ州の州都ラーホールは，デリーの北西約400kmの地，インダス川の支流ラーヴィー川の南岸に位置する。

　その起源は1〜2世紀に遡るとされ，その名は，古代インドの大長編叙事詩『ラーマーヤナ』に登場する伝説の英雄，ラム・チャンドラの息子，ラウ（ロー）に由来する。ラーホールという都市は，ペシャーワル地方やアフガニスタン，北インドのラージャスターン地方にもあり，クシャトリアの子孫であることを自称する集団ラージプートの年代記には「ローの城」を意味するロー・コットとして言及される。ムスリムの著作の中では，ガズナ朝ムハンマドと同時代のアブ・リハーン・アル・バルーニによる，ローハワルという記述が最も古く，ローハワルあるいはラウハワルが転じてラーホールになったという。

　ガズナ朝によって1021年に占領されるまで，ヒンドゥー・ラージプートの支配下にあったが，イスラーム勢力の度重なる侵略によって破壊され，この時期の記録や建築的遺跡は残されていない。

　ガズナ朝のスルタン・マフムード（在位1014〜30年）の家臣，マリク・アッヤーズによって城砦が築かれ，当初はマフムードプルと呼ばれた。ガズナ朝が滅んだ後，ゴール朝のスルタン・ムハンマド・ゴーリーによって占領された。その後継者のクトゥブ・アッディーン・アイバクが首都をデリーへ移したため，ラーホールは一地方都市となる。13世紀末のハルジー朝の時代には，多数のモンゴル人が市外に住みつき，その地区はモガルプラと呼ばれていたという。

　現在のラーホール旧市街が築かれたのはムガル朝のアクバル（在位1556〜1605年）の時代であり，1566年までには城砦が建設された。市壁の周囲は約4.8kmで，12の市門を備える。その後，ジャハーンギール（在位1605〜27年），シャー・ジャハーン（在位1628〜58年）によって城砦が整備され，その西に，アウラングゼーブ（在位1658〜1707年）によって，インド亜大陸随一の規模を誇るバードシャーヒー・モスク（1674年）が建設され，中枢地区が完成する。北西に城砦地区（ラー

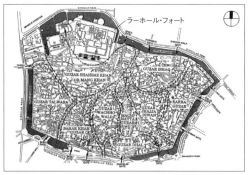

図1　ムガル朝時代の旧市街 (L.D.A 1993)

ホール・フォート）が位置し，東のデリー門から城砦の南を通り西のタクサリー門へと通じる街路，および北，南の各市門からその通りへと通じる街路を主要な幹線道とする。この市壁で囲まれた城塞地区（旧市街）の形態に，現在に至るまで大きな変化はない（図1）。歴史的なハヴェリ（中庭式邸宅）もいくつか残っている。

1848年にイギリス統治が始まるが，当時のラーホール市域は基本的に市壁の内部に限定され，周囲にはモザング，ナワン・コット，キーラ・グジャール・シン，ガリ・シャーフ，バグバンプラなどの村が点在するのみであった。

植民地時代に，イギリス統治の行政地区として，シヴィル・ラインと呼ばれる道路網および鉄道が整備され，役所や住宅，商店などイギリス人のための総合的な生活環境が整えられていった。モール・ロードと呼ばれる道が道路網の中枢となり，モール・ロード沿いに重要な機関がインド・サラセン様式によって建設された。総督官邸（1849年），高等裁判所（1889年），電信局（1880年），大学（1876年），郵便局（1912年）などである。イギリスにより建設されたこれらの地区は，現在もラーホールの中心地区となっている。また軍隊のためのカントンメントがさらに南東郊外に建設され，ラーホールは旧市街とシヴィル・ライン，カントンメントという3つの地域から構成されるようになった（図2）。

1947年のインド，パキスタンの分離独立により，パンジャーブ州は分割され，ラーホールはパキスタンのパンジャーブ州都となる。独立後，ラーホールは近代都市への道を歩み始める。道路網が再整備され，水道施設などが整えられた。ラーホール改善トラスト（LIT）が設置され，都市計画にあたった。LITはラーホールの郊外地域の開発を進め，市域の拡大を促した。市南部および南東部にサマナバードとグルバーグの開発を行い，都市の発

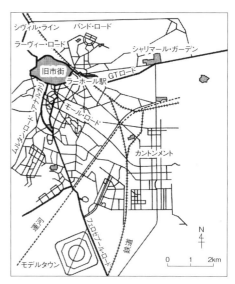

図2　市街図（山根周作製）

展の方向を決定づけた。市の北部にもシャードバーグの建設を行ったが南部のような発展を見なかった。

独立後，ラーホールに居住していた多くのヒンドゥー教徒やシク教徒がインドへ移住し，代わりにインドから大量のムスリムがラーホールへと流入した。また，その後の都市発展に伴ってラーホールの人口は大きく増加した。20世紀末には500万人を超え，現在，周辺を含めると人口は1036万人（2016年）に及ぶ。近代化の進展と急激な人口増加により，ラーホールでも都市問題が顕在化している。特に周辺農村から貧民層が流入し，大量のスクォッター集落を生み出している。これらはカッチー・アーバーディーと呼ばれ，放置された土地や川沿い，鉄道沿いに広がっている。ラーホール開発局（LDA）によってその対策が進められているが，現在では彼らの存在を不可避なものと認め，これらのカッチー・アーバーディーに飲料水や排水設備を供与し，彼らの環境への適応を援助するという解決策が図られている。

（布野修司）

South Asia 02: Ahmadabad

【アフマダーバード】ムガル帝国のグジャラート拠点

インド，グジャラート州
Gujarat, India

アフマダーバードは，キャンベイ湾に注ぐサバルマティー川の河口から100kmほど内陸に位置する。建設した（1411年）のはスルタン・アフマド・シャー1世で，都市名はその名に由来する。最古の地図として宮殿を中心とする概念図が残されている（図1）。都市形成の過程を概観すると以下のようになる。

①グジャラート王朝期（1408〜1573年）

この期間に建設されたのはバドラ・フォート周辺である。1412年にジャーミー・マスジッドが，マフムード・ベガダ時代の1487年に市壁が建設された。市壁内に居住区としてプラが作られ，当初から，ムスリムとヒンドゥー教徒，ジャイナ教徒が混住した。

②ムガル帝国期（1573〜1753年）

ムガル朝第3代皇帝アクバルのグジャラート遠征によって1573年にムガル朝に組み込まれ，城外にも多数のプラが形成された。しかし18世紀に入るとムスリム支配は弱まり，ジャイナ教やヒンドゥー教の寺院が建設された。

③マラータ期（1753〜1817年）

ムガル朝第6代皇帝アウラングゼーブの統治期の後半に，マラータによる統治が始まる。マラータは，ヒンドゥー教徒とともにムスリムも保護したが，政治的混乱と経済活動の停滞のうちに，その統治時代は終了する。

④イギリス統治期（1817〜1947年）

1817年にアフマダーバードは東インド会社の支配下に置かれる。まず城壁の改修が進められ（1842年），1817年に8万人だった人口は，1851年に9万7000人に膨らんでいる。主としてヒンドゥー教徒とジャイナ教徒の人口が増加し，ムスリムの貧困層は，ジャイナ教徒などが住む裕福な地区を出て周辺に移動している。イギリス人は北と西の地区に住んだ。

⑤1861年に綿紡績工場が設立され，工業化が始まる。1864年に鉄道が開通し，アフマダーバード駅が旧市街の東部外縁部に建設された。1883年に自治体が設置され，インフラストラクチャーの整備が行われた。

⑥アフマダーバードの北方，サバルマティー川東岸に設置されていたカントンメント（兵営地）が発展し，20世紀初頭までに東部と北部の外縁部が合併される。サバルマティー川にエリス橋が建設され，以降，西岸部が発展していく。

⑦20世紀前半には，電話や電気（1915年），バス（1920年代）が導入され，道路整備などの近代化が進められていく。密集市街地解消のため様々な計画が立てられる。交通渋滞の解消策として，ガンディー・ロードと平行するティラック・ロードが敷設される。

⑧独立後（1947年〜）

独立とともにボンベイ州に組み込まれ，1950年に市政府が設立される。1960年にボン

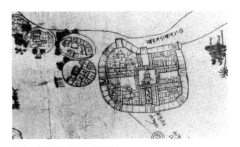

図1　都市図（Gole 1989b）

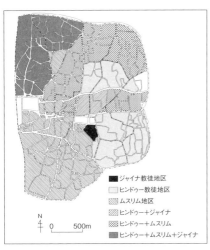
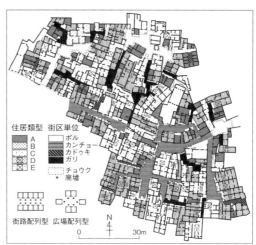

図2 旧市街の宗教別住み分け(山根周作製)　　図3 マネク・チョウク地区の住居類型別分布(根上英志作製)

ベイ州が分割され，グジャラート州の州都となる。綿業は衰退するが，多様な産業の勃興によって周辺地域が発展する。1970年に，北方25kmに建設された新行政都市ガンディーナガルが州都となる。

　アフマダーバードの都市形態は，インド古来のヴァーストゥ・シャーストラ（建築書）にいう「カールムカ（弓）」の形態だという説がある。市壁が建設された当時，12の市門があり，12の幹線街路が市街に伸びていた。現在は旧市壁に沿って周回道路が巡り，デリー門から旧市街内へ伸びるタンカリア・ロード，パンチクワ門から伸びるガンディー・ロード，その北側を平行に走るタリク・ロード，アストディア門から伸びるサルダール・パテル・ロード，ジャマルプル門から伸びるジャマルプル・ロードの5本が，市街地の主要幹線街路となっている。それらは旧城塞地区から放射状に伸びており，「カールムカ」がモデルになったという説の根拠のひとつとされる。

　アフマダーバードはイスラーム勢力によって建設されたが，以上のように，当初からヒンドゥー教徒やジャイナ教徒との関係も深い。

　旧市街は12のワード（地区）からなる（図2）。宗教別の住み分けは比較的はっきりしている。基本的に，宝石商などのヒンドゥー教徒やジャイナ教徒が旧市街の中心に居住し，ムスリムが周辺部に居住するパターンがある。そのパターンはいくつかの変形を受けて今日に至っている。

　現在の旧市街における宗教別人口比は，ムスリム約50%，ヒンドゥー教徒約30%，ジャイナ教徒約20%である。旧城塞周辺から旧市街南部にかけてはムスリム居住地区，南東部ガンディー・ロード以南のカディア地区およびヒンドゥー教の大寺院スワミナラヤン・マンディルの周辺がヒンドゥー教徒の居住地区となり，ガンディー・ロード以北はほとんどがヒンドゥー教徒とムスリムあるいはヒンドゥー教徒とムスリム，ジャイナ教徒の混在する地区となっている。また旧市街の商業の中心であるマネク・チョウク地区（図3）がジャイナ教徒の居住地区になっているのは，歴史的な住み分けの構造が根強いことを示している。

　アフマダーバード市の人口は，2001年度のセンサスによると352万85人(Ahmedabad M Corp.)であり，2011年時点では約557万人と推計されている。
　　　　　　　　　　　　　　　（布野修司）

South Asia 03: Surat

【スーラト】 ムガル帝国最大の港市

インド，グジャラート州
Gujarat, India

スーラトは，キャンベイ湾に注ぐタプティー川の河口から約20km内陸側に位置し，ムガル朝第3代アクバル帝（在位1556～1605年）が海上交易の拠点と定めたムガル帝国第一の港市である。

インド洋交易の要衝キャンベイ湾に臨むグジャラート地域には，古来多くの港市が置かれてきた。ムガル帝国が成立した16世紀以降，土砂堆積により港として徐々に衰退した湾奥のキャンベイや，ポルトガル領のディウに代わって台頭したのがスーラトである。

アクバル帝がグジャラートを併合すると，スーラトは紅海，ペルシア湾，東南アジアとの交易拠点となり，インド亜大陸中央部に水源を持つタプティー川を通じて，北インドやデカン地方の綿布などをインド洋沿岸諸国へ輸出する港となる。そして，ムスリム商人らによるインド洋海域をまたぐ広範な海上交易がスーラトを拠点に開始されると，ポルトガルをはじめとする西欧勢力もその重要性に着目する。16世紀末から18世紀前半にかけてイギリスやオランダのアジア進出の拠点となり，ムガル帝国最大の港として発展していくことになるのである。

都市の起源は紀元前に遡り，古くはスルヤプール「太陽の町」と呼ばれ，16世紀のポルトガル人航海家であるドゥアルテ・バルボザの地理書にも記述される，ヒンドゥー小国のひとつであったとされる。ムガル帝国成立以前の港は，タプティー川対岸のやや上流に位置するランデルで，15世紀までインド洋海域の主要港であった。

スーラトの旧市街は，タプティー川に接した半円形の形態をしている。18世紀初頭には，内壁と外壁から成る二重の囲郭都市の様相を呈した（図1）。

16世紀中頃にはポルトガルの侵攻に備え，川が大きく湾曲する地点の東岸に城砦が建設された。川に沿って南北へ長く伸びる高台が防御機能に優れていることが選地の理由である。高台と並走する南北通りには，港湾，行政施設が集約された。城砦の北側には，イギリス，オランダ，フランスといった17世紀創建の東インド会社の商館が置かれ，また城砦近傍には東インド会社や政府ごとの税関と，造幣所が置かれた。城砦の南側には，オランダ，フランス，そしてシッディーの港や庭園が置かれた。18世紀以降は，スーラトを統治するナワーブ（ムスリム太守）の宮殿や，そしてメッカ巡礼用の寄宿舎であるムガル・サライも設置され，メッカ巡礼への門戸としての機能を果たした。

最初の市域の後背地には，大規模な田園地

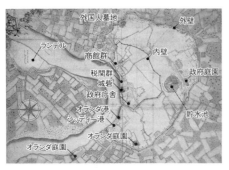

図1　市街地の構成，1753年。北を上とした（大英図書館蔵，筆者加筆）

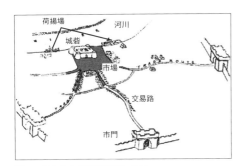

図2 都市軸と施設配置のプラン
(Denish 2012, 筆者加筆)

図3 旧内外壁内の街路構成, 1978年頃 (Denish 2012, 筆者加筆)

域も計画された。水源として，南東部に位置する正円形の人工貯水池（ゴピ・タラウ）や，東インド会社や政府所有の農地が営まれた。

スーラトの発展は，都市の構造が示すように，2度の大きな局面を持つ。17世紀後半から開始された市壁の建設によって，まず，内壁の各市門と城砦周囲の河岸が結ばれた。

城砦の前面に形成された大広場から放射状に伸びる幹線道路が，市域発展の核となった（図2）。西端の河岸との合流地点には，荷揚げのためのガートが築かれた。幹線道路は，マチリピット（「魚市場」），カンピット（「穀物市場」），ケラピット（「プランテーン市場」）と呼ばれ，チャクラ（四辻広場）で合流した。これらの線状のバザールは，海外から輸入した商品を売り捌くスペースであるとともに，港から市内を通り，市門へ至る物資の搬出入のルートであった。

そして第2段階として，18世紀初頭に，アーラムパーナー「世界の避難所」と呼ばれる総長約8.8kmの外壁に12の市門が建設され，旧市街の骨格が整えられた。

都市形態について注目されるのは，初代皇帝バーブルが王朝の首都と定めたアーグラ，1649年建設のシャージャーハーナーバードとの類似である。イスラーム勢力により建設されたこれらの都城と同じく，スーラトもまた古代インドの建築書『マーナサーラ』に見られる「カールムカ」に基づき設計されたという説がある。であるとすれば，ムガル朝の陸域の王都に対して，海域の港市国家としての新都建設が目指されていたと考えられる。

19世紀初頭の都市図によれば，旧市街は，内壁内は14のチャクラ，外側の市壁と内壁の間は15のプラと呼ばれる地区で構成されていた。約12万5000人が居住し，多数派のバニヤ商人，パールシー，ムスリム商人のボホラー（シーア派／スンナ派），そして，キリスト教徒，少数派のユダヤ教徒が地区ごとに住み分けていた。

19世紀の英国植民地時代に，鉄道駅の建設，道路拡幅に伴う街区整備がなされた（図3）。住居は，軸組を木造とする煉瓦造が主体となる。外内壁間の住居は，間口が3〜5mと周りの建物に比べて狭く，ほぼ一定の規模に標準化され，同じ規模で多数建設された。ムスリム商人の住居は，3〜4階建てを基本とする高層住居で，出自と職能ごとに通りを共有し，構造的に隣家と一体として建設された。

(岡村知明)

South Asia 04: Bhadreshwar, Mandvi, Mundra

【バドレシュワル, マンドヴィ, ムンドラ】 カッチ湾大湿地帯の港市群

インド，グジャラート州
Gujarat, India

　古代インダス文明の都市遺構ドーラヴィーラーのあるカッチ地方はインダス川流域の河口付近に位置し，沿岸部には中世から近代における交易でインド洋交易の拠点となるバドレシュワル，マンドヴィ，ムンドラなどの港市が形成された。

　カッチ地方は，周囲をランと呼ばれるカティアワール半島の付け根からパキスタン南部に続く広大な塩性の低湿地（東西約250km，南北約150km，総面積約2万7900km^2）に囲まれる。標高わずか数mのランの影響で，雨季には海，乾季には陸となり，インド亜大陸本体から隔離されるという自然生態的特性を持つ。港の盛衰もこの影響を受けてきた。イスラーム誕生まもない8世紀という早い段階に海上ルートで到来したムスリムが政権を打ち立てられなかったのも，この自然生態のためである。

　カッチ地方は，16世紀のブジを首都とするヒンドゥー藩成立以降，アラビア海・インド洋西海域世界における伝統的な交易ネットワークの拠点となる。18世紀後半から20世紀初頭にかけて，3つの港市は東アフリカとの象牙や奴隷貿易を通じて急速に発展した。この時期の都市形成は，海上交易で財を成したカッチ地方出身の商人が主導し，施設や住居の建設が質，量ともに最盛期を迎えた。

　バドレシュワルの起源は，11世紀から14世紀に港市拠点として繁栄したバドラヴァティ・ナガルである。東西約700m，南北約450mの矩形囲郭都市で，中心にジャイナ教のヴァサイ寺院，そして南西部にインド亜大陸における現存イスラーム建築としては最古の1159年の碑文を刻むイブラヒム祠堂，2棟の中世のモスクの遺構が位置する（図1）。堆積作用によって中世都市が衰退した後，西側

図1　バドレシュワルにおける中世の市域（東）と近代の市街地（西）（岡村他 2008, 筆者加筆）

図2　マンドヴィの都市構成
(Okamura et al. 2011, 筆者加筆)

に市街地が築かれた。この一画にある壮麗な住宅群は19世紀に遡る。東アフリカ沿岸部との交易で活躍したヒンドゥー商人のバティア・カーストによって建設された。

マンドヴィは，ラオ・ケンガルジ1世（在位1510～86年）により1581年にカッチ地方の第一の外港として建設された。名称は「税関」に由来する。市街地はラクマバティ川河口より1km内陸に位置する（図2）。最初期の港は南門（「港への門」）に接した河岸で，市域中央の環状のバーザールには，創建当初からヒンドゥー教寺院，モスク，ジャイナ教寺院が隣接して置かれ，宗教ごとの混住を呈した。18世紀後半には商人カースト主導の下，露天の造船所と修理ドックが置かれ，市壁と東西南北に4つの市門が整備された。その後，プラグマルジ2世（在位1860～75年）によって，近代の蒸気船の寄港にふさわしい港として新しい防波堤と港湾のインフラが整備された。都市軸は，港と市街地を結ぶ南北のバンダル・ロードからG・T・ロードと，東西市門を結ぶK・T・シャー・バーザールで，市内への物資輸送の基本体系を形成する。バンダル・ロード沿いには，木材市場と商館が置かれ，海上交易に従事した商人カーストごとに旅郭施設（寄宿舎兼倉庫），商館が集中して設置された。

ムンドラは，ムスリムのモハマド・ミヤ・ソタの統治下にヒンドゥーの藩体制から独立し，そのプライベートな港として発達した。19世紀には，オマーンのサイード王が統治するザンジバルの関税徴収請負人を務めたムンドラ出身の商人層スヴァリー一族が統治した。ムンドラの港は，長年の砂の堆積作用で移動を繰り返した。市街地から4km離れた位置に古港があり，税関跡（19世紀頃）が残る。8km沖合には旧港（1954年設置）跡が，10km沖合には1998年より民間企業が運営する新港アダニ・ポートが置かれ，近代設備や貨物船

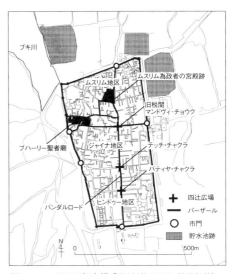

図3　ムンドラの都市構成（岡村他2009，筆者加筆）

を備えている。市街地は東西420m，南北850mの市壁で囲まれ，1783年の市壁建設にあたり，中世のバドレシュワルの市壁を転用したとされる。都市軸は南北のバンダル・ロードと東西メインバーザールで，市内を大きく四分割し，四辻には税関を置いた（図3）。都市の内部では，ヒンドゥー教徒もムスリムも，職業，出自で住み分けてきた。海や交易に関わる生業を持つカーストが支配的に居住する。

カッチ地方の内陸都市では，一般に地方領主による支配の象徴として城砦化されたダルバールガドが置かれるが，カッチ地方の港市では，強固な城砦は置かれず，単に地方領主カーストの集住地区となる点が異なっている。むしろ都市発展の核となったのは，商人カーストごとに設置された集会施設，旅郭施設，商館群である。これらはザンジバルなどの東アフリカ沿岸の港市にも置かれ，都市形成において海を越えた港市間の相互扶助が図られたことを示す。

(岡村知明)

South Asia 05: Cambay

【キャンベイ】 グジャラートの幻の港市

インド，グジャラート州
Gujarat, India

　キャンベイはインド北西部のグジャラート州に位置する歴史的港市である。11世紀にはペルシア，アラビア，ソファラ，コロマンデルの諸港市と，12世紀にはキャンベイの西，カッチ地方のバルーチやソムナートパタンといった港市と深い交易があり，17世紀半ばには，現在のインドの主要都市であるアフマダーバードとスーラトをつなぐ港であったとされる。インド洋海域世界の交易にとってきわめて重要な港であった。

　紀元前1世紀，キャンベイ北部の港町ナガラからブラフマンが移住してきたことがキャンベイの起源とされる。チャルキヤ朝期（10世紀頃）にはジャイナ教寺院が建設され，この頃から港として機能し始める。ソランキ王朝期（11世紀〜）にはイスラーム勢力によりイスラーム遺構や城塞が建設され，デリー・スルタン朝期（1304年〜）にはジャーミー・マスジッド（金曜モスク）が建設される。グジャラート王朝期（1408年〜）には交易範囲が大きく拡大し，港市としての発展を遂げるが，ポルトガル占領期（1533年〜）にはポルトガルの干渉により交易が行き詰まり始める。ムガル朝期（1573年〜）には文学，建築，産業などが発展し，ティン・ダルワジャやナワーブ宮殿，イギリス商館，オランダ商館，第一市壁が建設される。イギリス統治期（1803〜1947年）には鉄道が敷設され，第二市壁が建設される。市街地は周囲に拡大し，ほぼ現状の都市形態が整う（図1）。

　キャンベイの港は創建当初から浅かったが，さらに浅くなるといった自然生態的な要因に加え，ポルトガルやイギリスといった西洋諸国の干渉によって，徐々に他の港市にその役割を奪われていった。現在，海岸はキャンベイの南約2kmに後退し，かつての船着場には遺構が残るのみである。

　街路は基本的に3つのレヴェルから成る。第1は主に市門があった地点から伸びる主要道路，第2は主要道路同士を結ぶ通過道路，第3は街区の内部に分岐する路地もしくは袋小路である。キャンベイには11の市門が存在していたとされるが，現存しているのはマッカ門のみである。11の市門のうち，マッカ門はマッカに向かう出口を意味し，フルザ門は料金所の意で，海からの入口だったという。

　住み分けは明確で，異なる宗教コミュニティが混住する地区は比較的少なく，市街地の拡大プロセスとの関連が指摘できる（図2）。

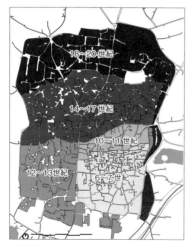

図1　市街地の拡大（筆者作製）

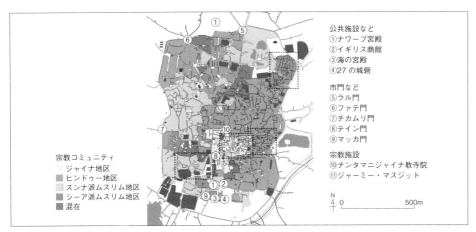

図2 宗教コミュニティの分布と主な施設（筆者作製）

　市街地の中央に位置するジャイナ教徒居住区にはジャイナ教関連施設が数多く立地し，巡礼地としての性格が強い。街区内の通りは不規則で，ポル，カドゥキ，ワドといった領域的範囲を示す街区が主な集住単位である。

　ジャイナ教徒居住区の東に位置するヒンドゥー教徒居住区では，街区内に通過道路がなく，周囲の通過道路からポルやカドゥキといった袋小路に入る。ポルやカドゥキはジャイナ教徒居住区の道路より幅が広く，中庭的な構成で，北グジャラートの農村に見られる集住形態である。

　市街地の南西部にはスンナ派ムスリムが集住する。街区名はモスクに由来し，形成当初から1つの街区に1つのモスクを設置するという街区形成のパターンを示す。街区はポル，ワド，カンチャと呼ばれ，各街区に門はなく，閉鎖的な構成は見られず，各街路は連結するような構成である。集住形態は，前庭・中庭を有する組積造の低層住居が散在するなど，他の地区に見られるような稠密な集住形態とは異なっている。

　シーア派ムスリム居住区はキャンベイの北東に位置し，インド洋海域で活躍した商人であるボーラの居住区である。地区の周囲は3，4層の高層住居群で囲まれ，外部から隔てられた閉鎖的な構成を見せる。街路は，メインゲートから東西に伸びるメインストリートから南北に直線的な道路が分岐し，街路の片側に沿って間口が狭く奥行の深い伝統的木骨組積造の住居群が建ち並び，ひとつの小街区を形成している。細分化され，階層的な都市街区の構成が見られる。このように宗教コミュニティごとに特徴的な街区形態を持つ。

　長屋形式の住居に多く見られるベタック（居間）は，カッチ地方の港市バドレシュワルでも見られ，こちらでは応接室を意味する。また，スンナ派ムスリム地区の中庭型の住居は，室名の呼称や中庭を囲む住居形態，中庭に水盤や樹木が配置されるなど，ラーホールの都市住居の中庭型住居との相似点が見られる。ラーホールの住居はイランの伝統的都市住居との関連が指摘されており，古来よりペルシアとの交易があったキャンベイも，その影響があったことが推測できる。

　このように，キャンベイは海域からの影響を大きく受けた港市であり，港市としては衰退した現在も，都市空間，住居空間に港市であった時代の都市の骨格が継承されている。

（中田翔太）

South Asia 06: Mumbai

【ムンバイ】世界最大の過密都市

インド，マハーラーシュトラ州
Maharashtra, India

ムンバイは，かつてボンベイと呼ばれた，英領インド＝インド帝国の最も重要な植民地港市のひとつで，現在もインド西部最大の経済都市である。

ムンバイの位置するインド亜大陸の西岸は背後にガーツ山脈を控えて平坦な後背地に乏しく，少ない平地も多くが湿地帯で居住にも農業生産にも適していない。ムンバイは海岸沿いにわずかに広がるジャングルや湿地から突き出た半島上に建設されるが，この半島も，もともとは「7つの島」と呼ばれる小さな島嶼群が埋め立てられて形成されたものである。

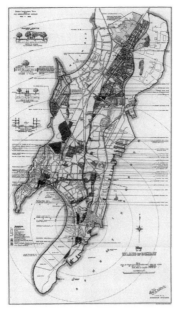

図1　ボンベイ改善トラストによる計画地の分布地図，1932～33年（大英図書館蔵）

ムンバイは，極めて狭い土地に明らかに過剰な人口が集中する世界有数の過密都市である。

その起源は小さな漁村である。ポルトガルが占拠して小さな交易拠点が形成され，17世紀末に王家の婚姻の際の持参金としてイギリスに贈与された。英領になって以降の1世紀は，マラータ勢などの現地勢力の圧力もあって都市の発展はさほど顕著ではなかった。転機となったのは，18世紀半ばの英領インド・ボンベイ管区の成立，そしてその後の産業化の進展である。ボンベイでは英領インドでもいち早く近代的工業が成立し，これが都市の爆発的な成長を引き起こした。郊外に広大な工場地帯が形成され，製品を輸出する港湾施設の拡充もいち早く行われた。独立以降も工業都市としての性格はそのまま継承され，インド西部の工業・商業・政治の中枢となり，周囲の人口を吸収する巨大なプライメイトシティとなった。

ムンバイの都市構造は北に向かっていくつかの区域に分けられる。最南端は都心であり，かつての城壁に囲まれた交易都市が存在していたフォート地区である。この地区にはかつてのイギリスによる荘厳な植民地庁舎建築が建ち並び，西欧的な街並みが広がっている。旧城壁内は南北に英印の居住地が分断されていたが，インド人居住地には現地資本の商人の拠点も形成され，今日でもその名残を残す大規模商業建築が建ち並んでいる。緩衝緑地を挟んで北側に広がるのが旧現地人地区（ネイティブタウン）である。植民地貿易ならびに商品の生産・流通に関わる現地人が多く

居住した地区で，チョールと呼ばれる超高密の集合住宅が密集するバーザール地区である。ネイティブタウンにはその多くの領域で出身地域や生業別の居住地の形成が見られる。ムンバデヴィ寺院の周囲には両側町に似た構成が現在も存続している。

ネイティブタウンの北側には工場が集中していた。ムンバイでは19世紀中頃から綿工業の発展が著しく，労働者宿舎群を囲い込んだ大規模な工場が無数に形成された。その外側は郊外居住地となる。

郊外は半島を越えて湿地帯を埋めながら北部に広がっている。初期の郊外は良質な居住地としてボンベイ改善トラスト（BIT）によって開発されたものである。BITは20世紀初頭に都市の環境改善に取り組み，現在も残る多くの居住地や街路を整備した。図1はBITの都市改善事業の分布を示したものである。現在，ここには多くの高層フラットが建設され，現代的な都市空間が形成されている。近年ではかつての工場用地の再開発もさかんであり，ショッピングモールやコンドミニアムなどが次々に出現している。

ムンバイは，南端の都心と北部の郊外を結ぶ3本の街路と2本の鉄道を主要な交通軸とする。これに無数の東西街路が交わって大街区を形成する。大街区の内側にはかつての漁村が取り込まれ，街路形状にその名残を見ることができる。その他の地域は埋立地であり，内部は短冊形の街区となっている場所が多い。

典型的な都市住居の形式は前述のチョールと呼ばれる積層長屋である。給排水設備を共有する貸間の集合住宅で，各戸は1～2部屋，専有面積は10～30m²程度で，複数世帯が居住する。基本的にはジョイントファミリー（合同家族）による居住を前提としており，親子数世代が同居し，同一棟内で独自のコミュニティを形成している例も多い。狭小な占有空間を補うために廊下などの共用部分が重要な役割

図2 チョール（筆者撮影）

を果たしている。そこには各戸の生活が浸出し，濃厚な共用空間を形成している。現在も旧ネイティブタウンの領域の住居系建築のほとんどがチョールであり，老朽化しながらも強固に維持されて現在に至っている（図2）。地元の商工業者のコミュニティと居住者のそれは必ずしも一致しておらず，チョールの上下層で重層的な住み分けの構造を有しており，都市の特徴となる居住空間に位置づけられる。

他に代表的な都市居住形態として特筆すべきはスラムである。ムンバイでも，もともとは地区の境界や鉄道線路沿い，河川や湿地帯などに自然発生的に形成されたが，その土地の制約によって極めて高密な状態で形成されてきた。都心部のスラムについては，都市の衛生環境の改善を目指すBITの施策などによって解体された例も多いが，一方で最大のスラムであるダラビのように，周縁部において長く存続している例も見られる。ブルーシートや煉瓦などアフォーダブルな材料で極めて密に構築された都市空間は，特異なランドスケープを形成している。

チョールもスラムも強い開発圧力にさらされている。他のアジア都市同様，新たに出現した都市中流層向けの高層フラットならびに都市のコンテクストとはまったく異なる大規模ショッピングモールの建設が都市のあらゆる場所で進んでおり，既存の超高密な都市空間はゆるやかに解体の方向に向かっている。

（池尻隆史）

South Asia 07: Baroda

【バローダ】保存的外科手術の街

インド，グジャラート州
Gujarat, India

　バローダはヒンドゥーの都市理念によって創設され，イスラーム・インパクトを受けて形成された「インド・イスラーム都市」である。『マーナサーラ』が理念型とする「同心方形囲帯構造」に類似した都市形態を持ち，また一般的に迷路状の街路網を特徴とするイスラーム都市を思わせる街区構成を特徴とする。

　英領時代のインドにおいて，1914〜22年の間にパトリック・ゲデスによって50余りの都市計画報告書が作成されたが，その主張である「保存的外科手術」が実施された町として知られる。

　バローダはアフマダーバードの南西100kmに位置し，グジャラート州で3番目に人口の多い都市である。グプタ朝，ラーシュトラクータ朝，チャルキヤ朝時代の地域の中心都市であり，ソランキ朝時代に大きく繁栄したといわれる。その歴史は，グジャラート王朝期以前（〜1408年），グジャラート王朝期（1408〜1573年），マラータ統治期（1753〜1817年），イギリス統治期（1817〜1947年）に分けられる。

　都市の中心施設としてムスリムによる最初の城砦が建設され，続いてガイクワード家によって2つの宮殿が建設される。旧市街周辺には主要な5つの貯水池がある。東北端のラジェ・タラウは，最初に造られた北東端の城砦で，外敵からの侵攻に対するバリアーの役割を果たし，当時は現在よりも大きなものであったと推察される。

　マハラジャ・サヤジ・ラオ3世によって，旧市街の西に，市役所や裁判所，大学，鉄道駅などの近代的施設が建設され，市街地は西へ拡大する。旧市街はほとんど変わらないが，新市街では現在も開発が進む。

　旧市街は，正確に東西，南北を向く2本の大通り（十字街）で正方形を4等分した，非常に整然とした形態をしている。市街地四辺のほぼ中央に，北門のチャンパネル門，南門のゲンディ門，東門のパニ門，西門のラヘリプラ門という4つの市門が設けられている。かつては市門同士をつなぐ市壁が市街地を囲んでいたが，現在では北西ブロックに一部を残すのみである（図1）。

　市街地の中心は広場状の交差点となり，その中央に，ムガル期に建設されたマンドヴィ門という4層の楼門が建つ。また，ガーイクワール期の王宮であったナザル・バーグ宮が北東ブロックの南西部ほぼ4分の1を占め，その対角線にあたる南西ブロックのマンドヴィ門からやや南の位置に，バローダのジャーミー・マスジッドが位置している。旧市街の

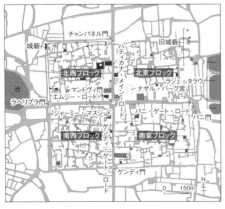

図1　旧市街の基本構成（鮫島 2010）

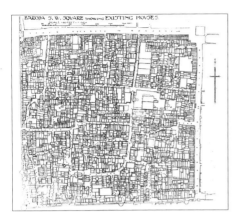

図2　ゲデスによる南西ブロックの住居配置図, 1916年（Geddes 1916）

図3　ゲデスによる南西ブロックの再開発計画, 1916年（Geddes 1916）

4つのブロック内は，細い路地が縦横に走り，3〜4階建てを中心とする住居が密集する，高密な集住空間が形成されている。

旧市街の南西と北西ブロックはヒンドゥー教徒の居住区で，南東ブロックがムスリムの居住区であるが，現在の宗教施設の分布から見ると，その住み分けは1916年と比べてほとんど変わっていない。それぞれの寺院には地区の住民が集まり，談笑する姿やお祈りをする姿などが見られ，現在もコミュニティの核として機能している。

各ブロックに井戸が非常に多く見られ，ほとんどの井戸に手押しポンプが設置されている。現在も，手洗いや水汲み，洗濯，食器洗いまで多様な用途で日常的に使われている。またヒンドゥー教寺院やモスクなどの宗教施設には最低1つの井戸が付属しており，各街区にも最低1つの井戸が設置されている。

街区構成として，街路はポル，プラ，ワド（ワダ），シェリ，カンチャ（カンチョー），モハッラなどと呼ばれ，分岐点などを境にしたある一定の範囲にそれぞれ固有の名前があり，それぞれの街路がひとつの街区を形成している。

南東ブロックにあるタズ・マスジッド周辺にはムスリムが居住し，周辺の2つの街区はモハッラと呼ばれている。南西ブロックにあるチタラワド・マスジッド周辺にもムスリムが集住する。

エムジー・ロードとゲンディー・ゲート・ロード沿いはバーザールとなっていて，小さな間口の商店が並ぶ。また，ブロックの南と西の両辺沿いは市壁が撤去され，現在は外周道路に面するが，その通り沿いにも商店が並ぶ。さらに，エムジー・ロード沿いの街区内部の建物も，1階部分はほとんどが商業空間となっている。

街路門がブロック内に数多く分布し，33ヶ所で確認できる。袋小路やカドゥキへの分岐点に設置されることが多く，街路上に建築物がまたがるトンネル状の門もある。

現在のバローダの都市空間や空間構成は，1916年のパトリック・ゲデスによる都市計画報告書（図2，3）と比べて見ると，大きく変化していない。ヒンドゥー都市を起源とし，イスラームの空間構成原理を内包しながら，パトリック・ゲデスの保存的外科手術という植民都市計画を受容したことで，当時と変わらぬ都市として生き続けているように思われる。

（鮫島拓）

South Asia 08: Goa

【ゴア】 ポルトガル領インドの首都

インド, ゴア州
Goa, India

ゴアはインド西岸中部に位置する港市である。海岸の数十km背後には，西ガーツ山脈が南北数百kmにわたって伸び，沿岸部の低地と亜大陸内部の高原とを隔てる。15世紀以降，デカン高原の有力王国であるヴィジャヤナガラ王国，ビジャープル朝のもとで，インド洋交易の荷下し港，かつ海岸から西ガーツ山脈の鞍部を越えてデカン高原へ至る陸上交通の起点として，前身となる町が成長した。最初の町は，インド洋に面するティスワディ島南側にズアリ川に面して位置した。1440年までに町は島北側のマンドヴィ川沿いに移され，ビジャープル朝時代には王国を支えるペルシア産軍馬の輸入港として，首都ビジャープルに次ぐ第二の都市へ成長した。

1510年に島はアフォンソ・デ・アルブケルケによって占領され，ビジャープル朝の都市を再編してポルトガルの町ゴアが建設される。町はその後中心を移動させながら，1530年からインドに合併される1961年まで，ポルトガル領インドの首都であり続け，総督の居所となった。16世紀中頃に市議会（カサ・ダ・カマラ）が設置され，都市（シダード）の地位が与えられる。本国の首都リスボンと同一の都市法が適用された特別な都市だった。

町は，建設当初からカトリックの布教政策が積極的に進められ，サンタ・カタリーナ礼拝堂を先駆として，司教座教会サンタ・カタリーナ教会をはじめとする教会群，フランシスコ会，イエズス会，アウグスティノ会，ドミニコ会，カルメル会の修道院群が，壮麗なバロック様式で都市の要所に建設された。1557年に大司教区となり，コーチン司教区，マラッカ司教区を統括するアジアにおける布教の中心となった。カトリックの受容は，ゴアン・カトリックなどの新たなカーストをインドに生んだ。日本を訪れたフランシスコ・ザビエルは，ゴアのサンパウロ・セミナリオを活動拠点としていた。その遺骸の安置されたボン・ジェズス教会は今日インド有数のカトリック聖地となっている。都市では，本国同様，またアジアの他のポルトガル植民都市同様，領主に相当する総督，司教，市民の三者が主要な住人かつ市街地の形成主体だった。

ゴアの町は，ビジャープル朝の町の街路や城壁，モスクなどの施設を再利用して建設された，城壁で囲われた町だった。建設から10年後には城壁内は建て詰まり，市街は，周囲を取り巻く丘の間を縫って伸びる幹線街路に沿って放射状に拡大した（図1）。図中央の環状街路の内側がビジャープル朝の町の範囲である。河岸から環状街路を横断し，市街地を南へ抜けてかつての町へ至るルア・ディレイタが都市軸だっ

図1 都市図, 16世紀末 (Nachinolkar 2002)

た。周囲の丘の斜面に教会などの記念建造物が建てられ，建造物の前にラルゴ（広場）が設けられた。ラルゴとセットになった記念建造物には幹線街路が接続され，ヴィスタの効いたバロックの都市景観が生み出された。ゴアを「東洋のローマ」とすることを目指した大司教アレイショ・デ・メネセスの施策による。街路には，2〜3階建てで瓦葺屋根，プラスター塗の白壁の住居が建ち並んだ。上階の壁面を飾ったのは，レコンキスタにより地中海のイスラーム文化圏から取り入れられた，ムシャラビ様式の木製格子（マシュラビーヤ）を持つ出窓だった。出窓の格子に嵌められた，平たい二枚貝の真珠層を研磨・整形したカレペスと呼ばれる透光性の薄片は，中国南部の明瓦がマカオなどから伝わったものと考えられる。

1543年には島を越えて領土拡張がなされ，北側のバルデス，南側のサルセテの両地域がゴアに編入された。16世紀末には人口30万人を数える世界有数の大都市となった。

16世紀末の隆盛は同時に，都市の崩壊の始まりでもあった。市街は上下水道，廃棄物回収の仕組みがないまま拡大し，汚物であふれた。水源は汚染され疫病の発生源となった。人口は，汚染された市街を離れて開拓の進むバルデスやサルセテへ流出した。1560年の異端審問所の設置もまた，非キリスト教徒を流出させた。17世紀は，政治経済上も自然現象でも厳しい時期だった。収入基盤であるペルシア馬の販売先だったヴィジャヤナガラ王国をビジャープル朝が破り，1614年にはデカン高原一帯に勢力を伸ばす。在地王朝や新たにインド洋交易へ参入したオランダ，イギリスの株式会社に各地の拠点は占拠・委譲され，貿易ネットワークは寸断された。河川に土砂が堆積し，港の存続に関わるほど深刻となっていた。都市は16世紀後半に建設された市街地を大きく囲む城壁によって在地勢力やオランダの包囲に耐えたが，本国ではブラジル開拓が優先され，積極的な対応はなされなかった。1685年に人口は2.2万人まで減少し，その大半を占めるのは聖職者だった。市民の流出は，マンドヴィ川下流のリバンダール，パネリム，パナジに新たに居住地を形成した。ゴアの市街地を形作った住居群は建材として解体された。1695年の伝染病を機に総督も大司教もパネリムへ居を移した。1684年から1712年に本国の指示で最新の手法による新首都建設が画策されるが，実現していない。

1750年以降に本国の宰相ポンバルの下で行われた改革を契機に，ゴアは大きく姿を変える。ポルトガルの海外領全域でグローバルに実施された，領土と産業を基礎とする国家形成を目指す改革の一環だった。1740年までにゴア，ダマン，ディウを残すのみとなったインドの拠点は，防衛に適した地形と経済的持続力を備えた国家へと再編され，1788年にポルトガル領インドが設立される。1759年から1834年にイエズス会をはじめとするキリスト教教団はポルトガル領インドから追放され，信教の自由（1755年），インド住民への本国住民と同一の権利付与（1774年）によって，国民形成が進められた。1755年地震後のリスボン再建で用いた都市建設技術を援用した，ゴアやパナジでの新首都建設構想（1774〜76年）は実現しなかったが，1759年に総督邸の移されたパナジは1843年に新ゴア（ノヴァ・ゴア）としてシダードへ昇格され，国家の統治を担う新首都となる。ゴアは密林に還り，パナジはグリッド状街路にアンピール様式の官庁施設群が建ち並ぶ都市として整備された。新首都では宗教施設は市街周縁に位置するのみで，住人はもっぱら国家の官僚と，国民となった世俗の人々だった。パナジは英領インドのボンベイに従属して発展し，1880年代にはイギリスの会社によって港湾開発とアメリカ式の鉄道町の建設がされた。　　（山田協太）

South Asia 09: Cochin

【コーチン】黒コショウから生まれた街

インド，ケーララ州
Kerala, India

コーチン（コーチ）の位置するマラバール海岸一帯は，南西モンスーンが西ガーツ山脈にもたらす多雨によって，香辛料として珍重されたコショウの世界最大の生育地となってきた。南西モンスーンはまた，人々の移動の原動力ともなってきた。1世紀に記された『エリュトラー海案内記』で，ヒッパロスの風と呼ばれた南西モンスーンに乗ると，紅海を出た船は直接マラバール海岸に到着する。こうして，マラバール海岸は，紀元前1世紀以来，コショウを求めてギリシャ・ローマ，アラブ，ペルシアの人々が来航するインド洋貿易の一大中心地となってきた。

同時にモンスーンは，時にサイクロンを伴い，西ガーツ山脈から流れる急勾配の河川を氾濫させ，地形変動をもたらしてきた。チェーラ朝と後期チェーラ朝の下で，コショウの積出港として前1世紀以来インド洋貿易の主要港だったムジリスは，1341年に起こったペリヤール川の氾濫で土砂に埋もれた。この氾濫によって，ムジリスにほど近いコーチンが，マラバール海岸の港市として成長を始める。氾濫で運ばれた土砂は，コーチンに，陸地に沿って帯状に伸びる海上の砂州を形成し，また，陸地と砂州に挟まれてモンスーンの荒波から守られた，バックウォーターと呼ばれる内海を形成した。氾濫後すぐに，内海に面する砂州上に，領主の宮殿と，それに隣接してユダヤ教徒とムスリムの居住地が建設され，マッタンチェリーと呼ばれる地区が形成された。また，14世紀末までに，中国の仏教寺院が建設され，鄭和の艦隊が寄港したことが知られる。

他方で，12世紀以降，後期チェーラ朝が解体する中で，マラバール海岸の中心港は，9世紀中頃から南インド一帯で本格化したムスリム，ユダヤ教徒，シリア・キリスト教徒商人の移住の主要な受皿となった，地方王権の都クイロンとカリカットへ移っていた。貿易の主導権はクイロンとカリカットの王権の間で争われ，コーチンはこれらの王権に従属する地方領主の港だった。

1498年にインド洋貿易に参入したポルトガルが拠点を置いたことで，コーチンは，マラバール海岸の中心港へ成長する。ポルトガルは1503年に，マッタンチェリーから隔たった，外洋と内海とが交わる砂州北端の水路に面して，アジア初となる多角形のヨーロッパ式要塞を建設した。1505年には，コーチンを首都として，アジアにおけるポルトガルの植民地統治機構，インディア領が設置される。コショウ貿易，造船業の中心として市街は拡大し，1527年にシダードの地位を得た。イン

図1　ポルトガル時代の都市図，1635年
(Bocarro 1992)

ディア領の首都は1530年にゴアに移されるが，その後も，北東モンスーンを受けてリスボンへ戻る船の出港地として，インディア領で第二の規模を誇った。1558年にサンタ・クルツ教会が司教座教会となり，コーチン管区が設立される。オランダのインド洋貿易への参入に備えて，1600〜10年にポルトガルの市街は城壁で囲われて城塞となった（図1）。

16世紀の他のポルトガル植民都市同様，市街は，ルア・ディレイタを軸として形成され，①インディア領の軍事，外交，貿易に関わる要塞やコショウ取引所，②世俗の生活に関わる市庁舎や病院，③宗教，信仰に関わる教会，修道院，宗教裁判所など，都市の存続に関わる3種類の施設が立地した。水路に面する，矩形で中庭型の要塞兼市庁舎と，その西（下）の司教座教会の間からルア・ディレイタが南（右）へ伸びる。市街南（右）側に一部見られる，直交街路と矩形の街区は新たな試みである。城塞内に住むのは基本的にカトリックだったが，市街外縁にはムスリムも居住した。

1663年にオランダ東インド会社（VOC）がコーチンを占領する。VOCもコーチンをマラバール海岸の拠点とし，1665年にポルトガルの城塞を縮小，再編する（図2）。城壁の北端で水路に通じ，城壁に沿って南西へ伸びた後に南へ屈曲して市街地へ入る運河が建設され，都市の新たな軸線となった。運河沿いには，船の艤装具製造所や倉庫，司令官邸宅，広場などVOCの施設が配置された（図2の①）。運河の終点は広場である。運河の南東に位置する市街（図2の②）では，ポルトガル時代の街区，街路が継承された。17世紀のポルトガルの都市型住居の特徴である，瓦葺きの寄棟屋根を部屋ごとに架けた，壁の厚い2階建て住居が現存する，アジアで唯一の市街地である。広場の西に隣接する田字型の市街（図2の③）は，1680年代に新たに造成され，南アジアのオランダ植民都市ナーガパッティナム

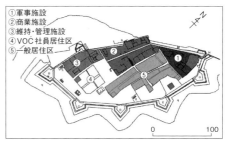

図2　オランダ東インド会社による地図，1767年（筆者作製）

（インド），ゴール（スリランカ），コロンボ（スリランカ）と同様，ヴェランダを持つ平屋のオランダ式タウンハウスが建設された。

ラージャの宮殿，その周囲のユダヤ教徒やムスリムの商人集団の居住地，VOCの城塞の集合として，港市コーチンは形成されていた。

18世紀後半になると，ムガル帝国が衰退し，インド亜大陸では動乱が続く。1776年にマラバール海岸一帯はデカン高原から侵攻したマイソール王国の支配下に入り，VOCの活動は停滞した。1795年には，フランス革命への対応として，城塞はイギリス東インド会社に占領され，以後1947年のインド独立までイギリスに統治される。1803年に城壁が解体される。VOC時代を踏襲して，マッタンチェリーをはじめとする城塞以外の土地はコーチン藩王国の統治下に置かれた。コショウは大きな収益の上がる品ではなくなっていたが，同じく西ガーツ山脈に育つチーク材の需要が伸び，インド有数の造船地となった。1869年にスエズ運河が開通すると，ヨーロッパと東アジアとを結ぶ幹線航路の補給港となって発展を続けた。

1920〜40年に港の浚渫と人工島ウィリンドン島の築造が行われたことでインド有数の港となり，新市街が対岸の陸地エルナクラムに発達した。港市時代の市街は，大きな改変を受けずに継承され，今日でもコショウ取引の中心地となっている。
　　　　　　　　　　　　　　　（山田協太）

South Asia 10: Kozhikode (Calicut)

【コージコード（カリカット）】キャラコの港市

インド，ケーララ州
Kerala, India

カリカットは，インド南西部のアラビア海に面したマラバール海岸に位置する古くからの港市である。ムスリム商人がカレクーと呼んだ寄港地で，イブン・バットゥータや鄭和が寄港したことでも知られる。ヴァスコ・ダ・ガマが来航（1498年）して以降，ポルトガル，オランダ，イギリスの拠点となり，インド綿織物の輸出港として知られるようになった。カリカットはキャラコの語源である。

マラバール地方はインド洋交易の重要な拠点として発展してきたが，中でもカリカットは中世においてインド洋交易の要衝として栄え，その後も20世紀半ばに至るまで香辛料・木材貿易の主要な港市として発展してきた。インドのアラビア海沿岸やベンガル湾沿岸の港市と同じようにアラブ系・ペルシア系ムスリム商人や船員たちの滞留を起源とし，古来ムスリム・コミュニティが形成されてきた。マラバール地方は，熱帯モンスーン気候に属し，モンスーンの影響を受ける多雨地域で，樹木が豊富なため，木造建築の伝統を持つ。

カリカットの南西部，南北約1km，東西約700mのクティチラ（「大きな池」の意）と呼ばれる貯水池を中心としたクティチラ地区は，ジャイナ教徒，ヒンドゥー教徒，ムスリムがそれぞれの宗教施設の分布に対応する形で居住区を形成し，コミュニティごとの明確な住み分けが見られる（図1）。

北西の一角には，グジャラート州のカーティアワール地方（サウラーシュトラ）から移住したヒンドゥー教徒の商人が居住する。北東には，グジャラートのカッチ地方から移住したジャイナ教徒の商人が，居住区全体を壁で囲んで集住している。

グジャラティ商人は，中世の時代から居住していたと考えられているが，現在クティチラ地区に居住するヒンドゥー教徒とジャイナ教徒は，ほとんどが約100～150年前にこの地区に移住してきたグジャラティの子孫である。その他の大部分に居住するのが，住民の大多数を占めるムスリムである。地区内では，ヒンドゥー教寺院2棟，ジャイナ教寺院1棟

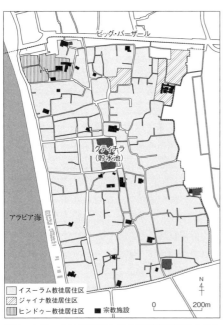

図1　クティチラ地区における宗教別居住区の分布
（中島 2011）

に対し，21棟のモスクが確認できることからも，ムスリム人口の大きさが窺える。

モスクのうちミスカル・パッリは14世紀半ば，ジャーミー・マスジッドは14〜15世紀，ムチュチャンディ・パッリは13〜14世紀の建設とされ，13〜14世紀にはすでにクティチラ地区にムスリムが居住していたことになる。また4棟のモスクにケーララの木造建築の伝統が採用されているのが特徴である（図2）。

街路は基本的に4つのレヴェルに分けられる。第1は主要道路，第2はそこから分岐し主要街路同士を結ぶ通過街路で，これらの街路によって市街地は街区へと細分化される。さらに第3は，街区の内部に分岐する路地，そして袋小路である。街路体系はイスラーム圏の都市の歴史的旧市街に見られる，複雑に入り組み，袋小路の多い，いわゆる迷路的なパターンである。

クティチラ地区は，ビッグ・バーザールやハルワ・バーザールなど主要街路沿いに商業施設が線状に形成され，その内部は居住地となり，両者は明確に分けられている。

地区内部の居住地には，基本的に組石造の1〜2階建ての住居が分布し，その中には，タラワードと呼ばれる大規模な住居が，クティチラ池周辺や地区の主要街路沿いに分布している。独立住居がオープンスペースを伴って分布し，壁を共有した住居が連続的に密集するインド西部や北部の都市の高密な街区と異なり，住居密度は低い。

クティチラ地区のムスリムは，マラバールに広く分布するマーピラ・ムスリムのサブ・カーストであるコヤ・ムスリムである。コヤ・ムスリムは，アラブの商人とヒンドゥーの高位カーストであるナーヤルの女性との子孫あるいは，ムスリムに改宗したナーヤルの子孫をいう。マラバールにおけるコヤ以外のマーピラ・ムスリムが父系制のコミュニティを形成するのに対して，コヤはマーピラ・ムスリ

図2　ミスカル・パッリ（筆者撮影）

ムの中で唯一，ナーヤルの伝統を受け継いだ母系制のコミュニティを形成し，その大家族はタラワードと呼ばれる独自の住居形式を持つ。住居形式の原型も，ヒンドゥーのナーヤルの住居であるナルケットゥに基づいていると考えられている。ナーヤルの住居は，古代のインドの建築論である「ヴァーストゥ・ヴィドヤー」である「タックシャーストラ」により，敷地や家屋の配置，建材，寸法，細部の様式が厳密に決められる。コヤ・ムスリムの母系制のもとでは，タラワードの女性構成メンバーは結婚後も生まれた家にとどまる。プティヤッブラと呼ばれる夫は，他家から妻の家に婿入りする。あるいは元の家にとどまり，夜のみ妻の家で過ごす妻問い婚も見られる。家族内の女性が結婚すると，マニアラと呼ばれる結婚生活用の新たな独立した部屋が新設される。そのため，女性の数が増えると新たな住棟が増築され，20〜40という多数の部屋を持つタラワードも存在する。

地区内のタラワードは19世紀半ばから20世紀初頭にかけて建設されている。住居は基本的に平入の2階建てで，ラテライト造の上にチーク材を主とした木造架構の屋根が載る。

（中島佳一）

South Asia 11: Jaipur

【ジャイプル】ジャイ・シン2世の王都

インド，ラージャスターン州
Rajasthan, India

　ジャイプルは，マハラジャ（藩王）であり，政治家であり，武人，天文学者・数学者でもあったジャイ・シン2世（1688〜1743年）によって建設された。ジャイプルとは，「ジャイ・シンの都市（プル）」という意味である。ヒンドゥーのコスモロジーに基づいて，中心に王宮と最も重要な寺院ゴヴィンダデーヴァ，ジャンタル・マンタル（天文台）（図1）を置き，整然としたグリッド街区によって構成される，実にユニークな都市である。時を経て，ラム・シン（1835〜80年）が大英帝国ヴィクトリア女王の夫君アルバート公の訪問（1853年）の際に「歓迎」を意味するピンク色で建物のファサードを統一して以降，ピンク・シティと呼ばれる。ラージャスターンの州都であり，行政，交易の中心都市として，その建設当初から金融と宝飾，とりわけエメラルドの都市として知られる。

　建築家としてヴィディヤダールの名が知られるが，全体は格子状の街路によって計画され，中央東西には，西のチャンドポール（月）門からスーラジポール（日）門まで幹線街路が一直線に走り，間口2間ほどの店舗が連なるバーザールが両側に並ぶ（図2）。また，東西南北の幹線街路の交差点にはチョウパルと呼ばれる350フィート四方の広場が置かれる。バーザールとチョウパルによって予め都市の骨格を定めた上で，個々のハヴェリ（中庭式住居）が建設される。ハヴェリの建設にあたっては，高さなどヴィディヤダールの指示に従うことが求められた。

　ジャイプルには，多くの行政官や軍人が居住したが，その行政官の俸給として与えられた土地をジャギルといい，ジャイプルに土地を所有する層はジャギルダールと呼ばれる。18世紀後半には，彼らのために住居を建設し，年収の1割を徴収する施策が採られた。起工式は，1727年11月29日とされるが，ジャンタル・マンタルは，前もって建設が開始されている。1729年には，現在に残る市壁，市門すなわち外形は完成し，主要な街区は，1734年までに完成している。統一的な都市景観は最初期に形成されるが，現在の形態ができあがるのは19世紀末のことである（図3）。

図1　ジャンタル・マンタル（筆者撮影）

図2　バーザールの景観（筆者撮影）

図3　都市図, 1881年 (Roy 1978)

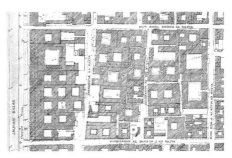

図4　インド調査局によるジャイプルの街区, 1925～28年 (Survey of India)

ジャイプルの全体は, ナイン・スクエア (3×3＝9分割) システムあるいは9×9のプルシャ・マンダラに基づいて街区 (チョウクリ) に分割されているが, 完全な形をしているわけではない。北西部は, ナハルガル城砦が築かれた山によって街区が欠け, 南東部は東に1街区突出する形になっている。また, 全体は正南北ではなく約15度時計回りに傾いている。東南部の突出については, 北西の区画が山腹にかかって実現できないため, 東南部にその代替を計画したという説がある。また, グリッドが傾いているのは, ジャイ・シンの星座である獅子座の方向に合わせたという説, また, 軸線の傾きは日影をつくり, 風の道を考慮したためだという説がある。

東西南北の幹線街路によって区切られるチョウクリの大きさは必ずしも一定ではないが, 街路寸法にははっきりとしたランクがあり (100フィート (30.48m), 50フィート (15.24m), 25フィート (7.62m), 12.5フィート (3.81m)), ヒエラルキーに従って住区を構成する計画理念があったと考えられる。

住居は基本的にはハヴェリと呼ばれる中庭式住居であり, 中庭式住居を並べることによって街区が構成される。(図4)。当初は平屋もしくは2階建てであったが, 現在は, 4～6階建てが一般的である。現在まで残っている歴史的なハヴェリは, ジャイ・シンが招いた有力商人の建設したものである。

19世紀に入ると, マラータ族の侵入によってジャイプルは衰退するが, ラム・シンの治世に, 再び活況を呈する。水道, ガス灯が設置され, 病院, 学校, 大学, 博物館が建設された。マド・シン3世 (1880～1922年) の治世は再び衰退の時代となる。マン・シン2世 (1922～40年) の治世となると, 市の行政は州議会によって執行されるようになる (1926年)。そして, 1930年代以降, 人口増加が始まる。1931～41年の10年は市壁外, 特に南部郊外の人口増加が大きい。大学, 病院が建設されるなど市街の開発が行われ, 多くの人々が市の南部に住居を建設し始めるのである。

戦後の変化は著しい。独立 (1947年) 直後には約40万人に膨れ上がっている。第二次世界大戦後に多くの工場が立地し始めたことが人口増加の要因である。そして, その後も人口増加は続き, 現在は300万人を超える都市となり, 城壁内への地下鉄の敷設など, 大きく変容しつつある。

(布野修司)

South Asia 12: Chandigarh

【チャンディーガル】ル・コルビュジエの理想都市

インド,チャンディーガル連邦直轄領
Chandigarh Union Territory, India

　インド北部,ヒマラヤ山脈の南縁にあたるシワリク丘陵南麓の扇状地に,パンジャーブとハリヤーナー両州の州都として建設されたチャンディーガルは,ル・コルビュジエによるモダニズムの計画都市として知られる。インド・パキスタン分離独立（1947年）によりパキスタン領となった旧州都ラーホールのかわりに,インド初代首相ネルーの言葉を借りれば「過去の伝統に囚われないインドの自由を象徴する新都市」として構想された。都市の名称は,同地にあった女神チャンディーを祀る寺院に由来する。ガルは「砦」の意である。

　1949年,当初新州都の設計を依頼されたA・メイヤーとM・ノヴィツキーにより基本計画が作成されるが,1950年のノヴィツキーの死により計画は中断,コルビュジエに引き継がれる。建築設計にはほかに,M・フライ,J・ドリュー,P・ジャンヌレが参画した。1952年,メイヤーとノヴィツキーの基本計画を修正した第一期計画が完成する。コルビュジエは「ヴォワザン計画」など多くの都市計画の構想を発表してきたが,チャンディーガルは彼の都市計画理念が実現された唯一の都市とされる。第一期計画では,人工湖と29の長方形のセクター（街区）からなる人口15万人の都市であったが,第二期計画ではより高密で産業・商業の比重を高めた,35万人を収容する17のセクターが追加された。その後もさら

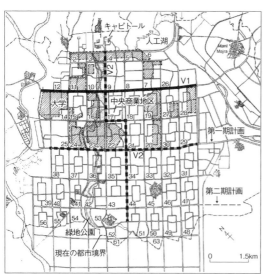

図1　都市図,1999年（Joshi 1999,筆者加筆）

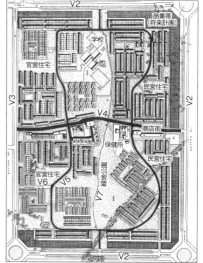

図2　セクター22の計画時の構成
（Evenson 1966,筆者加筆）

に成長が続き，現在セクターは63まで増加している。都市人口は2001年時点で約80万人，2021年には195万人になると予測されている。

都市の軸線は，扇状地の地形に従って四方位から約45度傾いており，全体がグリッド状の街路で覆われている（図1）。都市の骨格は「7つのV」（フランス語の道路voieの頭文字）と称される，移動速度と用途に応じて分化した道路体系である。V1〜3は自動車による高速移動のための道（V1：他都市へ至る幹線，V2：官庁街や商業地区をつなぐ都市内幹線，V3：グリッドを構成する幅30mの自動車用主要道），V4〜7はセクター内の生活道である（V4：商店街を形成する主要道路，V5：セクター内の支道，V6：住宅にアクセスする道，V7：緑地を通る徒歩と自転車の道）。建設当初は，インドの実情にそぐわない近代都市計画の押しつけとの批判もあった壮大な道路体系であるが，その後の自動車交通の激増にもよく耐え，建設60年を経た今なお，都市の骨格として機能している。

グリッド状のV3道路により区画された800×1200mのセクターが，都市の基本単位である。都市北東部の高所に，議事堂や総合庁舎，最高裁判所などの重要施設が集まるキャピトールが配される（セクター1，以下S1などと表記）。その南東に造成された人工湖の周囲は，都市のレジャーゾーンである。北西部にはパンジャーブ大学（S14），中央には長距離バスターミナルを備える中央商業地区が配される（S17）。全体として，キャピトールが頭，中央商業地区は心臓，湖と緑地公園は肺，街路は循環器系といったように，各部が人体に対応した有機的都市として構想されている。工業地区は，市街への汚染を考慮して，主にグリッドの外側の南東部に配されている。その他のセクターは，基本的に居住地区である。

各居住セクターは，日常生活がその内部で完結しうるように，セクターを蛇行しながら横断するV4道路を中心に，住宅や学校，保健所，コミュニティセンター，商店，映画館，広場，レクリエーションセンター，宿泊施設，宗教施設などの生活関連諸施設と緑地公園を備えている（図2）。セクター内の移動は基本的に徒歩や自転車であり，セクター間の移動には自動車やバスなどが想定されている。緑地公園は，セクターをまたいで北東から南西へ扇状地の勾配に沿って都市を縦断しており，V3道路沿いに整備された並木とあわせて，都市に「ガーデンシティ」と称するにふさわしい潤いとオープンスペースを供給している。

セクター内の住宅地の基調をなすのは，都市建設の初期段階にジャンヌレとフライ，ドリューらにより設計された官営住宅群である。インドに伝統的なカーストや宗教別の住み分けのかわりに，低所得労働者から高級官吏まで経済的階層に応じた13種が用意された。中心的に建設されたのは，低〜中所得者向けのコンクリートとレンガや自然石を混用した低層の長屋式集合住宅であった（図3）。小規模なものは2室と水周りからなり床面積32m^{2}程度であるが，モダニズムの建築言語を用いながらも，煉瓦の凹凸による外壁面への日射の制御や中庭・屋上の活用など，高温多湿の気候へ対応する各種の工夫が施されている。しかし住宅供給（特に貧困層向けの）は慢性的に不足しており，グリッド外縁や未開発セクターに広がるスラムは，都市の抱える大きな問題のひとつとなっている。（柳沢究）

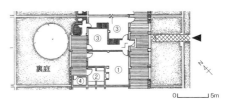

図3　低所得者向けの官営住宅（Joshi 1999）
①居間・食堂，②キッチン，③寝室，④倉庫

South Asia 13: Delhi

【デリー】 2つの帝都を飲み込むメガシティ

インド，デリー首都圏，首都
Capital, National Capital Region, India

　デリーは，ヤムナー川とアラヴァリ山地北端の丘陵に囲まれた，いわゆるデリー三角地に位置し，古来多くの王都が置かれてきた。①インドラプラスタ，②ディッリー，③ラール・コートとキラー・ラーイー・ピタウラー，④シーリー，⑤トゥグルカーバード，⑥ジャハーンパーナー，⑦フィーローザーバードという歴代王都の遺跡群は，「ローマの7つの丘」になぞらえて「デリー七都」とも呼ばれる（図1）。

　そして，ムガル帝国（デリー）と大英インド帝国（ニューデリー）の2つの帝都となるが，その2つの帝都の都市の骨格は，アジア有数のメガシティとなった今日のデリーにも窺うことができる。

　ムガル帝国の初代皇帝バーブル（在位526～30年）はデリーで建国を宣言するが，初期の帝都の中心は移動するオルド（宮廷）で，アーグラ，ファテプール・シークリー，ラーホールなどが拠点とされてきた。デリーを帝都としたのは第5代シャージャハーンである。

　シャー・ジャハーンの都市（シャージャハーナーバード）と呼ばれた帝都の宮城は，赤砂岩の城壁からラール・キラと呼ばれる。全体の計画は，長方形を面取りした八角形をベースとし，正南北の方位に合わせた1辺82mすなわち100ガズの正方形グリッドによって構成されている（図2）。

　宮城はアクバラーバード門とサリームガル門とを結ぶ南北の通りによって2つの区画に分けられている。ヤムナー川に面した東側の区画は，皇帝の政務および私的生活の場である宮域で，外部との通路は限られている。宮城の西側の区画には，一般の居住区が設けられ，かなりの人口を擁し，ラホール門からジラウ・カーナの西端までは，屋根付きのバーザールが設けられていた。地上の楽園に見立てられた王宮にはナフル・イ・ベヘシュト（楽園の水路）が張り巡らされ，城内を流れた水は，最後には宮城を囲む堀へと流れていく設計である。

　シャー・ジャハーンが新都に入城した1648年以降，さらにチャンドニー・チョウクとファイズ・バーザールの2つの大通りや，ジャーマ・マスジッド（金曜モスク）をはじめとする主要なモスク，ジャーマ・マスジッド周辺のバーザール，市壁，庭園，水路システムなどの建設が続けられ，都市の骨格が形成されて

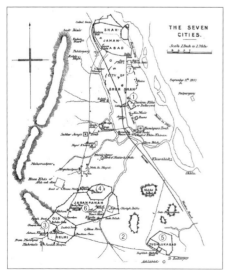

図1　デリーに築かれた歴代の都市（デリー七都）
（Hearn 1906, 筆者加筆）

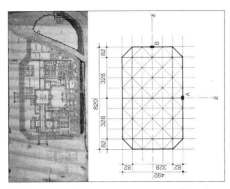

図2　18世紀に描かれたラール・キラのプラン(Gole 1989)と計画寸法(Koch 1991)

図3　シャージャーハーナーバード，19世紀半ば (Ehlers and Krafft 1993)

いった。市壁が完成するのは1658年である。

　18世紀には，チャンドニー・チョウク北側の上流階級の邸宅や庭園，宮殿が並ぶ地区，大多数の都市住民が居住していた南側の地区，キリスト教宣教師やヨーロッパ人商人たちが居住していたヤムナー川とファイズ・バーザールの間のダリアガンジュ地区の大きく3つの区域が形成されていた。

　ムガル朝の皇帝は19代続いたが，第6代皇帝アウラングゼーブの死（1707年）以降，混乱が続き，西欧列強が侵攻してくる。第二次マラータ戦争（1802〜05年）中にデリーはイギリス軍に占領され，ムガル宮廷の高官たちの宮殿が占めていた城内北東端の地区がイギリス勢力のレジデンシー（総督代理公邸）や兵舎，弾薬庫へと改変され，ダリアガンジュ地区にはインド人傭兵たちの軍営が置かれた。イギリス軍は丘陵地にカントンメント（兵営地）を設営し，北部にイギリス人の居住区であるシヴィル・ラインズが建設された。デリーの初のセンサス（1833年）によると人口は11万9800人，1843年には13万1000人，1853年には15万1000人の都市であった（図3）。

　インド大反乱後，1858年にインドはイギリスの直接統治下に置かれる。1866年には，市街地を貫いて鉄道や駅，接続道路が建設されるなど，シャージャーハーナーバードは大きく改変される。デリーにとって決定的な転換になったのは，1911年のジョージ5世によるデリーへの遷都決定である。建築家エドウィン・ラッチェンス（1869〜1944年）を中心に新都ニューデリーの計画案がまとめられ，建設が開始され，1931年に落成する。このニューデリー計画は，プレトリアやキャンベラとともに大英帝国の植民地首都の完成形態といってよく，第二次世界大戦後独立していくアジアやアフリカ，ラテンアメリカ諸国の首都計画のモデルとなる。

　そしてオールドデリーも1947年の分離独立によって大きく変わる。多くのムスリムの流出とパンジャーブからの大量の移民の流入，さらにデリーの急激な人口増加により，多くの地区で，ほとんど全面的な住民の入れ替えが起こった。現在も，ムガル帝国に遡るハヴェリの形態もわずかに残るが，狭小住居が密集する。1941〜51年の10年間でオールドデリーの人口は2倍以上になっている。

　分離独立後のデリーは急激な都市化によってアジア有数のプライメイトシティとなり，深刻な都市問題，居住問題を数多く抱えてしまう。新旧2つのデリーを包括的に整備する近代的都市計画の体系と手法が導入されたが，多くの問題は未解決のまま今日に至っている。

(布野修司)

South Asia 14: Agra, Fatehpur Sikri

【アーグラ，ファテープル・シークリー】アクバルの都

インド，ウッタル・プラデーシュ州
Uttar Pradesh, India

ムガル朝を興したバーブルは，インド支配の拠点としてアーグラの地を選ぶ。その後，ムガル朝の首都はファテープル・シークリー，ラーホールと移り，シャー・ジャハーンのシャージャーハーナーバード建設によって，最終的にデリーが帝都となる。しかしその後もアーグラとファテープル・シークリー，ラーホールの3都市はムガル朝の中枢都市の座を維持する。

アーグラはインド北西部，デリーの南約200kmに位置し，タージ・マハルの所在地として名高い（図1）。その起源は16世紀初めにローディー朝のシカンダルによって建設された都市に遡る。南北に流れるヤムナー川が西に大きく湾曲する東岸に城砦が築かれ，城砦とは別にやや離れたところに都市が発達した。

1565年，第3代皇帝アクバルは，ヤムナー川の西岸のワーディー朝時代から残るバダンガル砦を解体し，アーグラ城（図2）を建設する。都市の中心はヤムナー川西岸に移り，今日のアーグラの骨格ができあがる。都市は「アクバラーバード」と名づけられる。

一方，アクバルは1569年にファテープル・シークリーの建設を始め，1574～84年はそこを首都とする。さらにその後1598年までラーホールに首都を移している。ただ，この間，アーグラは実質的にムガル朝の首都の地位を保ち続けた。

バーブルからアウラングゼーブまで4代の皇帝により整備されたラール・キラ（赤い城）と呼ばれるアーグラ城城内には，ディワーニ・アーム（公謁殿），ディワーニ・カース（内謁殿）といった宮廷施設や後宮，モーティー・マスジッド（真珠モスク）と呼ばれる王室専用モスクのほか，バーザールまで設けられた。

インド古代の建築書で『マーナサーラ』における「カールムカ」のモデルが採用されたという説があるが，18世紀のアーグラを描いた地図を見ると，以下のようなことが分かる。

①アーグラ城を中心として都市が形成されたが，市壁は存在せず，タージ・マハルがもうひとつの核となっていた。

②ヤムナー川に沿って貴族や諸侯のハヴェリが多数建設され，ヤムナー川河岸が高級住宅地を形成していた。

③アーグラ城の西側に広場状の大バーザールがあり，そこから伸びる通りのいくつかはバーザールとなっていた。

④広場から北へ伸びる通りを中心軸とし，ジャーミー・マスジッドやアクバリー・マスジッドなど主要な宗教施設がその通り沿いに配された。

図1　タージ・マハル（筆者撮影）

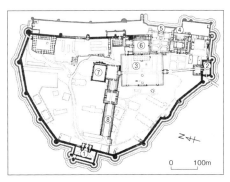

図2　アーグラ城平面図(Koch 1991)
①デリー門(ハティ・ポール,象の門)
②アマル・シン門とアクバリー門
③公謁殿　　④ジャハーンギール殿
⑤寝殿　　　⑥内謁殿
⑦真珠モスク　⑧バーザール街

図3　ファテープル・シークリー王宮地区(Tadgell 1990)

　⑤バーザールとなっている主要な通りから細い路地が伸び，それらは狭く，不規則に曲がりくねりながら迷路状の街路ネットワークとなり，居住地区を形成していた。
　ファテープル・シークリーはアクバルの計画のもと，ムスリム建築家ワハーブッディーンとムハンマド・ヤクブによって設計された。王宮は，極めて整然と計画されている(図3)。
　アーグラは，王宮やジャーミー・マスジッドなどの宗教施設，バーザール・キャラバンサライといった商業施設などから構成されるが，河川の沿岸に立地していないため，水の確保は都市の死活問題であった。水源は地下水または雨水で，それを確保し利用するためにバーオリー(階段井戸)や深掘井戸，ビルカ(地下貯水池)といった施設が造られた。ビルカは，王宮の正方形の貯水池の下，ジャーミー・マスジッド中庭の地下などに設けられた。さらにキャラバンサライの北西にも井戸が設置されている。
　ファテープル・シークリーの都市構成の特質を挙げると以下のようになる。
　①岩石台地を中心軸とするほぼ長方形の範囲を都市の領域として市壁で囲み，その岩石丘上に都市の主要施設を配した。また丘陵地区をムスリムの居住地とし，丘下をヒンドゥー教徒の居住地とするなど，都市空間の大まかなゾーニングが行われた。
　②王宮を城壁で囲む城砦化をせず，他の宗教的・商業的施設と一体的に計画された。軍事都市としてよりも行政機能を重視した都市であった。
　③都市内に主要幹線道路を計画的に敷設し，市街地空間の形成，発展にひとつの秩序を与えようとする意図が見られる。
　シャー・ジャハーンのデリー遷都によって，アーグラは首都の座を譲ることとなる。その後，ムガル朝の衰退とともに18世紀後半にはジャート族やマラータ族などの侵攻，掠奪に遭い，19世紀の初頭にはイギリス東インド会社領に編入された。当時アーグラは衰退の極みにあり，人口は3万人ほどだったといわれる。しかしその後，イギリスによってアーグラ城の南方にカントンメント(兵営地区)が，北西方には行政機関，病院などを核とする新市街が形成され，アーグラは新旧の両市街からなる都市へと発展していくことになった。
　　　　　　　　　　　　　　　(布野修司)

South Asia 15: Varanasi

【ヴァーラーナシー】ヒンドゥー教の聖都

インド，ウッタル・プラデーシュ州
Uttar Pradesh, India

　ヴァーラーナシーは，北インドにおけるヒンドゥー教の一大聖地として発達してきた。ガンジス川にはヒンドゥー教徒によって神聖な場として多数のガートが建設されてきた。こうしたガートのほか，多数の寺院や巡礼路があることから，ヒンドゥー教徒の重要な聖都として毎年100万人の巡礼者が訪れるといわれる。

　ヴァーラーナシーは，その3000年の歴史において，支配体制の変遷に伴って改造，再編を繰り返し，大きく変容してきたが，3つの都市核と幹線道路，ガンジス川沿いのガートを都市の骨格としてきた。そしてヒンドゥー教の寺院や祠，体系化された巡礼路が多数存在する高密な旧市街地を形成してきた。

　紀元前6世紀頃には北インドで栄えた16大国のひとつカーシー国の首都となり，ガンジス川中流域の政治・経済・文化・宗教の中心都市として栄えた。同時代に，現在の都市北郊10kmにあるサールナートでブッダによる初転法輪が行われたといわれる。4世紀以降はヒンドゥー王権が地域を支配し，数多くの寺院や祠・聖地が建設され，移住者も増加した。支配的であったのはシヴァ崇拝である。12世紀までにはヒンドゥー教寺院や祠，聖地を関連づける形で聖域および巡礼路が確立され，ヴァーラーナシーは北インドにおいて最も重要なヒンドゥー教の聖地となる。

　しかし12世紀末にムスリム勢力が侵入，北部を占領すると，もとの住民は主に南・西部へ移動し，寺院や聖地も新たに建設された。以降18世紀後半まではイスラーム支配時代と

図1　旧市街の概要図（柳沢 2008，筆者加筆）

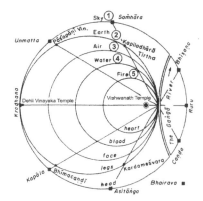

図2　同心円をなす5つの巡礼路の模式図
（Singh 2002）

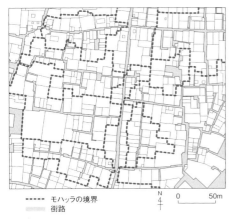

図3　カリカ・ガリー地区における街区構成（筆者作製）

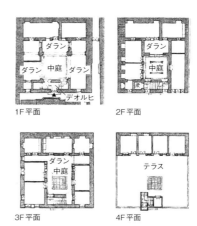

図4　都市住居の基本構成（Coute and Leger 1989）

なり，居住地構成は大きく変化し，都市域も拡大する。イギリス植民地時代にはヒンドゥー教支配にもどり，イスラーム支配時代に破壊された多数の寺院や宗教施設が再建される。

都市形態にはガンジス川の氾濫と地形が大きく起因している。都市の起源は地形的に最も高い位置を占めている現在の市街地北部のラージガート台地一帯である。ここから南部へ雨季の増水レヴェルより高い河岸の自然堤防上で市街地は拡大していく。その後，3つの小高い丘を中心とする居住地が形成され，それらを核に都市が発展する。丘の頂点には寺院が建設され，聖域となるとともに巡礼路の中心として機能していく。それぞれオームカレシュワラ，ヴィシュワナート，ケダレシュワラの寺院を中心とした3つの聖域が成立した（図1）。

古代の幹線道路はガンジス川に並行して上記の3つのエリアを結びつける形で形成された。その幹線道路より，河岸へと通じる路地が形成され，ガートが形成された。さらに市街地の拡大とともに新たな街路が，幹線道路に並行するように，内陸部に形成されていく。

多数のヒンドゥー教寺院・祠と体系化された巡礼路のうち，ヴィシュワナート寺院を中心とした同心円をなす5つの巡礼路が最も重要視されている（図2）。同心円をなす巡礼路は中心に向かうにつれ聖性が高まっていくといわれ，重要な宗教施設が集中する。これら巡礼路の聖域群は総体として古代インドのコスモロジーを具現化したものという説がある。

最小の社会組織はモハッラと呼ばれる近隣単位である。かつては徴税単位，自治単位であり，現在も祝祭時の単位として機能し，住民は職業・宗教別にモハッラごとに住み分ける傾向が残っている。その設立経緯や住民構成などにより規模や境界形式が異なる。新設されたものと既存市街地を再編成したものがあり，街路を中心とした両側町型と街区内に境界を持ち内部に複数の街路を内包した領域型に大別される（図3）。

都市住居は迷路状で，複雑な街路形態に反してその輪郭はほぼ矩形である。中庭とそれに面して半屋外空間であるダランおよび諸室が囲むという基本構成になっている。住居の規模や形態に応じて中庭に面するダランの数に差異が生まれる（図4）。　　　（中濱春洋）

South Asia 16: Kolkata

【コルカタ】混沌の宮殿都市

インド，西ベンガル州
West Bengal, India

　コルカタはベンガル湾最深部，現在はガンジス川の支流となっているフーグリー川の河畔に位置する。都市圏人口は1400万人余り，市中心部で約450万の人口を有する（2011年）。東インド最大の都市であり，西ベンガル州の政治経済の中心都市である。

　この都市の起源も，チェンナイ（マドラス）と同じく，インドにおけるイギリス植民拠点となった17世紀末に遡る。かつてカルカッタと呼ばれた英領インド＝インド帝国の首都であり，1911年のデリー遷都に至るまでイギリスのインド統治の中心であった。

　コルカタの都市形成は大きく3期に分かれる。第1期は，イギリス東インド会社の商館設立に始まる交易都市として発展した時期，第2期は，都市周辺に広大な領土を得て，植民地行政の中心として発展した時期，そして第3期は，独立以降である。都市形成の過程はチェンナイと共通する点が多いが，コルカタは第2期以降，正式に英領インドの首都と位置づけられ，行政機能ならびに貿易機能の集積が進んで，「宮殿都市」と称される壮麗な都市景観を形成していくことになる。

図1　都市図，19世紀初頭
（発行は1825年。大英図書館蔵）

　都市はフーグリー川に沿って形成され，中央の河岸に要塞商館が設置された。これを起点に東西に伸びる街路を境に，南部にイギリス人地区，北部にインド人地区が設定された。外周には外敵を防ぐ濠が巡らされた。チェンナイと同様に，この建設時の分離（セグリゲーション）の構造が特徴となる。

　都市改造の契機となったのは18世紀半ばの植民地紛争であり，改造の主要な目的は要塞の増強であった。以前の要塞は解体され，南側に新要塞が建設された。新要塞の周囲には，砲弾による攻撃を避ける緩衝帯としてマイダーン（広場）が整備され，既存の市街地の多くの建物は除去された。

　現在まで引き継がれる都市構造は第2期のものが基礎となっている。すなわち，南部にイギリス人地区，北部にインド人地区という構造が概ね継承されている。南部のイギリス人地区ではチョウリンギー地区などにガーデンハウスの並ぶ豪壮な邸宅街が形成された。

　南北両地区の境界には，行政施設や業務施設が集中する中心業務地区（CBD）が形成された。現在も多くの植民地建築が残され，宮殿都市と呼ばれたかつての壮麗な景観を想起することができる。CBDは，南北住み分けの緩衝帯となったが，その周縁部に英印の混在地区が形成され，この曖昧な境界がコルカタの都市構造の特徴ともなる。

　一方，北部のインド人地区は，大小の商店や住宅が密集するバーザール地区を形成した。コルカタにおいてはインド人商工業者の成長が著しく，大規模な邸宅が随所に建設さ

れた。図1は現代につながる都市の構成が確立された19世紀初頭の様子を示している。要塞とマイダーンのまわりに段階的に変化する居住区が確認できる。フーグリー川の対岸に鉄道駅が建設された19世紀末以降になると，工業化が著しく進行し，人口が急激に増加して，バスティーと呼ばれる低所得者の過密居住地が形成される。

インド独立以降の第3期の都市形成でまず大きな問題となったのは，印パ紛争による難民や農村人口の流入による都市人口の爆発的な増加，そしてその帰結としての居住環境の悪化であった。都市中心部に残された壮麗な建築群の景観とその外側に広がる混沌としたバーザールやバスティーとの対比は，都市景観を独特なものにしている。

街区は，フーグリー川に沿った南北方向とこれに直交する東西方向に整備された幹線街路によって，スーパーブロックとして構成されている。旧イギリス人地区の一部の例外を除いて，スーパーブロックの内部では中小街路が複雑に伸び，不整形で雑然とした街区を構成している。

都市景観は以上のように南北で大きく異なる。旧インド人地区である北部の都市住居として，重要な類型はラージバリである。小規模なものは町屋規模であるが，最も大きなものは旧イギリス人地区のガーデンハウスに比肩する。形態的には，奥に向かって複数の中庭が連なり，これに面して居室や水場などが配置されるインドに一般的な中庭型住宅の形式である。ファサードはヨーロッパの影響を強く受けたコロニアルスタイルであるが，インド・サラセン様式のような折衷形式をとる場合が多い。

家族形態はジョイントファミリー（合同家族）が基本であり，植民地期に都市に流入した地主層などのコミュニティが今も残る。

ラージバリの対極に位置づけられるのがバ

図2　ラージバリ（筆者撮影）

スティーを埋め尽くす簡素な住居群である。ほとんどがありあわせの建材を用いた平屋であるが，一部5階建て程度にまで積層化しているものも見られる。バスティーの起源は基本的に貸屋であり，投資の一環として供給された例が多い。現在ではバスティーは旧市街の周縁部の線路沿いや運河などの余地を埋め尽くしているほか，スーパーブロックの中にもモザイク状に点在している。現在のCBD周辺にはラージバリが高層化・高密度化したコモンビルと呼ばれる形式の都市住居が密集している。これは商住混在の貸間建築で，ムンバイのチョールに近い形式であるが，従業員宿舎としての利用も多く，その居住形態は都市北部の都市住居とは異なる。

旧イギリス人地区のガーデンハウス群は多くがすでに再開発されており，ほとんど現存していない。都市南部には再開発を含む新旧フラット集合住宅の蓄積が見られるが，建築密度は北部よりも低く，緑も豊かで北部とはまったく異なる都市景観を形成している。

郊外においては大規模な都市計画によりビダンナガルが形成された。現在は大規模開発が活発で，さらに外側のラジャハットへと市街地の拡大が続いている。ラジャハットではITなどの新産業開発区に高層フラットが次々に建設され，既存の市街とはまったく異なる居住環境が形成されつつある。　　（池尻隆史）

South Asia 17: Chennai

【チェンナイ】インド最古のイギリス植民都市

インド, タミル・ナードゥ州
Tamil Nadu, India

　チェンナイは, インド亜大陸南東部, ベンガル湾に面した港市を起源とし, イギリスが植民拠点としたマドラスを母胎とする, タミル・ナードゥの政治経済の中心都市, 一大メトロポリスである。都市の設立は1639年であり, イギリス植民都市としては最も古い。

　都市形成は大きく3期に分けられる。第1期はイギリス東インド会社の商館設立に始まる交易都市としての発展期, 第2期は都市周辺に広大な領土を得て植民地行政の中心として栄えた発展期, 第3期は独立以降である。

　第1期に都市の基本的な骨格が形成される。イギリス人の領域としてのホワイトタウンとインド人のブラックタウンに明確に二分され, 前者は東インド会社商館を中心に社員や商人の館を含んで城壁に囲まれていた。これに隣接して同様に市壁に囲まれた地区がブラックタウンであり, ここにインド人商工業者が集団で居住した。交易の拡大とともに周辺村落を生産・流通拠点として巻き込みながら拡大したが, 2地区の区分は強固に維持される。

　転機となったのは18世紀半ばの英仏戦争である。チェンナイは一時期フランスによって占領される。軍事上の弱点となった近接するホワイトタウンとブラックタウンの間に緩衝空地（エスプラネード）を設けて, その外側にブラックタウンを移設した。当初のブラックタウンは完全に破壊される。現在のジョージタウンはこの時に再編されたブラックタウンである。一方, ホワイトタウンも植民地体制が確立するとともに新たな行政の中心として再編される。イギリス人は, ホワイトタウンの外側に広がる地域に新たに居住地を定め, 広大な敷地を備えたガーデンハウスに居住した。チェンナイでは旧ホワイトタウンを中心に5つの大街路が放射状に伸びているが, この街路に沿って, ガーデンハウスと旧来の村落を核としたインド人居住区がモザイク状に発展し, その様子は都市というより村落の集まりのようであったとされる。図1は19世紀中頃の都市図である。前述の性格の異なる地区が都市を分割している様子が確認できる。

　チェンナイは, ボンベイ（ムンバイ）と異なり, 産業化の進展が顕著でなかったことから, 大規模な都市構造の転換は見られず, 当初の基本的な都市構造が維持されている。独

図1　都市図, 1843年（大英図書館蔵）

立以降，郊外にガーデンハウスを模した戸建住宅地の建設が行われていくほか，ガーデンハウス地区をオフィスや商業施設に再編する動きが顕著である。しかし，緑豊かなガーデンハウス居住地の特性は保存され，チェンナイの都市景観を独自のものとしている。

都市組織は，旧イギリス人地区と現地人地区で大きく異なる。インド人地区であるジョージタウンは東西1km，南北2kmほどの規模で，その内部にはグリッド状の街路によって短冊形街区が形成されている。短冊形街区は背割りで画地が設定され，間口が狭く奥行が深い中庭型の都市住居が建設されていた。その空間構成はクンバコナムなどのタミル地方の土着都市と共通するものであり，前面にティナイと呼ばれる外部に開かれたテラスを有し，その奥に複数の中庭が連なる。この中庭が商品の生産・管理から日常の宗教儀式に至る様々な活動の中心となっている。もともとは父系の複数世代が同居するジョイントファミリー居住が基本であったが，現在は核家族化の進行などを背景に内部空間を細分化してテナント化するなど，住まい方は変化している。イギリスの影響はファサードや中庭を囲むテラスの折衷デザインに残り，地区の景観を特徴的なものにしている。

これらの都市住居についてはすでに相当数が建て替えられており，多くが低層部を商店や倉庫とする狭小フラットとなっている。一方で地区のコミュニティは比較的強固で，設立期から続く両側町の構造が町の至るところで保存され，これに対応する住み分けの構造も維持されている。商人コミュニティの痕跡は地区内の通りの名称に色濃く残っている。

宗教による区分は商人集団ごとの居住と矛盾なく結びついており，おおむね東部，特に北東部にムスリムが集中している。地区にはほかにキリスト教徒などの集団居住地も見られる。

図2　ジョージタウン街路（筆者撮影）

ガーデンハウス居住地は多くがインド人富裕層や政府によって継承され，広大な敷地にバンガロー様式の大邸宅とこれを支えるサービス機能を内包するコンパウンドの形式を保存するものが残る。特にこれらが集中していたのは前述の5つの主要街路のうちのひとつで最も重要であったマウントロードである。これに近接するエグモアやヌンガムバッカムに多くのガーデンハウスが確認できる。一方で現在ではその解体も急速に進んでおり，すでに多くがオフィスや高層フラットに建て替えられている。ガーデンハウスの要素は新規開発に継承されており，テヤガラヤ・ナガルやアンナ・ナガルなど比較的密度が低く緑豊かな戸建住宅地区が形成されており，郊外の居住空間については，インドにおける他のプライメイトシティとは異なる景観を形成している。

都市構造の特徴としては，設立時に導入された住み分け（セグリゲーション）の構造が明確な居住地の区分として設定され，植民地期を通じて継承され現在に至るまでその痕跡を残している。そのひとつは現地人のバーザール地区であったジョージタウン，もうひとつはその外側に広がるかつてのガーデンハウス居住地である。この対照的な2つの都市空間がチェンナイの景観上の大きな特徴となっている。

（池尻隆史）

South Asia 18: Madurai

【マドゥライ】 ゴープラと祭礼の曼荼羅都市

インド，タミル・ナードゥ州
Tamil Nadu, India

タミル・ナードゥ州の南部中央，ヴァイハイ川の南岸に位置するマドゥライは，ヒンドゥー教の南インド最大の巡礼寺院であるミーナクシー・スンダレーシュワラ寺院を中心とする，古来のヴァーストゥ・シャーストラに則って計画されたと考えられるユニークな寺院都市である。

マドゥライの起源は，プラーナなど古文献によると，はるか古代に遡ると考えられるが，必ずしもはっきりしない。その都市形成過程は，大きく3期に分けることができる。第1期は，古代から紀元14世紀までのパーンディヤ王国時代である。第2期は，15世紀から18世紀のナーヤカ朝時代で，この時代にナーヤカ王たちによって現在の都市形態の基本的骨格が形成される。第3期は，19世紀以降，現在に至る時代であるが，イギリスの支配下で都市は急速に膨張していくこととなった。

現在のマドゥライ市は人口約110万人(2015年)であり，タミル・ナードゥでは約500km離れたチェンナイに次ぐ第二の都市である。

古地図(図1)が図式的に示すように，ミーナクシー・スンダレーシュワラ寺院を中心に方形の街路が取り囲む形態をしている。ミーナクシー・スンダレーシュワラ寺院は，中心のガルバ・グリハ(聖室)をプラーカーラ(外周壁)が取り囲み，東西南北に台形状の高いゴープラ(楼門)を開く，南インド独特の寺院である(図2)。マドゥライは，この寺院を中心に，さらに同心方格囲帯状の街路で四重に取り囲む方位軸にほぼ沿った入れ子構造をしている。この都市構造は，インド古来のヴァーストゥ・シャーストラの代表である『マーナサーラ』が理念化する村落類型のナンディヤーヴァルタ(中心のブラーフマン(梵)区画を，順に，ダイヴァカ(神々)区画，マーヌシャ(人間)区画，パイーサチャ(鬼神)区画が取り囲む同心方格囲帯状の構成)あるいは，都市類型のひとつラージャダーニーヤに最も類似しているとされる。ただ，実際の

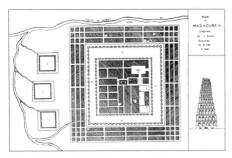

図1 都市図, 1688年(Devakujari 1979)

図2 ミーナクシー・スンダレーシュワラ寺院とゴープラ(布野撮影)

形態は，ミーナクシー寺院のプラーカーラの周囲を囲むチッタレイ通り以外，つまりアヴァニムーラ通りとマシ通りには，矩形とは言い難い大きな歪みがある（図3）。特に大きい南東部の歪みは，ティルマライ・ナーヤカ時代に王宮が建設されたためである。そして，アヴァニムーラ通りとマシ通り全体に見られる角の丸さと角付近の街路のふくらみは，大規模な山車の巡行を可能にするためではないかと考えられている。

マドゥライの空間構造を象徴的に示すのが，都市祭礼における巡行路である。南インドにおける山車の巡行を伴う都市祭礼の歴史は古く，チェンマイなど他の都市でも現在も行われている。マドゥライはそうした中で最もその祭礼の形式を残している都市のひとつである。現在まで続いている同心方格囲帯状街路での巡行を伴う祭礼は，ナーヤカ朝時代に街路が形成された時期に始まり，17世紀にティルマライ・ナーヤカによって体系化され確立した。マドゥライでは，タミル暦に従い，月に一度祭礼が行われ，巡行を伴う祭礼は，ミーナクシー・スンダレーシュワラ寺院によって各月に行われる。祭礼は極めて複雑な体系を持つが，1年を1サイクルとして，1年を通して神々の神話を都市の中で再現するという意味付けを持ち，神話を再現する様々な儀礼が再現される。中でも最も重要な祭礼は，ミーナクシーの戴冠式とミーナクシーとスンダレーシュワラの結婚を祝うチッタレイ祭り（4～5月）で，最も大規模な山車の巡行が行われる。続いて重要な祭礼がスンダレーシュワラの戴冠式を祝うアヴァニムーラ祭り（8～9月），ティルマライ・ナーヤカの誕生を祝うテッパ祭り（1～2月）である。巡行路は祭礼によって異なるが，基本的に4つの同心方格囲帯状街路（アディ，チッタレイ，アヴァニムーラ，マシ）のいずれかで行われる。

中心市街の商業施設として小規模な店舗と

図3　都市図，1907年（マドゥライ市役所提供）

大規模な市場があるが，その多くが住居の全面または1階すべてが店舗として使用されている店舗併用住宅である。店舗の分布にはかなりの偏りがあり，カースト（ジャーティ）による住み分けが行われていることがはっきりしている。街路の両側に同種の店舗が立ち並んでいる場合が多い。

現在のマドゥライにみられる住居の形式は，プラーナ文献の断片にみられる中庭式住居である。古今東西，都市的集住形式として用いられてきたこの形式は，マドゥライでもその形式を基本に密度を高めてきたと考えてよい。住居の基本構造は，タミル語でティナイと呼ばれるヴェランダ，クーダムと呼ばれるホール，ナダイと呼ばれる廊下，プージャー（神像礼拝儀式）や寝室・倉庫として使用される部屋，台所，バックヤード（裏庭）から構成される。タミル語で部屋はアライと呼ばれ，台所はサマヤル・アライ，寝室はパドゥッカイ・アライ，プージャーのための部屋はプージャー・アライと，それぞれの用途に「部屋」をつけた名称で呼ばれる。

（金兵祐太・布野修司）

South Asia 19: Nagapatthinam

【ナーガパッティナム】ベンガル湾の覇権港市

インド，タミル・ナードゥ州
Tamil Nadu, India

　ナーガパッティナムは，インド亜大陸有数の穀倉地帯，大河カーヴェリ川のデルタに位置する。安定した王権を背景に形成された，ベンガル湾の歴史的貿易港である。

　デルタでは東南アジアで産出する香辛料との交易品として綿織物業が発達し，11世紀までにグジャラートと並ぶ綿織物の世界的輸出地となった。15世紀末以降，アジアの海へ参入したポルトガルやオランダもこの町をベンガル湾交易の拠点とした。他方で，カーヴェリ川に水をもたらすモンスーンの雨は不安定で，周期的な干ばつが起こる。町は，干ばつのたびに，奴隷や移住者として人々を東南アジアへ送り出した。19世紀後半に蒸気船が発達すると，南インド東岸の遠浅の砂浜は大型船に適さず，貿易港としての役割は失われた。

　ナーガパッティナムは，紀元前7〜5世紀以来のベンガル湾の主要港で6世紀までに水没したチョーラ朝の王都プンプハールの南方約50kmに位置する。その後を継ぐ港町として7世紀初めから発達した。町は城壁で囲まれ，スリランカや東南アジアへ向かう旅行者・巡礼者の乗った大型船が来航した。7世紀にインドに止住した中国の僧，玄奘と義浄による記録がある。また，720年に広東へ渡航し中国へ密教を伝えた僧ヴァジラボーディ（金剛智）は，この町から出航したとされる。

　11世紀にユーラシアの東西を結ぶ交易路がシルクロードから海上へ転換する中で，チョーラ朝は，マレー半島のケダー，スマトラ島のシュリーヴィジャヤなど各地へ遠征した。また，宋へ使節を派遣してベンガル湾航路を掌握する。ナーガパッティナムはチョーラ朝の下でベンガル湾航路を支配する中心港となり，この町を基点に，タミル人商人の居住地が東南アジアから杭州まで各地に形成された。11世紀にシャイレーンドラの王族とケダーの王により仏教僧院が建設された。また1267年に，僧院敷地にシュリーヴィジャヤ式の煉瓦造の多層塔が建設された。塔はチャイニーズ・パゴダとして知られ，来航する華人の参詣の場だったとされる。イエズス会に解体される1867年まで遺跡として残存した。

　9世紀中頃から南インドではアラブ人ムスリムやペルシア人，シリア・キリスト教徒の居住地が形成された。11世紀以降は，ムスリムがインド洋貿易で主要な役割を果たすようになる。ナーガパッティナムでも，12世紀に

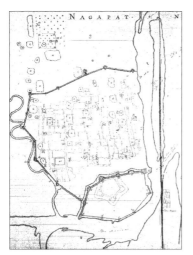

図1　オランダ東インド会社による都市図，1695年
（オランダ国立公文書館蔵）

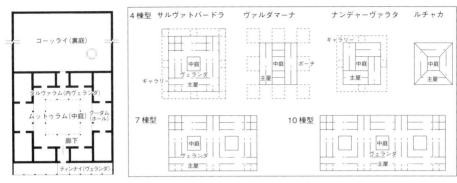

図2　中庭住居の基本型
（筆者作製）

図3　マヤマタに記された6種類の中庭（筆者作製）

ムスリムの商人集団が確認される。1279年にチョーラ朝が崩壊すると，ムスリムの中心的拠点となったのはマスリパタムだった。ナーガパッティナムはヴィジャヤナガラ王国の貿易港として繁栄した。

1554年に，ベンガル湾に進出したポルトガルの拠点となり，16世紀には城壁のなくなっていた市街の外周が城壁で囲われ，市街に隣接して南側にキリスト教徒の住む城塞が建設された。1658年にはオランダ東インド会社（VOC）が町を占拠する。コロマンデルにおけるVOCの中心は，1606年にマスリパタム，1610年にプリカットへ置かれた後，ムガル朝の南下による南インド情勢の不安定化から，1687年にナーガパッティナムに移される。ベンガル湾交易の統制を行ったポルトガルとオランダの下で，17～18世紀に町は再びベンガル湾交易の主要港となった。VOCの時代にも，町は城壁で囲われた市街と，それに隣接する城塞で構成され，市街に大きな改変は加えられなかった。図1の東（右側）の海岸側から内陸へ向かって，カトリック教会，モスク，ヒンドゥー教寺院が順に分布し，宗教施設を核として街区が形成されている。街路は方位に沿って直交するが，街区は不整形だった。城塞は1680年に隣接するウッパナール川の洪水で被害を受け，VOC施設を収めた五角形の要塞に建て替えられた。図1は，城塞と五角形の要塞を重ねて描き，建替の案を示している。

住居の大部分は，今日と同様，タミル・ナードゥで一般的な，ティンナイと呼ばれるヴェランダを持つ，図2のような中庭住居だったと考えられる。ヴェランダを持つ中庭住居の存在は，13世紀のチョーラ朝の建築書『マヤマタ』に遡る。『マヤマタ』は6種類の中庭住居を例示する。そのうち3種類がヴェランダを持つ（図3）。このヴェランダを取り入れてオランダ式タウンハウスが生まれ，ナーガパッティナムにとどまらず，ゴールやコロンボ，コーチンなどのVOC植民都市で建設されるようになったと考えられる。

18世紀後半のカーナティック戦争の混乱の中，1781年にイギリスに占領された。城壁と城塞は解体され，今日残るVOCの遺構は墓地と稜堡の一部に限られる。イギリスによる占領後も，19世紀中頃までマドラスに次ぐコロマンデル第二の港であり，20世紀に至るまで東南アジアと国際航路で結ばれた主要な出港地だった。しかし，鉄道の発達とともに港としての重要性はテュティコリンやカライカルへと移り，1985年の国際旅客航路の廃止によって，タミル・ナードゥ州の一地方都市となった。

（山田協太）

South Asia 20: Kilakarai

【キラカライ】真珠とウマの港市

インド，タミル・ナードゥ州
Tamil Nadu, India

キラカライの位置するラマナタプラム県は，コロマンデル海岸に位置し，東部はベンガル湾に接するポーク海峡，南部はラッカディブ海のマンナール湾に面している。マンナール湾は古くから真珠が採れることで有名であり，紀元1世紀頃から真珠を目当てに多くの人々が訪れ，交易を行っていたとされる。またマンナール湾およびポーク海峡は古くから航海の難所であり，沿岸部に各地からの貿易商人を一定期間居留させる寄港地が形成されていた。キラカライの起源は，そうした寄港地のひとつである。

イスラームが勃興すると，7世紀頃，アラブ系，ペルシア系ムスリム商人たちが真珠を求めて滞留し，ムスリム・コミュニティを形成していった。

13世紀に入って，デリーに中心を置くイスラーム勢力が南インドへ侵攻したのに対し，南インドの諸勢力は，騎馬による戦術を採用するようになる。そして，馬がペルシア湾岸およびアラビア半島の国々からコロマンデル海岸の港に輸入されるようになる。キラカライにおいても馬の貿易が行われていたとされる。特にキーシュ島との関係が深く，キーシュ島の王家の血筋の人々の名前が刻まれたダルガー（墓廟）が残されており，キーシュ島からの移住者が権力を握っていたと考えられる。17世紀にはシーダーカーリー・マラッカヤーという大商人が港の繁栄に大きく貢献した。この人物はラマナタプラムの宮廷においても影響力を持ったとされる。

キラカライはモスクの建設とそれを中心とするモハッラによって形成されていった。モハッラはモスクの周辺に居住する人々によって運営される男性中心の自治組織である。市街は，モスクの建立とモハッラの形成を繰り

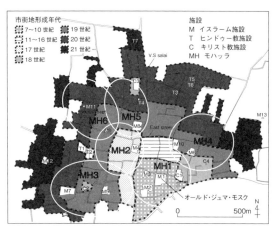

図1 都市の形成過程，7〜21世紀（筆者作製）

図2 オールド・ジュマ・モハッラの街区と宗教施設（筆者作製）

返すことで拡大していくのである。最も古いモスクはオールド・ジュマ・モスク（図1のM1）であり，その建立年代は7世紀に遡るとされる。この周辺街区が最初期に形成されたと考えられ，オールド・ジュマ・モハッラと呼ばれる。現在では，モハッラの街区としての意味は薄れ，明確な街区範囲を規定するものではなくなっているが，そのモハッラに所属する人々が多く居住する範囲の指標となる（図1のMH1）。市域のほとんどがムスリムの居住区であるが，市域南東にマーケットや小規模な寺院を含むヒンドゥー教徒の居住区，また市域外縁にキリスト教会とその周囲にキリスト教徒の居住区が点在している。また，沿岸部には，旧税関や石積みの階段，オランダの旧商館などの遺構があり，港として繁栄していた頃の名残が見られる。

オールド・ジュマ・モハッラの範囲内の街路には，職業や当時の権力者に因んだ名称がつけられており，かつてはモハッラ内でも職業および地位による住み分けが行われていたことが分かる。現在は職業も多様化しており明確な住み分けは見られないが，権力者の子孫が住んでいることなどから，かつての状況を知ることができる。

街路体系は，①主要な宗教施設などを結んで街区を形成する幹線街路（車，牛車可），②街区を分断する街路（リキシャー，バイク可），③街区を細分化する街路（バイク，人可），④袋小路，の4つのレヴェルに分けられるが，特定の呼称はない。各街路はどのレヴェルの街路ともつながる場合が多く，明確な序列は見られない（図2）。

細街路の密集する街区構成について，母系制を背景とする住居および土地の分割慣習が見られることは，キラカライの特徴である。ある家族に娘が生まれた場合，生まれた娘の人数で親の所有する土地・住居を分割し，相続するという慣習である。この慣習の起源は

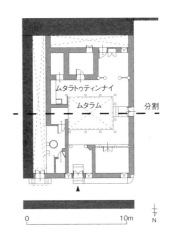

図3 住居の典型（筆者作製）

明らかではないが，過密に建て詰まった街区が形成された要因のひとつである。そして，既存の土地・住居の分割に伴い，アクセス経路の確保の必要性が生じ，現在の序列の不明確な街路が形成されていったと考えられる。

また，母系制の影響として，結婚に伴い男性が女性の家に居住すること，女性専用のモスクが多数見られることが挙げられる（図2）。

16～19世紀の間に建設された住居の大半は，石組積造もしくは煉瓦組積造の壁に，チーク材の梁をかける構造となっており，屋根は瓦葺である。住居の空間構成として，①住居内部の1階部分に中庭（ムタラム）があり，その周囲に半屋外空間であるムタラトゥティンナイが付随するもの，②1階に吹き抜けのあるクーダムと呼ばれる居間を持つもの，の2つが典型として見られる。住居においても，母系制による分割は，ムタラムもしくはクーダムといった，住居の核となる空間を基準に行われる場合が多く見られる（図3）。

キラカライは，母系制を背景とした，分割という形で行われる財産相続の方法が，街区の形成を規定する興味深い事例である。

（上西慎也）

South Asia 21: Rameswaram

【ラーメーシュワラム】ラーマーヤナが生んだ南インドの街

インド，タミル・ナードゥ州
Tamil Nadu, India

　ラーメーシュワラムはインドの南部，スリランカに近いマンナール湾の島，ラーメーシュワラム島の南東先端に位置する。都市を象徴するのは，ドラヴィダ式の巨大ヒンドゥー教寺院，ラーマナータスワーミ寺院とそれを取り囲むゴープラである。インドの四辺を守る四大神領の一都市とされ，町は寺院を訪れる巡礼者たちで賑わっている。

　ラーメシュワラムはラーマ神を意味し，古代インド叙事詩『ラーマーヤナ』の第5編「美麗の巻」，第6編「戦闘の巻」の舞台となっている。ラーマナータスワーミ寺院の起源は，ラーマ王子がラーヴァナを倒した後にシヴァリンガを祀ったことに遡ると伝えられている。

　ラーマナータスワーミ寺院の周囲，東西約1×0.5kmほどの領域がラーメーシュワラム市街であり，郊外は西へと広がっている。島とインド本島をつなぐ鉄道用の橋は1913年に，車道用の橋は1988年に建設された。本島とつながる以前は湾の南部に着く沿岸船が巡礼者の交通手段であった。多くの住民が観光業と漁業を仕事としている。

　島の入口からラーメーシュワラム市街まで東西に伸びる道を行くと，ラーマナータスワーミ寺院の西門に到着する。寺院を取り囲む道を東に行くと，寺院の正門である東門がある。さらに東に行くとベンガル湾に出る。そこはアグニティールタムと呼ばれる沐浴場で，多くの巡礼者たちが沐浴を行っている。ほかにも島には17のティールタムが，ラーマナータスワーミ寺院内には22のティールタムが存在する（図1）。

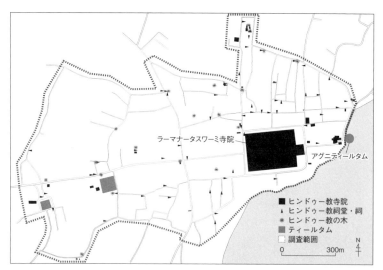

図1　ヒンドゥー教寺院とティールタムの分布（筆者作製）

街路体系はその規模と機能から3つのレヴェルに分けられる。第1のレヴェルはラーマナータスワーミ寺院を囲む道路，寺院から東西に伸びる道路，寺院から南北に伸びる主要道路である。これらは島にある他の村とつながり，巡礼者や観光客の主要動線となっている。第2のレベルは第1のレベルの道路から分岐し，市街地を街区へと細分化する街路である。これらはそこに住む人々の生活の主要動線となっている。第3のレベルは街区を背割りする路地，もしくは袋小路である。これらは建物最奥の裏庭とつながる。

集住形態は，通りを軸とした両側町を基本としている。また，インドの伝統的都市では，宗教別やカースト別の居住が都市空間構成の特徴であるが，ラーメーシュワラムにおいても宗教別，カースト別の住み分けが見られる。マラヴァー・ストリート，チェッティヤール・ストリート，ムスリム・ストリートには，それぞれカーストコミュニティが居住している。ブラーフマンは主に第1のレベルの道路に居住しているが，巡礼都市の商業的観光地化の影響によりブラーフマンの住居は減少している。

宅地は基本的に短冊形で，建物は間口いっぱいに建つ。住居の基本型は，平屋建てで，入口からティナイ（ヴェランダ）—アライ（居室）—クーダム（多目的ホール）—サムヤルアライ（台所）—コーライ（裏庭）が軸線上につながる（図2）。宅地や世帯数，収入などによって，この基本型のクーダムの前後にアライが増えるという形の変化型が成立している。

ラーメーシュワラムにはラーマナータスワーミ寺院によって執り行われる都市祭礼がいくつかあるが，最も重要とされているのがシヴァ（ヒンドゥー教の主神）とパールヴァティ（シヴァ神の神妃）の結婚祭礼のティルカルヤナである。祭礼の期間，毎日ラーマナータスワーミ寺院の東門から寺院周囲を山車が時計

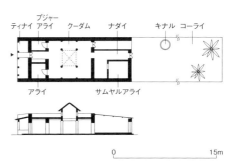

図2 住居の一般型（筆者作製）

回りにまわる巡行が行われ，そのほかにもシヴァとパールヴァティの婚礼が体現される儀礼とそれに伴う巡行が行われる。巡行の開始地点はいずれも寺院の東門であるが，山車の行く先はアグニティールタム，ラーマティールタム，島の北部に位置するガンガマダナ・パルヴァターム寺院といった『ラーマーヤナ』に関連した場所であり，『ラーマーヤナ』が都市の重要な要素であることが分かる。

また，上述のような大祭とは別に，住民コミュニティによって執り行われる祭礼がある。マリーアンマン祭といわれるタミル・ナードゥの村々で古くから行われてきたヒンドゥー教の伝統的な祭礼で，マリーアンマン（南インドの地母神）に雨乞いし，穀物の豊穣と人々の健康を願うものである。住民コミュニティにより構成される30ほどの祭礼集団が，7～9月の3ヶ月の間，順々にそれぞれの祭礼空間において，1週間の祭礼を行う。祭りの最終日には，祭礼空間からアグニティールタムまでの巡行が行われる。祭礼空間は，マリーアンマンが祀られた寺院や祠とニームの木で構成され，街路脇に立地するのが一般的である。巨大ヒンドゥー教寺院と住民コミュニティのための祭礼空間，これらはタミル地方の小さな町がインド有数の巡礼都市として発展してきたラーメシュワラムを象徴している。

（中田藍）

South Asia 22: Colombo

【コロンボ】インド洋世界の十字路

スリランカ，西部州
Western Province, Sri Lanka

　コロンボは，インド亜大陸南端から南西に100kmほど離れた，インド洋の中央に位置するセイロン島の中心都市である。16世紀中頃に始まるアジア最古のヨーロッパの植民都市のひとつであり，ポルトガル，オランダ，イギリスと，宗主国を変えながら約400年にわたり植民地支配が続いた。この統治を通じて，ヨーロッパの最新の手法によって市街地が形成された。

　他方で，インド洋世界の十字路であるこの都市の居住者と居住文化は多様であり，統治者の交代とともに，都市形成を主導する居住者も変化してきた。コロンボの街区・街路構成，建造物と都市景観には，そのダイナミックな軌跡が蓄積されている。

　セイロン島は，アラビア海とベンガル湾の出会う位置に立地する。6〜9月の南西モンスーン，10〜5月の北東モンスーンを帆に受けてインド洋貿易に参入する様々な人々によって，インド洋の東西を結ぶ中継港として見出されてきた。古くは2世紀，ローマの地理学者プトレマイオスの世界地図に描かれ，6世紀にはインドやペルシア，エチオピアからの船が定期的に来航した。ほぼ同時期から東南アジアの船が来航し，10世紀からは中国の船も来航したと考えられる。セイロン島の南西部は，南西モンスーンが内陸高地にもたらす雨によって，シナモンをはじめ香辛料となる植物が生育する。島はまた，ルビーなどの宝石や真珠，象牙が採れることから，交易の目的地となり，8世紀以降，モンスーンの強風を避ける湾にアラブから来たムスリムの船の停泊する港と居住地が形成された。

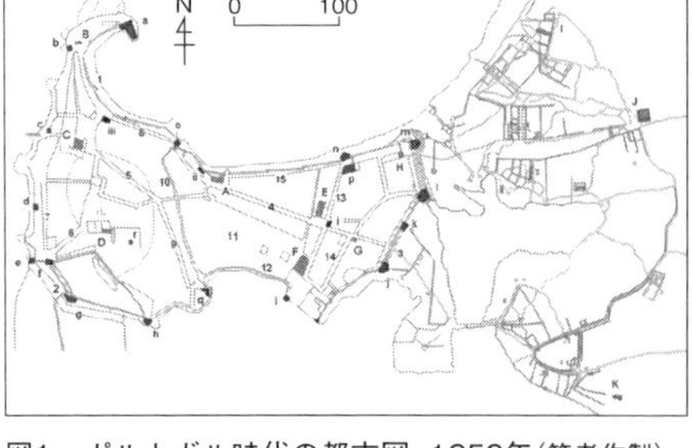

　コロンボは，トリンコマリーやジャフナ，マナール，クディライマライ，プッタラム，ベールワラ，ゴールと並ぶ，ムスリムの最初期の交易港であり，その存在は10世紀から文献で確認される。モロッコ生まれの旅行家イブン・バットゥータがセイロン島を訪れた14世紀中頃には，セイロン島最大の港町だった。1410年頃には明の鄭和の艦隊の来航があった。沿岸のコーッテ王国と鄭和の艦隊との間に戦闘があり，王アルケシュワラが南京へ連行されている。

　香辛料を求めてインド洋貿易に参入したポルトガルによって，ムスリムはコロンボを追われ，1518年にポルトガルの要塞が建設される。1524年に要塞は放棄され，その後，1554年に市街地を城壁で囲む城塞が新たに建設された（図1）。17世紀初頭にはシダード（都市）となり，市参事会が設置される。城塞の北に位置する湾の中央から南東に直線に伸びる街路は，ルア・ディレイタ（真っ直ぐな通り）

図1　ポルトガル時代の都市図, 1656年（筆者作製）

と呼ばれ，都市の主軸を形成した。ルア・ディレイタは，西端に司教座教会，東端に城門が位置し，中央に広場と市庁舎が位置した。街路に沿って住居や店舗が建ち，街路の背後は畑や自然地となっていた。市街各所に教会が建つ。城塞内に居住するのを認められるのは基本的にカトリック教徒のみだった。

1658年までにオランダ東インド会社（VOC）がポルトガルを島から追放し，海岸部を統治する。コロンボは1656年にVOCの統治下に入り，VOC長官ライクロフ・ファン・フーンスの指揮で城塞の再編が行われた。城塞は3分の1に縮小され，城壁で囲まれた長方形グリッドの街区を持つ市街が併設された（図2）。教会は解体され，会社が都市建設の中心的担い手となった。ファン・フーンスは，コロンボを，セイロン島統治の中心にとどまらず，VOCの新たな中心とすべく，城塞再編に注力した。市街は，オランダの先進的な都市モデルに基づいて設計されたと考えられる。16〜17世紀のオランダの科学者かつ技術者シモン・ステヴィンの成長する都市モデルがそれで，市街は帯状の施設配置と直交する交通の軸線の組み合わせで経済活動と市民社会の理想像を体系的に表現していた。17世紀末に，交通の軸に沿い東へ城壁のない市街が拡張された。

城壁の中にはオランダ人などのヨーロッパ人やポルトガル時代以来のキリスト教徒が住み，城壁の外の市街にはインドとの間の物流を担ったタミル人やムスリムが住んだ。市街は連続していたが，制度上は，城壁内のみが都市法の適用される都市であり，城壁外は，非都市地域を対象とする異なる行政組織に属した。オランダ式タウンハウスと呼ばれる，ヴェランダを持ち，奥行のある敷地に沿って後方に部屋を増築可能な平屋建ての建物が，市街を構成する住居だった。

1796年にはイギリスがVOCに代わってコロンボを統治する。イギリスの統治は1815年

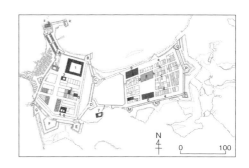

図2　オランダ東インド会社時代の都市図（筆者作製）

にはセイロン全島に及んだ。法と城壁による居住者の区別が撤廃されると，市街はヨーロッパ人を中心とするキリスト教徒の居住地からインド系の人々の居住地へと性格を変えた。オランダ式タウンハウスは1部屋1部屋が独立した卸売店として使用されるようになり，タミル語で店舗を意味するキッタンギと呼ばれた。19世紀を通じて東へ拡張し続けた市街は，1880年代からコロンボが蒸気船の主要な寄港地となり，物流量が飛躍的に増大するとともに，拡張の方向を南へと変化させた。

1948年にスリランカが自治領として独立して以降，コロンボはその首都として姿を大きく変えてゆく。モニュメンタルなストゥーパが市街各所に建設され，仏教を象徴する都市景観へ改造された。イギリス期に渡来したインド系の居住者は国民から排除され，キッタンギの呼称は忘れられた。1980年代からは，経済自由化とグローバル化によって環インド洋の経済活動が再び活況を呈し，卸売店は鉄筋コンクリート造の多層建築に建て替わり，スーパーマーケットと呼ばれるようになった。興味深いことに，平屋建ての卸売店から構造，外観，名称を大きく変えたスーパーマーケットには，オランダ式タウンハウスの間取りが継承されている。中心部の街区・街路もまた，オランダ時代から継承されたものである。

（山田協太）

South Asia 23: Galle

【ゴール】 現存最大のオランダ城塞

スリランカ，南部州
Southern Province, Sri Lanka

　ゴールは，インド洋の中央に位置するセイロン島南端の港町である。その名は，エジプトの商人で地理学者のコスマス・インディコプレウステースが550年頃に記した地理書『キリスト教地誌』に確認できる。8世紀以降ムスリムの貿易港として発達する。1344年にモロッコの旅行家イブン・バットゥータが訪れ，1409年に明の鄭和が来航を記念する石碑を建てた。16世紀以降，ポルトガル，オランダ，イギリスの植民都市となり，木造帆船時代のインド洋の幹線航路を構成する有数のハブ港へ発展した。大きな改変を受けずに継承されたオランダ時代の城塞は，現存する世界最大のオランダ植民都市城塞である。

　インド洋中央のセイロン島には，歴史的にインド洋貿易のハブ港が位置してきた。古くは波の穏やかなマナール湾を航行して島の北側を回る航路が用いられた。13世紀以降，大型船の発達とともに島の南側を回る外洋航路が成立したことで，ゴールは南回り航路のハブ港として成長した。南西モンスーンの波浪を防ぐ，南へ突出した岬の上に居住地が形成され，その北東の入り江が港となった。

　1505年からポルトガルが港を利用する。在地のシーターワカ王国との争いから，16世紀末に居住地のある岬と陸との間に壕と城壁が築かれ，市街の防御が固められた。1625年に城壁に3つの稜堡が建設される（図1）。岬の先端に要塞が位置した。アジアの他のポルトガル植民都市同様，市街は地形に沿って伸びる街路を軸として形成され，瓦葺き2階建てのポルトガル式の住居が軒を連ねた。

　1640年にオランダ東インド会社（VOC）が占領し，城壁を再編する。VOCはゴールを，港湾に加えて，南部沿岸地帯の統治拠点とした。アフリカから連れられた奴隷を労働力として，今日見られる，市街の外周を高さ12mの石造の稜堡と城壁で囲った城塞が，1669年に建設される。1726～29年の拡張工事で広さ約40haの市街全周が城壁で囲われた。市街は，南北，東西の方位に沿ったグリッド状の街路・街区で体系的にレイアウトしなおされ（図2），熱帯原産のスーリヤが街路樹として植栽された。街路の下には排水溝が敷設され，潮の干満と風車を用いて海水を流す排水システムが備えられた。

　市街中央に教会をはじめ，病院や統治施設などオランダ統治時代の建築が残る。北東にVOCの貿易・統治関連施設が集中し，西側と南側とが居住地だった。居住地には，ヨーロッパ人に加え，南インド出身のカトリック教徒の漁民やムスリムなど，インド洋貿易を担う非ヨーロッパ系の集団も住んだ。

図1　ポルトガル時代の都市図，1635年
（Bocarro 1992）

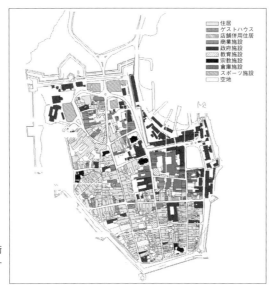

図2 現代のゴールの街区構成(高松健一郎作製、一部改変)

居住地を構成する住居はオランダ式タウンハウスと呼ばれ、南アジアのオランダ植民都市で広く見られる（図3）。街路に面してヴェランダを持ち、前面にホールと食堂、寝室を収めた平屋の主屋が建つ。主屋の後ろに居室で囲われた中庭を持つのがゴールの特徴である。脇にはゴミの搬出用通路があり、背後に裏庭を持つこともある。住居前面のヴェランダは南インド東岸の都市型住居の特徴的要素で、VOCがゴールへ移入したと考えられる。主屋は、オランダの住居の特徴的な間取りを持つ。城塞外では、沿岸地帯の領地運営に携わる在地有力者ムダリヤールが、ワラウワと呼ばれる邸宅を構えて周辺集落を管理した。ワラウワは、マダ・ミドゥラ（中庭）を持つ中庭住居が基本型である。城塞内のオランダ式タウンハウスは、セイロンとオランダ、インド洋の居住文化の混淆として成立していた。

フランス革命の騒乱がアジアにも波及し、城塞は1796年にイギリスに占領される。1815年に島全体がイギリスの統治下に入ると、市街は城壁外へ発達した。ゴールは1873年まで

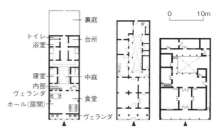

図3 オランダ式タウンハウスの平面(高松健一郎作製、一部改変)

セイロン島第一の港であり、活発な海外都市との交流を背景に、19世紀後半にはスリランカ独立の原動力となった。同時にグローバルな運動でもあった仏教復興運動が近郊から生まれた。ランウェッラ寺など、近郊の仏教寺院は1880年代以来の日本人僧の留学先となった。仏教復興運動を通じて市街に教会堂の姿をした仏教寺院が建設された。

独立後の1970年代後半から起こった文化財保存への関心の高まりを背景として、1984年に世界文化遺産に登録された。登録後は外国資本による建物改修や用途変更を通じた都市景観の変容が生じている。ゴールは今日再びグローバルな状況の中にある。　　（山田協太）

South Asia 24: Kandy

【キャンディ】 南の島の曼荼羅都市

スリランカ，中部州
Central Province, Sri Lanka

　キャンディは15世紀に成立したキャンディ王国の王都である。11世紀までの王都アヌラーダプラ，13世紀までの王都ポロンナルワから王朝の正統性を示す仏歯を引き継いだ。

　セイロン島中央の標高約500mの高地に位置し，気候は冷涼である。北東，南西の両モンスーンを受けて，1年を通して降雨がある。セイロン島に成立した王朝は，湿潤な中央高地に生育するシナモンや，ルビーなどの宝石を特産品としたインド洋貿易を通じて，また，南アジアの上座部仏教の中心地として，王都と港市を介してヨーロッパや西アジア，南インドや東南アジア各地と継続的に交流を持ってきた。

　インド洋各地との交流を背景として，キャンディは多様な文化の混合した都市として成長してきた。都市の起源は，今日，二大仏教僧院のひとつとなっているアシギリヤ寺が創設された1312年に遡る。セイロン島は南インドに近いことから，仏教とともにヒンドゥーも身近だった。14世紀のキャンディはナータと呼ばれる神の都市として知られ，町の中心部に現存するナータのデーワーラ（神堂）が南インドのヴィジャヤナガラ王国の様式で建てられた。キャンディが王都となるのは，当時最大の王朝だったコーッテ王国からキャンディ王国が独立した1474年のことである。王妃は，しばしば南インドのマドゥライを王都としたナーヤカ朝から迎えられた。1542年に仏歯が招来され，それを祀る堂（仏歯寺）が建設される。他方で，17世紀にはナータに加えてパッティーニ，ダディムンダ（後にヴィシュヌに置き換えられる），カタラガマの4つの神のデーワーラが存在した。1739年以降はマドゥライの王族が王となった。流通と商業には南インドのムスリムが携わった。

　16世紀にポルトガル船が来航し，17世紀中頃からオランダが沿岸部を統治すると，王都は進軍したポルトガル軍とオランダ軍にたびたび占領され焼失した。ポルトガルやオランダとの関係は緊張の時期と親密な時期の繰り返しだったが，ポルトガルとオランダの文化もキャンディの町を構成する要素となった。焼失した王宮の再建にポルトガルの技術が用いられたことが知られる。また，1547年頃から1730年頃まで町の外縁にカトリックの修道院が存在した。マレー人も兵士として町の住人となった。

　町は19世紀に至るまで，仏教と南インドとの緊密な関係を反映して，王をめぐる2つの理念の均衡の上に形成されてきた。ひとつの理念は，仏教の理想的統治者としての王である。王はボーディサットゥワ（菩薩）と見なされた。仏教を護持し，人々のために多くの事業を行ったマウリヤ朝のアショカ王が理想とされ，王は町に仏歯を納めた仏歯寺や仏教僧院を建設，再建した。1753年にはアユタヤ（シャム）から僧ウパーリを呼んで上座部仏教の立て直しが行われている。その際に建てられたマルワッタ寺の布薩堂は，セイロンとシャム，オランダの要素の混交した建築となっている。

　もう一方の理念は，ヒンドゥーと仏教の宇宙観と結びついた，神々の神としての王であ

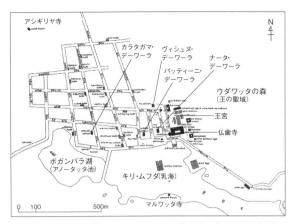

図1 都市図, 1815年(スリランカ測量局の復刻地図(1815年頃作製)を下図として筆者作製)

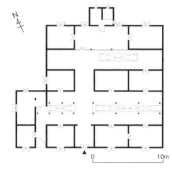

図2 中庭を持つウパーリ師の僧房(マルワッタ寺), 1753年頃(筆者作製)

る。上座部仏教の世界では，11世紀から南インドのヒンドゥーと大乗仏教の影響を受けて形成された次のような宇宙観が受容されてきた。宇宙の中心に，メール山（須弥山）が位置し，それを同心円状の山脈と海が幾重にも取り巻く。通常，人は南のはずれに生きる。メール山の山頂では，人の生きる世界である地上と天界とが重なりあう。天界の下方は神々の住む世界であり，その上に悟りを開いたブッダの世界がある。王は天界の32の神々を統べる神チャクラヴァルティ（サクラ／帝釈天）と見なされ，王の居場所である町は，チャクラヴァルティと神々の住むメール山頂の天ターワティムサ（忉利天）の縮図として建設された。建設に際しては，同じくターワティムサの写しである，アヌラーダプラ，ポロンナルワの様子を描いた『マハーワンサ』『チュラワンサ』と，インドの都市建設技術書『アルタシャーストラ』『マイマタヤ（マヤマタ）』が参照された。

17世紀には町は城壁で囲われていた。町には壁で囲われた王宮と神々の区画があり，市街に対してチャクラヴァルティの方位である東側に位置した。区画は王宮と仏歯寺の区画，神々の家であるデーワーラの区画の2つに分かれた。街区・街路の形状が明確に分かるのは1765年の地図が最古であるが，17世紀には街路は今日と同様，東西，南北の方位に沿ったグリッド状だったと考えられる（図1）。街路には石積や土壁の草葺住居が並んだ。中庭住居だったと考えられる（図2）。メール山の麓の乳海や山頂のアノータッタ池にあたる湖が町の外に位置した。町では神であり人である王が市街を巡行し，神々と人々とを結びつけ，天界と地上とを結びつける儀礼エラサ・ペラハラが毎年行われてきた。

1815年にキャンディ王国はイギリス植民地に併合され，町は王を失う。高地に位置し冷涼で，コーヒーや紅茶の栽培に適したことから，1840年代以降，ヒルステーション，プランテーション産業の中心地となる。一帯はアディシャムやハットン，マールボローなどイギリスの地名がつけられリトル・イングランドに様変わりし，町には植民地建築であるバンガローやショップハウス，ヨーロッパ建築が建ち並んだ。

1948年に発足したセイロン（後のスリランカ）の下で仏教とシンハラ文化の中心とされ，1983年に世界文化遺産に登録された。

(山田協太)

South Asia 25: Kathmandu

【カトマンドゥ】輝く都市

ネパール，中部開発区域，首都
Capital, Central Region, Nepal

　カトマンドゥは，カトマンドゥ盆地にある古来の定住地のひとつであり（図1），5世紀から8世紀のリッチャビ期と呼ばれるネパール最古の王朝期の文献にその名が多く見られる。古代の王宮は，未だ明らかではないが，このリッチャビ期にはじめて建設されたと考えられている。中世にはカンティプル，つまり「輝く都市」として知られていた。ネパール史において，カトマンドゥの首都としての重要性は16世紀から高まるが，それはマッラ王朝の3人の兄弟がカトマンドゥ盆地やその周辺地域を3つの国家に分割統治していた時期にあたる。

　カトマンドゥの街路パターンは北部と南部で異なる。北の地区が碁盤目状であるのに対し，南の地区はより有機的な街路形態をしている（図2）。2つの地区は，中世の文献では，ヤンガルとヤンブと呼ばれて区別されている。それぞれにカシタマンダパとタサマンダパという2つの中心部があり，それぞれの宗教的な中心となっていた。この2つの地区からなる都市構造は，バクタプルにも見られ，カトマンドゥ盆地の都市の特性とされる。

　カトマンドゥは，ネパールの南北をつなぎ，さらにチベットとインドをつなぐ街道に沿う場所に位置している。街道は，中世以降，交易で繁栄し，街道沿いにジャイシデヴァル，ハヌマンドカ，インドラチョク・ジャナバハール，そしてアサンといった，歴史的に重要な多くの広場がある。これらの広場はカトマンドゥにおいて宗教的な中心であるとともに商業的な中心でもある。

　最古の木造の集会施設であるカシタマンダパは12世紀から知られ，カトマンドゥの都市名の由来となっている（図3）。2015年のネパール・ゴルカ地震まで残っていたが，地震

図1　カトマンドゥ盆地 (Pant and Funo 2007)

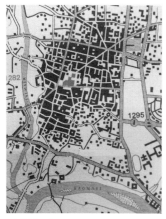

図2　歴史的地区 (Finsterwalder 1989)

図3 王宮広場のカシタマンダパ(パント撮影)

図4 王宮広場(パント撮影)

により倒壊した。ヤンガルにあるこの集会施設は，ハヌマンドカ王宮に隣接しており，2つの地区の中央に位置する。

ハヌマンドカ王宮にある建物群はおおむねマッラ期に建設されたものである（図4）。1768年のネパール統一により，王宮の中庭は南東方向に拡張され，防備のための塔が建設された。9階建てのバサンタプル・ダルバールは最も高い建造物である。1934年の地震後，王宮は縮小された。しかし，3つの王宮のうちカトマンドゥのハヌマンドカ王宮は最も広く，多くの寺院や中庭，楼閣，無数の宗教的な工芸物で満たされており，マッラ期初期からシャハ期後期の王宮建築の様式を見ることができる。

現代のカトマンドゥは，古い歴史的な中心部であるカンティプル（古くからカトマンドゥ盆地に住むネワール族の言葉であるネワール語ではヤン）だけでなく，かつての周辺地域にも拡大し，その都市域はパシュパティナートやボダナート，スワヤンブなどの世界文化遺産も包含している。中にはハディガオンという考古学的に重要な定住地も含まれている。紀元前2世紀に遡ることのできる神像が祀られ，同時期の煉瓦構造物も発掘されている。伝説によれば，パシュパティナートとスワヤンブは，カトマンドゥ盆地における定住集落の起源だという。

カトマンドゥ盆地における定住集落の立地は，川と灌漑，そして排水のネットワークと関連している。バグマティ川やヴィシュヌマティ川の川沿いの地は，神話と歴史的遺構が多い。バグマティ川沿いの3つの地点，ゴカナとパシュパティ，チョヴァは，地形的に特異であり，宗教的に重要な地点である。パシュパティにあるアリャガートや，バグマティ川とヴィシュヌマティ川の合流にあるカルモチャンガートやパチャリは火葬場として重要である。

1768年よりネパールの首都となったカトマンドゥは，大きく発展し，盆地内のパタンとバクタプルという2つの都市を包含するほどである。1847年から1950年までネパールを支配したラナ政権は，当時，英領インドに建設された事例をもとに都市域を広げながら数多くの宮殿を建設し，道路のネットワークでそれぞれをつないだ。この宮殿建設の方法は，小さな都市を建設してきたカトマンドゥ盆地の伝統とはまったく異なっている。1950年以降，これらの宮殿と歴史的な集落の間を埋めるように，次第に地方から都心への移住が行なわれ始めた。そしてこの30年間で都市人口は急速に増加し，マッラ期には5万人以下であった中世の都市が，現在人口約200万人の大都市となっている。危機遺産として指定される危惧がある一方，旧市街では，宗教的な儀礼を核とするコミュニティを維持する力強さを今のところ保っている。

（M・パント／竹内泰）

South Asia 26: Patan

【パタン】ストゥーパとスワスティカの芸術都市

ネパール，中部開発区域
Central Region, Nepal

　カトマンドゥ盆地の3都市のうち，パタン（ネワール語ではヤラン）には，他の2都市と比べ，遥かに古い伝説や遺構がある。ひとつは有史以前のキラータ王朝の伝説であり，もうひとつは町の四方に配置されている4つのストゥーパ（仏舎利塔）である。5世紀から8世紀のリッチャビ期の碑文が，カトマンドゥ盆地のどこよりも多い。カトマンドゥ盆地の都市文化を発展させたのはパタンだと歴史家たちは考えている。

　パタンの都市計画のユニークさを示すのは，東西と南北の2つの主要道路の各端部にある4つのストゥーパである（図1）。すなわち，予め都市域が計画的に設定されているのである。4つのストゥーパの配列は，カトマンドゥ盆地の縁に連なる山脈の最も高い頂上の位置によって定められており，ストゥーパと頂上の位置関係から卍型が描き出される。カトマンドゥ盆地において，このような地形幾何学的構成が見出される都市はほかにはない。

　そしてまた，パタンの都市計画のユニークな点として，インダス文明との関連を指摘できる。インダス文明のモエンジョ・ダーロやその他の都市で使われていた寸法のモジュール体系がパタンにも見られるのである。具体的には都市の中心にある僧院に多く見られるが，住居が中庭を囲むパターンに用いられる寸法体系がインダス文明の都市と同じなのである。その平面計画も卍型の形式をとるのが特徴的であるが，この構成は古代の僧院形式においても一般的なものであった。パタンでは，インダス文明の寸法体系を独自に発展させているのである。

　さらに，パタンの都市計画が最もユニークなのは，その碁盤目状の街路ネットワークや街区構成が，多様なコミュニティの構成を体系的に組織化している点である。すなわち，街路，街区と広場，住居と中庭の集合が入れ子状に密度高く構成されていることである。コミュニティの核となるパティと呼ばれる東屋やヒティと呼ばれる水場も巧みに組み込まれている。これらは来訪者のための施設でも

図1　歴史的地区
（Pant and Funo 2007）

図2　王宮広場（パント撮影）

図3　王宮広場の泉マンガヒティ（パント撮影）

あり，街路と広場，中庭の構成は，来訪者にも分かりやすい。この都市組織の体系的な構成は，パタンの住民にも古来より意識され，パタンには独自の名として「ラリトプール（芸術都市）」が冠せられてきた（図2）。

王宮の中庭にある壮麗な泉マンガヒティは，6世紀のリッチャビ期の都市水系建設の技術を示している（図3）。都市域にある多くの泉は，プラナリとして知られる都市の水供給システムであり，貯水池と帯水層，地下水路，排水路のネットワークで1年中，絶えることなく水が供給される。しかし，近年の都市開発が伝統的な水供給システムのネットワークを破壊する事例が多く見られる。

これまでの調査（Pant and Funo 2007）から，歴史的な都市に住むネワール人のうち約70%が仏教を信仰しているが，カトマンドゥ盆地にある他の都市や村と比べ，圧倒的な数の仏教僧院がパタンにはあり，金属製の仏像彫塑は中世初期から極めて水準が高い。パタンの都市組織の構成はそうした仏教的伝統と深く結びついている。パタンの仏教僧院は，美術と文化，歴史の偉大な宝庫である。中でも黄金の僧院と呼ばれるクワバハールの存在は際立っている。また最も大きなコミュニティを抱えるオクバハールも注目に値する。オクバハールはリッチャビ期に建設され，11世紀の都市生活の社会的側面や物理的側面を多く浮

図4　6世紀の仏教僧院オクバハール（パント撮影）

き彫りにする文書を保存している（図4）。

ヒンドゥー教の伝統もまたパタンを支えている。パタンの広場には公共のモニュメントが置かれるが，その一部にはヒンドゥー教に基づいたものが数多くある。中庭には仏教において最も重要な崇拝物であるチャイティアが置かれるのが一般的である。仏教，ヒンドゥー教の伝統が複合することで，パタンの都市組織が調和のとれたモザイク，2つの伝統の混和体として構成されるのである。

パタンの都市計画者としてラリタ・ジャプが抜擢されたと7世紀の伝説にはある。ジャタポールという地区の住民たちは，彼の顔の彫像と，伝説の中で使っていたとされる農機具を祀ることで，彼のことを記憶している。パタンに長らく住むタンドゥカールというコミュニティは，毎年ラリタ・ジャプのことを自分たちの祖先として祀っている。　　　　（M・パント／竹内泰）

South Asia 27: Bhaktapur

【バクタプル】儀礼のヒンドゥー都市

ネパール，中部開発区域
Central Region, Nepal

　バクタプルは，キラータ時代に遡る古名をコウァプリンという。住民は今もコウァパという名で町を呼ぶ。10世紀までにはバクタプルとして知られるようになるが，その意味は「奉仕者の都市」である。

　カトマンドゥ盆地の3つの都市のうち，バクタプルは12世紀に国の首都となることにより発展する。その発展は16世紀にいったん落ち着くが，それは当時の王ヤクシャ・マッラが王国を3人の息子たちに分配したためである。この時にバクタプルとともにパタンやカトマンドゥでも王国が設立されている。

　3世紀以上もの間，バクタプルにマッラ王朝の中心が置かれたことで，後継者たちにその伝統は引き継がれ，宗教的な統治の形式に則って執り行われた。バクタプルのみならず小さな集落すべてにおいても，それぞれ守護神が祀られ，その守護神を讃える儀式も毎年行われた。そうした儀式は，社会的な構造やコミュニティ，空間的な構造を反映すると同時にそれらを逆に規定するものであった。

　バクタプルでは特に3つの儀式が重要とされ，都市的規模で行われる。ひとつは秋に行われるモハニと呼ばれる儀式であり，女神であるドゥルガー信仰の儀式である。2つ目は，町を守る守護神のバイラヴ神を讃えるビスケットジャトラという儀式で，4月中旬に行われるビクラム年号の年始の祭りである。3つ目は，ガイジャトラと呼ばれる儀式であり，その年の死者を追悼するために執り行われる。

　ビスケットジャトラは有史以前の母系社会が男系社会へと変換した画期的な社会的出来事を呼び起こす儀式であるのに対し，モハニは社会や個人の精神が邪悪な力に対して立ち向かう心を養う儀式である。町の周辺や畑の中に建てられた寺院に納められた母なる女神が，この儀式で祀られる。

　すべての家族がトルという地区に属し，それぞれの地区がアスタマトリカという女神の集団の持つ力によってまとめられている。家族のメンバーが順番に先頭になりバクタプル内を9日間かけて移動するのを例年の儀式で

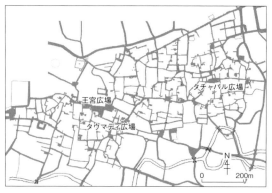

図1　歴史的地区
（パント作製）

図2　王宮広場(パント撮影)

図4　タウマディ広場の五重塔(パント撮影)

図3　タチャパル広場(パント撮影)

見ることができる。さらには，ナウァドルガーの踊りが，バクタプル内の重要な地区の広場を巡り，町中を活気づける。中世以来，近隣同士の争いが日常的にあった様子がこれらの儀式によって表現されているといえる。

　ネワールの王宮建築の遺構として，少なくとも中世まで辿ることのできるものがバクタプルにはある。王宮建築は，行政や宗教儀式を執り行うために，空間的な形式モデルとして結晶化したものであり，王室ムルチョークと，形態だけでなく寸法においても近い形式が確認できることからも明らかである。これらの中庭型の建築の計画手法は，仏教僧院の形式によるものであると思われる。

　仏教徒が多くを占めるパタンに対して，バクタプルの人口のほとんどがヒンドゥー教を信仰する。バクタプルは，パタンに比べると広場での装飾が豊かであり物理的にも広い。バクタプルの3つの広場，王宮広場とタチャパル広場，タウマディ広場は都市建築の集合体としてユニークである（図2〜4）。広場に面する建物はそれぞれその規則正しさを表しているが，そのあるべき姿を形成する方法が伝統的に確立されていることを広場から窺い知ることができる。

　貯水池もまたバクタプルにおいて注目すべき要素である。まんべんなく，地形に沿う形で配置されている。

　バクタプルで確認できるように，カトマンドゥ盆地に分布している広場に見られる原理や特質は，世界の都市生活の歴史においてひとつの重要な類型となっている。カトマンドゥやパタンの歴史地区がその内外で再開発による圧力にさらされているのに対し，バクタプルは，今日に至るまで，伝統的な空間をよりよく維持してきた。しかし，2015年の大地震によって大きな被害を受けた。どのように復興していくのかが歴史的な課題となっている。

(M・パント／竹内泰)

Column 08 ── インドの都市・建築書

アルタシャーストラ

マウリヤ朝を創始したチャンドラグプタ王（在位：紀元前317年頃〜293年頃）を補佐した名宰相カウティリヤ（別名チャーナキア，あるいはヴィシュヌグプタ）が書いたとされる書物が『アルタシャーストラ（実利論）』である。古来インドでは，ダルマ（法）とアルタ（実利），そしてカーマ（享楽）が人生の三大目的とされるが，そのアルタについてのシャーストラ，すなわち「実利」についての科学，理論の書が『アルタシャーストラ』である。その中に「城塞」あるいは「城塞都市」に関する詳しい記載がある。古代インドの都市ひいてはインド世界の都市，すなわちヒンドゥー都市の理念を窺う極めて貴重な文献とされている。

『アルタシャーストラ』は，古来様々に文献に引用されてきたが，一般にその内容が知られるようになったのは，1904年にヤシの葉に書かれた完全原稿が発見され，R・シャマシャストリによってサンスクリット原文（1909年）と英訳（Shamasastry 1915）が出版されて以降である。その後，ヒンディー語訳，ロシア語訳，ドイツ語訳などが出され，様々な注釈書が出されるが，それらを集大成する形で英訳を行ったのがR・P・カングル（Kangle 1986, 1988, 1992）である。日本語訳として上村勝彦訳（カウティリヤ 1984）がある。また，L・N・ランガラジャンによる新訳，新編纂書が出されている（Rangarajan 1992）。

『アルタシャーストラ』の成立年代については諸説あり，紀元前4世紀にカウティリヤによって書かれたというのは極めて疑わしいとされる。絹の産地としてチーナ（秦）という地名が出てくることから，前4世紀には遡りえない。一般には紀元3〜4世紀頃であるとする説が有力である。ただ，この書物が『マヌ法典』より先行することは確かで，早ければ前200年，遅くても紀元200年には成立していたと考えられる。

『アルタシャーストラ』は，第1巻「修養」（第1〜21章），第2巻「長官の活動」（第1〜36章），第3巻「司法規定」（第1〜20章），第4巻「棘の除去」（第1〜13章），第5巻「秘密の行動」（第1〜6章），第6巻「[六計の]基本としての輪円（マンダラ）（外交政策序論）」（第1〜2章），第7巻「六計について（外交政策本論）」（第1〜18章），第8巻「災禍に関すること」（第1〜5章），第9巻「出征する王の行動」（第1〜7章），第10巻「戦闘に関すること」（第1〜6章），第11巻「共同体（サンガ）に関する政策」（第1章），第12巻「弱

小の王の行動」(第1〜5章),第13巻「城塞の攻略法」(第1〜5章),第14巻「秘法に関すること」(第1〜4章),第15巻「学術書の方法」(第1章)からなる。

　度量衡については,第2巻第19章(第37項目「秤と桝の標準」),第20章(第38項目「空間と時間の尺度」)にまとめた記述がある。一般に使用される最小単位は中指の幅アングラである。そして,その倍数によってハスタが定義される。24アングラ,28アングラを1ハスタとする例が『アルタシャーストラ』には挙げられている。そして,4ハスタが1ダンダで,10ダンダが1ラジュである。1ダンダは,便宜的に,約1.8m(6フィート),1ハスタは約45cm(18インチ)とされるが,もともと幅がある。計測をもとに,1アングラ＝17.86mm,1ハスタ＝42.86mm(24アングラ),50cm(28アングラ)という説があるが,1ダンダは,説によって1711〜2000mmと幅がある。

　都市について触れるのは,主として第2巻の第3章「城砦の建設」,第4章「城砦都市の建設」である。第3章では,築城と囲郭に関する記述がなされ,第4章では住宅地(市街)の区画について記述がなされている。ランガラジャンの再編集を見ると,その記述は大半が第4章「国家組織」の第1節「国土の基本構造の確立」に含められる。

　『アルタシャーストラ』の説く,古代インドにおける城塞都市の構成の骨子は以下のようである。

城塞の建設(第3章第21項目)

　A①選地：四方に,自然の要害,すなわち,水城,山城,砂漠城,森林城を造り,地方の中央に,建築学者の推奨に従って,すなわち,川の合流点や涸れることのない湖・池・貯水池の近くに,陸路と水路をそなえた中心都市(スターニーヤ)を建設する。陸城,水城,山城のうち,後のものほど優れている。

　A②形態：地形に応じて,円形か長方形か正方形である。

　A③濠：都市の周囲に,1ダンダの間隔をおいて,3つの濠を掘る。幅は,14,12,10ダンダであり,深さは幅の4分の3あるいは2分の1とする。底幅は上幅の3分の1とする。底面あるいは側面を煉瓦張とし,水を湛える。

　A④土台：6ダンダの高さで幅はその2倍とする。

　A⑤胸壁：土台の上に高さが幅の2倍の胸壁を煉瓦造もしくは石造で造る。高さは12〜24ハスタで偶数でも奇数でもいい。

　A⑥小塔,望楼：正方形の小塔を30ダンダの間隔で造り,2つの小塔の中間に,2階建てで高さが幅の1.5倍の望楼を設ける。

A⑦秘密の道：濠の外側に通じる，様々な仕掛けで覆われた秘密の道を造る。

A⑧城門：胸壁の両側に1ダンダ半の「羊頭」を造り，望楼の幅の6倍（の幅）の城門を設置する。5ダンダ四方から8ダンダ四方までの大きさとする。

A⑨橋：橋は入口と同じ幅で，木製の吊り上げ式である。

A⑩武器庫：武器を貯蔵する溝を造る。長さは幅より3分の1大きい。

城塞都市の建設（第4章第22項目）

B①街路：西から東に向かう3本の王道，南から北へ向かう3本の王道で市街地は区画され，計12の市門がある。井戸，水路，地下道を有する。

B②街路幅：王道以外の街路幅は4ダンダ，王道，村落の道路，墓地への道路などは8ダンダ，灌漑設備と森林の道路は4ダンダ，象の道，農道は2ダンダ，（田舎の）車道は5アラトニ，家畜の道は4アラトニ，小家畜と人間の道は2アラトニである。1アラトニは2ヴィタスティ，親指と小指を張った長さをいう。

B③王宮：四姓がともに住む最良の住宅地にある。住宅地（市街）の中心から北方の9分の1（第9）区画に，東向きあるいは北向きに造られる。

B④諸施設と居住地の配置：王宮からの方向に応じて，次のように配置される。

東：北微東（東の方角の少し北側の部分）：学匠・宮廷祭僧・顧問官の住宅，祭式の場所，貯水場。南微東：厨房，象舎，糧食庫。その彼方に，香・花環・飲料の商人，化粧品の職人，およびクシャトリアが，東の方角に住む。

南：東微南：商品庫，記録会計所，および職人の居住区。西微南：林産物庫，武器庫。その彼方に，工場監督官，軍隊長官，穀物・調理食・酒・肉の商人，遊女，舞踏家，およびヴァイシャが，南の方角に住む。

西：南微西：ロバ・ラクダの小屋，作業場。北微西：乗物・戦車の車庫。その彼方に，羊毛・糸・竹・皮・甲冑・武器・盾の職人，およびシュードラが，西の方角に住む。

北：西微北：商品・医薬の貯蔵庫。東微北：宝庫，牛馬舎。その彼方に，都市・王の守護神，金属と宝石の職人，およびバラモンが北の方角に住む。住宅がとぎれた空き地には職人組合（ギルド）と他国から来た商人が住む。

B⑤神殿（寺院）：都市の中央にアパラージタ，アプラティハタ，ジャヤンタ，ヴァイジャヤンタなどの神殿がある。また，シヴァ，ヴァイシュラヴァナ（クヴェーラ），アスヴィン，シュリー（ラクシュミー），マディラー（カーリー）の神殿を建てる。

B⑥門：それぞれの地域に応じて，住宅地の守護神を設置すべきである。ブラーフマ（梵天）の門，インドラ（帝釈天）の門，ヤマ（閻魔）の門，セーナーパティ（スカ

ンダ，韋駄天）の門がある。

　B⑦灌漑施設，聖域など：濠の外側100ダヌス（ダンダ）離れたところに，聖域，聖場，森，灌漑施設を造り，それぞれの方角を守る方位神を置く。

　B⑧墓地：墓地（火葬場）の北あるいは東の区域は上位三ヴァルナのためのものであり，南側は最下層のシュードラのものである。

　B⑨異教徒・不可触民：異教徒とチャンダーラ（不可触民のひとつ）の住居は墓地のはずれにある。仕事の分野に応じて，家住者の境界を定める。バーヒリカ（外来者）は都市に住まわせるべきではない。

　B⑩居住地・井戸：仕事の分野に応じて居住地の境界を定める。10家族の囲い地にひとつの井戸を設置する。

　B⑪備蓄：あらゆるものを備蓄すべきである。

　B⑫軍隊：象隊・騎兵・戦車・歩兵を複数の長のもとに配する。

マーナサーラ

　インドには，古来，2つの知ヴィドヤの体系があり，それは，形而上学パラ・ヴィドヤと自然学アパラ・ヴィドヤからなる。後者の中に，絵画・彫刻から建築・都市計画まで及ぶ「シルパ（造形芸術）」を主題とする古代サンスクリット語の諸文献があり，それらは「シルパ・シャーストラ」と総称されている。インドにおける都市計画・設計の原理を探るためには，第一にこの一群の書物が参照される。

　シルパ・シャーストラは工学の各分野を網羅するが，建築，都市計画に関わるものは，ヴァーストゥ・シャーストラと呼ばれる。「ヴァーストゥ」とは「居住」「住宅」「建築」を意味する。このヴァーストゥ・シャーストラには実に様々なものがある。古来，棟梁が建築のノウハウを伝えてきた日本の「木割書」のようなもので，インドのスタパティと呼ばれる棟梁やスートラグラヒと呼ばれる測量士の知識，技能，技術をまとめたものである。

　代表的な『マーナサーラ』や『マヤマタ』の他に，『カーシャパ』『ヴァイガーナサ』など類書は約300にも及ぶ。

　数多くのヴァーストゥ・シャーストラの中で最もまとまっているのが『マーナサーラ』である。「マナ」は「寸法」また「サラ」は「基準」を意味し，「マーナサーラ」とは「寸法の基準」を意味するという。また，建築家の名前だという説もある。成立年代は諸説あるが，6世紀から7世紀にかけて南インドで書かれたというのが一般的である。

　『マーナサーラ』に続いて内容が知られるのが『マヤマタ』である。『マヤマタ』は，『マハーバーラタ』にも素晴らしい宮殿の建設者として登場するマヤが書いたとされる。

内容的には『マーナサーラ』と構成はよく似ているが，村落や都市の類型に関しては『マヤマタ』の方がはるかにシステマティックである。

『マーナサーラ』は，全70章からなる。まず第1章（目次）で創造神ブラーフマに対する祈りが捧げられ，全体の内容について簡単に触れられる。建築家の資格と寸法体系（第2章），建築の分類（第3章），敷地の選定（第4章），土壌検査（第5章），方位棒の建立（第6章），敷地計画（第7章），供犠供物（第8章）と続く。第9章は村，第10章は都市と城塞，第11〜17章は建築各部，第18〜30章は1階建てから12階建ての建築が順次扱われる。第31章は宮廷，以下，建築類型別の記述が第42章まで続く。第43章は車についてで，さらに，家具，神像の寸法にまで記述は及んでいる。極めて総合的，体系的である。興味深いのは，ウィトルウィウスの『建築十書』の構成に極めてよく似ていることである。

第2章「建築家の資格および寸法体系」1-34には，建築家の資格，階層（建築家，設計製図師，画家，大工指物師）を述べた上で，寸法体系が記される。八進法が用いられ，知覚可能な最小の単位はパラマーヌ（原子），その8倍がラタ・ドゥーリ（車塵，分子），その8倍がヴァーラーグラ（髪の毛），さらにリクシャー（シラミの卵），ユーカ（シラミ），ヤヴァ（大麦の粒）となって指の幅アングラとなる。アングラには，大中小，8ヤヴァ，7ヤヴァ，6ヤヴァの3種がある。

建築には，一般にアングラが最小単位として用いられるが，『マーナサーラ』はその12倍をヴィタスティ（掌を拡げた親指と小指の間）とする。さらにその2倍をキシュク，それに1アングラを足したものをパラージャーパチャとし，基本単位として用いる。一般にはハスタ（欧米では約18インチ（18×2.54＝45.72cm）に換算）と呼ばれる。世界的には肘尺・腕尺（キュービット）である。

都市計画で用いられるのはダンダ（一般的には6フィート＝6×30.48cm＝182.88cmに換算）である。『マーナサーラ』は，1ダヌルムシュティ（26アングラ）の4倍を1ダンダ，さらに1ダンダの8倍をラジュとする。

建物の配置計画については第9章「村落」，第10章「都市城塞」，第32章「寺院伽藍」，第36章「住宅」，第40章「王宮」に記述されるが，マンダラの配置を用いるのが共通である。そのマンダラのパターンを記述するのが第7章「敷地計画（基本平面）」1-271である。

第7章では，正方形を順次分割していくパターンが32種類挙げられ，それぞれ名前がつけられている（円，正三角形の分割も同様である）。すなわちサカラ（1×1＝1），ペチャカ（あるいはパイサーチャ）（2×2＝4分割），ピータ（3×3＝9分割），マハーピータ（4×4＝16分割），ウパピータ（5×5＝25分割），ウグラピータ（6×6＝36分割），スタンディ

ラ（7×7＝49分割）……チャンラカンタ（32×32＝1024分割）の32種類である（7-2〜50）。

そしてこの分割パターンに，それぞれ神々が割り当てられていく。いわゆるナイン・スクエア，9区画（3×3）からなるピータは，東西南北にアーディトヤ，ヤマ，ヴァルナ，ソーマ（酒神），各角に東南角からイーサ，南東アグニ，南西パヴァナ，北東ガガナが配され，中央にプリティヴィー（地母神）が配される（7-60）。最も詳しく記述され，一般的に用いられるのはパラマシャーイカ（9×9＝81分割）もしくはチャンディタ（あるいはマンドゥーカ）（8×8＝64分割）である（図1）。こうして，神々が次々に勧請されて，それぞれに場所が与えられる。すなわち，空間分割のパターンは，神々の布置を示す曼荼羅と考えられるのである。

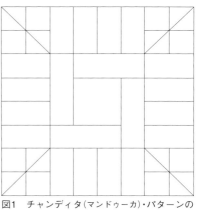

図1　チャンディタ（マンドゥーカ）・パターンの空間分割（布野 2006）

曼荼羅は大宇宙（マクロコスモス）の模式図であると考えられるが，これにさらに小宇宙（ミクロコスモス）としての人体が重ね合わせられるものを「ヴァーストゥ・プルシャ・マンダラ」という。プルシャとは，サンスクリット語の普通名詞としては「男」とか「人間」といった意味で，ヴァーストゥ・プルシャは一種の精霊，土地の守護神として扱われる。実際に中世南インドにおいては，寺院本殿内部のレイアウトや寺院境内のレイアウト，さらには村落や都市のレイアウトも「ヴァーストゥ・プルシャ・マンダラ」を用いて設計され，建設されたと考えられている。

「ヴァーストゥ・プルシャ・マンダラ」を寺院本殿内部のレイアウト，寺院境内のレイアウト，さらには村落や都市のレイアウトにも用いるということには，その土地をカオス（無秩序）からコスモス（秩序）に転化し，建築物，村落，都市の安寧を願う，という意味が込められているのである。すべての空間が，「ヴァーストゥ・プルシャ・マンダラ」を介して一種の入れ子構造的な相同関係を保ち，それぞれ宇宙的秩序を表現していると考えるのである。

（布野修司）

Column 09 ── 伝統的都市空間の保存的外科手術

　パトリック・ゲデスは，英領時代のインドを訪れ（1914〜22年），50余りの都市について，都市計画報告書を作成した。ゲデスの都市計画は，伝統的な都市空間の「診断的調査」に基づいて，大規模なクリアランスを行わず既存の要素を最大限活かしながら都市機能と生活環境の改善を図るもので，彼自身その手法を「保存的外科手術 Conservative Surgery」と呼んだ。

　ゲデスのインドにおける都市計画の理念と手法，および彼の計画案の実現状況を，グジャラート州のバローダ（ヴァローダラ Vadodara）を具体的事例として見てみたい。ゲデスによるバローダの都市計画報告書（Geddes 1916）には，建物配置まで描かれた旧市街南西ブロックの1916年当時の詳細な現況地図が添付され（縮尺約1/1900），その詳細地図をもとに，ポルと呼ばれる街区から構成される旧市街の具体的な改善計画が示されている（535頁の図2，図3参照）。

ゲデスの仕事

　ゲデス（1854〜1932年）は，スコットランドのアバディーンシャイアのバラタールに生まれた。ロンドンのロイヤル・カレッジ・オブ・マインズでトーマス・ヘンリー・ハクスレー（1825〜95年）に生物学を学び（1874〜1877年），ロンドン大学の生理学科で実験助手を務めた後，エディンバラ大学で教える（1880〜88年）。そして，ダンディー大学の植物学主任を務めた（1888〜1919年）後，インドに向かう。1889年にJ・アーサー・トムソンとともに『性の進化』（Geddes and Thomson 1889）を出版し，1895年には雑誌『常緑』（Geddes and Colleagues 1895/96）を発刊，自然，生物学，詩学に関わる記事を寄稿している。そして，1903年には，ヴィクター・ブランフォード（1863〜1930年）による社会学会設立を支援する。ゲデスは，生物学者であり，植物学者であり，教育学者でもあり，いわゆるゼネラリストとされるが，目を患って，顕微鏡をのぞく研究等に支障が生じたこともあって，また，エディンバラの保存に関する社会学的業務によって，第一に社会学者であることを自認するようになる。そして，その実践として，都市計画運動に力を注いでいくのである。エディンバラ大学に赴任すると，ショーツの展望台として知られていたタウンハウスを購入し（1892年），エディンバラの「展望塔」という都市研究所を開設，都市計画の研究を展開する。ゲデスが収集したさまざまなコレクションは「展望塔」に展示された。後には，そのコレクションを紹介する，英

国各地と植民地を巡回する「都市と都市計画展」を行っている。都市計画に関する主著に『進化する都市』（Geddes 1915）がある。予備的調査に基づく診断を重視し，それをもとに都市計画を立案する手法は，ゲデスによって確立される。「都市圏」という概念もゲデスによって使われ始める。その都市計画理論は，ルイス・マンフォードに大きな影響を与えたとされる。

　ゲデスが初めてインドを訪れたのは，1914年にマドラス州長官ペントランド卿に「都市と都市計画展」の開催を依頼されたのがきっかけだった。彼はその後10年にわたってインドで仕事をすることとなる。

　最初にペントランド卿に招かれ，ニューデリー首都計画委員会のメンバーに加わったが，都市を取り壊して改造することをベースとした委員会の都市計画手法を批判して罷免される。また，カルカッタ，マドラス，ムンバイなどで行われていたインド改善トラストのスラムクリアランス政策を「狂信的な衛生思想」として非難した。

　インドでは，古代インドの都市形態や土着文化について研究し，土地固有の計画を模索している。インドの衛生官がマラリアの発生源となると廃止しようとするインド貯水システムを擁護，排水システム軽視による豪雨溢水を問題視し，水の停滞防止策をいくつか提案している。また，アヒルによるボウフラ捕食に着目したり，公衆便所の排泄物を庭園用肥料として用いることを主張したりするなど，西洋式の都市計画よりも，土着の慣習とそれが生み出す都市形態の再解釈と評価をもとに，インドの文化に根差す新たな環境を創出することを提唱した。一方，工業開発や土地投資を推進し，都市開発に熱心であったバローダのマハラジャ（藩王）の依頼で，プネーのガーデン・サバーブ開発を手がけている。また，他都市でも都市コンサルタント的な仕事を行っている。「保存的外科手術」なる都市計画手法を提唱したのは1915年のタンジョール・レポートにおいてである。

　インドで仕事をした後期の1920～23年には，ボンベイ大学で市政学および社会学の教授を務めた。

　インドの他にパレスティナでの仕事がある。難民流入によって人口が膨れ上がり都市問題が噴出したため，シオニスト組織がゲデスにコンサルティングを依頼したのである。1919年以降，テルアビブの低密郊外住宅地開発計画やカーメル山周辺開発計画，農村集落案，エルサレムの都市改善計画，ハイファ計画などを立案している。最後に手がけたのは1925年のテルアビブ北部市街拡張計画で，70歳のときであった。

ゲデスのインド探訪

ゲデスは1914〜19年にかけて3回のインド訪問を行い,各地の都市を精力的に訪れている。

エディンバラ大学所蔵の資料に基づき,ゲデスのインド各地探訪ルートを整理すると以下のようである(図1)。

1回目のインド訪問——1914〜15年

①ボンベイ:1914年10月半ば,息子のアラスデールとともに到着。②プーナ,③アフマダーバード:1914年11月4日頃。④ドゥンガルプル,⑤アジュメール,⑥ジャイプル,⑦アーグラ,⑧デリー,⑨ラクナウ,⑩カウンポール(カーンプル),⑪アラハバード,⑫ヴァーラーナシー:1914年12月初旬に到着。⑬カルカッタ,⑭ヴィシャカパトナム:1914年12月。⑮グントゥール:マドラス州北部の都市で,ゲデスが都市計画報告書を書いた最初の都市。⑯マドラス:1914年12月20日到着。⑰マドゥライ:2日間臨地調査を行う。⑱ベラリー(カルナータカ州):ここでゲデスは5つの都市についての報告書を執筆。⑲マドラス:1915年1月17日,マドラス大学にて「都市と都市計画展」開幕。コインバトール,マドゥライ,カーンチープラム,タンジョールについての都市計画報告書執筆。1915年春に帰国。

2回目のインド訪問——1915〜16年

①カルカッタ:1915年9月,妻アンナとともに到着。「都市と都市計画展」開催。②ナグプル:1915年のクリスマス「都市と都市計画展」開催。ゲデスは長逗留。③ダッカ:1916年1月。1916年4月,パリ経由で帰国。

3回目のインド訪問——1916〜19年

①ベナレス:1916年夏到着。②ラーホール,③アムリトサル,④ダージリン,⑤カルカッタ:病気にもかかわらず,アンナは秘書としての仕事を続ける。1917年5月21日「都市と都市計画展」開幕。⑥

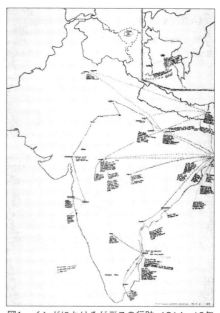

図1　インドにおけるゲデスの行跡,1914〜19年 (エディンバラ大学蔵)

ラクナウ：1917年6月，⑦ダージリン：アンナの死後，ダージリンに戻り，1917年8月まで滞在。⑧インドール：1918年3月下旬から4月上旬。偶然にマハトマ・ガンディーと出会う。その後，数度の手紙のやりとりがあった。ゲデスからは2通，ガンディーからは1通。インドールに新しい大学を設立するための計画が立てられた。⑨カルカッタ：1919年1月，ボース研究所からジョン・ロスに手紙を書き，その年および次の半年の予定を要約して伝えている。⑩インドール：1919年3月，スコットランドへ帰国。

　インド各地を訪問したゲデスは，現地の行政当局やマハラジャ（藩王）の依頼により，都市計画に関する報告書を多数作成した。ティルウィット（Tyrwhitt 1947）によれば，ゲデスがインドにおいて作成した都市計画報告書は50あまりにのぼる。

ゲデスによる都市計画報告書

　ゲデスのバローダ都市計画報告書は，序と本文7章から構成され，さらに本文に加えて8枚の図面が付されている。序文によれば，報告書は，ゲデスが1915年2月の「都市と都市計画展」の際にバローダを訪れた3日間と，同年10月14～16日に都市計画家のヘンリー・V・ランチェスターとともに再びバローダを訪れた3日間の計6日間の調査に基づいて作成されたものである。序文にはまた，バローダ藩王国の主任建築家であるA・H・コイルや，バローダ開発トラストの主任技師であるスンデルラール・ゴーダ以下，技術スタッフへの感謝を述べる記述があり，具体的な市街地の計画作成の際には，これらのスタッフが実質的な計画案をまとめ上げていったと考えられる。

　具体的な報告書の構成は，序文，第1章「バローダ市の地域区分」，第2章「ポルの改善──その『保存的外科手術』」，第3章「スールサーガル地区」，第4章「官庁地区──コティ地区と公園地区」，第5章「アナンドプラ村の移転について」，第6章「将来の工業地区」，第7章「結論」，付図「計画図Ⅰ～Ⅷ」である。

ポルの改善──その保存的外科手術

　第2章において，ゲデスは，具体的な空間の計画手法を述べるよりも，むしろポル（街区）の改善計画を立案することの意義や，住民の参加を促すような改善事業の進め方について，より多く述べている。

　ポルの改善計画においては，当時の非人間的で縦割り的な都市計画行政に対して住民間に広まりつつあった抵抗意識や無関心を払拭し，かつてのポルの共同体の利点を復活させるような地縁的感覚を改めて喚起することが，ゲデスにとっての重要な目的であったと考えられる。

　ゲデスは報告書に以下のように書いている。

「バローダ，またこの地域の他の都市のポルは，その若く最良の時は過ぎ，衰退に向かいつつあるが，まだその最終局面ではない。」

「ポルは現在の考え方や行政のやり方においては，かつてのような市政の単位とは見なされない。しかし，かつての共同体の利点が実質的に復活するようになるまでの地縁的感覚（近隣的感覚）は改めて喚起しうる。」

「近代的都市行政は非人間的である。また仕事を縦割りにしすぎて，バラバラに行われる。この『進歩的な』市政への絶望から，都市改善への抵抗や無関心，頑固な保守主義などが生まれてはいないか。」

「すべての都市には欠点と同時に独自の資質がある。ここバローダで，比較的衰退の少ないポルにおいて，都市改善の実験を行うことをあえて提案する。この実験は上記の市政上の困難をすぐさま解決し，コミュニティーと公共サービスとの間に健康的な関係をもたらす可能性がある。」

「我々の提案は，ポルの中に能動的な改善の施策を起こそうとするものである。この目的のために，多くの場所への要求がある中で，限られた時間の中で，旧市街の南西ブロックを選んだ。劇的に変化するようなやり方を提案する代わりに，我々は現存の細い街路や路地に沿って歩き，すべての小さなまた不規則なオープンスペースを見て回った。」

　ゲデスが強調したのは，住民が改善計画に参加しやすいような計画を立てることであり，以下のような記述をしている。

「我々は，庭園の整備を考慮して，荒廃した場所や廃墟，空地を記した。上質な住宅もマークし，緩やかで段階的な改善事業のプロセスに最も抵抗が起こらないようなルートを探ろうとした。これは最も状態の悪いものを通りや広場から除去し，同時に，状態のよい住宅を再度きれいにするというやり方で進められるべきである。それら2つのやり方はどちらも建物の所有者や居住者の参加を促すであろうからだ。」

　そして，具体的な計画の骨子は，相当量のオープンスペースの増加と路地の連結であった。付図IVにおいて，南西ブロックの現状と改善案が具体的に示された（図2）。
　ゲデスが強調した利点は，費用面にもあり，次のように述べている。

「相当量のオープンスペースの増加と路地の連結を意図した。それらの計画は多額の費用をかけずにすむ。実際によく使われる街路や路地に限って整備をおこなったり，資産価値の高い建物の撤去を後回しにするなどして，段階的に整備を実施すれば，優先度の高い生活環境改善のための当座の費用はかなり少なくて済む。」

具体的に，計画の総額は29万627ルピーと見積もられたが，優先的な街路の整備に限れば3万7209ルピーで済むとされ，さらに交通の便の改善以外の生活環境改善に絞れば，1万ルピーで足りると提示されている。

そして，旧市街の4つのブロックと市街地の市壁外への拡張部および周辺部を含めると8万ルピーの費用になると算出されたが，最初の事業年度にすべての額が必要なわけではなく，また，一度整備された場所には繰り返し費用を投じることはないと述べている。

また，市壁については，都市の品格と性格を考え，残すべきと述べている。アフマダーバードの市壁を残す動きがあることも考慮すべきとも記している。ただ，必要があれば，新たな門を造るべきで，市壁の内側の人々のために必要な換気のための開口も確保すべきであるが，市壁はできる限り維持すべきと考えていた。

計画案の内容と街区空間の変容

付図IVにおいて示された，旧市街南西ブロックの既存街区に対するゲデスの改善計画案は，全部で57ヶ所であった。具体的には，以下のようである。

ⅰ）街路・袋小路の開通　20ヶ所
ⅱ）路地の拡幅　12ヶ所
ⅲ）オープンスペースの創出と植樹　14ヶ所
ⅳ）障害物の除去　11ヶ所

1916年当時の既存街路地図，同年のゲデスによる都市改良計画図，そして2007年に行った現地調査によって得られた現在の街区空間構成のデータをもとに，バローダ旧市街の空間的変容とゲデスの計画案との比較考察を行う。図2は計画案の実現状況を示している。

①街路・袋小路の開通

ゲデスの計画案における主要な要素である。20ヶ所について開通を提案し，10ヶ所が実現され，10ヶ所については実現していない。しかし，ゲデスの計画にはない袋小路の開通が16ヶ所で見られた。

比較的幅の広い街路（ポル）についての提案が多く，街区の北側に多く見られる。

提案外のものもまた，北側に多く見られるが，そのほとんどが下位の階層である路地（ガリ）に対してである。

②街路拡幅

12ヶ所について拡幅を提案しているが，3ヶ所のみが実現している。また，2ヶ所に提案以外の街路の拡幅が見られた。

③オープンスペースの創出と植樹

14ヶ所についてオープンスペースの創出が提案され，5ヶ所が実現されている。また，提案以外のオープンスペースの創出が5ヶ所で見られた。

④障害物の除去

11ヶ所について障害物の除去が提案されており，9ヶ所が実現されている。障害物とは，主にオトゥラ（街路に張り出した建物前面の基壇）を指している。

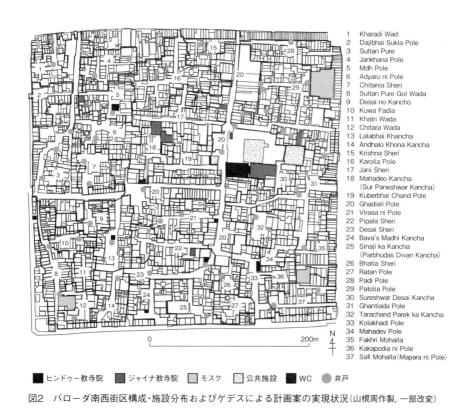

図2　バローダ南西街区構成・施設分布およびゲデスによる計画案の実現状況（山根周作製，一部改変）

20世紀初頭にインドに招かれたゲデスは，精力的に各地を訪れ，それまで彼が提唱してきた都市計画に関する理念を実践に移すべく，多くの都市計画報告書を作成した。

　バローダにおける都市計画報告書の分析から，添付された図面に見られる改善計画の詳細さとは対照的に，本編においては，空間的な計画について必ずしも逐一具体的に提案を行っていたわけではないことが分かる。本編は，当時の行政当局によって行われていたいわゆる「進歩的」な都市計画を批判し，伝統的な居住環境や集住形態を重視し，それらをベースとした改善を行うことで，改善事業への住民の参加と事業の費用軽減を同時に実現しうることを強調する内容となっている。それはまさに，都市計画における「診断的調査」と「保存的外科手術」というゲデスの提唱する2つの理念を基盤とするものであった。そして，ゲデスの考え方に基づき，当時の藩王国の技術スタッフたちが，現実の市街地において空間的な改善計画を練り上げていったのである。

　バローダ市役所都市計画課で行ったヒアリングによると，ゲデスが提案した旧市街のポルの改善計画案は，その後少しずつバローダの行政当局によって実施されていったという。独立後のインドでは1954年に都市計画法が制定され，バローダが正式に自治体となり市政を開始した1966年以降，Godbole & Choksi Architects and Plannerという組織により，ポル改善の詳細計画が策定され，バローダ市が改善事業を実施してきたという。その際，ゲデスの報告書を基本計画としながら，詳細計画においては改善箇所についていろいろと変更があったことが推察されるが，ゲデスの「保存的外科手術」の考え方が受け継がれ，改善計画に反映されたことが，旧市街の現在の空間構成から窺える。ゲデスの都市計画の理念はバローダにおいてしっかりと根付いていたことが今日確認されるのである。

〔山根周・布野修司〕

Lecture 07 ─ 風水都市

　中国には古来，都市計画の手法に関わる「風水」説あるいは「風水」論がある。土地をどう捉えるか，景観をどう作るかに関する，きわめて実践的な知，あるいは術の体系とされるのが「風水」である。中国で生まれ，朝鮮半島，日本，台湾，フィリピン，ヴェトナムなど，その影響圏は中国世界周縁部にも広がる。それどころか，今日，フェンスイ feng shui あるいはチャイニーズ・ジオマンシー（中国地相学）は世界的に流行している。

　「風水」は，「地理」「地学」，さらに「堪輿(かんよ)」「青烏(せいう)」「陰陽」「山」などともいう。「地理」「地学」といわれれば，なんとなく理解した気になるが，風水書と呼ばれる書物群は，一般的に「風水」という言葉を冠さず，「地理」の語を書名に含むものが多い。三浦國雄（2006）によれば，風水を冠するのは歐陽純の『風水一書』しかないという。「地理」は「天文」に対応する。すなわち，「地」すなわち山や川など大地の「理」を見極めることをいう。「堪輿」は，もともと吉日選びの占法のことで，堪は天道，輿は地道を意味する。「陰陽」は，風水の基礎となる「陰陽論」からきており，「青烏」は，『青烏経』という，伝説上の風水師・青烏子に仮託された風水書に由来する。「山」は，「山師」の「山」である。山を歩いて（「遊山」「踏山」），鉱脈，水脈などを見つけるのが「山師」である。

　「風水」は，「風」と「水」である。端的には気候を意味する。風水の古典とされる郭璞(かくはく)（276〜324年）の『葬経』に，次のような有名な典拠がある。郭璞は，西晋・東晋の理論家で，五行・天文・卜筮などあらゆる術に通じた，古典に造詣の深い文学者，博学者として知られる。特に『爾雅』『方言』『山海経』の注で知られ，詩作品に「遊仙詩」「江賦」などがある。

　　「風水的首要原則是得水，次為蔵風」
　風水の基本原理を一言で言い表すとされる「蔵風得水」（風をたくわえて水を得る）である。また，風水の中心概念である「気」も次のように説明される。

　　「夫陰陽之気噫為風，弁為動，斗為雷，降為雨，行乎地中而為生気」
　陰陽の「気」が風を起こし，動きを起こし，雷を鳴らし，雨を降らし地中に入って「生気」となる，というのである。

　風水説は，この「気」論を核に，陰陽五行説，易の八卦説を取り込む形で成立する。管輅(かんろ)（208〜256年）と郭璞が風水説を体系化したとされるが，管輅は，三国時代の占

師として知られ，『三国志演義』には劉備の死を予言する占師として登場する．特に，江西と福建に風水家が多く輩出し，流派をなした．地勢判断を重視したのが形（勢学）派（江西学派）で，羅経（羅盤）判断を重視したのが（原）理（学）派（福建学派）である．中国の都城理念（『周礼』考工記「匠人営国」条）は中原で生まれ，参照され続けるが，風水が，中国王朝の「中国」観，「天下」観の周辺において発生したことは興味深いことである．

風水説は，もっぱら，術として用いられた．最も吉相と見られる地を選んで，その地に都城，住居，墳墓を造らせる地相学，宅相（家相）学，墓相学と結びつけるのである．生人の住居の場合を陽宅，墓地の場合を陰宅と呼ぶ．陽宅風水が，いわゆる家相である．顧客のために吉相の地を鑑定する職業人を「地師」「堪輿家」「風水先生」「風水師」などと称する．

風水説の理論的諸問題についてはそれを論ずる少なからぬ書物に譲りたい．風水説は，近代においては，「迷信」あるいは「疑似科学」として，科学的根拠に欠けるものとして位置づけられてきた．また前述のように，風水説には流派や諸説があって，その体系が全体的に明らかにされているわけではない．風水ブームとされるが，根拠や典拠が明らかにされない，占いの一種という扱いも少なくない．ただ，風水説には，それこそ「風水」「地理」の伝統的な理解，景観，風景の読み方が示されているという期待がある．中国では，社会主義体制において基本的に風水説は否定され，顧みられることはなかったが，この間，建築，都市計画に関連しては，風水説を環境工学的に読み直す多くの書物が著されつつある（全1999など）．

「風水」説は，まず，世界の「地理」について，その全体像（「天下の大幹」）を述べる．また，王朝の都，帝都の選地が問題にされる．そして，具体的な手法として，龍法，穴法，砂法，水法の「地理」の四科が説かれる．龍法は生気が流れる筋道，「龍脈」を見つける方法，穴法は生気が濃密に集まる点，「龍穴」を見いだす方法，砂法は「龍穴」の周囲を囲う方法，水法は水を流す方法である．「龍脈」とは山脈のことであり，砂とは山のことである．風水では，龍が隠喩としてきわめて象徴的に用いられる．龍法の見立てとして，生龍，死龍，強龍，弱龍，順龍，逆龍，病龍，殺龍などの類型が用いられる．穴法も，穴形などについて，いくつかの類型論が展開される．龍法も穴法も，景観の構成要素とその配置，すなわち景観の構造に関わっているのである．

「風水」説として一般に流布するのが，「四神相応」（青竜＝東，朱雀＝南，白虎＝西，玄武＝北）である．これは，平安京＝京都がこれに基づいたとされるように，都市計画，その選地，そして配置計画に関わる．「穴」の前の朝山，案山，背後の楽山，羅城，

水口の諸山などを，砂を盛って配置する模型を作ったのである。水法は，様々な水源，水流の形を評価する。水をその形態から様々に分類し，その得失（吉凶）を述べるのである。台風，洪水，水不足など，風や水の問題に今日も我々は悩み続けている。風水が現在も見直され，ブームといわれるほどに関心を呼ぶのは，それなりに理解できるのではないか。

中国から風水説が伝わった朝鮮半島では，三国時代にはすでに都邑の選地（占地）の論拠として重視された。新羅末から高麗初にかけて道詵(どうせん)（827〜898年）[1]によって体系化された。朝鮮の風水については村山智順の大著『朝鮮の風水』がある（図1）。

道詵は朝鮮の地形を舟形と見なし，太白山・金剛山をその船首に，月出山をその船尾と見なし，舵を扶安の辺山，櫂を智異山，腹部を雲住山に当てた上で，国家安寧のためには，すなわち，舟を安定させることが必要で，要所に寺塔を建て仏像を安置す

図1　風水の基本形態（村山 1931）

---

[1] 新羅，晞陽県玉竜寺の僧。俗姓は金。全羅道霊巌出身で武烈王の子孫ともいわれる。風水説に通じ，開城の立地の優秀性を指摘して高麗の建国を予言したとされて，高麗時代にその説は高く評価され用いられた。

べしと唱えた。この大きな構図，マクロな地理観は，朝鮮半島の一体的把握につながるであろう。風水説は，高麗朝においても仏寺建立と結びついて重んじられた。また，王都の選地にあたっても，風水は重視され，しばしば遷都論の論拠となった。李朝初の鶏龍山への遷都計画やソウルへの遷都も風水説によった（図2）。

『日本書記』推古天皇10（602）年の条に，「百済の僧・観勒がやって来て，暦，天文，地理，遁甲，方術の書」を献上したとあるが，この「地理」書の具体的内容，その後の帰趨ははっきりしない。その命脈を窺えるのは「陰陽道」である。「陰陽師」に都にふさわしい「相地」を「視占」させたという記事が『日本書紀』に見えるのである。

日本に持ち込まれた風水書そのものは明らかでないが，これ以降一般に風水的選地の思想が受容されていったことは，日本における「家相」あるいは「気学」の伝統が示しているだろう。

（布野修司）

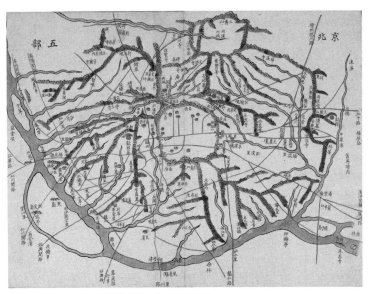

図2　ソウルと風水，東輿圖・京兆五部・都城圖（韓 1994）

X 東アジア

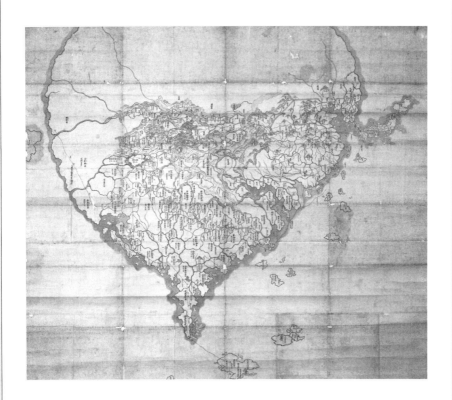

南贍部洲図(17〜18世紀初頭)
卵形の南贍部洲が中心に描かれ、その下方に、中天竺を中心に、東西南北の天竺が位置する。全体に多くの地名、都市名が書き込まれているが、北に「胡国」(蛮人の国)が小さく突き出し、西端に「波刺斯国」(ペルシア)、東に「晨旦国」すなわち中国が接続している。そして、東北隅に日本が描かれる。全体として描かれるのは、『倶舎論』がいう仏教的世界観に基づく贍部洲のあり方である。日本の三国世界観、すなわち、天竺と晨旦、そして日本からなる世界を描くものである(京都大学附属図書館蔵)。

Panorama X ── 中国都市の起源

　中国大陸では，紀元前6000年頃までに，黄河流域でアワ・キビの栽培が始まり，長江流域ではイネの栽培が始まる。農耕が発生したのは，黄河と長江およびこの2つの大河の間を流れる小河川（とくに淮河）の中・下流域と考えられている。そして，黄河流域には紀元前3000年頃に長江流域からイネ，西アジアからムギが伝来し，紀元前2000年頃にマメの栽培が開始されたとされる。

　農耕集落の遺構として，仰韶文化期（前4500～2500年）の河南省仰韶遺跡（1920年発見），半坡遺跡（陝西省西安市，前4800年），大口鎮（前4300年），河姆渡遺跡（1973年発見，前5000年），龍山文化期（前2500～2000年）の反山遺跡（1986年発見），大観山遺跡がある。それぞれの時代と地域に，壕と土壁で囲われ，一定の配置構造を持つものが発掘されている。仰韶時代後期から龍山時代の後期にかけて，すなわち旧石器時代～新石器時代晩期から青銅器時代にかけて（前3500～1800年）現れた，城壁で囲われた集落は，30余り発見されており，建築構造は石築・版築・堆築の3つに分けられる。石築は，黄河が南流を始める一帯の石首走馬嶺遺跡（前2500～2000年，7.8ha）などオルドス遺跡群に見られる。最大のものは，陝西省神木県で発見された425haの石鼎遺跡である。版築の代表的なものは山西陶寺遺跡（前2300～1800年，280ha）で

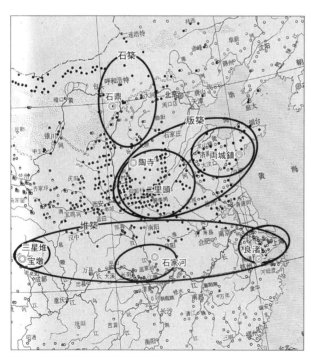

図1　中国の古代都市遺構（筆者作製）

ある。堆築とは石材と土による構法で，長江流域に見られ，最大のものは浙江省良渚莫角山城遺跡（前2500～2300年，290ha）である（図1）。

　古代中国の夏，殷，周の初期王朝の都城が立地したのが，いわゆる「中原」である。黄河の中流から下流にかけての洛陽盆地とその周辺，黄河が大きく北へ湾曲してオルドスを抱え込む黄土高原の南，秦嶺山脈の北，渭水など黄河の支流が流れる関中平野がその核心域である。

　中国における国家の成立過程は，次のように考えられる。まず，①「都市」（邑）の発生があり，続いて②「都市国家」＝「國」が成立する。そして③「都市国家」（國）の中からいくつかの小国を従える「領域国家」（大国）が出現する。この段階において「中国」という概念が成立する。「中国」（中或）が意味したのは周王朝の王都を含む一帯である。「領域国家」が各地に成立した戦国時代には，「中国」が指し示す地域は各国ごとにそれぞれ異なっていた。さらに，④「領域国家」が覇を競い，特定の「領域国家」（大国）が他の「領域国家」や「都市国家」（國）を平定する。殷（商）末から春秋時代が「都市国家」の時代，戦国時代が「領土国家」の時代，秦漢時代が「大帝国」の時代である。

　王都としてその実在が確認されたのは殷（商）王朝の都城（殷墟，河南省安陽県小屯村）が最も古く，夏王朝以前の王や王朝の実在については疑われてきた。1959年に二里頭遺跡（河南省偃師市，紀元前2080～1300年），1983年に偃師城が発見され，夏王朝の実在が認められるようになったが，夏王朝を開いた禹の都をはじめ他の都城の所在地は依然として確定されていないし，今のところ文字は出土していない。

　夏を滅ぼした殷王朝についても知られることは少ないが，甲骨文や青銅器銘文の出土もあり，また殷墟の発掘があるから，その実在は確認されている。殷代には，国都周辺の広大な地域を「郊」と呼んだ。「郊」には多くの「城邑」が含まれており，ひとつの「邑」をとりまく地域を「野」と称した。郊外が「野」で，「城邑」とその四郊が「郊内」である。郊・野制度という（楊寛1987）。そして殷は，陪（副）都制を採っていた。商代の国都が「商」であり，王畿すなわち国土は「大邑商」と呼ばれた。そして「大邑商」の中で陪都であったのが，牧（沫）である。商代前期の陪都だったと考えられるのが鄭州商城（河南省鄭州市）である。商代後期に長期にわたって国都であったのが殷墟（河南省安陽市）である。ただ，殷墟の場合，鄭州商城と偃師商城と違って城壁を持たないことから，王都，都城は別にあったという説が有力である。殷王朝の城郭遺跡として，偃師商城，鄭州商城，殷墟のほかに盤龍城（湖北省黄陂県）が知られる。偃師商城は，小城大郭の連結方式の形態をしており，東南部に小城があり，その

南に宮殿区がある。鄭州商城は偃師商城よりひとまわり大きく（東西約1700×1870m），北東部に宮殿と園地がある。内城・外城の二重の城壁で囲われた形態は中国で最も古いと考えられている。

周は西方から出現し，陝西の大国となって，河南の殷を滅ぼす。その王都については分からないことが多い。文王（在位：前1068～1034年）（在位年は，平勢2005による。以下同様）は周を統一すると，本拠地を西方の岐山から移して，関中平野に王都・酆京を建設する。周の都城で城壁そして濠をめぐらすのはこの酆京が最初である。そして，武王（在位：前1034～1022年）が殷を滅ぼして，新王都・鎬京（宗周）を建設する。

武王の死後，夏殷の故地，中原を抑えるために雒邑（洛陽）に成周を建設したのは，若い成王（在位：前1009～1002年）の摂政に就いた周公旦である。西周時代の諸王は鎬京に常住していたが，以降，東都成周でも政務をとる。この東都成周は，周王朝の分裂によって東周の王都となる。王城址は発見されていないが，東周（春秋）時代の王城址（洛陽市王城公園）より北にあったと考えられている。

「中原」の2つの中心が西安と洛陽である。西安には，周酆京・鎬京，秦咸陽，前漢長安，隋唐長安などが，洛陽には，東周成周，後漢洛陽，三国魏洛陽，北魏洛陽，隋唐洛陽城などが置かれた。始皇帝の天下統一によって成立した秦帝国＝「中国」の都城は咸陽である。咸陽は，秦の孝公（在位：前361～338年）が商鞅の変法に従って櫟陽から遷都（前350年）して以降，秦の都城であった。咸陽は最初の「帝都」となる。

咸陽は焼失し，また，渭水の河道の変遷によってその遺祉の多くが失われてしまい，始皇帝以前に遡ってその構想・理念を窺う手がかりは少ないが，注目すべきは，即位と同時に寿陵として酈山陵（始皇帝陵）の建設が開始されていることである。始皇帝陵を中心として造営された陵園は，優に都城の規模に匹敵する。また，正南北を軸線とし，長方形の内城・外城で二重に囲われた陵園の形態は，春秋戦国諸国の都城と比べるとその幾何学的形態が際立っている。そして，咸陽を中心とする国土の編成は，始皇帝の「天下」＝「宇宙」観に基づいている。天下統一を成し遂げた（前221年）秦王政は，新たに皇帝という称号を定め，自ら始皇帝を名のる。始皇帝の呼称によって願ったのは，2世，3世，そして万世無窮であることである。陰陽五行の相勝（相剋）説に従い，火徳の周に勝った秦は「水徳」を採用する。五行には方角・季節・色・数字が割り当てられるが，水は，北・冬・黒・六であり，秦の鍵概念となる。冬を年初とし，衣服や旗の色は黒とされ，数字は6を基数として，6寸，6尺などが基準寸法として用いられた。そして，郡県制の施行，度量衡・車軌・文字の統一が行われた。律，暦法の統一も，中央集権の制度化の大きな柱である。

始皇帝が不滅の世界を東海に求めたことは，帝都咸陽の真東に位置する東海への入り口として朐県（江蘇省連雲港）に石柱を建て，秦の東門としたことが象徴的に示している。海の世界は秦にとって未知の世界であった。そして，太陽の動きに従う故地から真東に向かう軸線は大きなウエイトを持った。始皇帝陵がこの東西軸線上に位置している（始皇帝陵の頂上の緯度は34度22分53秒）ことは偶然ではない。兵馬俑坑もすべて東向きの陣立てである。

　秦始皇帝は天下統一の翌年（前220年）から死亡するまでの10年間に5回にわたって全国を巡幸している。天下統一のインフラストラクチャーとなるのは交通網である。車軌の統一によって道路幅員の基準を定め，全国に幹線道路網整備を行うことが国土計画の第一歩になる。始皇帝の巡幸は，天子道としての馳道整備事業の一環でもあった。長城建設も始皇帝の天下統一事業としてよく知られる。

　始皇帝陵とそれを中心とする驪山陵は，不滅の地下帝国の地下都市である。始皇帝陵は，項羽によって暴かれた後，今日に至るまで発掘されていない。地下都市には，地上の河川を再現するように機械仕掛けで循環する水銀の川が流れていた，という。

　始皇帝は，天下統一の過程で，咸陽宮を中心とする「北阪上」に，諸侯を破るたびにそれぞれの諸侯の国の宮室を模した宮室を並べたとされる（仿六国宮）。秦が統一した国土のミニチュアであり，メソコスモスである。始皇帝は，天下統一を成し遂げた翌年，渭水南に信宮を建て，極廟と名づけて天極を象る。そして，極廟と驪山（始皇帝陵）をつなぐ複道（2層の道路）を造る。阿房宮建設以前に極廟建設があり，その極廟を始皇帝陵と結ぶ構想があったという。地上に投影された星辰の世界は，当然，秦の国土全体に広がっていく。始皇帝の帝都は未完のまま次世代に引き継がれた。極廟の南に朝宮を置こうとしたが完成せず，阿房宮前殿が建設されたのみである。

　始皇帝のコスモロジカルな秩序を地上に投影させる新たな都市計画は，春秋戦国時代の諸国の王都のレヴェルを超えている。実際，城壁で囲われる通常の都城のスケールをはるかに超え，城壁も持っていない。関中，渭水盆地全体がひとつの世界として考えられていた。その範囲は，東は始皇帝陵，北は咸陽宮を中心とする北阪の宮殿群，南は終南山，西は秦の故地，宗廟が置かれた雍を含んでいる。阿房宮はその全体を見渡す中心として構想されたのである。

　帝都はひとつの世界として，星辰の世界になぞらえた都市，すなわち宇宙のミニチュアである都市として構想され，宮殿，廟，陵園などの諸施設，さらには雲邑や麗邑などがコスモロジカルな秩序を意識する中で配置され，輦道，馳道のネットワークでつながれられていたのである。

（布野修司）

【西安】 中国都城の原郷

East Asia 01: Xi'an

中国,陝西省
Shaanxi, China

　北には渭水が流れ,南には秦嶺山脈がそびえる関中平原の中心に位置する西安には,千年を超えて,鎬京,咸陽,長安など多くの中国都城が立地した。いわゆる中国七大古都のひとつであるが,中国都城の原郷といっていいのが西安である。

　文王は,周を統一すると,本拠地を西方の岐山から移して,関中平野に酆京を建設する。そして,武王が殷を滅ぼして,新王都・鎬京を建設したとされる。その位置については諸説あるが,渭水の支流となる灃水の東西岸に向き合うように位置していたという説が有力である(図1)。

　秦の孝公は,商鞅の変法政策を採用し,孝公12(紀元前350)年に雍から咸陽へ遷都する。咸陽古城址は,現在の陝西省咸陽市東北の灘毛村,窯店一帯に広がるが,その形態,空間構成については,項羽による破壊,渭水の河床の北上移動による流出のため,よく分かっていない。

図1　歴代都城の立地(賀 2012)

　秦の始皇帝が前221年に中国を統一し,中央集権的な国家体制を打ち立てると,咸陽の大規模な拡張工事が行われ,周辺に多くの宮殿が築かれた。新たな朝廷の中心となる阿房宮前殿も,渭水の南岸に建設された。

　漢の長安は,南岸の秦・咸陽の様々な施設を利用し,高祖によって興楽宮が長楽宮へと改築されたことに始まる。続いて,長楽宮の西に未央宮,その北に北宮が築かれ,長楽・未央宮には武庫が建造される。恵帝の時代に,城壁が築かれ,西市が設置された。漢長安城の規模は,周囲2万5000m,東壁5940m,南壁6250m,西壁4550m,北壁5950mである。台形であるが,渭水を避けた西壁を除く城壁の大きさはほぼ同じである。市壁の形態については整形か不整形かという議論があるが,東辺が西南北軸に沿って直線であること,全体が「方十五里」に設定されていることから,市壁建設については一定の理念があったと思われる。西北部の欠損は,渭水の流路の変化に伴うものと考えられる。各壁に3門,計12の城門が設置され,これは『周礼』「考工記」「匠人営国之条」の「旁三門」に一致する。宮殿は城外の各地にも設けられ,市は城内の西市と東市のほかに城外にも存在していた(「長安九市」)。軸線となるのは2つの幹線道路である。羅城門から長楽宮を貫いて直城門につながる東西大街である。また,もうひとつは未央宮から横門へ向かう南北大街(華陽街)である。この南北の軸線は,咸陽宮・極廟・章台をつなぐ軸線であり,渭水の港市と城内をつなぐ大街である。西市,東市はこ

の大街の左右に位置する。この2つの軸線から、それまでの都城の空間構成「座西朝東」を受け継ぎながら「座北朝南」へ転換する過程が窺える。

隋の初代文帝（楊堅）は、開皇2（582）年、漢長安城の南東約10kmの地に、高熲、宇文愷などに命じて、大興城のちの長安城（隋唐長安城）の造営を開始した。まず宮城、続いて皇城が整備され、第2代煬帝の時代に外郭城が築かれた（図2）。外郭城の規模は東西9721m、南北8651m、面積84.1km²に及ぶ。108の坊、左右対称の東西の市、南北11、東西14の街路は、朱雀大路を中軸線としたシンメトリーで構成された。宮城・皇城は、外郭城北部に位置し、東西2820m、南北3335mである。内城北側に位置する宮城は、南北1492m、面積4.2km²、南に位置する皇城は南北1892m、面積5.2km²である。隋唐長安城はいわゆる「三朝制度」に基づく宮城の基本構造が確立する。日常的な政務を執る「内朝」の両儀門、定期的な朝儀を行う「中朝」の太極殿、大規模な朝賀の儀式を行う場所とされる「外朝」の承天門・朝堂という構成である。唐末期8世紀後半には政治の中心舞台は太極宮から大明宮へと変わる。隋唐長安城の最大の特徴といえる「座北朝南」や「北闕」型の空間構成は、曹魏の鄴城、北魏洛陽城の都城系譜、そして鮮卑拓跋部の北方遊牧民による軍営組織に由来するという説がある。

唐末の「黄巣の乱」（904年）以後、長安は政治、経済、文化的地位を失うことになる。五代十国時代には隋唐長安城の皇城をもとに「新城」が建設された。北宋期には陝西永興軍路の京兆府が置かれ「京兆府城」と呼ばれる。元代には安西路に属し「安西府城」と呼ばれたが、後に「奉元路城」に改名される。

明代に入って洪武2（1369）年に「西安府城」と改名される。そして洪武7（1374）年に城内に秦王府が建設されるとともに、西安

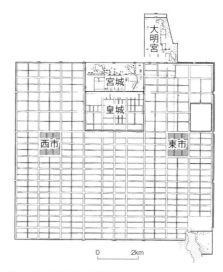

図2　隋唐長安城の復元図（張 1994）

府城は北東からそれぞれ4分の1拡張された。鼓楼が洪武13（1380）年、鐘楼が洪武18（1384）年に設置される。鐘楼は万暦10（1582）年に西安府城の中心地点に移築される。

清代の順治2（1645）年、城内北東部に「満城（満州八旗城）」が建設された。満城は八旗の居留地で、城内全体の3分の1を占めた。「西安満城」は、満州族の出自の拠点である盛京、そして北京に続く第三の「満城」であった。「西安府城」がそれだけ戦略的に重要な場所、すなわち、清朝西北部の直轄地と藩部の境界を管轄する重要軍事拠点に位置していたからである。

1935年に城壁北エリアに西安駅が建設され、河南省や湖北省から多くの人々が西安に移住した。中華人民共和国になると、西安市は工業化を進め、沿海部から移転した綿紡績工業が東部一帯で発達した。改革開放以後、西南部に電子機械工業区が発展し、西北部を代表する工業都市となった。さらに政府主導によって観光が推進されると、城内には高層ホテルや百貨店が建設され、その景観は大きく変貌した。

（川井操）

East Asia 02: Kaifeng

【開封】 北宋の都

中国，河南省
Henan, China

　開封の歴史は古く，その名の由来は春秋時代に遡る。しかしその存在が歴史の表舞台に登場するのは，太祖朱全忠が後梁を建て，出身地である開封をいったん首都とし，後晋が正式に首都として以降である。宋王朝を建てた太祖趙匡胤は節度使体制を解体して官僚制を整備すると，東京開封府を中心に西京河南府，南京応天府，北京大名府の四京を置いた。

　北宋代の都城・開封は，隋唐長安とは異なる，宮城を内城が取り囲み，さらに外城が取り囲む三重の「回」の字の入れ子構造をしている。この開封の都城の形は，以後の都城計画に大きな影響を与えることになる。金中都，すなわち大都の前身は開封をモデルにしたと史書に記される。

　春秋時代の開封は衛に属する儀邑という邑

図1　開封城祉の変遷，春秋時代〜北宋時代
(布野 2015)

であった。その後，魏が国都大梁を建設し運河網を整備する。北宋の皇城を南東に含んで北東部に位置していた。戦国時代の名城として知られたが秦の水攻めで廃墟と化した(図1)。

　前漢時代には開封県河南郡に属した。南北朝時代になって，都市としての地位は上がり，北魏時代には陳留郡治，東魏の時に開封郡治となり，梁州に属し，その治所が置かれた。北周時代に梁州は汴州（ベンシュウ）と改名している。

　隋では，引き続いて汴州の治所であり，大運河が通過することになって飛躍的に繁栄する。唐代になって，開封県の県治が汴州城に移され，汴州城内外は，浚儀県と開封県によって分治されるようになる。

　唐を滅ぼし，後梁を建国した朱全忠は即位した907年に開封を首都とするが，2年後に洛陽に遷都している。後周（951〜960年）の世宗柴栄が宗を建国することになる趙匡胤に築城を命じるのは955年である。この築城をもとに建設されたのが北宋東京城で，現在の開封の地下数mに埋まっている。

　「靖康の変」によって宋が滅亡すると開封は衰退を始め，その規模は宋代の内城の規模に縮退する。モンゴルの侵攻に押されて，金朝が末期に開封に首都（汴京城）を移し，内城を南北に拡大している。基本的にこの時に拡大改修された内城の範囲が，現在まで残る城壁の範囲である。

　明代は，当初副都北京とされるが，その後は周王府が置かれる。地方都市として繁栄するが，都市の規模は金代の城郭の範囲であっ

た。黄河が金代明昌年間（1190～95年）に河道を変え，たびたび水害に見舞われた。

清代に入って，明代の開封城をもとにして再建される（1622年）。そして1718年に周王府の跡地に「満州城」（俗称「里城」）が建設される。清代にも洪水がたびたび起こり，道光21（1841）年の大洪水は再び壊滅的な被害をもたらした。現在の開封に連続するのは，翌年再建された開封である。

中国都城の歴史において，北宋代の開封は様々な点で時代を画する都城である。

第1に，坊墻制の崩壊がある。北魏平城で成立した坊墻制は開封においては見られない。隋唐長安城の街区構成の基礎であった坊墻制は，唐代半ば以降崩壊し始めた。唐末の混乱の中で，坊墻を破壊し，入り口を街路に開いたり，街路を占拠したりして舎屋を建てる「侵害」がさかんになるが，開封には北宋初期から坊墻はなかったとされる。

第2に，坊墻制の崩壊とともに市制の変化がある。城市内の「坊」に場所を限定されていた「市」は，城内あるいは城外に設けられるようになる。全国的市場が成立するとともに，県の中に「鎮」「草市」「虚市」「歩」「店」などと呼ばれ，「鎮市（市鎮）」と総称される小都市，集落が発達してくる。

第3に，朱雀門街から御街への変化がある。皇帝祭祀，とりわけ南郊郊祀は宋代に入って都市祭礼へと変化していく。その舞台となったのが都市の中軸線を形成する御街である。

第4に，開封の形すなわち三重の入れ子の空間構造，そして宮城，皇城の構成が，キタイ燕京，金中都，そして元大都・明清北京など後の都城のモデルとされ，影響を与えたとされているところである。

北宋代の開封の空間構成について，『清明上河図』『東京夢華録』など史資料をもとに，いくつかの復元案が作られている。いずれの案にしても，宮城，内城，外城の三重の入れ子

図2　開封の復元図（張 2011）

構造という空間理念は一般に共有されていたと考えられる。一部の復元案を除いて，不整形である外城と内城には，城門が東西南北に3門ずつある（図2）。

東西南北が意識されているのは大内であり，御街である。隋唐長安城の左右対称の空間構造は崩れ，中軸線のみ明確に維持されているのが際立った特徴である。

内城の街路体系はグリッド・パターンではない。内城，外城には商店街が至るところに形成され，夜市も許可されていた。治安維持，火災防止を目的とする住民の管理組織として創設されたのが廂であり，いくつかの坊によって編成された。

内城は当初，禁軍の家族が居住する坊墻で囲われ，長屋形式の兵舎で構成される軍営によって占められていた。すなわち，一般の街区，外諸司などの官用地，軍営の3つが混在する形をとっていた。街路を不法占拠して建物を建てる「侵害」は当初から行われ，軍営についても，禁軍の配置転換に伴い，接収されたり，転用されたり，売買されたりすることで再開発されていく。そして北宋末には，『清明上河』に描かれるような商業都市として転換を遂げたと考えられる。　　（川井操）

East Asia 03: Pingyao

【平遥】亀城——清の金融中心

中国，山西省
Shanxi, China

　平遥古城は，山西省の省都である太原から南へ95km，中部の晋中市平遥県に位置する。明清時代の城壁とその街並みがきわめてよい保存状態で残されていることが評価され，城の外にある鎮国寺と双林寺および平遥文廟を含めて1997年にユネスコ世界文化遺産として登録された（図1，2）。

　平遥古城の周辺には，古い歴史を持つ名刹のほか，喬家大院をはじめとする山西商人の大邸宅も点在している。

　平遥古城は漢民族が中原に形成した城壁都市の典型であり，その築城構成には漢民族の都市文化の伝統を窺うことができ，建築史はもちろん，当時の文化，社会，経済を研究する上でも非常に価値のある貴重な現存資料といえる。

　平遥古城の城壁の基礎は，2700年前の西周時代に造られたといわれ，春秋時代には晋国，戦国時代に趙国の城塞であった。秦の郡県制の下では平陶県，漢の郡国制の下では中都県が置かれた。そして北魏時代に平遥県と改称されている。

　平遥は「亀城」と呼ばれる。外部を磚造とし，内部を版築で固める城壁（城牆）は，明王朝の洪武3（1370）年に築かれたもので，明清時代に各地に築かれた県城の原型，すなわち矩形の城内を十字街で分割し，中心に鐘楼・鼓楼を置く形式をよく保存している。外周は6.4km，高さ約12mである（図3）。現在は6つの城門と甕城，4つの角楼，72の敵楼が残る。亀城は中国に残る都市の城壁の中でも明西安城に次いで規模が大きく，保存状態がよく，当時の都市構成を今日に伝える。世界文化遺産の核心となっている。

　城壁内部は，政務を司った建物を中心に，4本の大通りと8本の裏通り，72本の路地が

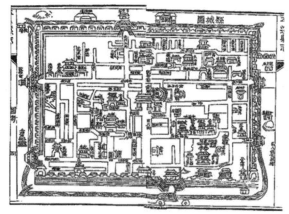

図1　清王朝「平遥県誌」の県城図
（宋 2000）

図2　街並み（筆者撮影）

図3　城壁（筆者撮影）

図4　航空写真

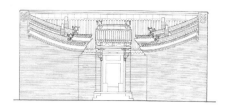

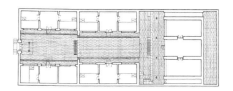

図5　沙巷街56号の立面図・平面図（宋 2000）

図6　沙巷街56号の院子（筆者撮影）

巨大な八卦の図案を形成している（図4）。

　清王朝末期の平遥は，中国全土の票号の半分以上が集中する金融の中心地であった。票号とは，為替業を中心とする近代以前の金融機関で，票荘ともいったが，清朝中期以降，各地に支店を持ち，全国に販売網を持つ山西商人によってさかんとなった。平遥がその中心であったが，中でも「匯通天下」と称された中国最大の票号「日昇昌」は有名である。票号の建物は現在も残り，公開されている。

　住居は四合院が基本であるが，様々なヴァリエーションを持つ。四合院といっても地域によって様々であるが，山西の四合院は基本的に北京の四合院と同じ形式をしている（図5，6）。ただ，正房の門はアーチ形となるものが少なくない。また正房の前に廊下が設けられるのが特徴である。平遥では票号の大規模な四合院のみならず，一般の四合院もかなり残っている。

（布野修司）

East Asia 04: Beijing

【北京】 中国都城の清華

中国，北京直轄市，首都
Capital, Beijing, China

　北京は，華北平原の西北端に位置し，南部以外は山に囲まれていて全市域の約6割を山地が占める。西は太行山脈，北は燕山山脈の一部である軍都山に接する。東も山地に接している。最高峰は万里の長城が築かれてきた北部山脈の東霊山である。市街地はこれらの山岳に囲まれた盆地に形成されている。歴史的には，遊牧世界と農耕世界の境界に位置し，北京原人の時代にまで遡る。

　3000年前の春秋戦国時代には燕の薊城が造られ，前漢武帝の時代から唐代まで幽州城と呼ばれた。唐代末の混乱によって興隆したのが北方系民族の契丹族・遼であった。遼は渤海にならっていわゆる「五京の制」を採用した。上京臨潢府を首都とし，現在の北京には五京のひとつとして南京幽都府を設けた。南京幽都府すなわち燕京城は現在の広安門一帯に位置していたと考えられている。城壁は方形で，8つの門があり，宮城は西南の隅にあった。現存する天寧塔は遼時代の遺物である。

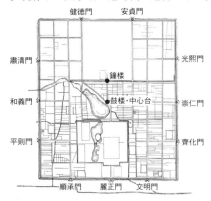

図1　元大都城（張 1994）

　女真族の金は1153年に遼を滅ぼしてから，遼の燕京城をもとにして，この地に初めての首都となる中都を作り上げた。東西最長4900m，南北最長4500mの城壁で囲まれ，東西に少しだけ長い方形で，各面に3つの門，計12門が配置された。宮城は城内のやや南西側に位置するが，中軸線を意識した配置であった。各街区には街巷制が採用され，東北の郊外に大寧宮と呼ばれる離宮が置かれた。

　1206年，モンゴル世界帝国の礎を築いたチンギス・カンは，モンゴル諸部族を統一し，瞬く間に金中都に攻め込んで勝利した。1263年，5代目クビライ・カンによって，開平すなわち上都を首都として，その陪都として中都が定められた。1271年，クビライは国名を「大元」とし，翌年に新首都として中都を「大都」と命名した。

　大都の建設は，上都建設を担当した漢族の劉秉忠が担った。1267年から外郭と宮殿を建設し始め，1276年に宮殿部分が完成し，1283年に外郭城がほぼ完成した。水利学者の郭守敬は，昌平一帯に新たな水源があることを発見し，高梁河から大都中央の海子へと水を引き込んだ。

　大都の城郭全体は金中都の北部にある離宮を中心とする一帯に建設された。形状は長方形で，東西6635m，南北7400m，南の城壁は金中都の北の城壁と接する場所に建設された。城壁は，外城，皇城，宮城の3層からなる（図1）。北は2つの城門，東西南はそれぞれ3つの城門で構成される。計11門については，『周礼』「考工記」「匠人営国」条の「旁三

門」と関連して議論がなされるが，哪吒太子伝説に付会し，三頭六臂両足を象ったものであるという説がある。哪吒太子は，仏教でいう北方を守護する毘沙門天王の子（三男）とされる。中心に宮城が置かれるのではなく，鼓楼・中心台・鐘楼が置かれる点は，大都の大きな特徴である。大都の城内は50の規則的な坊に分かれ，それぞれの坊内は東西の平行の道「胡同」でさらに区画されていた。均一に区画された街区には，中国の伝統的な中庭式住居・四合院が建設された。

　1368年，朱元璋は建国して洪武帝を名乗り，国号を明とした。大都を攻め落とし，元を滅亡させたあと，江南の応天府すなわち南京に遷都した。第4子の朱棣（後の永楽帝）は燕王に封じられ，北平に改称された北京に赴いた。後継者争いに勝利した朱棣は第3代皇帝となり，北平府を北京に昇格，北京・南京の両京制を施行し，最終的には北京遷都を敢行する。

　明北京は，大都を改築することによって形作られる。北の城壁を南へ5里縮めるとともに南側を拡張し，南城壁を南へ2里伸ばした（図2）。宮城・皇城すなわち紫禁城は，明朝の初めの南京の構造を模して，いわゆる「三朝五門」「前朝後寝」「左祖右社」の構成で作られる。皇城前には千歩廊下を建設してT字型の宮前広場が形成された。皇城の北側には，もとの延春閣の跡地に人口の山・万歳山（景山）が造られた。土砂が少なく南海や護条河を掘って積み上げたもので，風水でいう「鎮山」にあたる。大都北部の用地を放棄したため，いわゆる「傍三門」の構えも崩れた。東西北3面はただ2つの門を設け，南の城壁には3門が残った。都市中軸線の両側に天地壇（後の天壇），先農壇が建設され，中軸線が拡張された。さらに宮城の北に地壇，東西に日壇・月壇が建設されて，紫禁城が中華世界の中心であることが明確に意識されている。外城は，南京外郭城がモデルとされ，1553年に

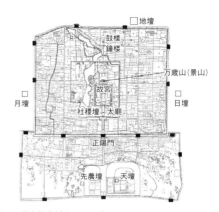

図2　明清北京城（張 1994）

増築工事が始まり，1564年に完成した。外城は東西に7950m，南北に3100mある。外城の南側には3つの門があり，東西にはそれぞれひとつの門が設けられた。

　1644年，女真族の清が侵攻して北京を占領し，明は滅亡する。幼帝順治帝の入場とともに，北京は満州族八旗軍の駐屯地となった。皇室一族のために王府を建設し，彼らに様々な礼遇と俸禄，土地を与えて，軍政が実権を握る体制を整えた。

　第6代乾隆帝の命によって，『乾隆京城全図』が1750年頃に作製された。縮尺は600分の1，北京全図を北から17排（行）に分かち，毎排を東路・中路・西路の3列に画する。各排3冊，全体で51冊からなる。すべてを広げると高さ14.1m，幅13.2mからなる。民国24（1935）年に故宮内内務府造辦輿図房で発見された。すべての建物が中庭（院子）を中心に，立面図を四方に倒す「起こし絵」の図法で描写されている。

　この地図と現状の都市や四合院の比較は布野（2015）によって分析されているが，250年以上の隔たりがあるものの，大街・小街については驚くべきことにほとんど変化がない。また再開発を逃れた街区内の四合院や土地割りも大きな骨格を維持したまま生き続けている。

(川井操)

East Asia 05: Chengde

【承徳】熱河避暑山荘——五族協和の陪都

中国，河北省
Hebei, China

　承徳は，北京の北東約350kmに位置する。内モンゴル高原の南端から燕山山脈へ移行する標高1300〜1500mの山地にあって，年間平均気温は摂氏15.6度の温暖な気候にある。今日の承徳の起源となるのは，清朝第4代皇帝康熙帝による，1703年に開始された熱河行宮（避暑山荘）の造営である。

　清朝の太祖ヌルハチが満州国を樹立するのは1588年であり，第3代順治帝が入関，北京へ遷都する以前に都としたのは盛京であり，遷都以降は陪都として整備される。外城を建設したのは第4代康熙帝であり，宮殿群を整備したのは第6代乾隆帝である。ただ，いずれも60年に及ぶ在位のうち，盛京へ東巡したのは，康熙帝は3度，乾隆帝は4度にすぎない。

　頻繁に利用したのは「避暑山荘」と呼んだ承徳である。この後，承徳は清朝の夏の宮殿として陪都的な役割を持つようになる。

　承徳は，康熙帝および乾隆帝によって1703年から92年にかけて建設された。康熙帝は，「朕は万里の長城は築かない。民族融和を実現し，万里の長城を無用物にする」と言い，「避暑山荘」の周囲に多くの廟や寺院の建設を開始する。また，周囲に多民族を住まわせることで，民族融和の都を建設しようとしたとされる。

　乾隆帝によって拡充されたのが現在の承徳で，「避暑山荘」は中国に現在残っている宮廷庭園の中で最大である。

図1　普陀宗乗之廟の全景（すべて布野撮影）

図2　普陀宗乗之廟の大紅台

図3　普陀宗乗之廟の五塔門

図4 須弥山福寿之廟

図5 普寧寺の大乗之閣

図6 普楽寺の旭光閣

　乾隆帝も，その周囲に満州族・蒙古族・チベット族・回族・ウイグル族などの壮大な寺院を次々と建立する。「外八廟」と呼ばれるその寺院群は，普陀宗乗之廟（図1～3），溥仁寺，溥善寺，普寧寺，普楽寺，安遠廟，普祐寺，広縁寺，須弥山福寿之廟（図4），広安寺，羅漢堂，殊像寺など8廟にとどまらない。初期に建てられた溥仁寺と溥善寺以外はすべてチベット様式で建てられている。

　普陀宗乗之廟は乾隆帝の還暦60歳と皇太后80歳を祝賀し，少数民族の王侯貴族を招くために4年をかけて建造されたものである（1767～71年）。普陀宗乗はポタラの漢訳，モデルとしたのはラサのポタラ宮であり，小ポタラ宮とも呼ばれる。白台，山門，碑亭などは山麓に，大紅台（図2）や屋敷は山上に建てられている。そのほか，山門，碑亭，五塔門（図3），瑠璃牌坊など，大小様々な建築物がある。廟内には『普陀宗乗之廟碑記』『土尓扈特全部帰順記』『優恤土尓扈特部衆記』の満州文字，漢字，モンゴル文字，チベット文字による碑文が置かれている。

　乾隆帝が承徳に最初に建立（乾隆20（1755）年）した普寧寺は，別名，大仏寺ともいう。伽藍は南北軸線上に，山門，碑亭，天王閣，大雄宝殿，そして大乗之閣（図5）が配置される。最奥の大乗之閣は，左右に日殿，月殿，そして4つの塔と4つの台が「曼陀羅」形に配置されている。

　普楽寺は，乾隆31（1766）年に建造され，その中心である旭光閣（図6）は円形の重層形式をしていることから，「円亭子」と俗称される。天壇の祈念殿をモデルとしたとされる。

　清末のアロー戦争で北京が英仏連合軍に占領されると，咸豊帝は避暑山荘に逃亡し，急逝する。戦争は英仏遠征軍司令官と恭親王との間で北京条約が締結されることによって終結するが，清朝は衰退していくことになる。

　承徳は，『周易』の「幹文用誉承以徳也」による命名であるが，温泉が出ることから熱河とも呼ばれてきた。雍正元（1723）年には熱河庁が設置されている。中華民国が成立すると府制廃止に伴い承徳県と改称するが，後には熱河特別区，熱河省が設けられる。1933年には関東軍による熱河侵攻作戦が行われ，承徳は関東軍に占領された。第二次世界大戦後，1956年に熱河省は廃止され，以降，河北省に所属する。

　河北省では戦後，エネルギー産業，鉄鋼産業が発達した。一方，国内でも重要な綿花と小麦の産地である。長い海岸線を持ち，交通の便もよい。鉄鋼資源が豊富で石炭加工業が発達し，邯鄲鉄鋼総廠は近代的製鉄所として注目されている。1970年代に採掘が始まった華北油田は，石油採掘量が天津の大港油田を上回り，華北では最大，全国でも5番目の油田である。

　承徳の「避暑山荘」と「外八廟」は，1994年にユネスコの世界文化遺産に登録されている。

（望月雄馬・布野修司）

East Asia 06: Tianjin

【天津】天子の津——中国北方海運拠点

中国，天津直轄市
Tianjin, China

　天津は，北京の東南約120km，華北平野を流れる海河が子牙河，大清河，永定河など5つの支流を集めて渤海湾に流れ込む河口に位置する。北に丘陵部があるが，最も高いのは標高約1000mの九頂山で，全体的に平坦であり，沿岸部は湿地となる。首都北京から高速道路，新幹線で1時間ほどの距離にあり，中国の一大首都圏を形成する。中華人民共和国の成立とともに直轄市となるが，市人口は約1550万人（2015年），北京と合わせた首都圏人口は1億5400万人にも及ぶ（2018年）。

　しかし，20世紀末の天津は，いまだ第二次世界大戦以前に遡る建物がそこここに残っており，欧米諸国の租界そして日本租界のそれぞれの趣がはっきり維持されていた。また，天津古城内にも胡同の雰囲気が色濃く残っていた（図1）。この間の天津の発展には著しいものがある。

　天津の起源は必ずしもはっきりしないが，その名は天の津（浅瀬，渡し場）である。天津の名が現れるのは明代であり，朱棣（永楽帝）が皇位簒奪（靖難の変）の際に渡河した場所に因むという。星座の名，川の名という説もあるが，いずれにせよ，海河の河口に成立した漁村，港市が起源と考えられる。天津の発祥の地は，北運河と南運河が交差する現在の金鋼橋近辺（三岔河口）とされている。

　天津が歴史の舞台に登場するのは，随の煬帝による大運河の建設以降である。随を建国した文帝（楊堅）の淮河と長江を結ぶ邗溝に続く大運河建設構想を引き継いだ煬帝は，まず，黄河と淮河を結ぶ通済渠を建設，続いて黄河と天津を結ぶ永済渠を建設する。そして長江から杭州へ至る江南河が造られ大運河が完成するのは610年である。永済渠建設のひとつの目的は高句麗遠征であったが，中国南部からの物資輸送に大きな役割を果たすことになる。

　後に北京と杭州を結ぶことになる京杭大運河（総距離2500km）は，中国の南北をつなぐ大動脈である。中国歴代王朝が大いに活用してきた中国の歴史的インフラストラクチャーであり，現在も中国の大動脈として利用されている。この大運河は2014年に，シルクロードなどとともに世界文化遺産に登録されている。

　京杭大運河は，天津発展の大きな基盤であ

図1　天津古城（布野撮影）

図2　天津城，1899年（アメリカ議会図書館蔵）

図3 天津の租界（Madrolle 1912）

図4 意太利風情旅游区（布野撮影）

る。唐代には，長江下流域からの食糧を中原へ輸送する基地となった。また，食糧輸送以外にも軍事拠点としての要衝とされ，金代には直沽寨，元代には海津鎮が設置されている。

天津が大きく発展する上で決定的であったのは，クビライ・カンによる大都の建設である。モンゴル・ウルスがユーラシアの東西をつなぎ，さらに大元ウルスが海の交易ネットワークを押さえるその玄関口になったのが天津なのである。

明代には，軍事基地としての衛が設置され，天津左衛と天津右衛が設置された。清代には天津衛（1652年），天津州（1725年），天津府（1731年）が置かれた。天津府は，下部の行政単位である天津県，静海県，青県，南皮県，塩山県，慶雲県，滄州を管轄した。清末には天津は直隷総督の駐在地となる（図2）。

そして，天津がさらに大きく転換することになるのは清末である。アロー戦争（第二次アヘン戦争）（1858年）で清朝は英仏連合軍に敗北し，北京条約（1860年）によって天津は開港されることになるのである。そして，19世紀末から20世紀前半にかけて，英，仏，米，独，墺・洪（ハンガリー），白（ベルギー），伊，露，日本が相次いで租界を設置することになった。結果として，天津は旧城区，租界，新開区がモザイク状に隣接するきわめてユニークな都市となる。

天津城のすぐ南を占めたのが日本租界であり，さらに南へ向かって海河の西岸に仏，英，独，日本（第二）の租界が形成された。そして，天津城の東，海河東岸に墺・洪，伊，南に向かって露，白の租界が形成された（図3）。旧仏租界は金融街であり，アパート，オフィス，銀行が通りに面して建ち並んだ。とてもパリとはいえないけれど，立派なヨーロッパ風の街並みである。中国人民銀行，中国銀行などがかつての植民地建築を使い，横浜正金銀行も仏租界にあった。租界ごとにそれぞれ多彩な街並みが形成され，その姿を今日に伝える。中でも，伊租界は現代風にリノベーションされて「意太利風情旅游区」となり，多くの観光客を集める人気スポットとなっている（図4）。

中華民国が成立すると天津市となるが，日中戦争の間は1937年から45年まで日本軍に占拠された。また，戦後1945年から47年までアメリカ軍基地が設置された。

中華人民共和国の設立以降，直轄市として中国の工業及び貿易の拠点として発展し現在に至る。天津は，中国北方最大の対外開放港であり，コンテナターミナルのほか工業地帯も建設された渤海新区は，環渤海湾地域の経済的中心地である。経済規模は，上海，北京，広州，深圳に次ぐ中国第5位である。

（孫躍新・布野修司）

East Asia 07: Nanjing

【南京】 江南の古都

中国，江蘇省
Jiangsu, China

南京には，古来より様々な城邑，都城が建置されてきた。戦国時代に越王範蠡が長干里（越城）を建城した（紀元前472年）のが起源とされ，呉を征服した（前333年）楚はこの地を金陵と称した。六朝の建康（222〜589年），南唐の江寧府（937〜975年）を経て，明朝において江南では初めての天下統一の都城，応天府（1368〜1421年）となる。10の王朝が計約450年間首都としたのが南京である。

南京は，長江下流域の緩やかな丘陵地に立地する。風水説で龍盤虎踞の地と説明される。東の紫金山（鍾山）が龍，西の石頭山（清涼山）が虎に見立てられ，風水上，理想的な配置とされる。江南の地は，華北黄河流域に広がる黄土地帯と違って，大小無数の水系が交錯しており，これらの天然の河道・湖沼を利用して歴代護城河として城濠が巡らされてきた。

現在の南京に残っている城壁は，清代の江寧府城（天京）の京城のものである。清代の江寧府城は，南唐の江寧府城を拡張する形で築かれた明の応天府城の京城を引き継いだものである（図1）。中原に見られる伝統的な方形の都城とは異なり，不規則で独特な形をしている。

明代の応天府城は，宮城，皇城，京城，外郭城からなる四重の城壁によって囲われていた。外郭城の城周は60kmを超えており，中国歴代都城の中で最大規模を誇る。宮城は紫禁城ともいい，京城の南東隅に位置する。宮城・皇城は，中都同様，「天子五門」「前朝（奉天・華厳・謹身）後寝（乾清・坤寧）」「左祖右社」「丁字型宮前広場」「千歩廊」という左右相称の形式をしており，この形式は明北京に引き継がれる。

京城内部の街路体系の特徴として，明以前にすでに形成されていたとされる，城中から城南の商業区である旧市街と，新たに建設する東の政治区，北の軍事区の3つのエリアをつなぐように，街路が整備された点が挙げられる。また，城南の内秦淮河両岸には，東晋から歴代続く街区が多く，これらの街区を構成する街路は様々に曲折していたと考えられている。

辛亥革命によって，古都南京は中華民国の首都となり，首都計画が考案されて急激に都市開発が進み，大きく変容した。

城南の内秦淮河沿いにある中華門・門西地区は，古来，南京における商業・経済の中心地として繁栄してきた歴史的な居住区であ

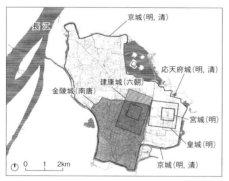

図1 都市の変遷。六朝，南唐，明，清（トウキョウ建築コレクション実行委員会 2014，一部改変）

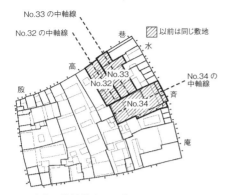

図2 宅地の分割(井上 2014)　　　　　図3 「大雑院」化による住居(井上 2014)

る。街路は，曲折しているものとそうでないものが入り交じり，方角も街路幅員もまちまちである。中国の伝統的都市居住形式である四合院の集合により構成された街区がまとまって残されている。

　ここで見られる四合院の基本型は，中国の他の都市と同様となっており，前後左右の棟で中庭（天井／院子）を囲む。正房は3スパンで，正房の中央1スパンに大庁（広間）が設けられ，大庁を介して両脇の房間（各個室）へ，また天井を介して廂房へ，それぞれアプローチする。さらに，正房が2つ以上設けられる際には天井を挟むことを特徴とする。そして，奥行方向に設けられる院子の数によって「一進」「二進」「三進」が区別される。

　現在，地区の四合院に居住する世帯数は様々である。世帯構成は入口にある住所表記によって確認できる。例えば図2において，No.34の住居は，「1つの住所表記」に3棟の住居または店舗併用住居が表示されている。前面道路に隣接する部分を店舗とし，前方・中間・後方の3つの宅地に分割したと考えられる。同様に，隣接するNo.32，No.33の住居は，前方と後方の2つに宅地分割されている。このように街区内部の宅地と住居の形態に着目すると，四合院は，宅地の分割によって新たな住居類型を生み出してきたことが分かる。

　また，一棟の四合院に複数の世帯が居住する「大雑院」化が起こっている。この「大雑院」化による住居の変容（図3）には次のような6つの特徴がある。第1に，天井と大庁を結ぶ中軸線上の空間が共用部化され，居住者が各住居へアプローチするための通路となる。第2に，天井と大庁部分に，風呂や便所（T）などの水廻り空間が増築される。第3に，共用部に住居ごとの流し台（K）が設置される。第4に，住居（R）が増築される場合がある。第5に，増築された四合院では，共有空間（天井，大庁）が狭くなり，通路機能のみが保持される傾向がある。第6に，2階化が起こる際，天井部分に階段が設置される場合がある。

　中華門・門西地区の一部は，南京市規画局により「釣魚台歴史風貌区」「荷花塘歴史文化街区」に指定されている（2012年）。中国では観光地化や都市景観の保全を目的とした，様々な保存計画が行われているが，この地区の計画は，街区や建物の大規模な建て替えを伴わず，人々の生活を色濃く残している。様変わりする現代中国の大都市において，古都南京の奥行きが感じられる地区である。

（井上悠紀）

East Asia 08: Shanghai

【上海】 世界経済のモデル城市

中国，上海直轄市
Shanghai, China

　1291年，元の松江府が黄浦区，現在の南市付近の十六舗埠頭に上海県を設置した。この，城壁で囲まれ，サンパンが水路を通り城門を出入りする小都市が，行政区域としての上海の起源になる。小都市上海は19世紀半ばまでそれほど変わらないまま維持されてきたが，以降，辺境の小都市から中国近代史にとって最も重要な都市へと変貌を遂げる。

　明清時代には，南北を結ぶ京杭大運河により，物資が豊饒な江南地域と首都北京が連結されていた。しかし19世紀半ば以降，京杭大運河が土砂堆積のため物資輸送に障害をきたすようになったことから，海路が主要ルートとなる。長江の主要な支流である黄浦江に沿い，かつ埠頭の水深が充分に深かった上海は，水運上の重要な中継地としての地位を得ることになった。この機能は，1842年の南京条約によって上海が5つの対外通商港のひとつとされたことから，よりいっそう強められた。

　開港後，イギリスおよびフランス政府は南市県城北端の洋涇浜の南北両岸に租界を設け，租界に対する独自の行政権行使を規定する「土地章程」を制定した。「土地章程」によると，租界は独自に独立した行政機構と議会組織を設けることができ，租界内における法規の制定と行政の執行が認められている。そこでは租界の行政機構と納税義務者との間で相互協力，平等負担，共同開発などを原則とする制度や手順が定められたことから，中国の都市において公共施設を有償で使用する制度の嚆矢となった。道路埠頭委員会では租界内の借地面積，建築物の規模および公共建設のコストがそれぞれ関連づけられて検討され，借地人大会により租界行政当局の財政収支と建設報告が監督されていた。租界では都市建設において納税，建設，監督の間で相互に牽制し均衡を保つシステムが確立されていたが，これは中国の都市における伝統的な都市建設や管理システムとは極めて異なっており，それゆえに中国の伝統的な都市とはまったく異なる都市形態が出現することになった。

　このような相互に牽制しあい均衡を保つシステムの存在により，上海の租界では，権力を誇示するかのようなモニュメンタルな軸線や大規模な政治的記念施設，ブールヴァールは見られず，むしろ実務的な，商業資本の需

図1　上海バンド
(stock.foto提供)

要に沿った環境が整えられた。そのため，外灘を中心に黄浦江と蘇州河の上流および下流に沿って広がる租界では，水辺に倉庫や工場が林立する光景が見られた。工場立地による労働力需要により大量の人口流入が発生し，それはまた不動産市場の発展をもたらした。不動産市場により供給される住宅が激増した結果，租界当局は都市建設に必要な資金を潤沢に得ることができるようになり，不動産市場の発展と都市建設が相互に影響しながら進行する正のスパイラルが実現する。

1908年以降，租界の範囲は，鉄道建設に伴い外灘を中心として西方向および北方向に拡大したのみならず，「越界築路」の方法により租界外へも拡大した。1910年代になると，租界の房捐地税収入によって，道路や橋梁の建設はいうに及ばず，消防，水道，電力，電信などの公営事業の運営，公共墓地の建設，警察，衛生などの公共サービスの提供，商業団体，楽団，図書館，学校などの運営の費用が賄われた。中華民国成立初期は戦乱により社会不安が増大した時代だったが，上海の租界は一貫して資金避難先としての吸引力を持ち続けたため，中国各地の資金と人材を吸収することで持続的な発展を遂げた。1931年には世界恐慌が発生するが，上海の租界はまだ黄金時代を謳歌し続けていた。

1949年，社会主義を是とする中華人民共和国が成立，以後，上海は停滞の時期を迎える。しかし，1978年に経済の改革開放政策が実施されるに至り，社会主義体制は徐々に緩和される。1992年の中国の最高権力者，鄧小平の南巡を契機として，上海は再度発展の時期へと突入する。社会主義の時代に一度は抹殺されかけた異質性と多様性が，十里洋場の都市空間に再び蘇ったのである。

上海の発展を概観すると，3度にわたる劇的な変化を経ていることが分かる。第1の変化は租界の設置に始まり，租界の返還に終わる。この時期の上海は，中国の中の別の世界と表現できる。この種の「国の中の国」の統治構造や地縁関係は，上海の租界と周辺の華人世界との間に類似しているものの，明らかに異なるという特異な関係をもたらした。すなわち租界は，伝統的な中国から離脱しながらも，伝統的中国に留まる周辺地域との結びつきを絶えず維持するという状態を保ってきた。その発展の自主性を維持すると同時に，絶えず中国内地から養分を吸い取る一方で，租界内部の構成員が中国に財物を残すことを許さなかった。それゆえ租界は，中国にありながら中国ではないという，ある種の神秘的なイメージを持つことになった。世界的には，租界は東洋に位置することから，「神秘的な東洋」のイメージを形成するのである。

第2の変化は，1949年の中華人民共和国成立後の時期に訪れる。上海は，物資欠乏により経済低迷を余儀なくされ，さらに社会主義体制下における強権的な分配により市民生活の多様性が著しく失われてしまった。

第3の変化は，1992年，鄧小平の南巡による市場経済の導入の決定により訪れた。中国東南部の諸都市の開放に次いで，上海は社会主義と全世界との連結を試みる足がかりとしての役割を担うことになった。この変化において，上海はもはや社会主義中国との間で「類似しているものの明らかに異なる」関係を築くことは許されない。全世界から資本を引き寄せるため，世界経済に対するモデルルームとして中国からあたかも独立しているかのような役割を演じさせられているに過ぎない。中国特有の社会主義体制からの離脱は不可能であるため，その創造性を維持するための持続的な改革が課題となっている。

上海の3度にわたる劇的な変化は，この百余年来，資本主義がアジアで拡張する歴史的過程を，そして上海が辺境にて示した独自性を表している。

（郭奇正）

East Asia 09: Suzhou

【蘇州】 水網園林都市

中国，江蘇省
Jiangsu, China

　蘇州は，長江の河口の上海から西におよそ100km，西に接する大湖や澄湖，陽澄湖，漕湖など多くの湖によって取り囲まれた長江デルタの中心に位置する。蘇州と言えば，水路網が張り巡らされた水網都市であり（図1），数々の園林で知られる江南を代表する園林都市である。「蘇州古典園林」として，1997年に，拙政園，留園，網師園，環秀山荘の4園が，2000年に獅子林，滄浪亭（図2）など5園が追加されて，世界文化遺産に登録されている。

　蘇州の名が史料に現れるのは隋代で，蘇州という名が用いられるのは明代に蘇州府が置かれて以降であるが，その起源は，春秋時代に呉の都が置かれた紀元前514年にまで遡る。呉越の争いは古来知られ，呉王闔閭の後継夫差と越王勾践の「臥薪嘗胆」の復讐戦，また，「呉越同舟」の故事が伝えられる。現在の蘇州の原型となる「闔閭大城」を建設したのは，後に夫差に処刑される，闔閭の重臣伍子胥とされる。都城は，郭城，大城，宮城の三重の城壁で囲われ，宮城は中心からやや東南に位置していた。大城には8つの水陸城門が設けられ，街道と水路によって城外とつながっていた。城内には官衙の他，呉市や多様な工房が存在していたことが明らかにされている。

　秦の郡県制のもとでは，会稽郡の官署が置かれ，漢代には，高祖劉邦の従兄弟劉賈が呉王に封じられ，諸侯王と郡の2つの官署のために，子城の隣に「定錯城」と呼ばれる小城が建設された。呉市も，東市と西市の2つとなり，道教と仏教の繁栄によって，数多くの寺院，道観が建てられた。現在の蘇州に残っている塔はほぼ六朝時代に建てられたものである。庭園の建設もその頃から始まり，後代の蘇州園林の基礎となる。

　蘇州の発展の大きな基盤になったのが煬帝によって610年に完成した京杭大運河の開通である。隋による天下統一直前，南朝最後となる陳朝末期の民衆反乱によって都城は破壊され，従前の都城は初めて蘇州西南の地に移されるが（591年），唐代に入って元の場所に戻っている（626年）。本格的な再建が行われるのは太宗の時代以降で，蘇州は水網都市として整備されていくことになる。城内は水路

図1　街並み（布野撮影）

図2　滄浪亭（布野撮影）

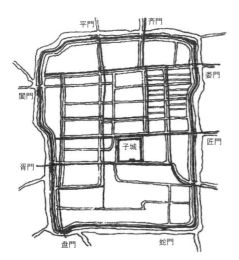

図3 唐王朝時代の蘇州(陳 2006)

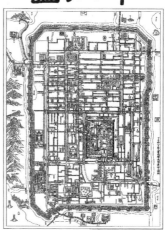

図4 宋王朝時代の蘇州(陳 2006)

と街道の二重グリッドの水陸交通網によって構成されるユニークな都市である。中心には子城が建設され，坊市制を維持して，東市と西市が設置された。商業施設は城門の周辺にも立地していくことになる（図3）。城壁は当初土塁，土塀であったが，後に磚造に改築される（922年）。蘇州は，五代十国時代には呉越国の都となる。

そして，宋王朝が成立すると，神宗時代に府に昇格，蘇州は平江府となる。南宋の紹定2（1229）年に作製された「平江図」（図4）は，蘇州最古の都市図であり，その詳細さにおいて，中国の都市図としてそれ以前には類例がないと評価されている。金の侵攻によって破壊された（1130年）後，大規模な都市整備が行われて完成した段階（1223年）の蘇州を描いたものとされる。

都市全体は，南北約7里，東西約5里の細長い長方形の城壁によって囲まれている。西南角が水門のためにやや変形し，北東，北西が45度に隅切されているが，明らかに計画的である。江南の都市にしては珍しく直交グリッドが意識されている。高村雅彦（2000）によれば，方1里が単位とされている可能性が高い。グリッドを大きく規定しているのは南北4本，東西3本の運河である。北宋蘇州の水利学者，郏亶が，南北水路「浦」，東西水路「塘」をそれぞれ5里あるいは7里，7里あるいは10里間隔で設けることを主張しており，蘇州の水路も一定の間隔で計画されたと考えられる。

全体は子城を中心とする回字形の二重の城郭形態であるが，子城は南そしてやや東に位置している。東南に官衙など行政区域を配置し，北西を商業区域としている。また，南部を園林区域と倉庫区域にして，西南を教育区域としている。

蘇州には，元代には平江路，明代，清代には蘇州府が置かれる。この間の戦乱で破壊された城壁は何回か改修され，現在残っているものは清朝のものである。また，子城は再築されなかったが，13世紀前半の都市構造は，大きくは変化していない。当初の町割りに従って成立した町屋の形式もまた今日まで伝えられている。

（宋士淳・布野修司）

East Asia 10: Hangzhou

【杭州】 中国都城の転移

中国，浙江省
Zhejiang, China

中国都城としての杭州，すなわち南宋臨安は，中国の歴代都城と比べるといくつもの特異性を持っている。臨時の都であり，既存の北宋の杭州城を皇城，宮城として使用しながら，都城としての型が形成された。結果として宮城，皇城が都城の南に位置する「南闕」型となった。西湖に代表されるように，治水，水運，水路網に大きく規定されていることも大きな特徴である。

杭州は，東シナ海に面する浙江湾の最奥部に位置する。浙江湾の北部には上海，南岸には紹興市，寧波市が位置し，湾岸には多島からなる船山群島がある。長江デルタ地域であるが，山地丘陵がおよそ3分の2を占め，西南の浙西中山丘陵から東北の浙北平原へ向かっている。

秦始皇帝の郡県制が敷かれると杭州には銭唐県が設置された。この銭唐県が杭州の起源となる。後漢末には，銭唐江の流量低下で泥砂が堆積し，現在の呉山と宝石山の岬の外に砂州が生じて，西湖の前身となる潟（ラグーン）が形成された（図1）。また，郡議曹の華信が潮害を防ぐ堤防を築き，西湖（上湖）が淡水湖に変わるきっかけになった。

隋朝は，589年に，銭唐郡を廃止して杭州を設置する。これが杭州の名の起源となる。煬帝の即位後の610年に完成された京杭大運河は，南北を結び，中原へとつながる大動脈となった。こうして杭州は広州や揚州と並ぶ経済の中心となっていく。591年，鳳凰山麓に杭州城が建造された。城郭の周長は36里90歩という。城壁の範囲は，鳳凰東麓の柳浦から万松嶺路付近の山を越えて西湖に沿って北に向かい，銭塘門昭慶寺付近までを北端とし，東は中河の西側までと想定されている。

唐滅亡後，朱元璋に呉越王に任じられた銭鏐は，890年に杭州城の西南部を拡張して城周50里余りの夾城を築き，龍山門・西関門の2つの城門を設置する。893年から，城外北東部にさらに城壁を設け，城周70里という巨大な羅城を築いた。羅城には，朝天門，南土門，北土門（土址門），保徳門（宝徳門），北関門の城門が建設された。羅城の平面形状から「腰鼓城」「九曲城」と呼ばれた。北宋が金によって開封を追われると，副都であった南京応天

後漢末

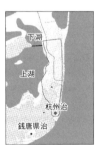
隋代（開皇11（591）年）

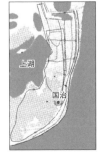
唐代末期

南宋時代

図1 都市の変遷（布野 2015，一部改変）

夫で高宗（趙構）が即位し，南宋が建てられる。この間，高宗は金軍から逃れるために揚州，建康，杭州，越州などへ遷都を繰り返すが，1138年に杭州を正式に都として定めた。

高宗は，鳳凰山麓にあった呉越・北宋時代の州治であった場所を大内（禁裏・御所）とした。この大内つまり宮城には4つの城門が設けられた。正門は北側の和寧門，南側は麗正門，そのほかに東華門，東便門の2門が設けられた。宮城内を通過する運河の水門も設けられた。正門が北に設けられているのが杭州の大きな特徴である。宮城内の空間構成については，いくつかの復元図が作られているが，詳細は分かっていない。

外城には13の城門と5つの水門があった。地形に沿って城内を囲み，必要に応じて門が設けられているように見える。ただ東西の門は水平につながれており，城内を大きく分割する計画意図が窺える。杭州城の大きさは，南北は最長7km弱，東西の城壁間は狭いところで約1.5km，広いところで約2kmであった。杭州城外東には，呉越国時代に銭塘江に沿って築かれた捍海堤があり，浙江亭と呼ばれる場所に城内運河の入り口となる渾水閘が設けられた。

街路について，杭州城の主軸線とされたのは，宮城北門の和寧門から北の外城への余杭水門を南北に走る御街である。主軸線ではあるが，正南北の大街ではなく，緩やかに左にカーブしていく。街路幅は約40歩（60m）ほどであった。御街は天街とも称され，御道・河道・走廊の3部分に分けられる。中央の御道は皇帝専用であり，皇帝が景霊宮に祭典のために参拝するのに利用された。

杭州城内で，物資の輸送に使われたのが水路である。水路には，御街と並行して大河と呼ばれた塩橋運河（のち中河）が走る。両岸には碼頭（波止場，埠頭）や貨物小屋，楊房（寝室），店舗が並んでいた。城内で最も主要な運河であり，この運河の両岸が最も繁華な

図2　杭州城の空間構成，南宋時代
（布野 2015，一部改変）

場所であったとされる。このほか，城内には3つの水路があり，城外の10余りの水路と相互につながっていた。すなわち杭州城は中国都城の中でも際立った水路水網都市であった。

皇帝祭祀とその関連施設の配置は，他の都城とは著しく異なっている。「左祖右社」すなわち御街の左側に太廟が，右側に社稷が配置されており，「座南朝北」において成立する形となる。宮城が北にあり南面する都城では，皇帝が自ら出向いて城外の南の郊壇で祭祀を行う南郊祭祀のパレードの際まっすぐ南行すればよいが，南宋臨安ではまず宮城から北の太廟そして景霊宮を訪れ，そこから折り返して南下し，郊壇を目指すという特殊な形となっていた。

以上のように，杭州は中国都城の変異といえる。ただ，都城の中心に皇帝が位置し，その身体が位置する宮城を基準とする方位感覚は維持されている。絶対方位から相対方位への転換をそこに見ることができる。地形の制約，既存都市の制約が大きな規定要因となるが，南宋にとって中心はあくまで開封であり，その中心，すなわち北へ向かって（「座南朝北」）都城の空間が編成されているのである。

（川井操）

East Asia 11: Chengdu

【成都】 蜀の古都

中国，四川省
Sichuan, China

　四川省の省都成都は，魏呉蜀の三国時代の蜀（漢）（221〜263年）の都として知られる。魏の文帝曹丕が後漢（東漢）を滅ぼして即位したのに対して，漢の正統を継ぐのは自らであるとして，劉備が巴蜀（益州，四川省・湖北省一帯）を領土として建てた国が蜀（漢）である。その都が成都である。劉備は，兵法家として知られる諸葛亮らを用い，法制度（蜀科）や貨幣制度を整備したことで知られる。巴蜀の地が鉱物資源や塩に恵まれたことから，塩と鉄の専売によって，財政基盤を確固たるものにしたことで知られる。

　成都は，唐代から蜀錦を産してきたことから錦城，芙蓉の花で知られることから蓉城とも呼ばれる。市内には，劉備，諸葛孔明，杜甫など中国史を彩る人物や事績に所以のある寺廟，武侯祠（諸葛孔明廟），杜甫草堂（杜甫旧居址）（図1）などを見ることができる。

　巴蜀の地は，古来豊かであり，古くから「天府の国」とされてきたが，その起源については，成都の北30kmの広漢市にある新石器時代末から殷初にかけての都城址と見られる三星堆遺跡（1986年）に続いて金沙遺祉（2001年）が発掘され，中原とは異なる古蜀文明の存在が着目されている。現在までの考古学の成果によると，その拠点は都江堰付近から南東へ移動し，成都市内の十二橋遺祉は殷代，金沙遺祉古城（図2）は殷末から周初に比定され，開明都城が建設されたのは春秋戦国時代だとされる。この開明都城の拠点としていた古蜀を滅ぼして建設されたのが秦成都である。

　興味深いのは，秦の恵文王（在位：紀元前337〜311年）が蜀を滅ぼした後，張儀（生年不詳〜前310年）らに命じて，国都咸陽にならって成都を築城したとされていることである。咸陽については，秦末の攻防で孫権によって徹底的に破壊され，また，渭水の流路の変化によって都城が削られて，その全容は明らかにされていない。近年新たな考古学的発掘によってそのコスモロジカルな空間配置が明らかにされつつあるが，秦代成都と漢代以降の成都の都市形態についても新たな発掘

図1　杜甫草堂（杜甫旧居址）（筆者撮影）

図2　金沙遺祉古城（筆者撮影）

図3　航空写真

がある。

　現在の成都の都市形態を俯瞰すると整然とした街区割りを確認できるが（図3），実にユニークなのは，正南北軸をもとにしたグリッドと，35度ほど東に傾いた軸をもとにしたグリッドが交差していることである。正南北軸が採られるのは三国蜀（蜀漢）以降で，それ以前は東に傾いた軸線をもとにしていたと考えられている。張蓉（2010）がこの開明都城を『周礼』「考工記」をもとにして復元しているが，具体的な手がかりは少ない。四川省文史館（1987）の復元によれば，西に小城，東に大城を連結する形態である（図4）。

　唐代の成都は養蚕，絹（蜀錦），紙を特産品として大いに栄えた。人口は50万人に達し，揚州と並ぶ商業都市であった。宋代の成都の商業も引き続き発展し，以降，四川さらには西南中国の中心地となる。明代には四川布政使が駐在し，清代に四川省に改称された。清初期の抵抗運動や軍の反乱などで清前半までは荒廃が続いたが，湖北省，湖南省，広東省などから移民を受け入れ，徐々に復興を遂げた。

　1928年に中華民国国民政府は成都市を設立するが，1949年に成都が解放されると，四川省が復活する（1952年）。

　現在の成都市内には，清末から民国期にかけての古街で「寛窄巷子」と呼ばれる歴史的街区が保存再開発されている。寛窄とは，広い，狭いという意味であるが，住居の基本型

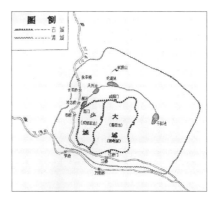

図4　開明都城の構成（張 2010）

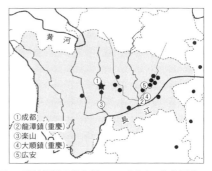

図5　廊坊集落の分布（陸 2009をもとに筆者作製）

となるのは，中国の伝統的都市住居の四合院と，狭小間口の店舗併用住宅の店屋である。

　店屋と呼ばれる都市住居の形式は，江南地方から中国南部にかけての地域で成立したと考えられる。そして内陸に位置する四川地域に，廊坊（アーケード，亭仔脚）を伴う住居形式を持つ集落が多数存在している（図5）。このアーケード付の店屋の形式は東南アジアに拡がっていったと考えられているが，寛窄巷子の店屋にはアーケードはない。

　成都は歴史的遺産が豊富で，1982年に国家歴史文化名城に指定され，周辺には峨眉山と楽山大仏（1997年登録），青城山と都江堰（2000年登録）などの世界文化遺産もある。一方，2000年以降，西部大開発の拠点都市として経済発展を遂げている。　　　　（布野修司）

East Asia 12: Lijiang

【麗江】茶馬古道の交易都市

中国，雲南省
Yunnan, China

麗江は，中国雲南省北西高原の周囲を山に囲まれた麗江盆地中部に位置する。海抜は約2400mである。当地の先住少数民族であるナシ族の中心居住地として発展してきた。

現在に残る旧市街地の麗江市古城区「大研古城」（以下「旧市街地」）の建設は，宋代末より始まったといわれる。その後，交易の要衝として商業を中心に成長した。交易の対象は，主に雲南省中南部で生産される茶葉で，旧市街地は，これらを現在のチベットにあたる吐蕃へ向けて運ぶための重要な交易拠点であった。茶葉は馬によって運ばれたことから，こうして形成された交易ルートを現在では「茶馬古道」（図1）と呼ぶ。

交易を介した文化的交差は，同時に麗江の人々の暮らしに様々な影響を及ぼした。チベット仏教の影響を受けつつも独自の自然崇拝に基づくトンバ教の信仰と，現在も使用されている象形文字であるトンバ文字，バター茶を飲む習慣といったチベットの影響による食文化，明朝宮廷音楽の影響を受けたナシ古楽などは，他地域からの影響を受けながらも独自に培われてきた伝統文化である。

都市構成は，自然の地形を巧みに利用し，旧市街地の北の象山と金虹山，西の獅子山により冬の寒風を遮っている。また，東南に平野が開けることから，夏の通風に有利である。

旧市街地から北へ約25kmのところにトンバ教の聖山である玉龍雪山があり，ここからの伏流水が象山の麓に湧き出ていて，旧市街地から北へ約1kmのところに黒龍潭という池を形成している。この水を引き入れ，旧市街地の北端部にある玉龍橋の地点において，土地の傾斜に沿うように3つに分流させ，それぞれがさらに幾つもの流れに分流して旧市街地内に行き渡る。街路はこうした水の流れに沿うように網目状に張り巡らされており，各所に水場が設けられて，人々はこれを生活用水に利用してきた。また，共同井戸も所々に設けられている。特に「三眼井」と称する井戸（図2）では，飲料水の汚濁を防ぐために，最上流部を飲料水の採取場，中間部を野菜や

図1　茶葉古道のルート(筆者作製)

図2　三眼井(筆者撮影)

食器の洗い場，最下流部を衣類等の洗濯の場とし，その使用ルールを住民モラルによって守ってきた。

　旧市街地の中心は「四方街」という広場であり，かつての交易拠点であると同時に，様々な祭事が行われる場所としても機能していた。また，四方街の南には「木府」があり，ここはかつて麗江一帯を統治した土司「木一族」の住居兼，官衙であった。

　このように，旧市街地は中原の都城に見られるような都市構成とは異なり，城壁を持たず，また，中軸線による平面構成上の対称配置，中心部に向かう求心性といった空間理念によって構成されてはいない。代わりに，自然要素の利用とこれに寄り添った都市構成に特徴がある。

　玉龍雪山を起点とした生活を司る主な要素，すなわち玉龍雪山（聖山），黒龍潭（水源），玉龍橋（上水の分岐点），四方街（商業の中心），木府（政治の中心）は，北から南に一直線上に配置されている。旧市街地に物理的な中軸線はないが，実は北に向かうほど神聖視された目には見えない軸線が構成されている（図3）。また，城壁を持たない旧市街地を取り囲む山々は，地形を利用した自然の城壁と解すことができる。

　現在見られる旧市街地の伝統的民家の平面構成は，漢族の影響を受けた合院形式である。「四合五天井」あるいは「三坊一照壁」と呼ばれる構成が基本となるが，土地形状によって様々な変形が認められる。主要な街路に沿った民家では，「辧排式」（リェンパイシー）と呼ばれる街路に面して六合門と称する木戸を配した構成がとられる。六合門は開け放して，建物内部を街路に開くことができるが，こうした民家のほとんどは店舗兼用住居であり，商売を優先した建築的構成になっている。網目状に張り巡らされた街路に面して，少しでも多くの店舗スペースを開こうとしたことが見て取れ，

図3　聖軸と旧市街地の関係（2005年時の衛星写真をもとに筆者作製）

そのため，建物の平面構成が不定形になり，合院形式が踏襲されていないものも多い。一方，主要な街路から外れた商売に不向きなエリアでは，六合門が設置されていない住居専用の民家が多く，ここでは合院形式が踏襲される傾向がある。

　1997年に旧市街地は，隣接した2つの歴史的集落である「白沙古鎮」と「束河古鎮」をあわせ，「麗江古城」として世界文化遺産に登録された。以降，急速に観光開発が行われたことに伴い，他地域からの観光業従事者が大量に流入し，伝統的民家のほとんどは土産物屋などの観光施設に変わった。こうして旧市街地の様相は大きく変容していった。その結果，2007年には世界遺産の維持に対する体制に問題があるとして，ユネスコが警告を出すに至る。観光開発と文化遺産保護を均衡させることの困難さが露呈したかたちである。現在，本来の住民であったナシ族のほとんどは，新市街地や他地域に流出し，ここで長い時をかけて培われたナシ族文化の多くは失われてしまっている。

（藤木庸介）

East Asia 13: Dali

【大理】依山傍水の都

中国，雲南省
Yunnan, China

　大理には現在，中国少数民族のペー族が最も多く居住する。この地に都城が築かれるようになったのは，8世紀半ば，南詔王国の時代からであるが，これよりも以前から，軍事面・交易面双方において重視されていた。937年には，ペー族の先人が大理国を樹立し，この地を治めるが，1253年にはモンゴル帝国の，1390年には明朝の，各支配下に置かれた。以降，大理は中原の直接的支配下にあったが，1956年に雲南省大理ペー族自治州が設置されて今日に至る。

　明朝支配以降，大理は中原の影響を強く受けてきたことから，今に残る旧市街地は，中原の都城を踏襲した構成になっている。大理古城と称される大理市旧市街地（以下「旧市街地」）の場所に都城の概形が形成されたのは，モンゴル帝国支配下にあった1382年であるが，その後の明朝支配下において増改築が行われた。城壁は自然石の組積と版築を混合して形成した上に，焼成煉瓦をさらに組積して築かれており，おおむねの高さ約8m，幅約7m，四方の総長が約6km，城壁の四辺には各1ヶ所の城門が設けられている。往時，城壁には15ヶ所の望楼と1560ヶ所の銃眼が設置されていたといい，現在は埋められているが，城壁の外周には堀が巡らされていた。また，旧市街地の西には，主峰蒼山を中心に南北約50kmにわたって4000m級の山々が連なる蒼山連峰があり，東には滇池に次ぐ雲南省第二の湖，洱海がある。軍事的に有利な立地条件を満たしており，中原における西南方防衛の重要な拠点であった。

　ここはまた，中国風水に基づく「依山傍水」を具現化した都市でもある。「依山傍水」とは，山の麓にあり，傍らに水をたたえる場所を指し，均衡のとれた美しいところを意味する。旧市街地と西の蒼山連峰，東の洱海との位置関係は，まさに「依山傍水」を形成しており，漢族の理想的都市像を体現している（図1）。

　城内には碁盤の目状に街路が構成されているが，中軸線による対称性や，中心に向かう求心性はさほど強くはない。旧市街地の南門と北門をつなぐ主軸は，むしろ中心から西側に大きくはずれ，これに伴って，都市機能を構成する住宅や店舗，寺院や官衙といった建築物も，城内の西側半分のエリアに集中していた。

　軍事拠点であった一方で，大理は古くから南西シルクロードや雲南・チベット茶馬古道の要衝であり，重要な交易拠点でもあった。

図1　旧市街地の立地（周・張 1994）

図2　街路の中央に敷かれた石(筆者撮影)

図3　硬山式のペー族の民家(筆者撮影)

　現在，旧市街地内の主要な街路には，石畳が全面的に敷かれているが，かつては，街路の中央にのみ，2～3列に石が敷かれ，その両側には砂利混じりの土が敷かれていた。これは，行商人などが城内で馬に乗って移動することが禁じられていたことによる。馬は砂利混じりの土のところを歩かせ，人は馬を引きながら中央の石路を歩いた。今でも，主要な街路から外れた場所に，こうした街路が残されており（図2），交易の要衝であった痕跡が窺える。また，このような街路は，旧市街地から南に約40kmの主にイ族や回族が居住する巍山旧市街地，北へ約100kmのペー族第二の都市，剣川旧市街地，また，北へ約170kmの主にナシ族が居住した麗江旧市街地といった，雲南・チベット茶馬古道上の要衝にも認められる。

　旧市街地内に残る伝統的民家の平面構成は，漢族の影響を受けた合院形式である。麗江旧市街地と同様，「四合五天井」あるいは「三坊一照壁」と呼ばれる構成が基本となり，これらが複合したものもある。概観して照壁のある「三坊一照壁」が多く，麗江旧市街地とその周辺に見られるナシ族の民家に比較して，規模もひとまわりほど大きい。ナシ族の民家では，外壁の構築におおむね日干煉瓦を用いるが，ペー族の民家では，城壁の構築方法と同様，自然石の組積や版築を用いている。稀に日干煉瓦を用いることもあるが，荷重が比較的かからない外壁上部の隙間を埋めるなどに使用する程度であり，壁面全体を日干煉瓦で構成したものは少ない。このことから，壁面を垂直に高く築くことが可能となり，大きな照壁やケラバまで妻壁が立ち上がる「硬山式」と称される民家の構築が可能となる。

　漢族にも硬山式民家は見られるが，ペー族の硬山式民家では，妻壁に焼成煉瓦が化粧積みされ，特に合掌の位置には華やかな装飾が施されているものも多く（図3），これはペー族民家の特徴といえる。

　旧市街地は1982年2月に，国家歴史文化名城第1回指定の24ヶ所のひとつに選ばれ，続く同年11月には国家級風景名勝区第1回制定44ヶ所のひとつにも選ばれている。1984年に大理は外国人観光客に開放された。国策としてのエスニック観光開発，すなわち，少数民族の習俗を観光対象とする経済活動のモデルケースとして，以降，急速に観光地化された。旧市街地には，一部の望楼や寺院が保存されてはいるが，そもそも観光地化される以前より，今に残る往時の建築物は多くはない。これに加え，残された伝統的民家も，現在ではそのほとんどが土産物屋などの観光施設になっている。

〔藤木庸介〕

East Asia 14: Fuzhou

【福州】ガジュマルの都

中国，福建省
Fujian, China

　福州市は，福建省の東部，武夷山に源を発する閩江（びんこう）の河口近くに位置する港湾都市で，亜熱帯海洋性モンスーン気候に属する。中国福建省の省都で，市轄区5，県級市2，県6で構成される。北宋時代に福州太守の張伯玉が榕樹（ガジュマル）を奨励したことから，榕城と呼ばれる。1984年，開放地区とされるとともに国家歴史文化名城に指定され，2006年には経済開発区に指定された。福州では北京語，福建語のほか，独特な福州語が使われている。

　福州を中心とする地域は，古来「閩」人が居住し，戦国時代に楚に滅ぼされた越王族が逃げ込んで以降「閩越」と呼ばれてきた。「閩越」を征服した秦の始皇帝は，この地に「閩中」郡を設置している。秦代末の動乱期に「閩越」国として独立し，東治に都が置かれ，現在の福州の起源となった。明代初期以降，福州が港市として重要性を増すと市舶司（貿易に関する管理，取締を行う官署）は泉州から福州に移された。この頃から閩江沿岸部が発展し，明清代を通じて福建の中心となる。朝貢国である琉球王国の指定入港地となり，琉球館が置かれている。明代の末には南明の都が置かれた。その後，アヘン戦争後の南京条約によって福州は開港され，茶の輸出などで発展し，清代末には左宗棠により福州船政局が置かれるなどして福建の要所となった。

　福州にはかつて城壁が存在し，図2に示すように時代を経て増設，拡張がなされてきた。①282年（晋代），漢族の南遷による人口増加に対応し，太守の厳高は子城を築き群城とする。②901年（唐代末），福建節度使の王審知により子城を囲むように羅城が築かれ，内城と外城に区分される。内城は政治の中心，外城は居住区や商業区とされていた。③909年（後梁代），羅城は南北方向に拡張され，④974年（宋代初期），さらに広がった。その後も城壁の改築が数回にわたり行われるも，1919年に中国国民政府閩都督府が成立すると，城壁は撤去された。以降，福州は既存市街地を維持しながら南に広がり，閩江沿岸に街区が形成された。

　街路には主に3つのヒエラルキーがあり，基本的には街路名称によってランク分けされる。第1は都市の主要道路から街区内部に伸びる「路」「街」，第2は主要街路同士を結ぶ

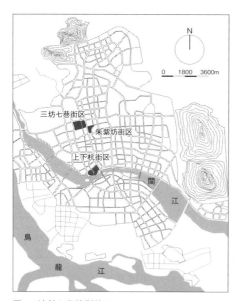

図1　地勢と街路形態（趙他 2012）

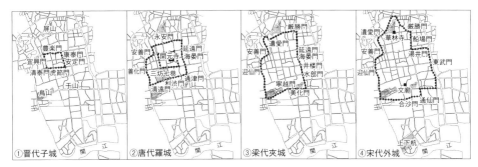

図2 城壁の変遷(趙他2012)

「坊」「巷」，第3として「里」「弄」があるが，現在では，道路拡張などにより，ヒエラルキーに従わない街路や街路名称の変更が見られる。都市開発が推し進められるのは福州も例外ではなく，歴史的な風情を残した街区は決して多くない。かろうじて残されたエリアとして歴史保存整備地区の三坊七巷街区や朱紫坊街区，他に上下杭街区などがある（図1）。

福州の一般的な伝統的住居には2つの形式がある。ひとつが，天井（中庭）を有する四合院形式の大厝である（図3a）。大厝は，高い白壁と幾重にも連なる山壁（馬頭壁ともいう）が特徴的で，防火の役割を担い，木造建築が密集した福州では特に重要であった。この防火壁で仕切られた空間を一落，二落と数え，それぞれ門，院，園などの役割を持ち，それが単体もしくは複数集まって1軒を構成する。福州の中心地に位置する三坊七巷街区や朱紫坊街区では，平屋で，間口と奥行き両方向に平面的に展開する型が多く，1軒あたりの落数が多いのに対し，閩江沿いの上下杭街区では，2階建てで，奥行き方向のみに続く型が多く，1軒あたりの落数が少ない。基本的には木造だが，煉瓦壁が併用されることもある。小屋組みは束柱を貫でつないでおり，貫には独特の意匠が用いられている。大厝には，元代に成立した魯般営造正式をもととする魯班鏡による寸法体系や架構形式が用いられた。

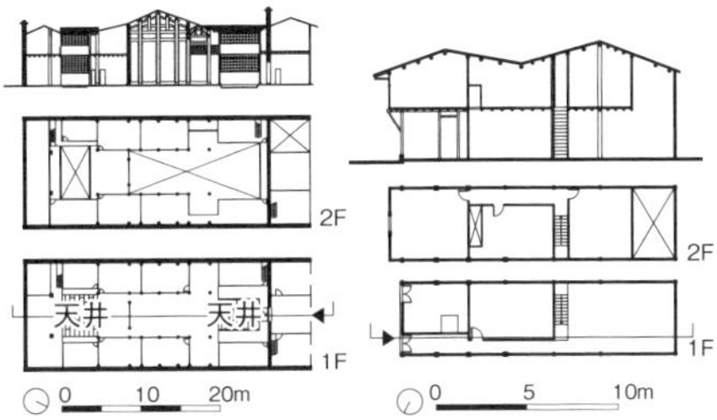

2つ目は，間口が狭く奥行きの深い柴欄厝である（図3b）。2階建てがほとんどで，基本的に前部，中央部，後部に分割される。前部は玄関，先祖を祀るホール，家族の居間，寝室とし，中央部は食堂と寝室，後部は水廻りとされる。2階は主に居室で，道路側は日当たりがよく，洗濯物干し場としても使われる。基本的に木造で，架構は柱梁を使った簡単な造りである。

近年は，大厝，柴欄厝ともに複数世帯が居住するのが一般的である。特に大厝は1軒の規模が大きく，部屋数が多いため，家族ごとに部屋が割り当てられ，天井を共用台所として利用することが多い。柴欄厝は部屋を細分化し，入口から奥に向かって廊下を通した片側廊下型または中廊下型のアパートメントとして利用されていることがある。（山田香波）

図3 伝統的住居の形式(趙他2012，一部改変)
a 大厝(下杭路209)
b 柴欄厝(星安橋巷62)

East Asia 15: Quanzhou

【泉州】 海のシルクロードのターミナル

中国，福建省
Fujian, China

　泉州は福建省東南，晋江下流河口に位置し，南宋から元代にかけて中国および世界最大の貿易港として栄えた。刺桐，鯉城とも呼ばれる。

　唐末の戦乱によって陸のシルクロードが衰え，宋代から元代にかけて福建を窓口として海のシルクロードが繁栄することになるが，その中心が泉州である。マルコ・ポーロは刺桐港をエジプトのアレクサンドリア港と並ぶ世界の二大貿易港のひとつと書いている。海洋交易活動とともに造船業が発展し，貿易事務所として市舶司が設置された（1087年）。そして，海外華人（華僑）のネットワークもこの時期に泉州を拠点に形成されていった。

　元代に泉州城を拡大して新羅城が建設されるが，その城壁は，1934年に撤去されるまで，明清時代を通じて維持された。現在の泉州市の中心区である鯉城区は，その名の通り鯉の形をしており，新羅城の骨格をその内に残している。906年に子城が造られ，唐旧城とも呼ばれる。城内は，東西方向に走る西大街（現西街）と東大街（現東街）によって北

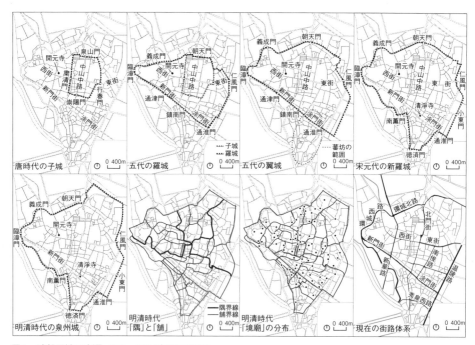

図1　城郭区域の変遷，906〜2018年（筆者作製）

と南に分かれ，北に州衙が置かれ，南に街坊が配された。街坊は東西と南北の街路が中央で交差する十字街として計画されている。城壁外には，それ以前は開元寺が建設されていたが，943～957年に防衛のために子城を取り囲む羅城が建設される。泉州は，子城すなわち内城と，羅城すなわち外城の2つによって構成されることになる。

羅城も東西方向に走る新門街・涂山街（現涂門街）と南北に走る南街（現中山路）が中央で交差する十字街によって形成されていた。

市舶司が設置されると，城域外に蕃坊，蕃人街が形成された。イスラームも伝えられ，1009年には清浄寺が建設された。商業の中心となったのは，城南の鎮南門外である。1230年に翼城が造られ，さらに1352年に羅城を拡大し，新羅城が建設された。その後，改造が何回か行われたが，城壁の形態はほとんど変わっていない。

1658年になって，城壁はさらに東北方向に拡大され，城内に東西南北に4つの隅が形成された。元明代以降，隅坊・都図制を採るこの社会組織は，城内が隅坊，城外が都図によって構成されるのである。明清時代の泉州城には，行政組織において，隅→舗→境というヒエラルキーがある。舗は国家政治体制の基本行政単位である。境は，信仰または祭祀活動のための寺廟を中心とする共同体であり，民間自治単位の地区組織である。清順治年間には，泉州の行政組織は4隅，30舗，75境で構成されていた。

1923年に旧城改造計画によって城壁が撤去され，道路が拡幅されるなど，都市改造が行われた。城区内の中軸線となる中山路が建設され，騎楼が街路の両側に連続的に建てられた。現在の幹線街路体系は四横四縦一環といわれる幹線街路によって構成されている（図1）。

泉州における伝統的住居は，大きく大厝と呼ばれる四合院と，手巾寮と呼ばれる店屋の2つに分けて考えられる。2つの住居類型に加えて，店屋の一形式として，1920年代から30年代にかけて建設された騎楼と呼ばれるアーケードを持つ2階建ての店舗併用住居が区別される。大厝は四合院形式であり，主に三間張（間口3）と五間張（間口5）の2種類がある。奥行きについても一進，二進が区別される（戴 2009）。手巾寮は，泉州の呼称で，街路に沿って短冊状に建ち並ぶ都市型住居である。平入で，棟を平行にして，天井を挟みながら，一進，二進……といくつかの棟が並んで構成される。手巾寮は住宅専用であるが，民国時代以降に2階建ての店舗併用住宅も現れてきた。騎楼は，間口1～2間で，手巾寮と同じように，狭小な中庭を挟みながら後方に棟が付加される。街路に沿う私有地内にアーケード状の歩廊が設けられるのが特徴である。空間構成は中庭を持つものと持たないもので大きく異なる。

大厝，手巾寮，騎楼という3つの住居類型は，それぞれ，今日までよく維持されている。大厝は鯉城区の全体に分布しており，特に唐代に子城であった区域内を中心に多数立地している。また城西，城南，北門街（朝天門）周辺にも密集している。すなわち，現在も中心部において支配的な住居形式として維持されている。ただ，北京のように整然と東西街路に接して「座北朝南」，すなわち南北を軸として配置されることはなく，街路（巷）に向けて，すなわち街路に直交する形で立地するのが特徴的である（趙 2013）。手巾寮は城南地区に集中している。かつては外国人居留地が形成されていた地区であるが，民国時代に造られた2階建ての店舗併用住宅が多く立地し，線状に分布している。騎楼は，かつての城壁が位置する中山路に集中して建設され，街路に直交する形で短冊状に分布している。

（趙沖）

【漳州】騎楼の街

中国，福建省
Fujian, China

East Asia 16: Zhangzhou

漳州は福建省の南部に位置し，福州や泉州などとともに古くから港市として栄えた都市である。宋代以降は対南洋貿易港として栄えた。特に密貿易の横行や倭寇の侵入に苦しんだ明朝が海禁政策を緩和して漳州を開港し（明末の1567年），中国商人が外地海外に出て貿易を行うことを認めたことから，それ以降は対外貿易港として重要な役割を果たした。16世紀末以降のスペインのガメロン交易はマニラから漳州へ直結していた。

1757年に漳州の税関が寧波などとともに閉鎖され，また清末のアヘン戦争後に厦門が開港し急速に発展したことで，漳州の相対的地位は低下する。厦門の栄光に隠れ，あまり注目されてこなかった漳州ではあるが，華僑の主な出身地は漳州であり，特に台湾に在住する多くの中国人は漳州を原籍地とする。また，1918年に漳州は閩南保護区に指定され，1919年4月から1920年9月にかけて道路整備や公園建設，街路拡幅などの都市開発が漳州市の薌城区を中心として進められた。従来，商業地を形成する街路には間口1～2間で狭小な中庭を挟んで後方に伸びる店屋が展開していた。こうした店屋の街路に面した部分が騎楼というアーケードを持つ建物に建て替えられた（図1）。この騎楼開発は，閩南地区の泉州や厦門の開発も行った周醒南によって行われた。

漳州がひとつの行政単位として成立するのは唐代以降である。999年，城壁の外に堀を造り，子城を囲んだのが漳州の都市形成の始まりである。漳州古城の中でも宋代子城の範囲が現在の薌城区にあたる（図2）。明清時代には九龍江西渓の海上貿易によって栄え，衙署，文廟，府学といった建築群，城垣および城門城楼，子城の環濠といった都市施設が整備されていった。1534年，漳州城内には3つの隅（東北隅・西隅・南隅。隅とは行政区域を指す）があり，清代乾隆年間（1736～95年）にはそれらが27の街路によってグリッド状に分割され，計画的に街区が形成された。1918年，陳炯明率いる広東軍が閩に入り，前述のように周醒南を公務局の局長に任命して，インフラ整備に取り組んだ。城壁の防御体系と複雑な街路体系が最大の課題で，城壁の解体と街路整備が同時に進められた。しかし，基本的には既存の街路体系が踏襲されている。

現在，漳州市薌城区は西橋社区，華南社区，延安社区の3社区によって構成され，地区内には路，営，巷と呼ばれる3種類の街路がある。街区を囲む主要街路が路，路から分岐し主要街路同士を結ぶ二次的な街路が営，街区の内部へと分岐し街区の中核部にある住居内へのアクセスのための路地として機能す

図1　騎楼（筆者撮影）

図2 漳州城の範囲, 999年（筆者作製）

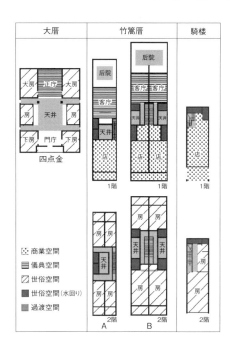

図3 漳州の住居の基本型（筆者作製）

るのが巷で，それぞれは階層的に配置されている。牌坊は主要な商業街路である香港路に位置し，また廟はかつて府学のあった場所に位置して南北を中軸線とする座北朝南の構えをしている。街区内の商店のほとんどは主要街路に面しており，騎楼のアーケード街が形成され，商店が密集している。

住居形式は大きく3種類に分けられる。第1に大厝と呼ばれる四合院，三合院形式の住居がある。第2に竹篙厝と呼ばれる間口が狭く奥行方向の長い店舗併用住宅がある。そして第3に騎楼と呼ばれるアーケード状の連続歩廊を持つ店屋あるいは街屋がある。全体として大厝の数はきわめて少なく，竹篙厝が一般的であること，何よりも騎楼の数が支配的であることが，この地区の景観を特徴づけている。

戴志堅（2009）によれば，四合院の形式である四点金を基本型と考えることができる（図3）。漳州において三合院は爬金あるいは下山虎という。四合院は四点金あるいは四庁相向という。四点金の横（左右）に部屋を設けたものは五間過といい，さらに五間過の両側に護龍をつけたものは七間過という。

竹篙厝は間口が狭く奥行が深い形式であるが，基本型は中庭を中心に持つものと両脇に持つものの2パターンがあり，どちらも最奥に中庭を持つ。最後に，騎楼は基本的に1開間（スパン）で2階建て，間口の幅はそのままで奥行方向に長く，前面街路に対して歩廊空間（アーケード）を持ち，2階部分が歩廊にのる形式をいう。基本型から増改築を経て変容している住居も多く見られる。大厝は2階化したものや街路に面する部分を騎楼にしたものがある。竹篙厝は最奥に中庭を持たないものがあり，これらは住居を分割したか，もしくは中心に来るはずの中庭の部分で住居を分割していることが考えられる。騎楼は間口方向の結合（間口を2間有する），奥行方向への拡張，3階以上への高層化など，基本型よりも拡張していく傾向にある。（河野菜津美）

East Asia 17: Xiamen

【厦門】 華僑都市

中国，福建省
Fujian, China

　中国の近代都市発展の歴史において，厦門は東南アジアとの海上交通の要所として，また閩南地域の華僑が海外に進出する際の拠点として発展してきた。厦門の発展および経済的な地位，そして台湾および東南アジアの華僑経済は互いに密接な関係を保持してきた。特に1920年代，海外で経済活動に従事していた華僑が厦門の都市建設に投資するという現象が見られるようになり，これが今日の厦門旧市街の形成にとって重要な要素となってきた。

　厦門の呼称は福建省漳州ならびに泉州地方の方言にその起源が求められる。明初期の洪武20（1387）年，倭寇に対する海防上の理由により厦門島の西南部に厦門城が築かれた。永楽15（1417）年には600丈の城壁が設けられ，東西南北に4ヶ所の門楼が存在したようである。漳州と泉州からの移民が絶えず流入したことから，その信仰も同時に伝播し，明の中期以降，厦門城を囲むように数多くの廟が建設された。城外より農産物を搬入する主要な入口が北門と西門であったため，大多数の廟は北門と西門の外側に位置していた。

　明末になると，廟の分布は3つの地域に集中する傾向が顕著となる。第1は厦門城西門以北の地域で，現在の思明北路から廈禾路の南側一帯に相当する。第2は現在の打鐵街および開元路の臨海地域，第3は現在の鎮帮街から小走馬路の間の臨海地域である。清代に入ると，城内およびその隣接地域，厦門港で著しい発展が見られるようになる。貿易および海運の発達に伴い，港湾施設の集中化と専門技術の分業化が進んだことから，海に沿って埠頭に突き出すような道路が建設され，「十三路頭」という名の埠頭エリアが整備されている。

　19世紀中頃より，厦門と各地との貿易は隆盛を極めることになる。アヘン戦争後に締結された南京条約では，厦門は清が対外的に開放する5港のうちのひとつとされ，1852年にはイギリスにより租界が設けられている。厦門港の一部を形成する鼓浪嶼には多数の「洋行」が出現し，各国の領事を兼ねていた。

　1902年，鼓浪嶼の日本領事館にて，イギリスとアメリカ，ドイツ，フランス，スペイン，デンマーク，オランダ，スウェーデン・ノルウェー連邦，日本の9ヶ国の駐厦門領事と清朝福建省興泉永道道台の延年との間で「厦門鼓浪嶼公共地界章程」が締結され，道路の修築，街路灯の設置，公衆衛生の改善など近代西洋の水準に合致する生活環境が整えられた。鼓浪嶼は公共租界とされたため，翌年1月，鼓浪嶼公共租界工部局が設けられている。1938年5月，日本軍が厦門を占領すると，日本興亜院厦門連絡部の管轄下に厦門特別市政府が設立され，さらにその下に鼓浪嶼，金門，浯嶼の3つの特別公署が設けられた。1943年3月6日からは親日の汪精衛政権に移管され，これが1945年8月の日本敗戦まで続いた。

　1920年代は，厦門が近代化により変貌を遂げる重要な時期にあたる。厦門の都市改造に際しては，鼓浪嶼と漳州の市政改革が参考とされた。1918年，漳州では陳炯明が広東の軍人を率いて統治を開始し，工務局を設けて市政改革に乗り出した。当初は福建出身の林我

章が市政改革を主導したが，のちに周醒南が工務局長として腕を振るった。周醒南は福建および華僑の資本を呼び込むため，1920年3月に「漳馬路始興有限公司」を設立，漳州より浮宮間に至る道路を修築した上，漳州の城壁を撤去して公園や街路を整備し，都市の相貌を一新したのである。厦門はこの漳州の市政改革を模倣し，周醒南は引き続き厦門市政会委員長として招聘されることになる。周醒南は厦門でも都市改造計画を策定したが（中山公園の建設，民間および華僑資本の導入，城壁撤去，商業従事者への道路修築費用の賦課など），その内容はほぼ漳州のケースを踏襲しているため，漳州の建設が厦門の都市改造に大きな影響を及ぼしたと考えることができる。

厦門の都市幹道は1920年代の後半になり一斉に出現してきた。27年に民国路，公園東路と公園南路が造られ，28年に公園西路と公園北路，大学路，民生路が，29年に中山路，鷺江道路（第一段落）が，30年に大同路，厦禾路，晨光路，同文路，横竹路，海后路，開禾路，古城西路，古城東路，定安路，碧山路，角尾路，闘西路が，31年に思明南路，鎮邦路，大中路，升平路，泰安路，人和路，水仙路，太山路，磁安路，溪岸路，虎園路，鹿園路，鷺江道路（第二段落），寿山路が開かれ，そして32年に大元路，古営路，民国路，さらに思明西路の下段が36年に，次々と完成していった（図1）。

華僑の投資により建設された社会インフラとして，1905年8月に設立された「商辦福建鐵路公司」により，1910年，嵩嶼から江東橋の区間を結ぶ漳厦鐵路が開業した。1923年に華僑実業家の黄亦住の発起により「商辦厦門電話股份」が設立された。そのほか，1927年から30年にかけて建設された厦門市街地の道路，1929年に洪曉春や張鎮世らにより設立された「厦門公共汽車公司」による厦門島内の路線バスの営業などが挙げられる。また，

図1　1920年代に行われた都市改造のあとの厦門の幹線道路計画（周 2005，一部改変）

1923年には黄亦住らの発起を受け，政府の認可により「商辦厦門自來水股份有限公司」が設立され，水道事業が開始している。1913年には「商辦厦門電燈電力股份有限公司」が設立され，300ワットの発電機を導入の上，電力供給を開始した。

交通や電力，水道などの社会インフラ以外にも，福建の華僑の積極的な投資により小学校や中学校，大学などの教育施設が開設されている。同安県集美社の陳嘉庚は1913年，集美小学校を開校，続けて中学校，師範学校，水産学校，航海学校，商科学校，女子師範学校，幼稚師範学校など数多くの教育施設を設立，1921年には厦門演武場一帯に厦門大学を設立した。陳嘉庚が設立した教育施設の校舎はシンガポールで作製された設計図をもとに建設されており，西洋風の建築の上に閩南風のガラス製瓦を配することで建築におけるエスニシティが強調されている。この，西洋，南洋，閩南の融合を意図した建築様式は，厦門市街や鼓浪嶼の他の近代建築と比べても異彩を放っており，のちに陳嘉庚が確立する独自の建築様式の嚆矢である。　　（黄蘭翔）

East Asia 18: Guangzhou

【広州】 中華の海の窓口

中国，広東省
Guangdong, China

　珠江の三角州地帯に位置する広州は，古来，海外交易の港市として知られる。

　秦代以前の広東は南越（粵）と称したが，秦の始皇帝は，南越を征服（紀元前224年）すると，この地を桂林，南海（広州市近郊），象（南寧）の3郡に分け，行政地を番禺（広州市近郊）に置いた。

　始皇帝の死後，趙佗が独立国を宣言し，南越城（趙佗城）を築く。後漢になると西域との交易もさかんになり，物資はインド洋を通り越南（ヴェトナム）に上陸したのち番禺に運ばれていた。

　唐朝が崩壊すると，その混乱に乗じて「南漢」が成立する（917年）。その官庁区は現在の財政庁の位置にあり，隋代には刺史署，唐代には都府が置かれていた。大食街（現在の恵福路）以南に主要な商業区があった。現在の紙行路，米市路，白米巷，木排頭，絨線街，梳篦街である。

　唐代にアラブやペルシアの商人が城の西側に寓居の建設を許されると「蕃坊」と呼ばれる居住地が形成される。現在の中山路の南，人民路の東，大徳路の北，開放路の西である。蕃坊の居住者の大半はイスラム教徒であった。蕃坊にはモスク懐聖寺と光塔（627年）が築かれた。

　宋朝になると外国貿易を管理する市舶司が置かれる（971年）。沿江および西部地区に商業居住区ができ，広州は物産が集積流通する一大拠点となった。広州城は子城（中城），東城，西城と拡張が繰り返されていった。1044年に拡大建設が始まり，完成するのは1208年である。

　元代の広州は，交易港としての地位を継承するが，その繁栄の一部は福建の泉州港に奪われるようになる。

　明朝は海禁政策をとるが（1370年），寧波，泉州，広州の3港に限って朝貢貿易を許可する。広州には市舶司が置かれ（1403年），「蕃商」が建設される。この「蕃商」は清代の「広東十三夷館」の前身である。明代の広州城は，北の山麓（現在の越秀山の一部）に城壁を拡大し，宋代の東，中（南城），西の三城は連接された。これを「旧城」または「老城」という。1564年に，現在の越秀南路から万福路を通り，泰康路，一徳路を経て，西の人民路の太平門に至る新城が増築される。そして，東の「清水豪」から南の「城南豪畔街」にかけて，外国商船が常時停泊する時代となる。解禁が解かれるのは清代の1684年で，広州，漳州，寧波，雲台山（江蘇・浙江・福建・広東にそれぞれ江海関・浙海関・閩海関・粤海関の

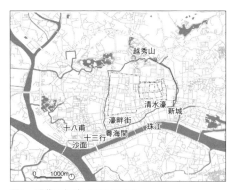

図1　明代の新城．（田中 2010）

4港)を開き,広州には現在の文化公園あたりに粤海関(税関)が置かれた。

対外貿易を仕切ったのが「官商」と呼ばれる特許商人で,その商店を「牙行」「官行」などと称した。解禁直後の1686年に,外国商人と13の行商からなる「十三行」と称される中国特許商人は,広州城の南西に位置する十三行通りの南側,文化公園から珠江までの一帯に外国人商館「広東十三夷館」と十三行舎を建設する(図2)。広東十三夷館は2階建てで連続長屋の形態をなし,1階が事務所と倉庫,2階がヴェランダである住居となっている。当時の東南アジアで流行したバンガロー形式の建物である。

18世紀半ば,乾隆帝は,西洋人の頻繁な来訪を制限するため鎖国令を発布し(1759年),アヘン戦争が終焉する1847年まで,海外貿易の権利を広州の貿易商のみに与えた。広州はますます特権的な都市となる。

海外交易のための港や商館は,広州城の正門外側すなわち西関に置かれるようになり,西関では徐々に下町が形成されていった。西関は宋代より商業の町として徐々に発展し,海禁政策とともに急激な発達を見せた。19世紀後半になると,もともと湿地であった西関の西部が開拓され,そこで富裕層が豪邸を築き始めた。伝統的な四合院住宅は西関大屋と呼ばれる。

しかし,西欧列強の進出によって広州は激動の時代を迎えることになった。アロー戦争(1856~60年)の際に焼失した夷館に代わって,広州の西側の珠江に面する楕円形の砂州を租借し,租界を建設する。この砂州を沙面という。1852年までは中国最大の輸出港として君臨してきたものの,それ以降は上海や香港にトップの座を譲り渡すことになる。

1911年に中華民国が成立すると,広州都督は城壁を解体して近代道路の建設と既存道路の拡幅を実施するため工務司を置く。城壁解

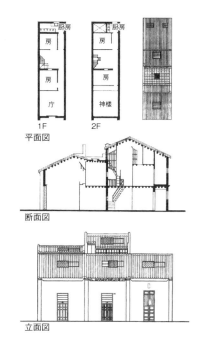

図2　十三夷館の平面図・断面図・立面図,1785年(香港芸術館蔵)

体の土砂や磚石は,道路の路盤として利用し,残った瓦礫は東の東岡一帯,西の広三鉄道の黄沙駅から西村駅にかけての新開拓地の埋め立てに利用した。1938年に日本軍が広州を占領,西堤商業区と海珠工場一帯の民居を破壊し,広州の経済は一時期停滞する。

中華人民共和国が成立すると,第1次五ヶ年計画(1953~57年)でその方針が示され,広州は工業都市に転じて急速に発展を遂げた。1980年になると,造船や機械,電子,化学工業といった重化学工業へ転換がなされる。1985年に「長江三角州」と「閩南三角州」とともに「珠江三角州」が経済特区に指定され,広州は上海に並ぶ一大メトロポリスとなる。

広州には,西関大屋区中心に,西関大屋,竹筒屋,騎楼の3種類の伝統住居が存在してきたが,いずれも大きく変容しつつある。

(諏訪雅司・布野修司)

East Asia 19: Hong Kong

【香港】一国二制度の都市

中国，香港特別行政区
Hong Kong, China

　1839年と1860年の2度にわたるアヘン戦争の結果，清はイギリスとの間で南京条約を締結，香港と九龍半島の割譲を余儀なくされた。1898年，清は改めてイギリスと「展拓香港界址専条」をはじめとする条約を締結し，イギリスによる九龍寨城，九龍半島北部，新界および近隣200余の島嶼の99年間の租借が取り決められた。1984年には中国とイギリスの共同声明により，イギリスは1997年7月1日をもって香港を中国に返還し，中国は香港で「一国二制度」政策を実施の上，「特別行政区」を導入，2047年まで高度な自治制度を維持することが発表された。中国では1990年，「香港特別行政区基本法」が成立し，香港統治の基本原則が確立された。

　100年ほど前の香港は一漁村，それも小さな漁村に過ぎなかった。それが，第二次世界大戦前，中国内地より大量の移民が押し寄せてきた。1950年代から70年代にかけて，香港は豊富な労働力を背景に紡績業や軽工業の分野で著しい発展を遂げ，「メイド・イン・ホンコン」は全世界を席捲した。次いで1980年代後期よりサービス業が急速に発展，世界的な貿易港および貿易金融センターとして，台湾やシンガポール，韓国と並ぶ「アジアの四小龍」の地位を確立した。その当時，台湾と中国の通商や通航は香港を仲介せざるをえなかったため，台湾と香港を結ぶ航路は全世界で最も運行回数の多い路線のひとつとなった。

　同時期，香港の工業は深圳をはじめとする北に隣接する中国側へと移ったことから，珠江デルタ地区との連結が香港の発展にとって重要な課題となった。1997年，香港はアジア金融危機による深刻な打撃を受け，一時的に経済低迷の時期を迎える。近年は回復しつつあるものの，貧富の差が著しく拡大し，世界で1，2を争う程度にまで悪化している。1997年の中国への復帰後は，大量の中国人観光客の存在が香港の経済形態を変えるに至っている。香港貿易局の統計によると，2015年に香港を訪れた域外からの旅行者は5390万人を数え，香港の人口の8.1倍に上っている。なおかつ中国内地からの旅行者が全体の77％を占めている。

　イギリス植民地時代初期の都市計画では，欧米人居住地の太平山一帯と華人居住地は明確に分離されていた。ヴィクトリア湾と九龍半島は絶え間なく埋め立てられ，都市の拡張が進行した。1930年代には，19世紀末のエベネザー・ハワードによる田園都市の計画理念の影響を受け，九龍塘に低密度の新しいタイプの住宅地が出現したが，田園都市を社会発展に結びつける政策が欠如していたため，最終的には高級住宅街へと変貌してしまった。

　香港では自由経済の原則が神聖視され，政府による規制を忌避する傾向が強かった。これは，公共住宅の建設やニュータウンの開発における香港政府の高度な関与により，かえって明らかになっている。第二次世界大戦の終戦前後の時期，中国より大量の移民が香港へ流入してきたが，その多くは寮屋と呼ばれる違法建築に住まざるをえなかった。人口の密集していた石峡尾寮屋では1953年に大規模な火災が発生したが，香港政府は復興を機

図1　早期に建設された高密度な住宅と街路（筆者撮影）

図2　再開発前後の様子が併存する街並み（筆者撮影）

に寮屋を一掃し，被災者と住民に対して代替住居を提供する一方，これにより得た土地を新たな都市建設のために用いた。1954年から70年にかけて，香港政府により500棟の集合住宅が建設され，120万人分の住居が提供された。さらに1972年には「10年建屋計画」によるニュータウン建設が推進され，人口分布と都市活動の中心が新界地区へと移った。その結果，1991年には香港の人口の4割がニュータウンの居住者となっている。

その一方で，香港政府は都市発展に対する主導権を発揮し続け，狭小な土地に高層住宅の建設を進めることで，立体的な高密度都市を実現した（図1）。今日では，大多数の香港人は階段やエレベーター，エスカレーター，ペデストリアンデッキにより屋内外を行き来しているため，あたかも「浮遊している地面」で生活しているようである（Shelton et al. 2011）。このような精密かつ効率的な空間設計は，香港の歴史的文脈や文化的背景を無視したものであるばかりか，むしろ投資と交換に価値を見出す不動産市場の特性を露呈しており，香港人の帰属感とアイデンティティの欠如を象徴する事象として風刺の対象となっている。香港では，このような経済至上主義が幅を利かせ，地価高騰を歓迎する発展に舵を切ったことから，「借り受けた土地，借り受けた時間」により都市空間の発展がもたらされた，とかつて評された。

奇妙なことに，中国へ返還されたのちも，このような発展モデルに大きな変化は見られていない。香港政府は2000年，市区重建局を発足させ，公共住宅の改築と都市再開発を同時に進行し，旧市街の建築老朽化や土地利用の高度化，公共施設の拡充といった問題を一挙に解決しようと目論んだ。しかしながら市区重建局の施策の結果，高水準の地価と自己負担を前提とする旧市街の開発が土地と建物の商品化を加速させ，大規模デベロッパーによる不動産市場の寡占を助長した。結局，従来の住民を追い出し，個人商店や茶楼を廃業に追い込んだとして，民間団体や地域社会の強い反発を招いている（図2）。

近年，争議を引き起こしているもうひとつの大型プロジェクトが，広深港高速鉄道の香港延伸である。このプロジェクトは香港と中国の一体的発展をよりいっそう進めるために計画されているが，財政や土地収用，工期などの面で多くの問題を抱えている。ここ数年の香港の変化に対して，市民レベルでは異議を唱える声がこれまでになく高まっている。例えば，皇后埠頭（クイーンズ・ピア）と喜帖街（利東街）では歴史的空間の保存活動や菜園の強制撤去に反対する活動に多くの市民が参加した。このことは，香港社会がアイデンティティを探し求め，また新たに構築しようとする焦燥感の現れであるとともに，大規模開発が社会の不平等を深刻化させていることに対する警告であるといえよう。

（黃麗玲）

East Asia 20: Macau

【マカオ】イエズス会の伝道拠点——ポルトガル最後の植民都市

中国，マカオ特別行政区
Macau, China

　ヨーロッパの海外進出の先鞭をつけたのはポルトガルである。1488年にバルトロメウ・ディアス（1450年頃～1500年）が喜望峰に到達し，1498年にヴァスコ・ダ・ガマ（1469年頃～1524年）がインド，カリカットに至る。以降，ゴア占領（1510年），マラッカ占領（1511年），とポルトガルはアジアに次々と植民拠点を築いた。そして，南シナ海に回り込んでマカオに到達するのは1513年，広州到達が1517年である。明朝との交渉役に指名されたのが『東方諸国記』を書き記すトメ・ピレス（1466年頃～1524年頃）である。知られるように，ポルトガル人の乗った中国船の種子島漂着が1543年，中国，日本を最初に訪れたのもポルトガルである。

　ポルトガルは植民拠点をシダード cidades（都市）と呼んだ。コーチンとゴアには早くから市参事会が設けられ，本国と同様の権利が与えられている。インディア領最大の都市はゴアで，いち早く周辺地域も含めた領土支配を確立している。そして続いてシダードとなったのが，1557年に永久居住権を明朝から与えられ，1579年に司教区が設けられていたマカオである（1582年）。17世紀初頭にはコロンボとマラッカにも市参事会が置かれるが，この5つの都市以外は，商館や要塞を核とする居住地あるいは集落規模の拠点にすぎない。

　シダードとなるとともに都市建設が開始される。また，日本布教はマカオを拠点に行われることになる。イエズス会士フランシスコ・ザビエル（1506～52年）がゴアを訪れるのは1541年であり，1548年に宣教監督となって，翌年，洗礼を受けたばかりのヤジロウとともに薩摩半島の坊津に上陸，以降2年間滞在したが「日本国王」との謁見を果たせず，帰途，広州沖の上川島で死去している。そして，続いて日本布教に向かったのが，マニラに赴任し（1578年），アジア全域を統括したアレッサンドロ・ヴァリニャーノ（1539～1606年）である。

　中国布教に当たったのは，ミケーレ・ルッジェーリ（1543～1607年），『坤輿万国絵図』を日本にも伝えるマテオ・リッチ（1552～1610年）である。マテオ・リッチによる西欧の書物の漢訳出版は中国に大きな影響を与えることになるが，明王朝そして清王朝の「天主教」への対応は厳しく，ポルトガル人の居住はマカオに限定され続ける。清朝初期には，台湾の鄭氏政権との関係を断つためにポルトガル船が締め出され，マカオは一時期衰退する。鄭氏が清朝に降伏すると，貿易は再開されるが，日本の海禁政策もあり，ポルトガルがスペイン王の支配下に置かれることによって，交易は太平洋経由のガレオン船によるルート，すなわち，アカプルコからセブ・マニラそしてマカオ・漳州へというルートに変わる。17世

図1　都市図，1635年（Bocarro and De Resende 1635, ポルトガル国立図書館蔵）

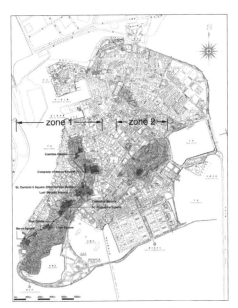

図2　歴史地区(ユネスコ世界遺産センター)

図3　民政総署(旧マカオ政庁)(筆者撮影)

図4　聖天主堂跡(筆者撮影)

紀初頭の絵地図(図1)が残されているが,小高い丘にギア要塞と城壁を建設,沿岸に城壁を巡らすポルトガル流のシダードである。ギアの聖母礼拝堂は1622年の建設とされる。

ポルトガルがマカオの行政権を中国人官吏から奪取し,ここを完全に植民地化するのは1849年のことである。清朝が統治権を認めるのは1862年,友好通商条約を締結してマカオを永久的に占有することを承認したのは1887年である。

第二次世界大戦中は,ポルトガルは中立を宣言,マカオ港は中立港として繁栄するが,日中戦争の激化とともに中国人難民の大量流入を受け入れている。戦後,ポルトガルはマカオを海外県とするが,マカオ暴動(1966年)など中国の反ポルトガル闘争による返還の圧力が高まり,1979年に,中華人民共和国とポルトガルの国交が樹立され,マカオの本来の主権が中華人民共和国にあることが確認された。そして,中華人民共和国と英国との香港返還交渉と並行してマカオ返還交渉が行われ,1999年に行政権が中華人民共和国に譲渡されることが決定,マカオには一国二制度が適用され,中華人民共和国の特別行政区となった。これによってアジアから欧米の植民地は完全に姿を消すことになる。

マカオ歴史地区は,2005年に世界文化遺産に登録される(図2)。数多くの建築物や広場が構成遺産とされるが,中心となるのは1784年に建設され1874年に改修された民政総署(旧マカオ政庁)(図3)のあるセナド広場である。周辺には,1569年にマカオ初代司教が創設した聖母慈善会の仁慈堂(現博物館),メキシコのドメニコ会によって1587年に建設された聖ドメニコ教会などがある。そして,ハイライトとなっているのは1602〜40年に建設され,1835年の大火で焼失,ファサードのみが残っている聖天主堂跡である(図4)。ここには聖母教会,聖ポール大学も建てられていた。聖母教会には長崎で殉教した二十六聖人も埋葬されている。

(布野修司)

East Asia 21: Tainan

【台南】 ゼーランディア城・鄭成功・台湾府

台湾，台南直轄市
Tainan, Taiwan

　17世紀以前の台南には，台湾の平地原住民シラヤ族の集落と漢人の居住地が点在していた。17世紀になると，オランダ東インド会社が大員（現在の台南市安平区）を国際貿易の拠点のひとつとして位置づけ，赤崁（せきかん）に統治機構を設置した。これにより，大員は世界的な貿易システムの一拠点としての役割を得たことから，徐々に市街地へと発展を遂げていくことになる。大員ではオランダ人勢力によりゼーランディア城が築かれるとともに，隣接して漢人居住区が設けられた。オランダ人と漢人の居住空間は明確に分けられており，オランダ人は城塞の中，漢人は城塞の外という具合に住み分けていた（図1）。オランダ人勢力は，大員と，大員の内海の対岸に位置した赤崁を拠点として，台湾原住民との鹿皮の交易や中国との中継貿易を経営した。赤崁にはプロヴィンティア城（現在の赤崁楼）が，その周辺には市街地が建設された。今日の民権路は当時計画された幹線道路に相当する。

　1661年，鄭成功によりオランダ人勢力が駆逐され，台湾が「反清復明」の基地とされると，当時の明の皇帝の勅使により赤崁はその名を「東都明京」と改められ，承天府が設置された。同時に，大員も「安平鎮」と改名されている。鄭成功の死後，その子鄭経が延平王を継ぐと，東都明京は東寧と再度改められ，灌漑施設の建設や農業の振興，原住民の安撫などの政策が進められた。

　沈光文の「平台湾序」によると，この時期に中国古代の里坊制度を模し，台湾府城（台南）の城内は東西南北の方角に応じて東安坊，西定坊，寧南坊，鎮北坊の四坊の区画に分けられていた。このことから，台南がすでに一定の規模の都市として発展していた様子が窺える。また当時の武将，陳永華により，寧南坊に漢文化の象徴としての文廟の建設が建議されている。なお，台南市内には鄭成功の武将林鳳に因む林鳳営や左鎮のような古い地名が今日まで残っており，歴史的背景を知ることができる。

　1684年，清朝により派遣された施琅が台湾攻略に成功，明の鄭氏政権が滅亡した。清は

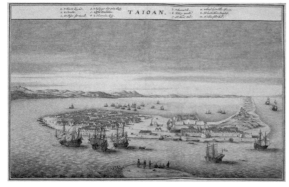

図1　ゼーランディア城図（タイワン図），1660年（台湾博物館蔵）

漢人に対して台湾渡航の禁令を発するとともに，防御施設を有する都市が反乱勢力の拠点になることを恐れ，台湾における城壁の建設を禁じた。しかしながら，朱一貴の乱や林爽文の乱ののち，台湾の地方官員に対して防御施設として竹囲みや城壁の建設を許可せざるをえなくなる。このような状況下，台南では1733年，木柵の設置が始められ，次いで1736年以降，官費にて城門が建設されるに至った。1788年には中国の伝統的な土造の城壁が設けられた。

つまり，台南では中国の都市として正統的な城壁が築かれる以前に，すでに東西南北に東安坊，西定坊，寧南坊，鎮北坊という4つの坊が設けられていた。ただし，この坊は大まかな地区を指しており，人口密集地域の東側を東安坊，西側を西定坊，南側を寧南坊，北側を鎮北坊と称していたに過ぎない。清代以降も，城壁こそ築かれたものの，中国の都市に一般的な東西南北方向に整然と区画された坊里はついに出現することがなく，東西方向並びに南北方向に走る街路の両側に広がる市街地をそれぞれ東安坊，西定坊，寧南坊，鎮北坊と名づけていたのである。「十字街」の中心から小東門，小西門，小南門，小北門に向かって伸びる十字型の湾曲した細い街路が，台南の市街地を4つの坊に分けていた（図2）。

清朝統治下では，鄭氏政権により設けられた承天府が台湾府と改められ，依然として台湾の首府として大量の漢人移民を受け入れていた。そのため，もともと原住民と漢人が混住していた台南は，徐々に漢人の都市へと変貌し，原住民は漢化するか，さもなければ都市外への移住を余儀なくされた。乾嘉年間（18世紀前半〜19世紀前半）になると，台南府城と中国の間の貿易組織，すなわち北部，中部，南部の「三郊」が成立および隆盛を迎え，台南の都市発展は黄金時代を迎える。当時の台湾三大都市の首位として「一府（台南），二

図2　台南の四坊，清末（黄 1993）

鹿（鹿港），三艋舺（台北萬華）」と称された台南は，ここに繁栄を極めるのである。

1895年4月，日清戦争後の下関条約により，台湾は日本による植民統治時代に入る。日本統治下における台南では，1900年11月29日の台南・打狗（現在の高雄）間の鉄道開通をはじめ，台南庁舎（のちに州庁に改編）や地方法院など公的機関が次々に設置された。少し時代が下ると，市区改正や台南運河の竣工，台南駅の改築などにより，台南は植民統治下にて近代都市へと邁進することになる。1920年に台湾で市制が実施されると，台南は安平などの周辺地域を併合して台南州に属する台南市として再編され，州庁所在地となった。

台南の都市形態の変遷過程をくわしく考察すると，日本統治初期に抵抗勢力平定のための陸軍への補給を目的として軽便鉄道や台南駅が建設され，のちに縦貫鉄道を建設する際にはその線路や駅舎などの設備が転用あるいは改築されたことが分かる。台南駅から台南の外港安平を結ぶために建設された軽便鉄道や道路は，かつての西側の城壁の遺跡や清代に設けられた道路が利用された。1907年，台湾総督児玉源太郎の銅像が立てられたが，この銅像が置かれた三界壇が台南の中心に位置している。1911年以降，道路建設や庁舎の新築により，台南の街路構造は徐々に形成されるのである。

（黄蘭翔）

East Asia 22: Zhanghua

【彰化】市区改正で切開された18世紀台湾の縣城

台湾，彰化県
Zhanghua, Taiwan

　台湾は九州ほどの大きさの島で，やや東寄りを3000m級の中央山脈が南北に走っている。その東側は一気に3000m級の海溝まで下るので平野は少ない。逆に西側は台湾海峡に向かって広い沖積平野を作っており，中央山脈に発する大型河川とその支流が作る流域がいくつも連接している。彰化はそのひとつ，中部の濁水渓流域の統治（県レベル）を担う城壁都市として成立した。

　彰化地域はもともと巴布薩族と呼ばれる平埔族（平地原住民）のテリトリーだった。中でも，後に彰化県城が建設される八卦山麓の地域は地下水が豊富で，原住民集落が密集しており，ここを「半線社」といった。

　中国大陸南部（福建省・広東省）から台湾への漢人移民は，17世紀初期に台南から始まるが，同世紀末には早くも中部に到達，平地原住民を同化しながら勢力を広げた。

　1723年，清朝が，ちょうど濁水渓流域に相当する範囲（北の大甲渓から南の虎尾渓まで）を区切って彰化県治を打ち立てた。ほぼ同時期に，濁水渓流域では有名な「八堡圳」（18世紀前半建設）などの灌漑用水網が有力墾主（開拓者）によって整備され，平野部に村落が多数生まれるとともに，物資集散・流通拠点となる北斗，西螺，員林などの都市も叢生した。また彰化の外港たる鹿港は，1784年に福建省蚶江との間に正式な航路が開かれると全島屈指の商業都市として黄金時代を迎え，濁水渓流域は鹿港経済圏といえるほどになった。

　県城の城壁は当初は刺竹を厚く植えたものだったが（竹城），1809年に県令楊桂森が寄付を募って磚城に置き換えた。歪な楕円形をした城壁の直径は，大きいところでもわずか700m強に過ぎない。城門は四方に開けられ，中心には彰化で最も古い寺廟・観音亭（1724

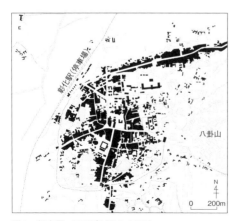

図1　都市図，1910年（青井 2006）

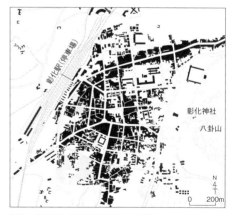

図2　都市図，1945年（青井 2006）

年創建）があるが，19世紀末までに城内だけで30ほども寺廟が造られた。

　城内は，東北・西北・南半の三地区に大きく区分されていた。東北エリア（面積は城内の32%）は行政中枢の所在地で，縣署，典史署，北路協鎮署，都司署，台湾府衙などの機関や，武官舎，官紳の邸宅が集中していた。南半（53%）のエリアは商業を中心とした高密な地区で，出身地による住み分けがあった。すなわち東半は泉州人，西半は漳州人の居住区であり，少数グループの福州人や客家人は市街周縁部に分布していた。西北エリアは商・住混合地区で，住民構成も複雑であり，汀州人も見られた。

　このように，城内の一般市街地は同郷集団別の大小の集落群というべきもので，そこに支配・教化政策に必要な諸施設を加えて城壁で囲んだのが彰化県城であったといえる。主要な通りには木造や磚造の街屋が櫛比したが，裏には三合院の邸宅も多数あった。また，19世紀末までの城内には大小の魚池が無数にあり，全体としては低密であった。

　1895年に台湾が日本植民統治下に置かれると，中部の行政中心は台中に置かれ，彰化は街（市町村でいえば町）の位置に甘んじることとなった。市制を敷くのは1933年である。日本人人口は数%にとどまり，「本島人都市」といわれた。1920年の統計で人口1万7000人である。

　1906年，台湾総督府は彰化市区計画を公示した。1904年前後に城壁の撤去と主要道路の建設が行われていたが，都市全体の改造計画が示されたのはこれが初めてである。しかし，台北における城内地区の市区改正と違い，彰化では既設道路を尊重して拡張する道路はごくわずかだった。それら幾筋かの道路を基準にグリッドが設定され，これによって複雑で有機的な集落群ともいうべき既存都市の建物や池・空地など，いっさいを切り裂いていく

図3　市区改正で切り裂かれた元清観（玉皇上帝廟）とその周辺の都市組織（青井 2006）

計画だったのである。

　具体的には，城内東北エリアの旧官衙地区はいくつかの学校に置き換えられ，北西部に置かれた彰化駅の駅前地区にはホテル，カフェ，警察，郵便局，銀行などが集中的に立地した。新しく開かれた道路沿いには，既存の街屋の正面が取り壊され，亭仔脚（軒下歩廊）付きの木造・煉瓦造の新しいファサードが建ち上がり，あるいは新築の2〜3層の街屋が建ち並んだ。旧東門外には，八卦山麓に彰化公園と彰化神社が立地している。ただし，市区改正の道路・下水建設事業も，都市景観の変容も，実際には1920〜30年代に急速に進んだようである。それでも30年の人口はようやく約2万3000人であり，37年以降は都市域を拡大する計画も公示されるが，植民地支配の終焉時点でも1906年の市区改正さえ完成にはほど遠かった。

　新開の計画道路は次第に植民地的な景観に塗り替えられたが，清代の道路はそれに沿って立地する街屋群や寺廟などとともに街区ブロックの内側に閉じ込められ，植民地支配以前の都市景観・都市生活を偲ばせる。

（青井哲人）

East Asia 23: Xinzhu

【新竹】 城外植竹開溝の城市

台湾，新竹直轄市
Xinzhu, Taiwan

　古来より近代に至るまで，城壁は常に中国の都市の特徴として存在してきた。台湾でも18世紀に清朝の領土に組み入れられてから，各地に防御のための城郭都市が築かれた。ただし，台湾は中国大陸から海を隔てた辺境に位置し，城郭都市が反乱の拠点として用いられ，かえってその鎮圧を困難にするという問題が生じたため，城壁の設置とその形態は清朝にとって常に悩みの種だった。

　台湾北部の都市，新竹には，清朝による統治が始まる前から平地原住民の一族であるタオカス族の集落，竹塹社が存在していた。福建および広東からの漢人移民の増加に伴い，1723年，清朝により淡水庁が設置される。ただし1756年まで淡水庁の庁舎は，竹塹社ではなく台湾南部の台湾県（現在の台南市）に置かれており，竹塹社には淡水海防庁，竹塹巡検司，右中軍守備など，防御や治安維持を担う行政官庁が存在しただけだった。

　鄭氏政権を主とする明の残存勢力の平定が完了した当初，清朝は台湾への防御施設の建設に消極的だった。しかしながら，1721年に台湾三大反乱のひとつとされる朱一貴の乱が発生すると，台湾の住民に防御のための城壁建設を許可せざるをえなくなる。ついに1733年には，「台湾の築城は，当地の風土に適した方法により造るべきである。初めに城壁の位置を定め，同時に刺竹を買い備える。そして城壁の位置に竹を幾重にも植える。刺竹の根が土深く伸びて絡まり合うので，刺竹囲いは軍事の防御にも適している。さらに刺竹囲いの内外に城壁を築き上げると完成である。難しい工事ではなく，これが台湾における築城のあり方である」とする勅書が下されている。台南の前身の台湾府城のように，この勅書に従って集落の外側に竹を植えて囲い，さらにその外側を城壁で囲う城郭都市の景観が，やがて台湾各地で見られるようになった。

　新竹で最も古い防御施設は竹塹社の周囲を長さ440丈にわたり竹を植えて囲ったもので，雍正帝の勅書が下されたのちに建設されている。1759年になると竹囲いが朽ち果ててしまったため，海賊の襲撃を防ぐ目的で，1813年，住民たちの発起により竹囲いの外側に長さ1400丈余りの大規模な土塁が築かれた。都市の発展に伴い，1826年には竹囲いと土塁の間に長さ860丈の石造城壁が築かれたが，これは建設費負担と需要が考慮された規模に収まっている。しかしながら，この石造城壁で囲まれた空間は狭小に過ぎたため，とても防御上の需要に応えられるものではなかった。そのため，海上軍事拠点としての機能を勘案した結果，1842年に旧来の土塁の遺構の上に新たに土造城壁が築かれ，石造城壁の外側を防衛する機能が与えられた。先に築かれた土塁と後から築かれた土造城壁には，ともに初期の竹囲いの影響を受けた「城外植竹開溝」の設計手法が用いられている。

　1895年，日本による植民統治が始まると，火災や道路建設により城壁の一部が取り壊された。植民統治が10年を経過すると，徐々に都市計画が行われるようになり，残る城壁もすべて撤去された。また，都市の発展に伴い，新竹市街と北西郊外の旧港との結びつき，お

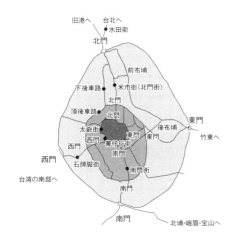

図1　都市構造略図（黄 1993）

図2　新竹街市区改正計画図，1905年（新竹庁 1905）

よび南北方向の台湾縦貫道路の機能が強まり，新竹の街路構造に大きな影響を及ぼすようになってきている。しかしながら，清の時代に設けられた竹囲い，石造城壁，土造城壁によって重層的に囲まれている新竹では，日本統治期に入りこれらの防御施設の修復が放棄され，また積極的に取り壊された結果，その遺構が自然発生的に道路へと転化し，同心円放射状の道路網が形成されることになった（図1）。

市区改正図より，清の時代から続く旧市街が温存されつつも，周辺部では1905年以降に進められた都市計画により出現した碁盤目状の整然とした街区を目にすることができる（図2）。

さらに詳細に都市内部の街路構造を見ると，清の時代の淡水庁の庁舎は日本統治初期には新竹庁の庁舎として転用されており，放射状の街路が集中する中心の地位を維持していた。後に地方制度が改編されると，新竹神社と新竹州庁を東西の末端，市場を東前街と西門街の末端，新竹公園と旧港を東南街の末端とする構造が出現している。

以上より，新竹の今日の都市構造は，福建および広東からの漢人移民が移住してきた清朝以前の原住民の集落である竹塹社に起源を発し，清朝により多重の城壁に囲まれた不規則な城郭都市として発展してきた。日本統治期に入ると，そのコンテクストを維持したまま城壁が撤去され，旧市街の構造が温存されたまま，市区改正の施行により外側に碁盤目状の街路空間が出現し，戦後も基本的にはその構造が残されていた。

しかしながら，1970年代以降，経済発展の衝撃により新竹は新たな変革を迎え，歴史的なコンテクストが埋没しつつある。過去の新竹城と現在の新竹を結びつけているのは，わずかに残る東門城楼，城隍廟，北門街道など歴史の断片に過ぎなくなってしまった。

（黄蘭翔）

East Asia 24: Taibei

【台北】台湾省・植民地台湾・中華民国の首都

台湾, 台北直轄市, 首都
Capital, Taibei, Taiwan

　台湾（中華民国）の首都，台北は，台湾北西部の台北盆地に位置し，人口約260万人を擁する。

　台北盆地はかつて葦や灌木に覆われた沼地で，平埔族（平地原住民）のケタガラン族が狩猟採集や甘藷・雑穀の栽培を行い，また漢人・日本人などと交易活動を行っていた。18世紀初頭には，前世紀に始まっていた中国福建省・広東省出身の漢人の台湾移住が台北地方に及ぶ。台北盆地に注ぐ淡水河の右岸は良港で，ここにジャンク船が往来する都市的集落「艋舺」が生まれた。

　漢人移住は19世紀にさらに活発化する。艋舺では同郷集団間の激しい抗争が繰り返され，これが社会集団の分裂や移動を促し，「大稲埕」「大龍洞」などの新しい市街地を生み出した。淡水河の上流，大漢溪の遡上限界地点には，樟脳などの産地資源の集散地である「大嵙崁」（後の大溪）の町が作られた。そして河口部の「滬尾」（後の淡水）が1860年に天津条約により開港されると，アメリカ向けの茶の加工場や商店が大稲埕に集まり，その商勢は艋舺を凌ぐようになった。

　なお，艋舺，大嵙崁，滬尾といった地名はケタガラン語の地名に由来するが，彼らは急速に漢人と同化し，言語もその他の文化も失ってしまった。

　19世紀後半，清朝政府は欧米列強のアジア進出に対して台湾政策を積極化し，1875年に台北府城の建設を決定する。さらに1885年には台湾省が設置され（福建省から独立），曲折あるが台北が省都とされた。

　こうして後の台北市街の核となる艋舺，大稲埕と城内の主要三市街が揃った（図1）。

　艋舺の街路網が不整形かつ狭隘で屈曲していたのに対し，後発の大稲埕は南北軸に律せられた比較的整形な街区を持っていた。主要な街路には間口4m内外の街屋が櫛比した。艋舺の龍山寺や清水祖師廟，大稲埕の慈聖宮（媽祖廟）や霞海城隍廟などの主要寺廟は，各同郷集団や貿易ギルドなどの拠点であり，大きな廟埕（廟前広場）を持ち，空間的にも社会的にも都市の要であった。

　台北城は，南北軸より20度ほど傾いた城壁（1880～82年建設）と，ほぼ南北軸に沿う街路網の組み合わせが特徴的で，これは風水地理説による選地の異なる考え方が何らかの理由で併存

図1　植民統治初期の台北，1897年（「日拠初期台北市街図」1897年）

したなどの解釈が試みられている。城内には、城壁に先行して建設された台北府衙（1879〜80年）のほか、巡撫衙門・布政使司衙門（1887年）、考棚（科挙の試験設備）、文廟・武廟、天后宮などが整備された。巡撫劉銘伝は上海・蘇州・寧波などの富商の出資による会社「興市公司」をおこし、道路舗装や街灯整備、街屋建設などを進めた。この頃の街屋には奥行き1.5m程度の亭仔脚（軒下歩廊）を持つものがあった。

日清戦争の結果、1895年より台湾は日本の植民地統治下に置かれる。総督府庁舎は1919年の新築（現在の総統府）までは布政使司衙門に置かれた。城内の改造は、ウィリアム・K・バルトンによる衛生改善のための下水整備などを経て、1900年公示の市区計画により城内の街路網や官庁・公園などの施設配置が決められ、1905年の計画では艋舺・大稲埕と城内を統合しつつ、さらに東部へも市街地を広げる街路網が描かれる。1898〜1906年に総督の補佐役である民政局長（民政長官）を務めた後藤新平は、科学的調査に基づく計画的事業の展開で知られ、全島にわたるインフラ整備と産業開発を精力的に推進した。都市の市区改正もこの時期に本格化し、これと連動して亭仔脚付きの街屋が作る都市景観が全島に広まっていった。

台北の都市整備でしばしば特筆されるのは、1913年、城壁撤去跡に整備された三線道路（歩車道を緑地帯で分離）であり、広幅員街路に沿って近代的な官庁や裁判所、公邸、病院、博物館、銀行、日本人や漢人の2〜3層程度の街屋が建てられた。市街地の周辺に整備された日本人官舎街が作り出す景観も、人々に台湾統治の成功を印象づけた。また艋舺・大稲埕の漢人市街に対して、城内や官舎街に集中する日本人といった住み分け構造、あるいは剣潭山に建設された官幣大社台湾神社とその祭典なども、植民都市台北を物語るのに不可欠な要素だろう。

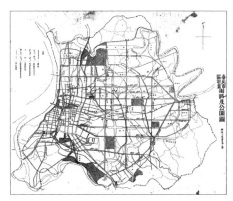

図2　大台北計画、1932年（「台北市区計畫街路並公園圖」1932年）

艋舺・大稲埕などの既成市街地の改造も1910年代を中心に進められた。とくに艋舺では旧来の街路網とはほぼ無関係な整然たる街区が創出されている。

こうした1900〜10年代の都市整備から一歩踏み出し、より広域に及ぶ大都市建設への展開を予測したのが、1932年公示のいわゆる「大台北計画」（図2）である。台北の人口は1895年時点で8万人程度であったものが1935年には27万人にまで成長していたが、大台北計画では1955年時点の人口を60万人と予想し、台北盆地のほぼ全域に街路網を描き切っている。

太平洋戦争後は、日本の植民統治が終わり、曲折を経て国民党支配に移行する。都市史を考える上で無視できない最初の事件は、1947年から始まった100万人を超える中国からの移住である。彼らの多くは軍人とその家族で、市街縁辺部に彼らの集住地「眷村」が作られ、やがて市街地の成長に飲み込まれて島状になる。

「大台北」が実現するのは太平洋戦争後の高度経済成長期で、1960年代以降は清末・植民地期の街屋を建て替えて、「透天厝」と呼ばれる4層程度の街屋、「公寓」と呼ばれる中層集合住宅、「大廈」と呼ばれる高層ビルなどが都市を変貌させてきた。
　　　　　　　　　　　　　　（青井哲人）

East Asia 25: Pyongyang

【平壌】 高句麗の都

朝鮮民主主義人民共和国，平壌直轄市，首都
Capital, Pyongyang, Democratic People's Republic of Korea

　平壌は，朝鮮半島全土を戦場と化した朝鮮戦争（1950年6月25日〜）において，アメリカ軍を中心とする国連軍による激しい空爆によって，また，国連軍の支配下に置かれた後の朝鮮人民軍や中国人民志願軍による反撃によって，壊滅的な被害を受けた。現在の平壌は，停戦（1953年7月27日）後に，ソ連の援助によって復興を遂げた全く新たな平壌である（図1）。大同江の南岸の主体塔（図2）から南を望むと，ソ連流の社会主義都市計画による一面に団地が建ち並ぶ都市景観を見ることができる（図3）。一方，北岸の中心部には社会主義リアリズム風（スターリン様式）の国家施設が建設された（図4）。「平壌市復旧建設総合計画」（1951年）を立案したのは，朝鮮建築家同盟創設メンバーのひとり，日本で建築を学びモスクワ建築アカデミーへの留学経験をもつ金正熙である。

　平壌の起源は，衛氏朝鮮（紀元前195〜108年）の王険城であり，前漢の武帝がこれを滅ぼし，楽浪郡治を置いた（前108年）ことが知られる。以降，紀元4世紀後半に百済に占

図1　中心部の地図（韓三建作製）

図2　主体塔（筆者撮影）

図3　大同江南岸の景観（筆者撮影）

図4　人民図書館（筆者撮影）

領されるまで，中国王朝の朝鮮支配の拠点となる。

高句麗の建国は，紀元前1世紀に遡る。その700年を超える歴史は，前期「卒本」時代（前1世紀初〜後3世紀初），中期「国内」時代（3世紀初〜427年），後期「平壌」時代（427〜668年）に分けられる。高句麗が遷都した当初の王都は平壌城と呼ばれたが，現在の平壌市街地ではなく，東北郊外の大城山城および清岩里土城の一帯に位置した。現在も城壁や安鶴宮の跡などが残る。王都の中心がこの大城山城一帯から平壌市街地に移ったのは586年である。長安城とも呼ばれたことから，平壌時代は，前期平壌城時代と後期平壌城時代あるいは長安城時代に分けられる。平壌城の発掘に当たったのは関野貞であり，前期・後期に分けられることを指摘して，清岩里土城を王宮址と推定したのも関野貞である。関野が推定した王宮址は，その死後，寺址であると確認された。

長安城は，内城，外城と北城の3つの部分からなっていたと考えられている。内城は丘陵地帯であり，現在も万寿台議事堂などがある。高麗時代には行宮の中心となり，李朝時代には平壌府の官衙が置かれていた。外城には，条坊制の痕跡も確認され，一般民の居住地である。北城は離宮である。条坊制は，不整形な外城を区画するため不規則であるが，大路は発掘で確認された箇所があり，中路には両側に道路界を示す石標がかつて立っていたことから確認される。60〜70cmの側溝を持つ12.6〜12.8mの大路が南北に3本，東西に1本走り，その中を4.2mほどの中路が通っていたことが分かっている。大同江に面した外城南側の城壁は，後代にも改修されながら用いられるが，高麗時代には「羅城」と呼ばれ，朝鮮時代には「外城」と呼ばれている。

高句麗は，668年に唐に滅ぼされる。唐は平壌を含む南満州から半島北部を管轄する安東都護府を設置して当該地方の直接支配を図るが，新羅の反乱によって遼東より南を失う。

図5 大同門（筆者撮影）

統一新羅時代の平壌は辺境として荒廃するが，王建が打ち立てた高麗王朝は，高句麗の領土の回復を目標とし，風水地理の説を唱えて，旧都平壌を復興して「西京」とする。開城（開京）を王都として三京の制度を導入，南京を漢陽・漢城（ソウル），東京を慶州とした。

漢城に王都が移った朝鮮時代にも，平壌は平安道の首邑であった。漢城と北京との間に位置する平安道は「西学」の受容の窓口となる。壬辰倭乱では，秀吉軍は漢城を攻略すると，平壌さらに妙香山も襲っている。小西行長軍は朝鮮王朝，そして明との和平交渉を模索して平壌で北進を停止し，援軍として来た祖承訓率いる遼東の明軍を撃退している。

「韓国併合（韓日合邦）」以前，20世紀初頭までは市街地には城壁がかなり残っていたが，戦災と復興の過程でほとんど消滅し，現在はわずか一部が残るのみである。

平壌は朝鮮戦争で壊滅的な打撃を受けた。当時の人口は約40万人で，42万発の爆弾を落とされたという。平壌は，東京が戦災によってその歴史的景観を失ったように，いったんは白紙還元され，その後復興を遂げたのである。平壌の人口は約251万人（2015年）である。廣法寺も牡丹峰（モランボン）の乙密台，七星門も，大同門（図5），練光亭，平壌鐘，普通門もすべて復元である。　　（布野修司）

East Asia 26: Kaesong

【開城】 凍結された王都

朝鮮民主主義人民共和国，開城特級市
Kaesong, Democratic People's Republic of Korea

　開城は高麗王朝の都である。北朝鮮の南部に位置し，韓国との軍事境界線からは僅か10kmほどの距離にあり，朝鮮戦争前までは韓国の都市であった。開城という名称は新羅時代の757年に遡るとされるが，新羅末期の918年に王建が高麗を建国し，その翌年の919年にここを首都としたのが都市の起源であり，開京と呼ばれていた。以降，開城は，後百済と新羅を滅ぼして再び朝鮮半島を統一した高麗の都城として発展することになる。

　王建が開城を首都としたのは，自身が開城生まれの豪族の子孫であったこともあるが，風水地理説に基づいたからとされる。軍事的に，山の多い開城の地形が防御に適していたのも大きな理由である。開城はまた，地理的に朝鮮半島のほぼ中央にあって，海上交通にも便利なところであった。

　開城の北方には海抜1000mを超える五冠山が聳え，鎮山の役割を担い，そこから走る稜線が海抜488mの松岳山へと連なる。ここから左青龍をなす稜線には富興山と徳岩山が，右白虎をなす稜線には蜈蚣山，龍岫山がある。そして，案山に当たる山が進鳳山である。

　開城のほぼ中心には子男山がある。城内の地形は，北西側が高く東側に平坦地がある。高台にある宮殿の西側を流れる広明川と東側を流れる九曜川が合流して白川となり，城郭の外へ流れている。また，開城の西10kmほどのところには礼成江という大きな川があり，碧瀾渡という港があって開城の外港となっていた。近くには西海がある。

　遷都初期に，太祖は開京の中心より北西の

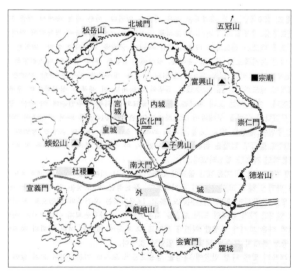

図1　開城の城郭
（ジョン 1980，一部改変）

図2　開城市内(布野他 2010)

図3　南大門(関野 1931)

高台に宮殿を建立し，宮城と皇城の二重の城壁を築いた（図1）。そして宮城と皇城の内外には多くの仏教寺院を建てた。一方，皇城正門の広化門の前より南大門に伸びる大路沿いには市場が設けられた。市のあるこの大通りと東西の城門が交差する地点は特に十字街と名づけられた。道路は，小路はもちろん大路も地形の影響で曲がりくねっていた。

開京に最初の変化が現れるのは6代成宗の時である。成宗は中国の都城制度を開京に導入した。989年に東大門の崇仁門外に宗廟を建て，991年には西大門の宣義門のすぐ内側に社稷を設けた。そして皇城正門の広化門から東に伸びる大路沿いには政府の様々な役所を配置したのである。

1011年の契丹の侵略で開京は破壊される。この経験から，都城の防御性を高めるために，1029年に都城を取り囲む羅城が築造される。開京は，宮城，皇城，そして羅城によって囲われる二重構造となる。羅城と城郭内外を結ぶ通路に立つ羅城門は史料ごとにその数が異なるが，『高麗史』によると25ヶ所が確認される。遷都から110年目の出来事で，行政区域は5部35坊344里に改められた。里は住民居住の基本単位で，各里は塀で囲われ，出入りのための門があって深夜には閉ざされた。

政治体制として儒学を取り入れた高麗であるが，仏教を重視し，仏教は国家行事や儀礼に大きく関わっていた。すなわち，仏教寺院は極めて重要な空間であった。

そして，開京は商業の町でもあった。開京の商店は，職人の作業場，倉庫，簡単な宿泊や休憩の場所としての性格を兼ね，商品を陳列する棚はなく，商品は商店の軒や庇の下に並べる形であった。複数の商人がひとつの商店を共同で使うのが一般的であった。このような商店が建ち並ぶ市場には大市と小市があった。大市には廊廡，行廊，歩廊という商店の基本的な建築形式が中心街路沿いに細く長い市廊をなしていた。市は物品の売買のみならず観覧，宴会，娯楽の場でもあった。

中国から宗廟や社稷のような儒学的礼制に基づく施設も取り入れたが，開京には，碁盤目状の街割りや街路網は見られない。地形の制約が大きかったのが大きな理由である。

朝鮮戦争の際は，南北どちらに帰属するかが不明であったため爆撃を免れた。それゆえ，戦前のままの都市形態が維持されることになり，2013年，「開城の歴史的建造物群と遺跡群」は世界文化遺産に登録された。開城は高麗の都のみならず，朝鮮時代にも大都会であったため，市内には文化遺産が数多く残されている。特に朝鮮建国後の1393年に建立された南大門は，北朝鮮の国宝級文化財である。また，南大門にある演福寺鐘をはじめ，仏日寺五層塔，善竹橋，瞻星台，高麗宮殿跡などがある。

（韓三建）

【ソウル】 『周礼』を形にした都——清渓川の革命

大韓民国，ソウル特別市，首都
Capital, Seoul, Republic of Korea

ソウルは，朝鮮建国後3年目となる1394年に高麗王朝の都である開城にかわって新しい都となった。それ以来，ソウルは現在の大韓民国時代まで機能してきた都市である。

歴史的に見ると，紀元前18年から西暦475年までは百済の首都である慰禮城が漢江の南にあった。三国時代と統一新羅時代には「漢山郡」「漢山州」「漢陽郡」と呼ばれた。その後，918年には「楊州」になり，1067年には「南京」となっている。

高麗王朝を倒して朝鮮を建国（1392年）した太祖は開京からソウルに遷都する。474年の間，高麗王朝の首都であった開京には反対勢力も多く，立国のためには旧都を捨てるしかなかった。遷都に際して用いた論理は風水地理説である。つまり，開京は土地の気運が尽きてしまったので，土地の持つ力が旺盛な漢陽すなわちソウルに移すというのである。

ソウルは風水的な観点から見て「吉地」の条件を持っているとされる。鎮山や祖山に当たるのは海抜837mの北漢山であり，主山の白岳山（玄武）が北に聳え立つ。左青龍は鷹峰と駱山，右白虎は仁王山，案山は木覓山（南山，朱雀）である。そして，中心部を流れる清渓川は内水で，東方向に流れて外水の漢江に流入する。このように河川が盆地から出る水口が山によって囲まれ，外から見えない配置を風水地理説では理想とする。ソウルは，まさに四神相応の土地に造られ，長さ18kmの城壁は四神にあたる山の稜線に沿って築かれた。城門の位置や，宮殿・宗廟・役所・市廛などの位置も，自然地理と風水的観点から選ばれている（図1）。

一方，もうひとつの構成原理として『周礼』「考工記」（冬官）の影響が指摘される。具体的には「前朝後市」「左祖右社」に従って，宮殿の東に宗廟を建て，右には社稷壇を建立しているのである。景福宮の前には官衙を配置し，また後ろの神武門の外に一時期市場を設置したことがある。そして幹線道路は，景福宮前の大通り，東大門と西大門を結ぶ鐘路，南大門から普信閣までの道路が造られている。

南大門は1398年に，景福宮は1404年に建設される。興味深いのは宮殿や城門などの名称を朱子学に基づいて決めている点である。4つの大門は人間の変わらぬ品性とされる五常つまり仁義礼智信からとられている。東大門は興仁之門，西大門は敦義門，南大門は崇礼門，北門は弘智門（後の粛靖門），そして鐘路にある普信閣のようになっている。朱子学に基づいた施設の名称は鄭道傳の作品である。彼はこれ以外にも景福宮，景福宮の正殿

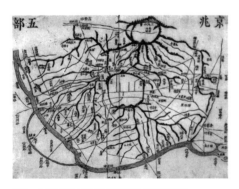

図1　金正浩による「京兆五部」1861年頃
（誠信女子大学蔵）

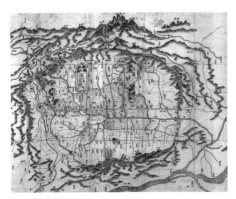

図2　都城図，1750年代（ソウル大学奎章閣蔵）

図3　市街地の眺望，1900年頃
（ソウル市文化財委員会 1988）

である勤政殿，景福宮南門の光化門などの名前もつけた。

　朝鮮初期のソウルの行政区域は1395年に確定し，5部52坊が設置された（図1，図2）。

　朝鮮王朝の都であったソウルのこのような都市計画は，鄭道傳によって実現された。新王朝のプランナーでもあった彼は，朱子学の洗礼を受け，中国古代の周時代を理想とし，ソウルの都市計画にその理念を生かした。一方，風水説は高麗時代に流行したもので，朝鮮王朝の誕生や首都移転の根拠になっていた。結局，ソウルの町は，この2つの理念をもとに計画されたことが分かる。

　朝鮮時代のソウルでは，儒教的礼制に従って，年中様々な祭祀が都城の内外で絶え間なく行われた。祭祀は「五礼」（吉礼，凶礼，軍礼，賓礼，嘉礼）としてまとめられ，国家秩序のもととなる王朝儀礼として規定された。吉礼に属するのが宗廟と社稷壇の祭祀である。これらは大祀とされ，さらに中祀（風，雲，雷，雨，山，川，城隍，嶽，海，瀆，先農，先蠶，雩祀，孔子など），小祀（霊星，名山大川，司寒，馬祖，先牧，馬社，馬歩，七祀，禜祭）が区分されていた。以上の祭祀は国王が主宰するものが多く，まさに朝鮮は祭祀の国で，都城は祭祀都市であった。

　ソウルは文禄の役（1592年）で大きく破壊された。戦争初期の宮殿放火は，都を放棄した王に怒った住民の手によるものであったが，戦争によって景福宮，昌徳宮，宗廟，文廟など建国以来建設されてきたすべての施設が破壊された。戦争後に再建されるが戦争前のソウルが復元されることはなかった。景福宮は19世紀の後半になって復元されたが，日本の植民地時代に再びほとんどの殿閣が撤去された。都城を維持してきた旧制度は1895年の制度改革によって撤廃された。

　1897年に自ら皇帝となった高宗がソウルを帝都に相応しいものへと変えようとしたが，1907年に強制退位させられると改革は途中で終わってしまう。その後の植民地時代にソウルは大きく変化し始め，1950年初頭の朝鮮戦争でまた大きな被害を受けたが，1960年代以降，大規模な都市開発が行われ始め，近代都市に生まれ変わることになる。

　朝鮮半島随一の大都市となったソウルは，交通問題や環境問題など世界の大都市が共通に抱える問題に悩まされる。「ソウルの革命」と呼ばれる都市再生の試みとして評価されるのが，ソウルの中心を流れる清渓川の再生事業である。暗渠化してその上に建設していた高速道路をすべて撤廃したその試みは，ますます巨大化するメトロポリスのひとつの方向を示している。

（韓三建）

East Asia 28: Gyeongju

【慶州】 新羅の古都

大韓民国，慶尚北道
Gyeong sang buk-do, Republic of Korea

慶州は，韓国古代三国時代の新羅の都であり，韓国を代表する歴史都市である。しかし，慶州という名は，新羅が滅んだ935年にできた。つまり，新羅を倒した高麗太祖によって，滅んだ国の都に「慶びの都市」という意味の名をつけたことに由来する。もともとは金城あるいは徐羅伐などと称した。すなわち「鉄の都市」「新しい町」というのが名前であった。

慶州は盆地に位置し，中心部は北川，南川，西川と呼ばれる3つの川に取り囲まれている。川のさらに外側は，明活山（東），南山（南），西岳（西），小金剛山（北）という山によって囲まれている。山上には新羅時代の山城が築かれ，市壁の役割をした。すなわち，慶州に市壁はなかった。中心部にある新羅時代の主な遺跡として，半月城，瞻星台，黄龍寺跡，雁鴨池などがある（図1）。

新羅が存続したのは紀元前57年から後935年までである。この間，都は慶州に置かれ，一度も動いていない。最初，金城が造られ，101年には金城の南に月城が築造された。金城の城壁は土壁で，その長さは1204歩，城門は4つあった。月城は，現在半月城と呼ばれるが，周囲1841mである。城壁内には宮殿と役所があり，近年，発掘調査が本格化している。

新羅時代に，中国の条坊制にならって都市計画がなされ，最初に坊里の名前がつけられたのは469年のことである。『三国史記』によると，都の規模は南北3075歩，東西3108歩，35里，6部であった。また，『三国遺事』には新羅の全盛期の慶州には1360坊，55里に17万8936戸が住んでいたと記録されている。慶州盆地一帯に碁盤目状の町割が施されたのである。

新羅時代の慶州の都市計画に関する研究は，戦前から京城高等工業学校教授の藤島亥治郎により始まり，歴史学や考古学，建築，都市関係に及んでいる。これまでの研究成果に基づくと，慶州の坊の大きさは東西140m，南北160mである。王京の範囲はおおむね北は東泉洞，南は塔洞，東は普門洞，西は西川に及んでいる。

新羅時代の慶州の主な都市施設として，まず，市が490年に初めて設置され，509年には東市が，695年には西市と南市が造られている。法興王による仏教公認（527年）以降には黄龍寺や芬皇寺など仏教寺院が建設された。道路遺跡の発掘調査によって幅5mの小路，10mの中路，15mの大路が確認されている。また，幅23mの広い道路跡が国立慶州博物館の東側塀付近で発見されている。道路は

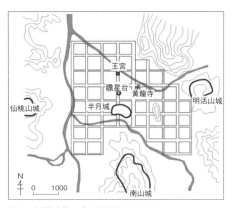

図1 新羅時代の主な遺跡（筆者作製）

図2　慶州邑城図, 1776年頃（国立古宮博物館蔵）

図3　慶州邑内全図, 1798年（国立古宮博物館蔵）

下部に砂利を数層敷いて，その上に土をのせた断面構造をしている。

　新羅の起源は斯盧国である。斯盧国は今の慶州周辺にあったようで，この小国にはさらに六村があった。六村の位置については，現在の慶州市，隣接した蔚山市などを含む範囲，また慶尚北道全域などいくつか説があるが，有力なのは，慶州市と蔚山市の北部をその範囲とする説である。慶州の仏国寺付近から流れて蔚山湾に注ぐ東川のほとりに紀元前4～5世紀から使われた鉄鉱山があるからである。蔚山の港と鉄によって発展し続けた斯盧国は，都の建設できる広い土地を求めて慶州盆地にたどりついたと考えられるのである。

　高麗以降の慶州は，朝鮮末期まで地方の拠点都市として栄えた。高麗初期に慶州が首都から地方都市へ格下げされ，1012年，新たに慶州城が築造される。築城の結果，慶州の中心部は北川と西川が合流する盆地の北西に限定された。ただ，依然として新羅時代の碁盤目状の町割は残された。

　高麗末期の1378年に，慶州城の城壁は土壁から石壁に改築された。この改築は韓国の歴史上大きな意味を持つ。国家の統治理念が仏教から朱子学へと転換する中で，邑城という新しい町と城郭が誕生するのである。

　慶州邑城は，城壁のみならず，構成原理もそれ以前とは異なる。基本的には東軒（市役所にあたる）と客舎（王を象徴する施設）の中心施設ができ，城壁の外側には社稷壇，厲壇，城隍祠，文廟が配置される。この形式の邑城は全国一様に設置されていくことになる。この空間構造は，首都ソウルの縮小版であり，全国の郡県所在地はワンパターンの邑城となる。注目すべきは，客舎や社稷壇，厲壇，城隍祠，文廟では毎年決まった日に祭祀が行われたことである。朝鮮は祭祀国家であり，邑城は祭祀都市であった。

　現在の慶州は大きく発展しているが，碁盤目状の道路パターンは同じであり，新羅の王都の空間構成を遺構として残しながら維持している。

（韓三建）

East Asia 29: Ulsan

【蔚山】 韓国随一の工業都市

大韓民国，蔚山広域市
Ulsan, Republic of Korea

　蔚山は，朝鮮半島の東南端に位置し，釜山と接する韓国屈指の港町である。深い蔚山湾に注ぐ太和江と東川の河口に位置する交通の要所であり，温暖な気候条件にも恵まれ，古来より多くの人が居住してきた。

　蔚山周辺には数多くの古代遺構がある。発掘された青銅器時代の遺跡数は韓国で最も多く，韓国で初めて発掘された環濠集落遺跡は有名である。特に太和江上流の大谷川沿いに聳え立つ岩面に刻まれた「盤龜臺岩刻畵」（国宝285号）が有名で，船や鯨，虎，鹿，人などが描かれている。この遺跡は今から7000年ほど前に造営されたとされる。

　蔚山と慶州をつなぐ国道7号線上にある虎渓洞から，西に少し入ったところに達川鉄場がある。紀元前4～5世紀頃より鉄が採掘され，蔚山や慶州などで製錬した。この鉱山や近辺の遺跡からは日本の弥生土器も出土し，日本列島と交流があったことが知られる。

　新羅が建国されると蔚山はその外港として栄えた。新羅の首都である慶州には港はなく，新羅が百済や高句麗を倒すまでは中国との陸路を利用した交流には制約があった。蔚山は広く深い湾に面し，天然の良港としての条件を備えており，新羅が繁栄し続けた間には蔚山も国を代表する貿易港として発展したのである。

　しかし935年に新羅が高麗に降伏すると，蔚山の運命も一変した。首都から遠い地方都市となるのである。しかも，日本に代表される海洋勢力を阻止する軍事都市としての役割を担うことになったのだ。1011年には蔚州城が築城されている。

　蔚山の都市中心部は蔚山湾の奥，つまり現在の中区鶴城洞や伴鷗洞あたりであった。蔚山湾から上陸して慶州に向かう要にある。これを示す遺跡は数多い（図1）。まず，2006～10年の発掘調査で明らかになった伴鷗洞遺跡がある。長さ250mの土城と木柵，大きな望楼の下部が4ヶ所出土し，港市跡として注目

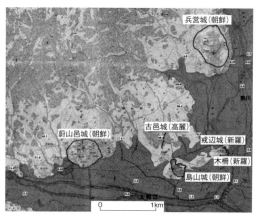

図1　蔚山中心部の城郭，新羅末～朝鮮（韓2006）

図2　中心部の航空写真(邑城の範囲)，1930年代(蔚山博物館蔵)

を浴びた。また，慶州の黄龍寺や芬皇寺のような寺院建築でしか出土しない古式瓦も発掘された。遺跡は8〜10世紀，新羅から高麗初期のものであるとされる。

　蔚山は，高麗末期に倭寇によって甚大な被害を受ける。その対応策として，蔚州城は1385年に改築された。高麗末期の混沌とした社会は，1392年の朝鮮建国によって落ち着き，中国の宋から新儒学（朱子学）を学んだ鄭道傳らによって国家体制の整備が進められた。中国古代の周王朝の官制を記したとされる『周礼』をテキストとし，その理想を朝鮮で実現しようとした。

　高麗時代までは蔚州と呼ばれてきたが，朝鮮3代王の太宗の時（1413年）に蔚山に改名される。そして，1417年には，新しい邑城を建設し，蔚州城を移転する。しかし，1415年に蔚山に置かれた陸軍司令部の慶尚左道兵馬節制使営が一度廃止され，1437年に再設置されると，蔚山郡役所は前の蔚山城から南西方向に3km離れた現在の中区北亭洞に移転した。その時，東軒や客舎など，役所や住宅などが建てられた（図2）。

　移転してきた新しい町に城壁が造られたのは1477年である。城壁の長さは約1.7kmで，南・東・西にはそれぞれ城門があった。南門の江海楼は客舎の正門より南に伸びる道路の先端に立ち，客舎のすぐ西には東軒があった。東門と西門をつなぐ幹線道路は客舎と東軒の前を通り，この道の左右には様々な役所が建ち並んでいたが，城内には宗教施設や商業施設，教育施設はなかった。城は後ろに海抜200mの含月山を背負い，正面には太和江が西から東に流れて蔚山湾に注いでいた。この蔚山邑城の城壁は，築城から120年経った1597年に破壊されて以来，再建されていない。破壊されたのは慶長の役の時で，加藤清正が蔚山市内の太和江沿いにある島山城を築く時に蔚山城を解体してその石材を使ったという記録がある。

　地方の小さい町にとどまっていた蔚山が現在韓国第一の工業都市になったのは，戦前の開発計画と関係がある。兵站基地にするため南朝鮮最大のコンビナートとして開発が進められていたのである。日本の敗戦で中断されたこの計画は戦後17年経った1962年に再開される。当時，軍事クーデターで政権を握った朴正煕将軍は戦前の開発計画を手に入れ，国を挙げて「蔚山工業センター」開発に邁進した。結果として，人口8万人の都市は120万人の工業都市に膨れ上がることになった。

　蔚山には現在世界最大級の造船所があり，現在も韓国随一の工業都市であるといえる。

（韓三建）

East Asia 30: Kyoto

【京都】 平安の都

日本，京都府
Kyoto, Japan

　京都はもともと「京」あるいは「京師」に由来し，「京都」すなわち王権の所在地「都」を意味する一般名詞であった。「京」「京都」「京の都」が平安京の固有名詞として定着したのは平安後期という。

　桓武天皇が，平城京から長岡京（784年），さらに続いて遷都造営した平安京（794年）は，日本の古代都城の完成形であり，以来，天皇が所在し続けた千年の古都である。建設そのものは，805年に中止され，右京は未完のままに残されたが，平城京（心々制）から平安京（内法制）へ，その条坊割の寸法体系の完成度は世界に例をみない（図1）。

　大路によって区画された「坊」（1辺180丈＝約550m）は，さらに縦横各3本の小路（幅約12m）で16「町」（1辺40丈＝約120m）に区分され，4町を「保」とした（1坊＝4保＝16町）。「町」はさらに，東西4分割，南北8分割され，32の宅地に分けられた（四行八門制）。宅地の最小単位（南北5丈，東西10丈）は戸主と呼ばれた。一般の「町」には南北小路が1本，大路に接する町には2本，市町には3本設けられた。

　京都は古来，長安，洛陽と呼ばれることがあり，平安京の右京を長安，左京を洛陽と呼んだように，北辺に宮闕（宮城・皇城）を置く形式は隋唐長安城（大興城）をモデルにしたとされる。北闕型の起源は鮮卑拓跋氏の北魏平城（大同）に遡り，北魏で坊を壁で囲う坊墻制が成立するが，北闕型も坊墻制も北方遊牧民

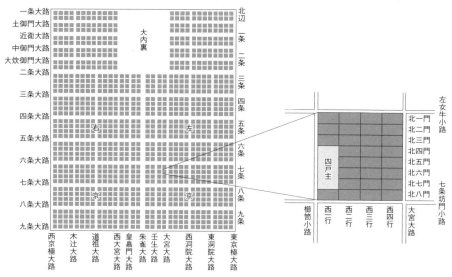

図1　平安京計画図（京都市編 1994，一部改変）

によって作られたとする説が有力である。

　律令制の形骸化とともに，平安京はその理念型にとらわれない，大内裏・御所そして鴨川を核とする都市に変化していく。平安末期には，鴨川の左岸に六勝寺，東山山麓に法勝寺が建設され，六波羅には平氏一門の屋敷地，南郊の鳥羽に貴族の別荘地が形成された。承久の乱（1221年）以後，鎌倉幕府（1185年頃～1333年）は，公家の監視のために六波羅探題を設置する。

　整然と区画された坊・保・町も時代とともに崩れ，1街区は小路に接する4面によって構成されるようになる（「四面町」）。四面は，東頬，西頬，南頬，北頬のように呼ばれたが，やがて，それぞれが自立して「丁」と呼ばれ，さらに道路を挟んで向かい合った「丁」が結びついてひとつの「両側町」へと移行していく（図2）。

　南北朝時代（1336～96年）には京都争奪戦が行われ，4度にわたって京都は占拠されるが，足利尊氏が御池高倉辺に屋敷を構えて室町幕府が設置されると，武家が市中に進出，足利義満以降，北小路室町の御所が将軍家の在所となる。応仁の乱（1467～77年）で京都の大半が焼失し，荒廃，その後もたびたび戦乱に巻き込まれた。この戦国時代には，京都は上京と下京に分かれ，それぞれ「構」によって囲まれた。その間は畑と化し，室町通でかろうじてつながる状況であった。

　豊臣秀吉による御土居の築造は京都の領域（洛中，洛外）を確定するものであり，聚楽第，武家町と公家町，寺町を建設する大規模な都市改造は，京都の城下町化を図るものであった。秀吉は，中央に新たに南北小路を設け，「町」を2つに分割する（1590年）。「天正地割」と呼ばれるが，「あんこ」と呼ばれる街区内部の宅地利用が目的であったとされる。地割が行われたのは，東西は寺町通から大宮通，南北は五条通から丸太町の区域である。南北は後に延長されたものが少なくない。「下

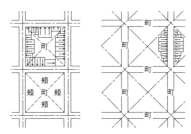

図2　四面町（左）と両側町（右）（足利1984，一部改変）

京」の四条烏丸を中心とする，いわゆる「田の字」地区は，すでに市街地化されており，地割は実施されていない。

　江戸幕府を設置した徳川政権は，京都の拠点として二条城を建設，京都所司代・京都町奉行を設置して直轄した。江戸時代，京都は文芸，工芸の中心地として栄え，江戸，大坂に並ぶ「三都」として栄えた。

　大政奉還（1867年）により新政府が誕生すると，天皇が江戸で政治を行うために，江戸を東京に改名，遷都が行われる。

　明治以降の京都は，近代都市としての装いを整えていくことになる。京都策と呼ばれる，勧業場を中心とする勧業政策，全国に先駆けた小学校建設といった教育政策などとともに，都市計画として実施された。第一は疎水，そして水力発電所の建設（1885～90年）である。また，平安遷都千百年を記念して開かれた内国勧業博覧会（第4回）のために岡崎公園が整備され，平安神宮が建設された1895年には，市電の軌道が敷設された。また，道路拡幅，水道の整備も併せて行われた。

　第二次世界大戦において大きな被害を免れた京都は，近代化施策を進める一方，古都の景観を今日に伝えることになった。1994年には，宇治市，大津市も含めた17の歴史的建造物が世界文化遺産に登録されている。

　京都は，平安京と同時代に100万の人口を誇り平安の都（マディーナ・アッサラーム）と呼ばれたアッバース朝の都バグダードと姉妹都市である。

（布野修司）

East Asia 31: Osaka

【大阪】 近世城下を引き継ぐ商業都市

日本，大阪府
Osaka, Japan

　瀬戸内海の東端に位置する難波の地は，古くから海上交通の要衝であった。東は生駒山，南は羽曳野・狭山・信太山の各丘陵，北は千里山丘陵に囲まれる。西は上町台地に沿って北に長く伸びる天満砂州が草香江と呼ばれる内海を限っており，ここに注ぐ大小河川が扇状地を成長させ内海を徐々に埋めていく。世界の古い港湾に広く共通する地形的特徴といえよう（図1）。

　南の台地上には応神陵・仁徳陵などの大規模古墳群が威容を誇る。その北の上町台地南端には住吉社が海を向いて鎮座し，天満砂州の内側に住吉津を擁した。その北には生國魂社の境内が広がり，のちの難波宮の用材はここから切り出されたという。

　難波に孝徳天皇が宮を遷したのは飛鳥時代の645年である。京域はなく，宮殿の建物は掘立柱・草葺であった。上町台地の北端に営まれ，天満砂州を切削した難波堀江からラグーンに置かれた難波津にアクセスできた。この前期難波宮で大化の改新が行われたが，655年には明日香板蓋宮に遷る。奈良時代の726年，聖武天皇は再び難波宮の造営に着手させ（後期難波宮），条坊制の京域を整備して平城京の副都とした（784年の長岡京遷都時に終焉）。宮域は朝堂院・大極殿院・内裏を南北に並べ，礎石をもつ瓦葺きの中国式建物であった。

　1496年，蓮如は難波宮跡の北，上町台地の最先端に石山寺内を構えた。すでに草香江はなく，大川（旧淀川）と旧大和川の合流点に渡辺津があって畿内各地，和泉・紀伊，山陽方面につながる要衝であった。1532年の山科寺内焼失後に本山となり，一向宗（浄土真宗）勢力の首都として君臨したが，織田信長との10年に及ぶ戦争をへて1580年に開城を余儀なくされた。石山寺内は御坊と町の2郭からなっていた。御坊は西端に置かれ，これを北・東・南から囲むように町を配し，これら全体を土居・濠で囲繞して6口を開けた。町屋の櫛比する各町は，年寄・宿老・若衆からなる自治組織を持ち，番匠・大工・檜皮師・鍛冶・酒屋・油屋・茶屋などの職人・商人がいた。

　豊臣秀吉の大坂改造の構想は，事実上の首都計画であった。石山寺内跡を大坂城へ転換し，天満に京都から内裏・公家，商職人集団を移転させるとともに，天満の北側と南の天王寺周辺に寺町を配置しようとしたのである。このうち内裏・公家の移転は頓挫し，天満には信長を苦しめた本願寺を移して天満寺内をつくらせた（まもなく京都に移転）。三の丸における大名屋敷群の整備，惣構の建設に加え，方40間の整然たる運河・街区を整備して船場の基礎をつくった（大坂町中屋敷替）。

　1614〜15年の大坂冬・夏の陣により，秀吉の大坂は灰燼に帰す。その復興は大坂藩主となった松平忠明に委ねられた。忠明は三の丸の解放，道頓堀川の完成，西船場の開発，水張（土地台帳）の調製，町組織の整備などを進め，1619年に大坂を去る。以後，大坂を直轄領とした幕府は，前身城郭をはるかにしのぐ規模での大坂城再建，四天王寺改築などを実行した。船場エリアでは運河網を持つ市街が拡張され（西船場と島之内），同時代のアムステルダムとも比較される都市景観が確立する（図2）。

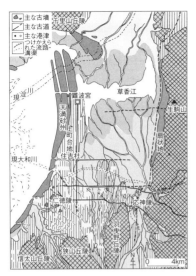

図1　大阪の古代地形（日下 2012，一部改変）　　図2　17～18世紀の大坂城下（高橋他 1993，一部改変）

　これらの事業（諸大名が負担する天下普請および有力町人の請負）は，大坂資本の全国的影響力を強めた。中之島・堂島・船場には各藩の蔵屋敷が集中し，領内から北前船などの海運網を通して送られた年貢米や産物が売り捌かれた。堂島の米市は価格形成機能を担い，米の相場変動が利潤を生んだ。人口40万人の「天下の台所」に成長した大坂には，北・南・天満のいわゆる「大坂三郷」（約600町）の町組織が構築されていた。江戸（不在地主が多く，地借層が主役であった）と異なり，地主の経営する借家（町屋・長屋）が人口の多くを支え，人口の流動性は激しかった。

　明治維新に前後して，川口に外国人居留地が建設され，異人館の街並みが現出した。国際貿易港の役割はまもなく神戸に移るが，宣教師が進出して教会や学校がつくられ，川口はキリスト教伝道の拠点となった。

　政府は武家地に加えて蔵屋敷の上地（官没）を進めた。大坂城は大規模な陸軍施設に転用され，蔵屋敷跡には官公庁や裁判所，教育施設，官営工場などが整備され，民間に払い下げられた土地にも倉庫，オフィス，ホテル，民営工場などが集中的に立地した。こうして近代大阪の機能は旧城地から堂島・中之島・川口にかけての市街北部に集約されることになる。中之島公会堂はこの一帯のモニュメントともいえようか。他方で島之内南部，道頓堀，心斎橋，難波，日本橋などの旧城下南縁部には芸能と遊里を起点に繁華街・歓楽街が集積した。ここでは1897年の内国博を契機とする開発，1912年の新世界建設と通天閣・ルナパーク開業にふれておく。また市街縁辺部には紡績はじめ繊維産業，産業連関，金属工業の工業地帯が形成され，労働者の街も広がった。

　1920～30年代の御堂筋拡幅および地下鉄御堂筋線整備は，北と南をつなぐ近代的な都市軸の完成であった。都市計画家の関一市長が前任者から引き継ぎつつ拡張して実施した事業だ。この時期の大阪は「大大阪」と呼ばれ，1930年には人口約250万目前であった（当時日本最大）。こうした近代大阪の発展も，地形的基盤，近世城下の空間構造や地割，商人の社会と資本などを基盤として連続的に捉えることができる。

（青井哲人）

East Asia 32: Nara

【奈良】日本の古都

日本，奈良県
Nara, Japan

　奈良は，日本最初の都城である藤原京に続いて建設された都城であり，平安京遷都後は，京都（北京，北都）に対して南都（南京）と呼ばれた，日本の古都である。那羅・平城・寧楽とも表記された。その語源をめぐっては，丘の草木を踏みならした（『日本書紀』），平した地の意（柳田国男），朝鮮語の「ナラ（国）」，植物の「ナラ（楢）」など諸説がある。

　平城京は，その後の長岡京，平安京と同様，北辺に宮城を置く「北闕型」である。かつては「九六城」といわれ，東西6条，南北9条の縦長の「北闕型」都城と考えられていた藤原京には，宮城が中心であったことが明らかになり，『周礼』「考工記」に基づくという説がある。平城京・長岡京・平安京については，隋唐長安城（大興城）をモデルにしたと一般に考えられている（図1）。

　「北闕型」都城の起源は北魏平城（大同）に遡る。この平城と平城京との関係はあまり指摘されないが，名前そのものがその繋がりを示している。平城京は，中央南北の朱雀大路を軸として右京と左京に分かれる。東西は，南北大路によって右京左京それぞれ一坊から四坊に分けられ，南北は，東西大路によって一条から九条に区分される。坊は，堀と築地によって区画され，東西・南北に3つの道で区切って「町」とした（図2）。興味深いのは，平城京と同時代の渤海国（698〜926年）の五京の特に上京龍泉府と平城京がまったく同じ，街路体系，街区分割方式を採用していることである。ただ，東西南北のプロポーションを見ると，上京龍泉府は長安城のように東西の方が長い（図3）。

　平城京以降，条坊制は，心々制から内法制へ，宅地班給のために坊の面積を一定にするように精緻化していくのであるが，平城京の場合，左京の傾斜地に「外京」が三坊分，東四坊大路より東に張り出し，右京の北辺に「北辺坊」が二町分，北に張り出しているのが変則である。また，朱雀大路の南端には羅城門があり，九条大路の南辺には京を取り囲む羅城があった。平城京十条説はこの羅城跡であり，羅城は羅城門に接続するごく一部しか築かれなかったとする説が有力である。

　長岡京から平安京へ遷都が行われると，平城京は荒れ果て，条坊は田畑と化した。しか

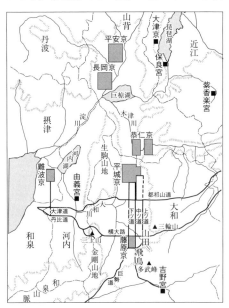

図1　日本の都城の変遷（筆者作製）

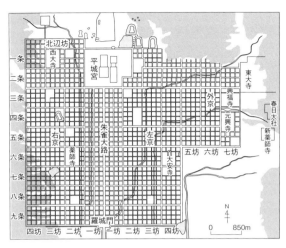
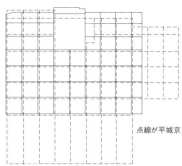

点線が平城京

図3 渤海の上京龍泉府と平城京の条坊の比較（田村編 2005，一部改変）

図2 平城京の条坊割図
（田村編 2005，一部改変）

し，平城京には，藤原京から移転された大安寺，薬師寺，興福寺，元興寺の四大寺，聖武天皇の東大寺（752年），称徳天皇の西大寺（765年）など，きわめて多くの寺院が残されることになった。寺院勢力の増大が遷都の理由のひとつとされるように，平安京には寺院の建設は許されなかった。奈良は社寺の町として新たな歴史を歩むことになる。興福寺をはじめ東大寺や元興寺のまわりに次第に「まち＝郷」が形成されるのである。今日の奈良の都市形成の核となったのは，興福寺，東大寺の立地する外京である。

1180年，平清盛の五男平重衡が南都を襲った治承の乱において，南都奈良は炎上する。東大寺や興福寺など大半が焼失し，僧侶を含め民衆数千人が焼死する。大仏殿は焼け崩れ，大仏は融け落ちた。東大寺の復興にあたったのが重源である。もともと東大寺と関わりはなく，醍醐寺で出家し，3度入宋した経験をもつ，60歳を超えた漂白の僧であったが，大勧進を指揮し，大仏の再造，大仏殿の再建，その他堂宇の建設，仏像の工作を果たした。大仏殿の再建にあたって，「大仏様」いわゆる「重源様式」を日本にもたらすことになる。かつては「天竺（インド）様」と呼ばれたが，その範例になっているのは福建省の華林寺（福州）などである。

復興した奈良は，15世紀末に日明貿易で栄えた新興の堺に追い越されるまでは，京都に次ぐ日本第二の都市として繁栄した。16世紀はじめには郷数200を超え，人口は約2万5000人であった。

奈良が武家によって支配されるのは，松永久秀が眉間寺山に多聞城を築いた1560年である。久秀と三好三人衆との合戦で大仏殿を焼失するが，町衆によって復興，奈良町の成立につながることになる。

江戸時代には，幕府の直轄領として奈良奉行の支配下におかれる。17世紀末には，総町数205，人口3万5000人と記録される。

江戸時代中頃から観光の町としての性格を強めてきたが，明治に入ると，廃仏毀釈によって，諸大寺は大きな打撃を受ける。廃藩置県の後，いったん奈良県が廃止されたり，人口不足のため市になることができない事態もあったりしたが，古都として，その歴史を今日に伝えている。1988年には「なら・シルクロード博」を開催し，1998年の市制100周年には「古都奈良の文化財」が世界文化遺産に登録されている。

（布野修司）

East Asia 33: Tokyo

【東京】 一極集中の世界都市

日本，東京都，首都
Capital, Tokyo, Japan

　首都東京を核とする都市集積地域の人口は約3700万人に及ぶ。日本の総人口の約3分の1が居住し，世界最大の大都市圏を形成する（国連統計局）。

　東京の起源は，徳川家康が幕府を置いた（1603年）江戸城に遡るが，もともとは扇谷上杉氏の家臣太田道灌が1457年に築いた平山城である。その名は『吾妻鏡』（鎌倉時代末期）が初見で，入江（江）の入口（戸）という説が有力である。平安時代後期に秩父地域から荒川沿いに下ってきた一族の中から江戸氏が生まれるが，室町時代に入ると衰え，江戸氏の居館跡に道灌が江戸城を建てるのである。

　家康が駿府から江戸城に居を移し，神田山を削って日比谷入江を埋め立てる城下町建設を開始したのは1590年である。そして関ヶ原の戦いに勝利し（1600年），征夷大将軍となり（1603年），幕府の所在地として本格的な都市建設を行う。そして江戸は拡大を続け，18世紀初めには100万人を超える大都市に成長する。

　江戸とほぼ同時期に建設され「東洋の女王」と呼ばれたのがバタヴィアである。関ヶ原の戦いの年，オランダ船リーフデ号が豊後の臼杵湾に漂着する。家康が八重洲の名に残るヤン・ヨーステンなどを庇護し，顧問，通詞，貿易商人として使ったことが知られる。オランダの平戸商館設立を助けたのも乗組員のひとりメルヒオール・ファン・サントフォールトである。そして初代平戸商館長となったヤックス・スペックス（在1609～13年）は，後に第7代オランダ東インド総督となる（在1629～32年）。江戸幕府は厳しい海禁政策をとるが，バタヴィアと出島を通じて世界と繋がり続ける。

　江戸とバタヴィアの都市構造はきわめて対照的である。バタヴィアがステヴィンの理想港湾都市計画案を下敷きにした極めてシステマティックなグリッド・プランであるのに対して，江戸は螺線の形態をとる。そして江戸は，城下町について一般的に指摘されるように，江戸城を中心として，譜代大名，外様大名などが位階的に配置される空間構造をしている（図1）。また，参勤交代を制度化した中央集権の官僚中心の行政都市であり，男性人口が多いユニークな都市であった。アジアでは，大英帝国のインド首都ニューデリーの藩王を配置した都市構造が，江戸に似ている。

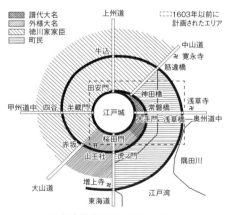

図1　江戸の都市構造（内藤 1967，一部改変）

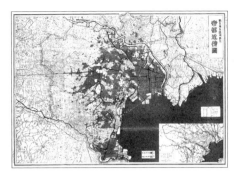
図2 第二次世界大戦による東京の被災状況（東京都1989）

図3 丹下健三の東京計画, 1960年（東京都1989）

　京都と江戸を東西両京（あるいは大阪を西京として三京）と位置づけ，江戸が東京に改称され，天皇が移住するのは1868年である。以降，ロンドンやパリ，ベルリンに匹敵する近代国家の首都をめざす都市計画が展開される。その象徴が「銀座煉瓦街計画」であり「日比谷官庁計画」である。日本の首都東京計画は，その後もオースマンのパリ計画（グラン・トラヴォー），ナチの国土計画など，ヨーロッパの都市計画がモデルにされていく。

　一方，東京の都市形態を大きく規定してきたのは戦争と自然災害である。戊辰戦争で江戸は大きなダメージを受けた。そして関東大震災（1923年），第二次世界大戦の空爆によって，壊滅的な打撃を受けた（図2）。東京は戦後，闇市が鉄道駅周辺に雨後の筍のように建ち並ぶ中から，そして江戸の都市構造をベースにしながら，近代都市計画（大ロンドン計画など）の理念に基づいて再生復興を遂げてきた。そして今日の東京にとって決定的な転機になったのが，東京オリンピックである。

　東京オリンピックの会場施設，とりわけ丹下健三設計の国立代々木体育館は，復興日本，その首都東京を世界にアピールする象徴になった。もちろん，それだけではない。東京が江戸とはまったく異なる都市構造に大転換するのである。もともと，入江であり，水のネットワークで成り立っていた東京に，車を基本とする高速道路網が建設されるのである。高速道路で覆われた現在の日本橋がこの大転換を示している。

　時期を同じくして丹下健三は東京計画を発表する（図3）。それは，螺線構造の江戸，大ロンドン計画のように周辺に衛星都市を設ける都市構想を大転換する，同心円的構造ではなく，軸線をはっきりさせて，東京湾に新たに居住空間を建設する提案であった。しかし，それが実現することはなかった。当然である。都市が提案によって一気に変わるということは，そうそうあるわけではない。

　1970年代の東京は2度のオイルショックを受けて拡大成長の限界が意識されたが，1980年代後半のバブル経済によってさらなる開発へ向かう。ウォーターフロントへ，超高層へ，大深度地下へ，開発が求められるのである。

　バブルが弾け，世界第2位の経済大国を誇った日本が低迷に向かうと，東京もその世界都市としての相対的地位を低下させていき，2011年の東日本大震災では防災上の問題を露呈させた。2020年の東京オリンピックの開催によって再活性化が期待されるが，世界一の一極集中都市の未来は必ずしも明るくはない。

（布野修司）

Column 10 ── 『周礼』都城モデル

『周礼』

『周礼』『儀礼』『礼記』という中国古代の礼書「三礼」のひとつ『周礼』は，古くは『周官』ともいった。始皇帝の焚書を経て，漢代に編纂されたものが今日に伝わる。

天官，地官，春官，夏官，秋官，冬官からなり，天官大宰，地官大司徒，春官大宗伯，夏官大司馬，秋官大司寇，冬官大司空の6人の長官に統帥される役人たちの職務が規定されている。冬官は失われており，「考工記」がそれを補う。「考工記」の成書年代は他の五官より下がる。冬官を除く五官は，いずれも冒頭に「惟王建國，辨方正位，體國經野，設官分職，以為民極」とある。すなわち，王が國（「都市国家」）を建てる際には，方位を正しく定め，王都と封土を区画し，官職を設け，民の安定を図るべし，という基本理念が宣言されている。天官は治（国政）を所管し，長官は冢宰である。地官は教（教育）を所管，長官は司徒，春官は礼（礼法・祭典）を所管，長官は宗伯，夏官は兵（軍政）を所管，長官は司馬，秋官は刑（訴訟・刑罰）を所管，長官は司寇，冬官は事（土木工作）を所管，長官は司空がそれぞれ務める。

6官がそれぞれ60，計360の官職からなるのは，天地四時（春夏秋冬），日月星辰が運行する周天の360度を象っているとされる（『周礼』天官・小宰，鄭玄『周礼注』）。この6官からなる政治体制は，周王朝の制度を理想化する中国の官僚組織の根幹として後世にまで大きな影響を与える。

「考工記」「匠人営国」条

中国最古の技術書が「考工記」であることは間違いないが，その成立時期については，春秋末期，戦国初期，戦国後期，戦国年間，秦漢期と諸説がある。前後漢の間に新王朝（紀元後9〜23年）を建てた王莽（紀元前45〜後23年）の側近であった劉歆によって捏造されたとする説もある。

「考工記」全体は7000字足らずにすぎない。冒頭に「国有六職」とあり，扱われているのは，攻木（木工），攻金（青銅鋳造），攻皮（皮革製造），設色（絵画，染色），刮摩（玉，石），搏人（陶器製造）の6分野である。加えて，輪人，輿人，輈人，梓人，廬人，匠人，車人，弓人という職種ごとの記述がある。輪人と輿人は，馬車や牛車の車部，輿部の設計に関わる。輈人は物理学と天文学に関わる。梓人は，食器や酒器などを含

めた工芸品の製作に関わる。廬人は武器，車人は牛車，弓人は弓の製作にそれぞれ関わる。

「考工記」には，匠人（すなわち建築土木を担う官）で始まる条が，「匠人建国」条，「匠人営国」条，「匠人為溝洫」条と3つある。その2番目の「匠人営国」条が都市計画と宮室建築に関わって，古来様々に引用される。

「匠人営国」条の全文は以下の通りである。大きく分けると3つの部分，（A）都城全体，（B）宮室関連施設（夏后氏世室，殷人重屋，周人明堂），（C）門道路からなり，もっぱら引用されるのは冒頭部分だけであるが，後段にも「九分其国，以為九分，九卿治之」といった重要な記述がある。

(A) 匠人営国，方九里，旁三門。国中九経九緯，経塗九軌。左祖右社，面朝後（后）市。市朝一夫。

(B) 夏后氏世室，堂脩二七，廣四脩一。五室，三四歩，四三尺。九階。四旁兩夾，窗白盛。門堂三之二，室三之一。殷人重屋，堂脩七尋，堂崇三尺，四阿，重屋。周人明堂，度九尺之筵，東西九筵，南北七筵，堂崇一筵。五室，凡室二筵。室中度以几，堂上度以筵，宮中度以尋，野度以歩，塗度以軌。

(C) 廟門容大扃七个，闈門容小扃三个。路門不容乗車之五个，応門二徹三个。内有九室，九嬪居之，外有九室，九卿朝焉。九分其国，以為九分，九卿治之。王宮門阿之制五雉，宮隅之制七雉，城隅之制九雉。経塗九軌，環塗七軌，野塗五軌。門阿之制，以為都城之制。宮隅之制，以為諸侯之城制。環塗以為諸侯経塗。野塗以為都経塗。

(A)については，通常，以下のように解釈される。

「方九里」：国（都城）は9里四方である。
「旁三門」：各辺に3つの門がある。
「国中九経九緯」：南北（経），東西（緯）それぞれ9条の道路がある。
「経塗九軌」：南北道路の幅（経塗）は車9台分の幅（9軌）である。『鄭玄注』によって，軌は8尺とされる。経塗は8×9軌＝7丈2尺（72尺）となる。
「左祖右社」：左に宗廟，右に社稷を置く。
「面朝後（后）市」：朝に向かい（面し），市を後にする。宮廷（宮城）は外朝に面し，市は後方に置く。市が宮の後ろ（北）にあるのは事例が少ないことから，また，後を后とする例があることから，面朝后市，皇帝は政務を司り，皇后が市を管理する，あ

るいは，午前は政務を執り，午後市を観る，という解釈も提出されている。

「市朝一夫」：市と朝はそれぞれ広さ一夫（100歩四方）である。

（B）の最後に寸法の単位を述べたくだりがある。室内は「几」，堂（明堂）は「筵」，宮廷は「尋」，野（敷地）は「歩」，道路（塗）幅は「軌」で計る，という。『鄭玄注』他注釈によれば，1「几」＝3尺，1「筵」＝9尺，1「尋」＝8尺，1「歩」＝6尺，車軌の幅1「軌」＝8尺である。

（C）については，門の種類と規模および数が列挙される。注目すべきは，9，7，5，3という奇数系列の比例関係が貫かれていることである。廟門は，大局として7，闈門は小局として3，路門は車が乗り入れられない幅で5，応門は3，設けるという。「経塗九軌，環塗七軌，野塗五軌」は，すでに（A）で触れられているが，環塗すなわち城壁に沿う環状道路は車7台分（56尺）で，野塗すなわち城外の道は5台分（40尺）とする。（C）において注目すべきが「九分其国，以為九分，九卿治之」である。直前にも「内有九室，九嬪居之，外有九室，九卿朝焉」とあって，9が強調されている。国（都城）を9つに分け，さらにそれを9つに分けて，9人の卿がこれを治めるというのは，『周礼』「考工記」の理念化する都城モデルを概念図とする際の大きな鍵となる。

「方九里」「旁三門」「九経九緯」

『周礼』「考工記」「匠人営国」条の記載は以上につきるが，そもそもの問題は，「方九里，旁三門。国中九経九緯」をすっきりと図化できないことである。すなわち，「方九里」（9×9）という分割と「旁三門」（4×4）という分割，さらに「九経九緯」（10×10もしくは8×8）という分割をすべて整合させるのは簡単ではないのである。

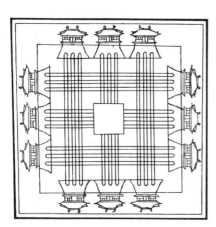

図1 「周王城図」（聶崇義『三礼図』）

「匠人営国」条におけるごく僅かなこの記述をもとに，古来多くの論考が積み重ねられ，具体的な解釈を示す都城図（「周王城図」）がいくつか描かれてきた。代表的なのが宋・聶崇義の『三礼図』「周王城図」（図1）であるが，「一道三塗」制（すなわち「九経九緯」というのは，1道に3車線あると考えて，3道×3道と考える）を採っている。「九経九緯」と「旁三門」を解決している（全体は4×4＝16分割）ように

見えるが,「方九里」(9×9) との整合性はとれていない。

鍵は「方九里」であるが, 9という数字は「九機」「九州」「九服」のようにきわめて理念的な数字である。「九経九緯」もまさにそうであり,「匠人営国」条にもやたらと9という数が出てくる。単なる象徴 (聖数) と見なすのではなく, 具体的な数字と考えると,「里」を単位として全体を 9×9＝81 区画に分割するのが自然である。「方九里」の正方形を各辺1里ずつ9分割すると, 1区画は方一里, すなわち, 方300歩である。方300歩は井田制の基本単位である。「九経九緯」に城壁沿いの周回道路である環塗を含めるかどうかで異なるが, いずれにしても 9×9＝81 分割とすると,「八経八緯」か「十経十緯」となって, 合わない。わざわざ環塗の幅員について記すのだから「九経九緯」とは別だと考えると, 全体は 10×10＝100 区画となる。環塗が「九経九緯」に含められていると考えると全体は 8×8＝64 区画に分けられる。要するに,「九経九緯」の内側には64の空間単位が区切られ, 外側を含めると 10×10＝100 の空間単位ができる。どちらもありうるが, 後者の場合,「旁三門」を均等に配置できない。「旁三門」の3門の間隔を等しく配置すると, 1辺を4分割すると都合がいい。だとすると, 8×8 が自然である。しかし, この場合「方九里」と整合しない。

この問題を解決するためには, 3と4の公倍数である12で全体を分割するモデルが考えられる。実際そう考えた建築家がいる。ボードーパヤー王のアマラプラとミンドン・ミン王のマンダレーの建築家たちである (図2)。このモデルによれば,「旁三門」は等間隔に配置できる。

要するに, A)「方九里」というから, 全体は9里四方 (9×9) の正方形となる。そして1里＝300歩をナインスクエア (3×3) に分割する「井田法」が前提として想定されるから,「方一里」をさらに 3×3＝9 分割するグリッドが基準グリッドとして考えられる。分割単位は100歩四方＝100畝である。一方, B)「旁三門」ということで各辺に等間隔に門を配するとすると, 全体は 4×4＝16 に大きく分割される。各区画の一辺は, 2.25 (4分の9) 里＝675歩 (隋唐以降の1里＝360歩とすると, 各区画は810×810歩) となる。あるいは, 2つの分割をともに可能にする基準グリッドは, 全体を 12×12＝

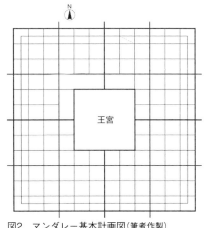

図2　マンダレー基本計画図 (筆者作製)

144の街区に分割するものとなる。1区画は225歩四方（1里＝360歩制では270歩四方）となる。「九経九緯」ということで，全体は10×10＝100もしくは8×8＝64に分割される。両端の環塗を「九経九緯」に含めるかどうかで2案となる。経塗，環塗，野塗の幅員をわざわざ区別して記載しているのであるから，10×10＝100と考えるのが自然である。この場合，1区画は270歩四方（1里＝360歩制では324歩四方）となる。

『周礼』都城モデル

「方九里」「旁三門」「九経九緯」というきわめて単純な数の体系の整合性が問題となる中で，都城の内部構造を問題にする，それまでなかった案として評価されるのが，賀業鉅（1985, 1986）の都城モデル図（都城モデルA）である。その後，王世仁（2001）（都城モデルB），張蓉（2010）（都城モデルC）など，新たなモデル図の提案もある（図3）。

問題は，区画の単位をどう設定するかであるが，「方一里」を単位とする以外は，いずれもすっきりした数字にはならない。賀業鉅も王世仁も「方一里」を単位とする。

- 都城モデルA：賀業鉅は，環塗を「九経九緯」に含めるが，それだと「十経十緯」となるので中央の区画を2分割として，経塗，緯塗を1本減らしている。
- 都城モデルB：王世仁は，環塗を「九経九緯」に含めないが，それだと「八経八緯」にしかならないので，賀業鉅のモデルを下敷きにして，中央軸線街路のみ「一道三塗」とする。
- 都城モデルC：張蓉もまた，「方九里」を前提とするが，「旁三門」を，各辺9里を3里ずつ3等分した上で，それぞれの区画の中央に設定する。この場合，方三里を3×3＝9の方一里に分割するシステムは崩され，4×4＝16に分割する，

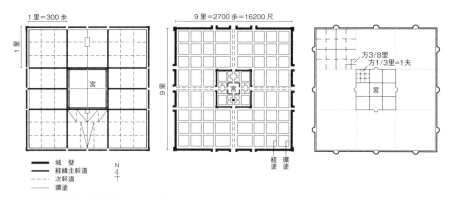

図3 『周礼』「考工記」都城モデル。左からモデルA（賀 1985），B（王 2001），C（張 2010）（一部改変）

すなわち，全体を12×12＝144の街区に分割するシステムを採用することになる。ただ，張蓉は「九経九緯」を考慮していない。

- 都城モデルD：「九経九緯」を考慮しないのであれば，また「一道三塗」とすれば，さらに，「方九里」も問わないとすれば，最も体系的なモデルとなるのは，上述のように，アマラプラでありマンダレーである。
- 都城モデルE：A〜Cの折衷案となるが，都城モデルの1案を試みれば以下のようになる（図4）。すなわち，

    ① 「方九里」ということで，まず「方一里」（300×300歩）単位のグリッドを想定する。

    ② 「旁三門」ということで，全体を「方三里」すなわちナイン・スクエア（3×3＝9）に分割した上で，それぞれの分割単位（「方三里」）の中央に門を設ける。これによって，全体を12×12＝144に分割するグリッドを想定する。すなわち「方三里」を4×4＝16に分割する（都城モデルC）。

    ③ 「九経九緯」に環塗は含めない。ナイン・スクエアのそれぞれに3本の経塗・緯塗を通すことによって3×3＝9経（9緯）とする。ただし中央の「方三里」の周囲に経塗・緯塗を通すことを優先させる。すなわち，まず全体をナイン・スクエア（3×3＝9）に分割する経塗・緯塗を通す。また，全体の中央に経塗・緯塗を通す。中央の区画は，中央と境界の経緯で3本となる。

    ④ 各「方三里」は4×4＝16に分割されるが，十字街を持つ450×450歩の坊4つからなる。

    ⑤ 450×450歩の坊を，10×10のグリッド，すなわち方45歩のグリッドに分ける。坊は，方45歩の10×10＝100区画からなる。

    この場合，方45歩を一戸に割り当てれば坊は100戸，2戸に割り当てれば坊は200戸になる。仮に方45歩に5戸割り当てれば坊＝500戸となり，10戸割り当てれば，坊＝1000戸となる。450歩×450歩の坊，36からなるが，中央の宮城区（方三里＝4

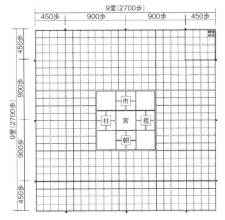

図4　都城モデルE（布野 2015）

坊）を除くと32坊×1000戸＝3万2000戸，1戸＝5人とすると16万人の都城モデルとなる。

⑤ 「左祖右社」「面朝後市」は，中央の「方三里」に配置されるとする（都市モデルB）。

⑥ 宮城の構成は，都城モデルAに従う。

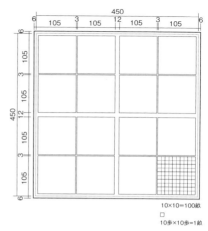

図5 『周礼』「考工記」坊モデル（布野 2015）

450×450歩（芯々）の1坊を宅地分割する単純なモデルを以下のように考えることができる（図5）。

① 100×100歩＝100畝（10平方歩）を土地配分の単位とする。

② 経塗9軌は，72尺＝12歩とする（鄭玄）。環塗7軌は56尺＝9.33歩であるが，城壁と合わせて12歩とする。

③ 坊は十字街によって4分の1，16分の1に分割される。まず，幅12歩の経塗，緯塗，および環塗＋城壁によって坊を4分の1分割する。さらにそれを4分の1分割すると105×105歩の区画に区分される。

④ 105×105歩の正方形区画は，いくつかのパターンでさらに分割できる。第1のパターンとして，幅5歩の十字街でさらに4分の1分割すれば，各区画は50×50歩＝25畝，全体はちょうど100畝となる。第2のパターンとして，幅1歩の細街路で5×5＝25に分割すれば，各区画は4畝に分けられる。すなわち，坊全体は，100畝を単位とし，400畝×4＝1600畝を単位とするモデルとなる。

分割パターンについてはそのほか様々に考えることができるが，以上はきわめて明快なモデルとなる。

（布野修司）

Column 11 ── 「転輪聖王」としての建築家

転輪聖王

　古代インドの理想的帝王を「転輪聖王」（チャクラヴァルティンあるいはチャクラヴァルティラージャ）という。サンスクリット語のチャクラとは，一般には，インドの神秘的身体論において，脊椎に沿っていくつかある生命エネルギーの集積所をいう。文字通りには「円」「輪」「円輪」（輪宝と漢訳される）を意味する。ダルマチャクラとは「法」を説くことをいい，「法輪」と漢訳される。ダルマすなわち法（法則，原理，規範）は，チャクラ（円輪）で象徴されるのである。車輪形に表されるが，円盤形の投擲武器の形をとることも多い。ヒンドゥー教では，チャクラはヴィシュヌの持ち物とされる。ヴァルティンは「動かすもの」という意味である。

　「転輪聖王」が世に現れる時には天のチャクラが出現し，王はそれを転がすことによって武力を用いずに，すなわち法という武器によって全世界を平定するという。

　インドにおいて「転輪聖王」として第一に想起されるのはマウリヤ朝の王アショカである。マウリヤ朝という巨大帝国の成立を背景として，すべてを支配する理想王としての「転輪聖王」観が成立し，その「転輪聖王」観に基づいてアショカはダルマの政治を始めたというのであるが，マウリヤ朝を創始したチャンドラグプタ王の宰相であったカウティリヤが書いたのが『アルタシャーストラ』である。その都市の理想は「転輪聖王」が実現すべき理想であった。

　チャンドラグプタ以後，「転輪聖王」を名乗る王が歴史上に繰り返し出現するが，インドではまずマウリヤ朝衰退後，オリッサのカリンガ国から興ったチェーティ朝の

1　タントラ文献によれば，普通チャクラは身体に6つある。下から，ムーラーダーラ・チャクラ（会陰，四弁蓮華の形），スバーディシュターナ・チャクラ（臍，六弁の蓮華の形），マニプール・チャクラ（臍上，十弁蓮華の形），アナーハタ・チャクラ（心臓，十二弁蓮華の形），ビシュッダ・チャクラ（喉，十六弁蓮華の形），アージュニャー・チャクラ（眉間，二弁蓮華の形）である。また，一般にさらに2つのチャクラが加えられる。ひとつは，サハスラーラ・チャクラ（頭頂，千弁蓮華の形）で，シヴァ神の居処であるとされる。もうひとつは，ムーラーダーラ・チャクラの直下にあり，三角形をしたアグニ・チャクラで，ここには，シヴァ神妃と同一視されるシャクティ（性力）が三重半のとぐろを巻いたクンダリニーという名の蛇の形をして住まっているという。人がヨーガを行い息を止めると，体内に生命エネルギーが充満し，これがクンダリニー（性力）を目覚めさせ，脊椎を貫通している管の中を，チャクラを中継点としながら上昇させることができる。クンダリニーがついにサハスラーラ・チャクラに至ると，これは宇宙の根本原理であるシヴァ神と合一したことになる。このとき人は，宇宙を主宰する力をそなえ，解脱を達成するという。

王カーラヴェーラが名乗っている。「転輪聖王」のほかにも「チャクラ」を含む多数の称号を名乗ったとされ、「チャクラ」は権力の象徴ともなる。

ヒンドゥー教と仏教が東南アジアと東アジアに伝わると、「転輪聖王」の観念も受け入れられていく。アンコール朝を創始したジャヤヴァルマン2世（在位802～834年）は「マヘンドラパルヴァタ」（プノン・クーレン丘陵）の頂で「転輪聖王」として認知を受けている。時代は下って、アユタヤ朝の王の名をチャクラパットというが、チャクラヴァルティンの訛である。「ビルマ世界」を支えたのは仏教の宇宙観であるが、アウランパヤー王、シンビューシン王、ボードパヤー王は、それぞれ支配の正統性を主張するために自ら転輪聖王と名乗ったことが知られる。ボードパヤー王はアマラプラを、またミンドン・ミン王はマンダレーを、転輪聖王にふさわしい王都として設計させている。

宇文愷

中国においても「転輪聖王」を自任する皇帝が繰り返し現れる。隋大興城の建設を命じた文帝（楊堅）がまずそうである。北方遊牧集団である鮮卑拓跋部のそれまでの都城建設経験を踏まえ、その理念型を具体化することを文帝は考えたのである。すなわち、漢化政策をとった北魏孝文帝の平城の改造、北魏洛陽再建の経験を踏まえて、理想の国土「中国」の核となる都城を建設しようとしたのであろう。その永遠の仏国土の設計を委ねられたのが宇文愷である。都城建設について文帝には明確な理念があったと考えられる。そして、大興城の設計計画を行ったのは、宇文愷（555～612年）という一人の建築家である。

宇文愷（字は安楽）は、中国建築史上最も優れた建築家の一人である。彼は、西魏恭帝の元廓2（555）年に代々武将の名門の家に生まれている。文帝のもとで官僚建築家としての道を歩み、宗廟造営の際には営宗廟副監、太子庶子、大興建設に関して営新都副監、続いて広通渠開削を総督した後、莱州刺史、仁寿宮建設に当たって検校将作大匠に任ぜられる。煬帝による東都建設に当たって営東都副監を務め、ついには工部尚書を拝せられるに至る。隋朝は2代わずか37年にすぎないが、この間の土木建築工事は、煬帝の大運河の開削が象徴するように、大規模で広範に及ぶ。

宇文愷が関わったのは、①大興城、②東都（洛陽）の造営のほか、③広通渠・山陽瀆、通済渠の開削、④長城の修築、⑤御道（馳道）の建設などの土木工事、⑥仏寺道観、⑦壇廟・陵墓・明堂、⑧仁寿園、⑨離宮苑囿などの造営である。その設計作品として知られるのは、A北周旧長安城・宗廟、B大興城宮殿、C明堂復元案、D太陵、E広通

渠，F仁寿宮，G東京城宮殿，H大張，I観風行殿，J観文殿，K浮橋などである。「大張」とは巨大な天幕建築で，数千人が座ることができた。北方巡行の際に戎夷に誇示するために造ったというから，移動式，組立式の大規模なゲルと見ていい。「観風行殿」は数百人を乗せたまま回転するという建築である。しかも1日で組み立てられるというのは，きわめて高度な仕掛けである。大業5（609）年には，高昌国の王を「観風行殿」に招き，30ヶ国以上の蛮夷の出席を得て宴を行ったという記事がある（『隋書』煬帝紀上）。

　宇文愷は，ルネサンスのダ・ヴィンチやミケランジェロのような万能人に比すべき存在である。輿服制度や車輦制度にも関わり，漏刻（水時計）の製作にも参画している（大業2（606）年）（『隋書』煬帝伝上）。

劉秉忠

　元大都を建設したクビライもまた転輪聖王を任じた天子である。そして，大都建設を担った建築家・劉秉忠（りゅうへいちゅう）（1216〜1274年）も，宇文愷に匹敵する建築家である。劉秉忠は，仏，儒，道の三教に通じ，とりわけ風水に秀でた怪僧であり，最高の技術官僚（テクノクラート）であったとされる。

　劉秉忠のほか，郭守敬や趙秉温，張柔・弘略父子，段楨（段天祐），野速不花（エスブカ），高觿，也黒迭児（エケデル）などが知られる。白浮堤建設や通恵河開削を担当した大科学者・郭守敬は，登封の観星台も建設している。大都の宮殿の石材彫刻のほとんどすべてを手がけた楊瓊のような石工などの名前も知られる。

　中国歴代皇帝の中で最も下層の出であるとされる朱元璋（洪武帝）も転輪聖王たらんとした。そして転輪聖王にふさわしい都城の建設を目指した。それが，中都（鳳陽）そして南京の設計計画である。朱元璋の側近としてその施策を支えた官僚の中に，「混一疆理歴代国都之図」（Ⅷ「中央アジア」扉絵）の作者である清濬がいる（宮 2007）。世界を視野に収める清濬を含めたブレインたちによって，『周礼』「考工記」の都城理念は，南朝の都城の歴史も踏まえて十分吟味されたと考えられる。「天子五門」「前朝（奉天・華厳・謹身）後寝（乾清・坤寧）」「左祖右社」「丁字型宮前広場」「千歩廊」という形式は，朱元璋のもとで完成され，北京に引き継がれることになる。南京の紫禁城の建設に関わった建築家としては，工部尚書の単安仁，陸賢，陸祥の兄弟，張寧が知られる。

乾隆帝

　乾隆帝もまた自ら転輪聖王であることを任じた。北京城，紫禁城の骨格が転輪聖王を任じるクビライによって作られ，洪武帝もまた転輪聖王たらんとしたことは上述の

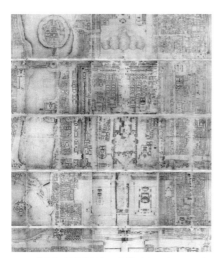

図1 「乾隆京城全図」の紫禁城(部分), 1750年 (東洋文庫蔵)

通りである。乾隆帝は,そうした大都,北京を継承し,さらに壮麗なものとして整備することになる。康熙帝が創建した円明園などの離宮のように乾隆帝が拡大造営した施設も少なくない。康熙帝が夏の離宮として営んだ熱河の避暑山荘には乾隆帝も毎年滞在し,山荘内に新たに宮殿楼閣を数多く建設している。

中国都城の理念の広がりを窺う上で興味深いのは,ビルマ(第5回)と台湾(第7回),ヴェトナム(第8回),ネパール(第9,10回)への遠征である。

とりわけビルマは,コンバウン朝の最盛期であった。清軍が侵攻したのは1767年とその翌年であり,きわめて理念的なモデルに基づくアマラプラがボードーパヤー王によって設計されるのは1783年である。ボードーパヤー王は,自らを「西方において傘さす大国のすべてを支配する……日出ずる処の王」と称し,中国の皇帝を「東方において傘さす大国の王すべてを支配する朋友であり,黄金宮の主」として,同じように転輪聖王を任じていたのである(布野2006)。

転輪聖王を任じ,自ら偉大な読書人であることを自負していた乾隆帝の知の世界の中核に確実に関わっていたのがイエズス会の宣教師たちである。マテオ・リッチが明の万暦帝から北京への入京を許されて以降,中国の歴代皇帝はイエズス会の宣教師たちを重用してきた。乾隆帝も多くのイエズス会士を重用したが,とりわけ信任が厚かったのがイエズス会のジュゼッペ・カスティリョーネ(1688~1766年,中国名は郎世寧)である。ミラノ生まれで,イエズス会の会士となり(1709年),清朝へ渡った(1715年)。清朝の宮廷画家として,康熙帝,雍正帝,乾隆帝に仕えた。清史稿列伝に「郎世寧伝」がある(王2009,2010)。彼は宮廷画家として数多くの作品を残しているが,円明園の設計にも中心的に携わった。このカスティリョーネが作製したのが『乾隆京城全図』(1750年)(図1)である。

(布野修司)

XI 東南アジア

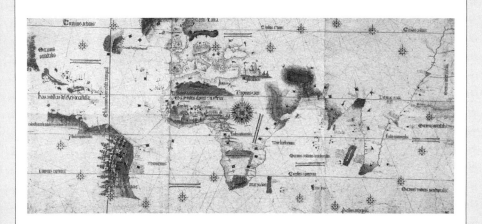

カンティーノ図(1502年)
ヴァスコ・ダ・ガマのカリカット到着の4年後に描かれた，エンリケ航海王子以来の海外探索活動によって得られた地理情報をポルトガル王室が集大成する形で作製した画期的な世界地図である。それ以前の世界地図は，TO図がまさにそうであるように，世界観を表現する世界地図(マッパ・ムンディ)であったが，カンティーノ図は測量に基づく世界地図であり，科学性，実用性，さらに芸術性を備えた最初の世界地図である。その上で，カンティーノ図は，海洋帝国ポルトガルを顕示する。アフリカ大陸の真中には大コンパス・ローズが描かれている。しかし，この地図の段階ではマラッカ攻略(1511年)は計画以前であり，東南アジアの島嶼部は描かれていない(エステンセ図書館蔵)。

Panorama XI ── インド化，イスラーム化，植民地化

　東南アジア地域の「インド化」が開始されるのは，およそ紀元前後のこととされる。「インド化」とは，インド世界を成り立たせてきた原理あるいはその文化が生んだ諸要素，具体的には，デーヴァ・ラージャ（神王）思想，ヒンドゥー教・仏教の祭儀，プラーナ神話（ヒンドゥー教の聖典），ダルマシャーストラ（ヒンドゥー教の法典），サンスクリット語，さらに農業技術，建築技術などが伝播し受容されることをいう。「インド化」がはっきり表面化するのは4〜5世紀頃で，7世紀から13世紀頃にかけて，東南アジアはインド文明とりわけヒンドゥー教によって席巻される。

　13世紀半ば以降，東南アジアの「インド化」の流れは勢いを失う。支配的になるのは南方上座部（小乗）仏教である。これを「シンハラ化」と呼んで「インド化」と区別する主張もあるが，上座仏教も大きくは「インド化」の一環である。「インド化」以前の東南アジアには，水田稲作，牛・水牛の飼育，青銅器文化，鉄の使用，精霊崇拝，祖先信仰など，共通の基層文化の存在が想定される。その段階でもインド亜大陸と東南アジアとの頻繁な交流はあり，たとえば，水牛はインド東部で家畜化されて伝来した可能性が高い。カースト制は厳格なかたちでは東南アジアには伝えられない。

　東南アジアで最も古いインド化国家はフナン（扶南）で，メコン・デルタを支配域とし，ヴィヤーダプラに都を置いた。外港であるオケオ遺跡からは，ローマ・コインや中国鏡など多くの遺品が出土することが知られる。6世紀末頃にメコン川中流域に興り，7世紀中期にフナンを征圧したのがクメール（真臘）である。タイ湾に面した南東タイ，カンボジアにまで領土を広げ，ヴィヤーダプラを陥落させてイーシャナプラ（現サンボール・プレイ・クック）に都を置いた。クメールが支配した平原の各地には「プラ」と呼ばれる城郭都市があり，王都は30以上のプラを従えていた。

　802年，ジャヤヴァルマン2世（在位802〜834年）がアンコール朝を創始する。プノム・クレンを拠点とした。ジャヤヴァルマン3世（在位834〜877年）の後，インドラヴァルマン1世（在位877〜889年）が登位してロリュオスに首都ハリハラーラヤを建設する。続いてヤショヴァルマン1世（在位889〜910年頃）がアンコールの地に，小高い丘プノム・バケンを中心に都城ヤショーダラプラを建設する。以降，遷都は何回か行われるが，1432年の廃都までクメール族の王都はこの地域に置かれる。

　南シナ海沿岸部に興った「インド化国家」がチャム族のチャンパ（林邑）である。2

世紀末から最終的には19世紀中葉まで存続し，その歴史は，林邑期（192～758年），環王期（758～860年），占城期（860～1471年）に分けられる。林邑期の中核域は，ヴェトナム中部のチャーキュウ，ミーソン，ドンズオンの一帯で，アマラーヴァティーとサンスクリット語名で呼ばれている地域である。環王期になると中核域は南のクヮンホア，ファンラン（パーンドゥランガ）周辺に移る。

占城期になると中核域は再びアマラーヴァティー（旧州）に移動し，インドラヴァルマン2世は，インドラプラ（ドンズオン）に広大な仏教寺院を建てて王都とした。10世紀末，新興の前レ（黎）朝ヴェトナムに侵攻され，インドラプラを放棄してヴィジャヤ（新州，現ビンディン）に遷都する（1000年）。1069年にはリ（李）朝ヴェトナムによってヴィジャヤは一時攻略され，12世紀には西方から侵攻したアンコール朝にも支配された。また，13世紀後半には元朝のモンゴル軍にも侵略された。

北部タイおよび北部ミャンマーに居住したモン族は，大陸部において小国家を継起的に建て，インドとの交易によって栄え，インド文化を受容していった。5世紀にスリランカから上座部仏教がもたらされると，モン族はこれを熱心に受け入れ，アンコールのクメール帝国やマラヤに伝える。10世紀になると，モン族の諸王国は，その領土の大部分をクメール族のアンコール王国によって征服される。13世紀に至って，ジャヤヴァルマン7世（在位1181～1218年頃）の死去とともにアンコールが衰退すると，クメール族の支配を離れたタイ系諸族の最初の国家が勃興することになる。

エーヤワーディ川中流域を中心に栄えたピュー以降，ビルマ（ミャンマー）の歴史は，統一王朝として，アノーヤター王によるパガン王朝（1044～1287年），バインナウン王によるハンサワティ＝ペグー王朝（1287～1539年），アラウンパヤー王によるコンバウン王朝（1752～1885年）の創始が大きな区切りとされる。パガン王朝がモンゴルの侵略によって滅亡すると，諸王国が群雄割拠する。拠点となった都市は，サガイン（1315～64年，1760～64年），インワ（アヴァ）（1364～1555年，1629～1752年，1765～83年，1823～37年），タウングー（1486～1573年），シュエボー（1758～65年），コンバウン（1783～1823年，1837～57年），マンダレー（1857～85年）である。

イスラームの東方への伝播には，海路が大きな役割を果たした。インド世界にムスリムが初めて侵入したのは8世紀初頭，イスラームが勃興してわずか1世紀後のことであるが，イスラーム揺籃の核心域からインド世界へ至る道には，海陸およそ4つの道があった。まず陸路としては，第1に，イラクからザクロス山脈南部を越えてイラン高原南部のファールス，ケルマーン地方を抜け，アフガニスタン南部のシースタンからインダス川下流域へ至るルート，第2に，ザクロス山脈中央部を越えてイラン高

原北部を通って，ニーシャープール，ヘラートを経てヒンドゥークシュ山脈を越え，ガンダーラ，パンジャーブへ至るルートがあった。そして海路として，第3に，『エリュトラー海航海記』で知られる紅海からアラビア半島南端部を伝ってインド西部へ至るルートがあった。第4に，ティグリス・ユーフラテス川河口からペルシア湾岸の港市都市を伝ってアラビア海を渡ってインド西部へ至るルートがあった。

　この4つのルートは，イスラーム以前から西アジアと南アジアをつなぐルートである。海上ルートについては，ユーラシア大陸の南に，東南アジアの西からアフリカ大陸の東に広がる大海域世界の，陸地と沿岸部を点々とつなぐネットワークが古来知られる。家島彦一（2006）は，このインド洋海域世界を東シナ海，南シナ海，ベンガル湾，アラビア海・インド洋西，紅海北，東地中海，西地中海の7つの小海域世界に分けて，その相互交流を壮大に描くが，アッバース朝の隆盛の下で，9世紀から10世紀にかけて，シンド，グジャラートなどを拠点としてムスリム商人が活躍したことが知られている（家島 1993）。ムスリム商人は，マラバールからコロマンデル，ベンガル湾に至って，さらに中国広州にも足を伸ばしている。広州懐聖寺は唐代初期，杭州鳳凰寺は唐代，泉州清浄寺は1009年，揚州仙鶴寺は1275年の建設である。

　時代は下って，14世紀前半のイブン・バットゥータの大旅行を支えたのはまさにイスラーム都市のネットワークである（図1）。イブン・ジュザイイによって編まれた彼の旅行記は『三大陸周遊記』『大旅行記』などと呼ばれるが，正式の書名は『諸都市

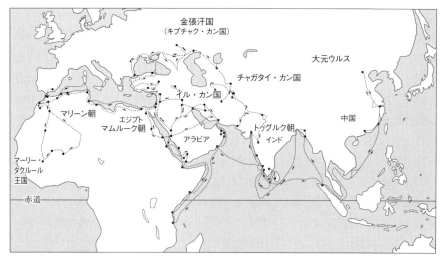

図1　イブン・バットゥータの大旅行（家島 2003, 一部改変）

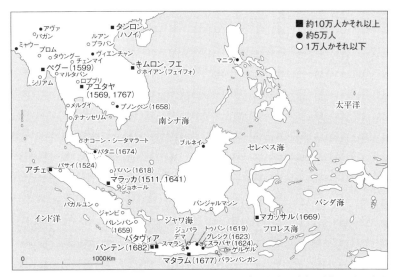

図2　16〜17世紀における東南アジアの都市人口。（　）内の数字は略奪と劇的な人口喪失の年を表す（リード 2002）

の新奇さと旅の驚異に関する観察者たちへの贈り物』である。「諸都市」とはアムサール amṣār で，ミスル Miṣr（軍営都市）の複数形である。この書物には当時のイスラーム都市が活き活きと描き出され，諸都市が緊密なネットワークによってつながれていることが理解できる。イスラームは「都市」の「宗教」であるとされるが，都市と都市間ネットワークがイスラームを支える基礎であった，ということである。

　アンソニー・リード（2002）は，15世紀末から17世紀にかけて東南アジア各地に存在した都市について，諸文献の推計を整理してまとめている。16世紀における主だった都市として挙げられるのは，アユタヤ，ペグー，マラッカ，パサイ，ブルネイ，デマ（ドゥマッ），グレシクである。また，17世紀について，加えて挙げられるのが，タンロン，キムロン，フエ，プノンペン，パガン，パタニ，ジョホール，アチェ，バンテン，マタラム，スマラン，ジュパラ，トゥバン，スラバヤ，マカッサルなどである。16世紀にはタンロン，ペグー，そしてアユタヤが10万人規模の都市で，マタラムも含めて17世紀中葉には15万から20万人に達したと考えられる。リードは，東南アジアの都市は，内陸都市も港湾都市も，基本的に同じであり，宇宙の構造を映すべく建設されたという。ポルトガルを先陣として現れる西欧列強が主役となる「交易の時代」は，こうした「宇宙を孕んだ都市」を激しく揺さぶることになる。

（布野修司）

Southeast Asia 01: Mandalay

【マンダレー】最後の曼荼羅都市

ミャンマー，マンダレー地方
Mandalay, Myanmar

　上ビルマの中心都市であるマンダレーは，周囲を山に囲まれた盆地のただ中，エーヤーワーディ川に隣接した位置にある。同盆地は，インワ，サガイン，さらにアマラプラと歴代の都が置かれた地域である。

　1857年コンバウン朝のミンドン王が，マンダレー・ヒルの麓に聖都が現れるというブッダの予言に基づき，仏教2400年を記念して建都したとされる。マンダレーという名称は丘の名に由来するが，この丘の名は，マンダラ（方囲陣または平原の意）から来ている。王朝時代この都は正式には「ヤダナボン」と呼ばれたが，これはパーリ語のラターナプラ（宝石の都）をビルマ語訳したものである。

　都市プランは方形の王宮地区を中心にグリッド街区が広がるグラフィカルな構成で，まさにマンダラ（曼荼羅）を想起させるものである（図1）。都市の位置決定に際しては王宮東辺をマンダレー・ヒルの麓の線に揃えてあり，王宮自体も東を正面とする。王宮地区は12×12区画のレイアウトで，中心の4×4区画が王宮（宮殿）に当てられる。このプラン自体は，規模こそ大きくなっているが，旧都アマラプラのものをほぼそのまま引き写ししているが，王宮の大きさ，城壁の位置に違いが見られる。

　王宮地区は一辺500mの強固な城壁で囲まれ，尖塔を頂いた48ヶ所の櫓が等間隔に配置される（図2）。城壁の周囲には60m幅の水濠を巡らせており，かつては王室御座舟による水上パレードが行われた，水の都でもある。宮殿は広大なデッキで人工地盤を形成し，その上に建築群を並べていく。遷都の際にアマラプラの宮殿を移築して建造されたという。王宮の方形プランの中心位置には「玉座の間」が置かれる。尖塔型の高層の楼閣を持った王宮は第二次世界大戦の戦火で灰燼に帰したが，1980年代に再建されている。

　王都マンダレーには，仏教の庇護者としての王の権威を示すべく，記念碑的な営造がいくつも行われた。大ストゥーパを中心に仏典の碑文を納めた小ストゥーパが729基並ぶクトードゥ・パヤー（1868年建立）や，チーク材による木造僧院であるアトゥーマシー・チャ

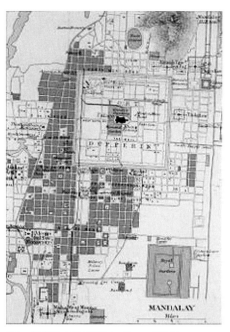

図1　都市図，1911年（John Murray 1911）

図2　王宮の城壁（筆者撮影）

図3　バンガロー（筆者撮影）

ウンなどが造営された。

　まさに仏教を言祝ぐための王都であったマンダレーだが，イギリスによる植民地支配で王は廃され，王宮は軍駐屯地となり，当時のインド総督の名前に因んで「フォート・デュフェリン」と呼ばれるようになる（ビルマは1937年まで英領インドの一州であった）。ここでは，現地施設の読み替えによって，イギリス植民都市の定型であるカントンメント（軍駐屯地・要塞）とセツルメント（居住地・交易地）の組み合わせが現出したことになる。

　王宮の外部にはグリッド街区による市街地が広がる。市街は概ね東西南側は運河，北側はマンダレー・ヒルの麓までの範囲となっているが，未建設のブロックや街区の延伸部分もある。現状では明確な外郭線は見出せないが，かつては市外を囲むように市壁が設けられていた。この市壁は，西側は川岸，南側はアマラプラに接し，グリッドの向きもアマラプラ市街と同一である。このプランにも表れているように，マンダレーはあくまで旧都の延長として建設されたのである。

　この外郭部の北東部，つまりマンダレー・ヒルの麓を中心に仏教施設が多く立地し，南側は公共施設が並ぶ。商業地区は，西側の運河（エーヤーワーディ川の支流を改削したもの）に接したゼギョー市場と，ヤンゴンからの鉄道のターミナルであるマンダレー駅を中心に広がっている。中でも80番ストリートは華人街として栄え，雲南会館や広東の観音廟，広東学校などが建ち並んだ。また市内には，多くの仏教寺院の他，インド人ムスリムやペルシア人のモスク，ヒンドゥー寺院，シーク寺院，グルカ寺院，キリスト教会などが建ち並び，多民族の住民構成を反映した多彩な宗教施設が街区に埋め込まれている。

　市街の街区ブロックは，上記の宗教施設や邸宅が中央部を占め，その周囲に住宅が面路して建つが，都市住宅の明確なタイポロジーは見出せない。かつては2階建ての店舗併用住宅やショップハウスが建ち並んでいたようだが，第二次世界大戦時の市街地破壊とその後の統制経済期にその多くは失われ，現存するのは少数にとどまる。かわりに，バンガローの床下部に店舗を挿入した形態の住宅が見受けられ，商業空間を在来の建築でまかなった様子が窺える。

　バンガローはイギリス支配と共に持ち込まれ，当初は邸宅建築としてブロック中央に建造されたが，やがて面路して建てられるようになった。街区が街路に向けて開かれていった様を表しており，都市の構造が変化したことを物語る（図3）。この現象は，ゼギョー市場周辺からじわじわと広がっていったようである。現在は多くの新造建築がストリートに沿って建ち並び，まさに山間のクロスロードの都市の勢いを示しているかのようである。

（大田省一）

Southeast Asia 02: Yangon

【ヤンゴン】 ベンガル湾のコスモポリス

ミャンマー，ヤンゴン管区
Yangon, Myanmar

　ヤンゴン市街に荘厳な姿を見せるシェーダゴン・パゴダは，ミャンマー最大の仏塔で，6〜10世紀頃の創建と考えられている（図1）。このパゴダの周りに11世紀頃からモン族の集落が形成され，ダゴンと呼ばれた。これが今日のヤンゴンの始まりである。

　エーヤーワーディ川の支流（現ヤンゴン川）に面するデルタ端部のこの地は，土地が安定しないためか，なかなか人口集中は起きなかった。1755年コンバウン朝アラウンパヤー王がビルマ統一の中でダゴンを手中にし，ヤンゴンと改名したが，その後も第一次英緬戦争や大火に見舞われるなどして，都市の成長は見られなかった。

　ヤンゴンの本格的な発展は，イギリスによる植民地支配が始まった後となる。第二次英緬戦争の結果，1852年にイギリスはヤンゴンを占領，英領ビルマの首都ラングーンとなり，行政の中心また貿易港として開発が進められた。シェーダゴンの南側にカントンメント（駐屯地）が置かれ，河岸近くは市街地（ダウンタウン）として，後述のようにグリッド状街路が敷かれた。特に南端の川べりは大型の公共建築が並ぶバンド地区として整備され，都市ラングーンの顔とも呼べる景観を築くに至った。ダウンタウンで人口増大に伴い市街地化が進展すると共に，既存市街地の北方の旧カントンメント以北には，たっぷりとした緑地の中をカーブした道路が縫っていくピクチャレスクな郊外邸宅地が開発されていった。

　ヤンゴンのダウンタウンを見ると，バンド地区を中心として大型の公共建築・商館建築が建ち並ぶ背後には，ローハウスによる住宅区が一面に連なっている。そのところどころに，モスクやヒンドゥー寺院，キリスト教会，華人会館・廟堂などの宗教建築が，ローハウスに埋め込まれるように建っている。

　ラングーンの都市計画にあたっては，1852年にシンガポールから衛生担当医師としてウィリアム・モンゴメリーが着任し，最初のプランを策定している。ラングーン川（現ヤンゴン川）に面した地に街区割りがなされ，

図1　シェーダゴン・パゴダ（筆者撮影）

矩形ブロックが整然と並ぶ地区が計画された。これをベンガル工兵隊の技師であるアレクサンダー・フレイザーが手直しして基本プランが作成された。その後、修整が重ねられ、最終案ではスーレー・パゴダを中央に置いて東西・南北方向にそれぞれ基軸街路を設定し、街路ヒエラルキーを持たせた。こうして矩形ブロックが整然と並ぶダウンタウンのプランが作成された。

　都市計画上では、衛生対策とも相まって洪水対策が重視され、排水路と運河による効率的な排水が企図されたが、抜本的な解決には至らなかった。そのため埋め立てにより地盤の嵩上げをすることとなり、1920年に設立されたラングーン開発トラストにより工事が実施された。また併せて不良住宅地区の改善も意図され、面的な住宅地区の再開発が行われた。その結果、各街区は南北方向中央に十分なバックレーンを確保した統一した形態を持ったものとなった。現在のダウンタウンは、このような経緯を経て造成されたため、近隣ごとにまとまった単位で集合住宅として建設され、整った都市景観を見せている。また同上の事由により、住宅建築では開発トラスト事業以前のものは非常に少ない。

　建築の構成としては、個別にエントランスを設けた1ロットタイプの他、まとまった敷地を一体開発して階段室を設ける複数ロットタイプがある。1ロットタイプは切妻屋根・平入りでアーケードらしき空間を面路部に確保しており、シンガポール型ショップハウスと共通した特徴が見られる。複数ロット型は中央階段室型、片側階段室型があり、連結してさらに大型化しているものもある。

　建設年代は1910年代から60年代にわたっている。ダウンタウンは西側から開発されていったが、現存建築でも西側地区では2階建ての低層住宅が多いなど比較的早期の開発と目されるものが目立つ。

図2　ローハウス（筆者撮影）

　ダウンタウンではラングーン住民の多様性を反映して様々な出身のコミュニティが存在したが、そのことはローハウスのファサードからも読み取ることができる（図2）。例えばムスリムの居住を窺わせるクレッセントや、ワクフ物件を示すレタリングなどがある一方、華人関連では、会館や宗祠と一体開発されたものや、会館建築と同様のデザイン（棟型、斗栱など）を使用しているローハウスが見られた。ただし、第二次世界大戦中にインド人コミュニティの多くが退去するなど住民が入れ替わる契機を何度か経ているため、現在の住民とこれら建築から窺われる属性とは必ずしも一致していない。

　ラングーンは独立以降も首都とされたが、軍事政権下でヤンゴンと改名され、ネーピードーへの遷都以降は経済の中心として機能している。再開発の話が引きも切らないが、家賃が低水準で凍結されていることで維持されているダウンタウンのコミュニティは、今後どう変化するか、予断を許さない状況にある。

（大田省一）

Southeast Asia 03: Chiang Mai

【チェンマイ】四角い古都

タイ，チェンマイ県
Chiang Mai, Thailand

　チェンマイは，バンコクの北方700kmに位置する，ランナータイの古都である。雲南を拠点にしていたタイ系諸族は，モンゴルの侵攻に対して各地にムン連合国家を建てて対抗することになるが，タイ北部に下ってきたタイ・ユアン族は，チェンマイを拠点にマンラーイ王の下にランナー（百万・田）王国を建てる（1296年4月12日）。正式国名は「ノパブリ・スリ・ナコン・ピン・チェンマイ」。チェンマイは「新しい都市」を意味する。

　チェンマイは，東を流れるピン川と西のドイ・ステープ丘陵の間に位置し，土地は東に向かって傾斜している。都市は一辺約1.6kmの正方形に計画され，煉瓦の城壁によって二重に囲われていた。内側の城壁には5つの門があり，南にのみ2門設けられていた。南の西側に設けられた門は，死体を城外に持ち出す際にのみ用いられた。外側の壁は北東の角から南西の角へ向けて造られ，城壁に沿って濠が掘られた。

　城壁で囲われた「四角い村」はウィアン（ウェイン）と呼ばれるが，チェンマイ近郊に重要なウィアンが2つある。ウィアン・スアン・ドークとウィアン・チェット・リンである。それぞれ1371年と1411年に建設されている。ウィアン・スアン・ドークは王家の庭園として建設され，チェンマイはこのワット・スアン・ドークを中心に寺院都市として計画された。ウィアン・チェット・リンは戦争時の集結場所となることが想定されていた。

　正方形の都市は，天文学的な配置を占うマハ・タクサ碑文に基づいて計画されたと信じられている。マハ・タクサによって，都市の中心は，ワット・サドゥエ・ムアン（中心（臍）寺院）の都市柱（ラック・ムアン）の場所に定められ，都市の北部は，王と王家の家族の居住地および行政機関の場所とされ，南部は臣下，兵士，職人の場所とされた。このウィアンという「四角い村」の伝統が今日まで維持されている例は珍しい。

　この四角い王都を大きく変えていったのは商業活動であり，交通体系である。鉄道が敷設される以前，チェンマイの交易を支えたのはピン川による水運である。19世紀末の地図（図1）を見ると，ピン川沿いに立地する問屋や商店街に依存したチェンマイの都市のあり方がよく分かる。

図1　都市図，1893年（タイ国立公文所館蔵）

そのチェンマイとバンコクが鉄道によって結ばれるのは1910年であり，さらに自動車による陸上輸送が一般的になると，チェンマイは大きく変わる。その変容は商店街の移動に見ることができる。

そして1980年代以降，市街地の拡張が本格的に始まる。

チェンマイの商業地区は東門の外側，タ・パエ通りとピン川に沿っている。最も賑やかなのは中央市場のカド・ルアンの周辺である。旧城内とピン川に挟まれて，郊外からの商人にとって交通の便がいいのがその理由である。歴史的にも，市場が開かれ，ピン川利用の商人や旅行者で賑わう場所であった。

商店街はピン川の東西に形成され，西側はター・ワット・ケートの寺院集団や中国系移民や外国人が経営する店舗，東側は一般の近郊農民が占め，新たな移住者も東側に商業コミュニティを形成し，川の両側に商品を供給する役割を担った。また，バンコクとの交易が次第にさかんになる。ター・ワット・ケートはピー川の分極点にあり絶好の荷上場となった。ここには伝統的な長屋の店舗が建てられ，今日までその景観の一端が残されている。中国寺院やキリスト教会，シーク教会が当時の状況を伝えている。

中国人居住地区は，ピン川の西岸に沿って広がり，さらにチャン・モイ道路につながって北のタ・パエ地区に達した。現在，ラオ・ジョウ通りはチェンマイのチャイナタウンとして知られる。中国寺院の存在はそのコミュニティが安定していることを示している。インド人商人はカード・ルアン地区で商売を始め，ヒンドゥー寺院を建設している。

1910年に，木造のナラワート橋が建設され，ター・ワット・ケート，カード・ルアン，タ・パエの各地区を結びつける役割を果たし，新たに鉄橋が建設される1921年までに，チェンマイ最大の商業地区が形成された。以降，

図2　航空写真（布野撮影）

水運から鉄道輸送に切り替わっていくことになる。そして，ピン川の東，ナラワート橋と鉄道駅の間に新しい商店街が形成される。しかし，チェンマイとバンコクを結ぶ幹線道路が建設されると，鉄道輸送より陸上輸送が一般的になっていく。

市街地の西の丘陵部への拡大は，チェンマイ大学が建設された1964年頃に始まる。本格化するのは1980年代で，大きなきっかけになったのは観光産業の急速な成長である。

20世紀から21世紀にかけて西部の大学教育機関や政府機関が立地した地区は徐々に近代的なゾーンに変容していき，城壁で囲まれた旧市街は100万人が居住するチェンマイ大都市圏の象徴的都市核として歴史的保存地区に指定されることになる（図2）。

チェンマイは，タイ第二の都市といわれるが，人口規模でいえばチェンマイは23万人（2014年）（2015年は17万人）で，ノンタブリーの28万人の方が多い。第二の都市というのは歴史的重要度においてである。バンコクのプライマシー（首座度）は，タイの国土編成の奇形的一極集中を示しているが，そうした中で，かつての歴史的都市核を保存しながら，郊外への発展を図るというのが，チェンマイの変容パターンである。

（ナウィット オンサワンチャイ・布野修司）

Southeast Asia 04: Ayutthaya

【アユタヤ】 アヨーディアの都——17世紀東南アジアの交易拠点

タイ，アユタヤ県
Ayutthaya, Thailand

アユタヤは，チャオプラヤ川とパサック川，ロップリ川に囲われた島状の土地に位置する。1351年から1767年まで416年の間，アユタヤ王朝の王都が置かれた。アユタヤの名前は，インドの聖都アヨーディアに由来するが，14世紀から18世紀にかけて東西の交易拠点として栄えた。17世紀には西欧列強の商館が設置され，山田長政によって日本人町も形成された。1767年のビルマの侵攻により徹底的に破壊され，王都は廃墟と化す。以降100年以上ほぼ放置されることになる。

王都は王宮や王宮寺院がヒンドゥーのコスモロジーに従い建設されていたと考えられる。神の住まいとしての聖域と世俗の地は，パサック川，ロップリ川，チャオプラヤ川，そして環濠によって区画された。また土塁も構築された。この土塁は1549年にビルマのタベンシュウェティー王による侵攻の後，ポルトガルの技術支援を受け煉瓦造に改築された。さらに40年後には，現在のパーマプラオ通りにあった北東のラインを川沿いにまで押し上げ，前宮を城壁内に取り込んでいる。

アユタヤ島内に現存する主要な遺跡はほとんどが王朝建国来，最初の150年に建設された。すなわち都市景観の形成は，前期アユタヤのうちに完成されたといってよい。

5本の幹線水路が島を南北に縦断し，さらに細かな水路がこれに接続する形で縦横に走っている。水上生活の場でもあるこの5本の水路に面して市街地その他の都市施設が築かれた（図1）。

島の北に王宮などの重要施設が配される一方，南部には外国人居留地が多く存在する。王宮は当初，現在のワット・プラ・シーサンペットの位置に建築されたが，ボロマトライロカナート王（在位1448〜88年）により北に移され，ロップリ川に接する敷地がとられた。これはさらにボロマコート王（在位1733〜58

図1　都市図，1776年（Garnier 2007）

図2　航空写真，1967年（タイ国立公文所館蔵）

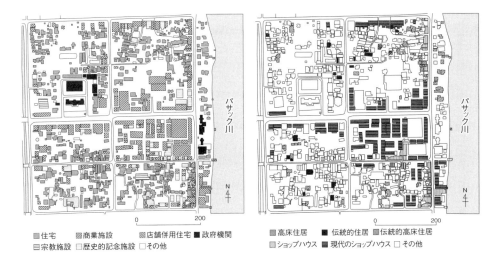

図3 チャオプロム地区の施設分布と建築類型（ナウィット他 2006、一部改変）

年）により拡張されるが，王朝陥落の際に破壊され，残った建造物もラーマ1世によりバンコクに運ばれた。この際，ポムフェットのみを残して城壁の大部分も失われた。

　現代のアユタヤの都市形成の起源は1900年頃に遡る。発展の基盤となったのは，王朝時代から継承される北部の貴重な歴史遺産と川岸に残されてきた居住区のみである。島内の大部分は空地であった。

　現在では，島内の水路は埋め立てられ，道路が敷設されている。タイにおける道路建設は，バンコクにおいてラーマ5世（在位1868～1910年）時代に開始されるが，アユタヤでも同時期に陸上インフラが整備されていったと考えられる。また，ラーマ5世によってタイで初めての鉄道が敷設されバンコクと結ばれると，アユタヤは急速に発展していくことになる。島内で最初の道路として建設されたのが，現在の幹線道路ウートン通りである。1902年には遺跡の発掘が開始され，アユタヤ博物館が建設される。1908年にはアユタヤは重要文化地区に指定され，島内すべての土地私有が禁じられた。この島内の保護指定によ り陸地の開発は島の周囲に限られた。

　1932年の立憲革命によって，アユタヤは中部で最初の州と制定され，島内のインフラ整備が拡充される。ロッチャナ通り，プリディタムロン橋がパサック川に建設されると，島内の開発が徐々に進行していく。

　1938年に財務省のプリディファノミヨンが島内の土地私有制限を一部解放するが，ピブン政権の工業化政策と観光化政策によって，より大きな変化がアユタヤにもたらされる。

　陸軍元帥ピブン・ソンクラムはアユタヤの観光開発を推進し，州本部の新築，新プリディタムロン橋（1940年）の建設などを次々に実行する。

　1966年に議会が歴史公園の保存を目的として，島内の一部と島の周囲の開発を許可したことは，重大な転機であった（図2）。東部に中心商店街（チャオプロム地区）が形成されている（図3）。1976年には芸術局によって島の20％を歴史保全公園として保存することが決定された。そして1991年に世界文化遺産に登録されている。

（ナウィット オンサワンチャイ・布野修司）

Southeast Asia 05: Bangkok

【バンコク】チャオ・プラヤ・デルタのメトロポリス

タイ，バンコク都，首都
Capital, Bangkok, Thailand

　バンコクはチャオ・プラヤ・デルタの湿地に立地する。現在のバンコクの発展は1782年にラーマ1世（在位1782〜1809年）がこの地を王都とし，ラッタナコシン地区に最初の市街地を建設したことに始まる。ラッタナコシン地区は，西側をチャオ・プラヤ川，東側をロープ・クルン運河に囲まれ，島のような形状をしている。地区の中心をクー・ムアン・ダーム運河が南北方向に走る。現在，運河の西には王宮や宮殿，寺院，政府機関，学校が多く立地し，東には，一般市民の住居や学校，市場，ショップハウスなどが立地している。

　ラーマ1世は即位後すぐに王都をトンブリーからチャオ・プラヤ川対岸の地に移し，ここをクルン・テープと命名した。ここにはすでにトンブリー王朝期に運河が建設されており，運河とチャオ・プラヤ川によって島状の土地が形成されていた。運河西側には城壁が設けられていた。

図1　ラッタナコシン地区のショップハウス
（筆者撮影）

　ヨーロッパ人は，小川を意味するBangまたは村落を意味するBanとオリーブの木を意味するMakokのkokとの複合語である，バンコクBangkokという名で呼ぶ。17世紀にポルトガル人が初めて用いたという説がある。

　バンコクは，もともと水辺の小集落であった。そして，アユタヤ王朝期には，王都を防衛するポルトガルの2つの砦がチャオ・プラヤ川の両側に建設されていた。遷都後19世紀半ばまでの間，バンコクは水上都市の時代である。宮殿と寺院が立地する中心地区以外には一般市民の水上住居群が数多く存在していた。すなわち，初期のバンコクでは，依然として水路が交通網として重要な役割を果たしていた。運河や河川には水上住居群があり，水路の両岸には高床住居と筏住居が並んでいた。

　一方，ラッタナコシン地区に建ち並ぶ王宮や寺院群は壮麗であり，水路が張り巡らされていることから，当時バンコクは「東洋のヴェニス」と呼ばれていた。

　ラーマ4世時代（1851〜68年）には，ラッタナコシン地区の市街地は城壁を越えて拡張し，1851年から1854年にかけて城壁の外側に造られたパドゥン・クルンカセム運河に到達した。建設時には4.1 km^{2}だったラッタナコシン地区の面積は約2倍の8.8 km^{2}となった。

　1855年にはイギリスとの間にボーリング条約が締結され，自由貿易が行われるようになる。ビルマやカンボジア，マレーシアといった周辺諸国は植民地化されつつあり，ラーマ4世はタイを植民地化から守るために，ヨーロッパとの貿易を行うとともに，国を近代化しなければな

図2 ラッタナコシン地区, 1932年
(タイ国立公文書館蔵)

図3 中華街, 1950年代初期(タイ国立公文書館蔵)

らないと考えたのである。結果として，ヨーロッパの技術と学問が積極的に取り入れられることになった。ボーリング条約によって，タイ経済は発展し，ラッタナコシン地区の市街地は拡張・発達していくことになった。

市街地の拡張のために数多くの道路建設が行われた。また，以前に建設された道路は舗装された。新たに政府機関や王族の邸宅も数多く建設された。

時代が下り，陸上交通が便利になると，水上の高床住居や筏住宅に代わって，陸上での生活が一般的となる。そして，新たな住居形式としてショップハウスが導入される。

ラーマ4世は1859年にスリスリヤヴォンとヴィーサヌナリの両大臣をシンガポールに派遣し，都市開発とショップハウスについて調査させている。そして建設されたのがチャルーンクルン通りであり，通り沿いのショップハウスである。以降，ラッタナコシン地区には舗装道路とともにショップハウスが建設されていく（図1）。それとともに，タイの伝統的住居は急速に消えていく。ラッタナコシン地区には多くの施設が密集し，バンコクは完全な陸上都市に変容していくのである（図2）。

19世紀末期以降，城壁の外側にも多くの施設が建設されていくが，新しい道路建設のほとんどは城壁の東側地域で行われた。そのため，運河は次第に埋め立てられていくことになった。

1932年の立憲革命によって多数の宮殿と貴族邸宅が国有化される。国家の所有物となった宮殿や邸宅の多くが公共施設に転用された。現在ラッタナコシン地区にある政府機関の庁舎は，ほとんどがかつての宮殿や邸宅である。

1960年以後バンコクはプライメイトシティとして成長していく（図3）。水上村から一大メトロポリスに発展していったバンコクは，現在タイの首都として800万人以上の人口が住んでいる。一方，ラッタナコシン地区はオールド・センターとしての役割を維持し，芸術局によって歴史的地区として登録されている。

（ナウィット オンサワンチャイ・布野修司）

Southeast Asia 06: Luang Prabang

【ルアンパバーン】象の王都

ラオス，ルアンパバーン県
Luang Prabang, Laos

　中国やヴェトナムの史書に「万象国（百万頭の象の国）」の名で記載されていたランサーン王国のかつての王都ルアンパバーンは，東西2km，南北1kmほどの小さな都市だ。しかし上ラオス地方の中心地で，同名省の省都である。市街には約7万人が暮らす。メコン川の河谷に開けた盆地に位置し，市街はメコン川とその支流のカーン川の合流点に立地する。

　フランス統治下に建設されたコロニアル風やヴェトナム風建築物が在来の民家と隣接し，都市全体が独特の景観を作り出している。1992年以降，ユネスコや外国政府の援助により寺院をはじめとする建造物の保存修復作業が進められ，1995年に都市全体が世界文化遺産に登録された。

　ルアンパバーンは，古くから北部への玄関口であったと同時に，河川交通の要衝でもあった。中心のサッカリン通りに仏教寺院が多く面し，市街では寺院用や仏教儀礼用の漆器や金細工，祭具，小物道具の製作がさかんだった。近郊には，蒸留酒や利器，絹織物の生産を生業とする村が現在も点在する。

　ランサーン王国は，ラオ族が建国した最初の王国であり，都市の歴史は神話時代に遡る。天から遣わされたクンブロムの長男クンローはメコン川を下ってムワン・サワー（現ルアンパバーン）に辿り着き，その23代目のファーグムが各地のラオ族のムアン（盆地国家）を統合し，1353年にランサーン王国を建国した。ファーグムは初代王になると同時にその地を首都とした。この時クメール（現カンボジア）から贈られたパバーン仏が，現在の名「パバーン仏の都（ルアンパバーン）」の由来である。

　1548年にランナー王国のセーターティラート王がランサーン王国の王にもなった。1560

図1　旧市街の地図（筆者作製）

図2 ワット・シェントーン（筆者撮影）

図3 サッカリン通り沿いの街並み（筆者撮影）

年にセーターティラートは，タウングー朝ビルマの侵攻でランナーのチェンマイが陥落した後，首都をヴィエンチャンに遷都する。1777年にシャム軍がヴィエンチャンに侵攻し，パバーン仏を略奪してバンコクへ持ち帰った。その後，パバーン仏は返還され，現在もルアンパバーンの王宮博物館に安置されている。

1887年に黒旗軍（フランスのヴェトナム侵攻に抵抗した中国人部隊）により壊滅的な打撃を受け，それをきっかけに王国はフランスの統治を受け入れた。1947年にラオス王国が成立すると，王家がラオス王国の国王になり，75年にラオス人民民主共和国が誕生するまでルアンパバーンに王宮が置かれた。

ルアンパバーンは，王権と仏教を中心とした盆地国家ムアンの形態を残しており，視覚的に把握しやすい（図1）。都市の構造は，サッカリン通りとシーサワンウォン通りがメコン川と平行に通り，細い道路が両者に直交している。双方の通り沿いに歴史的な建物が多く並び，とくにサッカリン通りには，かつての王家の菩提寺ワット・シェントーンやワット・マイなど重要な寺院が集中する。早朝には僧侶による托鉢が見られ，都市の名物となっている。

ワット・シェントーンは，1560年にセーターティラートによって建てられた。「ルアンパバーン様式」と呼ばれる三角屋根が層をなし，地面につくほど軒が低く流れるのが特徴である（図2）。5層屋根を持つワット・マイは，王宮博物館に隣接する寺院で，1788年から1796年に建造された。かつての王宮寺院で，一時，パバーン仏が安置されていた。

中心部に位置する旧王宮は，1904年から1909年に，当時文化財修復に当たっていたフランス人建築技師によって設計された。現在は，国立博物館として利用されている。内部には王国時代の調度品や各国からの贈答品などが展示されている。チーク材をふんだんに使った平屋かつシンメトリカルなプランが特徴である。さらに，町を一望できるプーシーの丘には1804年にアヌ王によって建立された仏塔タート・チョムシーなどがある。

市街は観光地化が進んでいる。ナイトバザールをはじめ，ネットカフェやスポーツバーなど，さまざまな施設が建設されている。雨季には都市自体が水没することもある。逆に，乾季には水位が低下し，むきだしになった河岸で菜園を作るといった伝統的な生活の様子が見られる。

市街の住居については，木造やハーフティンバー，煉瓦造とハーフティンバーの混構造，煉瓦造と木造の混構造，ショップハウス，植民地行政官事務所，コロニアル様式が混在する（Ateliers De La Peninsule 2004）。市街の住居はほとんど低層で，外構の豊かな植栽とも相まって，古都らしい静かな景観を生み出している（図3）。

（清水郁郎）

Southeast Asia 07: Vientiane

【ヴィエンチャン】見えない首都

ラオス，ヴィエンチャン特別市，首都
Capital, Vientiane, Laos

　ヴィエンチャンはラオスの首都で同名省の省都でもある。ヴィエンチャン首都，ヴィエンチャン特別市などと称されることもある。郊外を含めた特別市の人口は70万人。メコン川中流域の河岸平野に開けており，対岸にはタイ東北部の主要都市ノーンカイが位置する。ラオスの主要集団であるラオ人のほかに，華僑やヴェトナム人も多く住む。

　ヴィエンチャンの語義は「白檀の都」や「月の都」など諸説ある。古くからラオ族の中心地のひとつで，12世紀には大きな集落があっ たとされる。14世紀半ば以降，ランサーン王国に取り込まれた。ランサーン王国は，1566年，第18代王セーターティラートの時代に，タウングー朝ビルマの攻撃により，王都をルアンパバーンからヴィエンチャンに遷した。その際に，王宮のほかに，現在でもラオ人の信仰の中心である仏塔タート・ルアンが建造された（図1，図2）。建物はいわゆる須弥山（メール山）を模し，古代インドの宇宙観を忠実に表す。また，チェンマイに首都を置くランナー王国からエメラルド製の仏像が招来され，ワット・ホーパケオに安置されたのも，この時代である。その後，1707年にランサーン王国がルアンパバーン王国とヴィエンチャン王国に分裂した後には，ヴィエンチャン王国の首都として繁栄した。

　ヴィエンチャンはアユタヤ朝が1767年にビルマに滅ぼされた時，ビルマに加勢したとしてシャム（タイ）軍に占領され，服属した。この占領の際に，ルアンパバーンの守護仏パバーン仏とともに，ヴィエンチャンの守護仏エメラルド仏もバンコクに持ち去られ，エメラルド仏は現在までタイのバンコクの王宮寺院に保存されている。

　1804～29年まで在位したチャオ・アヌの統治時代に，ヴィエンチャンではインフラ整備や寺院建設が進み，黄金期を迎えた。しかし1825年，シャム国王ラーマ2世の葬儀の際に，アヌはヴィエンチャンから連行された人民やラオス王族の返還を求めるも，拒絶された。帰国後，アヌはタイからの独立を企てて挙兵し，27年にタイを攻撃した。しかし捕らえら

図1　市街の全体図（筆者作製）

図2 タート・ルアン（筆者撮影）

図3 パトゥー・サイ（筆者撮影）

れ，29年に憤死する。この反乱によりヴィエンチャンはシャムに徹底的に占領，破壊されるとともに，王国は併合され，王家は廃絶された。

　フランス統治を経て，1953年のフランス・ラオス条約によりラオス王国の独立が認められた際には，ルアンパバーンの王都とともに，ヴィエンチャンは行政首都となり再興された。1975年の王政の廃止後に，ヴィエンチャンはラオス人民民主共和国の首都となった。

　市街の住居は在来の高床式やコロニアル様式，ショップハウスなど多様だが，独立後は市街地が東へ広がり，政府関連の多くの建物が建設された。

　市内には，セーターティラートの保護寺院で1563年に建立されたワット・ホーパケオや，いずれもセーターティラートにより建立されたワット・シーサケートとワット・シームアンなど，歴史上重要な仏教寺院が多く，ヴィエンチャンは国内における文化や教育の中心地である（図1）。近年では，中国資本による開発が市内各地で進み，大規模ホテルの建設に加え，在来のタラート・サオ（朝市）が改修され，巨大なショッピングモールへと変貌を遂げている。官庁街も開発・建設ラッシュが長く続くが，中でも1960年代に建設が始められ，現在も未完のままの戦没者慰霊塔アヌサワリー・パトゥー・サイ（通称パトゥー・サイ）が，市街のランドマークとなっている（図3）。

　メコン川からほど近い市街地には噴水を備えた円形のナンプー広場がある。この広場の周辺は，1960年代前半から共和国成立まで続いた内戦の終結後に最も早く外国資本のレストランが建ち並んだ場所で，その名残を今も見ることができる。メコン川沿いも近年，急速に整備が進み，護岸には夜になるとたくさんの屋台やショップが建ち並ぶ。

　ヴィエンチャンは国家の首都としては歴史が浅く，規模も小さい。首都といっても隣国タイの地方都市程度の大きさしかない。そうしたことから一介の村が資本投下により首都へと発展したといわれる。「見えない首都」などと評されたが，1994年のタイ・ラオ第一友好橋開通，2009年の鉄道開通など，近年は開発が進みつつある。2004年のASEAN首脳会議に向けてメコン川の中州に高層ホテルが建設された際には，市街で旧来のバラックが一掃され，住宅地としての整備が一気に進んだ。

（清水郁郎）

Southeast Asia 08: Savannakhet

【サヴァナケート】南部ラオスのフランス拠点

ラオス，サヴァナケート県
Savannakhet, Laos

　タイとの国境であるメコン川左岸に位置する通称サヴァナケート，正式名称カイソーン・ポムウィハーン郡は，サヴァナケート県の県都である。2005年12月13日にラオス人民民主共和国初代首相カイソーン・ポムウィハーンの誕生85周年を記念し，旧称のカンタブーリー郡から改称された。南部への玄関口となる都市であり，なおかつ西はメコン川を渡ってタイと，東は道路でヴェトナム中部とつながる交通の拠点でもある。県としては100万人程度の人口を持ち，国内で最多である。都市周辺は緩やかな山麓傾斜地に囲まれた広大な河谷平野で，中央部と並ぶ二大米作地帯のひとつをなす。サヴァナケートは農産物の一大集散地である。ラオスの主要集団であるラオ族の他に，タイ人も多く住む。さらに，タイ・ダム，プー・タイなどの少数民族集団も多い。また，ヴェトナム人や漢人も古くから居住する。

　18世紀にシャム（タイ）に一時併合されたが，19世紀末にフランス領ラオスとして回復され，首都ヴィエンチャンより先に理事長官が常駐し，南部ラオス統治の拠点であった。また1970年代の内戦時代は，右派勢力の拠点のひとつであり，そのため道路が舗装整備され，新しい建物が次々と建てられた。この道路舗装は，現在すでに市街地からヴェトナム国境まで完成しているが，それに伴い，ラオスからヴェトナムへの木材の輸送が増加し，また過積載による道路の破損が常態化している。

　市街には，15世紀の仏教寺院ワット・サイニャブームのほかに，中国寺院やヴェトナム寺院，カトリックの教会（聖テレサ教会），モスクなどがあり，この都市が交易によって多様な文化を受容，包摂してきたことを示している（図1）。

　2007年には，メコン川流域国のカンボジア，ラオス，ミャンマー，ヴェトナム，タイ，中国雲南省間の国境を越えた経済統合を目指し，日本のODAによって第二タイ・ラオス友好橋が開通した。この橋の建設により農林業の輸出入に一定の経済効果が見られ，また，サヴァナケートはタイとヴェトナム間を移動する旅行者の中継点となりつつある。市街には，そうした旅行者のための宿泊施設やゲストハウス，ホテルなどが着実に増加している。

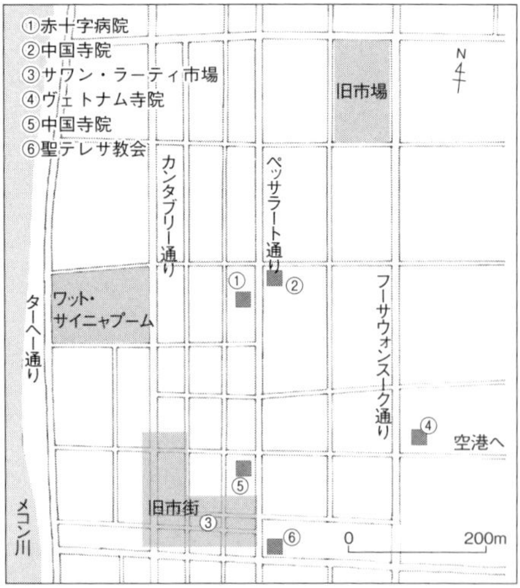

図1　中心街の地図（筆者作製）

図2　往時の面影を色濃く残すコロニアル住宅
(筆者撮影)

図3　旧市街にはショップハウスも多い(筆者撮影)

図4　コーナーの建物。うまく角を曲げてコーナーを作り出している
(筆者撮影)

　旧市街はフランス領時代の中心であったため、都市の開発は19世紀末から始まった。市街の中心部の一角には、現在でもフランスのコロニアル様式の建物が多く残る（図2）。コロニアル様式の1階部分は懐の深いロッジアのような形態をしており、その懐の内部は様々な用途、たとえば屋台やカフェ、生活空間などに使われる。また、その連続も独特の都市空間を組織している。しかし、タイやヴェトナムとのアクセスのよさから、両国からの商業投資による開発が市街地で進みつつあり、コロニアル様式や在来形式、ショップハウス（図3）などが混在した旧来の街並み（図4）が大きく変わりつつあるのも確かである。

　市街地のコロニアル様式のショップハウスは、もともとは漢人が旧来の民家を改築し、1階を店舗、2階以上を居室としていた。現在でもショップハウスは多く、小売店のほかに床屋や食堂などを営業しており、また街路にまで屋台や客席を設けていることもある。ショップハウスのほとんどは煉瓦を柱や壁に使用しており、表面の塗装が剥げ落ちて古い煉瓦が露出し、建物に独特の風合いを持たせている。

　19世紀末に整備されたサヴァナケートの特徴は、グリッド・パターンの街路による街区の組織である。メコン川に直交するように走る複数の街路とそれに直交する街路が整然とした街並みを生み出している。グリッド・パターンは現在も色濃く残っている。この時代には、フランスの統治事務所や病院、市場、寺院などの主要ファシリティーがメコン川沿いに集中して建てられていたが、近年、別の場所に移転された。

（清水郁郎）

Southeast Asia 09: Phnom Penh

【プノンペン】 トンレサップの「東洋のパリ」

カンボジア，プノンペン特別市，首都
Capital, Phnom Penh, Cambodia

　カンボジアの首都プノンペンの中心部には，フランス統治時代の都市計画の影響が今も残る。コロニアル建築が点在する一方，1960年代に建てられた3〜4階建てのショップハウスが都心部に連続して見られ，独特な都市景観を有している。

　プノンペンが本格的に建設されるのは，フランス・カンボジア条約が締結された1863年以降である。1866年に，1618年から首都であった内陸のウドンから，メコン川とトンレサップ川の交わる交通の要衝地であるプノンペンに首都が移された。

　北部に位置するワット・プノンは，プノンペン（ペン夫人の丘）の名前の由来ともなった寺院で，伝承によれば1373年建立とされる。フランス入植以前には6堂の仏教寺院が建設されていたという。1867年の地図（図1）からは，北部のワット・プノンから離れた南側に王宮が配置され，川沿いに街が形成されつつあったことが分かる。

　現存する代表的なコロニアル建築としては，北部のフランス人居住地・行政区域に位置する歴史主義建築の中央郵便局（1910年）や市庁舎，中心部の華人居住地に隣接して位置するアール・デコ様式の中央市場（1937年）が挙げられる。クメール様式の王宮（1919年）や国立博物館（1919年）もフランス人建築家によって建てられている。

　都市住居の形式としていち早く根づいたのは華人によるショップハウスである。1階部分に店舗を持ち，1階後背部ならびに2階に居住し，前面に共有の通路を持つ形式であった。ただしクメール人自体は，農村部に一般的な高床式住居を建てていたと見られる。その後フランスの影響を受けながらアール・デコやモダニズム建築の影響の見られる中高層の都市住居が建てられ，戦後，華人ショップハウスは，3階建てあるいは4階建てのショッ

図1　都市図, 1867年
(Igout 2003)

図2　都市図, 1922年
(Igout 2003)

図3　エブラールによる計画図,
1925年 (Igout 2003, 一部加筆)

プハウスとして建て替わっていったと考えられる。現在も中心部の都市景観を構成する重要な要素となっている。

プノンペンは，上述のように，1860年代の植民地統治を契機に建設が開始され，1870年代には軍事関連施設や基本的な都市施設が建設された。1890年代は，公園や銀行，ホテル，郵便局，兵舎，役場，病院，刑務所，教会，市場などの公共施設や行政施設の建設に加え，下水道の整備や飲料水の供給が開始されるなど，近代サービスが拡充した時期である。

中心部におけるヴィスタなどの都市計画上の演出は1930年代に初めて登場した。この時期の最も大きな出来事は，エルネスト・エブラールによる街路の再編成である。1923年にハノイで結成されたインドシナ都市開発理事会の初代理事長であるエブラールは，グリッド・パターンの単調な街路を手直しするため，プノンペンをいくつかの区画に再編成する総合計画案を1925年に完成させた。1922年の地図（図2）ではグリッドが支配的なのに対して，1925年の計画案（図3）にはヴィスタを意識した街路計画の萌芽が見られる。

プノンペンは，1975年から3年8ヶ月にわたるポル・ポト政権時代に荒廃を極めたが，現在でも見ることができるフランス統治期の影響は以下のようである。

第1に地形への対応，立地選定である。プノンペンは4つの河川が交わる交易拠点である。ワット・プノンはプノンペン唯一の小高い丘に寺院が建設されたものである。水運の利を活かしながら地形に沿った都市形成が行われている。

第2に民族・人種ごとの住み分けである。ワット・プノンを中心とする北部エリアと運河を挟んだ南部エリアとでは，完全な住み分けが行われた。北部はフランス人居住区ならびに公共施設が集中した行政の中心として計画された。一方，南部は中国人居住区とク

図4　中央市場，1937年建設（筆者撮影）

メール人・ヴェトナム人居住区とされ，後者は王宮の周辺に計画された。

第3に施設配置による地区形成である。ワット・プノンが初期の都市計画の核となった。1867年には寺院東側の川沿いに施設建設が始まった。1910年には寺院を基点に北西に伸びる道路が計画されており，道路東側ならびに寺院南側には公共施設が集中的に建設された。北部ではワット・プノンを中心に開発が進んだが，南部では中央市場（図4）を開発の核とし，中国人居住区に隣接して建設した。寺院，市場，王宮がそれぞれ地区の核となっている。

第4に公園緑地計画である。中心部を南北に隔てる運河は埋め立てられて緑地として整備され，鉄道駅から川に抜けるヴィスタが形成された。ワット・プノンから西のエリアにも緑地が計画され，その北側にはホテルならびに図書館が，西側には市庁舎が建設された。エブラールの1925年の計画をもとにしている。

第5にヴィスタの形成である。街区は格子状の道路によって構成されるが，ワット・プノンを中心にヴィスタが形成されることで北部エリアの計画が変化を持ったものとなる。南部エリアでは，中央市場から南西・北西に放射状に街路が伸びている。とくに南西に伸びるシャルルドゴール通りでは，両側の街路樹ならびに連続するショップハウスのファサードによって美しい都市景観が形成されている。

（脇田祥尚）

Southeast Asia 10: Siem Reap

【シェムリアップ】アンコールの玄関都市

カンボジア，シェムリアップ州
Siem Reap, Cambodia

インドシナ半島中央部に位置するシェムリアップは，9世紀初頭から15世紀初めまで，クメール王国の都アンコールが置かれた地である。アンコールは，インド伝来のヒンドゥー教・仏教と土着信仰とが混淆したクメールの宗教的宇宙観に基づいて築かれた都市である。アンコールは，モンスーンの影響を受けるため，乾季の水の確保と雨季の排水が肝要であり，高水準の治水技術を有する水利都市として知られている（図1）。

この地域は，北東のクーレン山から南のトンレサップ湖にかけて緩やかに傾斜する扇状地にあり，広大な農耕地が広がる（図1）。中心には，クーレン山を源流とするシェムリアップ川が流れ，トンレサップ湖からメコン川を経て海洋へと至り，内陸にありながら水運の便もよい。クーレン山とシェムリアップ川は，インドのヒマラヤ霊峰と聖河ガンジスに見立てられ，アンコールはインド的宇宙観に基づく聖都の条件をも備えた好立地にある。

本格的な都市の建設はアンコール王朝に始まる。802年にジャヤヴァルマン2世王（在位802〜850年）は，涸れることなく水が湧き出るクーレン山において，「神王（Devaraja）」の宣言を行い，アンコール東部に都城ハリハラーヤの礎を築く。クーレン山の河床には，後にシヴァ神の象徴であるリンガ（男根）が彫られ，聖水の源として整備が行われた。

ハリハラーヤの都市構造の特徴として第1に，都の中心の段台ピラミッドがあげられる。石材を段台に積層した建造物で，インド文化を受容した隣国チャンパには見られない。土着の山岳信仰に基づく聖山をインド的宇宙観にあるメール山（須弥山）として造形化したものである。頂上では，王を「土着の守護精霊の王の中の王」であるヒンドゥー教の神として神格化する儀式（Devaraja）を行う。土着の文化をインド的枠組みで覆蓋することで強力な王権を築くための道具立てのひとつである。

第2の特徴は，都の北に設けられた大貯水池バライである。大貯水池は，東西3.8km×南北0.8kmの土堤からなり，雨季の洪水を緩和し，乾季にその水で田地を潤す。その中央には寺院が設けられ，宗教儀礼を通じて聖水が貯水池に流れ出て，水路網を通じて都市の各所にいきわたる。

このような基本的な都市構造は，後継の王によって踏襲される。

各時代の都市構造の変化は，光を用いたリモートセンシング技術などにより一部が明らかである。ハリハラーヤに始まる9〜10世紀の都城では，段台ピラミッドと平地の寺院は同一軸線上にはなく，屋敷地の規模や配置にも

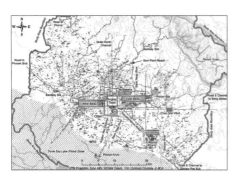

図1　アンコール全域の水路網(Evans et al. 2007)

図3 バイヨン寺院(筆者撮影)

図2 アンコール・トム都城, 12世紀末以降
(École française d'Extrême-Orient 2011)

明確な規則性は見られない。10世紀中葉に一時アンコールから離れた都城コー・ケーでは，段台ピラミッドと平地の寺院が同一軸線上にあり，軸線を用いた都市計画が読み取れる。

11〜12世紀には，大伽藍内に東西・南北方向の土堤道と水路による格子状の区画が現れ，整然と配置された屋敷地と溜池が見られる。この構成は，12世紀中頃には伽藍外にも現れる。

12世紀末〜13世紀には，都市全体に格子状の土堤道と水路が走り，屋敷地と溜池を規則的に配置する居住密度の高い都市空間が形成された（図2）。4つの大貯水池と水路網により聖水が都市の隅々に分配され，1296年にこの地を訪れた周達観の『真臘風土記』によれば，三毛作により食糧生産は安定していた。

仏教に帰依したジャヤヴァルマン7世王（在位1181〜1220年頃）は，インドシナ半島大部分を版図とし，国内で融和政策を行った。都城アンコール・トム（図2）の中心バイヨン寺院（図3）では，観世音菩薩の尊顔を冠する祠堂群に，王国各地で信仰される神々が合祀され，その四方に伸びる大通りは，王国内の各都城へと続く。水神ナーガの欄干を設けた石橋など，民衆に分かりやすい宗教モチーフが都市の各所に設けられ，地方に造営された宿駅や施療院は広宣の場でもあった。一方で，都城は二重の環濠と城壁で囲繞され，隣国チャンパとシャムへの備えが強化された。

15世紀には，この地はシャムに侵攻され，隆盛する海上貿易に有利な南部のメコン沿岸バサンに遷都された。1863年にフランス領インドシナに属し，1907年にシャムからこの地域が返還されると，アンコールの南約6kmの地に市街地が整備された。

街はシェムリアップ川と，古道と平行に敷かれた国道6号線を基軸として展開する。中心の市場周辺には，鉄筋コンクリートの柱梁煉瓦壁で構成された間口4mほどの2〜3層の縦長屋が連なる。アンコールの玄関口として拡大する市街地とは別に，遺跡保護のために開発を逃れたアンコールには，伝統的な集落が残る。住居は，木造の高床式で，壁や屋根は，木，藁，竹，椰子の葉などで葺き，寄棟や切妻屋根を載せる。床上には寝室を設け，日中は，床下にハンモックや台を置いて生活の場とする。青々とした稲田に遊ぶ水牛，椰子のあいまに見える高床式住居，地域住民の暮らしとアンコール遺跡の保存・活用のあり方が模索されている。 　　　　(小島陽子)

Southeast Asia 11: Hanoi

【ハノイ】 南国小中華の都

ヴェトナム，ハノイ中央直轄市，首都
Capital, Hanoi, Vietnam

　ハノイは，水源を中国雲南に発しトンキン湾に流れ込む紅河に面し，紅河とともに存続してきた都市である。

　紅河は，北は桂林からハロン湾へと続くカルスト山地，西はチュオンソン山脈に隔てられ，東はトンキン湾に面したデルタを形成している。ハノイは海岸から約100km，紅河が東から南向きに大きく屈曲する地点に位置し，自然堤防など微高地上に形成された古集落を取り込みつつ，残存河床の池沼が点在するデルタ地形の上に浮かぶ都市である。

　この地が紅河デルタの中心地として登場するのは，いまだ中国の支配下にあった618年，交州城が置かれた時である。その後682年には唐が派遣した武将高駢（カオベン）が羅城を築いた。都市の基本的な縄張りは，この時の城郭をベースとしている。唐朝の崩壊以降，ヴェトナムは独立を獲得し，1010年，李朝がハノイの地に都を置き，タンロン（昇竜）と命名する。

　タンロン都城は既存の城郭を改造したため外郭部は不整形で，東からのアプローチを主とする構えであった。ただし宮殿域は中国都城にならった方形・南正面の制をとった。京域には南郊壇，社稷壇も設けられた（図1）。以降，歴代王朝はタンロンを都とすることを常としたが，18世紀末にフエに遷都されてからは王都としての役割を失い，1802年からの阮朝期にハノイ（河内）と改名され，フランス式の稜堡型城塞に改築された（1896年に取り壊されている）。

　現在，旧王宮地区は世界文化遺産となり，正殿の敬天殿址，端門などが保存されている。その西隣りには，ホーチミン廟を中心に共産党本部，国会が並ぶ社会主義型の国家シンボル地区が形成されている。

　タンロン都城の外郭東側の紅河にほど近い地区には，紅河の後背湿地の微高地上に集落が形成され，15世紀頃から一大商業地として繁栄を見せる。これがハノイ旧市街のルーツである。この地区は，不整形な街区にびっしりと街屋が建て詰まった都市構造を見せる。かつては街区中心部に池沼があり，街路側と内側では行政区分が異なっていたが，植民地期のどさくさで街屋がどんどん奥へと伸びていき，結晶のような構造となった。

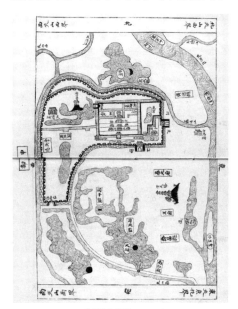

図1　タンロンの『洪徳版圖』，1490年頃（東洋文庫蔵）

図2　旧市街の街屋(筆者撮影)

図3　オペラ座(筆者撮影)

　街屋(図2)は，最も奥行きが深いもので120mに達するものもある。元来は建屋と中庭が交互に置かれた構造だったが，社会主義時代に雑居化が進み，中庭は増築により埋められ側廊下が設けられて超高密度な集合住宅と化している。近隣組織として，行政区分のフォン(都城の「坊」に由来)があるが，両側町のフォー，同業・同郷関係のハンが都市構造の物理的・社会的なユニットとなっている。各ハンは集住のコアとしての社殿であるディンを持ち，祭神(職業神・郷里の開闢神など)の祭礼や集会に使用されていた。

　旧市街の市場は，かつては橋詰・城門前にあったが，植民地期に建設された中央市場(現ドンスアン市場)に収容された。植民地期には街路の新設・拡幅も行われ，在来市街地の近代化が図られたが，今では老朽化したインフラが都市問題の種となっている。

　旧市街の南側にはホアンキエム湖があり，高密度な市街地の中で都市公園的な役割を果たしている。その南側は旧フランス人地区である。1873年からのフランス植民地支配下で建設されたグリッド状街路が広がり，植民地官僚や資本家のヴィラが建ち並んだ。ハノイが仏領インドシナ連邦の首都となった後には，オペラ座(図3)を中心としたバロック街路も敷かれ，フランス流の都市空間の演出も行われた。1924年にはエルネスト・エブラールによって極東学院博物館，インドシナ大学など，現地伝統建築意匠を取り入れた「インドシナ様式」によるランドマークの建設とともに壮麗な都市計画が立案されたが，施行されたのはほんの一部に留まった。

　1954年の独立以降，ハノイは北ヴェトナムの首都となり，東側陣営の指導で都市開発が進む。ソ連との協同によるハノイ工科大学や，既存市街地の外縁に集合住宅地区が建設された。これらはフルシチョフ時代を反映するような簡素なモダニズム建築である。1975年のヴェトナム統一以降も首都とされ，ソ連の援助によるテコ入れでいくつかの都市施設が付加されたものの，開発は停滞する。その後90年代以降のドイモイ政策による開放経済下で急激に都市開発が進展し，西郊に新市街が建設された。高層コンドミニアムが建ち並ぶ景観は北京や上海の後を追うかのようで，これもまた現代の小中華の趣である。一方で，デルタに浮かぶ都市基盤は，千年前と幾分も変わらない。多雨期にはあちこちで道路が冠水し，かつての残存河床が現前に姿を見せる。ハノイは，やはり紅河とともにある都市なのである。
　　　　　　　　　　　　　　(大田省一)

Southeast Asia 12: Hue

【フエ】 グエン朝の王都

ヴェトナム，トゥアティエン・フエ省
Thua Thien Hue, Vietnam

　フエはヴェトナム中部に位置するトゥアティエン・フエ省の省都である。かつては，千年におよぶ中国支配から独立して以来続いた，ヴェトナム最後の統一王朝であるグエン朝の都が置かれていた。

　この一帯は紀元前より中国の影響を受けていたが，2世紀，現在のヴェトナム中部にオーストロネシア系のチャム族がチャンパ王国を建設し，南シナ海とインドシナ山地を結ぶ要所となった。しかし，15世紀後半のヴェトナム人の南進によって滅ぼされ，それ以降はヴェトナムの支配下に入った。

　16世紀半ば，中部の鎮守となった阮黄が勢力基盤を形成し始め，後を継いだ阮福湊が，17世紀，富春城を建設した。この城の建設においては，城の南に都市への悪い気の侵入を防ぐための御屛山を正対させ，城の前を流れるフォン川の東西の中州をそれぞれ青龍，白虎と名づけるなど，風水が考慮された。ここからも中国支配の名残が見て取れる。その後，富春城は18世紀半ばに拡張，都として整備され，都城と呼ばれるようになった。その頃の富春城は城壁を持ち，城内には多くの宮殿のほか，軍舎や官舎が並び，フォン川の上流には離宮も置かれるなど，一大都市の様相を呈していたとされる。その場所は，現在の都城の東南にあたるとされるが，その遺跡は発見されていない。1771年に起きたタイソンの乱に乗じて南下してきたチン氏により，1775年，富春城は陥落した。

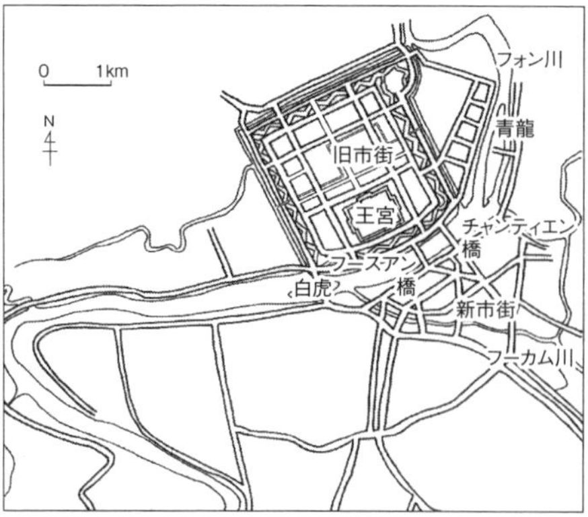

　フエを奪還し南北統一を果たした阮福映は，1802年，グエン朝を開き，初代皇帝ザーロン帝となった。その際，都をフエに定めた。ザーロン帝は富春城の修復も試みるが，1803年，都としてのフエを誇示すべく大規模な増築を開始した。

　富春城の背後を流れていたフォン川の支流を埋め立てた500haを超す土地に，高さ6.6m，厚さ21m，一辺約2.5kmの重厚さを持つヴォーバン式の城壁が建設された。植民地時代，フランスで考案されたヴォーバン式の城郭がヴェトナム各地に建設されたが，フエのものが最大規模であった。

　城壁は，ほぼ正方形で，大砲で武装するための24の稜堡が鋸の歯のように四方を取り巻いている（図1）。その中でも正面中央の稜堡は3段あり，旗台となっている。また，河口から攻め来る敵に対するための砲台が，北東

図1　都市図（友田編2003をもとに筆者作製）

の角に大きく張り出している。濠も複雑に造られている。城壁に沿っては幅23mの濠が巡り，外部とは稜堡の間にある門からつながっているが，さらにその外側にフォン川から引いた幅40mの外堀が廻る。厚い城壁に加え，大規模な濠による防御策もとられている。このように城壁はフランス式である。

しかし，城内は一転して，格子状の街路による区画，左右対称の配置計画，午門という正門名に太和殿，紫禁城などの殿舎名というように，中国の北京様式を採り入れている。また，城内にはクランク状に東西に流れる濠が中央にあり，この濠によって城内は南北に分断されている。ヴェトナムにおいて北は忌み嫌われる方角であるせいか，重要な施設は濠の南部に集中している。

このように，フエの都城はフランス式の城壁，北京様式の王宮構成にヴェトナムの思想が加わった，オリジナリティ溢れる造りとなっているのである。

壮大な都市建設を試みたザーロン帝であったが，完成を見ずして没し，都城は第2代ミンマン帝の手により，19世紀に完成された。これが，現在のフエの都市構造の基礎であり，この当時がフエの黄金期であった。

1858年に開始された仏越戦争の敗北により，フランス植民地時代が始まった。しかし，グエン朝はフランスの支配下にあっても王権として存続し，13代バオダイ帝まで続いたが，1945年，フランス植民地時代の終焉とともに幕を閉じた。

現在のフエは，都城およびフォン川上流に点在するグエン朝歴代皇帝の陵墓などを構成資産とする「フエの建造物群」として，1993年，ヴェトナム初の世界文化遺産として登録された。しかし都城は，68年，ヴェトナム戦争の戦火によって，その80%を焼失している。よって，現在，建っている城内の建築物は，80年代以降に修復されたものである。

図2 城内に残る建築物（筆者撮影）

フエの街は，東西に流れるフォン川を挟んで旧市街と新市街に二分されており，この2つの街は，チャンティエン橋，フースアン橋の2本の橋で結ばれている。フォン川の北岸は都城を中心とした古い街で，南岸はフランス植民地時代の建築物が並ぶ新しい街である。北岸にも商業地域が広がり賑わう一帯もあるが，南岸には駅や銀行，放送局といった都市機能のほか，ホテルも多く建設されるなど，現代都市としての開発が進行している。

このように，北岸と南岸は対照的な性格を有しているが，植民地時代，すでに北岸は都城とその付属施設がある都としての政治都市として，一方の南岸は村や市場がある，都を支える生活都市として機能しており，両岸併せてひとつの都市を形成していた。現在の街の構成は，この都市構造をそのまま受け継いでいるのである。

フエの街は中国やフランスの影響を色濃く残しつつも，川遊びや伝統楽器などを嗜むヴェトナムの粋も，たおやかに併せ持つ。そして，それらを包括して生まれた風格と落ち着きは，まさに古都の名にふさわしいものとなっている。

（内海佐和子）

Southeast Asia 13: Hoian

【ホイアン】日本橋のある港市

ヴェトナム，クアンナム省
Quang Nam, Vietnam

　ホイアンはヴェトナムの中部海岸平野に位置する。近世初期の幕府公認の貿易制度である朱印船貿易では寄港地のひとつとされ，往時には数百人規模の日本人街が造営された。

　紀元前10世紀頃，現在のヴェトナム中部沿岸地域に初期鉄器文化であるサーフィン文化が栄え，その後，2世紀にはオーストロネシア系のチャム族が中心となってチャンパ王国が建国された。チャンパ王国は中部を流れるトゥボン川流域を中心とし，上流には宗教的核であるミソンを造営し，下流域のホイアンには貿易港を開いた。これが端緒となり，ホイアン周辺には経済の中心となる町が誕生，海のシルクロードの貿易拠点として繁栄した。その後，15世紀後半のヴェトナム人の南進によりチャンパ王国は衰退していった。

　しかし，チャンパ王国の衰退後もホイアンの港は継承された。大航海時代には，中東のみならず，オランダやフランスといったヨーロッパの商船もホイアンを訪れ，大勢の外国人で活況を呈した。さらに16世紀には，明が海禁政策を改め商船の東南アジア行きを許可し，日本では朱印船制度が制定されるなどアジア諸国においても貿易活動が活発化した。このような商業活動の世界的活況がホイアンの発展に深く影響している。

　時の領主グエン氏は，ホイアンで貿易活動をしていた日本人商人と中国人商人に対し，家屋を建てる特権と商業都市の建設を許可した。それにより，日本人街と中国人街が建設された。しかし，1636年の鎖国令により日本人街は衰退した。一方，清朝に服することを嫌った中国人の流入が起こり，中国人は増加，華僑街として発展していった。しかし，1771年のタイソンの乱の際にホイアンは焼失したとされている。よって，現在のホイアンは町に残っていた中国人によって再建された町である。そのため，日本人街の痕跡はほとんどなく，その位置の特定は困難であり，建築物についても日本の様式を見出すことはできない。しかし，日本橋と呼ばれる橋や日本人の墓など，その痕跡は残っている。

図1　都市図(ホイアン市人民委員会提供の地図をもとに筆者作製)

18世紀後半，トゥボン川の河口で堆積が始まった。そのため，河川港であるホイアンでは，当時，主流になり始めた蒸気船や大型船舶の航行が困難になっていった。1802年，グエン朝が都をフエに定めると，国の玄関はダナンにとって代わられた。また，水深が深く地形的に閉鎖性の高い港湾を持つダナンは，経済活動においても都の防御の観点においても，存在価値を高めていった。さらに1835年，ヴェトナムで商業活動を行うヨーロッパ船はダナン港にしか停泊できないという命令が，ミンマン帝によって出された。これにより，ホイアンはヨーロッパ諸国との直接交易が不可能となった。

かつて貿易港として繁栄した一帯は，現在，旧市街と呼ばれる。このエリアは東西に細長く，南はトゥボン川に面する。東西方向に3本の通りがあり，これらがメインストリートである。川沿いのバクダン通りは1878年に，その北のグエンタイホック通りは1840年に建設された。そのさらに北にあるチャンフー通りが最も古いが，建設年は不詳である。チャンフー通りの西端には，先述の日本橋が建つ。

まずチャンフー通りを中心に街並みが形成されたが，トゥボン川の堆積によって陸地が南下するのに伴い，町も南へと拡大していった。通りの建設年代が南に行くほど新しいのは，町の南下に応じて通りが新設されていったためである。チャンフー通りに伝統的な平屋の街屋が多く，グエンタイホック通りに2階建てやフレンチコロニアルの街屋が多く建つのも，同じ所以である。このように東西に流れる河川と並行してメインストリートを建設する形式は，南シナ海沿岸の華僑街共通の特徴である。これらの通りと直交する南北方向の通りもあるが，それらはおおむね細く短い。それは，後述する会館の参道となっている。

1858年に起きた仏越戦争の敗北により，フランスによる植民地支配が始まった。ことにダナンが割譲地となって以降は，ダナンの急

図2　代表的な街屋（筆者撮影）

速な発展や植民地化に伴う商業形態の変化により，ホイアンの地位はさらに低下し，ダナンに従属する地方都市となっていった。しかし，道路の建設や狭く蛇行していたチャンフー通りの拡幅が行われるなど，現在の都市構成の基本は植民地時代に作られたものである。

地形の変化，船舶開発の進歩，王朝の政策，戦争といった国内外の複合要素に翻弄され，ホイアンは衰退していった。しかし，衰退したからこそ開発から逃れ，その街並みを遺すことができたのである。

旧市街を構成する建築物の大半は，18世紀以降に建設された街屋である。この街屋の屋根は切妻，瓦葺きで平入りである。これがホイアンの街屋の最大の特徴であり，この屋根の連続がホイアンの基本的景観を形成している。ほかにも，中国人商人が出身地ごとに建てた色彩豊かな会館，関羽を祀った関公廟といった華僑街ならではの建築物や，フレンチコロニアルのファサードを持った住宅，プランテーション主の邸宅を転用した裁判所など，植民地時代の名残りも随所に見られる。これらがホイアンの長く重層する歴史を映し，独特な雰囲気を醸し出す街並みを作り出している。

1990年代初頭，街並み保存活動が開始され，1999年，旧市街は世界文化遺産に登録された。これを契機に国内外の観光客が激増し，大航海時代を彷彿とさせる賑わいを見せている。

（内海佐和子）

Southeast Asia 14: Ho Chi Minh

【ホーチミン】メコン河口の商都

ヴェトナム，ホーチミン中央直轄市
Ho Chi Minh, Vietnam

　ホーチミンはヴェトナム中部高原の裾，メコン川の河口に広がるメコン・デルタ北部に位置する。かつての宗主国フランスの影響を強く受け，「東洋のパリ」「極東の真珠」などと評されるヴェトナム最大の都市である。

　紀元前10世紀頃から，現在のヴェトナム西南部にオケオ文化が栄えた。その後，海のシルクロードの交易による富の蓄積や文化的刺激により，2世紀にはオケオ文化の上にクメール人の国家である扶南が誕生した。当時，現在のホーチミンにあたる一帯は，中部高原の森林産物の集積地であったこともあり，クメール語のプレイノコール（森の町，森のある土地）という名で呼ばれた。ドンナイ川とサイゴン川の合流地点に位置するこの一帯は，河川や運河がメコン・デルタや中部高原とつながっていることや，満潮時には大型船舶の航行が可能であることなどから，古来水運が発達してきた。

　17世紀には，内戦により南下してきたヴェトナム人難民に対し定住を許可したことを契機に，ヴェトナム人の流入が加速した。これによりヴェトナム領化が進行していった。当時，中南部を治めていた広南朝は，清朝に服することを嫌った明朝の将軍・陳上川をドンナイ川流域に入植させ，メコン・デルタの開拓を推進した。17世紀末には，その政治的中心としてザーディン府が設けられた。ザーディン府はサイゴン川右岸に位置し，他の河川との合流地点に近いこともあり，河川交通の要衝となった。この頃，ドンナイ川の中州に港町も形成されたが，まだ砦を中心とした小集落に過ぎなかった。

　流入した華僑はザーディン府の西南約5kmの場所にタイゴンという町を作った。後にこの町は，地の利を活かし，輸出される米の集積地として発展，チョロン（大きな市場）と呼ばれるようになった。この町はザーディン府とは独立していたが，運河でつながり，緊密な関係を築いていた。

　1790年，ザーディン府はザーディン城に改築された。この城は，フランスの指導により八角形の城壁を持つヴォーバン式要塞とされたが，1859年，奇しくもフランス軍によって攻め落とされた。この城の中心は現在のハイバーチュン通りとレズアン通りの交差点にあたるが，今となってはその痕跡はない（図1）。この頃は城と小さな商業地区からなり，その周囲は農地や沼地であった。これがホーチミンの都市形成の端緒である。

　1802年，グエン朝（阮朝）が国土統一を果たしたものの，1858年に起きた仏越戦争の敗退により，ダナンがフランスに占領された。フランス植民地時代の始まりである。

　フランスはこの地を当時一般的に呼ばれていたサイゴンと呼び改め，サイゴン港を開港し，総督府を設置するなど，植民地経営の拠点とすべく整備した。これにより，米，コーヒー，ゴムなどを主な輸出品とする植民地貿易が拡大，町は急速に発展した。

　いうなれば，サイゴンはザーディン城を中心としたフランス人が居住する政治の町であり，一方のチョロンは華僑の集落に端を発した民間による商業の町である。この2つの町

は成立も性格も異なるが，連携しながら共に繁栄したことにより，後のホーチミンの礎となった。

植民地時代には，フランス人技師による都市計画が進められた。サイゴンから北と西南に向かいグリッド状の道路網が建設され，サイゴンとチョロンは連担した。新たに建設された北の地区は，自然堤防上に発達した土地で高級住宅地となり，東南に伸びた先にはサイゴン港があり，造船所を含む工業地区となった。市街地には運河が掘られ，水運を考慮した都市構造とされた。

フランスの都市計画においては，主要街路の端点に重要施設を配置する。サイゴンの場合，宗教の中心であるサイゴン大聖堂，フランスの街には不可欠な市民劇場，サイゴン市庁舎として建設された現在のホーチミン市人民委員会などがそれにあたる。この手法を用いることにより，その建物を実用的にも視覚的にもシンボリックなものとし，その技術力の高さや壮麗さは宗主国の力を誇示する役目を果たした。商業が旺盛になったチョロンには，1階を店舗，2階を住居とする商売に適したショップハウスが，区画された街区に規則正しく建てられた。

第二次世界大戦終結直後，共産党指導者のホーチミンがヴェトナム民主共和国の独立を宣言した。しかし，間をおかずフランスがサイゴンを再占領し，インドシナ戦争が勃発した。フランスは傀儡政権によるヴェトナム国を樹立，サイゴンを首都とした。1954年，ディエンビエンフーの戦いでフランスが敗れると，55年，アメリカを後ろ盾としたヴェトナム共和国（南ヴェトナム）が成立，今度はサイゴンとチョロンを合併し，これを首都サイゴンとした。この時，これとは別にザーディン省を設立した。

ヴェトナム戦争が終結すると，76年，南北統一を果たしたヴェトナム社会主義共和国が

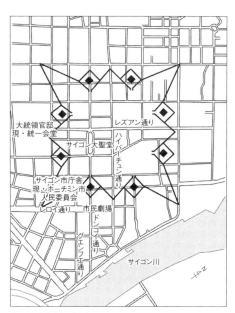

図1　市街地の拡大（太田 1987をもとに筆者作製）

成立し，ヴェトナム民主共和国（北ヴェトナム）の首都であったハノイが，そのまま首都となった。一方，ヴェトナム共和国の首都サイゴンはザーディン省と合併し，共産党指導者ホーチミンの名を冠したホーチミン市として生まれ変わった。この時，ザーディンの名は消滅した。

1986年，市場経済を導入するドイモイ政策が採択されたことにより，ホーチミンはヴェトナム随一の経済都市へと発展を遂げた。しかし今でも，林立する高層ビルの谷間で歴史を雄弁に物語る建築物たちがパリの残り香を漂わせ，街に彩りを与えている。

（内海佐和子）

Southeast Asia 15: Kuala Lumpur

【クアラルンプール】マレー・イスラームの首都

マレーシア，クアラルンプール連邦直轄領，首都
Capital, Kuala Lumpur, Malaysia

植民地時代のマレー半島における都市開発は，鉱山やプランテーション開発のための物資の集散地で進んだ。鉄道や幹線道路もこれらの集散地と生産地を結んで敷設された。錫鉱山開発はイギリス系と中国系の企業によって競うように進められた。その過程では大量の鉱山労働者を必要とした。開発の拠点となった都市には多くの中国系が流入し始めた。一方，ゴムやアブラヤシのプランテーションではインド系移民が従事した。

クアラルンプールは，マラッカ，ペナン，それにシンガポールの海峡植民都市とは異なり，錫鉱山などに関連した物資の集散地として成長した。またマレー半島の南北の都市と西方の港湾とをつなぐ交通の要衝となった。

クアラルンプールとは「泥（クアラ）の合流点（ルンプール）」との意がある。都市としての成長はクラン川とゴンバック川の分岐点から始まった。1870年頃の市街地には，丘の上にマレー人の「ラジャ」の館があり，そこから川に沿ってマレー人と中国人の集落があった。中国人の集落には市場と中国人の首領「カピタン」の館があった（図1）。

イギリスの植民地支配が始まると，クアラルンプールの市街地は拡張し始める。先の集落に上書きするかのように，政庁群や教会，社交場，警察署，広場などが設けられた。これらを取り囲むように，それぞれの移民が集住する地区が形成されてゆく。駅の近くには鉄道労働に従事したインド系の地区が，市街地中心部には商業に従事する中国系やインド系の地区が形成される。市街地にはショップハウスが軒を連ねた。街路に面した部分には歩廊が設けられ，様々な商いが行われた。

これらの土地には元来マレー人の集落があった。これに配慮して近郊にマレー系入植地カンポン・バルが設けられた。

市街地を取り巻く丘陵地帯には富裕層の住宅や学校施設，病院，競馬場，監獄などが次々に設けられてゆく。低い土地には移民やマレー系が，丘の上には富裕層や植民地の支配者が住まいを構えた（図2）。

1957年，マラヤ連邦は独立を果たす。さらに1963年には東マレーシア2州を加えてマレーシア連邦となる。独立に際してマレー系の政治的優位を軸としつつ近代国家建設が急

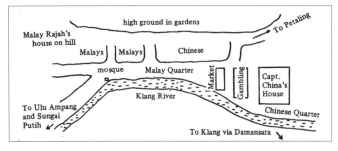

図1 中心部の地図, 1875年
(Swettenham 1875, Gullick 1994)

がれた。その後1969年に起こった大規模な民族間紛争を契機に，政府はイスラームやマレー系の民族文化を中核に据えた国民文化政策を強化する。この方針は，クアラルンプールの都市景観にも映し出された。独立期以降，国家を表象する施設群が次々に建てられる。独立スタジアムや国立博物館，国立モスク，国立言語図書研究所などの建築群だ。

これらの公共建築や主要な商業・事務所建築の意匠では，近代建築様式をその基底に据えつつも，イスラームやマレーの伝統的な民家の様式が取り入れられた。例えば，国立モスクは大屋根の水平感を強調し，アラベスクを幾何学的に配している。またマレーの伝統民家の屋根などの形態を意匠に取り入れた銀行や博物館も建てられていった。

これらの建築の作り手はイスラームやマレー文化の担い手であるマレー系建築家のみではなかった。イギリスなどで建築教育を受けた中国系の人々や外国人建築家の設計のものも少なくない。

独立以降，クアラルンプールは人口が急増する。マレー系住民への優先政策や経済成長もあって，地方部のマレー系の人々が都市に流入した。このことは市街地の過密や環境悪化を招いた。そこで郊外の宅地開発が本格化する。

1950年代以降に建設が本格化したクアラルンプールの西に隣接するプタリンジャヤは，同国初の郊外住宅団地と位置づけられる。この計画は，イギリスのニュータウンのレイアウトに則って設計された。近隣住区論に従って土地が区画され，公共施設が配置された。街区や通りの名前には数字やコードが割り当てられた。

1980年代以降は，さらに西方に向けて開発が続いた。セランゴール州の州都シャーアラム建設は1950年代より計画が検討されていた。1978年の州都移転では都市計画の骨格として伝統的なマレー集落をモチーフとし，モ

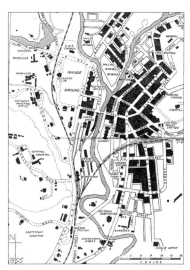

図2　連邦都市計画局による中心部の地図，1895年（K. M. Foongによる再製図（1950年），Gullick 1994）

スクを中心に配置している。

一連の都市の郊外化と団地開発は，市街地に点在していたスラムを解消させた。しかし急激な郊外開発の進行は，慢性的な交通渋滞や治安の悪化，洪水の頻発などの要因となった。

1990年代後半，クアラルンプールの南方約25kmのプランテーションを切り拓いて約50km^{2}の新行政首都プトラジャヤが建設された。その用地の70％が緑地として残され，環境共生と先端技術の導入が新都市開発のキーワードになっている。

このようにマレーシアは，クアラルンプールと，行政首都としてのプトラジャヤの2つの首都を有することになった。プトラジャヤの都市景観では，中東のイスラーム諸国の建築の様式がより積極的に参照されている。

マレー系の人口が圧倒的に多い新しい政治センターとしてのプトラジャヤ，中国系人口の大きなクアラルンプール。人口規模も歴史の長さも異なるにせよ，都市空間とその社会は対照的だ。

（宇高雄志）

Southeast Asia 16: Penang

【ペナン】マラッカ海峡の真珠

マレーシア，ペナン州
Penang, Malaysia

イギリスは東インド会社を通じて海上交通の要衝マラッカ海峡での覇権確立を目指した。かねてから周辺諸国との紛争に見舞われていたケダのスルタンを保護する条件で，マラッカ海峡の北端にあるペナン島を割譲する。

1786年，ペナンに上陸したフランシス・ライトは島の北東に要塞を設け，港湾建設を始める。市街地の建設では，現在，オリジナル・グリッドと呼ばれる広い街路を持つ格子状の街区を整備する（図1）。ただし格子状に街路が設けられたのはこの部分だけだった。その後，中国系やインド系の移民が急増するとともに市街地は内陸に向けて拡大してゆく。

一方で，市街地近辺の海浜では幾度もの埋め立てが行われる。ここに金融機関や税関，倉庫などが建ち並んだ。現在，陸手にビーチストリートが位置するのもその名残りだ（図2）。海浜には港湾労働に従事した中国系の人々の住まう杭上集落のクランジェティーができた。現在も集落は同一の氏姓集団によって占められる。

市街地には店舗併設住宅のショップハウスが多く建築された。これは，ペナンのみならず，東南アジアの諸都市に広く見られる。間口課税がとられたため，間口が狭く奥行きが長い連棟式の建物だ。1階は主に業務に用いられ上階は住居となった。幾度もの大火を経験したことから不燃化が目指された。屋根には燃えやすいアタップに代えて瓦葺きとし，隣戸と接する隔壁を煉瓦で築いて耐火の壁にした。街路に面した部分の戸口には，建築規制により幅5フィートの歩廊が設けられた。

ショップハウスの建物には中国やインドなどの住文化や，西洋の都市住宅に影響を受けた住様式が表れている。細部の装飾や建材には洋の東西からもたらされた多彩な意匠が読み取れる。

これに多様な民族集団からなる生活者が，高密度に居住しつつ都市の経済を支えた。それぞれの民族集団は界隈ごとに緩やかに住み分けた。しかしこれは，柵や塀などで空間的に分割されているわけではない。市街地にはモスクやヒンドゥー寺院，廟，キリスト教会などが近接して建ち並ぶ。これらを核にしてそれぞれの民族集団が近隣空間を占めている。

一方で，郊外には富裕な中国系住民や西洋人の手によって邸宅街が築かれた。また植物園や競馬場，クラブ施設などの文化施設も築かれる。郊外と市街地とは路面電車で結ばれ，ペナン島と対岸のマレー半島の本土側とはフェリーで結ばれている。

こうして都市の規模が大きくなるにつれ，

図1　要塞とオリジナル・グリッドが見えるPopham図，1798年(Municipal Council of Penang Island 1994)

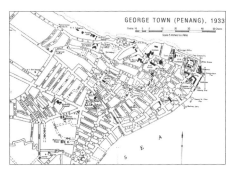

図2　海岸線の埋め立てと郊外化を示す地図，1933年（Sarnia Hayes Hoyt 1991）

図3　ジョージタウンの屋並み（筆者撮影）

　西洋人が増え，彼らの余暇のニーズが高まり，熱帯病予防のための一時帰国の費用が大きくなってくる。そこで高原避暑地での療養が定着する。1940年には高原避暑地はアジア全体で115ヶ所建設された。のちには，療養だけではなく，冷涼な気候や眺望を活かした余暇の場として愛された。西洋人が都市の喧騒を逃れ，郊外に築いた植物園や避暑地には，彼らの母国の風景が模倣された。

　ペナンではペナンヒル（標高833m）に高原避暑地が建設された。1923年にはペナンヒル鋼索鉄道が敷設された。これにより避暑地との往来や資材運搬が容易になったこともあって別荘建設ラッシュを迎える。緩やかな等高線に合わせて敷かれた散策路には，イギリスのカントリーサイドを模した別荘が築かれた。しかし植民地時代の避暑地空間は西洋人と限られた富裕な中国系住民にのみ開かれていた。ペナン島北岸にはビーチリゾートが設けられる。主要航路の停泊地として栄え，山と海に余暇空間を有するペナンは「東洋の真珠」と愛称され，東南アジア有数の観光地としても賑わった。

　1951年にはマラヤ初となるミュニシパル（市に準ずる地方自治体）の議員選挙が行われた。1957年には自治権限のより強い「市」となるなど，先駆的な地方自治と都市経営がなされた。しかし連邦政府の方針を受け1969年に自由貿易港は撤回，また1976年には市の格付けの見直しで再度ミュニシパルとなる。

　自治権の格下げと自由貿易港の撤回はペナンの経済に打撃を与えた。これに対応してペナン開発公社によって島の南部に工業団地を中心に自由貿易地区が開発された。1985年には本土と結ぶペナンブリッジを架橋している。また都心には高層複合施設コムタが建設され一大商業空間となった。一方，開発はさらに郊外に向かった。

　同国では1966年施行の家賃統制令が2000年まで施行されていた。同法は，1948年以前に建てられた建物を対象に家賃を戦前水準の著しい低価格に据え置いていた。ペナン州には同国最多の1.2万戸の家賃統制の対象があり，ジョージタウンにその大半があった。このことは老朽化した建造物が近年まで残存するひとつの要因となっていた。

　ジョージタウンは都市空間に現れる「文化的多元性と民族の融和」が評価され，マラッカとともに2008年に世界文化遺産に登録されている（図3）。市街地の広い範囲が世界遺産となり，州政府が中心となり歴史的建造物の保全策をとった。これは観光産業振興としても期待され，観光客数は急増し登録直後の2008年には前年比21％増の630万人となっている。

　なお2015年に，ペナンは再び自治権の強い「市」となった。
　　　　　　　　　　　　　　（宇高雄志）

Southeast Asia 17: Malacca (Melaka)

【マラッカ】ポルトガル，オランダ，イギリスの植民都市

マレーシア，マラッカ州
Malacca, Malaysia

マラッカは，マラッカ王国，ポルトガル，オランダ，イギリスによる支配と，多様な民族の往来により築かれた。

マレー半島は原生林の深い瘴癘の地で，内陸への交通は河川を通じた舟運が主な手段だった。そのため，河口や河川の分岐点には，有力者が上流の支配拠点を築いた。マラッカはマラッカ川の河口に位置し，マラッカ海峡の対岸にあるスマトラとの人の往来もさかんだった。15世紀の初頭にはマラッカ海峡の対岸のスリビジャヤから来た王族がマラッカ王国を拓いている。

その後，アジア海域での人の往来がさかんになるにつれ，マラッカは交易拠点として繁栄する。15世紀には，イスラーム文明圏の影響を受けた。後にはマラッカ川南岸の丘にスルタン（イスラーム上の王）の居館が築かれた。

その後，マラッカは1511年からポルトガルの支配を受けることになる。ポルトガルは圧倒的な軍事力でスルタンを退け，居館のあった丘に城塞を築く。城壁は高さ6m，厚さ1.5mほどあり，城塞の内部には役人や司祭が住み，政庁や教会，病院などが建築された（図1）。

城塞の外部にはインドや中国など各地から来た商人が出身地ごとに住み分けしつつ居住した。河口にはジャワ人の市場が開かれていた。彼らは人口の増加に伴い，それぞれに信仰の拠点を建てていった。たとえば後に，中国人はマレー半島最古となる青雲亭寺院を築いた。これらの市街地の外縁は土塁で囲まれた。さらに外側には農漁業を営むマレー人やジャワ人の集落があった。この間，東洋人と西洋人の混血も進み，ユーラシアンと呼ばれる社会集団も生まれる。現在も彼らの末裔の集落がマラッカ近郊に残っている。しかしポルトガルは，他国との紛争が続き，十分に後背地を開墾したり資源を活用したりできぬまま衰退した。

その後の1641年，オランダ東インド会社がポルトガルを制しマラッカを手中に収める。オランダは城塞をより強固にしつつ市街地の外縁に濠を巡らせた（図2）。これにより防御力を高めつつ土地の排水を進め，後背地に農地を開拓して自給力を高めた。また海岸には消波堤を巡らせた。マラッカ川に面した土地には政庁のスタダイス，セントクライシス教

図1 ポルトガル時代の要塞に囲まれた市街地，1640年以前の作図（マラッカ州政府測量局提供）

図2 オランダ時代の堀割に囲まれた市街地，1760年頃（マラッカ州政府測量局提供）

会などが建築された。市街地には海岸線に並行する4本の街路とこれに直交する数本の細い道が設けられた。建物には大火を防ぐため煉瓦が用いられ，不燃化が進められた。これらの建物は，間口が狭く奥行きが深い平面で，店舗併設のショップハウスの原型となったとされる。商人らが移り住み始め，特に中国系住民の人口が増加する。オランダは彼らを間接統治するために首領のカピタンを置いた。中国系住民とマレー系住民や西洋人との通婚でプラナカンと呼ばれる集団も生まれる。彼らは後に政財界に有力者を輩出している。

この後，マラッカは，1824年の英蘭条約によりイギリスの支配下に入った。イギリスはシンガポール，ペナンとともにマラッカを海峡植民地とする。しかし，その後のシンガポールの隆盛はマラッカの相対的な地位を低下させた。

イギリスの植民地支配下では，積極的に内陸部での資源開発が進められた。錫鉱山が開発され，ゴムやアブラヤシのプランテーションが建設され，マラッカは集散地として賑った。これらの産業に従事した中国系やインド系の労働者がさらに流入してきた。

中心市街地でも都市基盤の整備が行われるが，港湾の整備は他都市と比べて遅れた。またマレー半島を縦断する鉄道は内陸に敷かれた。次第に多くの商人がマラッカからシンガポールに移っていった。

1957年の独立以降は，植民地時代からのプランテーション産業などが継承された。しかし地域の製造業分野への産業転換が遅れた。また，1970年代の後半から住宅団地の建設が相次ぎ，都市は郊外化し始めた。

市街地に近い海岸線では埋め立てが進んだ。マラッカの発展は沖合の埋め立ての過程でもあった。イギリス領期の1936年までには，オランダ時代の海岸線から沖合の150mが埋め立てられ，港湾や教育関係施設が立地した。その後も埋め立ては進んだ。2001年には沖合の約600mにも及ぶ広大な海面が埋め立てられ，商業施設や団地の建設が進んだ。

これらの都市周辺での開発は，植民地時代に建設された中心部の開発を間接的に遅らせる理由になった。また結果として歴史的な建造物を残存させることとなった。これが幸いして，1980年代に入って市街地の歴史的遺産や景観が観光資源として注目され始める。

マラッカでは歴史的市街地の保全も国内の他都市に先駆けて進められた。2008年の世界文化遺産登録に際して核心領域38.62ha，緩衝領域134.03haの合計172.65haがその対象となった。その後，2010年代初めに特別地区計画の策定とユネスコの勧告を受け，核心および緩衝領域ともに拡大している。市街地や周辺では観光客の増加を見込んだ建物の転用が相次ぎ，埋立地を中心にホテルや商業施設の建設が続いている。

（宇高雄志）

Southeast Asia 18: Singapore

【シンガポール】ラッフルズの町から世界都市へ

シンガポール共和国
Republic of Singapore

　シンガポールは，マレー半島の最南端に位置し，幅1kmほどのジョホール海峡を隔ててマレーシアと接する。面積700km²ほどの国土に，2015年時点で総人口554万人を擁する都市国家である（外務省調べ）。民族構成は中国系74％，マレー系13％，インド系9％の多民族社会である。国土の48.9％を市街地が占め，農地は1％を占めるに過ぎない。島の中央はなだらかな丘陵で，南側に市街地が形成されている。

　古くは小漁村のタマセックがあった。後にサンスクリットのシンハ（獅子）のプラ（町）によりシンガプーラと呼ばれるようになった。マラッカ海峡の南端に位置する海上交通の要衝であり，古来からアジア海域各地からの船舶が寄港する港市として栄えた。15世紀以降，マラッカ王国やポルトガルなどによる支配を受け，さらにイギリスによる植民地支配を経て，今や東半球を代表する経済センターとして確固たる地位を築いている。

　イギリスによる植民地支配は，東インド会社のスタンフォード・ラッフルズがジョホール王より拠点建設の許可を得たのを契機とし，1824年にはジョホール王国より割譲される。さらに，英蘭条約による植民地の再編によって，マラッカ，ペナン，シンガポールは英領となり，海峡植民地と呼ばれるようになる。当初はイギリス東インド会社，後にイギリス・インド省に統治された。1867年からは直轄植民地となり，いずれもが自由貿易港となった。後にマラッカとペナンの2都市が凋落する中，シンガポールは発展した。

　ラッフルズは，要塞や囲郭などの軍事・防衛機能よりも，貿易・流通の都市機能を重視してシンガポールを建設した。そのため西洋と東洋の中継地として，またマレー半島やアジア海域の中継貿易港として繁栄する。シンガポール川の河口から沖合にかけて大型船が停泊し，河口を中心に，艀だまり，埠頭，荷揚場が設けられた。それに接して倉庫や税関，検疫所，郵便局が設置され，川の両岸には倉庫や市場が建った。

　また，港に面して広場が設けられた。エスプラネードと呼ばれる海岸遊歩道と広場では

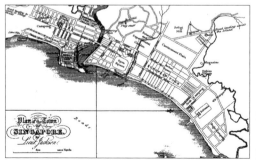

図1　L・ジャクソンによる都市計画図，1823年（シンガポール国立博物館蔵, Ole Johan Dale 1999）

図2 最初のコンセプトプラン,1971年(シンガポール都市再開発局)

関兵などが行われた。これを取り囲んで政庁,裁判所,教会が並ぶ。また各種の農学的な試験を行う植物園が設けられた。市街地の北側の標高約50mの丘陵には統治者の邸宅が建てられ,砲台が据えられた。

この中心部を挟んで東西に市街地が形成された。1823年の地図にはシンガポール川の西岸に中国系の居住区,東岸に西洋人,アラブ人,ブギス人の居住区が示されている(図1)。それぞれの居住地には,廟やヒンドゥー寺院,モスクなどが建てられた。それぞれの民族集団や方言集団は一定の職種に従事していた。これらの民族ごとの居住地は河川などで区分けられた。イギリス人らの技師による測地と配置により,それぞれ整った矩形の敷地で構成されている。

郊外の丘陵地には富裕階層のバンガローが建てられた。イギリスのカントリーサイドの生活様式を模しつつも,熱帯の気候環境に対応して,軒が深く換気のしやすい住宅として愛された。

市街地には店舗併設住宅のショップハウスが軒を連ねた。貿易港として繁栄するとともに人口が増加したが,1910年代には,伝染病の蔓延,火災の危険にさらされた。これに対応して街区の内側に後背路を設ける計画がなされ,上下水道の設置も進められた。

シンガポールは1965年にマレーシア連邦から分離独立する。資源の乏しい島嶼の都市国家として,その運営は困難に思われた。しかしリー・クワンユー率いる人民行動党と政府の強いリーダーシップのもと,都市建設が進められた。開発の骨子を謳ったコンセプトプランが1971年に策定される。ここでは都市の郊外化を見越した鉄道や道路網,都市施設の整備計画が描かれた。現在のシンガポールの都市の姿は,ほぼこれに則っている(図2)。

開発では土地資本の有効利用が最重要課題となった。遠浅海岸の埋め立てが進められ,独立時と比較すると現在の国土面積は1.2倍に拡大している。住宅開発庁(HDB)が進める住宅供給では,住宅の郊外化と高層化が進められた。団地開発では学校,市場,コミュニティセンター,鉄道のMRT(Mass Rapid Transit)の駅を核として,高層棟の住宅団地が配置されている。近年の竣工物件には50階建てを超すものもある。1970年代には,HDBによる住宅団地はショップハウスを含む他の建築形態と逆転した。2010年では総住宅戸数の約90%を占めるに至っている。

一方で,都心のショップハウスの街区や郊外のバンガロー住宅などの一部は,歴史的建造物や街並みとして保全の対象となった。これらの保全は1980年代初頭の観光客の減少を受けて進められた。その結果,国土の隅々まで「クリーン&グリーン」の原則のもと美観が保たれている。世界経済における優位な立地と,隅々まで整備されたシンガポールは世界中の資本とすぐれた人材をひきつけている。

(宇高雄志)

Southeast Asia 19: Padang

【パダン】 ミナンカバウの港市

インドネシア，西スマトラ州
West Sumatra, Indonesia

　スマトラ島中央西部，インド洋に面する西スマトラ州の州都パダンの起源は定かではない。赤道直下のブキティンギを中心に山地に居住するミナンカバウ族の平地集落が周囲に点在する小さな漁村であったと考えられている。スマトラ島は北西から南東に走るバリサン山脈によって東西に二分されており，西部とマラッカ海峡に面する東部とは異なった歴史を辿る。西部は地理的に良好な港に恵まれなかったため，東部ほど注目を浴びることなく，歴史的にも大きく注目されることはなかった。

　パダンが都市的な発展を始めるのは17世紀後半であり，後背地の高地で産出される胡椒や金の交易拠点として，1663年にオランダ東インド会社（VOC）が商館を建てた以降である。商館が建設される時期には華人たちが交易のためにパダンに居住を始めていたとされる。1666年に，VOCはアチェ王国に敗れたミナンカバウの王に宗主権を与えパダンでの交易権を得る。パダン都市部の南側にはインド洋にそそぐバタン・アラウ川が流れるが，河口から約1.2km遡った右岸にVOCの要塞が1666年に建設される。以降，この要塞を中心として川沿いに交易港が形成された。

　18世紀初頭にパダンを訪れたオランダ人H・G・ナハイスによれば，ミナンカバウの商人たちが活発に交易を行って賑わっていたが，しっかりした家はなく，墓が町の内外に散在しており，ほとんどの道はニッパヤシの中を抜けている状況であった。ヤシ林の中に多くの人が住む都市の様子は多くのヨーロッパ人に奇異に映ったことが，他の記録（旅行記）にも残されている。VOCは川の堤防を強化することで治水に努め，水路を整備し，18世紀末にはダムを建設している。1789年に地震による深刻な被害に見舞われたが，高原でのコーヒー・プランテーションが復興のきっかけとなり，わずか数年で町は復興したとされる。

　1782年に大英帝国によって製作された地図

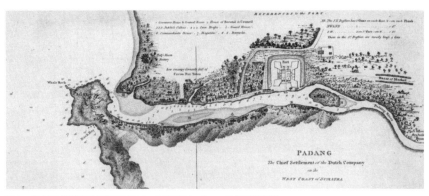

図1　都市形成期の地図（部分拡大），1782年（フランス国立図書館蔵）

図2 バタン・アラウ川からの景観（筆者撮影）

によれば，要塞周辺の西側と北側，さらにバタン・アラウ川に沿って連続した都市景観がすでに形成されていたことが確認できる。要塞の東側に，通りに沿った市場が見られることから，現在のパダンの原型がこの時期に形成されていたことが分かる（図1）。

パダンの人口は19世紀初頭には約8500人であったが，19世紀末には約3倍に一気に増加している。同時期にオランダ植民地政府は2つの条例（①建物を一列に並べること，②草葺き屋根の禁止）による特定地域での建設規制を実施している。これらの条例により，現在見られる旧市街の連続したショップハウスによる都市景観が形成される。

18世紀末から19世紀初頭にかけて戦争によりパダンの統治は2度大英帝国へと移っている。1819年，オランダ植民地政府が復権する際，VOCが建設した要塞は，イギリスにより破壊された。オランダ植民地政府は1824年にこの旧要塞エリアを華人に売却し，約1.5km北部に市庁舎用地などを購入した。都市の防衛的観点や諸機能再編のため市域を北へと移動させる意図があり，これ以降，市域はさらに北へと拡張する。オランダ植民地政府は，植民地戦争に備えるための軍隊を整備し，産業の近代化により国際的な輸出港をパダンに整備した。高原で採れる良質なコーヒーに加え，シナモンやコプラ，ゴム，木材なども生産され，パダンから輸出された。鉄道整備に伴い，パダンから5km南の港に新しい近代的港湾が整備され，石炭やセメントの生産と輸出が活発化した。

1936年，旧要塞用地の売却によって得た用地に市庁舎が建設された。設計者はオランダの建築家トマス・カールステンである。彼はパダンで最初の都市計画案（ゾーニング）も立案し（1938年），一部が具体化されたという。1942年の日本による侵攻以降，都市計画は行われてこなかったが，1968年には新政府による20年ごとの都市計画が行われ，適宜修正が加えられながら現代に引き継がれている。行政の中心はさらに北へと計画され，旧市街から約10km北東のバイパス沿いに新市庁舎が建設され，2014年に移転している。旧市庁舎は博物館として再利用される計画がある。

2009年，パダン沖を震源とする地震（2009年スマトラ島沖地震）が発生し，パダン旧市街を中心に多くの歴史的建造物や歴史的街並みに被害が生じ，歴史的文化遺産の復興に向けた緊急調査と復興提言が行われた。2015年にはようやく行政と住民の協働によるまちづくりの体制が整いつつあると同時に，住民主体により被災建物を再利用する自発的な動きが起こり始めている（図2）。 （竹内泰）

Southeast Asia 20: Jakarta

【ジャカルタ】ジャワのメガシティ

インドネシア，ジャカルタ首都特別州，首都
Capital, Jakarta, Indonesia

　ジャカルタの地は，かつてスンダ・カラパと呼ばれた。スンダはジャワ西部の地方名，カラパはヤシを意味する。ヒンドゥー王国のスンダの中心都市であったが，マジャパヒト王国がバリに追われると，イスラーム化され，ジャヤカルタに改称される。その1527年6月22日をもって都市誕生の日とされる。ジャヤカルタは「聖なる勝利」を意味するが，訛ってジャカトラと呼ばれるようになる。チリウン川西岸に位置し，四周はその支流と竹垣で囲われていた。中央にアルン・アルンと呼ばれる広場があり，クラトン（王宮），モスク，北にはパサール（市場）が取り囲み，貴族たちの住居はその周囲に建ち並んでいた（図1）。

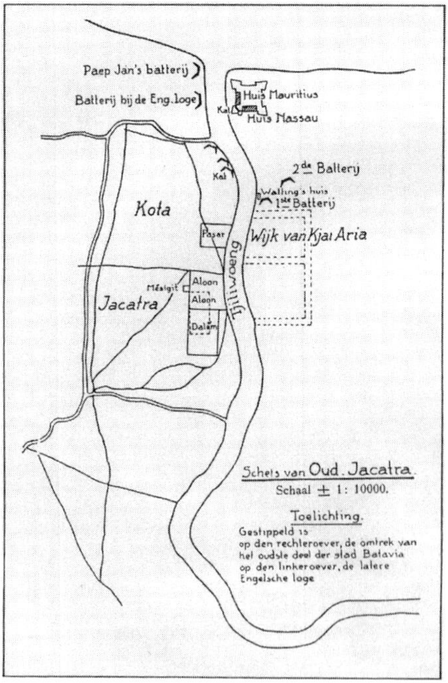

　1617年，オランダ東インド会社（VOC）総督のヤン・ピーテルスゾーン・クーンは，ジャヤカルタの王から商館を建て交易を行う許可を得る。そして，イギリス商館を焼き払い，ジャヤカルタを占領，破壊した後，バタヴィアの建設に着手する（1619年）。バタヴィアとは，オランダのラテン名に因んだ名前である。

　バタヴィアの建設は，チリウン川の東に沿って行われ，オランダの都市のような住居が中庭を取り囲む街区構成が初期の地図から窺える。また運河を縦横に走らせるオランダの伝統的な町づくりが行われた。バタヴィア城には本部が置かれ，事務所や倉庫，上級職員の居住区，兵舎，教会などがあった。南北約2250m，東西約800mの市域は，東に城壁が建設され，他はチリウン川によって区切られている。東西に幅30フィートの運河が5本掘られ，ほぼ中央に市庁舎，パサール・バルー（新市場），南に病院，また教会が建設された。

　1635年には，チリウン川がまっすぐに改修され，その両側に市域が拡大された。シモン・ステヴィンの都市モデルが参照されたという。1650年にはほぼ完成し（図2），1667年までに順々に再開発され，18世紀を通じて存続する町の形態ができあがっている。1648年には，後背森林地区までの運河の建設が開始され，1650年には郊外居住地が建設され始めている。

図1　ジャカトラの想定復元図（Ijzerman 1917）

17世紀後半から18世紀にかけて，バタヴィアは繁栄を誇り，「東洋の女王」と呼ばれ，VOCの植民都市のうちで最も美しい町とされるようになった。市外に各民族のカンポン（都市村落）が形成されるとともに，防衛のための要塞が建設された。中国人が1740年に市内から追放され，後背地の開発に従事する。1680年には，第二の防衛線がバイテンゾルフ（現在のボゴール）に置かれており，後背地はすでに現在のジャカルタ大都市圏まで広がっている。

ヨーロッパ人たちも次第に郊外に居住するようになる。当初は別荘が建てられ，やがてオランダ風の邸宅が建設される。そして，ヨーロッパ人と中国人は主として第一防衛線と第二防衛線の間で，サトウキビ栽培を本格的に開始する。しかし，17世紀前半になると，バタヴィアは衰退し始める。環境悪化，とくにサラク火山の大噴火（1699年）によって砂州が河口に形成され，運河の汚染が高まり，様々な疫病が流行したためである。後背地におけるサトウキビ栽培のための性急な乱開発も原因として指摘されている。1780年頃になると，バタヴィアの中心は空洞化し廃墟然として「東洋の墓場」と呼ばれるほどになる。

そこで，もともと森林地帯であったウェルトフレーデン地区（現在のムルデカ広場周辺）への中心の移動が決定される。この大移転は18世紀末に開始され，1809年にVOC総督のヘルマン・ウィレム・ダーンデルスにより完成される。イギリス統治期（1811～16年）も変更は加えられていない。バタヴィアの城塞と城壁は取り壊され，運河は埋め立てられた。再興されるのは19世紀末から20世紀初めにかけてのことである。市域は19世紀を通じて拡大していく。しかしカンポンには基本的に手がつけられず，新たな中心の周辺に再編成される。

バタヴィアがさらに大きく変わるきっかけとなるのは，鉄道の敷設（1873年）と外港の

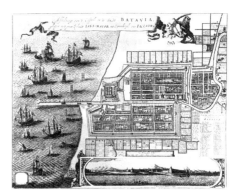

図2　バタヴィア，1850年（ハーグ国立公文書館蔵）

建設（1877～83年）である。すなわち，産業革命の波が，バタヴィアにも及ぶのである。バタヴィアの拡張に伴う計画は1918年に立てられ，中心部については1920年代から30年代にかけて戦後につながる基盤が形作られる。しかし，その他の地区は，ほとんど何の都市基盤も持たないカンポンの海であった。注目すべきは，1925年に市の補助によってカンポンの改善事業（Kampung Verbetterung）が開始され，第二次世界大戦まで徐々に続けられたことである。

戦後のジャカルタの膨張はすさまじい。人口増加に対応するために建設されたニュータウン（コタ・バルー）も，すぐさまカンポンに取り囲まれた。ジャカルタは，アジア有数の巨大都市，プライメイトシティとなるのである。そして，さらにジャカルタ大都市圏が形成される。この大都市圏は周辺の諸都市，ボゴールやタンゲラン，ブカシを含んでジャボタベックと呼ばれる。2000年のセンサスによれば，ボゴールの人口が460万人，タンゲランが410万人，ブカシが330万人，全体で2110万人にも及び，20世紀末の10年間で400万人も増えた。そして21世紀に入ってからも，このメガ・アーバニゼーションの流れは続いている。

（布野修司）

Southeast Asia 21: Surabaya

【スラバヤ】マジャパヒトの港市

インドネシア，東ジャワ州
East Java, Indonesia

スラバヤは，古来，パシシール地域（ジャワ北沿海地区）を代表する港市として発展し，現在も東南アジア有数のハブ港を持つ大都市である。

その創設は1293年とされる。クビライの軍が攻略しようとして撃退されたことが中国史書に記されているからである。その時点で都市的集住が成立していたかどうかは不明であるが，ヒンドゥー・ジャワ王国の東ジャワ期の王都クデリとシンゴサリとはブランタス川でつながれており，その外港として発展してきたと考えられている。14世紀初頭には，モジョケルト近郊に強力なマジャパヒト王国が成立しており，マドゥラ海峡を介する国際交易の拠点となっていた（年代記初出は1365年）。

15世紀末にマジャパヒト王国がイスラームに追われてバリに遷都すると，スラバヤはデマ王国の支配下に入るが，独立した都市国家として繁栄し，17世紀前半には5〜6万人の人口を誇ったという（Reid 1993）。中国人の影響が強く，その多くはイスラームに改宗している。17世紀初頭には，中部ジャワに勃興したマタラム王国の支配下に置かれる。住民は，ジャワ人も含めて，スラウェシ島のマカッサルに逃亡，人口は1000人ほどに激減している。

オランダ東インド会社（VOC）の拠点が置かれたのは1617年で，VOCはマタラム王国から交易権を得て，1677年にはスペールマン将軍に要塞を築かせた。18世紀半ばには，人口は1万人ほどに回復したとされる。1743年にVOCはスマランやグレシクとともにスラバヤを支配下に治める。

オランダ本国が1795年にフランスに併合され，1799年にVOCは解散するが，ダーンデルス総督の時代（1808〜11年）に本格的な都市建設が開始され，カリ・マス城塞も建設される。1811年にはイギリスにジャワを明け渡すが，平和裏に返還されると，1830年以降，強制栽培制度を導入，植民地支配を強めていく。

20世紀初頭にスラバヤはオランダ領東インド最大の都市となり，人口15万人に達した（ヨーロッパ人8000人，中国人1.5万人，アラブ人3000人。1905年）。

20世紀に入って，スラバヤは北から南へ発展していく。灌漑施設の拡張，甘蔗糖業の発展，スラバヤ港の開設が大きい。人口は，1920年に約20万人，30年に33万人，独立後の1950年に71.5万人，60年には99万人に達

1905年　　1940年　　1960年　　1980年

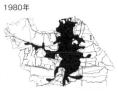

図1　都市域の拡大（筆者作製）

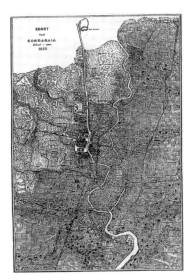

図2　都市図，1825年
（von Faber 1931, Asia Maior 2004）

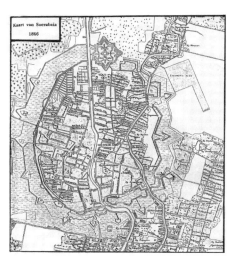

図3　ロースマンによるスラバヤ要塞の地図，1866年（Asia Maior 2004）

する。以降，人口は爆発的に増え，1970年に155万人，80年に203万人と，20年ごとに倍に増えてきた。現在は約300万人，ジャカルタに次ぐインドネシア第二の大都市である。

　スラバヤの起源については，地名を手がかりにしたヨハン・シラスによる復元がある。クラトン（王宮）という通り名は現在もあり，ジャワ都市の中心アルン・アルン（広場）の位置が推定されるのである。ただ，19世紀初頭まで市街地の発展があったわけではない。1825年の地図（図2）を見ると，湿地帯や水田，カンポン（都市村落）の中にカリ・マス城が浮いているようである。1866年の地図（図3）には，北から南に，ジャワ，アラブ，マレー，中国人のカンポン名が記されている。

　20世紀に入って，とりわけ1960年代から70年代にかけての爆発的人口増加によって，この都市核はカンポンの海に取り囲まれることになった。都市形態を見ると，中心部に高層のホテル，オフィスビルが林立するほかは，すべて2階建て以下の赤瓦のカンポン住居である。

　1960年代から70年代にかけて，急速な人口増加による居住環境の悪化が深刻となり，上下水道や道路などインフラストラクチャーの整備，ゴミ処理などが大きな課題となった。これは，ジャカルタも含めて発展途上国の大都市が同様に抱えた問題である。

　カンポンの住居は，物理的には貧相であるが，決してアモルフではない。一定の原型，標準型，家族人数に応じた変化型がある。また，カンポンのコミュニティはしっかりしている。一説に，日本軍が持ち込んだという説もあるが，伝統的な共同体システムが生きており，町内会（RW）や隣組（RT）組織による相互扶助システムがうまく機能しているのである。

　そうしたコミュニティを主体として行われたカンポン・インプルーブメント・プログラム（KIP）が大きな成果を上げ，高い評価を受けてきている。
　　　　　　　　　　　　　　　（布野修司）

Southeast Asia 22: Cakranegara

【チャクラヌガラ】最果てのヒンドゥー都市

インドネシア，西ヌサ・トゥンガラ州
West Nusa Tenggara, Indonesia

　チャクラヌガラは，18世紀初頭にバリのカランガセム王国の植民都市としてロンボク島に建設された。すなわち，ヒンドゥー理念に基づく都市である。かなり体系的な街路と街区構成は，イスラームが支配的であるインドネシアにおいて，かなりユニークである。

　バリ島とロンボク島の間にはウォーレス線が走る。西は，稲と水牛の世界であり，東は芋と豚の世界である。ロンボク島の地形はバリ島によく似ている。中央にインドネシア第二の活火山，リンジャニ山（3726m。1901年に噴火した記録がある）が聳え，大きく3つの地域に分けられる。すなわち，荒れたサバンナのような風景の見られるリンジャニ山を中心とする北部山間部，豊かな水田地帯の広がる中央平野部，そして乾いた丘陵地帯の南部である。チャクラヌガラが位置するのは中央平野部の西部である。

　西ロンボクにはバリ人が住み，東ロンボクにはササック人が住んできた。ロンボク島の主要な民族であるササック人は，北西インドあるいはビルマから移動してきたとされる。マジャパヒト王国がイスラームの侵攻によって拠点をバリに移した15世紀以降，その影響を受けてきた。

　チャクラヌガラの中心にはプラ・メル（1720年建立）が位置する。メル（メール山，須弥山）の名が示すように，世界の中心であり，ロンボクのプラ（ヒンドゥー寺院）のうち最大のものである。チャクラヌガラの西端にはプラ・ダレム（死の寺）が，東端にはプラ・スウェタが位置する。バリの集落には原則としてプラ・プセ（起源の寺），プラ・デサ（村の寺），カヤンガン・ティガと呼ばれるプラ・ダレムの3つの寺のセットが設けられている。ただ，バリでは南北軸上に配置されるのに対して，チャクラヌガラでは東西軸上に配置されるのが異なっている（図1）。

　街路は，マルガ・サンガ（中心四辻。東西約36m，南北約45m），マルガ・ダサ（大路。約18m），マルガ（小路。約8m）の3つのレヴェルから成り，マルガ・ダサで囲まれたブロックを街区単位としている。ブロックは南北に走る3本のマルガで4つのサブ・ブロックに分けられ，それぞれのサブ・ブロックは，背割りの形で南北10ずつ，計20のプカラン

図1　空間構成（筆者作製，布野 2006）

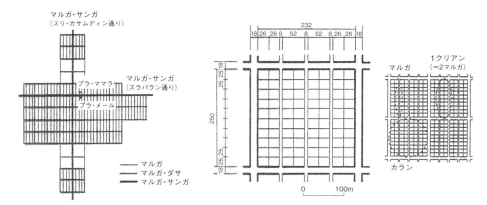

図2 街路体系と街区割(脇田祥尚作製, 布野 2006)

ガン(屋敷地)に区画される。マルガを挟んで計20のプカランガンのまとまりを同じくマルガといい,2マルガで1クリアン,さらに2クリアンをカランという。マルガは,サンスクリット語で通りを意味する(図2)。街区の構成は,むしろ,中国都城の理念が持ち込まれた日本の都城に近い。実にユニークなヒンドゥー都市がチャクラヌガラである。

チャクラヌガラの各カランは基本的にそれぞれ対応するプラを持っている。プラを持たないカランも見られ,カランとプラの対応関係は崩れているが,基本的にはカランがプラを中心としたまとまりであることは現在も変わらない。バリの地名や集落名ではカラン名とするものが少なくない。

興味深いのは,南のアンガン・トゥルである。この地域は中心部と同様の街割りがなされている。当初から計画されていたと見ていい。北にはプラ・ジェロがあり,南にはプラ・スラヤ,東にはプラ・スウェタがある。チャクラヌガラはオランダとの戦争で一度大きく破壊されており,必ずしも現状から当初の計画理念を決定することはできないが,プラ・メルに属するプラの分布域がおよそ当初の計画域を示していると考えていい。

ヒンドゥー教徒は,基本的にカーストごとに住み分けを行ってきた。僧侶階層としてのブラーフマンは,北および東に居住する。南北の突出部は当初から計画されていたと考えられる。称号のうちサトリア(クシャトリア)は西部に,グスティは東部に厚く分布する。王家に関わる称号は,王宮の周辺に分布する。

また,ムスリムと中国人との間にも住み分けが見られる。ヒンドゥー教徒は中心街区を占め,イスラーム教徒は周辺部に居住する。また,屋敷地や街路の形態には明確な違いがある。カランごとにプラやモスクが設けられるが,市の中心部にもモスクが設置されている。中国人は全域に居住するが,基本的には商業活動に従事し,幹線道路沿いに居住する。

ヒンドゥー地区とイスラーム地区の空間構成の差は一目瞭然である。ヒンドゥー地区の屋敷地の構成は,基本的にバリの集落と同じである。分棟式で,ヒンドゥーのコスモロジーに基づくオリエンテーションに沿って配置される。ヒンドゥー地区はきわめて整然としているのに対して,イスラーム地区に入ると雑然としてくる。街路は曲がり,細くなる。果ては袋小路になったりする。住宅も,てんでバラバラの向きに建てられる。居住密度は高く,コミュニティの質も明らかに異なっている。

(布野修司)

Southeast Asia 23: Cebu

【セブ】 フィリピン最古の都市

フィリピン，中央ヴィサヤ地方
Central Visayas, Philippines

　セブは，スペインがフィリピンを植民地化するにあたって最初に拠点を置いた都市であり，スペイン領東インドにおける最初の植民都市である。土着の都市の伝統のないフィリピンにおいては，最古の都市となる。

　スペインが到来する以前，セブ島は中国・ムスリム・東南アジアの商人たちが定期的に来航する交易の中心地であった。13〜16世紀には，ラージャ（ダトゥ）と呼ばれる首長によって率いられるヒンドゥー教徒，ムスリム，そしてアニミズムを信仰する先住民など，いくつかの集団が存在していたことが知られる。フィリピン諸島に到達した最初のヨーロッパ人はマガリャンイスとその船団員であるが，セブには多くの高床式住居からなる多くの集落があったという記述が残されている。

　マガリャンイス以後，ヌエヴァ・エスパーニャ総督が4度にわたって編成したメキシコからの遠征隊は，いずれもフィリピンに到達できなかったが，ようやく1565年になってレガスピが訪れたのがセブ島である。レガスピはセブの町を破壊し，最初の植民拠点を建設する。しかしスペインは，続いてパナイ（1569年）を拠点とし，ムスリムの攻撃を警戒してマニラ（1571年）に拠点を移す。セブは，その後2世紀以上にわたってそのまま放置されることになる。いわゆるガレオン貿易は1565年以降19世紀初頭まで存続するが，セブは1590年代に独自のガレオン船をメキシコに送るなど短い期間栄えた後は，中国および東南アジアとの伝統的な交易拠点としての役割を維持することになった。

　19世紀になると，ネグロスやパナイ，レイテ，サマル，ミンダナオの農業生産物を集積する重要な港市都市に成長する。1860年代には，蒸気船の登場とともに，イギリスやアメリカ，スペインとつながって世界経済に包摂され，経済的にも発展し，都市化も進展した。米西戦争（1899〜1902年）によってフィリピンはアメリカに服属することになるが，セブは1936年に信託統治市の地位を獲得し，フィリピン人によって独立的に運営された。

　スペインのセヴィーリャにあるインディアス総合古文書館（AGI）に収蔵されたフィリピン関係の地図や史料などによると，レガスピが来島した頃，沿岸部には14〜15の集落があり，セブには300を超える住居が密集していた。そして16世紀末頃には，スペイン人が居住するシウダード（都市）の西に先住民の集落が，北に中国人居住区パリアンが形成さ

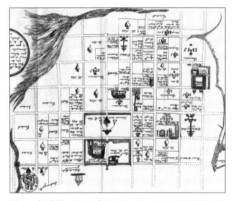

図1　都市図，1699年（スペイン国立歴史文書館蔵，Mojares 1983）

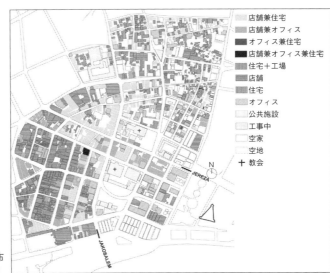

図2　中心部の施設分布
（ヒメネス・ベルデホ作製）

れている。パリアンが形成されるのは1590年頃で，1595年にイエズス会が学校を設置し，1599年までに中国人は自前のキリスト教会を建設している。

17世紀末（1699年）の都市図にはグリッド状の街区に主要建造物と土地の所有者が書き込まれている。サント・ニーニョ（アウグスティノ会），カテドラル（イエズス会），そして市政府（シウダード）の土地で市街地の70％を占めている。要塞の西に広場が設けられ，広場の北にカテドラル，その西に総督邸が置かれる。スペイン植民都市の基本的構成であるが，要塞が近接するのは初期の形である（図1）。

18世紀に入るとセブは停滞し，1738年までは，行政官と軍人，司祭を除くと一般のスペイン人はほとんど居住していなかったとされる。19世紀半ば以降，蒸気船の時代となり，マニラとイロイロに次ぐ港市都市となると，港湾部を中心に都市改造がなされ，市域も拡大する。1850年以降，中国人の移住が急増し，経済活動の中心を担うことになる。

セブが大きく変化するのは19世紀末以降である。鉄道が敷設され，シウダードとパリアン，サン・ニコラスの3地域は連坦し，港湾部も建て詰まる。刑務所と市場は市役所に建て替えられ（1885年），新たなプラサ・マヨールがその前に形成された。

セブは，アジアにおける最初のスペイン植民都市であるが，その都市計画は完全な形では実施されず，当初の計画図も残されていない。しかし17世紀末までには，ある程度計画的な整備がなされた。グリッド・パターンの街区が構成され，そのパターンは今日まである程度維持されている（図2）。現在の街区の縦横幅を見ると，残された歴史地図が明快に示すような厳密なグリッド・パターンによる街区割りはなされておらず，要塞の建設，広場の設定と教会の建設が先行して行われる素朴なやり方がとられたと考えられる。インディアス法の規定が成文化される以前の都市計画を示す例であり，同じような立地が選択されたマニラの予行演習であったと位置づけることができる。残念ながら，とくにパリアンにおける変化は激しく，伝統的な住宅バハイ・ナ・バトはほとんど残っていない。

（布野修司）

Southeast Asia 24: Tacloban

【タクロバン】激戦の島の港市

フィリピン，東ヴィサヤ地方
Eastern Visayas, Philippines

　タクロバンはフィリピン群島のほぼ中央に位置するレイテ島の州都である。

　タクロバンの起源となるのは，かつてカンカバトクと呼ばれた集落である。その名は現在のサント・ニーニョ教区周辺に集落を構えていたカバトク族に由来する。その後，グモダやハラギン，フラウといった種族もそれぞれの居住区を形成するようになる。

　スペインがセブを拠点とした16世紀末に，カンカバトクはその支配下に入り，パロの政府に管轄され，サマール島バセイ教区に属した。1768年にレイテ島とサマール島が行政的に分離され，1770年に聖アウグスチノ修道会の宣教師たちがこの地に入植，自治体として独立する。1813年にはフランシスコ会が取って代わり，1830年2月26日にレイテ島行政区の州都になる。こうしたスペイン植民地時代に，カンカバトクは都市名をタクロバンに変更する。その名称は，カニやエビ，魚を獲るために漁師が使う竹製の漁具タクラブに由来しており，この漁具を使う場所を意味するタクラルバンがタクロバンに変わったものとされる。

　すなわち，タクロバンは古来，北東部に隣接するサマール島とセブ島に挟まれたサンペドロ湾に臨む漁港であり，港市として発展してきた。タクロバン港は太平洋を渡ってくる外国船にとって近づきやすいサンファニーコ海峡近辺に立地するが，この海峡は水深が浅く，暗礁も多く，流れの方向が変わりやすいため，現地人の水先案内なしでは通れない海域である。このように内海航路によって，西海岸のオルモックやセブと結ばれてきた。ただ，台湾からルソン島，ミンダナオ島まで連なる洋上山脈に位置するレイテ島に向かって南東から襲来する台風をたびたび受けて，古文書や地図，都市図が失われ，その発展過程は明確ではない。

　タクロバンの西からサンファニーコ海峡の北出口まで，標高100mほどの丘陵が連なっており，この丘陵地帯と脊梁山脈の間に幅20kmの平野が広がる。この平野では米や甘蔗，トウモロコシなどレイテにおける主要作物の栽培が行われており，太平洋戦争時にアメリカ軍がレイテ島に戦略的価値を認めたのも，この平原があるためといわれている。

　米比戦争中の1901年に，マーレイ大佐がタクロバンに上陸し，アメリカ軍の軍事政権の支配下に置かれる。それによりタクロバン港が国際商業に開放され，タクロバンはコプラやマニラ麻などを主な輸出品目とし，レイテ島の経済的中心となる。1903年の国勢調査によれば当時のタクロバンには1万1943人が居住していた。さらに第二次世界大戦前には3倍近い3万1233人まで増加している。

　太平洋戦争時における激戦地となる2年前の1942年5月25日，日本軍がタクロバンに上陸し，約2年半の間レイテ島を占領する。日本軍は都市を要塞化し，サンペドロ港湾や滑走路の整備を行う。そして1944年10月20日，I shall returnという言葉を残して，いったんはオーストラリアに後退していたダグラス・マッカーサー軍事司令官率いるアメリカ軍が，タクロバン・パロビーチ（ホワイトビーチとレッ

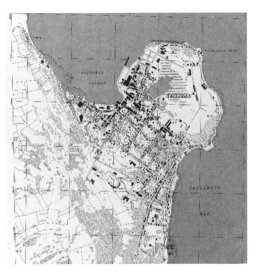

図2　台風ヨランダ後のタクロバン（筆者撮影）

図1　アメリカ陸軍による地図, 1944年
（テキサス大学図書館蔵）

ドビーチ）とドラグ（ブルービーチ）の近隣の町に上陸し，激戦の末に全島を制圧することになる。このレイテ戦については大岡昇平の『レイテ戦記』が詳しいが，8万人を超える日本兵が戦死している。

1944年にアメリカ陸軍によって作られたタクロバン都市図（図1）によれば，通りの名称は現在とほとんど変わっておらず，今日に残るグリッド状の街路体系もすでに形成されていた。建物に着目すると，大規模な建築物は都市の北西部の湾口に集中しており，一方，グリッド街区の南東部には街区に沿って住宅が建ち並んでいる。また，市街地北部の内湖が位置していた場所に都市を構成していたグリッド・パターンが拡張され，商業地区として利用されていることが窺える。1952年6月12日に，タクロバンは正式に市として昇格し，エピファニオ・アギーレが最初の市長となる。

タクロバンは戦後，緩やかに経済成長してきたが，1960年代後半から70年代初期にかけて，とくに急成長を遂げた。タクロバン中部の東海岸沿いに市役所やピープルズセンター（図書館）などの公共施設や文化施設，さらにサント・ニーニョ教会などの宗教施設が建設された。タクロバン港などの商業施設は古地図同様，西海岸に集積している。またレイテ島とサマール島を結ぶフィリピンの橋で最長スパンのサンファニーコ橋や，ダニエル・Z・ロマオルデス（DZR）空港などのインフラ整備も同時期に行われた。

タクロバンにおける主な交通手段として，ジプニーやモルティキャブ，トライシクル，ペディキャブが用いられており，市民の生活を支えている。

2013年11月4日にトラック諸島近海で発生した台風ヨランダは，8日フィリピン中部に上陸し，暴風および高潮による甚大な被害をもたらした（図2）。タクロバンでは3万513家屋が倒壊した。その主な被災者は沿岸部に不法占拠していた低所得者層であった。彼らは被災後まもなく，もとの場所に自力で住宅を建設し，再定住し始めた。こうした市民の強い生きる力こそがタクロバンにおける一番の魅力である。

（馬淵好司）

Southeast Asia 25: Manila

【マニラ】 スペイン東インドの首都

フィリピン，マニラ首都圏，首都
Capital, Manila, Philippines

マニラは，セブとパナイに続き，ミゲル・ロペス・デ・レガスピによって建設された3番目のスペイン植民都市である（図1）。その中心がイントラムロス（intra＝内側，muros＝壁。文字通り，城壁で囲まれた都市を意味する）である。

マニラの建設は1571年であり，「インディアス法（フェリペ2世の勅令）」の勅令が1573年であることから，植民都市計画が法令化される直前の都市だといえる。

マニラは，スペイン統治以降，アメリカと日本の統治下に置かれるが，現在に至るまで約450年，中心部の骨格（城壁や街区構成）はほとんど変化していない。

マニラの発展にとって，ガレオン貿易とその交易を支えた中国人の存在が非常に大きい。中国人居住区であるパリアンの形成もあわせてグリッド街区が体系化されるまでのイントラムロスの形成過程をまとめると，以下のようになる（図2）。

スペイン入植以前には（図2のA），各集落（バランガイ）は，ラカン（あるいはラージャ，ダトゥ）と呼ばれる王や首長によって統一されており，パシグ川河口には，南岸にソリマンが治めるマイニラ，北側にラカン・ドゥーラが治めるトンドと呼ばれる集団が居住し，港市として栄えていた。

1571年に（図2のB），レガスピにより植民拠点建設が決定され，中央広場を中心に，南にマニラ大聖堂，東に市庁舎，西に総督邸が建設された。

初期の建造物は木造である（図2のC）。1574年に，中国人海賊の林鳳による襲撃を受け，木柵でマニラを囲い込む計画が行われる。そ

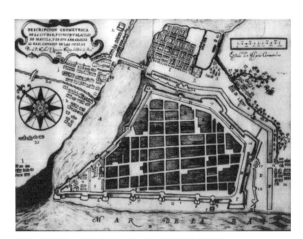

図1　都市図，1671年（インディアス総合古文書館蔵）

図2　イントラムロスの形成過程
（筆者作製）

して1582年には，イントラムロス内に中国人居住区が創設され管理されるようになる。

1584年の大火災の後（図2のD），総督ベラ（1584～90年）は建造物の石造化を命じる。教会や要塞，木の柵も石造化された。この頃，度重なる中国人の暴動により，パリアンはイントラムロス城外のサン・ガブリエル地区に移される（1593年）。

1603年までにイントラムロスの城塞は完成し（図2のE），城壁の外側に濠が掘られる。1671年の都市図によるとイントラムロスは完成しており，この時までに54街区，城壁には5つの門が設置されている。

1757年以降（図2のF），パシグ川の拡張工事やトンド地区の海岸線の埋立工事が行われ，城壁外エストラムロスの都市化が進んだ。とくに対岸のビノンドには宿泊施設を伴う市場アルカイセリア・サン・フェルナンドが建設され（1756～58年），マニラ港の開港（1789年，部分開港。1834年，全面開港）を契機に商業の中心地区となった。

イントラムロス内のパリアンは1860年に廃止され，北部ビノンドなどに移される（図2のG）。跡地には都市公園やパコ・パーク（墓地）が建設される（1818年）。米西戦争の結果，スペインの統治は，セブの植民地支配から333年が経った1898年で幕を閉じる。

アメリカ統治期になると（図2のH），バーナムによって都市計画が行われ，イントラムロスは中世の防御システムの歴史遺産として評価される。一部は取り壊されるものの都市構造は保存され，現在に至る。

イントラムロスは，正方形街区と長方形街区が計画された。中央広場周辺の正方形街区（90×90ヴァラ），街路幅員（10×10ヴァラ），南側の長方形街区（90×150ヴァラ）である。正方形街区に関しては，ルソン島の世界遺産都市ヴィガンと同じである。

太平洋戦争で壊滅的な被害を受けたが，復興はこれまでの街区構成を採用し，現在に至るまでその構成は変化していない。

スペイン植民都市の中で城壁を建設したのは14都市しかなく，マニラは11番目の都市である。インディアス法発令直前のマニラは，初期スペイン植民都市の16世紀を代表するひとつのモデルと考えることができ，その姿を現在も残している。

（塩田哲也）

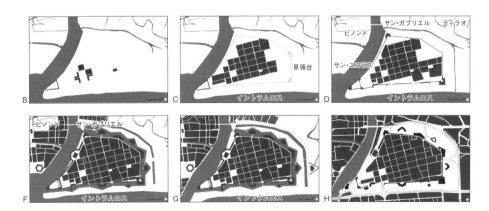

A：～1571年，B：1571～73年，C：1574～83年，D：1584～96年，E：1597～1671年，F：1672～1784年，G：1785～1898年，H：アメリカ期～現在

Southeast Asia 26: Vigan

【ヴィガン】バハイ・ナ・バトの都市

フィリピン，イロコス地方
Ilocos, Philippines

　バハイ・ナ・バト（タガログ語で「石の家」）とは，フィリピンの伝統的建築形式である，先住民とスペイン人，中国人の技術が混合した，木骨で石・煉瓦造の1階と木造の2階からなる都市住宅のことである。カピス貝が嵌め込まれた格子状の窓が特徴的で，フィリピン・スペイン植民都市の中では，唯一ヴィガンがその美しい姿を今日に伝えている（図1，1999年に世界文化遺産登録）。

　ヴィガンは，セブ（1565年）とパナイ（1569年），マニラ（1571年）に次いでスペインによって建設されたフィリピン第4の都市である。スペインの当初のターゲットは，中国や台湾，カンボジアなどとの交易に重要な拠点であり，広東，漳州，福州などから来航船が数多く訪れ，倭寇も根拠地としていた南シナ海ルソン島の，最大河川カガヤン川の河口部に位置するヌエヴァ・セゴビアであった。その足がかりとしたのがヴィガンであった。ヴィガン建設に当たったのはレガスピの孫，フアン・デ・サルセドであり，実際に建設を担当したのは小教区担当のスペイン人宣教師である。

　17世紀前半には，カトリックに改宗した中国人の移動が許され，スペインが建設した植民拠点に移住し始める。18世紀になると，東アジア海域世界の交易中継拠点としての台湾の成長もあって，ルソン島北部の司教座はヌエヴァ・セゴビアからヴィガンに移される。1778年には行政上でも町（ヴィジャ）から都市（シウダード）に昇格し，シウダード・デ・フェルナンディナに改称される。司教座となりシウダードに昇格したことによって，ヴィガンは急速に成長を遂げる。ヴィガンを中心としたイロコス地方の人口は増え続け，1810年のイロコスの人口は36万人を超えている。

　一時期，退去が命じられた中国人であるが，1850年に地方在住が再び認められた。中国系メスティーソは，ヴィガンを拠点にタバコの生産・集散・輸送を掌握する。しかしながら，後背地の人口減少に伴い，徐々にヴィガンの繁栄に陰りが見え始める。そして1890年代末には，フィリピン革命軍，その後1899年にはアメリカ軍によって占領される。

　世界文化遺産登録のための公式申請書は「インディアス法に準拠したスペイン的都市計画を明示するフィリピン唯一の現存例」を強調しているが，この「インディアス法に準拠」という点については疑問なしとしない。ヴィガンの建設は1572年に開始されており，直接「フェリペ2世の勅令」（1573年）を参照して建設されたとは考えられない。それに，インディアス法を逸脱しているように思われる点が少なくとも2つある。ひとつは，広場が近

図1　バハイ・ナ・バト（筆者撮影）

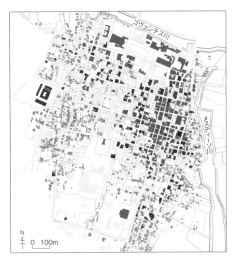

図2 建築構造の分布を表した地図（飯田敏史作製）

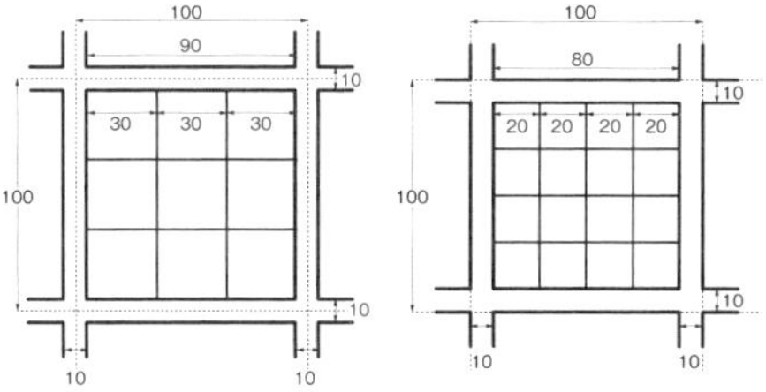

図3 街区分割の2つのパターン。単位はヴァラ（筆者作製）

接して2つあること，そして街区に，他のスペイン植民都市ではあまり例がない，3×3＝9のナインスクエアの分割パターンが見られることである。それに加えて，ヴィガンの建設に中国人あるいは中国系メスティーソが積極的に参加していることである。その象徴としてバハイ・ナ・バトという都市型住居が生み出されたことは，ヴィガンの大きな特徴である。

ヴィガンは現在，イロコス・スール州の州都である。現在のヴィガンの中心部は，北をゴヴァンテス川，東をメスティーソ川によって区切られている（図2）。当初，南東部に港と要塞が設けられ，その後，北側に中心部が移動したと考えられている。北側中央に，サルセド広場があり，その東に聖パウロ大聖堂，西に州庁舎，北に司祭館と修道院，南に市役所などが配されている。大聖堂の南にはブルゴス広場がある。伝統的なバハイ・ナ・バトは，街の東側に位置し，スペイン植民地時代の中国系メスティーソの居住区内であるクリソロゴ通り沿いに多く残されている。バハイ・ナ・バトの1階には物置や車庫，湿気の少ない2階に接客用階段ホール，サラ（居間，広間），食堂，台所，寝室，祈祷室，アソテア（奥行きのあるバルコニー）などが設けられ，1階と2階は屋内大階段で結ばれる。2階を居住空間とするのは高床式住居に似ているが，梯子や簡単な階段ではなく，見せ場としての大階段はスペインの影響だと考えられている。

ヴィガンの街路体系・街区構成については，旧市街の街区規模が80〜85mの正方形をしていることが注目される。スペイン植民都市で用いられた単位ヴァラをもとにすると，街区は心々で100ヴァラ四方，街路幅は10ヴァラとしていたと考えられる。各街区がどのように宅地分割されていたかについて，現況の宅地割りをもとに考察すると，街区の各辺は3分割される例が多く，3×3のナインスクエアの分割が基本であったことが考えられる。寸法体系としても，100ヴァラから街路幅の計10ヴァラを引いた90ヴァラを3分割した30×30ヴァラの宅地に分割する計画理念は考えやすい。しかし中南米の植民都市の場合，2×2の4分割が基本となっており，40×40ヴァラもしくは20×20ヴァラ（1ロアン）が単位であった可能性もある（図3）。　（布野修司）

Column 12 ── ジャワ都市の原像

ナーガラクルタガマ

　ヒンドゥー・ジャワ文化の中心は，929年に即位したシンドク王（在位929〜947年）の時，噴火あるいは大地震，伝染病，外敵侵入など，いずれかの理由による遷都に伴い，東部ジャワ内陸部のクディリ（カディリ）に移動する。以降，1222年の滅亡までをクディリ朝と呼ぶが，王たちは依然としてマタラム王を称していた。ヒンドゥー王国の中心は，クディリ（およそ930〜1222年）から，シンゴサリ（1222〜92年），そしてマジャパヒト（1293〜およそ1520年）に移る。いずれもブランタス川の上流に位置し，スラバヤがその外港である。

　東南アジアの大陸部において，シンゴサリ王国の成立した13世紀は大きな転換点である。インド的な統治様式の限界が明らかになり，サンスクリット文化が衰退するのと平行して，土着の年代記が編纂されるようになる。タイ人の台頭がその象徴であり，13世紀には現在の民族分布がほぼ定まる。島嶼部のジャワでは9世紀初めから碑文の言語は古ジャワ語に切り替わるが，クディリ→シンゴサリ→マジャパヒトという王国の変遷においては，インド的な枠組みは維持され，いずれもヒンドゥー教と大乗仏教を基礎とする国家であり続けた。東ジャワ期になるとヒンドゥー教と大乗仏教の混交はいっそう進み，密教化する。ストゥーパやヴィハーラはなく，神像を収めた祠堂チャンディが各地に残されている。

　シンゴサリ＝マジャパヒト王国の歴史については，マジャパヒト王国の宮廷詩人プラパンチャが1365年に書いた『ナーガラクルタガマ』が知られる（図1）。このロンタル椰子の葉に書かれた作品が発見されたのはロンボク島のチャクラヌガラの王宮である。その後，1979年にバリで，H・I・R・ヒンツラーとJ・ショテルマンによって，異本『デーシャワルナナ』が発見され，S・ロブソンによって英訳されている。「デーシャワルナナ」とは「地方の描写」という意味であり，もともと『ナーガラクルタガマ』も本文に明記されている名前は「デーシャワルナナ」である。『デーシャワルナナ』は，シンゴサリ王国の創建者ラージャサ王の誕生に始まり，1343年のバリ遠征で終わる。

　『ナーガラクルタガマ』の第2章はマジャパヒトの首都についての記述に当てられている。その形態を復元する大きな手がかりである。考古学に転じた建築家マクレーン・ポントがトロウランに設立したマジャパヒト博物館はその後も維持され，近年はマジャ

図1　ロンタル文書「ナーガラクルタガマ」(Pigeaud 1962)

パヒト王国の王都の宮殿跡が発掘されつつあるが，全体像の解明が待たれている。要するに，ジャワのヒンドゥー都市の具体的な形態は分かっていない。そうした中で興味深いのが，バリ島の住居集落の空間構成であり，バリのカランガセム王国の植民都市チャクラヌガラである。

ヌガラ――劇場国家

マジャパヒト王国は，イスラーム勢力（デマ王国）に屈する形でバリ島に拠点を移すことになる（1478年）。バリのヒンドゥー国家については，クリフォード・ギアツによる『ヌガラ――19世紀バリの劇場国家』など一連の著作（Geertz 1963, 1965, 1980）がある。

ヌガラ（ナガラ，ナガリ，ヌグリ）はインドネシア語で，もともと「町 town」を意味するほか，「宮殿 palace」「都 capital」「国家 state」「王国 realm」を意味する（Gonda 1923）。『ナーガラクルタガマ』の中で多用されているが，最も広くは，ヌガラは「文明」，都市文化と都市に中心を置く上部政治権威体系を意味する。ヌガラの反対がデサである。同じようにサンスクリット語源であるが，「村落部」「領域」「村」「場所」，そして「従属」「統治地域」を意味する。最も広い意味で，農村世界，「民衆」の世界を意味するのがデサである。

インド的宇宙観の大陸からの移植という大きな脈絡において，このヌガラとデサという対比的世界の間に発達してきたのがバリの政治体系であり，それを「劇場国家」とギアツは呼ぶ。インド，そして東南アジア諸地域における国家あるいは王制のあり方をめぐって，ギアツに先だって枠組みを与えてきたのは，ヒンドゥー教的・仏教的宇宙論の東南アジアの国家への影響を論じ，国家＝首都が小宇宙の中心として大宇宙と同じ構造を持つことを説いたハイネ＝ゲルデルン（Heine-Geldern 1978）である。

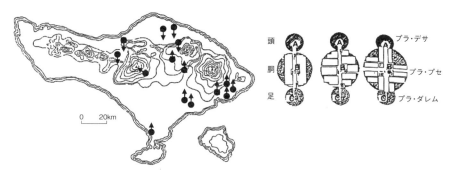

図2　バリ島の集落類型の分布(左)と集落のパターン(右)(Parimin 1985, Sulart 1979, 一部修正)

三界観念

　オーストロネシア言語圏にかなり広く分布するバヌアという言葉がある。大陸，土地，集落，村，町，国という意味である。インドネシア語でブヌアは大陸や領土，サダン・トラジャ語でバヌアは住居，隣のブギス語でワヌアは長老や領主に統治された領域のことを意味する。北スラウェシのミナハサ語ではワヌアは村落や地方を意味し，フィリピン南部のミンダナオ語ではバンワは領地，地域あるいは村落の集合を指す。ニアス語でバヌアは村落，世界そして空あるいは天を意味することもある。

　こうして，バヌアという言葉の広がりは，住居や集落の配置が宇宙そのものの配置を反映するという思考の広がりを示している。代表的なのが，宇宙が3つの層，天上界，地上界，地下界からなるという三界観念である。東南アジア島嶼部の大半の地域では，上下の世界に挟まれた人間の住む世界という概念を共有していることが知られる。

　バリ島では，島，村，屋敷地，棟，柱のそれぞれの構成に宇宙（マクロコスモス）と身体（ミクロコスモス）を貫くひとつの秩序が想定される。まず，天地人の宇宙の3層構造に対応して，バリ島全体が山と平野部と海の3つに分けて考えられる。そして，個々の集落も，頭部と胴体と足部の3つに分けられ，カヤンガン・ティガといって，すべての村に，必ずプラ・プセ（起源の寺），プラ・デサ（村の寺），プラ・ダレム（死の寺）という3つの寺が一組となって配置されている（図2）。各住棟は，屋根，壁，基壇の3つに分けて考えられ，柱も，柱頭と柱脚に特有の彫刻が施され，3つに分けられる。すべて頭部・胴体・足部という身体の構造に対応する。身体，住居を包む環境全体がコスモスなのである。

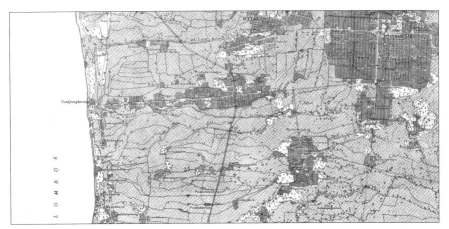

図3　日本陸軍によるロンボク島の地図，1942年。右上がチャクラヌガラ（京都大学地理学教室蔵）

そもそも高床住居の構造が，宇宙の3つの層への分割を反映していると考えられる。住居の床下の領域は最も不潔な部分で，そこにはゴミや糞が捨てられ，豚など動物が飼われている。高床上は人間の住む場所で，屋根裏部屋は先祖伝来の家宝や籾が納められる，最も神聖なところである。

マジャパヒトの王都

バリ島の集落の空間構成に見られるような，ジャワ・ヒンドゥーのコスモロジーに基づく王都は，しかし，必ずしもジャワに見ることはできない。最もそれに相応しい都市は，バリ島の東に接するロンボク島のチャクラヌガラである（図3）。チャクラヌガラは，バリ島東端部のカランガセム王国の植民都市として18世紀前半に建設された。チャクラヌガラというその名称がインド起源を示している。サンスクリット語で，チャクラは円輪あるいは真髄，ヌガラは都市あるいは国を意味する。ロンボク島のチャクラヌガラについては，本事典の「チャクラヌガラ」の項に委ねよう。また，さらに詳細な空間構成については『曼荼羅都市』（布野編2006）の「Ⅳ チャクラヌガラ」を参照されたい。

ジャワにおける最初のヒンドゥー王国は中部ジャワのマタラム王国である。サンジャヤ朝（717〜948年），そして続いてシャイレーンドラ朝（752〜832年）が興る。サンジャヤ朝は，プランバナン地域にチャンディ・ロロ・ジョングランをはじめとする数多くのヒンドゥー・チャンディを残している。また，大乗仏教の大ストゥーパ，ボロブドゥー

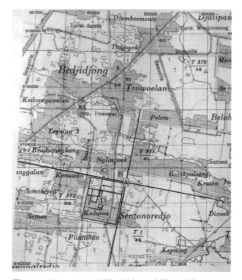

図4　マジャパヒト王国の王都の遺構の配置
(Gomperts et al. 2014)

ルをはじめ多くの仏教チャンディを建設したのは，シャイレーンドラ朝の王たちである。アンコール期のクメールに先駆けてヒンドゥー・仏教建築の華を開かせたのはジャワである。マタラム王国（サンジャヤ朝）とシャイレーンドラ朝をめぐっては，これまで抗争説，共存説，融合説がある。また，シャイレーンドラ朝とシュリーヴィジャヤ王国との関係についても，ジャワに成立した前者が後者になったという説と，後者が8世紀半ば以降にジャワ島中部に進出したという説がある。さらに，シュリーヴィジャヤ王国の都はスマトラ南部のパレンバンに置かれていたというのが定説（G・セデス）になってきたが，マレー半島バンドン湾に面するチャイヤーであるとする強力な異論も提出されている（鈴木2010）。そして中国史書の記す，訶陵，闍婆，室利仏逝，三仏斉といった国の比定をめぐる諸説がある（鈴木2010）。

マタラム王国の王都はムダン（メダン）と呼ばれるが，その場所は定かではなく，都はいくつかの場所を動いたと考えられている（千原1982）。ジョクジャカルタの東，プランバナンの南方2kmにあるラトゥ・ボコという小高い丘の遺跡は，778年に建設されたマタラム王国の王宮（クラトン）と考えられている。

ヒンドゥー王権はその後，上述のように東部ジャワに移り，その王都はクディリ，シンガサリ（シンゴサリ），マジャパヒトに移るが，王都の構成は必ずしも明らかになっていない。そうした中で注目されるのが，『ナーガラクルタガマ』が記述するマジャパヒト王国の王都である。トゥロウランに比定されるマジャパヒト王国の王都についても『曼荼羅都市』（布野編2006）で復原を試みている。その後，発掘の進展があり，具体的な遺構の配置（図4）が明らかになってきているが（Gomperts et al. 2014），その規模は小さく，同時代のアンコール・トムのような，あるいはチャクラヌガラのような，整然とした都市形態をしていたわけではなさそうである。

アルン・アルン

ジャワ都市の原像となるのは，むしろイスラームの到来以降の港市である。アルン・アルン（Alun-Alun）と呼ばれる広場を囲んでモスク，王宮，市場が配置される都市核の構成は，今日の多くのジャワ都市に見ることができる。

マジャパヒト王国が衰退に向かう中で，ジャワで最初のイスラーム王国，デマ王国（1475～1554年）が建国される。デマ（ドゥマク）王国は，マラッカ，マルク，サムドゥラ・パサイと交易関係を持ち，東部インドネシアの香料産地とマラッカとの中継地として発展する。ジャワの貿易のヘゲモニーを握り，イスラーム布教

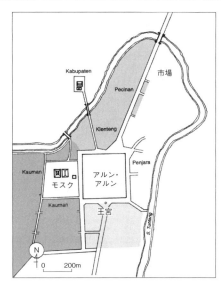

図5 デマの都市形態
（Wiryomariono 1995, 一部修正）

の新たな拠点となった。そして，その支配域はパレンバン，ジャンビ，カリマンタンに及んだ。デマの都市形態は，アルン・アルンを中心広場とし，西にモスク，南に王宮，北に市場を配置するジャワ・イスラーム都市の原型である（Wiryomariono 1995）（図5）。

ジャヤカルタの前身であるジャカトラ（スンダ・カラパ）の基本構成については，オランダ東インド会社第4代総督ヤン・ピーテルスゾーン・クーンの描いたスケッチでおよその配置が伝えられる（720頁「ジャヤカルタ」図1）。アルン・アルンを都市核に，南に王宮（Dalem），西にモスク（Masjid），そして北に市場（Pasar）を配する，イスラーム・ジャワ都市に共通する基本配置である。

バンテンの都市構成については，コルネリス・デ・ハウトマン（1565？～99年）に率いられたオランダ「遠国会社」による，東インドへの第一次航海についてのウィレム・ローデウェイクスゾーンの記録（ハウトマン/ファン・ネック 1981）と地図（図6），1602年から1605年にかけてバンテンに滞在した英国人エドマンド・スコットの『ジャワ滞留記』（スコット 1983），フランソワ・ファレンタインの『新旧東インド誌』（Valentijn 1724-26）所収の1635年頃に描かれた図などによって，デマやジャヤカルタよりも詳しく知られる。

マタラム王国は，その首都を最初コタゲデ（ジョクジャカルタ）に置いた。コタゲ

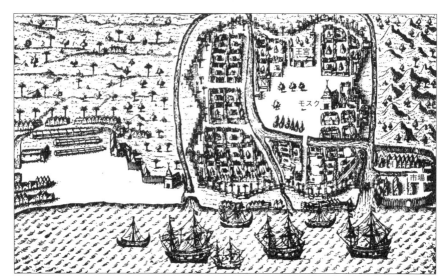

図6　ローデウェイクスゾーンによるバンテンの見取図, 1598年頃
（ハウトマン／ファン・ネック 1981, 一部修正）

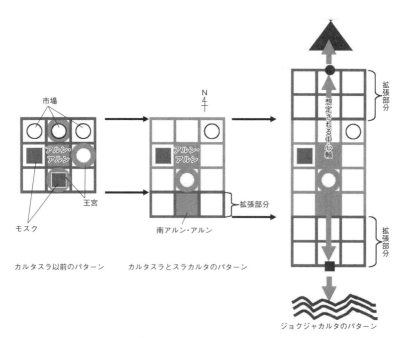

図8　マタラム王国の王都の構成（Ikaputra作製）

図7　コタゲデの構成（Ikaputra作製）

デも，基本的には，アルン・アルンを中心として南に王宮，西にモスク，北に市場を配する構成をしている（図7）。コタゲデの地は，ジャワでは特別の先祖伝来の地と考えられ，王家の分裂後も，分割されない家宝の土地として維持されてきた。政治権力は替わっていくが，王家の廟などマタラム王国の起源の地として巡礼者の都市となっていく。現在は，全体的に住居が密集するカンポンとなっているが，ジャワの伝統的な住居であるジョグロが残る歴史的街区としての面影を残している。コタゲデに最初の王都を構えたマタラム王国は，その後，王都をクルタ・プレアド→カルタスラ→スラカルタ・ジョクジャカルタへ移すことになる（図8）。ジョクジャカルタが王都となるのは，パクブウォノ2世（1711〜49年）が死去し，マンクブミ王子がスラカルタの西方60kmにあるジョクジョに居を構え，ハメンクブウォノ1世を名乗ることでマタラム王国が分裂した1755年のことである。南北に流れるウィノンゴ川とコデ川の間のもともと小さな農村が存在していた平地に首都建設が開始されたのは1756年であり，王宮を囲む城壁が1785年頃までには建設される。

（布野修司）

Column 13 ── 要塞モデルから理想都市計画へ

　シモン・ステヴィン（1548〜1620年）は，ブルッヘ生まれの数学者，科学者である。オランダの近代科学技術の祖といわれ（ベルケル2000），科学革命の先駆者とされる（デヴレーゼ・ベルヘ2009）。また，山本義隆は，数学的自然科学の誕生を「万能の人」ステヴィンに見ている（山本2007）。
　数学では十進法の小数記法の体系を確立する一方，物理学では静力学および流体静力学の諸法を発見して多くの著作を残した。ガリレイに先立ち，グロチウスの父とともにデルフトの教会の塔で物体の落下実験を行っている。また風車による排水方法を改良して治水学の分野でも研究を残している。現在のオランダ語の科学用語は彼の研究に由来するものが多いといわれる。彼はまたイタリア式の複式簿記の導入，帆走車の発明でも知られている。

科学者ステヴィン

　数学や物理，自然科学に関する数多くの著作（ダイクステルハイス編による，全5巻からなる『シモン・ステヴィンの主要著作』（Dijksterhuis 1955））のほか，『要塞建設』（1594年），『要塞術』（1617年）など，築城術や都市計画に関する著作がある。死後，息子のヘンドリックがまとめた著作集『民生問題』（1649年）には「都市住居計画」がある。ステヴィンは『住宅建築』も出版する予定であったが，陽の目は見ていない。
　ステヴィンは，理論に熱中する書斎学者とは異なる。技術の実用化にこそ興味があり，発明の特許審査に関わる委員会のメンバーであった。ライデン大学附属の技術学校「ネーデルダッチ・マテマティーク」の設立（1600年）に加わり，エンジニアの育成にも関わった。『十進法について』は「天体観察者，土地測量者，絨毯計測者，ワイン検量者，身体計測者，貨幣鋳造者，そしてすべての商人」に献げられている。ステヴィンは，オランダ語で，かつ日常語を用いて一般に分かりやすく書くことを基本にしていた。すなわち，要塞技術や都市計画は彼の余技ではない。共和国成立当時，ネーデルラントにはネーデルラント独自の社会的，技術的課題があった。対スペイン戦争は要塞技術を必要としたし，海外航路の開拓のためには航海術，地図製作技術が不可欠であった。また，まさに「低地」であることは治水技術を要求した。ステヴィンの著作はそうしたすべてに関わっている。
　ステヴィンの都市計画に関する論考として，軍隊の野営地や要塞の構成原理，都市

デザイン，拡張計画，住宅について書いた『都市構造』がある。1590年頃に書かれ，その設計原理はネーデルダッチ・マテマティークのカリキュラムに取り入れられた。また，17世紀中頃に出版され，オランダの要塞建設と低地での測地，土木の基礎となる。ステヴィンの理想都市論は，バタヴィアやその他のオランダ植民都市建設のために展開され，オランダにおいては，軍用地や干拓地の建設，またアムステルダム，フローニンゲン，ハーレム，ライデンのような中世都市の拡張に適用された。しかし，都心部の建設や再開発に適用される機会はなかった。

ステヴィンの要塞モデル

『要塞建設』において，ステヴィンは，「低地」における要塞理論とその構築システムについて述べている。この著作にはイタリア・ルネサンスの諸著作とともにドイツのシュペクルの『要塞建築』の影響があるとされる。

ステヴィンは，まず，要塞システムの要点は稜堡にあるといい，その設計原理を図解している（図1）。図1のaは火薬の発明以前の状況を表している。城壁におけるC，D，Eの銃眼を通して，矢やその他の飛び道具が放たれるが，M，Nの領域は死角となるため攻城兵による攻撃を受けやすく，要塞の弱点となっていた。bは火気の発明後，死角となる領域が矩形に突き出した塔の建設によっていかに縮減されたかを示している。cは塔を円状にすることで攻撃を受けやすい領域がさらに縮減されたことを示している。さらにdはそれぞれの側堡部分を隣接する稜堡からの援護射撃でカバーする構造を示している。ステヴィンの要塞理論は稜堡多角形システムと呼ばれる。幕壁が多角形稜堡の側堡に沿って建設され，その中央に五角形稜堡が設けられる。稜堡の正面（長辺）では正面の敵と対峙し，側堡（短辺）からは隣接する壁と隣の稜堡に対して援護射撃が行われた。その特徴のひとつは，要塞全体を取り囲む溝渠である。これは攻城兵による壁からの梯子攻めを防ぐために設けられたものである。溝渠外側には覆道が敷かれ，これは胸壁によって保護される。

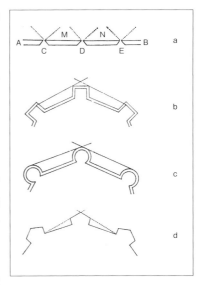

図1　ステヴィンによる稜堡の設計原理
(Dijksterhuis 1955)

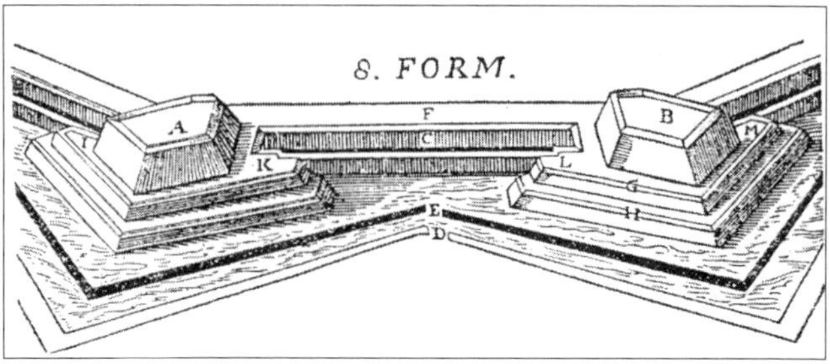

図2　ステヴィンによる稜堡多角形システム（ベルギー王立図書館蔵）

覆道には斜堤からの敵の来襲に備える集屯所が多数設けられる。

　また，ステヴィンは「側面射撃」の重要性を強調している。要塞の様々な部分への側面射撃はいわゆる小耳堡（稜堡の，側堡と正面の間に設けた突出部であり，側堡を保護するもの）によって守られた側堡から行われる。壁や稜堡へ向かっての射撃は，イタリア人はカヴァリエリ，ステヴィンはカッテンと呼ぶ援護構築物の背後から行われ，そこには砲台が据えられる。稜堡型要塞の一部を示したモデル（図2）によれば，2つの稜堡A，Bがあり，両者の間に幕壁Fがある。GとHは稜堡の下2層の壁面を固めている。AとBは台場であり，Dは覆道，Eは溝渠の中間でさらに深く掘り込まれた中間溝である。I，K，L，Mは側堡を守る小耳堡で，そこには銃を3段に据えることができる。

　実際に建設された要塞はこのモデルに必ずしも即してはいない。稜堡の角度は，鈍角，直角，鋭角の場合がそれぞれあり，稜堡や幕壁の面が湾曲している場合もある。また，カッテンのための適当な面が稜堡にある場合と幕壁にある場合がある。しかし，半月堡，角堡，王冠堡などと呼ばれる外堡がステヴィンの理論の影響を大きく受けたものであることは明らかである。外堡は要塞本体の外に設けられ，木橋または地下通路によって要塞と連絡していた。

　ステヴィンの最後の著書『旋回堰による要塞の新しい構築法』は，堰の使用によるオランダの様々な都市の強化について述べている。旋回門と堰の布置は溝渠を満たす水を滞ることなく常に外水と取り換えることを可能にすると同時に，溝渠の水深を潮の干満に関係なく調節できた。これにより，溝渠は常にその効力を発揮した。後にオステンドでこの構築法を取り入れた要塞の強化を行い，1601年から1604年にかけて，敵から受けた包囲攻撃に耐えたが，これは堰の使用による要塞強化の顕著な例である。

　ステヴィンは，工兵総監として，実際に軍隊キャンプを計画する仕事を得ている。

1617年に出版された『要塞建設』には、当時進行中であった軍隊キャンプの配置計画が説明されている。都市防衛の構造原理を説明した1594年の『要塞建設』とは異なり具体的である。要塞理論とこの実践の経験は、都市計画論の展開にもつながっていたと見ていい。

ステヴィンの理想都市計画

1649年に息子のヘンドリックによって編纂された『民生問題』には、行政と軍事の問題を扱った8つの論文が含まれている。その論文の第1が「都市構造について」と「住宅とそれに付随するすべてのものの部分構造について」である。両論文はともに、ステヴィンが出版しようとしたが陽の目を見ることのなかった『住宅建築』の一部であった。この2つの論文に記述されたステヴィンの「理想都市計画」(図3)について見よう。

まず指摘できるのは、全体計画が中世以前のヨーロッパで建設されていたローマの軍隊キャンプ(図4)、カストゥルムと類似していることである。オランダ国軍のキャンプ測量士として、自らカストゥラメーターと称し、彼はローマの戦争技術の研究を徹底的に行った。『要塞術』(Dijksterhuis 1955, 第4巻「戦争技術」)において、彼は軍隊キャンプの配置計画を示し、すでに後の「理想都市計画」と非常に類似した要素を明示している。長方形の区画が都市防衛壁によって囲まれ、一定の間隔で要塞が配置されている。各コーナーに配置された要塞は、周辺地域と壁づたいの視界をより良くするために都市防衛線よりわずかに外側に伸びている。

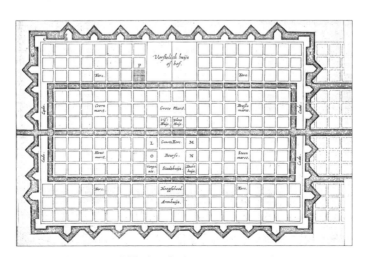

図3 ステヴィンによる理想都市モデル(ベルギー王立図書館蔵)

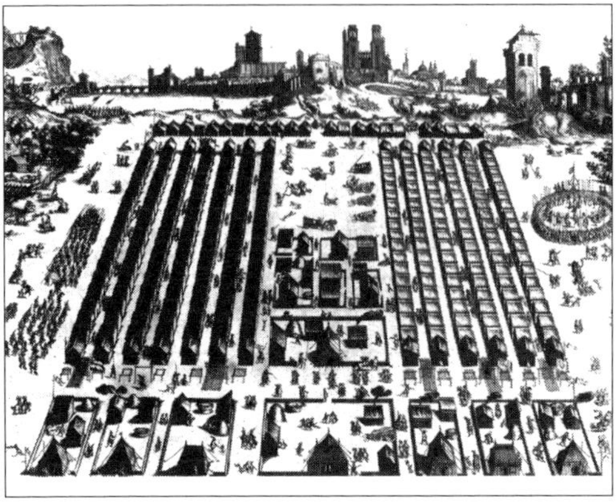

図4　ローマの軍隊キャンプ(Dijksterhuis 1955)

居住地は互いに直交する2つの異なった軸を持つ。ローマ時代においては，カルドとデクマヌスと呼ばれる2つの軸がそれぞれ正確に南北と東西に走っていて，各軸の端部には門があった。ステヴィンはそれを意識し，さらに16世紀半ばにはオランダに紹介されていたイタリア・ルネサンスの理想都市計画案を参照している。

しかし，周囲を取り囲む運河と居住地全体を横切る運河は独特である。管理，コミュニケーション，余暇などのために水を利用する慣習は，低地地方の典型的な特徴である。中央の運河は，居住地の主要な軸を形成している。居住地の中心要素としての川の重要性について，ステヴィンは次のように述べている。

「新たに見つけた土地で最も利用するのが水路であり，自治体が最も設置したいと思うものが水路である。どの場所を選ぶべきかという議論においては，一般に人は，遠い土地から流れてくる大きな川の河口に位置する肥沃な土地を探す。海へ出るのと内陸へ向かうのと2種類の通行路に恵まれているからだ。広く分散した土地の住民の収穫物や手工芸品を世界中に運送するとなると，すべてのものは河口を通過しなければならない。またその土地に需要のある海外のすべての品物にも同じことがいえる。それらはすべてこの河口を通過しなければならず，そこでは大きな商取引や相互関係，さらには物流に対して課せられる通行料や税金による歳入が生み出されるのだ」(Dijksterhuis 1955)。

水路は多様な目的に役立つ。それゆえ都市の「生命線」と考えられ，事実オランダの都市ではそうであった。古代のオランダにおける主要な収入手段であった貿易と漁業はともに海へとつながる水路の有用性と利便性に依存していた。それらはまた，貯水や循環，排水といった水の管理に役立った。そしてさらに，水路は精巧な下水道システムの一部であった。ステヴィンは下水道を道路の舗装の下に計画し，家庭排水を処理していた。

ステヴィンの関心は，水路を利用できる土地の最大化であり，街区の宅地への分割の最大化である。すべての街区のほぼ4分の1，中央では街区の4分の3が水に接している。
　また，グリッドへの嗜好ははっきりしている。

「平らな長方形の土地は私の考えでは，長方形の街区，小区画，住宅，宮廷，商店，公共空間を適切に配置するのに最も適した都市の形で，他の形では合わないか，使うことができない。なぜなら，五角形や多角形の都市では，パルマやコーフォーレデンや他の新たに建設された都市や城に見られるように，たとえそれらが中央部の便利な商店と，土塁まで続く道路，対称的な秩序を持ったあらゆるもので円形に構成されていても，多くの住宅や街区，小区画は不規則で，一方の端部の幅が他方より広くなってしまうからである」(Dijksterhuis 1955)。

　運河は居住地を4つの帯に分割している。それぞれの帯に3列の街区が配置される。街区は360フォーテン（フィート）四方，道路幅60フォーテン，運河幅は180フォーテンである。道路は，馬車などの車道が40フォーテン，両側に10フォーテンずつ歩道を持つ。各街区は背割りする形で2×10の小区画に分割される。ステヴィンは，「通りに沿った家のファサードは一定の建築方針に沿っている必要がある。(中略)通り沿いでは家はすべて同じ高さにしなくてはならない」(Dijksterhuis 1955)と述べている。
　各帯が3列の街区に分けられているのが巧妙である。運河から中央の街区は見ることができない。たとえば，運河に接して高等学校と市役所が配され，その裏側の視界に入らないところには救貧院がある。各帯の中央は労働者のための居住区である。街区構成はきわめて図式的である。3×3あるいは3×4の大街区となり，一街区分が中間帯として間に置かれている。
　中央部にあるのが大市場と取引所である。2つの施設は貿易に関わる。専制体制であるならば，王族や貴族は居留地の中央に配置されるだろう。だがここでは，王宮あるいは宮廷のための区画が中央上端に位置している。市場を中心とする都市の編成が強調されているといっていい。
　大市場の近くには，中央の2つの帯の中に，小麦市場，肉市場，木材市場，石材市場も配置されている。ステヴィンは次のようにいっている。

「大市場は都市の中心部近くに区画される。この理由は，肉，魚，家禽，乳製品，

野菜，果物のような国民が日常の基礎に必要とするあらゆる新鮮な食品を中心部で売るのが有益であるということで，互いに離れた別の場所に行く必要がないのである。（中略）他の市場はすべて2つの川の間の中央に位置していて，品物の供給が充分になされている」(Dijksterhuis 1955)。

取引所のある広場は重要な社会的公的機能を持った建築群——中央教会，市役所，刑務所，非行少年収容施設に囲まれている。そして，外国人貿易業者のための家を表すL，M，N，O街区が隣接している。様々な社会階層が集住するという理念をそこに見ることができる。市場原理のみに基づく民主的編成というより，有力な社会集団の参加が都市行政に不可欠であるという実用主義による。

興味深いのは，オランダが宗教や宗派の相違に比較的寛容だったことである。中央に位置する主教会のほかに，4ヶ所の教会区画が用意されている。主教会はもちろんプロテスタント教会のためのものである。4つの教会用地については異なる宗教団体による使用を必ずしもほのめかしているわけではないが，実際のオランダ都市においては，異なる宗派によって使われる場合があり，ユダヤ教やルター派，英国国教会派，そしてカトリック教会までもある程度許容されたのである。

シモン・ステヴィンの「理想都市計画」案が最も体系的と思われるのは，その拡張システムである。図3の右側を見ると，グリッドの街区が点線で延長されている。ステヴィンの都市は必要に応じて拡大可能なのである。

一本の運河あるいは川が町に入るところに置かれているのは物々交換や売買のための埠頭である。逆に川上から送られてきた物は内陸側の埠頭で処理される。そして，品物は運河や通りによって簡単に街区内部に分配される。防御上，城壁が設けられ都市は境界づけられる。また，街区の規模，すなわち建築群と道幅，運河，王宮，公共建築ための土地面積の比例関係は一定規模に設定されている。しかし，このシステムは理論的に各方向に拡大可能である。ステヴィンは，運河あるいは川に沿って内陸部へ拡張していくことを提案するのである。

以上の水路計画，街区計画，施設配置計画，拡張計画がシモン・ステヴィンの「理想都市計画」である。その理念が，個々のオランダ植民都市でどのように実現されようとしたのかが，ひとつの興味深いテーマとなる。

（布野修司）

Lecture 08 ── テクノロジーと都市

　都市形態を物理的に規定するのは工学技術（建築技術，土木技術，軍事技術，交通技術，伝達技術など）である。19世紀から20世紀にかけて，そうした工学技術の大きな革新が起こった。ひとつはスカイスクレーパー（空を引っ掻くもの）と呼ばれる「超高層」建築を実現する近代建築技術（鉄筋コンクリート造・鉄骨造などの建設構造技術，エレベーター・空気調和設備などの建築設備技術）の発達，もうひとつは自動車そして飛行機などの交通機関の発達である。結果として都市は，立体的にも，平面的にも，より大規模に集積して居住できる場所となるのである。

鉄筋コンクリート造

　鉄筋コンクリート造，略してRC造（Reinforced Concrete construction）という。今日我々にはきわめて身近な建築構造方式である。この新たな構造方式の出現は，それ以前の建築の世界を根底的に変化させ，都市のかたちを変える大きな発明となった。コンクリートそのものは，建築材料として古代ローマから用いられてきた。セメント類，石灰，石膏などの無機物質やアスファルト，プラスチックなどの有機物質を結合材として，砂，砂利，砕石など骨材を練り混ぜた混合物およびこれが硬化したものをいう。セメントとは，元来は物と物とを結合あるいは接着させる性質のある物質を意味するが，その利用そのものは古く，最も古いセメントはピラミッドの目地に使われた焼石膏（$CaSO_4 \cdot H_2O$）と砂とを混ぜたモルタルである。しかし，鉄筋コンクリート造は，せいぜい150年前に「発見」され，100年前から使われ始めたに過ぎないのである。

　鉄筋コンクリートで最初に作られたのはボートであり，植木鉢であり，枕木であった。1850年頃にフランスのジョゼフ・ルイ・ランボーが鉄筋コンクリートでボートを作ったのが最初である。そして1867年の第2回パリ万国博覧会に，ジョゼフ・モニエが鉄筋コンクリートの部材（鉄筋を入れたコンクリート製の植木鉢や鉄道枕木）を特許品として出品したのが普及の始まりとされる。モニエは1880年に鉄筋コンクリート造の住居を試作する。その後，ドイツのギュスタヴ・アドルフ・ワイスらが86年に構造計算方法を発表し，実際に橋や工場などを設計し始め，建築全般に広く利用されるようになった。

　建築作品として最初の傑作とされるのが，オーギュスト・ペレのパリ・フランクリン街のアパートで，建てられたのは1903年のことである。

日本最初の鉄筋コンクリート造建造物は1903年の琵琶湖疎水山科運河日岡トンネル東口の支間7.45mの弧形単桁橋である。そして，真島健三郎が佐世保鎮守府内のポンプ小屋を建てたのが1904年である。そして06年には白石直治が神戸和田岬の東京倉庫を鉄筋コンクリート造で建てた。本格的な鉄筋コンクリート造建築として最初のものは，その白石直治の東京倉庫G号棟（1910年完成）といわれている。

　この鉄筋コンクリートは，「引張力」として強い鉄と，「圧縮力」として強いコンクリートを組み合わせる実に都合のいい合成材料であるが，いくつかの「偶然」がその「発明」の条件としてあった。鉄とコンクリートとの付着力が十分強いこと，コンクリートはアルカリ性であり，鉄はコンクリートで完全に包まれている限り錆びる心配がないこと，そして鉄筋とコンクリートの熱膨張率が非常に近いことである。鉄筋コンクリート造は，耐久性があり，耐震耐火性のある理想的な構造方法と考えられたのである。

鉄骨造

　鉄筋コンクリート造とともに高層建築を可能にしたのは鉄骨造（Steel Structure）である（S造，S構造とも呼ばれる）。鉄骨造にも様々な構造方式があるけれど，一般的となるのは，柱と梁を完全に固定（剛接合）した柱梁構造，いわゆるラーメン構造である。鉄そのものは熱に弱いが，耐火被覆することで，高層の鉄骨骨組構造が実現するのである。

　高層鉄骨構造が最初に登場する舞台となったのはシカゴである。鉄骨枠組構造を初めて試み，その建設に主導的役割を果たしたのは，ウィリアム・ル・バロン・ジェニーである。第一ライター・ビル（1879年）で鉄骨造を試みているが，組積造との併用であった。最初の鉄骨骨組構造は，ホーム・インシュアランス・ビル（1885年，10階建）において実現される（図1）。ビルは1891年に12階に増築，1931年に解体された。ダニエル・バーナム，ルイス・サリヴァンなどシカゴ派と呼ばれるようになる建築家たちのほとんどが，彼の事務所で修行している。

　高層建築は，もちろん，ピラミッドの昔からある。ゴシックの教会が高さを競ったように，石

図1　ホーム・インシュアランス・ビル，1884年（アメリカ議会図書館蔵）

造，煉瓦造そして木造によっても高層建築は建設されてきた。しかし，鉄筋コンクリート造そして鉄骨造によって可能となった近代の高層建築は，立体的に生活することを可能にすることにおいて，都市景観を一変させるのである。

エレベーター

高層建築を可能にしたのは建築構造技術だけではない。決定的なのはエレベーター技術の開発である。滑車を用いた人力によるエレベーターはすでに紀元前から存在していたが，19世紀初頭に水圧を利用したエレベーターが現れ，1835年には蒸気機関によるエレベーターが出現する。物販用の蒸気エンジン式リフトが普及していく中で，初めて乗客用リフトを開発したのはエリシャ・グレーヴス・オーチスである。第2回ニューヨーク万国博覧会（1853年）の木製の塔に逆転止め歯形による落下防止装置を取り付けた蒸気エレベーターを展示して以降（図2），旅客用エレベーターの実用化はニューヨークが先行する。オーチスが蒸気エレベーターの特許を取り（図3），オーチス・エレベーター・カンパニーを設立したのは1861年である。旅客用エレベーターを設置した世界初のオフィスビルはニューヨークのエクイタブル生命ビル（1870年）である。世界初の電動式エレベーターを開発したのはドイツのヴェルナー・フォン・ジーメンスであるが（1880年），オーチス社も1889年に電動式のエレベーターを開発した。

20世紀に入って以降の高層建築技術，エレベーター技術の発展は，高層建築の高さ比べの歴史を振り返れば分かりやすいであろう。都市空間は三次元となり，文字通り，次元を変えるのである。

図2　オーチスによるエレベーターの安全性のデモンストレーション，1853年 (Skyscrapers, Magical Hystory Tour: The Origins of the Commonplace & Curious in America. September 1, 2001)

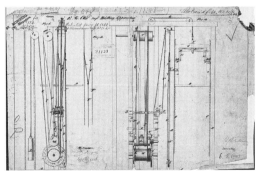

図3　オーチスによるエレベーターの特許図面，1861年（アメリカ国立公文書館蔵）

自動車

　自動車が誕生したのは，フランスのニコラ・ジョセフ・キュニョーにより，蒸気機関による自動車が発明された1769年とされる（図4）。しかし，もちろん，自動車が実用化されるのは遥かに後のことである。その後，電気自動車が開発され[1]，平行してガソリン自動車が誕生するのは1886年のことであった。エンジンを発明したのはドイツ人のゴットリープ・ダイムラーで，1885年に木製の二輪車の試走に成功，翌年四輪車を開発する（図5）。また，同じ1886年に，ドイツ人のカール・ベンツがガソリンエンジンの三輪車を実際に販売する。そして，ガソリン自動車が量産化され普及するのは，20世紀に入ってからである。

　当初，ガソリン自動車の生産・販売で世界をリードしたのは，1900年に1500台のガソリン自動車を販売したド・ディオン・ブートン以下のフランスであるが，その後すぐ，アメリカが自動車産業界を制することになる。国土が広大なアメリカでは広く大衆が馬車に代わる移動手段を求めたからである。アメリカ初の量産車となったのは1901年に登場したオールズモビル・カーブドダッシュであるが，1908年にヘンリー・フォード設立（1903年）のフォード・モーター社が，自動車大衆化の象徴となる「T型フォード」を販売した。初年度に1万台が製造され，13年にはコンベヤラインが完成し，1日に1000台を生産，27年までに総生産台数は1500万7033台に達したとされる。

　自動車の普及は自動車道路を必要とする。既存の都市では道路拡幅が必要となり，次第に自動車による移動手段を第一とする都市計画が展開されるようになるのである。

図4　キュニョーの砲車, 1769年
（パリ工芸博物館提供）

図5　ダイムラー・モトール・キャリッジ, 1886年（ドレスデン交通博物館蔵, stock.foto提供）

　1　電池が1777年，モーターが1823年に発明され，1873年にイギリスで電気式四輪トラックが実用化されている。

飛行機

　飛行機の起源は，よく知られるようにライト兄弟の「ライトフライヤー号」による有人飛行（1903年）である（図6）。ライト兄弟以後，飛行機は急速に進化していくが，実用化の大きなモメントになったのは第一次世界大戦時の軍用機の開発である。最初，偵察機として開発され，機関銃とともに戦闘機，さらには爆撃機が製造された。この爆撃機の登場によって，20世紀までの築城法は完全に無効となる。

　第一次世界大戦で大きく発展した飛行機は，大戦後，輸送機そして旅客機として使用され始める。チャールズ・リンドバーグが大西洋横断飛行を初めて達成したのは1927年である。ボーイング247が初飛行したのは1933年で，乗客は10人であった。

　第二次世界大戦において，戦闘の主役になったのは飛行機である（図7）。広島，長崎への原子爆弾投下によって終戦を迎えたが，飛行機は，戦争の帰趨，そして世界の歴史を左右することになる。大戦末期に実用化されたジェットエンジンは直ちに軍用機に採用され，戦闘機や爆撃機はジェット化された。

　戦後には，超音速飛行が可能な戦闘機が続々と製作されていく。民間航空のジェット化はイギリスがコメットで先鞭をつけたが，その後はアメリカ機が圧倒していく。1960年代に入って，飛行機関連技術は一定のレヴェルに達し，飛行速度・高度・航続距離などは安定することになる。グローバリゼーションの基礎が形成されるのは1960年以降である。

　　　　　　　　　　　　　　　　　　　　　　　　　　　　　　　　（布野修司）

図6　ライトフライヤー号の初飛行，1903年（アメリカ議会図書館蔵）

図7　ワシントン・ナショナル空港のB29スーパー・フォートレス，1944年（アメリカ議会図書館蔵）

XII 南北アメリカ

マルティン・ベハイムの地球儀(1492年)

ポルトガル王室に天文学者,地理学者,探検家として仕えたニュルンベルク生まれのマルティン・ベハイム(1459～1507年)が作製した世界最初の地球儀。同じ年,クリストバル・コロンがサン・サルヴァドル(グアナハニ)島を発見するが,コロンがこの地球儀の存在を知っていたかどうかは別として,この地球儀の世界地図とほぼ同じ世界認識をしていたことは疑いない。地球儀には南北アメリカ大陸が抜けている。東端に書かれたジパングに到達したとコロンは考え,西回り航路でインドに到達したことを死ぬまで疑わなかった(ゲルマン国立博物館蔵)。

Panorama XII ── マヤ・アンデス・イベロアメリカ

　人類がベーリング海峡を渡ってアメリカ大陸へ到達するのは6〜7万年前とされる。移住が確認されるのは紀元前1万5000年の遺構であるが，氷河期となった6万3000〜5万8000年前，5万3000〜4万2000年前，3万3000〜3万1000年前の3つの期間には，人類は歩いて海峡を渡ることができた。南アメリカ南端に到達したのが2〜3万年前で，紀元前3000年頃までは採集狩猟民生活をしていたと考えられる。

　アメリカ大陸で採集狩猟から農耕へ移行した時期と場所は明確ではなく，アンデス高地でのリャマ，アルパカ，テンジクネズミなどの例を除いて，動物の家畜化はほとんど見られず，生産性の高い穀類もなかった。唯一トウモロコシが様々な穀類のかわりをつとめた。装飾品に銅が用いられていたものの鉄は使われておらず，役畜や鋤，車付乗り物などもない新石器時代のままの農耕生活が行われていたと考えられている。

　アメリカ大陸は，大きく4つの文化生態学的領域──オアシスアメリカ，アリドアメリカ，メソアメリカ，南アメリカ──に分けて考えられる。現在のアメリカ合衆国南部とメキシコ北部のオアシスアメリカを代表するのは，アリゾナ，ニューメキシコ，ユタ，コロラドなどに居住したプエブロ・インディアンである。その南に広がる乾燥した平坦地に展開したのが，主にトウモロコシ，インゲン豆，カボチャ，トウガラシを栽培するカサス・グランデス文化である。

　アリドアメリカを代表するのが，メキシコ北部に住んでいた半遊牧民族のメヒカ（アステカ）である。自然生態は沿海・高原・平原・砂漠と多様で，様々な生活様式が展開されてきたが，かなり長期にわたって採集狩猟の生活を基礎としてきた。

　メキシコの中央部および南東部，中央アメリカ北部のメソアメリカは，オルメカ，マヤ，テオティワカン，サポテカ，ミシュテカ，トルテカ，トトナカ，ワステカ，プレペチャといった数々の古代文明が生起した核心域である。トウモロコシ栽培による定住が開始されるのは紀元前2500〜2000年頃である。集落が形成され，農耕儀礼が開始されて神殿が建設されるのは，最初期のオルメカ文明である。そして，「都市国家」が成立する（古典期，200〜900年）。

　メソアメリカ最古とされるオルメカ文明は，紀元前1200年頃，メキシコ湾岸低地の熱帯降雨林を流れる大河下流域の肥沃な平野に恵まれた土地で発達した。大規模な土木工事，石造建造物とりわけ巨石人頭像で知られるが，文字を持たず，都市も

小規模で，居住域を持たず，王宮と祭祀施設を核とするだけであった。オルメカ文明が衰退すると，グアテマラ，そしてメキシコ・チアパス州の高地および太平洋岸にイサパ文化と呼ばれる先古典期後期の独自の文化が発達する。このイサパを通じて紀元前後に興ったのがマヤ文明で，オルメカ―イサパ―マヤは，象形文字，数字の表記，暦の計算法など密接な関係がある。トウモロコシ栽培を基盤とする定住集落が形成されたのは，紀元前1000年頃とされる。マヤ文明はゼロを発明したとされるが，共通のマヤ語は存在せず，30ものマヤ諸語が話されて現在に至っている。
　メソアメリカ最大の神殿ピラミッドは，グアテマラのエル・ミラドールにある。エル・ミラドールが繁栄し始めたのは紀元前10世紀頃からであり，全盛期は，紀元前3世紀から紀元後2世紀にかけてで，人口は8万人に達したと考えられている。先古典期後期の遺構としては，他にワクナ，ティンタル，ティカル，ワシャクトゥン，シバル，ラマナイ，セロス，ヤシュナなどがあるが，それらの大神殿ピラミッドは，オルメカの場合と異なり，中央の主神殿の両側に小神殿を配置する共通の形式を採っている。
　オルメカ―イサパ―マヤという系列とは別に，オアハカ盆地に興ったのがサポテカ文明で，その首都モンテ・アルバンはメソアメリカ最初の都市とされる。未解読であるがメソアメリカで最初に文字を使用し，260日暦を使用したことで知られる。
　メキシコ中央高地に都市が現れるのは紀元前の先古典期後期である。テオティワカン（紀元前100～紀元後600年）がそれで，最盛期の200～550年には面積23.5km^2，人口12万5000～20万人が居住する大都市となった。テオティワカンの骨格をなすのは，「死者の大通り」と名づけられた南北の大通りとそれに直交する東西の大通りである。全体はグリッド・パターンによって構成され，周辺の集落もこのグリッドに従っている。
　中央アンデス地域に人類が居住し始めたのは最終氷河期の末，1万1000年前頃とされる。そして，紀元前6000年から4000年にかけて，農耕と牧畜が開始されたと考えられている。農耕の発生は，エクアドルの南海岸，半乾燥地のバルディビア遺跡と，その南北の遺跡レアル・アルト，ローマ・アルタから長円形の住居址とともにトウモロコシのプラントオパールが出土していることで確認されている。
　アンデスは，生態学的に，海岸沿いの乾燥した砂漠地帯としてのコスタ，そして山岳地帯シエラ，さらにアマゾン源流部の熱帯雲霧林モンターニャに大きく分けられるが，古来，集落が形成されてきたのはコスタである。乾燥地帯とはいえ，アンデス山脈の西斜面を流れる河川沿いに緑地帯ローマス（オアシス）が形成され，採集狩猟生活を支えてきた。海抜500～2300mはユンガと呼ばれるが，河岸平野は限られるため階段畑が発達する。シエラに入って2300mを超えるとケチュアと呼ばれ，こ

こでも，さらにスニ（3500〜4000m），およびプナ（4000〜4800m）と呼ばれる高地でも階段畑耕作が行われる。古代アンデス文明は，主としてケチュアとユンガで発達した。紀元前3000年頃にアンデスに大きな変化が現れ，神殿建設が開始される。アンデス考古学では，従来，前1800年頃に農耕定住，土器製作の開始とともに神殿建設も始まったと考えられてきたが，より古い神殿の発見が相次ぐことから，編年を見直す動きがある。ただ，アンデスにおける都市の発生ははるかに遅く，紀元後2世紀のモチェ以降と考えられている。もちろん，宗教的中心としての神殿の発生を都市の起源と考えれば，以上のように紀元前に遡るが，居住区域の遺構が見られず，神殿が孤立的に建設されてきたのがアンデスである。アンデス文明の末期に隆盛を極めたのがインカ帝国（1200年頃〜1532年）で，コロンビア南部からチリ，アルゼンチン北部にかけて太平洋沿岸で都市遺跡が発見されている（図1）。

レコンキスタからコンキスタへ，スペインの海外進出は，1492年のクリストバル・コロンのグアナハニ島到達によって華々しく開始される。海外進出が国王や王室によって直接主導され，インディア領について総督制が敷かれたポルトガルと異なり，スペインの海外進出は私的な性格が強い。活躍したのは，いわゆるコンキスタドール（征服者）たちである。コンキスタドールは様々であり，遠征隊長にはコルテスのように小貴族の出が多かったが，ピサロ兄弟のように身分の低い層の出身も含まれる。

「征服」の時代は，太平洋が未だ認識されず，海峡を探しながら，カリブ海，エスパニョーラ島を拠点とする段階（1期，1492〜1519年），コルテスが新大陸に上陸，メキシコ，アステカ帝国を征服する段階（2期，1519〜32年），そしてピサロがアンデス高地を征服する段階（3期，1532〜56年）に分けられる。

「征服」はカルロス5世の治世の末年1556年にはほぼ完了し，以降「発見」（デスクプリミエント）という言葉が使われる。国王は，もともと「発見する」（デスクブリール）という目的のために探検の許可を与え，

図1　インカ帝国の主要都市(布野／ヒメネス・ベルデホ 2013)

続いて「植民する」こと（ポブラール）を求めた。しかし，原住民の労働力なくして生活できないことが明らかになるや，「委託」（エンコミエンダ）もしくは「分配」（レパルティミエント）が行われることになった。1572年，フェリペ2世の勅令によって「征服」は禁止される。都市計画の指針を含むインディアス法が示されたのは翌1573年である。

　スペイン植民地（イベロアメリカ）の全体を統括したのは，セヴィーリャに創設されたインディアス枢機会議（1524〜1834年）である。

　インディアスの各地域には司法権および行政権を持つアウディエンシア（聴訴院）という統治機関が置かれた。インディアス枢機会議に直属し，その長官（プレシデンテ）は本国から直接任命されることが多かった。また，数名の聴訴官（オイドール）が置かれた。そして「副王」制が導入される。スペイン国王の分身としてインディアスに君臨したのが副王である。副王庁は1535年にメキシコに置かれ，続いて1542年にリマに置かれた。アウディエンシアは，副王が直轄する「副王領」と「総督領」に分かれる。各総督の中で最高の格にあるのが副王である。総督は，機構上は副王に従属したが，実質的には副王とは独立にその総督領を統治した。16世紀末までに10のアウディエンシアが設立された（図2）。1492年のラ・ナビダド以降，1810年のポトレシージョ（グアテマラ）に至るまで，3世紀の間に約1000に及ぶ市や村が設立された。

　17世紀半ばにはオランダ，イギリス，フランスがカリブ海地域で砂糖プランテーション経営を始めるが，スペイン植民地ではアシエンダ制が19世紀まで続いた。1713年のユトレヒト条約を契機に，カリブ海地域に地歩を固めたイギリスなどの絶対的優位の前に，スペイン植民地経済は従属的地位に甘んじる。さらに，クリオーリョ（クレオール）の間に形成された特権階級や，メスティソを中心とする中間階層と，本国人との間に経済的利害が顕在化し，メキシコなどでは外国資本による土地集約も進んで，これらが独立運動の引き金となる。
　　　　　　　　　　　　　　（布野修司）

図2　アウディエンシアの配置（布野／ヒメネス・ベルデホ 2013）

The Americas 01: Quebec

【ケベック】 北米唯一の城郭都市

カナダ, ケベック州
Quebec, Canada

　ケベックは北米のフランス植民地「ヌーヴェル・フランス」の拠点として1608年に建設された。セントローレンス川とサンシャルル川が合流する川沿いの土地を，先住民族のアルゴンキン族は「水の合流点」を意味する「チェベケ」と呼んでおり，これがケベックの由来となったとされている。

　16〜18世紀のカナダは，フランスとイギリスによる植民地獲得競争の舞台であった。フランスとイギリスの対立は，ルイ14世（1638〜1715年）に対するウィリアム3世（1650〜1702年）の個人的な恨みや，新旧両派の宗教争い，王位継承権など複雑な要因をはらみ，100年以上にわたってヨーロッパと新大陸，インドなどで繰り広げられた。ヌーヴェル・フランスとは，フランスの北米植民地であり，1534年にジャック・カルティエがセントローレンス川を探検してから，1763年のパリ和平条約締結まで続く。ヌーヴェル・フランスの経済を支えたのは毛皮貿易であり，ケベックは毛皮貿易の中心地として栄えた。

　一方，北米の東海岸で植民地を拡大していたイギリスは徐々に内陸部に進出し，フランスとケベックの覇権を争うようになる。イギリスの最初のケベック侵攻は1629年で，この時，町は一時的にイギリスに占拠されたが，サンジェルマンの和議によりフランスに返還され，イギリス支配は短期間で終了する。その後，フランスはバトリーロワイヤルの河岸に高い塔や巡視路を付随した城壁で町を囲い，要塞都市を造り上げた。こうして北米で唯一の要塞都市が誕生することになる。1929年のケベックの様子を図1に示す。

　ケベック旧市街は，崖の上の城壁に囲まれたアッパー・タウンと崖下のロワー・タウンに分かれる（図2）。アッパー・タウンは政治や軍事の中心として発展し，17世紀半ば以降に建設されたカトリックの聖堂や修道院も多い。ロワー・タウンにあたる地域は，毛皮の交易所を起源とし，ケベックがヌーヴェル・フランスの首都として発展するのに伴い多くの商人や職人，漁師が定住するようになり，栄えた。

　このケベックを再びイギリスが襲うのは1759年である。ジェームズ・ウルフ将軍が1万の兵を率いてセントローレンス川を遡って

図1　ケベック, 1929年（大英図書館蔵, Whitfield 2005）

図2 現在の旧市街（筆者作製）

図3 旧市街，1744年（Atkinson 2016）

攻め入った。そしてアッパー・タウンの南西にあるアブラハム平原での戦闘でイギリスが勝利した。その1年後，フランスはケベックを奪還するが，前述のパリ和平条約によって北米におけるフランス領はすべてイギリスに譲渡されることとなる。この頃，反英感情を持つケベックの人々の独立運動を阻止するためにケベック法が制定され，プロテスタントが主流であるイギリスの支配下にありながら，ケベックではカトリック信仰が認められた。

フランスとイギリスの植民地戦争終結後もケベックに平和が訪れたのはごくわずかな期間であった。1775年冬，建国まもないアメリカ合衆国の軍隊が独立戦争のとき中立であったカナダ諸州に侵攻する。1776年冬にアメリカ軍は撤退するが，次々に訪れる軍事的脅威に強固な城塞と城壁が築かれることになる。ルイ14世に仕えていた建築家セバスティアン・ル・プレストル・ド・ヴォーバン（1633～1707年）によって設計されたが，フランスの資金不足のため頓挫し，イギリスが引き継いで，1820～50年の30年間をかけて建設された。堅固な壁と濠に守られた星形の複雑な要塞（シタデル）で，その総面積は$1.6 km^2$ほどである。完成後，アメリカと戦火を交えることはなく，現在も当時の姿をそのまま留め，カナダ陸軍の駐屯地となっている。

図3にはシタデル建設以前（1744年）の地図を示した。アッパー・タウンには，かつて歴代総督の邸宅が建っていたが，現在この場所にはシャトー・フロントナックと呼ばれる古城風のホテルがある。旧市街のどこからでも見ることのできるこのホテルは，1892年にカナダ太平洋鉄道の総帥であったウィリアム・ヴァン・ホーン（1843～1915年）によって計画され，アメリカ人建築家ブルース・プライス（1845～1903年）が設計した。塔や緑青色の銅葺き屋根を持つ外観は，ルネサンス期のフランスの城館建築を模したとされる。植民地支配をめぐる戦いの舞台だったケベックに観光客のためのホテルが誕生したことは，ケベックに平和が訪れたことの象徴である。

イギリスの植民地となった後もケベックのフランス文化が失われることはなかった。現在のケベック州は人口700万人程度であるが，人口の80％以上を占める人々はフランス人を先祖に持つ。現在でもフランス語のみを公用語としており，北米のフランス文化を守り続けている。

（山中美穂）

The Americas 02: Montreal

【モントリオール】 北米のパリ

カナダ, ケベック州
Quebec, Canada

　モントリオール（モンレアル）は, 北米のフランス植民都市を代表する都市であり, 今日でも住民の大半はフランス系カナダ人を中心にしたヨーロッパ系である。人口は約170万人, カナダではトロントに次ぐ第二の都市である。モントリオール大都市圏（約352万人）の7割はフランス語を第一言語とし, そのヨーロッパ的な都市景観から「北米のパリ」と称せられる。

　フランスの植民地建設の歴史は, 1604年の東インド会社設立以前に遡る。そして, 東インドより「新大陸」への進出がはるかに先行する。1503年から1505年にかけてブラジルに到達した記録が残されており, ヴェラツァーノがニューファンドランドからフロリダ半島までの北米東海岸を4回にわたって探索している（1524〜28年）。そして, ジャック・カルティエ（1494〜1554年）が1534年, 1536年, 1540年と3回, イロコイ族が居住する今日のカナダの東海岸に到達, ヌーヴェル・フランスと名づける。しかし, カルティエは入植には失敗する。

　本格的な植民が開始されるのは1603年, サミュエル・ド・シャンブラン（1567〜1635年）によってである。まず太平洋に面するポート・ロイヤル（1604年）, 続いてセントローレンス川の河口に近いケベック（1608〜1763年）, そして, モントリオールに拠点が設けられることになる。

　セントローレンス川を遡り, オタワ川が合流する地点にある小さな川中島に, ポール・ド・ショメディ・メゾンヌーブに率いられた一団が入植し, ヴィル・マリー（マリアの街）という名の開拓地を建設した。これがモントリオールの起源である（1642年）。建設当初の図が残されているが, 小さな広場のまわりに要塞, 教会, そして北米最初の病院とともに複数の住居が描かれている（図1）。

　ヴィル・マリーは毛皮取引の中心として, また, フランス人探検家たちの拠点として発展し, 居住者は1665年までに約500人, 1680年には約1400人に達している。そして, ヌーヴェル・フランスがイギリス軍に占領されてイギリス領となる1760年頃には8000人以上が居住する都市となった。

　当時の都市図（図2）が残されているが, 初期のフランス植民都市と比較すると, ケベックやルイスバーグ（図3）とはきわめて対照的である。すなわち, ケベックがヨーロッパの中世都市の伝統, ルイスバーグがルネサンス都市の計画に基づくのに対して, モントリオー

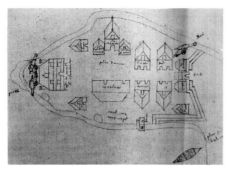

図1　建設当初の図, 1644年 (Reps 1965)

図2　都市図，1758年 (Reps 1965)

図3　ルイスバーグ，1764年 (Reps 1965)

ルは地形に限定された線状の形態をしている。セントルイス（ミズーリ），モビール（アラバマ）もよく似ており，ニューオリンズ（ルイジアナ）も同様である。モントリオールは，ニューオリンズで完成される北米におけるフランス植民都市の原型である。

イギリス植民地下のモントリオールは，1832年に市となり，島の南西部とサン・ルイス湖への港とを結ぶラシーヌ運河の開削によって発展し，英領カナダ合同州の首都（1844〜49年）となる。1860年代には，北米イギリス最大の都市であり，カナダの経済的，文化的中心となる。そして，19世紀から20世紀にかけて，英国系移民が数多く流入し，発展する。2つのカナダ横断鉄道路線がモントリオールを通り，モントリオールは経済的にカナダで最も重要な都市となるのである。

今日のモントリオールに残されている歴史的な建築物はヴィクトリア朝時代のものが多い。すなわち，フランス植民都市の原型としての都市形態を持つ一方で，英国的な雰囲気もモントリオールには残されている。ノートルダム聖堂が建設されたのは1672年であるが，現在の聖堂はアイルランド系アメリカ人のプロテスタントでニューヨーク出身のゴシック・リヴァイヴァルの提唱者ジェームズ・オドネルが設計したものである。聖堂の内陣の建築が終了したのは1830年であり，最初の塔が完成したのは1843年である。当時，聖堂は北米で最大であった。

世界恐慌は，モントリオールに大きな打撃を与えるが，1930年代半ばには回復し，超高層ビルが次々に建てられた。第二次世界大戦後，1950年代前半には人口は100万人を超える。50年代には，新たな地下鉄システムが整備され，モントリオール港は拡大された。また，セントローレンス水路が開削されている。

モントリオールの国際的な地位は1967年の世界博覧会と夏季オリンピックの開催で確固たるものとなる。大リーグ野球MLBのチーム・エクスポスは，1969年から2004年にかけて，モントリオールを本拠地とした。モントリオールは，1980年頃まではカナダ最大の都市であった。トロントにその地位を譲ることになったのは，1970年代におけるケベック・ナショナリズムの高まりによる。1883年に周辺町村を合併した際，フランス語を公用語に戻した経緯もある（〜1918年）。歴史的に経済，金融などは英語ベースで行われてきたのであるが，フランス語を単一公用語とする措置をとったことから，主要な企業の本社がトロントへ移転することになるのである。

とはいえ，モントリオールは，フランス語圏においては，パリ，キンシャサに次ぐ第三の都市であり，カナダを代表する都市としてその歴史を誇っている。（山中美穂・布野修司）

The Americas 03: Boston

【ボストン】米国最古の都市

アメリカ合衆国，マサチューセッツ州
Massachusetts, USA

　米国最古の公園（1634年），米国最古の公立学校（1635年），米国最古の大学（1636年），米国最古の地下鉄（1897年）と様々な「米国最古」を誇り，米国独立劇の舞台ともなった歴史の町ボストン。もともとは低く湿った幅37mの地峡でかろうじて本土とつながる，面積わずか$3km^2$の山がちな半島であった。それが山の切り崩しによって平坦になり，周辺海域の埋め立てにより徐々に本土と一体化し，とうとう現在のような姿になったのである。

　メイフラワー号で有名なプリマス植民地に遅れること9年，イギリス人はニューイングランド植民地の首都を建設すべく，堅固な地盤と良好な入江に恵まれたチャールズ川河口の土地に入植した。しかしそこでは十分な飲み水が得られないことが分かり，翌1630年，豊富な湧き水のある対岸のショーマット半島へと移動した。町は入植者の出身地にちなみボストンと名づけられた。

　開発当初は島東部の入江近くに集落ができ，本土へつながる道と港を結ぶ大通り沿いに住宅や店が建ち並んだ。地形に沿いながら神経のように有機的に伸びる街路空間は，中世ヨーロッパ都市のような雰囲気の名残を今も留めている。

　山がちであったこの町の成長速度は比較的遅く，半島の港のある東側を中心にこぢんまりと発展した。1720年頃の人口は1万2000人，ニューイングランド最大の植民地になってはいたものの，1640年頃からの街区割はほとんど変化しておらず，各ブロック中央の共用空地も残っていた。その様子が当時の地図から分かる（図1）。1776年の独立の頃でも人口は1万6000人，すでにフィラデルフィアに抜かれていた。

　埋め立てによる開拓は，1710年のロング・ワーフ建設をきっかけに始まった。町の中心の繁華街，現在のステイト通りを延長する形で海の中に約450mも突き出したこの波止場は，片側に店や倉庫が建ち並び，上陸した人々を町の中心へと誘う華やかな玄関口となった。その後，さらに多くの埠頭が建設され，それを横につなぐ波止場も築かれた。やがてそれらに囲まれた海域が埋め立てられ，次々と杭が打ち込まれ，家が建てられていった。

　1786年に半島西側から対岸のケンブリッジに向けて私設の橋が架けられると，両岸は急速に発展した。1798年，埋め立てに使う土砂を得るために切り崩して低くなったビーコン・ヒルの頂に，新しい州議事堂が完成した。するとそこから半島西岸にかけて，かつては牧場だった傾斜地にグリッドが敷かれ，イギリス流の威厳のあるタウンハウスが建ち並ぶ高

図1　都市図，1722年頃（アメリカ議会図書館蔵）

図2　ボストン・コモンとパブリック・ガーデン，1850年頃（アメリカ議会図書館蔵）　図3　現在の航空写真

級住宅地となった。もともと3つあった丘のうち2つは埋立用土に使われ，残ったトリマウント（三山）のうちの2つも崩されてしまっており，わずかに丘の形を留めたのはここだけである。

18世紀末，半島の東南部にイギリスのバースにあるロイヤル・クレセントに倣った煉瓦造3階建タウンハウスを中心とする，緑豊かな高級集合住宅地が建設された。しかし当時はまだ集合住宅に対する市民の理解が進まず，経営破綻により60年ほどで取り壊されてしまった。現在はフランクリン通りのカーブに三日月型の足跡を残すばかりの，米国最古の都市型集合住宅地計画である。

ボストン・コモン（図2中央）はもともと共同放牧場であり，独立まではイギリス軍のキャンプ，1817年までは公開処刑場として使われていた。1830年に牛の放牧が禁止されて以降，ここは米国最古の都市公園として整備された。コモンの西側はもともと海で，1794年に工場用地として埋め立てられたが有権者達の意向により1824年にはパブリック・ガーデン（図2手前）に用途変更され，市民のレクリエーションのために公共地を供用した先駆的事例となった。

19世紀前半にはイギリス以外のヨーロッパ諸国からの移民の波で人口が急増し，1850年からはバック・ベイの大規模な埋め立てが始まった。大通りがパブリック・ガーデンの中央から西へ真っ直ぐに伸び，広大な入江だった海はグリッドの街へと変貌した。

1872年には26ha，776棟を焼失するボストン大火が起こった。しかし主に民間資本によって2年足らずで再建され，その過程において市街地の街路が何本も拡幅された。火事で破壊された焼け跡の瓦礫の大部分は，海岸線のさらなる埋め立てに用いられた。また19世紀後半には近隣の諸都市を次々と併合し，20世紀初頭には市域の面積は入植時の3倍になった。それでもまだ現在のボストン（図3）は，アメリカの大都市には珍しい，コンパクトで歩きやすい町である。そして地形に沿った有機的な街割りと整然としたグリッドの対比，ゾーニングによる低層と高層の対比が，景観に秩序と変化を与えている。1950年代にできた高架高速道路も住民の反対運動により2005年までに地下化され，跡地には緑道が造られた（図3）。

20世紀前半には製造業の流出による都市の荒廃も見た。しかし医療，高度技術，学術研究を軸とした都市再生計画が成功し，1970年代からは再び経済が上向いている。最先端の企業や研究機関が世界中から高度人材を集め，1990年代からは都心回帰と高級化が進んで家賃も物価も高止まり状態だ。それでも，治安も利便性も環境も良い「住みやすい町」の人気は，翳りを見せない。　（鈴木あるの）

The Americas 04: New Haven

【ニューヘイブン】ピューリタンの理想都市

アメリカ合衆国, コネチカット州
Connecticut, USA

　現在ニューヨーク州の一部になっているロングアイランドは, 細長く伸びた地形が大西洋の防波堤のようになり, 湾内に天然の良港が並ぶ。ニューヘイブンはその中心的存在であり, ピューリタンの入植地として建設された歴史を持つ。

　ニューイングランドではプリマス, マサチューセッツ湾などが入植地として先行したが, その流れは次第に南へと移っていく。1638年にイングランドを発った牧師のジョン・ダベンポートも, 当初はマサチューセッツ湾植民地を目指したが, そこが宗教的に堕落していると判断し, 新天地を目指してコネチカット川の河口に位置するネイティブ・アメリカンの地, クニンピアックに降り立った。そうしてダベンポートと, 彼に同行したイングランド商人テオフィリアス・イートンは, ここに彼らの理想都市を築くこととした。

図1　都市図, 1641年 (Shumway and Hegel 1981)

　1638年に立案された都市計画は, 全米最初期の都市計画のひとつであり, またアメリカにおけるグリッド・プランの嚆矢とも目されている。その都市プランは, 1辺が0.5マイルの正方形で, さらに各辺を3等分したナインスクエアの形をとった。このサイトプラン作成には, 測量技師であったジョン・ブロケットがあたったといわれてきた (そのため, 最初の都市図 (図1) は「ブロケット・マップ」と通称されている)。しかしその後の研究で軍技師ライオン・ガーディナーとロバート・シーリーらの関与が有力視されている。

　ニューヘイブンの都市プランは, その整序立った形態が注目されてきたが, 残念ながら史料が残っておらず詳細は不明である。ただ, 背景にはダベンポートの持つ堅固な信教態度があると考えられている。方形陣を想起したのは旧約聖書中にある「イスラエルの12支族」になぞらえて12を4辺に当てたためとも, また, その面積はキリストの再来に伴侶する14万4000人を収容することを念頭に決められたともいわれる。しかし実際のところは, この都市プランはニューイングランドでのコロニー建設の経験を踏まえた上での発展型として位置づけられるべきものである。中央にコモンを確保したプランはイングランドの伝統的都市形態であり, マサチューセッツでも同様の区画 (グリーン) がとられている。特徴的なナインスクエア・プランにしても, ニューヘイブンの前身的存在であるセイブルックにその原型を見ることができる (ただし, こちらは直交街路はあっても全体は不整形

図2　ナイン・スクエアの中央（筆者撮影）

図3　ウースター・スクエアの労働者住宅，1900年頃（Briand 2001）

である）。ニューヘイブンでは，ナイン・スクエアの中央は当初は「マーケットプレイス」，現在は「グリーン」と呼ばれ，教会が建つ文字通りのコミュニティの中心である（図2）。

　ニューヘイブンはまた，商業的な中心地としての役割も期待されていた。先住民との毛皮取引に適していたことが重視された立地であり，その名の通り（ヘイブンは港の意）良港としても機能した。なお，都市プランでは当初から方形部から水辺へと伸びる区画が2区画用意されており（併せてイレブン・スクエアという呼び方もされた），港湾都市としての発展が目論まれていたことが分かる。この延長部分は「サバーブ」とも呼ばれており，宗教的コミュニティを核としながら交易機能をまとった都市が当初のこの都市の姿であった。

　ニューヘイブンは，その後コネチカット植民地と合併させられるなど政治的に冷遇されるが，18世紀末から工業都市としての顔を見せ始め，19世紀中葉には沿岸部に多くの工場が立地し，合衆国でも有数の工業都市に成長する。市街地もそれにつられて東側に展開し，ヨーロッパ，特にイタリアから多くの移民が流入した。それにより，市街東部には煉瓦造のタウンハウスが建ち並ぶようになり，北西部の木造戸建邸宅群とともに市街地の住宅類型の一要素となっている。

　かたやナイン・スクエアからは郊外へと住宅が転出していき，跡地には公共施設とともに，イェール大学が西側3ブロックを占めた。この大学も，マサチューセッツのハーバード大学が世俗化したことを忌避して創設された経緯があり，まさにピューリタンの理想主義が息づいた土地柄を偲ばせる。

　イェール大学はまた，この都市の再開発にも関与している。フランスから建築学部に招聘されたモーリス・ロティバルが中心部の再開発プランを立案し，その後もサーリネンのイングルス・ホール，ポール・ルドルフの建築学部棟，立体駐車場などがこの都市のランドマークとなっている。

　一方，工業都市としての繁栄は第二次世界大戦後の工場移転・廃業により失速し，市街地の荒廃が始まる。この対策として，50年代の戦後復興プログラムによりニューヘイブンには集中的に予算が投下され，「モデルシティ」とも呼ばれた。スラムクリアランスや高速道路誘致が行われたが，結果として市街地の空洞化に拍車がかかってしまう。そのような中でも，高速道路建設による市街地改変を契機に再開発の機運が高まり，市街東部のウースター・スクエア（図3）を中心に歴史的地区の保存再生が進展した。これは国内の都心居住再生の先駆的事例であり，この都市に先取の気風が息づいていることを示したものといえよう。

（大田省一）

The Americas 05: New York

【ニューヨーク】 グリッド上の変幻する世界都市

アメリカ合衆国，ニューヨーク州
New York, USA

　ニューヨークは，アメリカ合衆国の東海岸ニューヨーク州の南東端に位置し，5つの行政区（ボロ），マンハッタン・ブルックリン・クイーンズ・ブロンクス・スタテン島から成る。その起源であるマンハッタンは，西はハドソン川，東はイースト川とハーレム川，北はスタイテン・ディヴィル川に囲まれており，ニューヨークはこの南北に細長い約59km^{2}の島を中心に世界経済の中心にまで発展した。

　マンハッタン島は，1523年，イタリア人航海者ジョバンニ・ヴェラツァーノにより発見された。マンハッタンは，先住民の言葉で，丘の島もしくは小さい島の意である。

　1609年，オランダ東インド会社のイギリス人ヘンリー・ハドソンがニューヨーク湾に到達し，ニューヨークはニューアムステルダムと呼ばれ，毛皮や奴隷などの交易拠点となった。1626年のバッテリー公園における取引で，オランダ人商人ピーター・ニュイットがわずか60ギルダー相当（約1000ドル）の生活用品でマンハッタン島を買収したことは有名

である。1653年には島の南部にインディアンやイギリス人の侵入を防ぐために木製の城壁が築かれ，のちのウォール街となった。城壁の外側には，切妻を道路側に配した独立型住宅群が並び，オランダの街を彷彿とさせた。また，初期のニューアムステルダムの街路は自然に合わせて形成されている。南北斜めに走る現在のブロードウェイは，先住民インディアンが島内の小高い地点を結んだ道で，バッテリー公園に始まりハーレム川を越え，当時はブロンクス，さらにはオルバニーまで続いていた（亀井 2013）。図1は1850年のニューアムステルダムであるが，バッテリー公園からマンハッタン島の街並みがよく分かる。

　1664年，イギリスによって町が奪取され，イギリス国王チャールズ2世の弟ヨーク公の植民地となり，ニューヨークとなった。その後，1776年にアメリカは独立宣言を行い，1783年アメリカ独立戦争が終結した。

　1811年，都市生活の機能を重視したコミッショナーズ・プランが発表され，ニューヨークは現在見るようなグリッド・パターンの都市となった（図2）。14丁目以北が約2000の200×800フィートの街区に分けられ，それらの街区はさらに25×100フィートの区画に分割された。その結果，幅100フィート（約30m）の南北方向に走るアヴェニュー12本，幅60フィート（約18m）の東西方向のストリート155本が造られた（プランツ 2005）。そこに建てられた建物は連結型ロウハウス（テナメント）が主流で，奥行きがないことから背割型配置となった。25×100フィート区画

図1　ニューアムステルダム時代のニューヨーク，1850年（太田 1997）

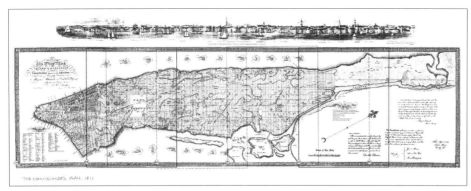

図2 コミッショナーズ・プラン，1811年（太田 1997）

を最大限に利用した街区は，採光や換気もなく劣悪なものであった。

コミッショナーズ・プランが発表された後，都市化の弊害を緩和しようと，W・C・ブライアントやW・アービングら文化人が約10年にわたる公園建設要求運動を行った。それが功を奏し，1858年，コンペで第1位に選ばれたカルヴァート・ボーとフレドリック・オルムステッドによるセントラルパークが，5〜8thアヴェニューと50〜110ストリートの区画に造成された。イギリス庭園的な景観に配慮した人造公園で，歩車分離のアイデアなどは後のニュージャージー州ラドバーンのニュータウン開発のモデルになったといわれている。また，ゴミであふれ，家畜が自由に歩き回っていたスラム地区をクリアランスした画期的な計画でもあった。

1883年，マンハッタンとブルックリンを結ぶブルックリンブリッジが完成し，1886年，ニューヨーク市は現在の5区からなるグレーターニューヨークとなった。1904年にはマンハッタン・グランドセントラル駅とペンシルバニア駅を結ぶ地下鉄が通る。交通の発展には後にパワーブローカーと呼ばれたロバート・モーゼスが貢献し，1920〜50年代に13本の橋と2本のトンネル，637マイルに及ぶ高速道路が建設された（フリント 2011）。一方，街路に息づくコミュニティに都市の活気を見出したジェイン・ジェイコブスにより，ヒューマンスケールの街並みも残され，ニューヨークは重層的な魅力のある都市となっていった。

20世紀に入ると，フラットアイアンビル（1902年）を皮切りに超高層ビルが次々と建ち始めた。1916年，ニューヨークは道路斜線制限などを含む総合的ゾーニング条例を制定し，同時に，敷地面積の25％までならいくらでも高く建てて良い特例を定めた。それに合わせ，クライスラービル（1930年）やエンパイアステートビル（1931年）に代表される「Tower on the Base型（基壇型）」の建築が建ち始める。一方で，第二次世界大戦後の不健全で過密な生活環境を改善するように，リンカーンセンターやスタイヴェサントタウンなどが建設された。1961年には，容積率規制が制定され，シーグラムビル（1954年）に見られるような公開空地を普及させる特例も同時に導入され，そうした高層建築はモダニズム建築「Tower in the Park型」として普及した。

1970年代に入ると，中層街並み型集合住宅開発基準が策定され，1984年には，容積率や高さを抑制しファサードを揃えた中庭型の伝統的な街並みを保存・推進するコンテクスチュアル・ゾーニングが導入された（東京大学cSUR-SSD研究会 2008）。　　　　（亀井靖子）

The Americas 06: Philadelphia

【フィラデルフィア】独立宣言都市

アメリカ合衆国, ペンシルヴァニア州
Pennsylvania, USA

　フィラデルフィアは, ニューヨークとワシントンDCの中間地点に位置する米国東海岸第2位の大都市である。アメリカ合衆国の独立宣言が起草された町であり, 1790年から10年間は連邦政府の首都であった。自由を尊重するがゆえに理想が覆され, 繁栄と荒廃を繰り返してきた都市でもある。

　1609年に最初のヨーロッパ人が訪れるまで, この地はごく少数の先住民の住む深い森林地帯であった。17世紀中頃にオランダ人, 次いでイギリス人が入植した。1682年, ウィリアム・ペンが, 国王チャールズ2世から, 王家の巨額の借金を帳消しにするかわりに, 現在のペンシルヴァニア州とデラウェア州を含む一帯の統治権を与えられた。すでに近隣州で植民地開発の経験を積んでいた彼は, 当時本国でも植民地でも迫害を受けていたクェーカー教徒のため, 信教の自由を保証し, 平和と平等と友愛を追求する理想郷を計画した。そしてこの町をギリシャ語で「兄弟愛（Phila-delphia）」と名づけた。

　ペンがイギリスから送った「大型船が停泊し積荷のできる川沿いで, 洪水の心配のない高さで乾いた健康的な土地」（Reps 1965）という指示により, デラウェア川とスキルキル川に挟まれた, 弦楽器の「くびれ」のような形の場所が選ばれた。測量監督ホルムはその土地のデラウェア川沿いの東半分に町を計画したが, ペンはそれをスキルキル川まで達する左右対称の矩形に変更した。こうして1682年に描かれた都市計画は, 幅員30mの2本の大通りが町の中央で直交し, その交差点に10エーカー（約200m四方）の広場を設けて4つの公共施設を配置し, 大通りで区切られた各クォーターの中央にも8エーカーの公共広場を配置して, 全体に15m幅道路のグリッドを敷き詰めるというものであった（図1）。さらに「乾いた健康な土地」「住宅の周囲にはできれば屋外空間を」といった指示もあった。この計画がイギリス・ロンドンで大火後に行われた再開発計画のひとつと似ていたのは, ペン自身がロンドンで1665年の大疫病や1666年の大火災

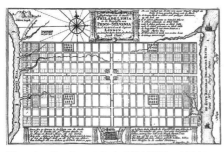

図1　ウィリアム・ペンによる都市計画, 1682年
（アメリカ議会図書館蔵）

図2　実測図, 1776年頃（アメリカ議会図書館蔵）

を経験していたことと無関係ではあるまい。

　入植が始まると，ロンドン風の煉瓦造3階建ての住宅が建ち並び，1683年には357棟，1685年には約600棟，1698年には2000棟以上に増えた。18世紀前半には人口が2万人に達し，ボストンを抜いて北米最大，英領土内でもロンドンに次ぐ第2位の都市となった。そして町は，ペンらの都市計画を裏切り，水運の便に勝るデラウェア川沿いのみに計画された枠をはみ出して発展していった。公共建築物も町の中央広場ではなく，川辺の空いている土地に必要に応じて造られた。健康的な緑の田園都市を目指して計画したはずの大きめのグリッドは，増設された狭い路地によって小さく分割され，長屋が建ち並び，衛生状態も治安も劣悪な過密都市になっていた。

　しかし18世紀中頃までには，ジェームズ・ローガン市長や建国の父ベンジャミン・フランクリンといった偉人たちの尽力により，州議事堂や図書館，消防署，病院といった公共施設が整えられた。道路も舗装され，ガス灯が明るく照らす近代的な都市へと変貌した。デラウェア川の河岸では，土手の下にも住宅や商店が建ち並び，新たな水辺の道も追加され，賑やかな港となっていたことが，当時の実測図に示されている（図2）。合衆国の首都であった1790年頃には，ペンの街路計画は大きく変更され，広場も墓地にされてしまった。

　19世紀中頃になってようやく，様々な都市環境条例が整えられるとともに広場が整備され，過密都市に貴重な屋外空間が提供された。1876年には，米国初の万国博覧会をきっかけに市の西側が開発され，スキルキル川沿いには3700haの広大なフェアモント公園が造られた。ペンの計画から遅れること200年，ようやく中央広場に当時高さ世界一を誇った石造の市庁舎（167m, 図3左）が建てられると，この周辺に新たなビジネス地区が形成された。そして外洋航路の発達に伴い，港湾施

図3　ウィリアム・ペンの像を戴く市庁舎（左）とベンジャミン・フランクリン・パークウェイ（右）（筆者撮影）

設は陳腐化し，デラウェア川沿いの市街地は衰退していった。

　20世紀初頭には，市庁舎広場から映画「ロッキー」の階段でお馴染みのフィラデルフィア美術館へと至る直線上に，グリッドを斜めに切り込む大幅員のパークウェイが新設され，市の中心からフェアモント公園まで緑の並木道がつながった（図3右）。

　1950〜70年代にはエドモンド・ベーコンの都市再生計画により，歴史地区や水辺空間を活用した旧市街地の再開発プランが実行され，荒廃していた町の東半分に活気を取り戻した。しかし1980年代になると主要産業であった工業の衰退とともに経済が低迷し，町は失業者であふれ，スラム化が進行した。一方で，1987年，市庁舎頂上にあるペンの銅像（167m）を超える高さの建築を建てないという「紳士協定」が破られ，288mの超高層ビルが100年間守られたスカイラインを変えた。これをめぐる論争を契機に，1988年からは2度目の都市再生計画が始まった。1990年頃からは人口減少にも歯止めがかかり，現在まで150万人台で推移する全米第5位の大都市となっている。しかし，その2割以上は貧困層である。ペンの描いた自由や多様性といった理想は今，経済格差に姿を変え，町に重くのしかかっている。

（鈴木あるの）

The Americas 07: Chicago

【シカゴ】 摩天楼の街

アメリカ合衆国，イリノイ州
Illinois, USA

　西部開拓以前の名残りで今だに「アメリカ中西部」と呼ばれる地域の，ミシガン湖に面するシカゴは，都市圏人口900万人を誇り，ニューヨークとロサンゼルスに次ぐ全米第3位の大都市である。豊かな農業用地と水陸交通の至便な立地に恵まれ，まずは穀物の集積地，やがて金融の中心として富を蓄えた。入植用に急造された湖畔の小さなグリッドは，投機的宅地需要に引きずられ，何ものにも遮られない大平原上を瞬く間に広がった。そして大火で町の大半を失うと，今度は新時代の建築材料で摩天楼の町を築いたのである。

　ミシガン湖からイリノイ川を経てミシシッピー川へとつながるこの土地は，早くから毛皮交易の交通の要衝として注目されていた。1822年に運河建設が承認され，その資金調達のため周辺地が数ブロックに整備され分譲されると，たちまち投機買いが広がった。1833年当時（図1）には400人以下だった人口は，3年後には4000人，1848年に運河が完成する頃には2万人に達していた。土地価格も1日で10倍になるほどの高騰を見た。加速する宅地需要に追いつくためには測量や工事のしやすい単純な区画割が望ましく，郊外住宅地から農地まで，グリッドは迷うことなく拡大した。

　急激な都市化の中，運河の完成を待たずして鉄道も相次いで開通し，全米の鉄道網の中心たるべき基礎が築かれた。当時の主要産業は農業で，シカゴは東部の都市に中西部の穀物を送り出すための集散地として発展し，1848年には世界初の先物取引所として，シカゴ商品取引所が作られた。畜産業や鉱業も順調に発展し，1860年頃には人口10万人を超える「西部」最大の都市となった。さらに南北戦争後の1865年の人口は18万人，1872年は36万人と倍々に増したが，グリッド上にはまだ木造の低層住宅が規則正しく建ち並んでいたことが，当時の鳥瞰図から分かる（図2）。

　そして1871年，シカゴ大火が町を焼き尽くした。市は以後の木造住宅建設を禁止し，耐火建築を義務づけた。焼け跡の町にはルイス・サリバンをはじめとする建築家が集まり，第二次産業革命後の工業化された建築材料も手伝って，高層ビルが次々と建てられた。こうしてシ

図1　都市図，1833年頃（ミシガン州立大学蔵）

図2　鳥瞰図，1871年頃（アメリカ議会図書館蔵）

カゴは垂直方向にも伸長し始めたのである。

1884年には世界初の鉄骨構造ビル（54.9m），1889年には世界初の超高層ビル（106m），1895年にはガラス張りの現代的高層ビル（61m）が登場した。一方でルネサンス様式のビル（130m, 1921年）とネオゴシック様式のタワー（141m, 1925年）とが隣り合うなど，「建築博物館」の相を呈していった。現在，シカゴ建築財団では，80種以上の建築ガイドツアーを提供している。

豊かな町では文化も発展し，1879年にはシカゴ美術館，1890年にはシカゴ大学，1891年にはシカゴ交響楽団が設立された。さらに1893年のシカゴ万国博覧会をきっかけに多くの美術館・博物館が建設され，国際的にも注目を集めた。この万国博覧会場では，建築家ダニエル・バーナムの指揮の下，水辺や庭園を含む変化に富んだ敷地（図3）の上に新古典主義様式の白亜の殿堂が建ち並び，「ホワイトシティ」と称えられた。この屋外空間と公共建築を一体化した計画手法は，植民地の都市計画とは異なる，米国流の近代的都市計画の幕開けをもたらした。

しかし，その陰で貧富の差は拡大し，市内のスラム化が進行した。南部から職を求めて黒人が流入し，人種差別による貧困から暴動も起こった。20世紀に入る頃にはシカゴの人口は170万人に達し，ニューヨークに次ぐアメリカ第二の大都市となっていたが，政治の腐敗や警察と裏社会との癒着などがあいまって，市中心部は無法地帯となった。禁酒法時代（1920～33年）の後半にはアル・カポネ率いる犯罪組織が町を牛耳っていたといわれる。

このような状況の中，経済的中上流層は郊外へと流出した。白人中心の文化芸術とは別に，ダウンタウンではブルースやジャズといったアフリカ系住民にルーツを持つ音楽が隆盛を見た。現在でもシカゴ大学周辺を除く市内南部は黒人居住区，市内北部は白人居住区と

図3　シカゴ万国博覧会の敷地図，1893年
（アメリカ議会図書館蔵）

明確に分かれており，米国の中でも特に人種の住み分けが明白な都市である。

世界大恐慌後も高層建築ブームは続き，1930年にはアール・デコ様式のシカゴ商品取引所ビル（184m），戦後の1969年にはジョン・ハンコックセンター（457m），1974年にはシアーズタワー（現ウィリスタワー，527m，当時世界一）といった超高層ビルが次々と建設され，現在も見られるスカイラインが形成されていった。

都市交通面では，1892年に鉄骨造の高架鉄道「エル（Elevatedの略）」が開通した。現在でも郊外へ伸びる8つの路線が市中心部の「ループ」という環状線部に乗り入れる形で，24時間運行している。このループは，日本の山手線のような環状ではなく，街路グリッドにきちんと沿った850×650m程度の小さな四角形である。

1950年から70年にかけて市街地の再開発と治安の改善，賃金格差の是正などが行われた。それでも市内の人口は，1950年に362万人を記録してから以降は減少に転じている。ここではジェントリフィケーションも市内北部の白人居住区に集中しているが，2000年代以降は，市内南部にすら住めない黒人貧困層の流出が目立っている。　　（鈴木あるの）

The Americas 08: New Orleans

【ニューオリンズ】水害とともに生きる街

アメリカ合衆国, ルイジアナ州
Louisiana, USA

　ニューオリンズは, New Orleans（新オルレアン）という名前が示す通り, フランス領ルイジアナの中心都市としてミシシッピー川の河口近くに開発された植民都市である。最初に開発されたのは, ミシシッピー川の自然堤防上に立地する現在フレンチクォーターと呼ばれる地区である。1718年にルイジアナ州知事ルモワーヌの主導でフレンチクォーターの開発が始められた。設計はフランス軍の技術者であるラトゥールとディパーガーが担当した。

　そのデザインは, 図1に示すようにミシシッピー川に面したジャクソン広場を中心に, 左右対称に広がる11×6ブロックから構成されるグリッド・パターンであり,「新フランス都市計画の到達点」（Campanella 2006）とされる。都市が建設された当時の建物が現在もフレンチクォーターに残っており, 最も古い建物は1749年から53年にかけて建設された旧ウルスラ会修道院である。ニューオリンズは水害の被害が頻発する地域であり, 都市建設と平行して堤防の建設も行われた。

　1810年代になると蒸気船が通うようになり, ニューオリンズはミシシッピー川流域で栽培される綿花やサトウキビの集積・積み出し港となった。当初4000人程度だった人口は, 1万7000人まで増加する。人口増加にあわせて, 1810年から70年代にかけて, フレンチクォーターより上流の自然堤防上に都市が拡大し, 三日月状の形態を持つようになった。これがニューオリンズの愛称クレセントシティの由来である。この地区は, 上流部に位置することからアップタウンと呼ばれ, 大学や邸宅が建ち並ぶ地区となっている。

　しかし人口増加は止まらず, 1890年には2万1000人を超える。自然堤防上だけでは間に合わなくなり, 図2に示すように都市域はポンチャントレイン湖側に向けて拡大した。ところがニューオリンズの地形は, ミシシッピー川からポンチャントレイン湖にかけてすり鉢状になっており, 雨水でさえポンプで排水する必要がある。そのため排水システムが都市を維持する上で不可欠となり, 1896年から1915年にかけて当時としては最先端の排水システムが整備された。これによりニューオリンズは都市の形態を変えていく。

　人工的な排水の必要がない自然堤防上に建設されたフレンチクォーターの形態はグリッド・パターンであったが, 動力ポンプを使った排水システムの整備とともに開発された地区は扇状の道路ネットワークを持つ。図3に示すように扇の要にはポンプ場が設置され,

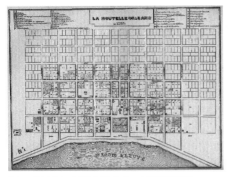

図1　都市図, 1728年（テキサス大学図書館蔵）

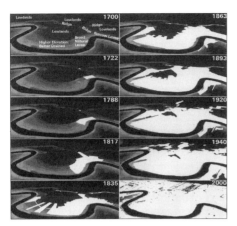

図2　都市域の拡大（Campanella 2006）

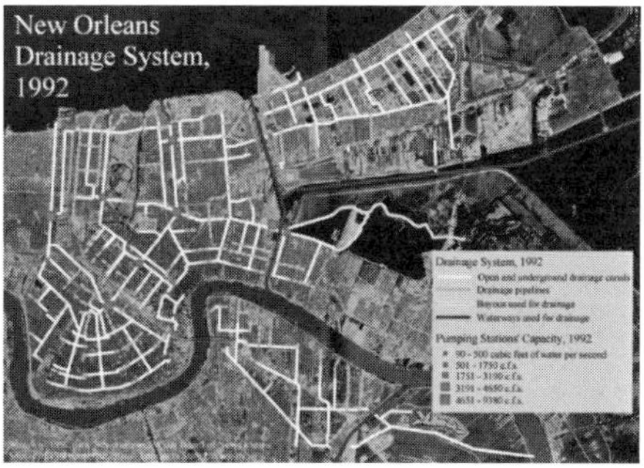

図3　ニューオリンズの排水システム
（Campanella 2002）

扇状に広がった道路に沿って設置した排水路（地下埋設管，排水路）の水を集め，いくつかのポンプ場を経由し，最終的にポンチャントレイン湖に排水する。低地に拡大していったニューオリンズ市域では，排水システムが都市の形態を決定している。

　こうした排水システムも完全ではなく，しばしば浸水被害が発生した。そのためニューオリンズでは，墓所を高床にするなど，水害とともに生きる知恵が随所に見られる。アメリカ南部では間口の幅が狭く，奥行きの長い「ショットガン・スタイル」の住宅が有名であるが，ニューオリンズの古い住宅では，ショットガン・スタイルも含め，水害に備えて基礎を高くした高床式住宅が数多く見られる。その後，排水システムの整備が進み，高床の住宅は減少したが，2005年のハリケーン・カトリーナ後，予想浸水深さに応じて床の高さが規制されるようになり，浸水が予想される地域では高床の住宅が義務化されるようになった。

　ニューオリンズのもうひとつの特徴として文化の多様性がある。ニューオリンズはジャズ発祥の地として知られるとともに各国の料理が組み合わされたケイジアンやクレオール料理でも有名である。フランス植民都市として開発されたニューオリンズであるが，アメリカ南部の主要都市として発展していく過程で，ドイツやアイルランド，イタリア，スペイン，イギリス，ギリシャといった国々から多くの移民が集まった。またアフリカやカリブの国々から奴隷として来た人々も住む。そのため，1800年代初頭からすでに様々な文化が混在するエキゾチックな町として認識されていた。現在，郊外地域では白人とアフリカ系アメリカ人，アジア人（ヴェトナム系が多い）がそれぞれ分かれて住むようになっているが，旧市街には現在も様々な民族が一緒に住んでいる地域も存在する。

　ニューオリンズは，2005年のハリケーン・カトリーナにより市域の8割が浸水するという大きな被害を受ける。ミシシッピー川の自然堤防上に建設されたフレンチクォーターや裕福な人が住むアップタウンは被害が小さかったが，それ以外の新たに開発された地域では，白人が住む地区も，アフリカ系アメリカ人の住む地区も大きな被害に見舞われた。災害後，多くの人がニューオリンズを離れたが，その一方で，人手を必要とする観光産業や建設産業に従事するヒスパニック系の人々が新たに移住してきている。　　　　（牧紀男）

The Americas 09: San Francisco

【サンフランシスコ】砂丘の上のグリッド都市

アメリカ合衆国，カリフォルニア州
California, USA

　サンフランシスコは坂の町である。それも海辺の町によく見られるような一定方向に傾斜した坂ではなく，ジェットコースターのごとく上り下りの急傾斜が縦横無尽に広がっている。そのため，海が見え隠れする変化に富んだ風景が道行く人々を楽しませる（図1）。映画のロケにもよく使われ，カーチェイスの場面などでは迫力満点のシーンを提供している。市内を走るバスや路面電車はすべて車椅子対応だが，ひとたび下車すれば歩道は30度の急傾斜だ。住宅市街地にヘアピンカーブが連続するロンバルド通りは，その特異な景観から観光客の人気を集めている。しかしこの町で車を乗り回すには相当な運転技術を要するし，渋滞も駐車場難も恒常的に酷い。

　この良きにつけ悪しきにつけ特色のある市街地は，凸凹の土地にグリッドを真上から押し付けたことから始まった（図2）。そしてそのグリッドは，人々の様々な思惑を取り込みつつ，複雑に発展したのである。

　この地はもともと荒涼とした砂丘であった。1776年にスペイン人が入植し，軍事要塞プレシディオと伝道所ミッションを建設したが，その後しばらくは繁栄を見なかった。1821年にカリフォルニアはスペインから独立し，メキシコの一部となった。1835年にはイギリス人船長リチャードソンが，半島北東部の入江に港としての将来性を見出し，宅地や倉庫群を整備した。これが，イェルバ・ブエナ（「美しい草」。当地に原生していた草の名）という小さな町の始まりである。

　リチャードソンは自らの敷地に面して最初の道を造ったが，その1ヶ月後に初代市長のデ・ハロがもう1本の道を鋭角に造ってしまった。そこで知事がスイス人測量技師ヴィオジェに調整を依頼したが，彼は既存の住宅に配慮したのか，平行四辺形のグリッドを敷いてしまった。米墨戦争後の1846年，カリフォルニアは米国に割譲され，翌年この町もサンフランシスコと改名された。そこで新市長から委託を受けたアイルランド人技師オファレルは，グリッドを直角に修正し，さらにイェ

図1　ロンバルド通りからテレグラフ・ヒルを見る
（筆者撮影）

図2　イェルバ・ブエナの町，1846年
（アメリカ議会図書館蔵）

ルバ・ブエナのグリッドとは斜めの方角にもうひとつの大区画のグリッドを造った。おそらくミッションへと直線的に続く比較的平坦な道と，入江南側の海岸線に平行な道とを基準に考えたのであろう。こうして，マーケット通りを挟んで2つのグリッドが45度にぶつかる現在の街割りができたのである（図3）。

　1849年からゴールドラッシュが始まり，町の人口は瞬く間に数百人から数万人へと膨れた。地価高騰に狂喜乱舞する宅地需要に引っ張られ，グリッドは丘を踏みつけ乗り越えて西へ南へと広がった。港は交易で栄え，中国など様々な出自の移民労働者が多数流入した。1873年には急坂の交通手段としてケーブルカーが敷かれ，ヴィクトリア様式の家々が建ち並んだ。グリッドの伸長は半島西半分を覆う砂丘の前でいったん止まっていたが，1871年からのゴールデンゲートパークの建設を機に「外側の土地」も開発され，町は太平洋岸に達した。

　1906年，サンフランシスコ地震とそれに続く火災が旧市街地の大半を焼き尽くした。しかし住民は，交通上の問題の多かった街路を見直す間もなく再建を急ぎ，1915年には万国博覧会を開くまでに町を復興した。1936年には東対岸のオークランドと結ぶベイブリッジ，1937年には北対岸のマリンカウンティと結ぶゴールデンゲートブリッジが完成し，サンフランシスコ・ベイエリア（湾岸域）として，より一体的機能を持つこととなった。第二次世界大戦中には海軍造船所が造られ，職を求めて南部から労働者や復員兵が流入し，人口はほぼ現在と同等の70万人規模まで膨れ上がった。

　1950〜60年代には再開発が進み，市西部ゴールデンゲートパーク北側のリッチモンド地区と南側のサンセット地区にもグリッドが整備され，主にアジア系の移民が住みついた。新しい高速道路網も建設されかけたが，これは住民の反対に遭い停止した。

図3　サンフランシスコの街割り，1849年
（アメリカ議会図書館蔵）

　超高層ビルの出現は比較的遅く，1970年頃からである。1972年完成のピラミッド（260m）が物議を醸してから「マンハッタン化」を恐れる声が高まり，1985年の都市計画ではマーケット通り以北の開発に制限がかけられた。250以上の歴史的建造物が保存され，開発に際する屋外空間の確保も義務化された。1989年の大地震の後には，倒壊した高架道路を再建せずに撤去し，歩くことのできる水辺の街並みを復活させた。

　1980年代には白人の郊外流出が起こり市中の人口が減少したが，90年代後半からはITバブルによるジェントリフィケーションが進んだ。もとより宅地面積が限られている上，成長管理政策により守られたコンパクトで良好な住環境は常に人気の的で，2007年からの経済危機においても不動産価格の下落を見ることはなかった。グーグルやアップル，ヤフー，フェイスブックなどIT系の大企業の本社が揃ってベイエリアにあるため，その従業員たちが市内に居住して家賃を高騰させた。彼ら専用の通勤バスも走り，社会問題を引き起こしている。そしてとうとう2012年には開発規制が緩和され，2018年には高さ326mのセールスフォース・タワーが完成し，その雄姿をスカイラインに突出させている。　（鈴木あるの）

The Americas 10: Los Angeles

【ロサンゼルス】ハイウェイ都市

アメリカ合衆国，カリフォルニア州
California, USA

　ロサンゼルスは，アメリカ合衆国西海岸カリフォルニア州の南に位置するロサンゼルスカウンティの郡庁所在地であり，ニューヨークに次ぐ合衆国第二の都市である。ガイドブックなどでは，ディズニーランドなどの観光名所があるオレンジカウンティ，サバティーノカウンティ，リバーサイドカウンティ，ベンチュラカウンティを含めた，ロサンゼルス大都市圏を扱っていることが多い。また，名前がよく知られているマリナ・デル・レイ，サンタモニカ，カルヴァーシティ，ビバリーヒルズ，サンフェルナンドはロサンゼルス郡ではあるが，ロサンゼルス市には含まれない。

　ロサンゼルスの発祥は，1781年にスペインのネヴェ総督がメキシコから開拓民の一団44人を率いてヤング・ナ（「塩（yana）のある村」という意味で，アルカリ性土壌の層が河床にあったので，この名がつけられたと推測される

図1　オードによる都市計画，1849年
（ハイデン 2004）

（五明 2008））にあるガブリエル村（現在のダウンタウンのアムトラック・ユニオン駅のそばにあるオルベラ街辺り）に建設したプエブロ（スペイン語で農業と物流機能を備えた集落のこと）であった。「聖母マリア（ポルシウンクラの天使たちの女王）の川」を意味するロス・アンヘレスからロサンゼルスの名がついた（荒他 2012）。

　メキシコがスペインから独立した1821年にメキシコ統治下に入ったが，米墨戦争（1846～48年）の結果，アメリカ合衆国に帰属した。1849年に市議会の依頼を受けてエドワード・オードにより策定された都市計画（図1）は，古いスペイン植民都市の南側と北側にグリッド・パターンの地区を付加したものであった。1876年にサザン・パシフィック鉄道が接続されるまで，整然と発展していたことが分かる（都市史図集編集委員会 2012）。多くの建物は，スパニッシュ広場の周辺や，広場につながる街路，オードにより付加された街区に配置されている（都市史図集編集委員会 2012）。

　1871年の鳥瞰図（図2）は土地投機ブームの前のロサンゼルスを示している。市街化された部分は，スペインの植民都市時代の広場を中心とするプエブロの空間配置を維持している。西の方向に伸びている道路は，アメリカ統治が始まった直後に整備されたものである。南側の農地や牧場は1870～80年代の大土地ブームの時代に土地分割され販売されることになる（都市史図集編集委員会 2012）。

　1869年に，サンペドロ港とダウンタウンの間にサンペドロ鉄道が走り始めると，1876年

にはサンフランシスコからロサンゼルスに至るサザン・パシフィック鉄道，1880年代後半にはシカゴとロサンゼルスを結ぶサンタフェ鉄道が開通する。そして1905年にソルトレークとロサンゼルスを結ぶユニオン・パシフィック鉄道が完成した。また1873年に乗合馬車，1885年にケーブルカー，1887年に市街（黄）電車，1901年に郊外（赤）電車が走った（五明 2008）。サザン・パシフィック鉄道とサンタフェ鉄道がロサンゼルスに接続されると，投資家たちは土地を安値で買い占め，「太陽とオレンジのアルカディア（理想郷）」（オレンジはギリシャ神話で「黄金のリンゴ」）というキャッチフレーズで一斉に分譲を開始し，約40の町が2つの鉄道沿線に約1マイルおきに建設された（都市史図集編集委員会 2012）。ドイツ系商人ウルフスキルが1894年に現在のユニオン駅周辺の2エーカーの土地でオレンジ栽培を始めたのが産業としてのオレンジ園の始まりである（五明 2008）。1880年に1万人であった市の人口は，1890年には5万人になり，20年後の1900年には10万人に達した。鉄道開通とともに起こった土地開発ブームにより，オレンジ園は衰退の一途をたどり，1893年に最後のロットが姿を消した。

1892年，エドワード・L・ドゥヒィーニとチャールズ・A・キャンフィールドの2人は，ダウンタウンのちょうど西側にある住宅街の中で石油を掘り当てた。2年後にはフィゲロワ，ビバリー，ベルモント，テンプルの通り近辺に集中する20の街区の中に80本の油井が建ち，辺りは油田地帯となった（ハイデン 2004）。

1939年のパサデナフリーウェイを皮切りに，40年代に入るとフリーウェイが次々と開通していった。1976年にはサンフランシスコ，1985年にはシカゴと結ばれ，かんきつ類などが東部へ輸送されるようになった。この頃，市の北にパサデナとバーバンク，西にサ

図2　鳥瞰図，1871年（ハイデン 2004）

ンタモニカ，南にロングビーチなど，独立した諸都市が成立し，現在のメトロポリタン地域の基礎が成立した。ダウンタウンから西へ車で1時間ぐらいのところにあるハリウッドは，戸外撮影に適した気候を生かして映画産業の中心地となった。

サンペドロ港を市に編入したロサンゼルスは，海運業もさかんになった。このような産業の発展に伴って半砂漠地帯にあるロサンゼルスは，飲料・工業用水を確保することが緊要な問題となった。そのために1913年にシエラネバダ山脈の東を流れるオーエンズ川と市を結ぶ水路が建設され，1936年にはコロラド川からの水の供給が始まった。

第二次世界大戦を機に各種製造業が近代化され，特に航空機の生産ではロサンゼルスは国の中心的役割を果たした。1900年に約10万人だった人口は，50年には197万人，60年には248万人までに増加した。ウィルシャー通りに沿って繁華街が西に拡散し，華麗なショッピングセンターで有名なセンチュリー・シティが生まれた。1940年代から50年代にかけては，サンフェルナンドバレーなどで庭付き一戸建住宅が建ち並ぶ大規模な宅地開発が進められた。60年代からは地価の高騰によって住宅不足が生じ，集合住宅の建設が多くなっている（荒他 2012）。　　　（亀井靖子）

The Americas 11: Mexico City

【メキシコシティ】 廃墟の上のエルサレム

メキシコ，メキシコシティ州，首都
Capital, Mexico City, Mexico

　メキシコシティは，東西のシエラマドレ山脈と南の横断火山帯に囲われた，最低部でも海抜2240mの中央高原，かつてはその中央にテスココ湖が水を蓄えていたメキシコ盆地に位置する。中央高原の雨量は少なくなく，テスココ湖は，流れ出す河川のない閉鎖水系をなしており，かつてのアステカ帝国の首都テノチティトランは，その湖上に築かれていた。その古都を徹底的に破壊して建設されたのがシウダード・デ・メヒコである。

　ナトワル語で「石のように硬いサボテン」を意味するテノチティトランの中心には，壁で囲われた約300m四方の祭祀広場があった。

　考古学的発掘を基に復元が行われているが，広場には主神殿やケツアルコアトル神殿，太陽神殿，ツォンパントリ（生贄祭壇），球技場など45もの公共建築が建ち並んでいた（図1）。諸説あるが，1519年にスペイン人が到来した時点で，その人口は20〜30万人に達していたとされる。テノチティトランは，先スペイン期メソアメリカ最大の都市であり，当時の世界最大級の都市でもあった。

　エルナン・コルテスは，1519年8月，メキシコ盆地に向けての進軍を開始し，1521年8月13日にメヒコ・テノチティトランを陥落させた。そして都市の再建が開始されるが，都市計画官に任命されたのはロンソ・ガルシア・ブラボである。テノチティトランの基本的骨格は維持され，中心広場にはカテドラルや副王邸が建設された。まず，プラサ・マヨールの東西南北の各端を延長する形で，東西，南北4本の街路が設けられ，その街路に面する形で街区の建設が行われた。東西街路については，さらに南北に街路が設けられ，街区が形成されている。北側には発展の余地が少なく，1526年に教会が建てられた段階で，ほぼその形ができている。ヌエヴァ・エスパーニャ最大のスペイン植民都市シウダード・デ・メヒコのプラサ・マヨールの形状と規模（275×290ヴァラ，1ヴァラ＝0.848m）は，サント・ドミンゴやハバナとはスケールを異にする。

　いくつかの都市図が残されており，その発展過程を知ることができるが，その中に，メキシコ・カテドラルを設計した建築家のフアン・ゴメス・デ・トラスモンテ（1580〜1645/47年）による都市計画図と透視図（1628年）がある（図2）。ここにはトラスモンテのいささか誇張した理想のイメージが描かれている。フランシスコ会の修道士フアン・デ・トルクエマダは，1615年に出版した『インド君主国』の中で「テノチティトランは混乱と悪魔

図1　テノチティトラン中心部の復元（メキシコ国立人類学博物館蔵，CEDEX 1997）

図2 フアン・ゴメス・デ・トラスモンテによる都市計画図(左)と透視図(右)，1628年
（ロレンツォ・メディチ図書館蔵）

の共和国バビロンであったが，今やもうひとつのエルサレムであり，地域と王国の母である」と書いている。また，シウダード・デ・メヒコをアメリカにおける教会を主導する新たなローマに喩えている。シウダード・デ・メヒコをエルサレムあるいはローマに見立てるイメージは，トラスモンテのこの透視図のイメージとともにヨーロッパに伝えられた。そして何よりも，アメリカのエルサレムあるいはローマというイメージは，メキシコに住むクレオールたちに圧倒的に受け入れられた。

シウダード・デ・メヒコは火山帯の標高5000mを超える山々に囲まれ，流れてくる水が流れ出す川を持たず，テスココ湖はそうした水が貯えられた湖である。そのためテノチティトランは常に洪水の恐れにさらされていた。そこで，テスココ湖の干拓が1620年から開始され，完全に陸地化されていくことになる。1758年の地図にはテスココ湖がまだ描かれており，1793年の地図では消えている。テスココ湖が干陸化されたのは18世紀後半のことである。しかし軟弱地盤で，地下水を汲み上げることで地盤沈下が進行していく。20世紀初頭には9mも沈下した場所があるという。

18世紀中頃から新たな鉱脈の発見や鉱山技術の改善によって再び銀ブームとなると，都市は発展を始める。テスココ湖の干陸化はその象徴である。征服以降激減してきたインディオ人口は，18世紀になると増加に転じ，18世紀末のシウダード・デ・メヒコの人口は13万人（1793年）に達した。

メキシコがスペインから独立するのは，コルテスがテノチティトランを征服してからちょうど300年後のことである（1821年）。その後，対外戦争が相次ぎ，政権は安定しなかったが，ポルフィリオ・ディアスのクーデター（1876年）によってようやく治まった。さらに，その独裁体制を打倒したのがメキシコ革命（1910年）である。

1940年代以降，政権は安定し，メキシコシティはその首都として発展していくが，1970年代以降の人口爆発によって，都市問題や住宅問題，とりわけ公害問題に悩むことになる。1985年には大地震に見舞われた。

1980年代以降，一貫して人口の地方分散政策が採られているが，実効性は上がっていない。今や人口2000万を超える世界有数のメガシティである。

（布野修司）

The Americas 12: Puebla

【プエブラ】天使の街

メキシコ，プエブラ州
Puebla, Mexico

プエブラが，初代司教となるフリアン・ガルセスによって建設されたのは，エルナン・コルテスがテノチティトランを征服して10年後のことである（1531年）。当初，天使の街（プエブラ・デ・ロス・アンジェルス）と呼ばれる。

コルテスは，メキシコシティ（シウダード・デ・メヒコ）の建設を開始する一方，アステカ帝国領内各地にスペイン兵士と帰順したアステカ兵士を送り，1524年までにオアハカ，チアパス，ソコヌスコ，グアテマラを占領，ユカタン半島とグアテマラ以南を除くメソアメリカを支配下に置いた。そして，メキシコシティにアウディエンシアが置かれる1528年までに31の拠点が，ヌエヴァ・エスパーニャ副王領が置かれた1535年までにさらに25の拠点が設置された。そうしたスペインがメキシコに建設した植民都市の中でも，プエブラは，西約220kmに位置する外港ヴェラクルスと北西約100kmにあるメキシコシティを結ぶルートの中継地として発展する。

プエブラは，農産物をメキシコシティに供給する一方，地域の繊維生産の中心となった。また，良質な土が採取できることから，陶器（タラベラ）の町としても知られる。さらに，メキシコの北部，特にサン・ベルナベ鉱山から1548年に最初の銀鉱脈が発見されて以降，サカテカス周辺の銀鉱地帯と結びついた。当初からスペイン人が多く住んだが，先住民が食料品などを集めて人々に売る定期市（ティアンギス）が開かれるようになり，彼らもサンフランシスコ川の西岸から高地に移住してきた。プエブラは，ヌエバ・エスパーニャでメキシコシティに次ぐ第二の都市となる。

メキシコで最も高い活火山，標高5426mの

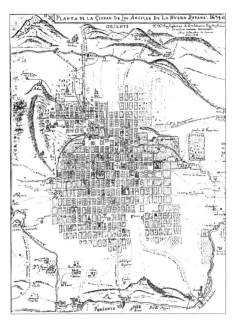

図1 都市図, 1698年（Alttman 2000）

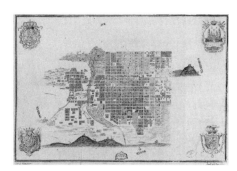

図2 都市図, 1794年（インディアス総合古文書館蔵）

ポポカテペトル山の麓（標高2100m）に，アステカの既存の集落とは別にまったく新たに建設されたプエブラは，きわめて整然としたグリッド・パターンの都市である。残された都市図によれば，17世紀末には今日の歴史地区の大半が建設されていたことが分かる（図1）。16世紀半ばまでに，ソカロ（中央広場：プラサ・マヨール）に水が供給され，噴水がつくられている。120程度の街区が確認されるが，その大部分は建設中である。

市壁は建設されず，グリッドを都市の発展に応じて延長するスペイン植民都市の典型である。グアダラハラ，オアハカなども同様であるが，プエブラの場合，軸線が北西から南東に傾いており，街区の形状が長方形をしていることが特徴的である。1794年の都市図（図2）によれば，ソカロの縦横比は1：2で，1573年のフェリペ2世の勅令（インディアス法）に従っている。長方形街区100×200ヴァラであり，2×4＝8に分割される。プエブラ建設の段階で，スペイン植民都市の基本的計画モデルはできあがっていたことが分かる。

プエブラの中心となるカテドラルの建設がソカロに接して始まったのは1575年であるが，その後長い年月をかけて建設し続けられ，今日に至る。建築家としてフランシスコ・ベセラとジュアン・デ・シゴロンドの名が知られる。カテドラルはラテン十字の平面形をしており，左右各2列の身廊を持つ。1649年に奉献されているが，塔はなかった。北塔が増築されるのは1678年，南塔が建築されるのは1768年，建築家エンゾザミエントによって完成をみたのは1772年である（図3）。かつて「世界の8番目の不思議」として知られたロザリオのチャペルのあるサント・ドミンゴ教会は1650年から1690年の間に建てられたものであり，メキシコバロック建築の傑作である。

1714年に新しい市庁舎が建設される。イオニアの柱とペディメントのルネサンス様式であ

図3　プエブラ・カテドラル（布野撮影）

る。プエブラ劇場は，1761年にミゲル・デ・サンタマリアによって建設されたが，現在のものは1998年に再建されたものである。街路が舗装されたのは1786年から1811年にかけてのことである。旧市街「プエブラ歴史地区」は，1987年にユネスコの世界文化遺産に登録されているが，2階建ての中庭（パティオ）式住宅が整然とした街並みを維持してきている。建物の多くが，スペイン南部からの入植者が普及したタラベラ焼きのタイルで装飾されている。

1827年にメキシコが独立すると，スペイン人はすべて追放される。47年にはアメリカ軍，63年にはフランス軍に占拠されたが，イグナシオ・サラゴサ指揮下のメキシコ防衛軍が，当時，世界最強とされたフランス軍を撃破し，都市名はプエブラ・デ・サラゴサに変更された。メキシコ革命（1910～17年）時には，その先駆けとなる反乱が起こった都市である。

プエブラは，人口約250万人（大都市圏域約325万人，2017年），フォルクスワーゲンの工場が立地する産業都市として，また歴史文化都市として，メキシコ有数の都市としての存在感を誇示している。　　　（松枝朝・布野修司）

The Americas 13: Santo Domingo

【サント・ドミンゴ】 「新世界」最初の植民都市

ドミニカ共和国，国家地区，首都
Capital, National District, Dominica

　サント・ドミンゴは，アメリカ大陸最初の植民都市である。1502年にニコラス・デ・オヴァンドによって建設されたスペインの植民拠点がその起源である。現在のサント・ドミンゴは，ドミニカ共和国の首都で最大の都市であり，カリブ海域でもキューバのハバナに次ぐ第二の都市である。東をオサマ川，南をカリブ海，北と西をかつての市壁で囲まれた旧市街は，面積約90haで，116の街区からなり，1万2133人（2002年）が居住する。都市基盤は農業と教育である。

　サント・ドミンゴの都市形成の過程を振り返ると，およそ以下のようになる。

　1492年，ジパングを求めて航海へ出たクリストバル・コロンがグアナハニ（サン・サルヴァドル）島へ到達し，最初の植民都市としてイスパニョーラ島にナヴィダー要塞を建設した。「新世界」最初の砦ではあったが，翌年コロンが訪れるとインディオの襲撃によって破壊されており，残留した39人のうち生存者はいなかった。その後，新たな拠点として選ばれたのがイサベラである。ここで，クリストバル・コロンの次弟バルトロメオ・コロンによって，1496年から98年にかけてヌエヴァ・イサベラが建設されるが，まもなくしてハリケーンにより破壊されたため，1502年，ニコラス・デ・オヴァンドによって対岸に建設されたのが現在のサント・ドミンゴである。前年オヴァンドはスペイン国王からスペイン人たちを集住させる要塞都市建設を命ずる勅許状と指図書を受け，翌年以降ヌエヴァ・イサベラにて，分散居住していたインディオたちを集住させ，鉱山近郊に集落を建設している。

　都市形態について，具体的な指示が出されるのは1513年で，その指令を受けたのはペドラリアス・ダヴィラである。都市とその地域に命名すること，交通の便を考慮し，川，海などに接すること，そして，教会，広場，街路，私有地に土地を割り当てることなどが指示されている。サント・ドミンゴ（オサマ）要塞の建設は1505年より開始され，1507年にイタリア人建築家フアン・ラベの設計によって，サント・ドミンゴ（「新大陸」）現存最古の建築であるオメナヘ塔が完成している。この後，ラス・カサスがインディオの拷問・虐殺に対する良心の呵責から「回心」した場所として知られる聖ドミニコ会修道院（1510年）や，サン・フランシスコ修道院（1524～35年）などの修道院・教会，サント・ドミンゴの中心に位置し「新大陸」すなわちアメリカ最初のカテドラルであるサンタ・マリア・ラ・メノール（1514～40年）が建設される。また，

図1　都市図，1588年（De Bray 1599, 布野／ヒメネス・ベルデホ 2013）

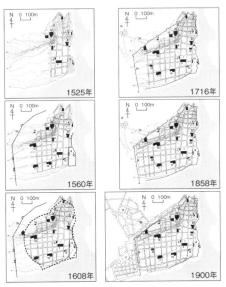

図2 都市の形成過程，1525〜1900年（ヒメネス・ベルデホ作製，一部改変）

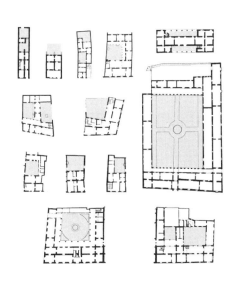

図3 住居例（ヒメネス・ベルデホ作製，一部改変）

アメリカ最初の病院・大学であるサン・ニコラス・デ・バリ病院（1533〜52年），サント・ドミンゴ大学（1518〜38年）も建設されている。

サント・ドミンゴの最も古い都市図は，1585年のフランシス・ドレイク（1540〜95年）の遠征の時に描かれたものである（図1）。この地図を見ると，市街地は矩形の街区によって構成されており，全体は市壁で囲われている。東南部に要塞が完成し，市街中央にはカテドラルが見える。西側の市壁には3つの門が設けられ，近郊の集落が描かれている。

16世紀末期から18世紀半ばにかけて，サント・ドミンゴもイスパニョーラ島全体も，衰退と貧困の時代を迎える。ハリケーンや地震により建物が被害を受けるが，修復する余裕はなかった。18世紀以降19世紀半ばまではほとんど発展はない。植民地時代が終わると市壁が市の発展の障壁になり，南西部にシウダード・ヌエヴァ（新都市）が建設され，現在の都市形態に至る（図2）。

サント・ドミンゴは，港湾に接する広場とプラサ・マヨールの2つを核としており，広場，教会など主要施設をグリッド状に配置するが，完全なグリッド・パターンをしてはいない。プラサ・マヨールの規模は124×124ヴァラで，都市図の残されたスペイン植民都市全体のほぼ標準である。

20世紀以前の住居は，ほとんどが2層以下の石造もしくは煉瓦造の中庭式住宅（パティオ・ハウス）である。最初期の1502〜09年に建設された住居は，ラス・ダマス通りに見られるパティオを持つ中庭式住宅である。当初，16世紀の間は2階建てが基本であったとされるが，17世紀以降平屋建ても見られる。邸宅を除けば，間口と奥行きによって類型化できる一定の形式を持った都市型住宅が成立している（図3）。 （古田博一・布野修司）

The Americas 14: Havana

【ハバナ】スペイン植民都市の原像

キューバ，ハバナ州，首都
Capital, Havana, Cuba

　ハバナは，サント・ドミンゴ（ドミニカ共和国）とともに，インディアス法（フェリペ2世の勅令）に理念化されることになる都市計画以前に都市建設が行われた初期スペイン植民都市の代表であり，カリブ海交易の中心となる都市のひとつである。

　サント・ドミンゴにアウディエンシアが設置された1511年以降，ディエゴ・コロン総督の命でディエゴ・ヴェラスケス・デ・クエリャルによってキューバへの入植が本格的に開始される。ヴェラスケスに先立って，セバスチャン・デ・オカンポが沿岸部をすべて探索し（1508年），良港となる湾としてカレナスとジャグアシエンフエゴスを発見している。このカレナスが今日のハバナとなる。ヴェラスケスがキューバの6番目の拠点としてカレナスを築くのは1515年のことである（定礎8月15日）。カレナスはメキシコ湾への入口に位置し，湾流に乗りやすいことからスペイン植民地の主要な港湾都市に成長していくことになる。

　最も古い地図は1567年に描かれたものである（図1）。街区割りが示された最も古い地図は1603年に描かれた図で，市の拡張と市壁計画を示している。今日のハバナの骨格が示された地図では，1691年のものが最も古い。歴史地図の中で最も新しいのは1866年のもので，スペイン植民地期の都市拡張のほぼ全体を示している。

　1515年に拠点建設の定礎が行われた最初の場所は現在のギネスに近い島の南岸であった。最終的にパンフィロ・デ・ナルヴァエスにより，1519年に現在の位置に移された。広場を中心に，南北街路・東西道路が計画される。初期には破壊と再建が繰り返されたが，街路は東西南北のグリッド状に形成されていく。サンティアゴ・デ・キューバに代わってキューバの首都となった（1553年）ことで，ハバナは大きく発展していくことになる。北部は地盤が悪かったため，当初は南部に建設されたが，16世紀後半に小さい橋が建設され，ハバナは北方へ拡大していく。1584年，南北街路と東西街路に囲まれるコロニープラサ・ヌエヴァ（現プラサ・ヴィエハ）が建設された。この第二のプラサは，都市発展の次の核として造られたと考えられる。

　1558年にハバナは，広場周辺の住居を撤去し，「新世界」で最初の本格的石造要塞建築であるレアル・フエルサ城塞を建設する（図2の1）。以降，広場はアルマス広場と呼ばれる。

　17世紀に入ってハバナは大きく拡張する。教会や病院などの公共施設も広場とともに建設されていった。アルマス広場やプラサ・ヴィエハに加え，1628年にサン・フランシスコ広場が船

図1　都市図，1567年（インディアス総合古文書館蔵）

図2 要塞の分布（ヒメネス・ベルデホ作製）

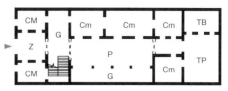

図3 住居例（ヒメネス・ベルデホ作製，一部改変）

着き場として整備され，さらに1640年に西側市壁付近にサント・クリスト教会と広場が建設された。多くの宗教施設や公共施設が，隣接するプラスエラと呼ばれる小広場とともに造られた。

ハバナ湾の入口の警備を強化するため，要塞も次々に建設されていく（図2）。まず，西岸にプンタ要塞（1589〜1600年，図2の2），東岸にモロ要塞（1589〜1630年，図2の3）が建設された。さらにラ・チョレラ（1645年，図2の4）とサン・ラザロ（1665年，図2の5）も続いて建設された。そして1674年に市壁建設が計画され，1740年に完成する。完成した市壁は計画よりも大きく，全長約1700m，高さ10mの規模で，9の砦，180の砲台を備え，城門は建設当時は2つであった。

18世紀半ばのハバナの人口は7万人以上であったと推測されている。カリブ海域の交易拠点として栄え，リマ，メキシコに次いでイベロアメリカ第三の都市であった。シルベストレ・アバルカとペドロ・デ・メディナにより建設されたカバーニャ要塞（1763〜74年，図2中の6）は，「新世界」で最も大きいスペインの要塞である。西部には，造船所を防御するために，アタレス城塞（1767年，図2の7），続いてプリンシペ要塞（1767〜79年，図2の8）が建設された。東部には，サン・ディエゴ要塞（1770年，図2の9）が建設され，ハバナの防衛は次々に強化されていった。

人口の増加とともに，市壁の外にも建物が建設され始める。1777年にカテドラルが完成し，前面にカテドラル広場が建設された。

1863年から75年にかけて市壁が壊され，市街地はさらに西へ拡大し，1859年から83年にかけてラ・コレーラ城周辺が市街地化される。この時の計画図によると，新しく計画する道路はすべて15m，新築の建物は間口12m以上，敷地面積の半分は庭もしくは中庭としており，これが都市計画規定となった（1865年）。ハバナは，スペイン植民地時代の最後の頃（1889年）の骨格を今日までとどめている。

街路体系における寸法の単位としてヴァラが用いられていたと考えられるが，キューバ通りからビリェガス通りの間はほぼ一定で，およそ90ヴァラである。初期に計画された街区より小さく計画されているが，街路幅を10ヴァラと見れば，80ヴァラが街区の単位になっていたのではないかと推測できる。

住居の基本要素として，通りに面するエントランスの空間（CM），一般の部屋（Cm），中庭（P），台所（K）があり，大きいスパンと小さなスパンが一般に区別される。奥行に応じて裏庭（TP）が設けられる。裏庭には，井戸，トイレと浴室（TB）が配置され，また中庭と裏庭の間の部屋に台所と食堂（C）が設けられる。中庭に接して半屋外のガレリア（G）が設けられる場合がある。2階建ての住居には，その上部にバルコニーが設けられる。各室から中庭へのアプローチはガレリアを介する。街路に面する出入口としてザファン（Z）という部屋が配置される場合がある。ザファンは内部空間と外部空間を結ぶための主動線となる（図3）。　　　（古田博一・布野修司）

The Americas 15: Cienfuegos

【シエンフエゴス】スペイン・グリッド植民都市の理念型

キューバ，シエンフエゴス州
Cienfuegos, Cuba

シエンフエゴスは，カリブ海の北海岸に位置するハバナ湾と並び，スペイン人の上陸当初から良港として知られるハグア湾に面して立地する。18世紀初頭に港湾都市として北海岸に建設されたカルデナスが「北の真珠」と呼ばれるのに対して，「ペルラ・デル・スル（南の真珠）」と呼ばれる。

シエンフエゴスへの入植は16世紀初頭から行われ，1512年にはラス・カサスがハト・アリマオ近くに入植地を建設している。1738年に総督グエメス・イ・オルカシタスが湾の入口に小さな要塞を建設し，1742年に拡張している。1762年から1802年の間に，王立グアンタナモ委員会による開発計画がモポックス侯爵によって行われ，ハグア湾の開発も候補に選ばれている。1798年に委員会のメンバーであったアナスタシオ・エチェヴァリアがシエンフエゴスの最初の計画図を描いている（図1）。この最初の計画案で注目すべきは，プラサ・マヨールを2街区分とっていることである。これは今日まで引き継がれており，シエンフエゴスの特徴になっている。

シエンフエゴスに関する18世紀末以降の都市計画図から，およその都市発展過程を明らかにすることができる（図2）。1839年には市域の拡大が始まっている。さらに市域が拡大し始めるのは19世紀末以降であり，順次4期（1879，1882，1905，1914年）の計画案が立てられた。いずれも，100×100ヴァラの街区を基本としており，1820年当初の基本計画におけるシステムが一貫して用い続けられている。市域の拡張はグリッドを延長する形で行われた。1839年に斜めに直交する道路が造られ，1879年にほぼ45度回転した街区が東北部に造られた。

1824年の最初のセンサスによると，人口は1283人であった。1831年には公営の屠殺場と刑務所が建てられている。以後，街灯（1832年），教会（1838年），墓地（1839年），劇場（1843年），市立学校（1846年）が順次建設された。鉄道がパルミラまで敷かれたのは1851年のことであり，1860年にサンタ・クララまで伸びている。人口は，19世紀半ばには1万388人（1861年），19世紀末には3万38人（1899年）であったが，20世紀半ばでも5万7991人（1953年）であった。1981年の人口は10万2791人である。

都市核の現況は，2街区分のプラサ・マヨールの東に教会，南に市議会と博物館，北に劇場と学校，西に文化センターと市場というように公共施設が位置する（図3）。

キューバの植民都市の場合，長さを幅の1.5倍とするインディアス法の規定（112条）にも

図1　最初の計画図，1798年（シエンフエゴス歴史博物館提供）

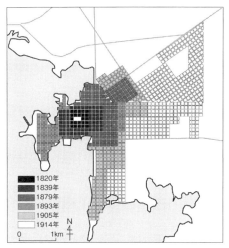

図2　都市の発展過程（ヒメネス・ベルデホ作製）

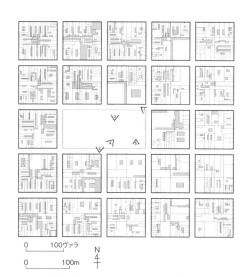

図3　宅地分割図（ヒメネス・ベルデホ作製）

かかわらず，プラサ・マヨールは正方形とすることが多い。シエンフエゴスの場合も，上述のように100×100ヴァラという単純均一なグリッドを用いているが，プラサ・マヨールを2街区分としている点，また公共施設をプラサ・マヨールの周辺に配置している点から，インディアス法が前提とされていたことは明確である。建物の高さは平屋もしくは2階建てが基本で，モニュメンタルな建物でも現在も4層以下に抑えられている。かつての景観をよく残しているといっていい。

シエンフエゴスはキューバのスペイン植民都市のうち，その理念型といっていいが，以下のような特性を持つ。

第1に，シエンフエゴスは，古くから南岸の良港として知られてきたが，本格的に都市建設が行われたのは，1819年のフランス人デ・クルーエの入植以降である。基本的に，100×100ヴァラを街区の単位として，街路幅も15ヴァラの単純なグリッド・システムが採用された。また，最初の都市モデルとしては5×5＝25の街区が想定されていた。

第2に，街区モデルとして，1000ヴァラ平方を単位とする10分割システムが採用されている。フランスのヴォーバンが採用した分割パターンである。

第3に，前述のとおり，市域の拡張は，グリッドを延長する形で行われた。

第4に，発展をコントロールする都市計画法が1856年に作られ，改定を繰り返す形で今日まで維持されている。

第5に，街区分割・宅地分割が一貫して進行しているが，街区全体に影響を及ぼす合筆などは起こらず，景観上の変化は少ない。

第6に，宅地の細分化は角地において著しい。それに対して，他の宅地に挟まれ一面のみ接道する宅地は変化に対する抵抗力が強い。街区分割パターンは，都市計画法とも関連するが，比較的安定性が高いと考えられる。

第7に，宅地の再分割の形として新しく現れてきたのが共同住宅シウダデラスである。

シエンフエゴスは，都市核としてグリッドが次々に延長されてきた。その歴史的中心地区は，19世紀初頭におけるスペイン植民都市計画の典型例として世界文化遺産に登録（2005年）されている。　（長良介・布野修司）

The Americas 16: Willemstad

【ウィレムスタッド】カリブのオランダ植民都市

オランダ，キュラソー
Curacao, Netherland

　キュラソー島は，ベネズエラの北海岸沖約56kmに位置し，1499年にイタリア人探検家アメリゴ・ヴェスプッチが発見したとされる。1634年，オランダ西インド会社（WIC）に任命されて指揮を執ったヨハネス・ファン・ワルベークがキュラソー島をスペインから奪取して以後，オランダが入植する。その中心都市ウィレムスタッドは，WICが貿易と地域管理の中心地として建設し，現在はオランダ王国構成国の中心都市として，オランダとの関係が続いている。現在の街並みは，パステルカラーに彩られ，いかにもカリブ海風であるが，多くの住宅形式はオランダ式である。街の骨格にもオランダの街をそのまま移植したかのような街区割りがよく残っている。

　ウィレムスタッドの建設は，1634年，港の先端に軍事拠点となるフォート・アムステルダムが築かれてから始まる。計画図によると5つの稜堡を持つ五角形平面のフォートが計画されている（図1）が，17世紀のウィレムスタッドを描いた地図によると，フォートは南側の海に面した稜堡が欠けて4稜堡になっている。1639年に取り壊されたこの南側稜堡の廃材は，市街地を囲む城壁を建設するために再利用されたことが分かっている。フォート・アムステルダムは，城壁とその内部の建物で構成される独立した居留地であり，WIC統治管理の中心施設，兵舎，教会，貯水槽が設置され，1638年に完成する。この城壁で囲まれたエリアは，現在も行政機関がある都市の中心である。

　フォート・アムステルダムを含むプンダ地区は，ワーイガット湾の一部を埋め立てて拡張したフォート北側の土地に，1650年頃に建設された市街地である。城壁で囲まれたプンダ地区で主に見られる連棟型の住居形式は，短冊状の狭い敷地に中層の住居が連続して建造されたもので，オランダの住居形式によく似ている。本国アムステルダムの住居形式を基本的に踏襲し，そのまま導入したと考えられる（図2）。

　プンダ地区に続いて，セント・アナ・バーイの西岸，プンダ地区の反対側にあるオットロバンダ地区が開発された。1701〜03年にリフ・フォートが建設され，住宅開発は07年に始まる。オットロバンダ地区は市壁に囲まれることがなく，街路形態が直線ではなく曲がっていること，大小の土地区画が混在することなど，プンダ地区とは異なった都市空間

図1　フォート・アムステルダム計画案, 1634年
（オランダ国立中央文書館蔵）

図2　プンダ地区ブレーデ通り，西の方角を見る，1890～95年（Stiching Monumentenzorg Curaçao 1999）

図3　スカロー地区の住居（筆者撮影）

が形成されている。プンダ地区の居住者は，裕福な商人，WICの上級職員と彼らが雇用する奴隷が大半を占めていたが，オットロバンダ地区には労働者階級を主体とするきわめて多種多様な人々が居住した。住宅開発は急速で，18世紀半ばまでにプンダ地区とほぼ同数の建物が建設された。オットロバンダ地区の南部から始まった開発は北側へ範囲を広げ続けた。最北部は20世紀初頭に建設された戸建住宅が建ち並ぶ住宅街である。南部に比べて街路幅が広く，自動車の往来にも支障をきたさない。同じオットロバンダ地区でも，北部と南部では建設年代に200年ほど隔たりがあり，土地の区割りや街路パターン，住宅タイプに違いが見られ，多様な都市空間が混在する地区といえる。

ワーイガット湾を挟んでプンダ地区の北側に位置するスカロー地区の開発は，プンダ地区に新たな住宅建設の余地がなくなった17世紀末から，オットロバンダ地区とほぼ同時期に始まった。市壁撤去後（1866年）に急速に開発が進み，裕福になった商人たちが庭付き戸建住宅を望んでスカロー地区に移住し始めた。プンダ地区の市壁撤去に資金を供給したセファルディの商人が，スカロー地区の開発を担った。裕福なユダヤ人商人は，プンダ地区に住居や店舗を所有したまま，スカロー地区に別宅を所有していた。

ユダヤ人によって開発されたスカロー地区には，コロニアル様式の建築が建ち並び，ウィレムスタッドの他の地区とはまったく異なった街並みを見せている。平屋もしくは2階建ての低層で，敷地面積も建築面積も大きい。現在は政府機関や民間会社がオフィスとして利用している。これらの建造物はモニュメントに指定されている場合がほとんどで，ユダヤ人がキュラソーを去った19世紀末から20世紀初め以降に使用されなくなった住宅を新たな使用者の目的に沿って修復し，現在活用しているものである（図3）。

プンダ地区の東側ピーターマーイ地区では，市壁が存在していた17世紀中頃から建設が始まり，19世紀になってユダヤ人の住宅地となり，学校，市庁舎，教会，シナゴークなどが建設されていった。

近年の主要産業は観光業である。産業の変化に伴い，市街地中心部にはリゾートホテルや複合施設，集合住宅の建設が相次いでいる。しかし，歴史的街区を保存・再生させようという意識は高く，生活の利便と両立させながら歴史的建造物の利用を継続している。ウィレムスタッドの歴史地区はユネスコの世界文化遺産に登録されていることから，建築単体だけではなく街並み保存に考慮した取り組みも注目される。

（水谷玲子）

The Americas 17: Bogota

【ボゴタ】 南米のアテネ——黄金郷伝説の街

コロンビア，クンディナマルカ県，首都
Capital, Cundinamarca, Colombia

　アンデス山脈の中腹，標高約2600mの平野に位置する人口約800万人のメガシティ，ボゴタの原型は，カンデラリアと呼ばれる市街地にあり，その形成はスペイン植民時代を端緒とする。スペイン入植以前から，未開だった土地に水系を生かしながら小規模な集落が形成されていた。スペイン人の入植により，1538年8月6日以降，それらを統合する形で計画的市街地としてボゴタの建設が開始されていく。

　中南米に形成された他のスペイン植民都市と同様，インディアス法に基づき，街区や敷地の規模が定められ，グリッド構造の市街地が設計された（図1）。教会や重要な公共施設の前を中心に，数多くの小広場が創出された。町の中心には象徴的な広場（ボリバル広場）が配された。入植当初は，ひとつの街区を4つの敷地に区分し，そこに2～3階建てのコロニアルスタイルの建築で構成された。各建築には3つの中庭が設計された。現在，それらの建造物は大司教館や考古学博物館として用いられている。なお，近年では街区と街路の構造が崩れ，大規模な駐車場が出現するなど，旧市街であるカンデラリアの都市空間遺産の継承が問題となっている。

　20世紀に入ると，人口増に対応する形で敷地や大規模邸宅が細分化され，衛生環境の劣悪化が進んだ。膨張する都市に対して，1924年に開かれたアムステルダム国際都市計画会議の影響を受けながら，ボゴタでも近代的な都市計画が策定される。1933年，市に都市計画局が創設され，オーストリア出身の建築家カール・ブルーナーが局長に就任し，マスタープランの作成に着手する。1938年に提出されたブルーナーの計画は，田園都市の構想をベースに清潔な住宅群と近代的な都市施設（教育・文化・娯楽）の整備を目指すものであり，ボゴタに初めてゾーニングの概念を導入するものであった。

　20世紀初頭の人口は依然として10万人程度であったが，その半世紀後の1950年には約65万人を数えるようになる。こうした爆発的な人口増の背景には，1946年に勃発した内戦の影響がある。地方でゲリラや犯罪組織が暗躍し，活動拠点や麻薬の栽培地を得るために住民を暴力的に追い出した。これは強制移住と呼ばれ，故郷から追い出された人々は行き場を失い，大都市へ移住することを余儀なくされた。ボゴタに大量に流入してきた国内移民の多くは経済的弱者であり，やがて土地の条

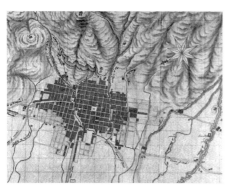

図1　カンデラリア(旧市街)の形成 (Instituto Distrital de Patrimonio Cultural 2007)

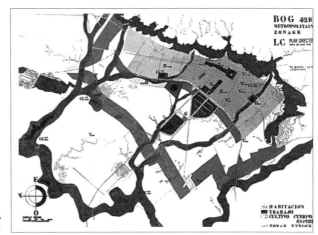

図2　コルビュジエによる改造計画，1950年（O'Byrne et al.(coord.) 2010）

件の悪い山裾を中心にスラムを形成するようになった。居住環境は劣悪で，住民は職にありつけないまま貧困化していった。

その間，都市計画が不在だったかというと，そうではない。ボゴタでは，内戦に関連して，1948年に暴動が発生し，市街地の多くが破壊されたため，その再建計画が必要となった。その任務を受けたのは，ル・コルビュジエとホセ＝ルイス・セルト，ポール・レスター・ウィーナーのチームであった。彼らはパリのボアサン計画やバルセロナのマシア計画（1932～34年）を下敷きに，1948年から52年にかけて大胆なボゴタ改造計画を作成した。このプランはモダニズムの思想に基づく都市計画であり，機能配分に基づいた合理的な土地利用のもと，広幅員幹線道路で地域をつなぐ構想であった（図2）。なお，セルトたちはボゴタの前にすでにトゥマコやカリ，メデジンといったコロンビア国内の諸都市においてプラン作りに尽力していた。

1950年の65万人から90年には640万人と人口が10倍近くに増加し，上記の改造計画が都市の成長を効果的に制御してきたとはいいがたいが，彼らのモダニズム思想の痕跡は確かにボゴタに刻まれている。近年，ボゴタ市はバス専用レーンを整備し，トランスミレニオと呼ばれる公共バス・システムを導入した。大胆な交通施策が実現されたのは，大規模幹線道路を市内に何本も走らせたモダニズム都市計画の賜物である。

旧市街を中心とするボゴタの中心市街地は長きにわたり荒廃の一途を辿っていた。街路や広場といった公共空間は麻薬の取引など違法な業者に占拠されており，組織間の抗争も頻発するなど治安も悪化していた。特に，旧市街の広場から2ブロックしか離れていないカルトゥーチョ地区は麻薬組織の根城と化しており，一般市民は決して足を踏み入れてはならない場所であったという。治安が悪いのでテナントの入居も進まず，空洞化が進行した。そうした状況を受けて，市はカルトゥーチョの全面撤去に踏み切る。約600の建造物を取り壊し，約23haに及ぶ公園を整備し，旧市街に人々が戻ってくることを狙った。

その一方，郊外に大規模に広がるスラムにおいては，住民発意による漸進的な生活環境改善を進め，インフォーマルに形成された界隈の「合法化」を図っている。　（阿部大輔）

The Americas 18: Paramaribo

【パラマリボ】ニューヨークと交換された街

スリナム，パラマリボ地方，首都
Capital, Paramaribo, Surinam

　スリナム（旧オランダ領ギアナ）の首都パラマリボの起源は，1499年にアメリゴ・ヴェスプッチに率いられた船団による，いわゆる南米ワイルドコーストの発見に遡る。本格的に植民地化されていくのは17世紀以降で，1651年にイギリス人フランシス・ウィルビー卿がタバコとサトウキビ農園を開発し成功したことに始まる。さらに，1665～67年の第二次英蘭戦争中にオランダが占領，戦後ニーウ・アムステルダム（現ニューヨーク）と交換されたのがスリナムである。以後1975年の独立まで約300年，オランダ支配が続くことになる。パラマリボの名は，スリナム川河岸の先住民の村であったパルマルボあるいはパルムルボに由来する。

　奴隷制廃止以後，プランテーション経営のために中国やインド，ジャワ，カリブ地域などから大量の労働力が導入され，首都パラマリボにはそれら多様な民族が混住する。また市街地中心部には植民地時代の建築が多数残

図1　中心部の木造建築（筆者撮影）

り（図1），2002年に世界文化遺産へ登録されている。

　オランダはまず，スリナム川河口にフォート・ゼーランディアを建設する。要塞は正五角形の各頂点に稜堡を備えたプランで，周囲には濠も建設された。オランダ支配の下で次々とプランテーションが開発され，要塞の西に市街地が形成されるようになる。その形成過程は以下のようである（図2）。

　まず，17世紀後半にフォート・ゼーランディアの西に市街地が広がり始める。排水のための運河に平行して，貝殻層の土地に沿うように3本の主要街路が設けられ，その後の市街地発展の方向を決定づける。

　次に，18世紀初頭に3本の主要街路がさらに西へ延長され，要塞から約2kmほど西まで市域が拡大する。また，より河口に近いコランティン川との合流地点に新たな要塞が築かれた。

　18世紀半ばに，従来の西方向への拡張に対し，ほぼ45度の角度をなす斜めのグリッド・パターンの市街地が形成される（図3）。

　18世紀後半になると，プランテーションの維持を管理人に任せた農場主が多数パラマリボに移住するようになり，そうした人口増加を反映して，フォート・ゼーランディアの北および従来の市域の南の運河によって区切られた地区に，新たな居住地区が形成されていくことになった。

　1863年に奴隷制が廃止され，自由の身となった多くのアフリカ系黒人がパラマリボに移り住むようになった。またプランテーション維持のため，インドやインドネシアを中心

図2 都市の形成過程，17〜18世紀（Urban Heritage Foundation 1997をもとに山根周作製，一部改変）

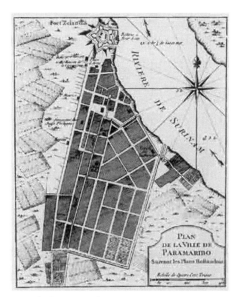

図3 都市図，1760年（Fontaine 1972）

とした国々から多くの労働力を輸入したことで人口が急増し，市域は北側と西側を中心にさらに郊外へと拡大していく。

市街地の建物はほとんど木造であったため，しばしば火災が起こり，特に1821年と32年には大火によってパラマリボ中心部の大部分の建物が灰と化した。今日，17世紀と18世紀の建物は数えるほどしか残っていない。

1800年頃までにパラマリボ中心部の骨格が形成されるのであるが，大きくは18世紀半ばまでのプランテーション開発期における要塞および都市機能の整備による都市域の拡張と，18世紀後半以降のプランテーションの衰退に伴うパラマリボへの人口集中による居住地の拡張という2つの局面がある。そして市街地においては，現在も当時建設された街区ブロックが，ほとんどそのままの形で維持されているのが大きな特徴である。

パラマリボの市街地はスリナム川に注ぐ排水用の運河によって土地が分割されている。市域の拡張に際しては，そうした運河で区切られた地区がひとつの拡張の単位となっていた。基本的な街区割りは，正方形グリッドに基づいているが，運河や斜めの街路と接する部分では台形のブロックが作られている。当時オランダではいくつかの寸法単位が使用されていたが，パラマリボで用いられたのはラインラントの単位ラインラント・ロット＝12フィート（377.7cm）である。1ラインラント・フィートは約31.48cmとなる。基本となる正方形ブロックは，東西に3分割され，その東西両端の敷地がさらに南北に3等分されている。

オランダ西インド会社（WIC）によって17〜18世紀に建設された交易拠点は，アジアやアフリカ，南北アメリカの広範囲に及び，その数は150以上にのぼる。その中でパラマリボは，首都とはいえ，人口25万人に満たない小都市にすぎない。このパラマリボは，その起源において，ニーウ・アムステルダムと交換された植民拠点である。大メトロポリスとなったニューヨークと比べると実にユニークな珠玉のような木造首都である。（布野修司）

The Americas 19: Lima

【リマ】王たちの都

ペルー，リマ郡，首都
Capital, Lima, Peru

リマは，ペルー共和国の首都である。政治・文化・金融・商業などの中心として人口800万人を抱える都市であり，南米でも有数のメガシティである。

市内をリマック川が東から西に流れ，街は旧市街地と新市街地に二分されるが，旧市街地のリマ・サントロ地区は1988年にユネスコの世界文化遺産に登録されている。

リマ市の設立は，フランシスコ・ピサロが，インディオ制圧のために拠点としていたハウハの町をリマ（王たちの都市 La Ciudad de los Reyes）と名づけ建設宣言を行った1535年1月18日とされる。フランシスコ・ピサロが200人からなる3隻の一団を率いてペルーに到達したのは1531年初頭である。ハウハすなわちリマの地は，インカ帝国以前の諸文明の興亡の中で，必ずしも中核的な地域ではなかったが，水質のいい水と燃料が得られ，リマック川を通じての海上交通の便がよかったこと，また地元のインディオのカシーケたちが敵対的でなかったことが理由として挙げられる。

ピサロは，リマ建設と並行して，さらにトルヒージョを建設している（1535年）。そして，リマの外港としてカジャオを建設したのは1537年である。どちらもスペイン植民都市の典型であるグリッド・パターンの都市であり，都市が建設されてから市壁が建設されている。

リマは，ペルー副王領（1542〜1821年）の首都となり，大きく発展していくことになる。南アメリカのスペイン帝国全体の首都として，16世紀から18世紀にかけて君臨した。王立教皇庁立サン・マルコス大学が置かれ，すべての銀はリマを通じてパナマ地峡経由でセヴィーリャに送られるなど，政治，経済，宗教の中心であり続けるのである。

リマック川に近接してプラサ・マヨールが設けられ，カテドラルの建設が開始されたのは1544年である。プラサ・マヨールの北に副王邸，西にカビルド，東に主教会が配されているのは，インディアス法（フェリペ2世の勅令）に適っている。当初の計画は，単純な正方形グリッドのパターンである。

ポトシ銀山が発見（1545年）されて以降，さらに発展は加速するが，16世紀末の段階では規模はそう大きくなかった。1599年から1606年にかけてリマに住んだヒエロニムス会士ディエゴ・デ・オカーニャは，リマは村のようだと書いている。大半の住居は平屋もしくは2階建ての日干煉瓦造であった。1615年には人口2万5000人を数えたとされるが，1619年に描かれた絵ではそう巨大な都市のようには見えない（図1）。その人口の過半はインディオ，メスティーソ，黒人であった。

図1 鳥瞰図，1619年（De Bry 1619，ブラウン大学蔵）

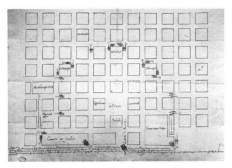

図2 都市図，1624年（インディアス総合古文書館蔵）

図3 都市図，1687年（インディアス総合古文書館蔵）

しかし，17世紀の前半には，少なくとも中心街区はスペイン風の景観を整えたと思われる。プラサ・マヨールの中心に，ペルー副王マルキス・デ・モンテスクラロスによって噴水が建設されたのは1606年である。バロック・スタイルのカテドラルの再建が開始されるのは1626年である。1624年の図には，7(8)×11のグリッド街区が描かれている（図2）。半円形に大砲が配置されているのはユニークである。一連の都市図を見ると，街区規模は150×150ヴァラと，他と比べて大型である。特徴は畑や果樹園など郊外に余地を含んで市壁が建設されていることである。

しかし，その後の発展は安定的ではなかった。1655年には大地震に見舞われている。また，インディオとの関係は良好とはいえず，1656年頃にはインディオの暴動が起こっている。さらに，1665年から68年にかけては，鉱山主が植民地政府に反乱を起こしている。

スペイン王室は，海賊対策のために主要な都市に要塞建設資金を供給するが，最初にハバナに要塞が建設されたのは1558年である。続いて，ペルーに赴任した副王たちも，太平洋岸の港を要塞化する。カジャオの要塞化は1624年に行われ，リマ（1682年）とトルヒージョ（1685～87年）にも市壁が設けられた（図3）。サント・ドミンゴ，ハバナ，ヴェラクルス，パナマに続いて，リマは14の市壁を持つスペイン植民都市のひとつである。

リマは1687年と1746年に大地震に見舞われる。カジャオは，1746年の大地震の津波で壊滅的被害を受けた。リマでも多くの建築物が破壊されたが，現在残っている歴史的市街地は，災害を逃れている。その後，大規模な都市計画が行われ，18世紀にはリマはさらに発展していくことになる。リマの市壁が破壊されたのは1872年である。

18世紀末のリマの人口は約5万人に過ぎず，19世紀末の段階でもせいぜい10万人（1875年）であった。大きく変貌するのは1930年代以降である。1940年には大地震が起き，以降スラムが拡大した。第二次世界大戦後にはペルー各地から人々が移り住んできたことから市街が急速に拡大し，現在では1000万人にならんとする大都市である。ペルーの全体人口は約3000万人であり，典型的なプライメイトシティ（単一支配型都市）である。

リマ旧市街のアルマス広場の周りには，植民地時代に建てられた壮麗で豪華な建造物が数多く建ち並び，往年の繁栄を現在に残している。1988年にサン・フランシスコ修道院とその聖堂が世界文化遺産に登録された。1991年に登録範囲はかつてのプラサ・マヨール周辺の歴史地区全体に広げられ，そのオリジナル・グリッドを今日に伝えてくれている。

（大田晃司・布野修司）

The Americas 20: Potosi

【ポトシ】銀の帝都

ボリビア，トマス・アリアス郡
Thomas Arias, Bolivia

ポトシはボリビアの南部，首都ラパスから南東に約440km離れたアンデス山脈の盆地に位置する。

メキシコでいくつかの銀鉱山が相次いで発見されたのち，ペルー副王領が設置されてまもなく，ポトシ（1545年）やサカテカス（1546年）などの大鉱山が発見された。スペイン植民地帝国の鍵を握ったのは銀であり，スペイン植民地を支える最大の資源，財貨となった。銀は，ヨーロッパに大量に流入することによって，世界史の構造を変える大きな契機になる。そうした意味でポトシはスペイン植民都市のひとつの典型ということができる。

実際，「銀なくしてペルーなし」といわれ，ポトシは16世紀半ばには人口16万人を擁するインディアス最大の都市となった。ポトシの銀はリマの外港カジャオからパナマに向かい，そこから大西洋側のポルトベロ港（ノンブレ・デ・ディオス）へ上陸輸送され，セヴィーリャに送られた。さらにアカプルコーマニラ－漳州のガレオン行路がアジアへ銀を運んだ。

ポトシ銀山が発見されてすぐに，近くのチュキサカ（ラプラタ）からスペイン人が移住し，3000人のインディオが採掘に当たった。水銀アマルガム法は，セヴィーリャ生まれのバルトレメ・デ・メディーナが1555年にメキシコのパチュカ鉱山で完成させたものである。副王トレドは，その情報を得て，銀の溶解職人ペドロ・フェルナンデス・デ・ベラスコに命じて実験させ，ウアンカベリカ水銀鉱山を接収し，水銀の専売化を実現した上で，本格導入を図った。水銀アマルガム法はポトシ銀山の発展と不可分である。

トレドは各地の要塞を強化し，海軍も増強した上で，ビルカバンバのインカ軍を制圧，インカ帝国を滅亡させると，副王領内の巡察（ヴィシタ・ヘネラル）を行い（1570〜75年），インディオ人口を把握し，領内の再編・統合を行う。年貢，徴税の基礎を築くとともに，インディオへの布教体制を再構築し，スペイン人に対しても異端審問所を設置し改宗を徹底するなど，教会体制を一新した。そして，ポトシ銀山へミタ労働制と水銀アマルガム法を導入（1573年）したことが，とりわけその名を歴史に残すことになる。

ペドロ・シエサ・デ・レオンの『ペルー誌』（1553年）の挿画（木版）「ポトシ銀山」（図1）を見ると，山の南側を流れる川を挟んで，川の北側には2つの教会らしき建物のほか比較的しっかりした建物が並び，南側にはより小さな建物が並んでいるように見える。スペイン人の住居とインディオの小屋が分けられ

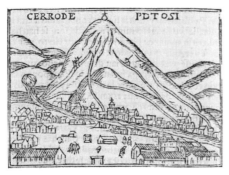

図1　ポトシ銀山，1553年（Cieza de León 1553, 布野／ヒメネス・ベルデホ 2013）

図2　都市図，1600年頃（ヒスパニック・ソサエティ蔵）

図3　景観図，18世紀中頃（チャルカス博物館蔵）

ていたのであろう。ただ，南側に広場と教会があることから，すでに町の中心は南側に設定されていたと考えられる。

1600年頃に描かれた地図によると，プラサ・マヨールを中心にグリッド状の街区が形成され，さらに当初のグリッド街区を越えて都市が拡張していることが分かる（図2）。このオリジナル・グリッドは，今日まで維持されている。ポトシはスペイン植民都市の理念モデルの原型によって形成され，さらにグリットに従って拡張が行われたものと考えられる。18世紀半ばの絵画にはその状況が示されている（図3）。

ポトシで精錬された銀は，ポトシ財務局を通じて，5分の1はスペインに運ばれ，王室の歳入に組み込まれた。残りの5分の4はポトシ財務局が捕捉しなかったものも少なくないとされるが，ペルー副王領に留まったわけではない。インディオにポトシを中心とする銀経済圏が成立することになった。ポトシ銀山で銀を精錬抽出するための原材料や資材（水銀，鉛，錫，銅，石炭，木材など）は，ほとんど現地で調達することができた。ウアンカベリカ水銀鉱山にだぶつく水銀をメキシコに送る一方，ペルー副王領に対して様々な形で増税を図り，資金調達に努めたのである。結果として，ポトシの銀はメキシコに流れることになった。ノンブレ・デ・ディオスからヴェラクルスに向かい，ハバナも中継点としながら，スペインとの交易ネットワークは強固に成立することになるのである。

ポトシの銀は，一方で，アンデスを越えて黒人奴隷の交易拠点であったブエノスアイレスに流れるのであるが，ブエノスアイレスからセヴィーリャへの直接移送は認められておらず，ポトシへ経済物資を供給するのが主目的であった。ポトシ銀山に水銀アマルガム法が導入された1573年は，アカプルコとマニラを結ぶガレオン船交易が開始された年でもある。中国の絹製品などが「新世界」に流れ込むことになると，銀も「東洋」に流れ出すことになった。

19世紀になると，銀はすっかり枯渇し，独立に伴う戦乱も起こり，ポトシは荒廃していった。19世紀末まで錫が大量に採掘されたが，これも現在ではほぼ枯渇している。

現在ではポトシ市内の造幣局の跡が博物館となっているなど，建物を含め街全体が世界文化遺産となり，スペイン植民地時代の名残がある観光地になっている。赤茶色に染まる山「セロ・リコ」の裾野に広がるポトシの街には，赤い瓦屋根を持った家々が建ち並ぶ。また，街の中心地は，植民地時代を物語るような赤や黄色，水色に塗られた外壁と，出窓を有する住居が多く見られる。

（菊池真美・布野修司）

The Americas 21: Cuzco

【クスコ】インカ帝国の聖都

ペルー，クスコ県
Cuzco, Peru

　先スペイン期あるいは先コロンビア期の最後にアンデスを統治したのがインカである。インカは，もともとクスコ周辺を拠点とする集団で，12世紀頃に部族として成立，クスコに小規模の都市国家（クスコ王国）を築いたとされる。インカは，ケチュア語でインティ（太陽）の子という意味で，王の名称である。

　ケチュア族自らはタワンティン・スーユと呼んだ。タワンティンは4，スーユは州，地方，クニ（国）を意味する。「4つのスーユ」とは，クスコの北，旧チムー王国領やエクアドルを含む北海岸地方のチンチャ・スーユ（北西），クスコの南，ティティカカ湖周辺，ボリビア，チリ，アルゼンチンの一部を含むコリャ・スーユ（南東），クスコの東，アマゾン川へ向かって下るアンデス山脈東側斜面のアンティ・スーユ（北東），クスコの西側へ広がる太平洋岸までの地域のコンティ・スーユ（南西）の4つを指す。

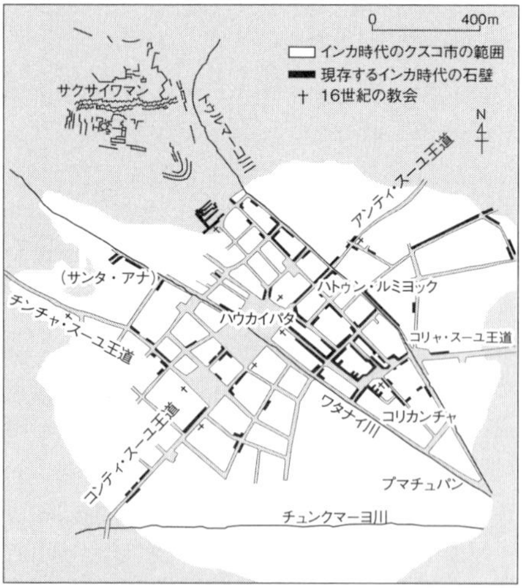

　スペイン人は，占領の過程でクスコを徹底して破壊したとされる。しかし，ハトゥン・ルミヨック通りやロレト通りなど，剃刀の刃も通さないといわれるインカ時代の石壁は現在もそこに存在しており，かつての街区割りを復元できる（図1）。

　クスコの平面形態について，しばしばプーマの形をしていると指摘される。北西のサクサイワマンの丘がプーマの頭，2つの川が合流するプマチュパン地区が尻尾で，中心広場ハウカイパタが腹部にあたる。

　古代アンデスでは，ネコ科のプーマあるいはジャガーは聖獣と見なされ，神として，権力と支配のシンボルとして崇拝されてきた。しかし，プーマの形を前提にして設計がなされたという確証があるわけではない。

図1　インカ時代の都市図
（ピサロ他1984をもとに梅谷敬三作製）

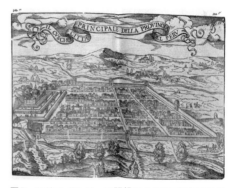

図2　ペドロ・サンチョの記録のイタリア語版に付せられた空想的なクスコの光景，1606年（Ramusio 1606, 布野／ヒメネス・ベルデホ 2013）

図3 都市図，1643年 (De Villagra 1989)

　このプーマ説の当否はともかく，クスコがインカの人々の一定のコスモロジーに基づいて計画されていたことは，はっきりしている。クスコは，タワンティン・スーユ全土を縮小するミニチュアと見立てられ，アナン（上）クスコとウリン（下）クスコの2つに，そしてさらに4つの地区，チンチャ・スーユ（北西）とアンティ・スーユ（北東），コンティ・スーユ（南西），コリャ・スーユ（南東）に分けられるのである。ハウカイパタを中心に，王，そして高官など身分の高いものが居住し，それぞれの地区には，それぞれのスーユ（地方）の出身者が住んだ。概念的には，クスコは，ハウカイパタ（中央広場）という世俗的王権の中心と，コリカンチャ（太陽の神殿）という宗教的中心の，2つの中心を持つと理解できる。

　ピサロはクスコ市設立を宣言すると，兵士たちおよび入植者たちのための街区を計画するが，クスコの市街地全体を大きくグリッド街区に改変することはしていない。教会あるいは修道院といった象徴的な建物は，中心広場ハウカイパタ周辺に建設された。カテドラルが建設されたのは，かつてインカの宮殿ヴィラコチャがあった場所である。ハウカイパタは3つに分割された。一番大きいプラサ・マヨールはほぼ300ヴァラ四方である。

　ピサロはリマを首都としたが，クスコは聖なる都市として，スペイン人とインカ人の統合の象徴であり続ける。しかし，インディオの襲撃をたびたび受け，また内戦が続き，その上，飲料水の問題があったために，16世紀半ば頃は数百人のスペイン人が居住していたに過ぎない。クスコが安定的に発展するようになるのは，フランシスコ・デ・トレドが着任して，インカ帝国を完全に滅亡させて以降，リマの外港であったカジャオとポトシ銀山を結ぶ中継地となってからである。1556年に，実に整然としたグリッド・パターンの都市として描かれたクスコの都市図が残されている（図2）。

　17世紀初めにクスコは11の教区に分かれていたが，そのうちの8つはインディオの教区であった。人口は2万人に達し，インディオはスペイン人の4倍であったと推計されている。1643年の地図が残されているが，市の北西の教区（サン・ペドロとサンタ・アナ）には草葺きのインディオの住居が建ち並んでおり，入植後100年を経てもインディオの町の雰囲気が維持されていたことが分かる（図3）。

　クスコは，メキシコシティのように先住民の土着の都市を破壊せず，改造利用する形のスペイン植民都市のユニークな一類型である。

　現在は人口約30万人の県都として，その歴史的景観を維持している。クスコ市街は，1983年，世界文化遺産に登録されている。

（布野修司）

The Americas 22: Recife/Orinda

【レシフェ／オリンダ】ブラジル都市の起源

ブラジル，ペルナンブコ州
Pernambuco, Brazil

レシフェは，人口155万5039人（2012年）の，ブラジル・ペルナンブコ州の州都である。

1500年にペドロ・アルヴァレス・カブラルによって発見されたブラジルは，トルデシーリャス条約（1494年）に基づいてポルトガルの植民地とされてきた。ポルトガルは当初，海岸線に沿って15のカピタニア（植民地時代の行政区分）を設けるが，1551年にブラジル司教区を創設，ペルナンブコのオリンダ（1982年に世界文化遺産に登録）を首都とした（図1）。

このオリンダを襲ったのがオランダ西インド会社（WIC）で，1930年2月にオリンダ攻略に成功する。以降，1654年にポルトガルによってブラジルから撤退を余儀なくされるまで24年間，オランダはブラジルに拠点を確保する。ポルトガルは丘の上にオリンダを築き，オランダは低地にレシフェを築いた。都市建設にもそれぞれ得手不得手がある。

オランダはまずレシフェの町を，続いてアントニオ・ヴァス島にマウリッツスタットを建設する。要塞に続いて，行政施設や多くの修道院や教会が建設され，多くの人々が移住し，レシフェは，産業と貿易の中心となる。

レシフェには，オランダと同じような高密度の住宅地が形成された。住居の形式もオランダ風で，外部階段やカーブした戸口，三角形や鐘型の破風，先端装飾のついた破風，凹型と凸型のカーブの混合した破風を特徴とした。ダッチ・ゲイブル（切妻）が使用されたのは，単に郷愁からではなく，典型的なオランダの木組みが，ポルトガルの伝統的な寄せ棟住宅よりも経済的で，都市的集住に適していたからである。

アントニオ・ヴァス島（西）に向けて腰を折った海老のような形をした市街では，同じ形に中央を走る街路の両側に街区が形成されていた（図2）。折れた腰骨の辺りに波止場と広場があり，市街は左（西）と右（北）に分かれる。オランダ人たちは西に住み，黒人などは北の街区に住んだ。北の街区には市場があった。西端にマウリッツスタットへの橋が架けられ（1644年），北端には魚市場が設けられた。今日まで橋の名前（ポンテ・マウリシオ）にオランダ総督オラニエ公マウリッツの名前が残されているのは，この橋の建設が町の発展の原点だからである。

マウリッツスタットの都市計画はきわめて体系的に構想され，中心にまっすぐ南に流れる運河が通り，平坦な市街地はグリッド街区に分割され，稜堡は東西に規則的に並んでいる。

運河と堀のシステムがまず目につく。ニーウ・マウリッツスタットの中央に南北真っすぐに運河が掘削され，カピバリベ川とバピバ

図1　オリンダの街並み（筆者撮影）

図2 レシフェの都市図, 1637〜44年
(Van Oers 2000)

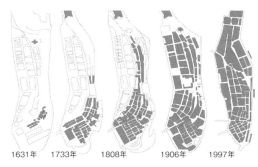

1631年　1733年　1808年　1906年　1997年

図3 レシフェの変遷（筆者作製）

リベ川の両方をつなぐ。エルネストス要塞の周りを囲む堀は，バピバリベ川に連結され，水門が流れを制御する。この運河のシステムは防御の意味も持つ。明らかにオランダの都市計画が持ち込まれている。

同時期に建設が進められたバタヴィアと同様，マウリッツスタットの建設は，オランダ帝国の威信の表現であった。ブラジルにおけるユートピア建設のために，マウリッツは，ブラジルの首都の美しさをヨーロッパに知らしめるために，そしてレシフェを美しく創り上げるために，科学者，技術者，医者，芸術家，建築家など約45人のオランダ人を集めている。マウリッツが目指したのは，科学と芸術の中心となる都市建設であった。

ニーウ・マウリッツスタットの計画案にはオランダ科学の父と称せられるシモン・ステヴィンの理想都市計画案の強い影響がある。彼が設立したネーデルダッチ・マテマティークで学んだエンジニアは，その理論に当然触れていた。グリッド・パターンの街路体系，2本に1本の道が続く稜堡，骨格としての運河体系，2つの中央公共広場，全体を囲む堀，道路と運河・建物・広場のバランスの取れたプロポーションなどにそれが窺える。フロートクワルティール（マウリッツスタット）とニーウ・マウリッツスタットをつなぐ都市の拡張システムと運河システムはステヴィン・モデルに最も従う点である。

近代のレシフェの核は，レシフェの中央からポンテ・マウリシオを渡りサント・アントニオ（かつてのアントニオ・ヴァス島）を横切って最終的に本土へ続く軸で形成されている。しかし，18世紀初頭，マウリッツスタット（アントニア・ヴァス）の水路と運河は規模も小さくなり，ほとんどの道路パターンは変更される。1808年のブラジル独立以後，大規模な土木工事が行われ，市域は拡大していく。1910年に地方自治体によって大規模な再編成がなされ，オランダの残したものはほぼ消える（図3）。

現在レシフェ地区の保存修景計画が進められつつあり，12の建造物が保存建物に指定されている。18世紀末頃，統治者であったホセ・セザール・デ・マネセスによって，フライブルフは経済的な理由から破壊された。マウリッツの邸宅は1820年に保存された状態で残されていたが，今日統治者の宮殿がその敷地に建っている。マウリッツの余暇のための住宅ボン・ヴィスタは，17世紀の後半に消えた。ボン・ヴィスタの名前は現在ホテルと商業ビルが建ち並ぶ地区の名として残っている。ヨハン・マウリッツの橋は新しい橋に取って代わられた。

（布野修司）

The Americas 23: Sao Paulo

【サンパウロ】 コーヒーの都

ブラジル，サンパウロ州
Sao Paulo, Brazil

　サンパウロは，今やブラジル最大の産業都市であり，人口1100万人を超える世界有数のメガシティである。

　サンパウロの起源は，イエズス会士たちがアナンガバウ川近くの丘に拠点を構えた1554年に遡る。ブラジルのイエズス会士で嘱管区長であったマヌエル・ダ・ノブレガ神父が小さな家「コレギオ・デ・サンパウロ」を建て，以降コレギオのまわりにインディオの家が建った。こうした周囲の教化村を含めてヴィラに昇格し（1660年），ヴィラ・デ・サンパウロと命名されたのがサンパウロの起源である。

　ポルトガル領アメリカ南部の海岸線沿いのカピタニアでは，1532年頃にヨーロッパ向けの砂糖プランテーション開発が開始されているが，サンパウロは，海岸からやや引き込んだブラジル内陸部の入口に位置し，沿岸部への交通は不便であった。そのため，16世紀末から17世紀にかけては，人口もわずか1000人ほどで，家屋は120〜150軒を数えるだけの小さな集落にすぎなかった。農業用地にも恵まれていなかった。

　発展を始めるのは17世紀中頃に奥地探検隊（バンデイランテス）の根拠地となってからである。バンデイランテスは奥地のレドゥクシオン（イエズス会の教化集落）を襲い，インディオを奴隷として海岸部のサトウキビ農園へと売却していたが，その過程で奥地の開発が進められるのである。そして，1693年に現在のミナスジェライス州で金鉱が発見され，大きく発展する。1711年にシウダード（市）となり，1748年にはリオ・デ・ジャネイロ・カピタニアに組み入れられている。

　しかし，ブラジルが独立する19世紀初頭までは，小さな地方都市に過ぎない（図1）。急速に発展するのは，1830年頃からサンパウロ州各地でコーヒー栽培が始まり，サントス港へのコーヒーの送り出し基地となって以降である。このコーヒー景気で財を築いた農園主の中には皇帝から爵位を授けられた者もおり，彼らはコーヒー貴族と呼ばれた。

　1888年の奴隷制度廃止により，コーヒー農園の人手不足は深刻化し，多数の外国人労働者が導入された。サンパウロはコーヒー景気と移住者増加によって活気づき，「コーヒーの都」として世界中に知られるようになる。1872年には人口3万人ほどであったが，90年には24万人にも膨れ上がり，その85％は外国出身者であった。この多国籍の人口構成は今日に至るサンパウロの特質となる。

　19世紀末以降の工業の進展は，サンパウロをさらに大きく飛躍させ，1920年代には，南米第一の工業都市としての地位を獲得する。

図1　都市図，1810年（カリフォルニア大学蔵）

1920年には人口58万人となる。ブラジル産業に占めるサンパウロの貢献度は1907年の8.3％から1928年の21.5％に増加する。

急速な成長によって，サンパウロの都市構造も大きく転換していくことになる。帝政時代の歴史的面影はなくなり，共和国としての近代的なサンパウロの様相が現れ始め，市の郊外に住宅地が形成されていく。旧中心街と1891年に新たに開発されたアヴェニダ・パウリストに形成された「コーヒー貴族」の居住地は，きわめて排他的な地区（ゲイティッド・コミュニティ）となる。高級住宅地区は，カ

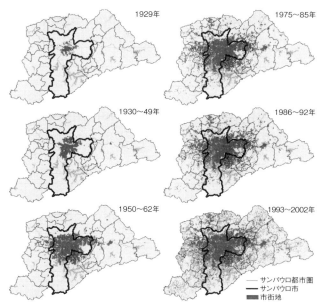

図2　都市の変遷（古田作製）

ンポスエリジオス地区からブリガデイロルイスアントニオ大通り，リベルタ地区，イジェノポリス地区，そしてパウリスタ大通りに広がっていた。イギリス企業が田園都市理念に基づく住宅開発を行い，後には超高層建築が建設される。そして，そのすぐ近くに，大規模な低所得階層が住む居住区が形成された。外国企業が水道や電気，ごみ収集のサービスを供給する一方，大多数の人口はそうしたサービスを受けられない，格差社会が形成されていった。結果として伝染病が発生するなど深刻な都市問題を引き起こすことになった。1917年には無政府主義者に主導された都市暴動も起こっている。

1950年代には自動車産業の中心となり，サンパウロはブラジルの国民総生産の37％を占めるまでになる。人口増加率は年5.4～6.1％となり，ブラジル北東部から移住者を惹きつけ，1960年には470万人の大都市になる。

都市改造は必至となり，アヴェダニス計画として知られるマスタープランが立案された。道路の拡幅，第二環状線の開通，蛇行していたチエテ川の運河化などによって，交通ラッシュの緩和が図られた。また，坂の多いサンパウロの町に多数の陸橋が架けられた。これらの交通インフラの改善事業によって，それまで市街化から取り残されていた地域がようやく埋められ，市街がひとつにつながることになる（図2）。

1990年代に入るとサンパウロ経済は失速し，ブラジル経済に占める役割を減じていく。21世紀に入ってやや持ち直し，ペルーやボリビアからの労働移民が再び増加する。結果として新たな貧困層が産み出されていく。こうしてサンパウロは，裕福な高所得者が居住するゲイティッド・コミュニティと，貧困者が居住する大部分とに二分化されたコスモポリスとして，グローバリゼーションの波に翻弄され続けている。

（古田梨香子／J・R・ヒメネス・ベルデホ／布野修司）

The Americas 24: Rio de Janeiro

【リオ・デ・ジャネイロ】カーニヴァルのメガシティ

ブラジル, リオ・デ・ジャネイロ州
Rio de Janeiro, Brazil

　リオのカーニヴァル（謝肉祭）で世界的に知られるリオ・デ・ジャネイロは、ブラジルを代表する最古の都市のひとつであり、サンパウロに次ぐ第2位、南米でもブエノスアイレスに次ぐ第3位の、大都市圏人口が1200万人を超えるメガシティである。世界的に名の知られる保養地コパカバーナ海岸通りをはじめとして、グアナバラ湾口と人工的な海岸線、ニテロイの歴史的要塞群などが「リオ・デ・ジャネイロ：山と海との間のカリオカの景観群」として、世界文化遺産に登録（2012年）されている。

　ブラジルの植民地化は、ペドロ・アルヴァレス・カブラル艦隊の漂着（陸地発見）（1500年）に始まるが、初期の主要産品は、染料の原料パウ・ブラジル（ブラジル蘇芳）である。ポルトガル王室は、アマゾン川河口域からラプラタ川河口域までの長い海岸線を15の地区に分割して、それぞれに受託統治者（ドナトリオ）を置くカピタニア制を採るが、拠点とした主要な港市は、北部アマゾン川流域の入口となるベレンとサン・ルイス、そして、後に砂糖プランテーションの中心となるレシフェとサルヴァドル、そして、内陸部につながるリオ・デ・ジャネイロ、サントス（サンパウロの外港）である。

　この地にポルトガル人探検家ガスパール・デ・レモスが到達したのは1502年1月であった。グアナバラ湾の奥が狭まっていたのを大きな川と誤認し、発見した月に因んでリオ・デ・ジャネイロ（「一月の川」）と命名した。

　1555年にフランスが進出して拠点（南極フランス）を建設したが、ポルトガルはそれを撃退し（1567年）、都市建設を本格化する。ポルトガル人たちは沿岸部に壁を白く塗った住居を建てて住んだ。先住民が白人を「カリオカ」（白い家）と呼ぶのは、これに由来する。

　17世紀に入って、ポルトガル領ブラジルは、1621年に設立されたオランダ西インド会社WICの標的となる。ブラジル木と砂糖が目的であった。サルヴァドルの占領はすぐさま奪還するが（1625年）、オリンダを奪取され（1630年）、レシフェを拠点にペルナンブコ地域は1654年までオランダによって支配されている。ポルトガルの植民地経営が本格化するのは17世紀後半以降である。17世紀までのリオ・デ・ジャネイロは、砂糖栽培を中心とする製糖工場がある小さな港町に過ぎなかった。

　18世紀前半、内陸のミナスジェライス州で金鉱が発見されてその集散地であるサンパウロが発展し始めるが、1725年にミナスジェライスとつながる陸路が開通すると、リオ・デ・

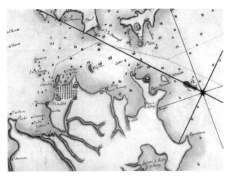

図1　都市図, 1780年
（リオ・デ・ジャネイロ議会図書館蔵）

図2　都市図，1826年（ライス大学蔵）

図3　ファベーラの景観（伊藤宏撮影）

ジャネイロはその積出港としても発展し始める。そして1760年には，ブラジル植民地の首府となる。この時点での人口はサンパウロが約3万6000人，リオ・デ・ジャネイロは約3万人とされるが，1780年には約3万9000人となり，サンパウロを上回っている。最古の地図を見ると，四隅に四方突出型の要塞を置いたグリッド街区が描かれている（図1）。カリオカ水道橋は18世紀前半に建設されたものである。カーニヴァルは1723年に遡るという。

1808年に半島戦争（スペイン独立戦争）が勃発すると，ポルトガル王国は，ナポレオン軍の侵入を逃れて，宮廷をリスボンからリオ・デ・ジャネイロに移す。すなわち，リオ・デ・ジャネイロは，ポルトガル・ブラジル連合王国の首都となる。1821年にリスボンに再遷都されるが，ブラジルの独立派が王太子ドン・ペドロを擁立してブラジル帝国の独立を宣言（1822年），リオ・デ・ジャネイロはブラジル帝国の首都となる。

帝国の首都として行政機能の集中したリオ・デ・ジャネイロは順調に発展していくことになる。1826年の地図には，現在のセントロ地区の街路パターンがより詳細に描かれ，海沿いに，また，現在の共和国広場の西にも市街地が広がっていることが分かる（図2）。

19世紀後半になるとブラジル初の鉄道が敷設され，ガス燈や電信，上下水道といった近代都市としてのインフラが整備されていく。1899年に帝政が廃止され，共和政に移行するが，ブラジル連邦共和国の首都として，急速に人口が増加し，市街地も拡大していった。1900年には80万人を超える大都市となる。

20世紀初頭，第5代大統領ロドリゲス・アルヴェスの下で都市改造にあたったのは都市計画家のフランシスコ・ペレイラ・パソスである。東西南北の幹線道路が整備され，コパカバーナやイパネマへと通じる直通トンネルが建設されたのはこの時期である。市街地は南に大きく伸びていくことになる。第二次世界大戦後も，内陸部や北東部から職をもとめて大量の人々が流入し，人口増加は続いた。経済活動の重心は徐々に内陸部のサンパウロ市に移り，1960年には，首都はブラジリアに移されるが，多くの観光客を集める都市として発展してきている。2016年には南米で初めてオリンピックが開催された。

一方，周辺の丘の斜面には，中心部の超高層建築が林立する現代都市の景観とは対比的な，ラテンアメリカ最大のロシーニャ地区などファベーラと呼ばれる不法占拠地区（図3）が広がっている。

〔布野修司〕

The Americas 25: Brasilia

【ブラジリア】赤い大地に建設された大国の首都

ブラジル，連邦直轄区，首都
Capital, Federal Jurisdiction, Brazil

　大国ブラジルの首都は，まずポルトガル統治時代の1549年にポルトガル領ブラジルの総督府が大西洋岸に位置するサルヴァドルに置かれ，1763年にリオ・デ・ジャネイロに遷都された。しかし，国の南沿岸部に位置するリオ・デ・ジャネイロが首都である限り，赤道近くの北部アマゾンから中央ブラジル高原そして南部の商業・工業地帯と，南北4395km，東西4319km，延べ面積851万km²に及ぶブラジルの国全体の発展はないと，早くから遷都が議論されてきた。

　ポルトガルから独立して1822年にブラジル帝国が成立。その直後の23年にはジョゼ・ボニファシオにより「ブラジリア」と名づけられた内陸の首都への遷都が提案されている。1889年の共和革命によるブラジル合衆国成立後の91年にはブラジリア遷都は議会で承認を得ており，その翌年には中央高原に未来の首都となるエリアを定めるべくクルールス調査団が派遣されている。しかし，その後六十有余年を経て，ジュセリーノ・クビチェックが大統領に就任するまで遷都は果たされなかった。

　ジュセリーノ・クビチェックは大統領就任前，ミナスジェライス州の州都ベロオリゾンチの市長として精力的に市の開発を進めた。市長時代には，ベロオリゾンチ市北部の人工湖パンプーリャを中心としたリゾート地の建築計画を，若き建築家オスカー・ニーマイヤーに依頼しており，それらの建築群はユネスコ世界文化遺産に登録されている。

　1956年の大統領就任後，国営企業体ノーヴァ・カップ（新首都建設のための都市計画組織）を創設し，その総責任者にイスラエル・ピニュイロ・ダ・シルヴァ，建築責任者にオスカー・ニーマイヤーを任命し，アロヴォラーダ・パレス（後の大統領官邸）を建設し始める。そして1956年9月，人口50万人を想定したブラジリアのマスタープランのためのコンペが公募され，26の参加者が登録するのである。

　1957年3月にコンペの結果が公表され，ルシオ・コスタが描いた東西軸の行政エリアと弓なりに広がる居住区域とが直交する「パイロットプラン」と呼ばれる案が採用されることになった（図2）。

　この案では，都市化されるゾーンは三角形の内部に収まる想定となっており，弓なりにカーブした軸は都市へのアクセス軸でもある。その軸には首都を他の地区と結びつける

図1　現在の航空写真（筆者撮影）

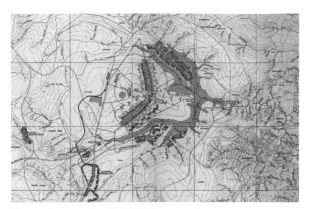

図2 ルシオ・コスタによる計画図，1957年(Baan 2010)

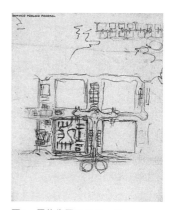

図3 居住街区のスケッチ (Baan 2010)

高速道路が接続し，人造湖を挟んで近接する空港からのアクセス道ともなっている。この軸を背骨として，車道と歩道が分離された居住街区（スーパーブロック）が約600m四方を4ブロックとして形成されている（図3）。ブロック内には7階建ての線状の集合住宅（12×80m）を11棟配置し，そこに2500人が住む計画としている。またこのブロックは住宅・学校・公共施設の建設用地と街路・出入口・緑地の非建設用地に分割され，緑地帯が周囲を囲む計画となっている。コスタは各ブロックのまとまりごとに中学校や教会などを建てることを企図していた。

行政軸と居住軸が交差する部分には巨大なバスターミナルやショッピングモールおよびホテル群が設けられ，その近傍に市民施設としてのホールや美術館も配置されている。行政軸の交差部より西側には公的施設群（美術館やサッカー場など）が，東側には官庁街が配置された。その軸の東端部には国会議事堂と大統領府および最高裁判所が配置され，三権広場が形成された。さらに東に進むと人造湖パラノアのほとりに大統領官邸が配置されている。

この新しい首都はコンペ案採択からわずか3年後の1960年4月21日に供用開始されているが，現在もブラジリアの中心部は建設時と同様に整然としている。

都市のスケールは自動車をベースとしており，この乾いた暑い大地を歩行により移動することは大変である。今でこそタクシードライバーは自前のスマートフォンで道案内を見ながら運転しているが，つい数年前までは道を熟知していないとすぐ目の前にある場所ですら辿り着けないこともあった。それは，この街の道路が渋滞を避けるため一方通行と立体的なジャンクションを多用した構造を持っているからである。そのおかげで大幅な人口増にもかかわらず今でも中心部ではほとんど渋滞が発生しない。

連邦区の人口は1964年には27万人だったが，2007年には250万人まで膨らみ，首都エリアまで含めると350万人に達するほどである。しかしながらルシオ・コスタの描いた中心地の人口はわずか20万人にすぎず，それは1970年とほぼ変わらないのである。

人々が住まうという意味での都市領域は大きく計画を超えて拡張していったが，行政の中心としての都市構造は60年を経た現在でも機能し続けているのである。　　（丹羽哲矢）

The Americas 26: Buenos Aires

【ブエノスアイレス】延長するグリッド

アルゼンチン，ブエノスアイレス自治市，首都
Capital, Buenos Aires, Aregentine

　ブエノスアイレスの起源は，ペドロ・デ・メンドーサ・イ・ルハンが1536年に建設したヌエストラ・セニョーラ・サンタ・マリーア・デル・ブエン・アイレ（良き空気の我々の聖母マリア）（南郊のサン・テルモ地区に比定）に遡る。メンドーサの一団はインディオの反抗に遭い，ラプラタ川の上流に追いやられ，指揮を委ねられたフアン・デ・アヨラが翌年建設したのが，南アメリカで最も古い都市のひとつとなるアスンシオンである。多くのコンキスタドールが出陣していく「母都市」となり，ブエノスアイレスの再征服もアスンシオンからなされた。

　残された都市図をもとにその都市形成の歴史を見ると以下のようである。最古の都市図（図1）は，フアン・デ・ガライによって再建され，ラ・トリニダードと命名された直後の1583年のものである。9×15の完結型のグリッド・パターンで，上下左右が延長される表現をとっている。単純な正方形グリッドで，街区規模は140×140ヴァラ，街路幅は11ヴァラで，プラザ・マヨールは162×162ヴァラである。正方形街区は2×2＝4分割される。

　ブエノスアイレスは，ラプラタ川流域の産物や皮革などの輸出港として発展する。また黒人奴隷の交易拠点ともなった。次に古い1708年の都市図（図2）には要塞が描かれ，その前に6街区分の大きな広場がとられている。全体は9.5×16の街区となっている。1776年の都市図には実際に建設された既成市街地が示されているが，建て詰まっているのは4×9の範囲で，要塞も1街区規模である。周辺に建物が徐々に拡がりつつあり，境界ははっきりしていない（図3）。

　スペイン王室の植民地支配を強化する一連のブルボン改革によって，ポルトガルの侵攻に対処するために，ラプラタ副王領がペルー副王領から分離する形で設置され（1776年），ブエノスアイレスはその首都となり，開港さ

図1　都市図，1583年
（インディアス総合古文書館蔵）

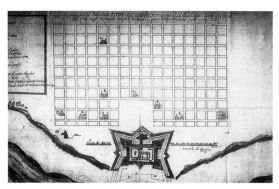

図2　都市図，1708年（インディアス総合古文書館蔵）

図3　都市図，1776年（Ministerio de Defonsa 1990）

図4　現在の航空写真

れる。1784年，そしてそれ以降の地図は，その成長過程をそのまま示している。1700年に約2000人であった人口は，1778年には約2万4200人，1800年には約3万2000人に増加している。ブエノスアイレスは，多くのスペイン植民都市が当初の計画とは異なった展開をしていったのに対して，拡張可能な明快なグリッド・パターンの都市として計画され，その計画理念をもとに発展してきた，ある意味でユニークな都市である。

1810年の五月革命によってブエノスアイレスは自治を宣言し，1816年には正式に独立が宣言されるが，独立戦争は難航をきわめる。1825年のブラジル戦争時に国名をリオ・デ・ラ・プラタからアルヘンティーナに改名するが，その後も内戦が続いた。国家統一がなされるのは1861年であり，ブエノスアイレスが首都になるのは1880年のことである。19世紀末の都市図を見ると，ほぼ一定の範囲が市街地化されているのが分かる。

19世紀を通じて人口は増加し続け，1855年のセンサスでは約9万3000人とされる。国家統一以降はヨーロッパからの移民が急増する。自由主義政権が積極的に招来したせいで，リアチュエロ川河口の港湾ラ・ボカ地区にアルゼンチン・タンゴの発祥地となるイタリア人居住区が形成されたのが，その象徴である。都市人口は，1875年には約21万3000人，1900年には約80万6000人に達する。

さらに，それ以降の人口増加は，まさにプライメイトシティ（単一支配型都市）の典型である。1914年には163万人となり，わずか15年で倍増したのである。

アルゼンチンには広大な鉄道網が建設されているが，すべての鉄道がブエノスアイレスを起点としたことが大きい。都市構造も，電車と自動車の導入によって変わっていく。ラテンアメリカで最初に地下鉄が建設されたのはブエノスアイレスであり，1911年のことである。建物の高層化も進行していった。

19世紀中葉以降，貧困層の居住区がグリッド街区内に形成されてきたが，20世紀に入って郊外にも巨大な貧困層の居住区（ヴィジャ・ミセリア）が形成された。

ブエノスアイレスは，1920年代以降，ラテンアメリカ最大規模の都市として成長していくことになる。

ブエノスアイレス市の人口は現在300万人弱（289万人，2010年）であるが，ブエノスアイレス州内の24のパルティードを加えたブエノスアイレス大都市圏の人口は，1412万2000人に達し，アルゼンチンの総人口約4000万人の3割を超えている。世界有数のメガシティである（図4）。

〔布野修司〕

Column 14 ── スペイン植民都市の都市計画法

「フェリペ2世の勅令」は，発見，入植，平定の過程を規定する中で，植民都市，町，村の物理的形態について具体的に規定している。全体は148条（手稿（原文）には第91条が欠如している）からなり，発見（第1～第31条），入植（第32～137条），平定（第138～149条）の3つの部分（章）からなる。都市計画に関わる部分だけを列挙すれば以下のようである（全文は布野／ヒメネス・ベルデホ（2013）を参照）。

発見（第1～31条）

第1に，発見はすべて国王の許可に基づいて行わなければならないことが宣言される。自己の一存で発見を行う者は死刑に処せられ，全財産は国庫に没収される（第1条）。以下，入植の過程，海洋探索，記録・報告書，占有儀礼・命名，食糧確保，インディオとの関係について規定する。

入植（第32～137条）

スペイン人およびインディオの双方社会の安定化のためにしっかり計画を立てることをうたい（第32, 33条），食糧が豊富であること，有害なものが育たないこと，衛生的であること，空気は澄み，温暖な気候であること，日が沈むと寒くなる方がいいこと（第34条）など，入植の地域，地区の選定について条件を列挙する。

続いて，インディオに損害を与えない場所であること（第38条），水源が近くにあること，農耕・牧畜を行う土地に近いこと，町の建設に必要な資材が近くにあること（第39条）など主都，拠点都市の選地について条件を列挙する。

主都が選定されると，それが管轄する農園，農場，牧場，畑が選定される（第42条）。インディオに損害を与えてはならないことが繰り返される。続いて，植民計画・組織について，都市，町，村のレヴェルの設定，地方自治体，共和政体に応じて，それを構成する役人や議員の任命などに触れ（第43条），アデランタードについて規定する。入植，植民都市の建設は第89条以降に規定される。

条項は前後するが，プロセス順に整理すると以下のようになる。

総督が町あるいは入植地のアデランタード，アルカルデ・マヨールあるいはコレヒドールと協定を結び，協定を結んだ入植責任者は入植協働者個人一人ひとりと契約を結ぶ。入植責任者は，入植協働者に対して，それぞれがどれだけ建設の任務を希望するかに

従って，住宅建設用地，牧草地，農耕地をペオニア（Peon＝歩兵を語源とする）あるいはカバレリア（Caballo＝馬，騎兵を語源とする）を単位として与える（第104条）。一人につきペオニアは5ヶ所まで，カバレリアは3ヶ所までとする。

　ペオニアとは，幅50ピエ，長さ100ピエの宅地，100ファネガ（穀物の体積あるいは作付面積の単位。1ファネガ＝55.5リットル（地方によって22.5リットル），約64.4アール）の大麦または小麦の栽培用地，10ファネガのトウモロコシの栽培用地，2ウエブラ（1日に耕せる土地の広さ）の果樹園，8ウエブラのその他の乾燥した樹木の栽培用地，豚10頭，雌牛20頭，雌馬5頭，羊100頭，山羊20頭の放牧が可能な牧草地をいう（第105条）。カバレリアとは，幅100ピエ，長さ200ピエの宅地とペオニア5つ分の土地をいう（第106条）。恩賞地は，宅地，農地とも測量して境界線を定め周囲を囲う。牧草地は共有地として与える（第107条）。

　ペオニアおよびカバレリアに居住する契約を結んだ者は，住宅を建設し，居住し，農地を耕し，放牧を行わなければならない。遂行しなかった場合，宅地，農耕地を失うとともに罰金を支払わなければならない（第108条）。カバレリアで建設，農耕，牧畜を行う者は協力してくれる農民と協定を結ぶことができる（第109条）。

　最低30人が入植単位とされる（第89条）。10人以下の場合は認められない（第101条）。入植準備が整うまではアデランタードあるいはアルカルデ・マヨール，コレヒドールの管轄下の居留地（コロニア）とされる（第88条）。

　30人の入植者1人（世帯主）につき，住宅1軒，雌牛10頭，去勢牛4頭（もしくは去勢牛2頭と若い雄牛2頭），雌馬1頭，豚5頭，雄鶏6羽，雌羊20頭を所有させる（第89条）。入植者の息子，娘，子孫も入植者として認められ，結婚して別世帯を設ける場合は，最初の入植者の4親等を超えた親族も入植を認める（第93条）。土地は4レグア平方を与える。矩形もしくは長方形として境界を明確に定める。スペイン人の都市，町，村から最低5レグア離れさせる（第89条）。海港や王室，既存のスペイン人町に不利になる場合はその境界を認めない（第92条）。

　第1に，サクラメントを行う聖職者を選定し，教会堂を建設する（第89条）。また，町の建設用地，エヒードehido（家畜場，脱穀場，作業場として用いる共用の場），牧草地など公有地を指定する。残りの土地を4分割し，4分の1を入植責任者が所有し，4分の3を30人の入植者のために30区画に分割する（第90条）。牧草地は収穫物が取り入れられれば公共のものとなる（第95条）。

　入植責任者（ならびに息子もしくは後継者）は民事刑事の第1審における裁判権を有する。また，入植者の中からアルカルデ・オルディナリオ，レヒドール，審議会他の

役人を選任できる（第96条）。協定を遵守し遂行した者には長子相続権が与えられ（第97条），入植者とその子孫には名誉が与えられ，カスティーリャ王国でそれによって保障される特権を享受できる（第100条）。領地内の鉱床，塩田，漁場などの所有が認められる（第98条）。入植者は，最初の渡航で運ぶ家財や食糧については一切の税を免除され（第99条），費用を差し引いた上で5分の1の税を金銀真珠などで物納する（第98条）。

そして，植民都市計画について規定しているのが第111条から第137条である。スペイン植民都市計画として最も言及されるのがこの部分である。

選地：まず空地であること（第111条）が前提とされ，以下が条件とされる（第111条－2）。小高い場所にあり，要塞としやすいこと，衛生状態がよく，有害動物が棲息しておらず，空気や水の腐敗の原因となる潟や沼地が付近にないこと，土地が肥沃で，農地や牧草地，材木や薪その他の資材，淡水に恵まれること，原住民に恵まれること，運搬や出入りに都合がいい場所であること，北の方に広々とした土地があること，沿岸部の場合，海が南面，西面にこない位置とすること。

海から離れた内陸では，航行可能な河川沿岸に建設するのが便利である。沿岸が北風が吹く位置がよく，汚物やごみを出す施設はすべて川に面した最も低い場所に配置する（第123条）。

計画図：場所が決定されると，広場，道路calle，宅地を直線状に規則正しく配置する計画図を作製する。建設する町の周囲には空地を残しておき，同じ形式で拡張できるようにしておく（第111条）。要するにグリッド・パターンで計画するということである。前もって平面図を作製することは第127条でも繰り返される。

中央広場（プラサ・マヨール plaza mayor）：町建設においては中央広場が起点となる。沿岸部の場合は港の上陸地点に，内陸部の場合は町の中央に配置する。広場の形は長さが幅の1.5倍の長方形とする。理由は騎馬による祝典その他の催しに好都合だからである（第112条）。広場の大きさは住人の数に見合ったものとするが，長さ300ピエ，幅200ピエ以上，長さ800ピエ，幅532ピエ以下とする。中間値でよい比率は，長さ600ピエ，幅400ピエである（第113条）。広場の各辺の主要道路には商人たちのためにポルティコを設ける。広場の四隅にはポルティコを設けず道路を通す（第115条）。

主要道路：中央広場の四辺の中央から，四隅のそれぞれから2本ずつ主要道路を設ける。こうすることで，4つの主要な風向きにさらされることのないようにすることができる（第114条）。道路の幅は，寒い地域では広く，暑い地域では狭くする。馬を集める場合は広くする（第116条）。道路は中央広場から延長していく（第117条）。

小広場：町のところどころに小広場を割合よく設ける。そこに大聖堂，教区教会堂，修道院を設置する（第118条）。

大聖堂，教区教会堂，修道院：広場および道路が設定されたあと，大聖堂，教区教会堂，修道院の敷地を決定する。それぞれ1街区全体を占め，別の建物が近接しないようにする（第119条）。町が沿岸部にある場合，海から望めるように配置し，防御に役に立つ造りとする（第120条）。内陸の場合，教会は中央広場に配置せず距離をとる。他の建物を併置せず，独立した建物とし，四周から見渡せるようにすることで，権威を象徴する。基壇を設け，階段を上って建物に入るようにする（第124条）。

王室，審議会，市庁舎，税関，造船所ほか：次に王室，審議会，市庁舎，税関，造船所の敷地を港や教会との関係を考慮して決定する（第121条）。寺院と中央広場に近い場所に王室，審議会，市庁舎，税関の建物を障害物にならないように配置する（第124条）。施療院は教会に近接して回廊のように建設する。伝染病患者のための施療院は風による影響のない場所に設置する（第121，124条）。北風が吹くところに設け，南面を享受できるようにする（第124条）。肉屋，魚屋，製革屋など汚物やごみの出る施設はそれらを始末しやすい場所に設置する（第122条）。以上の計画は，どんな内陸地においても，たとえ水辺がなくても遵守しなくてはならない（第125条）。

宅地：広場に面して宅地を設けてはならない。広場に面しては，王室関係施設，公共建築，商店および商人のための住宅を最初に建設し，入植者全員が分担する。建設のために商品に税金を課す（第126条）。中央広場に近い順に区画し，入植者に分配していく。残余地は，国家所有とし後の入植者のための恩賞地あるいは国王のための土地としておく（第127条）。住宅の建設用地の分配が済むとテントを持っている入植者は自分の宅地に張る。持っていない者は入手できる材料を使って小屋を建てる。いち早く広場周辺を柵で囲い込み，インディオに危害を加えられないようにする（第128条）。

共有地・牧草地・農地ほか：入植地には共有地を指定し，町が拡大した場合にも対応できるようにする（第129条）。共有地に隣接して牧草地を設ける。また，審議会が所有する土地を指定しておく。残余地は農地とし，宅地と同様の大きさに区画する。灌漑可能な土地があれば同じように区画する。その他は後の入植者のための恩賞地として残しておく（第130条）。農地が分配されるとすぐに種を蒔く。牧草地ではまとめて家畜を飼う（第131条）。以上を行った上で，質の高い住宅建設に着手する。

建築物は基礎と壁を丈夫なものとする。日干煉瓦やそれを作るための板，工具類を支給し，廉価で迅速な建設を行う（第132条）。宅地や住宅の配置は，南風と北風に恵まれるようにする。防御性を考慮し強固に造る。住宅では馬や作業用動物を飼えるよ

うにし，衛生面を考えてパティオや飼育場をできるだけ大きくとる（第133条）。

街の美観のために建築物は可能な限り同一形式にそろえる（第134条）。

入植責任者，検査官，建築技師，その他総督が任命した者が監督を務め，できるだけ早く入植を完了する（第135条）。また，入植はインディオに損害を与えることなく平和裡に行われなければならない（第136条）。入植が終わり，町や住宅の建設が終了するまでインディオとの交渉を避ける（137条）。

平定（第138〜148条）

村の建設を終えると，総督および入植者は，地域周辺の原住民すべてを，以下のように，キリスト教会と我々との平和な関係に導く（第138条）。以下，インディオの教化について規定する。

以上の条文，特に第111条から第137条をもとに「フェリペ2世の勅令」が規定する都市モデルを図化すると以下のようになる。

全体はグリッド・パターンによって構成される。すなわち，全体の形は限定されず，同じ形式で延長可能である（第111条，図1）。

プラサ・マヨールを起点とする（第111，112条）。沿岸部の場合には上陸地点に，内陸部の場合には中央に設ける（図2）。

プラサ・マヨールの形は，長さを幅の1.5倍とする長方形とする（第112条）。大きさは，最低200ピエ×300ピエ，最大533ピエ×800ピエ，中間値を400ピエ×600ピエとする（第113条，図3）。

主要道路を広場の四辺の中央から1本ずつ，四隅から2本ずつ設ける（第114条）。広場に面してポルティコを設ける。ポルティコは主要道路によって切断されない。このポルティコについて，加嶋章博（2003）は主要道路の両側すべてに想定するが，プラサ・マヨールに限定されたものとした（第114，115条，図4）。

市街地のところどころに小広場を設け，その広場に付随して教会を設置する（第118条）という規定については，必ずしも一般的な図は想定できないが概念的にはダイアグラムに示せる（図5）。

フィジカルな計画についてまとめると，以上のように図化したことにつきる（図6）。これ以外に描かれた図は，製作者の解釈と考えていい。また，各地に建設されたスペイン植民都市は建設者の解釈によって計画設計されたものといっていい。ひとつの都市のモデル図が具体的に建設された都市計画図をもとに作製されてきたということで

スペイン植民都市の都市計画法 | 817

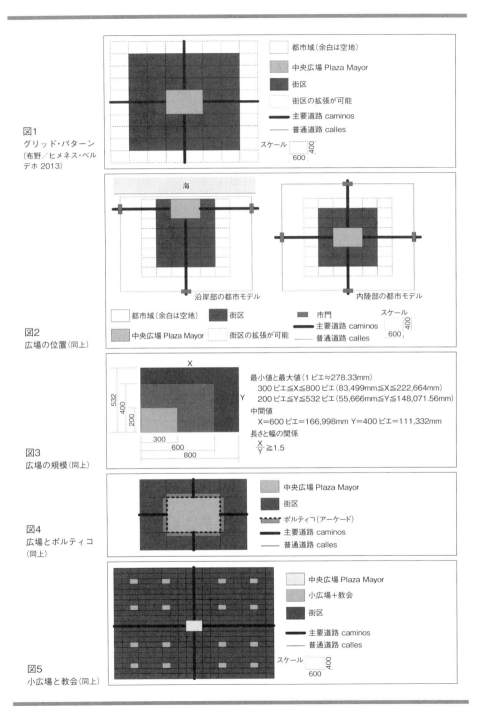

図1 グリッド・パターン（布野／ヒメネス・ベルデホ 2013）

図2 広場の位置（同上）

図3 広場の規模（同上）

図4 広場とポルティコ（同上）

図5 小広場と教会（同上）

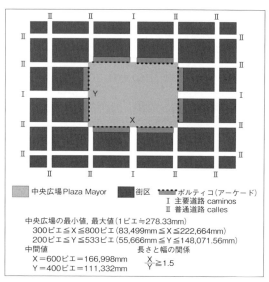

図6 都市モデル(布野／ヒメネス・ベルデホ 2013)

ある。当然のことながら，実現した都市計画は現実の諸条件に規定されている。インディアス法の都市モデルは都市の規模，その境界については触れていない。城壁，市壁についての記述がまったくないことは大いに注目されていい。街路は広場から四方に延長されるという規定があるだけである。また，都市の規模は入植に当たっての集団の規模によって想定されているだけである。

(布野修司)

Lecture 09 ── 都市人口の世界史

　2015年，国連が発表した世界人口は73億人に到達した。20世紀初頭には20億人に満たなかった人口が，その後の100年間で4倍近くに膨れ上がることを当時の人々は想像できていたのだろうか。人口増加率は1900年代半ばに年2%のピークを迎え，その後に低下したことから，産業革命以降の人口爆発期がようやく終焉し，2075年の92億人がピークになると考えられている。一方で，国連による将来予測人口[1]は年々上方修正され，最新の予測では2050年には97億人，2100年には112億人になるといわれている。増加ペースこそ落ち着きつつあるものの，いったい人類はいつまで増加を続け，地球が何十億人，何百億人もの受け皿になりうるものなのか，事実は誰にも分からない。人口増加のメカニズムは非常に難解で，社会情勢，経済状況，医療レベルといった多種多様なファクターが複雑に関連し合っている。類似する環境であっても，まったく異なった成長率を示したケースも少なくなく，決定的といえる人口予測モデルは今のところ存在していない。

　世界人口増加の歴史は，都市人口拡大の歴史でもある。都市人口は世界人口に比べて残された史料が多く，その信憑性も高いことから，歴史上，都市の推計人口が世界人口推計の根拠として活用されることもある[2]。本稿では，各年代における世界の代表的な都市の人口規模とその分布の変遷を追いながら，都市の誕生期から現在の巨大な世界人口を支えているメガシティに至ったプロセスについて考察したい。

定住から都市化，そして人口爆発へ

　人類誕生からの長い歴史を振り返ると，都市人口が拡大してきたプロセスには幾つかの転換期となる社会構造の変化が存在している。その最初の変化は紀元前8500年頃の定住と農耕の開始であり，協力して農作業を効率的に行うためにある程度の規模の集団を組織する必要が生じたことで，都市へと発展する大規模集落が登場すること

---

[1] 世界人口は複数の研究者によって推定されているが，本稿では，ビラバン，マクエブディーとジョーンズ，ドゥランド，クラーク，マディソン，HYDE（History Database of the Global Environment），PBR（Population Reference Bureau），トムリンソン，国連の推定値を複合的に用いている。同年代に複数の研究者が異なる値を推定している場合は，その平均値を採用している。

[2] 都市の人口は，都市の範囲をどのように定義するかによってその値が大きく異なる。現代では，行政単位によって区分される人口は「市域人口」，経済的な関係で結びついた地域の人口は「都市圏人口」とそれぞれ区別して使用される。本稿で用いる都市人口は主に後者に該当する。

になる。そもそも定住開始以前の人口を推定することは難しいわけだが，現存する狩猟部族の集団規模や生活様式から，狩猟採集を行っていた新石器時代以前の集団が，移動に適さない大きな集団を形成していたとは推測し難い。食糧生産力が高まり余剰生産量が生じれば，新たな土地の開墾や灌漑に必要な労働力を受け入れてさらに生産力を拡大することができる。十分な余剰生産量は農作業に従事しない新しい職業の人々を養うことも可能にし，集落は次第に都市になる。人口増加により多くの余剰生産量が必要となり，生産力強化のために労働力の増員が不可欠となるというサイクルを反復することで，都市の規模拡大は必然的に進展したと考えられる。

戦争，疫病の流行，気候変動に伴う飢餓など，突発的に発生する事態は都市に繁栄と衰退をもたらし，局所的な人口変動を随所で起こしてきたが，俯瞰すれば，農産物の品種改良効果による単位面積当たりの食糧生産性や乳幼児期の子供の死亡率が段階的に改善されたことで，世界人口は長期的には一定の増加率（約200年で倍増するペース）を保ちながら，18世紀頃まで持続的に増え続けてきた。

現在の世界人口73億人を導いた直接的な要因は18世紀半ばの産業革命である。人口の原理を生活資源やエネルギー資源との量的関係によって論じたトマス・ロバート・マルサスは，産業革命による急激な人口増加について，植物と動物によるエネルギー（植物は食糧や燃料として，動物は食糧や農作業などの動力として）と人口のバランスを，産業革命による石炭の圧倒的なエネルギー量が破壊してしまったと説明している。実際，マルサスの時代の世界人口は石炭の生産量に比例して増加している。工場労働者という新たな都市の構成メンバーと彼らが暮らす高層化された集合住宅が登場し，都市領域の面的拡大と高密度化が進んだことで，都市は膨大な人口の受け皿となっていた。

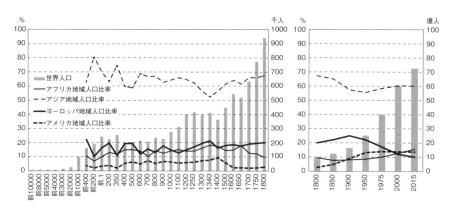

図1　世界人口の推移（筆者作成）

工業都市という従来の都市規模をはるかに上回る新タイプの都市がヨーロッパや北アメリカを中心に突如として誕生し，都市が形成されるプロセスとその速度も劇的に変化していった。この頃にはすでに大陸間の流通や貿易が始まっており，植民地から都市へ食糧や資源が供給されるシステムが確立され，都市人口は近郊の食糧生産量による制約から解放されていたこともあり，巨大都市が成立する様々な条件が整っていた。

歴史上都市の人口推計方法

　人口センサスが世界的に定着したのは20世紀以降になってからのことである。紀元2年には戸籍登録が行われていた中国をはじめ，一部の地域や年代に関しては税収や徴兵のための世帯調査記録，教会の出生・埋葬記録などの史料が残されているが，断片的なものに過ぎない。古文書などの文献にもしばしば人口や都市の規模に関する記述は登場するが，これらの記述の精度や信憑性は定かでなく，記録者の主観的な印象で誇張され，客観的な根拠もなく大雑把に定められている場合が多い。そのため，一般的に歴史上都市の推計人口は，遺構や古地図から推測される建物や人口の密度，世帯数に読み替え可能なかまどの数，社会組織の構成，農地面積，技術水準に基づく食糧生産量の推計値（都市が成立するには都市人口分の食糧が不可欠であるため）などを根拠に，史料や文献で人口の増加率や密度がすでに判明している類似都市とも比較をしながら，間接的かつ複合的に導かれる。

　代表的な歴史上都市人口として，ターシャス・チャンドラー[3]，ジョージ・モデルスキー[4]，イアン・モリスの3名の研究者による推計値を挙げることができる。研究者ごとに根拠とする記録や都市領域の定義などが異なるため，それぞれの推計値には差が生じるわけだが，年代の古い都市の場合は記録自体が限られて同一の情報が推計の根拠に用いられることが多く，また新しい年代の都市の場合は記録が増えてその精度も向上してくることから，明らかに異なる推計値が導かれることは少ない。

人口規模上位都市の推移

　世界の人口規模上位の都市について，各年代における最大規模の都市人口の推移と

---

[3] 本稿で用いる推計値については，主にチャンドラーのデータを用い，不足する年代や地域についてはモデルスキーらのデータを補足的に用いる。

[4] 地区の上位5都市平均人口については，紀元前500年以前は2万人以上，紀元前430年以降から100年までは3万人以上，200年以降は4万人以上の都市を抽出したチャンドラーのデータを用いて分析しているため，これに該当する規模の都市が存在しない地区および年代の平均値は算出していない。

上位10位および上位20位の都市人口平均値の推移を図2に示す。

最大都市人口の推移を見ると，紀元前1800年には2.5万人ほどであった人口は，紀元前1600年に一度10万人まで拡大したが，その後に減少して4〜5万人規模で紀元前800年頃まで推移する。紀元前800年頃から最初の拡大期を迎え，一度目のピークとなる紀元100年頃に五賢帝時代のローマが45万人に到達している。その後いったん縮小するが，最大都市の位置をコンスタンティノポリス（現トルコ），クテシフォン（現イラク）と東に移しながら再び急拡大し，900年にバグダードが90万人というピークを迎えている。この2つのピークを持つ拡大期には，100年ごとに18.5%の拡大を続けた計算になる。この間の世界人口の増加は約2倍であり，上位20の都市人口平均値の増加が4倍強であることに比べると，最大都市の拡大がいかに急速であったか分かる。

900年以降の250年間で最大都市の人口規模は減少し，1500年前の最大都市と同規模の20万人になっている。同期間の上位都市の人口推移について確認してみると，上位5都市の減少が著しいものの，それ以下の都市人口については大きく変化していない。ごく一部の突出した規模の都市人口が，国の衰退などに伴ってこれに準ずる規模の都市と同規模に縮小されたと考えてよい。

1150年から最大都市の規模が再び拡大を始めているが，この間の最大都市の立地は中国へと移り，その後の産業革命による人口爆発が起こるまでは70万人という規模がこの年代の社会システムにおける都市人口の収束値であったと読み取ることができる。

最大都市が経験した紀元前800年から始まる2000年間の増減期と，1150年から産業革命までの増加・収束期の2つの変化は，世界人口と最大級都市に準ずる上位11〜20の都市人口の平均値の推移の相関性（中世に減少・停滞期を持つほかは，1900年代までほぼ一定の割合で増加を続けている）とは明らかに異なる傾向を示しており，最大級都市の人口規模の決定には別の要因が作用していると考えられる。

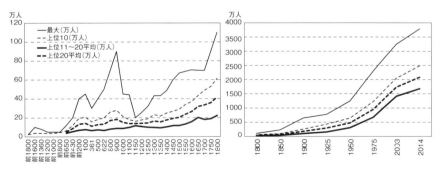

図2　人口規模上位都市の人口推移（筆者作成）

人口規模上位都市の地域分布

　世界最古の500〜1000人規模の集落は紀元前8000年頃の西アジアを中心に確認されている。また，それ以降の新石器時代の集落や都市の多くが地中海東部を囲う西アジア，北アフリカ，南ヨーロッパ地区に集中して確認されている。この頃の世界人口は500万人程度と推計されているが，これは現在の東京23区内の人口の半数程度に過ぎない。紀元前3000年頃になると，ウルやウルク（現イラク）といった4万人を超える規模の都市が現れ，紀元前2500年頃からは南アジア（現パキスタン・インド）や東アジア（現中国）にも西アジアと同規模の都市が登場する（図3）。

　紀元前1800年以降の各年代の人口規模上位都市について，アジア，アフリカ，ヨーロッパ，アメリカの4地域の都市数比率の推移を図4に示す。

　紀元前1800年頃の最大規模の都市人口は2万人を超える程度であるが，この規模の都市数は10程度に過ぎず，そのすべてが北アフリカと西アジアに位置する。紀元前1600年以降のヨーロッパの都市の比率の急増は古代ギリシャ都市の繁栄によるもので，アジア比率を押し上げた要因は中国都市の規模の拡大による。隣接する西アジア，ヨーロッパ，北アフリカをひとつの地域と捉えたとき，上記の地域と中国を中心とする東アジア地域との上位都市数の比率は紀元前

年	都市名	地域・地区	人口
前1800	テーベ	北アフリカ	25,000
前1600	アヴァリス	北アフリカ	100,000
前1360	テーベ	北アフリカ	80,000
前1200	メンフィス	北アフリカ	50,000
前1000	テーベ	北アフリカ	50,000
前800	テーベ	北アフリカ	50,000
前650	ニネヴェ	西アジア	120,000
前430	バビロン	西アジア	200,000
前200	長安	東アジア	400,000
100	ローマ	南ヨーロッパ	450,000
361	コンスタンティノポリス	南ヨーロッパ	300,000
500	コンスタンティノポリス	南ヨーロッパ	400,000
622	クテシフォン	西アジア	500,000
800	バグダード	西アジア	700,000
900	バグダード	西アジア	900,000
1000	コルドバ	南ヨーロッパ	450,000
1100	開封	東アジア	442,000
1150	メルヴ	中央アジア	200,000
1200	杭州	東アジア	255,000
1250	杭州	東アジア	320,000
1300	杭州	東アジア	432,000
1350	杭州	東アジア	432,000
1400	江寧（南京）	東アジア	487,000
1450	北京	東アジア	600,000
1500	北京	東アジア	672,000
1550	北京	東アジア	690,000
1575	北京	東アジア	706,000
1600	北京	東アジア	706,000
1650	イスタンブル	南ヨーロッパ	700,000
1675	イスタンブル	南ヨーロッパ	750,000
1700	イスタンブル	南ヨーロッパ	700,000
1750	北京	東アジア	900,000
1775	北京	東アジア	1,000,000
1800	北京	東アジア	1,100,000
1825	北京	東アジア	1,350,000
1850	ロンドン	北ヨーロッパ	2,320,000
1875	ロンドン	北ヨーロッパ	4,210,000
1900	ロンドン	北ヨーロッパ	6,480,000
1914	ロンドン	北ヨーロッパ	7,419,000
1925	ニューヨーク	北アメリカ	7,774,000
1936	ニューヨーク	北アメリカ	10,015,000
1950	ニューヨーク	北アメリカ	12,463,000
1962	ニューヨーク	北アメリカ	15,755,000
1970	東京（京浜）	東アジア	20,450,000
1975	東京（京浜）	東アジア	23,000,000
2000	東京（京浜）	東アジア	32,450,000
2015	東京（京浜）	東アジア	36,214,000

図3　各年代の最大人口都市（筆者作成）

1000年から1550年頃まで大きく変化していない。1600年頃を境にヨーロッパの都市数の比率が拡大していくが，これは大航海時代に入って植民地を得たヨーロッパの都市が食糧や資源を都市に供給できるようになり，都市人口の増加を支える物質的な条件が整ったことに起因すると考えられる。1850年頃になるとアメリカ新大陸の都市がランキングに登場し始め，アジアの都市数比率を一気に縮小させている。第二次世界大戦後の1950年以降になるとヨーロッパの都市に取って代わって再びアジアの都市が上位都市における比率を急回復させているが，中国都市が大半を占めていた戦前と違い，東南アジアや南アジアの都市がランキング上位に登場する。図2を参照し，最大都市の人口がピークとなった100年と900年，1150年から始まる拡大期の踊り場である1300年と1600年，産業革命前後の1800年と1900年を含めた10の年代をピックアップし，上位都市の世界地図上の分布の推移を図5と図6にまとめた。図6に記された円の面積は，その中心に位置する都市の人口規模を表している。各年代の代表的な都市が規模を拡大しながら北アフリカおよび西アジアからヨーロッパや東方に拡散し，さらには南北アメリカ大陸に飛火してゆく大きな流れを確認できる。

　1600年以前の大規模都市の分布は，1600年における南アメリカのポトシ（現ボリビア）を除けば，フェス（現モロッコ）を西端とし，東京を東端とする北緯10～50度のエリアに長らく限定されてきた。1800年にようやく北緯50度を越えてサンクトペテルブルクとモスクワがランクインしている。

　1900年になると，それ以前にランクインしたことのない新たな大規模都市がイギリスとアメリカ東海岸に密集して登場しており，それ以前の歴史都市とは異なるプロセスと速度で都市化が進行する時代になったことを示している。最新の2015年の地図

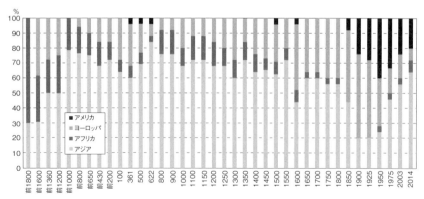

図4　人口規模上位都市に含まれる地域別都市数比率。紀元前の母数は10〜25都市，紀元後の母数は25都市（筆者作成）

都市人口の世界史 | 825

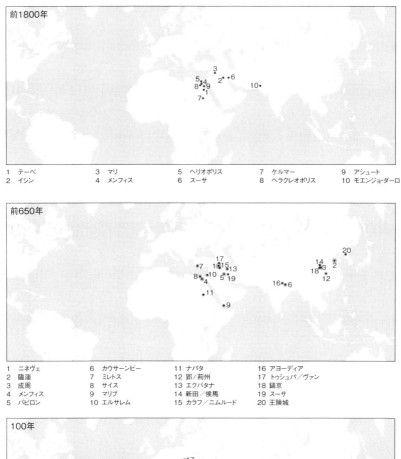

図5　各年代における上位25都市の分布。地図中の数字は人口順位（筆者作成）

Lecture 09

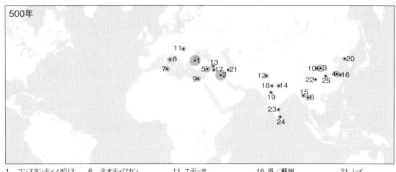

500年

1 コンスタンティノポリス	6 テオティワカン	11 エデッサ	16 呉／蘇州	21 レイ
2 クテシフォン	7 カルタゴ	12 シアルコット	17 ニシビス	22 成都
3 洛陽	8 ローマ	13 アミダ	18 グワーリヤル	23 カーンチプラム
4 建康	9 アレクサンドリア	14 アヨーディア	19 マンダソール	24 アヌラダープラ
5 アンティオキア	10 長安	15 シュリ・クシェトラ	20 平壌	25 江夏／武昌

900年

1 バグダード	6 アレクサンドリア	11 ブハラ	16 蘇州	21 成都
2 長安	7 洛陽	12 レイ	17 アンヒルワラ	22 チュナール
3 コンスタンティノポリス	8 フスタート	13 ネイシャブル	18 カナウジ	23 武昌
4 平安京	9 マニャケタ	14 大理	19 サマルカンド	24 マンスーラ
5 コルドバ	10 ケルアン	15 アンコール	20 杭州	25 昇州／南京

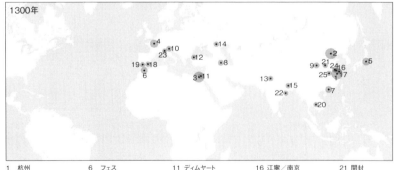

1300年

1 杭州	6 フェス	11 ディムヤート	16 江寧／南京	21 開封
2 大都／北京	7 広州	12 コンスタンティノポリス	17 蘇州	22 カターカ
3 カイロ	8 タブリーズ	13 デリー	18 グラナダ	23 ジェノヴァ
4 パリ	9 長安	14 サライ	19 セヴィーリャ	24 揚州
5 鎌倉	10 ヴェネツィア	15 ガウル	20 アンコール	25 武昌

都市人口の世界史 | 827

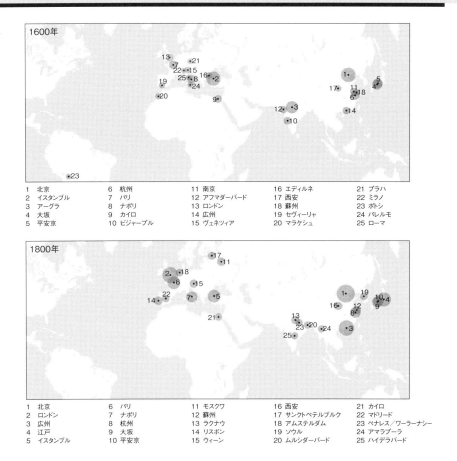

上の都市は，1900年時点とは比べものにならない巨大規模に成長しており，それ以前は上位にランクインする都市が見られなかった南北アメリカ，西アフリカ，東南アジアの地域にもヨーロッパや東アジアと同規模の巨大都市が登場している。1900年から2015年の間に世界人口は16億人から73億人へと4.4倍に拡大しているが，最大都市の規模は648万人から3,784万人の5.8倍，上位20都市の平均人口は181万人から2,082万人の11.5倍と，都市人口の巨大化のペースは世界人口増加を大幅に上回っている。

アジアとヨーロッパの地域人口と上位都市人口の推移

各年代において，人口規模上位都市の大半が含まれてきたアジアとそれに次ぐヨーロッパの2地域について，さらに細かく地区を分けて各地区における中心的な都市の

人口推移の傾向を比較してみる。アジア地域は，西アジア・中央アジア，東アジア・東南アジア，南アジアの3地区に，ヨーロッパ地域は南ヨーロッパ，北ヨーロッパ，西ヨーロッパ，東ヨーロッパの4地区に区分し，各地区における人口規模上位5都市の平均人口を算出する。

まず，アジア地域全体の人口と3地区の上位5都市の平均人口の推移を図7に示す。紀元前200年頃までは3地区すべての上位都市人口はほぼ同じペースで拡大しているが，紀元前後を境に地区間の差が見られるようになる。西アジア・中央アジアでは引き続き拡大のペースを継続して900年には25万人規模に達するが，その後一転して減少期に入り，15万人前後の規模で増減しながら産業革命まで推移している。いったん減少傾向を示す他の2地区については，長期の停滞期を迎える南アジアに対し，東アジア・東南アジアでは再び拡大を始めて800年に28万人規模のピークを迎える。

800年頃といえば，中国では唐が末期に差し掛かり，首都が長安から洛陽，開封へと移されていくが，旧首都を含めた地方都市が独自に発展した時代である。日本においては平安京への遷都を終えた頃であり，その後に20万人都市へと発展を遂げる。1300年以降になると，アジア地域の人口が急増を始めるが，東アジア・東南アジアの上位都市人口の増加傾向とほぼ一致していることから，アジア地域の人口増は東アジア・東南アジアの人口増によってもたらされたと解釈することができる。1800年以降は南アジアの都市人口も急拡大を始める。近年に入って人口抑制策を取った中国と少子高齢化問題を抱える日本や韓国などの代表的な都市が拡大ペースを落とし始めた東アジアに対し，インドに代表される南アジアの都市人口の拡大ペースはさらに加速しており，南アジアに世界最大都市が誕生する日も遠くなさそうである。

続いて，ヨーロッパ地域全体の人口と4地区の上位5都市人口平均値の推移を図8に示す。800年以降にようやく南ヨーロッパ以外の地区にも4万人を超える人口の都市が登場している。600年と1000年に南ヨーロッパの都市人口に2つのピークを確認できる。最初のピーク後の600年から700年にかけた地区人口の減少は，内戦や疫病の流行によって東ローマ帝国が衰退し，イスラーム帝国に領土の一部を奪われた時期に一致する。一方の1000年を挟んだ急激な拡大と縮小は，西方イスラーム文化の中心地として繁栄を遂げた後に1031年に滅亡した後ウマイヤ朝（首都コルドバは当時の世界最大都市であった）の影響と説明できる。1300〜1400年のヨーロッパ地域全人口の減少はペストの大流行によるものと考えられるが，この間の上位都市の規模は南ヨーロッパを除いてむしろ増加を示している。1600年以降は全地区で上位都市人口の増加が加速し，産業革命後の1800年以降の急拡大は凄まじい。1800年から2000年までの

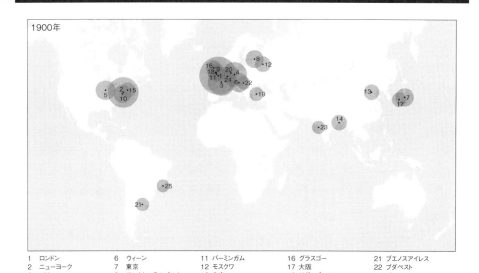
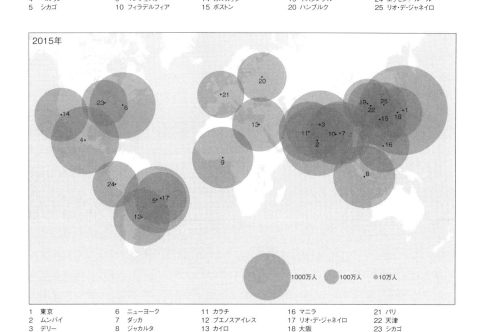

図6　上位25都市の分布。地図中の数字は人口順位（筆者作成）

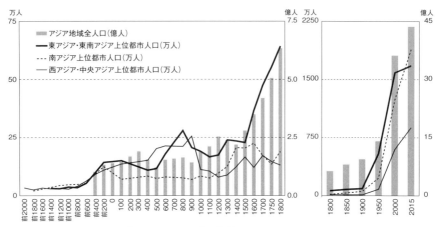

図7 アジアの地域人口と上位5都市人口平均値の推移（筆者作成）

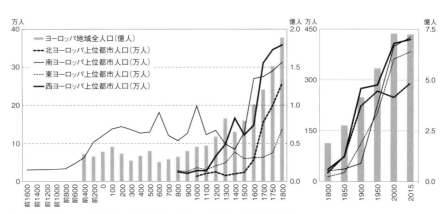

図8 ヨーロッパの地域人口と上位5都市人口平均値の推移（筆者作成）

200年間で西ヨーロッパで11.4倍，東ヨーロッパで26.5倍，南ヨーロッパで12.8倍，北ヨーロッパで9.6倍となっている。東ヨーロッパ都市人口の拡大が突出しているが，その他の地区においても，この間のヨーロッパ地域全人口の増加率3.9倍を大きく超えている。近代の爆発的な都市人口の増加が，世界人口の増加を誘導していると解釈することができる。

（岩田伸一郎）

XIII オセアニア

ブラウ図(1664年)

ウィレム・J・ブラウ(1571〜1638年)は、オランダの黄金時代を代表する地図製作者で、2人の息子ヨハネスとコルネリスがあとを継いで、一家は地図出版業者として成功を収めた。ブラウは、デンマークの天文学者チコ・ブラーエに学んでいる。オランダに帰国後、世界地図とともに各種地図を出版、1633年にはオランダ東インド会社の地図製作者に任命されている。1664年のこの地図は、息子の時代のものであるが、オーストラリアの東部と北アメリカの西部は、想像で埋めることはせずに不明としている(アメリカ議会図書館蔵)。

Panorama XIII ──大英帝国の植民都市モデル

　西欧列強の海外進出の過程と背景や，植民地体制を支えた仕組みはそれぞれ異なるが，大きくは，いわゆる「発見」「探検」の時代から「布教」「征服」の時代へ，「交易」の時代から「重商主義」の時代へ，さらに「帝国主義的支配」の時代へ，それぞれ推移していく。この過程でいわゆる「近代世界システム」が成立することになるが，その要となったのが各国の交易拠点であり，植民都市である。

　西欧列強による近代植民都市建設の最初期には現地住民との交易のためにまずロッジ（宿所），続いて商館（ファクトリー）が建てられ，次に商館が要塞化され，その周辺に現地住民および西欧人の居住する城砦が形成され，そして全体が城壁で囲まれる段階へと発展するのが一般的であるが，既存の都市が存在する場合と処女地の場合とで異なる。また，植民都市が点に留まる場合，ネットワーク化される場合，面的支配に進展する場合など，植民地戦略の違いによって植民都市の性格は異なっていく。

　ウォーラーステインの「近代世界システム」論によれば，15世紀半ばから16世紀半ばにかけて「ヨーロッパ世界経済」が出現する。そして1640年頃までに新たなヨーロッパ分業体制が確立する。「中枢」におけるヘゲモニー争いは1651年のイギリスの航海法によって本格的に開始される。オランダ・フランス・イギリスの三つ巴の抗争は，第1局面（1651〜89年），第2局面（1689〜1763年），第3局面（1763〜1815年）に分けられる。第1局面での3次にわたる英蘭戦争の結果，オランダが衰退し，フランスとイギリスの対立が全面化していく。そして英仏が全面衝突した七年戦争（1756〜63年）の結果，フランスは植民地の大半を失う。最終的にヘゲモニーを握ったのはイギリスである。

　イギリス植民都市のモデルとなるのは，まず北アイルランドのアルスターである。そしてシャフツベリー卿のモデルが王政復古期に開発される。18世紀にはさらなる発展が見られ，ウィリアム・ライトのアデレード計画によって，南オーストラリアで最も洗練された形態に達することになる。アイルランドのロンドンデリー，コールレイン，北米のチャールストン，フィラデルフィア，サヴァンナ，西アフリカのフリータウン，そして南オーストラリアのアデレードなどがモデルの進化において重要である。

　アイルランドは中世からアングロ・ノルマンたちの植民地となってきたが，ジェームズ1世も，ロンドンの同業者組合と提携し，1659年までにアルスターに約3万人の入植者を送り込んだ。アルスター・プランテーション計画は，各地方に市場町を建設

するという計画である。都市核はダイヤモンドと呼ばれる市場で，市場はマーケットクロスすなわち市庁舎と市場を組み合わせた公共建築物によって構成された。

　アルスター・プランテーションと同時期に，新世界にも入植地が建設される。1620～50年にニューイングランドに2万5000人，ヴァージニアとチェサピーク周辺に約8000人が入植している。またカリブのセント・キッツの人口は1640年に1万4000人に達していた。入植の過程を監督し，個々の建物に先立って街路の配置を行うようになるのは，王政復古期（1660～85年）以降であり，キャロライナとフィラデルフィアがその先駆けとなる。一定の検査，運営体制のもとでプランテーション開発を行うことを決定したのは，チャールズ2世（在位1660～85年）である。外国プランテーション協議会が創設され，のちに通商および外国プランテーション協議会あるいは局に再編され，最終的には18世紀後半に植民省となる。

　この時期，植民地政策を主導したのがシャフツベリー卿である。自ら「グランドモデル」と呼び，キャロライナ植民地で実行に移そうとしたその理念は，その後も植民地統治問題に長期にわたって反映されていくことになる。1669年のキャロライナ基本法は，自由保有権者と植民地資産の相続権を持つ貴族の二者の権利をうまく組み合わせた，利益の均衡をとる土地計画を規定している。土地は，各1万2000エーカーの正方形区画を単位として，都市区画あるいは住宅区画，都市周辺の10エーカーの庭園区画，80エーカーの田舎区画に分けて配置された。シャフツベリーが計画したチャール

図1　大英帝国の拡大，1763～1830年（布野修司・古田梨香子作製）

ズタウンの人口は，1700年には2000人足らずであったが，その後急速に発展し，1742年には6800人となり，北アメリカ第4の都市に成長している。シャフツベリー卿の理念は，ペンシルヴァニアにおいて，より徹底した形で見ることができる。クエーカー教徒のウィリアム・ペンは，1681年のフィラデルフィア計画のために，シャフツベリー卿の手法およびロンドン大火後のニューコート再建計画をモデルとしている。

　チャールズ2世の退位後の50年間は，政変・戦争・財政問題など様々な原因によって新世界への新たな入植が抑制される。北米で組織的な植民地計画が再開されるのは，1730年代のサヴァンナ以降である。サヴァンナのジョージア入植地の建設は，1732年に国王が受託集団に勅許状を与えることによって行われ，事業の指導者となったのはジェイムズ・オグルソープである。土地は，都市区画，庭園区画および農場区画に分けられた上で，広場，グリッド状の道路配置，公共用地，コモンが配置されている。地方自治体は，ワード（地区）（40宅地）を単位として組織され，植民者たちには，18ヶ月以内に自宅を住まいとして完成させ，10年かけて各10エーカーの農場を作物の育つ耕作地として整備することが期待された。サヴァンナは現在，アメリカ合衆国における歴史的建造物保存運動の先導的存在となっている。

　サヴァンナ建設以後の50年は，戦争と激動の時代である。英国は新たな植民地を獲得し，一方でアメリカ独立戦争によって北米の13の植民地，海外人口の5分の4近くを失う。このため，英国の不満分子のみならず，王に忠誠を誓う解放奴隷や米国人のためにも新たな領土が必要となる。まず1788年にボタニー湾（後にシドニー，ニューサウスウェールズ）に囚人入植地が建設される。英領オーストラリアの始まりである。そして，アッパー・カナダとシエラ・レオネの新しい入植地建設が建設される。その詳細な指針を提案したのがドルチェスター卿およびグランヴィル・シャープである。

　1775年当時，英領北アメリカ（現在のカナダ）の人口はわずか11万人であった。そのうち約4万人がアメリカ独立戦争後にアメリカから移住した王党員（ロイヤリスト）および元兵士であり，約3万2000人がノヴァ・スコティアに，約8000人が旧フランス領であるケベックに入植した。新たな入植地のために，初期のモデルを洗練した詳細な規制・規則を設定したのは，アメリカの攻撃からカナダを守り，1786年にケベック，ノヴァ・スコティア，ニューブランズウィックの総督および総司令官としてカナダに戻ってきた，後にドルチェスター卿として貴族の称号を与えられることになるチャールトン将軍である。10マイル四方のタウンシップをおよそ1マイル平方の都市区画に区分し，都市区画はさらに1エーカーの区画に分割する，中央公共広場と4つの同じような規模の広場を中心から適当に等距離を保って配置する，町の周囲に0.5マイル

幅の防御帯を作る，などがその指針である。こうしたドルチェスターの指針に従った例が，ナイアガラ，ジョーンズタウン，コーンウォールである。

　王党員の中には数千人の元奴隷が含まれ，その中には，独立戦争当時，英国側に立って戦った，いわゆる「黒人王党員（ロイヤルブラック）」がいた。彼らは，ノヴァ・スコティアの寒冷地域に追いやられるか，貧しい難民としてロンドンに避難するかを迫られた。1787年，奴隷制廃止論者であるグランヴィル・シャープの発案により設立された黒人貧困者解放委員会の支援により，このうち約400人の奴隷たちが解放され，西アフリカの自治入植地に送られることとなる。最初の入植地（グランヴィル・タウン）は，1790年に先住民たちによって破壊されたが，シャープは新たにシエラ・レオネ会社を設立し，1792年に近くのフリータウンに新しい入植地を建設する。以降，シエラ・レオネの英国植民地が発展していくことになる。

　グランヴィル・シャープの新植民地のための計画は，ナポレオン戦争の影響でまもなく見捨てられる。英国は，1815年のウィーン会議後，さらに領地を拡大して帝国への道を歩むことになる。通商プランテーション局にかわり新しく植民省を設置し，引き続き計画的入植地政策を採るが，その中心となったのがオーストラリアそしてニュージーランド，とりわけアデレードの計画であった。アデレードおよび南オーストラリアの入植地計画は，それ以前の経験を踏まえて最も体系的に実施されるのである。

　南オーストラリア植民地全域への直接的刺激，そのいわゆる「体系的」植民地手法は，エドワード・ギブソン・ウエイクフィールドにその多くを負うとされる。新しい植民地建設は，植民地長官と植民省の合同事業として進められた。アデレード計画は，最初の測量技監であったウィリアム・ライト大佐によって行われる。ニュージーランド植民地の都市建設は，1840年のウェリントンが最初であり，ウエイクフィールドが手がけた最後の町となる5番目の町が1852年のカンタベリーである。

　1840年代になるとイギリスの植民地政策は中央指導から自由放任へと大きく転換する。都市開発における政府管理は縮小され，民間事業が推進される。また，移民が飛躍的に増えたことが大きい。1775年当時，新世界植民地の英国人人口は300万人以下であったが，1815年からの100年間に，新世界とオーストラリア・ニュージーランドには，英国本土からだけでも2500万人が移住するのである。植民都市計画モデルの知的伝統は，植民地移住全盛の50年間に衰退していき，その後，田園都市運動に影響を与えるものとして再登場することになる。エベネザー・ハワードは，『明日の田園都市』において，共同所有による公園帯についての議論を裏づけるために，唯一既存都市の計画としてアデレードを挙げている。

（布野修司）

Oceania 01: Sydney

【シドニー】 流刑建築家の計画都市

オーストラリア，ニューサウスウェールズ州
New South Wales, Australia

　18世紀末までヨーロッパが関心を示さなかったオーストラリア大陸の都市の歴史は，浅い。17世紀初頭にオランダ人ウィレム・ヤンによって「発見」されていたが，荒涼とした大地にヨーロッパ人は目を向けなかった。先住民アボリジニの住む地に大英帝国が興味を示すのは，1770年のジェームズ・クックによるポート・ジャクソン到来を待たなければならない。

　1776年にアメリカ合衆国が独立したことで流刑地を失った大英帝国は，オーストラリア大陸の植民地化を本格化した。天然の良港であるポート・ジャクソンの中でシドニー湾の地が選ばれたのは，利用可能な河川の存在が大きかった。1788年，初代総督アーサー・フィリップが約1000人の囚人を率いて到来し，ニューサウスウェールズと名づけられた大陸の東半分を領有した。当初は囚人だけであったが，すぐに自由民も送り込まれて本格的な植民が始まった。オーストラリアの入植は東部から始まり，かつての植民地政府の所在地であるシドニー，メルボルン，ブリスベン，アデレード，パース，ホバートは現在の州都となり，人口も集中している。

　他の5つの州都が植民地に典型的なグリッド・パターンを採用するのに対して，シドニーの都市形態は不規則である。尾根に囲まれた起伏のある地形という制約からであるが，初代総督フィリップも，再開発を担った6代目総督のラクラン・マコーリーも，グリッド・パターンを構想したようである（図1）。フィリップ総督の当初の構想図には，広い中心街路の両側に規則正しく等分割された街区が並び，その突き当たりに総督邸が描かれている。起伏を無視した構想図のため実現せず，後に地形に沿わせる形で街路が敷かれている。1822年の計画図はマ

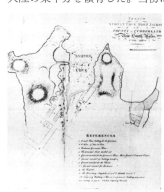

図1　フィリップ総督の構想図，1788年（オーストラリア国立図書館蔵，Statham 1989）

図2　マコーリー総督の構想に基づく計画図，1822年（ニューサウスウェールズ州立図書館蔵，金田 1985）

図3　都市図，1843年（ニューサウスウェールズ州立図書館蔵，金田 1985）

コーリー総督の退任前の再開発構想とされるが，これも実現していない（図2）。しかし，現状と異なる東西・南北を基軸とした街路計画は，整然とした都市計画を目指していたことがよく分かる。1843年にはすでに東方と南方に市街地が拡張し，西山麓の南北方向の街路が尾根に沿って西に傾いて実現され，南北方向の街路と斜交している（図3）。

現在，初期入植地であるロックス，国際ターミナルのあるサーキュラーキー，王立植物園とオペラハウスを抱えるドメインの大きく3つの地区が，湾を囲んでシドニーの都市を形成している。流刑地であったシドニーには，19世紀初頭のマコーリー総督時代（1809～21年）の初期囚人施設がロックスを中心に残っている。囚人収容施設であるハイド・パーク・バラックス（1819年）や，シドニー湾に浮かぶ監獄島コッカトゥー島など，他都市の物件もあわせて11件が，「オーストラリアの囚人収容遺跡群」として，2010年に世界文化遺産に登録されている。

流刑植民地であったことを物語るようにハイド・パーク・バラックスやセント・ジェームズ教会などを設計したのは，その後の功績により特赦される囚人建築家フランシス・グリーンウェイ（1777～1837年）である。マコーリー総督とともに，最高裁判所や教会，総督邸など多くの建築を手がけて，19世紀初頭のシドニーの街を形作った。ロックスのジョージ通りを中心とするシドニーの都市骨格は，マコーリー総督時代にグリーンウェイとともに完成させたものである。オーストラリアにおけるその功績は，都市計画の生みの親として有名なジョン・サルマンに比肩するものであり，オーストラリア最初の紙幣の肖像にもなった。

シドニーでは，植民地スタイルの一戸建ての平屋でヴェランダ付きの住宅が典型である。インドにその名のルーツを持つバンガロー

図4　オペラハウス（Aage Krogsdam撮影, stock.foto提供）

スタイルは，インドやアフリカなどの熱帯の強い日差しを避けるためにイギリス植民地で広く受け入れられる。シドニー近郊のパラマタには，オーストラリア最古の現存住宅であるエリザベスファーム・ハウス（1794年）が残る。緩やかな屋根勾配はオーストラリア植民地住居の特徴であり，庭に面して深いヴェランダを持つ。

18世紀末から拡大し続けたシドニーは，オセアニア最大の都市となり，都市圏人口は400万人を擁するまでになった。1956年のメルボルンに続き，2000年にはオリンピックが開催され，各地が開発されている。しかし，現在でもその都市を最も象徴するのは，1959年着工から紆余曲折の末，1973年に竣工したオペラハウスである（図4）。2007年，設計者ヨーン・ウッツォンの存命中に世界文化遺産に登録された唯一の物件でもある。世界文化遺産の登録基準Ⅰ「人類の創造的才能を表現する傑作」のみで登録された。当初は，1932年に完成したハーバー・ブリッジとあわせ，都市景観としての世界文化遺産登録を目指していたが，この申請は取り下げられている。奇態といっていいオペラハウスはそれ自体が半世紀前のシドニーの都市景観に対する強烈なインパクトだったはずであるが，1993年に周囲に高層ビルが建つに及んで景観論争も巻き起こっている。

（佐藤圭一）

Oceania 02: Adelaide

【アデレード】 ウィリアム・ライトの田園都市

オーストラリア，南オーストラリア州
South Australia, Australia

　アデレードは，1836年に南オーストラリアの初代測量長官ウィリアム・ライトによって計画された。19世紀のイギリス王妃にちなんだ都市名である。トレンス川河口から10kmほど遡った位置が最初の植民地に選定され，川の両岸に都市が計画された。オーストラリアにおける他の都市と同様，乾いた台地で死活的に重要な生活用水を確保するために，清廉な水を求めて河口から遡上した地が選ばれた。

　トレンス川南側の区画は東西・南北に街路が通り，北側の区画では軸線のずれた区画が3つ計画されている（図1）。それまでのオーストラリア植民地には見られなかった都市形態であり，地形を読み取ったライトの独創的な計画である。132フィートの主街路で4つに区分され，中央と4地区の中心にそれぞれ公園が配置されているのが大きな特徴であり，その後の南オーストラリア植民都市計画のモデルとなる。この都市形態は，フィラデルフィアとの類似も指摘されている。オーストラリアの植民地での街路の計画寸法が33の倍数となるのは，当時の植民地で採用されていた1チェーン＝66フィートという測量単位に基づいているからである。例えば，ブリスベンの主街路幅は66フィート，メルボルンは99フィートである。敷地は方形区画で，オーストラリア植民地の一類型であるが，1区画が1エーカーと広い。

　アデレードは，エベネザー・ハワードがその著『明日の田園都市』（1902年）において，唯一言及している実在都市でもある。自らが提唱した成長する田園都市のダイヤグラムと対比させながら，アデレードを例証に挙げている。南アデレードが計画人口に達した時に，スプロールすることなく，パークランドを介して北アデレードが新しい田園都市として建設されるという都市計画である。両岸の台地に立地する街区の周囲は，パークランドと呼ばれる緑地帯で囲まれ，現在でも都市がスプ

図1　ライトによるアデレード計画，1837年（ニューサウスウェールズ州立図書館蔵，Statham 1989）

図2　パークランドに囲まれた市街
（Lloyd Thornton撮影，stock.foto提供）

図3 リードによるアデレード郊外計画，1917年(ニューサウスウェールズ州立図書館蔵，都市史図集編集委員会1999)

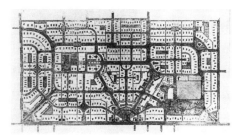

図4 ミッチャム・ガーデン・サバーブ計画図，1919年(Hutchings and Bunker 1986)

ロールすることなく維持されている（図2）。

20世紀初頭，チャールズ・コンプトン・リード（1880〜1933年）によって，田園都市運動と植民都市計画がアデレードにおいて結びつくことになる。リードはニュージーランド生まれで，1914年に南オーストラリア政府の都市計画アドバイザーとなった。「都市計画・住宅法」を制定し，アデレードの都市計画を策定している。1917年の計画図には，環状緑地帯が描かれ，その外側に田園郊外住宅地が配されている（図3）。リードの手がけた都市計画のうち，計画が完全に実施され保存状態がよいのが，アデレードのコーネル・ライト・ガーデン（当初は「ミッチャム・ガーデン・サバーブ」）である（図4）。リードは，レイモンド・アンウィンの強い影響を受けており，コーネル・ライト・ガーデンが直接モデルとしたのは，ハムステッド・ガーデン・サバーブである。しかしリードは，コーネル・ライト・ガーデンの完成を見ることなくマラヤに赴いている。彼は1910年以降，ニュージーランド，マラヤ，北ローデシア，南アフリカなどの大英帝国植民地において活動し，田園都市運動を各地に伝道している。

リードは，エーカーあたり3戸の低密度で，一家族につき庭付き一戸建ての平屋とすることを住宅地計画の理想としている。集合住宅や長屋形式は好ましくない居住環境と考えていた。1917年の当初計画には集合住宅も見られるが，実際にはほとんど建てられていない。画一的なグリッド・パターンの植民都市計画に対し，緩やかにカーブする街路やビスタを形成する街路，生活サービスを提供する地域施設，オープンスペース，ユーティリティ・ウェイなどを計画している。また，あらゆる階層が隣り合う「社会的混住」を理念として，セグリゲーションを忌避していた。住宅モデルは，アデレードの他地区とは異なり，アメリカ西海岸をモデルとした「カリフォルニアン・バンガロー」を原型としている。バンガローは，インドのベンガル地方の熱帯植民地住宅に由来する言葉で，強い日差しを遮るためのヴェランダ付きの住宅を指す。建設時期に従って，「サウザンド・ホーム」「チューダー・リバイバル」「オーステリティ」を合わせて4つに分類できるが，オーステリティだけがヴェランダを持たない様式である。

ハワードは再開発よりも更地での都市計画を推奨しており，広大なオーストラリア植民地は20世紀都市計画の実験場となった。ハワードの唱えた土地の公有，自給自足などの理念から見れば，多くの田園都市計画は郊外住宅地計画としかいえないものである。しかし，アンウィンやリードらによって伝道された田園都市運動の各地域における実践は，当時の地域の実情に応じて様々に解釈されて受容されており，20世紀初頭の都市計画に果たした役割は大きい。

（佐藤圭一）

Oceania 03: Canberra

【キャンベラ】 オーストラリア連邦の計画首都

オーストラリア，オーストラリア首都特別区，首都
Capital, Australian Capital Territory, Australia

20世紀初頭，大英帝国は時を同じくして性格の異なる3つの首都を建設する。インドのニューデリー，南アフリカのプレトリア，そしてキャンベラである。インドは当時の大英帝国植民地の中心であり，ニューデリー建設は没落しつつある帝国の威信をかけた壮大な計画であった。プレトリアは1910年に独立した4州連邦の首都であり，イギリス人建築家ハーバート・ベイカーがその建設を一手に担った。ベイカーはその功績により，エドウィン・ラッチェンスとともにニューデリー建設にも加わることになる。一方，キャンベラは，大英帝国の建築家ネットワークではなく，国際コンペによりアメリカ人がその建設計画を担うことになる。

オーストラリアでも1901年に6つの植民地をもとに連邦政府が誕生しているが，現在に至るまでイギリス国王を国家元首とする立憲君主制である。総督が国王代理を務めるが，20世紀を通じて共和制への移行は常にオーストラリアの政争になり，イギリス連邦から独立するか否かについて国論を二分している。

キャンベラは，シドニーにもメルボルンにも連邦政府の首都を決められなかったことによる妥協の産物である。1901年発布の憲法第125条には，新首都はシドニーから100マイル以上離れ，かつニューサウスウェールズ州内の敷地に設置し，暫定的にメルボルンに連邦政府を置くと定めている。ここでは，首都とは表現されていない。いくつかの候補地が挙がり，シドニーから300km離れたサラの地が選定された。ニューサウスウェールズ州から割譲された土地は，オーストラリア首都特別区（ACT）となった。1911年に国際コンペが実施され，翌年にシカゴ在住のアメリカ人建築家ウォルター・バーリー・グリフィンによる壮麗な計画が選ばれた。19世紀末のシカゴは都市美運動が起きた都市でもあり，ワシントンの都市計画にも影響を受けたとされる。国際コンペ実施は，オーストラリアがもはやイギリス植民地ではなく，国家として歩み始めたことを世界に示そうとしたものであった。

設計者グリフィンの名を冠した巨大な人造湖を都市の中央に配し，いくつかの丘に都市

図1　グリフィンによるコンペ当選案，1913年（オーストラリア国立文書館蔵，都市史図集編集委員会 1999）

機能をゾーニングし、街路は放射状に伸びてこれらの丘をつなぐ幾何学的な都市形態であった（図1）。20世紀初頭の田園都市運動の影響も受け、壮麗な計画の一方で緑地帯を配し、わずか2万5000人を計画単位とする当初構想であった。

1913年にグリフィンは正式に建設責任者となるが、その権限は限定的なものであり、首都計画を管轄する内務省と対立した。政権交代やコスト問題、公務員の抵抗などから、計画はグリフィンの思惑通りに進まなかった。事態打開のために、オーストラリア都市計画界の重鎮ジョン・サルマンを議長とする連邦首都計画諮問委員会が1921年に立ち上がり、グリフィンの直接関与はなくなった。

しかし、大恐慌と世界大戦によって計画は頓挫し、国民の関心も薄かった。キャンベラで最初の国会が開催されるのは1927年になってからである。現在、博物館となっている旧国会議事堂は50年間の仮設建築として都市計画の枠外で建設された。結果として長期展望があったものとして評価されてよい。現在の新国会議事堂が竣工するのは1988年、建国200年の時である。1958年、ロバート・ゴートン・メンジーズ首相の決断によって、連邦首都開発委員会にキャンベラに関する計画、開発、建設のすべての権限を集中させることになり、停滞していた建設計画が動き出す。グリフィン計画に基づく人造湖を優先的に建設し、国会、商業、行政を担う3つの丘を3つの主要街路で結ぶパーラメンタリー・トライアングルと放射状街路などの壮麗な都市骨格を実現させた。グリフィン湖によって南北に分けられたキャンベラ・セントラルは、シティ・ヒル、キャピタル・ヒル、ラッセル・ヒルを配したモニュメンタルな構成となっている（図2）。シティ・ヒルからは、シドニー、メルボルン、アデレード、ホバート、ブリスベン、パースなどの州都名が付された街路が

図2　連邦議会議事堂とグリフィン湖（Chris Putnam撮影, stock.foto提供）

放射状に伸びる。

当初は10万人程度の自己充足的なガーデンシティを目指したものであったが、現在は、キャンベラ・セントラルだけでなく、7つの郊外が緑地帯や高速道路で結びつけられている。しかし、田園都市運動の影響が見てとれるのは、この郊外を結ぶ強烈なダイヤグラムよりも、ACTのすべての土地をリース・ホールド（定期借地）としたことである。

19世紀の植民地期を通じて、グリッド・パターンがオーストラリアで唯一の都市計画手法であった。その浅い都市計画の歴史の中で、グリフィンによる壮麗な首都計画は独立国家としての歩みを宣言したものといえる。18世紀の都市美運動、19世紀のグリッド植民都市計画、20世紀の田園都市運動という時代を代表する都市計画理念や手法の影響を直接受けた都市である。

キャンベラは生活感のないスケールアウトした都市といえなくもないが、1988年にはACTの自治権が認められ、国内からの観光客も増えるなど、自律的な都市として新たな歩みを始めている。先住民アボリジニに対する植民地支配から白豪主義を経て、多文化共生社会へと舵を切ったオーストラリアの首都として、歴史を刻む都市へと深化しつつある。

〔佐藤圭一〕

Oceania 04: Melbourne

【メルボルン】ゴールドラッシュが生んだヴィクトリア都市

オーストラリア，ヴィクトリア州
Victoria, Australia

　大陸東南部のポート・フィリップ最奥に位置する，オーストラリア第2の都市がメルボルンである。水深の深いヤラ川の北側に配置された。水資源の乏しいオーストラリアでは，良質な河川の存在は入植地にとって死活的な問題である。

　1835年に，ジョン・バットマン（1801～39年）がこの地に上陸したのが始まりである。時を同じくして，実業家のフォークナーが，20人ほどの集団とともにタスマニア（バンディーメンズランド）から入植し，当初はあわせて200人弱の集団であった。1837年にニューサウスウェールズの第9代総督リチャード・バークが，この地を当時のイギリス首相の名にちなんでメルボルンとし，都市計画を行った。これを機に本格的な入植が始まる。街路に命名したのも当時のバークであり，現在でもその名が残っている。

　1829年にニューサウスウェールズでは，当時のラルフ・ダーリング総督によって，植民都市計画を1マイル四方の広さの方形街区とし，間口1チェーン×奥行き5チェーンもしくは2.5×2の区画を20で1街区，メインストリートを100フィート，それに直交する街路を84フィートとする方針が決定された。このダーリング規定は，ヴィクトリアの都市計画でより忠実に実践され，メルボルンもおよそこの規定に沿って計画された。

　調査官ロバート・ラッセルによる1836年の初期構想は，南北軸から30度ほど傾いた南北3×東西8の24街区のグリッド・パターンであった。その構想をもとに，バーク総督の命を受けた後任の調査官ロバート・ホドルが，99フィートと33フィートの2種類の街路による，3×8の街区を計画決定した。正方形の24街区のそれぞれを東西方向33フィートの裏道で背割りして2分割し，さらに10分割して1区画とした。それぞれの区画はダーリング規定通り0.5エーカー単位となっている。しかし，東西街路に面した短冊割りが並ぶのではなく，街区の両端では南北街路に面して2分割され，正方形区画になっているのが特徴である。

図1　4×8街区に拡大した土地売却後のメルボルン，1837年（ヴィクトリア州立図書館蔵，金田 1985）

図2　トラムが走るフリンダース・ストリート（Andrey Moisseyev撮影，stock.foto提供）

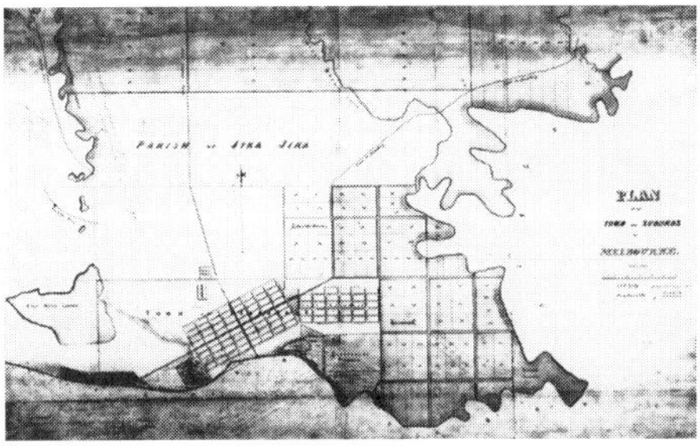

図3 東部拡張計画, 1843年（ニューサウスウェールズ州立図書館蔵, Statham 1989）

図4 北部に拡張した19世紀末のメルボルン, 1880年（ヴィクトリア州立図書館蔵, Statham 1989）

　1837年の図では，すでに現在のラ・トローブ通りが加えられて北側に1街区分拡張しており，当初から4×8の32街区で計画修正して実施されたものとされる（図1）。100程度の区画にはすでに建物概形が描かれており，土地売却後のものである。現在，この中心市街地の格子状街路に沿って，縦横にトラムが走る（図2）。

　1843年には東部への拡張が計画されているが，都市が急拡大するのは1851年に近郊で金鉱脈が発見された後である（図3）。メルボルンはゴールドラッシュに沸き，シドニーを凌ぐ繁栄を見せ，19世紀を通じてオーストラリア最大の都市に発展した。市街地はヤラ川南岸や東・北方向にも拡張された。旧市街が東と北に拡大した際には，東西・南北にグリッドを敷いたため，旧街区と東部，北部の街路は斜交している（図4）。現在でも当初の都市骨格はそのまま残っているが，19世紀後半は建設ラッシュとなり，街区内部は細分化されて建て詰まっている。

　ゴールドラッシュから間もない1852年，イギリスから建築家ジョセフ・リード（1822～90年）が入植する。最初の作品であるヴィクトリア州立図書館（1859年）やセカンドアンピール様式のメルボルン市庁舎（1869年）をはじめとして，多くのヴィクトリア朝公共建築を設計した。メルボルンの初期都市景観はリードが形作ったといっていい。また，旧街区の東北端に接する新街区には広大なカールトン庭園が万博会場として建設され，リード設計の王立展示館（旧万博展示館，1879年）が建てられている。オーストラリアへの植民地建築移入の初期段階を伝える様々なヨーロッパ様式が混交した独特のスタイルであり，唯一現存する19世紀の万博会場として，庭園とともに2004年に世界文化遺産に登録されている。

　旧街区の中心であるバーク通りの東端外側の高台には，ホドルによって計画されたメルボルン市街を見下ろす最も象徴的な建築であるヴィクトリア州議事堂（1880年中央部，1892年両翼増築）が建ち，植民地議会が置かれた。1901年の連邦政府樹立から1927年にキャンベラに首都が移転されるまでは，暫定的に国会議事堂として使われていた。ジョン・ナイトとピーター・キールが基本設計を担うが，当初の計画案にあったドームは未だ建設されていない。また郊外には，ゴールドラッシュで富を成したフレデリック・サーグッドの邸宅リッポン・リーをリードが設計している。30室を擁する邸宅は，当時のメルボルンの繁栄を体現している。

　流刑植民地であったシドニーと異なり，当初から自由市民のために計画的に建設されたメルボルンは，多くの公園に囲まれ，ロンドン以外で最も多くヴィクトリア朝建築が残る都市でもある。

（佐藤圭一）

Column 15 ─ 産業都市から田園都市へ

エベネザー・ハワード Ebenezer Howard（1850〜1928）（図1）が提唱した「田園都市 Garden City」は20世紀のまちづくりに多大な影響を与えた。世界に先駆けて産業革命が成功したイギリスから生まれたこの都市構想は各国に展開していき，田園都市に類するもの，あるいは田園郊外というべきものが各地に建設された（図2）。そして，環境が重要視される現代においても，いまだに大きな思想基盤となっている。

社会的背景

田園都市論が生まれた背景には，工業化による都市の人口集中がある。産業都市の住環境の悪化や人間らしさの喪失に対し，自然回帰を志向したウィリアム・モリス William Morris（1834〜96）を代表とするアーツ・アンド・クラフツ運動が起こる。また，資本主義が生み出した労働問題を意識した社会改良主義者による理想都市の提案が行われた。ロバート・オーウェン Robert Owen（1771〜1858）のハーモニー村やシャルル・フーリエ Francois Marie Charles Fourier（1772〜1837）のファンランスティール，ジェームズ・シルク・バッキンガム James Silk Buckingham（1786〜1855）のヴィクトリアなどがあるが，思想が実現化することは少なかった。

一方，工業主によるモデルタウンが生まれる。織物工場のソルテア（ウェスト・ヨークシャー州シティ・オブ・ブラッドフォード，1852年〜，2001年に世界文化遺産），チョコレート製造業のキャドバリーによるボーンビル（バーミンガム，1900年〜）などがある。

図1　ハワード（Miller 2002）

図2　レッチワースのブロードウェイ（筆者撮影）

ハワードのガーデンシティ

ハワードはパン製造業と菓子屋を営む父のもと，ロンドンのシティに生まれた。彼は無名の速記者であったが，同時代の社会改良主義者達の影響を受け，自身の改革論をまとめた『明日——真の改革への平和な道 *Tomorrow: A Peaceful Path to Real Reform*』を1898年に刊行した。この本は4年後，わずかに改訂して『明日の田園都市 *The Garden Cities of To-morrow*』として出版され，現在目に触れられる形になった。

『明日の田園都市』は13の章から成り，田園都市の建設から管理，運営に至るまでの提案を行っている。説明にはダイアグラムが用いられ，図3左端の最初に出てくるダイアグラム「3つの磁石」は，ハワードの思想を端的に表す。都市 town と農村 country の長所・短所を並べ，両者の長所を兼ね備え，短所を打ち消す第三の選択肢としての「都市－農村」という磁石を提唱し，これが都市の魅力を超えることで，人々を引きつけるという構図を描いた。

また，田園都市の形態イメージを図化した図3中央のダイアグラムでは，同心円状に内側から公共施設，商業ゾーン，居住ゾーン，工業ゾーン，農業ゾーンと分かれており，道路は環状と放射状に通っている。中央の広場（2ha）は市役所，コンサートホール，劇場，図書館，病院，美術館などの公共施設で囲まれており，その周りには中央公園（60ha）が広がっている。さらにその外側は「水晶宮 Crystal Palace」と呼ばれるガラスのアーケードが取り囲む。その周りを通る「五番道」の幹線道路には住宅が建ち並ぶ。5500軒の宅地は間口20フィート，奥行130フィートが標準で，最低でも間口20フィート，奥行100フィートであった。その外の「三番街道」はグランド・アベ

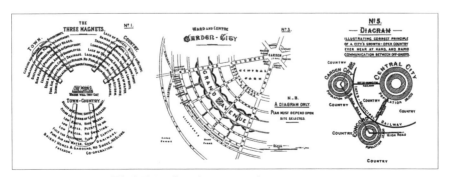

図3　ハワードによる田園都市ダイアグラム（ハワード 1968）

ニューと呼ばれ，幅420フィートの広いグリーンベルトとして街を二分している。グランド・アベニューの中には学校が設けられ，両側には三日月状の弧に沿って家並みが連続する。そして，外環の鉄道に沿って工場，倉庫，酪農場，市場，木材置場などが置かれ，さらに外側には農場が広がる。

　これらのダイアグラムはあくまでも概念図で，計画は選定された敷地によることが明記されている。しかし，図が単純明快である一方，具体的にイメージしやすいことから田園都市のプランを大きく印象づけることになったといえる。

　田園都市の規模は3万人が住む1000エーカー（400ha）の市街地を，2000人が住む5000エーカー（2000ha）の農地で囲み，全面積6000エーカーに3万2000人が住む計画になっている。また，人口がこれ以上に膨らんだ時には，図3右端の図のように別の田園都市を作って，これらは相互に鉄道と高速道路で結ぶことになっている。そして，中心都市となる母都市とこれらの衛星都市は30km程度離れて配置される。なお，ひとつの母都市に6つの衛星都市を作ることで，人口約25万人の都市集団を形成する考えであった。

　田園都市の建設に際しては，株式会社たる公営企業が抵当社債を発行して土地買収資金を調達し，買収後，市営企業がその土地全部を所有し，それを住民に貸して地代を徴収する。一方，商店の経営に関しては半公営企業が，個人の住宅建設に関しては公営企業にかわる団体が執り行う。とくに土地買収と住宅建設とを分け，それぞれを別会社の社債によって資金調達するという現実的な提案であった。

　ハワードの基本理念としては，①都市における農業用地の確保（都市−農村の結合），②緑地帯（農業用地）によるスプロールの制限と人口抑制（自治体による成長管理），③自立的産業育成（自給自足），④公的土地所有，⑤職住近接が挙げられる。

イギリスの田園都市

　1899年には田園都市協会が創設，1902年には田園都市開発会社が設立され，最初の田園都市建設のための敷地選定を開始する。1903年には第一田園都市株式会社が土地取得を始め，世界初の田園都市となるレッチワース（ハートフォードシャー）のコンペが行われた。

　レッチワース（図4）はロンドンの北方54kmに位置し，パーカー＆アンウィン事務所の設計により実践された。買収した土地は1547haで，中央の745haに市街地が建設された。パーカーとアンウィンはハワードのダイアグラムに基づきながら敷地の自然条件を考慮した巧みな計画を行った。

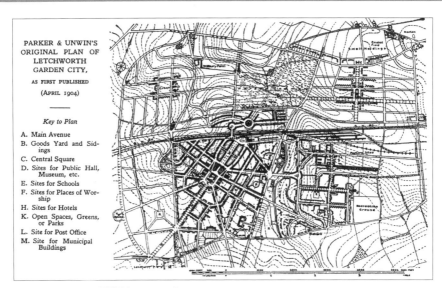

図4　レッチワース配置図(Miller 2002)

　建設当初の理念が失われるケースがほとんどの中，レッチワースは住民の手によってまちを運営する「レッチワース・ヘリテージ・ファウンデーション」を組織して，土地建物など基本財産を持って活動している。

　レッチワースの後，1905年からロンドン郊外のハムステッドヒース（図5）において開発が行われた。田園都市が職住一体の独立した都市であるのに対し，こちらは大都市の郊外住宅地として計画され，最も成功した事例として知られている。レッチワースと同様，ハムステッド田園郊外トラスト株式会社が設立され，住宅の建設が進められた。アンウィンが敷地の調査，マスタープランの作成，建築家や建設業者の図面審査を行い，エドウィン・ラッチェンス Edwin Lutyens（1869～1944）が顧問建築家として中央広場とそれを囲む住棟の設計を行った。住区は，道路の交差部分に空地を設けたり，各住戸をグルーピングしてデザインしたり，景観を十分に考慮し，変化に富む計画となった。また，ハムステッドの成功は，理想的コミュニティ建設を求めた開発者であるヘンリエッタ・バーネットの存在が大きい。

　1919年にはハートフォードシャーのウェルウィンにおいてもパーカー＆アンウィン事務所がコンペに入賞した。

　レイモンド・アンウィン Raymond Unwin（1863～1940）とリチャード・バリー・パーカー Richard Barry Parker（1867～1947）の都市計画手法は1909年『都市計画の理論と

図5　ハムステッド（筆者撮影）

実践 *Town Planning in Practice*』にまとめられている。彼らの基本は敷地の自然の特徴を最大限重視することである。住宅をクラスター化し，一定の家並みを作り，住宅を街路からセットバックして前庭を設け，さらに共用空間の周囲に住宅を配置する。

また，敷地の地形に応じた配置手法はグリッド・パターンの手法に対置され，受け入れられていく。曲がりくねったその配置手法はハムステッドでも用いられ，手法それ自体として世界的な広がりを見せる。

植民地への展開

田園都市構想はイギリスの植民地においても有力な都市理念として取り入れられていった。とくに，南アフリカ・ケープタウンのパインランズは，パーカー＆アンウィン事務所で働いた経験を持つアルバート・ジョン・トンプソン Albert John Thompson（1870〜1940）が計画しており，直接的な影響を受けている。彼は，その後いくつかの田園郊外を手がけ，ナイジェリアのラゴスで仕事をしたのちイギリスに帰る。

パインランズはケープタウン生まれの英国人リチャード・スタッタフォード Richard Stuttaford（1870〜1945）の主導で進んだ。1919年には「ガーデン・シティズ・トラスト」が設立され，アパルトヘイト体制の中，白人のみの自立的コミュニティとして維持され今日に至る。

また，オーストラリアには事例が多く，アデレードのコーネル・ライト・ガーデンズ（図6，当初はミッチャム・ガーデン・サバーブという名称だったが，アデレードの建設者ウィリアム・ライト Willam Light（1786〜1839）にちなんで1921年に改名された）は，ハワードが唯一言及した現存都市である。

コーネル・ライトはチャールズ・コンプトン・リード Charles Compton Reade（1880

図6 ミッチャム・ガーデン・サバーブ鳥瞰図, 1917年（都市史図集編集委員会 1999）

〜1933）によって設計された。彼は，その後マレーシアに招かれ，さらにアフリカに赴く。リードやトンプソンのような建築家，都市計画家の活躍で田園都市計画が普及した。一方，インドのカルカッタにもチョウリンギー地区（1758）のようなガーデンハウスを見ることができる。

各国の田園都市

イギリスから始まった田園都市だが，フランス，ドイツ，イタリア，ベルギー，ポーランド，チェコスロバキア，スペイン，ロシア，アメリカにもガーデンシティ協会が作られ，世界各地に類するものが建設された。

フランスでは，1911年にフランス田園都市組合が設立され，30年代からフランス北部およびパリ圏を中心にシュレンヌが建設された。

ドイツでは，1902年に田園都市協会が設立され，1909年からドレスデン郊外のヘレナウにガルテンシュタットを建設した。同協会は1912年，ベルリン郊外グリューナウにもファンケンベルグを建設した。この基本計画にはブルーノ・タウトが携わった。

アメリカでは，ハワードに発想のきっかけを与えたランドスケープアーキテクトのフレデリック・フロー・オルムステッド（1822〜1903）とその息子達によって田園都市が伝えられた。その息子により1912年から建設されたセントフランシス・ウッド田園都市は，日本の実業家・渋沢秀雄に影響を与えたといわれている。

一方，1919年ニューヨーク市住宅公社はサニーサイドガーデンズを建設した。設計は建築家ヘンリー・ライトとクラレンス・スタインで，その後マンフォードを加えた3人によって，1928年にはニュージャージー州フェアローン市でラドバーン計画が実現した。また，1923年にはアメリカ地域計画協会が結成され，田園都市を建設するコ

ミュニティ計画が展開された。

オランダでは1920年代，S. R. de ミランダの提案によりヒルヴェルスム郊外に田園都市が計画された（図7）。この計画はハワードのダイアグラムそのものの形をしている。

そして北欧では，第二次世界大戦後に展開され，フィンランドではタピオラ田園都市（ヘルシンキ郊外）が民間の非営利法人によって作られた。

このように世界的に展開された田園都市構想であるが，多くは田園郊外と呼ぶべきものであって，ハワードの理念を実現できたといえるものは少ない。とくに理念のひとつである自給自足という点では，その試みは失敗したと考えられる。

日本の田園思想と郊外住宅地

日本において田園都市が取り上げられるのは，1907（明治40）年に内務省地方局有志が出した『田園都市』からで，飯沼一省『都市計画の理念と実際』の1927（昭和2）年頃にかけてである。1919年に都市計画法・市街地建築物法などが制定され，民間会社による住宅地開発が進行した大正期に論じられた。

当時の内務省地方局では都市人口の急増による住宅不足という都市問題とともに，伝統的な農村の住環境向上も一体として考えられており，様々な資料が集められた。そのため，当時刊行された本は，ハワードの理論というより，新しい都市の試みを紹介したものであった。

当初，Garden Cityには「花園都市」や「庭園都市」などいくつかの訳語があてられるが，「田園都市」が定着していく。しかし，住むところと働く場所が一体になったまちづくりとしてのガーデンシティというより，環境やコミュニティに配慮した田園郊外住宅地（ガーデンサバーブズ）の系譜といえる。いわゆるベッドタウン，都市に勤めに出る勤労者のための住宅地である。

日本の郊外住宅地は資本家，鉄道会社，土地会社，組合，その他（大学，軍関係，個人）によって開発が行われた。東京で本格的な郊外住宅地が建設されるのは明治末からで，

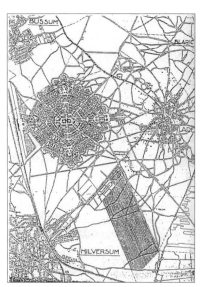

図7　ヒルヴェルスム郊外の田園都市（都市史図集編集委員会 1999）

その嚆矢が世田谷の桜新町である。この住宅地は三井系の株式会社東京信託が1911年に土地を買収し建設したもので，道路が碁盤目状に区画された。また，郊外住宅地のうち田園都市の名がつくものとしては，関東では田園都市株式会社による洗足，田園調布のほか，幻に終わった大船田園都市（図8）がある。

田園都市株式会社は1918（大正7）年9月，渋沢栄一を中心に設立された。荏原郡洗足・大岡山・奥沢・田園調布の4ヶ村で土地を約48万坪買収し，1922年から洗足と田園調布で分譲を始めた。最初の洗足はテストケースとなり，田園調布は高台に位置し，駅前広場を中心に銀杏の並木道が放射状に伸びて，商店街は住宅街と分離して配置されている。それらの住宅地は，田園都市というより高級ベッドタウンといったものであった。

図8　大船田園都市（日本大学水野研究室蔵）

一方，関西では住宅地開発が展開するのは池田室町からで，小林一三が経営する箕面有馬電気鉄道（現・阪急電鉄）によって1910年に開発された。そして，大美野田園都市が1928年から41年にかけて南海高野線沿線に3期に分けて分譲された。この開発を行った関西土地会社は下村喜三郎（1898～1988）をヨーロッパに派遣し，住宅地を見学させた。彼は，駅前に噴水のあるロータリーを配置し，ロータリーを中心に8本の放射状道路が伸びる街路景観を完成させた。このように日本でも，ヨーロッパの田園都市の影響を受けながら郊外住宅地の開発が進んでいった。　　　　　（水野僚子）

おわりに

　本書のもとになったのは，世界の都市の歴史すなわち都市のグローバル・ヒストリーを一書にまとめてみようという，いささか大それた企画である。
　編者が，アジアの都市を歩き始めたのは，日本の都市社会学の泰斗であり人間居住研究の先駆者である磯村英一学長（当時）が主導する「東洋における居住問題の理論的実証的研究」という東洋大学の国際研究プロジェクト（1978〜82年）の一環として，インドネシアを最初に訪れた1979年の1月である。以降，今日に至るまで，毎年のようにインドネシアに通うことになる。「カンポン kampung (kampong)」そしてその改善運動KIP (Kampung Improvement Program) に取り組むスラバヤ工科大学のヨハン・シラスと出会ったことが大きい。「カンポン」はマレー語で「ムラ（村）」を意味するが，都市の住宅地も「カンポン」と呼ばれ，英語では「アーバン・ヴィレッジ（都市村落）」と訳される。シラスは，この間，国際連合人間居住計画（UN-Habitat）やアガ・カーン財団など数々の賞を受賞し，世界中の人間居住に関する施策，活動，調査研究に関わるインドネシアの第一人者となる。彼に導かれて，学位論文『インドネシアにおける居住環境の変容とその整備手法に関する研究——ハウジング計画論に関する方法論的考察』（東京大学，1987年。日本建築学会賞受賞，1991年）を書いて，それを一般向けの著書（『カンポンの世界——ジャワの庶民住居誌』）にまとめたのは1991年である。
　カンポンの調査研究以降，様々な都市の臨地調査研究を「都市組織 urban tissue, urban fabric」研究と呼ぶようになるが，インドネシアをベースとしながらも，ASEAN各国へ，さらにインド，南アジアへ，アジアのみならずアフリカ，ラテンアメリカまで足を延ばすことになる。内外の研究者200名近くになる重点領域研究「比較の手法によるイスラームの都市性の総合的研究」（文部省科学研究費補助金，代表：板垣雄三，1988〜91年）の「都市の形態と景観」をテーマにするC班（班長：応地利明）に参加を求められたのが大きなきっかけである。応地利明という世界100ヶ国以上を踏査する稀代のフィールドワーカーに出会って，さらに大きな視野を得，地域研究そして臨地調査の方法を学ぶことになった。最初に一緒に調査したのが，18世紀初頭にバリ島のカランガセム王国の植民都市として建設されたロンボク島のチャクラヌガラである。チャクラヌガラという明らかにインド起源の名前を持つ都市の街区構成は「平安京」にも似ている。その起源をめぐって，インドへ，中国へ，「都

市組織」研究は展開していくことになる。中国の古都（北京，西安，開封，南京，杭州），そして華南の港市（福州，泉州，彰州）について臨地調査を行ったのは2010〜12年のことである。

　そして，インドネシアの都市を出発点としたことによって，オランダが世界中に建設した植民都市まで射程に入れることになる。植民都市研究としては，オランダ植民都市に先だって翻訳したのが『植えつけられた都市——英国植民都市の形成』（Robert Home 1997）である。ロバート・ホームとは翻訳を通じて出会って研究交流する関係となったが，世界の4分の1を支配した大英帝国の植民都市についての情報は一気に視野を拡大することになる。オランダ植民都市については，残念なことに若くして亡くなった（2015年）けれど，デルフト大学出身で，ユネスコの世界遺産センターで活躍してきたロン・ファン・オールス（Van Oers 2000）との出会いが大きかった。また，ライデン大学の都市人類学をリードするピーター・ナスとは，ジャカルタで開催されたシンポジウム「都市コミュニティの社会経済的問題——東南アジアのニュータウンの計画と開発」（インドネシア科学院LIPI主催，1996年）で出会い，ライデン大学で開催された国際ワークショップ「アジアのメガ・アーバニゼーション」（2002年）など，何度か行き来することになった。そして，植民都市という切り口によって，朝鮮半島の日本の植民都市についてもまとめることになった。さらに，ホアン・ラモン・ヒメネス・ベルデホ（滋賀県立大学）との出会いがなければありえなかったけれど，スペイン植民都市についてもまとめることになる。

　昭和堂の松井久見子さんから『世界都市史』を書かないかという話をいただいたのは，アジア都市三部作の最後の一冊『大元都市』（2015年）をまとめ終わったころである。「都市組織」研究に関連していくつかの著書（主要関連著書）をまとめてきたのであるが，それらをさらに大きくまとめることができるのではないか，専らヨーロッパの都市の歴史をもとに書かれている「世界都市史」とは異なる視点でまとめることができるのではないかと思い始めたころだったから，すぐさま取りかかった。

　松井さんとは，これまで『アジア都市建築史』『世界住居誌』そして『建築学のすすめ』などを一緒に作ってきたことがある。松井さんは，同様なスタイルの『世界都市史』を考えていたのだと思う。編者も同様である。しかし，いざ書き始めると，それぞれに固有な歴史を持つ多様な都市を全体として記述することが如何に難しいか，建築や住居に焦点を当てるのと，その集合としての「都市組織」さらに都市全体の形態を扱うことが如何に異なるか，ということにすぐさま気づいた。大きなフレームは，アジアに軸足を置いて組み立てるにせよ，歴史的に興味深い都市については，より詳しく説明したくなる。また，いろいろなエピソードをコラムとして挟みたくなる。書くにつれて，膨大な頁数になっていった。そこで，「都市史」

編と「都市誌」編を分けてまとめることになった。その「都市誌」編を拡大し，それぞれの都市に詳しい，できれば住んだことのある，「都市組織」に関心のある専門家を中心に広く執筆を依頼することで，できあがったのがこの『世界都市史事典』である。

　『事典』であるけれど，都市名を五十音順とかアルファベット順に並べて解説すればいい，というわけにはいかない。基本的な都市情報であればインターネットで容易に手に入る時代である。そこで，「都市史」編の基本的なフレーム（序論），世界都市史の主要な動因，大きな画期に関わる論考（Lecture），地域の都市に共通する事項（Panorama），都市史に関わる興味深いエピソード（Column）を随所に折り込むことを考えた。目指したのは，ただ傍に置いて必要なときに参照するだけの「事典」ではなく，いつでもどこからでも読める，興味に従って，「世界都市史旅行」を紙上で楽しむことができる「案内書」である。

　2019年9月

布野修司

参考文献

主要文献

世界都市史に関する基本文献およびグローバル・ヒストリーに関わる世界史文献（古典的文献を除いて原則1990年以降の刊行の単行本）および序,Panorama, Lecture, Column関連文献（単行本）を挙げる。

世界史に関する講座・事典・叢書

『大航海時代叢書』岩波書店，第Ⅰ期：全11巻・別巻1，会田由・飯塚浩二・井沢実・泉靖一・岩生成一監修，1965〜70，第Ⅱ期：全25巻，編集委員：生田滋・越智武臣・高瀬弘一郎・長南実・中野好夫・二宮敬・増田義郎，1979〜92，エクストラ・シリーズ：全5巻，1985〜87

『世界歴史大系』全24巻，山川出版社，1990〜2008

『17・18世紀大旅行記叢書』岩波書店，第Ⅰ期：全10巻，1990〜94，第Ⅱ期：全11巻，2001〜04

『地域からの世界史』全20巻，朝日新聞出版，1992〜94

『アンソロジー新世界の挑戦』全13巻，岩波書店，1992〜95

『講座イスラーム世界』1〜5，板垣雄三監修，栄光教育文化研究所，1994〜95

『講座世界史』全12巻，歴史学研究会編，東京大学出版会，1995〜96

『ユートピア旅行記叢書』全15巻，岩波書店，1996〜2002

『地域研究叢書』1〜32（続刊刊行中），京都大学学術出版会，1996〜

『地域の世界史』全12冊，山川出版社，1997〜2000

『岩波講座世界歴史』全28巻・別巻1，編集委員：樺山紘一・川北稔・岸本美緒・斎藤修・杉山正明・鶴間和幸・福井憲彦・古田元夫・本村凌二・山内昌之，岩波書店，1997〜2000

『世界の考古学』全24巻，同成社，1997〜2012

『新版世界各国史』全28巻，山川出版社，1999〜2009

『イスラーム文化叢書』全8冊，法政大学出版局，2000〜10

『イスラーム地域研究叢書』全8巻，東京大学出版会，2003〜05

『シリーズ世界周航記』全8巻・別巻1，岩波書店，2006〜07

『世界史史料』全12巻，歴史学研究会編，岩波書店，2006〜13

『興亡の世界史』全21巻，編集委員：青柳正規・陣内秀信・杉山正明・福井憲彦，講談社，2006〜10

『講座文明と環境』全15巻，朝倉書店，2008

『MINERVA世界史叢書』全16巻，編集委員：秋田茂・永原陽子・羽田正・南塚信吾・三宅明正・桃木至朗，ミネルヴァ書房，2016〜（刊行中）

羽田正編『グローバルヒストリーと東アジア史』東京大学出版会，2016

都市図集および都市史図集
（アルファベット順）

Bagrow, L. 1928. *Abraham Ortelius: A Ortelii catalogus cartographorum*, J. Perthes

Barber, P. 2005. *The map book*, Wiedenfelt and Nicolson

Black, J. 2015. *Great city maps*, DK Publishing（J・ブラック 2016『世界の都市地図500年史』野中邦子・高橋早苗訳，河出書房新社）

Blake, J. 2009. *The sea chart: The illustrated history of nautical maps and navigational charts*, Conway

Bregel, Y.（ed.）2000. *Historical maps of central Asia: 9th-19th centuries A. D.*, Indiana University

Brotton, J. 2013. *A history of the world in twelve maps*, Penguin

Carlucci, A. and P. Barber 2001. *Lie of the land- secret life of maps*, British Library, London

Clark, J. O. E. and J. Black 2005. *Remarkable maps,*

Conway

Eaton, R. 2002. *Ideal cities*, Thames and Hudson, London

Ehrenberg, R. E. 2006. *Mapping the world an illustrated history of cartography*, National Geographic

Elliott, J. 1987. *The city in maps: Urban mapping to 1900*, British Library, London

Faruqi, L. L. 1986. *The cultural atlas of Islam*, Macmillan Publishing Company, New York

Fell, R. T. 1988. *Early maps of South-East Asia*, Oxford University Press（R・T・フェル 1993『古地図にみる東南アジア』安藤徹哉訳，学芸出版社）

Go, B. J. and J. Sy 2000. *The Chinese in ancient Chinese maps*, Kaisa Para Sa Kaunlaran

Gole, S. 1989a. *A series of early printed maps of India in facsimile*, Jayaprints

Gole, S. 1989b. *Indian maps and plans: From earliest times to the advent of European surveys*, Manohar Publications, New Delhi

Gutkind, E. 1965-78. *The international history of city development*, 8 vols., Free Press of Glencoe, New York

Hall, P. 1988. *Cities of tommorrow*, Blackwell, Oxford

Hofmann, R. and E. Vagnon 2013. *The golden age of maritime maps*, Firefly

Hogenberg, F. and A. Ortelius 1565. *Theatrum orbis terrarum*

Lahiri, M. 2012. *Mapping India*, Niyogi Books, New Delhi

McEvedy, C. 2011. *Cities of the classical world an atlas and gazetteer of 120 centuries of ancient civilization*, Allen Lane

Miller, N. 2003. *Mapping the city*, Continuum, London

Nebenzhal, K. 1990. *Atlas de colony los grandes descubrimientos*, Magisterio, Madrid

Norwich, J. J. 2009. *Great cities in history*, Thames and Hudson（J・J・ノーウィッチ 2016『世界の歴史都市』福井正子訳，柊風社）

織田武雄　1973『地図の歴史』講談社

Palliser, D. M. et al. 2000. *The Cambridge urban history of Britain*, 3 vols., Cambridge University Press, Cambridge

Repes, J. W. 1992. *The making of urban America*, Princeton University Press, New York（1965 1st published)

Ring, T. and R. Salkin 1995-96. *The international dictionary of historic places*, 5 vols., Fittzroy Dearborn, Chicago

Short, J. R. 2013. *The world through maps*, Profile Books

Skelton, R. A. 1966. *History of cartography*, Leo Bagraw（R・スケルトン 1991『図説探検地図の歴史――大航海時代から極地探検まで』増田義郎・信岡奈生訳，原書房）

Smart, L. 2004. *Maps that made history*, TNA

Sua'res, T. 1999. *Early mapping of Southeast Asia*, Peripulus

Times Atlases 2015. *History of the world in maps the rise and fall of empires, countries and cities*, Harper Collins Publishers

都市史図集編集委員会編　1999『都市史図集』彰国社

Toyenbee, A.（ed.）1967. *Cities of destiny*, Thames and Hudson, London

Virga, V. 2007. *Cartographia mapping civilizations*, Little Brown

Whitfield, P. 1994. *The image of the world*, British Library, London

Whitfield, P. 2005. *Cities of the world a history in maps*, British Library, London

ウィットフィールド，P　1998『海洋図の歴史』有光秀行訳，ミュージアム図書

Wilford, J. N. 1981. *The mapmakers*, Vintage Books（J・N・ウィルフォード 1992『地図を作った人びと』鈴木主税訳，河出書房新社）

Winchester, S. 2001. *The map that changed the world*, Perennial

矢守一彦　1974『都市図の歴史 日本編』講談社

矢守一彦　1975『都市図の歴史 世界編』講談社

編者による世界都市史関連書

布野修司編，アジア都市建築研究会執筆　2003『アジア都市・建築史』昭和堂（布野修司 2009『亜州城市建築史』胡恵琴・沈謠訳，中国建築工業出版社）

布野修司編　2005a『近代世界システムと植民都市』京都大学学術出版会

布野修司編　2005b『世界住居誌』昭和堂（布野修

司 2010『世界住居』胡恵琴訳，中国建築工業出版社）

布野修司　2006『曼荼羅都市――ヒンドゥー都市の空間理念とその変容』京都大学学術出版会

Funo, S. and M. M. Pant 2007. *Stupa and swastika*, Kyoto University Press and Singapore National University Press

布野修司・山根周　2008『ムガル都市――イスラーム都市の空間変容』京都大学学術出版会

布野修司・韓三建・朴重信・趙聖民　2010『韓国近代都市景観の形成――日本人移住漁村と鉄道町』京都大学学術出版会

布野修司／J・R・ヒメネス・ベルデホ　2013『グリッド都市――スペイン植民都市の起源，形成，変容，転生』京都大学学術出版会

布野修司　2015『大元都市――中国都城の理念と空間構造』京都大学学術出版会

世界都市史基本文献（アルファベット順）

A

Abrams, P. and E. A. Wrigley（eds.）1978. *Towns in societies: Essays in economic history and historical sociology*, Cambridge University Press, Cambridge

Abu-Lughod, J. L. 1989. *Before European hegemony: The world system A. D. 1250-1350*, Oxford University Press（J・L・アブー＝ルゴド 2001『ヨーロッパ覇権以前――もうひとつの世界システム』佐藤次高・斯波義信・高山博・三浦徹訳，岩波書店）

秋田茂編　2013『アジアからみたグローバルヒストリー』ミネルヴァ書房

秋田茂・桃木至朗編　2013『グローバルヒストリーと帝国』大阪大学出版会

秋田茂・桃木至朗編　2016『グローバルヒストリーと戦争』大阪大学出版会

秋田茂・永原陽子・羽田正・南塚信吾・三宅明正・桃木至朗編　2016『「世界史」の世界史』ミネルヴァ書房

Al Hathloul, S. 1981. *Tradition, continuity and change in the physical environment: The Arab Muslim city*, Ann Arbor

アッリアノス　2001『アレクサンドロス大王東征記』上下，大牟田章訳，岩波書店（1996，東海大学出版会）

Al Sayyad, N. 1988. Building the Arab Muslim city, dissertation, University of California, Berkeley

Aragan, G. 1969. *The Renaissance city*, Studio Vista, London

アリストテレス　2009『政治学』田中美知太郎・北嶋美雪・尼ケ崎徳一・松居正俊・津村寛二訳，中央公論新社

アリストパネス　1986『ギリシャ悲劇Ⅱ アリストパネス（下）』呉茂一訳，筑摩書房

Aston, M. and J. Bond 1976. *The landscape of towns*, Dent, London

Attali, J. 2009. *1492: Histoire économique du peuple juif, dictionnaire amoureux du judaïsme*, Plon Fayard（J・アタリ 1994『歴史の破壊　未来の略奪――キリスト教ヨーロッパの地球支配』斎藤広信訳，朝日新聞社／2009『1492――西欧文明の世界支配』斎藤弘信訳，筑摩書房）

東秀紀他　2001『「明日の田園都市」への誘い――ハワードの構想に発したその歴史と未来』彰国社

B

Bahn, P. G. 1999. *Lost cities*, Phoenix, London

Bairoch, P. 1988. *Cities and economic development: From the dawn of history to the present*, translated by Christopher Braider, University of Chicago Press, Chicago

Baker, T. and A. Sutcliff 1993. *Megalopolis: The giant city in history*, St. Martin's Press, New York

Balsdon, J. P. V. D. 1969. *Life and leisure in ancient Rome*, McGraw-Hill

Barnes, H. 1931. *The slum: Its story and solution*, P. S. King and Son Ltd.

Beaud, M. 1981. *History of capitalism 1500-1995*, Review Press（M・ボー 1996『資本主義の世界史 1500～1995』筆宝康之・勝股誠訳，藤原書店）

Begley, V. and D. de Puma（eds.）1991. *Rome and India: The ancient sea trade*, University of Wisconsin Press, Madison

Bellwood, P. 2004. *First farmers: The origins of agricultural societies*, John Wiley and Sons（P・ベルウッド 2008『農耕起源の人類史』長田俊樹・佐藤洋一郎監訳，京都大学学術出版会）

Benevolo, L. 1963. *Le origini dell'urbanistica moderna*, Laterza and Figli S. p. A., Roma/ Bari（L・ベネヴォロ 1976『近代都市計画の起源』横山正訳, 鹿島出版会）

Benevolo, L. 1975. *Storia della città*, Laterza, Roma/ Bari（L・ベネーヴォロ 1983『図説都市の世界史』全4巻, 佐野敬彦・林寛治訳, 相模書房）

Benoist-Mechin, J. G. P. M. 1975. *L'Homme et ses jardins: Les métamorphoses du paradis terrestre*, A. Michel（J・ブノア＝メシャン 1998『庭園の世界史——地上の楽園の三千年』河野鶴代・横山正訳, 講談社）

Beresford, M. 1967. *New towns of the Middle Ages*, Lutterworth Press, London and New York

van Berkel, K. 1985. *In het voetspoor van Stevin: Geschiedens van de natuurwetenschap in Nederland 1580-1940*, Boom Meppel（K・ファン・ベルケル 2000『オランダ科学史』塚原東吾訳, 朝倉書店）

Bianca, S. 2001. *The places where man prey together: Cities in Islamic lands, seventh through the tenth centuries*, University of Chicago Press

Birch, E. L. and S. M. Wachter（eds.）2011. *Global urbanization*, University of Pennsylvania Press, Philadelphia

ボッカッチョ　2012『デカメロン』平川祐弘訳, 河出書房新社

Boxer, C. R. 1969. *The Portuguese seaborne empire: 1415-1825*, Hutchinson, London

von Brachmann, H. und J. Herrmann 1991. *Frühgeschichte der europäischer Städte*, Ergebnisse

Braudel, F. 1949. *La Méditerranée et le monde Méditerranéen a l'époque de Philippe II*, 3 vols., vol. 1: La part du milieu, vol. 2: Destins collectifs et mouvements d'ensemble, vol. 3: Les événements, la politique et les hommes, Armand Colin（originally appeared in 1949, revised several times）（F・ブローデル 1991〜95『地中海』Ⅰ：環境の役割, Ⅱ：集団の運命と全体の動き1, Ⅲ：集団の運命と全体の動き2, Ⅳ：出来事, 政治, 人間1, Ⅴ：出来事, 政治, 人間2, 浜名優美訳, 藤原書店）

Braudel, F. 1979. *Civilisation matérielle, économie et capitalisme, XVe-XVIIIe Siècle*, Librairie Armand Collin（F・ブローデル 1985〜1999『物質文明・経済・資本主義15〜18世紀』Ⅰ：日常性の構造1・2, 村上光彦訳, 1985, Ⅱ：交換のはたらき1・2, 山本淳一訳, 1986, 1988, Ⅲ：世界時間1・2, 村上光彦訳, 1996, 1999, みすず書房）

Breese, G. 1966. *Urbanization in newly developing countries*, Prentice-Hall, New Jersey

Broadbent, G. 1990. *Emerging concepts in urban space design*, Van Nostrand Reinhold, London

Broeze, F.（ed.）1989. *Brides of the sea port cities of Asia from the 16th-20th centuries*, University of Hawaii Press, Honolulu

Burby, R. J.（ed.）1998. *Cooperating with nature: Confronting natural hazards with land-use planning for sustainable community*, Joseph Henry Press

C

Calvet, L. 1996. *Histoire de l'écriture*, Plon（L・カルヴェ 1998『文字の世界史』矢島文夫監訳, 会津洋・前島和也訳, 河出書房新社）

Carpicone, J. 1940. *Daily life in ancient Rome*, Yale University Press

Carter, H. 1981. *The study of urban geography*, 3rd edition, Edward Arnold, London

Cassis, Y. 2006. *Capitals of capital: The rise and fall of international financial centers, 1780-2009*, Cambridge University Press, New York and Cambridge: UK

Castagnoli, F. 1971. *Orthogonal town planning in antiquity*, M. I. T. Press, London and Cambridge: MA

Castells, M. 1998. *The information age: Economy, society and culture, vol. III: End of millennium*, Blackwell Publishers

Cataneo, P. 1567. *L'Architettura*, Venezia（『欧州建築史文献集成』マイクロフィッシュ版, 文生書院, Inter Documentation Company AG）

Chandler, T. 1987. *For thousand years of urban growth: An historical census*, Edwin Mellen Press

Chandler, T. and G. Fox 1974. *3000 years of urban growth*, Academic Press, New York

Chant, C. and D. Goodman（eds.）1999. *Pre-industrial cities and technology*, Routledge

Chaudhuri, K. N. 1978. *Trading world of Asia and the English East India Company, 1660-1760*, Cambridge University Press

Chaudhuri, K. N. 1985. *Trade and civilization in the*

Indian Ocean: An economic history from the rise of Islam to 1750, Cambridge University Press

チェリー，G・E編　1983『英国都市計画の先駆者たち』大久保昌一訳，学芸出版社

千原大五郎　1982『東南アジアのヒンドゥー・仏教建築』鹿島出版会

Childe, V. G. 1928. *The most ancient east*, Kegan Paul

Childe, V. G. 1936. *Man makes himself*, Watts（G・チャイルド　1951『文明の起源』ねずまさし訳，岩波書店）

Childe, V. G. 1950. The urban revolution, *Town Planning Review* 21

Choay, F. 1969. *The modern city: Planning in the 19th century*, George Braziller（F・ショエ　1983『近代都市──19世紀のプランニング』彦坂裕訳，井上書院）

張蓉　2010『先秦至五代成都古城形態変遷研究』中国建築工業出版社

Christopher, A. J. 1987. *The British Empire at its zenith*, Routledge（A・J・クリストファー　1995『景観の大英帝国──絶頂期の帝国システム』川北稔訳，三嶺書房）

Cipolla, C. M. 1985. *Guns, sails and empires: Technological innovation and the early phases of European expansion, 1400-1700*, Sunflower University Press（C・M・チポラ　1996『大砲と帆船──ヨーロッパの世界制覇と技術革新』大谷隆昶訳，平凡社）

Clark, P. 2009. *European cities and towns, 400-2000*, Oxford University Press, Oxford: UK

Clark, P.（ed.）2013. *The Oxford Handbook of cities in world history*, Oxford University Press, Oxford: UK

Coleman, B. I.（ed.）1973. *The idea of the city in nineteenth-century Britain*, Routledge, London and Boston

Coppa, M. 1981. *Storia dell'urbanistica*, Officina Edizioni

Cowan, A. 1998. *Urban Europe 1500-1700*, Arnold

Crossley, P. K. 1997. *What is global history?*, Polity Press（P・K・クロスリー　2012『グローバル・ヒストリーとは何か』佐藤彰一訳，岩波書店）

Curtin, P. D. 1984. *Cross-cultural trade in world history*, Cambridge University Press（P・カーティン　2002『異文化間交易の世界史』田村愛理・中堂幸政・山影進訳，NTT出版）

D

デフォー，D　2009『ペスト』平井正穂訳，中央公論新社

De Fries, R. 2014. *The big ratchet: How humanity thrives in the face of natural crisis*, Basic Books（R・ドフリース　2016『食糧と人類──飢餓を克服した大増産の文明史』小川敏子訳，日本経済新聞出版社）

出口治明　2017『「都市」の世界史』PHPエディターズ・グループ

De La Croix, H. 1972. *Fortifications*, George Braziller（H・ドラクロア　1983『城壁でかこまれた都市──防御施設の変遷史』渡辺洋子訳，井上書院）

Delafosse, M. 1991. *Histoire de la Rochelle*, Privat（1st published 1985）

De Marchi, F. 1599. *Della architettura militare*, Brescia, CXXXII（『欧州建築史文献集成』マイクロフィッシュ版，文生書院，Inter Documentation Company AG）

デンマーク王立図書館（The Royal Library, the National Library of Denmark and Copenhagen University Library），http://www.kb.dk/maps/kortsa/2012/jul/kortatlas/object66784/da/

Dennis, R. 2008. *Cities in modernity: Representations and productions of metropolitan space, 1840-1930*, Cambridge University Press, Cambridge: UK and New York

Devreese, J. T. and G. vanden Berghe 2003. *Wonder en is gheen wonder: De genial wereld van Simon Stevin, 1548-1620*, Davidsfonds, Leuven（J・T・デヴレーゼ／G・V・ベルヘ　2009『科学革命の先駆者 シモン・ステヴィン──不思議にして不思議にあらず』山本義隆監修，中澤聡訳，朝倉書店）

De Vries, J. 1984. *European urbanization, 1500-1800*, Harvard University Press, Cambridge: MA

De Vries, K. R. 1992. *Medieval military technology*, Broadview Press

Diefendorf, J.（ed.）1990. *Rebuilding Europe's bombed cities*, St. Martin's, New York

Dijksterhuis, E. J. 1955. *The principal works of Simon Stevin*, C. V. Swets and Zeitlinger

土肥恒之　2007『ロシア・ロマノフ王朝の大地』講談社

土居義岳　2006『パリ郊外の田園都市に関する研究』平成15〜17年度科学研究費補助金基盤研究（C）（2）研究成果報告書

Dougherty, J. 1980. *The fivesquare city: The city in the religious imagination*, University of Notre Dame Press, Notre Dame: IN and London

Drakakis-Smith, D. 1987. *The third world city*, Methuen

Duffy, C. 1996. *Siege warfare: The fortress in the early modern world 1494-1660*, Routledge, London and New York

Dürer, A. 1527. *Befestigungslehre*, Nürnberg（A. Uhl, 1980. Nördlingen）

Dwyer, D. J. 1972. *The city as a center of change in Asia*, Hong Kong University Press

E

Eaton, R. 2001. *Ideal cities utopianism and the (un) built environment*, Thames and Hudson

Eckermann, E. 2001. *World history of automobile*, Society of Automotive Engineers（E・エッカーマン 1996『自動車の世界史』松本廉平訳, グランプリ出版）

Egli, E. 1959, 1962. *Geschichte des Städtebaues*, I: Die alte Welt, II: Das Mittelalter, Ansbach

Elliot, J. H. 1970. *The old world and the new: 1492-1650*, Cambridge University Press（J・H・エリオット 1975『旧世界と新世界1492〜1650』越智武臣・川北稔訳, 岩波書店）

Ellul, J. 1967. *The technological society*, Vintage

延藤安弘　1988『集まって住むことは楽しいナ』鹿島出版会

Ennen, E. 1972. *Die europäische Stadt des Mittelalters*, Vandenhoeck and Ruprecht（E. Ennen 1979. *The Medieval town*, translated by N. Fryde, North-Holland Pub. Co., Amsterdam／E・エネン 1987『ヨーロッパの中世都市』佐々木克巳訳, 岩波書店）

Essenvein, A. 1877. *Quellen zur Geschichte der Feuerwaffen*, F. A. Brockhaus

F

Fagan, B. 2015. *The intimate bond: How animals shaped human history*, Bloomsbury Press（B・フェイガン 2016『人類と家畜の世界史』東郷えりか訳, 河出書房新社）

ファイン, A　1983『アメリカの都市と自然——オルムステッドによるアメリカの環境計画』黒川直樹訳, 井上書院

Fernandez, G. y J. Luis 1987. *Analisis dimensional de los modelos teoricos ortogonales de las ciudades espanolas e hispanoamericanas desde el siglo XII al XIX, la ciudad iberamericana*, Actas del Seminario Buenos Aires, CEHOPU

Fishman, R. 1977. *Urban utopias in the twentieth century: Ebenezer Howard, Frank Lloyd Wright, Le Corbusier*, Basic Books, New York

Fishman, R. 1987. *Bourgeois, utopias: The rise and fall of suburbia*, Basic Books

Fogelson, R. M. 2001. *Downtown: Its rise and fall, 1880-1950*, Yale University Press

Frank, A. G. 1998. *Reorient: Global economy in the Asian age*, University of California Press（A・G・フランク 2000『リオリエント——アジア時代のグローバル・エコノミー』山下範久訳, 藤原書店）

Fraser, P. M. 1996. *Cities of Alexander the Great*, Clarendon Press, Oxford

Friedrichs, C. R. 1995. *The early modern city, 1450-1750*, Longman, London

Fronsperger, L. 1573. *Von Wagenburgs und die Feldlager*（1968 facsimile reproduction, Verlag Wilh. C. Rübsamen）

藤井真理　2001『フランス・インド会社と黒人奴隷貿易』九州大学出版会

藤井純夫　2001『ムギとヒツジの考古学』同成社

藤田弘夫　1993『都市の論理——権力はなぜ都市を必要とするか』中央公論社

藤田豊八　1974『東西交渉史の研究』国書刊行会

藤原辰史　2017『トラクターの世界史——人類の歴史を変えた「鉄の馬」たち』中央公論新社

深見奈緒子　2005『世界のイスラーム建築』講談社

深沢克己・歴史学研究会編　2006『港町のトポグラフィ』シリーズ港町の世界史, 青木書店

福田仁志　1973『世界の灌漑——比較農業水利論』東京大学出版会

布野修司　2002『田園都市計画思想の世界史的展開に関する研究——発展途上地域（東南アジア）におけるその受容と変容』平成11〜13年度科

学研究費補助金基盤研究（B）(2) 研究成果報告書
＊その他の布野による著作は前掲「編者による世界都市史関連書」を参照。

G

賀業鉅　1985『考工記営国制度研究』中国建築工業出版社

賀業鉅　1986『中國古代城市規劃史論叢』中国建築工業出版社

Galantay, E. Y. 1975. *New towns: Ancient to the present*, George Braziller（E・Y・ガランタイ 1984『都市はどのようにつくられてきたか──発生から見た都市のタイポロジー』堀池秀人訳, 井上書院）

Geddes, P. 1904. *City development, a report to the Carnegie Dunfermline Trust*, Rutgers University Press

Geddes, P. 1915. *Cities in evolution*, Williams and Norgate

Geddes, P. 1916. *A report on the development and expansion of the city of Baroda*, Government of Baroda

Geddes, P. 1920. *The life and work of Sir Jagadis C. Bose*, Longman

Geddes, P. and J. A. Thomson 1889. *The evolution of sex*, W. Scott

Geddes, P. and J. A. Thomson 1925. *Biology*, Williams and Norgate

Geddes, P. and J. A. Thomson 1931. *Life: Outlines of general biology*, Harper and Brothers

Geddes, P. and Colleagues 1895/96. *The evergreen: A northern seasonal*, Lawnmarket

Geertz, C. 1963. *Peddlers and princes: Social development and economic change in two Indonesian towns*, University of Chicago Press

Geertz, C. 1965. *The social history of an Indonesian town*, Greenwood Press

ギアツ, C　1990『ヌガラ──19世紀バリの劇場国家』小泉潤二訳, みすず書房（C. Geertz 1980. *Negara: The theatre state in nineteenth-century Bali*, Princeton University Press）

de Gheyn, J. 1607. *Wapenhandelinghe van Roers Musquetten ende Spiessen: Achtervolgende de Ordre van Syn Excellentie Maurits, Prince van Orangie*

Gibbon, E. 1995. *The decline and fall of the Roman Empire*, Random House

Ginsburg, N., B. Koppel and T.G. McGee（eds.）1991. *The extended metropolis: Settlement transition in Asia*, University of Hawaii Press, Honolulu

Girouard, M. 1985. *Cities and people*, Yale University Press, New Haven and London

Glaeser, E. 2011. *The triumph of the city: How our greatest invention makes US richer, smarter, greener, healthier, and happier*, Penguin, New York

Gole 1989a

Gole 1989b

Gonda, J. 1952. *Sanskrit in Indonesia*, International Academy of Indian Culture（1973 2nd edition）

Gomperts, A., A. Haag and P. Carey 2014. The archaeological identification of the Majapahit Royal palace: Prapanca's 1365 description projected onto satellite imagery, *The Jounal of the Siam Society* 102

ゴンザレス・エチェガライ, J　1998『ベアトゥス黙示録註解──ファクンドゥス写本』大高保二郎・安發和彰訳, 岩波書店

Goodman, D. and C. Chant 1999. *European cities and technology reader: Industrial to post-industrial city*, Routledge, The Open University

Gosse, P. 2007. *The history of piracy*, Dover Publications Inc.（P・ゴス 2010『海賊の世界史』上下, 朝比奈一郎訳, 中央公論新社）

後藤明　2003『海を渡ったモンゴロイド』講談社

Grant, M. 1982. *From Alexander to Cleopatra*, Scribner's

Grew, F. and B. Hobley 1985. *Roman urban topography in Britain and the western empire*, Council for British Archaeology

von Grunebaum, G. E. 1955. *The structure of the Muslim town, Islam: Essays in the nature and grouth of cultural tradition*, Ann-Arbor

Guizot, F. P. G. 1828. *Histoire générale de la civilisation en Europe*, Didier（1838 2e édition, Langlet et Cie）（F・ギゾー 2014『ヨーロッパ文明史──ローマ帝国の崩壊よりフランス革命にいたる』安士正夫訳, みすず書房）

Gutkind, E. A. 1964-1972. *International history of city development*, vol. I-VIII, Free Press of Glencoe

H

Hakim, B. S. 1986. *Arabic-Islamic cities: Building and planning principles*, KPI, London（B・S・ハキーム 1990『イスラーム都市——アラブのまちづくりの原理』佐藤次高監訳, 第三書館）

Hall, B. 1997. *Weapons and warfare in Renaissance Europe: Gunpowder, technology, and tactics*, The Johns Hopkins University Press（B・S・ホール 1999『火器の誕生とヨーロッパの戦争』市場泰男訳, 平凡社）

Hall, P. 1998. *Cities in civilization: Culture, innovation, and urban order*, Weidenfeld and Nicolson, London

浜林正夫　1990『世界の君主制』大月書店

濱下武志　2013『華僑・華人と中華網——移民・交易・送金ネットワークの構造と展開』岩波書店

Hammond, M. 1972. *The city in the ancient world*, Harvard University Press, Cambridge: MA

羽田正　1996『シャルダン「イスファハーン誌」研究——17世紀イスラム圏都市の肖像』東京大学出版会

羽田正　2011『新しい世界史へ』岩波書店

羽田正　2018『グローバル化と世界史』東京大学出版会

羽田正編　2016『グローバルヒストリーと東アジア史』東京大学出版会

韓永愚　1994『古地圖와古書로본서울』서울大學校奎章閣

Harari, Y. N. 2014. *Sapiens: A brief history of humankind*, Harvill Secker, London（Y・N・ハラリ 2016『サピエンス全史』上下, 柴田裕之訳, 河出書房新社）

Harari, Y. N. 2016. *Homo Deus: A brief history of tomorrow*, Harvill Secker（Y・N・ハラリ 2018『ホモ・デウス』上下, 柴田裕之訳, 河出書房新社）

Harris, E. E. 2015. *Ancestors in our genome the new science of human evolution*, Oxford University Press（E・E・ハリス 2016『ゲノム革命——ヒト起源の真実』水谷淳訳, 早川書房）

橋本雅一　1991『世界史の中のマラリア』藤原書店

林玲子　2007「世界歴史人口推計の評価と都市人口を用いた推計方法に関する研究」政策研究大学院大学博士論文

林武編　1976『発展途上国の都市化』アジア経済研究所

林徹　1992「トルコ語での都市」板垣雄三・後藤明編『事典イスラームの都市性』亜紀書房

Hayden, D. 1976. *Seven American utopias*, MIT Press, Cambridge: MA and London

Hein, C. (ed.) 2011. *Port cities: Dynamic landscapes and global networks*, Routledge, London

von Heine-Geldern, R. 1978. Conceptions of state and kingship in Southeast Asia, *Far Eastern Quarterly* 2（R・ハイネ＝ゲルデルン 1982「東南アジアにおける国家と王権の観念」大林太良訳, 綾部恒雄編『文化人類学入門リーディングス』アカデミア出版会）

Hensel, W. 1967. *Die Anfange der Stadte bei den Ost- und Westslawen*, VEB Domowina-Verlag

ヘロドトス　1971～72『歴史』上中下, 松平千秋訳, 岩波書店

Herzog, E. 1964. *Die Ottonische Stadt*, Berlin: Gebr. Mann

日端康雄　2008『都市計画の世界史』講談社

日笠端　1977『都市計画』共立出版（1993 第3版）

Hiorns, F. R. 1956. *Town-building in history*, Harrap, London

平勢隆郎　2005『都市国家から中華へ——殷周 春秋戦国』講談社

平山篤子　2012『スペイン帝国と中華帝国の邂逅——16・17世紀のマニラ』法政大学出版局

Hitti, P. K. 1973. *Capital cities of Arab Islam*, University of Minnesota Press

Hobsbawm, E. 1987. *The age of empire: 1875–1914*, Weidenfeld and Nicolson（E・J・ホブズボーム 1993『帝国の時代——1875-1914』全2巻, 野口建彦・野口照子・長尾史郎訳, みすず書房）

Hobsbawm, E. 1994. *The age of extremes: The short twentieth century, 1914-1991*, Pantheon Books（E・J・ホブズボーム 1996『20世紀の歴史——極端な時代』上下, 河合秀和訳, 三省堂）

Hohenberg, P. M. and L. H. Lees 1995. *The making of urban Europe, 1000-1994*, Harvard University Press, Cambridge: MA

ホーム, R　2001『植えつけられた都市——英国植民都市の形成』布野修司・安藤正雄監訳, アジア都市建築研究会訳, 京都大学学術出版会（R.

Home 1997. *Of planting and planning: The making of British colonial cities*, E and FN Spon, London）

堀内勝　1986『ラクダの文化誌——アラブ家畜文化考』リブロポート

Hoselitz, B. F. 1955. Generative and parasitic cities, *Economic Development and Cultural Change* 3（30）

Hourani, A. 2002. *A history of Arab peoples*, Harvard University Press

ハウトマン／ファン・ネック　1981「ハウトマン指揮による第1次航海の記録」渋沢元則訳，生田滋注，ハウトマン他『東インド諸島への航海』大航海時代叢書第Ⅱ期10，岩波書店

ハワード，E　1968『明日の田園都市』長素連訳，鹿島出版会

Hunt, L. 2014. *Writing history in the global era*, W. W. Norton and Company, New York（L・ハント2016『グローバル時代の歴史学』長谷川貴彦訳，岩波書店）

Huyghe, E. and F-B. Huyghe 1995. *Les coureurs d'épices*, J-C. Lattès（E・ユイグ／F-B・ユイグ 1998『スパイスが変えた世界史』藤野邦夫訳，八坂書房）

Hyden, D. 1976. *Seven American utopias: The architecture of communitarian socialism, 1790-1975*, The MIT Press

I

イブン・バットゥータ　1961『三大陸周遊記』前嶋信次訳，角川書店

イブン・バットゥータ　1996〜2002『大旅行記』1〜8，イブン・ジュザイイ編，家島彦一訳，平凡社

イブン・ハルドゥーン　2001『歴史序説』全4巻，森本公誠訳，岩波書店

市ノ瀬敦　2000『ポルトガルの世界——海洋帝国の夢のゆくえ』社会評論社

Ijzerman, J. W. 1917. Over de belegering van het Fort Jacarta, *Journal of the Humanities and Social Sciences of Southeast Asia* 73（1）

池谷和信　2017『狩猟採集民からみた地球環境史——自然・隣人・文明との共生』東京大学出版会

生田滋　1998『大航海時代とモルッカ諸島——ポルトガル，スペイン，テルナテ王国と丁字貿易』中央公論社

生田滋・岡倉登志編　2001『ヨーロッパ世界の拡張——東西交易から植民地支配へ』世界思想社

稲賀繁美　2017『海賊史観からみた世界史の再構築——交易と情報流通の現在を問い直す』思文閣出版

石弘之　2014『感染症の世界史——人類と病気の果てしない戦い』洋泉社

Islaeli, J. 1995. *The Dutch Republic: Its rise, greatness, and fall, 1477-1806*, Oxford University Press

板垣雄三・後藤明編　1992『事典イスラームの都市性』亜紀書房

伊藤章治　2008『ジャガイモの世界史——歴史を動かした「貧者のパン」』中央公論新社

伊藤毅　2009「バスティードの歴史的背景」伊藤毅編『バスティード——フランス中世新都市と建築』中央公論美術出版

岩堂憲人　1995『世界鉄砲史』国書刊行会

岩井経男　1988『ローマ都市制度史研究』水星舎

岩井経男　2000『ローマ時代イタリア都市の研究』ミネルヴァ書房

J

ジェイコブズ，R・L　1976「ユダヤの宇宙論」C・ブラッカー／M・ローウェ編『古代の宇宙論』矢島祐利・矢島文夫訳，海鳴社

ジャヒモウィッツ，E　1976「イスラムの宇宙論」C・ブラッカー／M・ローウェ編『古代の宇宙論』矢島祐利・矢島文夫訳，海鳴社

Jansen, M., M. Mulloy and G. Urban 1987. *Forgotton cities on the Indus*, Verlag Philipp von Zabern

Jansson, J. 1657. *Jansson town books*, vol. V, Amsterdam

Jefferson, M. 1939. The law of primate city, *Geographical Review* 29

陣内秀信・新井勇治編　2002『イスラーム世界の都市空間』法政大学出版局

Jones, A. H. M. 1966. *The Greek city from Alexander to Justinian*, Oxford, UK: Clarendon

Juynboll, H. H. 1923. *Oudjavaansch-Nederlandsche Woordenlijst*, E. J. Brill

K

上岡弘二　1992「ペルシア語での都市」板垣雄三・後藤明編『事典イスラームの都市性』亜紀書房

鴨長明　1989『方丈記』市古貞次校注，岩波書店

金子常規　2013『兵器と戦術の世界史』中央公論新社

Kangle, R. P. 1965. *The Kautilia Artaśāstra*, Part 1: Sanskrit text with a Glossary, Part 2: An English translation with critical and explanatory Notes, Part3: A study, Bombay University（1986, 1988, 1992, 2004 Reprint, Motilal Banarsidass Publisher）

柄谷行人　2010『世界史の構造』岩波書店

Kasarda, J. D. and A. M. Parrell（ed.）1993. *Third world cities: Problems, policies and prospect*, Sage Publications

加嶋章博　2003「スペイン植民都市計画法に関する研究」京都工芸繊維大学学位請求論文

加藤博　1995『文明としてのイスラム』東京大学出版会

加藤晋平・西田正規　1986『森を追われたサルたち――人類史の試み』同成社

Kaufmann, J. E. and H. W. Kaufmann 2001. *The medieval fortress*, Da Capo Press（J・E・カウフマン／H・W・カウフマン 2012『中世ヨーロッパの城塞』中島智章訳, マール社）

カウティリヤ　1984『実利論』上下, 上村勝彦訳, 岩波書店

川勝平太　1997『文明の海洋史観』中央公論社

川勝平太　2002『グローバル・ヒストリーに向けて』藤原書店

川北稔　1996『砂糖の世界史』岩波書店

川又正智　1994『ウマ駆ける古代アジア』講談社

川又正智　2006『漢代以前のシルクロード』雄山閣

河西英通／浪川健治／マリオン・ウィリアム・スティール編　2005『ローカルヒストリーからグローバルヒストリーへ――多文化の歴史学と地域史』岩田書院

川西宏幸　1999「都市の類型と変容」近藤英夫編『古代オリエントにおける都市形成とその展開』東海大学文学部考古学研究室

Kennedy, H. 2004. *The court of the Caliphs: The rise and fall of Islam's greatest dynasty*, Wildenfeld and Nicolson, The Orion Publishing Group

菊池威　2004『田園都市を解く――レッチワースの行財政に学ぶ』技報堂出版

木村有紀　2001『人類誕生の考古学』世界の考古学15, 同成社

King, A. D. 1976. *Colonial urban development: Culture, social power and environment*, Routledge and Kegan Paul, London

King, A. D. 1990a. *Urbanism, colonialism and the world-economy*, Routledge, London

King, A. D. 1990b. *Global cities: Post-imperialism and the internationalisation of London*, Routledge

Kirk, K. 1978. Town and country planning in ancient India according to Kautilya's Arthasastra, *Scottish Geographical Magazine* 94

小林多加士　1997『海のアジア史――諸文明の「世界＝経済」』藤原書店

古曳正夫　2009『ヘロドトス「歴史」』東海大学出版会

小池滋・青木栄一・和久田康雄編　2010『鉄道の世界史』悠書館

小池滋・和久田康雄編　2012『都市交通の世界史――出現するメトロポリスとバス・鉄道網の拡大』悠書館

小泉龍人　2001『都市誕生の考古学』同成社

小泉龍人　2016『都市の起源――古代の先進地域＝西アジアを掘る』講談社

国連人口基金『資料・統計』http://www.unfpa.or.jp/publications/C2015

国立博物館編　1953『ガラスの世界史』太陽少年社

近藤仁之　2011『ラテンアメリカ――銀と近世資本主義』行路社

Konvitz, J. W. 1978. *Cities and the sea*, John Hopkins University Press, Baltimore and London

コッペル, D　2012『バナナの世界史――歴史を変えた果物の数奇な運命』黒川由美訳, 太田出版

Kostof, S. 1991. *The city shaped: Urban patterns and meanings through history*, Bullfinch Press（1999 2nd edition by Thames and Hudson, London）

Kostof, S. 1992. *The city assembled: Elements of urban form through history*, Little Brown Boston（2005 2nd printing by Thames and Hudson, London）

小杉泰　1998『イスラーム世界』21世紀の世界政治5, 筑摩書房

小杉泰　2006『現代イスラーム世界論』名古屋大学出版会

コトキン, J　2007『都市から見る世界史』庭田よう子訳, 武田ランダムハウスジャパン（J.

Kotkin 2005. *The city: A global history*, The Modern Library）

熊野聡　2017『ヴァイキングの歴史——実力と友情の社会』創元社

Kumar, R. A. 1978. *History of the Jaipur city*, Manohar

Kurlansky, M. 2002. *Salt: A world history*, Walker Publishing Company（M・カーランスキー 2014『塩の世界史——歴史を動かした小さな粒』山本光伸訳，中央公論新社）

Kurlansky, M. 2016. *Paper: Paging through history*, WW Norton（M・カーランスキー 2016『紙の世界史——歴史に突き動かされた技術』川副智子訳，徳間書店）

黒田英雄　1979『世界海運史 改訂版』成山堂書店

黒田壽郎編　1983『イスラーム辞典』東京堂出版

L

Lach, D. F. 1977. *Asia in the making of Europe*, University of Chicago Press

Lahiri, N. 2005. *Finding forgotten cities: How the Indus Civilization was discovered*, Permanent Books

ランバート，W・G　1976「シュメールとバビロニアの宇宙論」C・ブラッカー／M・ローウェ編『古代の宇宙論』矢島祐利・矢島文夫訳，海鳴社

Lampl, P. 1968. *Cities and planning in the ancient Near East*, G. Braziller, New York and London（P・ランプル 1983『古代オリエント都市——都市と計画の原型』北原理雄訳，井上書院）

Langins, J. 2004. *Conserving the enlightenment French military engineering from Vauban to the revolution*, The MIT Press

Lapidus, I. M. 1967. *Muslim cities in the later Middle Ages*, Cambridge University Press

Lapidus, I. M. 1988. *A history of Islamic societies*, Cambridge University Press

Latourette, K. S. 1962. *The Chinese: Their history and culture*, Macmillan

Lauret, A. and R. Melebranche, G. Seraphin 1988. *Les Bastides: Villes du Moyen Age*, Milan

Lavedan, P. 1959. *Histoire de l'urbanisme, Renaissance et temps modernes*, Paris: H. Laurens

Lavedan, P. and J. Hugney 1974. *L'urbanisme au Moyen Age*, Arts et métiers graphiques

レイヴァリ，B　2007『船の歴史文化図鑑——船と航海の世界史』増田義郎・武井摩利訳，悠書館

Lavery, B. 2013. *The conquest of the ocean*, Dorling Kindersley Ltd.（B・レイヴァリ 2015『航海の歴史——探検・海戦・貿易の四千年史』千葉喜久枝訳，創元社）

Leblond, H. 1987. Recherches metrologiques sur des plans de bastides medieuales, *Historie et Mesure* 2 (3)

Lees, A. 1985. *Cities perceived: Urban society in European and American thought, 1820-1940*, Columbia University Press, New York

Lees, A. and L. H. Lees 2007. *Cities and the making of modern Europe, 1750-1914*, Cambridge University Press, Cambridge: UK and New York

Lehan, R. 1998. *The city in literature: An intellectual and cultural history*, University of California Press, California

Lenger, F. 2012. *European cities in the modern era, 1850-1914*, translated by Joel Golb, Brill, Leiden and Boston

Lepage, J-D. G. G. 2010. *Vauban and the French military under Louis XIV: An illustrated history of fortifications and strategies*, McFarland

Lieberman, V. 2003. *Strange parallels: Southeast Asia in global context, c.800-1830, vol. 1: Integration on the mainland*, Cambridge University Press, Cambridge

Lieberman, V. 2009. *Strange parallels: Southeast Asia in global context, c.800-1830, vol.2: Mainland mirrors: Europe, Japan, China, South Asia, and the islands*, Cambridge University Press, Cambridge

Livi-Bacci, M. 2006. *Concise history of world population*, Blackwell（M・リヴィ-バッチ 2013『人口の世界史』速水融・斎藤修訳，東洋経済新報社）

Lopez, R. 1967. *The birth of Europe*, M. Evans and Company

リンチ，K　1969『都市のイメージ』丹下健三・富田玲子訳，岩波書店

M

Maalouf, A. 1983. *Les Croisades vues par les Arabes*, JC Lattes（A・マアルーフ 2001『アラブからみた十字軍』牟田口義郎・新川雅子訳，筑摩書房）

MacFadyen, D. 1970. *Sir Ebenezer Howard and the*

town planning movement, Manchester University Press（1933 1st published）

MacKenney, R. 1989. *The city-state, 1500-1700: Republican liberty in an age of princely power*, Macmillan, London

前田徹　1996『都市国家の誕生』山川出版社

Maltese, C.（ed.）1967. *Francesco di Giorgio Martini: Trattati di architettura ingegneria e arte militare*, Il Polifilo, Milano

マルサス，T・R　1973『人口論』永井義雄訳，中央公論社

Mango, C. 1980. *Byzantium: The empire of new Rome*, Scribner's

Manning, P. 2005. *Navigating world histories: Historianans create a global past*, Palgrave MacMillan, New York

Manthe, U. 2000. *Geschichte des römischen Rechts*, Beck, München（2016, 5 Auflage）（U・マンテ 2008『ローマ法の歴史』田中実・瀧澤栄治訳，ミネルヴァ書房）

Marr, A. 2012. *A history of the world*, Pan Books

増田義郎　1997『黄金の世界史』小学館（2010，講談社）

増田義郎　2004『太平洋──開かれた海の歴史』集英社

松田武・秋田茂編　2002『ヘゲモニー国家と世界システム』山川出版社

松井透　1991『世界市場の形成』岩波書店

Matteoni, D. 1988. *Livorno*, Laterza, Roma

Matthew, H. C. G. and B. Harrison（eds.）2004. *Oxford Dictionary of National biography, vol. 21*, Oxford University Press

Merian, M. 1655. *Topographia Hassiae, et regionum vicinarum*（Bärenreiter, Kassel und Basel, 1966）

McGee, T. G. 1971. *The urbanization process in the third world, explorations in search of a theory*, Bell, London

McGee, T. G. and I. M. Robinson（eds.）1995. *The mega-urban regions of Southeast Asia*, University of British Columbia Press, Vancouver

McNeill, W. H. 1976. *Plagues and peoples*, Anchor Press/Doubleday（W・H・マクニール 1985『疫病と世界史』佐々木昭夫訳，新潮社／2007，上下，中央公論新社）

McNeill, W. H. 1982. *The pursuit of power: Technology, armed force, and society since A. D. 1000*, University of Chicago Press, Chicago（W・H・マクニール 2014『戦争の世界史──技術と軍隊と社会』上下，高橋均訳，中央公論新社／2002，刀水書房）

McNeill, W. H. 1998. *A world history*, 4th edition, Oxford University Press, Oxford（1st published 1967）（W・H・マクニール 2008『世界史』上下，増田義郎・佐々木昭夫訳，中央公論新社）

McNeill, W. H. and J. R. McNeill 2003. *The human web: A bird's-eye view of world history*, W. W. Norton, New York（W・H・マクニール／J・R・マクニール 2015『世界史──人類の結びつきと相互作用の歴史』ⅠⅡ，福岡洋一訳，新潮社）

Meller, H. 1990. *Patrick Geddes: Social evolutionist and city planner*, Routledge, London

Métraux, G. P. R. 1978. *Western Greek land use and city-planning in the Archaic period*, Garland Pub., New York

見市雅俊　1994『コレラの世界史』晶文社

Miller, M. 2002. *Letchworth: The first garden city*, Phillimore（1989 1st published）

Milton, G. 1999. *Nathaniel's nutmeg: How one man's courage changed the course of history*, Picador（G・ミルトン 2000『スパイス戦争──大航海時代の冒険者たち』松浦怜訳，朝日新聞社）

Mithen, S. 2003. *After the ice: A global human history 20,000-5000BC*, Weidenfeld and Nicolson（S・ミズン 2015『氷河期以後』上下，久保儀明訳，青土社）

三浦國雄　2006『風水講義』文藝春秋社

三浦徹　1997『イスラームの都市世界』山川出版社

宮崎正勝　1997『鄭和の南海大遠征──永楽帝の世界秩序再編』中央公論社

宮崎正勝　2005『海からの世界史』角川学芸出版

宮崎正勝　2009『世界史の誕生とイスラーム』原書房

宮崎正勝　2011『風が変えた世界史──モンスーン・偏西風・砂漠』原書房

宮崎正勝　2012『海図の世界史』新潮社

宮崎正勝　2015『「空間」から読み解く世界史──馬・航海・資本・電子』新潮社

宮紀子　2007『モンゴル帝国が生んだ世界図』日

本経済新聞出版社
水島司　2008『グローバル・ヒストリーの挑戦』山川出版社
水島司　2010『グローバル・ヒストリー入門』山川出版社
Modelski, G. 2003. *World cities: -300 to 2000*, Faros2000
桃井治郎　2017『海賊の世界史――古代ギリシアから大航海時代，現代ソマリアまで』中央公論新社
Morales Folguera, J. M. 2001. *La construccion de la utopia*, Universidad de Malaga, Madrid
森本芳樹　2005『西欧中世形成期の農村と都市』岩波書店
森本芳樹編　1987『西欧中世における都市と農村』九州大学出版会
森谷公俊　2000a『王宮炎上――アレクサンドロス大王とペルセポリス』吉川弘文館
森谷公俊　2000b『アレクサンドロス大王――「世界征服者」の虚像と実像』講談社
Morris, A. E. J. 1994. *History of urban form: Before the industrial revolutions*, Longman Science & Technical and John Wiley & Sons Inc., Essex and New York
本村凌二　2013『馬の世界史』中央公論新社（2001, 講談社）
茂在寅男　1995『航海術』中央公論社
Multhauf, R. P. 1978. *Neptune's gift: A history of common salt*, Johns Hopkins University Press（R・P・マルソーフ　1989『塩の世界史』市場泰男訳，平凡社）
Mumford, L. 1938. *The culture of cities*, Harcourt Brace Javanovich Inc.（L・マンフォード　1974『都市の文化』生田勉訳，鹿島出版会）
Mumford, L. 1961. *The city in history*, Harcourt Brace and World Inc.（L・マンフォード　1969『歴史の都市，明日の都市』生田勉訳，新潮社）
Mumford, L. 1968. *The urban prospect*, Harcourt Brace
サン・テルモ博物館（Museo de San Telmo），'Plan de St. Sebastian et de ses environs', 1719, P-001849
村井章介・歴史学研究会編　2006『港町と海域世界』青木書店
村松伸・深見奈緒子・山田協太・内山愉太　2016『メガシティ2 メガシティの進化と多様性』東京大学出版会
村山智順著，朝鮮総督府編　1972『朝鮮の風水』国書刊行会（初版1931）

N

長澤和俊　2002『シルクロードを知る事典』東京堂出版
中川原捷洋　1985『稲と稲作のふるさと』古今書院
中井義明　2005『古代ギリシャ史における帝国と都市――ペルシア・アテナイ・スパルタ』ミネルヴァ書房
中村廣治郎　2002『イスラームの宗教思想――ガザーリーとその周辺』岩波書店
中村慎一　2002『稲の考古学』同成社
中辻英二　2010「都市の発展と保険衛生」『目で見るWHO』44
Nanda, V. 1990. *Urban morphology and the concept of 'Type': A thematic and comparative study of the urban tissue*, School of Architecture CEPT, Ahmedabad
Nasr, S. H. and A. K. Nomachi 2003. *Mecca Medina, the holiest cities of Islam*, Tuttle Publishing
Neill, S. 1966. *Colonialism and Christian missions*, Lutterworth Press, London
オランダ国立図書館（National Library of the Netherlands），Stedenatlas de Wit pl071, https://www.kb.nl/themas/atlassen/stedenatlas-de-wit
オランダ王立芸術科学アカデミー（Royal Netherlands Academy of Arts and Sciences），http://mapserver.fa.knaw.nl/amsterdam/atlas/
Nicholas, D. 1997a. *The growth of the medieval city: From late antiquity to the early fourteenth century*, Longman, New York
Nicholas, D. 1997b. *The later medieval city, 1300-1500*, Longman, New York
西田正規　1986『定住革命』新曜社
西田慎・梅崎透編　2015『グローバル・ヒストリーとしての「1968年」――世界が揺れた転換点』ミネルヴァ書房
西本晃二　2015『ルネッサンス史』東京大学出版会

O

Oberoi, A. S. 1993. *Population growth, employment and*

poverty in third-world mega-cities, St. Martin's Press
O'connor, V. C. S. 1986. *Mandalay and other cities of the past in Burma*, White Lotus
織田武雄　1973『地図の歴史』講談社
Van Oers, R. 2000. *Dutch town planning overseas during VOC and WIC rule（1600-1800）*, Walburg Pers, Zutphen
大橋雄二　1993『日本建築構造基準変遷史』日本建築センター
大澤光彦　2015『高層建築物の世界史』講談社
大塚柳太郎　2015『ヒトはこうして増えてきた――20万年の人口変遷史』新潮社
応地利明　1996『絵地図の世界像』岩波書店
応地利明　2007『「世界地図」の誕生――地図は語る』日本経済新聞出版社
応地利明　2011『都城の系譜』京都大学学術出版会
応地利明　2012『中央ユーラシア環境史4 生態・生業・民族の交響』臨川書店
岡田英弘　1992『世界史の誕生』筑摩書房
岡崎勝世　2003『世界史とヨーロッパ』講談社
尾本恵市・濱下武志・村井吉敬・家島彦一編　2000『海のパラダイム』岩波書店
小野林太郎　2017『海の人類史』雄山閣
小滝敏之　2008『市民自治の歴史・思想と哲学』公人社
Overy, R. 1978. *The times complete history of the world*, Times Atlases
Owens, E. J. 1991. *The city in the Greece and Roman world*, Routledge（E・J・オーウェンズ 1992『古代ギリシャ・ローマの都市』松原國師訳，国文社）

P

ペーボ，S　2015『ネアンデルタール人は私たちと交配した』野中香方子訳，文藝春秋
パン，L編　2012『世界華人エンサイクロペディア』游仲勲監訳，田口佐紀子・山本民雄・佐藤嘉江子訳，明石書店
Parimin, A. 1986. Fundamental study on spatial formation of island village: Environmental hierarchy of sacred-profane concept in Bali, Ph.D. dissertation, Osaka University
Pendergrast, M. 2010. *Uncommon grounds: The history of coffee and how it transformed our world*, 2nd ed.,
Basic Books（M・ペンダーグラスト 2002『コーヒーの歴史』樋口幸子訳，河出書房新社）
Pigeaud, T. G. Th. 1962. *Java in the fourteenth century*, 5 vols., Nijhoff, KITLV
Pirenne, H. 1927. *Medieval cities: Their origins and the revival of trade*, Princeton University Press（H・ピレンヌ 1943『西洋中世都市発達史――都市の起源と商業の復活』今来陸郎訳，白揚社）
Pirenne, H. 1936. *Economic and social history of medieval Europe*, Routledge and Kegan Paul（H・ピレンヌ 1970『中世都市――社会経済史的試論』佐々木克巳訳，創文社）
Pirenne, H. 1957. *Mohammed and Charlemagne*, Meridian Books（H・ピレンヌ 1960『ヨーロッパ世界の誕生――マホメットとシャルルマーニュ』佐々木克巳・中村宏訳，創文社）
ピレンヌ，H　1956『中世ヨーロッパ社会経済史』増田四郎他訳，一條書店
プラトン　1969「クリティアス」田之頭安彦訳，田中美知太郎責任編集『世界の名著プラトンⅡ』中央公論社
プラトン　1993『法律』森進一・池田美恵・加来彰俊訳，岩波書店
Pollak, M. 2010. *Cities at war in early modern Europe*, Cambridge University Press, New York
ポリュビオス　2007『世界史』全3巻，竹島俊之訳，龍溪書舎
ポンペイウス・トログス，ユニアヌス・ユスティアヌス抄録　1998『地中海世界史』合阪學訳，京都大学学術出版会
ポルトガル国立図書館（National Library of Portugal），'Plano geral da cidade de Lisboa em 1812', Biblioteca Nacional Digital, cota CC-274-V., http//purl.pt/1717/2/
Prakash, O. 1997. *European commercial expansion in early modern Asia*, Aldershot: Variarum
Pramar, V. S. 1984. A study of some Indo-Muslim towns of Gujarat, *Environmental Design: Journal of the Islamic Environmental Design Research Center* 0

R

Rangarajan, L. N.（edited, rearranged, translated and introduced）1992. *Kautilya the Arthashastra*,

Penguin Books India

Redfield, R. and M. Singer 1954. The cultural role of the cities, *Economic Development and Cultural Change* 3（1）

Reid, A. 1988-1993. *Southeast Asia in the age of commerce, 1450 – 1680*, 2 vols., vol. 1: The lands bellow the winds, vol. 2: Expansion and crisis, Yale University Press（A・リード 2002『大航海時代の東南アジアⅡ 拡張と危機』平野秀秋・田中優子訳，法政大学出版局）

Rindos, D. 1984. *The origins of agriculture*, Academic Press

Roberts, A. 2009. *The incredible human journey*, Bloomsbury Publishing（A・ロバーツ 2013『人類20万年──遥かなる旅路』野中香方子訳，文藝春秋）

Robinson, F.（ed.）1996. *The Cambridge illustrated history of the Islamic world*, Cambridge University Press

Rosenau, H. 1974. *The ideal city: Its architectural evolution*, Studio Vista, London（H・ロウズナウ 1979『理想都市──その建築的展開』理想都市研究会訳，鹿島出版会）

Ross, R. J. and G. J. Telkamp 1985. *Colonial cities*, Mauritinus Nijhoff Publishers

Roth, R. and M-N. Polino（eds.）2003. *The city and the railway in Europe*, Ashgate, Burlington: VT

Royal Irish Academy 2005. *Irish Historic Towns Atlas No. 15: Derry- Londonderry*, Royal Irish Academy

Rybczynski, W. 1995. *City life: Urban expectations in the new world*, Scribner's

Rykwert, J. 1976. *The idea of a town: The anthropology of urban form in Rome, Italy and ancient world*, Princeton University Press（J・リクワート 1991『〈まち〉のイデア──ローマと古代世界の都市の形の人間学』前川道郎・小野育雄訳，みすず書房）

S

Saalman, H. 1968. *Medeival cities*, George Braziller Inc.（H・サールマン 2011『中世都市』福川裕一訳，井上書院）

鯖田豊之　1994『ヨーロッパ封建都市──中世自由都市の成立と発展』講談社

Sahlins, M. 1972. *Stone age economics*, Aldine Publishing Co.（M・サーリンズ 1984『石器時代の経済学』山内昶訳，法政大学出版局）

坂巻清　2004「近世ロンドンと国家および社会的流動性」イギリス都市・農村共同体研究会／東北大学経済史・経営史研究会編『イギリス都市史研究──都市と地域』日本経済評論社

坂野正則・加藤玄・東辻賢治郎・畑中昌子・丁周磨　2009「バスティードの都市空間」伊藤毅編『バスティード』中央公論美術出版

Sassen, S. 1991. *The global city: New York, London, Tokyo*, Princeton University Press, Princeton: NJ

佐藤宏之・山田哲・出穂雅実編　2016『晩氷期の人類社会』六一書房

佐藤圭四郎　1998『東西アジア交流史の研究』同朋舎

佐藤次高　2004『イスラームの国家と王権』岩波書店

佐藤洋一郎　2008『イネの歴史』京都大学学術出版会

佐藤洋一郎　2008〜10『ユーラシア農耕史1〜5』臨川書店

佐藤洋一郎　2016『食の人類史──ユーラシアの狩猟・採集，農耕，遊牧』中央公論新社

Schaedel, R. P. et al. 1980. *Urbanization in the Americas from the beginnings to the present*, De Gruyter Mouton

Schama, S. 1987. *The embarrassment of riches: An interpretation of Dutch culture in the golden age*, Vintage

Schinz, A. 1989. *Cities in China*, Gebruder Borntraeger

Schoenauer, N. 1981. *6000 years of housing*, vol. 1-3, Garland Publishing（N・ショウナワー 1985『世界のすまい6000年』1：先都市時代の住居，2：東洋の都市住居，3：西洋の都市住居，三村浩史監訳，彰国社）

Schreiber, H. 1973. *Die bedeutendsten Entdecker und ihre Reisen*, Arena-Verlag（H・シュライバー 1977『航海の世界史』杉浦健之訳，白水社，新装復刊版2010）

Schwartz, V. 1998. *Spectacular realities: Early mass culture in Fin-de-Siecle Paris*, University of California Press

スコット　1983「ジャワ滞留記」朱牟田夏雄訳，スコット他『イギリスの航海と植民1』大航海

時代叢書第Ⅱ期17，岩波書店

Seabrook, J. 1996. *In the cities of the south: Scenes from a developing world*, Verso, London and New York

瀬原義生　1998『ドイツ中世都市の歴史的展開』未來社

妹尾達彦　2001『長安の都市計画』講談社

妹尾達彦　2009『近世東アジアの都城および都城制についての比較史的総合研究』平成21～23年度科学研究費補助金基盤研究（Ｂ）研究成果報告書

Shamasastry, R. 1915. *Arthasastra of Kautilya*, University of Mysore, Oriental Library Publications, The Government Branch Press

Shamasastry, R., Arthasastra of Kautilya, in V. S. Agrawala (ed.), 1966.*Samaranganasutradhara of Maharajadhiraja Bhoja*, Oriental Institute, Baroda

斯波義信　1995『華僑』岩波書店

清水馨八郎　1998『侵略の世界史――この500年，白人は世界で何をしてきたか』祥伝社

下田淳　2011『居酒屋の世界史』講談社

下田淳　2017『世界文明史――人類の誕生から産業革命まで』昭和堂

篠田謙一　2017『ホモ・サピエンスの誕生と拡散』洋泉社

白幡俊輔　2012『軍事技術者のイタリア・ルネサンス――築城・大砲・理想都市』思文閣

庄司邦昭　2010『図説 船の歴史』河出書房新社

Sjoberg, G. 1960. *The pre-industrial city past and present*, Free Press（Ｇ・ショウバーグ 1968『前産業型都市』倉沢進訳，鹿島出版会）

'Skyscrapers', Magical history tour: The origins of the commonplace and curious in America（September 1, 2001）

Smith, B. and H. B. Reynolds（eds.）1987. *The city as a sacred center: Essays on six Asian contexts*, E. J. Brill

Snape, S. 2014. *The complete cities of ancient Egypt*, AUC Press

Sobhan, R. 2000. *Rediscovering the southern silk route: Integrating Asia's transport infrastracture*, The University Press Ltd.

Solano, F. de 1983. *Urbanizaci y municipalizacion en la poblacion indigena, Estudios sobre la ciudad iberoamericanas*, Madrid: C. S. I. C.（Consejo Superior de Investigaciones Científicas Instituto）

Solano, F. de 1990a. *Normas y leyes de la ciudad Hispanoamericana 1492-1600 I*, C. S. I. C., Madrid

Solano, F. de 1990b. *Normas y leyes de la ciudad Hispanoamericana 1601-1821 II*, C. S. I. C., Madrid

曽根秀晶　2009「バスティードの都市計画」伊藤毅編『バスティード』中央公論美術出版

スペイン国立図書館（National Library of Spain），'Plano de la Plaza de Cadiz', 1750-1799?', MR/42/615 bdh0000033475, http://bdh-rd.bne.es/viewer.vm?id=0000033475）

Specklin, D. 1589. *Architectura von Vestungen*（Oreg.: Collegium Graphicum, Portland, 1972）

Stein, P. G. 1999. *Roman law in European history*, Cambridge University Press（Ｐ・スタイン 2003『ローマ法とヨーロッパ』屋敷二郎監訳，ミネルヴァ書房）

Storoni Mazzolani, L. 1970. *The idea of the city in Roman thought*, translated by S. O'Donnell, University of Indiana Press, Bloomington: IN

Stutterheim, W. F. 1948. *De kraton van Majapahit*, Nijhoff

末崎真澄編　1996『馬と人間の歴史』馬事文化財団

杉原薫　1996『アジア間貿易の形成と構造』ミネルヴァ書房

杉崎泰一郎　2015『修道院の歴史――聖アントニオスからイエズス会まで』創元社

杉浦昭典　1999『蒸気船の世紀』NTT出版

杉山正明　1997『遊牧民から見た世界史――民族も国境もこえて』日本経済新聞出版社

杉山正明　2002『逆説のユーラシア史――モンゴルからのまなざし』日本経済新聞出版社

杉山敬志編　1999『土地所有の政治史――人類学的視点』風響社

Sularto, B. 1979. *Garebeg di Kesultanan Yogyakarta*, Proyek Sasana Budaya, Direktorat Jenderal Kebudayaan, Departemen Pendidikan dan Kebudayaan

Sutcliffe, A. 1981. *Towards the planned city: Germany, Britain, the United States and France, 1780-1914*, Blackwell, Oxford: UK

Sutcliffe, A.（ed.）1984. *Metropolis, 1890-1940*, University of Chicago Press, Chicago

スウェーデン戦争資料館（National Swedish Museums of Military History），'Plan du New Brisach. Ville de la Haute Alsace constuite par Mr. le Marchal de Vauban'，KrA 0406 0406D-13-065-003, http://www.riksarkivet.se/

鈴木峻　2010『シュリヴィジャヤの歴史――朝貢体制下における東南アジアの古代通商史』めこん

T

Taha, A. D. 1989. *The Muslim conquest and settlement of North Africa and Spain*, Routledge

高見玄一郎　1989『港の世界史』朝日新聞出版

高階美行　1992「アラビア語での都市」板垣雄三・後藤明編『事典 イスラームの都市性』亜紀書房

高谷好一　1996『「世界単位」から世界を見る――地域研究の視座』京都大学学術出版会

高谷好一　2010『世界単位論』京都大学学術出版会

高澤紀恵　1999「近隣関係・都市・王権」樺山紘一編『岩波講座世界歴史16 主権国家と啓蒙――16～18世紀』岩波書店

玉井哲雄編　2013『アジアからみる日本都市史』山川出版社

玉木俊明　2012『近代ヨーロッパの形成――商人と国家の近代世界システム』創元社

玉木俊明　2014『海洋帝国興隆史――ヨーロッパ・海・近代世界システム』講談社

田辺裕他監修　2005『地図図表』第一学習社

田中美知太郎責任編集　1969『世界の名著プラトンⅡ』中央公論社

谷澤毅　2017『世界流通史』昭和堂

Telkamp, G. J. 1978. *Urban history and European expansion*, Leiden Centre for the History of European Expansion

The State Museum of the History of Saint Petersburg 2002. *Images of Petersburg: From the State Museum of the History of Saint Petersburg*, Artdeco, Saint Petersburg

Tineo Marquet, J. A. 1987. *Historia de un continente aislado. Historia urbana de Iberoamerica I. La ciudad Iberoamericana hasta 1573*, Consejo superior de los Colegios de Arquitectura de Espana, Comision Nacional Quinto Centenario, Junta de Andalucia, Madrid

Todd, E. 1999. *La diversité du monde: Famille et modernité*, Soeuil, Paris（E・トッド 2008『世界の多様性――家族構造と近代性』荻野文隆訳，藤原書店）

Todd, E. 2011. *L'origine des systèmes familiaux*, Tome I: L'Eurasie, Gallimard（E・トッド 2016『家族システムの起源Ⅰ ユーラシア』上下，石崎晴己監訳，藤原書店）

Toffler, H. 1980. *The third wave*, William Morrow

富塚清　1986『内燃機関の歴史』三栄書房

友杉孝　1999『アジア都市の諸相――比較都市論にむけて』同文館出版社

都市史図集編集委員会編　1999

東辻賢治郎　2009「モンパジエ――都市化の諸相」伊藤毅編『バスティード』中央公論美術出版

Toynbee, A. 1956. *The Industrial Revolution*, Beacon Press

Toynbee, A.（ed.）1967. *Cities of destiny*, McGraw-Hill, New York

月尾嘉男・北原理雄　1980『実現されたユートピア』鹿島出版会

角山栄　1980『茶の世界史』中央公論社

Tyrwhitt, J.（ed.）1947. *Patrick Geddes in India*, Lund Humphries, London

U

上野喜一郎　2012『船の世界史』日本図書センター

宇賀田為吉　1973『タバコの歴史』岩波書店

鵜飼保雄　2015『トウモロコシの世界史――神となった作物の9000年』悠書館

梅棹忠夫　1967『文明の生態史観』中央公論社

宇野隆夫編　2003『ユーラシア古代都市・集落の歴史空間を読む』勉誠出版

臼井隆一郎　1992『コーヒーが廻り世界史が廻る――近代市民社会の黒い血液』中央公論社

V

Valentijn, F. 1724-26. *Oud en Nieuw Oost Indien*, 3 vols.

Vance, J. E. Jr. 1938. *The culture of cities*, New York and London

de Vauban, S. P. 1722. *The new method of fortification, as practiced by Monsieur de Vauban engineer-general of France. Together with a new treatise of geometry*, Reproduction from British Library

W

Wallerstein, I. 1974. *The modern world-system: Capitalist agriculture and the origins of the European world-economy in the sixteenth century*, Academic Press（I・ウォーラーステイン 1981『近代世界システムⅠ・Ⅱ──農業資本主義と「ヨーロッパ世界経済」の成立』川北稔訳，岩波書店）

Wallerstein, I. 1980. *The modern world-system, vol. 2: Mercantilism and the consolidation of the European world-economy, 1600-1750*, Academic Press（I・ウォーラーステイン 1993『近代世界システムⅡ──重商主義と「ヨーロッパ世界経済」の凝集 1600～1750』川北稔訳，名古屋大学出版会）

Wallerstein, I. 1989. *The modern world-system, vol. 3: The second era of great expansion of the capitalist world-economy, 1730-1840s*, Academic Press（I・ウォーラーステイン 1997『近代世界システム──大西洋革命の時代 1730～1840s』川北稔訳，名古屋大学出版会）

Wallerstein, I. 2011. *The modern world-system, vol. 4: Centrist liberalism triumphant, 1789-1914*, University of California Press（I・ウォーラーステイン 2013『近代世界システムⅣ──中道自由主義の勝利 1789～1914』川北稔訳，名古屋大学出版会）

王凱　2009『紫禁城の西洋人画家──ジュゼッペ・カスティリオーネによる東西美術の融合と展開』大学教育出版

王凱　2010『苦悩に満ちた宮廷画家──郎世寧による異文化の受容と変貌』大学教育出版

王世仁　2001『王世仁建築歴史理論文集』中国建築工業出版社

Ward-Perkins, J. B. 1974. *Cities of ancient Greece and Italy: Planning in classical antiquity*, George Braziller, New York（J・B・ワード＝パーキンズ 1984『古代ギリシアとローマの都市』北原理雄訳，井上書院）

渡部忠世　1977『稲の道』日本放送出版協会

渡部忠世　1987『稲のアジア史』小学館

Weber, A. F. 1899. *The growth of cities in the nineteenth century: A study in statistics*, Cornell University Press, New York

Weber, M. 1921. Die Stadt: Eine soziologische Untersuchung, Archiv für Sozialwissenschaft und Sozialpolitik, Bd. 47: Typologie der Städte, in M. Weber, *Wirtschaft und Gesellschaft: Grundriss der verstehenden Soziologie*, J. C. B. Mohr（M・ウェーバー 1964『都市の類型学』世良晃志郎訳，創文社）

Wells, S. 2002. *The journey of man*, Gillon Aitken Associates Ltd., London and New York（S・ウェルズ 2007『アダムの旅──Y染色体がたどった大いなる旅路』和泉裕子訳，バジリコ）

Widodo, J. 2004. *The boat and the city: Chinese diaspora and the architecture of Southeast Asian coastal cities*, Marshall Cavendish Academic, Singapore

Wiebenson, D. 1969. *Tony Garnier: The cité industrielle*, George Braziller（D・ウィーベンソン 1983『工業都市の誕生──トニー・ガルニエとユートピア』松本篤訳，井上書院）

Wilken, R. L. 2012. *The first thousand years: A global history of Christianity*, Yale University Press（R・L・ウィルケン 2016『キリスト教一千年史』上下，大谷哲・小坂俊介・津田拓郎・青柳寛俊訳，白水社）

Winchester, S. 2002. *Map that changed the world*, Perennial

Wirth, E. 1982. Villes Islamiques villes arabes, villes orientales?: Une problématique face au changement, in A. Bouhdiba and D. Chevallier (eds.) *La ville arabe dans l'Islam*, CNRS et Ceros

Wirth, L. 1938. No access urbanism as a way of life, *American Journal of Sociology* 44

Wiryomarione, A. B. 1995. *Seni bangunan dan Seni Binakota di Indonesia*, Penerbit PT Gramedia Pustaka Utama

Wright, G. 1991. *The politics of design in French colonial urbanism*, University of Chicago Press, Chicago

Wycherley, R. E. 1972. *How the Greeks built the cities*, The Macmillan Press Ltd.（R・E・ウィッチャーリー 1980『古代ギリシャの都市構成』小林文次訳，相模書房）

Y

家島彦一　1991『イスラム世界の成立と国際商業──国際商業ネットワークの変動を中心に』岩波書店

家島彦一　1993『海がつくる文明──インド洋海域世界の歴史』朝日新聞社

家島彦一　2003『イブン・バットゥータの世界大旅行──14世紀イスラームの時空を生きる』平凡社

家島彦一　2006『海域から見た歴史──インド洋と地中海を結ぶ交流史』名古屋大学出版会

家島彦一　2017『イブン・バットゥータと境域への旅』名古屋大学出版会

矢島鈞次　1994『1666年ロンドン大火と再建』同文館出版

矢島裕利　1976『古代の宇宙論』海鳴社

山田勝久・児島建次郎・森谷公俊　2016『ユーラシア文明とシルクロード──ペルシア帝国とアレクサンドロス大王の謎』雄山閣

山田憲太郎　1994『香料の歴史──スパイスを中心に』紀伊國屋書店

山田憲太郎　1995『スパイスの歴史──薬味から香辛料へ』法政大学出版局

山田睦男・細野昭雄・高橋伸夫　2001『ラテンアメリカの巨大都市──第三世界の現代文明』二宮書店

山田信彦　1992『スペイン法の歴史』彩流社

山口遼　2016『ジュエリーの世界史』新潮社

山本紀夫　2004『ジャガイモとインカ帝国──文明を生んだ植物』東京大学出版会

山本紀夫　2008『ジャガイモのきた道──文明・飢饉・戦争』岩波書店

山本義隆　2007『16世紀文化革命』1・2，みすず書房

山本義隆　2014『世界の見方の転換』1〜3，みすず書房

山根周他　2000「アーメダバード旧市街（グジャラート，インド）における街区空間の構成」『日本建築学会計画系論文集』538

楊寛　1981『中国皇帝陵の起源と変遷』尾形勇・太田侑子訳，西嶋定生監訳，学生社

楊寛　1987『中国都城の起源と発展（中国古代都城的起源和発展）』尾形勇・高木智見訳，西嶋定生監訳，学生社

Z

Zandvliet, K. 1998. *Mapping for money: Maps, plans and topographic paintings and their role in Dutch overseas Expansion during the 16th and 17th centuries*, Batavian Lion International（1997『17世紀和蘭人繪製的台湾老地図』江樹生訳『漢声雑誌』106期，台北）

全冥編　1999『風水輿建築』上・下冊，中国建材工業出版社

Zimmermann, S. and R. F. E. Weissmann (eds.) 1989. *Urban life in the Renaissance*, University of Delaware Press, Cranbury: NJ

Zweig, S. 2007. *Conqueror of the seas: The story of Magellan*, Read Books

地域別・都市別参考文献

　地域ごとに主要な参考文献および複数都市を扱う文献を挙げる。続けて都市別に主要参考文献および図版出典を挙げる。「布野 2006」など簡略形の場合は前掲「主要参考文献」または同地域内の前掲箇所を参照。

I　西アジア

Bianca, S. 2000. *Urban form in the Arab world: Past and present*, Thames and Hudson

Blake, G. H. and R. I. Lawless 1980. *The changing Middle Eastern city*, Croom Helm, New York and London

Brown, L. C. (ed.) 1973. *From Madina to metropolis*, Darwin Press, Princeton

El-Sheshtawy, Y. (ed.) 2008. *The evolving Arab city: Tradition, modernity and urban development*, Routledge, London

Lapidus, I. (ed.) 1969. *Middle Eastern cities*, University of California Press, Berkeley

Van de Mieroop, M. 1997. *The ancient Mesopotamian city*, Clarendon Press, Oxford: UK

Raymond, A. 1984. *The great Arab cities in the 16th-18th centuries*, New York University Press, New York

Sauvaget, J. 1965. *Introduction to the history of the Muslim East*, University of the Muslim East, University of California Press

01　イスタンブル

İnalcık, H. 1990. Istanbul, *The encyclopaedia of Islam*, 2nd Edition, vol. 4, Brill

Kafesçioğlu, Ç. 2009. *Constantinopolis / Istanbul: Cultural encounter, imperial vision, and the construction of the Ottoman capital*, The Penn State University Press, University Park

Kuban, D. 2010. *Istanbul: An urban history*, Revised Edition, Türkiye İş Bankası Kültür Yayınları, İstanbul

02 アンカラ

Faroqhi, S. 1987. *Men of modest substance: House owners and house property in seventeenth-century Ankara and Kayseri*, Cambridge University Press, Cambridge

Günel, G. 2015. Ankara Şehri 1924 haritası: Eski bir haritada Ankara'yı tanıtmak, *Ankara Araştırmaları Dergisi* 3（1）

Kömürcüoğlu, E. 1950. *Ankara Evleri*, İTÜ Mimarlık Fakültesi, İstanbul

Mamboury, E. 1934. *Ankara: Guide touristique*, Ministère Turc de l'Intérieur, Ankara

Taeschner, F. 1986. Ankara, in *Encyclopaedia of Islam*, 2nd ed., vol. 1, Brill, Leiden

寺阪昭信編　1994『イスラム都市の変容──アンカラの都市発達と地域構造』古今書院

土田哲也・土肥真人　2007「トルコ共和国アンカラ新首都建設における近代都市計画技術の受容」『日本都市計画学会都市計画論文集』42（3）

03 イズミル

Anonyme, 1933. La reconstruction d'une ville, *L'Illustration*, Paris, no.4696（4 mars）

Bilsel, C. sous la direction de Burgel, G. 1996b. *Cultures et fonctionnalités: l'évolution de la morphologie urbaine de la ville de Izmir aux XIXe et début XXe siècles*, Université de Paris X - Nanterre

Yılmaz, F. and S. Yetkin, S. Erkan 2003. *Küllerinden doğan şehir İzmir: The city of which rose from the Ashes Smyrna*, İzmir Büyük Şehir Belediyesi Kültür Yayını, İzmir

04 ブルサ

Gabriel, A. 1958. *Une capitale turque: Brousse Brusa* vol. 1, E. de Boccard, Paris

İnalcık, H. 1986. *Bursa: Encyclopaedia of Islam*, 2nd Edition, vol. 1, Brill, Leiden

İnalcık, H. and E. Seyhan 1992. *Bursa: Türkiye Diyanet Vakıf İslam Ansiklopedisi*, vol. 6, Türkiye Diyanet Vakfı, İstanbul

Kuban, D. 2010. *Ottoman architecture*, Woodbridge, Antique Collectors' Club

Yenal, E.（prep.）1996. *Bir masaldı Bursa*, Yapı Kredi Yayınları, İstanbul

05 サフランボル

Günay, R. 1981. *Geleneksel Safranbolu evleri ve oluşum*, Pan Matbaacilik, Ankara

Günay, R. 1998. *Türk ev geleneği ve Safranbolu evleri*, Yem Yayınları, Istanbul

宍戸克実・新井勇治　2011「西アジアの伝統的住居に関する研究（その2）──サフランボルにおける住居の環境共生機能について」『鹿児島県立短期大学紀要』62

山本達也　1991『トルコの民家』丸善

06 ダマスクス

Damascus City Cooperation 1968. *Master plan for Damascus*, Damascus

陣内・新井編　2002

Kostof 1991

三浦　1997

Sauvaget, J. 1932. *Les monuments historiques de Damas*, Imperimerie Catholigue, Beyrout

Wulzinger, K. and C. Watzinger 1924. *Damaskus*, Walter de Grayter, Berlin and Leipzig

07 ハマー

Boissière, T. 2005. *Le jardinier et le citadine*, IFPO

Burns, R. 2010. *The monuments of Syria*, O. B. Tauris

al-Dbiyat, M. 1995. *Homs et Hama en Syrie centrale*, Institut Français de Damas

アルハサン，A・Y／D・R・ヒル　1999『イスラム技術の歴史』多田博一・原隆一・斎藤美津子訳，平凡社

08 アレッポ

David, J. C. et G. Degeorge 2002. *Alep*, Flammarion

Gaube, H. and E. Wirth 1984. *Aleppo: Historische und geographische Beiträge zur baulichen Gestaltung*, TAVO

イブン・ジュバイル　2009『イブン・ジュバイルの旅行記』藤本勝次・池田修監訳，講談社

09 ボスラ

Aalund, F. 1991. Vernacular tradition and Islamic architecture of Bosra, Ph.D. dissertation, The Royal Academy of Fine Arts, School of Architecture

Al-Bosra, *Encyclopedia of Islam*, new edition, Brill

Bouchaud, C. 2011. Productions végétales régionales et acquisition du combustible sur le plateau du Hauran: Analyse archéobotanique du chantier BAT de Bosra, in A. Le Bihan, P-M. Blanc, F. Braemer, J. Dentzer-Feydy et F. Villeneuve (eds.) *Territoires, architecture et matériel au levant*, Presses de l'Ifpo, Paris

10 ベイルート

Danger, R. 1933. *Plan d'extension, ville de Beyrouth*, Beyrouth

Ghorayeb, M. 2014. *Beyrouth sous Mandat Français: Construction d'une ville moderne*, Karthara, Paris

Saliba, R. 2003. *Beirut city center recovery: The Foch-Allenby and Etoile conservation area*, Steidl, Beirut

11 エルサレム

Armstrong, K. 1996. *Jerusalem one city, three faiths*, Ballantine Books, New York

Cohen, A. 1973. *Palestine in the eighteenth century: Patterns of government and administration*, Magnes Press, Jerusalem

布野・山根　2008

笠川博一　2010『物語エルサレムの歴史』中央公論新社

高橋正男　1996『イェルサレム』文藝春秋

高橋正男　2003『図説 聖地イェルサレム』河出書房新社

臼杵陽　2009『イスラエル』岩波書店

12 テルアビブ

Azaryahu, M. 2006. *Tel Aviv: Mythography of a city*, Syracuse University Press, New York

Rotbard, S. 2015. *White city, black city: Architecture and war in Tel Aviv and Jaffa*, Pluto Press, London

Szmuk, N. 1994. *Batim min ha-khol*, Tel Aviv Development Foundation and Ministry of Defense Publications, Tel Aviv

13 バグダード

Duri, A. A. 1986. Baghdad, in *Encyclopedia of Islam*, 2nd, vol. 1, E. J. Brill

深見奈緒子　2002「バグダードの復元に関する一考察」ヘレニズム～イスラーム考古学研究会編『第9回ヘレニズム～イスラーム研究』ヘレニズム～イスラーム考古学研究会

深見奈緒子　2004「円城都市バグダードの再現」

NHK「文明の道」プロジェクト編『文明の道 4 イスラムと十字軍』NHK出版

Le Strange, G. 1900. *Baghdad during the Abbasid Caliphate*, Clarendon Press, New York（1972 Curzon Press）

Sush, A. 1952. *Atlas Baghdad*, Al Mesaha Al'amma (Public Space Press)

14 マッカ（メッカ）

後藤明　1991『メッカ——イスラームの都市社会』中央公論社

後藤明　1992「メッカ」板垣雄三・後藤明編『事典 イスラームの都市性』亜紀書房

Kiougmi, F. and R. Graham 2009. *A photographer on the Hajj: The travels of Muhammad 'Ali Efendi Sa'udi*（1904/1908）, The American University in Cairo Press

Ragette, F. 2012. *Traditional domestic architecture of the Arab region*, Edition Axel Menges, Zlin

15 マディーナ（メディーナ）

後藤明　1992「マディーナ」板垣雄三・後藤明編『事典 イスラームの都市性』亜紀書房

Kiougmi and Graham 2009

Ragette 2012

16 ジェッダ

Al-Djudda, *Encyclopedia of Islam*, new edition, Brill

Alitany, A. K. 2014, 2015. A new strategy of ICT integrated methodologies for 3D documentation: A case study of the projected wooden windows (the Roshans) in the historical city of Jeddah (Saudi Arabia) Unibersitat Plitecnida de Cataluniya, Doctoral Thesis Barcelona

Casale, G. 2010. *The Ottoman age of exploration*, Oxford University Press

片倉もとこ　1992「ジェッダ」板垣雄三・後藤明編『事典 イスラームの都市性』亜紀書房

Samer Sami O Baesse 2012. *Towards more effective urban planning in Jeddah, Saudi Arabia*, RMIT University

17 マスカット

British Library 1860. Oriental and India Office Collections, GULF of OMAN MASKAT and AL MATRA, surveyed by Lieut. A. W. Stiffe. I. N. IOR/W/L/PS/21/D35, 1862

岡村知明・西村弘代・山根周・深見奈緒子・布野修

司　2009「インド洋海域世界における港市の形成と変容に関する研究 その2――スール・ラワティヤ地区（オマーン，マスカト）の空間構成」『日本建築学会大会（東北）学術講演集』E-2分冊

Peterson, J. E. 2007. *Historical Muscat: An illustrated guide and gazetteer*, Brill, Leiden and Boston

18 サナア

Serjeant, R. B. and R. Lewcock（eds.）2013. *Sana'a: An Arabian Islamic city*, Malisende UK Ltd., London

吉田正二　2010「イエメン・サナア旧市街の構造的特質について――ハーラ（街区）の実態と変容」『日本建築学会計画系論文集』657

19 ザビード

栗山保之　2012『海と共にある歴史――イエメン海上交流史の研究』中央大学出版部

Sadek, N. 2002. Zabid: The round city of Yemen, in J. F. Healey and V. Poter（eds.）, *Studies on Arabia in honour of Professor G. Rex Smith*（*Journal of Semitic Studies Supplement*）, Oxford University Press, Manchester

20 シバーム

Boxerger, L. 2002. *On the edge of empire: Hadhramawt, emigration, and the Indian Ocean, 1880s-1930s*, State University of New York Press, Albany

文化遺産国際協力コンソーシアム編　2009『イエメン共和国ハドラマウト地方――洪水による被災文化遺産調査報告』東京文化財研究所

Damluji, S. S. 1992. *The valley of mud brick architecture: Shibam, Tarim and Wadi Hadramut*, Garnet Publishing

Lewcock, R. 1986. *Wadi Hadramawt and the walled city of Shibam*, UNESCO, Paris

21 テヘラン

E'temād al Saltane, M. H. K. 1988/89. *Merāt al-boldān*, ed. Abd al- Hosein Navāī Dāneshgāh-e Tehrān, Iran（1877 originally published）

深見奈緒子　2008「テヘラーンのバーザール」木村武史編『千年持続学の構築』東信堂

Mo'tamedi, M. 2002. *Joghrāfiyā-ye Tārikhi-ye Tehrān*, Markaz-e Nashr-e Dāneshgāhi, Iran

ソレマニエ貴実也　2009「イラン・テヘラーンの19世紀半ばから20世紀初頭の変遷」東京大学工学系研究科建築学専攻博士論文

22 イスファハーン

深見奈緒子　2002a「イランの古都イスファハーン」陣内秀信・新井勇治編『イスラム世界の都市空間』法政大学出版局

深見奈緒子　2002b「よみがえるイスファハン」NHK「文明の道」プロジェクト編『イスファハン――オアシスの夢』NHK出版

23 タブリーズ

Balilan Asl, L. 2014. The study of spatial structure of Tabriz city in the Qajar era: Based on the historical map, *Iran's History after Islam* 8

深見奈緒子　2010『イスラム建築がおもしろい』彰国社

Mehryar, M., Sh. S. Fatullayer, F. F. Tehrani and B. Qadiri（eds.）2000. *Pictorial documents of Iranian cities in the Qajar period*, Shahid Beheshti University and Iranian Cultural Heritage Organization, Iran

八尾師誠　1998『イラン近代の現像』東京大学出版会

24 ヘラート

Allen, T. 1981. *A catalogue of toponyms and monuments of Timurid Herat*, Aga Khan Program for Islamic Architecture at Harvard University and the Massachusetts Institute of Technology, Cambridge

Franke, U. 2015. *Ancient Herat revisited, new data from recent archaeological fieldwork*, Great Khorasan, De Gruyter

Gaube, H. 1979. *Iranian cities*, New York University Press

II 南ヨーロッパ

石井勝二　1991『古代ローマのイタリア支配』渓水舎

岩井　2000

陣内秀信　2007『地中海世界の都市と住居』山川出版社

陣内秀信　2015『イタリア都市の空間人類学』弦書房

Laurence, R. et al. 2011. *The city in the Roman west, c. 250 BC-c. AD 250*, Cambridge University Press, Cambridge: UK

齋藤寛海・山辺規子・藤内哲也編　2008『イタリア都市社会史入門――12世紀から16世紀まで』

昭和堂
佐藤眞典　2001『中世イタリア都市国家成立史研究』ミネルヴァ書房

01 アテネ

Bastea, E. 1999. *The creation of modern Athens*, Cambridge University Press, Cambridge

Bouras, C., The city of Athens during the Hellenistic period, in National Hellenic Research Foundation (eds.), *Archeology of the city of Athens*, National Hellenic Research Foundation（アテネ市の考古学, http://www.eie.gr/archaeologia/en/index.aspx）

Korres, M., Topographic issues of the Acropolis, in National Hellenic Research Foundation (eds.), ibid.

Pantelidou-Gofa, M., The city of Athens in the prehistoric times, in National Hellenic Research Foundation (eds.), ibid.

Parageorgiou-Venetas, A. 2004. *The Athenian Walk*, Kapon Editions, Athens

都市史図集編集委員会編　1999

02 イア

江口久美・岡村祐・石本東生　2014「ギリシャにおける伝統的集落保護に関わる法及びGNTOによる観光活用事業に関する研究」『日本観光研究学会学術論文集』29

GNTO 1992. *Preservation and development of traditional settlements*（1975-1992）, GNTO, Athens

石本東生・江口久美・岡村祐　2015「ギリシャ・キクラデス諸島における伝統的集落保存と観光資源化──『1978年法』と『1989年法』の比較考察」『日本観光研究学会学術論文集』30

Monioudi-Gavala, D. 1997. *Santorini society and shelter 15th-20th century*, Lukas and Evangelos Bellonias' Foundation, Athens

Τσιουρας Δημητρης, Παπαδομιχελακη Ροδανθη, Πρεσβυτης Θυμιος 2014. *Santorini as seen on postcards up to 1956*, Archive of Santorinian Studies, Dimitris Tsiouras Collection

03 ロドス

芳賀京子　2006『ロドス島の古代彫刻』中央公論美術出版

McGilchrist, N. 2010. *Blue guide: Greece the Aegean islands*, Somerset Books, London

ロドス市, http://www.rhodes.gr/el/odimos/eisagwgi/

04 コルフ

E. A. A. 1959. *Enciclopedia dell'Arte Antica*, vol. 2, Istituto della Enciclopedia italiana

ΔΗΜΟΣ ΚΕΡΚΤΡΑΣ, ΔΗΜΟΣ ΚΕΡΚΤΡΑΣ, ΣΧΕΔΙΟ ΔΙΑΧΕΙΡΙΣΗΣ ΠΑΛΙΑΣ ΠΟΛΗΣ ΤΗΣ ΚΕΡΚΤΡΑΣ（2006-2012）2005（http://www.corfu.gr/web/guest/unesco/sxedio）

05 ドゥブロヴニク

Ahmetovic, S. 2008. *Curiosities of Dubrovnik from the past two millennia*

Harris, R. 2003. *Dubrovnik a hisivry sa*

カラマン, A　2008『ドゥブロヴニク 歴史・文化・芸術』山本憲夫訳, 観光出版社（ザグレブ）

クレキッチ, B　1990『中世都市ドゥブロヴニク──アドリア海の東西交易』田中一生訳, 彩流社

Letunic, B.（ed.）1990. *7th restoration of Dubrovnik 1979-1989*, Ulica Cvijete Zuzoric 6

Travirka, A. 2008『ドゥブロヴニク 歴史・文化・芸術遺産』桂南紀訳, FORUM ZADAR

辻知衆・羽生修二　2010「城塞都市ドゥブロヴニクの都市形成について──起源（7世紀）から共和国崩壊（1808年）までの転換期に着目して」『日本建築学会大会学術講演梗概集』

06 ヴェネツィア

Bellavitis, G. e G. Romanelli 1985. *Le città nella storia d'Italia: Venezia*, Laterza, Roma/ Bari

陣内秀信　1986『ヴェネツィア──都市のコンテクストを読む』鹿島出版会

Maretto, P. 1960. *L'edilizia gotica Veneziana*, Istituto Poligrafico dello Stato, Roma

ゾルジ, A　2005『ヴェネツィア歴史図鑑──都市・共和国・帝国 697～1797年』金原由紀子・松下真記・米倉立子訳, 東洋書店

07 パドヴァ

Cataldi, G., A. Checchi e P. Maretto 1979. Il centro storico di Padova, in F. Mancuso e A. Mioni（a cura di）, *I centri storici del Veneto*, vol. 2, Silvana Editoriale, Milano

Maretto, P. 1987. *I portici della città di Padova*, Silvana Editoriale, Milano

Puppi, L. e M. Universo, 1982. *Le città nella storia d'Italia: Padova*, Laterza, Roma/ Bari

08 ヴィチェンツァ

桐敷真次郎編　1997『パラーディオ「建築四書」注解』中央公論美術出版

Tubini, U. 1979. Il centro storico di Vicenza, in F. Mancuso e A. Mioni (a cura di), *I centri storici del Veneto*, vol. 1, Silvana Editoriale, Milano

09　ヴェローナ

Benevolo, L. e M. Veronelli 1979. Il centro storico di Verona, in F. Mancuso e A. Mioni (a cura di), *I centri storici del Veneto*, vol. 1, Silvana Editoriale, Milano

Lodi, S. e G. M. Varanini (a cura di) 2014. *Verona e il suo territorio nel quattrocento, studi sulla carta dell'Almagià*, Cierre edizioni

10　フェラーラ

Folin, M. 2006. *Un ampliamento urbano della prima eta moderna: L'Addizione Erculea di Ferrara, in M. Folin (a cura di) Sistole/ Diastole: Episodi di trasformazione urbana nell'Italia delle città*, Ist. Veneto Scienze, Lettere ed Arti, Venezia

Rosenberg, C. M. 1997. *The Este monuments and urban development in Renaissance Ferrara*, Cambridge University Press, Cambridge and New York

柳智子・武蔵野美術大学長尾研究室　2000「もうひとつのイタリア/フェラーラ（特集 歴史的都市を読む──フィールドワークによる都市解析）」『SDスペースデザイン』427

Zevi, B. 2006. *Saper Vedere la città Ferrara di Biaggio Rossetti（La prima città moderna Europea)*, Einaudi, Torino

11　ボローニャ

布野編　2005b

星野まりこ　2006『都市を創る市民力──ボローニャの大実験』三推社，講談社

三上ена次　1991『都市計画と住民参加──ボローニャの試み』自治体研究社

12　マントヴァ

Belluzzi, A. 2001. Architettura e Mantova nell'età di Ercole e Guglielmo Gonzaga, in C. Confroti e R. Tuttle (a cura di), *Storia dell'architettura Italiana: Il secondo Cinquecento*, Electa, Milano

Belluzzi, A. 2002. L'architettura del primo Cinquecento a Mantova, in A. Bruschi (a cura di), *Storia dell'architettura Italiana: Il primo Cinquecento*, Electa, Milano

Carpeggiani, P. e I. Pagliari 1983. *Mantova: Materiali per la storia urbana dalle origini all'Ottocento*, Arcari, Mantova

Touring Club Italiano 2008. *Lombardia（Guida d'Italia)*, Touring Club Italiano, Milano

13　ミラノ

Boriani, M., C. Morandi e A. Rossari 2008. *Milano contemporanea: Itinerari di architettura e urbanistica*, Maggioli Editore, Segrate

De Finetti, G. 2002. *Milano: Una costruzione di una città*, Ulrico Hoepli Editore, Milano

Morandi, C. 2005. *Milano: La grande trasformazione urbana*, Marsilio, Venezia

14　トリノ

ブラウンフェルス，W　1986『西洋の都市──その歴史と類型』日高健一郎訳，丸善

Passanti, M. 1969. *Lo sviluppo urbanistico di Torino dalla fondazione all'unitá d'Italia*, (edito per il convegno sul centro storico di Torino) Politecnico di Torino. Facoltá di architettura. Istituto di elementi di architettura e rilievo dei monumenti

多木浩二　2012『トリノ──夢とカタストロフィーの彼方へ』BEARLIN（ベアリン出版）

湯沢正信　1989『劇的な空間──栄光のイタリア・バロック（建築巡礼）』丸善

15　ジェノヴァ

デ・カルロ，G　1998「ジェノヴァ 港湾工業都市の再構築──都市再評価による地区再生」P・ファリーニ／植田曉編／陣内秀信監修『イタリアの都市再生』造景別冊1，建築資料研究社

Poleggi, E. 1972. *Strada nuova: Una lottizzazione del Cinquecento a Genova*, Sagep, Genova

Poleggi, E. e P. Cevini 1981. *Le città nella storia d'Italia: Genova*, Laterza, Roma/ Bari

16　ピサ

Ferretti, E. e D. Turrini 2010. *Navigare in Arno, Acque, uomini e marmi tra Firenze e il mare in Età moderna*, Edifir-Edizioni Firenze, Firenze

Tolaini, E. 1992. *Le città nella storia d'Italia: Pisa*, Laterza, Roma/ Bari

17　フィレンツェ

Fanelli, G. 1973. *Firenze: Architettura e città*, Mandragora, Firenze

Fanelli, G. 1985. *Le città nella storia d'Italia: Firenze*,

Laterza, Roma/ Bari

池上俊一　2017『フィレンツェ——比類なき文化都市の歴史』岩波書店

野口昌夫・稲川直樹・石川清・桑木野幸司・赤松加寿江・樺山紘一　2011『ルネサンスの演出家——ヴァザーリ』白水社

高橋進・村上義和編　2017『イタリアの歴史を知るための50章』明石書店

18 サン・ジミニャーノ

ベネーヴォロ　1983

D'Atti, M. e F. Cinti 2004. *Guida alla voa Francegena, 5a Edizione aggiornata*, Cart'Armata edizioni Srl, Terre di mezzo Editore, Milano

池上英洋　2010『イタリア24都市の物語』光文社

kmZero Editore 2015. *San Gimignano*（*Certaldo and Monteriggioni*）*, Guidorama, kmZero Editore, Montepulciano*（*Ediz. Inglese*）（原題：*San Gimignano*（*Certaldo e Monteriggioni*））

19 シエナ

Balestracci, D. e G. Piccinni 1977. *Siena nel trecento, assetto urbano e strutture edilizie*, Clusf, Firenze

池上俊一　2001『シエナ——夢みるゴシック都市』中央公論新社

石鍋真澄　1984「中世シエナの都市建設」『成城大学紀要』15

Kostof 1991

Lafoe, M. R. 1999. *The ideal city: The 1262 constitution of the Sienese commune*, ACSA International Conference, Rome

20 ピエンツァ

Benevolo, L. 2008. *Storia dell'architettura del Rinascimento*, Laterza, Roma/ Bari

Calabi, D. 2006. *La città del primo Rinascimento*, Laterza, Roma/ Bari

Romby, G. C. 1984. Pienza, in G. Corbella（a cura di）, *Città da scoprire: Guida ai centri minori, vol. 2 Italia centrale*, Touring Club Italiano, Milano

Tourging Club Italiano 1991. *Guida Illustrata, Italia*, Tourging Club Italiano, Bologna

21 ウルビノ

Benevolo, L. e P. Boninsegna 1986. *Le città nella storia d'Italia: Urbino*, Laterza, Roma/ Bari

De Carlo, G. 1966. *Urbino, la storia di una città e il piano della sua evoluzione urbanistica*, Marsilio Editori Padova, Milano（G. De Carlo 1970. *Urbino: The history of a city and plans for its development*, trans. by L. S. Guarda, the MIT Press, USA）

渡邊泰男　1987「ウルビノ——都市の歴史」『SD』274

22 グッビオ

Guidoni, E. 1989. *Storia dell'urbanistica: Il Duecento*, Laterza, Roma/ Bari

Micalizzi, P. 1984. Gubbio, in G. Corbella（a cura di）, *Città da scoprire: Guida ai centri minori, vol. 2 Italia centrale*, Touring Club Italiano, Milano

Micalizzi, P. 1988. *Storia dell'architettura e dell'urbanistica di Gubbio*, Officina Edizioni

23 アッシジ

Grohmann, A. 2003. *Le città nella storia d'Italia: Assisi*, Laterza, Roma/ Bari

Touring Club Italiano 2008. *Umbria*（*Guida d'Italia*）, Touring Club Italiano, Milano

24 ローマ

Benevolo, L. 1993. *Storia della città 3: La città moderna*, Laterza, Roma/ Bari

Benevolo, L. 2006. *Storia della città 1: La città antica*, Laterza, Roma/ Bari

Holleran, C. and A. Claridge（eds.）2018. *A companion to the city of Rome*, Wiley-Blackwell

Insolera, I. 1988. *Roma: Immagini e realtà dal X al XX secolo*, Laterza, Roma/ Bari

河辺泰宏　2001『図説ローマ——「永遠の都」都市と建築の2000年』河出書房新社

25 ナポリ

De Seta, C. 1981. *Le città nella storia d'Italia: Napoli*, Laterza, Roma/ Bari

川村英和　2015『ナポリ建築王国』鹿島出版会

26 アマルフィ

稲益祐太　2015「アマルフィ海岸における交易の海と水車産業の川」陣内秀信・髙村雅彦編『水都学3』法政大学出版局

陣内秀信　2008『興亡の世界史8 イタリア海洋都市の精神』講談社

Richter, D.（a cura di）1989. *Alla ricerca del sud. Tre secoli di viaggi ad Amalfi nell'immaginario europeo*, La Nuova Italia Editrice, Firenze

27 ヴァレッタ

Guidoni, E. e A. Marino 1982. *Storia dell'urbanistica: Il*

Cinquecento, Laterza, Roma/ Bari

Mahoney, L. 1996. *5000 years of architecture in Malta*, Valletta Publishing, Valletta

28 ジローナ

Birulés, J. M. 2008. *Guide to the architecture of Girona, urban area*, Collegi d'Arquitectes de Catalunya, Girona

Castells, R., B. Catllar y J. Riera, 1992. *Girona ciutat Atlas I: Catàleg de plànols de la ciutat de Girona des del segle XVII al XX*, Ajuntament de Girona / Col. legi Oficial d'Arquitectes de Catalunya, Girona

Fortià, P. et al. 1998. *Girona, pedres i flors: El patrimoni arquitectònic del Barri vell de Girona*, Col-legi Oficial d'Aparelladors i Arquitectes Tècnics de Girona / Universitat de Girona, Girona

松原康介編　2019『地中海を旅する62章――歴史と文化の都市探訪』明石書店

29 バルセロナ

阿部大輔　2010「イルデフォンソ・セルダの著書『都市計画の一般理論』に至る計画概念についての試論」『都市計画論文集』45（3）

Cerdá, I. 1968. *Teoría general de la urbanizatióm y aplicación de sus principios y doctrinas a la reforma y ensanche de Barcelona*, Reedición facsímil por Estapé, Madrid（1867 originally published）

Magrinyà, F. y S. Tarragó (eds.) 1994. *Mostra Cerdà, urbs i territori. Una visió al futur*, Electa, Barcelona

30 ヴァレンシア

佐倉弘祐・岡部明子　2013「19世紀後半の地方中都市における都市デザインに関する研究――スペイン・ヴァレンシアを対象に」『日本建築学会計画系論文集』78（691）

佐倉弘祐・岡部明子　2014「『用水路』からみる都市構造の変容に関する研究――スペイン地方中都市ヴァレンシアを対象に」『日本都市計画学会都市計画論文集』49（3）

31 サラゴサ

Marco Fraile, R. y C. Buil Guallar (eds.) 2009. *Zaragoza 1908-2008: Arquitectura y urbanismo*, Colegio Oficial de Arquitectos de Aragón, Zaragoza

竹中克行　2009「博覧会は都市を変えるか――2008年サラゴサ『水の博覧会』をめぐる考察」『共生の文化研究』2

32 アルカラ・デ・エナーレス

Cañada, M. A. y J. Calvo Iñarra 1970. Problemas del desarrollo urbano en ciudades de descon- gestión en grandes áreas metropolitanas: El caso de Alcalá de Henares, *Ciudad y Territorio* 3/1970.

Castillo Gómez, A. 1989. *Alcalá de Henares en la Edad Media*, Fundación Colegio del Rey, Alcalá de Henares

Castillo Oreja, M. A. 1982. *Ciudad, funciones y símbolos: Alcalá de Henares, un modelo urbano de la España moderna*, Ayuntamiento de Alcalá de Henares, Alcalá de Henares

Cervera Vera, L. 1987. *El Conjunto urbano medieval de Alcalá de Henares y su calle mayor so- portalada*, Institución de Estudios Complutenses, Alcalá de Henares

Ciudades Patrrimonio de la Humanidad 2010. *La Evolucuon urbana de Alcalá de Henares*, Espein UNESCO

García-Abad Alonso, J. J. 1995. Biogeografía urbana: Presentación del caso de Alcalá de Henares, *Anales de Geografía de la Universidad Complutense* 15

Oficina de Planeamiento Territorial 1990. *Estrategia territorial para el Corredor del Henares: Comunidad de Madrid*, Consejería de Política Territorial, Oficina de Planeamiento Territorial, Madrid

Rascón Marqués, S. 2004. *Complutum Hispanorromano: La ciudad y su territorio*, Tesis Doctoral, Universidad Autónoma de Madrid, Madrid

33 マドリード

Alonso Pereira, J. R. 1998. *La Ciudad lineal de Madrid*, Arquítemas, Madrid

COAM 1978. *Plan Castro*, COAM, Madrid

González, A. (coord.) 2003. *El proyecto de restauración*, Munilla-Lería, Madrid

Soria y A. Mata 1901. *Un triunfo de la Ciudad lineal*, Ciudad Lineal, Madrid

34 アヴィラ

地図資料編纂会編　1993『19世紀欧米都市地図集成』第2集，柏書房

Ford, R. 2011. *A hand-book for travellers in Spain, and readers at home: Describing the country and cities, the natives and their manners*, Cambridge University Press

増田義郎　1992「地理」増田義郎監修『スペイン』

新潮社
志風恭子　2011「アビラ旧市街と市壁外の教会」川成洋・坂東省次編『スペイン文化事典』丸善
渡部哲郎　2001「アビラ」池上岑夫／牛島信明／神吉敬三／金七紀男／小林一宏／J・ソペーニャ／浜田滋郎／渡辺哲郎監修『新訂増補スペイン・ポルトガルを知る事典』平凡社

35 アランフエス

地図資料編纂会編　1993
スペイン教育・文化・スポーツ省文化遺産研究所（Instituto del Patrimonio Cultural de España, Ministerio de Educación, Cultura y Deporte）, https://www.culturaydeporte.gob.es/cultura/areas/patrimonio/mc/patrimoniomundial/bienes-declarados/por-ano-de-inscripcion.html
UNESCO 2000. *Document Aranjue "Cultural Landscape"*

36 トレド

地図資料編纂会編　1993
Molenat, J-P. 1995. *Toledo A finales de la Edad Media*, Colegio Oficial de Arquitectos de Castilla-La Mancha
Passini, J. 2004. *Casas y Casas principales urbanas*, Universidad de Castilla-La Mancha
芝修身　2016『古都トレド――異教徒・異民族共存の街』昭和堂

37 サンティアゴ・デ・コンポステーラ

バラル・イ・アルテ，X　2013『サンティアゴ・デ・コンポステーラと巡礼の道』杉崎泰一郎監修，遠藤ゆかり訳，創元社
小林一宏　1985「サンチアゴ・デ・コンポステラ」『大百科事典』平凡社
櫻井義夫　2004『スペインのロマネスク教会――時空を超えた光と影』鹿島出版会
ユネスコ世界遺産センター（UNESCO World Heritage Centre）, Santiago de Compostela, Old Town, https://whc.unesco.org/en/list/347/multiple=1andunique_number=395

38 バジャドリード

Guàrdia, M. et al. 1995. *Atlas histórico de ciudades europeas*, vol. 1, Centro de Cultura Contemporánea de Barcelona, Barcelona
Rebollo Matías, A. 1988. *La plaza y mercado mayor de Valladolid: 1561-1595*, Universidad de Valladolid, Valladolid
Sáinz Guerra, J. L. 1990. *La génesis de la plaza en Castilla durante la Edad Media, la plaza y la estructura urbana*, Colegio Oficial de Arquitectos, Valladolid

39 サラマンカ

Chueca Goitia, F. 1987. *Resumen histórico del urbanismo en España*, Tercera edición, Instituto de Estudios de Administración Local, Madrid
Martín Henández, V. 1992. *Fragmentos de una historia sociourbanística de la ciudad de Salamanca*, Centro de Estudios Salmantinos, Salamanca
Rodríguez G. y A. de Ceballos 1991. *La Plaza Mayor de Salamanca*, Universidad de Salamnaca, Salamanca

40 サンタ・フェ

加嶋章博・古山正雄　2000「スペイン植民地における1573年法に示された都市計画規範に関する考察」『都市計画論文集』35
Reps, J. W. 1997. *The making of urban America: A history of city planning in the United States*, Princeton University Press, New Jersey

41 グラナダ

布野／ヒメネス・ベルデホ　2013
Isac, A. 2007. *Historia urbana de Granada*, Publicaciones Diputacion de Granada, Granada

42 コルドバ

Bosworth, C. E.（ed.）2007. Cordova, in *Historic cities of the Islamic world*, Koninklijke Brill, Leiden
布野／ヒメネス・ベルデホ　2013
Ring, T.（ed.）1996. Cordoba, in *Southern Europe: International dictionary of historic places 3*, Fitzroy Dearborn

44 カディス

Rubio-Bellido, C. and J. A. G. Riaño 2011. *The fortifications in the town planning of Cadiz, Subcatálogo de Edificaciones Protegidas*, Plan General de Ordenación Urbana（PGOU）de Cadiz
Rubio-Bellido, C., J. A. Pulido Arcas and J. M. Cabeza Lainez 2012. Heritage architecture and its relation with the climate, Proceedings of Green Cities, 3rd National Summit on Energy Efficiency in Building

45 サン・クリストバル・デ・ラ・ラグーナ

イギリス王室コレクション・トラスト（Royal Collection Trust），https://www.rct.uk/collection/search#/4/collection/912284/anbspmap-of-imola
布野／ヒメネス・ベルデホ　2013
Sebastián Hernández Gutiérrez, A. and C. Milagros González Chávez 2009. *Arquitectura para la ciudad burguesa Canarias, siglo XIX*, Gobierno de Canarias
UNESCO World Heritage Center（WHC）1999. Nomination Documentaion 929, Emsemble Historique de San Cristóbal de la Laguna, https://whc.unesco.org/fr/list/495/documents/
ユネスコ世界遺産センター（UNESCO World Heritage Centre），Documentation Unit, Ensemble Historique de San Cristóbal de la Laguna, https://whc.unesco.org/uploads/nominations/929.pdf

46 リスボン

Alcada, M.（eds.）2004. *Monumentos 21*, Direção-Geral do Património Cutural
Braun and Hogenberg 1598. *Civitates Orbis Terrarum V*, Cologne, https://historic-cities.huji.ac.il/portugal/lisbon/maps/braun_hogenberg_V_2.html
dos Santos, E. 1758. *Prospecto das frontarias que han-de ter as ruas principaes*, Arquivo Municipal de Lisboa
Fonseca, J. D. 2004. *1755 O Terramoto de Lisboa*, Argumentum, Lisbon
Franca, J. A. 1989. *A reconstrucão de Lisboa e a arquitectura pombalina*, Ministério Da Educação, Lisbon
金七紀男　2005「リスボン大地震と啓蒙都市の建設」『植民地都市の研究』JCAS連携研究成果報告8
Mascarenhas, J. 2005. *Sistemas de Construção V*, Livros Horizonte, Lisbon
Tostoes, A. and W. Rossa（eds.）2008. *Lisboa 1758: The Baixa plan today*, Lisbon Municipal Council

47 ポルト

John Murray, 1856. *Port: A handbook for travellers in Portugal*, 2nd edition, John Murray（OCLC 34745440, retrieved 2016-02-10）
Lomas, J.（ed.）1889. *Porto: O'Shea's guide to Spain and Portugal*（8th ed.）, Adam and Charles Black（retrieved 2016-02-10）

Ⅲ 西ヨーロッパ

Ashworth, W. 1954. *Genesis of modern British town planning*, Routledge and Kegan Paul, London
Barry, J.（ed.）1990. *The Tudor and Stuart town, 1530-1688*, Longman, London
Benedict, P.（ed.）1992. *Cities and social change in early modern France*, Routledge, London
Braunfels, W. 1988. *Urban design in western Europe*, University of Chicago Press, Chicago
Briggs, A. 1993. *Victorian cities*, University of California Press, Berkeley: CA
Clark, P.（ed.）2000. *The Cambridge urban history of Britain, vol. II: 1540-1840*, Cambridge University Press, Cambridge: UK and New York
Clark, P. and P. Slack（eds.）1976. *English towns in transition, 1500-1700*, Clarendon Press, Oxford
Daunton, M.（ed.）2000. *The Cambridge urban history of Britain, vol. III: 1840-1950*, Cambridge University Press, Cambridge: UK and New York
Dyos, H. J. and M. Wolff（eds.）1973. *The Victorian city: Images and realities*, 2 vols., Routledge, London and Boston
Gutkind, E. A. 1971. *Urban development in western Europe, Great Britain, and the Netherlands*, Free Press, New York
Palliser, D. M.（ed.）2000. *The Cambridge urban history of Britain, vol. I: 600-1540*, Cambridge University Press, Cambridge: UK and New York
Patten, J. 1978. *English towns 1500-1700*, Dawson, Folkestone
Winter, J. and J-L. Robert（eds.）1997-2007. *Capital cities at war: Paris, London, Berlin, 1914-1919*, 2 vols., Cambridge University Press, Cambridge: UK and New York

01 パリ

ブラウン，G／F・ホーヘンベルフ編　1994『16世紀世界都市図集成』第1集，柏書房（G. Braun and F. Hogenberg 1572. *Civitates Orbis Terrarum I*）
Horne, A. 2002. *Seven ages of Paris*, Vintage
ラヴダン，P　2002『パリ都市計画の歴史』土居義岳訳，中央公論美術出版
松政貞治　2005『パリ都市建築の意味 – 歴史性──建築の記号論・テクスト論から現象学的都

市建築論へ』中央公論美術出版
三宅理一　2010『パリのグランド・デザイン――ルイ14世が創った世界都市』中央公論新社
ピット，J－R編　2001『パリ歴史地図』木村尚三郎監訳，東京書籍
サールマン，H　1983『パリ大改造――オースマンの業績』小沢明訳，井上書院（H. Saalman 1971. *Haussmann: Paris transformed*, George Braziller Inc.）
Sutcliffe, A. 1996. *Paris: An architectural history*, Yale University Press
鈴木隆　2005『パリの中庭型家屋と都市空間――19世紀の市街地形成』中央公論美術出版

02 リヨン

ブラウン／ホーヘンベルフ編　1994
Case, C. F. 2018. *History of Lyon county*, Forgotten Books
Rose, A. P. 1902. *An illustrated history of Lyon county*, Minnesota（2017 reprint）
瀬原義生　1993『ドイツ中世市の起源』未來社
瀬原　1998

03 ナント

Bienvenu, G. 2008. Le quartier Graslin et ses acteurs, in Ph. Le Pichon and A. Orain（dir.）*Graslin: Le temps des lumières à Nantes*, Presses Universitaires de Rennes, Rennes
Bienvenu, G., F. Bodet, M. Darin et M-P. Halgand 1996. *Portrait de ville*, Institut français d'architecture, Nantes
Bienvenu, G. and M-P. Halgand 2005. *Resituer les quartiers dans l'histoire de la ville de Nantes: Évolution urbaine et logement social*, rencontre a vos quartiers, Archives municipales de Nantes, Nantes
Pétré-Grenouilleau, O. 2003. *Nantes*, Editions Palantines, Quimper

04 ナンシー

Ahmet, G., L. François and P. Martine 1979. La reprise figurative de la ville par le projet baroque, *Mémoire de la ville: Les cahiers de la recherche architecturale*, 4
Catalogue de l'Exposition 2013. *Nancy, la ville révélée*, dans le Cadre de l'événement Nancy Renaissance
Thaveneaux, R.（dir.）1978. *Histoire de Nancy*, Privat, Toulouse

05 ル・クルーゾ

Bergeron, L. 2001. *Le Creusot: Une ville industrielle, un patrimoine glorieux*, Belin Herscher
Devillers, C. and B. Huet 1981. *Le Creusot: Naissance et développement d'une ville industrielle, 1782-1914*, Éditions Champ Vallon
Dumay, J-B. 2009. *Mémoires d'un militant ouvrier du Creusot（1841-1905）*, Maspero-PUG, par les Éditions Cenomane
Schneider, D., C. Mathieu, P. Notteghem and B. Clément, 1995. *Les Schneider*, Fayard Réunion des Musées Nationaux, Le Creusot

06 マルセイユ

Bertrand, R.（dir.）2012. *Histoire d'une ville: Marseille-parcours d'histoire*, Crdp D'aix Marseille, Aix-Marseille
國府久郎　2013「19世紀フランス地方大都市における『オスマニザシオン』――マルセイユの都市改造の事例から」『長崎外大論叢』17
Ville de Marseille 1862. *Ouverture de la rue Impériale dans la vieille ville*, Marseille

07 モナコ

Gohier del Re, A. 2012. *Monaco: Cet inconnu*, Gascogne, Orthez
Rosticher, N. 2013. *Monacopolis: architecture, urbanisme et urbanisation à Monaco, réalisations et projets, 1858-2012*, Nouveau musée national de Monaco, Monaco

08 ストラスブール

McEvedy 2011
内田日出海　2009『物語ストラスブールの歴史――国家の辺境，ヨーロッパの中核』中央公論新社
UNESCO World Heritage Center 2014. *Plan de gestion Strasbourg Grande-Île*, https://whc.unesco.org/fr/list/495/documents/
ユネスコ世界遺産センター（UNESCO World Heritage Center），Strasbourg, Grande-Ile et Neustadt, Cartes, https://whc.unesco.org/fr/list/495/multiple=1andunique_number=2156

09 カルカソンヌ

Debant, R. 1965. *L'œuvre de Viollet le Duc à Carcassonne, les monuments historiques de la France, No.1-2*, Caisse Nationale des Monuments Historiques et des Sites, Paris

羽生修二　1992『ヴィオレ・ル・デュク——歴史再生のラショナリスト』鹿島出版会
Viollet-le-Duc, E. E. 1858. *La cité de Carcassonne*, Gide, Paris

10 ブリュッセル
Abeels, G. 1982. *Pierres et rues Bruxelles: Croissance urbaine 1780-1980*, Weissenbruch, Bruxelles
Ministère de la Communauté française 1989. *Le patrimoine monumental de la Belgique, Bruxelles, vol. 1: Pentagone A-D*, Pierre Mardaga, Liège
Stengers, J. et al. 1979. *Bruxelles: Croissance d'une capitale*, Fonds Mercator Anvers

11 ルーヴァン・ラ・ヌーヴ
Geron, G. et al. 2010. *Patrimoine architectural et territoires de Wallonie: Court-Saint-Étienne, Mont-Saint-Guibert et Ottignies-Louvain-la-Neuve*, Editions Mardaga, Wavre
Remy, J. 2007. *Louvain-la-Neuve, une manière de concevoir la ville*, Presses universitaires de Louvain, Louvain-la-Neuve

12 シャルルロワ
Culot, M. et L. Pirlet 2015. *Charleroi: d'Arthur Rimbaud à Jean Nouvel*, Archives d'Architecture Moderne, Ixelles
Ministère de la Région wallonne 1994. *Le patrimoine monumental de la Belgique. Wallonie. Vol. 20: Hainaut: Arrondissement de Charleroi*, Pierre Mardaga, Liège

13 リエージュ
Charlier, S. et al. 2014. *Liège: Guide d'architecture moderne et contemporaine 1895-2014*, Mardaga and Cellule Architecture de la Fédération Wallonie-Bruxelles, Bruxelles
Ministère de la Culture française 1974. *Le patrimoine monumental de la Belgique, vol. 3: Province de Liège. Arrondissement de Liége. Ville de Liége*, Soledi, Liége
Ministère de la Région wallonne 2004. *Patrimoine architectural et territoires de Wallonie: Liège*, Pierre Mardaga, Wallonne

14 ブルッヘ
Benevolo 1975
Ganshof, F. 1938. Notes sur les ports de provence du VIIIe siecle, *Revur historique* 183

河原温　2006『ブリュージュ——フランドルの輝ける宝石』中央公論新社
Murray, J. M. 2005. *Bruges, cradle of capitalism 1280-1390*, Cambridge University Press
瀬原　1993
瀬原　1998

15 アントウェルペン
Blaeu, J. 1966. *Toonneel der steden van Holland, Westvriesland, Utrecht*, Elsevier（1652）
ブラウン／ホーヘンベルフ編　1994
中澤勝三　1993『アントウェルペン——国際商業の世界』同文館
サールマン, H　2011『中世都市』福川裕一訳, 井上書院（H. Saalman 1968. *Medieval cities*, George Braziller, Inc.）
瀬原　1993
瀬原　1998

16 アムステルダム
Dijkstra, C. et al.（eds.）1999. *Atlas Amsterdam*, Thoth
布野編　2005a
石田壽一　1998『低地オランダ——帯状発展する建築・都市・ランドスケープ』丸善
Kistwmaker, R. and R. Van Gelder 1982. *Amsterdam: The golden age 1275-1795*, Abbeville Press, New York
Mak, G. 1995. *Een kleine geschiedenis van Amsterdam*, Uitgeverij Atlas, Amsterdam/ Antwerpen

17 ロッテルダム
Blaeu 1966
ブラウン／ホーヘンベルフ編　1994
サールマン　2011
瀬原　1993
瀬原　1998

18 ライデン
Deys, H. et al. 2001. *Guicciardini illustratus: De kaarten en prenten in Lodovico Guicciardini's beschrijving van de Nederlanden*, Hes and De Graaff
布野編　2005a
石田　1998

19 デルフト
Deys et al. 2001
布野編　2005a

20 ロンドン

Bucholz, R-O. and J-P. Ward 2012. *London: A social and cultural history, 1550-1750*, Cambridge University Press, New York

Ross, C. and J. Clark 2011. *London: The illustrated history*, Penguin Books, London

Summerson, J. 2003. *Georgian London*, Yale University Press, New Haven and London

21 マンチェスター

Nevell, M. 2008. *Manchester: The hidden history*, The History Press, Stroud

Pevsner, N., C. Hartwell and M. Hyde 2004. *The buildings of England, Lancashire: Manchester and the south east*, Yale University Press, New Haven and London

22 リヴァプール

Pevsner, N. 1969. *The buildings of England, South Lancashire*, Penguin Books, London

Tulloch, A. 2013. *The story of Liverpool*, The History Press, Stroud

23 ヨーク

Drake, J. 1989. *City of York*, A Pitkin Guide with Map of the City Centre

Pevsner, N. and D. Neave 1995. *The buildings of England, Yorkshire: York and the east riding*, 2nd edition, Penguin Books, London

24 チェスター

Morriss, M. and K. Hoverd 1993. *The buildings of Chester*, Alan Sutton, Stroud

Ward, S. 2013. *Chester: A history*, The History Press, Stroud

25 バーミンガム

Pevsner, N. and A. Wedgwood 1966. *The buildings of England, Warwickshire*, Penguin Books, London

Upton, C. 1993. *A history of Birmingham*, Phillimore, Stroud

26 コヴェントリー

McGrory, D. 2003. *A history of Coventry*, Phillimore, Chichester

Pevsner and Wedgwood 1966

27 ケンブリッジ

Galloway, B. 1983. *History of Cambridgeshire*, The Darwen County History Series, Phillimore, Chichester

Pevsner, N. 1970. *The buildings of England, Cambridgeshire*, 2nd edition, Penguin Books, London

28 グラスゴー

今川朱美・布野修司　1998「グラスゴーシティセンターの街路と街区の形成」『日本建築学会計画系論文集』514

Walker, F. A. 1982. The Glasgow Grid, in T. A. Markus (ed.), *Order in space and society*, Mainstream Publishing Company, Edinburgh

29 エディンバラ

McWilliam, C. 1978. *New town guide*, Edinburgh New Town Conservation Committee, Edinburgh

Town Council 1949. *A civic survey and plan for the city and royal Burgh of Edinburgh*, Oliver and Boyd, Edinburgh and London

Youngson, A. J. 1975. *The making of classical Edinburgh*, Edinburgh University Press, Edinburgh

30 バース

Davis, G. and P. Bonsall 2006. *A history of Bath: Image and reality*, Carnegie Publishing, Lancaster

Summerson, J. 1991. *Architecture in Britain 1530-1830*, Penguin Books, London and New York

31 ダブリン

Dickson, D. 2014. *Dublin the making of a capital city*, Harvard University Press

Speed, J. 1991. *The theatre of the Empire of Great Britain with the prospect of the most famous parts of the world*, J. Potter (ed.), Drayton Manor Publishing

IV 北ヨーロッパ

伏島正義　1998『スウェーデン中世社会の研究』刀水書房

Kirby, D. and M-L. Hinkkanen 2000. *The Baltic and the North Seas*, Routledge（D・カービー／M－L・ヒンカネン 2011『ヨーロッパの北の海──北海・バルト海の歴史』玉木俊明他訳, 刀水書房）

Verhulst, A. 1999. *The rise of cities in north-west Europe*, Cambridge University Press（A・フルヒュルスト 2001『中世都市の形成──北西ヨーロッパ』森本芳樹・藤太美子・森貴子訳, 岩波書店）

矢澤毅　2011『北欧商業史の研究』知泉書館

01 オスロ

Bruun, O. D. 2000. *Arkitektur i Oslo: En veiviser til*

byens bygningsmiljø, Kunnskapsforlaget, Oslo

Engh, P. H. and A. Gunnarsjaa, 1984. *Oslo: En arkitekturguide*, Universitetsforlaget, Oslo

02 ストックホルム

Abrahamsson, Å. 2004. *Stockholm: En utopisk historia*, Prisma, Stockholm

Hultin, O. et al. 2006. *The complete guide to architecture in Stockholm*, Arkitektur Förlag AB, Stockholm

03 イェーテボリ

Bramstång, C. (ed.) 2006. *Fästningen Göteborg: Samlingar till stadens arkeologi*, utgiven av Riksantikvarie-ämbetet, Göteborg

Dahlbergh, E. 1660-1716. *Svecia antiqua et hodierna*, Tom I-III（スウェーデン国立図書館蔵）

Liv Westring, http://archaeosoup.com/the-fortifications-of-gothenburg-a-story-about-war-and-public-opinion/

04 ヴィスビー

ゴス，G　1992『ブラウンとホーヘンベルフのヨーロッパ都市地図』小林章夫監訳，同朋舎出版

Svahnstrom, G. 1990. *Visby under 1000 ar*, Ödins Förlag AB, Varnamo

05 ヘルシンキ

Lilius, H., R. Wäre and R. Nikula et al. 1981/1983/1984. *Suomen kaupunkilaitoksen historia I-III*, Suomen Kaupunkiliitto, Vantaa

日本フィンランド都市セミナー実行委員会編　1997『ヘルシンキ——森と生きる都市』市ヶ谷出版社

06 タリン

Bruns, D. and R. Kangropool et al. 1987. *Tallinna arhitektuur*, Eesti Raamat, Tallinn

斯波照雄・玉木俊明編　2015『北海・バルト海の商業世界』悠書館

07 リガ

Bernharde, M. and M. Knoll et al. 1999. *Riga*, Apgads Jana Seta, Riga

Krastins, J. 1998. *The Art Nouveau architecture of Riga*, Riga Jumava, Riga

08 ヴィリニュス

ブラウン，G／F・ホーヘンベルフ編　1994『16世紀世界都市図集成』第1集，柏書房

原翔　2007『バルト三国歴史紀行3 リトアニア』彩流社

駐日リトアニア共和国大使館，https://jp.mfa.lt/jp/jp/8008/8009/8010

志摩園子　2004『物語バルト三国の歴史』中央公論新社

Trip Humter, http://the.trip-u.com/16697

09 コペンハーゲン

コペンハーゲン市文書館，https://www.starbas.net/av_ill/1/49IA1611_2.jpg

デンマーク王立図書館，http://www.kb.dk/maps/kortsa/2012/jul/kortatlas/subject206/da/

V 中央ヨーロッパ

Fritzsche, P. 1996. *Reading Berlin: 1900*, Harvard University Press, Cambridge: MA

Ladd, B. 1990. *Urban planning and civic order in Germany, 1860-1914*, Harvard University Press, Cambridge: MA

Ladd, B. 1997. *The ghosts of Berlin: Confronting German history in the urban landscape*, University of Chicago Press, Chicago

Rausch, W. 1963-84. *Beiträge zur Geschichte der Städte Mitteleuropas*, J. Wimmer Druck- und Verlagsgesellschaft, Linz

斯波照雄　1997『中世ハンザ都市の研究』勁草書房

髙橋理　2013『ハンザ「同盟」の歴史——中世ヨーロッパの都市と商業』創元社

01 リューベック

Braun, G. et F. Hogenberg 1593. *Civitates orbis terrarvm*, Köln（ハイデルベルク大学図書館，https://www.ub.uni-heidelberg.de/helios/）

Brix, M. 1975. *Lübeck, Die Altstadt als Denkmal: Geschichte, Wiederaufbau, Gefährdung, Sanierung*, Heinz Moos Verlag, München

グルーバー，K　1999『図説ドイツの都市造形史』宮本正行訳，西村書店

スウェーデン戦争資料館，KrA 0406 0406F-25-156-005, http://www.riksarkivet.se/

02 ハンブルク

ハンブルク市（ハンブルクの歴史），https://www.hamburg.de/geschichte/

Schubert, D. 2005. *Hamburger Wohnquartiere Ein Stadtführer durch 65 Siedlungen*, Dietrich Reimer Verlag, Berlin

Schubert, D. und H. Harms 1993. *Wohnen am Hafen*, VSA Verlag, Hamburg

03 ポツダム

Mielke, F. 1981. *Potsdamer Baukunst: Das klassische Potsdam*, Ullstein, Frankfurt am Main

04 ベルリン

平田達治 2010『ベルリン・歴史の旅——都市空間に刻まれた変容の歴史』大阪大学出版会

Schulz, G. 1986. *Die ältesten Stadtpläne Berlins: 1652 bis 1920*, VCH Verlag, Weinheim

杉本俊多 1993『ベルリン——都市は進化する』講談社

05 アイゼンヒュッテンシュタット

服部圭郎 2015「旧東ドイツの縮小都市における，集合住宅の撤去政策の都市計画的プロセスの整理，および課題・成果の考察——アイゼンヒュッテンシュタットを事例として」『都市計画論文集』50（3）

Leucht, K. W. 1952. Die sozialistische Stadt des Eisenhüttenkombinates Ost, *Deutsche Architektur* 1（3）

Leucht, K. W. 1957. *Die erste neue Stadt in der Deutschen Demokratischen Republik- Planungsgrundlagen und -ergebnisse von Stalinstadt*, VEB Verlag Technik, Berlin

06 ゴスラー

Griep, H-G. 1959. *Das Bürgerhaus in Goslar*, Verlag Ernst Wasmuth, Tübingen

ニーダーザクセン州道路・交通局資料, https://www.strassenbau.niedersachsen.de/startseite/aktuelles/jubilaeum_2014/ausstellung_verbindungen_schaffen/ausstellung-verbindungen-schaffen-124264.html

Stadt Goslar 2009. *UNESCO- Weltkulturerbe Erzbergwerk Rammelsberg und Altstadt Goslar: Masterplan Altstadt Goslar*, Goslar

07 アーヘン

Matthäus, M. 1647. *Topographia Westphaliae*, Franckfurt am Main（Bärenreiter, Kassel und Basel, 1961）

Rhoen, C. 1891. *Die ältere Topographie der Stadt Aachen*, Cremerschen Buchhandlung, Aachen

Rhoen, C. 1894. *Die Befestigungswerke der freien Reichstadt Aachen*, Anton Creutzer, Aachen

08 ドルトムント

Luntowski, G. und N. Reimann（Hrsg.）1982. *Dortmund 1100 Jahre Stadtgeschichte*, Verlag. Fr. Wilh. Rhufus

Stadt Dortmund 1985. *Erläuterungsbericht zum Flächennutzungsplan der Stadt Dortmund vom 27. 06. 85*

Stadt Dortmund 2004. *Flächennutzungsplan der Stadt Dortmund, Erläuterungsbericht 2004*

09 ケルン

林毅 1980『ドイツ中世都市と都市法』創文社

Initiative Kölner Stadtmodell und Stadtplanungsamt Köln（IKSS）2013. *Die Stadt im Überblick*, Initiative Kölner Stadtmodell und Stadtplanungsamt Köln

Jansen, H. et al. 2003. *Der historische Atlas Köln: 2000 Jahre Stadtgeschichte in Karten und Bildern*, Emons Verlag, Köln

10 ヴァイマール

Braun et Hogenberg 1593

Jericke, A. und D. Dolgner 1975. *Der Klassizismus in der Baugeschichte Weimars*, Böhlau, Weimars

Matthäus, M. 1650. *Topographia Superioris Saxoniae, Thüringiae, Misniae, Lusatiae, etc*, Franckfurt（Bärenreiter, Kassel und Basel, 1964）

11 ニュルンベルク

バイエルン州立図書館, https://www.historisches-lexikon-bayerns.de/Lexikon/Nürnberg,_Reichsstadt:_Politische_und_soziale_Entwicklung

ニュルンベルク市文書館, StadtAN A 4/VIII Nr. 188, https://www.nuernberg.de/internet/stadtarchiv/stadtgeschichte.html

Pfeiffer, G.（Hrsg.）1982. *Nürnberg: Geschichte einer europäischen Stadt*, C. H. Beck, München（1971 1st published）

Schieber, M. 2000. *Nürnberg: Eine illustrierte Geschichte der Stadt*, Beck, München

12 ローテンブルク

Baedeker, K. 1914. *Southern Germany*（*Wurtemberg and Bavaria*）（*Handbook for travellers*）, 12th rev. edition. Karl Baedeker, Leipzig

バイエルン州立図書館, https://www.historisches-lexikon-bayerns.de/Lexikon/Rothenburg,_Reichsstadt

Matthäus, M. 1656. *Topographia Franconiae*,

Furanckfurt（Bärenreiter, Kassel und Basel, 1962）

Mayr, V. und M. Jeiter 1978. *Rothenburg ob der Tauber*, Deutscher Kunstverlag, München

13 バンベルク

Matthäus 1656

Seifert, G.（Hrsg.）1981. *Bamberg, die Altstadt als Denkmal: Denkmalschutz, Modernisierung, Sanierung*, Moos Verlag, München

14 カールスルーエ

カールスルーエ市文書館, https://www.karlsruhe.de/b1/stadtgeschichte/kurzestadtgeschichte

Valdenaire, A. und F. Weinbrenner 1926. *Sein Leben und seine Bauten*, 2. Aufl. C. F. Müller, Karlsruhe

Weinbrenner, F. 1819. *Archtektonisches Lehrbuch II*, Karlsruhe

15 マンハイム

Matthäus, M. 1672（1645）. *Topographia Palatianatus Rhein et vicinarum regionum*（Bärenreiter, Kassel und Basel, 1963）

Nieß, U. und M. Caroli 2011. *Geschichte der Stadt Mannheim*, Bd.1-3, Verlag Regionalkultur, Basel

Rings, H. 2003. *Mannheim auf Kurs: Hafen- und Schifffahrtsgeschichte der Stadt an Rhein und Neckar*, Kleine Schriften des Stadtarchivs Mannheim

16 ベルン

ベルン（スイス政府観光局）, http://www.myswitzerland.com/ja/bern.html

ブラウンフェルス, W 1986『西洋の都市——その歴史と類型』日高健一郎訳, 丸善

17 ザルツブルク

Euler, B. 1986. *Salzburg: Stadt und Land*（Dehio-Handbuch, die Kunstdenkmaeler Oesterreichs）Schroll, Wien

オーストリア国立文書館（Wiener Stadt- und Landesarchiv, Wien）, Salzburg, Vor 1818, https://www.arcanum.hu/hu/online-kiadvanyok/OsterreichischerStadtatlas-osterreichischer-stadtatlas-1/salzburg-3CA2/weitere-abbildungen-und-karten-3F85/

ザルツブルク博物館（Salzburg Museum）, http://www.salzburgmuseum.at/

18 グラーツ

Schweigert, H. 1979. *Graz*（Dehio-Handbuch, die Kunstdenkmaeler Oesterreichs）, Berger and Söhne, Wien

ユネスコ世界遺産センター, https://whc.unesco.org/uploads/nominations/931bis.pdf

ウィーン市・州公文書館, http://mapire.eu/oesterreichischer-staedtatlas/graz/#OV_17_3_4

19 ウィーン

永松栄 2008『都市と建築の近代——プレ・モダニズムの都市改造』学芸出版社

田口晃 2008『ウィーン——都市の近代』岩波書店

20 プラハ

Borovička, B. und J. Hrůza 1983. *Praha: 1000 let stavby města*, Panorama, Praha

木多道宏 2012「プラハの都市形成における地域文脈の継承に関する研究——歴史的市街地における街区内空隙の『開放性』の類型と変容特性について」『日本建築学会計画系論文集』77(679)

ÚRM（Útvar rozvoje hlavního města Prahy）1999. *Praha v plánech a projektech, katalog výstavy*, Praha

吉崎真人・木多道宏・吉岡聡司・張海燕 2011「中東欧の近代都市建設と都市計画に関する研究 その1 ブダペスト, プラハ, ウィーンの都市拡張と都市改造」『日本建築学会近畿支部研究報告集 計画系』51

21 ブダペスト

Budapest Főváros Levéltára 2005. *Budapest régi térképei I*, Budapest

Preisich, G. 1998. *Budapest város- építésének története: 1945-1990*, Műszaki Könyvkiadó, Budapest

Preisich, G. 2004. *Budapest város- építésének története: Buda visszavéte- étől a II. világháború végéig*, TERC Kft., Budapest

Rózsa, G. 1997. *Budapest legszebb látképei*, HG and Társa Kiadó, Budapest

土田冴恵子 2015「ブダペスト Jewish Quarter における社会変化に伴う Open Space の空間変容と利用実態に関する研究」大阪大学修士論文

吉崎・木多・吉岡・張 2011

22 クラクフ

地図資料編纂会編 1993『19世紀欧米都市地図集成』第1集, 柏書房

Hensel, W. 1967. *Anfäge des Städte den Ost- und Westslavens*, Bautzen

伊東孝之・井内敏夫・中井和夫　1998『新版世界各国史 ポーランド・ウクライナ・バルト史』山川出版社

ノーウィッチ，J・J　2016『世界の歴史都市』福井正子訳，柊風社（J. J. Norwich, 2009. *Great cities in history*, Thames and Hudson）

沼野充義　1996『読んで旅する世界の歴史と文化 中欧——ポーランド・チェコスロヴァキア・ハンガリー』新潮社

ポドレツキ・ヤヌシ　1995『クラクフ バベル城・旧市街・カジミェシ地区——ポドレツキ・ヤヌシの写真100選』Wydawnictowo "Karpaty"-Andrzej Laczynski

瀬原　1993

23 グダニスク

Kloeppel, O. 1937. *Das Stadtbild von Danzig in den drei Jahrhunderten seiner großen Geschichte*, Kafemann, Gdańsk

Merian, M. 1652. *Topographia electorat, Brandenburgici et ducatus Pomeraniae*（Bärenreiter, Kassel und Basel, 1965）

24 ワルシャワ

地図資料編纂会編　1993

UNESCO World Heritage Center/ Warsaw Heritage Center, https://whc.unesco.org/en/list/30/

VI 東ヨーロッパ

Brower, D. R. 1990. *The Russian city between tradition and modernity, 1850-1900*, University of California Press, Berkeley: CA

土肥　2007

French, R. A. and F. E. Ian Hamilton 1979. *The Socialist city*, Wiley, Chichester

Gutkind, E. A. 1972. *Urban development in Eastern Europe: Bulgaria, Romania, and the U.S.S.R.*, Free Press, New York

Hamm, M. F.（ed.）1976. *The city in Russian history*, The University Press of Kentucky, Lexington: KY

Hosking, G. 1997. *Russia: People and empire*, Harvard University Press

松木栄三　2002『ロシア中世都市の政治世界』彩流社

小澤実・長縄宣博編　2016『北西ユーラシアの歴史空間——前近代ロシアと周辺世界』北海道大学出版会

01 キエフ

地図資料編纂会編　1993『19世紀欧米都市地図集成』第1集，柏書房

土肥　2007

栗生沢猛夫　1979「ロシア中世都市をめぐる若干の問題点——キエフ・ルーシにおける都市の発生とその史的展開について」『史学雑誌』88

Mezentsev, V. I. and L. Heretz 1986. The emergence of the Podil and the genesis of the city of Kiev: Problems of dating, *Harvard Ukrainian Studies* 10 (1/2)

02 リヴィウ

伊東孝之・井内敏夫・中井和夫　1998『新版世界各国史 ポーランド・ウクライナ・バルト史』山川出版社

竹内啓一他　2016『世界地名大辞典6 ヨーロッパ・ロシアIII』朝倉書店

Ukraine, 1998. *L'viv: The ensemble of the historic centre*, UNESCO World Heritage Centre

03 モスクワ

Atkinson, S.（ed.）2016. *Great city maps*, DK Publishing / Dorling Kindersley Ltd.

Colton, T. 1995. *Moscow: Governing the socialist metropolis*, Harvard University Press, Cambridge: MA

土肥　2007

土岐寛　1986「モスクワ市政と都市計画」『都市問題』77 (11)

木村浩　1992『世界の都市の物語——モスクワ』文藝春秋社

「モスクワ発展総合計画」『近代建築』1986

Murray, J. 1893. *The University of Texas Libraries*, The University of Texas, Austin

ノーウィッチ，J・J　2016『世界の歴史都市』福井正子訳，柊風社（J. J. Norwich, 2009. *Great cities in history*, Thames and Hudson）

04 サンクトペテルブルク

土肥恒之　1992『ピョートル大帝とその時代——サンクト・ペテルブルグ誕生』中央公論社

ムラギルディン，R　2002『ロシア建築案内』TOTO出版

Steinberg, M. D. 2011. *Petersburg Fin de Siecle*, Yale University Press, New Haven: CT

The State Museum of the History of Saint Petersburg 2002. *Images of Petersburg*, Artdeco, Saint Petersburg

05 トビリシ

Mania, M. 2008. *Architectural walks of old Tbilisi: Fourteen routes*, Fund for the Preservation of Cultural Heritage of Georgia, Tbilisi

Suny, R. G. 1994. *The making of the Georgian nation*, Indiana University Press, Bloomington and Indianapolis

06 イェレヴァン

Donabédian, P. et C. Mutafian（dir.）2010. *Les douze capitales d'Arménie*, Somogy éditions d'art, Paris

Hasratian, M. 2010. *Histoire de l'architecture arménienne des origines à nos jours*, Sources d'Arménie, Lyon

Ⅶ アフリカ

Abu-Lughod, J. 1971. *Cairo: 1001 years of the city Victorious*, Princeton University Press, Princeton: NJ

Anderson, D. M. and R. Rathbone（eds.）2000. *Africa's urban past*, Heinemann, Portsmouth, NH

Bascom, W. 1955. Urbanization among the Yoruba, *American Journal of Sociology* 60（5）

Freund, B. 2007. *The African city: A history*, Cambridge University Press, Cambridge: UK and New York

Iliffe, J. 1995. *Africans: The history of a continent*, Cambridge University Press, Cambridge

Mabogunje, A. L. 1968. *Urbanization in Nigeria*, University of London Press

岡倉登志　2001『アフリカの歴史──侵略と抵抗の軌跡』明石書店

嶋田義仁・松田素仁・和崎春日編　2001『アフリカの都市的世界』世界思想社

竹内幸雄　2003『自由貿易主義と大英帝国──アフリカ分割の政治経済学』新評論

竹沢尚一郎　2014『西アフリカの王国を掘る──文化人類学から考古学へ』臨川書店

01 カイロ

Description de l'Égypt Vol. 7: Etat Moderne I, 1822. de l'imprimerie Royale

Ragette, F. 2003. *Traditional domestic architecture of the Arab region*, Edition Axel Menges, Gaspo: CZ

Raymond, A. 2000. *Cairo city of history*, trans. by W. Wood, The American University Press, Cairo

02 チュニス

Etat Avant Tunis - Ville, http://encyclopedie-afn.org/Etat_AVANT_Tunis_-_Ville

ハキーム　1989

法政大学陣内研究室　2002「チュニジア」陣内秀信・新井勇治編『イスラーム世界の都市空間』法政大学出版局

Ragette 2003

テキサス大学図書館，http://www.lib.utexas.edu/maps/ams/tunisia_city_plans/

Tunis, *Encyclopedia of Islam*, new edition, Brill

03 カイラワーン

Al Kayrawan, *Encyclopedia of Islam*, new edition, Brill

法政大学陣内研究室　2002

Jacqueton, G., A. Bernard et S. Gsell 1903. *Algérie et Tunisie*, Hachette et Cie（フランス国立図書館蔵）

Ragette 2003

ユネスコ世界遺産センター，http://whc.unesco.org/archive/advisory_body_evaluation/499.pdf

04 スース

ハキーム　1989

法政大学陣内研究室　2002

ICOMOS 1987. *The Medina of Sousse*, ICOMOS

Jedidi, M. Susa, *Encyclopedia of Islam*, new edition, Brill

Talbi, M. Tunis, *Encyclopedia of Islam*, new edition, Brill

05 アルジェ

Çelik, Z. 1997. *Urban forms and colonial confrontations: Algiers under French rule*, University of California Press, Berkeley

Cohen, J-L. et al.（eds.）2003. *Alger: Paysage urbain et architectures 1800-2000*, Les editions de l'Imprimeur

06 ガルダイヤ

原広司　1998『集落の教え100』彰国社

Roche, M. 1970. *Le M'zab: Architecture Ibadite en Algérie*, Arthaud

07 フェス

イブン・ハルドゥーン 2001

松原康介　2008『モロッコの歴史都市──フェスの保全と近代化』学芸出版社

08 マラケシュ

Marrast, J. 1960. *Maroc, l'Œuvre de Henri Prost: Architecture et urbanisme*, Académie d'architecture, Paris

松原　2008
Mourad, K. 1994. *Marrakech et la Mamounia*, ACR, Paris

09 カサブランカ
Cohen, J-L. and M. Eleb 1998. *Casablanca: Mythes et figures d'une aventure urbaine*, Hazan, Paris
Marrast 1960
松原　2008

10 ラバト
Chastel, R. 1994. *Rabat-Salé, vingt siècles de l'oued bou regreg*, La Porte, Rabat
Marrast 1960

11 エル＝ジャディーダ
De Moras 1757. *Plan de la forteresse de la place de Mazagan*
Feucher, C. 2011. *Mazagan（1514-1956）: La singulière histoire d'une ville qui fut, tour à tour, portugaise, cosmopolite, française, avant d'être marocaine*, L'Harmattan, Paris
Jmahri, M. et C. Feucher 2012. *Mazagan: patrimoine mondial de l'Huminité*, Les Cahiers d'El Jadida, No.13, El Jadida

12 テトゥワン
Army Map Service 1943. *Town plan of Tetouan*, U. S. Army
Nieto, A. B. 2000. *Arquitectura y urbanismo español en el norte de Marruecos*, Consejeria de Obras Publicas y Transportes, Sevilla

13 サンルイ
ANSD（Agence Nationale de la Statistique et de la démographie, Sénégal）2002. *Repertoire des localites*, ANSD, Dakar
Faidherbe, L. 1889. *Le Sénégal: La France dans l'Afrique occidentale*, Librairie hachette et cie, Paris, gallica. BnF. fr
Ministère de la Culture, République du Sénégal 1998. *Presentation du bien: Demande d'inscription sur la liste du patrimoione mondial de l'UNESCO de l'île de Saint-Louis*, Reg. No.C956 part2
Vergnaud-Romagnési, C-F. 1849. *Notice historique et biographique sur M. Roger*, Imprimerie de Pagnerre, Orléans

14 ダカール
ANSD, 2016. *Repertoire localites du Sénégal*, ANSD, Dakar
Charpy, J. 2011. Aux origines du port de Dakar, *Outre-Mers* 99
Coquery-Vidrovitch, C. 1993. *Histoire des villes d'Afrique noire: Des origines à la colonisation*, Albin Michel, Paris
ダカール市，http://villededakar.org/
Dubresson, A. 1979. *L'espace Dakar-Rufisque en devenir: De l'héritage urbain à la croissance industrielle*, Travaux et Documents de l'Orstom, Paris
Faidherbe 1889
大西洋奴隷交易データベース，http://www.slavevoyages.org/
UN（United Nations, Department of Economic and Social Affairs, Population Division）2014. *World urbanization prospects: The 2014 revision*

15 トンブクトゥ
Caillé, R. 1965. *Voyage à Tombouctou*, Tomo I, La Déouvette, Paris
Dubois, F. 1897. *Timbuctoo the mysterious*, trans. by W. D. White, William Heinemann, London
応地利明　2016『トンブクトゥ——交易都市の歴史と現在』臨川書店

16 ジェンネ
Bedaux, R., B. H. Diaby et P. Maas（dir.）2003. *L'architecture de Djenné*, Snoeck, Gent
Es-Sa'di, 1981. *Tarikh es-Soudan*, traduit par O. Houdas, Adrien-Maisonneuve, Paris
伊東未来　2016『千年の古都ジェンネ——多民族が暮らす西アフリカの街』昭和堂
Monteil, C. 1971（1932）. *Djenné une cité soudanaise, métropole du delta central du Niger*, Edition Anthoropos, Paris

17 ハラール
Chiari, G. P. 2015. *A comprehensive guide to Harar and surroundings*, Arada Books, Addis Ababa
Munro-hay, S. 2002. *Ethiopia, the unknown land: A cultural and historical guide*, I. B. Tauris Publishers, London and New York
Wagner, E. et al. 2005. Harär, in S. Uhlig（ed.）, *Encyclopaedia Aethiopica, vol. 2*, Otto Harrassowitz GmbH and Co. KG, Wiesbaden

18 アディスアベバ
AOI（Africa Orientale Italiana）1938a. *Gli Annali*

dell'Africa Italiana. Anno 2, Numero 4, AOI, Roma

Batistoni, M and G. P. Chiari 2004. *Old tracks in the new flower: A historical guide to Addis Ababa*, Arada Books, Addis Ababa

De Castro, L. 1909. *La città e il clima di Addis Ababa*, Bollettino della Societa Geografica Italiana（アメリカ地理学協会, https://collections.lib.uwm.edu/digital/collection/agdm/id/320/）

Giorghis, F. and D. Gerard 2007. *The city and its architectural heritage Addis Ababa 1886-1941: La ville son patrimoine architectural*, Shama Books, Addis Ababa

岡倉登志　1999『エチオピアの歴史』明石書店

Silva, C. N. 2015. *Urban planning in Sub-Saharan Africa: Colonial and postcolonial planning cultures*, Routledge, New York

19　ゴンダール

AOI 1938a

AOI 1938b. *Gvida dell africa Orientale Italiana*, AOI, Milano

Bruce, J. 1790. *Travels to discover the source of the Nile, in the years 1768, 1769, 1770, 1771, 1772 and 1773, vol. 5*, G. G. J. and J. Robinson, London（e-rara.ch, https://www.e-rara.ch/doi/10.3931/e-rara-14512?lang=en）

Rosen, F. 1907. *Eine deutsche Gesandtschaft in Abessinien*, Veit, Leipzig（Internet Archive, https://archive.org/details/einedeutscheges00rosegoog/page/n12）

Ruppell, E. 1838-1840. *Reise in Abyssinien*, Gedruckt auf Kosten des Verfassers und in Commission bei S. Schmerber, Frankfurt-am-Main, Frankfurt（Hathitrast's digital Library, https://catalog.hathitrust.org/Record/008642685）

Shitara, T. 2008. Construction methods and spatial formations of Italian colonial: Residences and divisional Formations of Italian residential areas in Gondar, *Journal of Nilo-Ethiopian Studies* 12

Stern, H. 1862. *Wanderings among the Falashas in Abyssinia: Together with a description of the country and its various inhabitants*, Wertheim, MacIntosh and Hunt, London（Internet Archive, https://archive.org/details/wanderingsamong01stergoog/page/n7）

20　ナイロビ

Melissa, W. 2017. Street toponymy and the decolonisation of the urban landscape in post-colonial Nairobi, *Journal of Cultural Geography* 34（1）

Olima, W. H. 2001. *The dynamics and implications of sustaining urban spatial segregation in Kenya: Experiences from Nairobi metropolis*, Lincoln Institute of Land Policy, Cambridge

21　ザンジバル

Korner, A. R. 2003. *Stone town style of East Coast Africa*, Bell-Robarts Publishing, South Africa

Mwalim, M. A. 1998. *Door of Zanzibar*, HSP Publications, Zanzibar

Sheriff, A. 1987. *Slaves, spices and ivory in Zanzibar*, Mkuki na Nyota Publishers, Dar Es Salaam

Sheriff, A. 1995. *The history and conservation of Zanzibar stone town*, The Department of Archives, Dar Es Salaam

富永智津子　2001『ザンジバルの笛——東アフリカ・スワヒリ世界の歴史と文化』未來社

富永智津子　2008『スワヒリ都市の盛衰』山川出版社

22　ルアンダ

Development Workshop, http://www.dw.angonet.org/

Development Workshop Angola, http://bibliotecaterra.angonet.org/content/mapa-de-luanda-de-1950

デ・オリヴェイラ・マルケス，A・H　1981『ポルトガル2 世界の教科書＝歴史』金七紀男訳，ほるぷ出版

池谷和信　2008「アンゴラの多様な民族の生活」池谷和信・武内進一・佐藤廉也編『朝倉世界地理講座アフリカ2』朝倉書店

23　ケープタウン

布野編　2005a

布野編　2005b

Garden Cities 1972. *Fifty years of housing 1922-1972: The stories of garden cities*, Garden Cities, Cape Town

ホーム　2001

Lemon, A. 1991. *Homes apart: South Africa's segregated cities*, David Philip Publishers, Cape Town

Worden, N. 1998. *Cape Town: The making of a city*, David Philip Publishers, Cape Town

Ⅷ 中央アジア

宇山智彦　2000『中央アジアの歴史と現在』東洋書店
山田・児島・森谷　2016

01 ヒヴァ
Herdeg, K. 1990. Khiva: Turkistan and three houses in Khiva, in K. Herdeg (ed.) *Formal structure in Islamic architecture of Iran and Turkistan*, Rizzoli International Publications, New York
РУНИВЕРС, http://www.runivers.ru/mp/maps-detail.php?ID=483285andSECTION_ID=7614

02 ブハラ
Amjad Bohumil Prochazka 1993. *Bukhara*, MARP, Czech Republic
Herdeg 1990
Petruccioli, A. (ed.) 1981. *Bukhara: The myth and the architecture*, Aga Khan Program for Islamic Architecture at Harvard University and the Massachusetts Institute of Technology, Cambridge

03 シャハリサブズ
Encyclopedia Iranica kes Pavel Lurje, http://www.capone-online.ru/uzbekistan_map_shahrisabz_old.html

04 サマルカンド
布野・山根　2008
Golombek, L. and D. Wilber 1988. *The Timurid architecture of Iran and Turan, vol. 1, 2*, Princeton University Press, Princeton
間野英二　1995～2001『バーブル・ナーマの研究』1～4，松香堂
間野英二編　2000『アジアの歴史と文化8 中央アジア史』同朋社

05 タシュケント
Gangler, A., H. Nagler, F. Schwartze and E. Ribbeck, Tashkent in Change: Transformation of the urban Structure, http://www.uni-stuttgart.de/si/stb/stb_forschung/taschkent/Taschkent%2008%2012%2002%20EN_s.pdf
Mytashkent.uz, http://mytashkent.uz/2012/10/13/dve-tverdyni/
Tashkent, *Encyclopedia of Islam*, new edition, Brill
Tashkent Past and Present, http://www.tashkent-info.narod.ru/en/

06 カシュガル
RIBA Architect, http://www.presidentsmedals.com/Entry-25361
The Horse that leaps through Clouds, http://horsethatleaps.com/kashgarmap_oldnew/
柘和秀　2002「中国西域ウィグル族の住まい」陣内秀信・新井勇治編『イスラーム世界の都市空間』法政大学出版局

07 ラサ
青木文教　1969『西蔵』芙蓉書房
Aufschnaiter, P. 1983. *Sein Leben in Tibet*, Steiger-Verlag, Innsbruck
張櫻子・趙世晨・出口敦　2011「ラサの都市形成と都市的変容に関する研究」『都市・建築学研究』20（19-25）
張櫻子・趙世晨・出口敦　2012「チベット・ラサにおける巡礼路の空間構成と行動特性に関する研究」『日本建築学会計画系論文集』77（674）
デシデリ，I　1991『チベットの報告1』F・デ・フィリッピ編，薬師義美訳，平凡社
布野編　2005b
Larsen, K. and A. Sinding-Larsen 2001. *The Lhasa atlas*, Shambhala, Boston
Ryde and Cowie 1904. *Plan of Lhasa*, Royal Geographical Society, London

Ⅸ 南アジア

Chandavarkar, R. 2009. *History, culture and the Indian city*, Cambridge University Press, Cambridge: UK and New York
Chaudhuri 1985
Evenson, N. 1989. *The Indian metropolis: A view towards the west*, Yale University Press, New Haven: CT
飯塚キヨ　1985『植民都市の空間形成』大明堂
Kidambi, P. 2007. *The making of an Indian metropolis: Colonial governance and public culture in Bombay, 1890-1920*, Ashgate, Aldershot, UK
Lanchester, H. V. 1918. *Town planning in Madras: A review of the conditions and requirements of city improvement and development in the Madras presidency*, Constable and Company
Metcalf, T. 1989. *An imperial vision: Indian architecture and Britain's Raj*, University of California Press,

Berkeley: CA

Naqvi, H. K. 1968. *Urban centres and industries in Upper India 1556-1803*, Asia Publishing House, Bombay

Naqvi, H. K. 1971. *Urbanisation and urban centres under the Great Mughals 1556-1707: Essay in interpretation*, Indian Institute of Advanced Study, Shimla

Pereira, J. and P. Pal (ed.) 2001. *India and Portugal: Cultural interactions*, Marg Publications

Pinto, J. 1992. *Slavery in Portuguese India 1510-1842*, Himalaya Publishers, Bombay

Prakash, O. 1984. *The Dutch factories in India 1617-1623: A collection of Dutch East India Company documents pertaining to India*, Munshiram Manoharla, New Delhi

Rangarajan 1992

Raz, B. R. 1834. *Essay on the architecture of the Hindus*, Royal Asiatic Society of Great Britain and Ireland, John William Parker, London

Rossa, W. 1997. *Cidades Indo-Portuguesas: Indo-Portuguese cities*, National Committee for the Commemoration of Portuguese Discoveries

Thaper, R. 1990. *History of India*, Penguin

01 ラーホール

布野・山根　2008

ホーム　2001

L. D. A. (Lahore Development Authority) 1993. *The walled city of Lahore*, PEPAC, Lahore

02 アフマダーバード

布野・山根　2008

Gole 1989b

ホーム　2001

03 スーラト

British Library 1753. *Plan de la ville de Surat, levé l'année 1753, par de gloss*, drawn on a scale of 480 feet to an inch., Bombay

British Library 1820. *The plan of the city of Surat*, surveyed by Lieutenant Adams and Newport, 1817, IOR: X/2737, Survey Office

Kinariwala, D-Y. 2012. *Walled city of Surat: History, settlement and architecture*, Lap Lambert Academic Publishing, Saarbrücken

Nagashima, H. 2009. The factories of the East India Companies in Surat: Locations, building characteristics and ownership, in M. Haneda (ed.), *Asian port cities 1600-1800: Local and foreign cultural interactions*, NUS Press, Singapore

04 バドレシュワル，マンドヴィ，ムンドラ

岡村知明・山根周・深見奈緒子・羽生修二　2008「バドレシュワル（インド，カッチ地方）におけるファディアの構成」『日本建築学会計画系論文集』625

岡村知明・山根周・深見奈緒子　2009「ムンドラ（インド，カッチ地方）における街区構成とカーストの住み分け」『日本建築学会計画系論文集』641

Okamura, T., S. Yamane and N. Fukami 2011. *Spatial formation of the port cities of Kutch Region, India*, Proceedings 8th International Symposium on Architectural Interchange in Asia, Kitakyushu International Conference Center

05 キャンベイ

Datal, M. N. 1974. *Evaluation of a traditional habitat: Case study Bohra community*, CEPT, Gujarat

布野・山根　2008

Janaki, V. A. 1980. *The commerce of Cambay from the earliest period to the nineteenth century*, Department of Geography, The University of Baroda, Baroda

Mehta, R. N. 1975. *Journal of The University of Baroda* (Humanities Number), 1975 (1)

06 ムンバイ

Dossal, M. 1991. *Imperial designs and Indian realities: The planning of Bombay city*, Oxford University Press, New Delhi

池尻隆史他　2005「ネイティブタウン（インド，ムンバイ）のコミュニティー構成に関する研究」『日本建築学会計画系論文集』598

池尻隆史他　2006「ネイティブタウン（インド，ムンバイ）におけるチョールの類型に関する研究」『日本建築学会計画系論文集』603

池尻隆史他　2010「BITチョール（インド・ムンバイ）の形成とその現状に関する研究」『日本建築学会計画系論文集』654

Mehrotra, R. and S. Dwivedi 2001. *Bombay: The cities within*, Eminence Desighs, Mumbai

Rohatgi, P., P. Godrej and R. Mehrotra 1997. *Bombay to Mumbai: Changing perspective*, Marg

Publications, Mumbai

Shaw, A. 2004. *The making of Navi Mumvai*, Orient Longman, New Delhi

07 バローダ

Geddes 1916

Gole 1989b

Meller 1990

Pramar, V. S. 1984. A study of some Indo-Muslim towns of Gujarat, in Environmental design, *Journal of the Islamic Environmental Design Research Center* 0

鮫島拓　2010「パトリックゲデスによるインド・バローダにおける都市計画に関する研究——保存的外科手術の実践と定着」滋賀県立大学修士論文

Tyrwhitt 1947

08 ゴア

Carita, H. 1999（1995）. *Palaces of Goa*, Cartago

Nachinolkar, K. S. 2002. Conservation management of old Goa as a rediscovered heritage site, Conservation Thesis of School of Planning and Architecture, New Delhi

Rossa, W. 1997. *Cidade Indo-Portuguesas*, Comissão Nacional para as Comemorações dos Descobrimentos Portugueses

09 コーチン

Bocarro, A. 1992. *O livro das plantas de todas as fortalezas, cidades e povoações do estado da India oriental*, vol. III, Imprensa Nacional-Casa da Moeda（1635 1st Published）

Prasad, N. D. 1994. *Intach cultural heritage case studies II: Fort Cochin and Mattancherry a monograph*, Print and Media Associates

Shokoohy, M. 2003. *Muslim architecture of South India*, Routledge

山田協太・布野修司　2004「フォート・コーチン（ケーララ，インド）の住居類型とその変容過程に関する考察」『日本建築学会計画系論文集』585

10 コージコード（カリカット）

Madhavan Nampoothiri, N. 1988. Study of place names in the Calicut district Badagara, Quilandy, South Wynad and Kozhikode Taluks, Ph. D Thesis of the University of Calicut

中島佳一　2011「クティチラ地区（カリカット，インド）の都市空間構成に関する研究——南インドのムスリム居住区の空間構成」滋賀県立大学修士論文

11 ジャイプル

布野　2006

JDA（Jaipur Development Authority）1994. *Vidyadhar Nagar*, Jaipur

Nath, A. 1993. *Jaipur*, India Book House PVT Ltd.

Nilsson, A. 1987. *Jaipur in the sign of Leo*, Magasin Tessin

Roy, A. K. 1978. *History of the Jaipur city*, Manohar, New Delhi

Sarkar, J. 1984. *A history of Jaipur*, Orient Longman, Delhi

Upadhyay, S. B. 1992. *Urban planning*, Printwell, Jaipur

12 チャンディーガル

Evenson, N. 1966. *Chandigarh*, University of California Press, Berkeley and Los Angeles

Joshi, K. 1999. *Documenting Chandigarh: The Indian architecture of Pierre Jeanneret, Edwin Maxwell Fry, Jane Beverly Drew*, Mapin Publishing, Chidambaram/ Ahmedabad

13 デリー

Ehlers, E. and T. Krafft 1993. *Shâhjahânâbâd: Old Delhi*, Manohar

布野・山根　2008

Gole 1989

Hearn, G. R. 1906. *The seven cities of Delhi*, W. Thacker and Co.

ホーム　2001

Koch, E. 1991. *Mughal architecture*, Prestel

14 アーグラ，ファテープル・シークリー

布野・山根　2008

ホーム　2001

Koch 1991

Tadgell, C. 1990. *The History of Architecture in India: From the Dawn of Civilization to the End of the Raj*, Phaidon Press Ltd.

15 ヴァーラーナシー

Akhtar, J. 1992. Muslims in Varanasi city: A study in cultural geography, Ph. D. Thesis, Banaras Hindu University, Varanasi

Coute, P. D. and J. M. Leger 1989. *Benares: Un voyage*

d'architecture, Editions Creaphise, Paris

Eck, D. L. 1993. *Banaras: City of light*, Penguin Books India, New Delhi

Freitag, S. B. 1980. Sacred symbol as mobilizing ideology: The North Indian search for a "Hindu" community, *Comparative Studies in Society and History* 22

Gutschow, N. 2006. *Benares: The sacred landscape of Varanasi*, Axel Menges

Prinsep, J. 1996. *Benares illustrated: In a series of drawings*, Vishwavidyalaya Prakashan, Varanasi (1833 1st published)

Singh, R. P. B. 2002. *Towards the Pilgrimage archetype: The Pancakrosi Yatra of Banaras*, Indica Books, Varanasi

柳沢究　2008「インドの伝統都市における都市構造の形成と居住空間の変容に関する研究——ヴァーラーナシーとマドゥライを事例として」京都大学学位請求論文

16 コルカタ

Chatterji, A. 2009. *Ethnicity, migration and the urban landscape of Kolkata*, KP Bagchi and Company, Kolkata

Datta, P. 2012. *Planning the city: Urbanization and reform in Calcutta c.1800 - c.1940*, Tulika Books, New Delhi

Dey, I., R. Samaddar and K. S. Sen 2013. *Beyond Kolkata*, Routledge, New Delhi

布野修司他　2001「チョウリンギー地区（カルカッタ，インド）の形成とその変容」『日本建築学会計画系論文集』548

Swati, C. 2005. *Representing Calcutta: Modernity, nationalism, and the colonial uncanny*, Routledge, New York

17 チェンナイ

Davison Love, H. 1996. *Vestiges of old Madras 1640-1800 Vol. I-IV*, reprint, Asian Educational Services, New Delhi

Muthiah, S. 1995. *Madras: Its past and present*, Affiliated East-West Press, Chennai

Schiffer, F. and K. Kalpana 2003. *Madras: The architectural heritage*, Intach, Chennai

18 マドゥライ

Devakujari, D. 1979. *Madurai through the ages: From the earliest times to 1801 A. D.*, Society for Archeological, Historical and Epigraphical Research

19 ナーガパッティナム

Kulke, H., K. Kesavapany and V. Sakhuja (eds.) 2009. *Nagapattinam to Suvarnadwipa*, Manohar, New Delhi

山田協太・村上和・布野修司　2005「ナガパトナム（タミルナードゥ，インド）の街区構成と住居類型に関する考察」『日本建築学会計画系論文集』598

20 キラカライ

Maraikkayar, M. I. 1986. *Kirttimikum Kilakkarai*, Chennai

Mohamad, J. R. 2004. *Maritime history of the Coromandel Muslims*, Sarma's Sanatorium Press, Chennai

21 ラーメーシュワラム

布野　2006

柳沢究　2008「インドの伝統的都市における都市構造の形成と居住空間の変容に関する考察——ヴァーラーナシーとマドゥライを事例として」京都大学博士論文

22 コロンボ

Brohier, R. L. 1984. *Changing face of Colombo*, Lake House Investment

Hulugalle, H. A. 1965. *Centenary volume of the Colombo Municipal Council 1865-1965*, Colombo Municipal Council

Pieris, A. 2012. *Architecture and nationalism in Sri Lanka: The trouser under the cloth*, Routledge

Raben, R. 1996. Batavia and Colombo: The ethnic and spatioal order of two cities 1600-1800, Ph. D. Thesis Rijksuniversiteit Leiden

23 ゴール

Bocarro 1992

De Silva, R. K. and W. G. M. Beumer 1988. *Illustrations and views of Dutch Ceylon 1602-1796*, Serendib Publications

De Silva, N. et al. 2013. *Maritime heritage of Lanka: Ancient ports and harbours*, National Trust Sri Lanka

Kuruppu, I. and G. Wijesuriya (eds.) 1992. The conservation of the Galle fort and its environs, *Journal of the Department of archaeology Sri Lanka: Ancient Ceylon* 15

高松健一郎・布野修司・安藤正雄・山田協太・根上英志　2002「ゴール・フォート（スリランカ）の街区構成と住居類型に関する考察」『日本建築学会計画系論文集』560

24 キャンディ

Duncan, J. S. 1990. *The city as text: The politics of landscape interpretation in the Kandyan Kingdom*, Cambridge University Press

Gogerly, D. J. 1908. Ceylon Buddhism being the collected writings of Daniel John Gogerly, vol. 2, in A. S. Bishop（ed.）*Colombo: The Wesleyan Methodist Book Room*, Kegan Paul, Trench, Turner and Co.

Obeyesekere, G. 1984. *The cult of the goddess Pattini*, University of Chicago Press

オンダーチェ，M　1998『家族を駆け抜けて』藤本陽子訳，彩流社（1982原著）

25 カトマンドゥ

Carl, P. 1975. *Kathmandu Valley: The preservation of physical environment and cultural heritage: A protective inventory, vol. 1 and 2*, Nepal, Dept of Housing, Building and physical planning, UNESCO, Anton Schroll, Vienna

Finsterwalder, R.（Hrsg.）1989. *Kathmandu Valley, 1:50,000, Nepal-Kartenwerk der Arbeitsgemeinschaft für vergleichende Hochgebirgsforschung Nr. 1., 2nd edition*, Nelles Verlag

Nippon Institute of Technology Research Mission 1981. *The royal buildings of Nepal: A report on the old royal palaces of the Kingdom of Nepal*, Chuo Koron Bijutsu Shuppan, Tokyo

Pant, M. and S. Funo 2007. *Stupa and swastika: Historical urban planning principles of Nepal's Kathmandu Valley*, Kyoto University Press, Kyoto

Slusser, M. 1982. *Nepal Mandala: A cultural study of the Kathmandu Valley, vol. 1 and 2*, Princeton University Press, Princeton

26 パタン

Locke, J. 1985. *Buddhist monasteries of Nepal*, Sahayogi Press, Kathmandu

Pant and Funo 2007

Watanabe, K.（ed.）1998. *Buddhist monasteries of Nepal*, Chuo Koron Bijutsu Shuppan, Tokyo

27 バクタプル

Gutschow, N. 2011. *Architecture of the Newars: A history of building typologies and details in Nepal（3 vols.）*, Serindia Publications, Chicago

Gutschow, N. and B. Kolver 1975. *Ordered space, concepts and functions in a town of Nepal*, F. Steiner Verlag, Wiesbaden

Parajuli, Y. 1986. *Bhaktapur development project: Experiences in preservation and restoration in a medieval town*, BDP, GTZ, Sahayogi Press, Kathmandu

X 東アジア

Campanella, T. J. 2008. *The concrete dragon: China's urban revolution and what it means for the world*, Princeton Architectural Press, New York

藤田覚編　2000『17世紀の日本と東アジア』山川出版社

五野井隆史　2003『大航海時代と日本』渡辺出版

浜下武志　1997『朝貢システムと近代アジア』岩波書店

賀　1985

賀業鉅　1996『中国古代城市規劃史』中国建築工業出版社

片山邦雄　1996『近代日本海運とアジア』御茶の水書房

川勝平太・浜下武志編　1991『アジア交易圏と日本工業化──1500-1900』リブロポート

黒田明伸　1994『中華帝国の構造と世界経済』名古屋大学出版会

松浦章　2013『近世東アジア海域の帆船と文化交渉』関西大学出版局

パーカー，G　1995『長篠合戦の世界史──ヨーロッパ軍事革命の衝撃 1500〜1800年』大久保桂子訳，同文舘出版

Rozman, G. 1973. *Urban networks in Ch'ing China and Tokugawa Japan*, Princeton University Press

Schinz, A. 1996. *The magic square cities in ancient China*, Ediion Axel Menges（呉志強審，何曉昕・千ияо校 2008『幻方──中国古代的城市』梅青訳，中国工業出版社）

Skinner, G. W.（ed.）1977. *The city in late imperial China*, Stanford University Press, Stanford: CA

Sorensen, A. 2004. *The making of urban Japan: Cities and planning from Edo to the twenty-first century*,

Routledge, London
Steinhardt, N. S. 1990. *Chinese imperial city planning*, University of Hawaii Press, Honolulu
田中建夫　1995『前近代の日本と東アジア』吉川弘文館
外山卯三郎　1997『南蛮船貿易史』大空社
海野一隆　1999『地図に見る日本──倭国・ジパング・大日本』大修館書店
Wallacker, B. E. et al. 1979. *Chinese walled cities: A collection of maps from Sina Jōkaku no Gaiyō*, The Chinese University of Hong Kong Wan
Wang, A. 2000. *Cosmology and political culture in early China*, Cambridge University Press
Wheatley, P. 1971. *The pivot of the four quarters: A preliminary enquiry into the origins and characters of the ancient Chinese city*, Aldine
八百啓介　1998『近世オランダ貿易と鎖国』吉川弘文館

01 西安
張在元編　1994『中国 都市の建築と歴史──都市の史記』鹿島出版会
布野　2015
賀従容　2012『古都西安』清華大学出版社

02 開封
張馭寰　2011『北宋東京城建築復原研究』浙江工商大学出版社
布野　2015
李路珂　2012『古都開封興杭州』清華大学出版社

03 平遥
宋昆　2000『平遥──古城と民居』天津大学出版社
雍振華　2015『中国古建築叢書──山西古建築』中国建築工業出版社

04 北京
張編　1994
布野　2015
陣内秀信・髙村雅彦・朱自煊　1998『北京──都市空間を読む』鹿島出版会

05 承徳
莫邦富　1996『中国ハンドブック』三省堂
地図出版社編　1974『中華人民共和国分省地図集』地図出版社

06 天津
Madrolle, C. 1912. *Madrolle's guide books. Northern China: The Valley of the Blue River, Korea*, Hachette
雷穆森／O. D. Rasumussen　2008『天津租界史』天津人民出版社
天津市政協文史資料研究委員会等編　2004『近代天津図誌』天津古籍出版社

07 南京
布野　2015
橋本義則編　2011『東アジアの都城の比較研究』京都大学学術出版会
井上悠紀　2014「南京（中華門西地区）の都市空間構成とその変容に関する研究──城中村と大雑院化」滋賀県立大学修士論文
新宮学　2004『北京遷都の研究──近世中国の首都移転』汲古書院
トウキョウ建築コレクション2014実行委員会編　2014『トウキョウ建築コレクション2014 Official Book』建築資料研究社

08 上海
陳泳　2006『城市空間──形態，類型与意義』東南大学出版社
雍　2015

09 蘇州
陳　2006
陣内秀信・髙村雅彦　1998『中国の水郷都市──蘇州と周辺の水の文化』鹿島出版会
髙村雅彦　2000『中国江南の都市とくらし』山川出版社
雍　2015

10 杭州
布野　2015

11 成都
張　2010
陸元鼎主編　2009『四川民居』中国建築工業出版社
四川省文史館編　1987『成都城坊古蹟考』四川人民出版社

12 麗江
蒋高宸編　1997『麗江──美麗的納西家園』中国建築工業出版社
山村高淑・張天新・藤木庸介編　2007『世界遺産と地域振興』世界思想社

13 大理
谷維恒・潘笑竹編　2004『茶馬古道』中国旅遊出

版社

周永伸・張世鴬編　1994『雲南大理白族建築』雲南大学出版社

14 福州

趙冲・布野修司・川井操・山田香波・張鷹　2012「福州上下杭社区（福建省）の住居類型とその変容に関する考察」『日本建築学会計画系論文集』682

15 泉州

趙冲　2013「福建・港市の都市組織および住居類型の形成，変容に関する研究」滋賀県立大学博士論文

趙冲・布野修司・川井操　2011「泉州鯉城区（福建省）の住居類型とその分布に関する考察」『日本建築学会計画系論文集』669

趙冲・布野修司・川井操　2012「泉州鯉城区（福建省）の住居の平面構成とその変容に関する考察」『日本建築学会計画系論文集』681

布野編　2005b

蔡亘騏　2006「閩南「手巾寮」街屋空間構成之比較研究」雲林科技大学修士論文

戴志堅　2009『福建民居』中国建築工業出版社

朱启明　2004「閩南街屋建築之研究──以福建省泉州市中山路『騎楼式』街屋為例」雲林科技大学修士論文

16 漳州

中国城市規画設計研究員　2001『漳州市歴史文化名城保護規画及三片歴史街区保護詳細規画』

趙冲　2009「泉州（福建）の都市空間構成と住居類型に関する研究」滋賀県立大学修士論文

恩田重直　2007「騎楼と飄楼による街路整備の実施過程──1930年代初頭，中国福建省の厦門における都市改造」『日本建築学会計画系論文集』611

戴　2009

漳州市城市規画局　2002『漳州市台湾路歴史街区整治保護規画』

漳州市城市規画局　2006『漳州市中心城区規画──漳州市中心城区歴史建築調査表』

漳州市城市規画局　2009『漳州市台湾路・芳華南路歴史街区整治保護規画』

楊宏烈　998『広州騎楼街的文化復興』規劃師

17 厦門

厦門地方志編纂委員辨公室　1999『民国厦門志』

方志出版社

厦門大学百科，http://xiamendaxue.baike.com/article-147268.html

梅青，洪文慶・程里堯主編　2003『中国建築──鼓浪嶼』錦繡

鼓浪嶼申遺網，http://www.glysyw.com/

洪卜仁　1999『厦門旧影』人民美術出版社

周子峰　2005『近代厦門城市発展史研究（1900〜1937）』厦門大学出版社

18 広州

河合洋尚　2013『景観人類学の課題──中国広州における都市環境の表象と再生』風響社

三橋伸夫・小西敏正・黎庶施・本庄宏行　2012「中国広州市騎楼街区における保全的再生策の動向と住民意識」『日本建築学会技術報告集』39

田中重光　2005『近代・中国の都市と建築──広州・黄埔・上海・南京・武漢・重慶・台北』相模書房

周霞　2005『広州城市形態演進』中国建築工業出版社

19 香港

香港政府統計處，http://www.censtatd.gov.hk/m/otc.jsp, 2015

Hughes, R. J. 1976. *Borrowed place, borrowed time: Hong Kong and its many faces*, Andre Deutsch Ltd.

Shelton, B., J. Karakiewicz and T. Kvan 2011. *The making of Hong Kong: From vertical to volumetric city*, Routledge, New York

20 マカオ

Bocarro, A. and Pedro Barreto de Resende 1635. *Livro das plantas de todas as fortalezas, cidades e povoacoens do estado da India oriental*（Book of the plans of fortresses, cities and boroughs in the state of Eastern India）, Imprensa Nacional-Casa da Moeda

布野編　2005a

21 台南

黄蘭翔　2013『台湾建築史之研究──原住民族与漢人建築』南天書局，台北

斯波義信　2002『中国都市史』東京大学出版会

林衡道編　1979『台南市市区史蹟調査報告書』台湾省文献委員会

22 彰化

青井哲人　2006『彰化1906年──市区改正が都市を動かす』アセテート（青井哲人2013『彰化

1906──一座城市被烙傷，而後自體再生的故事』張亭菲訳，大家出版）
林會承　1979『清末鹿港街鎮結構』境與象出版社

23 新竹
陳培桂編　1871『淡水廳誌』
黄武達編　2006『日治時期台湾都市発展地図集』南天書局・國史館臺湾文獻館
黄蘭翔　1993『台湾都市の文化的多重性とその歴史的形成過程に関する研究』京都大学学位申請論文
黄　2013
新竹庁　1905『新竹庁報』210

24 台北
郭中端・堀込憲二　1980『中国人の街づくり』相模書房
黄武達　1998『日治時代台北市近代都市計画』台湾都市史研究室
黄編　2006
田中　2005

25 平壌
布野修司・韓三建・朴重信・趙聖民　2010『韓国近代都市景観の形成──日本人移住漁村と鉄道町』京都大学学術出版会

26 開城
布野・韓・朴・趙　2010
金東旭　2007『韓国建築の歴史』技文堂
国史編纂委員会『高麗史』1451
ジョン・ヨンチョル　1980「高麗の首都開城の城郭に関する研究（1）」『歴史科学』2・3, 科学百科辞典總合出版社
関野貞　1931『朝鮮古跡図譜』11, 朝鮮総督府
禹成勳　2007「高麗の都城開京に置ける都市史的研究」東京大学大学院博士学位論文

27 ソウル
金　2007
ソウル市文化財委員会　1988『ソウルの昨日と今日』ソウル市

28 慶州
布野・韓・朴・趙　2010
韓三建　1994「韓国における邑城空間の変容に関する研究」京都大学大学院学位論文

29 蔚山
韓三建　2006「戒辺城の位置に関する基礎的研究」『蔚州研究』3

韓三建　2011『蔚山択里志』鐘出版社
韓三建　2012『蔚山工業センター半世紀』蔚山市南区
韓三建　2013『蔚山中区600年都市を歩く』蔚山市中区

30 京都
秋山國三・仲村研　1975『京都「町」の研究』法政大学出版局
足利健亮　1984『中近世都市の歴史地理』地人書房
布野　2015
京都市編　1994『平安建都1200年記念──蘇る平安京』
西川幸治・高橋徹　1999『京都千二百年』上下, 草思社

31 大阪
日下雅義　2012『地形からみた歴史──古代景観を復原する』講談社
大阪都市協会大阪市都市住宅史編集委員会編　1989『まちに住まう──大阪都市住宅史』平凡社
高橋康夫・宮本雅明・吉田伸之・伊藤毅編　1993『図集日本都市史』東京大学出版会
横山好三　2011『大阪──都市形成の歴史』文理閣

32 奈良
奈良市編　1937『奈良市史』
高橋他編　1993
田村晃一編　2005『東アジアの都城と渤海』東洋文庫
都市史図集編集委員会編　1999

33 東京
Cybriwsky, R. 1998. *Tokyo: The shogun's city at the twenty-first century*, John Wiley and Sons
藤森照信　1982『明治の東京計画』岩波書店
Funo, S. 2005. Tokyo: Paradise of speculators and builders, in P. J. M. Nas（ed.）, *Directors of urban change in Asia*, Routledge
石田頼房　1992『未完の東京計画』筑摩書房
石榑督和　2016『戦後東京と闇市』鹿島出版会
Jinnai, H. 1995. *Tokyo a spatial anthropology*, translated by K. Nishimura, University of California Press
Karan, P. P. and K. Stapleton（ed.）1997. *The Japanese city*, The University Press of Kentucky

越沢明　1991『東京の都市計画』岩波書店
内藤昌　1967『江戸と江戸城』鹿島出版会
Seidensticker, E. 1990. *Tokyo rising: The city since the great earthquake*, Alfred A. Knopf, New York
玉井哲雄　1986『江戸——失われた都市空間を読む』平凡社
東京都　1989『東京都の都市計画100年』
渡辺俊一　1993『都市計画の誕生』柏書房

XI 東南アジア

Cribb, R. 2000. *Historical atlas of Indonesia*, Curzon
Crossette, B. 1999. *The great hill stations of Asia*, Westview Press
Dick, H. and P. J. Rimmer（eds.）2003. *Cities, transport and communications: The integration of Southeast Asia since 1850*, Palgrave Macmillan, London
フェル，R・T　1993『古地図にみる東南アジア』安藤徹哉訳，学芸出版社
ハイネ・ゲルデルン，R　1942『東南アジアの民族と文化』小堀甚二譯，聖紀書房
ハイネ・ゲルデルン，R／M・バードナー　1978『東南アジア・太平洋の美術』古橋政次訳，弘文堂
岩生成一　1966『南洋日本人町の研究』岩波書店
岩生成一　1987『続南洋日本人町の研究』岩波書店
McGee, T. G. 1967. *The Southeast Asian city: A social geography of the primate cities of Southeast Asia*, Frederick Praeger
McGee and Robinson 1995
Milone, P. D. 1966. *Urban areas in Indonesia*, University of California
Parimin 1986
Reid, A.（ed.）1984. *Slavery, bondage and dependency in Southeast Asia*, Palgrave Macmillan
Reid 1988-93（リード 2002）
Smith, R. B. and W. Watson（eds.）1979. *Early South East Asia: Essays in archeology*, Oxford University Press
Sua'res 1999
坪内良博　1986『東南アジア人口民族誌』勁草書房

01 マンダレー

John Murray 1911. *A handbook for travellers in India, Burma, and Ceylon*, John Murray
O'conner, V. C. S. 1996. *Mandalay and other cities of the past in Burma*, White Lotus, Bangkok（reprinted from 1907）
The Directorate of Archeological Survey Ministry of Union Culture, 1963. *The Mandalay palace*, The Rangoon University Press, Rangoon

02 ヤンゴン

Pearn, B. R. 1939. *A history of Rangoon*, American Baptist Mission Press, Rangoon
Webb, C. M. 1923. The development of Rangoon, *Town Plannning Review* 10（1）

03 チェンマイ

Nawit Ongsavangchai 2009. Spatial Planning of Thai Northern Cities and their Urban Architecture, *Proceeding of the 2009 NRL+BK21 International Symposium: Tradition and Modernity of Architecture and Urbanism in Historic Area, Cheongju, Korea*
Nawit Ongsavangchai, T. Kuramata and T. Oshima 2008. An Impact of Housing Development Projects on Land Use Pattern in Chiang Mai City Planning Control Area, *Proceeding the 4th International Symposium on Architecture and Culture in Suvarnabhumi*（ISACS）

04 アユタヤ

Garneir, D. 2004. *Ayutthaya: Venice of the east*, River Books
ナウィット・オンサワンチャイ／桑原正慶／布野修司　2006「アユタヤ旧市街の居住環境特性とショップハウスの類型に関する研究」『日本建築学会計画系論文集』601
Tri Amatayakul 1972. *The official guide to Ayutthava and Bang Pa-In*, Fine Arts Department, Bangkok

05 バンコク

布野修司／田中麻里／ナウィット・オンサワンチャイ／チャンタニー・チランタナット　2017『東南アジアの住居——その起源・伝播・類型・変容』京都大学学術出版会
Saksri, N. 1991. *Physical components of Ratanakosin*, Chulalongkorn University Press, Bangkok

06 ルアンパバーン

Ateliers De La Peninsule 2004. *Luang Phabang An architectural journey*, Ateliers De La Peninsule,

Vientiane

Heywood, D. 2006. *Ancient Luang Prabang*, River Books, Bngkok

ラオス文化研究所編　2003『ラオス概説』めこん

スチュアート-フォックス，M　2010『ラオス史』菊池陽子訳，めこん

07　ヴィエンチャン

Askew, M. W. S. Logan and C. Long 2007. *Vientiane transformations of a Lao landscape*, Routledge, London

菊池陽子・鈴木玲子・阿部健一　2010『ラオスを知るための60章』明石書店

Pholsena, V. 2006. *Post-war Laos: The politics of culture, history and identity*, Silkworm Books, Chang Mai

Sisouphanthong, B. and C. Taillard 2000. *Atlas of Laos: Spatial Structure of the economic and social development of the Lao People's Democratic Republic*, NIAS Publishing, Copenhagen

スチュアート-フォックス　2010

08　サヴァナケート

Keol, S. 2013. Impacts of cross-border infrastructure developments: The case of the first and second Lao-Thai Mekong friendship Bridges, in M. Ishida (ed.), *Border economies in the Greater Mekong subregion* Palgrave Macmillan, Basingstoke

ラオス文化研究所編　2003

Pholsena 2006

Sisouphanthong and Taillard 2000

09　プノンペン

Atelier parisien d'urbanisme, department des affaires internationales, Ministere de la Culture 1997. *Phnom Penh: developpement urbain et patrimoine*, Paris

Chuktema K. and J. P. Caffer 2003. *Phnom Penh à l'aube du xxie siecle*, Atelier parisien d'urbanisme, Paris

Igout, M. 1993. *Phnom Penh then and now*, White Lotus, Bangkok

Molyvann, V. 2003. *Modern Khmer cities*, Reyum Publishing, Phnom Penh

脇田祥尚　2013『スラムの計画学──カンボジアの都市　建築フィールドノート』めこん

10　シェムリアップ

École française d'Extrême-Orient 2011. *Un siècle d'histoire*, École française d'Extrême-Orient

Evans, D. H., R. J. Fletcher and C. Pottier et al. 2007. A comprehensive archaeological map of the world's largest preindustrial settlement complex at Angkor, Cambodia, *Proceedings of the National Academy of Sciences of the United States of America* 104 (36)

Evans, D. H., R. J. Fletcher and C. Pottier et al. 2013. Uncovering archaeological landscapes at Angkor using Lidar, *Proceedings of the National Academy of Sciences of the United States of America* 110 (31)

Fletcher, R., C. Pottier, D. Evans and M. Kummu 2008. The development of the water management system of Angkor: A provisional model, *Bulletin of the Indo-Pacific Prehistory Association* 28

石澤良昭　2005『アンコール・王たちの物語──碑文・発掘成果から読み解く』NHK出版

11　ハノイ

Clément, P. et N. Lancret (éd.) 2001. *Hanoï. Le cycle des métamorphoses. Formes architecturales et urbaines*, Éditions Recherches et IPRAUS, Paris

大田省一　2006『建築のハノイ』白揚社

Tran, H. 1995. *Nguyen Quoc Thong, Thang Logn-Ha Noi Muoi The Ky Do Thi Hoa*, Nha Xuat ban Xay dung, Ha Noi

12　フエ

フエの歴史と建築，http://vietnam.lah-waseda.jp/history_2.html

友田博通編　2003『ベトナム町並み観光ガイド』岩波書店

13　ホイアン

藤木庸介編　2010『生きている文化遺産と観光』学芸出版社

岩生　1966

日本ベトナム研究者会議編　1993『海のシルクロードとベトナム』穂高書店

14　ホーチミン

Doling, T. 2014. *Exploring Hồ Chí Minh city*, Thế Giới Publishers, Ha Noi

太田晃舜　1987「ベトナムにおける都市形成過程の特徴──ハノイ，ホーチミン両都市の比較考察」『歴史地理学』136

桜井由躬雄・桃木至朗編　1999『ベトナムの事典』角川書店

15　クアラルンプール

Gullick, J. M. 1994. *Old Kuala Lumpur* (*Images of Asia*), Oxford University Press, Kuala Lumpur

Lai C. K. 2007. *Building Merdeka: Independence architecture in Kuala Lumpur, 1957-1966*, Petronas, Kuala Lumpur

Swettenham, F. 1875. *Sir Frank Swettenham's Malayan Journals*

16 ペナン

Municipal Council of Penang Island 1994. *George Town: Heritage buildings of Penang Island George Town*, Malaysia

Sarnia Hayes Hoyt 1991. *Old Penang* (*Images of Asia*), Oxford University Press, Singapore

17 マラッカ

Sarnia Hayes Hoyt 1993. *Old Malacca* (*Images of Asia*), Oxford University Press, Kuala Lumpur

鶴見良行　1981『マラッカ物語』時事通信社

18 シンガポール

Brenda S. A. Yeoh 1996. *Contesting space: Power relations and the urban built environment in colonial Singapore*, Oxford University Press, Selangor

Jayapal, M. 1992. *Old Singapore* (*Images of Asia*), Oxford University Press, Singapore

Ole Johan Dale 1999. *Urban planning in Singapore: The transformation of a city*, Oxford University Press, Selangor

シンガポール都市再開発局（Urban Redevelopment Authority of Singapore）, Concept Plan, https://www.ura.gov.sg/Corporate/Planning/Concept-Plan

19 パダン

Colombijn, F. 1994. *Patches of Padang: The history of an Indonesian town in the twenties century and the use of urban space*, Research School CNWS Leiden

Colombijn, F. 1996. *Padang*, Elsevier Science

Dalrymple, A. 1782. *Padang: The chief settlement of the Dutch Company on the west coast of Sumatra*

泉田英雄　2006『海域アジアの華人街──移民と植民による都市形成』学芸出版社

UNESCO Office, Jakarta / National Research Institute for Cultural Properties, Tokyo (S. Funo, Y. Takeuchi et al.) 2010. *Assessment report and recommendations for action plan for the rehabilitation of earthquake-affected cultural heritage in West Sumatra, Indonesia*, UNESCO Office, Jakarta/ National Research Institute for Cultural Properties

20 ジャカルタ

De Haan, F. 1922. *Oud Batavia*, Batavia, G. Kolff and Co.

布野修司　1991『カンポンの世界──ジャワの庶民住居誌』パルコ出版

布野編　2005a

Ijzerman, J. W. 1917. Over de belegering van het Fort Jacarta, *Journal of the Humanities and Social Sciences of Southeast Asia* 73（1）

Surjomihardjo, A. 1977. *The growth of Jakarta*, Penerbit Djambatan, Jakarta

21 スラバヤ

Asia Maior 2004. *Soerabaja 1900-1950*, Asia Maior

Dick, H. W. 2003. *Surabaya city of work a socioeconomic history, 1900-2000*, Singapore University Press, Singapore

von Faber, G. H. 1931. *Oud Soerabaya*, Gemeente Soerabaia

布野　1991

Reid 1993

Silas, J. 1996. *Kampung Surabaya Menuju metropolitan*, Surabaya Post

22 チャクラヌガラ

布野　2006

23 セブ

Briones, C. G. 1983. *Life in old Parian*, University of San Carlos, Cebu

Diaz-Trechuelo Spinola, M. L. 1959. *Arquitectura Espanola en Filipinas 1565-1800*, Publicacies de la Escuela de Estudios Hispano-Americanos de Sevilla

Fenner, B. L. 1985. *Cebu under the Spanish flag 1521-1896*, San Carlos Publications, Cebu

Miller, L. U. 2010. *Glimpses of old Cebu*, University of San Carlos Press, Cebu

Mojares, R. B. 1983. *Origins and rise of the Filipino novel: A generic study of the novel until 1940*, University of the Philippines Press

Yamaguchi, K. 2004. Philippine urban architecture history: Transformation of the poblacion architecture from the late Spanish period of the American period, Dotoral thesis dissertation, Kyoto University

24 タクロバン

布野／ヒメネス・ベルデホ　2013

Maramag, I. 1983. *Historic Leyte*, Office of Media Affairs Metropolitan Manila, Manila

大岡昇平　1974『レイテ戦記』上中下，中央公論社

Tantuico, F. S. 1964. *Leyte: The historic islands*, Leyte Pub. Corp., Philippines

Tantuico, F. S. 1980. *Leyte towns: Histories/Legends*, F. S. Tantuico, Jr., Philippines

25 マニラ

Armengol, P. O. 1958. *Intramuros de Manila: De 1571 hasta su destruccion en 1945*, Ediciones de Culyura Hispanica

Bauzo, L. E. 1981. *Deficit government: Mexico and the Philippine situado（1606-1804）*, Centre for East Asian Cultural Studies

Buzeta, M. 1850. *Diccionario geografico, estadistico: Historico de las Islas Filipinas*

布野編　2005a

Gatbonton, E. B. 1984. *Bastion de San Diego*, Intramuros Administration Ministry of Human Settlements

Guijo, J. G. 2004. *Arquitecyure y urbanismo de origen epanol en el Pacifico Occidental*, Universidad Politecnica de Madrid

池端雪浦編　1996『日本占領下のフィリピン』岩波書店

岩生　1966

ホアキン，N　2005『物語マニラの歴史』宮本靖介監訳，明石書店

Kaunlaran, K. P. S. 2005. *Tsinoy: The story of the Chainese in Philippine life*, Inc. Manila

Morga, A. de, 1609. *Sucesos de las Islas Filipinas*

Paske-Smith, M. T. 1914. *The Japanese trade and residence in the Philippines: Before and during the Spanish occupation*, Asiatic Society of Japan

Paz, Y. de 1658. *Description of the Philipinas island*

Reed, R. R. 1978. *Colonial Manila: The context of Hispanic urbanism and process of morphogenesis*, University of California

Schurtz, W. L. 1939/1959. *The Manila Galleon: Nueva York*, E. P. Dutton

塩田哲也　2012「イントラムロス（マニラ）の空間構成とその変容に関する研究」滋賀県立大学修士論文

塩田哲也／J・R・ヒメネス・ベルデホ／布野修司　2012「イントラムロス（マニラ）の形成と街路体系に関する考察」『日本建築学会計画系論文集』77（681）

Torres, J. V. Z. 2005. *A walk through historic Intramuros*, Intramuros Administration, Vibal Publishing House

Zuniga, J. M. de 1893. *Estadismo de las Islas Filipinas o mis viajes por esta pais: Publica por W. E. Retana*

26 ヴィガン

布野／ヒメネス・ベルデホ　2013

XII 南北アメリカ

Abbott, C. 2008. *How cities won the west: Four centuries of urban change in Western North America*, University of New Mexico Press, Albuquerque: NM

青木康征　2000『南米ポトシ銀山――スペイン帝国を支えた「打出の小槌」』中央公論新社

Bender, T. 1987. *New York intellect: A history of intellectual life in New York city, from 1750 to the beginnings of our own time*, Knopf, New York

Boyer, P. S. 1978. *Urban masses and moral order in America: 1820-1920*, Harvard University Press, Cambridge: MA

Davis, D. E. 1994. *Urban Leviathan: Mexico City in the twentieth century*, Temple University Press, Philadelphia

Díaz del Castillo, B. 1956. *The discovery and conquest of Mexico: 1517-1521*, Routledge

Gilbert, A. G. 1998. *The Latin American city*, Monthly Review Press, London and New York

Goldfield, D. R. (ed.) 2007. *Encyclopedia of American urban history*, 2 vols., Sage, Thousand Oaks: CA

Goldfield, D. R. and B. A. Brownell 1979. *Urban America: From downtown to no town*, Houghton Mifflin, Boston

González García, P. (ed.) 1995. *Archivo general de Indias*, Lunwerg

Greenfield, G. M. (ed.) 1994. *Latin American urbanization: Historical profiles of major cities*,

Greenwood, Westport: CT

浜忠雄　1998『ハイチ革命とフランス革命』北海道大学図書刊行会

Hamer, D. 1990. *New towns in the new world: Images and perceptions of the nineteenth-century urban frontier*, Columbia University Press, New York

幡谷則子　1999『ラテンアメリカの都市化と住民組織』古今書院

Hayden, D. 2003. *Building suburbia: Green fields and urban growth, 1820-2000*, Vintage, New York

入江文子　2006『アメリカの理想都市』関西大学出版部

伊藤滋子　2001『幻の帝国——南米イエズス会士の夢と挫折』同成社

狩野千秋　1990『中南米の古代都市文明』同成社

Kinsbruner, J. 2005. *The colonial Spanish American city: Urban life in the age of Atlantic capitalism*, University of Texas Pressm, Austin: TX

Kruse, K. and T. J. Sugrue（eds.）2006. *The new suburban history*, University of Chicago Press, Chicago

国本伊代・乗浩子編　1991『ラテンアメリカ——都市と社会』新評論

Lemon, J. T. 1986. *Liberal dreams and nature's limits: Great cities of North America since 1600*, Oxford University Press, Oxford: UK and New York

増田義郎　1989『新世界のユートピア』中央公論社

宮野啓二　1992『スペイン人都市とインディオ社会』青木書店

Nash, G. 1986. *The urban crucible: The northern seaports and the American revolution*, Harvard University Press, Cambridge: MA

Roberts, G. K. and J. P. Steadman 1999. *American cities and technology: Wilderness to wired city*, Routledge

染田秀藤編　1993『ラテンアメリカ——自立への道』世界思想社

Spears, T. 2005. *Chicago dreaming: Midwesterners and the city, 1871-1919*, University of Chicago Press, Chicago

White, M. and L. White 1962. *The intellectual versus the city: From Thomas Jefferson to Frank Lloyd Wright*, Harvard University Press, Cambridge: MA

山田睦男・細野昭雄・高橋伸夫　2001『ラテンアメリカの巨大都市——第三世界の現代文明』二宮書店

01 ケベック

Atkinson, S.（ed.）2016. *Great city maps a historical journey through maps, plans, and paintings*, DK

講談社編　2010『ケベック旧市街の歴史地区』最新版週刊世界遺産60, 講談社

竹中豊　2014『ケベックとカナダ——地域研究の愉しみ』彩流社

Whitfield, P. 2005. *Cities of the world: A history in maps*, University of California Press

02 モントリオール

布野編　2005a

Reps, J. W. 1965. *The making of urban America: A history of city planning in the United States*, Princeton University Press, Princeton and New Jersey

03 ボストン

アメリカ議会図書館地理・地図部門（Library of Congress, Geography and Map Division），http://www.loc.gov/item/88693226/

アメリカ議会図書館地理・地図部門，http://www.loc.gov/item/98507719/

Morris 1994

Reps 1965

04 ニューヘイブン

Briand, G. 2001. Party walls: Understanding urban change trough a block of New Haven rowhouses 1870-1979, *Journal of The New Haven Colony Historical Society* 48（1）

Brown, E. M. 1976. *New Haven a guide to architecture and urban design*, Yale University Press, New Haven

Shumway, F. and R. Hegel 1981. *New Haven: An illustrated history*, Windsor Publication, New Haven

Shumway, F. and R. Hegel 1988. New Haven a topographical history, *Journal of The New Haven Colony Historical Society* 34（2）

Sletcher, M. 2004. *New Haven from Puritanism to the age of terrorism*, Arcadia, Charleston

05 ニューヨーク

フリント，A　2011『ジェイコブズ対モーゼス——ニューヨーク都市計画をめぐる闘い』渡邉泰彦

訳，鹿島出版会
亀井俊介　2013『ニューヨーク』岩波書店
太田弘　1997『ニューヨーク都市地図集成 Historical Maps of New York city 1660〜1879』柏書房
プランツ，R　2005『ニューヨーク都市居住の社会史』酒井詠子訳，鹿島出版会
東京大学cSUR-SSD研究会編　2008『世界のSSD100――都市持続再生のツボ』彰国社
都市史図集編集委員会編　2012『都市史図集』彰国社

06 フィラデルフィア
アメリカ議会図書館地理・地図部門，http://www.loc.gov/item/gm71002155/
Reps 1965
1680's Pennsylvania Maps, http://www.mapsofpa.com/antiquemaps18.htm
Weigley, R. F. et al. 1982. *Philadelphia: A 300-year history*, W. W. Norton and Company, New York

07 シカゴ
David Rumsey Map Collection, http://www.davidrumsey.com/luna/servlet/detail/RUMSEY~8~1~266398~90040793:Chicago, 1833-#
アメリカ議会図書館地理・地図部門，http://www.loc.gov/item/86691728/
アメリカ議会図書館地理・地図部門，http://www.loc.gov/item/2010587004
Pacyga, D. A. 2009. *Chicago: A biography*, University of Chicago Press, Chicago and London
Reps 1965

08 ニューオリンズ
Campanella, R. 2002. *Time and place in New Orleans*, Pelican, Grenta
Campanella, R. 2006. *Geographies of New Orleans: Urban fabrics before the storm*, Center For Louisiana Studies, Lafayett
テキサス大学図書館，http://www.lib.utexas.edu/maps/historical/new_orleans_1728.jpg

09 サンフランシスコ
アメリカ議会図書館地理・地図部門，http://www.loc.gov/item/74693207/
アメリカ議会図書館地理・地図部門，http://www.loc.gov/item/76695582/
Morris 1994
Reps 1965

10 ロサンゼルス
荒このみ他　2012『新版アメリカを知る事典』平凡社
五明洋　2008『リトル東京――ロサンゼルスに花開いた日本文化』青心社
ハイデン，D　2004『場所の力――パブリック・ヒストリーとしての都市景観』後藤晴彦・篠田裕見・佐藤俊郎訳，学芸出版社
都市史図集編集委員会編　2012

11 メキシコシティ
CEDEX 1997. *La ciudad hispanoamericana: el sueño de un orden*, Ministerio de Fomento
Davies, K. A. 1974. Tendencias demograficas urbanas durante el siglo XIX en Mexico, in E. F. Calnek et al. (eds.), *Ensayos sobre el desarrollo urbano de Mexico*, Sep Setentas
Dym, J. 2006. *From sovereign villages to national states: City, state, and federation in Central America, 1759-1839*, University of New Mexico
Early, J. 1994. *The colonial architecture of Mexico*, Southern Methodist University Press, Dallas
布野／ヒメネス・ベルデホ　2013

12 プエブラ
Alttman, I. 2000. *Transatlantic ties in the Spanish Empire: Brihuega, Spain and Puebla, Mexico 1560-1620*, Stanford University Press, Stanford
布野／ヒメネス・ベルデホ　2013

13 サント・ドミンゴ
De Bray 1599. *America, Book VII*
布野／ヒメネス・ベルデホ　2013

14 ハバナ
布野／ヒメネス・ベルデホ　2013

15 シエンフエゴス
布野／ヒメネス・ベルデホ　2013

16 ウィレムスタッド
布野編　2005a
Stiching Monumentenzorg Curaçao 1999. *Soublette et Fils: Photography in Curaçao around 1900*, Amsterdam
Van Oers 2000

17 ボゴタ
Instituto Distrital de Patrimonio Cultural 2007. *Atlas histórico de Bogotá: Cartografía 1791-2007*, Planeta,

Bogotá
Martin, G. et al.（coord.）2007. *Bogotá: El renacer de una ciudad*, Planeta Colombiana, Bogotá
O'Byrne, O. and M. Cecilia et al.（coord.）2010. *LC BOG. Le Corbusier en Bogota 1947-1951. Tomo 2. Precisiones en torno al plan director*, Universidad de los Andes, Bogotá

18 パラマリボ
Bubberman, F. C. et al. 1973. *Links with the past: The history of the cartography of Suriname 1500-1971*, Theatrum Orbis Ter. r. arum B. V., Amsterdam
Fontaine, J. 1972. *Zeelandia de geschiedenis van een Fort*, De Walburg Pers Zutphen
布野編　2005a
Goslinga, C. C. 1979. *A short history of the Netherlands Antilles and Surinam*, Martinus Nijhoff, Hague
Goslinga, C. C. 1985. *The Dutch in the Caribbean and in the Guianas 1680-1791*, Van Gorcum, Maastricht
Urban Heritage Foundation Suriname 1997. *Paramaribo: Image of the past, vision on the future*, Paramaribo
Urban Heritage Foundation Suriname 1998. *Plan for the inner city of Paramaribo*, Vaco Press

19 リマ
De Bry, T. 1619. *Grand voyages*, temo II, parte II
布野／ヒメネス・ベルデホ　2013

20 ポトシ
Cieza de Leon, P. 1553. *Crónica de la conquista del Perú*
布野編　2005a
布野／ヒメネス・ベルデホ　2013

21 クスコ
アコスタ，ホセ・デ　1966『新大陸自然文化史』増田義郎訳・注，岩波書店
シエサ・デ・レオン　1979『インカ帝国史』増田義郎訳・注・解説，岩波書店
Cobo, B. 1639. *Historia del Nuevo Mundo*
de Villagra, G. 1989. Cusco: Instituto Nacional de Cultura
布野／ヒメネス・ベルデホ　2013
ピサロ，P／B・オカンポ／P・J・アリアーガ　1984『ペルー王国史』旦敬介・増田義郎訳・注，岩波書店
Ramusio, G. B. 1606. *Delle navigationi et viaggi*

22 レシフェ／オリンダ
Boogaart, E. 1979. *Johan Maurits van Nassau-Siegen 1604-1679: A humanist prince in Europe and Brazil*, The Johan Maurits van Nassau Stichting, Den Hague
布野編　2005a
Meerkerk, H. N. 1989. *Recife the rise of a 17th-century trade city from a cultural-historical perspective*, Van Gorcum, Assen and Maastricht
Van Oers 2000

23 サンパウロ
福井英一郎　1978『ラテンアメリカ2』朝倉書店
国本・乗編　1991
増田義郎　2000『ラテン・アメリカ史2』山川出版社

24 リオ・デ・ジャネイロ
伊藤秋仁・住田育法・冨野幹雄　2015『ブラジル国家の形成──その歴史・民族・政治』晃洋書房
住田育法編　2009『ブラジルの都市問題──貧困と格差を越えて』春風社

25 ブラジリア
Baan, I. 2010. *Brasilia-Chandigarh living with modernity*, Lars Müller Publishers, Kösel Altusried-Krugzell
Daguerre, M. 2007. *Casa Bella 758*, Mondadori, Milano

26 ブエノスアイレス
布野／ヒメネス・ベルデホ　2013
松下マルタ　1991「ブエノスアイレス──南米のパリからラテン・アメリカ型首都へ」国本伊代・乗浩子編『ラテンアメリカ──都市と社会』新評論
Ministerio de Defensa 1990. *Cartografia y relaciones historicas de ultramar*
Romero, J. L. and L. Romero（eds.）1983. *Buenos Aires, historia de cuatlo siglos*, Editorial Abril
Ross, S. and T. McGann（eds.）1982. *Buenos Aires, 400 years*, University of Texas Press, Austin

XIII オセアニア

01 シドニー
Aplin, G. 1987. *Australians: Events and places*, Fairfax, Syme and Weldon Associates, Broadway
金田章裕　1985『オーストラリア歴史地理──都市と農地の方格プラン』地人書房
King, A. D. 1984. *The bungalow: The production of a global culture*, Oxford University Press, London

岡本美樹　2000『オーストラリア初期建築探訪——シドニー・ホバート・メルボルン』丸善

Statham, P. 1989. *The origins of Australia's capital cities*, Cambridge University Press, Cambridge

都市史図集編集委員会編　1999『都市史図集』彰国社

02 アデレード

Aplin 1987

ホーム　2001

ハワード　1968

Hutchings, A. and R. Bunker 1986. *With conscious purpose: A history of town planning in South Australia*, Wakefield Press

角橋彩子・布野修司・安藤正雄　2002「コーネル・ライト・ガーデンズ（アデレード, オーストラリア）の計画理念とその変容——田園都市計画運動の歴史的評価に関する考察」『日本建築学会計画系論文集』67

角橋彩子・布野修司・安藤正雄　2003「コーネル・ライト・ガーデンズ（アデレード, オーストラリア）の住宅形式とその変化——田園都市運動の歴史的評価に関する考察その2」『日本建築学会計画系論文集』68

金田　1985

Statham 1989

都市史図集編集委員会編　1999

03 キャンベラ

Aplin 1987

国土庁大都市圏整備局　1994『オーストラリアにおける新首都建設』大蔵省印刷局

Statham 1989

都市史図集編集委員会編　1999

04 メルボルン

阿部和俊　2010『都市の景観地理——イギリス・北アメリカ・オーストラリア編』古今書院

金田　1985

岡本　2000

Statham 1989

都市史図集編集委員会編　1999

索　引

事項索引

あ

アーケード　141, 163, 249, 291, 293, 326, 359, 373, 375-377, 381, 421, 621, 629-631, 685, 845
アーバン・レボリューション　6, 8
アーリア　97, 104, 105, 492, 502, 520
アール・デコ　241, 398, 451, 453, 455, 459, 471, 473, 698, 773
アール・ヌーヴォー　235, 241, 313, 365, 413
アウグスティノ会　536, 727
アウディエンシア　759, 782, 786
アクロポリス　3, 45, 111, 114, 115, 208-210, 434
アゴラ　48, 58, 62, 94, 111, 114, 119, 120, 162, 212, 293
アステカ　756, 782, 783
『明日の田園都市』　835, 838, 845
アッバース革命　43, 55, 184, 196, 494
アテネ憲章　49, 115
アデランタード　812, 813
アトランティコ手稿　138
アトランティス　19, 209-211
アトリウム　143, 358, 359
アパルトヘイト　481, 848
アボリジニ　836, 841
アルカサル　185, 196, 197, 199
アルカディア　111, 779
『アルタシャーストラ』（『実利論』）　18, 521, 569, 576, 577, 673
アルハンブラ宮殿　192, 194, 195, 459
アルン・アルン　720, 723, 739, 741
アレクサンドリア・エスカテ→最果てのアレクサンドリア
アレマン　242, 345
アングル　276, 345, 841
アングロ・サクソン　266, 268, 272, 274, 276, 280, 286, 299, 344

アンデス文明　758
アンピール様式　537, 843

い

イーワーン　53, 497, 502
イエズス会　326, 375, 381, 473, 536, 537, 558, 638, 676, 727, 804
イスラーム教徒→ムスリム
イスラーム都市　iv, 18, 22, 25, 41, 43, 54, 55, 69, 91, 185, 197, 204, 297, 401, 416-422, 434, 435, 440, 441, 465, 468, 482-489, 497, 504, 514, 515, 534, 680, 681, 739
イタリア式築城術　263, 338, 340, 381, 456
イタリア・ルネサンス　132, 231, 304, 315, 318, 326, 332, 743, 746
市場広場（→マルクトプラッツ）　188, 190, 191, 302, 309, 322, 329, 346, 356, 359, 364, 367, 368, 373, 375, 378
一神教　64, 70, 434
稲作（イネ）　33, 596, 678
インダス文明　12, 24, 35, 105, 425, 492, 518-520, 528, 572
インディアス　200, 759, 798
────法（フェリペ2世の勅令）　193, 213, 293, 727, 730-732, 759, 783-789, 792, 796, 812-818
インディア領　538, 539, 638, 758
インディオ　781, 784, 796-799, 801, 804, 810, 812, 815, 816
インド・サラセン様式　523, 553
インド洋交易（インド洋貿易）　74-77, 80, 83, 476, 526, 528, 536-540, 558, 564, 566, 568

う

ヴァーストゥ　541, 579, 581
────・シャーストラ　525, 556, 579

ヴァイキング　272, 274, 280, 288, 289, 299, 300, 306, 307, 312, 347, 428, 429
ヴァラ　731, 733, 780, 783, 785, 787-789, 797, 801, 810
ヴァルナ　579, 581
ヴァロア　229, 336
ヴァンダル　199, 226, 242, 298, 344, 418
ウィーン会議　347, 389, 835
ウィクス　4, 113, 254, 256, 296, 298
ヴィクトリア様式　267, 269, 777
ウイグル　36, 102, 491, 493-495, 506, 507, 609
ヴィスタ　16, 21, 22, 47, 537, 699
ヴィハーラ　498, 734
ヴィラ　4, 113, 129, 131, 176, 703, 804
ヴェトナム戦争　705, 709
ヴェランダ　371, 539, 557, 559, 563, 565, 567, 635, 837, 839
ウォーターフロント　271, 277, 665
ヴォーバン式　704, 708
ヴォールト　117, 129, 157, 281
宇宙観　10, 510, 511, 513-515, 568, 569, 674, 694, 700, 735
ウマ　10, 12, 13, 24, 25, 34-36, 41, 86, 101, 103-108, 211, 333, 423, 560, 622, 625, 813-815
海のシルクロード　12, 426, 628, 706, 708
ウルス　403
運河都市　262, 265, 317, 328, 329, 332

え

疫病　348, 537, 721, 770, 820, 829
エクメーネ　ii, iii, 10, 11, 13
エクレシア→民会
エジプト文明　12, 24, 35, 425, 433, 512
エスプラネード　554, 716
エトノス　4, 111
『エリュトラー海案内記』　425, 426, 476, 538, 680
エレベーター　26, 248, 637, 749, 751

お

オアシス　8, 12, 31, 35, 54, 73, 78, 94, 95, 182, 446, 447, 482, 492-494, 496, 498, 500, 502, 504, 757
――都市　35, 36, 54, 72, 73, 108, 492, 493, 498, 506
オーガニック・パターン（オーガニック・プラン）　14-16, 20, 22, 23, 400
オオカミ　33, 34, 101
オーストロネシア　704, 706, 736
オスマニザシオン　229, 445
オッピドゥム　4, 113
オベリスク　161, 163, 373, 415, 446
オリエント　41, 68, 107, 297, 443, 482, 483, 487, 493
オルド　42, 101, 108, 403, 546
オルドス　596, 597
オルメカ文明　756, 757
陰陽　590, 593, 598

か

カースト　77, 529, 536, 541, 545, 557, 563, 678, 725
ガーデンシティ　545, 841, 845, 849, 850
ガート　527, 550, 551
カールムカ　525, 527, 548
海港都市　325, 330, 331, 410
カイザープファルツ→皇帝居城
改善トラスト　523, 532, 533, 583
回族　609, 625
開発トラスト　585, 685
海洋都市　122, 144, 145, 164, 165
カウンティ　221, 777, 778
火器　10, 13, 21, 25, 104, 106, 195, 219, 263, 333-336, 338, 340, 400
華僑（華人）　558, 615, 628, 630, 632, 633, 636, 683-685, 694, 698, 706-708, 718, 719
ガス灯　138, 229, 543, 771
カストルム　4, 60, 113, 132, 165, 254, 256, 298, 388, 400, 442, 483, 745
カスバ　418, 422, 435, 438, 441-445, 449-451, 458
カスル　78, 79, 420
家畜化　27, 31-34, 101-103, 105, 678, 756
カトリック　65, 119, 160, 180, 231, 232, 271, 314, 331, 357, 363, 374, 456, 458, 536, 539, 565, 566, 568, 732, 748, 760, 761
――教会　225, 228, 243, 311, 351, 407, 444, 459, 461, 465, 559, 696, 748
――両王　182, 185, 192
カフェ　52, 63, 66, 127, 241, 261, 300, 301, 382, 383, 436, 439, 643, 693, 697
火薬　10, 333, 334, 336, 340, 743

索引 | 913

カラー　90, 91, 496, 497
『ガリア戦記』　113, 228
カリフ　42, 43, 54, 61, 68, 74, 78, 81, 196, 197, 199, 420, 435, 483, 484
カリブ海交易　786, 787
カルド　18, 54, 61, 112, 126, 128, 130, 138, 140, 146, 168, 170, 180, 193, 293, 421, 422, 438, 442, 746
ガレー船　340, 424, 425
ガレオン船　30, 638, 726, 730, 798, 799
灌漑水路　172, 173, 500
観光都市　87, 154, 187, 369, 371, 467
環状街路（環状通り）　147, 359, 368, 386, 536
漢民族（漢族，漢人）　604, 606, 623-626, 640-642, 644-647, 696, 697
カンティーノ図　429, 430, 677
カントンメント　523, 524, 547, 549, 683, 684
カンポン　721, 723, 741

き

キウィタス　3, 4, 8, 110, 113, 217, 225, 226, 230, 231, 297, 298, 400
幾何学庭園　317, 350, 372, 411
幾何学的　18-22, 90, 153, 183, 283, 304, 317-325, 327, 330, 332, 350, 352, 353, 357, 372, 374, 381, 411, 484, 572, 598, 711, 841
────都市計画　318
キタイ（契丹）　36, 606, 651
騎馬戦　13, 101, 104-107, 333
騎馬民族　12, 41, 106
キャラバンサライ　52, 53, 89, 412, 414, 420, 421, 549
九経九緯　667-671
宮城　302, 352, 357, 364, 365, 372, 373, 381, 546, 601-603, 606, 607, 612, 616, 618, 619, 650, 651, 658, 662, 667, 671, 672
旧石器時代　242, 596
宮殿都市（宮廷都市）　140, 183, 197, 352, 358, 365, 436, 440, 483-485, 552
胸墻　338, 339, 743
匈奴　35, 36, 107, 108, 493, 494
共和制（共和政）　48, 58, 112, 130, 157, 171, 216-218, 220, 222, 237, 240, 268, 343, 807, 812, 840
ギルド　51, 52, 205, 221, 238, 246, 254, 273, 278, 286, 312, 313, 578, 646

────ハウス（────ホール）　247, 255, 273, 286, 311, 357, 401
騎楼　629-631, 635
近代世界システム　13, 26, 832
近代的都市計画　133, 547, 773
金曜モスク（ジャーミー・マスジッド）　77, 78, 81, 83, 86, 418, 420-422, 468, 501, 524, 530, 534, 541, 546, 548, 549

く

クーダム　557, 561, 563
クールドネ　372, 375
櫛状街路　302, 346
クシャトリア　522, 578, 725
クヘンディズ　90, 91, 500
クメール人　698, 699, 708
クラトン　720, 723, 738
グランドマナー　14, 16, 20, 22, 23, 111
クリアランス　349, 481, 582
クリオーリョ→クレオール
グリッド　14-16, 19, 22, 23, 43, 62, 87, 112, 133, 153, 170, 171, 178, 203, 205, 208-211, 282, 283, 290, 292, 297, 301, 303, 305, 308, 309, 317, 321, 324, 326-331, 352, 353, 374-376, 400, 407, 409-411, 422, 434, 438, 445, 457, 459, 465, 474, 487, 503, 519, 537, 542, 543, 545, 546, 555, 565, 566, 569, 603, 617, 621, 630, 643, 669, 671, 682-684, 697, 699, 703, 709, 712, 727, 729, 730, 747, 748, 757, 764-766, 770-774, 776-778, 785, 786, 788, 789, 792, 794-797, 799, 801-803, 807, 810, 811, 814, 816, 834, 836, 842, 843, 848
────都市　14-16, 22, 43, 58, 95, 100, 111, 140, 146, 170, 176, 290, 304, 309, 317, 325, 327, 328, 331, 351, 374, 390, 439, 444, 480, 481, 664, 768, 776, 783, 788, 801, 810, 836, 839, 841
クリミア戦争　503
クルアーン→コーラン
グレート・ジャーニー　8, 28
クレオール（クリオーリョ）　759, 775, 781
グローバリゼーション（グローバル化）　26, 332, 565, 753, 805
グローバル・ヒストリー　ii
グロッド　388, 401, 402
軍営都市　5, 43, 54, 86, 112, 192, 193, 436, 440, 442,

483, 681
郡県制　598, 604, 616, 618
君主制　215, 222, 343, 840
軍事要塞　272, 776

け

京杭大運河　610, 614, 616, 618
ケーブルカー　163, 777, 779
ゲットー　133, 384, 389, 392, 393
ケルト　4, 113, 123, 180, 188, 206, 228, 230, 266, 268, 286, 288, 297, 344, 358, 378, 386
ゲルマン　4, 12, 130, 184, 206, 218, 224-226, 242, 243, 254, 298, 299, 304, 344-346, 358, 362, 367, 378, 382, 401, 406
　──都市　362
建築書　152, 153, 211, 319, 525, 527, 548, 559, 576
ケントゥリア　112, 216, 217
玄武岩　60, 73
元老院　216, 218, 411

こ

巷　627, 629-631
攻囲戦　322, 331
交易都市（貿易都市）　5, 46, 70, 71, 97, 144, 165, 270, 272, 273, 300, 312, 313, 327, 362, 390, 467, 508, 518, 532, 552, 554, 622
郊外　26, 135, 155, 171, 179, 207, 231, 235, 237, 239, 247, 248, 267, 285, 349, 353, 361, 363, 365, 385, 387, 405, 437, 449, 471, 481, 489, 503, 505, 507, 523, 532, 533, 543, 553, 555, 583, 684, 687, 711-713, 715, 717, 767, 772, 773, 777, 795, 797, 805, 811, 839, 841, 844, 847-851
航海術　10, 25, 423, 429, 515, 742
高架道路　765, 777
工業都市　231, 236, 237, 254, 269, 275, 304, 305, 360, 372, 374, 532, 601, 635, 656, 657, 767, 804, 821
考工記　18, 591, 600, 606, 621, 652, 662, 666-668, 670, 672, 675
港市（港湾都市）　5, 25, 26, 66, 74-76, 94, 198, 200, 201, 206, 254, 258, 263, 270, 296, 347-349, 363, 393, 430, 438, 442, 443, 456, 476, 518, 526-532, 536-540, 554, 558, 560, 568, 600, 610, 626, 630, 634, 656, 664, 680, 681, 706, 716, 718, 722,
726-730, 739, 767, 786, 788, 806
公衆浴場（イスラーム）→ハンマーム
公衆浴場（古代ローマ）　119, 160, 228, 242, 274, 400, 421
皇城　601-603, 606, 607, 612, 618, 650, 651, 658
高層ビル　26, 171, 393, 413, 471, 479, 647, 709, 763, 769, 771-773, 777, 837
交通の要衝　59, 86, 190, 242, 266, 346, 412, 436, 504, 660, 692, 698, 708, 710, 712, 716, 772
皇帝居城（カイザープファルツ）　356-359
港湾開発　239, 537
港湾施設　67, 75, 532, 632, 771
ゴート　136, 225, 240, 297, 298, 304, 343, 344, 390, 404
　西──　12, 124, 176, 180, 184, 196, 198, 199, 200, 225, 244, 298
　東──　12, 225, 297
コーヒー　232, 382, 469, 569, 708, 718, 719, 804, 805
ゴープラ　556, 562
コーラン（クルアーン）　583, 416, 421, 466, 513
ゴールドラッシュ　777, 842, 843
黒人奴隷　232, 478, 799, 810
ゴシック　23, 118, 129, 131, 137, 158, 162, 170, 181, 243, 255, 271, 273, 275, 279, 281, 285, 307, 311, 315, 316, 325, 343, 346, 364, 367, 370, 377, 382, 383, 389, 750, 763, 773
　──・リヴァイヴァル　271, 275, 285, 763
　ネオ──様式　383, 773
コショウ　538, 539, 718
コスモロジー（コスモス）　18, 22, 25, 510, 511, 514, 542, 551, 581, 688, 725, 736, 737, 801
古典主義　117, 160, 163, 229, 234, 243, 284, 287, 308, 309, 316, 319, 326, 351, 353, 357, 359, 365, 373, 378, 411, 773
コミュニティ　i, ii, 124, 135, 173, 185, 257, 349, 394, 475, 479, 481, 485, 530, 531, 533, 535, 540, 541, 545, 553, 555, 560, 563, 571-574, 586, 685, 687, 717, 723, 725, 767, 769, 805, 847, 848, 849, 850
コムーネ　25, 126, 128-131, 134, 143-145, 148, 150, 151, 156-159, 219, 220, 254, 342, 343
コメ　32, 661, 696, 708, 728
コモ　112, 143

コモン	221, 553, 765, 766, 834
ゴロド	401, 408, 409
コロニア	4, 18, 111-113, 217, 362, 813
コロニアル様式	471, 553, 692, 693, 695, 697, 698, 707, 791, 792
コンキスタ	13, 25, 195, 199, 298, 758
コンキスタドール	202, 758, 810
コンクリート	117, 545, 749, 750
コンパス	429
コンベルソ	257, 458

さ

ザーウィヤ	420, 439, 441
サーバート	420, 439
祭祀都市	653, 655
栽培化	27, 33
最果てのアレクサンドリア（アレクサンドリア・エスカテ）	92, 99
サヴァンナ	832, 834
砂丘	66, 464, 776, 777
ザクセン	345, 348, 356, 364
サクラ→チャクラヴァルティ	
サザン・パシフィック鉄道	778, 779
左祖右社	607, 612, 619, 652, 667, 672, 675
サトウキビ	721, 774, 794, 804
サライ	85, 86, 88, 89, 485, 499
産業革命	10, 13, 26, 138, 170, 230, 235, 239, 247, 253, 261, 268, 269, 273, 275-277, 282-284, 303, 305, 360, 361, 382, 721, 772, 819, 820, 822, 824, 829, 844
三合院	631, 643
三国時代	590, 592, 620, 652, 654
サンスクリット	5, 576, 716, 734
──語	579, 581, 673, 678, 679, 725, 735, 737
サンタ・フェ協約	192

し

ジードルンク	353, 385
シヴィル・ライン	523, 547
シウダード	726, 727, 732, 780-782, 785, 804
ジェントリフィケーション	773, 777
司教宮殿	253, 370, 371, 379
司教座	18, 65, 118, 119, 144, 152, 164, 176, 184, 203, 230, 242-245, 252, 286, 297-300, 358, 362, 370, 371, 388, 400, 401, 405, 412, 536, 539, 565, 732
──聖堂	142, 156, 157, 167, 536, 539, 565
紫禁城	607, 612, 675, 676, 705
四合院	605, 607, 613, 621, 627, 629, 631, 635
始皇帝陵	107, 598, 599
市参事会	217, 221, 305, 329, 357, 359, 367, 564, 638
子城	616, 617, 626, 628-630, 634
地震	44, 48, 51, 56, 61, 62, 73, 88, 89, 116-119, 122, 159, 192, 204, 205, 368, 394-398, 505, 570, 571, 575, 718, 734, 777, 781, 785, 797
サンフランシスコ──	395, 396, 777
2009年スマトラ島沖──	719
ネパール・ゴルカ──	570
リスボン──	204, 205, 326, 395-398, 430, 537
四神相応	591, 652
慈善院（シュピタール）	346, 368, 391
氏族	9, 30, 215, 477, 484
──社会	9, 30
シダード	536, 537, 564, 638, 639
シタデル	206, 327, 374, 761
自治都市	4, 122, 126, 128, 130, 132, 134, 136, 142, 156-158, 199, 219, 254, 256, 260, 262, 268, 270, 272, 278, 280, 286, 321, 343, 383
市庁舎広場	142, 169, 313, 316, 383, 771
ジッグラト	41, 512
『実利論』→『アルタシャーストラ』	
シナゴーグ	58, 119, 185, 407, 412, 444, 459
シナモン	564, 568, 719
シニョリーア	131, 147, 157, 220
ジハード	43, 54, 454, 469, 494
市舶司	626, 628, 629, 634
ジャーミー・マスジッド→金曜モスク	
ジャイナ教	514, 524, 525, 528, 529, 531, 540, 588
シャイレーンドラ	558, 737, 738
社会主義	iii, 30, 351, 353, 354, 387, 391, 392, 405, 407-409, 412, 414, 503, 591, 615, 648, 702, 703, 709
社稷	18, 619, 650, 651, 667
──壇	607, 619, 652, 653, 655, 702
シャハレスタン	90, 496, 498-500, 504
ジャマーア	43, 420
シャリーア	23, 42, 43, 416, 417

ジャンク船　340, 426, 427, 646
重騎兵　106, 333, 334
宗教改革　64, 243, 284, 303, 307, 313, 316, 322, 326, 352, 357, 363, 367, 374, 381
宗教都市　70, 187, 188, 466
重工業　277, 282, 360
集合住宅　45, 47, 49, 66, 155, 167, 179, 190, 191, 237, 241, 249, 259, 261, 266, 269, 285, 287, 309, 361, 385, 387, 405, 409, 415, 437, 453, 455, 486, 505, 533, 545, 553, 637, 647, 685, 703, 765, 769, 779, 791, 809, 820, 839
十字軍　48, 55, 58, 61, 62, 65, 106, 118, 122, 143, 144, 166, 238, 244, 295, 310, 312, 333, 382, 401, 456, 486, 495
自由主義　89, 199, 353, 811
重商主義　301, 303, 410, 460, 832
柔然　36, 494
修道院解散命令　266, 272, 278, 286
修道会
　シトー派──　388
　托鉢──　146, 157
　ベネディクト派──　388
自由都市　137, 243, 321, 322, 329, 345, 347, 357, 359, 362, 366-368, 376, 390, 391
朱子学　652, 653, 655, 657
出アフリカ　11, 28, 29
シュピタール→慈善院
須弥山（メール山）　569, 609, 694, 700, 724
『周礼』　18, 591, 600, 606, 621, 652, 657, 662, 666, 668, 670, 672, 675
　──都城モデル　666, 670
シュロス　372, 380
巡礼　61, 71, 73-75, 118, 159-161, 186, 187, 401, 508, 509, 526, 550, 551, 556, 558, 562, 563, 741
　──地　62, 71, 74, 80, 126, 158, 186, 252, 359, 362, 368, 531
城下町　322, 330, 332, 380, 381, 411, 659, 664
商館　74, 77, 85-87, 89, 143, 165, 257, 307, 349, 437, 439, 443, 485, 499, 505, 506, 526, 529, 530, 552, 554, 561, 635, 638, 664, 684, 688, 718, 720, 832
蒸気船　10, 13, 26, 75, 430, 529, 558, 565, 707, 726, 727, 774
証券取引所　207, 233, 303, 305, 317, 327, 328, 348
城塞都市　5, 58, 60, 76, 98, 123, 194, 228, 319, 320, 322, 327, 331, 374, 391, 456, 496, 502, 576-578
　近世──　318, 323, 324, 332, 347
上座部仏教　568, 569, 679
城市　2, 3, 603, 614, 644
条坊　2, 649, 654, 660, 662, 663
ジョージアン　284, 287
植民地　13, 26, 76, 93, 119, 121, 143, 144, 162, 183, 192, 193, 195, 198, 199, 231, 263, 282, 283, 289, 324-326, 328, 340, 398, 401, 428, 439, 444, 445, 452, 459, 464, 465, 467, 474, 475, 478-481, 483, 489, 523, 527, 532, 538, 547, 551-555, 564, 566, 569, 583, 611, 636, 639, 643, 646, 647, 653, 678, 683, 684, 690, 693, 699, 702-705, 707-710, 713-716, 719, 722, 726, 728, 731, 733, 759-764, 766-768, 770, 773, 785-787, 794, 797-799, 802, 806, 807, 810, 821, 824, 832-841, 843, 848
　イギリス──　121, 289, 400, 402, 474, 477, 480, 481, 523-527, 530-534, 537-540, 547-556, 559, 564-569, 582, 583, 636, 637, 683, 684, 710-722, 759-764, 768-771, 794, 832-842, 848
　オランダ──　402, 480, 481, 539, 559, 564-568, 640, 714, 715, 718-722, 759, 768, 770, 790, 794, 795, 802, 803
　海峡──　715, 716
　スペイン──　198, 202, 203, 293, 398, 459, 726-733, 758, 759, 776-792, 796-801, 810-818
　フランス──　55, 439, 443-455, 460-467, 554, 692-709, 759-763, 774, 775, 789, 806, 832, 834
　ポルトガル──　76, 77, 324, 452, 456, 462, 476-479, 530-532, 536-540, 558, 559, 564-568, 638, 639, 714-716, 802-809
植民都市　4, 10, 16, 25, 44, 60, 92, 97, 111, 112, 126, 144, 146, 154, 162, 168, 170, 172, 174, 177, 180, 189, 192, 193, 196, 202, 203, 238, 293, 297, 318, 324, 362, 400, 424, 438, 442, 444, 457, 459-461, 465, 478, 481, 487, 535, 536, 539, 554, 559, 564, 566, 567, 638, 647, 683, 710, 714, 721, 724, 726, 727, 730-733, 735, 737, 743, 748, 762, 763, 774, 775, 778, 780, 782-786, 788-790, 792, 796-799, 801, 811, 812, 814, 816, 832, 835, 838, 839, 841, 842
　──計画　293, 459, 535, 730, 789, 814, 835, 838, 839, 841, 842
　──城塞　566

女真　　36, 606, 607
ショップハウス　　569, 683, 685, 690, 691, 693, 695, 697-699, 709, 710, 712, 715, 717, 719
新羅時代　　649, 650, 652, 654, 655
シリア・キリスト教徒　　538, 558
シルクロード　　12, 88, 90, 103, 492, 496, 498, 506, 558, 610, 624, 628, 663
新教徒　　303, 305, 326-328, 331, 350, 352, 375, 378
信教の自由　　537, 770
人口　　355, 361, 481, 732, 771, 821, 829
新古典主義　　117, 163, 284, 287, 308, 309, 316, 326, 351, 353, 357, 359, 365, 373, 411, 773
真珠　　75, 214, 407, 537, 548, 560, 564, 814
心々制　　658, 662
神聖ローマ皇帝　　135, 219, 225, 228, 238, 240, 347, 348, 356, 366, 368, 370, 378, 381, 456
新世界　　ii, 25, 784, 786, 787, 799, 833-835
新石器時代　　56, 114, 596, 620, 756, 820, 823
神殿都市　　7, 8
人文主義　　143, 152, 318, 319, 332

す

水牛　　678, 701, 724
水車　　56, 57, 126, 165, 185, 247, 366
水道橋　　56, 73, 439, 440, 445, 807
水陸交通　　617, 772
水路網　　410, 411, 500, 616, 618, 700, 701
ズィンミー　　42, 458
スーク　　23, 57-59, 62, 63, 75-80, 83, 85, 190, 419-422, 438-444, 447-449, 485
スーパーマーケット　　405, 565
スール　　77, 418, 420
スエヴィ族　　199, 298
スカイスクレーパー　　23, 749
スカイライン　　23, 346, 369, 771, 773, 777
スキエラ　　127, 130, 135
　───型住宅　　127, 130, 135
スキタイ　　99, 106, 107, 344, 493
スクォッター　　523
錫鉱山　　710, 715
スタディオン　　210, 211, 213
ステップ　　37, 40, 103, 174, 438, 440, 441, 492
ストア　　111, 114, 120
ストゥーパ　　565, 572, 682, 734, 737

スプロール　　26, 79, 163, 360, 440, 838, 846
スラヴ　　122, 123, 297, 346, 380, 384, 388, 390, 391, 401-403
スラム　　26, 267, 269, 271, 445, 450, 471, 474, 475, 479, 520, 533, 545, 583, 634, 711, 767, 769, 793, 797
　───化　　67, 171, 179, 771, 773
　───クリアランス　　267, 271, 471, 583, 767, 769
スルタン　　42, 44, 51, 61, 62, 65, 80, 418, 457, 459, 477, 486, 487, 522, 524, 530, 712, 714

せ

西欧列強　　10, 16, 25, 26, 62, 195, 340, 547, 635, 681, 688, 832
製造業　　121, 134, 340, 360, 361, 715, 765, 779, 844, 845
聖都　　42, 61, 64, 65, 70-72, 94, 158-161, 186, 454, 486, 489, 496, 550, 682, 688, 700, 800
青銅器　　12, 110, 597, 678
　───時代　　62, 63, 596, 656
正方形のローマ→ローマ・クアドラータ
聖ヨハネ騎士団　　118, 119, 166
セールスフォース・タワー　　777
世界大恐慌（世界恐慌）　　615, 763, 773
世界単位　　35, 36
世界都市　　25, 258, 260, 352, 664, 665, 716, 768
セカンドアンピール様式　　843
石造　　26, 51, 56, 73, 74, 117, 123, 142, 144, 163, 266, 274, 275, 284, 285, 307, 311, 331, 343, 356, 358, 377, 407-409, 433, 468, 469, 476, 477, 480, 495, 509, 541, 566, 577, 644, 645, 731, 750, 756, 771, 785, 786
石油　　71, 75, 361, 479, 489, 609, 779
セグリゲーション　　225, 481, 552, 555, 839
石灰　　130, 166, 181, 242, 287, 306, 307, 310, 456, 749
石膏　　749
絶対君主制　　222
折衷様式　　139
セツルメント　　475, 683
セノグラフィック・マナー　　21
セメント　　719, 749
戦車　　12, 103-105, 107, 211, 333, 335, 578, 579
扇状都市　　372

前朝後市　652
遷都　43, 44, 68, 86, 182, 393, 409, 412, 415, 449, 451, 454, 455, 470, 471, 473, 496, 506, 547, 549, 552, 593, 598, 600, 602, 607, 608, 619, 649-652, 658-660, 662, 663, 678, 679, 682, 685, 690, 693, 701, 702, 722, 734, 807, 808, 829
鮮卑　35, 36, 494, 601, 658, 674

そ

象牙　76, 447, 461, 474, 528, 564
造形条例　369
造船　10, 25, 118, 232, 233, 283, 305, 391, 428, 429, 515, 538, 539, 628, 635
────所　49, 116, 125, 145, 165, 233, 325, 327, 391, 410, 443, 529, 657, 709, 777, 787, 815
総督　42, 218, 407, 412, 418, 444, 452, 454-457, 461, 465, 483, 503, 523, 536, 537, 547, 611, 641, 643, 647, 664, 674, 683, 708, 720-722, 726, 727, 730, 731, 739, 758, 759, 761, 778, 786, 788, 802, 808, 812, 816, 834, 836, 837, 840, 842
宗廟　18, 599, 650-653, 667, 674
贈与　9, 30, 532
ゾーニング　49, 171, 455, 475, 549, 719, 765, 769, 792, 841
ソグド人　99, 498, 504
ゾロアスター教　498, 506, 513
ソンガイ　464, 466, 467

た

ターク（タキ）　499, 503
ターラール　69, 497
ダイアグラム都市　18, 20, 25
大運河　124, 125, 211, 602, 610, 614, 616, 618, 674
大学都市　134, 144, 155, 176, 177, 262, 280, 284, 304, 372, 373, 381
耐火建築　189, 772
大火（大火災）　348, 395, 731, 770
　シカゴ──　395, 396, 397, 772
　　ボストン──　765
　　明暦の──　395
　　明和の──　395
　　ロンドン──　330, 395, 397, 834
ダイク　258, 260, 262, 264, 742, 795
大航海時代（大発見時代）　192, 200, 204, 206, 256, 257, 318, 324-332, 347, 410, 427, 428, 430, 487, 706, 707, 824
大司教区　378, 536
帝釈天→チャクラヴァルティ
隊商都市　52, 102, 103
大乗仏教　569, 734, 737
隊商宿　46, 50, 52, 57, 59, 79, 421, 448
大盾　627, 629, 631
タイソンの乱　704, 706
堆築　596, 597
第二次世界大戦　61, 65, 69, 75, 119, 121, 131, 135, 139, 155, 207, 229, 231, 239, 243, 255, 257, 261, 263, 269, 271, 277, 279, 309, 311, 347, 351, 353, 359, 360, 363, 369, 371, 385, 387, 389, 391-393, 401, 405, 407, 409, 414, 437, 475, 543, 547, 609, 610, 636, 639, 659, 665, 682, 683, 685, 709, 721, 728, 753, 763, 767, 769, 777, 779, 797, 807, 824, 850
大発見時代→大航海時代
タイファ　184, 195, 197
大砲　21, 25, 195, 318, 320, 322, 334, 336-340, 400, 457, 460, 704, 797
ダウ船　340, 426, 427
タウンハウス　267, 582, 764, 765, 767
　オランダ式──　539, 559, 565, 567
高床式住居　689, 690, 691, 698, 701, 726, 733, 737, 775
タキ→ターク
タバコ　79, 282, 348, 732, 794
タミル人　558, 565
ダム　56, 73, 258, 260, 264, 718
ダルマ　576, 673, 678
単一支配型都市（→プライメイトシティ）　26, 797, 811

ち

治安　57, 171, 465, 603, 644, 711, 765, 771, 773, 793
チーク　74, 539, 541, 561, 682, 693
築城術　263, 333, 334, 336, 338, 340, 742
チベット仏教　508, 622
チャクラヴァルティ（サクラ，帝釈天）　569, 578, 673, 674
茶馬古道　622, 624, 625
チャム族　678, 704, 706

チャンディ　　　734, 737, 738
中世都市　　　14, 22, 113, 151, 159, 187, 188, 191, 226, 229, 272, 282, 296, 302, 303, 306, 311, 316, 317, 323, 324, 326-328, 330, 342, 345, 347, 364, 367, 369, 381, 388, 400, 488, 528, 743, 762
　　──計画手法　　　357
中世ヨーロッパ都市　　　290, 296, 764
超高層　　　445, 665, 749, 805, 807
　　──ビル　　　26, 171, 489, 763, 769, 771, 773, 777
徴税権　　　219, 378
朝鮮戦争　　　648-651, 653
チョール　　　533, 553
貯水池　　　60, 61, 76, 77, 297, 439, 440, 447, 527, 534, 540, 549, 573, 575, 577, 700, 701
チョルス　　　499, 501, 503-505
鎮山　　　607, 650, 652

つ

ツァーリ　　　329, 403, 410

て

帝国主義　　　330, 832
定住革命　　　9, 12
低層住宅　　　83, 365, 413, 685, 772
蹄鉄　　　106, 333
デーン　　　272, 274, 280, 344
デクマヌス　　　18, 54, 61, 112, 126, 128, 130, 138, 140, 146, 162, 168, 170, 180, 193, 242, 293, 421, 422, 438, 746
鉄器　　　12, 41, 105, 176, 274, 378, 493, 520, 706
鉄筋コンクリート　　　66, 71, 271, 701, 749, 750
　　──造（RC造）　　　11, 13, 26, 135, 565, 749-751
鉄骨造　　　11, 13, 26, 749, 750, 751, 773
鉄砲　　　318, 322, 332, 337, 460
デモクラシー→民主制
テュルク　　　5, 46, 107, 493-495, 500, 502
　　──化　　　493, 494
　　──・モンゴル　　　493, 500
デルタ　　　94, 95, 99, 260, 329, 410, 411, 436, 496, 558, 616, 618, 636, 678, 684, 690, 702, 703, 708
田園都市　　　179, 267, 365, 385, 409, 437, 475, 481, 505, 636, 771, 792, 805, 835, 838, 839, 841, 844-851

　　──運動　　　481, 835, 839, 841
天上のエルサレム　　　213, 214, 401
転輪聖王　　　673-676

と

ドイツ騎士団　　　67, 311, 368, 390, 391
ドイモイ政策　　　703, 709
統一新羅時代　　　649, 652
トウガラシ　　　33, 756
透視図　　　22, 129, 322, 339, 373, 780, 781
塔状住宅　　　79, 81, 83, 144, 145, 156, 157
統治権　　　366, 367, 639, 770
トウモロコシ　　　32, 33, 728, 756, 757, 813
ドゥルガ　　　5, 574
ドーム　　　50, 55, 59, 65, 89, 91, 129, 146, 308, 358, 381, 389, 413, 459, 501-503, 512, 843
ドームズデイ・ブック　　　268, 270, 276
都市　　　i-v, 2-8
　　──革命　　　6, 8, 12, 33
　　──基本計画　　　63, 139, 143
　　──教会堂　　　346, 364, 368
　　──権　　　304, 316, 350, 359, 364, 374, 375, 378
　　──公園　　　175, 386, 703, 731, 765
　　──国家　　　2-5, 8, 12, 25, 33, 40, 41, 105, 111, 122-124, 126, 133, 140, 145, 162, 164, 165, 215, 217, 432, 469, 492, 498, 519, 520, 597, 666, 716, 717, 722, 756, 800
　　──再生　　　48, 49, 155, 171, 353, 653, 765, 771
　　──軸　　　115, 128, 373, 384, 386, 387, 415, 422, 449, 457, 459, 474, 527, 529, 536, 661
　　──組織　　　i, 69, 87, 115, 126, 133, 144, 159, 161-163, 169, 191, 220, 221, 346, 376, 387, 416, 482, 555, 573, 643
　　──美運動　　　397, 840, 841
　　──法　　　141, 347, 348, 375, 388, 390, 401, 407, 536, 565
都城　　　2, 3, 18, 22, 25, 36, 37, 214, 433, 514, 515, 521, 527, 591, 593, 597-603, 606, 612, 616, 618-621, 623, 624, 650, 651, 653, 658, 662, 666-668, 670-672, 674-676, 678, 700-705, 725
土地利用計画　　　361, 385, 471
ドック　　　76, 77, 270, 305, 316, 317, 327, 331, 347, 421, 529
突厥　　　36, 494

トプカプ宮殿　45, 487
ドミニコ会　157, 391, 536, 639, 784
ドメスティケーション　27, 33
度量衡　520, 577, 598
トルデシーリャス条約　802
奴隷　iii, 4, 51, 64, 76, 111, 215, 232, 270, 446, 447, 457, 458, 460-462, 469, 477-479, 481, 486, 494, 496, 528, 558, 566, 768, 775, 791, 794, 799, 804, 810, 834, 835

な

ナーガラクルタガマ　734, 735, 738
内法制　658, 662
ナイン・スクエア　543, 581, 669, 671, 733, 766, 767
中庭式住宅　41, 55, 71, 73, 79, 81, 85, 86, 91, 181, 199, 203, 437, 439, 441, 443, 482, 485, 487, 488, 499, 501, 505, 507, 531, 542, 543, 553, 557, 559, 567, 569, 607, 785
長屋　273, 279, 317, 346, 373, 411, 531, 533, 545, 603, 635, 661, 687, 701, 771, 839
ナガラ（ナガリ）→ヌガラ
ナシ族　622, 623, 625
ナチス　66, 229, 243, 261, 277, 279, 354, 367, 392, 393, 407
ナツメヤシ　72, 73, 447
ナポレオン戦争　201, 347, 378, 382, 383, 391, 403, 409, 835

に

西インド会社　790, 795, 802, 806
　オランダ——（WIC）　790, 791, 795, 802, 806
日本租界　610, 611
ニュータウン　231, 244, 267, 283, 284, 377, 385, 409, 636, 637, 711, 721, 769
二輪戦車　103-105

ぬ

ヌガラ（ナガラ，ナガリ，ヌグリ）　5, 735, 737

ね

ネーデルダッチ・マテマティーク　263, 742, 743, 803

ネオ・プラトニズム　319, 321
ネクロポリス　434, 454

の

農耕革命　7-9, 12, 31
農奴制　219, 403
ノルマン　162, 165, 166, 202, 254, 256, 272, 281, 288, 289, 299, 306, 343, 399, 402, 404, 443, 832
　——・コンクェスト　268, 272, 274, 280, 286

は

パークシステム　396, 397
パークランド　474, 838
バーザール　23, 44, 48, 50, 52, 84-89, 91, 419, 474, 475, 497, 499, 527, 529, 533, 535, 542, 546-549, 552, 553, 555, 693
ハーラ　75, 79, 80, 87, 185, 196, 437, 485
バイエルン族　345, 380
パイク兵　333, 334, 337
排水　127, 229, 258, 263, 305, 357, 419, 449, 523, 533, 566, 571, 573, 583, 685, 700, 714, 742, 746, 774, 775, 794, 795
ハヴェリ（→中庭式住居）　523, 542, 543, 547, 548
ハギアソフィア　44, 45, 487
バシリカ　54-56, 118, 128, 129, 156, 160, 181, 199, 213, 378, 442
バスティード　290-293, 324, 400
八十年戦争　258, 261, 263
ハディース　416, 513
パティオ　169, 171, 179, 181, 185, 195, 783, 785, 816
波止場　76, 77, 619, 764, 802
パパーン仏　692-694
バハイ・ナ・バト　727, 732, 733
ハプスブルク家　229, 234, 238, 321, 322, 368, 380-382, 407
バラ　4, 284, 285, 296, 299, 343
パラッツォ　124, 126, 127, 129, 131, 133, 137, 139, 143, 145-147, 152, 153, 156, 157, 160
パリアン　726, 727, 730, 731
バルコニー　66, 167, 189, 191, 203, 371, 413, 477, 733, 787
バロック　22, 25, 47, 62, 63, 137, 140, 141, 158-162,

191, 204, 207, 229, 234, 264, 277, 284, 303, 315, 317, 321, 330, 350-354, 357, 364, 365, 371-373, 375, 377-379, 382, 383, 389, 397, 398, 407, 411, 536, 537, 703, 783, 797
　───都市　22, 140, 161, 229, 372, 373, 378
バンガロー　555, 569, 635, 683, 717, 837, 839
　カリフォルニアン・───　839
半月堡（半月城）　323, 324, 654, 744
万国博覧会（万博）　749, 751, 771, 773, 777
　1908年───（サラゴサ）　174, 175
　2008年───（サラゴサ）　174, 175
　シカゴ───　773
ハンザ同盟　254, 300, 302, 306, 307, 311, 312, 316, 328, 347, 348, 357, 390
ハンザ都市　347, 348, 360, 362
版築　596, 604, 624, 625
バンド社会　9, 30
ハンドレッド　221, 270
蕃坊　629, 634
ハンマーム（公衆浴場）　45, 50-52, 59, 61, 74, 79, 87, 89, 91, 119, 196, 420, 421, 438, 448, 449, 458, 485, 497, 501

ひ

ピエ　813, 814, 816, 818
東インド会社　255, 259, 261, 263-265, 285, 305, 327, 330, 410, 430, 480, 524, 526, 527, 539, 549, 552, 554, 559, 565, 566, 640, 712, 714, 716, 718, 720, 722, 739, 762, 768, 831
　イギリス───　539, 549, 552, 554, 716
　オランダ───（VOC）　255, 259, 261, 263-265, 480, 539, 558, 559, 565-567, 640, 714, 718-722, 739, 768, 831
ピクチャレスク　115, 267, 353, 369, 371, 684
飛行機　10, 11, 13, 26, 306, 749, 753
ヒジュラ　43, 416
ヒツジ　34, 36, 101
ヒッポダミアン・プラン（ヒッポダモス様式）　14-17, 100, 112, 118, 162, 208
火縄銃　336, 338
ピューリタン　221, 766, 767
氷河期　31, 101, 352, 756, 757
ピラミッド　23, 73, 373, 423, 433, 434, 436, 512, 700, 701, 749, 750, 757, 777

ヒンドゥー（───教）　5, 76, 97, 98, 486, 510, 513, 514, 522-526, 528, 529, 531, 534, 535, 540-542, 549-551, 556, 559, 561-563, 568, 569, 573-576, 588, 673, 674, 678, 680, 683, 684, 687, 688, 700, 712, 717, 720, 722, 724-726, 734, 735, 737, 738
　───寺院　76, 529, 535, 540, 559, 562, 563, 683, 684, 687, 712, 717, 724

ふ

ファラオ　64, 433, 434, 436, 512
風景式庭園　365
風水　590-593, 607, 612, 624, 646, 649, 650, 652, 653, 675, 704
プール　4, 242, 296, 298, 343
ブールヴァール　363, 437, 614
フェニキア人　166, 196, 200, 297, 324, 424, 452, 454
フェリペ2世の勅令→インディアス法
フォート　76, 276, 477, 522-524, 532, 683, 790, 794, 795
フォーラム　112, 180, 181, 212, 213, 229, 230, 293
フォルム　133, 137, 146, 158, 160, 242, 351, 353
フォロ　128, 130, 163
ブギス　717, 736
仏教　98, 493, 506, 508-510, 513, 514, 565, 568, 569, 573, 575, 595, 607, 616, 622, 651, 654, 655, 674, 678, 679, 682, 683, 692, 693, 700, 701, 734, 735, 737, 738
　───寺院　508, 538, 567, 651, 654, 679, 683, 692, 695, 696, 698
　───僧院　498, 558, 568, 573, 575
プラ　5, 524, 527, 535, 678, 716, 725
ブラーカーラ　556, 557
プラーナ　556, 557, 678
ブラーフマン　510, 556
プライメイトシティ（→単一支配型都市）　26, 532, 547, 691, 721, 797, 811
プラサ・マヨール（マヨール広場）　178, 188-191, 193, 727, 780, 783, 785, 788, 789, 796, 797, 799, 801, 810, 814, 816
フランク　126, 130, 150, 228, 243, 244, 254, 344, 345, 380
フランシスコ会　157, 176, 536, 728, 780
フランス革命　229, 231, 235, 289, 373, 539, 567

フランチジェナ街道　148-150
プランテーション　478, 569, 707, 710, 711, 715, 718, 759, 794, 795, 804, 806, 832, 833, 835
ブランデンブルク辺境伯　350, 352, 390
プル　5, 542
ブルク（城）　4, 242, 254, 296, 299, 342, 343, 348, 364, 366, 380, 381, 388
プルシャ・マンダラ　543, 581
プレファブ　471, 473
──化　11, 385
プロテスタント　62, 232, 243, 257, 265, 289, 313, 748, 761, 763
フン族　12, 124, 225, 243, 382
フンドゥク　420, 421, 439, 441, 444, 448, 485

へ

米国同時多発テロ　396, 398
米国独立　764, 768, 834
米墨戦争　776, 778
ペルシア人　41, 114, 492, 493, 538, 540, 558, 560, 634, 683
ベルベル　194, 197, 202, 240, 434, 435, 446, 448, 450, 452, 456, 458, 485
ヘレニズム　42, 58, 59, 62, 91, 94, 100, 111, 114, 333, 500, 521
ヘレフォード図　224, 295

ほ

保　658, 659
ポイント・オブ・ビュー（ポワン・ド・ヴュ）　22, 282, 283
坊　601, 603, 607, 627, 640, 641, 651, 653, 654, 658, 659, 662, 671, 672, 703
貿易都市→交易都市
封建制　218, 219, 342, 343
旁三門　600, 606, 667-671
坊墻制　603, 658
放牧　765, 813
ポエニ戦争　106, 166, 198
ホーエンツォレルン　350, 352
菩薩　509, 568, 701
ポセイドン　105, 209, 210
保存的外科手術　534, 535, 582, 583, 585, 589
北闕型　658, 662

ポデスタ　135, 137, 157, 220
ポトシ銀山　796, 798, 799, 801
ホモ・サピエンス　ii, 8, 11, 27, 28, 34, 101
ポリス　3, 4, 8, 110, 111, 162, 208, 215, 220, 226
ポル　525, 531, 535, 582, 585, 586, 588, 589
ボルゴ　126, 127, 130-132, 138, 142, 161
ポルダー　258, 260, 262, 264
ポルティコ　98, 111, 126, 127, 135, 142, 153, 169, 189-191, 814, 816, 818
ポルトゥス　5, 144, 206, 254, 296, 298
ポルトラノ図　429
ボロブドゥール　425, 737

ま

マーナサーラ　527, 534, 548, 556, 579, 580
マクハー　436, 443
マクバラ　419-421
マスケット　336, 337, 460
マスジッド　420, 422, 535, 548
街屋　631, 643, 646, 647, 702, 703, 707
町屋　273, 275, 279, 553, 617, 660, 661
街割り　651, 725, 765, 777
マッパ・ムンディ　39, 516, 677
マディーナ・アッサラーム　43, 659
摩天楼　78, 82, 141, 772
マドラサ　45, 50-52, 58, 59, 61, 80, 86, 196, 420-422, 439, 444, 449, 451, 459, 485, 496, 497, 499, 501-505, 507
マニエリスム　21, 137, 184, 332, 369, 381
マハッラ（マハッレ）→モハッラ
マハラジャ　534, 542, 583, 585
マムルーク　57, 486
マヤ文明　757
マヤマタ　559, 569, 579, 580
マヨール広場→プラサ・マヨール
マラータ　524, 532, 534, 543, 547, 549
マルクトプラッツ（→市場広場）　346, 356, 359, 364, 368, 369, 373, 375, 378
曼荼羅（マンダラ）　543, 556, 568, 576, 580, 581, 682

み

ミクロコスモス　510, 581, 736
ミスル　5, 43, 54, 420, 435, 440, 482, 483, 681

店屋　621, 629-631
密教　558, 734
ミッチャム・ガーデン・サバーブ　839, 848, 849
ミノア　110, 424
ミフラーブ　55, 58, 83, 446, 449
民会（エクレシア）　111, 215-217
民主制（デモクラシー）　94, 111, 215

む

ムーア（モール）　435, 466
ムギ　32, 250, 432, 436, 482, 596
　オオムギ　12, 31, 32, 94, 580, 813
　コムギ　12, 32, 33, 60, 145, 165, 457, 519, 609, 747, 813
ムスリム（イスラーム教徒）　42-44, 48, 50, 51, 54-57, 61, 62, 65, 72, 73, 76, 77, 172, 176, 178, 184, 192, 196, 322, 418, 438, 439, 443, 445, 452, 458, 466, 472, 477, 481-484, 486-488, 494, 506, 509, 521-526, 528, 529, 531, 534, 535, 538-541, 547, 549, 550, 555, 558, 559, 561, 563-566, 568, 679, 683, 685, 725, 726
　────・コミュニティ　540, 560
　────商人　76, 426, 526, 527, 539, 540, 560, 564, 566, 680, 726
ムセイオン　96, 115, 431
ムニキピウム　4, 128, 130, 217

め

迷路都市　22, 23, 325
メール山→須弥山
メガシティ　408, 546, 720, 781, 792, 796, 804, 806, 811, 819
メスティーソ　732, 733, 759, 796
メソコスモス　510, 599
メソポタミア文明　12, 24, 35, 64, 198, 425, 432, 512, 518
メディチ家　144, 145, 147, 320, 332
メトイコイ　4, 111, 215
メトロポリス　3, 66, 84, 210, 211, 441, 554, 635, 653, 690, 691, 795
綿織物　268, 469, 540, 558

も

モール→ムーア

木造　44, 46, 77, 123, 129, 131, 205, 246, 272, 281, 284, 303, 309-311, 343, 371, 377, 391, 395, 396, 413, 473, 477, 480, 509, 527, 540, 541, 570, 627, 643, 682, 687, 693, 701, 730, 732, 751, 767, 772, 794, 795
モサラベ　176, 199
モダニズム　66, 171, 241, 383, 387, 471, 473, 544, 545, 698, 703, 769, 793
木骨造　46, 51, 52, 357, 367, 369, 371, 373
モデュール　112, 520, 572
モニュメント　16, 44, 45, 115, 137, 156-158, 161, 171, 196, 273, 285, 489, 497, 499, 573, 661, 791
モハッラ（マハッラ，マハッレ）　45, 62, 83, 185, 420, 421, 503, 505, 535, 551, 560, 561
モリスコ　438, 454, 458, 459
モンゴルの侵入　55, 59, 61, 69, 74, 91, 97-99, 389, 402, 403, 405, 408, 412, 414, 485, 498, 504, 602, 624, 679, 686
モンスーン　78, 425, 519, 538-540, 558, 564, 566, 568, 626, 700

や

ヤギ　34, 46, 101, 813
山城　375, 381, 577, 654

ゆ

有機的街路網（→オーガニック・パターン）　317, 364, 487, 501
邑城　655-657
ユートピア　19, 515, 803
遊牧民　12, 24, 35-37, 43, 57, 84, 106-108, 333, 441, 482, 484, 485, 488, 493, 504, 601, 658, 756
ユグノー　231, 232, 331, 350-352
ユダヤ　64-66, 78, 185, 208, 213, 257, 315, 352, 387, 437, 503, 512, 513, 748
　────教徒　43, 51, 55, 65, 184, 196, 257, 435, 472, 527, 538, 539
　────商人　229, 457
　────人　48, 58, 64-66, 72, 79, 85, 119, 133, 168, 169, 176, 185, 194, 195, 197, 213, 257, 272, 285, 315, 366, 375, 380, 382-384, 386, 387, 389, 392, 393, 405, 413, 438, 439, 446, 457-459, 503, 791
　────人街（────人居住区）　58, 168, 169, 176, 185, 194, 197, 380, 384, 386, 392, 393

よ

要塞都市　120, 140, 169, 193, 240, 244, 245, 250, 339, 382, 408, 436, 460, 760, 784

ら

ラージャ　84, 518, 520, 522, 539, 542, 556, 580, 673, 678, 726, 730, 734
ラーマーヤナ　522, 562, 563
ラール・キラ　546, 547, 548
ラグーン　203, 476, 618, 660
ラクダ　10, 12, 34, 35, 59, 61, 89, 101-103, 417, 421, 502, 578
羅城　591, 618, 626, 628, 629, 649-651, 662, 702
羅針盤　333, 428, 429
ラテン十字　181, 783
ラバド　90, 91, 418, 438, 439, 486, 488, 496, 498-500, 504
ランゴバルド　124, 126, 130, 136, 142, 150, 158, 164
ランドマーク　96, 200, 239, 279, 282, 302, 350, 364, 370, 371, 375, 376, 381, 410, 470, 695, 703, 767

り

理想都市　18-20, 132, 137, 152, 153, 166, 192, 208, 209, 213, 293, 304, 305, 318, 321-324, 328-330, 374, 401, 483, 515, 544, 743, 766, 844
────計画　20, 21, 293, 319, 320, 328, 411, 515, 742, 745, 746, 748, 803
立憲君主制　222, 840
リネア型住宅　127, 135
リューベック都市法　347, 390
領主制　218, 342, 343, 378
稜堡　21, 77, 127, 131, 250, 265, 304, 311, 313, 320, 324, 338-340, 347, 366, 377, 382, 391, 410, 457, 477, 559, 566, 704, 705, 743, 744, 790, 794, 802, 803
────式城塞（────式要塞）　305, 317, 320, 321-324, 327-329, 331, 347, 352, 353, 374, 375, 379, 381, 391, 702, 744

る

ルア・ディレイタ　536, 539, 564, 565
ルネサンス　20, 21, 25, 117, 118, 120, 127, 131-133, 136-138, 140, 143, 145-147, 152-155, 159, 160, 167, 181, 184, 185, 188, 189, 193, 231, 241, 243, 290, 301, 303, 304, 313, 315, 317-319, 321, 322, 325, 326, 332, 339, 343, 344, 347, 352, 357, 364, 367, 369, 374, 377, 381, 383, 388, 389, 393, 407, 456, 675, 743, 746, 761, 762, 773, 783
────都市　120, 127, 136, 137, 154, 160, 301, 762
────理想都市　374

れ

レヴァント貿易　221, 238, 239
レギスタン　498, 502, 503
レコンキスタ　13, 25, 172, 176, 180, 182, 184-188, 190, 192, 194-197, 199, 200, 206, 298, 318, 336, 401, 444, 537, 758
煉瓦造　45, 72, 81-83, 133, 144, 255, 266, 303, 308, 317, 346, 351, 353, 390, 412, 481, 482, 509, 527, 558, 577, 643, 688, 693, 732, 751, 765, 767, 771, 785, 796

ろ

ロイヤル・クレセント　287, 765
労働者　15, 49, 76, 83, 175, 191, 237, 269, 349, 361, 382, 383, 391, 434, 475, 533, 545, 661, 710, 715, 747, 767, 777, 791, 804, 820
ローマ教皇　18, 219, 225, 228, 231, 278, 289, 320, 378, 389
ローマ・クアドラータ（正方形のローマ）　18, 54, 110, 112, 113, 140, 180, 242, 293
ローマ植民都市（ローマン・タウン）　18, 54, 60, 113, 154, 168, 170, 176, 193, 274, 362
ロココ　234, 351, 352, 357, 371, 411
ロシア革命　312, 405, 407, 409, 503
ロッジア　126, 129, 131, 143, 153, 697
ロバ　34, 59, 101, 102, 578
ロマネスク　129, 136, 144, 145, 152, 158, 181, 243, 307, 343, 358, 370, 378
ロマン主義　353, 367, 369, 379
ロマンチック街道　368, 369
路面電車（LRT）　361, 445, 712, 776

わ

ワカーラ　420, 421, 437
ワクフ　45, 50, 85, 422, 449, 484-487, 685

倭寇　632, 657, 732
ワディ　70, 72, 74, 78-80, 82

VOC→オランダ東インド会社
WIC→オランダ西インド会社

英語・略語

TO図　223, 224, 295, 341, 516, 677

地名・都市名・国名・王朝名索引

あ

アーグラ　108, 527, 546, 548, 549, 584, 827
アーヘン　226, 228, 251, 252, 345, 358, 359
アイスランド　299, 306, 428
アイユーブ朝　57, 59, 61, 65, 79, 81, 420
アイルランド　270, 274, 288, 289, 299, 330, 763, 775, 776, 832
アヴァ→インワ
アヴァリス　433, 823
アウグスブルク（アウグスタ・ウィンデリコールム）　223, 299, 345
アカプルコ　430, 638, 798, 799
アグラブ朝　435, 440-443
アケメネス朝→ハカーマニシュ朝ペルシア
アステカ帝国　758, 780, 782
アストルガ（アストゥリカ・アウグスタ）　190, 297
アチェ　681, 718
アッカド　24, 40, 41, 518
アッシリア　15, 40, 41, 56, 58, 68, 96, 101, 107, 224
アッバース朝　42, 43, 58, 68, 69, 78, 81, 83, 91, 97, 103, 434, 435, 440, 442, 448, 484, 659, 680
アテネ　67, 111, 114, 115, 120, 212, 215
アデレード　832, 835, 836, 838, 839, 841, 848
アデン　80, 427
アドリア海　120, 122-124, 126, 134, 154
アナトリア　6, 40, 41, 46, 47, 50-52, 107, 110, 486, 487, 495
アヌラーダプラ　568, 569
アフガニスタン　90, 98, 492, 494, 518-520, 522, 679
アフマダーバード　524, 525, 530, 534, 584, 587, 827
アペニン山脈　134, 142

アマゾン川　800, 806
アマルナ　15, 64, 434
アマルフィ　122, 164, 165
アムステルダム　221, 241, 258-262, 265, 327, 328, 332, 351, 410, 411, 660, 743, 790, 792, 827
アム・ダリヤ　492, 496, 498, 502
厦門　630, 632, 633
アユタヤ（朝）　568, 674, 681, 688-690, 694
アヨーディア　688, 825, 826
アラビア海　426, 518, 519, 528, 540, 564, 680
アラビア半島　33, 42, 43, 70-82, 102, 425, 427, 476, 482, 486, 494, 560, 680
アラル海　33, 99, 492, 495, 498, 503
アルコス　99, 194, 425
アルジェ　435, 444, 445, 447
アルスター　289, 832, 833
アルゼンチン　758, 800, 810, 811
アルノ川　144, 145-147
アルプス（山脈）　113, 126, 138, 226, 230, 231, 257, 344, 378, 380
アルメニア　48, 63, 65, 85, 87, 407, 412-415, 469, 470, 471
アレイア　42, 92, 97
アレクサンドリア　92-100, 111, 424, 431, 476, 483, 517, 628, 825, 826
アレッポ　56-59, 482
アンカラ　44, 46-49, 94
アンコール　674, 678, 679, 700, 701, 738, 826
────・トム　20, 701, 738
────・ワット　18
アンゴラ（共和国）　478, 479
アンダルシア　192, 194, 196, 198-200
アンダルス　194-199, 434, 435, 439, 448, 449, 454, 458, 459
アンデス　12, 32, 33, 756-758, 792, 798, 799, 800

アントウェルペン　256-258, 261, 322, 323, 327, 339, 362, 452

い

イア　116-118
イェーテボリ　304, 305, 328
イエメン　54, 70, 75, 78-82, 468, 487
イオニア　120, 783
渭水　597-600, 620
イスタンブル　44-50, 59, 395, 396, 451, 487, 488, 823, 827, 829
イスパニア　178, 194
イスパニョーラ島　202, 758, 784, 785
イスファハーン　84, 86, 87, 488, 495
イズミル　46, 48, 49, 51
イスラエル　29, 56, 64-67, 101, 186, 213, 389, 457, 766, 808
イビサ島　198, 297
イフリーキア　434, 438, 440
イベロアメリカ　200, 202, 756, 759, 787
イラク　35, 42, 43, 68, 70, 97, 489, 679, 822, 823
イラン　41-43, 51, 84-90, 483, 486, 488, 489, 491-494, 500, 518, 520, 531
イラン高原　33, 41, 84, 86, 492, 518, 679
イル・ド・フランス　63, 343
殷（王朝）　35, 105, 107, 597, 598, 600, 620
インカ　758, 796, 798, 800, 801
インダス川　12, 34, 41, 42, 93, 99, 102, 105, 109, 518-522, 528, 679
インドネシア　5, 421, 677, 718, 720, 722-724, 735, 736, 739, 794
インドラプラ　546, 679
インワ（アヴァ）　679, 682

う

ヴァーラーナシー　550, 584
ヴァイマール　353, 364, 365
ヴァティカン　22, 109, 160, 161, 186
ヴァロア朝　229, 336
ウィーン　152, 238, 299, 322, 323, 347, 363, 379-383, 389, 403, 461, 827, 829, 835
ヴィエンチャン　693-696
ヴィエンヌ　113, 230, 298
ヴィガン　731, 732, 733
ヴィクトリア湖　432, 436, 474
ヴィクトリア朝　763, 843
ヴィジャヤナガラ王国　536, 537, 559, 568
ヴィスビー　306, 307, 311, 312, 347, 390
ヴィスワ川　388-390, 393, 402
ヴィチェンツァ　127, 128, 129
ヴィヤーダプラ　425, 678
ウィンチェスター　113, 299
ヴェトナム　590, 634, 676, 679, 692-694, 696, 697, 699, 702-709, 775
ヴェネツィア　48, 59, 116, 117, 120-122, 124, 125, 127-129, 131, 133, 134, 143, 339, 341, 389, 429, 826, 827
ヴェラクルス　782, 797, 799
ヴェローナ　112, 128, 130, 131, 136, 297
ヴォルムス　298, 345, 378
ウクライナ　103, 225, 314, 315, 403-407
ウズベク　98, 505
ウマイヤ朝　43, 54-56, 58, 61, 72, 97, 184, 196, 199, 421, 440, 483
ヴュルツブルク　345, 373
ウル　40, 64, 482, 823
ウルク　6, 40, 823
ウルビノ　154, 155, 157, 319, 339
雲南　33, 622, 624, 625, 683, 686, 696, 702

え

エーゲ海　41, 42, 44, 48, 49, 93, 94, 110, 118, 119, 424
エーレ海峡　316, 317, 328
エクバタナ　24, 42, 96, 825
エジプト　15, 42, 54, 92, 94, 96, 107, 118, 217, 423, 424, 432, 434-437, 469, 472, 483, 566, 628
──王国　41, 105
　古代──　54, 60, 64, 101, 432-434, 512
エチオピア　78, 80, 102, 432, 468-473, 564
エッセン　345, 829
エディンバラ　284, 285, 582, 584
江戸　332, 346, 395, 396, 659, 661, 663-665, 827
エトルリア　4, 19, 111, 112, 134, 136, 142, 144, 148, 150, 151, 154, 158, 162, 215, 216
エミリア＝ロマーニャ州　132, 134
エルサレム　22, 25, 64-66, 118, 166, 186, 213, 257, 295, 401, 483, 495, 515, 583, 781, 825

エルベ川　　228, 242, 349, 350, 352

お

王険城　　648, 825
オークニー諸島　　299, 428
大阪（大坂）　　332, 659-661, 665, 827, 829
オーストラリア　　11, 102, 728, 831, 832, 834-843, 848
オーストリア　　121, 123, 125, 127, 131, 138, 234, 238, 251, 321, 322, 359, 375, 378-382, 389, 403, 407
オクサス川　　492, 496
オクシアナ　　92, 98, 492, 496, 502
オケアノス　　39, 109, 223
オケオ　　425, 678, 708
オスマン帝国（オスマン朝，オスマントルコ）　　44-48, 50-52, 55, 57, 59, 61, 62, 65, 74, 79, 81, 96, 114, 118, 119, 123, 166, 238, 322, 382, 386, 387, 416, 436, 437, 439, 443, 444, 447, 487
オマーン　　76, 82, 476, 477, 518, 529
オリンダ　　802, 806

か

夏（王朝）　　35, 597, 598
ガージャール朝　　84, 88, 89
カーブル　　97, 98, 493
カールスルーエ　　242, 372, 373
開封　　602, 603, 618, 619, 823, 826, 829
カイラワーン　　54, 434, 435, 440-443, 448, 483
カイロ　　42, 61, 74, 432, 435-437, 441, 485, 486, 826, 827, 829
ガオ帝国→ソンガイ帝国
カサブランカ　　451-455
カジャオ　　796-798, 801
カスティーリャ　　180, 182, 184, 187-190, 195, 197, 199, 202, 206, 456, 458, 814
────王国　　176, 182, 184, 188, 195, 199, 202, 458, 814
カストラ・レーギナ→レーゲンスブルク
ガズナ朝　　98, 494, 495, 522
カスピ海　　84, 102, 109, 412, 493, 520
カタルーニャ　　168, 170, 200, 343, 450
カディス　　198-201, 297, 324, 325, 825
カディリ→クディリ

カトマンドゥ　　521, 570-575
カナダ　　760-763, 834
カナリア諸島　　202, 203, 517
カフーン　　15, 434
カペー朝　　228, 232
鎌倉　　659, 664, 826
カラック　　428, 430
カランガセム王国　　724, 735, 737
ガリア　　113, 136, 226, 228, 230, 240, 242, 254, 298, 344, 362
カリカット　　427, 538, 540, 638, 677
カリブ　　758, 759, 775, 784, 786-788, 790, 794, 833
カリフォルニア　　776, 778, 839
ガリラヤ湖　　60, 186
カルカッタ　　552, 583-585, 829, 849
カルタゴ　　24, 62, 106, 142, 166, 196, 198, 225, 297, 418, 421, 424, 425, 434, 438, 442, 444, 825, 826
カルタゴ・ノヴァ　　198, 297
カルタヘナ　　198, 297
ガンダーラ　　493, 680
カンダハル　　92, 97, 98
咸陽　　598-600, 620

き

キエフ　　402-406, 408
キクラデス諸島　　110, 116
ギザ　　423, 434
朝鮮民主主義人民共和国（北朝鮮）　　648, 650, 651
喜望峰　　74, 462, 463, 480, 638
キャンディ　　568, 569
キャンベイ　　524, 526, 530, 531
キャンベラ　　22, 547, 840, 841, 843
キューバ　　784, 786-789
京都　　591, 658-660, 662, 663, 665
ギリシャ（現代）　　48, 114, 116, 121, 775
ギリシャ（古代）　　4, 16, 17, 20, 42, 44, 58, 93, 94, 96, 97, 100, 105, 106, 110-112, 115, 118-121, 142, 162, 184, 215, 224, 226, 238, 240, 293, 342, 344, 424, 425, 429, 476, 483, 510, 513, 538, 823
金（王朝）　　36, 495, 602, 603, 606, 611, 617, 618, 619

く

グアダルキビル川　196, 198, 200, 297, 324
グアテマラ　398, 757, 759, 782
グアナハニ島（サン・サルヴァドル島）　13, 195, 516, 755, 758, 784
クイロン　427, 538
クーファ　43, 72, 483
クール　299, 345
グエン（阮）朝　702, 704, 705, 707, 708
クシャーナ朝　97, 98, 493
グジャラート　477, 518, 519, 524-526, 528, 530, 531, 534, 540, 558, 582, 680
グダニスク　312, 390, 391, 393
百済　593, 648, 652, 656
クディリ（カディリ）　722, 734, 738
グニェーズノ　388, 402
クメール　678, 679, 692, 698-700, 708, 738
クラクフ　388, 389, 393, 402
グラスゴー　282-285, 829
グラナダ　25, 186, 192-195, 298, 458, 826
────王国　25, 192, 195, 336
グリーンランド　31, 299, 306, 428
クリスチャンスハウン　317, 328
グレシク　681, 722
クレタ島　24, 110, 424
クレモナ　136, 297

け

慶州　649, 654-657
ケープタウン　480, 481, 848
ケチュア　757, 758, 800
ケベック　760-763, 834
ゲルマニア　242, 296, 299, 323, 342, 344, 345, 362
ケルン（コロニア・アグリッピネーンシス）　246, 257, 298, 343-345, 352, 362, 363
元　36, 491, 601, 603, 606, 607, 611, 614, 617, 627-629, 634, 675, 679
ケンブリッジ　280, 281, 764

こ

ゴア　536, 537, 539, 638
後ウマイヤ朝　184, 194, 196, 197, 199, 225, 484, 829
黄河　12, 24, 32, 105, 482, 596, 597, 603, 610, 612
────流域　482, 596, 612
紅海　29, 42, 54, 60, 70, 72, 74, 78, 80, 95, 102, 103, 423, 425, 426, 436, 468, 476, 526, 538, 680
高句麗　610, 648, 649, 656
広州　285, 426, 611, 618, 634, 635, 638, 680, 826, 827
杭州　558, 610, 618, 619, 680, 823, 826, 827
江南　607, 612, 614, 616, 617, 621
高麗　592, 593, 649-657
コージコード　427, 540
コーチン　427, 536, 538, 539, 559, 638
ゴール　539, 559, 564, 566, 567
────朝　97, 98, 495, 522
ゴスラー　345, 356, 357
コタゲデ　739, 741
黒海　44, 52, 111, 143, 225, 341, 406, 412, 423, 424, 493, 494, 520
ゴットランド島　306, 307, 311, 312, 347
コペンハーゲン　316, 317, 323, 328, 329
コリントス　100, 111
コルカタ　552, 829
コルチェスター　113, 299
コルドバ　196-199, 298, 483, 484, 823, 826, 829
ゴレ島　270, 462, 463
コロニア・アグリッピネーンシス→ケルン
コロマンデル　530, 559, 560, 680
コロラド　756, 779
コロンボ　539, 559, 564, 565, 638
コンスタンティノープル　44, 105, 164, 196, 297, 382, 404, 487
コンバウン朝　676, 679, 682, 684

さ

サーサーン朝ペルシア　42, 54, 78, 86, 88, 90, 91, 97, 414, 483, 486
サーマーン朝　494, 498, 500, 504
サーマッラー　43, 68, 484
サイス　433, 825
サガイン　679, 682
サカテカス　782, 798
サナア　78-81, 487
サハラ砂漠　ii, 102, 103, 341, 435, 438, 440, 446, 447, 450, 460, 464, 466, 467
サファヴィー朝　84, 86, 87, 98, 412, 488

索　引 | 929

サヘル　442, 464, 465
サポテカ　756, 757
サマルカンド　90, 483, 486, 493, 498-503, 826
サラゴサ　174, 175, 297
サラマンカ　190, 191, 255
サルヴァドル　806, 808
ザルツブルク　299, 378, 379
サルディス　42, 94
サルデーニャ島　143, 144, 225
サンクトペテルブルク（ペテルブルク）　312, 329-332, 408-411, 824, 827, 829
サン・サルヴァドル島→グアナハニ島
ザンジバル　76, 476, 477, 529
サンティアゴ・デ・コンポステーラ　186, 187, 197, 401
サントス　804, 806
サント・ドミンゴ　177, 202, 780, 783-786, 797
サンパウロ　804-807, 829
サンフランシスコ　397, 776, 777, 779
サンルイ　460-463, 465

し

ジェッダ　70, 74, 75
シェトランド諸島　299, 428
シエナ　148-153
ジェノヴァ　45, 48, 122, 142, 143, 164, 231, 240, 257, 429, 439, 458, 464, 826
ジェンネ　103, 465-467
シカゴ　6, 750, 772, 773, 779, 829, 840
シチリア島　165, 167, 225, 306, 336, 395, 398, 399
シドニー　834, 836, 837, 840, 841, 843
シドン　62, 424
シバーム　81-83, 487
ジブラルタル海峡　200, 324, 424
シャージャーハーナーバード　108, 527, 546-548
シャイバーン朝　98, 498
ジャイプル　5, 542, 543, 584
シャイレーンドラ朝　425, 558, 737, 738
ジャカルタ（ジャカトラ，ジャヤカルタ，スンダ・カラパ，バタヴィア）　263, 720, 721, 723, 739, 829
ジャグアシエンフエゴス　786
シャッフハウゼン　345
シャム　568, 693-696, 701

ジャワ　5, 27, 425, 714, 720, 722, 723, 734, 735, 737-739, 741, 794
上海　260, 611, 614-616, 618, 635, 647, 703, 829
周（王朝）　2, 35, 107, 597, 598, 600, 602-604, 620, 653, 657, 666, 674
シュトラスブルク（→ストラスブール）　242, 322, 345
シュメール　40, 41, 105, 512, 518-520
シュリーヴィジャヤ　425, 558, 738
小アジア　6, 16, 17, 33, 41, 42, 94, 104, 111, 491, 495
漳州　630-634, 638, 643, 732, 798
ジョクジャカルタ　738, 739, 741
ジョチ・ウルス　403, 408
ジョホール　681, 716
新羅　592, 649, 650, 652, 654, 655, 656, 657
シリア　29, 35, 40-42, 54, 56, 58, 60, 63, 65, 68, 70, 75, 78, 102, 196, 449, 483, 486, 489, 538, 558
シルカップ　100, 521
シル・ダリヤ　492, 494, 498, 502, 504
清（王朝）　36, 506, 507, 601, 603-605, 607-609, 611, 612, 614, 617, 621, 626, 628-630, 632, 634, 636, 638-647, 676, 706, 708
シンガポール　260, 633, 636, 677, 684, 685, 691, 710, 715-717
シンゴサリ　722, 734, 738
シンド地方　518, 519, 680, 734
新バビロニア王国　39, 41, 54, 64, 65
秦嶺山脈　597, 600

す

隋（王朝）　21, 35, 500, 598, 600-602, 616, 618, 634, 669, 674
隋唐長安（隋唐長安城）（→西安，大興城）　21, 103, 598, 600-603, 658, 662
スーサ　24, 41, 42, 92, 96, 100, 825
スース　440, 442, 443, 483
スーダン　103, 432, 464, 465, 467, 472, 473, 475
スーラト　526, 527, 530
スカンジナヴィア半島　225, 254, 263, 299, 344, 402
ストックホルム　302, 303, 305, 306, 308, 312, 329, 331
ストラスブール（→シュトラスブルク）　235,

242, 243, 322, 343
スヘルデ川　246, 256, 257, 260, 326, 327
スマラン　681, 722
スラバヤ　681, 722, 723, 734
スリランカ　539, 558, 562, 564-569, 679
スワヒリ　81, 476, 477
スンダ・カラパ→ジャカルタ

せ

西安（→隋唐長安）　506, 596, 598, 600, 601, 604, 827
成都　620, 621, 825, 826
セヴィーリャ　197-200, 223, 298, 324, 325, 726, 759, 796, 798, 799, 826, 827
セウタ　197, 206, 324, 456, 458
セネガル　270, 460-463, 465
セブ　638, 726-728, 730-732
セルジューク朝（セルジューク・トルコ）　42, 48, 52, 58, 414, 420, 484, 488, 495
セレウコス朝　42, 54, 56, 58, 65, 97, 98, 521
泉州　626, 628-630, 632, 634, 643, 680
セントローレンス川　760, 762

そ

宋（王朝）　334, 426, 558, 601-603, 617-619, 621, 622, 626, 628, 630, 634, 635, 657, 663, 668
ソウル　593, 649, 652, 653, 655, 827, 829
ソグディアナ　94, 99, 493, 498, 500, 502
蘇州　615-617, 647, 826, 827
ソファラ　476, 530
ソマリア　80, 102, 470, 476
ソンガイ（ガオ）王国　464, 467

た

大元　606
大元ウルス　25, 37, 491, 611
大モンゴル・ウルス　ii, 12, 25, 37, 42, 98, 99, 103, 108, 402, 408
大興安嶺山脈　36
大興城（→隋唐長安）　601, 658, 662, 674
大都　25, 37, 602, 603, 606, 607, 611, 675, 676
台南　640-642, 644
タイファ諸王朝　184, 195, 197
台北　643, 646, 647

大理　624, 625, 826
タウングー　679, 693, 694
ダカール　461-463, 465
タキシラ　99, 100, 521
種子島　336, 638
タブリーズ　88, 89, 826
ダブリン　288, 289, 299, 428
ダマスクス　43, 54-57, 60-63, 68, 72, 96, 102, 196, 483, 485-487, 495
タミル　520, 555, 557, 558, 563, 565
タミル・ナードゥ　554, 556, 558-560, 562, 563
タリン　310-312
タルテソス王国　198, 204
タンロン　681, 702

ち

チェスター　113, 270, 274, 275
チェンナイ　552, 554-556
チベット　35, 508, 509, 570, 609, 622, 624, 625
チャクラヌガラ　5, 724, 725, 734-738
チャンパ（王国）　678, 700, 701, 704, 706
中原　35, 494, 591, 597, 598, 604, 611, 612, 618, 620, 623, 624
チューリッヒ　345, 472
チュニジア　144, 434-436, 438, 440, 442, 443, 446, 448
チュニス　23, 417-419, 421, 422, 434, 435, 438, 440, 441, 443, 483, 487
長安　2, 598, 600, 601, 649, 658, 662, 674, 823, 825, 826, 829
長江　12, 24, 32, 33, 596, 597, 610-612, 614, 616, 618, 635
朝鮮半島　590, 592, 593, 595, 648-653, 656
チリ　758, 800

て

ディウ　340, 526, 537
ティグリス川　12, 68, 69, 96, 513, 519, 680
ティムール朝　91, 97-99, 498, 501-504
ティルス　62, 424
テヴェレ川　156, 160, 161
テージョ川　182, 204, 325
テーベ（ルクソール）　93, 433, 434, 512, 823, 825
テオティワカン　756, 757, 826

出島　264, 664
テノチティトラン　780-782
テヘラン　84-87, 89
デマ（ドゥマク）　681, 739
　────王国　722, 735, 739
デリー　108, 486, 493, 518, 522, 546-549, 552, 560, 584, 664, 826, 829, 832, 840
　オールド────　547
　ニュー────　20, 22, 489, 546, 547, 583, 664, 840
テルアビブ　66, 67, 583
デルフト　261, 262, 264, 265, 742
天山　492, 494, 495, 506
天津　609-611, 646, 829

と

唐（王朝）　21, 36, 103, 494, 498, 500, 598, 600-603, 606, 611, 612, 616-618, 620, 621, 626, 628-630, 634, 649, 658, 662, 669, 680, 702, 829
東京　20, 394-396, 649, 659, 664, 665, 823, 824, 829, 850, 851
トスカーナ　136, 144-148, 150, 152
ドナウ川　33, 217, 225, 296, 298, 299, 344, 363, 381, 382, 386
ドニエストル川　402, 406
ドニエプル川　402, 404-406
ドミニカ　784, 786
トランス・オクシアナ　492, 496, 502
トリノ　112, 140, 141, 297
トルキスタン　35, 503, 505
トルコ　15, 17, 35, 44-53, 97, 238, 414, 439, 489, 822
ドルトムント　345, 360, 361
トレド　176, 182, 184, 185, 225
トロイ　94, 126
トロサ　184, 225
トロント　762, 763
トンブクトゥ　451, 464, 465

な

ナーガパッティナム　539, 558, 559
ナーヤカ　556, 557, 568
ナイル川　12, 31, 33, 41, 94-96, 101-103, 432, 433, 436, 437
長岡京　658, 660, 662
ナスル朝　192, 194, 195, 449, 458

ナポリ　162, 163, 165, 319, 336, 827
奈良　660, 662, 663
ナルボネンシス　113, 244, 298
ナルボンヌ　113, 230, 245
南京　564, 602, 606, 607, 612-614, 618, 626, 632, 636, 675, 823, 826, 827

に

ニーシャープール　488, 680
ニース　113, 241
ニーム　113, 445, 563
ニジェール　464-466
西ガーツ山脈　536, 538, 539
西ゴート王国　176, 184, 186, 225, 298
ニネヴェ　96, 823, 825
ニューイングランド（植民地）　764, 766, 833
ニューオリンズ　763, 774, 775
ニューギニア　12, 32, 831
ニューサウスウェールズ　834, 836, 838-840, 842, 843
ニュージーランド　398, 831, 835, 839
ニューファンドランド　428, 762
ニューヨーク（ニューアムステルダム）　19, 67, 396, 398, 751, 763, 766, 768-770, 772, 773, 778, 794, 795, 823, 829, 849
ニュルンベルク　321, 345, 366, 367, 516, 755

ぬ

ヌーヴェル・フランス　760, 762
ヌエヴァ・エスパーニャ（副王領）　726, 780, 782

ね

ネヴァ川　329, 410
ネーデルラント　250, 251, 258-264, 316, 317, 320-328, 336, 347, 411, 742

の

ノヴゴロド　307, 310-312, 390, 402-404
ノルマンディ　106, 274, 306, 428

は

バース　286, 287, 765
パース　836, 841

バーゼル　152, 345
パータリプトラ　521, 825
バーデン・バーデン　240, 242
バーミンガム　276-278, 829, 844
パールサ　41, 492
パインランズ　481, 848
パヴィア　139, 226, 297
ハカーマニシュ朝ペルシア（アケメネス朝）　41, 42, 58, 65, 90, 92, 93, 96, 97, 100, 107, 492, 500
パガン　679, 681
パキスタン　76, 100, 519, 521-523, 528, 544, 823
バグダード　43, 68, 69, 81, 97, 103, 196, 442, 484, 486, 488, 495, 659, 822, 823, 826
バクタプル　570, 571, 574, 575
バクトリア　94, 97-99
パサイ　681, 739
パサルガダイ　24, 100
バジャドリード　188-191
バスラ　43, 74, 426
バタヴィア　263, 664, 720, 721, 743, 803
パタン　570-575
パダン　718, 719
バッキリオーネ川　126, 128
パドヴァ　126-128, 338
ハドソン川　430, 768
バドレシュワル　528, 529, 531
パナイ　726, 730, 732
ハノイ　699, 702, 703, 709
ハバナ　203, 780, 784, 786-788, 797, 799
バビロニア　39-41, 56, 58, 210, 213, 512
バビロン　24, 39, 41, 42, 65, 68, 96, 436, 781, 823, 825
ハプスブルク帝国　250, 336, 386, 393
パミール高原　496, 502, 506
ハムステッド　481, 839, 847, 848
ハラッパー　518-520
バリ島　5, 510, 513, 720, 722, 724, 725, 734-737
パリ　21, 63, 141, 220, 221, 226, 228-230, 235, 239, 241, 298, 343, 488
ハリカルナッソス　17, 94, 111
バルカン半島　33, 50, 93, 120, 122, 297, 403
バルセロナ（バルシーノ）　168, 170-172, 174, 175, 178, 297, 324, 383, 429, 793
バルト海　225, 226, 299, 300, 302, 304-310, 312, 314, 316, 327-329, 341, 346, 347, 390, 393, 406, 410, 423, 428
バルト帝国　312, 328, 410
バルフ　98, 500
パルマノーヴァ　20, 21, 318, 321, 332
パルミラ　102, 788
パレスティナ　6, 15, 29, 64-66, 165, 583
パレルモ　167, 827
バローダ　534, 535, 582, 583, 585-589
バンコク　686, 687, 689-691, 693, 694
パンジャーブ　518, 519, 522, 523, 544, 545, 547, 680
バンテン　681, 739, 741
ハンブルク　243, 312, 323, 328, 345, 347-349, 363, 365, 829

ひ

ピアチェンツァ　134, 297
ヒヴァ　90, 496, 497
ピエンツァ　152, 153, 320
東ゴート王国　122, 130
東シナ海　423, 426, 618, 680
ピサ　122, 143-146, 148, 149, 164, 165, 338, 339, 429, 438
ビザンティン帝国　42, 44-46, 50, 54, 56, 105, 114, 120, 122, 132, 133, 164, 226, 306, 333, 358, 382, 404, 412, 418, 440, 483, 487, 495
ヒジャーズ　42, 61, 73, 74
ビジャープル朝　536, 537
ヒッタイト　41, 46, 56, 58, 104
ビブロス　62, 424
ヒマラヤ山脈　29, 544, 700
ビュザンティオン　44, 45
平壌　648, 649, 826
ピレネー山脈　113, 168, 186, 228, 293, 297
ヒンドゥークシュ山脈　97, 98, 680

ふ

ファーティマ朝　418, 435-437, 440, 441, 443, 446, 484, 486
ファールス　41, 492, 500, 679
フィラデルフィア　330, 331, 764, 770, 771, 829, 832-834, 838
フィリピン　590, 726, 728-730, 732, 736

メソアメリカ　12, 32, 33, 756, 757, 780, 782
メソポタミア　iv, 6, 12, 24, 33, 39, 40, 41, 56, 68, 99, 102, 104, 217, 416, 433, 495, 512, 518, 519
メッカ（→マッカ）　5, 25, 54, 61, 70, 74, 75, 103, 399, 438, 526
メッツ　298, 345
メディア　22, 41, 42, 422
メディナ（→マディーナ）　5, 25, 61, 72, 420
メルボルン　836-838, 840-843
メロヴィング朝　5, 226, 228, 256
メンフィス　94, 95, 433, 823, 825

も

モエンジョ・ダーロ　518-520, 572
モゴンティームアクム→マインツ
モスクワ　312, 329, 402, 403, 405, 408-411, 488, 648, 824, 827, 829
モラヴィア　402, 406
モロッコ　48, 202, 206, 417, 435, 444, 445, 448-459, 564, 566, 824
モンゴル高原　36, 37, 102, 107, 403, 482, 493, 494, 608
モンゴル帝国　624
モンパジエ　290-293

や

ヤゲェウォ朝　389, 393
ヤンゴン　683-685

ゆ

ユーフラテス川　12, 40, 54, 58, 68, 96, 102, 513, 519, 680
ユトランド半島　299, 316

よ

揚州　618, 619, 621, 680, 826
ヨーク　113, 272, 273, 299
ヨルダン　6, 8, 9, 29, 60, 102

ら

ラージャスターン地方　518, 522, 542
ラーホール　108, 488, 522, 523, 531, 544, 546, 548, 584
ライデン　262, 263, 742, 743

ライン川　33, 113, 217, 235, 242, 243, 257, 260-262, 296-299, 324, 344, 345, 362, 372-375
ラインラント　242, 243, 362, 795
ラヴェンナ　122, 225, 358, 456
洛陽　597, 598, 601, 602, 674, 825, 826, 829
ラサ　508, 509, 609
ラッタナコシン　690, 691
ラテンアメリカ　199, 547, 807, 811
ラドバーン　769, 849
ラバト　449, 451, 452, 454, 455, 465
ランサーン王国　692, 694
ランス　298, 343
ランナー王国　686, 692, 694
ランナータイ　686, 693

り

リール　254, 324
リヴァプール　269-271, 273, 275, 277, 288, 829
リヴォニア　311-313
リオ・デ・ジャネイロ　804, 806-808, 829
リスボン　204-206, 325, 326, 395-398, 430, 456, 457, 536, 537, 539, 807, 827
リビア　94, 109, 113, 224
リマ　759, 787, 796-798, 801, 829
リューベック　302, 303, 307, 312, 328, 345-347, 390
リュディア王国　41, 48, 94
リヨン　113, 225, 230, 231, 298

る

ルアンパバーン　692-695
ルーヴェン　246, 248, 249, 255
ルーシ　314, 344, 402-408
ルール地方　261, 360
ルクソール→テーベ
ルソン島　728, 730-732

れ

麗江　622, 623, 625
レイテ　726, 728, 729
レヴァント地方　29, 32, 58, 102, 110, 221, 238, 239
レーゲンスブルク（カストラ・レーギナ）　299, 345

レシフェ　　802, 803, 806
レッチワース　　481, 844, 846, 847
レバノン　　29, 54, 56, 62, 63, 424, 489

ろ

ローマ
　神聖——帝国　　137, 220, 226, 234, 243, 256, 321, 322, 335, 336, 343, 345, 350, 352, 357, 358, 367, 368, 382-387
　西——帝国　　12, 25, 142, 176, 180, 184, 225, 298, 358, 402, 404, 425
　東——帝国　　48, 58, 60, 105, 118, 123, 142, 166, 225, 226, 381, 408, 829
　——（古代）　　4, 16-20, 24, 37, 42-48, 54-65, 92, 96, 105, 106, 111-114, 118-122, 126-146, 150, 154-176, 180, 181, 184, 185, 188-200, 204-208, 215, 218, 224-230, 238-245, 256, 262, 266, 268, 272-280, 284, 286, 293, 296-299, 319, 324, 331, 333, 342, 344, 356-359, 362, 373, 378, 382, 386, 387, 400, 414, 418, 421, 423, 425, 436-446, 452, 454, 458, 483, 486, 538, 678, 745, 746, 749, 822, 825-827
　——（都市）　　45, 147, 152, 154, 160, 161, 401
ロサンゼルス　　772, 778, 779, 829
ロッテルダム　　257, 260, 261, 264
ロンドン　　26, 113, 221, 266, 267, 277, 278, 280, 284, 285, 287, 299, 307, 330, 362, 392, 395-397, 582, 770, 771, 823, 827, 829, 832, 835, 843, 845-847
ロンドンデリー　　289, 330, 832
ロンバルディア　　136, 138, 145, 240, 343
ロンボク島　　5, 724, 734, 737

わ

淮水（淮河）　　596, 610, 612
ワシントン　　331, 770, 840
ワルシャワ　　388, 389, 392, 393

人名索引

あ

アービング，ワシントン　　769
アイトヴェズ，ニルス　　317
アイバク　　522
アウグスティヌス　　401
アウグストゥス　　112, 113, 140, 164, 198, 211, 218, 230, 242
アウラングゼーブ　　522, 524, 547, 548
アクバル　　108, 522, 524, 526, 548, 549
アショカ王　　98, 568, 673
アタテュルク　　47
アダム，ロバート　　284
アッリアノス　　92, 97, 99
アナクシマンドロス　　109
アバルカ，シルベストレ　　787
アブド・アッラフマーン3世　　196, 197, 484
アブド・アルマリク　　54
アブラハム　　16, 40, 58, 64
アメンホテプ4世　　64, 434
アヨラ，フアン・デ　　810
アリストテレス　　15, 16, 93, 209, 215, 399, 513, 516
アル・カポネ　　773
アルフォンソ2世　　186
アルフォンソ5世　　429
アルフォンソ6世　　181, 182, 206
アルブケルケ，アフォンソ・デ　　536
アルベルティ，レオン・バッティスタ　　133, 136, 137, 147, 152, 153, 193, 319
アレクサンドル1世　　393, 403
アレクサンドロス大王　　24, 42, 48, 56, 58, 65, 90, 92-100, 106, 295, 424, 425, 431, 500, 521
アンウィン，レイモンド　　14, 481, 839, 846-848
アントニヌス・ピウス　　344, 425

い

イヴァン4世（雷帝）　　402
イサベル1世（女王）　　176, 182, 195
イスマーイール　　84, 435
イドリースィー　　399
イブン・ジュザイイ　　680
イブン・バットゥータ　　51, 61, 80, 88, 540, 564, 566, 680

イブン・ハルドゥーン　399, 448

う

ヴァインブレンナー，フリードリヒ　373
ヴァジラボーディ　558
ヴァン・ホーン，ウィリアム　761
ヴィオジェ，ジャン　776
ヴィオレ・ル・デュク　245, 290, 291
ウィトルウィウス　20, 56, 132, 193, 211-213, 319, 580
ウィルビー，フランシス　794
ウエイクフィールド，エドワード・ギブソン　835
ウェーバー，マックス　3, 9
ヴェスプッチ，アメリゴ　790, 794
ヴェラスケス・デ・クエリャル，ディエゴ　786
ヴェラツァーノ，ジョバンニ　762, 768
ヴォーバン，セバスティアン・ル・プレストル・ド　250, 323, 331, 332, 339, 704, 708, 761, 789
ウォーラーステイン，イマニュエル　832
ウッツォン，ヨーン　837
宇文愷　601, 674, 675
ウルグ・ベク　502
ウルフ，ジェームズ　760

え

エカチェリーナ2世　403, 411
エドワード3世　278, 335
エブラール，エルネスト　698, 699, 703
エラスムス　225, 261
エラトステネス　96, 224, 431, 515
エル・グレコ　184
エルラッハ，ヨハン・ベルンハルト・フィッシャー・フォン　379
エレーラ，フアン・デ　182
エンゲル，カール・ルートヴィヒ　308, 309
エンリケ航海王子　206, 430, 456, 677

お

オヴァンド，ニコラス・デ　784
王建　649, 650
オースマン，ジョルジュ・ウジェーヌ　229, 247, 383, 437, 665
オーチス，エリシャ・グレーヴス　751

オード，エドワード　778
オカンポ，セバスチャン・デ　786
オグルソープ，ジェイムズ　834
オゴデイ　402, 403
オットー1世　256, 345
オファレル，ジャスパー　776
オラニエ公ウィレム　265
オラニエ公マウリッツ　263, 337, 802, 803
オルテリウス　516
オルムステッド，フレドリック　769, 849

か

カール5世　143, 229, 238, 336, 456
カールステン，トマス　719
カール（シャルルマーニュ）大帝　124, 211, 219, 225-228, 243, 358, 359
カイエ，ルネ　464
カウティリヤ　521, 576, 673
カエサル，ユリウス　112, 113, 146, 198, 211, 218, 228, 238, 240, 254
カスティリヨーネ，ジュゼッペ　676
カタネオ，ピエトロ　167, 320, 374
加藤清正　657
カブラル，ペドロ・アルヴァレス　802, 806
ガマ，ヴァスコ・ダ　476, 540, 638, 677
ガライ，フアン・デ　810
ガリレイ，ガリレオ　145, 249, 742
カルヴァン　243, 322, 328, 352
カルティエ，ジャック　760, 762
カルロス1世　143, 238
カルロス3世　178, 183
カルロス5世　180, 195, 758

き

ギアツ，クリフォード　735
キール，ピーター　843
義浄　558
キャンフィールド，チャールズ・A　779
キュニョー，ニコラ・ジョセフ　752
キュロス2世　100

く

グァリーニ，グァリーノ　141
クーン，ヤン・ピーテルスゾーン　720, 739

グスタフ 2 世アドルフ　　303, 304, 313
クセノフォン　　106
クック, ジェームズ　　836
クビチェック, ジュセリーノ　　808
クビライ・カン　　606, 611, 675, 722
クフ王　　423, 434
クラウディウス　　113, 242, 362
グリーンウェイ, フランシス　　837
クリスチャン 4 世　　300, 301, 316
グリフィン, ウォルター・バーリー　　840, 841
クレアンテス, スタマティオス　　114
クレオパトラ　　96
クレンツェ, レオ・フォン　　115
クロヴィス 1 世　　228
グロチウス, フーゴー　　742

け

ゲデス, パトリック　　14, 66, 534, 535, 582-587, 589
玄奘　　558
乾隆帝　　607-609, 630, 635, 675, 676

こ

高仙芝　　494
ゴータマ・シッダールタ　　520
コスタ, ルシオ　　808, 809
コストフ, スピロ　　iii, iv, 6, 14, 16, 20, 22, 23, 400
コスマス・インディコプレウステース　　566
コペルニクス, ニコラウス　　10, 389, 393
コルテス, エルナン　　758, 780, 781, 782
コロン, クリストバル　　13, 33, 143, 176, 192, 195, 200, 202, 430, 516, 755, 758, 784
コロン, ディエゴ　　786
コロン, バルトレメオ　　784
コンスタンティヌス 1 世　　44, 160, 194
コンスタンティヌス 2 世　　242

さ

サーグッド, フレデリック　　843
サーリネン, エリエル　　309, 767
ザーロン帝　　704, 705
ザビエル, フランシスコ　　326, 536, 638
サリヴァン, ルイス　　750, 772
サルセド, フアン・デ　　732

サルマン, ジョン　　837, 841
サンガロ, ジュリアーノ・ダ　　339
サンガロ, アントニオ・ダ（小）　　339
サンガロ, アントニオ・ダ（大）　　339
サンソヴィーノ, ヤコポ　　125
サン・ミケーレ, ミケーレ　　128, 131, 339

し

シーボルト, フィリップ・フランツ・フォン　　262
ジェイコブス, ジェイン　　769
ジェセル王　　434
ジェニー, ウィリアム・ル・バロン　　750
シカンダル　　548
司馬遷　　ii, 2, 107
シャー・アッバース　　86, 488
シャー・ジャハーン　　108, 488, 522, 546, 548, 549
シャープ, グランヴィル　　834, 835
ジャイ・シン 2 世　　542
ジャハーンギール　　108, 501, 522, 549
シャフツベリー卿　　832-834
シャンブラン, サミュエル・ド　　762
周醒南　　630, 633
シュペクル, ダニエル　　340, 743
ジョアン 1 世　　335
ジョイス, ジェイムズ　　288
ショーベルト, エドゥアルド　　114
シンケル, カール・フリードリヒ　　114, 351, 353, 359

す

スカモッツィ, ヴィンチェンツォ　　129, 378
スカルパ, カルロ　　131
スコット, エドマンド　　739
ステヴィン, シモン　　263, 327, 329, 337, 411, 565, 664, 720, 742-748, 803
ストラボン　　92, 99, 431

せ

成宗　　651
聖ヤコブ　　186, 364, 368, 369, 370
セ　タ　ティラ　ト工　　692-695
セルリオ, セバスティアーノ　　319

そ

ソストラトス　96
ソラーリ, サンティーノ　378, 379
ソロモン　56, 64

た

ダーリング, ラルフ　842
ダールベルク, エリック　304
ダーンデルス, ヘルマン・ウィレム　721, 722
戴志堅　631
ダイムラー, ゴットリープ　752
ダヴィラ, ペドラリアス　784
ダ・ヴィンチ, レオナルド　138, 145, 203, 319, 675
タキトゥス, コルネリウス　344
ダレイオス1世　41
ダレイオス3世　93, 96

ち

チボー, ルイ・ミシェル　480
チャールズ2世　768, 770, 833, 834
チャイルド, ゴードン　6, 7, 8, 31
チャンドラー, ターシャス　821
チャンドラグプタ王　98, 521, 576, 673
チュエカ, フェルナンド　191
チュリゲラ, ホセ・ベニート・デ　191
チンギス・カン　98, 403, 500, 502, 606
陳炯明　630

つ

ツタンカーメン　64

て

ディアス, バルトロメウ　462, 480, 638
ディアス, ポルフィリオ　781
鄭道傳　652, 653, 657
ディノクラテス　94, 96, 111
ティムール　97, 486, 500-502
鄭和　427, 538, 540, 564, 566
テオドシウス1世　54, 297
デ・キリコ, ジョルジュ　140, 141
デ・クルーエ　789
デ・サラマンカ, フランシスコ　188, 189
デ・ハロ, フランシスコ　776
デ・マルキ, フランチェスコ　320
デューラー, アルブレヒト　321, 367
テルフォード, トマス　285

と

ドゥヒィーニ, エドワード・L　779
ド・ゴール, シャルル　229
トトメス3世　54
ドミティアヌス　344
トラヤヌス　60, 102, 344
ドルチェスター卿　834, 835
ドレイク, フランシス　200, 785
トレド, フランシスコ・デ　801
トンプソン, アルバート　481, 848, 849

な

ナイト, ジョン　843
ナポレオン1世　96, 125, 131, 138, 201, 229, 231, 251, 315, 347, 353, 358, 378, 382, 383, 391, 393, 403, 409, 807, 835
ナルヴァエス, パンフィロ・デ　786

に

ニーマイヤー, オスカー　808
ニュイット, ピーター　768

ね

ネアルコス　99, 425
ネヴェ, フェリペ・デ　778
ネブカドネザル2世　65

の

ノックス, ジョン　284

は

パーカー, バリー　14, 481, 846-848
バーク, リチャード　842
バーナム, ダニエル　731, 750, 773
バーブル　98, 108, 502, 503, 527, 546, 548
ハイネ=ゲルデルン, ロベルト　735
ハイメ2世　293
ハウトマン, コルネリス・デ　739
バオダイ帝　705

朴正熙　657
ハットゥシリ1世　41
バットマン、ジョン　842
パッラーディオ、アンドレア　125, 128, 129, 287, 319
バトゥ　403
ハトシェプスト女王　424
ハドソン、ヘンリー　273, 430, 768
ハドリアヌス　344
ハワード、エベネザー　475, 636, 835, 838, 839, 844-846, 848-850

ひ

ビータック、マンフレッド　6
ピウス4世　166
ピキオニス、ディミトリス　115
ピサロ、フランシスコ　758, 796, 801
ピサロ兄弟　758
ピタゴラス　18, 510, 511
ヒッパルコス　425
ヒッポダモス　15, 16, 19, 209
ピョートル1世（大帝）　329, 330, 332, 403, 408, 410, 411
ヒルデブラント、ヨハン・ルーカス・フォン　379
ピレス、トメ　638
ピレンヌ、アンリ　226

ふ

ファーグム　692
ファレンタイン、フランソワ　739
ファン・フーンス、ライクロフ　565
フィラレーテ、アントニオ　153, 318
フィリップ、アーサー　836
フィリップ2世　228, 229
フィリッポス2世　93, 106
フェデルブ　461
フェリペ2世　178, 180, 182-184, 188, 190, 336
フェリペ5世　183, 191
フェルディナンド2世　182
フェルナンド3世　185, 197, 199
フェルナンド6世　183
フェルメール、ヨハネス　264
フォード、ヘンリー　752
フォレスティエ、ジャン＝クロード＝ニコラ　451, 452
藤島亥治郎　654
プトレマイオス　180, 224, 288, 513, 516, 517, 564
フマユーン　108
ブライアント、W・C　769
プライス、ブルース　761
プラトン　19, 208-210, 212, 213, 215, 510
フランクリン、ベンジャミン　771
フランコ、フランシスコ　171, 172, 199
フリードリヒ2世（大王）　347, 351, 352, 366
プルタルコス　92
ブルネレスキ、フィリッポ　339
プロスト、アンリ　45, 48, 49, 445, 449, 450-455, 459

へ

ベイカー、ハーバート　840
ペイシストラトス　114
ベーコン、エドモンド　771
ベーコン、フランシス　333
ベーコン、ロジャー　334, 516
ヘカタイオス　109
ペトラルカ　143
ベハイム、マルティン　516, 755
ヘラクレス　180, 198
ベラスコ、ペドロ・フェルナンデス・デ　798
ベルート　138, 139
ペロー、クロード　229
ヘロデ大王　65
ヘロドトス　ii, 107, 109, 111, 215, 432, 493
ペン、ウィリアム　330, 770, 771, 834
ヘンリ8世　266, 272, 278, 281, 286, 289

ほ

ボー、カルヴァート　769
ポーロ、マルコ　88, 412, 506, 628
法顕　425, 506
ホドル、ロバート　842, 843
ボニファシオ、ジョゼ　808
ポンバル侯爵　537
ポンピドゥー、ジョルジュ・ジャン・レイモンド　229

ま

マーレイ　728
マガリャンイス　430, 516, 726
マコーリー, ラクラン　836, 837
マッカーサー, ダグラス　728
マハーヴィーラ　520
マルサス, トマス・ロバート　820
マルティーニ, フランチェスコ・ディ・ジョルジョ
　　153, 155, 157, 319, 339
マン・シン　543
マンスール（アッバース朝）　43, 68, 484
マンスール（後ウマイヤ朝）　197
マンフォード, ルイス　iii, 6, 14, 19, 400, 583, 849

み

ミケランジェロ　147, 161, 255, 319, 339, 675
ミッテラン, フランシス　229
ミンマン帝　705, 707

む

ムアーウィア　54
ムータシム　43
ムハンマド　43, 54, 61, 70, 72, 73, 227, 482, 483, 489, 513
ムハンマド1世　195
ムハンマド5世（ナスル朝）　195
ムハンマド12世　195

め

メーリアン　323
メガステネス　521
メゾンヌーブ, ポール・ド・ショメディ　762
メディーナ, バルトレメ・デ　798
メディナ, ペドロ・デ　787
メフメト2世　44, 487
メルカトール　516
メンジーズ, ロバート・ゴートン　841
メンドーサ・イ・ルハン, ペドロ・デ　810
メンモ, アンドレア　127

も

モア, トマス　515
モーゼ　64
モーゼス, ロバート　769
モデルスキー, ジョージ　821
モポックス侯爵　788
モリス, イアン　821
モンテフェルトロ, フェデリコ・ダ　155, 157

や

ヤペッリ, ジュゼッペ　127
ヤン, ウィレム　836

ゆ

ユヴァッラ, フィリッポ　141
ユークリッド　96
ユースフ1世　195
ユスティニアヌス1世　297
ユニアヌス・ユスティアヌス　92
ユリアヌス　65, 242

よ

ヨハネ・パウロ2世　389

ら

ラーヴァナ　562
ラーマ1世　689, 690
ラーマ5世　689
ラーマ王子　562
ライト, ウィリアム　832, 835, 838, 848
ライト, フランシス　712
ラシードゥッディーン　ii
ラス・カサス　784, 788
ラッセル, ロバート　842
ラッチェンス, エドウィン　547, 583, 840, 847
ラッフルズ, スタンフォード　716
ラバルナ1世　41
ラパレッリ, フランチェスコ　166, 167
ラム・シン　542, 543

り

リード, アンソニー　681
リード, ジョゼフ　843
リード, チャールズ・コンプトン　839, 848, 849
リーベック, ヤン・ファン　480, 481
リチャードソン　776
リッチ, マテオ　638, 676

劉秉忠　606, 675
リヨテ，ユベール　48, 449, 452-455, 457, 459
リンドバーグ，チャールズ　753

る

ルイ11世　231
ルイ14世　229, 239, 243, 250, 251, 332, 460, 461, 760, 761
ル・コルビュジエ　49, 171, 239, 257, 445, 447, 544, 793
ルター，マルティン　243, 316, 322, 748
ルハン，ペドロ・デ・メンドーサ・イ　810

れ

レオン，ペドロ・シエサ・デ　798

レガスピ，ミゲル・ロペス・デ　726, 730, 732
レップス，ジョン　193
レモス，ガスパール・デ　806
レンブラント・ファン・レイン　262, 264

ろ

ローガン，ジェームズ　771
ローデウェイクスゾーン，ウィレム　739
ロッセリーノ，ベルナルド　152, 153

わ

ワース，ルイス　6
ワリード1世　54, 58

■執筆者一覧（五十音順）

青井哲人	菊池真美	モハン・パント
青木香代子	木多道宏	J・R・ヒメネス・ベルデホ
赤松加寿江	河野菜津美	深見奈緒子
阿部大輔	小島陽子	福田奎也
池尻隆史	小山　茜	藤井晴行
伊藤大介	佐倉弘祐	藤木庸介
伊東未来	佐藤圭一	藤田康仁
稲益祐太	鮫島　拓	布野修司
井上悠紀	澤田千紘	古田博一
今川朱美	塩田哲也	古田梨香子
岩崎耕平	宍戸克実	古谷　侑
岩田伸一郎	設楽知弘	細田和江
上田哲彰	篠崎健一	牧　紀男
上西慎也	清水郁郎	松枝　朝
宇高雄志	清水信宏	松永竜治
内海佐和子	杉本俊多	松原康介
姥浦道生	鈴木あるの	馬淵好司
江口久美	諏訪雅司	水谷俊博
黄　蘭翔	清野　隆	水谷玲子
黄　麗玲	宋　士淳	水野僚子
大田晃司	ソレマニエ貴実也	三田村哲哉
大田省一	孫　躍新	村尾るみこ
太田尚孝	大坊岳央	望月雄馬
大橋竜太	高橋謙太	森田一弥
岡北一孝	竹内　泰	柳沢　究
岡村知明	田島恭子	山口ジロ
長　良介	田中暁子	山田香波
郭　奇正	趙　冲	山田協太
葛西慎平	ナウィット オンサワンチャイ	山中美穂
加嶋章博	中島佳一	山名善之
片山伸也	中田　藍	山根　周
加藤慎也	中田翔太	吉田香澄
金兵祐太	中濱春洋	吉武隆一
亀井靖子	丹羽哲矢	脇田祥尚
川井　操	羽生修二	渡邊美沙子
川本智史	林はるか	メリッサ・ワンジル
韓　三健	林　玲子	

■編者紹介

布野修司（ふの しゅうじ）
日本大学生産工学部特任教授。
1949 年，松江市生まれ。建築・都市研究家，建築批評家。工学博士。東京大学大学院博士課程修了後，東京大学工学部助手，東洋大学工学部助教授，京都大学工学部助教授，滋賀県立大学環境科学部教授を経て現職。日本建築学会建築計画委員会委員長，英文論文集委員長。元『建築雑誌』編集委員長。日本建築学会賞論文賞（1991 年），日本都市計画学会論文賞（2006 年），日本建築学会著作賞（2013 年，2015 年）など受賞。おもな著作に『アジア都市建築史』（編著，昭和堂，2003 年），『世界住居誌』（編著，昭和堂，2005 年），『グリッド都市——スペイン植民都市の起源，形成，変容，転生』（共著，京都大学学術出版会，2013 年），『建築学のすすめ』（共著，昭和堂，2015 年），『大元都市——中国都城の理念と空間構造』（共著，京都大学学術出版会，2015 年），『東南アジアの住居——その起源・伝播・類型・変容』（共著，同前，2017 年），『進撃の建築家たち——新たな建築家像を目指して』（彰国社，2019 年）など多数。

世界都市史事典
2019 年 11 月 30 日　初版第 1 刷発行

編　者　布　野　修　司
発行者　杉　田　啓　三

〒 607-8494　京都市山科区日ノ岡堤谷町 3-1
発行所　株式会社　昭和堂
振替口座　01060-5-9347
TEL（075）502-7500 ／ FAX（075）502-7501
ホームページ　http://www.showado-kyoto.jp

Ⓒ 布野修司他 2019　　　　　　　　　印刷　モリモト印刷
ISBN978-4-8122-1901-0
＊乱丁・落丁本はお取り替えいたします。
Printed in Japan

本書のコピー，スキャン，デジタル化等の無断複製は著作権法上での例外を除き禁じられています。本書を代行業者等の第三者に依頼してスキャンやデジタル化することは，たとえ個人や家庭内での利用でも著作権法違反です。